L-000281

Rudolf Kötzschke
Hellmut Kretzschmar

SÄCHSISCHE GESCHICHTE

Weltbild Verlag

Genehmigte Lizenzausgabe für
Weltbild Verlag GmbH, Augsburg 1995
© by Verlag Weidlich, Würzburg
Umschlaggestaltung: Adolf Bachmann, Reischach
Umschlagbilder: Archiv für Kunst und Geschichte, Berlin
Gesamtherstellung: Istituto Grafico Bertello
Printed in Italy
ISBN 3-89350-705-1

VORBEMERKUNG

Der Nachdruck vergriffener Quellen- und Darstellungswerke von Rang hat sich besonders seit dem Kriegsende vor zwanzig Jahren als notwendig erwiesen, um die Lücken der ausgebombten oder neu eingerichteten wissenschaftlichen·Instituts- und Privatbibliotheken zu schließen. In der Regel sind es Standardwerke zur älteren Geschichte oder über bestimmte Spezialgebiete der Geschichtswissenschaft wie etwa zur Rechts- und Verfassungsgeschichte, deren unveränderter Nachdruck zu rechtfertigen ist. Immer aber ist zu fragen, ob nicht eher eine Überarbeitung bzw. Ergänzung den Anschluß an die Forschungslage der Gegenwart herstellen sollte oder ob nicht eine völlig neue Darstellung abzuwarten ist.

Wenn nun hiermit ein fast unveränderter und nicht ergänzter Neudruck der vor dreißig Jahren im Verlag C. Heinrich, Dresden, erschienenen Sächsischen Geschichte von Rudolf Kötzschke und Hellmut Kretzschmar vorgelegt wird, so bedarf es hierfür einer kurzen Erklärung. Die beiden Bände sind seit längerer Zeit im Antiquariatshandel nicht mehr zu beschaffen. Bei ihrem Erscheinen zählten diese Darstellungen, die auf der Höhe der Forschung standen und ohne gelehrtes Beiwerk in einem flüssigen Stil auch breitere Kreise ansprachen, zu den besten Werken der deutschen Landesgeschichtsschreibung. Der Neudruck wird also den wissenschaftlichen Bibliotheken wie dem einzelnen Gelehrten und dem interessierten Laien, in gleicher Weise willkommen sein.

Bedenken mag lediglich die Erscheinungszeit hervorrufen, in welche auch die Darstellung des zweiten Bandes ausmündet. Es war daran gedacht worden, entweder das letzte Kapitel zu streichen oder die Darstellung bis zur Gegenwart fortzuführen. Für eine solche Fortsetzung fehlen aber genügend Vorarbeiten, auch sind die meisten Quellen über diesen Zeitraum noch nicht erschlossen und jedenfalls von hier aus kaum zugänglich. So wurde nach gründlichen Erörterungen ein vollständiger Nachdruck ohne Ergänzungen beschlossen, der nur an ganz wenigen Stellen, insbesondere auf den letzten beiden Seiten, geringfügige Streichungen erfahren hat. Änderungen am Sinnzusammenhang und an den abgegebenen Urteilen sind durch diese Streichungen nicht eingetreten. Denn es ist bemerkenswert, in welch geringem Maße der Verfasser des zweiten Bandes der herrschenden politischen Richtung in der Wertung wie in der Wahl der Worte entgegengekommen ist.

Die Juden, Freimaurer und Sozialdemokraten werden sachlich, zurückhaltend und ohne Polemik beurteilt. Das Heraufkommen und der endgültige Erfolg der „Bewegung" werden nahezu kommentarlos registriert. So brauchten nur wenige Ausdrücke der damals herrschenden Terminologie getilgt zu werden. Der Band ist ein Musterbeispiel dafür, wie Geschichtsschreibung im „Dritten Reiche" auch möglich war und wie sie allein hätte möglich sein dürfen. Der Verfasser des ersten Bandes stand wegen der zeitlichen Begrenzung des Stoffes nicht vor solchen Schwierigkeiten. In seiner Darstellung waren daher lediglich Kürzungen von drei zeitbedingten Wortteilen nötig.

Daß Kötzschkes Forschungen auch heute noch aktuell sind, beweist der Nachdruck einer Reihe seiner Aufsätze, die Walter Schlesinger unter dem Titel „Deutsche und Slawen im mitteldeutschen Osten" 1961 herausgegeben hat. Jedoch haben zweifellos seit dem Erscheinen der „Sächsischen Geschichte" die Methoden und Ergebnisse der allgemeinen deutschen Landesgeschichtsforschung wie der Erforschung der sächsischen Geschichte erhebliche Fortschritte aufzuweisen. Eine auf diesen Ergebnissen aufbauende neue Darstellung der sächsischen Geschichte wird einmal nötig sein. Es sollen hier nur einige Sachgebiete und Zeiträume genannt werden, für die besonders grundlegende neuere Arbeiten vorliegen, so daß sich für manche Epochen die Beurteilung in mehr oder weniger starkem Maße gewandelt haben dürfte. Das gilt etwa für die Verfassungs-, Siedlungs- und Kirchengeschichte des

Mittelalters, für das Reformationsjahrhundert (Bauernkrieg, zweite Reformation), für die Staatsreform, die Wirtschaftsgeschichte (Manufakturen) und die Kunstgeschichte (Dresden) des 18. Jahrhunderts, für die Parteiengeschichte und die revolutionären Bewegungen des 19. Jahrhunderts sowie für die Revolution von 1918 und die Nachkriegszeit. Bei der Beurteilung der deutschen und sächsischen Geschichte des 19. Jahrhunderts sowie der Weltkriegsjahre ist es zudem von entscheidender Bedeutung, daß der Verfasser des zweiten Bandes noch im letzten Jahrzehnt des 19. Jahrhunderts geboren ist, seine Jugendjahre vor dem ersten Weltkriege verlebte, als junger Student an diesem Kriege teilnahm und als Historiker ein Schüler der Zeitgenossen der Bismarckschen Reichsgründung gewesen ist. Gerade die Beurteilung der Bismarckepoche und des ersten Weltkrieges in seinen Ursachen und Zielen ist in jüngster Zeit kontrovers geworden. Eine neue Darstellung der sächsischen Geschichte des 19. und beginnenden 20. Jahrhunderts müßte auch diese Auseinandersetzungen berücksichtigen.

Kötzschke und Kretzschmar gaben ihren Darstellungen jeweils umfangreiche Literaturverzeichnisse bei. Auch diese Zusammenstellungen zeigen kaum eine Konzession gegenüber der tendenziös gefärbten NS-Geschichtsschreibung. Nur vier Titel brauchten daher gestrichen zu werden. Die Literaturübersichten sind in der vorliegenden Ausgabe nicht durch neuere Werke ergänzt worden, da ja die Darstellungen auch nur auf der bis 1935 erschienenen Literatur beruhen. Es sei daher verwiesen auf folgende zusammenfassende Darstellungen der Geschichte Mitteldeutschlands, in denen auch neuere Literatur verwertet und teilweise aufgeführt ist: Walter Schlesinger, Die mittelelbischen Lande (in: Bruno Gebhardt, Handbuch der deutschen Geschichte, 8. Aufl., Bd. 2, Stuttgart 1955, S. 569 ff.); Friedrich Uhlhorn, Thüringen (ebd., S. 490 ff.); Hans Eberhardt, Thüringen; Karlheinz Blaschke und Hellmut Kretzschmar, (Ober-)Sachsen und die Lausitzen; Hanns Gringmuth-Dallmer, Magdeburg - Wittenberg - Die nördlichen Territorien (in: Geschichte der deutschen Länder. „Territorien-Ploetz", Bd. 1, hrsg. v. G. W. Sante und A. G. Ploetz, Würzburg 1964, S. 450 ff.) sowie auf den demnächst erscheinenden Band „Sachsen" des Handbuches der Historischen Stätten, der eine geschichtliche Einleitung und ein Literaturverzeichnis enthalten wird.

Oldenburg, im März 1965   *Harald Schieckel*

INHALTSVERZEICHNIS

Teil I
RUDOLF KÖTZSCHKE
Vor- und Frühgeschichte, Mittelalter und Reformationszeit

Der sächsische Raum als Schauplatz heimischer Landes- und Volksgeschichte

Bodengestalt und Landschaftsbild

Alles geschichtliche Leben erwächst, landschaftsgebunden, aus dem Volkstum unter dem Wirken fördernder Mächte, die im Innern gestaltende Kraft gewinnen oder von der umgebenden Welt schicksalhaft in den Lebensraum eingreifen. Wer die Geschichte eines Landes und des in ihm heimfest werdenden Volkes tiefgründig genug erfassen will, geht bei seiner Betrachtung von dem Boden aus, auf dem sich die werdende Gemeinschaft gebildet hat und alle Entfaltung volklichen Lebens von den Anfängen frühester Kultureinpflanzung bis zur Schwelle einer hochentwickelten Gegenwart vor sich ging.

Der Raum, an dem der Name Sachsen heute nach einem längeren geschichtlichen Werdegang haftet, in dem südmittelelbischen Lande östlich der Saale bis zur Görlitzer Neiße, nimmt den Südosten der thüringisch-sächsischen Bucht des Norddeutschen Tieflandes mit ihrer Gebirgsumrandung ein. Sanft ansteigend erhebt er sich in einem wohlgegliederten Dreistufenbau vom Saum der nördlichen Tiefebene zu einem welligen und hügeligen Vorgebirgsland bis zu den Höhen der großen Gebirgsschwelle, die ihn gegen den südwärts anstoßenden Sudetenraum abschließt.

Eine lange Folge erdgeschichtlicher Zeitalter hat daran gebaut, bis der Raum für menschliches Wohnen und Schaffen so bereitet war, daß sich ein geschichtliches Leben darauf zu entfalten vermochte. Nur in den wichtigsten Grundzügen seien diese Erdvorgänge einer urfernen Vorzeit berührt, soweit sie den Ablauf der Volksgeschichte mitbestimmen.

Die mächtigste im Bodenbau unseres Landes nachwirkende Erdbewegung war nach der Entstehung der tiefstliegenden paläozoischen Gesteinschichten die gewaltige Aufwölbung in der Steinkohlenzeit (Karbon): das varistische Gebirge, wie die Geologen zu sagen pflegen, ein mächtiges Kettengebirgssystem von alpiner Art, in dreifacher Faltung mit dazwischenliegenden Mulden, in seinem breiteren Westteil in nordöstlich streichende, herzynischer Richtung, während jenseits einer schmalen Zwischenzone, wo die bodenbildenden Kräfte von beiden Seiten aufeinander wirkten, der Ostteil dem sudetischen Gebirgszug angehört. Dieser Kern der festen Erdringe erhielt sich auch in jüngeren Erdzeitaltern trotz Abtragung und Aufschüttung, Schollenzerlegung und vulkanischer Arbeit, zeitweiliger Meeresbedeckung und Einflüssen der Witterung.

Urgestein, mannigfaltig zusammengesetzt, nimmt weithin die höheren Gebirgsregionen unseres Landes ein. Im äußersten Südwesten, im Bereiche des Vogtlandes, wird der Erdboden durch sehr alte Schichten, meist schiefriger Art, noch aus den Zeiten vor jener Auffaltung, vornehmlich Silur und Devon, gebildet, die zuvor in langsamer Ablagerung in einem seichten Meere entstanden waren, zeitweilig durchbrochen durch Eruptionen (Diabas), bis nach Hebung eine Trockenlegung und Aufwölbung eintrat. So weist jene Landschaft noch heute ihre Sonderart im Bodenbau und in der Bodendecke auf. Als ein mäßig hohes Gebirgs- und Hügelland, formenreich, mit vielen kleinen Mulden und Rücken, nur im Süden (Elstergebirge) und im Osten gegen das Erzgebirge hin von einigen höheren Gipfeln überragt, so stellt sich die Landschaft dar, eine vergleichsweise leicht überschreitbare Senke im Grenzbereich gegen den benachbarten Frankenwald und das Fichtelgebirge. Der Kern der Erzgebirgslandschaft, ein kristalliner Unterbau, besteht wesentlich aus breitgelagerten roten und grauen Gneisen, umgeben von einem Mantel aus schiefrigen Gesteinen. Durchdrungen ist er von einzelnen Granitstöcken (Eibenstock und Kirchberg; im Osten ein kleiner bei Altenberg). Infolge vulkanischer Tätigkeit und ihrer Niederschläge schon in früher Zeit entstanden hier mancherlei Erzlagerstätten in Gängen und Horsten, denen das Erzgebirge Namen und hohe geschichtliche Bedeutung verdankt. Eine starke Erdbewegung in der Tertiärzeit bewirkte Aufkippung und zugleich Steilabbruch gegen Süden hin; es fanden vulkanische Durchbrüche statt, die mancherorten die Bildung von Basaltbergen bewirkten. In der Folge erfuhr der Boden eine tiefere Umgestaltung nicht mehr. So fällt der Gebirgswall nach Süden mauergleich mit starken Höhenunterschieden schroff gegen den Egertalgraben ab. Völlig anders geartet ist das Landschaftsbild auf der Nordabdachung. In allmählichem Anstieg zeigt das Gebirge stufenartig übereinander breitgedehnte, wellige Hochflächen mit langstreichenden Bergrücken bis hinauf zur Kammregion, dazwischen Einsattelungen und Scharten, überragt von wenigen höchsten Gipfeln (Fichtelberg und Keilberg), an den Stellen einstiger vulkanischer Tätigkeit durchsetzt von den Basaltbergen mit charakteristischen Formen (Pöhlberg bei Annaberg, Scheibenberg) oder auch von seltsamen Verwitterungserscheinungen des Granits (Greifenstein). Am Nordwestrande liegt das erzgebirgische Becken, einst nach der Entstehung des varistischen Gebirges wirklich eine tiefe Mulde. Aber in den Niederungen wurde durch herabstürzende Bergströme und Wildbäche Schutt und Schlamm angelagert; Sumpfwälder wuchsen dort auf (mit Siegelbäumen, später Araukarien), aus denen die ergiebigen Steinkohlenflötze entstanden sind (Zwickauer Revier, Steinkohlenrevier von Ölsnitz und Lugau). In der Zeit des Rotliegenden, während eines sehr trockenen Klimas, wurden sie durch Erdmassen (Sand und Letten) eingedeckt, so daß eine ausgeglichenere Oberfläche des Erdbodens entstand; die Entdeckung der wertvollen Bodenschätze war erst einer jungen geschichtlichen Zeit vorbehalten. Nordwestlich vom Erzgebirge in gleicher Streichungsrichtung erhebt sich ein minder hohes, oval geformtes Gebirge aus Granulit, mit schiefrigem Mantel: das „sächsische Mittelgebirge". Im Inneren zeigt seine Oberfläche kaum Gebirgscharakter, nur von Süden her stellt es sich so dar, da hier der Abfall steiler ist. Nach Norden hin sinkt es, von jüngerer Deckschicht eingehüllt, nur wenig merklich ab. Hoch im Norden ragt noch ein Horst der dritten Faltung des großen Urgebirgs auf: der Colm bei Oschatz (aus Grauwacke), eine Wetterscheide und zugleich eine weithin sichtbare Landesmarke auch in geschichtlichem Sinn. Altvulkanische Tätigkeit noch in den Zeiten des Rotliegenden hat nordwärts von der erzgebirgischen Mulde und dem Mittelgebirge das Relief der Landschaft mitgeformt. Durch Aschenauswurf eines Vulkans (Porphyrtuff) entstand der klar und schön geformte Rochlitzer Berg, eine geologisch wie geschichtlich merkwürdige Erhebung im Gelände; von da breitete sich längs der Mulde einst ein großes Lavafeld aus, das in Vorkammern und Porphyren um Leisnig und Grimma bis zu den Hohburger Bergen, auch westwärts in Altenburg, zutage tritt, wenn auch nicht mehr auf geschlossenem Raum. — Erdgeschichtliche Vorgänge ganz anderer Art haben im Tertiär das Landschaftsbild Nordwestsachsens gestaltet. In diesen flachbleibenden Gegenden war zeitweilig ein seichtes Meer in die Leipziger Bucht eingedrungen. In Zeiten, als wieder der Erdboden an die Oberfläche trat, fand hier Waldmoorbildung (mit Ulmen, Lorbeer, Zypressen) statt, aus denen die Braunkohlenlager hervorgingen. So war hier schon in der Braunkohlenzeit eine breit gedehnte, leicht wellige Landschaft vorgeformt, mit Schätzen unter der Bodendecke, die erst eine jüngere geschichtliche Zeit zu erschließen vermocht hat. Anderwärts entstand an bedeutsamen Stellen (Meißen) die Porzellanerde, durch Umwandlung von Feldspat in Kaolin.

Zwischen dem West- und Ostteil Sachsens, zugleich Scheide- und Bindeglied, zieht sich ein Landstreifen längs der Elbe hin, die elbländische Zone im engeren Sinn, im Aufbau jenen beiden Gebieten vergleichbar und doch von ganz eigener Art. Nachdem schon nach der großen varistischen Gebirgsbildung ein Meeresarm vom Norden her vorgedrungen war, deckte während der Kreidezeit ganz im Südosten ein flaches Meer den Boden, auf dem sich

Sandstein und Pläner ablagerten, während ringsum ein warmes Klima dem Gedeihen von Lorbeer- und Feigenbäumen günstig war. Nach Trockenlegung blieb eine sandige ebene Fläche zurück. Aber jüngere formbildende Kräfte, Einflüsse der Witterung und Tätigkeit der Gewässer meißelten das Gelände aus. Mit seinen Ebenheiten und den überragenden, in Quadern aufgetürmten Steinen (Königstein, Lilienstein), durchbrochen an manchen Stellen von den basaltischen Rücken (Winterberg, in Böhmen Rosenberg), entstand hier das Elbsandsteingebirge, nur mäßig hoch, aber aufs stärkste profiliert, mit grotesken und phantastischen Felsgebilden, ein Landschaftsbild von eigenartig reizvoller Schönheit. Nach Nordwesten zu öffnet sich das Gebirge in die Elbtalweitung, die sich grabenartig von Pirna über Dresden nach Meißen zu erstreckt, zwischen den aus mannigfachem Gestein zusammengesetzten Hängen des östlichen Erzgebirges und dem Abfall der Lausitzer Platte im Osten; auf der Westseite ist das kleine Döhlener Becken nahe dem Plauenschen Grunde von Schichten des Rotliegenden ausgefüllt und enthält, ähnlich wie die Gebiete gleicher geologischer Formation in Westsachsen, wertvolle Steinkohlenlager. Nach Norden zu wird der Bodenbau auf beiden Seiten der Elbe durch Urgestein (Syenit) gebildet. Nördlich von Hirschstein und den Bergvorsprüngen bei Diesbar und Seußlitz tritt der Strom in die weite flache Niederung, die, hie und da noch von niedrigen Felsbildungen und Hügeln am Uferrand begleitet (Strehla), in das Norddeutsche Tiefland einmündet. Bemerkt sei, daß die ältere Landeskunde das Meißner Hochland von dem Niederland mit bezeichnendem Sprachgebrauch unterschieden hat. Indes für den südlichsten Teil dieses Hochlandes drang der Name Sächsische Schweiz, etwa seit 1760, zunächst von einzelnen Künstlern Schweizer Ursprungs gebraucht, sodann von heimischen Naturfreunden und Forschern gefördert, allgemein durch.

Einfacher ist der Bodenbau des Ostteils unseres Landes. In großer Mannigfaltigkeit ist der Boden nur im Süden, im Grenzbereich gegen Böhmen geformt, eigentümlich dadurch, daß hier im unterlagernden Sandstein der Kreidezeit durch vulkanische Tätigkeit im Tertiär Basalte und Klingsteine (Phonolitisch) durchgebrochen sind. So ragt südwestlich von Zittau ein starkbewegtes Gelände auf, das in der Lausche gipfelt; mit Erscheinungen, wie sie im Elbsandsteingebirge begegnen, durchsetzt, wird es in seinem wesentlichen Charakter durch abgerundete Bergformen und Kuppen bestimmt und bietet ein höchst eindrucksvolles Landschaftsbild. Daran schließt sich das Zittauer Becken mit Ablagerungen aus der Braunkohlenzeit, wenn auch nicht umfangreich, so doch von besonderem Wert. Nach Südosten zu beginnen die Kämme des Isergebirges. Den Kern der Oberlausitz bildet das große, schollenhafte Granitmassiv, das in breiter Lagerung nordwärts geneigt die gesamte Mitte des Raumes einnimmt, abgegrenzt nach Südwesten zu durch die „Lausitzer Hauptverwerfung" gegen das Elbsandsteingebirge. Nach Abtragung und Einfüllung von jüngeren Deckschichten dehnt sich ein williges und hügeliges Land hin, das von hohen Bergrücken und einzelnen Gipfeln überragt wird. Die größte Höhe erreicht es im Kottmar, der nach seiner geologischen Entstehung als ein Mittelpunkt anzusehen ist; nur wenig stehen ihm die Berge südlich von Bautzen (Bieleboh und Czorneboh) nach, aus Granit, während der Löbauer Berg basaltischen Ursprungs ist. Einzelne Berge von geringerer Höhe ragen im Nordwesten in dem Grenzstrich gegen das Elbniederland hin auf (Sibyllenstein; als äußerster Vorposten der Keulenberg). Nach Norden zu öffnet sich das Land weit in einer Bodeneintiefung.

Nachdem seit dem Ausgang der Tertiärzeit der Bodenbau im sächsischen Raum im wesentlichen die Gestalt angenommen hatte, wie sie in der Folge bis zu den Zeiten menschlicher Bewohnung blieb, brach noch einmal ein erdgeschichtliches Zeitalter an, das an der Oberfläche weithin starke Wandlungen bewirkte. Es geschah dies zugleich mit einer Klimaänderung, die eine merkliche Senkung der Jahrestemperatur und Zunahme der Feuchtigkeit herbeiführte. Vom skandinavischen Norden her breiteten sich gewaltige Gletscher bis in unser Land aus: das Eiszeitalter, Diluvium, setzte ein, genauer eine Folge von Eiszeiten, die durch Zwischenzeiten mit wärmerem und trockenerem Klima unterbrochen waren. So lag unser Land Jahrtausende hindurch am äußersten Rand des bewohnbaren Erdraumes und bot ein Landschaftsbild dar, ähnlich wie wir es uns im eisbedeckten Grönland vorstellen können. Unter der Vereisung bildete sich damals die Grundmoräne, dazu die Aufschüttung der Endmoränen je nach dem Stadium des Vor- oder Rückstoßens der Vergletscherung. Vor den Gletschern strömten in großer Breite und Wucht die Schmelzwässer dahin und schütteten in nordwestwärts gerichtetem Urstromtal ihre Schotter auf. All diese Bildungen ziehen sich vornehmlich in den nördlichsten Landstrichen hin; es entstanden die Geschiebemergel- und Geschiebelehmböden mit Steingeröll und Gesteinsblöcken, bisweilen mit deutlichem Gletscherschliff, auch mit erratischen Blöcken (Findlingen) nordischer Herkunft, aber auch Sand- und Kiesböden. Sehr wichtig wurde eine Bildung im Vorland: infolge von Verwehung durch den Wind schichtete sich der feinkörnige, staubartige Löß in mehr oder minder großer Mächtigkeit auf. Diese Vorkommen des Löß ziehen sich durch das mittlere Sachsen hin: sie finden sich westlich der Weißen Elster, längs dieses Flusses, sowie an der Pleiße, am Mittellauf der Mulde, besonders breit und mächtig in der Lommatzscher Pflege, in verstreuten Lößinseln auch südostwärts bis ins Elbsandsteingebirge, endlich auch in der Oberlausitz westlich von Bautzen. Die Bildungen der Diluvialzeit griffen vom Nordrande unseres Landes weit nach Süden über das Grundgestein älterer Erdschichten und schoben sich als Deckschicht über das Gebirgsvorland bis zu einer unregelmäßig verlaufenden Grenze (Feuersteinlinie) am Rande des Gebirges; die höheren Lagen des Erzgebirges wurden nicht erreicht.

Mit dem Rückgang der nordischen Vereisung begann die Nacheiszeit und damit in allmählichem Übergang die geologische Gegenwart, das Alluvium, mit manch periodischem Wechsel des Klimas und der Erscheinungen des Landschaftsbildes. Erdbeben, Bergstürze, Einflüsse der Witterung und Wirkung der Gewässer modelten auch jetzt an der Bodengestalt, aber nur in geringen räumlichen Ausmaßen. Hebungen und Senkungen des Bodens, wie am Strande der Ostsee, waren hierzulande nicht spürbar. Ansehnliche Seen bildeten sich hier nicht; wohl aber waren kleinere stehende Gewässer sehr zahlreich über das Land verstreut, auch an Stellen, wo sie später durch menschliche Einwirkungen geschwunden sind. Nicht unbedeutend waren die Bildungen von Moor und Sumpf in den Niederungen des Landes; Torfmoore finden sich auch im Südwesten im Grenzstrich des Erzgebirges gegen das Vogtland (Kranichsee: Grenzmoor). Die stärksten Veränderungen am Boden wurden durch die fließenden Gewässer bewirkt, deren Wasserführung und Kraft durch lange Zeiten viel stärker gewesen ist, als wir sie heute kennen. Tiefer gruben sie sich in ihre Täler ein; beim Durchbruch durch Urgestein wurden die Talformen ausgemeißelt, in weicherem Boden weiteten sie flache Talauen aus, bildeten Talterrassen und setzten den Aulehm ab. Am kräftigsten tritt dies in Erscheinung beim Elbstrom, der ein starkes Eigenleben mit Wechsel in den Jahreszeiten, breiten Überschwemmungen und Eisführung gezeigt hat, bis er erst in allerjüngster Vergangenheit von Menschenhand gebändigt wurde. Aber auch andere Flüsse, die Elster, die Mulden, zumal nach ihrer Vereinigung, die Spree, haben alluviale Bildungen von großer Mächtigkeit geschaffen; ja, wir können diese noch heute besonders gut beobachten, da die Regelung des Flußlaufes an manchen Stellen hier erst sehr spät oder noch gar nicht erfolgt ist. Zumeist wiesen die alluvialen Bildungen nur schmale Zonen auf. Eine breite landschaftliche Flächenwirkung über größere Räume hin zeigen nur die niederen Landstriche, die Sachsen im weiten Bogen nördlich umgeben bis nach dem nördlichsten Saume der Oberlausitz, wo die Seen- und Teichlandschaft eine Bildung von eigenartiger Schönheit darstellt. In diesem jüngsten Erdzeitalter erfuhren nur die schon gewordenen Böden die letzten, gleichsam sie aufbereitenden Wandlungen an der Oberfläche durch Einflüsse der Witterung, Niederschläge, Wind und Sonnenbestrahlung mit ihrer bleichenden Kraft, zugleich auch durch die wachsende Humusbildung. Art und Gehalt dieser obersten Verwitterungsschicht der festen Erdrinde sind um so bedeutungsvoller für das darauf sich entfaltende Leben, weil sie Standort und Nährboden der Vegetation und damit die Lebensgrundlage für Tierwelt und Menschen ist. Der Landesaufbau nach geologischen Schichten prägt sich in dem Auftreten der Hauptarten der nutzbaren Böden aus, aber ihr Verbreitungsbild zeigt größere Einfachheit infolge der ausgleichenden Wirkungen in der Deckschicht. Betrachten wir zunächst den westlichen Teil des sächsischen Raumes. Ganz im Norden zieht sich eine schmale Zone unfruchtbarer Kies- und Sandböden hin, hier und da von anbaufähigem Lößsand durchsetzt. Um Leipzig, zumal im Südosten, nehmen die schweren Geschiebelehmböden einen größeren geschlossenen Raum ein; sie stellen der Bearbeitung mit einfachen Werkzeugen Schwierigkeiten entgegen und haben nicht früh in die Nutzung einbezogen werden können, aber bei fortgeschrittenem Bodenanbau (Tiefpflügen) sind sie um ihres reichen Nährstoffgehaltes willen als besonders fruchtbar zu bezeichnen. Nach Süden zu schließt eine Zone lößähnlicher Lehmböden an, von wechselnder Bodengüte, je nach der Art des Untergrunds; minder günstig sind sie östlich der Pleiße sowie südostwärts von Wurzen nach der Elbe zu. Eine Bodenart von besonderer Güte stellt der reine Löß dar; dank seines Gehaltes an Nährstoffen und seiner Fähigkeit zur Wasserhaltung begünstigt er die Erzielung guten und sicheren Ertrags beim Ackerbau und konnte, da er leicht bearbeitbar ist, auch schon in früher Zeit mit noch wenig vollkommenen Ackerwerkzeugen in Nutzung genommen werden. Ein breites Band der Böden mit echtem Löß zieht sich durch das mittlere Sachsen hin. Tiefgründig tritt er am Elsterrand bei Pegau auf; sehr günstige ausgedehnte Lößböden finden sich östlich von Mügeln nach der Elbe zu, besonders in großer Mächtigkeit um Lommatzsch. Südlich dieser besten Lößböden zieht sich wieder eine schmale Zone lößähnlicher Lehmböden hin und schiebt sich stellenweise bis über den Rand des Erzgebirges. Darüber ragen breit die südlichen Regionen des höheren Gebirges auf, wo die Bodenart wesentlich von der Beschaffenheit des anstehenden Gesteins abhängt. So verschieden nun dies auch ist, zumeist sind die Vorbedingungen für die Bildung guter, leicht nutzbarer Ackerkrume nicht gegeben. Wenig günstig sind die sandigen und kiesigen, auch tonigen Böden, wie sie im Gebirgsvorland auf dem Rotliegenden entstanden. Im Vogtland, das eine große Mannigfaltigkeit der Gesteinsarten zeigt, tritt meist lehmiger und lehmigsandiger Schieferboden auf, der, zumal bei diabasischem Grunde, der Nutzung im Anbau günstigere Möglichkeiten bieten kann. Im Erzgebirge herrschen grusige Lehmböden mit Steinen vor, besonders ungünstig sind die Grusböden im Bereich des Eibenstocker Granits, während die Böden im östlichen Erzgebirge besser für den Anbau sind; weithin dehnt sich reiner Waldboden. Die elbländische Zone weist eine gewisse Eigentümlichkeit auf. In ihren nördlicheren Abschnitten ähnelt sie den im Westen angrenzenden Böden. Der Löß zieht sich jedoch hier besonders weit nach Süden bis nahe an Dresden; lößähnliche Lehmböden reichen bis an das Elbsandsteingebirge. Aber östlich von Dresden, in der Heide und im Elbsandsteingebirge selbst, treten die reinen Sandböden auf, im Gebirge auch der nackte Fels, so daß Wald und Ödland dicht neben den Fruchtgefilden liegen. Die Oberlausitz zeigt ein wesentlich anderes Verbreitungsbild als das westelbische Gebiet. Im Norden herrschen hier auf weitesten Strecken die Sandböden, teils schwach lehmig, vor, dazwischen Böden von mooriger Art. Nur westlich von Bautzen findet sich auf kleinem Raum der echte Löß. Das Oberlausitzer Land ist gleichsam inselartig durchsetzt von lehmigen Sandböden auf granitischem Untergrund. Den Südosten nehmen lößähnliche Lehmböden ein. Im äußersten Süden finden sich wieder Sand- und Kiesböden im Lausitzer Gebirge. — Bei diesem Überblick über den ganzen sächsischen Raum treten deutlich die Einzellandschaften heraus, die für Siedlung und Bodenanbau von frühen Zeiten her besonders begünstigt erscheinen, während andere Räume danebenliegen, die erst bei fortschreitender Kultur erschlossen zu werden vermochten. Damit sind wesentliche Erscheinungen der im Boden verwurzelten heimatlichen Siedlungs- und Kulturgeschichte vorgezeichnet.

Ein reiches Netz von Wasseradern ist über das Land gebreitet, mannigfaltig verzweigt und verästelt im Gebirge, einfacher im Vorland und in der Niederung. Die Gewässer sind in dem starren Boden das bewegliche, unmittelbar lebenspendende Element, Kraftquellen, und stellen Richtlinien für den Verkehr und damit für geschichtliche Bewegungen dar. Wie im Bodenaufbau, so weist der sächsische Raum auch eine dreifache Gliederung auf, die durch die Bewässerung des Landes geschaffen ist. Alle Flüsse strömen von Süden nach Norden mit starkem oder schwächerem Gefäll von den Höhen des Gebirges durch das Hügelland dem Tiefland zu, nicht völlig in gleicher Richtung, vielmehr mit charakteristischen Besonderheiten; sie wirken mit ihren Nebengewässern zwischen den Wasserscheiden raumbildend und markieren bedeutsame Bodenabschnitte. Im äußersten Westen strömt die Saale, vom Fichtelgebirge her, in stark gewundenem Laufe, das an den Frankenwald nordöstlich anschließende Bergland in einem Engtal durchbrechend, mit weiter westlicher Ausbiegung nach Norden zu, an der Mündung der Unstrut vorbei, wo sich die „Thüringer" Pforte öffnet, sodann in breiterer Talaue bis zur Elstermündung. Auch die Weiße Elster, im Elstergebirge entspringend, strömt in gewundenem Laufe ein wenig westlich ausbiegend in nördlicher Richtung. Bezeichnend ist die scharfe Wendung des Elsterknies nach Westen am Unterlauf, da wo sie die Pleiße aufgenommen hat und in breiter, einst bruchiger Auenlandschaft der Saale zufließt. So schließt sich an beiden, einander nahen Flüssen ein Raum zusammen, der nördlich von der Landschaft an der oberen Elster, das Gebiet um die mittlere Elster und Pleiße zusammenfaßt. Die Mulde strömt aus zwei starken, tief eingefurchten Quellflüssen im westlichen und östlichen Erzgebirge zusammen. Dies Zweimuldenland nimmt nahezu die ganze Erzgebirgslandschaft in ihrer Breite ein, dazu weiter nordwärts einen großen Teil Mittelsachsens, in sich wiederum gegliedert durch die wasserreiche, ein steilwandiges Tal durchströmende Zschopau, die wie die Mittelachse des ganzen Gebietes erscheint. Nach ihrer Vereinigung fließt sie, ein Stück der Porphyrlandschaft durchbrechend, dem Tiefland zu und bildet dort eine breite Aue mit Altwässern und Nebenarmen, die bis zur jüngsten Vergangenheit den Charakter urtümlicher Flußlandschaft in der Niederung gut gewahrt hat. Der Hauptstrom, die Elbe, tritt aus dem Raume seines Oberlaufes vom Riesengebirge her durch ein Engtal der „Sächsischen Schweiz" in das Land ein und gelangt durch die Pforte bei Pirna in die Dresdner Elbtalweitung; unterhalb Meißens durchbricht er auf kurzer Strecke nochmals ein enges Tal mit steileren felsigen Gehängen und nimmt, hier und da noch von hügeligen Erhebungen begleitet, den Charakter eines Tieflandflusses an. Der große, herrliche Strom behält in seinem Laufe die eingeschlagene nordwestliche Richtung bei. Von Westen her nimmt er die Flüsse des östlichen Erzgebirges und des nördlich vorgelagerten Berglandes auf; spärlicher strömen sie von Osten zu. Die elbländische Zone als Stromlandschaft bleibt vergleichsweise schmal, behauptet aber dabei ihre Bedeutung als Scheide- und Mittelglied zwischen dem Ost- und Westflügel des ganzen Landes. In der Oberlausitz gehört bei weitem der größte Teil des Flußnetzes der Spree zu, die in ihrem Oberlauf ein Gebirgsfluß, sodann die Granitplatte in tiefem Tal mit seinen „Skalen" durchbrechend weiter nördlich zu einem breit sich verzweigenden Tieflandsfluß wird. Im äußersten Osten strömt die Görlitzer Neiße gleichfalls in nördlicher Richtung der Oder zu; nur die kleine Mandau (bei Zittau) nimmt sie von Westen her auf. So gliedert sich das Land nach seiner Bewässerung in kleinere Räume, die, auch nach den Bodenarten unterschieden, einen bestimmten Landschaftscharakter ausprägen und in der Geschichte eigenartige Bedeutung gewonnen haben. Die Flüsse, tief eingegraben mit ihren Wasserrinnen, streckenweise zwischen sumpfigen Ufern nur an Übergangsstellen passierbar, bilden als Verkehrshemmnisse Bodenabschnitte von geschichtlichem Belang, zumal im Tiefland in westöstlicher Richtung. So kann man vom Elster- und Muldenabschnitt sprechen, erst recht bei der Elblinie, auch bei der Spree, und endlich bei der Neiße. Aber die größeren Wasserläufe leiten auch in die benachbarte Umwelt durch die Verkehrsmöglichkeiten, die das

Flußtal oder der Talrand bieten. Als stärkste Kraft in solchem Sinne wirkt der länderverbindende, zum Großverkehr geeignete Elbstrom, der vom Sudetenraum her kommt und nach Nordwesten die Bahn zum norddeutschen Tiefland und zur Nordsee, somit zum offenen Weltmeer weist.

Wie in der Bodenbeschaffenheit, so ist die Entfaltung des geschichtlichen Lebens durch die Lage unter dem Himmelsstrich bestimmt. Auch das Klima und sein Einfluß auf die Vegetation und die Daseinsbedingungen von Mensch und Tier muß in seinem Werden und Wandel verstanden werden. Seit dem Ausgang der Eiszeit hat ein gewisser Wechsel der Klimaperioden stattgefunden, was aus Funden vorgeschichtlicher Pflanzen und Tiere, zumal bei Beobachtungen im Torfmoor, und an Erscheinungen einer Reliktflora und -fauna in der Gegenwart erkenntlich ist. Während des arktischen Klimas war das offene Land nur von dürftigen Tundren bedeckt; Renntier, Schneehase und Eisfuchs fristeten ihr Leben. Nach allmählicher Erwärmung trat ein gemäßigtes kontinentales Klima ein. Im flachen Lande breitete sich eine steppenartige Vegetation aus. Die Kiefer und die Birke stellten sich ein, danach die Hasel, bildeten leichte, waldartige Bestände. Sodann wuchs in den Niederungen Eichenmischwald mit Linden und Ulmen auf, im Gebirge der Fichtenwald. Als um die Ostsee das „Litorina-Meer" sich bis zum Ozean ausdehnte, folgte auch im mitteleuropäischen Binnenlande eine warm-feuchte, atlantische Klimaperiode, die der Ausbreitung des Laubwaldes, im Gebirge auch des Tannenwaldes, förderlich war, neben Grasfluren im offenen Gelände. Aber dann folgte eine Klimasenkung, die Witterung wurde kühler und feuchter, so daß der Jahresdurchschnitt der Wärme merklich niedriger war. Ein solches Klima war dem Waldwuchs günstig, und wirklich muß eine nicht unbeträchtliche Ausdehnung der Waldbestände, im Gebirge der Nadelhölzer, in den Niederungen des Sumpfwaldes, eingetreten sein. Etwa um den Beginn der eigentlich geschichtlichen Zeit scheint das Klima wieder freundlicher gewesen zu sein, so wie es bis in die Gegenwart Bestand gehabt hat. Indes nicht nur Klimawechsel in solch bedeutendem Ausmaße hat sich eingestellt. Innerhalb dieser großen Zeiträumen haben wohl auch Klimaänderungen von minder starker Wirkung stattgefunden: wahrscheinlich Schwankungen in einem gewissen Wechsel nach Jahrhunderten, ganz sicher die in verschiedenen Ländern beobachteten kleinen Klimaperioden von jeweils etwa 30 bis 35 Jahren, also annähernd für Zeitabschnitte wie man sie auch nach der Generationenfolge zählt. Es ist unverkennbar, daß gerade diese periodischen Änderungen des Klimas auf geschichtliche Vorgänge von maßgebendem Einfluß gewesen sind.

Betrachten wir die Grundfaktoren des Klimas in der geschichtlichen Zeit und Gegenwart. Der sächsische Raum liegt in einem Bereich des Überganges von dem ozeanischen Klima des westlichen Europas zu dem kontinentaleren des Ostens, fern von der See, aber auch abgelegen von den südöstlichen Steppen. Wärmegrade und Menge der Niederschläge sind dabei wesentlich von der Höhenlage abhängig. So weist Sachsen auffallende Unterschiede der Klimabeschaffenheit auf: es gibt Landstriche, die an Gunst des Klimas den besten Lagen Deutschlands gleichen, während andere an Klimaerscheinung in hoher nördlicher Breite erinnern. Die stärksten Verschiedenheiten werden durch die Bodenerhebungen bedingt; Unterschiede in west-östlicher Richtung fehlen zwar nicht, sind jedoch von minderer Bedeutung. Nach dem zuträglichen Maß von Wärme und Feuchtigkeit im Jahresdurchschnitt scheiden sich Räume von mehr oder minder günstiger Art für das Pflanzenwachstum und damit mittelbar für die Siedlung und Wirtschaft der Bevölkerung. Es trifft sich dabei, daß die niedrigen Lagen die wärmeren sind und zugleich die geringere, aber ausreichende Menge an Niederschlägen haben, während in den höheren Gebirgslagen bei abnehmender Wärme die Niederschläge allzureichlich werden und die lange Dauer der Schneedecke das Gedeihen der feineren Kulturpflanzen hemmt. Die durch Wärme am meisten begünstigten Räume (über 9 ° im Jahresdurchschnitt) liegen um Leipzig, um Meißen, sowie im Elbtal von Riesa aufwärts über Dresden hinaus. Südlich von jenen Landstrichen schließt sich eine nur wenig an Wärme nachstehende Zone im nordwestlichen und mittleren Sachsen, auch in begünstigteren Lagen des Vogtlandes an. In schmalen Bändern zwischen den Isothermen ziehen die Zonen abnehmender Wärme nach den Höhen des Gebirges hinauf, wo am Fichtelberg ein Jahresdurchschnitt von 4 ^{0}, auf dem Gipfel sogar nur 2,5 ^{0}, besteht. Der trockenste Landstrich ist die Gegend beim Elbaustritt (unter 500 mm jährlicher Niederschläge). Etwas reichlicher (600 mm) fallen sie im Nordwesten um Leipzig, sodann an der Mulde um Wurzen und von Riesa elbaufwärts bis Dresden. Schon stärker sind die Niederschläge in einem großen Raume des Gebirgslandes, auch um Zwickau und Plauen im Vogtland. Sehr ungleichartig reihen sich nun die Zonen mit weiter ansteigenden jährlichen Niederschlägen nach dem Gebirge hinauf, bis die größte Menge südlich von Eibenstock (1200 mm) erreicht wird. In der Oberlausitz entspricht die Verbreitung der Klimaerscheinung von Norden nach Süden jener in den westlicheren Landesteilen, nur ist die Wärme vergleichsweise geringer, die Niederschläge sind reichlicher: im ganzen ist das Klima merklich rauher.

Entscheidend für die Gunst des Klimas ist nun aber nicht wesentlich der Jahresdurchschnitt, vielmehr die Verteilung über das Jahr, das Verhältnis der Sommer und Winter, vornehmlich das Klima der Vegetationsperiode. So sind Ermittlungen über die für das Gedeihen der Kulturpflanzen und Waldbäume maßgebenden Erscheinungen zu machen (sog. phänologische Beobachtungen): über die Phase des Frühlingseinzugs, Saat und Blüte, Fruchtreife und Ernte, Abfall des Laubes und Winterruhe. Auch hierbei ist eine Abstufung gradweise nach der Gunst der Vorbedingungen erkennbar, die in ihren Grundzügen den obigen Zonen der Witterung folgt (Karten über Beginn der Roggenernte). Mehrere Kulturzonen lassen sich unterscheiden. In der untersten gedeihen alle mitteleuropäischen Gewächse, ergiebige Flächen für Weizenanbau sind vorhanden, auch Weinbau wird getrieben und feineres Obst reift, ja selbst Mais und Tabak kann gepflanzt werden; in den Waldungen herrschen die größeren fruchttragenden Laubbäume, Eiche und Buche, vor. Am günstigsten für die Kultur ist Leipzigs Umgebung, sowie das Elbtal bis hinauf nach Pirna. Das benachbarte Mittelsachsen, die Umgebung von Plauen i. V. und der äußerste Südosten der Oberlausitz schließen sich dieser bevorzugten Kulturzone an, wenn auch nicht in gleich voller Gunst der Lage. Eine mittlere Zone umfaßt andere Striche des mittelsächsischen Berg- und Hügellandes sowie manche Striche des Vogtlandes und an den Hängen des Erzgebirges, auch die mittlere und südöstliche Oberlausitz. Das Auftreten der empfindlicheren Kulturgewächse nimmt in dieser Zone allmählich ab; nur noch geringere Obstarten werden angetroffen, auf dem Acker wird Roggen bevorzugt neben der überall vorkommenden Kartoffel. Die Buche fehlt nicht, aber die Nadelhölzer Tanne und Fichte füllen die Waldbestände, die Lichtungen dazwischen nehmen kurzgrasige Bergwiesen ein. In der obersten Kulturzone ist es oft noch unsicher, ob Roggen und Hafer reifen; die Grünlandwirtschaft (Beweidung) breitet sich hier aus. Der Obstbau ist kaum mehr möglich; nur die Eberesche, der Vogelbeerbaum, zeigt im Herbst seine hellroten Früchte. Sumpfige Bergwiesen ziehen sich zwischen den Wäldern hin, bis in der höchsten Region die Moorkiefer und dürre Heide dem öden Lande einige Form und Farbe verleihen.

Überschauen wir alle wesentlichen Züge, die den Charakter des natürlichen Landschaftsbildes, Bodengestalt und Bodenart, Bewässerung, Klimawirkung und Pflanzenkleid bestimmen, so stellt sich uns der sächsische Raum in dem Umfang, wie er hier verstanden wird, als ein mäßig bewegtes, allmählich zu größeren Höhen aufsteigendes Bergland dar, das aus einem schmalen Saum der Tiefebene sich erhebt. Die hochgereckten, himmelstürmenden, zackigen Gipfel und die schauerlich tiefen Abgründe fehlen im Lande; nur in kleinerem Maße sind schroffe, steil aufsteigende oder zerklüftete Felsgebilde bei überragenden Bergen und in tief eingerissenen Tälern mit schäumenden Flüssen zu schauen. Es gibt eben Landstriche, glatt wie die See, die sich in unendliche Weiten dehnt. Bezeichnend ist aber die große Mannigfaltigkeit der Geländeformen von ausgeglichener Art: wellige

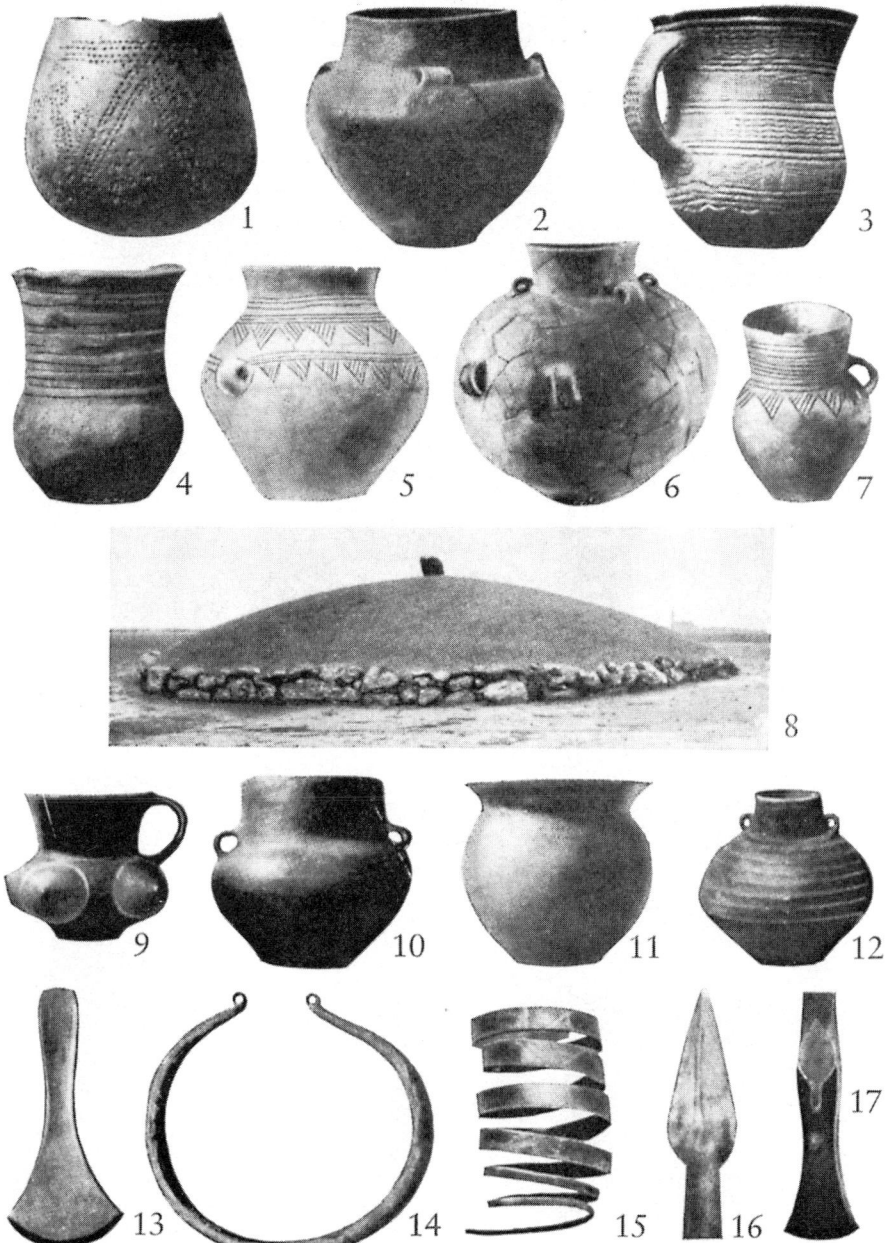

Abb. 1   *Steinzeit:* 1. Bombentopf der Stichbandkeramik (Günthersdorf); 2. Kugel=
amphore (Börtewitz); 3. Glockenzonenbecher (Pegau?); 4. Schnurbecher
(Miltitz); 5. Schnuramphore (Miltitz); 6. Schnuramphore (Eutrich); 7. Schnur=
becher (Litten). – *Bronzezeit,* Lausitzer Kultur: 8. Hügelgrab (Gävernitz);
9. Buckeltasse (Wessel); 10. Amphore (Neudorf); 11. Eiförmiger Topf
(Caßlau); 12. Riefenamphore (Weinböhla). Bronzen: 13. Randaxt (Cars=
dorf); 14. Ösenhalsring (Carsdorf); 15. Armspirale (Wildenhain); 16. Lan=
zenspitze (Wildenhain); 17. Lappenaxt (Wildenhain).

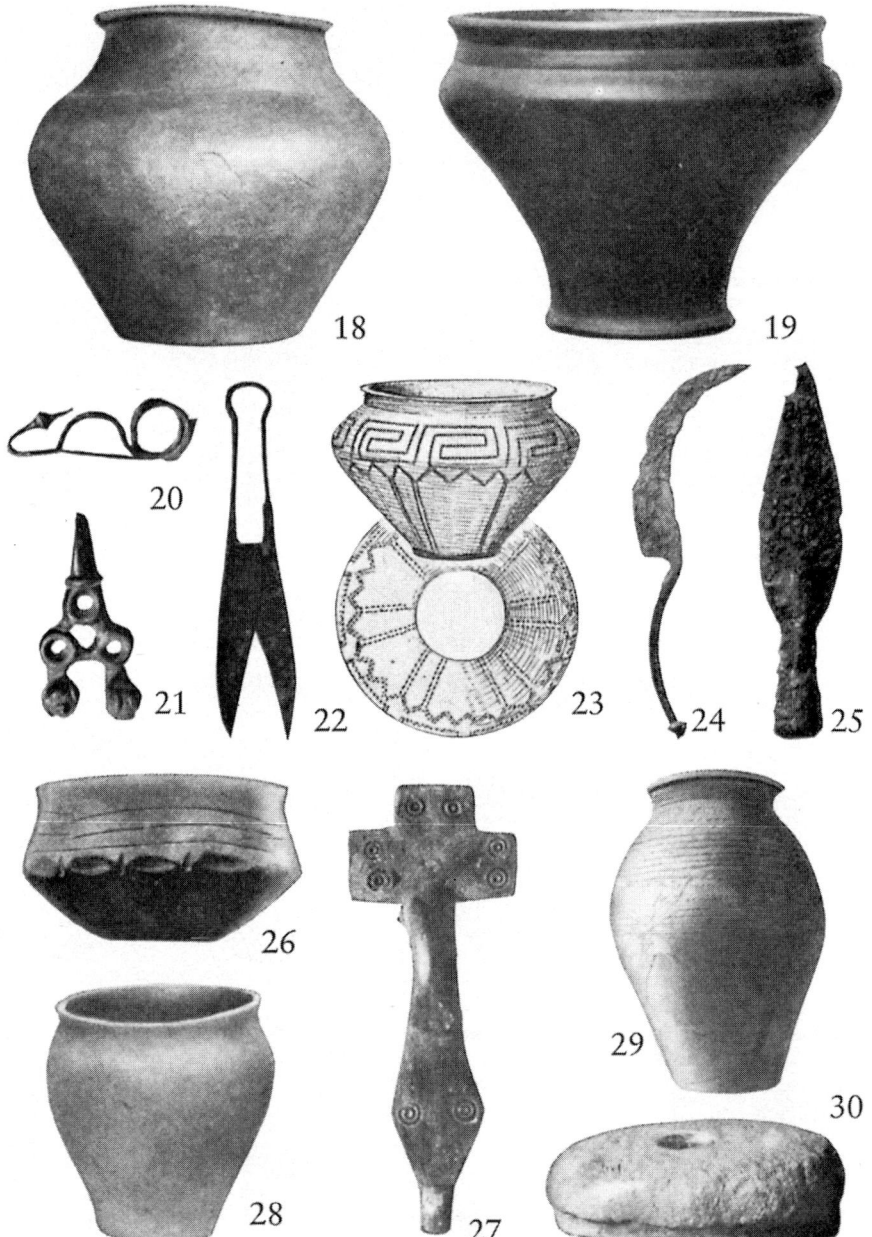

Abb. 2 *Germanenzeit:* 18. Westgermanische Terrine, 19. Scheibengedrehte Terrine, 20. La=Tène=Fibel, 21. La=Tène=Gürtelhaken (18–21 Cröbern); 22. Eisen=schere, 23. Hermundurisches Mäandergefäß, 24. Stielmesser, 25. Lanzen=spitze (22–25 Hänichen); 26. Schalenurne, 27. Kreuzkopfplattenfibel mit Tierkopffuß (26, 27 Eulau=Elstertrebnitz). – *Slawenzeit:* 28. Frühslawisch=awarischer Topf (Dresden=Stetzsch); 29. Mittelslawisch=frühdeutscher Vor=ratstopf (Loga); 30. Frühmittelalterlicher Mahlstein (Kettewitz).

Flächen und hügeliges Gelände, langezogene Bergrücken, abgerundete Gipfel, eingewölbte Mulden und Talkessel mit sanften Hängen. So schließen sich in wechselreichem Nebeneinander kleine Räume von landschaftlicher Eigenart zu einem großen einheitlichen Gesamtgefüge zusammen. Über all dies legt sich, hier ausgleichend, dort Gegensätzliches hervorhebend, die weite, aus Natur und Kultur gewobene Pflanzendecke wie ein Teppich mit dunklen und hellen Farben; sie vornehmlich bestimmt den Grundton der äußeren Erscheinung der Landschaft, denn nur an wenigen Stellen tritt nackter Fels zutage. Als markantester Grundzug im Landschaftsbild besteht von den vorgeschichtlichen Zeiten bis zur Gegenwart der Gegensatz zwischen Wald oder Sumpf und offenem Gelände, „Gefilde", wie mit bezeichnendem Ausdruck gesagt worden ist. Der Wald trat einst in der Art des undurchdringlichen Urwaldes auf; daneben gab es auch lichtere Bestände, Heiden und Heidewald. Das alte Offenland war bei trockener Zeit steppenähnlich, sonst von savannenartigen Grasfluren bedeckt, auch stellenweise mit Gehölzhorsten durchsetzt, Parklandschaft, zumal in der Randzone gegen den Hochwald.

In diese von der Natur vorgeformten Räume hat die Volksgeschichte ihre Züge eingegraben und so in einer Arbeit von Jahrtausenden an der Ausgestaltung des Landschaftsbildes mitgewirkt, wie es sich uns heute in reizvoller Mischung von Natur- und Menschenschöpfung darstellt. Nicht gleichartig geschah dies über den ganzen Raum hin. Es ist vielmehr in den Bedingungen der Landesnatur begründet, daß sich der Schauplatz sächsischer Geschichte nach historischen Landschaftsräumen gliedert. In einer natürlichen Folge traten diese in die geschichtliche Entwicklung ein, am frühesten die altbesiedelten Landstriche, die mit fortschreitender Kultur zu den Kornkammern des ganzen Landes geworden sind: die Lommatzscher Pflege bis Meißen, das Elbtal um Dresden neben seinen Ackerbreiten zugleich mit zahlreichen Weinbergshäusern, dazu in jüngeren Zeiten das Leipziger Land; im Osten, wenn auch nicht von gleicher Gunst, das Oberlausitzer Mittelland. Von den Altgefilden nahm das höhere geschichtliche Leben seinen Ausgang: hier entstand die erste staatliche Ordnung, hier lagen die Stätten frühester Geistespflege; und immer wieder waren diese Räume in Zeiten fortgeschrittenen geschichtlichen Daseins Kraftfelder politischer Macht, Ausstrahlungsbereiche einer verfeinerten geistigen Kultur. Aber neben den durch Bodenfruchtbarkeit ausgezeichneten Räumen lag, in der Geschichte des Landes von nicht minder großer Bedeutung, die ansehnliche Waldregion, von den südlichen Gebirgshöhen nordwärts weit in das einstige Offenland hineinragend, während langer Jahrhunderte ein schützender Waldgürtel und eine Verkehrsschranke, aber sodann in agrarischer Siedlung aufgelichtet und sehr bald die Region, in der tieferliegende Bodenschätze gehoben wurden, das Bergwerksrevier des Landes mit seinen Halden, Huthäusern und Hammerwerken, der Raum eines reichen, sich entfaltenden bodenständigen Kunstfleißes. Auch hier entstanden Kraftfelder geschichtlicher Auswirkung: in der jugendlich aufstrebenden Epoche der Einwurzelung eines heimisch werdenden deutschen Volkstums und wieder, so oft neue Bodenfunde, Arbeitsfortschritt und Wirtschaftsertrag die Bevölkerung stark anwachsen ließen, ein neuer Blutstrom hier aufbrach und die Lande in Kunst- und Bildungspflege auf Zeit die Führung gewannen. Diese Landschaften von eigener Art, Nordwestsachsen, das Vogtland, das Erzgebirge mit seinem Vorland, das meißnische und Dresdener Elbland, die Oberlausitz, waren auch der Boden für das Aufwachsen einer Bevölkerung mit mannigfachen Unterschieden der Abstammung, der Blutzusammensetzung, der Mundart, der volkstümlichen Sitten und Bräuche, überhaupt einer besonderen Ausprägung der Volksart. In den einander folgenden Zeiten haben sie in verschiedener Art und Stärke die Entwicklung des gesamten sächsischen Raumes bestimmt, dessen Geschichte in nicht geringem Maße auf solchem Gefüge charaktervoller Einzellandschaften beruht. Über der Vielheit der Einzellandschaften aber baut sich das Ganze auf: in der politischen Geschichte, die zu einer staatlichen Einheit geführt hat und in der Verbreitung einer Gesamtkultur.

Vorgeschichtliche Zeit

Erster Abschnitt

Die Anfänge bodenständiger Kultur

Wer dem Auftreten des Menschen in unseren Landen nachforscht, muß den Blick über nach Jahrtausenden zählende Zeiträume in sehr frühe vorgeschichtliche Zeiten zurücklenken. Schon vor Ausgang des Eiszeitalters, in der Altsteinzeit, sind seine Spuren nachweisbar, nicht so zahlreich und eindrucksvoll, wie weiter westwärts an den großen Fundplätzen bei Weimar (Taubach und Ehringsdorf), neuerdings im Geiseltal bei Merseburg und im Lande an der Orla, aber doch hinlänglich klar erkennbar an hinterbliebenen Bodenfunden, wie sie jener Zeitstufe zuzuweisen sind. Am besten bezeugt ist das Dasein des altsteinzeitlichen Menschen im nördlichen Sachsen bei Markkleeberg; vereinzelt liegen Funde aus Landstrichen Westsachsens bis ins Vogtland und aus der Elbzone vor, besonders bedeutsame bei Burk nö. Bautzen. In Höhlen oder unter überhängendem Fels nahm der Mensch seinen Aufenthalt; es gab auch Wohnstellen im offenen Gelände (Freilandstationen). Von da aus suchte er seine Nahrung in mühevoller Sammlertätigkeit. Äußerst dürftig war die Lebenshaltung. Bräuchlich war Werkzeug aus Knochen und geschlagenen, ja schon gut mit Dengelung bearbeitetem Stein, was zu allerhand Arbeitsverrichtung diente: Klingen und Spitzen, Schaber zur Herstellung von Rillen, Kratzer u. dgl. Schon läßt uns eine allmählich wachsende Zahl von Funden die Vorstellung begründet erscheinen, daß von jener altersgrauen Vorzeit bis zu den Anfängen wohlbekannter Kultur Zusammenhänge einer nie wieder völlig abgebrochenen Entwicklung bestehen.

Die mittlere Steinzeit umspannt Jahrtausende der Nacheiszeit, in der ein kalt-trockenes, allmählich wärmer werdendes Klima dem Menschen günstigere Daseinsbedingungen und die Möglichkeit verbesserter Lebenshaltung bot. Schon ist von einer Art dürftigsten Wohnbaus zu sprechen. An bezeichneten Stellen inmitten eines weiten, offenen Schweifgebietes ist die Benutzung von Wohnhügeln erkennbar, in der Nähe des Wassers,' jedoch in hochwasserfreier Lage, nicht nur zu flüchtiger Rast, sondern schon zu längerem Weilen, wenn auch nur mit dürftiger Vorrichtung. Von dort aus wurde im Umkreis einfache Sammelwirtschaft geübt, die Jagdgründe wurden aufgesucht und Fischfang getrieben. Das Nutzgerät war aus Feuerstein (Flint) oder Stücken felsigen Gesteins hergestellt, mit mancherlei Gestaltgebung je nach dem praktischen Zweck, dem es zu dienen hatte, aber auch mit Formunterschieden, die eine allmähliche Entwicklung zu größerer Brauchbarkeit sowie Einflüsse in weiteren Kulturzusammenhängen aufzeigen. Wie schon zuvor waren es Klingen, Hacken, Hauen, Hämmer, Beile, Spalter, Bohrer u. a.; Leitform sind die weitverbreiteten Walzenbeile, während die Spitzhaue eine Besonderheit im mitteldeutschen Raum darstellt. Auch die Anfertigung töpferner Gefäße wurde erfunden. So muß schon eine Art Wohn- und Wirtschaftsgemeinschaft in kleineren Gruppen bestanden haben, die bei dem Kampfe ums Dasein inmitten der übermächtigen Natur förderlich war. Mit einem Aufwand an Scharfsinn und Erfindungsfähigkeit, die nicht unterschätzt werden darf, wurde solcher Kampf geübt und allmählich der Besitz an Kulturgut vermehrt.

Ein mächtiger Fortschritt, begünstigt durch die Gaben der Landesnatur, in einer Zeit mild-atlantischen, sodann warm-trockenen Klimas, gelang in der *Jungsteinzeit*, deren Hinterlassenschaft an äußerem Kulturgut durch große Mannigfaltigkeit, Formenreichtum und

Fundverbreitung unser Staunen erregt. Etwa vom 5. bis zum Beginn des 3. vorchristlichen Jahrtausends währte der Zeitraum, der unter dieser Bezeichnung zusammengefaßt werden darf. Deutlich lassen sich darin Zeitabschnitte unterscheiden, wie auch Kulturbeziehungen zu den Umlanden, ja Völkerbewegungen erkennbar sind. Als Leitform zur Kennzeichnung des Kulturstandes sind die Tongefäße mit der ihnen eigentümlichen Formgebung und Zierweise zu verwerten. Die Bodenfundforschung hebt eine Gruppe von Gefäßen hervor, die nach der spiralförmigen oder in Stichreihen- und Winkelbandmustern angebrachten Verzierung benannt wird, oft als Bandkeramik bezeichnet, und von ihr unterschieden die Schnurkeramik, bei deren Gefäßen durch Eindrücken von Schnüren gemusterte Verzierungen entstanden sind. Die mittelelbische Bandkeramik stand in offenkundigem Zusammenhang vornehmlich mit der jungsteinzeitlichen donauländischen Kultur, in der das Spiral- und Mäanderornament besonders charakteristisch auftritt. Anders die Schnurkeramik. Ihre Erzeugnisse zeigen Ähnlichkeit mit entsprechenden in den nordöstlichen Harzgegenden (Typ von Walter-Nienburg; Rössen bei Merseburg); vornehmlich mitteldeutsch, weisen sie letzthin auf einen Zusammenhang mit einer frühsteinzeitlichen Kultur in Jütland und Schleswig, die an der Bestattung in kleineren Einzelgräbern neben der Kultur der großen Steingräber bedeutsam hervorgetreten ist; ihre Träger werden in der Vorgeschichtsforschung als die Streitaxt-Leute bezeichnet.

Die Bevölkerung, welche in unseren Landen die Spiral- und Stichbandkeramik übte, saß im Nordwesten Sachsens, an den Terrassen der Elster (Zauschwitz bei Pegau), im Altenburger Land, in einem breiten Raum von der Mulde über Mügeln nach Lommatzsch und Meißen zu, dann elbaufwärts bis zum Gebirgsrand; bevorzugt waren die Böden mit günstigem Löß, doch war die Siedlung darauf nicht eingeschränkt. Die Bevölkerung lebte in Zuständen bäuerlicher Art. An feste Siedlung war sie gewöhnt; man kann von Dörfern, besser wohl von Weilern sprechen, in denen sie hauste. Unregelmäßig ist in der Regel die Form dieser Ortsanlagen. Die Wohnstätten liegen gruppen- oder haufenähnlich beieinander; doch ist auch ein reihenförmiges Dörfchen (bei Crimmitschau) deutlich nachweisbar. In der Regel bestand ein solcher Siedelplatz aus Grubenwohnungen, die von unregelmäßiger Form zu sein pflegten; rechteckige Grundrisse, wie sie anderwärts begegnen, sind hierzulande noch nicht hervorgetreten, doch bleibt ihre Aufdeckung für künftig möglich. Die Wohngruben waren mit Erdbänken ausgestattet; Hüttenbewurf war in Brauch. In solcher Siedelweise prägt sich eine Gemeinschaft aus, mochte sie auf Abstammungszusammenhang oder andersartiger Gruppenbildung beruhen; sie gründete sich wohl auf wirtschaftlicher Selbstgenügsamkeit ohne erheblichen Gütertausch. Noch immer wurde sammelwirtschaftliche Tätigkeit ausgeübt. Dies bekunden Geräte, die zur Fischerei dienten (Netzschlepper); Jagd auf Wild wurde getrieben. Aber auch Geräte für die Bodenbearbeitung waren bekannt: die Hacke, wohl auch schon ein einfaches Pfluggerät mit Schar. So scheint nicht nur Hackbau üblich gewesen zu sein, vielmehr bereits eine Feldbestellung mit bespanntem Pflug. Auf den besten Böden wurde Weizen gepflanzt, auf geringeren Hafer, während die allzu trockenen Böden nur der Sommerweide gedient haben mögen. Die Verwertung des Getreides bezeugen die Mahlsteine mit ihren Läufern, die recht häufig aufgefunden worden sind. Das Arbeitsgerät wurde noch teilweise aus Knochen hergestellt, vornehmlich aber aus Feuerstein und anderem sorgfältig gewähltem Gestein, das man zu schleifen und fein zu polieren verstand. Es war allerlei Werkzeug für Stein- und Holzbearbeitung in Brauch: Beile und Äxte, Klingen, Steinzeug zum Klopfen und Glätten, Schaber, Bohrer, Keile, so die Schuhleistenkeile, auch sog. Setzkeile zur Spaltung von Stämmen. Aus Holz wurden Gebrauchsgegenstände gefertigt, die uns nicht mehr erhalten sind. Dazu verstand man sich auf das Flechten, auf Bearbeitung von Häuten, auf Anfertigung von Kleidung durch Spinnen und Weben (Spinnwirtel, Tonständer als Webgewichte). Die Tongefäße, von Töpferinnen hergestellt, dienten der Nahrungsbereitung, der Beleuchtung und auch der Aufbewahrung von Vorräten, nach

dem Aufkommen der Leichenverbrennung der Aufnahme des Leichenbrandes und den Bei-
gaben bei der Bestattung. Die Kunst der Feuerhaltung (Glimmfeuer) und der Feuererzeu-
gung durch Bohren war bekannt. So gewinnen wir die Vorstellung einer schon ansehnlichen
und mannigfaltigen Ausstattung mit Kulturgut. Verbleib oder Abwanderung dieser Bevölkerung erhellt nicht deutlich.

Die Schnurkeramik fand eine besondere Ausgestaltung im sächsisch-thüringischen Raum
nahe der Saale. Die Träger dieser Kultur nahmen die Böden ein, in denen auch Bandkeramik verbreitet gewesen war; aber sie drangen darüber hinaus. So verbreitete sich die
Schnurkeramik auch über die Oberlausitz, wo Bandkeramik bisher kaum nachgewiesen ist.
Feste Siedelplätze mit Erzeugnissen schnurkeramischer Art sind bisher nur ganz selten
aufgefunden worden; fast scheint es, daß diese Bevölkerung, von nordischer Art, nur
lockerer am Boden haftete als die seßhaften Bauern, die die bandkeramischen Gefäße her-
stellten. Jagd und Weideauftrieb scheint ihr vornehmlich zur Nahrung gedient zu haben.
Als häufigste Gefäße sind kugelige Amphoren mit Standfläche und Ösen, sowie Becher mit
hoher zylindrischer Gestalt bekannt. Die Art des Gerätes war die gleiche wie zuvor, wenn
auch einzelne andere Formen (die vielkantige Axt) auftreten; auch finden sich Lanzen und
Pfeilspitzen, ein Anzeichen von Kriegertum. — Die Bestattung geschah in Hügel- oder Flach-
gräbern, mit Beisetzung in Hockerstellung.

Es erhebt sich die Frage nach der Stammesart der Träger dieser jungsteinzeitlichen Kulturen.
Die wenigen Fälle, in denen die körperliche Beschaffenheit der Menschen jener Zeit zu erkennen ist, zeigt völlig klar den Typus der nordischen Rasse mit Langschädeln und stattlicher
Körpergröße (bei verhältnismäßig kurzem Oberarm). Über die Sprache verrät die Hinterlassenschaft an auffindbarem Besitz nichts. Aber die großen Völkerzusammenhänge, die
die Vorgeschichtsforschung und die vergleichende Sprachwissenschaft für Europa aufgedeckt
haben, lassen es nicht zweifelhaft erscheinen, daß die Bevölkerung, die während der Jungsteinzeit in unseren Landen wohnhaft war, zumal die Träger der schnurkeramischen Kultur,
dem indogermanischen Völkerkreis angehört hat. In indogermanischem Besitz blieb das
Land seitdem für alle Zeit, wenn es auch zeitweilig im Grenzsaum des indogermanischen
Raumes lag und weit später vorübergehend die Einbrüche turko-tatarischer Scharen erlitt.

In der späten Jungsteinzeit drang abermals Bevölkerung aus dem nordischen Kulturkreis
von Nordwesten herein und verbreitete sich weiter nach Böhmen. Siedlung und Grabfunde
sind spärlich; es ließ sich wohl nur eine dünne Bevölkerungsschicht nieder. Die Leitform
ist die Kugelamphore, unter den Geräten ein Flachbeil aus Feuerstein. Schon während des
Überganges zur Metallzeit (Steinkupferzeit) wurde unser Land von Einflüssen einer westlichen Kultur berührt, deren Leitform der Glockenbecher ist. Verbreitet war sie von Thüringen her an der Elster und Pleiße, von Böhmen her an der Elbe; weiter nach Osten drang
sie nicht. Die Rasse war kurz- und rundköpfig, der bisherigen Bevölkerung fremd.

Ein neues Kulturzeitalter zog herauf, dank der Bearbeitung von Waffen und Werkzeug in
Bronze, jener Mischung aus Kupfer mit einem Beisatz von Zinn. Die Erzeugnisse der neuen
Technik zeichnen sich nicht nur durch ihre gesteigerte Wirkungskraft und leichtere Handhabung aus, sondern ebenso durch die ungewöhnliche Schönheit des Gerätes und Schmucks
in blinkendem Metall, das einen lebhaft entwickelten Geschmack und Freude an edler Form
bekundet. In unserem Lande wurde freilich das Metall, aus dem Bronze zu bereiten war,
wohl wenig aufgefunden, obwohl Mitteldeutschlands Kupfervorkommen bekannt gewesen
sein müssen; es bedurfte der Einfuhr, und da die Lande, wo es vorkam, fernlagen und auch
die Gegengaben im Tauschverkehr gering waren, so blieben hier Menge und Wert an
Bronzeerzeugnissen hinter dem Reichtum nordischer Kulturen zurück. An Gold fehlte es
nicht ganz. Die *Bronzezeit* wird nach Hauptepochen geschieden. Die Kultur der älteren
Bronzezeit war im Sudetenraum und seinen Umlanden, besonders in Sachsen und Thüringen,
verbreitet; benannt wird sie nach einem Fundort Aunjetitz in Böhmen (bei Smichow, südlich

Prag). Die Niederlassung der Träger dieser Kultur geschah auf den schon von alters her bevorzugten Böden: im Westen bei Merseburg, auch in Halle, wo das Salz lockte, an den Terrassen von Elster und Elbe, in der mittleren Oberlausitz und in der Gegend von Zittau. Schon sind die Wege erkennbar, auf denen sich Zufahrt und Verkehr abspielten. Bronzegeräte wurden nicht nur eingeführt, vielmehr auch im Lande selbst durch Guß hergestellt. So gibt es Verwahrfunde mit Barren, die für den Bronzeguß bestimmt gewesen sind. Arm- und Halsringe dienten dem Schmuck, es gab auch Gürtelschmuck, Verzierung mit Bernsteinperlen, dazu Dolchklingen, Dolchstäbe aus Bronze u. a. Unter der Tonware sind bemerkenswert die Tassen, mit Henkeln versehen. Alles deutet auf eine feinere Kultur; die Bevölkerung erfreute sich eines Wohlstandes, gewiß bestanden schon Unterschiede des reichen Besitzes und der Ärmlichkeit. Die eindrucksvollste Fundstätte dieser Kultur ist das „Fürstengrab" in Leubingen bei Erfurt, ein Zeugnis des großen Reichtums und schon einer zusammengefaßten politischen Macht.

Um die Mitte des 2. vorchristlichen Jahrtausends setzte die Lausitzer Kultur ein, die während der mittleren und jüngeren Bronzezeit bis in die ältere Eisenzeit wirkte. Verbreitet war sie in der Lausitz und im sächsisch-thüringischen Raume, aber auch in einem weiten Umkreis von Brandenburg bis Mähren und Niederösterreich. Die durch die Bodenart begünstigten Siedelräume wurden festgehalten, aber die Besiedlung war viel dichter und weiter ausgedehnt als je zuvor. Drei Siedlungskerne heben sich deutlich heraus: im Nordwesten Sachsens nebst dem Altenburger Land, an beiden Seiten der Elbe aufwärts bis zum Gebirge, in der mittleren und nördlichen Oberlausitz; aber es bestand auch Verbindung zwischen diesen Räumen dichtester Zusammendrängung der Siedlung. So zog sich ein breiter Streifen von der Mulde nach der Lommatzscher Pflege hin. Auch die Heidesandflächen östlich der Elbe waren in den Wohnbereich einbezogen. Darüber hinaus reichte eine lockere Streusiedlung längs der Verkehrswege (Funde im Vogtland, auf dem Pfaffenstein im Elbsandsteingebirge, etwas reichlicher die Siedlung im Zittauer Becken). Die Wohnkultur war in dieser Zeit sichtlich vervollkommnet. Noch blieb das Hausen in Grubenwohnungen bräuchlich. Aber schon ist die Errichtung von festen Häusern nicht unbekannt (Gaunitz bei Oschatz). Es begegnet das für Ostdeutschland bezeichnende Haus über rechteckigem Grundriß mit Vorhalle, ja auch mit einer kleinen Hinterhalle; Firstsäule, Flechtwand mit Hüttenbewurf und Satteldach, das man sich mit Schilf oder Stroh gedeckt vorstellen mag, waren Merkmale der Bauweise; im Hauptraum befand sich die Herdstelle. Nebenbaulichkeiten fehlten nicht (Schuppen), so daß von einfachster Gehöftbildung zu sprechen ist. So erweisen sich die Träger der Lausitzer Kultur als ein Volk von seßhafter bäuerlicher Lebensweise. Sicher trieben sie Feldbau, ja sie verstanden sich auf die Nutzung auch minder günstiger Böden, sei es zur Anpflanzung geringeren Getreides oder zur Sommerweide. Die Hinterlassenschaft an Gebrauchsgut besteht wesentlich in Geschirr. Die Art der Gefäße ist mannigfaltig; angefertigt wurden Terrinen, Kannen, Krüge, Schalen, Tassen u. a. Eine gewisse Kunstfertigkeit bei der Herstellung mit der Hand, sorgfältige Mischung der Tonmasse zeichnet sie aus, der Brand war nur leicht. Die Erzeugnisse dieser Keramik zeigen eine straffe Gliederung ihrer Form. Leitform ist die Buckelurne, wie überhaupt diese Verzierungsweise beliebt war; später begegnet man Verzierungen mit Rillen und Riefen. Deutlich ist ein Stilwandel zu beobachten, bis zu den kleinen zierlichen Formen der Endzeit (Billendorfer Typ). Gebrauchsgut aus Bronze pflegt nicht reichlich aufgefunden zu werden; häufig sind verschiedenerlei Nadeln, als Schmucksachen Ringe und Scheiben, als Werkzeuge Beile und Äxte, Sicheln, Angelhaken, Messer, dazu Pfeil- und Lanzenspitzen. Waffen sind selten, was auf die Lebenshaltung und Gesinnung der Bevölkerung schließen läßt. Bezeichnend sind die Verwahrfunde aus Bronze, mochten sie nun dazu dienen, solche Werte in gefahrvoller Zeit zu verstecken oder als Weihegaben an entlegenem Orte darzubringen; oder es waren Vorräte für einen Gießer zur Bearbeitung von Bronzegerät (Fund von Weißig b. Großenhain). Die Bestattung der Toten geschah in oft großen Urnenfeldern und Hügelgräbern, die gruppenweise auftreten. Bei einem lehrreichen Fund (Gävernitz) sind Überreste eines Scheiterhaufens, auf dem der Leichenbrand stattfand, zutage getreten; zum Schutze wurden die Urnen oft mit einem Mantel aus Stein oder einer Scherbensetzung umgeben. Bemerkenswert ist, daß in Urnen sich das „Seelenloch" befand, ein Zeichen für die Vorstellung, daß die Seele daraus entweicht.

Welchen Stammes die Bevölkerung gewesen ist, vermag die Forschung noch nicht mit völliger Sicherheit zu bestimmen. Sehr wahrscheinlich bestand Verwandtschaft mit Völkern, die nach dem Süden zu wohnten gegen die Donau hin und in den Ostalpen. Dort werden sie als Illyrier bezeichnet, unter ihnen begegnet ein Stamm der Veneter, der Dalmaten, der Deurier. Es wird mit gutem Grund nach einleuchtendem Kulturvergleich vermutet, daß die Bevölkerung der Lausitzer Kultur nordillyrischen Stammes gewesen sei, sicher war sie nicht slawischer Volkszugehörigkeit.

Eigentümlich war in der Spätzeit dieser Kultur die Anlage von Burgen. Diese Burgwälle in erhöhter oder natürlich geschützter Lage sind zahlreich nachgewiesen; je nach der Art des Geländes waren sie als Abschnittswälle oder ringförmig gebaut (aus Erde oder Holz); auch in der Niederung treten sie auf, bisweilen haben sich darin Häuser befunden. Offenbar waren sie Stätten der Zuflucht in Zeiten der Gefahr und dienten einem Volke, das selbst weniger kriegerisch gewesen sei mag. Im Kampfe sind diese Burgen eingenommen und größtenteils zerstört worden; wer war der Feind, vor dem sie Schutz gewähren sollten? Mit aller Klarheit tritt es hervor: es waren Germanen, die von Norden her im Vorstoß begriffen waren.

Zweiter Abschnitt

Ein Jahrtausend germanischer Besiedlung

Die Urheimat der Germanen liegt in den Randlandschaften des südwestlichen Ostseebeckens. Dort erwuchs eine nordische Kultur von eigenem Gepräge, deren Träger die Urstammesväter und Vorfahren des großen Volkes waren, das später als Germanen in der Weltgeschichte hervortrat. Unermüdlich breiteten sie schon in der Bronzezeit ihren Lebensraum aus. In immer neuen Vorstößen kamen sie von Skandinavien her in die Lande zwischen der unteren Weichsel, Oder und Elbe und stürmten mit sieghafter Kraft weiter nach Süden zu. Bald nach dem Anbruch des Eisenzeitalters, um 800 v. Chr., spätestens etwa um 600 v. Chr., drangen Scharen von der Gruppe der Westgermanen in die südlichen mittelelbischen Lande ein. Seitdem hat sich während eines vollen Jahrtausends, in Wirklichkeit noch länger, germanische Geschichte in ununterbrochenem Zusammenhang auf dem Boden unsere Landes abgespielt, in einem Wechsel solcher Zeiten, für welche nur die Bodenfunde uns eine greifbare Kenntnis vermitteln, und anderer Zeiten, welche wie mit aufleuchtendem Licht für wenige Menschenalter durch geschichtliche Nachrichten erhellt sind.

Diese germanischen Scharen bemächtigten sich der alten Offenlande an der Elster, Mulde und Elbe und gelangten stromaufwärts bis nach dem Nordrande Böhmens, während sie gegen Osten sich nur an den Rand des Altsiedelbereiches vorschoben. Inzwischen hatte sich der Wald ausgebreitet und den Siedlungsraum eingeengt, nachdem um den Beginn der Eisenzeit ein feuchteres und kühleres Klima eingetreten war. So erklärt sich die auffallende Tatsache, daß auf den schweren und sandig-kiesigen Böden Funde nicht gemacht worden sind;

Niederlassungen sind dort nicht anzunehmen. Auf den guten Böden mag sich die Siedlung allmählich weiter entfaltet haben. Kenntlich ist die germanische Kultur jener Zeit freilich meist nur an den Brandgräbern; eigentliche Siedlungsfunde sind nur wenig gemacht. Die Wohnplätze wird man sich dorf- oder weilerartig zu denken haben; die Wohnanlage ist in Sachsen selbst bisher kaum bekannt. Burgwälle bauten sich die Germanen nicht, ein Zeichen dafür, daß sie ohne solche Bergungsstätten sich wehrhaft fühlten, wohl auch in Waldverstecken während gefahrvoller Zeiten Schutz fanden, wie uns dies als ein germanischer Brauch in späterer Zeit gemeldet wird. Einzelne Beobachtungen lassen vermuten, daß die frühere Bevölkerung das Land wohl nicht völlig verlassen hatte, vielmehr Reste unter germanischer Herrschaft zurückblieben; das Bestehen einer illyrisch-germanischen Mischkultur ist in der ältesten Eisenzeit für Westsachsen (Funde mit germanischem „Rauhtopf" sowie für die Oberlausitz wahrscheinlich. Auch an Kultureinfluß aus dem ostgermanischen Bereich hat es wohl nicht gefehlt. Da westwärts der Saalelinie Kelten saßen, südlich des großen Gebirgswaldes aber vorerst noch Illyrier, später auch Kelten, so befand sich dieses Germanenland von der Saale ostwärts über die Elbe im Grenzbereich zwischen anderen Völkern indogermanischer Art.

Bestimmend für die Kultur jener Zeit ist die Verwertung des *Eisens*, obschon die Verwendung von Bronze und anderem Werkstoff üblich blieb; ein merkwürdiger Eisenbarrenfund (Leipzig-Wahren) gibt darüber lehrreichen Aufschluß. Die ältere Eisenzeit war eine Epoche des Übergangs, zunächst wohl mehr der Minderung an Volkszahl und Kulturgut, als neuer Aufstieg. In der jüngeren Eisenzeit, etwa seit der Mitte des ersten vorchristlichen Jahrtausends, beginnt die Zeitstufe, die nach Latène am Neuenburger See genannt wird, in sich wieder geschieden nach Zeitabschnitten (Früh-, Mittel- und Spätlatène). War anfänglich eisernes Gerät (Nadeln, Messer) durch Einfuhr aus den Keltengebieten hereingekommen, so lernte man bald die Eisenbearbeitung üben. Gewonnen wurde das Eisen aus Rasen- oder Sumpferz und mit Anwendung von „Rennfeuer" schmiedbar gemacht; eine ganze Gruppe von Eisenschmelzgruben ist nachgewiesen (Reichenau in der Oberlausitz). Eine wesentliche Umgestaltung der Technik bewirkte das Eisen noch nicht. Einzelne Fortschritte in der Ausstattung mit Kulturerzeugnissen sind festzustellen. Neben den handgearbeiteten Gefäßen wurden solche mit der Drehscheibe hergestellt, zunächst aus den benachbarten Keltengebieten beschafft und dann im Lande selbst nachgeahmt. Die Art der Gefäße ist mannigfaltig wie zuvor: gefunden sind Terrinen (mit hochgewölbter Schulter, auch mit geschweifter Wandung), Vasen, Situlen (auf niedrigem Standfuß ruhend, hochgewölbt mit breiter Öffnung), Schalen u. a. Verziert waren sie mit allerlei Strichmustern, auch mit der Wellenlinie. Als Schmuck dienten Arm- und Halsringe, Ohrringe (in Segelform); es gab Gürtel aus Leder, Gewebe oder Bronze, die mit Haken befestigt wurden. Als Nadeln sind solche mit Kropfverzierung bezeichnend. Die Fibeln (Spangen zum Verschluß) werden je nach dem Anschluß von Nadeln und Bügeln zeitlich unterschieden; eingeführt waren sie anfänglich aus dem keltischen Kulturkreis, darunter solche mit Korallenbesatz. Waffen sind weniger zahlreich gefunden worden (Schwerter, Lanzenspitzen); erst in der Spätlatènezeit nehmen die Waffenfunde zu. — Bemerkt sei, daß in Nordböhmen eine nach Bodenbach benannte Kultur jener Zeit Verwandtschaft mit norddeutschen Formen zeigt, also die Elbgermanen bis nach Böhmen gelangt sind.

In jenem Zeitalter trat Ostdeutschland zuerst in den Gesichtskreis der Völker antiker Kultur am Mittelmeer, bei denen die Kunst niedergeschriebener Überlieferung entwickelt war. So fällt in diese Zeit das erste aufsehenerregende Ereignis, worüber in der Geschichte der Germanen erzählende Berichte vorliegen: die Wanderung der Kimbern und Teutonen, die aus den Landen ihrer nordischen Herkunft nahe dem Meere in gewaltigem, immer mehr anschwellendem Zuge mit Weib und Kind, Wagen, Ackergerät und Vieh nach dem Süden zogen, um Ackerland und Saatkorn zu neuer Siedlung zu heischen. Ob ihre Scharen unser

Land durchzogen, bleibt ungewiß; ihr Wanderweg mag sie im Osten, durch Schlesien, vorübergeführt haben. Sicher stießen sie im Sudetenraum auf die keltischen Boier, nach denen Böhmen (Boiohaemum) seinen Namen in germanischer Prägung erhalten hat. Eine auffallende Fundarmut in jener Zeit legt den Schluß nahe, daß auch Bevölkerung aus unserem Lande zur Fernwanderung mit fortgerissen worden ist.

Etwa ein Menschenalter später begann eine unruhige Bewegung germanischer Völkerschaften, von der die mittelelbischen Lande mitbetroffen worden sind. Seit vorgeschichtlichen Zeiten lag hier ein besonders weites geräumiges Offenland, wohl das größte, das in Altgermanien bestanden hat. Es war von Stämmen besiedelt, die zu der großen Gruppe der Sueben gehörten. Nun wanderten Scharen aus jenem Gebiete ab, nach dem Maine zu, bis an den Mittelrhein, ein Zug, der sich an Bodenfunden verfolgen läßt; genannt werden neben Sueben auch Markomannen, Haruden u. a. m. Unter Führung ihres Heerkönigs Ariovist überschritten sie den Rhein und brachen nach Gallien zur Landnahme ein. Im Zusammenstoß mit den kriegsgeübten Römern unter Cäsar, der soeben an die Eroberung Galliens für die römische Weltherrschaft ging, erlagen sie nach tapferem Kampfe ihrem Schicksal (55 v. Chr.). Das römische Weltreich ging nun zum Angriff über. Kaiser Augustus strebte danach, die Reichsgrenze bis an die Elbe vorzuschieben. Drusus, sein Stiefsohn, trug auf kühnem Zuge die Waffen bis zu diesem Strome vor (9 v. Chr.); aber da germanisches Kriegsvolk der Semnonen und Langobarden ihm entgegentrat, gelangte er nicht hinüber; eine Seherin soll ihm den nahen Tod verkündet haben. Auf der Rückkehr, die durch das Tal der Saale führte, endete er nach einem Sturz vom Pferd. Auch die Umfassungsversuche des kriegserfahrenen Tiberius, der von der Nordsee an der unteren Elbe stromaufwärts den Angriff vortrug (5 n. Chr.), sowie seine großen Unternehmungen von der Donau aus gegen Böhmen, führten zu keinem Erfolg. Wenig später brach die römische Ausdehnungspolitik völlig zusammen, als die hartbedrängten Stämme des Nordwestens unter Führung des großen Cheruskerfürsten Armin in klug geleitetem, opferbereitem Abwehrkampf die drohende Fremdherrschaft brachen. Freilich der kühne Gedanke einer Einigung aller germanischen Stämme unter seinem Führertum wurde nicht Wirklichkeit. Neben ihm war eine andere germanische Machtbildung im Südosten emporgestiegen, das Markomannenreich Marbods mit seiner Königsburg in dem inzwischen germanisch besiedelten Böhmen. Beide großen Germanenführer gerieten in einen politischen Gegensatz, in den die anderen Völkerschaften hineinverstrickt wurden, so auch die Stämme an der Mittelelbe zwischen beiden Machtzentren, unter ihnen die Hermunduren, die dem Machtbereich Marbods, der von Böhmen her ausgriff, angehörten. Das Ende war leidvoll; beide großen germanischen Machtbildungen brachen in ihrem inneren Zwist zusammen. Marbod endete als Flüchtling im fernen Ravenna unter dem Schutze Roms. Aber die Freiheit Großgermaniens blieb dank den Taten Armins gerettet.

Nach dem Ausgang dieser Kämpfe stieg die Macht der Hermunduren zu großer Höhe empor; es war eine der seltenen Zeiten, in der einmal von diesem Raum der germanischen Mitte aus handelnd in die große Geschichte eingegriffen worden ist. An der Spitze der Hermunduren und ihres Reiches stand Wibilo, der im römischen Schrifttum in der Spätzeit seiner Herrschaft als König bezeichnet wird. In Böhmen machte er seinen Einfluß geltend, als der Nachfolger Marbods Katwalda gestürzt wurde (19 n. Chr.), und ebenso um ein volles Menschenalter später bei der Vertreibung des Vannius, den die Römer im Reiche der Quaden (Südböhmen und Mähren) als einen ihnen genehmen Herrscher eingesetzt hatten. Eine merkwürdige Nachricht zeigt die Hermunduren im harten Streit mit ihren Nachbarn, den Chatten, um einen Salzfluß, wobei berichtet wird, daß solche Stätten der Salzerzeugung mit ehrfürchtiger Scheu angesehen wurden, weil das Volk sie unter Schutze der Gottheit dem Himmel nahe wähnte. Zugleich erhellt die Kriegssitte dieser Völker, die nach dem Kampfe die Gefangenen ihren Göttern, die Hermunduren dem Kriegsgott (Tiu), opferten.

In der Folge legt sich wieder ein Dunkel geschichtlicher Überlieferung auf Jahrhunderte über das mittelelbische Land. Keine römische Kriegerschar hat es östlich der Saale je betreten; ja der einst berühmte Name des Elbstroms begann in Rom zu verklingen. Dennoch brachte das nächste Zeitalter Berührung durch die Fernstrahlungen spätantiker Kultur, wenn auch das eigenständige geschichtliche Werden der Gesittung in dem rings von Germanenvölkern umwohnten Lande nie tiefer dadurch beeinflußt worden ist. Die Siedlung der Hermunduren war inzwischen fester, ortsbeständiger geworden; freilich scheint es, daß sie in der Spätzeit nicht dicht war. Die aufgedeckten Friedhöfe sind groß, so daß ihre Benutzung für ganze Kleingaue angenommen wird (Hänichen b. Leipzig, am Tanzberg b. Prositz, nahe Lommatzsch, Litten b. Bautzen). Dies kann als ein Merkmal der politischen Organisation aufgefaßt werden. Das Volk war kriegsgeübt und wehrhaft gesinnt. Die Waffenfunde dieser Zeit sind zahlreicher als zuvor: Speerspitzen, Lanzen, Schildbuckel und Schildfesseln lassen die Art der Bewaffnung erkennen; auch Schwerter wurden getragen, wohl nur in der Hand von Vornehmen. Die Wirtschaftsweise war einfach bäuerlicher Art; auch Handwerk wurde geübt, mit Absatz von Gebrauchsgut (Schmiedekunst und Töpferei), Vorratsansammlung (bescheidenste Kapitalbildung) war nicht unbekannt. Die Lebensausstattung war reicher als früher. Unter den Gefäßen sind Urnen aus fein geschlämmtem Ton mit dunklem Glanze und einer Verzierung in Mäandern (mit Stufenmustern) die Leitform. Auch andere Zierweisen fehlen nicht: das Zickzackband, die Wellenlinie. Werkzeug und Schmuck wurden vornehmlich aus Metall, aus Eisen, aber auch Gold und anderem Edelmetall hergestellt. Fibeln wurden von mannigfacher Art gebraucht, geziert in Formen der Harfe, der Armbrust, auch mit Rollenkappen; erwähnt seien auch die Schlüssel, zugleich als Merkzeichen der hausherrlichen Stellung der vornehmen Hausfrau. Perlen und Ohrgehänge wurden getragen. Deutlich zeigt sich darin der Einfluß von Mustern provinzialrömischer Kultur. So ist dies auch bei dem jüngeren Geschirr kenntlich. Gewiß fehlten die germanischen Trinkhörner nicht, aber es findet sich, offenbar im Besitz von reichen Familien, Geschirr in der Art der Terrakotta-Gefäße, Siebe, Kasserollen, auch Glasschalen, Becher u. dergl. Ein nicht ganz unbedeutender Handel bestand nach den Grenzprovinzen des römischen Reiches; ausdrücklich wird von den Hermunduren gesagt, daß sie beim Handelsaustausch an Grenzplätzen, so in dem berühmten Augsburg, den Römern willkommen waren. Dieser Verkehr zeigt sich in den Münzen römischer Herkunft, die aus dem Besitz bei angrenzenden Stämmen, aber auch unmittelbar aus römischem Gebiet ins Land kamen. Verwendet wurden sie als Schmuckstücke, bisweilen als Amulett, aber auch als Zahlungsmittel. Die Zahl dieser gefundenen Münzen in Gold oder Silber nimmt in den ersten nachchristlichen Jahrhunderten zu, bis sie wieder seltener werden und seit dem Ausgang des 4. Jahrhunderts fehlen, ein Befund, der die Kulturentwicklung jener Zeiten klar verdeutlicht.

Seit dem großen Markomannenkriege in Böhmen (nach Mitte des 2. Jhs.) wurden die Völker nördlich der Sudeten wieder in stärkere Bewegung hineingezogen. Nicht im Licht einer klaren Überlieferung spielten sich die Vorgänge ab, indes in ihren Grundzügen und wichtigsten Wirkungen sind sie uns faßbar. Völkerscharen des Nordens und Ostens zogen dem Westen und Süden zu: Semnonen aus dem Havelland, Langobarden von der Unterelbe, Wandalen aus Schlesien. Zeitweilig mögen sie sich im mittelelbischen Gebiet aufgehalten, Teilgruppen beim Weiterzug zurückgelassen, auch hier wohnhafte Bevölkerung mit sich fortgerissen haben. Im Lande östlich der Elbe ließen sich Burgunden nieder, nicht nur bei flüchtigem Durchzug, vielmehr zu länger dauerndem Aufenthalt. An eigentümlichen Brandgräbern ist dies kenntlich; ja es sind Pfostenhäuser ostgermanischer Anlage aufgefunden worden (Preske b. Zittau), die ihnen zuzuweisen sind. Von hier zogen sie, spätestens noch im 4. nachchristlichen Jahrhundert, nach dem Rheine, zu ihrer Reichsgründung im sagenberühmten Worms.

Die Kraft und Kultur der Hermunduren mag, wie dies bei anderen germanischen Stämmen geschah, nach der Entfaltung großen Reichtums der herrschenden Geschlechter, einen Niedergang erfahren haben. Indes in den nördlichen und westlicheren Landstrichen des ganzen Mittelelbegebietes fand eine Blutauffrischung statt, sicher durch Zuwanderung vom Norden her aus dem Bereich um das westliche Ostseebecken. Schon eine Gruppe von Gräbern im 3. Jahrhundert zeigt dies deutlich: am schönsten in dem Fürstengrab zu Haßleben b. Erfurt. Vom Lande nordöstlich des Harzes reicht sie über die Saale ostwärts gegen die Elbe hin. Andere Zuzüge sind gefolgt, wenn auch ihre Zeitstellung nicht sicher festzulegen ist. Mit dem, was die Bodenfundforschung lehrt, stimmt die jüngere geschichtliche Überlieferung sowie die Volkskunde überein. Bei der Neubildung und Kräftigung des Stammes der Thüringer, der gewiß althermundurische Bevölkerung in sich aufgenommen hat, spielte die Zuwanderung von Angeln und Warnen vom südwestlichen Ostseebecken eine wichtige Rolle. In dem thüringischen Königsgeschlecht floß warnisches Blut, wie die Namengebung uns bezeugt[1]). Auch die Übereinstimmung der Ortsnamenbildung (nebeneinander auf -ingen, -stedt, -leben) in den thüringischen Landen mit jener in Jütland, auf den dänischen Inseln und im südlichen Schweden zeigt einen Siedlungszusammenhang an, gleichwie auch Volksbrauch und Volksglaube (Verehrung der Frau Frick und Frau Harke — angelsächsisch Erce — als göttlicher Wesen, neben Frau Holle und Berchta in Thüringen), sowie sprachliche Erscheinungen. Später ist uns das Stammesrecht der Angeln und Warnen als das der Thüringer ausdrücklich genannt.

Um die Mitte des 5. Jahrhunderts bestand im weiten mittelelbischen Gebiet und seinen Nebenlanden ein großes Reich der Thüringer, in einem Ausmaß, wie einst das Hermundurenreich, mit starker politischer Machtwirkung weit nach dem Süden und Westen, damals zugleich eine Schutzmacht gegen Osten hin, wo germanisches Land schon siedelarm zu werden begann. Als König wird Basin (Pisen) genannt, dessen Gemahlin Menia hieß. Ihm folgten seine Söhne Irminfried, Berthacher und Baderich, anfänglich mit einer Verteilung ihrer Herrschaft in den benachbarten Landen. Es geschah dies zur Zeit, als in Italien der Ostgote Theoderich der Große herrschte und im fernen Westen die Macht des Frankenreiches unter König Chlodwig aus merowingischem Geschlecht emporstieg. Nach innerem Zwist in dem thüringischen Herrscherhaus behauptete Irminfried die Alleinherrschaft. Er trat in politische Verbindung mit dem Goten Theoderich und vermählte sich mit dessen Nichte, der stolzen Amalaberga. Reiche Geschenke, darunter aus Thüringen edle Rosse, wurden ausgetauscht; ostgotischer Einfluß ist auch in der thüringischen Kultur jener Zeit zu spüren. Die freundlichen Beziehungen, die vordem zu dem Frankenreiche bestanden hatten, lösten sich auf. Es kam zum heftigen Zusammenstoß, als nach dem Tode Theoderichs die ostgotische Macht verfiel und den Thüringern nicht mehr Schutz gewährte. In einem Kriegszug des neuen Frankenkönigs Theuderich fiel 531 die Entscheidung gegen die Thüringer, nachdem aus dem Norden kriegerische Scharen von Sachsen den Franken zu Hilfe gekommen waren. Die Heldensage erzählt, daß Irminfried in Burgscheidungen (an der Unstrut) eingeschlossen und nach heftigem Kampf bezwungen ward; im Kern wird dies der geschichtlichen Wahrheit entsprechen. Die Sachsen aber, so wird hinzugefügt, stellten ein Feldzeichen mit einem Adler am Osttor auf und errichteten als Siegesmal eine „Irminsul" mit einem Heldenlied, der Sonne entgegen — das erste, wenn auch dichterisch umhüllte Ereignis, in dem Sachsen in die Geschicke dieser Lande eingriffen[2]). Das südliche Gebiet des Thüringerreichs geriet unter fränkische Oberherrschaft, die nördlichen Lande jenseits der Unstrut wurden an die Sachsen gegeben, jedoch unter Festhalten von Oberansprüchen des großfränkischen Reiches.

Der Sturz des Thüringerreiches wirkte sich verhängnisvoll aus. Eine starke Macht, die gegen

---

[1]) Vergleichbare Namen finden sich bei Warnen am Niederrhein.
[2]) Widukinds Sachsengeschichte (Rerum gestarum Saxonicarum lb. I, 12).

Osten hin die Grenzwacht halten konnte, war zusammengebrochen. Im Frankenreich aber, dessen über Austrasien, den Ostteil, gebietender König in Metz seinen Sitz zu haben pflegte, lag Thüringen im Saume eines fernen Außenbereiches, als eine Mark der Franken. Fest und gesichert waren die Zustände dort nicht. Die Thüringer, denen Tribut auferlegt war, erhoben sich in mehrfachen Aufständen, freilich erfolglos. Scharen von Sachsen waren schon vom fränkischen König Theudebert, der seine Macht vom nördlichen Ozean bis zu den Füßen der Ostalpen ausdehnte, nach der Donau entsandt worden, von wo sie mit den Langobarden unter Alboin nach Italien gelangten. Später siedelten die Könige Chlothar († 561) und Sigibert (Gemahl der Königin Brunhilde, † 575) Nordschwaben und andere Stämme in den nordöstlichen Harzlanden südlich der Bode an, die vom Nordosten her, vielleicht auch vom Niederrhein (als Rückwanderer) zuzogen. Es war ein Akt fränkischer Ansiedlungspolitik an der Schwelle von zwei Zeitaltern: Aufnahme germanischen Volkes, wie dies in der Völkerwanderung auf Reichsboden geschehen war, aber schon ein Auftakt zu der künftigen ostdeutschen Kolonisation. Eine Stärkung der Ostgrenze, der fränkischen Mark, mochte damit bewirkt sein; denn schon drohten schlimme Feinde vom fernen Osten her, die Awaren, Söhne der Steppe, die aus Südosteuropa nach den Donaulanden gekommen waren und nun westwärts nach dem abendländischen Kulturkreis drängten. König Sigibert trat ihnen kämpfend entgegen, anfangs erfolgreich; an der Elbe wurde gefochten, aber das Glück wendete sich: vom Führer der Awaren mußte er sich durch Geschenke loskaufen (565). So lagen bald die Lande östlich der Saale dem Angriff der Fremdvölker preisgegeben und offen da.

Bis in das 5., ja 6. Jahrhundert bezeugen Grabfunde im Elster- und Elbland das Fortbestehen germanischer Besiedlung (bedeutend das Reihengräberfeld von Eulau-Elstertrebnitz aus dem 5. Jh.; jünger die Skelettgräber von Dresden-Nickern); auch ist hier ein schöner Abglanz der reichen merowingischen Kultur (in Thüringen Weimar) erkennbar. Aber danach setzen diese Zeugnisse aus. Das Land, weithin von Berg- und Niederungswald bedeckt und auch in seinen Wohngefilden am Fuße des Urgebirgs nur ein Randgebiet altthüringischer Herrschaft und Kultur, wurde nun siedlungsarm, wenn auch nicht sogleich eine Überfremdung durch Einsickern anders gearteter Bevölkerung eintrat. Eine starke Volksmenge blieb nicht zurück, aber es schwand germanisches Volkstum im Lande keineswegs völlig dahin. In dem östlichen Vorland der Saale erhielt sich ein Landschaftsname des germanischen Sprachguts bis in die karolingische Zeit: das Werinofeld, das an Besiedlung durch die Warnen, einen thüringischen Stamm, erinnert. Noch um das Jahr 1000 waren germanische Namen für das Waldgebiet im Süden bekannt: Miriquidu, der schwarze oder dunkle Wald für den Gebirgswald an der westlichen Mulde; Fergunnia, d. h. Bergwald, für das Gebirge um den Kulm-Nollendorfer Paß. Wichtiger noch ist, daß im Lande selbst die Namen der größeren Flüsse, nicht nur des Hauptstromes, der Elbe, germanischen Ursprunges sind und in der Folge bewahrt wurden, wenn auch Einmischung fremden Anklanges nicht fehlt: so für die weiße und schwarze Elster, die Mulde (Milda), wohl auch die Zschopau (Schape), die Spree, vielleicht auch für die Flöha und Röder. In den westlichsten Gegenden sind auch Namen kleinerer Flüßchen und Bäche aus germanischer Wurzel ableitbar: Schnauder (Scundra), Wyhra (Wiera), Weida, weiter nördlich Lober, Reide, Strengbach u. a. Hier könnte man auch auf Ortsnamen alter germanischer Prägung stoßen, was freilich bei den mannigfachen Möglichkeiten der Umformung nicht sicher feststellbar ist. Indes bei einzelnen kann sehr wohl daran gedacht werden; so bei Nibelen, einst für Altengroitzsch, bei Eythra (Itera), vielleicht auch bei den wenigen Ortsnamen auf -mar und -leben. Sicher blieb auf deutscher Seite im Grenzland an der Saale, ja auch weiterhin im fränkischen Reich, das Bewußtsein erhalten, daß ostwärts der Saale verlorenes Land lag, das einst zugehörig gewesen war.

Slawen im Lande

Im Grenzbereich Osteuropas gegen den Westen, nahe den Pripetsümpfen (im östlichen Polen), lagen die ursprünglichen Wohnsitze des Volkes, das seit dem Auftreten in der Weltgeschichte mit dem Namen Slawen bezeichnet worden ist; seine germanischen Nachbarn nannten es die Wenden. Es lebte noch in einfachsten Wirtschaftszuständen vom Ertrag der Sammeltätigkeit, namentlich Fischfang und Jagd, nebst einigem Feldbau und Viehhaltung. Die Siedelplätze waren zerstreut und bestanden aus leichten Hütten. Als die Herrschaft der germanischen Goten im östlichen Mitteleuropa ein Ende fand, wurden auch die slawischen Stämme in die Völkerwanderung hereingezogen. Ein Teil drang, germanischen Spuren folgend, nach dem Süden vor, in die Lande an der unteren Donau und erlangte dort neue Wohnsitze in friedlicher oder feindlicher Nachbarschaft mit dem griechisch-römischen Reiche von Byzanz; andere aber wandten sich westwärts in die Länder an den Karpathen und Sudeten, kamen noch in die weite Tiefebene westlich der Weichsel, wo sie Ländereien fanden, deren Natur ihrem Ursprungslande ähnlich war. Zu den bedeutenderen unter diesen Stämmen zählten die Sorben, die um den Beginn des 7. Jahrhunderts östlich der Karpathen, aber auch im Sudetenraum, in Böhmen, genannt werden, als weiße Serben unterschieden von den gleichbenannten westlich der Adria, südlich der Donau.

Diese Slawen, sorbischen Stammes, drangen nun auch in das Land zwischen der Görlitzer Neiße und der Saale ein, kamen hier zur Ansiedlung und richteten ihre Herrschaft für eine Reihe von Menschenaltern auf. Die Vorstöße der Awaren über die nördliche Gebirgsumwallung Böhmens, die Gefährdung und Wüstlegung des Landes durch Einbruch dieser räuberischen Horden aus der Steppe mögen dem Eindringen der Slawen an diesem äußersten Saume fränkisch-thüringischen Machtbereichs die Bahn freigelegt haben, zumal da in den südwärts davon gelegenen Ländern zeitweilig eine harte Awarenherrschaft über slawischen Untertanen bestand. Das früheste Zeugnis slawischen Daseins in diesem Raume liegt aus dem Jahre 631/32 vor. Dervan wird als Fürst der Sorben aus dem Volke der Slawen genannt. Zuvor, dies wird ausdrücklich gesagt, gehörten jene Sorben zum Reiche der Franken, ein Tatbestand, der aus den Vorgängen nach dem Sturze des Thüringer Reiches voll verständlich ist. Jener Fürst fiel nun aber zu Samo ab, einem Franken westlicher Abstammung, der nach dem Osten gekommen war und den Wenden bei ihrem Befreiungskampf wider die Awaren wertvolle Dienste geleistet hatte; so erhoben sie ihn zu ihrem König, in stattlicher Reichsbildung richtete er im südöstlichen Mitteleuropa eine weite Herrschaft über slawische Völker auf. Nach dem Abfall Dervans folgten Einbrüche der Wenden nach Thüringen und benachbarten Gauen des fränkischen Reiches. Dagobert, König der Franken, machte den Versuch, die Sachsen am Harze bei der Verteidigung der fränkischen Grenze einzusetzen, aber ohne dauernden Erfolg; nur der Selbständigkeit der Sachsen kam dies zugute, da ihnen der früher aufgelegte Tribut erlassen wurde. Zur Ordnung des Grenzschutzes setzte der König nun einen Herzog ein, Radulf, dem es wirklich gelang, die Wenden in manchen Kämpfen zu besiegen, indes seine Macht in Thüringen erstarkte, kraftvoll strebte er nach größerer Eigenmacht. So kam es zum Streite zwischen ihm und dem jungen König Sigibert (III.), der mit Beratung des Bischofs von Köln die Obergewalt im Osten des Frankenreiches (Austrasien) üben sollte. Radulf legte eine Feste an der Unstrut zur Verteidigung an, es glückte ihm, die Franken zurückzuschlagen (640). Seitdem herrschte er wie ein König in Thüringen, ohne die fränkische Oberhoheit völlig aufzukündigen, und hielt, um seine Stellung zu stärken, Freundschaft mit den Wenden und anderen benachbarten Völkern. Danach schweigt die Überlieferung auf lange Zeit über die Lande an der Saale. Erst um die

Mitte des achten Jahrhunderts, in frühkarolingischer Zeit, tritt sie wieder klar hervor. Die Saale war zum Grenzfluß geworden. Bis an sie heran reichte die Herrschaft der Sorben-stämme; in Nebensiedlungen wurden Wenden auch weiter westwärts angesetzt.

Die Sorben lebten, als sie sich hierzulande niederließen, noch in einfachster Verfassung, sowohl in staatlicher Hinsicht, wie auch nach dem Stande ihrer Kultur. Bei ihnen offenbart sich uns ein Lebenszustand, wie er bei indogermanischen Völkern in weit früherer Zeit verbreitet gewesen war; die Slawen aber beharrten darin bis zu ihren großen Wanderungen, die sie unter einen Kultureinfluß von Byzanz, im Westen aber unter den der benachbarten deutschen Stämme brachten. So ist manch lehrreicher Vergleich zwischen den Elbeslawen und den südlich wohnenden und östlicheren Völkern möglich, im besonderen auch zwischen den Sorben im Elbland und den Serben südlich der Donau.

Der Name der Sorben wurde von den benachbarten Deutschen auf die wendischen Völker-schaften zwischen Saale und Bober, nordwestlich bis an die Grenzen der Altmark, gegen Nordosten bis zu den Wilzen oder Liutizen in Brandenburg angewandt. In Wirklichkeit bestand keine Einheit eines großen sorbischen Staatsgebildes; wenn es etwa anfänglich einen größeren Bestand gegeben hätte, so ist er bald wieder zerfallen. Es waren in geschichtlicher Zeit nur einzelne Stämme, die nebeneinander jeweils für sich ein volkliches Dasein führten, bisweilen verbunden zu einem gemeinsamen Unternehmen, öfter in gegenseitigem Streit. Als solche Stämme werden genannt: die Sorben im engeren Sinne östlich der mittleren Saale, nordostwärts von ihnen die Siusler an der Mulde, als stärkster die Daleminzier zu beiden Seiten der Elbe von Strehla aufwärts, im Osten die Milz(i)ener an der oberen Spree. Nördlich von ihnen in den sumpfigen Niederungen wohnten die Luzici (in der Nieder-lausitz). Andere Namen haben wohl nur für Teilgruppen Geltung gehabt.

Die Niederlassung war vornehmlich in den alten Offenlanden, den „Gefilden", erfolgt, zumal da der leicht bearbeitbare Boden den Bedürfnissen dieser Völkerschaften am besten entsprach[1]). Es gab solche Räume von größerer Ausdehnung, wie schon in vorgeschicht-lichen Zeiten; in einem breiten Band waren sie von Westen her nach Osten in den Land-strichen vor den hohen Waldgebirgen gelagert, dazwischen zogen sich andere in schmalen Streifen längs der Flußläufe hin. Zu diesen früh eingenommenen Wohnflächen wurden neue hinzugefügt, nach Süden zu gegen das Gebirge, die als Rodungsgaue vom alten Siedlungsbereich unterschieden werden können; ob dies schon in den Zeiten sorbischer Selb-ständigkeit begann, sei vor genauem Nachweis durch Bodenfunde dahingestellt. Eine Über-schau dieser Siedelräume möge hier folgen. Als Wohngaue wird man sie bezeichnen können, obschon dieser deutsche Ausdruck in unserem Lande nicht begegnet. Bei den Slawen selbst wird dafür zupa gesagt worden sein, bei größeren wohl die Bezeichnung für das Land kraina. Ein breites Offenland lag zwischen der Saale und der unteren Elster; die südlichen Striche werden hier später als Kleingaue Teuchern und Bosau (bei Zeitz) genannt. Nur durch eine schmale Flußaue getrennt lag im Südosten der breite Gau des Landes an der Pleiße (Plisni). Nach Nordosten zu an der Elster und Pleiße bis zum Elsterknie waren die Auenränder und höheren Flußterrassen in schmalen Streifen besiedelt; doch drang die Siedlung hier und da auf bewohnbare, auftragende Bodenstellen in den Auen vor. Diese Offenlande schlossen sich zu einem großen Altsiedlungsbereich zusammen. Grenzwaldun-gen, die sie von dem Gebiet Siusli (gegen Norden) schieden, dehnten sich nach Osten zu bis nahe an die Mulde. Weiter südwärts ziehen sich an der Elster nur kleine Offenräume hin: um Gera, von Elsterberg nach Mylau, von Westen her ein schmaler Siedelraum an der Orla, etwas breiter der Gau Dobna um Plauen i. V. So greifen diese Siedelräume, unter ihnen wohl Gefilde jüngerer slawischer Rodung, untereinander nahezu verbunden, bis hin-über nach der oberen Saale, nach dem Regnitz-Land (um Hof). Anders weiter nach Osten

---

[1]) Vgl. die beigegebene Karte: Wald und Wohngaue im 11. Jahrhundert.

zu. Am oberen und mittleren Laufe der westlichen Mulde gab es nur einen ganz schmalen Streifen besiedelten Landes in Flußnähe von Glauchau nach Zwickau in den großen Wald hinein, der sich nach den Höhen des Gebirges ausdehnt. Breitere Siedelräume lagen nordwärts: noch an der westlichen Mulde Rochlitz, das von einem kleineren Offenland umgeben war; sodann der „östliche" Chutici, um die Vereinigung beider Mulden bei Klein-Sermuth, zwischen Leisnig, Rochlitz und Nerchau; endlich flußabwärts an der Mulde das Land um Wurzen (Neletici), wohl zugehörig zu dem Bereich des Kleinstammes der Siusler. Die breiteste, am dichtesten und stärksten besiedelte Landschaft bildete der Gau Daleminzien um Lommatzsch; die Slawen nannten ihn Glomaci, nach einem heiligen Weiher, den sie mit Scheu verehrten, da er durch die Färbung seines Wasserspiegels Krieg und Frieden nach ihrem Glauben vorauserkennen ließ. Dieser Altsiedlungsbereich erstreckte sich nach Westen gegen Mügeln hin; im Norden war er durch breitere Waldsäume umfaßt, nach Süden zu reichte er bis zu einem Wald um den Saubach, dicht bis zu dem großen Urwald im östlichen Erzgebirge. Östlich der Elbe war die Daleminziersiedlung, anfangs wohl nur schwach; sie verlief gegen die großen Heiden- und Sumpflandschaften an den Grenzen gegen das Milzenerland. Elbaufwärts von Daleminzien lag, durch einen Waldsaum getrennt, der Gau Nisani, in der Elbtalweitung, reicher besiedelt auf dem linken Stromufer, bis zu dem Rande des Elbsandsteingebirges; Pirna war hier später der befestigte Grenzort am Grenzwald gegen den nordböhmischen Gau Dačani (Tetschen). Im Osten wurde ein großes Offenland von den Milzenern bewohnt um Bautzen, das Land Milska; jenseits eines großen trennenden Waldes lag als ein äußeres Zubehör Zagost (d. h. hinter dem Walde), nö. des durch anbaufähigen Boden begünstigten Beckens um Zittau, dazu kleine schmalstreifige Siedelräume, die sich auch an der Görlitzer Neiße aufreihten. — Die Landschaftsnamen waren teils nach der Natur gegeben (nach Flüssen oder der Lage). Aber deutlich tritt eine Gruppe hervor, bei denen sich Benennung der Wohngaue nach einer führenden Persönlichkeit zeigt, namentlich in den weiter nördlich gelegenen Gegenden. (Neletici bei Halle und bei Wurzen, Nudzizi bei Wettin, Quezici um Eilenburg nach einem Personennamen Quetiko; Nicici, Nizizi oder Nikiki geschrieben, nach Nikita u. a.). Nicht alle Familienhäupter eines so benannten Wohngaues müssen gleicher Herkunft von einem Stammvater gewesen sein; wohl aber zeigt sich Zusammenhalt unter einem führenden Geschlecht, dem eine Oberstellung zukam und dem gewiß ein Kern der zusammenwohnenden Vollbürtigen angehörte.

Die Landschaften zerfielen wieder in kleinere Räume, die je eine Befestigungsanlage, eine Burg als wichtigsten Platz hatten (grod; die Stätte dafür grodište). Ein Verzeichnis aus karolingischer Zeit, das in Regensburg entstanden ist, gibt für die Sorben 50 solcher civitates an, für die Daleminzier 14, für die Milzener auffallenderweise 30. Die Bodenfundforschung hat Burgwälle der sorbischen Zeit zahlreich aufgedeckt; es ergibt sich dabei eine auffallende Übereinstimmung mit jenem Zeugnis. Die Lage dieser Festen ist bezeichnend. Es gab geradezu Burgwallsysteme, die einen Großgau ringsum zu schützen bestimmt waren; so im Daleminzierland, auch im Lande der Milzener. Andere Burgwälle lagen kettenweise aufgereiht an größeren und kleineren Flüssen, zumal an den Übergängen über den Elbstrom, sicher dazu bestimmt, für den Verkehr wichtige Stellen zu schützen. So prägt sich darin ein planvolles Verteidigungssystem aus. Doch mag es an anderer Bestimmung nicht gefehlt haben, auch ist mancher Wechsel in der Anlage von Burgplätzen anzunehmen. In der Regel liegen die Burgwälle auf erhöhtem Gelände, das nach mehreren Seiten durch steilen Abfall geschützt ist; auch gab es Burganlagen in der Niederung, Sumpfburgen, die einen Wasserschutz hatten. Der Bau mancher Wälle war ringförmig; wo das Gelände günstig war, ließ man sich an einem Abschnittswall mit Abschnittsgräben genügen. In Zeiten kriegerischer Gefahr dienten die Wälle dazu, Zufluchtsstätten der Bevölkerung zu sein. Im Frieden mögen sie die Bedeutung solcher Plätze gehabt haben, von denen eine Herrschaft über die Bevölkerung ringsum ausgeübt worden ist. So könnten sich darunter sehr wohl Sitze sorbischer Fürsten oder Adelsgeschlechter befunden haben; zu Füßen der Burg lagen Siedlungen für zugehörige Leute (Zschaitz-Baderitz: podgrodici). Ein ausgezeichnetes Beispiel einer solchen Burganlage ist Köllmichen, östlich von Grimma, allerdings aus einer Spätzeit sorbischer Herrschaft. Eine starke Umwallung mit Balkengerüst und Erdaufschüttung hergestellt, nach außen mit einer Trockenmauer abgedeckt und versteift, auch mit Wehrgang versehen, umgibt einen großen, natürlich geschützten Raum in Höhenlage über einem versumpften Tälchen. Im Innern des Burgwalles sind Grundlagen von Gebäuden aufgedeckt; die Feste war zeitweilig bewohnt und bot Aufenthaltsmöglichkeit für die Bevölkerung eines kleinen Bezirkes ringsum, sowie für Rosse und Vieh und Aufbewahrung von Vorräten. Auch Coschütz auf der Höhe über dem Plauenschen Grunde bei Dresden gibt ein gutes Bild einer Befestigungsanlage der Sorbenzeit. Es ist wahrscheinlich, daß die Burgplätze auch Kultstätten gewesen sind; der weltliche Führer, das Geschlechtsoberhaupt, war wohl zugleich auch Priester.

Wie in der Landesgliederung, so prägten sich die Stammesverhältnisse auch in der staatlichen und gesellschaftlichen Ordnung aus. An der Spitze der sorbischen Kleinstämme oder ihrer Teilgruppen standen führende Männer (Fürsten; duces); bisweilen werden sie König (rex; reguli) genannt. Einmal wird erzählt (839 bei den Coledici an der unteren Mulde), daß nach dem Fall eines solchen Kleinkönigs sein Nachfolger mitten im Kriege erwählt worden sei. Die slawische Bezeichnung dafür scheint knez (aus dem germanischen kuning) gewesen zu sein. Die Namen dieser Fürsten, die im 9. Jh. genannt werden, waren slawisch; auf fremde Herrschaft deuten sie nicht hin. Aber nicht nur Inhaber einer Einzelgewalt, vielmehr werden überhaupt „Erste" (Obere) unter den Sorben erwähnt. So wird von einem Adel zu sprechen sein; es gab Geschlechter, die sich eines Vorranges bei den sorbischen Völkerschaften freuten. In jüngerer Zeit waren supani, wofür auch der Ausdruck Ältester (starosta, wendisch starši) begegnet, in gehobener Stellung im Lande tätig. Bei der Bedeutung, die den Zupanen oder einem Rate der Alten bei anderen slawischen Völkern zukam, ist anzunehmen, daß ursprünglich auch bei den Sorben die Zupane im Bereich einer Völkerschaft oder in Kleingauen eine gebietende Macht ausgeübt haben. Ob hier etwa die Herrschaft von Awaren unmittelbar nachwirkt, ist nicht zu behaupten; wahrscheinlich war dies nicht der Fall.

Bei der Gesamtheit sorbischer Bevölkerung spielte die Gliederung nach der Abstammung eine bedeutsame Rolle. Es zeigt sich dies nicht nur darin, daß sie unter Leitung von Ältesten stand, sei es im Kleingau, sei es an einzelnen Siedelorten. Auch die Ortsnamengebung führt darauf: die sehr gewöhnliche Benennung nach einem Personennamen (Bildung auf -ice, -ici, -owici), obschon diese eine Mehrzahl anzeigenden Ortsnamen nicht schlechthin aus Verwandtschaft erklärt werden müssen, vielmehr nur die Zugehörigkeit zu einer Person oder einem Besitztum ausdrücken. Dazu stimmt der wohl auch bei den Sorben geübte Brauch, daß bei der Vererbung das Gut des Großvaters maßgebend war (dzedzina; dzedzic der Erbe), daß Kinder und Enkel zunächst beisammen zu bleiben pflegten, also mit Bildung einer sogenannten Großfamilie, eine Sitte, die bei anderen slawischen Völkern bezeugt ist, wo die Großfamilie oder die Bruderschaften noch bis in geschichtliche Zeiten die Stammesgliederung bestimmten. Bei solcher Bedeutung der Abstammung ist es verständlich, daß es eine Schicht freier landsässiger Bevölkerung gab, wofür noch in jüngerer Zeit bei den Sorben ein klares Zeugnis vorliegt. Allerdings war solche Bevölkerung dem Oberhaupt des Stammes oder des Kleingaus zu Leistungen verpflichtet. So ist es sehr wohl möglich, daß sie schon in altsorbischer Zeit durch starke Belastung zu minderer Freiheit herabgedrückt worden ist oder auch in Abhängigkeit von Herren der Burgwallsitze geriet. Daneben gab es Hörige beiderlei Geschlechts, die auf kleinen Anwesen hausten, in dienendem Verhältnis zu den Familien der Herrschenden, sowie auch zu gewöhnlichen Freien. Dazu zählten die mit einem altslawischen Wort bezeichneten Smurden, die später in den westlichen Gegenden als eine Gruppe ländlicher Bevölkerung nachweisbar sind, während sie in Daleminzien und im Milzenerland unter dieser Bezeichnung nicht auftreten. Ihre Stellung war wohl die gleiche wie später die der Kossäten in benachbarten Landstrichen Ostdeutschlands. Auch Leibeigene, Sklaven hat es im Sorbenland gegeben. Ja, es hat der Sklavenhandel in frühgeschichtlicher Zeit dort eine gewisse Rolle gespielt (Haupthandelsplatz: Prag). — Als eine Gruppe gehobener Art erscheinen später die Withasen (vgl. obersorbisch wićaz, der Lehensmann). Die Verbreitung dieses Wortes in den slawischen Sprachen legt den Schluß nahe, daß es schon in der Frühzeit der sorbischen Siedlung Träger solcher Bezeichnung im Volke gegeben hat, Männer, die vor anderen hervorgehoben waren, weil sie mit den Waffen besonderen Dienst leisteten und auf den Versammlungen, wo Rat und Gericht gehalten wurde, erscheinen. Das Wort ist auf germanischen Ursprung zurückgeführt worden: auf Wiking. Indes eine andere, sprachlich leichter zu erklärende Ableitung weist auf ein altslawisches Wort für Rats- und Gerichtsversammlungen (wetja) hin. In der Sache selbst treffen die Erklärungen im wesentlichen zusammen: es wird an eine Art Gefolgschaftsleute der Fürsten zu denken sein, die durch Kriegsdienste hervorragten und ebenso dem staatlichen Führer mit Rat und Tat zur Seite standen. So prägt sich darin schon eine Ordnung staatlicher Gewalt nicht mehr allereinfachster Art aus. Ob in diese Bevölkerungsgruppe kriegerischer Art Männer germanischer Abkunft aufgegangen sind, ist bei dem Mangel jeder Überlieferung nicht sicher zu erschließen; möglich ist es sehr wohl.

In diesen gesellschaftlichen Zuständen ist die Siedelweise der Sorben begründet. Ihre Wohnplätze waren klein und weilerartig, meist am Rande der Gewässer aufgereiht, doch auch abseits davon, wo eine Quelle oder eine Mulde im Boden zur Ansiedlung lockte. Die Gebäude lagen in kleiner Gruppe beieinander, ohne planmäßige Form, leicht in einer Art Rundlagerung (Rundweiler), wenn das Gelände dazu Anlaß bot. Eine enger geschlossene Gemeinschaft bildeten diese Wohngruppen unter sich nicht; sie waren nicht eigentliche Dörfer, hatten vielmehr ihren rechtlichen Mittelpunkt an der Stätte, wo der Älteste eines größeren Familienverbandes oder Wohnbezirks seinen Sitz nahm, etwa an einem Burgplatz. In diesem Sinne bildete je eine Gruppe der Kleinsiedlungen einen nachbarschaftlichen Verband: osada (wosada später Kirchspiel), mit gemeinsamer Nutzung von Wasser und Weide im zugehörigen Raum. Sorbische Wohnbauten sind bisher wenig aufgedeckt; es erklärt sich dies daraus, daß die noch bestehenden Dorfanlagen auf dem Grunde alter Siedelplätze in dem einst sorbischen Siedlungsbereich erwachsen sind. Die Bodenfundforschung hat nachgewiesen, daß die Sorben noch Grubenwohnungen angelegt und mit Flechtwerk und Lehmbewurf ausgebaut haben; aber auch Hausbau über rechteckigem Grundriß mit Blockwänden war nicht unbekannt.

Der Wirtschaftsbetrieb der Sorben war noch nicht entwickelt. In weitem Maße trug er noch den Charakter der Sammelwirtschaft. Die Ansammlung von Walderzeugnissen, Honig und Pelzwerk, spielte eine große Rolle, was aus der Art der Abgaben bis in die Zeit der deutschen Wiedergewinnung der Lande hervorgeht. Feldbau wurde ausgeübt, mit dem einfachen Hakenpflug, wie dies noch lange Gewohnheit bei den Slawen blieb. Die Feldstücke lagen in der Flur block- und streifenförmig durcheinander, nicht fest zu einer vermessenen agrarischen Nutzeinheit zusammengefaßt. Geerntet wurde mit einer Sichel von sensenähnlicher Form, mit Griffdorn. Damit war, wie schon von der Vorzeit her, die Viehzucht verbunden. Ebenso trug Fischfang zur Ernährung bei. Ein Merkmal der Wirtschaftsweise ist es, daß später einmal die Daleminzier nach Ausplünderung durch die Ungarn zeitweise ihr Land verließen, um durch Dienst bei anderen Völkern sich ihr Brotgetreide zu beschaffen.

Die Lebensausstattung der Sorbenzeit blieb weit hinter dem einstigen Kulturstand der Germanen zurück. Die Geräte waren großenteils aus Holz und Knochen, Stein und Ton, dazu auch aus Eisen hergestellt. An Hausrat und Werkzeug sind nachgewiesen Näpfe, Löffel,

Teller, Schöpfkellen, Pfriemen, Scheren, Zangen, Schleifsteine u. a.; für die Mehlbereitung waren runde Mahlsteine in Gebrauch. Eigentümlich sind die aufgefundenen Schlittkufen oder Schlittschuhe aus Knochen. Als Schmuck finden sich Schläfenringe aus Bronze, bisweilen aber auch aus Silber, ja Gold. Die Gefäße wurden anfänglich aus freier Hand geformt, später mit der Drehscheibe. Auf Wirkung durch schöne Form wurde wenig geachtet; dafür wurden die Gefäßflächen mit allerhand Mustern verziert: durch Einstechen und Einritzen mit dem Kamm, nach Punktmustern, auch mit dem Wellenband. Danach kann die Zeitstellung der slawischen Keramik beurteilt werden; die früheste fehlt bei uns im Lande, erst die mittelslawische Keramik (700—900) ist bereits nachgewiesen. Eine besondere Bedeutung haben die Hacksilberfunde, die nicht selten auftreten, am häufigsten in dem vom großen Handelsverkehr durchzogenen Osten, in der Oberlausitz (zerbrochene Münzen, Schmucksachen, zum Teil völlig neu, bisweilen in Gefäßen vergraben), westlich der Elbe nur versprengt, aus jüngerer Zeit. Manche dieser Silberstücke weisen auf arabische Herkunft hin (sog. Dirhems), sei es, daß Händler aus dem fernen Südosten bis in das Land kamen, sei es, daß nur mittelbar diese Silberstücke hierher gelangt sind. Da sich häufig darin Hals- und Armringe von nordischem Gepräge finden, offenbart sich darin auch ein Einfluß der Wikinger. Eine gewisse Reichtumsansammlung fürstlicher Familien zeigt sich in diesen Funden, überhaupt eine früheste Art von Kapitalbildung, bei den Verwahrfunden wohl auch ein Anzeichen in religösen Vorstellungen bedingten Brauchtums.

Die Ausrüstung mit Waffen war nur leicht; Lanze und Speer waren in Brauch, auch Bogen und Pfeil, die Vornehmeren bedienten sich des Schwertes, aber Panzer und Helm wurden nur selten getragen. Man kämpfte zu Fuß oder leicht beritten; schwer bewaffnete Reiterei war den Sorben in der Frühzeit unbekannt.

Die Grabgebräuche zeigen Mannigfaltigkeit und eine durch längere Zeiten während Entwicklung bis in die christliche Zeit hinein. Anfänglich waren Brandgräber üblich, danach kam Skelettbestattung auf, bisweilen Beisetzung in Steinkisten. Die wenigen aufgefundenen Skelettreste zeigen einen Bestand an nordischer Rasse, aber auch einen anderen Typus mit breiterem Schädel und kurzem Hinterhaupt, im ganzen also Rassenmischung. Die Vorstellung von einem Fortbestehen eines Seelenwesens nach dem Tode war den Sorben geläufig. Daher erklärt sich auch ihre Gespensterfurcht. Etwas Übernatürliches verehrten sie in Quellen, in Bäumen und Wäldern (Hain Scutibure bei Schkölen). Später kam auch die Verehrung von Gottheiten auf; jedoch was über diese slawischen Götter berichtet wird, über Triglav, Perun u. a., gehört erst einer viel jüngeren Zeit an. So ist auch die Verehrung des weißen und des schwarzen Gottes (Bieleboh und Czorneboh) nicht als altslawische Religion bezeugt. — Im jüngeren wendischen Volksglauben mischt sich Altertümliches mit deutschem Einfluß; man kennt Erscheinungen im Felde (die Mittagsfrau pripoldnica, die Sichelfrau serpownica), den Wassermann, das Buschweib, den nächtlichen Jäger (dyterbjarnat), diki Bjarnad) die unglückskündende Gottesstimme (bože sedleško), den Tod in weiblicher Gestalt (smjertnica), Kobolde (kubolčiki), Zwerge (lutki) u. a.

Die Sorben an der Elbe-Saalelinie, gleichsam ein äußerster Vorposten Südosteuropas gegen den abendländischen Westen, standen in mannigfachem Verkehr mit ihrer Umwelt. Im Grunde aber lebten sie noch das Dasein eines Naturvolkes. Waren sie imstande, eine eigene höhere Kultur sich zu schaffen, von sich aus einmal in die große Geschichte einzugreifen? Tatsächlich ist es ihnen nicht möglich gewesen, ein Volk von voller geschichtlicher Eigenbedeutung zu werden. Schon früh sind sie in den Herrschaftsbereich des großen im Westen benachbarten Staates eingefügt worden und damit unter den stetig vorherrschenden Einfluß fremder Kultur geraten. So verloren sie ihre volle Selbständigkeit, aber beschritten nun einen Weg, der in eine wahrhaft große staatliche Gemeinschaft und zu einem Anteil an der gehobenen Kultur aller abendländischen Völker geführt hat.

ZWEITER TEIL

Die Ostmarkenzeit der mittelelbischen Lande

Vierter Abschnitt

Die Aufrichtung der deutschen Herrschaft in den Landen östlich der Saale bis zur Mark Meißen

In dem großen fränkischen Reich bereitete sich ein neuer Aufschwung vor, seitdem das tatkräftige und politisch hochbegabte Geschlecht der Karolinger, in den Landen von der Maas zum Rhein hin wurzelnd, die Leitung des Staatswesens an sich genommen hatte. Der Staatsgedanke, wie er einst in dem römischen Weltreich durchgebildet gewesen war, wurde von neuem belebt und dem germanischen Wesen durch dieses echt fränkische Führergeschlecht verbunden. Ein starke Zentralgewalt wurde aufgerichtet, das ganze Reichsgebiet gleichmäßig in Verwaltungsbezirke (Grafschaften) geteilt und mit Marken als Schutzgebieten nach außen hin umgeben. Die Wirtschaft entfaltete sich kräftig durch Ausweitung und mannigfache Vervollkommnung des Landesanbaus sowie durch Einrichtung von Märkten und Schutz des Verkehrs; die Verfassung der Großgrundherrschaft wurde fester gestaltet und breitete sich vom Rheine her ostwärts aus. Von den staatlichen Gewalten gefördert, übte die Kirche tieferen Einfluß auf die Menge des Volks. Auch das höhere geistige Leben fand an nicht wenigen Stätten fruchtbare Pflege.

Entstand somit dank solchem Ringen in den Westlanden eine gefestigte Ordnung, so wandte sich der Blick auch wiederum den noch ungesicherten Landen an der Ostgrenze zu. Schon Karl Martell, der Retter des Frankenreiches vor der Arabergefahr, führte in Thüringen die fränkische Grafschaftsverwaltung ein. Damals trat Winfried-Bonifatius, der Angelsachse, als Verkünder des Christentums in Hessen und Thüringen auf und begann die Errichtung einer Landeskirche unmittelbar unter Rom. Erfurt sollte der Bischofssitz für Thüringen werden (743). Indes dieser Plan wurde aufgegeben, ganz Thüringen wurde dem Sprengel des Bistums Mainz eingefügt, wo Bonifatius selbst den erzbischöflichen Sitz einnahm. Pippin, Karls des Großen Vater, leitete eine Politik tätigen Vorgehens nach Osten ein. Vereint mit seinem Bruder Karlmann drang er von Thüringen über die Unstrut nordwärts vor, nahm die Hochseeburg (zwischen den Mansfeldischen Seen) und unterwarf die unter Sachsenherrschaft stehenden Kleinstämme östlich des Harzes bis gegen die Oker (743/44); zugleich wurden sie zur Annahme des Christentums gezwungen. Damit war ein entscheidender Schritt geschehen, um den großen Volksstamm der Sachsen zwischen Rhein und Unterelbe von Südosten her zu umklammern. Karl vollendete in langen, hartnäckig und oft grausam geführten Kämpfen die Niederwerfung der Sachsen und fügte sie der großen fränkischen Staatsbildung ein. So entstand nun auch eine neue Lage an der thüringisch-fränkischen Ostgrenze längs der Saale. Mit Entschiedenheit wurde hier die Aufgabe erfaßt, Ordnung an der Grenze zu schaffen, dem Vorwärtsdrängen der Slawen nach Westen zu Einhalt zu gebieten. Nach Ausgang der Sachsenkämpfe, zu einer Zeit, als Karl Kaiser war und von Aachen aus sein großes Reich regierte, traf er Bestimmungen, wonach an grenznahen Plätzen im Osten — Magdeburg und Erfurt — der Handelsverkehr mit den Slawen überwacht werden sollte; im besonderen wurde die Ausfuhr von Waffen zu den östlichen Völkern untersagt (805). Auf sein Gebot unternahm in den folgenden Jahren sein Sohn gleichen Namens zwei Feldzüge in das Land östlich der Saale, nach dem Wernefeld und in das Land der Daleminzier, nebst Streifen bis zur Elbe und in das Egertal. Zwei fränkische Burganlagen wurden damals errichtet, die eine auf dem Ostufer der Saale in Halle, die andere gegenüber von Magdeburg auf der nördlichen Seite des Elbstromes. In das Reichsgebiet zog Karl die Sorbenlande nicht ein, die Saale galt als Grenze zwischen den Thüringern und den Sorben, wohl aber legte er ihnen gleich den benachbarten Böhmer Tribut auf: die Angliederung an das fränkische Reich war in die Wege geleitet.

Nach der Sicherung der Ostgrenze im Saaleraum blühten die Lande Thüringen und Ostsachsen am Harze sichtlich auf. Die Siedlungen mehrten sich durch Ausbau der Gemarkungen und durch Rodung aus wilder Wurzel. Mancher Fortschritt im Wirtschaftsbetrieb wurde getan, zumal da das Königsgut sowie die Besitzungen weltlicher und geistlicher Grundherrschaften des Westens reichliche Vermehrung erfuhren (Würzburg und Mainz, die Abteien Fulda und Hersfeld; im Norden das Bistum Halberstadt, die Klöster Korvey und Helmstedt) und die entwickeltere Wirtschaftsweise verbreiten halfen, wie sie am Rhein und Main bereits ausgebildet war. Rasch wurzelte das Christentum bei den neu bekehrten Thüringern und Ostsachsen ein, wie eine Fülle von Schenkungen und Opfergaben an kirchliche Anstalten im 9. Jahrhundert zeigt. Das eindrucksvolle Zeugnis dafür ist die bedeutendste geistliche Dichtung jenes ganzen Zeitalters auf deutschem Boden. Nach gut begründeter Annahme hat im Lande östlich des Harzes in karolingischer Zeit, unter Ludwig dem Frommen, ein sächsischer Edeling den Heliand in niederdeutscher Sprache (mit elbostfälischem Einschlag) verfaßt, jene wundervolle Dichtung, die Krist und seine Gefolgsmannen unter deutschem Himmel in heldischer Darstellung, die germanischem Denken entsprach, den Menschen seiner Heimat nahe zu bringen unternahm, um sie für die Grundgedanken des jungen Christentums zu gewinnen.

Unter Karls Nachfolgern trat in seinem weiten Imperium von universaler Art Auflockerung und Zerfall ein. Das östliche fränkische Reich, wesentlich das Gebiet der deutschsprechenden Stämme umfassend, löste sich davon ab; König Ludwig der Deutsche nahm in Regensburg seinen Sitz, das ein Art Hauptstadt dieses Ostreiches zeitweilig war. So lenkte sich der Blick von dort aus auf die Slawenländer im Osten, und auch an der thüringisch-sächsischen Grenze wurde mancher Fortschritt getan; denn der harte Grenzkampf zwang zu entschlossener Abwehr und zu tatkräftigem Ausgreifen. Zu dauernder Ordnung waren hier Marken geschaffen worden unter Führern mit besonderer Heeresgewalt. So wird uns das Bestehen von Marken an der Grenze Thüringens und Ostsachsens unter Kaiser Ludwig dem Frommen klar bei der Reichsteilung 839 bezeugt. Ausdrücklich wird eine Sorbenmark (Limes sorabicus) im Jahre 849 erwähnt, als ihr bewährter und kundiger Führer (dux) Thakulf genannt; mit großer Kraft hütete er die Mark, ihm wird nachgerühmt, daß er den Rechtsbruch der Sorben trefflich verstand. Zum Grenzschutz wurden längs der Saale feste Plätze (Burgen) angelegt; noch heute sind sie nachweisbar als Zeugen einer harten und großen Zeit, am stärksten im Raum nahe der Unstrutmündung. Wirklich gelang es, die Sorben nahe der Saale zu befrieden. Aber weiter nach Osten zu blieb die Ruhe nicht gewahrt. Wieder und wieder brachen die Sorben über des Reiches Grenze herein und verheerten Thüringen und die Nachbargaue, öfters vereint mit den Böhmen, bei denen ein größerer staatlicher Verband, mit Prag als Mittelpunkt, schon im 9. Jahrhundert in Bildung begriffen war. Bisweilen erschien der König selbst zur Verteidigung und drang mit seinen Kriegsscharen ins Feindesland oder überließ seinen Großen und ihren Aufgeboten den Grenzkampf. Man brach slawische Wälle und vergalt den auf deutschem Boden angerichteten Schaden. Die Sorben, durch Verlust der Ernte bezwungen, unterwarfen sich leicht, aber bald fielen sie wieder ab. Die Stellung eines Markgrafen blieb ein vom König abhängiges Amt. Erblich wurde sie nicht und wandelte sich nicht in ein Herzogtum um. Nach Thakulfs Tode (873) folgte ihm Poppo, fränkischer Abstammung aus dem Grabfeldgau, als Markgraf, ein Mann mit starker Hand, aber gewaltsam und zufahrend. Bei König Arnulf geriet er in Ungnade und wurde seines Amtes entsetzt (892); er hatte wohl Königsgut, das ihm verliehen worden war, zu seinem Eigennutz verwendet. Auch Klagen aus Burgbezirken des Sorbenlandes, wohl des unmittelbaren Vorlandes der Mark, mögen darauf eingewirkt haben.

In jene Zeit fällt das erste geschichtliche Ereignis auf dem Boden unseres Heimatlandes, von dem uns eine Erzählung Kunde bringt. Im Jahre 892 hatte Bischof Arno von Würzburg auf Veranlassung Poppos an einem Feldzug nach Böhmen teilgenommen. Zur Rückkehr wählte er den Weg über das westliche Erzgebirge durch das Muldenland, das gesichert erschien. Aber in einer Gegend nördlich des Gebirgs unweit der Chemnitz überfielen Sorben die Schar; der Bischof, der auf einem Hügel sein Zelt aufgeschlagen hatte und eben dabei war, die Messe zu singen, erlitt mit seinen Gefährten den Tod, später als ein Märtyrer betrachtet, obschon er nicht zur Verkündung des Christentums in das Land gekommen war. Die Stätte wird bei einer eingegangenen Kapelle in der Nähe des Glockenborns gesucht (bei Wittgensdorf, unweit Burgstädt), nördlich von einer alten Heerstraße bei einer Straßenkreuzung, wo der Flurname Zuckmantel (Gabelkiefer) eine alte Wegteilung andeuten mag. Als der letzte unter jenen Führern einer thüringischen Grenzmark erscheint Burkhard, gleichfalls aus einem Geschlechte Frankens: er ist in einem Kampfe bei Abwehr der hereinbrechenden Ungarn 908 gefallen.

In so gefahrvoller Zeit ging die Leitung an der thüringisch-sächsischen Grenze an das Geschlecht der Liudolfinger über, deren Ahnherr Liudolf, aus engrisch-sächsischem Stamme, zur Würde eines Herzogs der Sachsen emporgestiegen war. In den Landen am Harz erwarben sie reichen Grundbesitz als ihr Hausgut, empfingen auch Königshöfe mit Zubehör nach Lehensrecht und gelangten gegen Ausgang der karolingischen Zeit zu einer dem damals schwach gewordenen Königtum ebenbürtigen Macht. Es war ein tatenfrohes Geschlecht, mit dem Blick für die Aufgaben des Deutschtums gegen Osten hin, gewillt, zuzufassen und entschieden zu handeln. So erlebte Sachsen, zumal das Ostland zwischen Harz, Saale und Elbe, eine kräftig aufstrebende Zeit, zugleich eine Epoche kühn und umsichtig zugreifender Ostmarkenpolitik. Solcher Art war das Zeitalter, in welchem die Mark an der südlichen Mittelelbe geschaffen ward: das Land bis zu den Gebirgszügen nördlich von Böhmen wurde dem sächsischen Gebiet politisch angeschlossen.

Eine kurze Spanne der Vorbereitungszeit ging voraus. Vom Ostrand des Harzes griff Liudolfs Sohn, Herzog Otto, über die Unstrut nach dem nördlichen Thüringen herein und wußte sich dort in Auseinandersetzung mit dem Kaiser Arnulf Besitz und Stützpunkte einer starken Stellung zu sichern. Größeres erreichte sein Sohn Heinrich. In jungen Jahren nahm er seinen Sitz in Merseburg an der Saale, das schon in karolingischer Zeit eine starke Grenzfeste geworden war, am Endpunkt einer Straße aus den Frankenlanden zur Saale. Dort vermählte er sich mit Hatheburg, der Tochter des mächtigen Grafen Erwin, dessen Besitz um Merseburg gelagert war. Ehrfurchtgebietend und leutselig zugleich, sammelte er eine treue Gefolgschar um sich und vollbrachte von hier aus in kühner Unternehmungslust seine erste Tat. So führte er im Auftrag des Vaters den Kampf gegen die Daleminzier (908). Aber nun erlebte auch er die plötzlich heraufziehende Gefahr, als die Ungarn in das Land auf Sachsen zu einbrachen; der junge Fürst mußte sich in eine Burg Püchau an der Mulde flüchten und hat den Burginsassen den Schutz, den er dort fand, später gedankt. Nach des Vaters Tode übernahm Heinrich das herzogliche Regiment in Sachsen. In Thüringen dehnte er seine Macht im Streite mit den Söhnen des letzten thüringischen Herzogs und Markgrafen aus, geriet auch in Kampf mit König Konrad, dem letzten Karolinger im ostfränkischen Reich. Nach dessen Tode wählten ihn die Franken und Sachsen auf fränkischer Erde in Fritzlar zum König (919). In kluger und frisch zufassender Art vermochte Heinrich auch die Baiern und Alemannen zur Anerkennung seiner königlichen Würde zu bringen, bereit, den deutschen Stämmen ein weit gehendes Maß von Selbständigkeit zu gewähren. So wurde Heinrich der Gründer des deutschen Reiches, dem während eines vollen Jahrtausends die Geschicke des deutschen Volkes anvertraut geblieben sind. Dieser König aus sächsischem Stamme hatte einen scharfen Blick für die Aufgaben im deutschen Osten; war doch der Slawenkampf ein altes Vermächtnis der Sachsen. Eine feste Grenzwehr hier zu schaffen, wurde um so dringlicher, weil eben damals die sächsischen Ostlande durch die Einbrüche der ungarischen Reiterschwärme aufs schwerste bedroht waren; denn diese Söhne der Steppe durchstreiften plündernd und sengend die Lande und schleppten Bevölkerung, Hab und Gut mit weg. Auf Zeit mußte der König die Grenzwehr westwärts zurückverlegen. Aber nach dem glücklichen Fang eines Ungarnhäuptlings gelang der Abschluß eines Vertrages, der den sächsischen Landen auf 9 Jahre Ruhe gewährte. Die Zwischenzeit nutzte Heinrich zur Rüstung einer geordneten Gegenwehr: er schuf ein Reiterheer aus kriegerischen, schwer gepanzerten Mannen und übte es für den Kampf ein. Dazu legte er stärker befestigte Plätze an, Burgorte mit Mauerwerk, die besser schützten als Erdwallumfriedigungen, und ließ darin Häuser zum Wohnen erbauen und Vorräte ansammeln. Die umwohnenden „Bauern=krieger" wurden an solches Burgwerk gewöhnt, jene festen Plätze sollten Mittelpunkte der Landesverwaltung und Pflege der Gerichtsbarkeit sein.

Die entscheidende Stunde kam, als Heinrich im Westen Lothringen wieder fest an das Reich gefügt hatte (925). Nun wurde auch der Ostpfeiler des Reiches in Gebietserweite=rung hinausverlegt und neu gegründet. Im Jahre 928 unternahm Heinrich einen Zug gegen die im Havelland wohnenden Slawen; im harten Winter gelang es ihm, ihre Feste Branden=burg einzunehmen, und nun wandte er sich südwärts gegen die Daleminzier, mit denen er schon einst als junger Fürst gekämpft hatte. Ein Aufgebot kriegerischer Mannen, verstärkt durch den Heerbann, rückte vor, wohl an der Mulde aufwärts. Eine Feste an der Jahna (Gana) wurde eingeschlossen und nach langer Belagerung eingenommen[1]; die männlichen Verteidiger fielen, Frauen und Kinder gerieten in die Gefangenschaft, die Daleminzier mußten sich unterwerfen. Nach diesem Siege, im Frühsommer des Jahres 929, errichtete Heinrich, der später nicht wieder in eigener Person in das Land gekommen ist, auf dem hohen, mit Gehölz bedeckten Felsen über dem Elbstrom eine starke Feste, die nach dem im Tale rinnenden Bache den Namen Meißen (Misni) erhielt, an einer hervorragenden Stelle, die sich als günstig für das Zusammentreffen wichtiger Straßen und die Landesbeherr=schung erwiesen hat. Den Feldzug setzte Heinrich fort, indem er nach Böhmen eindrang, wo er mit einem Heer der Baiern unter ihrem Herzog Arnulf zusammentraf. In Prag unter=warf sich Herzog Wenzel von Böhmen, der ein Bekenner des Christentums war. Heinrich zog in das Nabtal und kehrte siegreich nach dem Lande am Harz zurück. Dies sind die denkwürdigen Vorgänge, kraft derer die Herrschaft der Deutschen an der Elbe im Meiß=nerland neu begründet worden ist: die Anfänge zur Entstehung des meißnisch-sächsischen Landesstaates.

Von Meißen aus wurden auch die benachbarten Milzener in eine gewisse Botmäßigkeit gebracht. Von Erfolg mag dabei ein Feldzug gewesen sein, den Heinrich nach der Nieder=lausitz im Jahre 932 ausführte. Aber noch einmal mußte das Errungene verteidigt werden. Als das Ende des Waffenstillstandes mit den Ungarn nahte, verweigerte Heinrich ihnen die letzte Zahlung. So fielen sie erneut verheerend in die Elblande ein. Es war bezeichnend, daß die Daleminzier nicht wie früher ihnen dabei sich hilfreich erwiesen; das Gerücht erzählte, daß sie ihnen einen fetten Hund geliefert haben, vielleicht einer Sitte gemäß bei diesen östlichen Völkern zum Abschluß eines Vertrages. Ein Teil der Ungarn brach nach Thüringen vor, um Sachsen vom Südwesten her zu umfassen; doch wurden sie aufgerieben. König Heinrich selbst bereitete umsichtig den entscheidenden Schlag vor. Von einem Orte, Ried genannt — wohl in der Nähe Merseburgs, südöstlich davon — sandte er zunächst Leichtbewaffnete vor, um die Ungarn zum Kampfe zu reizen; dann griff die schwer gerüstete Reiterei ein, die Ungarn aber gaben den Widerstand auf und entflohen mit großem Verlust.

---

[1] Bei Jahna=Goldhausen inmitten des Burgwards an der Jahna; oder Burgwall bei Zschaitz. (W. Radig, Burgberg Meißen, S. 48 ff.; vgl. J. Leipoldt. Sächs. Heimatschutz, 21, S. 9 ff.).

Ihr Lager mit den geraubten Schätzen wurde eingenommen. Nie wieder haben sie Ost-sachsen und Thüringen heimgesucht. Mehr als dies: der erfolgreiche Kampf, an dem alle deutschen Stämme Anteil hatten, festigte die junge Reichseinheit und ließ den Ruf Hein-richs, dieses „Vaters des Vaterlands", hell durch ganz Deutschland erklingen. Erst dieser Sieg entschied auch über die Bewahrung der deutschen Herrschaft im Lande um Meißen. So stellt ihn das eindrucksvolle Denkmal dar, das ihm in Merseburg gewidmet worden ist (1933).

Auf König Heinrich folgte sein Sohn Otto, durch seine Mutter, die Königin Mathilde, ein Sproß aus Widukinds Blut: auch er schwertgewaltig, von großer staatsmännischer Klugheit, aber nicht so ausschließlich auf deutsche Ziele eingestellt wie sein Vater, der erfolgreichste Verteidiger der abendländischen Christenheit und ihrer Kultur gegen die heidnischen Slawen und Ungarn, eine Persönlichkeit von wahrhaft universaler Bedeutung. So lebt er, mit dem Beinamen des Großen schon von seinen Zeitgenossen geschmückt, als eine über-ragende Gestalt in der deutschen und abendländischen Geschichte fort. Stärkung der königlichen Zentralgewalt, deren feste Stütze die deutsche Kirche unter ihren Bischöfen sein sollte, Beugung der Stammesgewalten unter die Einheit des Reiches war das Ziel seiner inneren Politik, nach außen hin Mehrung des Reiches an allen seinen Grenzen. All dies wurde nur nach schweren Erschütterungen und in zähem Ringen erreicht. Aber Otto wußte sich durchzusetzen. Die Krönung seines Werkes war die Erneuerung der Kaiserwürde, ihre Erwerbung für den Träger der deutschen Krone.

Nicht nur nach dem Westen und Süden über die Alpen nach Italien war der Blick dieses Herrschers gerichtet. Auch dem Osten galt sein Mühen, und gerade hier waren seine Er-folge groß. Die Befehlsgewalt in der sächsischen Ostmark übertrug Otto nicht seinem Halbbruder Thankmar, der als ein Enkel Erwins von Merseburg und verwandt mit dem mächtigen Grafen Siegfried von Merseburg, der sie zuvor wohl ausgeübt hatte († 937), Anspruch darauf erhob. Der König bestellte vielmehr dafür einen Grafen aus dem Gebiet an der unteren Saale und Elbe, Gero, dessen Geschlecht im Schwaben- und Nordthüringen-gau begütert war. Dieser Kämpfer zur deutschen Wiedergewinnung des Ostens hat das Vertrauen seines königlichen Herrn in hervorragender Weise gerechtfertigt. Ein tüchtiger Kriegsführer, klug in seinen Anschlägen, gewalttätig, wo er nur so zum Ziel zu gelangen vermeinte, trug mit starker Hand die deutschen Waffen weit in die Slawenlande östlich der Elbe vor bis über die Oder zur Warthe und bereitete die Angliederung dieses Landes als ein Markengebiet an das Deutsche Reich vor. Es ist wahrscheinlich, daß Gero, der Mark-herzog, wie er genannt worden ist, eine Oberleitung auch über die Marken an der süd-licheren Mittelelbe gegen das Gebirge hin ausgeübt hat, wenigstens soweit sie von Sachsen aus gewonnen und nicht tühringisches Vorland waren; eine Handlung Geros oder ein Be-sitzerwerb, wodurch dies bekundet würde, ist uns freilich nicht bezeugt.

In diesen Landen östlich der Saale hatten sich nach König Heinrichs Tode rasch die Geg-ner erhoben. Zumal von Böhmen her war das Land bedroht; denn Herzog Boleslaw, der nach Wenzels gewaltsamem Tode sein Nachfolger geworden war, unterwarf sich dem neuen König nicht, begann vielmehr einen Kampf gegen die Ausbreitung der Herrschaft der Sachsen (936). Von deutscher Seite wurde ihm unter Führung des Grafen Asic von Merseburg die berüchtigte Schar der Merseburger, die König Heinrich geschaffen hatte, nebst dem Heerbann aus dem Hassegau und thüringische Mannschaft zur Abwehr ent-gegengesandt. Aber nach anfänglich siegreichem Kampfe wendete sich das Glück: Asic selbst fiel. So mag die Lage in den Landen östlich der Saale unsicher geblieben sein, bis der Böhmenherzog von neuem zum Gehorsam gegen den deutschen König zurückkehrte (950) und ihm seitdem treu verblieb. Einen gewaltigen Fortschritt brachte sodann das Jahr der großen Siege 955: auf dem Lechfeld wurden in entscheidender Schlacht, an der alle deut-schen Stämme teilnahmen, die Ungarn auf die Dauer zurückgeschlagen; im Nordosten folgte die schwere Niederlage der slawischen Redarier, Ereignisse von Tragweite für den vollen Frieden in den mittelelbischen Landen. Eine Erhöhung der Sicherheit hatte es auch zu bedeuten, daß Markgraf Gero in einem Zuge 963 nach der Niederlausitz die dort wohnenden Völkerschaften unterwarf; damit war dem Elblande um Meißen eine Flankendeckung von Nordosten her gewahrt. Ob nun diese Erfolge gegen Böhmen und nach Nordosten zu schon durch eine festere Ordnung in den Marken zwischen Saale und Elbe bewirkt waren, ob sich die Möglichkeit dazu erst besser darbot, gleichviel, um jene Zeit ist diese Markenorganisation durchgeführt worden, sicher eine Leistung staatsmännischer Einsicht in der Zeit Ottos des Großen. Als Gero aus seinem Amte schied (965), erfolgte im Norden eine Aufteilung seines Machtbereichs; hier im Süden wurde wohl nicht etwas völlig Neues geschaffen. Die Landesgliederung, wie sie durch die Geschichte der deutschen Landnahme vorbereitet war, tritt jetzt in den Grafschaftsbezirken unter der Leitung von Markgrafen deutlich hervor. Nur war in den Landstrichen zwischen der unteren Saale und Elbe bereits eine Auflösung der alten, einst Merseburg unterstehenden Mark im Gange. Es erscheinen hier besondere Grafschaftsbezirke, so im Gau Neletici um Halle, später auch an der Mulde um Wurzen.

In dieser Zeit liegt nun das erste Zeugnis für das Bestehen von Markgrafschaften an der südlichen Mittelelbe vor. Kaiser Otto schritt damals zur Verwirklichung seines Planes der Gründung eines Erzbistums Magdeburg und der drei ihm unterstellten Bistümer im Sorbenlande, Merseburg, Zeitz und Meißen (im Jahre 968). Zu ihrer Ausstattung sollten auf Gebot des Herrschers die drei Markgrafen helfen: Wigbert, Günther und Wigger. So tritt uns hier eine Gliederung der Lande in drei Markgrafschaften entgegen, deren Gebiet damals mit dem der neuen Bistümer offenbar zusammenfiel. Wer in den einzelnen Marken die Amtsgewalt inne hatte, wird nicht deutlich gesagt. Sicher ist, daß im Gebiet um Zeitz, im Vorland Thüringens, Wigger gebot, wie aus der jüngeren Überlieferung klar hervorgeht. Er war thüringischer Abstammung, begegnet doch der gleiche Name mehrfach bei den großen Geschlechtern Thüringens. Im Bezirk Chutici, der östlich von Merseburg lag, wird 974 Günther als Markgraf genannt. Es ist anzunehmen, daß er schon zur Zeit der Bistumsgründung Markgraf in jenem Gebiet war. Auch er entstammte einem vornehmen thüringischen Geschlecht, doch ganz an der Grenze gegen Sachsen; später ist es in der Geschichte der Elbmarken bedeutsam hervorgetreten. So ist Wigbert als der erste Markgraf im Bereich Meißens anzusehen. Es ist kaum etwas über ihn bekannt; trat sein Tun an der fernen Ostgrenze so wenig hervor, daß es in der Geschichtschreibung nicht Beachtung fand, oder war die Lage um Meißen wirklich noch wenig gefestigt?

Die Marken zwischen Saale und Elbe waren in jener Frühzeit noch nicht fest abgegrenzte Bezirke von dauerhaftem Bestand; die Markgrafen waren Amtsträger, ihr Oberhaupt, der König, konnte Bestimmungen über den Bereich ihrer Verwaltung treffen. Sehr bald nach ihrer ersten Erwähnung traten Wandlungen ein, wobei die Absicht auf eine größere Zusammenfassung der Kräfte an der Reichsgrenze mitbestimmend gewesen ist, gleichwie sich dies auch um dieselbe Zeit bei einer Zusammenlegung kirchlicher Bezirke geltend machte. Betroffen wurde davon die einst so bedeutende Mark von Merseburg, die sich jetzt nicht mehr in unmittelbarer Grenznähe befand. Persönliches spielte dabei seine Rolle. Markgraf Günther, einst Otto dem Großen vertraut, in dessen Gefolgschaft er 962 in Italien auf der wichtigen Synode von Ravenna erscheint, schloß sich nach dem Tode des Kaisers einem Kreise von Fürsten an, die im Gegensatz zu Kaiser Otto II. dem Bayernherzog Heinrich nahestanden und auch Beziehungen zu den Herzögen von Böhmen und Polen knüpften. Der junge Kaiser griff rasch und entschieden gegen sie durch; auch Günther wurde hineinverstrickt und seines Amtes entsetzt (976). Auf Jahre ging er in die Verbannung, aber dann erlangte er die Gnade des Kaisers und wurde wieder mit seiner Würde betraut. Ob er die Verwaltung des Markgebietes östlich der Saale von neuem übernommen hat, ist ungewiß, nicht eben wahrscheinlich. An dem unglücklich verlaufenden Feldzug Ottos in Süditalien 982 gegen Griechen und Sarazenen nahm er teil und fand, noch im Bewußtsein errungenen Sieges, bei einem unvorhergesehenen Überfall (nahe Cotrone) mit anderen Edlen und Grafen des sächsischen Ostlandes den Tod. — Inzwischen war Markgraf Thietmar, ein Freund Ottos II., dem er sogleich bei seiner Thronbesteigung wichtige Dienste leistete, in den Elbmarken zu Macht und Ansehen gelangt; er stammte aus einer vornehmen Familie Ostsachsens und war von mütterlicher Seite her mit dem großen Markgrafen Gero verwandt. Thietmar (auch Thimo genannt) erhielt die Ostmark an der Elbe von der Saalemündung bis gegen Strehla, wohl auch Gewalt in den westwärts anschließenden Gauen. Sodann wurde ihm die Mark um Meißen übertragen; auch als Markgraf im Chutici, im Bereich der Merseburger Mark, wird Thietmar genannt, wahrscheinlich war er damit nach der Absetzung Günthers betraut. So waren die Gebiete östlich von Merseburg und um Meißen in einer Hand; ja es bestand eine Vereinigung der Marken am ganzen Mittellauf der Elbe. Markgraf Thietmar (in einer Urkunde für das Bistum Meißen heißt er Diemo) hat sich um die Ausstattung und Festigung der Meißner Kirche verdient gemacht; unfreundlich stand er dem Bischof von Merseburg gegenüber. Nicht lange lag die Verwaltung eines so großen Gebietes in einer Hand. Nach seinem Tode 979 blieb nur die Ostmark an der nördlicheren Mittelelbe seinem jungen Sohne Gero vorbehalten, vorerst unter dem Schutze des weithin im Osten gefürchteten Markgrafen Huodo. Meißen blieb mit dem einst Merseburgischen Gebiet vereint und wurde dem Markgrafen Rikdag aus einem ostsächsischen Geschlecht im Hasse- und Schwabengau gegeben. Es ist möglich, daß Rikdag nach dem Tode des Markgrafen Wigger (981) auch über die Lande um Zeitz gebot; doch ist dies urkundlich nicht erwiesen. Sicher war er ein tüchtiger Markgraf, der sich um das ihm anvertraute Land verdient gemacht und zu seiner Bewahrung in gefährlicher Zeit entscheidend gewirkt hat.

Nach der verhängnisvollen Niederlage des Jahres 982 in Süditalien, die so viele Opfer an führenden Männern der Ostlande gefordert hatte, brach von Mecklenburg her der große Slawenaufstand los, der die Erfolge in den ostelbischen Landen weithin vernichtete und auch nach sächsischen Gauen an der Unterelbe hineingriff. Bis in die Marken zwischen Saale und Elbe drang jedoch die Erhebung der Slawen nicht vor; der Stoß wurde zuvor aufgefangen, auch war hier die auf Burgen und Heerstraßen gestützte Landesorganisation der Deutschen schon fest gegründet. In Meißen aber drohte damals eine Gefahr von anderer Seite. Mit Herzog Boleslaw II. von Böhmen trat Heinrich, der Bayernherzog, der nach der Krone strebte, in Verbindung. Nach einem Streifzug, auf dem Heinrich zu einer böhmischen Schar bis Mügeln und Magdeborn (an der Gösel) kam, rückte einer der böhmischen Kriegsmannen, Wagio, vor Meißen und wußte sich durch List der Burg und der unterhalb gelegenen Ortschaft zu bemächtigen, während der Markgraf in Merseburg weilte; der Burgbefehlshaber Meißens, namens Rikdag, wurde an der Triebisch erschlagen. Der Böhmenherzog behauptete den festen Platz in einer für das Reich gefahrvollen Zeit, als in Deutschland die Thronfolge des jungen Otto III. gesichert werden mußte. Während dieser unruhigen Jahre ist Rikdag verstorben (985); seinem Sohne Karl wurden auf eine ungerechte Anklage die Lehen abgesprochen.

Die große geschichtliche Bedeutung der mittelelbischen Markenschöpfung, besonders ihres starken südlichen Eckpfeilers der Mark Meißen, tritt gerade in jener für den deutschen Osten bedrohlichen Zeit klar hervor. Soeben hatte sich der tschechische Einheitsstaat um Prag gefestigt. Nun stieg der werdende polnische Staat unter Führung des Herzogs Miseco, für den auch der germanische Name Dago galt, aus dem Dunkel der älteren Geschichte Ostmitteleuropas kraftvoll empor. Nach Schlesien griff er aus und begann auch ein Ringen um Böhmen; ja schon tat Miseco einen in die Zukunft weisenden Schritt, indem er sein Herrschaftsgebiet dem Papste auftrug und damit willkommene Gelegenheit zu einem Ein-

Abb. 3   Markgraf Ekkehard von Meißen

Abb. 4   Graf Wiprecht von Groitzsch

Abb. 5   Herzog Friedrich der Erlauchte auf der Falkenjagd

Abb. 6   Dom zu Meißen mit Albrechtsburg

greifen Roms in die Politik hinter der Ostfront des Deutschen Reiches schuf. All dies geschah in einer Zeit zunehmender Schwäche des Reiches, gerade auch an seiner Ostgrenze. Je näher die Jahrtausendwende mit ihrer Stimmung des Weltuntergangs am Ende des tausendjährigen Reiches rückte, stellte sich die kaiserliche Politik unter dem Dritten der Ottonen auf neuartige, weltumspannende Ziele ein: Erneuerung des Romgedankens im Sinne einer von Rom aus in Anspruch genommenen Weltherrschaft, mit christlicher Färbung des Ideengehalts. Erfüllt von solcher Gesinnung, unternahm Otto III. seinen berühmten Zug von Regensburg über Zeitz und die Elbmarken nach Gnesen, dessen Ausgang einer Lösung der polnischen Kirche und des Staates Polen aus ihrer Verbindung mit dem Deutschen Reiche entgegenkam. In dieser kritischen Zeit war es von höchster Wichtigkeit, daß die Wacht an der Elbe in der Mark Meißen feststand.

Zur Nachfolge in der Verwaltung der Marken wurde Ekkehard berufen, jenes ersten Markgrafen Gunthers ältester Sohn. Mit ihm beginnt die große Zeit dieses Geschlechtes in der Geschichte der Elblande. Der Stammsitz lag nahe der Mündung der Unstrut in die Saale, bei Großjena auf dem Hausberg, wo Trümmer noch die einstige feste Stätte anzeigen. So zählte es zu dem vornehmsten thüringischen Adel, jedoch im Grenzbereich gegen das sächsische Stammesgebiet. Ekkehard, ausgezeichnet durch persönliche Tüchtigkeit und Gaben des Geistes, fest in seinem Auftreten und seiner Gesinnung, erwuchs zu einer Zierde seines Geschlechtes. Früh war er in den Königsdienst getreten, hatte jedoch dann das Schicksal seines Vaters geteilt, vom Hofe verbannt zu leben. Indes er durfte in sein Vaterland zurückkehren und wurde wieder in Ehren aufgenommen. Sehr vornehm war die Heirat, die er einging, indem er Swanhild, die Witwe des Markgrafen Thietmar, dessen oben gedacht war, eine Schwester des Sachsenherzogs Bernhard, zur Gemahlin erkor. Drei Söhne sind dieser Ehe entsprossen, Hermann, Ekkehard und Gunther, und zwei Töchter: Liutgard, deren Verlobung und Liebesheirat mit Werner, einem Grafensohne im Nordthüringgau uns erzählt wird, und Oda, die sich mit Herzog Boleslaw von Polen vermählte.

Es war ein Verdienst der Kaiserin Theophano, der Gemahlin Ottos II., die damals die Regentschaft im deutschen Reiche führte, Ekkehard in sein Markgrafenamt zu berufen. Des Markgrafen erste Tat war es, Meißen wieder fest in deutsche Hand zu bringen. In der Folge bewährte sich Ekkehard als ein starker und treuer Hüter der Mark und stieg zu ungewöhnlich hohem Ansehen auf. An manchen Kämpfen im Ostland und an wichtigen Verhandlungen nahm er teil. Ihm gelang es, die Milzener (um Bautzen) zur Anerkennung der deutschen Herrschaft zu bringen. Mit dem Herzog Boleslaw von Polen wußte er ein gutes Verhältnis zu wahren, bald ihm entgegenkommend, bald, indem er eine drohende Haltung einnahm; ja den Böhmenherzog Boleslaw den Roten bewog er, wie berichtet wird, ihm Gefolgschaft zu leisten. Über ganz Thüringen erlangte er durch Wahl die herzogliche Würde; die Grafen im deutschen Ostland hingen ihm mit wenigen Ausnahmen an. So groß war seine Macht, daß er sich stark genug wähnte, nach dem Tode Ottos III. 1002 die Wahl zum deutschen König zu erreichen. Indes bei einer Zusammenkunft der sächsischen Fürsten auf der Feste Frose (sdl. Magdeburg) zeigte sich schon, daß keine Geneigtheit dafür bestand. Ekkehard verfolgte hartnäckig sein Ziel. Aber Gegner, die eine persönliche Feindschaft wider ihn erfüllte, stellten ihm nach; in Pöhlde, wo er sich in hölzerner Kemnate neben einem Söller zur Ruhe gelegt hatte, führten sie einen Überfall aus: Ekkehard, mit gewohnter Tapferkeit sich wehrend, wurde erschlagen (am 30. April 1002). An dem Stammsitz des Geschlechts, zu Groß-Jena an der Unstrut, fand er seine Ruhestatt. „Eine Zierde des Reiches, ein Trost des Vaterlandes, freundlich den Seinen, ein Schrecken für seine Feinde und in allem ganz vollkommen, wenn er nur in der Demut hätte verharren wollen", so lautet das Urteil Bischof Thietmars, des Geschichtsschreibers jener Zeit, in dem sächsisches Edelingsblut rollte und christliche Sinnesart damit vereint war.

Den deutschen Königsthron bestieg Heinrich II., der letzte Sproß aus dem sächsischen Königshause. Abhold den hochfliegenden universalen Plänen seines jungen Vorgängers, gab er sich wieder ganz als ein deutscher Herrscher, innerlich dem ersten deutschen König gleichen Namens verwandt. Leutselig, ja mit einem Zuge von Volkstümlichkeit, mit klarem Blick für die Lebenswirklichkeit, nahm er kraftvoll die Regierung in feste Hand, gewillt und darauf bedacht, die erschütterte Ordnung und Sicherheit im Lande herzustellen. Vordem Herzog in Bayern, nun auch gestützt auf die Sachsen, Fürsten und Volk, denen er die Wahrung des sächsischen Rechtes feierlich versprach, wandte er seine Fürsorge auch dem Grenzgebiet im mitteldeutschen Osten zu. In den Elbmarken fand Heinrich eine gefahrvolle Lage vor. Hier erneuten sich die wirrvollen Zeiten der Kämpfe; nicht mehr nur ein Grenzkampf war es, vielmehr ein Ringen benachbarter Staaten um den Elbraum. Herzog Boleslaw von Polen, der Kühne (Chrobry), wie er in der Geschichte genannt wird, hatte sich eine starke, wohl gefügte Macht in seinem Lande gegründet. Anfänglich schien er bereit, die Oberhoheit des Königs anzuerkennen. Aber nach dem Tode des mächtigen Markgrafen Ekkehard lockerte und trübte sich das Verhältnis. Ein Zwischenfall bei einem Besuch am Königshof machte ihn mißtrauisch. Der hochgemute und verschlagene Fürst strebte nach voller Unabhängigkeit, nach Ausdehnung seines Gebietes gegen Westen hin zur Elbe, ja darüber hinaus zur Elster und Saale. Ein Handstreich wurde gegen die Burg Meißen unternommen, bei dem die Bewohner des Ortes Hilfe leisteten (1002); nur dem mutigen und geschickten Auftreten eines deutschen Kriegsmannes Thietmar war es zu danken, daß die kleine Besatzung Abzug erhielt. Boleslaw fand Aufnahme in der Burg Meißen. Indes der neue König ging auf Boleslaws Wunsch nicht ein, ihm Meißen zu überlassen; nur so viel erreichte der Pole, daß Meißen, Burg und Mark, dem ihm durch Schwägerschaft nahestehenden Gunzelin, dem Bruder des Markgrafen Ekkehard, der wohl bei jenem Anschlag auf Meißen geführt hatte, nun übertragen ward. Die Burg Strehla an der Elbe, die Boleslaw belagert hatte, ging damals in Flammen auf; eine große Menge von Landeingesessenen — offenbar waren es Slawen — wurde von ihm hinweggeführt. Im Jahre darauf wurde der Gau Daleminzien wieder mit Feuer und Schwert verheert und durch Wegschleppen zahlreicher Bevölkerung wüste gelegt. Um den Besitz des Milzenerlandes tobten heftige Kämpfe; hart umstritten war die Feste Budissin, Taten großer Tapferkeit wurden vollbracht. Die Deutschen behaupteten sich im Lande; Kaiser Heinrich konnte 1006 dem Hochstift Meißen drei Burgen mit ihrem Zubehör schenken. Ekkehards ältester Sohn Hermann war dort als Graf eingesetzt; galt etwa das Gebiet schon als eine besondere Markgrafschaft? Indes die Kämpfe brachen von neuem los. Es war eine wilde, unruhevolle Zeit. Auch die Großen unter den Deutschen, geistliche und weltliche, standen in den bedrohten Grenzlanden oft einander feindselig gegenüber und fügten sich Schaden in ihren Burgen zu. So entschloß sich Kaiser Heinrich, einzugreifen (1009). Auf die Klagen, die vor einem Fürstenrat gegen Gunzelin vorgebracht wurden (auch des Sklavenhandels wurde er beschuldigt), sprach der König als höchster Richter das Urteil und entsetzte ihn seines Amtes. Mit der Markgrafschaft Meißen wurde Hermann, der älteste Sohn des großen Ekkehard, betraut. Ein Versuch einer polnischen Schar, in diesem kritischen Augenblick sich Meißens zu bemächtigen, mißlang. Hermann wurde in sein markgräfliches Amt eingeführt und verstand es, durch ebenso kraftvolle wie versöhnliche Haltung die Ordnung herzustellen.

So war die Wacht an der Elbe einem trefflichen Manne anvertraut, der sich als ein treuer Hüter der Mark erwiesen hat. Wertvolle Dienste leistete er dem Reich auf Feldzügen im Osten, die tief hinein nach Polen und Schlesien führten; der König verwendete ihn auch bei schwierigen Verhandlungen, zumal da Hermann dem Herzog Boleslaw als Gemahl seiner Tochter Regilind nahestand.

Ereignisvoll war das Jahr 1015. Hermann hatte soeben die Leiche des im Osten gefallenen Markgrafen Gero heimwärts geleitet; der Kaiser ging über Strehla auf geradem Wege (über Leipzig) nach Merseburg. Da folgte Boleslaws Sohn Miseco mit einem polnischen

Heere auf die Elbe zu. Markgraf Hermann eilte selbst zur Verteidigung nach dem bedrohten Meißen. Am 13. September erfolgte der Angriff starker polnischer Heerhaufen. Die Kriegsleute (wetenici) in der leicht befestigten Ortschaft unterhalb der oberen Burg zogen sich auf diese zurück; die verlassene Unterburg wurde geplündert und angezündet. Heftig stürmten die Polen an, um die Hauptfeste auf dem Burgfelsen zu bezwingen. Die Besatzung war gering an Zahl. Da rief Hermann die Frauen herbei, um Steine zur Abwehr heranzutragen und die aufzüngelnden Flammen mit Met zu löschen, als das Wasser fehlte. Meißen war in höchster Gefahr. Der Polenführer beobachtete den Kampf von einer gegenüberliegenden Höhe und erwartete die Rückkehr der ausgesandten Scharen, die das Land bis zur Jahna verwüstend durchstreiften. Am folgenden Morgen sollte der Angriff mit verstärkter Kraft fortgeführt werden. Aber in der Nacht begannen die Fluten der Elbe in reißender Strömung anzusteigen. Die Polen, die sich gefährdet glaubten, entschlossen sich zum Abzug. Meißen war gerettet. Der Kaiser eilte nun herbei, ließ die Unterburg wieder aufbauen und ordnete den Reihedienst der deutschen Fürsten zur Wacht an der Elbmark. Wenig später kam der tüchtige Bischof von Meißen Eid aus Polen zurück, wo er Verhandlungen geführt hatte. Im Begriff, den Kaiser in Merseburg aufzusuchen, kehrte er in dem festen Burgort Leipzig ein, dessen damals in der Geschichte zuerst Erwähnung geschieht. Dort ereilte ihn der Tod. Der Markgraf ließ ihn nach Meißen bringen, um ihn dort beizusetzen; denn er versprach sich davon Hoffnung für Meißens Sicherheit, da Eid im Rufe der Heiligkeit verschieden war.

Die Gefahr für Meißen war mit jenem Abwehrerfolg noch nicht gebannt. Im Jahre 1017 wurde wieder die Gegend zwischen Elbe und Mulde von den Polen heimgesucht und abermals zahlreiche Landbevölkerung hinweggeführt. Die Deutschen mußten sich zur Abtretung der Niederlausitz und des Gebietes der Milzener an Polen verstehen. Hermann beschwor nebst anderen deutschen Großen im Auftrag seines kaiserlichen Herrn diesen Friedensvertrag zu Bautzen (30. Jan. 1018). Ob er wohl dies zornigen Herzens getan hat? Bischof Thietmar von Merseburg bezeichnet den Vertrag als unrühmlich und nur aus der damaligen Lage verständlich. Indes die Bedingungen mögen weniger ungünstig gewesen sein, als jenes Urteil besagt. Eine fürstliche Familienverbindung stellte ein näheres Verhältnis her: Boleslaw selbst führte Oda, Hermanns Schwester, eine jüngere Tochter des großen Markgrafen Ekkehard, heim. Wenige Tage nach dem Friedensschluß gab ihr, der lange umworbenen, sein Sohn Otto (aus einer früheren Ehe des Herzogs) das Geleit nach der Burg Seitschen (sw. Bautzen), wo ihr unter Zulauf viel Volks bei nächtlicher Fackelbeleuchtung ein glänzender Empfang bereitet worden ist.

Nur 13 Jahre blieb dieser Vertrag in Geltung. Konrad II., aus salisch-fränkischem Hause, der 1025 zum Nachfolger Heinrichs gewählt worden war, konnte im Anfang sich den Aufgaben an der Ostgrenze des Reiches wenig widmen; aber auch er nahm eine tatkräftige Ostpolitik auf. Markgraf Hermann nahm erneut an den Kämpfen teil, die 1029 wieder begonnen wurden. Noch einmal mußte das meißnische Land einen Einfall der Polen dulden (1030), abermals mit starkem Bevölkerungsverlust. Aber im nachfolgenden Jahre wurde ein großer Erfolg für die Deutschen erzielt. Noch konnte Hermann dieses glückliche Ergebnis schauen: beide Landschaften um Bautzen und in der Niederlausitz kamen in einem Vertrag von 1031 an das Reich zurück. In der Geschichtschreibung wird seiner in den nachfolgenden Jahren nicht mehr gedacht; doch erst 1038, wie eine Nachricht aus dem baierischen Kloster Niederaltaich besagt, ist Markgraf Hermann verstorben.

Zum Nachfolger Hermanns wurde sein jüngerer Bruder Ekkehard bestimmt, der schon zuvor an den Kämpfen um die Mark mannigfachen Anteil genommen hatte. Nach Osten hin trat jetzt Ruhe ein, zumal da der polnische Staat nach des großen Boleslaws Tode (1025) durch Schwäche im Innern an der Fortführung der ausgreifenden Eroberungspolitik gehemmt war. Bedrohlicher gestaltete sich die Lage im Süden der Mark. Wiederholt mußten Feldzüge gegen Böhmen unternommen werden, dessen Herzog Bretislav dem deutschen

König und Kaiser nicht den schuldigen Gehorsam wahrte, überdies selbst nach der Beherrschung Polens und damit einer Umklammerung der Mark Meißen und ihrer Beilande von Süden und Osten her strebte. Markgraf Ekkehard hat bei diesen Kämpfen mitgewirkt und ist über das östliche Erzgebirge nach Nordböhmen eingedrungen (1040/41). Über sein Walten im Markgebiet ist wenig bekannt. Nach den unruhvollen Vorjahren war den Elblanden eine friedlichere Zeit beschieden. Ekkehard war vermählt mit Uta aus dem ostsächsischen Hause der Grafen von Ballenstedt am Harz. Die Ehe blieb kinderlos; es ist mit ihm das Haus der Ekkehardinger ausgestorben (1046). Die Mark Meißen, die mit solchem Namen (marchia Misnensis) in jenem Jahre zum ersten Male ausdrücklich bezeichnet wird, hinterließ er in gesichertem Zustand.

Nach der dauernden Angliederung der Lande an der Spree, die nun zum Grenzpfeiler des Reiches wurden, war sie nicht mehr unmittelbar Grenzgebiet gegen Osten; und auch Böhmen, das schon seit Menschenaltern als Bestandteil des deutschen Reiches galt, blieb ihm in der folgenden Zeit näher verbunden. Die Zeit, in der sie ein hart umkämpftes Grenzland gewesen war, ging zu Ende. Indes mit den Mitteln, mit denen ein Staat begründet worden ist, muß er auch erhalten werden: der Grenzlandcharakter, den das meißnische Land in den Anfängen seiner deutschen Geschichte gehabt hat, trat auch in der Folge immer wieder von neuem hervor. Das Volk in der Mark Meißen hat einst Grenzerschicksal erlebt; in seinen Adern floß märkisches Blut. Davon sind die Geschicke dieses Volkstums immer wieder bestimmt worden; die Geschichte hat die Erinnerung daran in aller Lebendigkeit festzuhalten.

Fünfter Abschnitt

Die Landesverfassung der Märkischen Zeit; Anfänge deutscher und christlicher Kultur

Die Landesverfassung in den deutschen Marken des einstigen Sorbenlandes war dem Grenzlandcharakter angepaßt. In der starken Bedeutung der Wehreinrichtungen prägte sich diese aus, aber auch in einer Zwiefältigkeit der volklichen und staatlichen Zustände, in einer noch nicht ausgeglichenen Mischung deutscher und slawischer Art. Den Deutschen war die Herrschaft über das Land zugefallen; aber noch waren sie wenig zahlreich darin, in der Bevölkerungsmenge hielt sich noch weiter das Slawentum. Denn nicht auf Vernichtung des Slawentums waren die deutschen Herren bedacht, vielmehr fügten sie die ihnen fremde Bevölkerung unter Wahrung überkommener Gewohnheiten und Rechtsbräuche, auch in der Landesgliederung, der deutschen Markenverfassung ein.

Als der höchste Herr gebot der deutsche König im Lande, uneingeschränkter als im Mutterlande, da es in der Mark nicht ein Stammesvolk im Rechtssinne gab und er uneingeschränkt über Grund und Boden verfügte. Nur selten konnte er in der Mark persönlich erscheinen. Sein Stellvertreter war der Markgraf, dem in der Mark Rechte zustanden, wie in dem Stammesbereich dem Herzog. Damit vereinte er die Befugnisse, die im Reich den Grafen übertragen waren; denn es wurden in der Mark nicht Grafen unter dem Markgrafen eingesetzt. Marken und Grafschaftsbezirke deckten sich anfänglich; doch konnten einzelne Grafschaftsbezirke eine gewisse Sonderstellung erhalten: so in der einstigen Mark östlich vor Merseburg. Auf die Dauer wahrte nur Meißen voll den Charakter einer wirklichen Mark. Der Markgraf war der höchste Befehlshaber in allem, was das Heer- und Wehrwesen betraf; er ordnete die Verteidigung und hatte die Führung bei Feldzügen in Feindesland. Nächst dem König handhabte er auch die oberste Gerichtsbarkeit; ja es galt später der Satz, daß er sie ohne besondere Verleihung des Königsbannes innehatte. Dem Markgrafen war auch die Einziehung der Abgaben im Bereich der Mark übertragen. Als wichtigste Abgabe ist vornehmlich ein Zehnt bekannt, und zwar ein Königszehnt von allem, was in der Wirtschaft begegnet: Feldfrüchte, Vieh, Erzeugnisse der Sammelwirtschaft in Wald und Feld und Wasser, auch Geldbesitz und Handelsvertrag, dazu Zahlungen von den Hörigen im Lande. Besonders wichtig war dabei der Honigzehnt und der Zehnt des Pelzwerkes, ein Anzeichen dafür, auf welcher Stufe der Entwicklung die Wirtschaft in den Sorbenlanden noch stand. Einen Teil dieser Einnahmen durfte der Markgraf selbst beziehen. Ausgestattet waren die Markgrafen und ihre Geschlechter überdies mit besonderes Grundbesitz, der ihnen vom König überwiesen war; so besaßen die Ekkehardinger Rochlitz, Strehla u. a.

Zur Handhabung der öffentlichen Sicherung im Markengebiet nach außen und innen dienten feste Plätze, Burgen, die Gliederung des ganzen Landes war nach Burgbezirken geordnet. In natürlich geschützter Lage waren sie erbaut, schwer angreifbar, dabei an verkehrswichtigen Punkten gelegen und somit zur Beherrschung des Landes im Frieden sowie zum Schutze in Zeiten kriegerischer Gefahr und Not geeignet und bestimmt. Es gab Hauptburgen in der Mark oder im Grafschaftsbezirk, man könnte sie Landesfesten nennen. So vor allem Meißen selbst, dessen Wehrverfassung deutlich aus der zeitgeschichtlichen Erzählung erhellt. Die Hochfläche auf dem Felsen über der Elbe war rings mit einer Befestigungsanlage umgeben, anfänglich wohl nur einem Wall mit Planken, später in Mauerwerk aufgeführt. Dazu war ein Hauptturm errichtet, wohl mit Nebentürmen. Ein festes Haus inmitten diente Wohnzwecken (mit Kemnate); dazu waren Nebenbaulichkeiten, Stallungen u. a. vorhanden. Die Burgwacht war im Auftrag des Markgrafen einem Burgbefehlshaber anvertraut. Eine Besatzung mit deutschen Kriegsmannen war dauernd hineingelegt, darunter schwer gerüstete ritterliche Mannen und Gefolgsleute. Als Beihilfe zur Bewachung dienten die slawischen Wethenici am Osttor der ganzen Burganlage; sie hatten ihren Aufenthalt unterhalb der Hauptburg nach der Elbe zu. In kriegerischen Zeiten wurde die Besatzung verstärkt; es bestand ein Reihendienst unter den deutschen Großen längs der Saale, die mit ihren Gefolgschaften die Burg an der Grenze auf bestimmte Zeit zur Wacht zu beziehen hatten. Die Fürsorge für Vorräte war so geordnet, daß Lieferungen der Bevölkerung in einem zugehörigen Bezirk an Getreide und Hafer nach der Hauptburg zu bringen waren (Burg- oder Schüttkorn, slaw. sip; später Wachkorn). Auch waren Dienste gefordert, um die Befestigung instand zu erhalten (Burgwehr). Daraus ergab sich, daß der Burgbefehlshaber auch über ein größeres Gebiet in der Umgebung Aufsicht zu üben hatte. Ähnlich wird die Burgverfassung bei anderen wichtigen Plätzen eingerichtet gewesen sein: so in Altenburg oder Zeitz, auch im Milzener-Land in Bautzen wo noch später die Pflicht des Baues fester Holzhäuser (Wehrtürme, stupae) innerhalb der Burg als alte Burgpflicht den Landesbewohnern ringsum auferlegt war. Dazu gab es nun weithin im Lande in großer Zahl kleinere Burgorte, längs des Elbstromes und anderer Flüsse, doch auch sonst an wichtigen Stellen, namentlich nahe den Landes- und Gaugrenzen. Die Befestigung, in der Regel auf verspringender, weite Ausschau gewährender Höhe errichtet, war weniger stark ausgeführt, immerhin so, daß sie durch Erdwall und Planken Sicherheit bieten konnten. Dabei, meist unter der Burg, pflegte eine Siedlung zu liegen: ein Wirtschaftshof mit Baulichkeiten, Kleinstellen und Flurstücken. Es gehörte jeweils zu einer solchen Burg ein Bezirk, etwa mit 15 bis 20 der kleinen Dörfer; die übliche Bezeichnung dafür war „Burgward", wie in dem ostfälischen Grenzgebiet Altsachsens. Diese deutschen Burganlagen finden sich oft an einer Stätte, wo schon zuvor slawische Burgwälle gewesen waren, sei es, daß die Deutschen die älteren Wälle benutzten, sei es, daß sie daneben neue erbaut haben. Bei manchen dieser Burgwarde findet sich die Einrichtung, daß ein Supan (in deutscher Sprachform später „Saupe") mit der Verwaltung beauftragt war. Er hatte ein Amt von seiten der deutschen Herrschaft inne: Bewachung des zugehörigen Bezirkes seiner Supanie, Einsammeln der Abgaben, Vertretung der slawischen ländlichen Bevölkerung vor dem deutsch-wendischen Gericht (neben dem Amtsgut des Saupen lag später bisweilen eine Schenke, der Kretscham). So war es im meißnischen Gebiet, während in den westlichen Landstrichen diese Supane oder Ältesten zu Vorstehern einzelner Dörfer mit ähnlichem Aufgabenkreis geworden sind. In kriegerischen Zeiten wurden auch die Burganlagen nachgeordneten Ranges mit einer Besatzung belegt unter deutschem Befehl.

Die Deutschen im Lande bildeten seit Einführung der Markenverfassung im wesentlichen einen Herrenstand. Zumeist waren sie Kriegsmannen, die an den festen Plätzen des Landes, oft wohl nur auf Zeit, weilten, dazu bestimmt und bereit, die Landesverteidigung zu üben und, wenn der Ruf zum Heereszug in die Ferne erscholl, schwer oder leicht gerüstet daran teilzunehmen. Vollbürtige Freie und solche, die in einem dienstmännischen Verhältnis zu einem der Großen standen (Gefolgsleute, satellites), sind dabei zu scheiden. Es hat nicht ganz an Slawen einheimischer Abstammung gefehlt, die in solche höhere Schicht eingegangen sind; einzelne später auftretende Namen bezeugen dies, zumal da Ehen zwischen Deutschen und Slawen vornehmer Abstammung in jener Zeit nicht ganz ungewöhnlich waren. Der slawischen Kriegsleute, die als Leichtbewaffnete Reiterdienst taten (Withasen; wethenici), ist schon Erwähnung geschehen! zahlreicher waren sie bei der Hauptburg Meißen angesetzt, anderwärts wohl nur vereinzelt auch in Burgnähe. Deutsche Bauern waren in das Land gekommen; sind doch Liten, schollenpflichtige Hörige, von den sächsischen Königshöfen zur Ansiedlung auf Kirchengut im Osten verpflanzt worden, und auch die deutschen Großen des Landes mögen landbebauende Hörige aus der Heimat herbeigerufen haben. Aber schwerlich war dies deutsche Bauerntum damals schon weit verbreitet, an eine zahlreiche Niederlassung von freien Bauern deutscher Abkunft war vorerst in dem unruhigen, gefährdeten deutschen Ostland nicht zu denken. Die ländliche Bevölkerung blieb somit in dem Altsiedlungsbereich zunächst vornehmlich slawischer Abkunft. Es gab darunter Freie, die nur zu öffentlichen Leistungen verpflichtet waren, und nicht in grundherrlicher oder leibherrlicher Abhängigkeit standen; so ist dies für Zwenkau bezeugt, kurz nachdem es von einem slawischen Herrn oder Kleinfürsten an den König gefallen und dann Kirchengut geworden war. Die Menge der Bevölkerung jedoch befand sich in einer Lage, die jener der Liten im deutschen Mutterlande verglichen werden kann: sie waren an die Scholle gebunden, zu Leistungen für einen Herrn verpflichtet, aber nicht Leibeigene. Bezeichnend ist eine Art Burghörigkeit, die in der Mark bestand; die Bevölkerung war an die Burg und den Burgsitz gewiesen und konnte mit den Burgen und ganzen Burgwarden von den Königen vergabt werden; die Leistungen aus Burghörigkeit nahmen dann grundherrlichen Charakter an, wobei die Arbeitsdienste für die Burg lastender gewesen sein dürften als Fronden für Herrenhöfe, da es Herrenhöfe mit großem eigenwirtschaftlichem Betrieb zunächst noch kaum gab. Slawen, die nur auf Kleinstellen saßen, waren vermutlich die Smurden (Aldien). Veräußerung höriger Familien kam vor; wird uns doch ausdrücklich bezeugt, daß ein Sklavenhandel betrieben worden ist. Sehr bald danach hat er sich freilich unter deutsch-christlichem Einfluß verloren. — Zahl und Wohndichte der slawischen Bevölkerung war, auf den ganzen Raum bezogen, nur gering; ein Einschlag ostischer Rasse kann bei ihr nicht gefehlt haben.

Der Stand der ländlichen Wirtschaft war nach eingetretener Befriedung des Landes gewiß nicht ungünstig; Daleminzien galt um das Jahr 1000 für gut angebaut, ehe während der Polenkämpfe der Gau weit und breit verwüstet und Bevölkerung in großer Menge fortgeführt wurde. Schon war Waldrodung im flacheren Lande in Gang gekommen; ein Recht dazu wurde ausdrücklich zugestanden (im Burgward Boritz). Die Siedelweise blieb wie in den Zeiten sorbischer Selbständigkeit; möglich, daß in den westlichen Landstrichen, an der

Elster und Pleiße, eine regelmäßigere Siedelform des Gassendorfes damals in Aufnahme gekommen ist. Der Feldanbau war noch einfach. Dreifelderwirtschaft kann im Altsiedlungsbereich nicht üblich gewesen sein; wenigstens richtete man sich bei der Flurgliederung nicht danach, die Besitzstücke lagen in unregelmäßigem Gemenge. Nur ganz im Westen, an der Elster, sind wohl schon früh lange schmale gewannähnliche Fluren geschaffen worden. Bezeichnend sind die Schenkungen, die der König an die Kirche machte: es wurden Burgen und Burgwarde mit all ihrem Zubehör, später ganze Dorfweiler, vergabt, nicht nur ein Zeichen für die Großzügigkeit der Schenkung, sondern wohl auch dafür, daß hier innere Zusammenhänge bestanden, die füglich nicht aufgelöst werden konnten. Eine Vergabung von Einzelgütern oder einzelnen Hufen war noch nicht möglich. In der Vermessung des Landes kam freilich die Königshufe schon zur Verwendung, jedoch nicht als Wirtschaftseinheit, sondern als ein einheitliches Maß, das durch Zuweisung von Land an einem Ort oder an mehreren, ja in benachbarten Burgwarden, zu erfüllen war. Auch vom Handelsverkehr wurde das sorbische Land durchzogen. Es ist uns bezeugt, daß Scharen von Handeltreibenden, reisig und wehrbereit, die Elbe zwischen Belgern und Meißen zu bestimmten Zeiten des Jahres überschritten; ein bevorzugter Platz mag Merschwitz südlich Riesa oder auch Boritz gewesen sein. Handelsverkehr wurde auch nach Süden zu, nach Böhmen, betrieben, zumal da Böhmen des Salzes entbehrte und dies von Halle dahin gebracht worden ist; Prag war in seiner Art ein reicher und viel aufgesuchter Welthandelsplatz. Lehrreich ist die Beschreibung des Reiseweges, den ein arabischer (jüdischer) Händler, Ibrahim ibn Jakub, kennzeichnet (im Jahre 968): von Magdeburg über Kalbe und Nienburg an der Saale nach einer Salzsiederei, wahrscheinlich Halle selbst, von dort nach der Mulde an Wurzen (Nerchau) vorbei bis zum großen Gebirgswald und von da nach Brüx und Prag, diesem bedeutenden Handelsmittelpunkt eines Verkehrs nach Südosteuropa. Auch andere Saumpfade über das Gebirge nach Böhmen wurden begangen; südwestlich von Rochlitz wurde hier und da verursacht Chemnitz überschritten, Zwickau und Chemnitz selbst sind schon früh Zollstätten an „böhmischen Wegen" gewesen. Ein Handel im kleineren Bereich wurde hier und da verursacht durch das Bestehen eines örtlichen Gewerbes: Töpferei und auch Schmiedewerk. Bei den großen Burgplätzen bildeten sich schon in jener Frühzeit Niederlassungen von Kaufleuten. So bestand eine solche in Merseburg, gewiß auch in Meißen. Vom Staat wurde der Handelsverkehr überwacht; auch Abgaben (Zoll) wurden erhoben. Der Handel mag damals vielfach noch Warenaustausch gewesen sein. Doch spielte schon das Münzgeld eine gewisse Rolle. Wenn in den ostelbischen Landen sog. Wendenpfennige nachweisbar sind, so ist dies nicht ein Anzeichen dafür, daß die Wenden etwa selbst gemünzt hätten; vielmehr sind die Silberdenare in dafür, daß die Wenden etwa selbst gemünzt hätten; vielmehr sind diese Silberdenare in deutschen Prägstätten hergestellt, in Magdeburg, aber auch in west- und süddeutschen Orten (Mainzer d. Mitte 9. Jhs.). In der Mark Meißen sind Denare aus der Zeit eines Kaisers Otto und der Gemahlin Ottos des Großen, Adelheid, gefunden worden, dazu die sog. „Sachsenpfennige" aus dem Silber der Harzgruben (dünne Silberstücke mit Kreuz; nach ihrer Form „Kehlpfennige" volkstümlich benannt). Unter den Markgrafen hat wohl zuerst Ekkehard Münzprägung geübt; einige Denare von ihm sind bekannt geworden. Die deutschen Marken im Sorbenland standen in einem weit ausgespannten, wenn auch natürlich nicht starken Fernverkehr.

Wie die staatliche Ordnung seit Aufrichtung der deutschen Herrschaft im Sorbenland durch die Mark- und Burgenverfassung bestimmt war, so hat auf das geistige Leben in der Mark vornehmlich die Kirche Einfluß geübt: Staat und Kirche gingen Hand in Hand, waren in ihrer Wirksamkeit aufeinander eingestellt. Die Notwendigkeit einer kirchlichen Fürsorge in dem östlichen Grenzland war schon um der deutschen Besatzung willen gegeben. Möglich, daß bereits früh an wichtigen Plätzen, so in Meißen selbst, ein Kirchlein aufgebaut worden ist, aber nur sehr allmählich schritt die Einführung des Christentums voran. Verkündung der christlichen Botschaft unter den slawischen Heiden lag den deutschen Priestern in den westlich angrenzenden Landen nicht; die Schwierigkeit sprachlicher Verständigung, aber wohl auch eine Abneigung gegen die Slawen mag dies bewirkt haben. Brun von Querfurt, der vom Gedanken der Heidenmission aufs stärkste erfüllt war, zog es vor, zu den Ungarn zu gehen, nicht in das nahe Sorbenland. Es fehlte nun freilich, sobald die Marken aufgerichtet waren, nicht ganz an solch persönlicher Betätigung in der Mission. Ein Mönch aus dem Kloster St. Emmeram in Regensburg, Boso, der Kaplan Ottos des Großen geworden war, hat in der Nähe von Zeitz nicht ohne Erfolg das Christentum verkündet. Indes erst als die Staatsgewalt unter Otto die Missionsaufgaben voll in die Hand nahm, gelang die Einführung des Christentums, im Grunde begann sie mit der Einrichtung der kirchlichen Organisation.

Schon früh war Otto I. auf eine große kirchliche Neuschöpfung für die Slawenlande bedacht. Vorausschauend bereitete er sie durch die Gründung des Moritzstiftes in Magdeburg vor, dem seine junge Gemahlin, die Königin Editha, ihre besondere Gunst zuwandte. Dies Stift wurde mit Zehnten in slawischen Gauen östlich der Elbe, aber auch mit Grundbesitz im deutschen Westen reich ausgestattet, allmählich auch mit wichtigen Rechten des Besitzes und der Gerichtsbarkeit in Magdeburg selbst. Am Laurentiustage 955, vor der großen Ungarnschlacht auf dem Lechfeld bei Augsburg, gelobte Otto, ein Bistum in Merseburg zu gründen und nahm den Plan einer großzügigen Wendenmission wieder auf; ein Erzbistum in Magdeburg sollte durch Verlegung Halberstadts nach dem Sitz an der Elbe entstehen, ein Erzbistum, das, gestützt auf einen eigenen ausgedehnten Sprengel auf deutschem Boden, reich an Klöstern, über geeignete Kräfte zur Mission verfügte. Indes aus der deutschen Kirche, von Mainz her, erhob sich Widerspruch. Nach der Kaiserkrönung wurde erneut auf einer Synode am 12. Februar 962 die Gründung eines Erzbistums für die Slawenlande beschlossen, ja der Papst begründete die Verleihung der Kaiserwürde mit den Verdiensten Ottos um die Slawenbekehrung, mit dieser Ausbreitung der abendländischen Christenheit. Nun machte jedoch die Lösung Magdeburgs aus dem Bistum Halberstadt wieder Schwierigkeiten, und erst nachdem auf einer Synode zu Ravenna 967 die Begründung des Erzbistums noch einmal beschlossen war, gelang im nachfolgenden Jahre die Durchführung. Adalbert, ein Mönch in St. Maximin in Trier, der im fernen Osten bei der Slawenmission schon persönlich gewirkt hatte, wurde zum Erzbischof bestellt, in Rom geweiht und hielt im Winter seinen Einzug in Magdeburg; das Stift St. Moritz wurde zum Domstift gewandelt, der Konvent der Mönche nach dem Kloster St. Johannis vor der Stadt übergeführt. Die erste Aufgabe des neuen Erzbischofs war die Organisation der Bistümer im Sorbenlande. Der Kaiser bestimmte, daß Boso, der in der Nähe von Zeitz missioniert hatte, die Wahl haben solle zwischen den Bistümern Merseburg und Zeitz; er entschied sich für Merseburg. Der erste Bischof von Zeitz war ein Thüringer, namens Hugo. Als Sitz des dritten Bistums war Meißen bestimmt; der erste Bischof hieß Burkhard. In den Weihnachtstagen 968 wurde die feierliche Weihe der Bischöfe im Dom zu Magdeburg vollzogen. An die sächsischen Großen, besonders die Markgrafen, gab der Kaiser den Auftrag die Bistümer mit Einkünften auszustatten; diese blieben freilich anfänglich nur dürftig.

Die Abgrenzung der bischöflichen Bezirke im Sorbenlande lehnte sich an die vorhandenen weltlichen, an die bestehenden Markgrafschaftsbezirke, an. So umschloß das Bistum Zeitz den Bereich der Markgrafschaft Wiggers, östlich der Saale im Elsterland. Dem Bistum Merseburg gehörte ein Bezirk an, der, nebst einem Anteil des Halberstädter Sprengels westlich der Saale, östlich vom Bischofssitz sich nach der Mulde zu und darüber hinaus erstreckte, nordostwärts vielleicht bis zur Elbe, nach Südwesten zu bis zur Chemnitz. Bei weitem das größte Bistum sollte Meißen werden. Die Ordnung seines Bereiches geschah etwas später (971): die Landschaften Daleminzien, Nisan, das Milzenerland, östlich Diedesa (nach dem Bober zu) und sehr bald auch die Niederlausitz wurden dem Bischof von Meißen unterstellt; ja es wurde wenig später das Bistum bis zur Oder erstreckt, allerdings nicht mit wirklichem Erfolg. In der Tat blieb es auf die bezeichneten Landschaften eingeschränkt. Der Ausbau der Kirche im Sorbenland wurde sehr bald durch eine Maßnahme gefährdet, die das Bistum Merseburg betraf. Auf den ersten Bischof war Gisilher gefolgt, aus vornehmem sächsischem Geschlecht, ein Mann voller Tatendrang, aber auch ehrgeizig. Es gelang ihm, den Besitz seines Bistums zu vermehren durch Schenkung eines großen Waldes zwischen Saale und Mulde, den ihm Kaiser Otto II. überließ. Aber er strebte nach Höherem. Als 981 der erste Erzbischof von Magdeburg verstorben war, setzte es Gisilher bei Kaiser und Papst durch, daß er auf den Erzbischofsstuhl erhoben, das Bistum Merseburg aber aufgelöst und unter die benachbarten Bistümer aufgeteilt wurde. Die Maßnahme erklärt sich indes nicht nur aus einem Entgegenkommen gegen den Bischof selbst; der Plan einer Bildung größerer und darum mehr leistungsfähiger Diözesen hat schon vorher bestanden. Das Gebiet des Bistums wurde also an Zeitz und Meißen, sowie Magdeburg zugeteilt. Im Volke blieb ein Gefühl zurück, daß hier ein Unrecht geschehen sei. Auch in Rom war man sich dessen bewußt, daß die kirchenrechtlichen Bestimmungen übertreten waren. So wurde unter Otto III. ein Beschluß der Wiederherstellung Merseburgs gefaßt. Erzbischof Gisilher fügte sich freilich dem Verlangen, daß er nach Merseburg zurückkehren solle, nicht. Erst nach seinem Tode gelang es, die Wiederherstellung Merseburgs zu vollziehen. Es geschah dies unter Heinrich II. 1004; des Königs Kaplan Wigbert wurde zum Bischof von Merseburg ernannt und geweiht. Ihm folgte nach wenigen Jahren Bischof Thietmar, dem es gelang, noch außenstehenden Besitz, obschon nicht im vollen ursprünglichen Umfang, wieder für sein Bistum zurückzuerwerben.

Mit der Gründung dieser Bistümer war eine kirchliche Organisation in den deutschen Marken des Sorbenlandes geschaffen; aber für die Ausbreitung des Christentums war es nur ein Anfang künftiger Tätigkeit. Aus der Lage der Kirchen, die uns in nächster Zeit genannt werden, geht hervor, daß der Gottesdienst vornehmlich für die deutschen Kriegsmannen gehalten wurde, nur wenig für die sorbische Bevölkerung draußen auf dem platten Lande. Diese war dem Christentum fremd, ja feindlich gesinnt. Es wird erzählt, daß, als der Bischof Boso von Merseburg die Slawen das Kyrie Eleison lehren wollte, sie ihn verspotteten und sangen ukrivolsa, die Erle steht im Busch. Im Daleminzierland verehrte der Sorbe den wundertätigen Quell bei Lommatzsch in heiliger Scheu mehr als die Kirchen des Christengottes. Noch viel später wird berichtet, daß ein Slawe, den man zur Heilung nach Merseburg brachte, die Äußerung tat, daß er vom Gott der Deutschen keine Hilfe erwarte. Indes die deutschen Bischöfe und Priester wendeten Arbeit daran, auch unter den Sorben das Christentum auszubreiten. Es ist bekannt, daß mehrere unter den Bischöfen des Wendischen kundig waren und versuchten, in wendischer Sprache zum Volke zu reden. Besonders gerühmt wurde der Eifer Bischof Eids von Meißen im Taufen und Predigen. Aber freilich ländliche Kirchen einzuweihen war ihm noch wenig möglich. Besonderen Eindruck machte er auch beim Volke durch seine streng asketische Lebensweise, die den Klerikern in seiner Umgebung freilich wenig gefiel. Klösterliche Frömmigkeit schlug in dem kampferfüllten Grenzland noch keine Wurzel, obwohl die Abtei Memleben, danach Hersfeld an der Mulde Besitz zugewiesen erhielt. Für die Auffassung des Christentums, auch unter den Deutschen, war es bezeichnend, daß Christus als der mächtige himmlische König, der über dämonische Gewalten den Sieg davonträgt, verehrt ward; die Heilslehre von der Erlösung aus Sündenschuld wurde noch nicht in ihrer Tiefe ergriffen.

Die Verwaltung des Kirchenwesens geschah anfänglich von den Bischofssitzen aus. Der Klerus am Hochstift führte ein gemeinsames Leben nach der Regel für die großen Stiftskirchen. Eine Aufteilung des Bistumsbereiches nach Mittelbezirken für die Verwaltung bestand wohl vorerst nicht. Allmählich wurde die Gliederung nach Pfarrkirchspielen durchgeführt, in Anpassung an die weltliche Bezirksgliederung, nach den Burgwarden. Wohl mag es bald auch Kirchen gegeben haben, die nicht an Burgorten lagen; einzelne Beispiele sind bekannt. Aber das Bestehen von Burgwardkirchen und Burgwardparochien bildete die Regel. Ist es doch bezeichnend, daß bei den Slawen das Wort für Kirche kostel war, nach dem lateinischen Wort für die Burganlage. Die Ausstattung dieser Burgkirchen bildete ein Dörfchen oder dorfähnliches Gut; mehrfach kam dafür der Ortsname Popitz (Popowice), d. i. Pfaffen- oder Papendorf auf. Den Kirchspielsangehörigen wurde eine Zehntzahlung auferlegt: Honigzehnt, aber auch Getreidezehnt, in den Getreidearten, wie das Burg- oder Wachkorn entrichtet wurde. Anfänglich wurde das Getreide auf dem Feld in Schobern aufgestellt und so der Zehntpflicht genügt; diese Schoberzahlung wurde für die ganze Burgwardparochie festgelegt, ein Anzeichen für den wirtschaftlichen Zusammenhang der Dörfer im Burgbezirk. Später ist dann die Abgabe nach Garben (Schockzehnt) oder Scheffeln (Scheffelzehnt) festgesetzt worden, wohl um die Kirche besser zu sichern. Auf den ländlichen Gütern der ritterlichen Mannen wurde die Entrichtung eines vollen Zehnten eingeführt, wenigstens wo Tochterkirchen auf ritterlichem Grund neu errichtet worden sind. Die Parochialen hatten auch die Kirchbaupflicht, gleichwie das Burgwerk eine staatliche Leistungspflicht war. Solche Einfügung der Slawen in die kirchliche Ordnung hat, wie nicht verkannt werden kann, in ihrer Art zur Erhaltung der slawischen Bevölkerung beigetragen, wenn auch natürlich unter Annahme deutschen Brauches; denn die Kirche trat für Bewahrung des älteren Zustandes ein, da ihre Einkünfte auf diese Ordnung gegründet waren. Wie unsicher die Lage der Kirche noch im frühen 11. Jahrhundert war, zeigt die Verlegung des Bistums Zeitz nach Naumburg, wenn sie auch durch besondere Wünsche des markgräflichen Geschlechts der Ekkehardinger begründet sein mag. Um das Bistum vor den Einfällen der Feinde, so wurde gesagt, besser zu sichern, gab Kaiser Konrad II. seine Zustimmung zur Verlegung und auch der Papst sprach die Gewährung aus. In Naumburg hatte wahrscheinlich um die Wende des 10./11. Jahrhunderts Markgraf Ekkehard I. eine neue Burg gebaut, und es war hier ein Stift gegründet worden. Ekkehards Söhne Hermann und Ekkehard überließen nun diese Burg dem Bistum Zeitz; die Verlegung nach Naumburg wurde im Dezember 1028 beschlossen, 1032 ausgeführt. Sogleich wurde das Bistum durch mehrere Schenkungen reich ausgestattet. Auch mit dem vollen Marktrecht, mit Zoll und Münze wurde Naumburg begabt, und so siedelte der Bischof die Kaufleute aus dem benachbarten Großjena an der Unstrut nach Naumburg über und erwirkte für sie alle Rechte, mit denen die öffentlichen königlichen Marktorte begabt zu sein pflegten.

Inzwischen waren Bistumsgründungen in den Umlanden erfolgt, die für die kirchliche Entwicklung in dem sächsischen Raum nicht ohne Bedeutung geblieben sind. Schon Otto der Große hatte die Begründung eines Bistums Prag ins Auge gefaßt; durchgeführt wurde sie freilich erst unter seinem Nachfolger Otto II. 976. An der Nordwestgrenze reichte der Sprengel dieses Prager Bistums bis an die Bistümer Zeitz und Meißen, ja er drang zeitweilig in Grenzstriche des Erzgebirges und des Elbsandsteingebirges vor, im Osten aber umfaßte er auch Zittau mit seiner Umgebung. Eine neue Bistumsgründung im Südwesten vollzog Kaiser Heinrich II. 1007 mit der Stiftung des Bistums Bamberg; da ihm der große, vorerst noch nicht gerodete Nordwald zugewiesen war, so reichte Bamberg bis an die Grenze des späteren Vogtlandes heran. Erwähnt sei, daß zwischen Bamberg und Prag sich das Bistum Regensburg, das zum Erzbistum Salzburg gehörte, ganz im Norden in einem schmalen Streifen bis an das Elstergebirge (Vogtland) und westliche Erzgebirge heranschob. Haben diese Bistümer auch wenig Raum in den einstigen sorbenländischen Marken gehabt, so ist ihre Nähe nicht ohne Einfluß auf Kulturströmungen geblieben.

Gelang der Kirche allmählich eine gewisse Einwirkung auf die Sitte und Denkweise der Bevölkerung in den Marken an Saale und Elbe, so waren ihr auch die Anfänge erhabener, in der Landschaft hervortretender Baukunst, überhaupt einige Pflege des höheren geistigen Lebens zu danken. Die großen Kirchenbauten des romanischen Stils deutschen Gepräges, wohlgefügt und wuchtig emporgeführt, bringen so recht den Lebensgehalt jenes Zeitalters zum Ausdruck, in dem die Könige aus sächsischem Hause mit starker Hand eine feste Ordnung im Reiche, zumal auf dem grenznahen Boden Ostsachsens, zu wahren wußten und einem gesteigerten Kulturwillen Ausdruck verliehen. Der Dom zu Magdeburg in seiner frühesten Gestalt wurde schon von den Zeitgenossen bewundert; Gernrode ist uns noch heute ein vollendetes Beispiel von jener Kunst, die in schön ausgeglichenem Raumgefühl klare und kraftvolle Formen zu schaffen verstand. Auch in den Marken wurden die bischöflichen Kirchen als stattliche Bauwerke aus gemauertem Stein hochgeführt. In Merseburg entstand neben der älteren Johanniskirche bereits in der Zeit Ottos des Großen ein erster größerer Bau; Bischof Thietmar hat sodann den Grund zu dem Neubau des Domes gelegt (1015), in romanischem Stil einer kreuzförmigen Basilika, wovon wir noch heute eine Vorstellung gewinnen können, zumal in dem feierlichen Hallenraum der Krypta. Auch die Krypta des einstigen Domes in Zeitz (St. Peter und Paul) ist als Beispiel altertümlicher Baukunst auf uns gekommen (Säulenkapitelle vor Ausbildung des Würfelkapitells). Nach dem Vorbild der großen Kirchen an der Saale in ähnlichen Abmessungen und Formen, wie sie beim romanischen Kirchenbau üblich waren, wurde, etwa in den Zeiten des Bischofs Eid und seiner Nachfolger, ein Dom des Hochstifts Meißen erbaut, erkennbar nur an den Grundmauern, die die kunstgeschichtliche Forschung aufgedeckt hat. Kirchliche Baureste an Burgorten oder in ländlichen Siedlungen aus jener Zeit sind nicht bekannt geworden; noch gegen Ausgang des 11. Jahrhunderts waren die meisten dörflichen Kirchen Bauten aus Holz, wie dies für Altenkirchen bei Zeitz bezeugt ist. Werke der Bildnerei, selbst einer nur wenig kunstgeübten, sind östlich der Saale spärlich erhalten; das glotzäugige Götzenbild im Turm der Kirche von Zadel ist nur unsicher gedeutet (? slawisch), der Löwe im Schloßhof von Trebsen an der Mulde wird einer jüngeren Zeit zuzuschreiben sein. Merkwürdig, nicht durch Kunst, wohl aber durch die Bildersymbolik ist das Portal der kleinen Kirche von Elstertrebnitz mit seiner kindlich anmutenden Darstellung im Rundbogenfeld, die ihre roh gemeißelten Figuren lose nebeneinander, jedoch unverkennbar in einem Sinnzusammenhang zeigt: Christus als Weltenrichter, den himmlischen Garten und, nur angedeutet, die Erlösung des Menschen durch den Gekreuzigten[1]). Hochaltertümlich erscheint der Malkstein an der Flurgrenze (im Steingewende) von Großstorkwitz n. Pegau mit seiner Darstellung von zwei Reitern, deren einer eine hammerartige Waffe trägt, dazu eines Mannes mit Kreuz und eines lindwurmähnlichen Tieres in ganz roher Ausführung; Rillen in diesem Stein weisen auf Entstehung in einer Zeit früher romanischer Bildnerei hin[2]).

Schwieriger war es, einen Ausdruck in geschriebener Aufzeichnung zu finden. Die Schreibkunst war freilich in den Marken nicht völlig unbekannt. Königsurkunden wurden für die bischöflichen Kirchen hergestellt; ja es scheint eigene Eintragung des Inhalts einer Schenkung auf Pergament, nach bloßer Anfügung der Ausfertigung in der königlichen Kanzlei, in Meißen vorgekommen zu sein. Aber Ansammlung von Büchern oder eigene Niederschrift geistlicher oder weltlicher Aufzeichnung war nur an der Saale im Grenzraum deutschen Mutterlandes gegen die Ostmarken damals möglich. In Merseburg sind die berühmten Zaubersprüche als ein kostbares Denkmal erhalten, freilich nicht dort niedergeschrieben, sondern auf einem Blatte, das wahrscheinlich aus Kloster Fulda stammt, für uns ein wertvolles Zeugnis germanischen Götterglaubens und volkstümlicher Heilkunst, aber zugleich Beweis eines gewissen Verständnisses für Handschriften und Buchwesen. Eine eigene große Leistung schriftstellerischer Art eines Sachsen ist erst nach Menschen-

---

[1]) Abbildung s. die Sammlung des Kgl. Sächs. Altertumsvereins (1900), Taf. 1 (Bemerkungen von Ed. Flechsig, S. 1 f.). – Über andere Deutung vgl. die Angaben unter „Schrifttum" zu diesem Abschnitt. (Zeitstellung: 12 Jh.)

[2]) Altertumsmuseum zu Dresden; Abguß im Leipziger Grassi-Museum, Abteilung für Vorgeschichte.

altern geboten worden, als Bischof Thietmar von Merseburg bald nach dem Beginn des 11. Jahrhunderts begann, seine wichtige Chronik abzufassen, die dem Bistum Merseburg gewidmet war, aber darüber hinaus sich zu einer lebensvollen Darstellung der gesamten Reichsgeschichte seiner Zeit erhob. Ein Geschichtswerk von ganz ungewöhnlicher Art ist uns damit geschenkt, wie es nur eine Persönlichkeit von hervorragender geistiger Fähigkeit, in unmittelbarem Zusammenhang mit dem Königshof und den führenden Geschlechtern Sachsens, zu schaffen vermochte, für die Lande östlich der Saale eine Quelle von außerordentlicher Bedeutung, aus der nicht nur Verständnis für die Vorgänge während einiger wichtiger Menschenalter aus der Gründungsgeschichte und harten Kampfzeit der Marken, sondern auch ein anschauliches Kulturbild gewonnen werden kann.

Die geistige Kulturpflege auf dem märkischen Boden östlich der Saale blieb noch in bescheidensten Anfängen. Aber eine Beobachtung, die in die Zukunft weist, läßt sich schon für jene Zeit deutlich machen. Die Einwirkungen auf das dort aufkeimende Leben gingen von den verschiedenen Stämmen und Landschaften des deutschen Mutterlandes aus. Thüringen und Franken, Sachsen und Bayern nahmen daran teil; in dem Neuland bereitete sich eine Kultur gesamtdeutscher Art vor, getragen von einem volleren Deutschbewußtsein, wie es sich in dem frühen Gebrauch des volkhaften Namens der „Deutschen" (Teutonici) in den Grenzgegenden an der Mittelelbe bekundet.

Sechster Abschnitt

Schwere Kämpfe in Reich und Kirche

Auf das im eigentlichen Sinne ostmärkische Zeitalter folgte eine Epoche von wesentlich anderer Art. Eine ruhige Zeit war auch sie nicht. Aber nicht mehr der hin- und herwogende Grenzkampf war entscheidend; das Schicksal der Mark wurde durch die großen Kämpfe im Reich und in der Kirche bestimmt, freilich auch unter Auswirkung der Lage, die immer wieder Grenzlanderleben hervorrief.

Im deutschen Reiche war das salisch-fränkische Königshaus seit der Wahl Konrads II. (1025) zur Herrschaft gelangt. Das Reich stieg, zumal unter Heinrich III., zu einer ungewöhnlichen Machthöhe auf; während eines Menschenalters stand es im Abendland so angesehen und überragend da, wie nur in den glücklichsten Zeiten der deutschen Geschichte. Nur allzubald freilich ging diese Zeit zu Ende. Heftigste Kämpfe brachen unter Heinrich IV. aus: zwischen Königtum und Papstkirche, zwischen deutscher Zentralgewalt und der Sondergeltung der Fürsten und Stämme. Die Marken an der Elbe lagen im östlichen Außenrand des deutschen Staatsgebietes, nicht in den Mittelpunkt der Kämpfe politischer und geistiger Art waren sie gerückt, aber sehr wohl wurden auch sie davon betroffen und schwer heimgesucht; ja es darf gesagt werden, daß sie in solcher Zeit stark erschütternder Erlebnisse enger und nachhaltiger mit dem deutschen Volke und Reiche verbunden worden sind.

In der Zeit seiner Stärke hat das salisch-fränkische Königshaus in den südlichen Elbmarken eine Stütze seiner Macht gesucht und gefunden. Heinrichs III. Politik war in den ersten Jahren seiner Regierung sehr wohl dem Osten zugewendet; er hat glänzende Hoftage in Merseburg und Meißen gehalten und manche Maßnahmen von Bedeutung für die Mark Meißen und ihre Nachbarlande verfügt. Ein stattliches Reichs- und Königsgut war dort vorhanden. Jener Zeit gehört eine Nachricht über Königsgüter in Ostsachsen an, worin Besitz mehrerer Königshöfe in der Mark bezeichnet wird: Altenburg, Leisnig, Bautzen —

Stätten, wo die Hauptburgen lagen — werden genannt; auch in Görlitz, an dem wichtigen Übergang über die Neiße, lag Königsgut, worüber Heinrich IV. verfügen konnte. Wenn damals das Königtum in den Burgen und Gütern um den Harz Pfeiler seiner Macht inne hatte und auszubauen bestrebt war, so lagen, von dort gesehen, die Elbmarken im Blickfeld steter Beobachtung, bis erst der Ausbruch der großen Kämpfe in Reich und Kirche eine Ablenkung bewirkt hat.

Die Zeitspanne vom Ausgang der Polenkriege bis zum Sachsenkampf und Investiturstreit war in der Mark Meißen und ihren Umlanden eine Epoche friedlicher Entwicklung. Sicher hat das Deutschtum in jenen Jahrzehnten im Land eine Verstärkung erfahren. Planvolle Ansiedlungspolitik ist zwar noch kaum betrieben worden; aber man ging an den Aufbau wüst gewordener Ortschaften und die Wiederbestellung des Ackerlandes heran. Ländliche Güter von Kriegsmannen — Siedelhöfe werden sie später genannt — sind damals entstanden und vermehrt worden, im niederen, offenen Lande gern in der Art einer „Wasserburg" mit ringsum gezogenem nassen Graben. Die Landesverfassung erfuhr eine Festigung. Es wird kein Zufall sein, daß damals zuerst ein Burggraf von Meißen bezeugt ist; die Stellung der Burggrafen und ihre Amtsbefugnisse haben offenbar eine festere Ordnung erhalten. Bezeichnend ist auch die Tatsache, daß nicht wenige Burgwarde von den Königen verschenkt worden sind, namentlich in den Besitz der Kirche übergingen. Die Burgwardverfassung war schon in Auflösung begriffen; man bedurfte dieser Einrichtung nicht mehr, wie einst in den Zeiten des steten Grenzkampfes. Auch die Vermehrung des Kirchengutes, die Zunahme kirchlicher Stiftungen, kann als ein Anzeichen friedlicher Entwicklung des Landes gelten.

Nach dem Aussterben des ekkehardingischen Geschlechtes (1046) trat ein politisch bedeutsamer Wandel ein. Die Ostmark (Lausitz), über die Ekkehard d. J. geboten hatte, wurde an Dedi von Wettin gegeben; die Mark Meißen hielt Kaiser Heinrich III. vorerst zurück und belehnte sodann den Grafen Wilhelm aus dem Hause Weimar-Orlamünde, das einst, gestützt auf ein gutes Verhältnis zu dem sächsischen Königshause, in Thüringen zu großer Macht emporgekommen war und die Grafschaftsrechte in den meisten Gauen Innerthüringens innehatte, dazu mit Besitz und Rechten im Orlaland schon über die Saale nach dem Osten hinübergriff. So trat jetzt die Mark Meißen in besonders enge Beziehungen zu Thüringen; ein verstärkter thüringischer Einfluß mag sich um jene Zeit geltend gemacht haben. Bei der Bezeichnung der markgräflichen Würde Wilhelms fand bisweilen Thüringen, aber auch Sachsen Berücksichtigung: er wurde sowohl Markgraf der Thüringer, wie auch sächsischer Markgraf genannt. In der Reichsgeschichte trat Wilhelm als ein tapferer Kämpfer hervor. Er nahm an Feldzügen nach Ungarn teil, wo in den ersten Jahren Heinrichs IV. eine Ausdehnung deutscher Macht und Siedlung von Österreich, der Ostmark an der Donau, aus erstrebt wurde. Auf dem Feldzuge 1061 geriet Wilhelm in Gefangenschaft, jedoch nach so heldenhaftem Kampfe, daß er die Bewunderung der Ungarn erregte und König Bela ihm seine Tochter Sophie zur Braut gab. Als er im Jahre danach die Braut mit großem Gepränge heimholen wollte, fand er auf der Fahrt seinen Tod (1062). Die Mark Meißen ging nun an seinen Bruder Otto über. In der Geschichte Thüringens ist er bekannt durch seinen Streit mit dem Erzbischof Siegfried um die Mainzer Kirchenlehen und die Preisgabe des Rechtes alter Zehntfreiheit der Thüringer, was im Volke größten Verdruß erregte. Über Vorgänge in der Mark Meißen in jener Zeit ist wenig bekannt. Die großen politischen Gegensätze im Reich wirkten auch in diese Lande des Ostens hinein, zumal da die beiden mächtigsten Kirchenfürsten mit Besitz in dem Lande an der Saale beteiligt waren. Erzbischof Anno von Köln verfügte über Gut im Orlalande nahe Saalfeld, das Richeza, eine Tochter des vordem dort begüterten Pfalzgrafen Ezzo von Lothringen — Königin in Polen bis zum Sturze ihres Gemahls Miseco II. —, dem Kölner Stift St. Peter überwies; gewiß hat damals ein nicht unbedeutender Verkehr vom Niederrhein über Thüringen nach der Saale bestanden. Der große Erzbischof von Bremen, Adalbert, der anfänglich ein Helfer Annos bei der Reichsverwesung war, sodann aber als einflußreicher Ratgeber des jungen Königs Heinrich IV. eine maßgebende Rolle in der Reichspolitik spielte, stammte aus dem Hause der Pfalzgrafen von Goseck und war in jener Gegend begütert. Markgraf Otto stand diesen Erzbischöfen in seiner politischen Haltung nahe, zumal bei seinem Gegensatz wider Mainz.

Nachdem Markgraf Otto ohne männliche Nachkommen verstorben war (1067), kam die Mark Meißen an Ekbert von Braunschweig, aus dem berühmten Hause der Brunonen. Um den jungen König Heinrich hatte er sich einst verdient gemacht, schon in der unsicheren Zeit nach seiner Thronbesteigung, sodann bei dessen Entführung aus Kaiserswerth (1063); denn Ekberts Sprung in den Rhein rettete ihm das Leben. Auch in der Folge stand er, durch seine Gemahlin Irmgard mit Heinrich verwandt, dem Hofe und der regierenden Partei des Erzbischofs Anno nahe. Nicht lange waltete Ekbert seines Amtes in der Mark Meißen; schon am 2. Januar 1068 ist es verstorben. Dabei ist es bemerkenswert, daß er seinen Sohn gleichen Namens zu seinem Nachfolger bestimmte, und wirklich wurde diesem Wunsch entsprochen. Ekbert II. wurde zum Markgrafen bestellt. Ob während der Zeit, da er noch unmündig war, sich Dedi, der Ostmarkgraf, der Verwaltung angenommen hat, bleibt ungewiß. Sicher gewann dessen Gemahlin Adela von Brabant, Witwe des Markgrafen Otto, eine schöne, aber stolze und herrschsüchtige Frau, starken Einfluß auf den jungen Ekbert, dem sie Oda, ihre Tochter aus erster Ehe, verlobte.

So war die lange bestehende Verbindung der Mark Meißen mit Thüringen gelöst. Die Bezeichnung eines Markgrafen der Thüringer ist freilich auch Ekbert bisweilen beigelegt worden; in Wirklichkeit war er ein Fürst, der sich zu Sachsen hielt. Meißen ist damals als zugehörig zu Sachsen, als ein Grenzland gegen Böhmen, ausdrücklich angesehen worden. Die einstige Mark um Zeitz, wohl schon zuvor in einer gewissen Auflösung begriffen, kam nicht unter Ekberts Verwaltung, mindestens Teile waren davon abgetrennt, denn sehr bald danach war Udo aus dem Hause der Grafen von Stade mit der Grafschaft um Zeitz betraut. Südlichere Gebietsteile gingen in den Besitz anderer Geschlechter über, so kam das Land um Plauen i. V. (Gau Dobna) an die Grafen von Everstein (im Weserbergland). Während der ersten Jahre, als Ekbert Markgraf war, hielt der Friede in den meißnischen Landen an. Im Jahre 1073 aber kam, unmittelbar vor Beginn eines Polenkrieges, zu dem ein königliches Aufgebot ergangen war, die schon lange unter den Sachsen vorhandene Gärung wider das Königtum zum Ausbruch. Heinrich IV., gestützt auf Dienstmannen schwäbischer Herkunft, die den Sachsen stammesfremd waren, hatte ein starkes, gewaltsames Regiment aufgerichtet. Die Burgen, die er um den Harz bauen ließ, betrachteten die Sachsen als Zwingfesten; in ihren Rechten alter markgenossenschaftlicher Art, an den Waldnutzungen, sahen sie sich geschmälert. Maßnahmen gegen einzelne Führer unter den Sachsen (Herzog Magnus) stärkten die Erbitterung. Alle Großen, weltliche und geistliche, der ostsächsischen Lande nahmen an der emporflammenden Erhebung teil. Mit ihren Heerscharen zogen sie vor die Harzburg, wo der König weilte. Es gelang ihm, zu entfliehen und durch die Waldungen des Harzes und Thüringens bis Hersfeld sich zu retten. Auch die Thüringer, aufgebracht über die Haltung Heinrichs in dem Streite um die Zehnten, schlossen sich der Bewegung gegen ihn an. Nur das junge, wider die bischöfliche Gewalt aufstrebende städtische Bürgertum am Rhein (in Worms) war zur Hilfe bereit. Widerwillig und nur scheinbar gab nun Heinrich in einem Vertrag (1074) den Forderungen der Sachsen und Thüringer nach. Inzwischen bereitete er den Kampf wider die Gegner vor, und wirklich gelang ihm 1075 auf dem Flede von Homburg (nahe Langensalza) ein entscheidender Schlag, der in ihm die Erwartung des sicheren Besitzes der Macht weckte. In den Kämpfen stützte er sich dabei auf den Böhmenherzog Wratislaw, dem er die Mark Meißen in Aussicht stellte. So wurde sie unmittelbar in den Kampf einbezogen. Im September 1075 erschien der König mit einem Heer vor Meißen; die Tore wurden ihm geöffnet, Bischof Benno, dem man Unzuverlässigkeit vorwarf, wurde in Haft genommen und hinweggeführt. Bald danach sprach Heinrich die Verleihung der Mark Lausitz an den Böhmenherzog aus, dem damals wohl schon die Herrschaft über das Land Milsca zustand; so war die Mark Meißen im Osten von Böhmen aus umklammert.

Inzwischen verschärfte sich der Streit aufs heftigste und erwuchs zu weltgeschichtlicher Größe, als der gewaltige Papst Gregor VII., schon zuvor gewillt, der Belehnung von Kirchen aus Laienhand und der Zulassung der Priesterehe ein Ende zu machen, den unheilvollen Zwist zwischen König, Fürsten und Volk nutzte, um die kirchlichen Ansprüche auf Bestellung der Bischöfe nach kanonischem Recht im Reiche durchzusetzen, ja überhaupt, um seine Pläne auf Universalherrschaft der römischen Kirche zu verwirklichen. König Heinrich tat sogleich den äußersten Schritt; er ließ in Worms (Januar 1076) die Aberkennung der päpstlichen Stellung des Mönches Hildebrand aussprechen, Gregor aber verhing den Kirchenbann über ihn, erklärte ihn seiner königlichen Würde für verlustig und entband die Untertanen des dem König geleisteten Eides (Februar 1076). Ein furchtbares Ringen zwischen dem Königtum und den Anhängern Gregors brach los, das die Gemüter im Volk aufs leidenschaftlichste und tiefste erregte; denn ein jeder stand vor der quälenden Frage, wem er mehr gehorchen solle, dem gebannten königlichen Herrn oder dem höchsten Priester und Oberhaupt der christlichen Kirche.

Auch Fürsten und Volk in den mittelelbischen Landen wurden schwer davon betroffen. Der soeben niedergehaltene Kampf begann wieder und wurde immer gewaltsamer. So vermochten die Söhne eines Grafen Gero von Camburg ein Heer durch großen Zulauf zu sammeln und brachen in die Mark ein (1076). Der König, durch das Aufflammen des Aufstandes bedroht, ließ jetzt die gefangenen Fürsten und Bischöfe frei. Er drang in die Mark Meißen vor, die schlimme Verwüstungen erlitt. Nur weil die Mulde durch große Regengüsse anschwoll, entging er der Gefangennahme. Heinrich übergab nun die Mark Meißen seinem Verbündeten, dem Böhmenherzog Wratislaw. Ekbert aber zog mit sächsischer Hilfe vor Meißen, bemächtigte sich der Feste und nahm alle Burgen ein, in die der Böhmenherzog Besatzung gelegt hatte: der ihm zugedachte Schlag war abgewehrt. In dem nachfolgenden harten Winter stieg Heinrich mit wenigen Getreuen unter großer Beschwer über die Alpen nach Oberitalien, um vor Canossa die Lösung vom Bann zu erbitten. Obwohl dies gelang, folgte wenig später die Erhebung eines Gegenkönigs Rudolf von Schwaben (1077); auch Markgraf Ekbert war bei dem Wahlvorgang zugegen. Indes stets auf seinen Vorteil bedacht, nicht nach festem Grundsatz ein Anhänger des Papstes oder Gegenkönigs, schloß er sich vorübergehend Heinrich wieder an, freilich ohne wirksam in die entscheidenden Kämpfe einzugreifen. Die Schlacht bei Flarcheim (b. Mühlhausen) 1080 war für beide Könige verlustreich. König Heinrich versuchte nun, von Thüringen aus nach der Mark Meißen vorzudringen, um sich dort mit einem Heere der Böhmen zu vereinigen; inzwischen war nämlich der Böhmenherzog unter dem Geleit Wiprechts von Groitzsch über Wurzen auf Leipzig und Weida vorgestoßen. Rudolf von Schwaben rückte nach dem Bach Grune, unweit von Hohenmölsen kam es zum entscheidenden Kampfe (am 15. Oktober 1080). Der Sieg schien sich auf Heinrichs Seite zu neigen. Da griff Otto von Northeim mit sächsischen Scharen ein und schlug die Königlichen zurück; unter großen Verlusten wurden sie an die Elster (in Richtung auf Wiederau) gedrängt. Die Schlacht war für Heinrich verloren, aber der Gegenkönig Rudolf hatte die Todeswunde empfangen. Nach Merseburg gebracht, verstarb er dort. Bischof Werner ließ ihn mit vollen königlichen Ehren beisetzen; eine schöne Grabplatte aus Bronze im Merseburger Dom ist uns dafür noch heute Zeugnis. Aber das Volk behielt im Gedächtnis, daß Rudolf die Schwurhand verlor, mit der er einst seinem König den Treueid geleistet hatte.

Eine ruhigere Zeit war nun den Landen an der Saale und Elbe vergönnt. Heinrich weilte in Italien, in erfolgreichem Kampfe wider Gregor, der aus Rom fliehen mußte; aus den Händen eines erhobenen Gegenpapstes Wibert empfing Heinrich die Kaiserkrone (1085). Der Kampf in den sächsischen Landen brach von neuem aus. Ekbert, der nach dem Tode der Adela in seiner politischen Haltung ganz der eigenen schwankenden Haltung folgte, wandte sich von Heinrich wieder ab; nachdem er soeben dem Kaiser bei seiner Annäherung nach Sachsen seine Treue versichert hatte, betrieb er eine Verschwörung wider ihn. So wurde er bereits 1086 (zu Wechmar in Thüringen) als ein Empörer in des Reiches Acht erklärt. Die Mark Meißen empfing nun tatsächlich der Böhme Wratislaw, dem der Königsreif zuteil geworden war. Heftige Kämpfe tobten um eine Feste an der Elbe, südwestlich von Meißen (Guozdek, bei Weißtrup); sie war von Wratislaw erbaut worden, wurde von dem Gegner eingenommen und zerstört, aber an gesicherterem Orte neu errichtet. Ekbert unterwarf sich nun dem König und ging einen Vertrag mit ihm ein. Aber von neuem fiel er ab, als die Bischöfe von Magdeburg und Halberstadt ihm die Königskrone in Aussicht stellten. Indes in der Hoffnung darauf wurde er bitter getäuscht. Seine eigenen Parteigenossen ließen den stets Unzuverlässigen im Stich. So wurde Ekbert abermals 1088 durch ein Fürstengericht zu Quedlinburg seiner markgräflichen Würde verlustig erklärt und in die Acht getan. Noch gab er den Widerstand nicht auf. Aber um seiner Herrschsucht willen mit allen verfeindet, zog er in den Harzlanden unstet umher. In einer Mühle an der Selke wurde er am 3. Juli 1090 nach hartem Kampfe erschlagen: ein Mann, der um seines Mutes und seiner Waffentüchtigkeit willen geschätzt und gefürchtet, politisch einflußreich war, aber in brodelnder Zeit wankelmütig keinen Halt fand und darum gescheitert ist; in der Geschichte der meißnischen Lande hat er tiefere Spuren nicht hinterlassen. Mit ihm starb das Geschlecht der Brunonen aus. Die Mark Meißen war 1089 dem ihm verschwägerten Heinrich von Eilenburg zugesprochen worden, der schon Markgraf der Niederlausitz war. Unangefochten gelangte er in den Besitz des meißnischen Landes und vereinte nun die beiden Marken Lausitz und Meißen miteinander. Unter ihm kehrte endlich eine ruhigere Zeit und gesicherte Ordnung in den Marken zurück.

Da das große Ringen nicht nur um politische Macht, sondern ebenso um die Grundsätze des kirchlichen Lebens ging, sei auf die Haltung der kirchlichen Führer in den Landen an der Saale und Elbe in jenen entscheidungsvollen Jahren in knapper Kennzeichnung eingegangen. In den Anschauungen der großen vorangegangenen Zeit deutscher Königsmacht aufgewachsen, verkörperte Bischof Eberhard von Naumburg die Gruppe deutscher Bischöfe, die dem Königtum auch während der schwersten Anfechtungen die Treue gewahrt haben. Als einer der vertrautesten Räte Heinrichs IV. hatte er einen bemerkenswerten Anteil an der Reichsregierung genommen. Er begleitete den König auf seiner Flucht von der Harzburg und verlor durch den päpstlichen Bann sein Bistum. Mit dem Könige ging er über die Alpen nach Canossa. In die Heimat zurückgekehrt, verlor er durch einen Sturz vom Roß, als er durch einen Fluß bei Würzburg ritt, sein Leben, ohne sich zu der vom Papst geforderten Buße bereit gezeigt zu haben. Anders Werner von Merseburg. Von Geburt ein Thüringer, war er Stiftsgeistlicher in Goslar geworden und hat sich sehr früh den Sachsen und ihrem Kampf gegen Heinrich angeschlossen. Eine tatkräftige, feurige Natur, voll Überzeugungstreue, hielt er an der streng kirchlichen Partei, solange es möglich war, fest. Längere Zeit im Kloster Lorsch in Haft gehalten, wurde Werner zu Verhandlungen mit den Sachsen geschickt. Als dies vergeblich war, kehrte er nicht an den königlichen Hof zurück. Bei der Wahl Rudolfs von Schwaben war er anwesend, nahm auch teil an den Kämpfen als ein eifriger Anhänger des Gegenkönigs. 1085 von neuem abgesetzt, machte er erst spät Frieden mit dem Kaiser; dann zog er sich von den Welthändeln zurück, ohne den von Heinrich eingesetzten Gegenpapst anzuerkennen (1093). Die nachfolgenden Bischöfe in Naumburg und Merseburg waren nicht so markante Persönlichkeiten. Am bedeutendsten war Walram von Naumburg (1091—1111), der aus der königlichen Kanzlei in Bamberg hervorgegangen war. Walram hat literarisch in den großen Streit eingegriffen, anfänglich zugunsten der kaiserlichen Partei; später jedoch trat er zu der gregorianischen Partei über, wie aus einem Briefwechsel mit dem berühmten Erzbischof Anselm von Canterbury hervorgeht. Die vielgenannte Schrift von der Einheit der Kirche „De unitate ecclesiae", die ihm früher zugeschrieben wurde, hat er nicht verfaßt. An den Bischofskirchen wechselten Anhänger und Gegner der gregorianischen Partei, je nach der Erhebung durch den König oder die Bischofswahl. Bezeichnend ist es, daß die Bischöfe, von einer strengeren Auffassung ihres geistlichen Amtes erfüllt, sich von der weltlichen Politik mehr zurückzogen und der geistlichen Sorge für ihre Bistümer durch Kirchengründungen, auch den Aufgaben der Kolonisation, sich zuwandten (Günther von Naumburg, Albuin von Merseburg).

Von besonderer Bedeutung in der inneren Geschichte der meißnischen Lande ist Bischof Benno von Meißen geworden. Wohl ein Altsachse von Geburt (aus Hildesheim), war er königlicher Kaplan in Goslar geworden und wurde durch König Heinrich IV. zum Bischof in Meißen befördert. Bei dem Ausbruch der Erhebung sächsischer Fürsten war Benno nicht beteiligt; aber er galt auch den Königlichen damals nicht für zuverlässig. So ließ ihn Heinrich bei seinem Zuge nach Meißen 1075 gefangennehmen und wegführen. Es gelang Benno zu entkommen; er beteiligte sich auch an der Wahl Rudolfs von Schwaben. Wohl war er ein Anhänger der Gregorianer, aber nicht einseitig streng. 1085 wurde er auf dem Mainzer Konzil seines Amtes entsetzt. Auf Empfehlung des Böhmenherzogs sollte ein anderer, Felix, an seine Stelle treten. Indes dieser vermochte nicht, sich in Meißen durchzusetzen. Benno wandte sich von Gregor ab und konnte in sein Bistum zurückkehren. Später wurde er auch von Heinrich IV. wieder zu Gnaden angenommen, erhielt sogar manche Gunstbeweise. Es kann so scheinen, als ob sein Streben war, mit der mächtigeren Partei gut zu stehen. Indes man wird ihm besser gerecht werden, wenn man ihn als eine dem politischen Kampf abgeneigte Natur ansieht, als einen Bischof, der vor allem darauf bedacht war, in friedlicher Arbeit für seine Diözese zu wirken. In der Tat hat er viel erreicht, um das kirchliche Leben in Meißen zu fördern, wohl auch noch durch Bekehrung von Wenden, die beim Heidentum geblieben waren. So steht sein Bild in der Geschichte, wenn auch nicht reich ausgeführt, in den wichtigsten Umrissen deutlich genug vor uns. Die Legende hat sein Leben und Wirken in mannigfachster Weise verklärt (Erzählung vom Ring und Fisch, und von Anpflanzung der Weinberge bei Meißen).

Auch sein Nachfolger Bischof Herwig war vornehmlich den inneren Aufgaben im Bistum zugewandt. Er hat das Stift Wurzen gegründet (1114), um eine kundige und fähige Priesterschaft für das Wirken im geistlichen Amt auszubilden. Herwigs politische Haltung in den Kämpfen Heinrichs V. ebenso wie die seines Nachfolgers Godebold zeigte manches Schwanken, was aus den Wirren der Zeit verständlich ist.

In jener geschichtlich inhaltsschweren, erregten Zeit tritt uns in unseren Landen am lebensvollsten die Persönlichkeit Wiprechts von Groitzsch entgegen, überhaupt die erste, die in Einzelzügen deutlich und menschlich greifbar ist. Es wird dies dem Geschichtswerk verdankt, das etwa ein Menschenalter nach seinem Tode in dem von ihm gegründeten Kloster Pegau niedergeschrieben ist. Darin wird nun freilich Wahrheit und Dichtung geboten: die Gestalt Wiprechts ist umrankt von Zügen der Heldensage und Spielmannspoesie; klar ist die Absicht, ein heldenhaftes Leben und Wirken dem Leser vor Augen zu stellen.

Die Ahnen, von denen der Held abstammt, sollen Könige gewesen sei: Emelrich, ein König von Deutschland, hatte einen Bruder Herlibo von Brandenburg, dessen drei Söhne die Harlungen waren; der jüngste hatte eine Tochter des Königs von Norwegen zur Gemahlin. Ihr jüngerer Sohn Wolf, Wiprechts Großvater, erlangte die Herrschaft über Pommern, danach über das Balsamer Land westlich der Elbe und vermählte sich mit der Tochter des Dänenkönigs. Nach Väter Art wird die Leiche zu einem Tempel der Götter gebracht und im Reigen mit gezückten Schwertern unter lauter Trauerklage bestattet. Erst dann lenkt die Vorgeschichte des Geschlechtes in wirklich geschichtliche Ereignisse über. Die älteren Söhne gehen nach Griechenland und Rußland auf Wikingerfahrt. Wiprechts Vater erhält die Herrschaft im Balsamerland in der Altmark. Er heiratet Sigena, die Tochter des Grafen von Leinungen am Harz; auch er macht Eroberungen im Ostland (Pasewalk in der Ucker-mark). Sigena vermählte sich in zweiter Ehe mit einem Grafen Friedrich von (Burg-)Lengenfeld (bei Regensburg) und wurde durch ihre Enkelin eine der Ahnfrauen des bayerischen Hauses Wittelsbach.

Der junge Wiprecht, der den Vater früh verlor, wuchs in der Altmark auf (mit Tanger-münde belehnt), ein kriegstüchtiger Jüngling, der sich früh gefürchtet machte. So hielt es sein Oheim Udo von Stade für ratsam, ihn zu entfernen. Gegen Übergabe seines Erbgutes gab Udo ihm die Burg Groitzsch im Osterlande mit Zubehör an Dörfern, Wäldern und Weiden. Wiprecht siedelte dahin über; aber tatenlustig und ungeduldig, wie er war, schuf er sich bald Gegner unter den Herren, die auf den Burgen in der Nachbarschaft seßhaft waren. So konnte er sich nicht halten und ging mit einer Schar von Kriegern nach Böhmen. Dort trat er in ein nahes Verhältnis zu dem Böhmenherzog Wratislaw und dessen Sohn Boriwoi. Auch nahm er teil an der ersten Fahrt König Heinrichs nach Italien und erwarb sich hohes Verdienst; vor Rom vermochte er, wie ihm nachgerühmt wird, den König in einem gefährlichen Augenblick persönlich zu schützen, brach auch im Ansturm die Bahn durch die Pforten bei Einnahme der Leostadt (1083). In seiner Lebensbeschreibung wird erzählt, daß der Kaiser in Verona seinen Mut auf eine Probe habe stellen wollen und einen Löwen gegen ihn vorgehen ließ; aber Wiprecht griff ihn ohne Waffen an, und das Tier wandte sich in Scheu ab. Er verlangte freilich nach diesem Erlebnis den Abschied beim Kaiser und kehrte in die Heimat zurück. Wieder ausgeschmückt ist die Erzählung, wie ihn der Böhmenherzog empfing und für seine Taten belohnen wollte. Die angebotenen Kostbarkeiten, ein Schild mit Gold und Silber ausgelegt, köstliches Gerät in Gold, Silber und Elfenbein und schöne Rosse nahm er nicht an, sondern nur Gaben von keinem großen Wert: einen Bogen mit Köcher u. a. Der Herzog erkundete bei seinem Sohne, was Wiprecht für Wünsche haben möge. Da verlangte Wiprecht, der Herzog solle ihm seine Tochter Judith zur Gemahlin geben. Wratislaw tat dies und fügte zwei Landschaften als Heiratsgut hinzu: Budissin und Nisan. So wurde die Heirat mit der böhmischen Herzogstochter geschlossen (1084). Wiprecht ließ ihr eine feste Burg bei Pegau (Schwerza) zu sicherm Schutze bauen; zumeist scheint freilich Judith sich in Bautzen aufgehalten zu haben, wo sie stattlich Hof hielt.

Wiprecht hatte sich nun wirklich in Groitzsch festgesetzt, das er ausbaute, mit zwei Türmen sicherte und mit einer stattlichen Kapelle in wohlgefügtem Rundbau versah. In hartem Streit fand er rings Anerkennung; ja er schuf sich aus mannigfachsten Zuwendungen als Eigen sowie nach Lehensrecht ein großes, in sich freilich nicht geschlossenes Herrschaftsgebiet. Von Kaiser Heinrich erhielt er die Burgen Leisnig und Dornburg an der Saale mit Landzubehör; der Erzbischof von Köln gab ihm Land im Orlagau, dazu der Bischof von Naumburg-Zeitz einen Burgbezirk mit 1100 Hufen. Auch die Bischöfe von Halberstadt und Münster, die Äbte von Fulda und Hersfeld statteten ihn mit Kirchenlehen aus, deren Wert auf 700 Talente (Pfund Silbers) angegeben wird. So dehnte sich sein Herrschaftsbereich von Thüringen bis zur Oberlausitz aus. Als Graf wurde er bezeichnet, freilich erst spät, nicht wegen einer Grafschaft alten Rechts, vielmehr in einem neuen Sinne gräflicher Herrschaftsübung.

In der Reichspolitik spielte Wiprecht eine nicht unwichtige Rolle. Seit jungen Jahren stand er auf Seiten Heinrichs IV., neben dem Böhmenherzog Wratislaw († 1092) so anhaltend, wie kaum ein anderer unter den deutschen Fürsten. Wie bei dem Kampf um Rom, so leistete er auch bei den Waffengängen um Sachsen manch guten Dienst, ein Gegner Markgraf

Ekberts, während er zu Bischof Benno von Meißen freundlich stand. Aber von noch mehr nachhaltiger Wirkung war seine Tätigkeit für Land und Volk in den heimischen Gauen. Bei den Kämpfen in der Umgebung von Groitzsch wider seine Gegner hatte Wiprecht die Feste Zeitz eingenommen, dabei war die Kirche St. Jakobs verbrannt. Von geistlicher Seite wurde verlangt, dafür Sühne zu leisten. Wiprecht unternahm eine Bußfahrt nach Rom, sodann nach San Jago di Compostella in Spanien. Auf den ihm erteilten Rat gründete er nun ein Kloster in Pegau an der Elster, das erste Benediktinerkloster, das östlich der Saale zum Gedeihen kam. Er rief Mönche aus Franken (Schwarza bei Würzburg) herbei, unter dem Abte Bero, die dort zunächst in geringer Zahl sich niederließen. Wiprecht sorgte für reichliche Ausstattung; sogar der Böhmenherzog gab ihm eine große Summe dazu. Am 26. Juli 1096 wurde in hochfeierlicher Versammlung die Klosterweihe vollzogen. Das Kloster blühte freilich nicht sogleich auf. Erst als Wiprecht einen Abt aus dem berühmten, inzwischen nach Hirsauer Regel reformierten Kloster Korvey berief, gedieh das klösterliche Leben. Abt Windolf beriet ihn auch bei manchen Maßnahmen zur Hebung der Kultur im Lande, vor allem bei einer Kolonisation in den Waldungen östlich nach der Mulde zu um Lausick.

Auf Seiten Kaiser Heinrichs IV. hielt Wiprecht fast bis zum herben Ende aus. Als schon der Zwist zwischen ihm und seinem Sohne gleichen Namens ausgebrochen war, gab ihm Wiprecht das schützende Geleit auf seiner letzten Fahrt durch Deutschland nach dem Rhein. Dort hat auch Wiprecht sich von dem alten Kaiser zu der Partei des jungen Heinrich gewendet; auf Burg Bökelheim an der Nahe überbrachte er jenem als Abgesandter des Sohnes die furchtbare Botschaft, es gebe für sein Leben keinen Rat, als wenn er alle Abzeichen der königlichen Herrschaft nach dem Willen der Fürsten zurückgebe (Ende Dezember 1105).

In den ersten Jahren der Regierung Heinrichs V. stand Wiprecht auf Seiten des Königs, der ihm durch manche Aufträge sein Vertrauen erwies. So wurde Wiprecht zu Papst Paschalis II. und nach Frankreich (1107) geschickt und nahm an Vorverhandlungen teil, in denen sich der spätere Abschluß des Wormser Konkordates vorbereitete. Auch einen Feldzug nach Polen machte er mit (1109). Ganz besonders war er an Kämpfen im böhmischen Herrscherhause beteiligt, wobei er zu Gunsten seines Schwagers Boriwoi eintrat. Da bereitete sich eine Wendung vor. Sein Sohn Wiprecht, der bei den Wirren in Böhmen gegen den Schützling Kaiser Heinrichs V., Wladislaw, auftrat, wurde plötzlich vom Kaiser gefangengesetzt. Dazu kam der Streit um die Erbgüter des Hauses Weimar-Orlamünde (Graf Udalrich † 1112) in Thüringen; auch Wiprecht, der Kunigunde von Beichlingen in zweiter Ehe zur Gemahlin genommen hatte, erhob Ansprüche, die nicht erfüllt wurden. Überhaupt brachte das herrische Auftreten des Kaisers die Sachsen gegen ihn zum Widerstand. Wiprecht brach mit dem Kaiser; aber ein plötzliches Erscheinen Heinrichs im Osten führte dazu, daß Wiprecht in Gefangenschaft geriet (im Frühjahr 1113) und als Verräter zum Tode verurteilt wurde. Er verlor alle seine Lehen; ja seine Söhne gaben sogar, um das Leben des Vaters zu retten, die Burg Groitzsch an den siegreichen Kaiser heraus. Länger als zwei Jahre wurde Wiprecht in strenger Haft gehalten; all seine Macht war völlig zusammengebrochen. Aber der Aufstand der sächsischen Großen wider Heinrich begann von neuem, und in der Schlacht am Welfesholze (unweit Mansfeld) 1115 errang der junge Wiprecht einen entscheidenden Sieg über die Kaiserlichen unter Führung Hoiers von Mansfeld, der in tapferem Kampfe fiel. Er ist wohl bald danach verstorben. Dem Vater aber wurde, in Auslösung gegen den vor der Naumburg am Kyffhäuser gefangenen Burggrafen von Meißen, Heinrich Haupt, die Freiheit geschenkt, und er erhielt, nachdem er Frieden mit dem Kaiser gemacht hatte, den größten Teil seines Besitzes zurück. Auch die Burg Groitzsch wurde ihm wiedergegeben, dazu Leisnig, Nisan und Budissin. Eine neue Erwerbung kam hinzu, als der Erzbischof von Magdeburg an Wiprecht die Burggrafschaft Magdeburg gab, die auf 1000 Schilde und einen Wert von 500 Talenten Silbers geschätzt wurde (1117). Nach dem Tode Heinrichs des Jüngeren, Markgraf in der Niederlausitz und Meißen (1123), ernannte der Kaiser Wiprecht zum Nachfolger in beiden Marken; Wiprecht wurde also dem Namen nach Markgraf von Meißen. Aber Herzog Lothar von Supplinburg, der sächsische Herzog, trat ihm entgegen, und trotz böhmischer Hilfe vermochte Wiprecht nicht, sich in den wirklichen Besitz Meißens zu setzen. Wiprecht verließ das Land und flüchtete nach Halle, wo er bei einer Feuersbrunst eine Verletzung empfing. Ein Greis von 70 Jahren, ließ er sich nun nach seinem Kloster Pegau schaffen. Dort ist er, in ein Mönchsgewand gehüllt, am 22. Mai 1124 verstorben.

So endete dieses reiche, kampferfüllte Leben eines wahrhaften Recken in der deutschen Geschichte. Das schöne und eindrucksvolle Denkmal, das ihm etwa ein Jahrhundert später geschaffen wurde, im Stil der großen thüringisch-sächsischen Bildnerei, jetzt in der Laurentiuskirche zu Pegau, stellt ihn in reichem ritterlichen Gewand dar mit der Fahne, die das Reichslehen verkörpert, und dem Schwert, das er so gut zu führen gewohnt war, eine hohe, edle Gestalt echten deutschen Rittertums.

DRITTER TEIL

Das Zeitalter der ostdeutschen Kolonisation

Wie eine Grenzscheide zwischen zwei Hauptzeiträumen volkhaften Daseins liegen die Menschenalter da, die in der deutschen Geschichte das Zeitalter der Hohenstaufen genannt werden. Es war eine der großen Durchbruchszeiten voll rascher und kräftiger Umgestaltung im politischen und wirtschaftlich-sozialen Dasein der Völker des abendländischen Kulturkreises, in Sitte und Recht, im wissenschaftlichen Denken, in Weltanschauung und Religion, Dichtung und bildender Kunst; es war eine Zeit, in der ein neues Persönlichkeitsideal sich zu gestalten begann, in der schon eine ganze Reihe führender Männer und Frauen von charaktervoller Eigenart auftraten, denen auch wir noch nachfühlend und begreifend innerlich näher zu kommen vermögen, als selbst den Trägern bekanntester Namen des vorangegangenen Zeitraumes.

Das deutsche Reich stieg noch einmal in der Stauferzeit zu einer Höhe der Macht und Geltung im Abendlande auf, als Friedrich der Rotbart, ein Herrscher von staatsmännischer Klugheit und gesammelter Kraft, auf Gedanken der Höhezeit deutschen Königtums zurückgriff und sie mit Erfolg erneuerte. Auf die Dauer gelang dies freilich nicht; in schwerem Ringen mit der römischen Kirche und den heimischen aufsteigenden landesherrlichen Gewalten brach die Macht deutscher Zentralgewalt wieder zusammen. Die Kirche vermochte ihre Ansprüche auf Weltherrschaft während jener Menschenalter aufs Höchste zu steigern. Aber der Abschluß der Stauferzeit bedeutete auch für sie den Ausgang ihrer ausgedehntesten Geltung. Die Unternehmung der Kreuzzüge, im Begeisterungsschwung begonnen, in ihren Zielen jedoch nicht verwirklicht, zuletzt ein gescheiterter Versuch, führte zu einer Einbuße der Kirche an ihrer unbedingten Macht über die Gemüter in der abendländischen Christenheit. Schon stieg neben der älteren kirchlichen Bildung siegeskräftig und zukunftssicher eine Laienbildung empor, die sich auf ganz neue Grundlagen stellte. Für die Grundhaltung der abendländischen Völker, auch des deutschen, ist es bezeichnend, daß die Anfänge eines starken politisch-nationalen Bewußtseins deutlich hervortraten. In den Urkunden und Gesetzen begann die nationale Sprache zu erscheinen, das Gefühl für die nationalen Besonderheiten wandte sich kräftiger gegen die universalen Richtungen in der Kirche, wie im Imperium.

Mit solcher Umlagerung der großen Mächte volkhaften Daseins verband sich ein tiefgreifender Wandel in der Lebensalltäglichkeit. Eine wirtschaftlich-soziale Umwälzung drang durch, so mächtig und folgenreich, wie nur in wenigen späteren Zeitaltern. Hatte vordem die große Menge des Volkes im engen Kreise um das Heimatdorf, um den angestammten oder verliehenen Hof zumeist die Güter, die zur Befriedigung der Notdurft des Lebens dienten, hergestellt und nur in geringem Maße den Bedarf von außen beschafft, so begann ein nicht mehr unbeträchtlicher Teil der Bevölkerung nun für den Austausch und Absatz von Werten zu produzieren. Siedlungen, die sich in ihrem wirtschaftlichen Aufbau wesentlich unterschieden, lagen einander ergänzend da, so daß die einen unter ihnen ohne die anderen gar nicht mehr ihr Dasein zu führen vermochten. Ein ganzes Gewerbe durcheinandergeflochtener wirtschaftlicher Abhängigkeiten ward so über das Volksgebiet hin gebreitet. Zwischen den Dorfwirtschaften und Einzelhöfen entstanden jetzt zahlreiche aufblühende Stadtwirtschaften. Damit entfaltete sich ein neues wirtschaftliches Wollen, ein neuer Wirtschaftssinn, Streben nach Erwerb und Gewinn, wirtschaftliches Unternehmertum. Es änderte sich die ganze soziale Struktur der Bevölkerung. Waren vordem bei ihrer Gliederung Merkmale des Geburtsstandes und der persönlichen Freiheit, auch der Größe des Bodenbesitzes maßgebend, so bildete sich nun allmählich eine berufsständische Gliederung der Gesellschaft durch. Über der Menge des ländlich wirtschaftenden Volkes erhob sich durch kriegerischen Beruf, politische Vorrechte und größere Einkünfte aus Grundbesitz ausgezeichnet der ritterliche Adel, der in der Stauferzeit, damals auf hohe und edle Ziele gerichtet, eine Glanzzeit erlebte. Aber daneben wuchs die städtische Bevölkerung, die schon zuvor nicht gefehlt hatte, im Laufe der Stauferzeit in Hunderten neugegründeter Städte bedeutend an. Ein Bürgertum trat in Erscheinung, das wirtschaftlich erstarkte, einen gewichtigen Faktor im öffentlichen Leben darstellte, sich seine Genossenschaften und Verbände schuf, seine städtische Freiheit errang und eine neue Art korporativer Verfassung und Verwaltung ausbildete.

Von ganz besonderer Bedeutung war dies Zeitalter für den deutschen Osten. Nach Osten zu ist damals eine Erweiterung deutscher Herrschaft und Macht geglückt, die in der deutschen Geschichte einzig dasteht. Aber nicht nur in politischer Hinsicht wurde Bedeutendes errungen. Dorthin strömten die deutschen Volkskräfte in ungewöhnlichem Maße zu fester Einwurzelung. Das große deutsche Siedelwerk breitete sich aus, so wurden damit die Grundlagen für deutsche Kultur, in den Landen östlich der Saale und Elbe gelegt. In der weiteren Umgebung der mittelelbischen Lande wurden große Räume für den Anschluß an das Deutsche Reich gewonnen. Eine eigenartige Stellung nahm dabei das Herzogtum Sachsen ein. Als Heinrich der Löwe, der gewaltige Sachsenherzog, an seiner Spitze stand, wurde von Sachsen aus die deutsche Macht und Ostsiedlung mit größter Tatkraft vorgetragen; aber es geschah von der Niederelbe aus, nach Mecklenburg und Pommern. Nach seinem Sturze (1180) bestand die herzogliche Gewalt nur in einem kleinen Gebiet an der Unterelbe (um Lauenburg, auch in Holstein), dazu an der Mittelelbe um Wittenberg fort, obschon anfänglich die Ansprüche auf Herzogsherrschaft über die Lande westwärts bis zur Weser und darüber hinaus gewahrt blieben. Dies kleine Ostgebiet wurde dem Sohne Albrechts des Bären, Bernhard von Askanien, zugewiesen; er war Erbe eines großen Namens, auch einer angesehenen, würdeverleihenden Stellung, aber ohne bedeutende wirkliche Macht. An der politischen Ausbreitung nach Osten, sowie an der ostdeutschen Kolonisation hat dies Herzogtum nur wenig Anteil genommen; Aufgabe und Erfolg fielen dem anderen Zweige des askanischen Geschlechtes zu, das in der Ostpolitik führend hervortrat. Von den nordöstlichen Harzlanden und der Altmark aus wurde die Mark Brandenburg, dank dem kühnen und klugen Vorgehen Markgraf Albrechts des Bären und seiner Nachfolger gewonnen (seit 1150). Im ferneren Osten lösten sich die schlesischen Fürstentümer seit dem Eingreifen Friedrich Barbarossas 1157/63 allmählich aus dem Verband des Reiches der polnischen Piasten und wurden dem Deutschen Reich angegliedert. In Böhmen blieb das Verhältnis der Zugehörigkeit zum Reich bestehen, ja der politische Anschluß gestaltete sich zu Zeiten besonders eng; Kaiser Friedrich gewährte eine Erhöhung der Würde durch Verleihung der Königskrone an Herzog Wladislaw, Böhmen erschloß sich in gesteigertem Maße unter seinen ersten Königen der deutschen Kultur. So wandelte sich die Lage der Mark Meißen: sie blieb jetzt nicht mehr ein stets bedrohtes Grenzland, sondern lag im östlichen Deutschland inmitten solchen Gebietes, das politisch zum Reiche gehörte und in wachsender Stärke von deutschem Siedlertum erfüllt war.

Dies war die Epoche, in der auch in der Mark Meißen und ihren Nachbarlanden die deutsche Kultur schöpferisch durchgedrungen ist.

Reich und landesherrliche Machtbildung

Die Staufer im Pleißen- und Muldenland

In der Stauferzeit lag das politische Kraftfeld des deutschen Königtums fern im Westen, in Schwaben und am Rhein. Aber für eine starke Zentralgewalt war das mittlere Deutschland wichtig, um das Reich zusammenzuhalten; und wirklich mühten sich die staufischen Herrscher um Sicherung ihres Einflusses im östlichen Franken bis Eger, sowie in Thüringen (Rückerwerb Saalfelds), was von um so größerer Dringlichkeit war, als die Welfen eine Verbindung ihrer Herrschaft über Sachsen und Bayern, zwischen Nordwestdeutschland und dem deutschen Südosten, erzielten. Auch östlich der Saale suchte die königliche Macht sich Stützpunkte zu schaffen, das unmittelbare Reichsgut nach dem mitteldeutschen Osten zu vermehren.

Nicht völlig war dort das Land zur Ausstattung der Markgraftümer, sowie zur Vergabung an die Kirche und weltliche Große verwendet worden. Das königliche Haus der Ottonen und nach ihm der Salier hatte Gut für sich zurückbehalten, durch Heimfall oder Besitzerwerb vermehrt, freilich auch durch Veräußerungen oft vermindert. Nach den großen Kämpfen während des Investiturstreits war die Reichsgewalt auf neue Sicherung dieses Besitzstandes bedacht. So läßt sich erkennen, daß Kaiser Lothar königliche Rechte im Erzgebirgswald (um Chemnitz) wahrnahm, Konrad III. folgte ihm darin. Mit klarer Entschiedenheit betrieb Friedrich Barbarossa die Erhaltung und Wiederherstellung des Reichsguts und der Reichsrechte, ganz im Sinne seiner allenthalben in Deutschland das geschichtliche Recht zur Geltung bringenden Politik. Der Kaiser wahrte die Rechte in dem großen Grenzwald im Süden; nicht ohne seine Genehmigung durfte der Markgraf Land an die Kirche vergeben. Eine stattliche Erweiterung des Reichsbesitzes vermochte Friedrich durchzuführen, als ihm ein Teil des von dem Hause Groitzsch hinterlassenen Erbes zufiel. Der Stiftsvogt in Bamberg in Ostfranken, Rapoto von Abenberg, hatte als Gemahl einer Enkelin Wiprechts von Groitzsch Mechthild deren Besitz erlangt; er fiel zunächst an die Staufer als Hausgut, Friedrich gab ihn aber sodann im Austausch gegen den wichtigen Königshof Pöhlde und anderes Gut westlich des Harzes an das Reich: Leisnig, Colditz und Lausick (1158). Dies wurde der Kern des sogenannten Pleißner Landes; Altenburg wurde angeschlossen, der Herrschaftsbereich weit nach Süden in das Gebirge ausgedehnt, über Chemnitz und Zwickau hinaus. Aus dem Besitz Herzog Heinrichs (Jasomirgott) von Österreich brachte Friedrich die ansehnliche Herrschaft Schwarzenberg käuflich an sich, an der Grenze gegen Böhmen. Im ganzen war es kein wohlabgerundetes Gebilde, aber doch ein stattliches Reichsland, dessen Bedeutung damals um so größer war, weil eine Verbindung mit der starken Pfalz Eger, einer Schlüsselstellung der staufischen Macht, auf dieser Linie lag. Auch den großen Klöstern (Pegau, Bosau) und ihren Vogteien wandte Friedrich seine Aufmerksamkeit zu und unterstellte sie dem Reich. Das Land wurde Landrichtern, die der Kaiser einsetzte, zur Verwaltung übergeben (Hugo von Warta 1172). Manche Förderung ließ Friedrich diesem Gebiet angedeihen, besonders dem aufblühenden Altenburg, wo das Bergerkloster und auch die neue Stadt seine Gunst erfuhren. Ganz allgemein wandte er hier im Osten die Maßnahmen an, die am Oberrhein den Staufern zur Größe geholfen hatten: Burgengründung und Ansetzung tüchtiger und zuverlässiger Männer reichsministerialischen Standes. Die Landesgeschichte jener Gegenden ist dadurch in weitgehendem Maße bestimmt worden.

Sein Sohn Heinrich setzte diese Politik fort, ja er nutzte sie zu einem Versuch, der dem ganzen Bereich der meißnischen Mark galt. Dann freilich blieb der Rückschlag nicht aus. Noch König Philipp hat Reichsrechte im Muldenland in Anspruch genommen; aber schon gewährte er dem Markgrafen von Meißen die Befugnis, Zubehör der Mark ohne königliche Genehmigung zur Ausstattung von Kirchen zu verwenden. Auch Friedrich II. ist im Lande erschienen und hat die königliche Macht gezeigt. Aber der Niedergang dauerte an. Erst zwei volle Menschenalter später griff ein deutscher König erneut ein, nicht mehr zugunsten des Reiches, sondern um mit den Mitteln der königlichen Gewalt eine Hausmacht seines Geschlechts zu schaffen.

Die Begründung der wettinischen Hausmacht

Während einer Folge von Menschenaltern, durch mehr als acht Jahrhunderte, ist das Geschick des Hauses Wettin mit der Geschichte des meißnischen Landes und seiner Nachbarlande aufs engste verbunden gewesen. Das wettinische Geschlecht ist hier heimfest geworden, eingewurzelt durch Besitz und Recht, und hat in verständnisvoller Fürsorge die Aufgaben höchster Landesverwaltung angefaßt und gelöst, die Kulturpflege gefördert. Es ist ein Erfordernis und Vorrecht der Geschichtsschreibung, dem Wirken und Walten dieses Geschlechtes gerechte Würdigung widerfahren zu lassen.

Die Anfänge des Hauses Wettin sind auf ein Geschlecht zurückzuführen, dessen Ahnherr jener Markgraf Burkhard in Thüringen war, der 908 im Kampf gegen die Ungarn fiel; seine Vorfahren können wohl in Männern gleichen Namens, die in karolingischer Zeit in Franken seßhaft waren, aufgefunden werden. Burkhards Enkel war Dedi, „der Thüring", von dem erzählt wird, daß er für Otto den Großen im schweren Anfang seiner Regierung die Burgen an der Saale bewachte; er wird später Graf im Hassegau nördlich der Unstrut genannt, also auf ostsächsischem Gebiet († 957). Dedi hatte drei Söhne: Burkhard, Dedi und Dietrich. Der älteste ist Stammvater einer Familie geworden, die in Goseck seßhaft war: später sächsische Pfalzgrafen, die nach ihrem Stammsitz benannt werden. Dedi fiel in dem verhängnisvollen Kampf in Süditalien 982. Dietrich ist der Stammvater des Hauses Wettin geworden. Bischof Thietmar, der von ihm berichtet, sagt, daß er aus einem Geschlecht, das Buzici heißt, abstammt. Der eigentümliche Name ist wohl richtig aus einer Kurzform des Namens Burkhard erklärt worden; wir können also von Burkhardingern sprechen, da ja dieser Name in dem Geschlecht häufig auftritt. Von Dietrich wird gesagt, daß er ein Mann von ausgezeichneter Freiheit — voll edelfrei — gewesen sei, sicher schon eine Persönlichkeit in hervorgehobener Stellung im Staate. Der Besitz dieses Zweiges der Familie lag in den ostsächsischen Gauen westlich der Saale im Hassegau, aber auch im Schwabengau. Schon früh ist dazu Besitz im Lande östlich der Saale, namentlich an der unteren Mulde, auch die Burg Wettin auf ragendem Felsen über der Saale, gekommen.

Von Dietrich stammten zwei Söhne ab, der ältere wieder mit dem Namen Dedi, der jüngere Friedrich von Eilenburg, das damals schon im Besitz des Geschlechtes war; beim Abwehrkampf um Meißen mannigfach erprobt, starb er 1017 ohne männliche Erben. Dedi, ein tüchtiger, aber gewalttätiger und stolzer Mann, der 1009 in einem Streite erschlagen wurde, hinterließ aus seiner Ehe mit einer Tochter des Nord-Markgrafen Thiedrich einen Sohn Dietrich, den zweiten dieses Namens in der Geschichte, dem es geglückt ist, die Besitzungen seines Hauses wieder in seiner Hand zu vereinen. Er wird als ein „Graf der Ostleute" bezeichnet, man könnte sagen Ostmarkgraf, und war wesentlich mit tätig, als die Niederlausitz 1031 aus den Händen der Polen befreit wurde und an das Reich zurückkam († 1034). Unter den Söhnen Dietrichs sind drei hervorgetreten: der älteste, jener „sächsische" Markgraf Dedi, der Gemahl der Adela, der in der Geschichte der Niederlausitz Thüringens und Meißens bis in die Zeiten des Sachsenaufstands gegen König Heinrich IV. eine Rolle

Abb. 7   Kurfürst Friedrich der Streitbare († 1428)

Abb. 8   Schloßkirche in Wechselburg

Abb. 9   Das Meißner Land von den Domtürmen in Meißen gesehen

Abb. 10   Königs- oder Kunigundenkirche in Borna

gespielt hat († 1075). Zwei jüngere Söhne, Thimo und Gero, haben gemeinsam Brehna besessen. Thimo, auch begütert bei Kistritz (sö. Weißenfels), gelangte nach dem Tode seines Bruders in den Besitz von Camburg an der Saale, auch zählt er zu den Stiftern im Naumburger Dom; er hat sich zuerst als ein Graf von Wettin bezeichnet, so daß gesagt werden kann, daß die Wettiner auf ihn zurückgehen. Vermählt war er mit Ida, der Tochter Ottos von Northeim, der zeitweilig Herzog von Bayern war. So ist ihm aus kleinen Anfängen ein Aufstieg möglich gewesen.

In der nachfolgenden Generation standen sich vornehmlich zwei Linien gegenüber. Nachkomme jenes Dedi war Heinrich von Eilenburg, der, schon Markgraf der Niederlausitz, 1089 Markgraf von Meißen wurde († 1103) und einen Sohn hinterließ, Heinrich II., der unter Vormundschaft seiner Mutter Gertrud stand und Markgraf von Meißen gewesen ist († 1123). Von Thimo stammt ein Brüderpaar ab: Dedo und Konrad, der der eigentliche Begründer der wettinischen Hausmacht in den meißnischen Landen geworden ist, in der jüngeren höfischen Geschichtsdarstellung als der Große bezeichnet.

Konrad war in bedrängter Lage aufgewachsen, aber erlebte, vom Glück im seltensten Maße begünstigt, einen großen Aufstieg. Aus väterlichem Erbe hatte er nur einigen Besitz in der einstigen sächsischen Ostmark, dazu an der Saale um Weißenfels, doch fiel ihm nach dem Aussterben der Linie von Camburg (1116) der dortige Besitz nebst Grafschaftsrechten zu. Mit seinem Vetter Heinrich von Eilenburg II., dem Markgrafen von Meißen, stand Konrad in gespanntem Verhältnis, ja es lief ein Gerücht um, daß Heinrich nicht ehelich geboren und erbberechtigt sei. Beide gerieten in schwere Fehde; Konrad unterlag und wurde auf der Feste Kirchberg in strenger Haft gehalten (1121). Daraus befreite ihn der Tod Heinrichs (1123); und nun trat Konrad sofort mit Erbansprüchen auf die Mark Meißen hervor. Indes Kaiser Heinrich V. erkannte sie nicht an und gab die Mark an Wiprecht von Groitzsch. Konrad fand einen mächtigen Helfer in dem Sachsenherzog Lothar von Supplinburg; hatte doch schon seine Familie zuvor in nahem Verhältnis zu den Fürsten Sachsens gestanden. Wirklich gelang es Konrad, sich in den Besitz der Mark zu setzen. Da wurde Lothar 1125 zum deutschen König gewählt — Konrad war wohl bei dem Wahlvorgang anwesend — und nun fiel ihm auch die königliche Bestätigung, die Anerkennung nach Reichsrecht zu. Seit 1125 war Konrad in unbestrittenem Besitz der meißnischen Mark.

Es war natürlich, daß Konrad dem Sachsenherzog und neuen König die Treue bewahrte, mit dem ihn auch ein verwandtschaftliches Band durch des Königs Gemahlin Richeza verknüpfte, vornehmlich auch deshalb, weil Lothar nach alter sächsischer Überlieferung eine tatkräftige, vorwärtsstrebende Ostpolitik einschlug, wie in Holstein und Pommern, so auch an der südlichen Elbe. Konrad stand dem König zugleich bei seinem Zuge nach Böhmen bei (über den Paß von Kulm; 1126), der verlustreich ausging, jedoch dazu half, die Lehen des deutschen Reiches über Böhmen zu sichern; der Böhmenherzog hat danach gute Nachbarschaft mit dem meißnischen Markgrafen gehalten: von Süden her genoß die Mark Meißen des Friedens. Nach dem Tode Lothars stand er zunächst in einem Gegensatz wider den neuen König Konrad III. aus staufischem Geschlecht: der Wettiner hatte eine Stärkung Ostsachsens gewünscht, wie sie der König zunächst nicht anstrebte. Indes später fand ein Ausgleich statt, der Markgraf erfuhr manche Beweise des königlichen Vertrauens und Erweiterung seiner Macht. Konrad betätigte sich in der Folge mehrfach bei Unternehmungen nach Osten zu, zweimal gegen Polen (1140, 1146), sowie bei dem Wendenkreuzzug 1147, der auf die feurige Predigt Bernhards von Clairveaux unternommen wurde, aber vor der Feste Demmin (in Pommern) unglücklich geendet hat. Zu dem Nordnachbar Albrecht dem Bären, der, nach zeitweiligem Lehenbesitz der Niederlausitz, in der Altmark und später östlich der Elbe in Brandenburg die große Macht seines Hauses begründete, stand Konrad in einem wechselnden Verhältnis. Später, als Albrecht nicht mehr in der Lausitz gebot, waren die Beziehungen freundlicher; Konrads Sohn Otto vermählte sich mit einer Tochter

Albrechts des Bären, Hedwig, gleichwie ein Sohn des Brandenburgers eine Tochter Konrads, Adela, zur Gemahlin nahm.

Die in der Landesgeschichte bedeutendste Leistung Konrads ist die Begründung einer ansehnlichen Hausmacht, aus der später der meißnisch-sächsische Staat hervorging. Es glückte Konrad, eine Reihe bedeutender Erwerbungen zu machen, so daß sich ein, wenn auch nicht völlig abgerundetes, so doch breit gelagertes Landgebiet ergab. Schon 1124 war Konrads älterer Bruder Dedo gestorben, die wettinischen Hausgüter in seinem Besitz fielen nun an Konrad; vornehmlich Wettin selbst, Eilenburg und Camburg. Die Mark Meißen hatte er vorerst ohne die Landschaft im Elbtal erhalten. Aber etwa 1136, nach dem Tode des jüngeren Heinrich von Groitzsch, erhielt Konrad die Mark in der Niederlausitz, und wohl einige Jahre später (vor 1144) auch die Lande Budissin und Nisan, nebst Zagost (ö. Bernstadt), dazu 1143 das Land Rochlitz und Eigengut des ausgestorbenen Hauses Groitzsch; ein Teil dieses Groitzscher Besitzes (Leisnig) kam freilich später an Kaiser Friedrich I. und das Reich. Im Innern ist bemerkenswert, daß Konrad auch über Kirchenvogteien verfügte: besaß er schon früher die Vogtei über das Bistum Naumburg und Zeitz (auch er wird den Stiftern im Dom zugeordnet), so erhielt er von Lothar oder seinem Nachfolger auch die Klostervogtei über das Benediktinerkloster Chemnitz, aus Groitzscher Erbe wohl auch die Vogtei über Pegau, dazu die Bosauer Vogtei, dies alles wertvolle Abrundung des weltlichen Besitzstands. Es ist bezeichnend, daß Konrad bisweilen als ein Markgraf von Sachsen (marchio Saxoniae) genannt wird, nicht als ob er über eine Mark Sachsen geboten hätte, wohl aber als einer der angesehensten sächsischen Fürsten von markgräflichem Rang. Er selbst nannte sich urkundlich Markgraf von Gottes Gnaden, in einem Schreiben an den Papst einmal „durch Gottes Gnade unter den Fürsten Sachsens alleiniger Besitzer und Schützer der meißnischen Mark" (1142).

Was Konrad für die Entfaltung seiner Lande getan hat, erhellt nur wenig aus der geschichtlichen Überlieferung. Es ist klar, daß er eine straffe Ordnung im Staate zu gründen bemüht war, ein Erfolg nach den vorausgegangenen, oft so wirren Zeiten. Von einer Förderung deutscher Kolonisation wird nicht unmittelbar etwas erzählt; aber es ist wahrscheinlich, daß schon während seines Regiments ein Grund dazu gelegt worden ist. Daß neue Dörfer (mit Namen Naundorf) damals entstanden, wird deutlich genug. Auch sprechen Anzeichen dafür, daß in Konrads Zeit in Leipzig und Dresden an Befestigungsanlagen gebaut worden ist, in Dresden wohl auch an der Elbbrücke: erste Maßnahmen für die spätere Städtegründung im vollen Sinne.

Konrad war ein kirchlich gesinnter Mann, bedacht auf die Förderung klösterlichen Lebens in seinen Landen. Sein älterer Bruder Dedo hatte ein Kloster auf dem Lautersberg bei Halle gestiftet. Die Fürsorge übernahm nun Konrad selbst. Er ließ eine Reform durchführen, indem er Augustiner Chorherren (aus Halle) berief. Das Stift wurde mit reichem Besitz ausgestattet, wohl auch in der Absicht, das Christentum in der noch vielfach slawisch besiedelten Umgebung zu stärken und Kolonisation zu treiben. Konrad bewirkte eine Stellung dieses Stiftes unmittelbar unter Rom und den Papst, gegen Zahlung eines Goldstückes jährlich; die Absicht war wohl darauf gerichtet, das Kloster vor bischöflichen Eingriffen zu sichern und so sein Eigenleben zu stärken. Die Vogtei behielt er für sich selbst und seine Söhne vor; er bestimmte das Peterskloster als Begräbnisstätte für sich und sein Haus.

Im Jahre 1145 unternahm Konrad mit wenigen Begleitern aus sächsischen Landen eine Pilgerfahrt nach Jerusalem, damals ein nicht ganz ungefährliches Unternehmen. Er vollzog dort eine Stiftung für das Kloster des heiligen Grabes und ließ sich in die Bruderschaft aufnehmen. Konrad erlebte noch die Wahl Friedrich Barbarossas zum deutschen König und erschien auf dem ersten Reichstag des neuen Herrschers zu Merseburg (1152), wo er dazu beitrug, daß der Dänenkönig Swen, der mit einer Tochter Konrads, Adela, verlobt war, Anerkennung fand; Bischof Wichmann von Naumburg, sein Schwestersohn, ward zur Würde eines Erzbischofs von Magdeburg erhoben. Noch öfter ist er am Hofe des Staufers erschienen. An dem Fürstenurteil zu Goslar (1154), das dem großen Sachsenherzog Heinrich dem Löwen auch Bayern zusprach, nahm Konrad teil; indes sein Verhältnis zu dem mächtigen Manne, dessen Stellung in Sachsen und im nahen Osten sich höher und höher erhob, war kein nahes, eher, wie bei anderen ostsächsischen Fürsten, gespannt. Im Herbst 1156 legte Konrad in Meißen feierlich die Waffen ab, verteilte die von ihm verwalteten Länder unter seine Söhne und zog sich in das Petersstift auf dem Lautersberge zurück, dem er reiche Zuwendungen machte (30. Nov.), gleichwie dem von seinem Vater gestifteten Familienkloster Gerbstedt am Harz. Wichmann kleidete ihn in das geistliche Gewand, aber nur kurze Zeit hat Konrad dort verbracht; es wird erzählt, daß er es nicht leicht hat ertragen können, seine Söhne nun im vollen Besitz der weltlichen Macht zu sehen. Schon am 5. Februar 1157 ist er verstorben: ein tapferer Kriegsmann voll Tatkraft und klugen Sinnes, zuverlässig und maßhaltend, geneigter für ein stetiges Leben, nicht von ungestümem Tatendrang, in seiner Art ein Fürst von schöpferischer Bedeutung.

Wohlbestellt war Konrads Haus: aus seiner Ehe mit Luitgard, Tochter eines schwäbischen Grafen — † während seiner Jerusalemfahrt 1145 — entstammten sechs Söhne und sechs Töchter. Waren diese durch Heirat oder zumeist durch Eintritt in ein Stift versorgt, galt es, die überlebenden Söhne mit Land und Herrschaftsrechten auszustatten. So zerfiel die große wettinische Hausmacht, da ihr Gründer nach den Gedanken des fürstlichen Erbrechts, nicht unter echt staatlichem Gesichtspunkt verfuhr. Das Hauptland, die Mark Meißen, kam an den ältesten Sohn Otto. Dietrich erhielt den Besitz um Eilenburg und die Ostmark oder Mark Lausitz; er war der Erbauer der Burg Landsberg (mit ihrer bekannten Doppelkapelle) und ist bisweilen nach diesem Sitz genannt worden († 1185 ohne Nachkommen zu hinterlassen, die die Mark hätten erben können). Die Burg Wettin selbst mit einem Besitz ringsum erhielt Heinrich, dessen Linie bereits 1217 ausstarb. Dedo, der als Erbe der Gemahlin seines Oheims gleichen Namens, Bertha, einer Tochter Wiprechts von Groitzsch, bereits dessen Burg besaß, empfing die Grafschaft Groitzsch nebst Rochlitz. Nach dem Tode seines Bruders Dietrich erwarb er die Mark Lausitz; der gesamte Besitz ging an seine Söhne Dietrich und Konrad über, aber auch diese Linie starb im Mannesstamm bald aus (1210). Bemerkenswert ist, daß Dietrich, Dedos Sohn, 1198 die Vogtei des Klosters Pegau nach dem Tode Kaiser Heinrichs VI. erlangt hat. Friedrich, der jüngste Sohn, wurde Graf von Brehna; Friedrich II. erhielt dazu auch Wettin.

Markgraf Otto von Meißen gebot somit nur über ein Land von geringerem Umfang als sein Vater. Auch ist ihm kaum eine Erweiterung des Besitzes gelungen; er erwarb die Vogtei über das Kloster Lausitz. In der Reichspolitik nahm er, wie andere sächsische Fürsten, Anteil an den Kämpfen gegen Heinrich den Löwen, die zum Sturze dieses gewaltigen Fürsten, der wie ein Monarch über das nordwestliche Deutschland gebot und mit stärkstem Erfolg gegen die Slawen östlich der Unterelbe vorstieß, geführt haben. Einen eigenen Gewinn aus der Beute des Herzogtums Sachsen (1180) trug freilich Otto nicht davon. Seine wesentliche Kraft war der Hebung des Kulturstandes seiner Lande gewidmet. Darin hat er wahrhaft Bedeutendes geleistet. Sehr früh nahm Otto die Förderung des Landesausbaues auf. Im Erzgebirgswald südlich von Nossen ließ er schon in den ersten Jahren seiner Regierung roden und neue Dörfer anlegen. Auch anderwärts hat er Fürsorge für solche Kolonisation getragen: ist es ihm doch gelungen (vor 1170), ein Streit mit dem Bistum Meißen über Zehntrecht beizulegen, woraus zu ersehen ist, daß allgemein in der Mark Meißen damals gerodet wurde; denn der Bischof machte das Zugeständnis, daß von je einer Hufe Landes ein Schilling Silberpfennige bezahlt werden soll, ebensoviel wie vordem von einem der kleinen Dörfchen der sorbischen Altsiedlung. Eine Kulturtat war die Gründung des Klosters Altzelle, das Otto auf den Wunsch seiner Gemahlin Hedwig stiftete und zum Hauskloster seiner Familie bestimmte. Auf seine Bitten machte Kaiser Friedrich Barbarossa es 1162 zu einer freien Abtei und übereignete ihr 800 Hufen im Grenzwald gegen Böhmen; so wurde das Kloster reichlich mit Dörfern in dem gerodeten Lande ringsum, sowie mit dem Altzeller Wald ausgestattet. Nach den vorbereitenden Arbeiten (auf der Stätte eines verfallenen Benediktinerklosters und einem vordem domstiftischen Grundstück) konnte der Konvent der grauen Mönche (Zisterzienser) 1175 seinen Einzug halten. Von besonderer Bedeutung ist für die innere Geschichte der meißnischen Lande die Städtepolitik Ottos, nicht so groß-zügig wie die Heinrichs des Löwen, doch mit Scharfblick und Geschick geführt. Die erste Tat war die Begründung einer Bürgersiedlung in Leipzig und ihre Bewidmung mit Stadt-recht (um 1160); neben einer älteren Burg und kleineren schon bestehenden Siedlungen wurde die Anlage um den Markt geschaffen, welche die Hauptträgerin der späteren städti-schen und bürgerlichen Entwicklung geworden ist. Eine stadtähnliche Siedlung begründete Otto in Eisenberg, wahrscheinlich auch eine Marktsiedlung in Grimma, um eine Straßenver-bindung von Leipzig nach Meißen gesichert zu haben. Eine glückliche Entdeckung wurde auf der Flur des von ihm nahe der Mulde gegründeten Christiansdorfes (südlich vom Zeller Walde) gemacht. Etwa 7 Jahre, nachdem das klösterliche Leben in Altzelle aufzublühen begonnen hatte, wurden bei Christiansdorf Silberadern aufgefunden. Der Markgraf traf sofort Maßnahmen, um das Gelände ringsum aus dem Besitz Altzelles wieder an sich zu bringen und so den Bergbau unter seine Obhut zu nehmen und zu fördern. Eine Burg mit Wirtschaftshof wurde ausgebaut; die Bergsiedlung blühte rasch empor. Neben den Hütten der Bergleute entstand bald ein Marktort; die Anfänge einer Bergstadt waren seit Ottos Zeiten gegeben, so daß man ihn als den Gründer Freibergs bezeichnen kann.

Die späteren Lebensjahre des Markgrafen waren von unerquicklichem Streit in seinem Hause erfüllt, wodurch die meißnischen Lande schwer heimgesucht wurden. Ottos Ge-mahlin Hedwig bevorzugte den jüngeren ihrer beiden Söhne Dietrich, der weniger selbst-bewußt und hochfahrend war als der ältere Albrecht. So suchte sie dem Lieblingssohn die Mark Meißen zuzuwenden, auf die Albrecht ein Erbrecht in Anspruch nahm. Der Vater erwies sich den Bitten seiner Gemahlin nachgiebig. Albrecht aber erhob sich im Kampf wider ihn, um sein Recht durchzusetzen; ja er ließ den Vater nach Schloß Döben bringen und hielt ihn dort in Gefangenschaft. Kaiser Friedrich Barbarossa selbst mußte eingreifen, um den Frieden wieder herzustellen, kurz bevor er nach dem heiligen Lande aufbrach. Aber der Zwist im Hause Wettin brach von neuem aus; wieder war ein Eingreifen König Heinrichs, der die Stelle Friedrich Barbarossas im Reiche vertrat, nötig. Da starb Otto am 18. Februar 1190.

In der Herrschaft über die Mark Meißen folgte ihm Albrecht nach. Aber der Kampf mit seinem Bruder Dietrich, dem das starke Weißenfels als Erbgut zugefallen war, kam nicht zur Ruhe. Auch nahm Albrecht, mißzufrieden mit der Haltung des jungen Kaisers Hein-rich VI., an Umtrieben gegen ihn teil. Dietrich suchte beim Landgrafen Hermann von Thü-ringen Schutz und fand ihn, als er die Tochter des Landgrafen Jutta, die als nicht schön galt, zur Gemahlin nahm. So griff nun der Landgraf in die meißnischen Wirren ein. Heftig tobte der Kampf um das thüringische Weißensee und die Feste Camburg mit allen Mitteln der Belagerungskunst und zog sich nach ihrem Fall weiter nordwärts. Bei Röblingen (nahe Eisleben) erlitt Albrecht eine Niederlage; er barg sich im Stift auf dem Lautersberg und flüchtete verkleidet nach Leipzig. Schon war Meißen verloren, und größere Gefahr drohte bei der Heimkehr des Kaisers aus Italien. Doch rüstete er sich zu härterem Kampfe und wollte, um seine Streitkräfte und Vorräte zusammenzuhalten, die Städte in seinem Lande entwehren, außer dem wichtigen Leipzig, auf das er sich zu stützen gedachte. Aber noch ehe der neue Kampf wirklich ausbrach, starb Albrecht (24. Juni 1195). Aus seiner Ehe mit Sophie, der Tochter des Herzogs Friedrich von Böhmen, war kein männlicher Nachkomme hervorgegangen. So war Dietrich, sein Bruder, der einzige, der Erbansprüche erhob.

In diesem wichtigen Zeitpunkt deutscher Geschichte, als Kaiser Heinrich VI. im Begriffe stand, von Mitteleuropa aus eine Weltmacht wie nie zuvor zu errichten, ja sogar den Plan einer Erbmonarchie im Deutschen Reich verfolgte, trat die Möglichkeit greifbar nahe, daß die Entwicklung der meißnischen Lande in eine neue Bahn gelenkt wurde. Schon Kaiser Friedrich Barbarossa hatte einen entscheidenden Schritt getan, um an der Pleiße und Mulde Reichsgut wieder herzustellen und neu zu begründen: zwischen Altenburg, Leisnig und südwärts gegen das Erzgebirge hin. So war hier ein Reichsland im Entstehen begriffen, das die Macht der deutschen Krone weit nach Osten zu verschob. Kaiser Heinrich VI. nutzte nun die Gelegenheit, nach dem Tode Albrechts die Mark Meißen als erledigtes Reichslehen einzuziehen. Und er vergab sie nicht, wie es bei einem Fahnlehen damals schon gefordert war, wieder an einen Fürsten, sondern ließ die Mark durch königliche Amtsträger verwalten. Die Absicht war, daß das neue Reichsland östlich der Saale bis zur Elbe ausgedehnt werden sollte. An Dietrich fielen zunächst nur die Erbgüter, die ihm nicht entzogen werden konnten, vor allem um Weißenfels; so wurde er vorerst als Graf Dietrich von Weißenfels bezeichnet. Indes Kaiser Heinrichs Plan brach in sich zusammen, als ihn ein jäher Tod aus all seinen großen Plänen einer Weltherrschaft und deutschen Monarchie herausriß (1197). Dietrich, der nach dem heiligen Lande geeilt war und damals in Jerusalem weilte — er nahm an der Gründung des Deutschen Ritterordens zu Akkon am 5. März 1197 teil —, kehrte rasch zurück nach der Heimat. Er fand hier den Beistand des Landgrafen Hermann von Thüringen; die Großen der Mark Meißen erklärten sich für ihn und auch das Volk hing ihm an, ein Merkmal dafür, wie sehr sich schon die Landesherrschaft des Hauses Wettin damals befestigt hatte. Es war wichtig, daß Meinher von Werben (in der Nähe von Weißenfels), der schon von früher Dietrich nahestand, jetzt Burggraf von Meißen wurde; damit war die wichtigste Feste des Landes in Dietrichs Hand. Aber noch fehlte die königliche Bstätigung. Im Deutschen Reiche trat nun nicht eine einmütige Königswahl ein, wie es zur Erhaltung der großen deutschen Machtstellung nötig gewesen wäre. Die Fürsten spalteten sich, die einen wählten den Staufer Philipp von Schwaben, ihre Gegner einen Welfen, den Herzog Otto von Braunschweig. Dietrich hat auf die verhängnisvolle Wahl nicht entscheidend gewirkt, aber die eingetretene Lage kam ihm zugute. Er schloß sich an Philipp an, und es war sehr natürlich, daß der König, um in ihm einen Anhänger zu gewinnen, die Belehnung mit der Mark Meißen erteilte. So war Dietrich nun wirklich in den rechtsgültigen Besitz der meißnischen Mark gelangt (September 1198); allgemein wurde ihm auf einer Fahrt durch die Lande gehuldigt.

In der Folge verblieb er lange dem Staufer treu; er nahm an der glänzenden Versammlung am Christfest 1199 zu Magdeburg teil, die Walter von der Vogelweide so eindrucksvoll geschildert hat. Im Kampf mit der Kurie stand er dem König bei. Erst spät wandte er sich von ihm ab, als Philipp ein Familienbündnis mit König Ottokar von Böhmen eingehen wollte, der Dietrichs Schwester Adela als Gemahlin gehabt hatte, aber verstieß. So schloß sich nun Dietrich an Otto an und blieb ein Anhänger Ottos, nachdem Philipp von Otto von Wittelsbach erschlagen war (1208). Kaiser Otto erteilte ihm sogar die Belehnung mit der Ostmark (Lausitz), als die wettinische Nebenlinie Groitzsch ausgestorben war (Konrad † 6. Mai 1210). Eine Zahlung von 15 000 Mark Silbers wurde dafür verlangt, indes ein Drittel davon nachgelassen. Dietrich vermochte auch andere Erwerbungen zu machen, vor allem wichtige Kirchenlehen. So erkannte er zwar den Bischof von Merseburg als Lehensherrn für Leipzig und seine Umgebung an (1210), aber tatsächlich blieb das Land in Dietrichs Besitz. Auch mit dem Bischof von Naumburg wurde eine Vereinbarung geschlossen (um 1210); die Naumburgischen Besitzungen an der Elbe, zwischen Oschatz, Strehla und dem Grenzwald im Osten wurden zwischen dem Stift Naumburg und dem Markgrafen geteilt, immerhin ein Erfolg, der für die wettinische Ostpolitik nicht unwichtig war. Auch die hohe Gerichtsbarkeit im Lande um Bosau (b. Zeitz) empfing er als Naumburgisches Kirchenlehen.

In der Reichspolitik stand Dietrich während der nächsten Jahre mit einigem Schwanken auf Seiten Ottos; Walter von der Vogelweide hat in einem seiner politischen Sprüche die Treue des Markgrafen gerühmt. Indes als ein Bruch zwischen dem Kaiser und Papst Innozenz III. eintrat und der Papst den jungen Staufer Friedrich II. nach Deutschland sandte, um Ansprüche auf das Königtum zu erheben, hat auch Markgraf Dietrich in einer schwierigen Lage seines Landes sich ihm zugewandt. Friedrich verband sich mit dem Böhmenkönig Ottokar, zugleich mit dem Landgrafen von Thüringen; die Böhmen, schon seit Jahren drohend, brachen über das Gebirge in das Land des Wettiners ein und durchzogen es verheerend (1213). Dietrich schlug sich, den rechten Moment erkennend, auf die Seite des jungen Staufers und hat später, auf ihn gestützt, seine markgräfliche Herrschaft im Lande verstärkt. Damals vollführte er ein frommes Werk wie einen Sühneakt, die Gründung des Thomasstiftes in Leipzig; er selbst sprach dessen Befreiung von staatlichen Lasten aus und übergab es dem Schutze und der Vogtei seiner Erben.

Es war Dietrich durch Glücksfälle und geschicktes Verhalten gelungen, die wettinische Hausmacht wieder fast ganz zu vereinigen: ein Raum um die südliche Mittelelbe war zusammengefaßt, der innerhalb des Deutschen Reiches, dessen Zentralgewalt im Zerfall begriffen war, die Grundlage landesstaatlicher Ordnung bilden konnte. Einen sichtlichen Fortschritt erzielte Dietrich in der Einführung einer fester geordneten, straffen Landesverwaltung. Eine Gliederung nach Vogteien wurde durchgeführt, meist so, daß eine befestigte Stadt mit markgräflichem Schloß den Mittelpunkt eines solchen Vogteibezirkes bildete, von wo aus ein Vogt oder Richter die Verwaltung des umgebenden Bezirkes führte. Militärische Gewalt, Finanzverwaltung und Gericht waren in den Händen des Vogtes vereinigt. Dabei betrieb Dietrich eine Wirtschaftspolitik, die auf Hebung des Verkehrs bedacht war. Bezeichnend ist ein Streit, in den er mit dem Abte von Pegau geriet, als der Versuch gemacht wurde, die Lage von Groitzsch auszunutzen, um den Handelsverkehr von Pegau abzuziehen und an Groitzsch vorüberzuleiten, ein Unternehmen, das freilich nur von vorübergehendem vollen Erfolg sein konnte (1218). In dieser inneren Politik Dietrichs war es begründet, daß er auf die Hebung der Städte im Land großen Wert legte. Es sind einige wichtige städtische Plätze während seiner Regierung neu begründet worden, oder es wurden Erweiterungen schon bestehender Städte mit Anlegung regelmäßiger Stadtteile durchgeführt, stets dabei mit Errichtung eines markgräflichen Schlosses, von dem aus die Stadt und die städtische Bürgerschaft beherrscht werden konnte. So gehört der Zeit Dietrichs die Gründung der Stadt Dresden an (vor 1216), wahrscheinlich die Erweiterung von Freiberg, Grimma, auch Großenhain, dazu vermutlich die Erbauung des regelmäßigen Stadtteils in Chemnitz und Zwickau. Diese Bestrebungen Dietrichs stießen auf Widerstand, da seine Landesverwaltung vielfach als hart empfunden wurde. Am schwersten war der Kampf um Leipzig, dessen Bürgerschaft damals wohl die Gelegenheit nutzen wollte, um sich von der markgräflichen Gewalt zu befreien. Eine Fehde der Bürger Leipzigs und der ritterlichen Dienstmannen des Osterlandes gegen den Markgrafen mußte durchgefochten werden. Es gelang den Leipzigern, unter Vermittlung der Bischöfe von Magdeburg, Merseburg und Naumburg zunächst einen günstigen Frieden zu erlangen, auf Grund dessen der Markgraf das alte Stadtrecht bestätigte (1216 Juli 20). Am 20. Oktober jedoch, als Markgraf Dietrich mit dem jungen König Friedrich II., der soeben gegen Otto von Braunschweig vorgedrungen war, nach Leipzig kam, glückte es ihm, die Stadt durch listigen Überfall in seine Gewalt zu bringen. So wurde Leipzig wieder ganz unter die markgräfliche Landesherrschaft gebeugt; ja der Markgraf erbaute drei feste Häuser um die innere Stadt, darunter das alte Schloß (an der Schloßgasse), das später Bestand gehabt hat, während die anderen beiden (am Tor der Grimmschen Straße und am Ranstädter Tor) ihren Burgcharakter später wieder verloren. Noch einmal brach eine Erhebung der Dienstmannen im Osterlande aus. Ehe sie niedergeschlagen wurde, ist Dietrich am 17. Februar 1221 gestorben, angeblich an Gift, das ihm beigebracht worden war. Die jüngere Geschichtsschreibung hat ihn Dietrich den Bedrängten genannt, im Blick auf schwere Schicksale, die er erlebte; eine wirkliche innere Berechtigung hat der Beiname jedoch kaum gehabt. In wirrvoller Zeit hat er sich durchgeschlagen, ein Sohn seiner stolzen Mutter, der Tochter des „Bären", tapfer, selbstbewußt, ja herrisch und bereit zu gewaltsamem Durchgreifen, zäh auf sein Recht und das seines Hauses bedacht, aber zugleich mit Verständnis für vorwärtsdrängende Kräfte seiner Zeit.

Dietrichs Sohn Heinrich war, als der Vater starb, ein unmündiger Knabe. Die Vormundschaft übernahm zunächst sein Oheim, Landgraf Ludwig von Thüringen, der Gemahl der heiligen Elisabeth. Auf einem Landding wurde ihm als dem „Herrn und Markgrafen von Meißen" während der Unmündigkeit des jungen Herrn gehuldigt. Doch die Markgräfin-Witwe Jutta, unter dem Einfluß Poppos von Henneberg, geriet mit ihm in Unstimmigkeit. Der Landgraf rückte in das meißnische Land ein, besetzte Leipzig und drang bis vor das feste Schloß Tharandt (1224). Von Thüringen aus wurde das Land verwaltet; bereitete sich ein enger westöstlicher Zusammenschluß vor? Auch die bischöflichen Gewalten strebten damals auf, begünstigt durch die Verleihung von Vorrechten, die ihnen Kaiser Friedrich II. zustand (1220; 1231). So kam es zu Streit mit dem Bischof Ekkehard von Merseburg, der die Städte Leipzig und Grimma, auch Borna und Groitzsch mit ihrem Umland für sich forderte und einem merseburgischen Territorium einzugliedern gewillt war; doch drang er damit nicht durch, mußte sich vielmehr an einer Abfindungssumme (800 Mk. Silbers, für Lehensreichung) genügen lassen. Auch Bestrebungen des Naumburgischen Bischofs Engelhard, an der Elbe um Strehla den Territorialbesitz zu erweitern und zu festigen, hatten nur vorübergehend Erfolg.

Der junge Heinrich wurde 1230 mündig gesprochen und übernahm die Regierung im Lande selbst. Eine ungewöhnlich lange Zeit vielseitig bewegter Herrschaftsführung war ihm beschieden. In ihm rollte das Blut seines politisch rührigen Vaters und der Tochter Hermanns, des sangesfrohen Thüringer Landgrafen. In jungen Jahren dichtete er Minnelieder, schuf auch wohlklingende geistliche Musik; gern gab er sich dem ritterlichen Spiel hin, er liebte die Entfaltung von Pracht und schätzte die Werke der Kulturpflege. Auch die Abfassung einer Weltchronik in deutschen Reimen regte er an, ein Buch, das zur Förderung von Lebensweisheit und Regententugend dienen sollte. Aber er betätigte sich auch politisch mit weitem Blick, der den Osten und Westen umspannte, mit Vorsicht, aber doch tatkräftig zugreifend, solange er in voller Rüstigkeit stand.

Im Jahre 1237 beteiligte sich Heinrich, von Kreuzfahrstimmung erfüllt, an einem Zug nach dem Land der heidnischen Preußen. Es wird erzählt, daß er zwei Schiffe bauen ließ, mit Namen Pilgrim und Friedland, und an der Einnahme von Elbing am Haff zugunsten des deutschen Ritterordens mitwirkte; es war dies gleichsam ein erster Versuch, eine kleine deutsche Kriegsflotte zu schaffen. Die Burgen Elbing und Balga wurden erbaut, das Meer von den Ungläubigen gesäubert. Auch später blieb er den Kämpfen im Osten nicht fern; er nahm, tätig oder zuwartend, an der Auseinandersetzung zwischen Schlesien, Polen und Brandenburg im mittleren Oderraum teil. Es gelang, etwa um 1251, Schiedlo am östlichen Oderufer gegenüber der Neißemündung zu erwerben, in dessen Nähe stromabwärts das feste Fürstenberg gegründet wurde.

Die großen Erfolge territorialen Erwerbs gelangen in Mitteldeutschland, öfters mit friedlichen Mitteln, durch Heirat oder Pfandnahme, aber nicht immer ohne Kampf. Vermählt war Heinrich in erster Ehe mit Konstanze von Österreich (1234; † 1243), danach mit Agnes, einer Königstochter von Böhmen (1268), eheliche Verbindungen, denen politische Bedeutung zukam, in einer Zeit, als das Haus der Babenberger ausstarb (1246) und der Streit um Österreich heraufzog. Die Überlassung von Sayda und Purschenstein, die auf Grund ihm zufallender Rechte gelang (? 1251), stärkte die markgräfliche Stellung auf den südöstlichen Höhen des Erzgebirges. Die beträchtlichste Erweiterung des territorialen Besitzstandes wurde im Westen erzielt. Heinrichs ältester Sohn Albrecht war mit einer Tochter Kaiser Friedrichs II., Margarete, verlobt worden (1243); die junge Prinzessin, die ihre Mutter, Isabella von England, früh verlor, wurde am markgräflichen Hofe erzogen. Obwohl die päpstliche Partei widerstrebe, fand die Vermählung statt (um 1255), es war die vornehmste Ehe, die im Hause Wettins bis dahin geschlossen war. Als Pfand für die Mitgift war das Pleißner Land ausersehen (Altenburg, Zwickau und Chemnitz). Eine bestimmte Nachricht liegt freilich darüber nicht vor; tatsächlich übte Heinrich Regierungsrechte dort aus. Nach der Vermählung nahm Albrecht Aufenthalt im Pleißenland, an dem das Eigentum der Kaisertochter zustand, und es blieb im Besitz des jungen landgräflichen Paares, auch als dies wieder nach Thüringen ging. Von größter Tragweite war der Erwerb der Landgrafschaft Thüringen. Heinrich hatte Anwartschaft darauf, da ihm Kaiser Friedrich II. für den Fall des Austerbsens des thüringischen Landgrafenhauses eine Belehnung mit der Landgrafschaft zugesagt hatte (1243). Auch nach dem Erbrecht konnte er, als Heinrich Raspe, der letzte aus dem alten Landgrafenhause, am 16. Februar 1247 verstarb, Ansprüche geltend machen; denn jener war der Bruder seiner Mutter gewesen. Indes diese Ansprüche Heinrichs blieben nicht unbestritten. Auch für einen Enkel des Landgrafen Ludwig und der heiligen Elisabeth, für Heinrich das Kind von Hessen, wie gesagt worden ist, wurden erhebliche Rechte geltend gemacht, und dessen Mutter Sophie von Brabant mit ihrem Gemahl Herzog Heinrich trat mit großer Entschiedenheit für ihren Sohn ein. Es kam ihm zugute, daß die heilige Elisabeth sich in Thüringen der größten und weitesten Verehrung erfreute; sie galt als eine Landesheilige. Überdies erhob das Haus Anhalt (Graf Heinrich) Ansprüche. Manche der Großen in Thüringen suchten die Gelegenheit auszunutzen, um möglichst ihre Selbständigkeit zu erhöhen. Die meisten waren geneigter, sich Heinrich von Hessen anzuschließen, weil dies für sie günstiger schien als die Abhängigkeit von dem meißnischen Markgrafen, der in seinem märkischen Lande ein strenger geordnetes Regiment führte. So mußte es zum Kampfe kommen. Umstritten war dabei die Wartburg, die Schlüsselstellung für Thüringen mit Eisenach zu ihren Füßen; aber auch weithin wurden die thüringischen Lande durch den heftigen Kampf heimgesucht. Es gelang 1249 eine Verständigung herbeizuführen, zuerst mit thüringischen Grafen und Herren (Weißenfelser Vertrag), sodann in Eisenach mit Sophie: Markgraf Heinrich behauptete die Landgrafschaft Thüringen nebst der Pfalz Sachsen, während der Besitz im Westen der Werra an Heinrich von Hessen überlassen wurde. So fand eine Teilung statt; nur das kernthüringische Gebiet verblieb bei dem Landgrafentum. Es ist bemerkenswert, daß der Gegenkönig, Wilhelm von Holland, die Belehnung erteilte (1251). Wenn nun auch in nächster Zeit die Waffen ruhten, so kam es zu neuem Streite wegen der thüringischen Kirchenlehen. Der Kampf brach wieder aus und abermals galt das Ringen vornehmlich dem Besitz von Eisenach. Andere Fürsten Ostsachsens traten als Freund oder Feind in die Kämpfe ein; als Gegner Heinrichs von Meißen namentlich der Herzog von Braunschweig, Albrecht. Die Entscheidung wurde in einer Schlacht bei Beesenstedt unweit von Wettin am 27. Oktober 1263 herbeigeführt. Beide Söhne Albrecht und Dietrich nahmen an dem Kampf teil, unter Führung Rudolfs von Vargula auch eine tapfere Schar von Bürgern, welche die Stadt Leipzig entsendet hatte. Der Sieg fiel den Wettinern zu; ihr gefährlichster Gegner Albrecht geriet in Gefangenschaft. In einem Tedeum zu Leipzig wurde die große Begebenheit kirchlich gefeiert. Nun wurde ein dauernder Friede geschlossen (1264). Thüringen verblieb den Wettinern, wenn auch ohne die Lande an der Werra. Damit war eine Verbindung Meißens und Thüringens erreicht, die auf Jahrhunderte hinaus die Geschicke der mitteldeutschen Lande bestimmt hat. Die wettinische Hausmacht reichte jetzt vom äußersten Westen des Thüringerwaldes über die Saale nach der Mittelelbe und den östlich angrenzenden Landstrichen, dazu damals auch nach der Niederlausitz, ja bis zur Oder, wo Schiedlo nebst Fürstenberg als Vorposten nach dem ferneren Osten in wettinischem Besitz blieb (1268 Gründung des Stiftes Neuzelle).

Das Wesentlichste jener entscheidungsvollen Jahre ist aber die Verstärkung der Stellung des Hauses Wettin nach Westen zu in das mutterländische Deutschland hinein gewesen, während eine Machtausdehnung nach dem Osten durch die Entwicklung der brandenburgischen Territorien und der schlesischen Herzogtümer erschwert, ja abgeriegelt war. Eine glänzende Stellung war errungen: vier Fahnlehen und Reichsfürstentümer hielt Heinrich in seiner Hand, Thüringen und die Pfalz Sachsen, Meißen mit seinen Beilanden und die Ostmark. Welcher deutsche Fürst nächst dem König — im damaligen Zeitpunkt war überhaupt kein solcher im Reiche allgemein anerkannt — konnte sich ihm vergleichen? Die große gewonnene Macht wurde freilich sogleich wieder geschwächt, indem Heinrich eine Teilung der Verwaltung seiner Lande vornahm, selbst sich die Mark Meißen und die Ostmark vorbehielt, während der älteste Sohn Albrecht Thüringen übernahm, der jüngere Dietrich mit einer neugebildeten Mark Landsberg (1263) ausgestattet wurde. Indes dies führt schon in einen neuen Zeitabschnitt hinein, dessen Darstellung erst später zu erfolgen hat.

Im Innern seines Landes hat Heinrich die Verwaltungsorganisation seines Vaters nach Vogteien und vielseitige Förderung der Kultur weitergeführt. Die Siedlungstätigkeit schritt noch fort, obwohl schon auf ungünstigeren Böden. Den meißnischen Städten galt besondere Fürsorge. Für Freiberg wurde Stadt- und Bergrecht bestätigt; bei steigendem Bergwerksertrag nahm die Stadt einen sichtlichen Aufschwung. Pirna, nach regelrechtem Plan über quadratischem Grundriß erbaut, tritt damals als Bürgersiedlung hervor, bereits mit bedeutsamem Elbhandel; es wurde mit magdeburgischem Stadtrecht bewidmet. Auch Dresden blühte auf. In höherem Lebensalter wählte Heinrich diese Stadt als Lieblingsaufenthalt; er verlieh ihr Vorrechte in bezug auf die Stadtverfassung und bürgerliche Nahrung, stiftete das Maternihospital und vollendete den Bau der steinernen Elbbrücke. In wenigen Menschenaltern war das Land an wirtschaftlicher Kraft hochgestiegen. Am Hofe des Markgrafen liebte man dies bei festlichem Anlaß in geschmackvoller Prachtentfaltung zu zeigen. Der Meißner galt unter seinen Standesgenossen als ein ungewöhnlich reicher Fürst. Weithin erregte das Turnier in Nordhausen 1263 staunende Bewunderung: ein feiner Garten war zum Empfang der Gäste bereitet, die Ritter erhielten, so wird berichtet, silberne und goldene Blätter von einem Baum als Preis für Tüchtigkeit beim Anritt und Stechen. Aber es war nicht nur eine Zeit ansehnlichen Reichtums, vielmehr auch einer Kunstblüte von einziger Art und einer Pflege adliger Sitte. In der großen Bilderhandschrift des Minnesangs, die nach dem Züricher Ratsherrn Manesse genannt wird, ist der jugendliche Heinrich abgebildet, wie er in ritterlichem Gewand zur Jagd reitet, zu höfischer Lust und Gesellligkeit, ein Symbol friedlich froher Tage im Vergleich zu der älteren waffenklirrenden Markgrafenzeit. Die Geschichtsschreibung hat ihm den Beinamen des Erlauchten gegeben, der schon bei Zeitgenossen begegnet; der äußere Glanz eines an Licht und Schatten reichen Zeitalters meißnischer Landesgeschichte spiegelt sich darin wider.

Herrschergeschlechter im Westen und Osten

Die große Hausmacht der Wettiner war nicht ein räumlich geschlossenes Gebilde, obwohl die Mark Meißen einen vergleichsweise großen Raum umfaßte. Daneben hatten andere Herren Besitz- und Herrschaftsrechte inne. Die bedeutendsten waren schon von der vorausgegangenen Zeit her die Burggrafen, ausgezeichnet dadurch, daß sie edelfreien Standes waren. In der Stauferzeit wurden die Burggrafschaften gefestigt und ihre Stellung erhöht. Der Burggraf hatte ein Amt unter dem Markgrafen inne, zur Verteidigung der Burg und Überwachung des burggräflichen Bezirkes, zugleich mit Befugnissen zur Ausübung des Richteramtes (Bezug des Drittels der Gefälle; Stellvertretung des Markgrafen im großen

Landding). Dies Amt empfing er unmittelbar aus des Königs Hand; erst später wurde nach mancherlei Streit die Lehensabhängigkeit von den Markgrafen in der Mark Meißen durchgesetzt. In Meißen fand bei der Besetzung dieses Amtes während des 12. Jahrhunderts noch mannigfacher Wechsel statt. Der Burggraf stand an der Spitze der Burgmannen, die in weitem Umkreis um die Burg ansässig waren und Reihedienst leisteten. Einer der meißnischen Burggrafen, Hermann, stammte aus Ostfranken, verwandt mit den gräflichen Herren von Wohlsbach; eine Zuwanderung aus jenen fränkischen Landen ist damit für meißnischen Adel bezeugt. Um die Wende des 12./13. Jahrhunderts erlangte Meinher von Werben das Burggrafenamt; seitdem hat es sein Geschlecht, die Meinheringer mit dem Andreaskreuz im Wappen, innegehabt. Der Besitz der Burggrafen von Meißen im alten meißnischen Lande bestand aus Lommatzsch und mancherlei Kleinräumen ringsum, ein reicher, buntgelagerter Streubesitz mit verschieden abgestuften Rechten der Grundherrschaft und Gerichtsbarkeit, östlich der Elbe mit der ausgedehnten, durch Kolonisation aufgelichteten Burggrafenheide. Doch erwarben die Meinheringer großen geschlossenen Landbesitz im westlichen Erzgebirge um Hartenstein. Schon Meinher von Werben hatte dort Besitz inne und nannte sich Graf, später begegnet die Bezeichnung Grafschaft Hartenstein; es war nicht eine echte Grafschaft alten Rechts, vielmehr eine „allodiale Grafschaft", wie sie neugräfliche Geschlechter erwarben: man könnte sagen, eine gräfliche Herrschaft. Nach dem Gebirgswald zu dehnte sie sich bis zu den Kammhöhen nahe der Grenze gegen Böhmen aus. Reichsunmittelbar blieben zwei andere Burggrafschaften: von Altenburg und von Leisnig. Das Burggraftum Altenburg verfügte über einen geschlossenen, jedoch nicht großen Raum ringsum im einstigen Pleißengau. Der außerhalb gelegene Besitz war nicht bedeutend. Die Burggrafen von Leisnig, den Altenburgern verwandt, waren ein bedeutendes Geschlecht edelfreien Standes, seit Albero II. († 1313) in drei Linien verzweigt: Strehla, Leisnig und Rochsburg, die lange blühten. Die Burggrafschaft Leisnig bewahrte um den Burgort nur Besitz von geringem Ausmaß. Aber es gehörte dem Geschlecht ein reicher, weit auseinanderliegender Streubesitz, der manchem Wechsel unterlag, jedoch nur in kleinen beieinanderliegenden Dorfgruppen mit Herrschaftsrechten; auch war ein Lehenhof vorhanden mit stattlichen, an Mannen ausgetanem Lehengüterbestand.
Eine wichtige Burggrafschaft war Dohna im Gau Nisan, unter einem edelfreien Geschlecht, das von Rötha, wie angenommen wird, stammte und später einen sehr ausgedehnten Besitz, auch in Böhmen und der Oberlausitz, sogar in Ostpreußen, erworben hat, gleichfalls mit ansehnlicher Lehensmannschaft. Das unmittelbare Zubehör zur burggräflichen Herrschaft im engeren Sinne erstreckte sich auf eine Anzahl Dörfer im Elbtal zwischen Lockwitz und Gottleuba gegen die Höhen des Gebirges hin. Die Besetzung geschah zeitweilig nach Art der böhmischen Burggrafenämter (Kastellaneien); unter dem Markgrafen Konrad kehrte Dohna in den meißnischen Verband zurück, auf die Dauer freilich erst im späten Mittelalter (in der Dohnaischen Fehde, 1402).
Dazu gab es noch einige kleinere Burggrafschaften von minderer Bedeutung: Döben an der Mulde, im Besitz eines edelfreien Geschlechtes, das den Burggrafen von Wettin verwandt war, jedoch schon früh ausstarb; ferner die Burggrafen von Groitzsch und die von Rochlitz, auch Burggrafen von Orlamünde und von Kirchberg an der Saale sowie von Wettin, im Elblande um 1200 mächtig die Burggrafen von Strehla, deren jedoch bald danach nicht mehr gedacht wird. Eine größere Bedeutung in der Ausbildung des Territorialbestandes haben diese Burggrafschaften nicht gehabt.
Zu einer großen Machtstellung stiegen im Südwesten die Herren von Weida auf. Es wird angenommen, daß sie von einem Ort Weida in der Nähe Mühlhausens stammten und ministerialischer Herkunft waren. Im 12. Jahrhundert gelangten sie in den Besitz der Burg Weida nahe der Mündung des gleichnamigen Flusses in die Elster (Schloß Osterburg). Sicher waren diese Herren in der Stauferzeit Reichsministerialen, jedoch so angesehen, daß

ein Ehebündnis mit Jordana aus dem Hause der sächsischen Pfalzgrafen glückte. Das Besitztum vermehrte sich im Elsterlande; auch eine Vogtei über Gera, das dem Stift Quedlinburg zugehörte, wurde erworben. Am wichtigsten war es, daß ihnen die Vogtei über Lande im Süden der einstigen Mark Zeitz übertragen wurde, wahrscheinlich von Kaiser Friedrich Barbarossa (um 1180). So waren sie nun Reichsvögte und hatten vogteiliche Rechte, Ausübung der hohen Gerichtsbarkeit, über das Regnitzland mit Hof, das sich zeitweilig im Besitze der Markgrafen von Giengen-Vohburg (etwa 1160–1209), sodann der Herzöge von Meran († 1248) befand. Dieser Aufstieg gelang Heinrich dem Reichen, wie er genannt worden ist († vor 1209), der durch seine Gemahlin den Staufern verwandtschaftlich nahestand. Seit 1209 sind die „Vögte" mit diesem Titel (advocati) bezeugt, ja es tritt schon eine Teilung in mehrere Linien hervor. Seit etwa 1238 bestehen die Linien Weida, Plauen, Gera. Die Linie Plauen spaltete sich wieder in einer Teilung zwischen Heinrich dem Böhmen und Heinrich dem Rußlandfahrer „Reuß" (um 1306); die Herren Reuß nahmen ihren Sitz in Greiz. So gewöhnte man sich, von dem Hause der Vögte zu sprechen; ihre Lande wurden als die Vogtlande bezeichnet, später in Einschränkung auf das Land an der oberen Elster. Daneben verbreitete sich die Bezeichnung Reußenland in einer weiteren Erstreckung. — Auch der Herren von Lobdeburg, eines edelfreien Geschlechts aus Franken, sei gedacht; sie erwarben ein großes Herrschaftsgebiet im ostsaalischen Lande (um Arnshaugk).
An der Mulde setzte sich als bedeutendstes Geschlecht das der Herren von Schönburg fest. Bezeugt sind Herren von Schönburg seit 1130 in Thüringen unter nobiles neben anderen mit gleichem Namen, die als Dienstmannen der Bischöfe von Naumburg kenntlich sind. So viel ist klar, daß die Benennung der Familie von der Schönburg bei Naumburg ihren Ausgang hat. Später treten die Schönburger, nach Erwerb von Reichsgut, in der Stellung von Reichsministerialen auf, waren jedoch bald so angesehen, daß sie nicht nur mit den vornehmsten reichsministerialischen Familien, sondern selbst mit solchen altedelfreien Standes Ehebündnisse eingingen. Von der Saale kamen sie in das Land an der Mulde. In der Zeit Friedrich Barbarossas, wohl um 1170, scheint die Burg Glauchau erbaut zu sein, wo die Schönburger später ihren Hauptsitz hatten; urkundlich werden sie freilich dort erst 1250 genannt. Der erste von Schönburg, dessen Leben und Taten in der Geschichte deutlich werden, ist Hermann I. (1215/17), nach ihm Hermann II., der Stifter des Klosters Geringswalde (1233). Ihren Besitz dehnten sie an der Mulde aufwärts nach dem Gebirgswald aus, zunächst nur bis zu den Grenzen anderer Herrschaften. Erst im späten Mittelalter erreichte das schönburgische Herrschaftsgebiet die Grenzhöhe gegen Böhmen.
Auf Colditz saß, seit der Begründung dortigen Reichsgutes durch Kaiser Friedrich, ein reichsdienstmännisches Geschlecht, das zu hohem Ansehen aufstieg und altfreien dynastischen Familien nach hochadligem Rang und Heiratsfähigkeit gleichgestellt wurde. Das Herrschaftsgebiet umfaßte anfänglich den Burgbezirk, wurde in der Umgebung erweitert und durch Erwerb zahlreicher Gerechtsame (Steuer, Zoll, Münze u. a.) zu einem landesherrlich regierten gemacht. Seit der Mitte des 13. Jahrhunderts zweigten sich mehrere Linien ab, denen ein reicher Streubesitz (Graupen, Eilenburg u. a.) zufiel.
Im Erzgebirge entstanden mehrere nicht unbedeutende Herrschaften nebeneinander auf Kolonisationsboden. So gründeten die Herren von Waldenburg eine große Herrschaft, die sich von der Mulde nach dem Gebirge bis zur Zschopau ausdehnte; sie erlangten Rechte der Gerichtsbarkeit über Chemnitz und seine Umgebung und damit eine hervorgehobene Stellung in jenen Landen. Sehr angesehen neben ihnen waren die Herren von Wolkenstein. Die große Herrschaft Schwarzenberg wurde böhmisches Lehen (1212); später kam sie in den Besitz der Herren von Elsterberg. Weiter ostwärts entstanden kleinere Herrschaften; jedoch zu reichsunmittelbarer Stellung vermochten sie nicht aufzusteigen, da dies Boden der Mark Meißen war, während die reichsunmittelbaren Herrschaften nur im Westen im Bereich der einstigen Mark Zeitz entstanden sind.

Die vornehmsten landesherrlichen Gewalten neben dem Markgrafen waren die Bischöfe von Meißen, Naumburg und Merseburg. Gefördert durch die Vergünstigungen, die Kaiser Friedrich II. den Bischöfen im Reich verlieh, wurden auch die Bischöfe dieser Lande von neuem angeregt, der Ausbildung einer landesherrlichen Gewalt zuzustreben: einen Territorialbesitz ihrer Kirche zu schaffen, eine Fülle von Gerechtsamen zu erlangen und, wenn dies Ziel erreichbar war, zur Landesherrschaft aufzusteigen. Indes ist es anders als im mutterländischen Deutschland den Bischöfen von Meißen und der Nachbarlande nicht gelungen, dieses Ziel voll zu erreichen. In Meißen selbst, wo der Markgraf seinen Sitz hatte, blieb die markgräfliche Gewalt stets so stark, daß der Bischof in der Stadt und der Umgebung nicht Landesherr zu werden vermochte. Allerdings verfügten die meißnischen Bischöfe über ein Gebiet um Wurzen, das als das Land Wurzen bezeichnet worden ist, und ebenso über einen geschlossenen Raum um Göda und Stolpen; eine Auseinandersetzung darüber mit Markgraf Heinrich fiel zu ihren Gunsten aus (1252; 1284). Dazu hatten sie ein kleineres Gebiet im „Eigenschen Kreis" in der südlichen Oberlausitz inne. Mit den Königen von Böhmen verhandelten sie selbständig über die Grenzen des beiderseitigen Besitzstandes (1228) und setzten sie in einer vielgenannten Grenzurkunde genau fest (1241). Im 13. Jahrhundert erlangten sie auch die Herrschaft über Dresden und das zugehörige Gebiet, zeitweilig dazu über Pirna am wichtigen Elbtor gegen Böhmen. Vielerlei Gerechtsame fielen ihnen zu, Lehensrechte, Gerichtsbarkeit, Steuererhebung, Zolleinnahmen, Bergwerksrechte u. a.; Kaiser Friedrich II. hat einmal ausdrücklich solche Regalien dem Bischof von Meißen zugesprochen. Indes gelang es ihm nicht, sich völlig aus der Markgrafschaft zu lösen. Die Markgrafen übten eine Schutzgerechtigkeit aus, und solcher Schutz diente nicht nur zur Beschirmung, sondern nahm den Charakter einer Oberherrlichkeit an. Mit größerer Bewegungsfreiheit standen die Bischöfe von Naumburg und Merseburg da. Beide wurden Stadtherren in den städtischen Ortschaften am Sitze ihres Bistums. Merseburg erlangte eine kleinen Territorialbestand an beiden Seiten der Saale, namentlich um Schkeuditz und Lützen. Auch auf Leipzig mit umliegenden Gerichten, Naunhof, ja auf das Land bis zur Mulde war die Absicht des Territorialerwerbs gerichtet, wobei sich die Bischöfe auf reichen Streubesitz (Zwenkau) und die kaiserliche Verleihung des Forstbannes (974) stützten. Nur zeitweilig hatten sie damit Erfolg. Die Markgrafen von Meißen erkannten die Lehensherrlichkeit der Merseburgischen Bischöfe an (1210; 1291 f.). Indes blieb es bei solcher äußerlichen Anerkennung; tatsächlich haben sie das Gebiet unter ihrer Herrschaft bewahrt und verwaltet. Die Bischöfe von Naumburg hatten Territorialbesitz in der Umgebung dieser Stadt und in Zeitz und ringsum, dazu auffallenderweise von einer alten königlichen Verleihung her an beiden Seiten der Elbe um Strehla, dies freilich ein Besitztum, das sie mit dem Markgrafen Dietrich teilen mußten (1210); ein Teil des Besitzes blieb dort dem Naumburger Hochstift bis in das spätere Mittelalter erhalten. Auch diese Bischöfe kamen unter die Schutzherrschaft der wettinischen Markgrafen, so daß sie in ihrer Stellung im Reich nicht den Bischöfen am Rhein oder Main glichen. — Die großen Abteien erhielten mancherlei Befreiung von staatlichem Eingriff, dazu eigene Rechte der Gerichtsbarkeit, auch einzelne Gerechtsame, wie sie dem Könige zustanden (Steuer, Zoll, Münze). Aber sie blieben unter Vogtei, da sie des Schutzes bedurften und nicht befugt waren, den Blutbann unmittelbar auszuüben: eine selbständige Landesherrlichkeit hat kein Kloster auszubilden vermocht.

In der Oberlausitz, für die noch damals dieser Name nicht begegnet, hat sich mancher Wechsel der Herrschaft abgespielt, seitdem in den Wirren des Sachsenkampfes gegen Heinrich IV. der König das Land dem Böhmenherzog überließ. Ein halbes Jahrhundert hindurch (seit 1084) hat das Haus Groitzsch die Herrschaft ausgeübt: Wiprecht, der Bautzens Entwicklung, Burg, Hofhaltung und Handelsniederlassung gefördert hat, nach seinem Tode sein Sohn Heinrich von Groitzsch († 1135). Bautzen war damals nicht selten Aufenthaltsort der Verwandten aus dem böhmischen Herzogshause, das von manchen Wirren betroffen war. Sodann fiel das Land an Herzog Sobieslaw († 1140). Auf kürzere Zeit wurde es wieder der Mark Meißen angeschlossen, durch Verleihung an den Markgrafen Konrad aus dem Hause Wettin (1143—1156); auch das Land Zagost war ihm unterstellt. Noch ehe er ausschied, versprach Kaiser Friedrich das Gebiet dem Böhmenherzog Wladislaw; seit 1158 hat dieser, damals mit dem Königsreif geschmückt, die Herrschaft übernommen. So haben Könige von Böhmen ein Jahrhundert lang in der Oberlausitz regiert; sie wurde ein Nebenland Böhmens, jedoch ohne daß ihre Eigenschaft als unmittelbares Reichslehen im Deutschen Reiche beeinträchtigt worden ist. Eine besondere Fürsorge widmete Ottokars I. Sohn, der junge Wenzel, Gemahl der Tochter des deutschen Königs Philipp, dem Lande, indem er mit einer gewissen Selbständigkeit die Verwaltung schon führte (1228), noch ehe er den Königsthron in Böhmen bestieg. Um die Mitte des Jahrhunderts, zwischen 1253/1264, kam das Land pfandweise an die Markgrafen von Brandenburg aus askanischem Hause. Es geschah dies um die gleiche Zeit, als Markgraf Heinrich von Meißen und der Ostmark seine Stellung an der Oder zu begründen bemüht war. So war dieser Übergang der Oberlausitz an die Askanier für die Ausbildung der wettinischen Macht nach Osten zu ein Hemmnis; denn er verhinderte die Entstehung eines großen geschlossenen Machtgebietes an den Grenzen Polens in einer Zeit, als noch vieles im Fluß war. Es war ein Vorgang, der in seiner Weise dazu beitrug, daß der Schwerpunkt der wettinischen Hausmacht nach dem Westen zu verlagert worden ist.

Staatliche Verfassung und Verwaltung

In der Landesverfassung der Mark Meißen und ihrer Nachbarlande traten während des Zeitalters der ostdeutschen Kolonisation die Einrichtungen an Bedeutung zurück, die auf dem in der Vorzeit bestehenden Nebeneinander deutscher und slawischer Bevölkerung beruhten. Es vollzog sich auch in staatlicher Hinsicht ein Prozeß der Deutschwerdung, eine Angleichung an die staatsrechtlichen Zustände des deutschen Mutterlandes.
Im Deutschen Reich war das Lehenwesen zu voller Durchbildung gelangt. Der König war der erste am Heerschild, der höchste Inhaber der richterlichen Gewalt; er vergab die Lehen an die nachgeordneten Fürsten, zugleich mit der Pflicht, den Dienst des Reiches zu vollbringen. Auch der Markgraf von Meißen war ein nach Lehenrecht dem Reich verbundener Fürst. Die Mark galt als ein Fahnlehen; sie wurde verliehen mit der Fahne, die einst am Lanzenstab den roten Wimpel trug, nach alter germanischer Auffassung das Zeichen, das der Heerführer im Kampfe vorantrug. Seit Heinrich dem Erlauchten wurde der schwarze Löwe in Gold als Wappen angenommen; auch in der Lehenfahne begegnet er nun als Länderwappen, wie auf den Siegeln. Daneben konnte der Markgraf auch andere Grafschaften oder Herrschaften empfangen, wie dies den Markgrafen aus dem Hause Wettin gelungen ist. Die Mark selbst galt als ein staatsrechtliches Ganzes und war unteilbar; keine Bestandsveränderung war ohne Genehmigung des Reichsoberhauptes, des Königs, möglich. Doch drang im 13. Jahrhundert die Befugnis des Markgrafen durch, ohne besondere Verleihung von Seiten des Königs die Kirchen mit Reichsgut ausstatten zu dürfen. Ein Erbrecht der Seitenverwandten in der Mark bestand zunächst nicht; wohl aber strebten die Markgrafen danach, und zumeist wurde solche Erbfolge tatsächlich beobachtet. Der Markgraf war der oberste Richter in der Mark; er hielt Ding, wie es im Sachsenspiegel heißt, bei seiner selbst Hulden, ohne die Banngewalt vom König in besonderer Leihe erhalten zu haben. Anders war es in den Grafschaften oder Herrschaften, wo das Gericht nur auf Grund königlicher Bannleihe ausgeübt werden durfte.
Die Verwaltung des Landes wurde vom Markgrafen in eigener Person geführt; er leistete

selbst wirkliche Verwaltungstätigkeit an oberster Stelle und zog zu diesem Zweck im Lande umher. Auch ist es in dieser Einrichtung begründet, daß die Verwaltung des markgräflichen Hofes von der staatlichen noch nicht abgesondert war. In seiner Umgebung befand sich das Hofgesinde (familia), tätig nicht nur für einfache Verrichtungen des Hofhaushaltes, sondern auch für wichtige das Land betreffende Angelegenheiten. Die obersten Hofämter waren die des Truchseß, des Marschalls, des Schenken und des Kämmerers (in Nachbildung des königlichen Hofhalts). Diese Ämter wurden nach Lehenrecht vergeben, waren daher im 13. Jahrhundert schon erblich im Besitz einiger höher gestellten Familien (Truchseß von Borna, Marschälle und Kämmerer von Gnandstein). Dabei bestanden verschiedene Hofämter für einzelne Fürstentümer, so getrennt für die Mark Meißen und die Landgrafschaft Thüringen. Am Hofe des Markgrafen hielten sich Ratgeber auf (consiliarii), die ursprünglich zum Hofgesinde gehörten. Später konnten auch vornehme Herren, die auf ihren Herrensitzen im Lande wohnhaft waren, solche Ratgeber werden; sie fanden sich bei den Reisen des Markgrafen an den Stätten ein, wo er sein Hoflager aufschlug, oder wurden an den Hof berufen. Das Schreibwesen spielte in der Mark Meißen noch im 12. Jahrhundert bei der Verwaltung eine geringe Rolle. Oft wurden wichtige Urkunden von Geistlichen niedergeschrieben, sei es am Bistumssitz selbst, sei es in den Klöstern des Landes. Doch hatte der Markgraf einen Kaplan zur Erledigung schriftlicher Aufzeichnungen; ein gewisser schriftlicher Verkehr und die Ausfertigung von Urkunden kam seit dem Markgrafen Konrad, mehr noch seit dem Ausgang des 12. Jahrhunderts, in lebhafteren Gang. Klar bestand in den Zeiten des Markgrafen Heinrich schon eine Kanzlei am markgräflichen Hofe; es waren mehrere Schreiber vorhanden (scriptores, notarii), an deren Spitze ein Protonotarius stand. Damals waren sie noch geistlichen Standes. Mit der Behandlung gerichtlicher Angelegenheiten war ein Hofrichter betraut; er trat als Stellvertreter des Markgrafen im Hofgericht auf. Diese Richtertätigkeit war in stärkerer Zunahme begriffen, da man sich daran gewöhnte, wichtige Rechtssachen unmittelbar an den Markgrafen zu bringen, um seine schiedsgerichtliche Entscheidung anzurufen, so bei verweigerter Rechtshilfe und in Berufung an den obersten Richter in der Mark.

Eine ständische Einrichtung waren die Landesversammlungen oder großen Landdinge. Für die Mark Meißen wurden sie bei Collm (am Colmberg, in der Nähe des Schlosses Osterland) abgehalten, für das Land östlich der Saale und Pleiße bei Schkölen; in der alten Ostmark ist einmal ein Landding bei Delitzsch bezeugt. Besucht wurden diese Landesversammlungen von den Edelfreien, auch von Bischöfen, dazu von Mannen im Gefolge des Markgrafen, auch solchen ministerialischen Standes. Es wurde dort das allgemeine echte Ding gehalten, für Rechtsstreitigkeiten um freie Geburt und Eigengut. Auch politische Maßnahmen wurden getroffen und Verhandlungen darüber geführt; so wurde 1221 der Eid für den Landgrafen Ludwig als Vormund des jungen Markgrafen Heinrich auf einer Landesversammlung geleistet. Während des 13. Jahrhunderts blieben diese Versammlungen in Brauch; doch ging die gerichtliche Tätigkeit je länger, je mehr an das markgräfliche Hofgericht über.

Es ist bezeichnend, daß die Gliederung der Mark Meißen und ihrer Beilande in Mittel- und Unterbezirke landesfürstlicher Verwaltung die älteren Gebilde zurückdrängte. Die Burgwarde, wie sie in der Zeit nach der Landnahme bestanden, verloren ihre Bedeutung. Es blieben wohl einzelne (auch Supanien) erhalten, sie gingen aber in Bezirken anderen Rechtes auf; viele Burgwarde sind aufgelöst worden. Auch die Burggrafschaften, soweit sie umfassende Amtsbezirke zur Pflege der Gerichtsbarkeit für Deutsche und Wenden gewesen waren, wurden aufgelockert; die neu gegründeten deutschen Siedlungen und Städte wurden herausgelöst, so daß die burggräfliche Gerichtsbarkeit nicht mehr über einen geschlossenen Raum sich erstreckte. Es trat vielmehr eine Gliederung nach deutschen Landgerichten ein; diese werden auch als Landdinge (placita provincialia) bezeichnet, sind aber wegen ihrer Zuständigkeit für einen engeren Bezirk von den großen Landesversammlungen gleichen Namens zu unterscheiden. Noch galt der Satz, daß vor den Landgerichten deutsche und wendische Angelegenheiten getrennt zu behandeln seien: der Deutsche (Sachse) legte nicht Zeugnis ab über den Wenden und der Wende nicht über den Deutschen; nur im Notfall, wenn das Gerüft erscholl, um einen Verbrecher zu verfolgen, galt dieser Rechtsbrauch nicht. Die wendisch sprechende Bevölkerung erschien jedoch gewöhnlich nicht vor Gericht, sondern wurde nur durch ihre Supane oder Withasen vertreten. Im ungemischten Kolonisationsbereich, in allen Gegenden des Landesausbaus, gab es nur rein deutsche Landgerichte. So erlangte die Pflege der deutschen Gerichtsbarkeit völlig das Übergewicht, doch bestand die Möglichkeit, der wendischen Gerichtssprache sich zu bedienen, bis in das 14. Jahrhundert, in Meißen noch länger, fort.

Der Landesverwaltung dienten die Bezirke, die als Vogteien, später auch Pflegen oder Ämter benannt worden sind. In ihnen wurden wirtschaftliche Angelegenheiten geordnet: die Einnahme der Steuern, die Erhebung der Zölle, auch die Verwaltung der landesherrlichen Hofgüter. Der Vorsteher (früher villicus, später Richter, iudex oder Vogt) wurde mit der Pflege der Gerichtsbarkeit am Landgericht des Bezirkes, auch mit militärischen Aufgaben betraut. Damit kam die Ordnung der Verwaltung nach solchen Bezirken zu einem Abschluß, die jedoch völlig wohl erst im Laufe des 13. Jahrhunderts und im 14. erreicht worden ist. —

In den Landesherrschaften neben der Mark vollzog sich eine Entwicklung in ähnlicher Art, nur in kleinräumigeren Verhältnissen mit starker Betonung der persönlichen Leistung des Herrn und in minder straffer Ordnung. Die Landesverfassung der Oberlausitz glich in vielem der markmeißnischen, wies jedoch ihre besonderen Züge auf. Das Burggraftum Bautzen ist zur Begründung landesherrlicher Gewalt nicht gelangt; der Burggraf, Vertreter des Inhabers der Landesgewalt, Befehlshaber über die Burg Bautzen, die Burgmannschaft und das Landesaufgebot, nach herrschendem Brauche aus dem landsässigen Adel genommen, blieb Amtsträger, wenn auch von hohem Rang. Auf dem Besitz der Könige von Böhmen im Bautzener Lande war eine Verwaltung nach Wirtschaftskreisen (Villikationen), auch Vogteien (mit Gerichtsbarkeit) genannt, durchgeführt, in einer gewissen Angliederung an Einrichtungen, die sich in Meißen, aber auch in Böhmen finden. Um das Altgefilde vollzog sich im Bereich des Landesausbaus ein Vorgang, der verfassungsgeschichtlich gekennzeichnet ist: „Herrschaft durch Kolonisation." Die Herrschaften Kamenz, Pulsnitz, Elstra, Königsbrück, Neschwitz-Königswartha, Cunewalde-Spremberg, Löbau-Kittlitz u. a., im Südosten Seidenberg, Friedland sind so zu ihrer Bedeutung gekommen. Im Lande Zittau bestanden neben Zittau selbst, wohl einst mit Burggrafenamt böhmischer Art, die Herrschaften Rohnau, Ostritz, dazu Grafenstein, einst auch Tollenstein und andere im nördlichen Böhmen.

Achter Abschnitt

Das große deutsche Siedelwerk, seine Bedeutung für Stammestum und Landeskultur

Der volle Sieg des Deutschtums wurde in den mittelelbischen Landen durch die Ausbreitung deutscher Siedlung erreicht, ein Werk, an dem alle Stämme des deutschen Mutterlandes teilhatten, wie auch alle Berufsstände, der Adel, die Kirche, als festeste Grundlage deutschen Volksaufbaus das Bauerntum und zugleich damit die Bürgerschaft in den entstandenen Städten. Es war ein wahrhaft gemeinsames Werk deutscher Nation.

Landesausbau und Bauernsiedlung

Im deutschen Mutterlande war weithin die Bevölkerung so angewachsen, daß sich eine Überschußbevölkerung ergab. Schon war in der Stauferzeit die Ausdehnung des Landesausbaues vielfach erschwert aus natürlichen Gründen, weil nur noch ungünstige Böden verfügbar blieben oder weil herrschaftliche Gewalten Besitz von Wald und Ödland ergriffen hatten und die Bannforsten der Besiedlung zu erschließen nicht mehr bereit waren oder auch die Bauern selbst die Erhaltung der Waldbestände als notwendig und nützlich ansahen. In manchen Gegenden des Westens wurden die bäuerlichen Güter geschlossen gehalten, teils weil die Bauern der Anerbensitte folgten oder auch weil die Grundherren einer Zersplitterung der bäuerlichen Güter um ihrer Leistungsfähigkeit willen entgegentraten. Anderwärts war bei Erbgang die Aufteilung des Grundbesitzes unter die Berechtigten üblich, so am Rhein, in Mainfranken, in Thüringen; und vielfach war dort die Bodenzersplitterung so weit fortgeschritten, daß eine weitergehende Parzellierung den Nahrungsstand bäuerlicher Bevölkerung bedrohte. Dazu kam die Auflösung gutswirtschaftlicher Arbeitsverfassung, weil die Vergabung von Herrenland nach freiem Pachtrecht eine Erhöhung der Grundrente versprach und nunmehr Bevölkerung, die in grundherrlicher Abhängigkeit gesessen hatte, mit der neuen Freiheit die überkommenen Nutzungsrechte am Boden verlor. Aus all diesen Gründen wurde gleichsam ländliche Bevölkerung freigesetzt und zur Abwanderung gedrängt. Überdies war die Geldwirtschaft fortgeschritten und erleichterte das Wandern in unbekannte Ferne. In dem Zeitalter der Kreuzzüge war die Wanderlust und das Streben nach der Weite sehr rege geworden. Darum wandte sich ein nicht geringer Teil deutschmutterländischer Landbevölkerung dem Osten zu, auch den mittelelbischen Landen.

Diese Lande im Osten waren zur Aufnahme zuwandernder Bevölkerung bereit, ja man hieß diese Ostlandfahrer gern willkommen. Die Beweggründe zur Förderung der Ansiedlung im Osten waren mannigfaltiger Art. Eine bestimmte Absicht, das Deutschtum durch Siedlung zu mehren und zu heben, Staatsgebiet durch einen lebenden Grenzwall deutsch-bäuerlicher Bevölkerung zu sichern, ist nicht eigentlich bezeugt; aber es wird als Motiv neben anderen gewiß wirksam gewesen sein. Die Verstärkung deutscher Bevölkerung in der Mark Meißen und ihren Beilanden, die noch immer grenznahe waren, der Zustrom frischen Blutes aus dem Mutterlande mußte dem Deutschtum zugute kommen, eine Tatsache, die den führenden Mächten im Lande gewiß nicht verborgen blieb. Ein Motiv zur Kolonisation war sicher die Absicht, die Macht der Landesherren, der Fürsten und anderen Herrengeschlechter zu stärken, also ein Motiv politischer Art; solche Macht beruhte ja auf der Volksmenge, auf der Zahl der Wehrhaften und Leistungspflichtigen, auch half das rodende Vordringen in den Urwald über künftige Herrschaftsgrenzen entscheiden. Ähnlich kam die Ansiedlung von Deutschen der Kirche zugute; denn die Deutschen waren Christen und wertvoll in einem Lande, wo heidnische Sitte noch keineswegs völlig überwunden war. Arbeit und Opfer für Dorfgründung und Urbarmachung galt geradezu als ein frommes Werk. Für die Klöster war die Ansiedlung deutscher Bauern eine gewisse Sicherung ihrer Lage in Gebirgswildnis und in wenig angebautem Lande. Bei all dem waren die besonders treibenden Beweggründe für die Kolonisation wirtschaftlicher Art: Neubesiedlung wüst liegenden Landes, Anbau noch nicht gerodeten Bodens, Hebung der Einkünfte für die Landesherren, für die Kirche und den grundherrlichen Adel. All dies um so mehr, als die wirtschaftliche Leistungsfähigkeit der Deutschen die der im Altbereich noch wohnhaften sorbischen Bevölkerung dank ihrer vollkommeneren Wirtschaftstechnik bei weitem übertraf und auch ihre Fähigkeit zur Zahlung von Geldgaben entwickelter war als bei den Slawen.

Überschaut man die Kolonisatoren, so sind die Inhaber der Reichs- und Landesgewalt als die ersten Bahnbrecher und tatkräftigen Förderer zu bezeichnen. Der erste, von dem erzählt wird, daß er Siedler ins Land berief, war Wiprecht von Groitzsch, wie der Bericht lautet, aus Franken, aus einem Lande, wo seine Mutter Sigena lebte und Besitz innehatte; leider ist diese Gegend nicht näher beschrieben. Anscheinend kamen die Siedler aus dem Frankenlande nahe dem Main; darauf deutet die Verehrung des heiligen Kilian, die besonders in Würzburg und in Ostfranken ausgebreitet war. Ihm war die Kirche in Lausick geweiht, in dessen Nähe diese Siedler angesetzt worden sind. Eine Eigentümlichkeit wird berichtet: sie ließen sich in kleinen Gruppen von Familien nieder und gründeten weilerartige Anlagen. Später ist freilich diese Siedelweise bei Lausick kaum mehr zu erkennen, vielleicht daß sie in den Gehöftgruppen von Heinersdorf und Reichersdorf, die später je zu einer dörflichen Einheit zusammengefaßt wurden, noch nachwirkt. Andere Dörfer bei Lausick zeigen eine größere Regelmäßigkeit (Buchheim). Von dieser frühesten Stätte fränkischer Siedlung haben sich die Nachkommen wohl weiter ausgebreitet nach dem Osten zu; so wird man auf einen Zusammenhang mit dem Landesausbau in der Umgebung von Rochlitz schließen dürfen. Ob schon unter Wiprecht und der Herrschaft des Hauses Groitzsch die Siedlung bei Leisnig und östlich der Elbe eingesetzt hat, ist ungewiß.

Das deutsche Königtum hat eine Politik der Siedlung auf Reichsgut durch Landvergabung an Reichsministerialen betrieben. Seit Friedrich dem Rotbart hatten nicht wenige im Muldenland ihre Sitze, von denen aus sie die Bauernsiedlung förderten. Unter den meißnischen Markgrafen war als Bahnbrecher der Kolonisation wohl schon Konrad von Wettin tätig, sicher sein Sohn Otto, dessen Wirken beim Landesausbau um Freiberg oben erwähnt worden ist. Aber auch anderwärts sind markgräfliche Rodungen erfolgt, wohl um die damalige Zeit in den Waldungen östlich von Leipzig; ferner in Niederlassungen von Franken in dem alten Grenzwald südwestlich von Meißen bezeugt. Diese Siedelbewegung hat sich nach dem östlichen Erzgebirge ausgedehnt, ebenso in den Waldungen um das alte Offenland des Gaues Nisan, in der Nähe Dresdens, wie auch in den Heiden und Grenzwäldern des einstigen Milzenerlands. Dabei setzte bald auch ein Vorgehen vom Egerland und Böhmen her ein, so daß ein lebhafter Kampf um die Grenzfestsetzung durch Kolonisation zu beobachten ist. Im Waldgebirge an der oberen Elster drang dank einer staufischen Landschenkung Kloster Waldsassen vor (1133 gestiftet durch Markgraf Dipold II. von Giengen, einem der großen Kolonisatoren); auch um Schwarzenberg begann Siedeltätigkeit unter Einfluß der Staufer. Um Sayda wurde die Rodung von Kloster Osseg in Nordböhmen her (Oberstkämmerer Zlauko) in die Wege geleitet. Am Ostrand des Erzgebirgs im Gottleubatal (Bergbau), vom Mückenberg her (Zinnfunde) im Müglitztal gegen die meißnischen Burgen Lauenstein und Bärenstein, auch im Elbsandsteingebirge (um Königstein) wurde die Urbarmachung unter zielbewußter Förderung von Böhmen aus, jedoch mit deutschen Siedlern nordwärts vorgetragen, ebenso im Lande Zittau, während ihnen entgegen die herrschaftlichen Gewalten vom Norden her, zumal der Markgraf von Meißen, möglichst weit ausgriffen.

Als erfolgreiche Förderer der Kolonisation traten die Bischöfe des Landes auf. Sehr früh haben die von Naumburg, Walram und Udo — wohl auch die Merseburger —, dies getan, anfänglich noch mit heimischen Kräften, sodann in Ansetzung von Zuwanderern aus dem Westen (Flemminger bei Schulpforta; vor 1140); auf Grund solcher Erfahrungen wurde später Erzbischof Wichmann von Magdeburg ein Kolonisator großen Stiles im nördlicheren Elbgebiet und am Fläming. Im meißnisch-sächsischen Lande besonders bekannt ist die Ansiedlung von Flandrern in Kühren bei Wurzen, denen Bischof Gerung von Meißen einen wüst liegenden Ort zuwies; die Urkunde 1154 enthält rechtliche Bestimmungen, die als Vorbild für derartige Ansiedlungen von Niederländern nach einem freien Recht mit Selbstverwaltung der Gemeinde anzusehen sind. Auch das Meißner Domkapitel beteiligte sich an der Kolonisation; ein unmittelbares Zeugnis liegt für Wüst-Buchwitz, südlich Eilenburg, vor. Unter den Klöstern haben die großen Benediktinerabteien (Pegau, Chemnitz) die bäuerliche Siedlung wirksam gefördert. Dies gilt auch für das Stift der Augustiner Chorherren Zschillen in den Waldungen gegen die Chemnitz zu. Den Zisterziensern war anfänglich vorgeschrieben, daß sie ihren Unterhalt durch eigene Arbeit finden sollten. Dies geschah in der Begründung großer Eigenwirtschaften (Grangien), die mit Hilfe von Laienbrüdern betrieben worden sind. Ansetzung zinspflichtiger Bauern war somit bei den Zisterziensern zunächst nicht gestattet, wenigstens nicht im Regelfall. Es sind sogar Beispiele kenntlich (Flemmingen), wo Zisterzienser Bauern ausgekauft haben, um auf dem so erworbenen Land eine große Gutswirtschaft einzurichten. Die Wirkung auf das deutsche Siedelwerk, wie sie von diesen Mönchen ausging, beruhte auf dem vorbildlichen Wirtschaftsbetrieb, einer musterhaften landwirtschaftlichen Technik, namentlich in der Anlage von Gärten, Fischweihern, vervollkommneter Bienenzucht u. dgl. Später änderte sich die Haltung des Ordens. Der Besitz bäuerlicher Zinsgüter wurde gestaltet; und so traten die Zisterzienser in eine gewisse Förderung der Ansiedlung ein.

Die großen Herrengeschlechter im meißnischen Lande haben, darin den Markgrafen gleich, ihrerseits die Kolonisation gefördert; ja es entstanden große Herrschaften auf solchem Boden, der überhaupt erst durch Kolonisation der Nutzung erschlossen worden ist. Es haben die Burggrafen von Meißen zwar nur wenig in der Umgebung Meißens selbst, wohl aber im Erzgebirge um Hartenstein kolonisatorische Tätigkeit in bedeutendem Ausmaße betrieben, schon seit den Tagen des „Grafen" Meinher, der bei der Gründung von Klösterlein Zelle (Aue) beteiligt war. Ähnliches gilt für die Burggrafen von Leisnig, die im Gebirge von Wolkenstein bis Schwarzenberg siedelten, für die Burggrafen von Dohna, die großen Herrengeschlechter in der Oberlausitz rings um das alte Offenland. Auch der Deutsche Ritterorden hat sich anscheinend an dem Siedelwerk erfolgreich mit beteiligt.

Bedeutsam wirkte der ritterliche Adel ein, vorerst im Ausbau der schon bestehenden dörflichen Fluren, oft auch in der Anlegung neuer Güter oder Dörfer neben alten Siedelplätzen. Durch Angehörige des ritterlichen Adels, wohl durch jüngere Söhne, die auf Neulandslehen ihr Leben nach Rittersart gründen wollten, wurde Ansiedlung in den Waldungen der Grenzlandstriche betrieben. Indes fällt es auf, daß die ritterlichen Güter weit mehr im Altsiedelbereich liegen, weniger und nur verstreut auf dem Boden des Landesausbaues, wobei in Betracht kommt, daß später Rittergüter auf Ausbauland nicht selten jüngerer Entstehung sind, hervorgegangen aus mehrhufigen Gütern (von Siedelführern, Schulzen, anfänglich nicht ritterlichen Standes). Ein bedeutsamer Anteil der Ritterschaft am Siedelwerk ist jedoch nicht zu verkennen, wobei der Wehrcharakter der ritterlichen Sitze und Vorwerke betont sei.

Blicken wir auf die Angesiedelten selbst, so ist ihre Herkunft von größter Bedeutung für die Landes- und Volksgeschichte; denn in der Zuwanderung aus Stammesbereichen des deutschen Mutterlandes ist die Entstehung eines neuen Stammes im Bereich der Kolonisation begründet. Es waren an der Einwanderung in die mittelelbischen Lande alle deutschen Stämme des Westens und Südens beteiligt, aber nicht im gleichen Maße. Einige stellten die große Menge der Zuwanderer und bestimmten damit das Gepräge des entstehenden Neustammes.

Von Thüringen aus ist die Zuwanderung nach den Landen östlich der Saale gegen die Elbe hin und darüber hinaus nicht ausdrücklich bezeugt, auch in Ortsnamen kaum nachweisbar. Indes eine Beteiligung an der Wanderbewegung ist als bestimmt anzunehmen. Es erhellt dies aus der mundartlichen Verwandtschaft der Bevölkerung west- und mittelsächsischer Landstriche mit den Thüringern; auch eine Ausbreitung der thüringischen Flurverfassung ist erkennbar, zumal nach dem nördlichen Vogtlande und Gebieten im heutigen westlichen Sachsen.

Am stärksten beteiligt waren zwei Stammesgruppen, beide fränkischer Abkunft: die Siedler aus Ostfranken und den Frankenlanden am mittleren Rhein, sodann die Niederländer aus den „dietschen" Gegenden Flanderns und aus Holland sowie die vom Niederrhein. Die fränkische Zuwanderung wandte sich schon früh nach dem Vogtland, zumal nach seinen südlichen Gegenden, die dem Frankenwald nahe liegen. Vornehmlich breitete sich die Frankensiedlung am Rande des Erzgebirges und in den höheren Gebirgslagen aus. Deutlich bezeugt ist sie für die Umgegend von Freiberg; die Erwähnung fränkischer Lehen (Hufen) und bezeichnende Ausdrücke für die Hufenvermessung sind deutliche Spuren. Ausdrücklich genannt werden Franken in Taubenheim an der Triebisch und den benachbarten Dörfern (Sora), wo ihre Ansiedlung unter einem Grundherrn Adalbert im Besitz von Taubenheim urkundlich bezeugt ist. Eine Zuwanderung aus dem Rheinlande ist in der geschichtlichen Überlieferung nicht ausdrücklich erwähnt; aber sprachliche Beobachtungen lassen darauf schließen. Es wird anzunehmen sein, daß namentlich in den westlicheren Gegenden Sachsens an der Mulde solche rheinfränkische Einwanderung stattgefunden hat; das gleiche gilt für Hessen. Die Zuwanderung der Niederländer breitete sich in den nördlicheren ebenen Strichen des markmeißnischen Landes aus. Bezeugt ist sie für Kühren bei Wurzen (1154); ebenso ist sie, wenn auch erst an jüngeren Merkmalen, erweisbar in der östlichen Umgebung von Leipzig, sowie nahe der Elbe. Etwa bis zum Rande des Hügellandes scheint sie sich weiter ausgebreitet zu haben; vereinzelt ist sie noch weiter südlich vorgedrungen, wie der Ortsname Flemmingen w. Penig sowie bei Hartha besagt. Kenntlich ist diese niederländische Ansiedlung an der Verbreitung des sog. flämischen Erbrechts, an den flämischen Hufen und, wie jüngst gezeigt worden ist, auch an Eigentümlichkeiten der Sprache, namentlich um Leipzig.

Andere deutsche Stämme sind an der Bildung des Stammestums in der Mark Meißen und den Nachbarlanden vergleichsweise gering beteiligt gewesen. Nach dem südlichen Vogtland sind Wanderer aus der Oberpfalz gekommen, also ein bayrischer Einschlag (doch schon mit früher Einmischung westdeutschen Ursprungs). Auch an Schwaben mag es nicht gefehlt haben. Niederlassung von Sachsen aus dem altsächsischen Stammesgebiet ist selten gewesen, urkundlich in keinem Beispiel wirklich erweisbar. Auch die Ortsnamen bezeugen sächsische Niederlassung kaum. Immerhin ist anzunehmen, daß der aus Altsachsen stammende Adel des Landes Bauern sächsischer Abstammung in das Land gezogen haben wird.

Die Mischung der Stämme unter den Zuwanderern war in den Landesteilen verschieden: in den nördlichen ebenen Landstrichen Einlagerung niedersächsischen Zuzugs, am Südrande in Berührung mit Siedlern mitteldeutscher Herkunft, auf der mittleren Siedelbahn thüringischer und westmitteldeutscher Bevölkerung, im Vogtland thüringisch-ostfränkische Mischung mit einem Einschlag aus Oberdeutschland, in der Erzgebirglandschaft Vorherrschen des fränkischen Grundelements, östlich der Elbe wohl eine stärkere Einsprengung mitteldeutscher Herkunft und auch Zuzug aus Nordböhmen und Schlesien. Daher rührt auch eine Verschiedenheit des Volkscharakters, soweit sich dieser aus alten Stammeseigentümlichkeiten erklären läßt. Zu all dem gesellte sich ein nicht zu unterschätzender Anteil der jungen Kolonistenbevölkerung im Neulande selbst; denn solches Siedlertum pflegt kinderreich zu sein und stellt siedelwillige und arbeitsfähige Kräfte zu dem harten, aber lohnenden Werke des weiteren Landesausbaus.

Entscheidend für das Gedeihen der Siedlung war das Verfahren und die Form bei dem Ansiedlungsvorgang. Unterschiede sind dabei zu beobachten, je nachdem die Niederlassung innerhalb des alten sorbischen Siedlungsbereiches oder auf völligem Neuland stattfand. Es konnte unmittelbar bei schon bestehenden Siedelplätzen eine Erweiterung der Ortschaft und ein Ausbau der Ortsfluren geschehen; in solchem Fall war es möglich, daß sich der Grundherr des Dorfes sorbischer Arbeitskräfte dabei bediente. Aber das Verfahren konnte auch dies sein, daß neben einem bestehenbleibenden sorbischen Dorf ein neues deutsches Dorf gegründet wurde. Solches Vorgehen kennzeichnet sich oft in den Ortsnamen: bei gleichem Grundwort Benennung des einen Dorfes mit Neu- oder Roth-, Deutsch- neben einem Namen mit Wendisch-, endlich auch ein Nebeneinander von Dorfnamen mit Groß-, Klein- oder Wenigen-. Da die deutschen Dörfer durch ihre Größe sich von den alten sorbischen Weilern zu unterscheiden pflegten, sind die mit Groß- unterschiedenen öfter als die deutschen Neugründungen anzusehen; indes entscheidend ist dies nicht, denn es konnte die Bezeichnung auch eintreten, nachdem eine dörfliche Siedlung durch Ortschaftsausbau größer geworden war. Weit häufiger geschah bei der Niederlassung von Deutschen die Gründung von Dörfern auf bisher ganz unbebautem Boden, wie man sagt „aus wilder Wurzel". Dies Verfahren war üblich in den großen Waldungen des Gebirges im Süden, aber auch in den mannigfachen Grenzwäldern des flachen Landes, mitten zwischen den alten Wohngauen von vorgeschichtlicher Zeit her. Solche Gründungen können in der Regel als Aussiedlungen von Deutschen angesehen werden, sei es von Zuwanderern aus der Ferne, sei es von solchen, die aus schon bestehenden deutschen Dörfern im Lande kamen. Es ist bezeichnend, daß diese Gründungen zumeist reine Bauerndörfer waren; seltener wurden unmittelbar bei der Gründung auch ritterliche Wirtschaftshöfe angelegt.

Bei der Besetzung des neuen Dorfes konnte der Inhaber von Grund und Boden, der Grundherr, die Leitung selbst übernehmen. So schloß Bischof Gerung seinen Ansiedlungsvertrag mit den Flandrern, die er in Kühren ansiedelte. Auch bei den Dörfern, die von ritterlichen Adligen neu begründet wurden, wird diese Art der Besetzung üblich gewesen sein. Daneben war es nun aber möglich, daß einer der Herren sich eines Vermittlers bediente, der die Besetzung in die Wege leitete und durchführte, wie es in den Urkunden jener Zeit heißt, eines Lokators. Ein unmittelbares Zeugnis dafür liegt freilich für die Mark Meißen und ihre Nachbarlande nicht vor; aber es kann nicht zweifelhaft sein, daß, wie bei Siedlungsvorgängen in nördlichen mittelelbischen Landen (um Magdeburg), so auch hier dies Verfahren eingeschlagen worden ist; war es doch kaum durchführbar, daß die Landesherren oder Inhaber weit ausgedehnten grundherrlichen Besitzes das Ansiedlungsverfahren stets selbst in der Hand behielten. Die Kolonisten kamen freiwillig in das Land, wie dies bei den Flandrern in Kühren bezeugt ist; aber es war auch möglich, daß sie berufen oder angeworben wurden.

Eigentümlich ist in deutschen Siedelanlagen die dörfliche Gemeindeverfassung, die ihnen gegeben worden ist, eine wesentliche Grundlage für das Aufblühen dieser Gründungen. Die Gemeinde wurde mit Rechten einer weitgehenden Selbstverwaltung ausgestattet. Das Dorf pflegte sein eigenes Gericht zur Handhabung der niederen Gerichtsbarkeit und der damit verbundenen örtlichen Aufsicht zu erhalten. Es wurde aus den älteren Gerichtsbezirken ausgesondert, also auch herausgelöst aus jenen Gerichten, die für Deutsche und für Wenden zuständig gewesen waren: in den Neudörfern galt nur deutsches Recht. An die Spitze trat ein Vorsteher, gewöhnlich Schulze oder Richter genannt. Die Heimbürger waren wohl anfänglich nur Ordner in Gemeindeangelegenheiten, nicht eigentlich betraut mit der Handhabung der niederen oder einer niedersten Gerichtsbarkeit, doch sind sie später oft auch damit beauftragt worden. Das Schulzenamt konnte unter den Bewohnern der Gemeinde in einem Wechsel ausgeübt werden. Dies war wohl, nachweislich wenigstens später, in den Dörfern niederländischen Siedelrechts der Fall. Aber weit häufiger wurde das Amt mit einem Gute verbunden und somit nach erblichen Rechten verliehen; man spricht dann von einem Erbschulzen oder Erbrichter, vom Erbschulzen- oder Erbrichtergut, der Erbschulzenei. Diese Verleihung des Schulzenamtes geschah ursprünglich in der Regel an den Unternehmer, der die Besetzung durchführte (den Lokator). In jüngerer Zeit findet sich auch die Einrichtung des Setzschulzen, d. h. der Grundherr setzte selbst einen ihm geeignet erscheinenden Dorfgenossen ein und beauftragte ihn mit der Handhabung des Schulzenamtes.

Den deutschen Siedlern blieb die persönliche Freiheit völlig bewahrt; sie gerieten nicht in irgendein Abhängigkeitsverhältnis nach Art der Hörigkeit. Das Besitzrecht am Gut konnte verschieden geartet sein. Es war möglich, daß diese bäuerlichen Güter durch Ankauf in das Eigentum der Siedler kamen, allerdings mit einer Belastung von Abgaben; dann ist von einem Zinsgut mit Realbelastung zu sprechen. Solches Recht haben die Flandrer in Kühren erworben. Häufiger war ein Verhältnis der Erbzinsleihe: Überlassung des bäuerlichen Gutes an den Siedler mit dem Recht der Vererbung gegen bestimmte Leistungen, jedoch so, daß der Grundherr, dem das Eigentum am Grund und Boden verblieb, als der Verleiher gewisse Befugnisse behielt. Es bestand also nicht ein völlig freies Veräußerungsrecht; dieses war vielmehr beschränkt, nur mit Vorbehalt des Grundherrn durfte über Zubehör und Land verfügt werden, bei Erblosigkeit galt Heimfallrecht an den Grundherrn. Die Belastung der Bauerngüter bestand in einer Rente oder in Grundzins, wozu die kirchlichen Abgaben (der Zehnt), aber auch staatliche Leistungen hinzukamen; Fronden für ein Herrengut wurden, wenigstens nach bestem Recht, nicht auferlegt. Um die Einrichtung der neuen Güter zu erleichtern, war es üblich, für eine Reihe von Jahren (Freijahre) Befreiung von den Zinsleistungen zu gewähren. Es begegnet auch die Bestimmung, daß innerhalb eines neugegründeten Dorfes ein gewisser Handel (mit Lebensmitteln) betrieben werden durfte, allerdings nicht ein Handelsverkehr, wie er den Marktorten öffentlichen Rechtes vorbehalten bleiben sollte. Auch Handwerk war in Siedeldörfern, wenigstens sehr bald nach der Neugründung, zugelassen. Es ist also bezeichnend, daß die Dörfer nicht rein agrarisch waren, vielmehr neben der natürlichen stets vorherrschenden Landwirtschaft auch ein Einschlag gewerblichen Betriebes da sein konnte.

Bei dem Siedelwerk sind verschiedene Siedelformen zur Anwendung gebracht worden. Den deutschen Dörfern ist es eigen, daß sie in der Regel mit großer Gehöftezahl angelegt worden sind. Es entstanden stattliche Gemeinden, die in sich einen festen Halt finden konnten inmitten weiter Waldeinsamkeit, ebenso wie in der Nähe von Dörfern mit fremder Bevölkerung. Bei der Kolonisation wurden zumeist planmäßige Formen angewandt. Dabei zeigt sich ein bezeichnender Unterschied zwischen den Dörfern in den nördlicheren flachwelligen Landstrichen bei Anlage auf grünem Rasen und in den Gebirgstälern bei Rodung aus wilder Wurzel. Im Flachland wurden die Dörfer meist mit zwei Gehöftzeilen, die einander gegenüberliegen, gebaut. Inmitten blieb ein länglicher, rechteckiger oder auch ovaler Dorfplatz im Gemeinbesitz liegen; ursprünglich wurde er angermäßig, für Weide des Kleinviehs und Geflügels, benutzt, später ist er oft in Gärten aufgeteilt worden oder wurde teilweise bebaut. Es wird deshalb von Angerdörfern gesprochen, die geschlossen, aber auch etwas aufgelockert an einem Wege oder Bachlauf, angelegt worden sind. Sind die Gehöfte an einer Wohnstraße dicht beieinander gebaut, die sich längs durch das Dorf zieht, so wird dies Straßendorf genannt. Es gibt auch Mischformen: Straßenangerdörfer. Seltener sind Dörfer mit dreieckigem Platz in der Mitte oder auch mit großem Rundplatz gebaut worden; in diesem Fall ist von einem Rundangerdorf oder großen Rundling zu sprechen, dessen Ursprung nicht der gleiche ist, wie bei den kleinen Rundweilern oder Kleinrundlingen aus der sorbischen Zeit. Während bei den Angerdörfern und Straßenangerdörfern ein Schluß auf Anlage durch deutsche Siedler mit seltenen Ausnahmen berechtigt ist, können diese andersgearteten Platzdörfer auch bei den Nachkommen sorbischer Bevölkerung angetroffen werden. Wo das Gelände das Zusammendrängen in einer Zeile erfordert oder begünstigt, am Auenrand oder an Gehängen, entstanden Zeilendörfer. Bei Rodung auf Waldboden, seltener im offenen Gelände, war Aufreihung der Gehöfte locker nebeneinander, ohne geschlossenen Dorfnamen, bräuchlich. So entstanden Reihendörfer verschiedener Form, einreihige, andere in Lagerung um Quellmulden, vor allem aber doppelreihige Dörfer, die in langer Erstreckung in den Talmulden des Erzgebirges geschaffen wurden. Auch im Vogtland treten sie auf, hier neben einer strahligen Anordnung der zugehörigen Hufen; entsprechende Anlagen finden sich in der südlichen Oberlausitz. Dem Gelände sind diese Dörfer natürlich angepaßt. Unregelmäßige Haufendörfer sind bei der deutschen Kolonisation nicht üblich gewesen. Die Anlage von Weilern, aus denen Haufendörfer entstehen konnten, war möglich. Die haufenartigen Dörfer, die sich im Lande finden, sind größtenteils erst durch jüngeren Ortschaftsausbau zu solcher Form gekommen, dann meist mit einem formbestimmenden Kern.

Auch bei der Einteilung der Fluren, die zu den Dörfern gehören, zeigt sich ein entsprechender Unterschied. Die Fluren der Anger- und Straßendörfer pflegen in große Gewanne gegliedert zu sein, die eine regelrechte Form haben. Ein jedes Gewann ist wieder in eine Anzahl von Feldstücken zerlegt, die den Besitzern der einzelnen Stellen zugewiesen wurden, so daß sich das Zubehör an Besitzstücken über die verschiedenen Gewanne in der Flur verteilt. Bei den einfachsten Fluren besteht eine Gliederung nach drei großen Feldern von gewannähnlicher Art, die nach der Ordnung der Dreifelderwirtschaft genutzt worden sind. Größere Fluren pflegen eine etwas größere Zahl von Gewannen zu haben; bei dem Betrieb der Dreifelderwirtschaft gehören je mehrere Gewanne zu einem der Abschnitte, die für Wintergetreide, Sommergetreide und Brache genutzt werden. Überdies pflegen Bodenstücke der ganzen Gemarkung der Gemeinde (Genossenschaft) vorbehalten zu sein; sie wurden für Weide und Wiesenbau und auch als Gehölze (Wald) nutzbar gemacht. Bezeichnend ist es für diese Fluren der ostdeutschen Siedlung, daß die Gemeindeländereien meist nicht umfangreich waren; bei weitem der größte Teil der Fluren wurde in Einzelnutzung feldmäßig für den Ackerbau verwertet. Eine andere Art der Flurengliederung war die nach Gelängen: es waren dies lange Streifen, die teils in feldmäßigem Anbau, teils als Wiese und Gehölz genutzt wurden, so daß ein Gelänge diese drei verschiedenen Kulturarten in sich enthielt. Solche Gelänge konnten beieinander in „Lagen", also gewannähnlich zugemessen werden, gern so, daß drei Lagen in der Flur gebildet wurden. Eine andere Form entstand, wenn die Gelänge parallel nebeneinander durch die Flur liefen (gereihte Gelänge, Feldbreiten). Bei einem Teil der Gelänge pflegte unmittelbarer Hofanschluß zu bestehen (Hofgelänge, Hausgelänge); bei den anderen aber nicht, so daß der Besitz einer Bauernstelle mehrere Gelänge in der Flur, aber sehr viel weniger Stücke als bei eigentlicher Gewanngliederung, aufwies. Eine sehr verbreitete Art der Besitzuweisung entstand, wenn der Gesamtbesitz einer Stelle in einem langen breiten Streifen, einem Bande vergleichbar, vom Gehöft bis zum Ende der Flur lief. Da diese Zuteilung in der Regel bei Rodung von Waldboden üblich war, die Größe der Stelle aber nach Hufen vermessen wurde, spricht man von Waldhufen. Diese Waldhufen lagen zumeist gereiht nebeneinander (bei Waldhufendörfern); andere Ordnung, je nach dem Gelände, war möglich, wenn das Maß der Waldhufen erst durch solche Nebenstücke erfüllt wurde, oder besonders wenn später zugefügte Stücke (Folgen) eine Vergrößerung des Besitzes der Bauernstelle erbrachten. Dies sind die wichtigsten Siedel- und Flurtypen, die bei dem deutschen Siedelwerk zur Anwendung gebracht worden sind. Es gab mancherlei Mischformen, auf deren Beschreibung hier verzichtet werden mag.

Als ein wichtiges Element der ländlichen Siedlung und Flurgliederung ist das Gut, das einem roßdienstpflichtigen Kriegsmann, später einem Mann von Rittersart und Herrengeltung zugewiesen war, hervorzuheben. Diese Güter erscheinen in älterer Zeit noch nicht mit voller Berechtigung eines Rittergutes; sie waren zunächst als Siedelhöfe (oder Sattelhöfe), als Vorwerk (Allodium im wirtschaftlichen Sinne) bezeichnet worden, und erst in jüngerer Zeit durch Verleihung von Rechten der Gerichtsbarkeit und in Aufrichtung einer Herrschaft über das gehörige Dorf wurden sie Rittergüter im vollen Sinne. In der Siedlung hebt sich solches Gut durch seine große, meist auf regelmäßigem viereckigem Grundriß errichtete Anlage, Wohnhaus mit Wirtschaftsgebäuden, heraus. In der Flur wurden große Stücke blockförmiger Art (Gutsschläge) den ritterlichen Gütern zugewiesen, die in alten Dörfern oder Weilern lagen. Die Flur war dann gemischt aus Gutsblöcken und kleinstblockförmigen Streifen Landes als Zubehör der bäuerlichen Stellen. Bei den Dörfern mit neuen regelmäßigen Gewannfluren liegen die Stücke ritterlichen Gutszubehörs meist in den Gewannen, als breitere Streifen Landes, jedoch eingefügt in die gewannähnliche Aufteilung

94

der Flur im Gemenge mit bäuerlichem Feld; indes begegnet auch völlige Aussonderung, ein Anzeichen, das auf die Entstehung der Guts- und Dorfanlage hindeutet. Bei den Reihendörfern mit Waldhufen nimmt das Gut eine gesonderte Stelle ein, hat gleich den bäuerlichen Gütern waldhufenartigen Besitz, nur von größerer Breite nach dem Maße mehrerer Hufen. So sind auch die Rittergüter, wie sie später bestehen, den Grundformen der Siedlungsgeschichte eingepaßt.

Besonders deutlich zeigt sich der Einfluß deutscher Siedlung beim Gehöft- und Hausbau. Die von den Deutschen eingeführte Gehöftanlage war die sog. mitteldeutsche (fränkische) über regelmäßig rechteckigem Grundriß, auf drei Seiten von Baulichkeiten umstanden, mit großem Hoftor und Eingangspforte, bisweilen auch auf der vierten Seite mit stattlichem Torgebäude abgeschlossen. Bei kleinerem Besitz war die Form einfacher (Schmalhof; Gegenüberstellung von Wohn- und Stallgebäude und Scheune). In der Ebene herrschte die wehrhafte geschlossenere Anlage vor; im Gebirge war sie aufgelockerter, dem Gelände angepaßt. Auch bei der Bauweise kamen die Vorzüge deutscher Technik zur Anwendung, bei der Konstruktion des Dachstuhls, beim Fachwerk mit Füllung, auch beim sog. Umgebindehaus, in der Herdanlage, der Stallhaltung des Viehs, den Banseräumen (Tenne) u. a. Die Ausstattung mit Hausrat war mannigfaltig: reichliches Geschirr aus Holz, aus Ton (später auch Zinn und Glas), Leuchter, Truhen, Kästen u. dgl., Tisch, Bank, Sitz (Sessel), Bettstelle, Decken und andere Gewebe (nebst Spinnrocken), allerlei Gerät zur Feldarbeit und Rohstoffverarbeitung, Kleidung und einiger Schmuck. Bei der Herstellung betätigte sich bäuerliche Kleinkunst unter Beihilfe dörflichen Handwerks. Es verbreitete sich mit dem echten Bauernhaus eine das Heimgefühl weckende deutsche Wohnkultur.

Die Art der deutschen Neuanlagen wirkte nun auf die Formen im Altsiedlungsbereich zurück. Die sorbische Bevölkerung wurde auch während der Zeiten des großen deutschen Siedelwerkes nicht unduldsam verdrängt. So kam sie unter deutschen Kultureinfluß und nahm deutsche Sitte und Sprache an; ja, es ist zu beobachten, daß durch Aufteilung von Vorwerksland und Besserung des Besitzrechts bäuerliches Dasein aufgekommen ist, wo es in altsorbischer Zeit wohl überhaupt noch gar nicht bestand. Auch in den Dorf- und Fluranlagen zeigte sich dies. Die kleineren Weiler oder Gassendörfer der älteren Zeit blieben zumeist erhalten; aber sie gewannen ein neues Aussehen, da die Gehöftanlage und der Hausbau dem günstigeren deutschen Vorbild angepaßt worden sind. Bei rundlichen Anlagen ist dies noch darin zu merken, daß die deutsche Hofanlage in die Rundform hineingefügt wurde und winklige Formen entstanden. Die Fluren wurden dann oft nach deutschem Hufenmaß angeschlagen, um darauf die grundherrlichen oder staatlichen Abgaben zu legen, ohne daß eine neue Flureinteilung hätte durchgeführt werden müssen. Die Sitte der Dreifelderwirtschaft kam auch in diesen Fluren zur Anwendung. Nicht selten geschah es, daß die ältere unregelmäßige block- und streifenförmige Gliederung der sorbischen Fluren umgestaltet und nach deutschem Muster regelmäßiger geformt wurde, nach Art von Gewannen, freilich mit einer loseren Zugehörigkeit der Einzelstücke zu einem Besitz und nicht in strenger Hufenregel. Ein wichtiger Vorgang war im Altsiedlungsbereich die nicht seltene Zusammenlegung kleinerer Dörfer, oft verbunden mit einer Flurumgestaltung. Es konnten zusammengesetzte, mehrgliedrige Dorfformen entstehen, in denen man noch die ursprünglichen Bestandteile auszusondern vermag. Möglich war aber auch der Aufbau eines ganz neuen Dorfes, so daß die älteren Weiler verschwanden und Wüstungen an ihrer Stelle liegen. In solchem Falle pflegen die Dörfer eine regelmäßige Gestalt zu haben, ähnlich denen, die oben als Platzdörfer oder auch Angerdörfer beschrieben worden sind: eine Entscheidung, ob ein umgelegtes Dorf oder eine deutsche Neugründung vorliegt, ist aus der Form allein nicht möglich, nur die Namen oder bezeichnende Merkmale mögen eine Erklärung bei günstiger Überlieferung gestatten.

Aus all dem, was geschildert ist, zeigt sich deutlich die große Wirkung der deutschen Siedlung auf das Landschaftsbild und die stammesmäßige Zusammensetzung der den Boden bewohnenden und bearbeitenden Bevölkerung. Weiteste Strecken düsteren Urwaldes waren niedergelegt, die Räume der Altgefilde nach allen Seiten ausgeweitet und um ein Vielfaches vermehrt. Licht und freundlich war die Landschaft geworden, rings um wohnliche Siedelorte mit ihren Fruchtgärten breiteten sich weite Fluren hin, nicht mehr in verstreuten kleinen Feldstücken zwischen Weide und Gehölz, vielmehr in wohlgeordneten Gebreiten mit regelrecht wechselnder Bestellung: „schönes" Land (Schönfeld, Schönau), wie es dem Blick des Landmannes erfreulich scheint. Der schützende Grenzwald im Süden war weithin in volkreiches Bauernland gewandelt, erfüllt von einem fleißig und hart arbeitenden Siedlertum, das schollenhaft und am Boden heimfest wurzelnd zum Schutze des Landes abwehrbereit war. Auch in der Landesmitte waren die trennenden Wälder eingeengt, die Wohngaue einander nahegerückt; die Mark Meißen mit den Herrschaftsgebieten ringsum, nur gegen die Oberlausitz mit breiterem Waldsaum umgeben, schloß sich fester zu einem Raume zusammen, auf dem eine volkhafte Gemeinschaft erwuchs.

Die Anfänge des Städtewesens

In der gleichen Zeit, als die deutsche Landsiedlung Ausbreitung fand, sind in den Landen zwischen Saale und Neiße auch die Städte emporgekommen. Inmitten von Deutschland stellt dieser Raum ein Übergangsgebiet in der Geschichte des deutschen Städtewesens dar. Es sind hier, wie im mutterländischen Deutschland, Städte in einer Entwicklung aus älteren Siedlungen hervorgegangen, aber daneben herrschte die Neugründung vor, wie sich dies in der Ortsform und der städtischen Verfassung deutlich zeigt.

Schon in der vorausgegangenen Zeit hatte sich bei wenigen Plätzen ein regelmäßiger Marktverkehr eingestellt, so daß eine stadtähnliche Siedlung entstanden war: im Westen an der Saale bei den Bischofssitzen Naumburg und Merseburg, im Osten in Meißen an dem wichtigen Elbübergang, auch in Bautzen. Eine stadtbürgerliche Verfassung war freilich nicht zur Ausbildung gelangt. Bei den Burgen im Lande gab es kleine Burgvororte mit einigem Verkehr, hier oder da wohl auch mit einem kleinen Marktplatz, wie ihn der Altmarkt in Leisnig zeigt. Um die Mitte des 12. Jahrhunderts begann nun die Anlage wirklicher Städte, meist neben vorhandenen Burgen, in einer Lage an wichtigen Fluß- und Paßübergängen. Neben solchen Gründungen, die sich an schon bestehende herausgehobene Plätze anlehnten, fehlte es auch nicht an Stadtgründungen aus wilder Wurzel, zumal wenn in einem Bereich neuen Landesausbaues Stadtanlage und Dorfgründung nebeneinander hergingen.

Als Stadtgründer traten die Inhaber der Landesgewalt auf. In Altenburg hat Kaiser Friedrich Barbarossa selbst eine neue Marktanlage geschaffen, die unter der hochragenden Burg neben dem Burgvorort mit altem Markt am Brühl und anderen Kleinsiedlungen Trägerin der städtischen bürgerlichen Entwicklung und des Stadtrechts geworden ist. In der Mark Meißen ging der Markgraf mit Städtegründungen vor (die Markgrafen Otto, Dietrich und sein Sohn); Stadtgründung ohne Mitwirkung des Landesherrn war hier nicht möglich. Auch andere Inhaber herrschaftlicher Gewalt vermochten Stadtanlagen zu gründen. So geschah es in den Herrschaften des Elster- und Muldenlandes, später auch in der Oberlausitz durch den König von Böhmen und einheimische Herren: eine Nachricht für Zittau besagt, daß der König durch Ziehen einer Furche mit dem Pflug und Umreiten der Grenze die Gemarkung für eine Stadtgründung bestimmt hat.

Die Herkunft der Siedler in den neuen Städten ist aus den Quellen kaum erkennbar. So viel ist klar, daß im Stadtkern nur deutsche Bevölkerung sich niederließ; wendische konnte in der gesamten Siedlung sich vorfinden (windische Gasse), aber neben der deutschen Gründungsstadt. Eine gewisse Zuwanderung aus der Ferne neben altheimischem Siedlertum

Abb. 11 Burg Kriebstein an der Zschopau

Abb. 12   Alte Wasserkunst und Michaeliskirche in Bautzen

Abb. 13 Tulpenkanzel im Dom zu Freiberg

Abb. 14 Ausschnitt aus der Goldenen Pforte (umstehend)

ist für die Anfänge des Städtewesens anzunehmen (recht mannigfaltig in der rasch berühmt werdenden Silberbergstadt Freiberg, besonders vom Harz). Nach Stämmen aus dem Mutterlande ist die junge Stadtbevölkerung nicht zu scheiden; ein Anteil von Flämingen ist aus dem späteren Auftreten dieses Bürgernamens (Flemming) zu erschließen, bedeutet freilich eine Ausnahme. Im 13. Jahrhundert ist Zuzug aus der ländlichen Umgebung, aus einem weiteren Umkreis dörflicher Orte, aber auch aus benachbarten Städten bei Leipzig, dessen Überlieferung reichhaltig ist, sowie bei Meißen zu erkennen. Sicher haben die Städte als Mittelpunkt der Eindeutschung des Landes gewirkt.

Die Ansiedler, die künftigen Bürger, waren persönlich frei. Die Grundstücke in der Stadt erhielten sie als realbelastetes Eigen oder zu freier Erbzinsleihe. Grundbesitz von Ministerialen ritterlichen Berufs nach Lehenrecht war anfänglich möglich; aber es ist das Streben sichtbar, sie auszuschließen und die Enstehung einer rein bürgerlichen städtischen Siedlung ohne ritterliche Einmischung durchzuführen.

Die ganze Anlage der Stadt mußte befestigt werden. Anfänglich mochte Wall mit Plankenzaun genügen, charakteristisch für die Stadt aber wurde bald der Mauerbau: die Mauer mit ihren Türmen und Toren, von der Bürgerschaft unter großem Kostenaufwand errichtet, unterschied die Stadt vom umfriedigten Dorf. Die Ortsform der Städte weist eine gewisse Mannigfaltigkeit auf. Bei einer jeden Stadt bildete der Marktplatz den Mittelpunkt. Es konnte die ganze Stadt in Form einer langen, platzartig sich erweiternden Marktstraße angelegt werden; möglich war der Bau von Straßen nebeneinander, die parallel oder auch in leicht geschwungenem Laufe nach den Toren zu führten. Eine große regelmäßige Stadtanlage entstand, wenn rings um den geräumigen, rechteckigen, ja quadratischen Markt das Gelände in Häuserblocks aufgeteilt wurde, so daß vom Markt aus die Hauptgassen oder -straßen nach den Toren zu laufen, durch einander parallel laufende Gassen geschnitten, und somit das Ganze eine Aufteilung nach Rechtecken zeigt (Normalschema). Wurden solche Anlagen neben schon bestehenden Siedelkernen geschaffen, etwa in einer Stadterweiterung, so konnte das Schema auch nur teilweise und durch Anpassung abgewandelt zur Anwendung kommen. Am Marktplatz pflegt das Rathaus erbaut zu sein; die Hauptkirche der Stadt steht gewöhnlich auf einem Nebenplatz.

Beispiele eines länglichen Straßenmarktes finden sich namentlich in Westsachsen (Rochlitz). Bei Leipzig ist die planförmige Anlage, aber mit seitwärts gelagertem Markt, neben älterer Siedlung (am Matthäikirchhof; Altenburg, Siedlung am Ranstädter Steinweg, Naundörfchen) geschaffen worden. Freiberg zeigt das Enstehen mehrerer Stadtteile neben- und nacheinander: am Herrenhof (Schloß) mit Untermarkt und Rittergasse, die alte Bergmannssiedlung mit kleiner Marktsiedlung in unregelmäßiger Gassenführung daneben — die Altstadt oder Sächsstadt — dazu eine Anlage um den Obermarkt nach der Planform (Oberstadt), so daß das Ganze einen mehrgliedrigen Stadtgrundriß aufweist. Dresden zeigt ganz planmäßige Anlage um den Altmarkt, neben dem Schloß und der älteren Siedlung (bei der Frauenkirche; Fischergasse, Töpfergasse). In Meißen wurde um den Beginn des 13. Jahrhunderts die eigentliche Bürgerstadt um den Hauptmarkt mit dem Rathaus neben der Frauenkirche angelegt, neben den älteren Siedlungen der Unterburg und des Marktortes (am alten Jahrmarkt), sowie der Dom- und Afrafreiheit, eine Neugründung, bei der beide stadtherrliche Gewalten, Markgraf und Burggraf, zusammenwirkten, während ältere Siedlungsteile dem Burggrafen unterstanden, bis sie erst spät der Stadt im Rechtssinn einverleibt worden sind. Der Stadtkern in Chemnitz wurde durch die dortige Reichsabtei gegründet, mit königlicher Erlaubnis als Marktsiedlung um die Jakobskirche, neben der jedoch beim „Sitzplan" nahe der Johanniskirche eine alte herrschaftliche Siedlung bestand. Zwickau, Borna, Grimma zeigen regelmäßige Siedelteile neben altem Kern, so auch Reichenbach i. V. und Plauen mit rasch nachfolgender Stadterweiterung (Neustadt), Großenhain fällt durch seinen Grundriß nach kolonialem Schema auf. In Bautzen, in einem durch natürliches Gelände und die Verkehrslage begünstigten Raum, war neben der alten Burg (Orten-burg) eine Kaufmannsniederlassung mit Markt (in Form eines Straßenmarktes) entstanden; eine Erweiterung dieser „Urstadt" mit regelmäßigerem Bauplan wurde wohl unter König Ottokar I. von Böhmen (? 1213) ausgeführt. Kamenz, eine Gründung der Herren von Kamenz inmitten von Neulandsdörfern (1225), und Löbau (1221) sind regelrechte Anlagen. Auch Zittau hat seinen alten Burgsiedlungskern; dazu kam eine regelmäßige Stadtanlage, nach der Überlieferung in der Zeit Ottokars II. (1255). Diese Beispiele mögen genügen.

Stadtrecht und städtische Verfassung

Die Städte unseres Landes sind in Fluren angelegt worden, die schon zuvor vorhanden waren. Es konnte geschehen, wie dies für Leipzig bezeugt ist, daß bei der Stadtgründung eine Erweiterung der Flur gewährt wurde, nicht für Zwecke des Feldbaues, sondern in Zu-weisung von Wiesen- und Weideland als Gemeinländerei. Den wirtschaftlich-sozialen Cha-rakter erhielt die bürgerliche Bevölkerung durch die Ansiedlung von Handel- und Gewerbe-treibenden, in den Bergstädten, wie in Freiberg, durch bergmännische Bevölkerung, neben denen, die das Handwerk pflegten. Als Betriebsform des Handwerks war von Anfang an das Preiswerk üblich, d. h. Herstellung gewerblicher Erzeugnisse für den Absatz auf dem Markt oder auch auf Bestellung, aber nicht wesentlich Kundenproduktion; Ausübung von Lohnwerk (Arbeitsleistung am Rohstoff gegen Entlohnung) hat daneben sicher nicht ge-fehlt. Betrieb von Ackerwirtschaft blieb in allen Städten noch lange von Bedeutung; in den kleineren und mittleren Städten herrschte er sogar vor. Rentengrundbesitz der Bürger hat eine Rolle gespielt. Den Altbürgern war das Recht des Bierbrauens gewährt, es wurde aus-geübt in einem Reihenbetrieb der Brauberechtigten, so daß es möglich ist, das Altbürgertum noch später an den Brauberechtigungen zu erkennen. Unter den Gewerben standen die Lebensmittelgewerbe (Bäckerei, Fleischerei) voran, die stets in den Anfängen der Städtezeit vertreten waren. Sehr früh entwickelt war die Weberei (Tuchmacherei); auch in den Städten unseres Landes ist der Verkauf von Tuchwaren (Gewandschnitt) von besonderer Bedeutung gewesen, anfänglich am Rathaus, später im besonderen Gewandhaus ausgeübt. Innungen der Kaufleute und Handwerkerverbände (Ämter) gab es in den größeren Städten schon früh, wenn auch nur gering an Zahl; die Bestellung des Meisters stand anfänglich dem Stadtherrn zu.

Die Stadt pflegte bei der Gründung mit einem eigenen städtischen Rechtsbezirk aus dem Geltungsbereich des Landrechtes ausgesondert zu werden. Als Rechtsausdruck begegnet dafür Weichbild, zu unterscheiden von dem Bezirk der Bannmeile, innerhalb deren Verkauf oder Ausübung von Braugerechtigkeit und dergl. anderen als den Bürgern untersagt war. Wichtig ist die Bewidmung mit dem Recht einer Mutterstadt, zumal da der Rechtszug sich später danach richtete; indes für unser Gebiet ist wenig darüber bezeugt. Der Stadt Leipzig wurde bei ihrer Gründung das Recht von Halle und Magdeburg verliehen. Solche Rechts-verleihungen sind für andere Städte nicht bekannt; nur bei Altenburg erweist eine jüngere Urkunde, daß es auf Kaiserrecht gegründet war und seinen Rechtszug nach Goslar hatte. Das Halle-Magdeburgische Recht hat offenbar weiter ausgedehnte Geltung erlangt. Ein besonderes Leipziger Recht ist nicht verliehen worden; aber sicher hat es vorbildlich ge-wirkt. Auch die Elbstädte Dresden, Meißen und Pirna hatten später das Magdeburgische Recht. In Zwickau und Chemnitz stand das Stadtrecht dem von Altenburg nahe. Auch für das Vogtland (Plauen) wirkte, wohl wegen der Nachbarschaft, dies Recht ein; jedoch wurde es später von magdeburgischem Recht beeinflußt und sodann auch von Böhmen her. Im Auftrag des Landesherrn, des Markgrafen, oder auch des Bischofs leitete ein Vogt die drei größeren Gerichtsversammlungen für die schweren Fälle. Im übrigen besorgte ein Schult-heiß die Gerichtsbarkeit, der, nachdem der Vogt zurückgedrängt war, der eigentliche Stadtrichter geworden ist. Zur Seite standen ihm die Schöffen. Die Bürgerschaft nahm noch lange als Umstand beim Gericht teil. Die städtische Verwaltung wurde in größeren Städten von einem Ausschuß aus der Bürgerschaft besorgt; es ist nicht unwahrscheinlich, daß dies auf die Tätigkeit einer Gruppe von Unternehmern bei der Stadtgründung zurückgeht, wie es bei Freiberg aus der Überlieferung erhellt. Dabei mag schon ein engeres Verhältnis zu den richterlichen Schöffen bestanden haben. Später begegnen Geschworene, die der Stadt (Stadtherrschaft) einen Eid geleistet haben, 12 an der Zahl in größeren Städten, sonst auch 5 und 7, als ein Kollegium bei der Verwaltung, und, wenigstens teilweise, mit Befugnissen in gerichtlicher Hinsicht; sie werden sodann als Ratsmannen (Consules) bezeichnet (in Freiberg anfangs 24). Die Ratsverfassung war also in hiesigen Landen schon bald nach der Gründungszeit der Städte in Ausbildung begriffen. Ratsmeister oder Bürgermeister finden sich in meißnischen Städten seit Ausgang des 13. Jahrhunderts.

So hat sich ein städtisches Wesen in unseren Landen während der Epoche der deutschen Siedlung sehr rasch entwickelt. Während es um die Mitte des 12. Jahrhunderts ganz vereinzelte Plätze von städtischer Art gab, bestanden gegen Ausgang des 13. Jahrhunderts bereits etwa die Hälfte aller Städte, die überhaupt zu Stadtrecht und städtischer Verwaltung bis zum Ende des alten Reiches gekommen sind, eine erstaunliche Leistung. Das rasche Aufkommen zahlreicher Städte gleichzeitig mit der großen Ausbreitung deutsch-bäuerlicher Siedelung ist eine Grundtatsache der Volksgeschichte des sächsischen Raums.

Ständische Umbildung

Während des Zeitalters der ostdeutschen Kolonisation vollzog sich eine Umbildung der gesellschaftlichen Zustände. Waren früher Unterschiede des Blutes nach Geburtsständen vorherrschend gewesen, so wurde nunmehr diese Scheidung durch eine Gliederung nach Berufsständen durchgesetzt und umgeformt. Statt der geburtsrechtlichen Bindungen kamen je länger je mehr genossenschaftliche zur Geltung. Es geschah dies in der Ordnung nach dem Heerschild, wobei die Wehrhaftigkeit und zugleich die Lehensfähigkeit, der Besitz an Lehengut maßgebend waren; daneben aber machte sich die Stellung nach dem berufsmäßigen Betrieb der Wirtschaft und der Art der „Nahrung" durch bäuerliche oder bürgerliche Arbeitsweise wirksam.

In der Stauferzeit galt noch der Vorrang edelfreier Geburt; wer ihn besaß, gehörte zum höchstgestellten Blutadel. So war es bei den Mark- und Burggrafen und wenigen anderen Herrengeschlechtern. Die Blutreinheit wurde bewahrt, indem Ehen nur unter Edelfreien eingegangen zu werden pflegten; zumal für Frauen war die Sitte darin streng. Leichter setzten sich Männer darüber hinweg; das Kind folgte dann der „ärgeren Hand", vollfreier Nachwuchs konnte ja da sein. Im Heerschild hatten die freien Herren höheren Rang je nach der Art ihrer Lehen; sie erfreuten sich herausgehobener Stellung in bezug auf die Gerichtsbarkeit. Daneben kamen die Dienstmannen oder Ministerialen empor, die an einen Herrn durch persönliche Treupflicht (Hulde) und durch Dienstleistungen gebunden, dagegen mit einem Dienstlehen ausgestattet waren. Zumeist leisteten sie Kriegsdienste, waren also von ritterlicher Art, wenn auch beim Heerschild nachgeordnet. Dazu waren sie berechtigt und verpflichtet zum Dienst am Hofe ihrer Herren. Es bestand ein Gericht von Standesgenossen, vor dem sie Recht nahmen, soweit dies nicht den öffentlichen Landgerichten vorbehalten blieb. Es geschah nun, daß edelfreie Geschlechter in jener Zeit zum Aussterben kamen und somit der alte freie Adel sich minderte. Im Laufe des 13. Jahrhunderts, etwa seit der Mitte, wurde es üblicher, daß Söhne edelfreier Familien sich mit Töchtern gehobener Ministerialen verheirateten. Damit minderte sich der Unterschied zwischen diesen beiden Standesgruppen. Insbesondere gilt dies für die Reichsministerialen, die unmittelbar vom König ihre Lehen empfingen, als reichsunmittelbar somit einen Vorzug vor anderen Dienstmannen, die vom Markgrafen oder von Grafen und anderen Herren abhängig waren, genossen. Es gelang den reichsdienstmännischen Geschlechtern, in den Herrenstand aufzusteigen; sie wurden nun auch als Edle und Herren bezeichnet und urkundlich anerkannt. Indes der Ausgleich griff weiter. In gleicher Wertung aller, die Ritterdienst leisteten und ritterliche Lehen, sowohl Mannlehen wie Dienstlehen, empfingen, sich für solchen Beruf von Jugend auf rüsteten und ritterliche Sitte pflegten, drang eine große berufsständische Bildung durch, in der alle Ritterbürtigen zusammengeschlossen waren; sie schieden sich aber in den höheren Adel und einen niederen Adel der einfachen Ritter. Gegen Ausgang des 13. Jahrhunderts, spätestens um die Mitte des 14., war diese Neubildung zu einem gewissen Abschluß gekommen. Bemerkt sei, daß in der Oberlausitz die Schichtung des Adels nur durch ein dingliches Moment (Besitz ritterlicher Güter) bestimmt war.

Im Bauerntum war zunächst eine Scheidung nach der Geburt und Herkunft klar vorhanden: deutsche Bauern unterschieden sich nach Blut und Sprache, sowie nach dem Recht von der in sich wieder mannigfach gegliederten Bevölkerung slawischer Abkunft. Vor ihr zeichneten sie sich durch ihr freies persönliches Recht und den Besitz an Grund und Boden aus, ein Teil allerdings in einer dem Lehenrecht nachgebildeten Abhängigkeit von einem Grundherrn. Nun geschah es aber, daß ein Teil der Bevölkerung slawischer Abkunft zu besserem Besitzrecht aufstieg. Es wurde ein festeres Recht am Grund und Boden, wenn auch mit Abgaben und Dienst belastet, gewährt. Auch kam es nicht selten vor, daß ältere persönliche Gebundenheit durch Ablösung aufgehoben wurde. So näherte sich wendisch sprechende Nachkommenschaft der alten Sorben dem besseren Recht der Deutschen an. Es blieb freilich eine Schicht mit geringem Besitz und minderem Recht zurück, die der sog. Gärtner, wie es in meißnischen Landen mit deutschem Ausdruck heißt, in ähnlicher Lage, wie im Brandenburgischen die Kossäten. Allmählich milderten sich die Gegensätze innerhalb der bäuerlich lebenden Bevölkerung, so daß sie, wenn auch in sich noch mannigfach nach Besitz, Wirtschaftsweise und Recht, auch nach der Heiratssitte unterschieden, gegenüber dem ritterlichen Adel als ein bäuerlicher Stand erschien.

In Städten älterer Gründung war bisweilen noch eine geburtsständische Mischung vorhanden: dienstmännische Familien ritterbürtiger Art waren ansässig mit Grundbesitz und Rechten in der Flur neben den Bürgern ohne lehenrechtliche Bindung. So ist dies für Leipzig erkennbar. Aber es bestand deutlich die Absicht, innerhalb der Bürgerschaft solche lehenrechtliche Abhängigkeit von außen zu beseitigen, städtischen Grundbesitz nur an Bürger gelangen zu lassen und so die Bürgerschaft wirtschaftlich und sozial einheitlich abzuschließen (klar bezeugt für Pegau 1180). Ein Unterschied zwischen den Inhabern größeren Grundbesitzes (an Vorwerken) und den Handel- und Gewerbetreibenden ohne Feldgüter hat sich auch in der Folge erhalten, jedoch ohne Abstufung persönlicher Freiheit und des stadtbürgerlichen Rechtes. So bildete sich in der Stadt ein sozialer Aufbau durch, innerhalb dessen die alten geburtsständischen Rechtsmerkmale nicht mehr galten, vielmehr eine Gleichheit in diesem Sinne durchgeführt war, ohne freilich die tatsächlichen Unterschiede an Besitz zu beseitigen; die Spanne zwischen großem und geringerem Vermögen wird in der Kolonisationszeit und danach zunächst nicht sonderlich groß gewesen sein.

Die ständischen Verhältnisse spiegeln sich in der Zusammensetzung der klösterlichen Geistlichkeit in bezeichnender Weise wider. Auch in den meißnischen Landen beschränkten sich die älteren Benediktinerabteien darauf, Vornehmere in ihre Konvente aufzunehmen, so das Stift Goseck an der Saale. Aber so streng wie bei den großen alten Abteien des deutschen Westens und Südens konnte dies nicht geschehen. Nicht nur Edelfreie, sondern auch Reichsministerialen wurden aufgenommen; später auch Angehörige anderer ministerialischer Familien. Es wäre in dem kolonialen Lande nicht möglich gewesen, einen Konvent nach dem Grundsatz strenger ständischer Abschließung zu bilden. Dazu kommt, daß inzwischen die Gedanken der Hirsauer Reform sich ausgebreitet hatten, wonach die Aufnahme nicht ständisch eingeschränkt sein sollte. Immerhin legten einige Stifte und Klöster Wert darauf, adlige Mitglieder zu haben. Bürgerliche sind in jüngeren Klöstern der Dominikaner und Franziskaner von jeher aufgenommen worden. Angehörige des bäuerlichen Standes wurden wohl nur ausnahmsweise zugelassen. All dies ist bezeichnend für die Entwicklung der ständischen Verhältnisse in dem Neuland östlich der Saale.

Noch ist eines Bestandteils der Bewohnerschaft zu gedenken, der nur klein war, aber eine nicht unwichtige Rolle gespielt hat, der Juden. In mittelalterlichen Zeiten wohnten sie in besonderen Siedelteilen der Städte in freiwilligem Zusammenschluß (in Leipzig in der Judenburg, in Freiberg auf dem Judenberg, in Dresden im Jüdenhof u. a.). Bei etwas größeren jüdischen Gemeinden war ein Raum für den Gottesdienst (die Schule), ein Tauchbad, auch ein Friedhof oder Kever vorhanden. Das Gericht wurde nach besonderem jüdischen Recht gehalten. Hatten die Juden vorher Kramhandel getrieben, so gingen sie um das 13. Jahrhundert zum Geldhandel über in einer Zeit, als die Geldwirtschaft stärker um sich griff, Geldleihe und Kreditgeschäft häufiger wurden, für Christen aber nach der kirchlichen Lehre das Zinsverbot galt. Markgraf Heinrich hat für sein Land eine Judenordnung erlassen (1265); der Landesherr übte einen Schutz über die Juden aus, erhob aber dafür Judensteuer oder Judenschoß.

Überblicken wir die ständische Gliederung der Landeseinwohnerschaft in der Mark Meißen und ihren Umlanden am Ausgang der Epoche deutscher Kolonisation, so zeigt sie eine größere Mannigfaltigkeit als zuvor; doch erscheint sie in volklicher wie sozialer Hinsicht in sich weniger scharf, vielmehr auf Grundlage der berufsständischen Ordnung ausgeglichener zu einer umfassenden Einheit, innerhalb derer einem jeden Gliede Aufgabe und Stellung im Volksganzen zukommt.

Neunter Abschnitt

Die Entfaltung des geistigen Lebens; Blüte thüringisch-meißnischer Kunst

In der großen Epoche, in der die mittelelbischen Lande durch Siedlung dem Deutschtum voll gewonnen wurden erhob sich, von führenden Geschlechtern und dem Volke getragen, eine gesteigerte geistige Kultur deutscher Art. Noch war es nicht möglich, den Errungenschaften des deutschen Mutterlandes ganz Neuartiges an eigenständiger Höhekultur hinzuzufügen; allzusehr waren die heimischen Kräfte mit den Aufgaben der Einwurzelung, der harten darin bedingten Arbeit, erfüllt. So wirkten in dem jungen Neuland die Vorbilder aus den benachbarten deutschen Landschaften herein. Aber schon konnten sich Kräfte betätigen, die bedeutende Leistungen auf dem neu gewonnenen Boden schufen und dem Geistesleben jener denkwürdigen Zeit einen wundervollen Ausdruck verliehen.

Als stärkste Macht bewährte sich die Kirche, wie damals allgemein im deutschen Lande. Das Land östlich der Saale galt im deutschen Westen als heidnisches Land; und wenn auch diese Vorstellung nicht ganz zutraf, so waren wirklich dort noch Aufgaben der Heidenbekehrung zu lösen. Bei der Gründung der Kirche in Plauen im Dobnagau (1122) wird ausdrücklich gesagt, daß die heidnischen Irrtümer in dem neuen Kirchensprengel bekämpft werden sollten; damals entstand in Wurzen das erste Stift, das Priester heranbildete, ein

Jahrhundert später in Bautzen. Die Deutschen aber, die in das Land einwanderten und sich niederließen, brachten christliche Gläubigkeit und Sitte mit. Mit der deutschen Siedlung drang das Christentum voll durch, nicht nur in einem Rahmen äußerer Organisation, sondern mit Erfüllung eines christlich gegründeten Lebensinhaltes.

Die Kirche, die als christliche Macht im Lande nun herrschend wurde, war nicht deutsche Reichskirche, wie sie es in der Ottonenzeit bei aller Anerkennung des christlichen Oberhauptes in Rom gewesen war; jetzt stand die allgemein christliche Kirche unter der straffen Oberleitung des römischen Papstes, und es ist unverkennbar, daß in einer Zeit, die den glänzenden Aufstieg der Papstkirche zu ihrer vollen Macht sah, dies auch bis in das Kirchenwesen der mittelelbischen Lande kräftig hereinwirkte. Die äußere Ordnung der kirchlichen Sprengel wurde in jenem Zeitraum nicht verändert. Die Zugehörigkeit zu den Kirchenprovinzen oder Metropolitanbezirken, im wesentlichen also zu dem Erzbistum Magdeburg, blieb bestehen. Indes der Einfluß der erzbischöflichen Verwaltung ging nicht tief und lockerte sich mehr noch auf; im Bistum Meißen ist sogar eine Neigung bemerkbar, sich aus dem Verband des Erzbistums Magdeburg zu lösen, was freilich keinen Erfolg damals gehabt hat. Die Bistümer (Diözesen) blieben die großen Sprengel des tatsächlich wirksamen kirchlichen Regiments. Mit dem Anwachsen der christlichen Bevölkerung nahmen nun die Verwaltungsaufgaben sehr zu; bei den Bischöfen vermehrten sie sich überdies durch ihre wachsenden weltlichen Geschäfte im Reiche und bei der Bildung der geistlichen Territorien. So geschah es, daß die Bischöfe wichtige Verwaltungsbefugnisse den Archidiakonen der Hochkirchen überließen, ein Vorgang, der auch dadurch befördert wurde, daß seit der Einführung des kanonischen Rechts bei der Bischofwahl die Macht und Bedeutung der Domkapitel wesentlich stieg. Es trat also eine Ausbildung der Diözesanämter ein, eine Gliederung der Bistumsgebiete nach Archidiakonaten. Der Archidiakon wurde mit der geistlichen Aufsicht in seinem Sprengel betraut; er hatte das geistliche Gericht (Sendgericht) zu halten und erlangte auch das Recht, die Pfarrer einzusetzen. Die Verwaltung einiger Archidiakonate wurde mit bestimmten Würden (Dignitäten) im Domkapitel verbunden, bei anderen blieb die Betrauung einzelner Domherren der freien Bestimmung überlassen. Die Bildung dieser Sprengel lehnt sich noch an die altüberkommene Landschaftsgliederung an, manche Archidiakonate entstanden aus besonderem Anlaß geschichtlicher Vorgänge. Das Bistum Merseburg hatte vier solcher Bezirke: einen kleineren des Dompropstes bei Merseburg selbst, einen des Domdekans (Dechant) um Leipzig, Bezirke um Keuschberg, um Grimma, sowie um Rochlitz westlich der Mulde. Auch Naumburg-Zeitz hatte einen dem Dompropst zugeteilten Bezirk um den Bischofssitz, dazu den Archidiakonatsbezirk des Propstes von Zeitz, den Bezirk im Pleißengau und einen Bezirk an der oberen Mulde, der über den Fluß auf das östliche Ufer griff (trans Muldam). Im Süden reichte das Bistum Regensburg mit einem kleinen Landstrich in das spätere Vogtland hinein. Im Bistum Meißen, wo die Einteilung nach Gauen besonders deutlich nachwirkt, entstanden 8 Archidiakonate: Dompropstei im Daleminziergau, elbabwärts nach Norden zu (Nizizi) der Sprengel des Domdechanten, der Archidiakonat Nisan, ursprünglich mit Sitz in Brießnitz (Dresden), dazu die Archidiakonate im Lande Wurzen (Stiftspropstei), in Chemnitz und östlich der Mulde um Zschillen (Wechselburg), im Osten der Archidiakonat des Stiftes Bautzen und der Archidiakonat in der Niederlausitz. — Diese Archidiakonate zerfielen in Bezirke, die zu Erzpriestersitzen gehörten (Sedes); dem Erzpriester (archipresbyter) — auch die Bezeichnung Dekan kommt dafür vor — unterstanden jeweils mehrere Kirchen und Kapellen. Anfänglich sind diese Erzpriester wohl nicht an bestimmten Orten eingesetzt gewesen, aber die Gewohnheit einer Festigung des Sitzes drang durch, bevorzugt wurden Städte, die somit Vororte mit Befugnissen in der kirchlichen Verwaltung geworden sind. — In jüngerer Zeit wurde es Brauch, in Vertretung des Bischofs Offiziale, vornehmlich zur Handhabung der geistlichen Gerichtsbarkeit, zu ernennen.

Für den Aufbau aller geistlichen Verwaltung und Fürsorge bildeten die Pfarreien die Grundlage: die Taufkirchen mit ihren zugehörigen Sprengeln, den Kirchspielen oder Parochien. Das ganze Land war in Pfarreibezirke gegliedert, so einfach und klar, wie es bei staatlicher Verwaltung damals nicht durchgeführt war. Dabei blieb ein Unterschied zwischen dem Altsiedlungsbereich mit einst sorbischer Bevölkerung und den Dörfern der Neugründung während der großen Zeit deutscher Kolonisation bestehen. Die alten Kirchspiele (Burgwardparochien) weisen eine größere Anzahl an zugehörigen Orten, meist freilich nur kleineren Umfangs, auf. Selbst nach mancherlei Abzweigung konnten noch 20 bis 40 Ortschaften sehr wohl zu einer solchen Parochie gehören. In den großen deutschen Neudörfern hingegen pflegte sogleich eine Pfarrkirche gestiftet zu werden, so daß die deutschen Siedler eine eigene geistliche Versorgung hatten und nicht in Burgwardskirchspiele zugleich mit wendischer Bevölkerung eingepfarrt wurden. Auch bei der Ausstattung zeigte sich ein entsprechender Unterschied. Während die alten Pfarreien mit einem Dörfchen oder Gutsweiler ausgestattet zu werden pflegten, wurde die Pfarrkirche eines Neudorfes mit einem Kirchlehen nach Hufenmaß bewidmet; anfänglich war dies gewöhnlich eine Hufe, aber es konnte auch eine größere Zahl an Hufen zugeteilt werden, der Hufenbesitz lag dann bei Gewannfluren im Gemenge mit dem bäuerlichen, bei Waldhufen für sich geschlossen. Als Leistung der Pfarreingesessenen kam die Zehntabgabe hinzu. In den Altparochien war der Zehnt in bestimmter Menge festgesetzt; bei der Neusiedlung wurde der volle Feldzehnt gefordert, freilich auch im Laufe der Zeit nach Garbenzahl (Schock und Mandeln) oder endlich nach Scheffeln bestimmt. Ein Teil davon kam unmittelbar dem Pfarrer des Ortes zugute (bei niederländischer Ansiedlung, sowie im Vogtland $^1/_3$). Aus den Kirchspielen des alten Bereiches, aber auch des Landesausbaus wurden Tochterkirchen (Filialen) bei wachsendem Bedürfnis ausgeschieden. Dies geschah namentlich durch Stiftungen des ritterlichen Adels. Der Grundherr nahm dann die Kirche nach dem älteren Eigenkirchenrecht in Anspruch, was von der römischen Kirche damals schon entschieden bekämpft wurde; es blieb infolge der Stiftungen jedoch ein Patronatsrecht an diesen von Grundherren gestifteten Kirchen bestehen. Die Aufgaben des Pfarrers waren sehr mannigfaltig; nicht nur auf geistliche Fürsorge waren sie gerichtet, sondern griffen tief in das alltägliche Leben seiner Pflegebefohlenen ein: sonntäglich, aber auch im Laufe der Woche Gottesdienst (Predigt, Beichte und Messe), Taufe und Firmelung, kirchliche Weihe beim Eingehen der Ehe, Beerdigung, dazu allerlei Beratung in weltlichen Dingen, zumal da die Wirtschaft auf dem Pfarrgut vorbildlich zu sein pflegte, auch Beihilfe bei Erkrankungen und Not, eine sehr vielfältige Betätigung, die auf Sprache und Sitte in der Gemeinde einen unverkennbaren Einfluß geübt hat.

Neben den Weltklerus trat in rasch um sich greifender Bewegung die Stifts- und Klostergeistlichkeit. Es geschah dies in enger Beziehung zu den Ordenseinrichtungen im deutschen Mutterland und doch in einer eigenen Art, wie sie der damaligen Zeitlage und den Zuständen des Ostens angepaßt war. Den alten großen Abteien des deutschen Westens und Südens mit ihrem über weiteste Gebiete verstreuten Grundbesitz und ihren großen Leistungen für Schrifttum und Kunst lassen sich die in der Mark Meißen und ihren Umlanden gegründeten Klöster nicht an die Seite stellen; aber für die heimische Kulturpflege haben sie höchst wertvolle Leistungen vollbracht. An der Saale sind Gründungen schon im vorangegangenen Zeitalter vorgenommen worden: die Abtei Altenburg in Merseburg, das St. Georgstift und Moritzstift in Naumburg (zur Zeit der Bistumsgründung), die Benediktinerabtei Saalfeld als eine Stiftung des Erzbischofs Anno von Köln (1071), dazu das Stift Goseck (1041), eine Gründung Erzbischofs Adalbert von Bremen-Hamburg; sie alle haben auch für die östlicheren Lande Bedeutung gehabt. Nahe dem Schwarzatal entstand Paulinzelle in stiller Waldeinsamkeit (seit 1106), ein Doppelkloster für Mönche und Nonnen. Das Fortschreiten der Kulturströmungen nach dem Osten zu zeigt sich auch bei den

Stifts- und Klostergründungen; an der Elster setzten sie gegen Ausgang des 11. Jahrhunderts ein, in der Mark Meißen glückten sie erst um zwei Menschenalter danach, in der Oberlausitz entstanden frühestens Klöster im zweiten Drittel des 13. Jahrhunderts. Die ersten Klöster, die sich zu halten vermochten, wurden dem Orden der Benediktiner, nach der Regel der Hirsauer Reform, verdankt. Auf das von Wiprecht von Groitzsch gestiftete Kloster Pegau mit seiner Propstei in Lausick folgte zunächst Bosau (1114), sodann die Gründung einer königlichen Benediktinerabtei Chemnitz durch Kaiser Lothar und seine Gemahlin Richeza (Bestätigung durch Konrad III.). Der ältere Versuch einer Klostergründung in Schmölln gelang nicht, erst als es nach Pforta bei Naumburg verlegt wurde (1140), blüte es auf. Klöster von Benediktinernonnen entstanden in Riesa, Döbeln und Geringswalde. Große Erfolge haben die Zisterzienser, die grauen Mönche, gehabt. Ihre erste Niederlassung wurde von den Mutterklöstern Walkenried am Harz und Pforta (Porta coeli) aus gegründet: Altzelle durch den Markgrafen Otto von Meißen (1162; Einzug des Konvents 1175). Kloster Buch bei Leisnig war eine Stiftung Kaiser Heinrichs VI. und der Burggrafen von Leisnig (Mutterkloster Sittichenbach-Sichem b. Querfurt). Eine Spätgründung war das Zisterzienserkloster Grünhain im westlichen Erzgebirge (1235; gleichfalls von Sittichenbach aus). Zisterziensernonnen ließen sich in Meißen (Zum heiligen Kreuz; 1220) und Nimbschen (von Torgau dorthin verlegt, 1250) nieder. Eine weite Verbreitung fanden die Augustinerchorherren. Bedeutende Augustinerchorherrenstifte entstanden in Neuwerk bei Halle, nördlich davon das Petersstift auf dem Lautersberge als eine Gründung der Wettiner, das Kloster auf dem Berge in Altenburg, gefördert durch Kaiser Friedrich Barbarossa, an der oberen Mulde Klösterlein Aue, das jedoch wieder einging, sodann Zschillen (1168/1174) als eine Stiftung der Grafen von Rochlitz und Groitzsch, das nach mancherlei Mißständen dem Deutschen Ritterorden übergeben ward (1278/79), Crimmitschau, das Thomasstift in Leipzig (1213), das Stift St. Afra in Meißen (1205), das St. Georgsstift in Großenhain. Die Prämonstratenser waren auffallenderweise hierzulande nur in Mildenfurt an der Elster (bei Weida) vertreten, obwohl der Stifter dieses Ordens Norbert Erzbischof von Magdeburg geworden war. — Die jüngeren Orden, die sog. Bettelmönche, kamen schon sehr bald nach der Ordensstiftung auch in diese östlichen Lande und verbreiteten sich sehr rasch über den ganzen Raum. Die Franziskaner (Minderbrüder oder Barfüßermönche) gründeten Niederlassungen u. a. in Oschatz, Freiberg, Zwickau, Meißen, Leipzig, Dresden. Eine wichtige Niederlassung der Dominikaner entstand in Leipzig (Kloster St. Pauli, 1229 erwähnt), andere in Freiberg, Plauen, Pirna. Als Frauenklöster seien genannt: Großenhain (büßende Schwestern, Reuerinnen), Seußlitz an der Elbe (Klarissen, Stiftung Markgraf Heinrichs). Sehr zahlreich war die Gründung von Hospitälern bei den Städten, dank den Stiftungen des Bürgertums. — Im Oberlausitzer Lande wurden Klöster erst spät begründet; überhaupt war die Zahl der hier entstandenen klösterlichen Niederlassungen auffallend gering. Nächst dem Stift St. Petri in Bautzen (zwischen 1213/1221) sind nur zwei Klöster von Bedeutung begründet worden, beide für Zisterziensernonnen: in Marienthal bei Zittau (vor 1234) und Marienstern, dies eine Stiftung der Herren von Kamenz (1248). Die Bettelorden breiteten sich allerdings sehr rasch aus, mit Niederlassungen der Franziskaner in Bautzen, Zittau, Kamenz, sowie auch in Görlitz.
Die Betätigung der Mönche innerhalb der Klausur und unter dem Volke wies je nach der Zugehörigkeit zu den Orden manche Verschiedenheit auf, wenn auch für das gesamte Mönchtum die Forderung der Armut, des unbedingten Gehorsams gegen die Oberen und der Ehelosigkeit galt. Die Benediktiner und Zisterzienser suchten ländliche Sitze auf; neben ihren gottesdienstlichen Pflichten, Gebets- und Bußübungen widmeten sie sich der Förderung ländlicher Kultur, dazu der Wissenschaftspflege und auch dem Unterricht. Bei den Zisterziensern insbesondere wurde von den Laienbrüdern die Eigenbewirtschaftung der großen Höfe betrieben. Die Augustinerchorherren folgten einer Regel, die jener der Bene-

diktiner verwandt war; aber häufiger ließen sie sich in Städten nieder und widmeten sich der geistigen Tätigkeit unter Laien. Völlig anders war die Lebensweise der jüngeren Orden. Auf Erwerb von Grundbesitz waren sie nicht bedacht. Vielmehr beschafften sie sich ihren Lebensunterhalt durch Einsammeln milder Gaben. Darum suchten sie mit Vorliebe die Städte auf und legten sich auf Seelsorge und Predigt nach dem Vorbild großer Meister, wie Bertold von Regensburg, sehr bald in einem merklichen Wettbewerb mit der Pfarrgeistlichkeit. Auch die Beginen (Laienschwestern) traten im Elblande auf; bezeugt sind sie für Magdeburg, ostwärts der Saale erst im späteren Mittelalter (Leipzig).

Die Stellung der Kirche zu dem ihrer geistlichen Fürsorge befohlenen Volke war durch Abstammung und gesellschaftlichen Rang ihrer Amtsträger mitbedingt. Die höheren kirchlichen Kreise standen bei ihrer ständischen Auslese dem Volk minder nahe. Die Bischöfe, oft aus der Hofgeistlichkeit hervorgegangen, entstammten verschiedenen Gegenden des deutschen Mutterlandes; meist waren sie Sachsen oder Thüringer, jedoch auch Baiern sind unter ihnen nachweisbar. In der Regel gehörten sie freien Geschlechtern an, erst seit Ausgang des 12. Jahrhunderts erlangten vereinzelte Ministerialen die bischöfliche Würde. Ähnlich mag es bei den Domkapiteln gewesen sein, wenn auch hier die Zulassung bei ministerialischer Abkunft früher durchgedrungen sein wird. Seit dem 13. Jahrhundert stellte sich eine nähere Verbundenheit mit dem Landesadel, sowohl bei Besetzung der Bischofsstühle, wie der Domherrenstellen ein. Der Pfarrklerus war nach Herkunft und Stand eng volksverbunden. In meißnischen Landen waren die Pfarrer deutscher Abkunft; in den östlichen Gegenden noch mit wendischer Bevölkerung (Bautzen) war vorgeschrieben, daß sie der wendischen Sprache mächtig sein sollten. Innerhalb des Mönchtums ist zwischen den älteren und jüngeren Orden zu scheiden. Bei der Niederlassung spielten sich Vorgänge ab, die der Zuwanderung deutscher Siedler aus dem Mutterlande vergleichbar sind; Zuzug der Mönche aus Franken und Sachsen, aus dem nahen Thüringen ist nachweisbar, es haben wohl auch Deutsche aus dem Südwesten und Süden nicht ganz gefehlt. Bemerkenswert ist die Art der Zusammensetzung der Konvente im Vergleich mit den Verhältnissen im Mutterland. Was die Volkszugehörigkeit anbelangt, so ist festzustellen, daß in den Klöstern Deutsche als Mitglieder der Konvente Aufnahme fanden; Wenden waren wohl nicht grundsätzlich ausgeschlossen, jedoch in der Tat, wenigstens bei den älteren Orden, kaum vertreten. In den Kanonikerstiften und bei den Benediktinern wurde auf eine höhere soziale Stellung der Aufzunehmenden gehalten. Einschränkung auf Edelfreie, wie in den vornehmsten Abteien des Westens, war hier im Osten undurchführbar, da die Zahl solcher Familien zu gering war; indes Abstammung von ritterlichen Familien, zumal von Reichsdienstmannen, wurde gern gesehen. In den Klöstern, die in den Städten entstanden, bei den Dominikanern und Franziskanern, fanden Bürgerliche stets willkommene Aufnahme.

Für die Wirkung, die von der Kirche ausging, war es entscheidend, von welchem Inhalt des religiösen Lebens sie erfüllt war. In der Kirche jener Zeit schieden sich Klerus und Laien, nicht ohne das Bewußtsein der Zusammengehörigkeit, aber gleich Ständen nach Geltung und Recht abgestuft. Die Kirche war Heilsanstalt von sakramentalem Charakter. Im Gottesdienst bildete das auf dem Altar von Priesterhand dargebrachte Meßopfer (Eucharistie) nicht nur den Höhepunkt, in ihm kam das innerste Wesen christlicher Religionsübung zu feierlichem Ausdruck. Der Christgläubige erlebte in ehrfürchtigem Schauer die geheimnisvolle Macht der Gottheit und das Heilswunder der Erlösung. Der Altar war die Stätte, auf die der Blick beim Gottesdienst nach Osten, nach dem Gekreuzigten und dem heiligen Lande, gerichtet war. Der Kultus nahm in den Hochkirchen, auch in Klosterkirchen, glänzende äußere Formen an. Bei der großen Bedeutung der Liturgie im Gottesdienst wurde eine starke Wirkung durch die Pflege feierlichen Gesanges erzielt, der durch die Mitglieder des Domkapitels selbst, später auch durch einen besonderen Chor, sowie durch die Mönchskonvente eifrig gepflegt wurde; die Stellung des Kantors unter den Dom- und Chorherren galt als hervorgehoben. Dargeboten wurden die Metten, Vigilien und Vespern. Die Antiphonen und Gradualresponsorien ertönten, vorgetragen nach schön geschmückten Handschriften, einstimmig oder mehrstimmig. Die anfänglich nur einfachen Formen der Musik nach den alten Kirchentönen, bald dumpf und schwer, bald heller, die gregorianischen Gesänge, die rhythmischeren ambrosianischen Hymnen und liederartige Sequenzen, wurden reicher und mannigfaltiger, verschlungener in dem Tongewebe, alles zum Lobe Gottes, der diese wundersamen Klänge versteht und anhört, nicht um einer Kunstwirkung willen. Es ist bekannt, daß Markgraf Heinrich der Erlauchte selbst geistliche Musik komponiert hat, die von der italienischen jener Zeit unterschieden war, aber die Billigung des Papstes Innozenz IV. fand, der ihren Gebrauch im Gottesdienst zuließ. Auch Orgelmusik erklang, und die Glocken läuteten zu Feierstunden.

Solcher Ausgestaltung der gottesdienstlichen Handlung entsprach das Aufkommen eines lebhaften kirchlichen Brauchtums. An besonderen Tagen wurde der Verstorbenen feierlich gedacht, Totenmessen wurden gehalten. All dem dienten die frommen Stiftungen, deren Zahl reichlich anwuchs, in Zueignung von Grundbesitz, aber bezeichnenderweise schon früh in Anweisung von Rentenbezug, ja in geldlicher Leistung. Feierliche Umzüge wurden veranstaltet, im Gotteshaus wie im Freien: bei Flurumgängen zur Segnung der Felder, am Palmsonntag (in Leipzig die Singknaben mit Zweigen in der Hand), die Fronleichnamsprozession, in Dresden die Johannisprozession. Wallfahrten waren in Brauch nach besonderen Gnadenorten. Der Heiligenkult breitete sich aus, von der Kirche gefördert; doch kam sie damit der natürlichen Gläubigkeit des Volkes entgegen, das Schutz und Hilfe in allerlei Lebenslagen und Nöten begehrte. Ein bemerkenswerter Zug in der kirchlichen Denkweise und Sitte war die Zunahme der Marienverehrung; mit hingebender Inbrunst wurde die jungfräuliche Mutter Gottes angebetet, ihrer Fürbitte schrieb man eine besondere Kraft zur Vergebung der Sünden zu.

In dem Wesen des Christentums ist es begründet, daß Gottesverehrung und sittliche Lebensrichtung miteinander verbunden sind. So wirkte die Kirche nicht nur auf die religiösen Vorstellungen, sondern auch auf die Sittlichkeit der Bevölkerung ein. Die Kirchenzucht war sehr streng, war doch der Besuch des sonntäglichen Gottesdienstes geboten und wurde Versäumnis mit Strafe belegt. Es bestand auch strenger Brauch, zur Beichte zu gehen. Übertretungen wurden im geistlichen Gericht behandelt, vor dem nicht nur rein kirchliche Dinge, sondern auch Eheangelegenheiten, dazu Verfehlungen durch Eidesverletzung, Wucher, falsches Zeugnis u. dgl. geahndet wurden.

Es ist nicht zu verkennen, daß der christliche Glaube in der Bevölkerung noch vielfach am Äußerlichen haftete. So zeigte sich dies in der Reliquienverehrung, auch in einer oft nur äußerlichen Betätigung der Askese, indem die Ausführung niedriger, ja häßlicher Verrichtungen als sittlich wertvoll angesehen wurde. Eine gläubige Hingabe an das Übernatürliche und Wunderbare erfüllte die Gemüter, Furcht vor Dämonengefahr gab einen Unterton ab. In der breiten Menge der Bevölkerung hielt sich neben dem christlichen Glauben noch vieles, was aus den heidnischen Vorstellungen stammte, gleichsam als ein Nebenglaube für täglichen Gebrauch bei den Gelegenheiten des Lebens, wo geheime Mächte um den Menschen walten. In volkstümlichen Sitten blieb dergleichen bestehen, wenn auch nicht mehr verstanden, und wurde nach dem altüberkommenen Brauche weiter geübt. — Die große Bewegung ekstatischer Religiosität in Laienkreisen, die in den Fahrten der Geißler zum Ausdruck kam, drang auch in die meißnischen Lande ein. Im Jahre 1261 zogen die Geißler in Leipzig um, sowie weiter im Osten. Von der Kirche wurden sie verfolgt, da man sie als ketzerisch betrachtete. Eine dauernde Wirkung haben sie nicht gehabt.

In jener religiös starkbewegten Zeit traten im thüringisch-sächsischen Raum bedeutende Frauen auf, die durch ein Leben entsagender Frömmigkeit in ganz Deutschland Aufsehen erregten. Am Hofe des Landgrafen von Thüringen Ludwig gab sich seine Gemahlin Elisabeth mit tiefgläubiger Inbrunst den Andachts- und Bußübungen nach dem Vorbild des Heiligen Franz hin und konnte sich nicht genug tun an einer Fülle christlicher Liebestätigkeit; sie entwich von der Wartburg, lebte in strenger Bußzucht in Marburg und wurde schon bald nach ihrem Tode (1231) heilig gesprochen, in Thüringen als die Landesheilige verehrt. Geistig andere überragend, eine Persönlichkeit von starkem Eigengepräge und schöpferischer Bedeutung, war Mechthild, Begine in Magdeburg, später im Kloster Helfta bei Mansfeld († um 1288). Sie schrieb ihre „Gesichte vom fließenden Licht der Gottheit" nieder, ein Werk von ungewöhnlicher Gewandtheit des sprachlichen Ausdrucks und ganz eigenartig in seinem religiösen Gehalt. Natur und Leben erfaßte Mechthild in voller Frische, aber sie sah „mit ihrer Seelen Augen". So wurde sie Verkünderin der Gottesliebe, einer Liebe, die die Seele wie eine unwiderstehliche Naturkraft zu Gott, zu der Person Jesu, zu dem Dreieinen hinzieht. In Helfta eiferten ihr andere nach (die Schwestern von Hakeborn). Auch Jutta von Sangerhausen sei genannt, die Visionen erlebte; aus dem heidnischen Preußenland, wohin sie gegangen war, strahlte ihr Ruf nach der Heimat zurück.

Noch unter vorherrschendem Einfluß der Kirche stand das höhere Bildungswesen. So weit von einer Pflege der Wissenschaft zu sprechen ist, wurde sie an den Hochkirchen und in den Klöstern gehandhabt. Bedeutende Schulen mit wissenschaftlichem Betrieb bestanden in Erfurt und Halberstadt, sowie in Magdeburg, wo neben der altertümlichen Domschule ein studium generale der sächsischen Ordensprovinz der Minoriten begründet wurde (1228). Auch in den meißnischen Landen ist Wissenspflege bezeugt. Schon wurden Sammlungen von Handschriften, Büchereien, angelegt; in den Klöstern war dafür ein besonderes Amt eingerichtet. Unter diesen Schriften waren die geistlichen bei weitem bevorzugt: die Bibel selbst, Bücher für den Gebrauch beim Gottesdienst, die Ordensregeln, aber auch theologische Schriften zur Erklärung der Bibel, über Moraltheorie, Predigten, Schriften alter Kirchenväter, auch Augustins berühmte Schrift über den Gottesstaat (de civitas Dei). Unter den Schriften weltlicher Art begegnet Jurisprudenz (bei den Dominikanern in Leipzig) und antike Literatur. Am meisten vertreten waren Werke der Geschichtsschreibung. Es waren Schriften von der Art der Weltchroniken, Heiligenlegenden, daneben aber solche, die der Landesgeschichte, im besonderen auch der Geschichte einzelner Klöster dienten. Erwähnt sei, daß in Altzelle eine Weltchronik in lateinischer Sprache niedergeschrieben wurde (nach 1261), die auf Eikes Sächsische Weltchronik und die kleine Chronik des Stiftes St. Peter in Erfurt zurückgeht. In jener Zeit sind auch die Anfänge einer eigenen heimischen Geschichtsschreibung zu beobachten. Dabei ist es bezeichnend, daß verschiedenerlei Formen sogleich auftraten; aber während in Thüringen schon bedeutendere Werke entstanden (Annalen des Stifts St. Petri, Dietrichs von Apolda Leben der hl. Elisabeth), waren es in diesen östlichen Landen nur jeweils Aufzeichnungen von geringem Ausmaß. Die Eintragung einzelner Nachrichten in Handschriften (in Altzelle), die Abfassung genealogischer Aufzeichnungen (so namentlich über das Haus Wettin), auch die Form der Lebensbeschreibung einer Einzelpersönlichkeit, dazu die Geschichtserzählung in annalistischer Form (Annalen von Pegau, verlorene Annalen des Thomasstifts), auch einmal ein Versuch einer im Zusammenhang erzählenden Darstellung (Chronik des Stifts auf dem Lautersberg), all dies liegt in Einzelbeispielen vor, freilich nicht in Werken bedeutenden Ranges. — Um so bemerkenswerter ist es, daß schon ein großer Lehrer der allgemeinen Wissenschaft auftrat: Dietrich von Freiberg; er war Lesemeister am dortigen Dominikanerkloster, lernte Paris kennen und wurde Vikar der deutschen Ordensprovinz († 1310). Seine tiefgründige Denkarbeit galt der Philosophie, vornehmlich Kosmologie und Psychologie; neuplatonischen Gedanken geneigt, nicht ein Anhänger thomistischer Lehren, pflegte er das Naturerkennen in eigener Beobachtung und schrieb dem Menschen die Möglichkeit einer natürlichen Gotteserkenntnis zu. An Meister Eckhart reicht er an Wirkungskraft nicht heran.

An Brennpunkten geistigen Lebens widmete sich die Kirche der Aufgabe des Unterrichts der Jugend, für die Heranbildung der Geistlichkeit, aber auch für die Erziehung von Laien, Knaben und Mädchen zumal aus vornehmen Kreisen. Eine angesehene Schule bestand bei dem Domstift in Meißen, später bei St. Afra, eine andere bei dem Stift St. Thomae in Leipzig, wo schon in frühester Zeit besonderer Wert auf die Pflege des Gesanges gelegt worden ist; auch die Anfänge der Kreuzschule und des Kreuzchores in Dresden (Kreuzkapelle bei der Stadtkirche St. Nicolai) gehen auf die mittleren Jahrzehnte des 13. Jahrhunderts zurück.

Einen weit überragenden Hochgipfel der Leistung erreichte die Baukunst mit der ihr nahestehenden Bildnerei in jenem denkwürdigen, geistig so bewegten Zeitalter, dessen innersten seelischen Kräften sie einen unvergleichlich klaren und ergreifenden Ausdruck verlieh. Fest sind diese Werke dem heimischen Boden eingefügt, ein wundervoller, unveräußerlicher Bestandteil der Landschaft; zugleich aber stehen sie vor uns als Denkmäler des Menschentums einer deutschen Höhezeit, die noch heute lebendig zu uns spricht, Schöpfungen einer Kunst, die, an den künstlerischen Ausdrucksformen ihrer hochstrebenden Zeit sich emporrankend, aus den Tiefen deutschen Volkstums quillt.

Wenn in den Landen von der Saale ostwärts zur Elbe und darüber hinaus diese Kunst so herrlich aufblühte, so waren dafür die Erfolge der großen deutschen Siedelzeit die Vorbedingung. In dem Neuland waren Aufgaben gestellt, die die Kunst zu erfüllen hatte; die Mittel dazu standen in reichem Maße zur Verfügung. Nicht nur die Überschüsse aus dem wachsenden Bodenertrag landwirtschaftlicher Arbeit, auch die geschürften Erze des jungen Bergbaus boten sie reichlich dar. Entgegenkommend erwies sich das Verständnis der Bauherren. Die mancherlei Verbindungen zwischen den großen Stifts- und Klosterkirchen, ebenso die Beziehungen unter dem Adel halfen dazu, wobei die Kunstliebe im Hause der Wettiner hervorgehoben sei; auch das Bürgertum hat Anteil daran genommen. Die künstlerischen Kräfte stellten sich ein, in unverkennbarem Zusammenhang mit der aus dem Mutterlande zuströmenden Siedelbewegung und, was entscheidend war, die genial schaffende Persönlichkeit blieb nicht aus. So sind uns noch heute die Kunstwerke jener Zeit die mittelbarsten Zeugnisse einer lebensvollen, innerlich großen Epoche deutscher Geschichte auf dem Boden unseres Heimatlandes.

Der Kirchenbau geschah während der ersten Menschenalter der Siedelzeit in den Formen des romanischen Baustils, sodann in allmählichem Wandel zur Gotik. Zeugen dafür sind nicht wenige ländliche Kirchenbauten, zumal im Elsterlande und ostwärts bis über die Mulde. Aus festen Stoffen gefügt stehen sie da, die frühesten aus Feldstein, gleichsam noch unmittelbar aus dem Rohstoff, jüngere aus gemauertem Stein. Die einfachsten haben nur ein kleines Schiff mit angefügter Nische für den Altar (Apsis, Concha). Für größere Gemeinden, so namentlich in den Kirchenorten deutscher Neusiedlung, wurden größere Anlagen geschaffen: ein Langhaus als Kirchenschiff, Chor und Apsis mit dem Triumphbogen zwischen dem für das Allerheiligste bestimmten Raum und dem größeren Raum für die Laien. In der Regel wurde ein Turm errichtet, am Westende quergestellt, bei manchen Kirchen im Osten erbaut, nur ausnahmsweise frei neben der Kirche. Ein Satteldach ragte über dem Schiff und dem Turme auf, später bisweilen mit Dachreiter; in den Türmen sind nicht selten offene Fenster mit kleinen Säulchen in romanischem Stile, bisweilen gekuppelt, zu sehen. Die innere Ausstattung pflegt sehr einfach zu sein: der Altar als die Stätte der heiligen Handlung des Meßopfers, eine Kanzel in den Dorfkirchen in jener Frühzeit meist noch nicht; manche Taufsteine in wuchtig runder Form sind erhalten, jüngere mit einiger Verzierung, sodann mit Eindringen des neuen gotischen Stils. Öfter wurde eine Vorhalle an die Kirche angefügt; einige der Pforten zeigen charakteristische Werke der Bildnerei: in Rochsburg die schöne Darstellung des Siegeslamms im Bogenfeld. Treffliche Beispiele solcher Kirchenbauten bieten Hirschfeld bei Leipzig, in entwickelteren Formen Klinga und Thekla,

Cavertitz b. Oschatz, Alt-Coswig b. Meißen, besonders auch die Kirche St. Jakobs in Wilsdruff, die aus einer Dorfkirche zur Stadtkirche geworden ist. Eine eigentümliche Art von Kirchen oder Kapellen wurden im Rundbau errichtet: am berühmtesten die Kapelle auf der Burg Wiprechts von Groitzsch, aber auch in Dorfkirchen des Leipziger Landes findet sich ähnliche Bauweise; es scheint, daß sie auf Einfluß von Böhmen her zurückzuführen ist.

Hohe Leistungen der romanischen Baukunst boten die Kloster- und Stadtkirchen. Ein wundervolles Beispiel frühromanischer Kunst zeigt uns die Klosterruine von Paulinzella, nach dem Vorbild der Bauten von Hirsau im Schwarzwald errichtet. In anmutiger Waldlandschaft grüßen uns die aufgereihten wuchtigen Säulen mit ihren Würfelkapitellen, zwischen der westlich hochragenden Giebelwand und dem Ostchor. Bei den Kirchenbauten der Augustinerchorherren ist deutlich ein Zusammenhang erkennbar; dies zeigen die Grundmaße der Kirchen auf dem Lautersberg, des Thomasstiftes in Leipzig, sowie des Stiftes in Wechselburg. Voll erhalten in ihrer edlen Schönheit, deren Wirkung durch den Rochlitzer Stein erhöht ist, sehen wir nur die Wechselburger Kirche (jetzt Schloßkirche), eine Pfeilerbasilika, eindrucksvoll in einer wohlabgemessenen Raumgestaltung, in dem klaren Verhältnis der Joche und des Querschiffes, schlicht in den Formen des mit Rundbogenfries geschmückten, durch Lisenen gegliederten Äußeren, mit der runden Apsis des Chores; ausgestattet ist sie mit einer reichen, feingegliederten Vorhalle, an der die Säulen durch seltsame Ornamente auffallen. Ein Bau romanischer Art war die in Freibergs Frühzeit errichtete Marienkirche; sie ist kunstgeschichtlich bedeutsam, da sie einem Meister zugeschrieben wird, der vom Mittelrhein oder der Pfalz nach dem Osten wanderte (kenntlich an der Art des Gewölbebaues). Ein einfacher, in seiner Reinheit gefälliger Bau romanischer Kunst ist die Nikolaikirche zu Dippoldiswalde, unterhalb der Stadt. Auch die Nikolaikirche in Geithain zeigt uns noch heute in ihren mächtigen Türmen den gleichen Charakter; die Frauenkirche in Grimma gehört der Spätzeit an. Ein Kirchenbau ganz eigener Art ist die Kunigundenkirche in Borna (im Volksmunde auch Königskirche genannt), die in ihrer einfachen, stilreinen Gestalt wiedererstanden ist. Aus handgearbeiteten Ziegeln erbaut, weist sie auf Einfluß fremder Kunstübung hin. War es italisches Vorbild, das in der Stauferzeit seinen Weg nach Deutschland fand?

Die Baukunst spätromanischer Art wurde von einer neuen religiös-künstlerischen Bewegung abgelöst, als die Formensprache der Gotik aus Frankreich nach dem Osten zu vordrang. Die thüringisch-sächsische Kunst, an Überliefertem festhaltend, und nur allmählicher Umformung geneigt, hat in jener Zeit ihre noch heute bewunderten Bauwerke geschaffen; Anregungen zu der Stilwandlung kamen aus den Ländern westlich vom Rheine, mehr noch aus dem stammverwandteren Burgund, als dem nördlichen Frankreich (Chartres, Reims, Laon). In Ostsachsen wurden diese Elemente aufgenommen, aber das heimische Lebensgefühl erwirkte eine Umformung des fremden Vorbilds. Zuerst nahm die Magdeburger Bauhütte bei dem Dombau das Neue auf, in Zeiten des Erzbischofs Albrecht (um 1209, danach seit 1220). Um die gleiche Zeit wurde eifrig in Halberstadt an der Liebfrauenkirche gebaut, auch an Teilen des Domes, ehe hier die Gotik ein neuartiges Gotteshaus erstehen ließ. Für die thüringisch-meißnische Kunst jener auf der Höhe des Mittelalters stehenden Zeit ist der Dom in Naumburg das klassische Bauwerk an der Wende der Stilepochen. Die Kathedrale stellt sich uns als eine doppelchörige Kirchenanlage dar. In der Tiefe versetzt die feierlich stimmungsvolle Krypta in die vollblühende Romantik. Die trefflich gearbeiteten Säulen mit ihren Basen und Kapitelchen zeigen die Entwicklung spätromanischer Kunst (Palmetten, Laubwerk, Figürliches). Der Hauptbau des Domes besteht aus drei Schiffen mit der Vierung vor dem Ostlettner. Die schweren Pfeiler und Wände, die den gedrängten Raum zwischen den Lettnern einschließen, sind in romanischen Formen gehalten, weisen jedoch schon Elemente der Gotik auf (Spitzbogen, aber keine Strebebögen). Nach der Weihe 1242 begann bald, von Bischof Dietrich aus dem Hause Wettin in die Wege geleitet, eine neue Bauzeit. Der berühmte Westchor wurde angefügt, mit seinem Lettner, der das Schiff abschließt und in einer Pforte den Zugang zu einem eigenen Kirchenraum öffnet. Die Säulen, fein und ziervoll gegliedert, sind mit Kapitellen mit reichem Laubwerk geschmückt, das volle Naturkenntnis und dabei sicheres Stilgefühl zeigt. Über dem Kirchenbau erheben sich drei Türme, die Osttürme in den unteren Geschossen noch romanisch, jedoch gekrönt von einem höheren Geschoß mit Maßwerk. Schlank und frei steigt der Nordwestturm auf, in seinen oberen Geschossen stark durchbrochen; der südwestliche Turm blieb unvollendet.

Auf meißnischem Boden stellt sich uns ein treffliches Bauwerk der Zeiten des Übergangs zur frühen Gotik in den Ruinen des hl. Kreuzklosters in der Meißener Elbaue dar. Der Dom zu Meißen erfuhr, später als Naumburg, einen Neubau von Grund aus und darum in Formen der voller entwickelten gotischen Kunst. Allmählich in einander folgenden Zeitabschnitten wurde er ausgeführt (der Chor seit 1220); die bedeutendste Leistung geschah unter Bischof Withego (1266 bis 1283); der Domkustos und Schatzmeister Konrad von Boritz hat darum große Verdienste gehabt. Das Vorbild der Elisabethkirche in Marburg wirkte ein; der Dom wurde zur Hallenkirche gestaltet. Erst in jüngerer Zeit vollendet, zeigt der Meißner Dom die reife Gotik in reiner einheitlicher Gestalt, mit seinen schlank in die Höhe aufstrebenden Pfeilern, den hohen gotischen Fenstern und feinem Maßwerk. Die unteren Turmgeschosse, ursprünglich mit stattlichem Westportal geplant, wurden hochgeführt, aber der Bau blieb unvollendet. — Solch Kirchenbau der volleren Gotik blieb in den meißnischen Landen vereinzelt. Nicht aus einer Abneigung des Volkes gegen die Gotik ist dies zu erklären, es wird vielmehr als eine Folge eines gewissen Stillstandes der Bautätigkeit nach einer Zeit großer Anspannung anzusehen sein. Anders ist es in der Oberlausitz. Die reife Gotik ist im ostelbischen Lande reicher vertreten; erst nach dem Ausgang des romanischen Stiles setzte der Kirchenbau kräftiger ein: in Bautzen (St. Peter), auch in Zittau. Deutlich sind dabei Einflüsse von Prag, so daß die Oberlausitzer Gotik einen eigenen Charakter aufweist.

Waltet der Lebensrhythmus des Zeitalters der Hohenstaufen eindrucksvoll in den großen Kirchenbauten, so offenbaren sich uns die Menschen, ihre Denkweise und Grundhaltung, in den einzigartigen Schöpfungen der Bildnerei. Die geschichtlichen Zusammenhänge sind ähnlich wie bei der Architektur. Auf ostsächsischem Boden entwickelte sich, seit der Ottonenzeit zunächst unter Einflüssen von Byzanz, eine Kunst der Bildnerei, die von ganz einfachem plastischem Vermögen zu reicherem Ausdruck, zu starkbewegter Formengebung gelangt ist. In der Übergangszeit vom spätromanischen Stil zur Gotik wirkten auf die Bildnerei die Anregungen, die einzelne Meister in Nordfrankreich und Burgund empfingen. Aber noch mehr als bei der bauenden Raumkunst erweist die bildnerische Gestaltung der menschlichen Persönlichkeit den Grundton deutscher Lebensauffassung und Volksart. Einen bedeutsamen Fortschritt künstlerischer Darstellung zeigen die Bildwerke am Dom zu Magdeburg (die klugen und törichten Jungfrauen, der hl. Mauritius), die Prophetengestalten der Liebfrauenkirche und die Kreuzigungsgruppe in Halberstadt; ein neues Fühlen und Schauen offenbart sich in den wundervollen Gestalten am Bamberger Dom (die kaiserlichen Stifter an der Adamspforte, der Reiter, Elisabeth und Maria). Die bildende Kunst tat den entscheidenden Schritt zu voller Monumentalität.

Das künstlerische Schaffen in thüringisch-meißnischen Landen steht mit jener Bewegung in Sachsen und Franken in einem engen Zusammenhang. In den meißnischen Landen sind Freiberg und Wechselburg die ehrwürdigen Stätten solcher Kunst, noch in der Formensprache des romanischen Stils, doch schon mit leisem Anklingen der Gotik. Die Hauptwerke sind hier etwa zwischen 1225 bis 1240 entstanden, Planung durch einen, vielleicht auch zwei Meister und Ausführung durch mehrere Hände sind zu erkennen. Von wunderbarer Wirkung ist die Freiberger Kreuzigungsgruppe, die aus großer Höhe am Triumphbogen aus dem Dunkel hervortritt: Maria und Johannes um den Gekreuzigten, überschlank aufgerichtet, in einfachem Linienfluß der lang herabwallenden Gewandfalten, symbolhafte Gestalten aus der heiligen Geschichte, mit kaum merklichem Ausdruck des Gefühls. Eine ganz große künstlerische Leistung ist die Goldene Pforte an der Freiberger Marienkirche. Bilder, wie sie bei den Domen Nordfrankreichs an drei Portalen nebeneinander geboten wurden, sind hier in einer gewaltigen Komposition des Türbogenfeldes zusammengefaßt: die Anbetung der thronenden Gottesmutter mit ihrem Kind durch die heiligen drei Könige, die Auferstehung und die Krönung Mariä, umrahmt an den Seiten der Pforte durch Gestalten aus dem alten und neuen Testament, alles lebenswahr und von wohlabgestimmter Schönheit. Überboten an allumfassender Darstellung des christlichen Grundgehaltes wird diese Schöpfung durch die Bildwerke in Wechselburg: Kanzel (ursprünglich vor dem Laienaltar), Lettner und Kreuzigungsgruppe sind als eine große Einheit zu fassen. In erhabenster Form wird die ganze Heilsgeschichte dem Beschauer vor Augen gestellt, als Krönung des Ganzen die Kreuzigungsgruppe, Christus am Kreuz als Erlöser, mit dem Ausdruck schmerzvollen Leidens, aber von göttlicher Hoheit umleuchtet. An den Seiten des Triumphbogens stehen zwei Gestalten, die den Blick auf sich ziehen: auf einem Löwen ein Fürst in reicher ritterlicher Tracht mit rundlichem Schild, und eine hohe priesterliche Gestalt von prophetischem Ausdruck mit Stab und Kelch in der Hand. Tritt uns hier schon eine Absicht der Darstellung einzelner Persönlichkeiten entgegen? Im Hintergrund der Kirche befindet sich ein ausdrucksvolles Grabmal des Grafen Dedo, des Klosterstifters, mit seiner Gemahlin Mechthild. Gedacht sei in diesem Zusammenhang auch der wundervollen Grabplatte Wiprechts von Groitzsch in der Laurentiuskirche zu Pegau; auch sie ist ein Denkmal jener thüringisch-sächsischen Bildhauerkunst.

Die unvergleichliche Höhe der Leistung wird in den Schöpfungen des „Unbekannten Meisters" am Westchor des Naumburger Doms erreicht. Aus seinen Werken wird sein Lebensgang erkennbar: Schulung und Arbeit in Nordfrankreich und dem deutschen Westen am Rhein, sodann in Ostsachsen und Thüringen, auch ein Aufenthalt in Bamberg. Entworfen sind die Naumburger Werke wesentlich nach seinem Plan, ausgeführt einiges von Schülerhand. Im Ostchor ruht das Grabmal des ersten Bischofs in Naumburg Hildiward. Im Vorbeischreiten versenkt sich der Blick in die religiöse Inbrunst des dem Lesen des biblischen Worts lauschenden Diakons (als Pultträger). Eindrucksvoll ist der Lettner des Westchors. Die Christusgestalt in der engen Pforte, die durch den Lettner zum Chorraum hindurchführt, ist dem Beschauer nahe vor Augen gerückt, der Heiland, der zu den Menschen herabstieg. Christus selbst, Maria und Johannes erscheinen von menschlichen Gefühlen stärker bewegt. Einen großen Reichtum bietet der Fries mit seinen Szenen aus der Leidensgeschichte des Herrn: alles von äußerster Lebendigkeit, charakteristisch im Ausdruck, den Beschauenden jener Zeit ein wirksames Bild der heiligen Geschichte, für uns zugleich ein Mittel, Menschen und Sitte der Zeit des Bildhauers uns lebhaft vorzustellen.

Der Westchor ist eine Denkmalskirche, im Sinne des bischöflichen Bauherrn dazu bestimmt, die Erinnerung an die Stifter zu erhalten. So grüßen uns von den Wänden des Chores unter gotischen Baldachinen zwölf Gestalten, die geschichtliche Persönlichkeiten darstellen wollen: die meißnischen Markgrafen Hermann und Ekkehard mit ihren Gemahlinnen, Hermann sinnend, als ob er von erfahrenem Leid weiß, neben der lächelnden Regilind, Ekkehard breitwuchtig und reckenhaft, neben ihm Uta feingliedrig, von zartester Schönheit und tiefem Seelenadel mit dem leuchtenden Blick, der visionär in die Weiten schaut, nicht minder ergreifend die edle, hohe Gestalt der Gräfin Gerburg, die Äbtissin Gepa mit ihrem Buch in der Hand von asketischer Bewegung, innerlich erschüttert, rings um sie die anderen Grafen und Ritter, ein jeder von bestimmter Lebenserfahrung und Eigenart. Vollähnliche Bildnisse der Persönlichkeiten, die einst über den Boden der meißnisch-thüringischen Lande hingeschritten sind, können es nicht sein; aber ein Nachklang der Überlieferung kommt in diesen Statuen zum Ausdruck. Nach dem Willen des Künstlers ist in einer jeden eine bestimmte

Charakterhaltung mit vollendeter Sicherheit ausgeprägt. So stehen diese Männer und Frauen vor uns in dem heiligen Raum und künden uns in keusch verhaltener, wundersam ergreifender Gebärdensprache von dem Fühlen und Denken, das sie lebenswarm durchpulst.

Auch nach den meißnischen Landen wirkte diese Bildkunst; Schaffende der gleichen Kunstschule haben sich dort betätigt, wohl erst in ihrer Spätzeit. Im Dom zu Meißen sind zwei Gruppen erhalten, die in diesen Zusammenhang zu stellen sind, ursprünglich wohl für ein Portal bestimmt: biblische Gestalten in der Achteckkapelle am Südquerschiff (Maria, Johannes der Täufer, Zacharias), vor allem aber die vier Gestalten im Hohen Chor: die beiden Schutzheiligen des Hochstifts, Johannes der Evangelist und Bischof Donat, sowie das Stifterpaar Otto der Große, dem königlichen Reiter auf dem Magdeburger Altmarkt vergleichbar, neben ihm seine Gemahlin Adelheid, der Naumburger Regilind ähnlich, ihre Aufstellung ist ein Wahrzeichen dafür, daß Meißen der kaiserlichen Sendung im Osten, die einst zur Begründung des Kirchenwesens an der Elbe geführt hatte, eingedenk war. — Als eine Nachblüte erscheint das Grabmal Diezmanns in der Paulinerkirche in Leipzig († 1307), zierlicher in der Formengebung, aber noch mit den Vorzügen jener thüringisch-meißnischen Bildkunst, der ein so hoher Rang in der Kunstgeschichte und noch heute in unserer Wertung zukommt.

Mit den Werken der plastischen Kunst lassen sich die Schöpfungen der Malerei nicht vergleichen. Nur in dürftigen Spuren sind sie erhalten und erschließen sich nur dem kunstgeschichtlich geschärften Blick. Aufgedeckt sind Mandmalereien in Klösterlein Aue, in der Dorfkirche zu Thierfeld b. Zwickau, in der Nikolaikirche in Dippoldiswalde, auch in der Bornaer Kunigundenkirche. In äußerst zarter Farbengebung und großer Form der Umrisse stellen sie sich dar, in ihrer Art von feiner Schönheit. Am großartigsten sind die jüngst entdeckten Fresken der romanischen Kapelle in Burg Kriebstein; Hölle und Weltgericht, die Erlösung, der Sieg der Kirche, Christus als Weltenherrscher sind zu schauen, in einem Reichtum der Gestalten und einer Innigkeit des Ausdrucks, die sie der religiösen Bildnerei jener Höhezeit vergleichen lassen. — Miniaturmalerei ist in meißnischen Klöstern zu jener Zeit wohl nur wenig geübt worden; die Handschriften, die solche Bilder enthalten, sind meist fremden Ursprungs, aus Deutschland und den Niederlanden, auch Frankreich und Italien eingeführt.

Neben den Kulturerzeugnissen in kirchlichem Auftrag kam in der Stauferzeit eine von den Laien selbständig getragene Kultur hoch. Eindrucksvoll tritt sie uns in Bauwerken in Erscheinung, die dem wahrhaften Lebenszweck des ritterlichen Adels dienten. In den westlichen Gegenden sind noch heute stattliche Turmbauten mit gewaltigen Mauern aus geschichtetem Stein, später aus Quadern aufgeführt, erhalten, Zeugen der harten, kampferfüllten Zeit: in Hainsburg über der Elster, die Osterburg in Weida, der starke Bergfried am Burggrafensitz Leisnig neben einer Kapelle mit schönem romanischen Portal. Das vorzüglichste Beispiel einer erhaltenen romanischen Burganlage aus dem 12. Jahrhundert bietet Gnandstein; auf felsigem Grund reckt sich der Bergfried hoch, daneben der alte Wohnteil der Burg mit seinem einzigartigen Palas, den Fenster mit romanischen Säulchen schmücken. In Trümmern liegt Schloß Osterland nahe dem Oschatzer Wald, ein einst stattlicher Markgrafenbau, der gewiß manche Versammlung während eines Landdings im benachbarten Colm gesehen hat.

Diese trotzigen Wehrburgen waren Schauplatz der ritterlichen Geselligkeit, fröhlicher Feste und Äußerungen einer feineren Lebensart. Die eigenartigen Leistungen in literarischer Hinsicht wurden freilich auf mutterländischem Boden westlich der Saale vollbracht. In Thüringen blühte die Sangesfreude am Hofe des Landgrafen Hermann auf der vielgefeierten Wartburg. Dort vereinten sich die größten Dichter, denen in Deutschland eine herrliche Blüte der Poesie zu danken war. Auf dem östlichen Landgrafensitz, der Neuenburg über der Unstrutmündung, vollendete Heinrich von Veldeke, der aus den Niederlanden gekommen war, sein Heldengedicht, die Eneit. Im Vorland des Harzes stand die Burg Falkenstein, wo Eike von Repgowe (Reppichau) den Sachsenspiegel, das bedeutendste Rechtsbuch des ganzen Mittelalters in deutscher Sprache, niederschrieb; auch das erste große Geschichtswerk für Laien, die Sächsische Weltchronik, wird ihm zugeschrieben. Beide vereint stellen eine Leistung dar, die ihm in der Frühgeschichte deutscher Kunstprosa den ersten Rang zuweist. Der Raum zwischen Eisenach und Magdeburg, in jener großen Wendezeit deutscher Geschichte von regstem geistigen Leben erfüllt, zeigt eine ungewöhnliche Kraftentfaltung für die Ausbildung deutscher Schriftsprache, die allen Deutschen gemeinverständlich geworden ist.

Die Lande östlich der Saale weisen noch nicht gleiche Fruchtbarkeit auf. Wie schon in dem vorangegangenen Zeitalter blieb die Fähigkeit zur Wortkunst zur Wiedergabe des Denkens und Fühlens im geschriebenen oder gesungenen Wort, an Feinheit und Tiefe hinter der bildnerischen Ausdruckskraft zurück. Aber die Dichtkunst hielt auch hier ihren Einzug. In den volkstümlichen Kreisen des Landes wurde sie, besonders durch Spielleute, verbreitet (Wilhelm Spilmann in Leipzig), die deutsche Heldenlieder, aber auch einfachere Volkspoesie vortrugen. Schon wurde ein heimischer Stoff (um Goseck) in dem „Lied von der Frau von Weißenburg" in der Strophe des Nibelungenlieds verbreitet. Doch auch Dichter mit großem Namen traten im Lande auf. So hat Walter von der Vogelweide den Hof des Markgrafen Dietrich von Meißen aufgesucht; er rühmte in Sprüchen seine Treue in den Kämpfen zwischen Kaiser und Papst, ermahnte ihn wohl auch dazu. Bei den Mönchen in Dobrilugk im ferneren Osten fühlte er sich nicht wohl. Dem Minnesang huldigte Heinrich von Morungen aus dem nordöstlichen Thüringen; seine Liebeslyrik zeigt eine ungewöhnliche Naturfrische und Gefühlswärme. In höherem Lebensalter suchte er Leipzig auf; ein Lehen jährlicher Rente, das er vom Markgrafen empfangen hatte, überwies er an das Thomaskloster, wohl aus Dankbarkeit für die Aufnahme, die er hier gefunden hatte. Unter die fürstlichen Minnesänger reihte sich Markgraf Heinrich ein; seine Lieder, die einzigen im Lande selbst, die uns bekannt sind, waren ansprechend, doch schlagen sie nur gewohnte Töne an. Des Minnesangs Frühling war vorbei. Schon der ältere „Meißner" (um 1270) übte die Spruchdichtung belehrenden Inhalts. Heinrich von Meißen, Frauenlob, der erste aus meißnischem Volk, der als Dichter Berühmtheit erlangte, bürgerlicher Abkunft, steht an einer Wende der Zeiten. In seiner Vaterstadt empfing er eine schulmäßige Bildung, aber er verließ das Land früh, hielt sich an ostdeutschen Höfen auf und wirkte zuletzt in Mainz, wo er eine Singschule (einen Chor) gründete, zur Pflege des Kunstgesanges und der Instrumentalmusik. Das Bild in der Manessehandschrift zeigt ihn inmitten seines Chores; ein Bild der Jungfrau Maria ist beigefügt, da er sie in seiner Dichtung verherrlicht hat. Musikalische und sprachliche Befähigung war in ihm vereint; aber sein Schaffen läßt bei aller Versgewandtheit eine Neigung zum Lehrhaften und Künstlichen erkennen. Gern stellt er sein Wissen zur Schau und trägt in angestrebtem Tiefsinn Gedankliches über Gott, Natur und menschliches Wesen vor: ein „Doktor der Theologie", wie er später im Meistersang genannt worden ist († 1318). Etwas jünger war Heinrich von Freiberg aus einem dortigen Geschlecht; vielleicht nach einem Aufenthalt in der Südlausitz kam er nach Böhmen, dort hat er die Tristan-Dichtung nach dem Vorbild Gottfrieds von Straßburg fortgesetzt. Die religiöse Dichtung pflegten Heinrich von Krollwitz (Bearbeitung des Vaterunsers in Versen) und Heinrich von Hesler, wohl Komtur in Zschillen, der ein Evangelium Nikodemi und eine Apokalypse verfaßt hat, schon an der Wende zum 14. Jahrhundert. Deutlich war der Weg zur Lehrdichtung beschritten, wie sie Heinrich von Mügeln voll ausgebildet zeigt, in seinen deutschen Meisterliedern und zumal in der umfangreichen Allegorie „Der Mägde Kranz", worin er, schon nach einem Motiv wiederbelebter antiker Dichtung, die freien Künste vor Kaiser Karl IV. um ein Urteil über ihre Vorzüge streiten läßt — ein Merkmal literarischen Schaffens, das aus der Zeitstellung zu erklären ist, nicht etwa aus der Volksart ihrer Verfasser.

Auf die Wiedergewinnung des Landes östlich der Saale für die deutsche Herrschaft ist in den Zeiten des großen Siedelwerkes die Erfüllung mit Volksangehörigen deutschen Blutes, die vollere Angliederung an deutsche Kultur gefolgt. Die Lande waren jetzt nicht nur deutsches Staatsgebiet, vielmehr auch deutscher Volks- und Kulturboden. Wohl war der Grenzlandcharakter nicht beseitigt. Es galt gegen Böhmen auf der Hut zu sein, obschon eben damals im Sudetenraum die Lage für das Deutschtum so günstig war, wie nur selten in der böhmisch-mährischen Geschichte; auch gegen Osten war die Mark Meißen, zumal solange die Oberlausitz angeschlossen war, noch grenznahe. Im Innern wirkten in der Zusammensetzung und Rechtslage der Bevölkerung trotz der überwältigenden deutschen Volkszahl noch Grenzlandzustände nach. Die Landesverfassung behielt mit so mancher Einrichtung Wahrzeichen ihres märkischen Ursprungs bei: eine gewisse Großräumigkeit des Markengebietes, die gehobene Stellung des Markgrafen als Reichsfürst, die starke Zahl und Bedeutung der Ritterschaft, koloniale Züge der Siedlung in Stadt und Land. Aber das Deutschtum bestimmte den Staatsaufbau, das Landschaftsbild und den Volkscharakter. Der Kulturstand trug deutsches Gepräge. Am kraftvollsten entwickelt war die Wirtschaft, um so mehr als die Bergwerkserträge schon einen ungewöhnlichen Reichtum geschenkt hatten. So standen die Lande mitten in einem Handelsverkehr zwischen Westen und Osten, Süden und Norden, auf den großen Überlandstraßen, sowie auf dem Elbstrom und den damals noch wasserreicheren Flüssen, als ein vielbetretenes Durchgangsgebiet, am Handelsaustausch schon mit eigenen Erzeugnissen beteiligt, die das Land als Handelsgut abzugeben vermochte. Auch das höhere geistige Leben war zur Entfaltung gekommen, freilich mehr empfangend unter dem Einfluß des deutschen Mutterlandes, der fruchtbar zu werden begann, bis das Land selbst zum eigenständigen Kulturträger zu werden vermochte.

Ein Neustamm war in Bildung begriffen, noch in einer Mischung der Elemente, doch klar deutsch bestimmt und an seinem Teil berufen, an der deutschen Volksgeschichte mitzuwirken. Die Epoche, in der dieser neu anwachsende Stamm in ungestümem Siedlungsdrang den Boden der neuen Heimat sich voll zu eigen machte, ist gleichsam die Jugendzeit unserer Landes- und Volksgeschichte. Das Bild, das wir uns davon entwerfen können, weist noch keinen volleren Realismus der Einzelzüge auf. Nur in typischen Grundzügen ist es verständlich, aber stets wird die Erinnerung gern dazu zurückkehren; denn sie führt uns an die Wurzeln, aus denen unser Volksdasein hervorgewachsen ist.

VIERTER TEIL

Der Aufstieg des meißnisch-sächsischen Landesstaates in spätmittelalterlichen Jahrhunderten

Seitdem der Glanz des mittelalterlichen Kaisertums verblichen war, trat das deutsche Volk in einen neuen Zeitraum seiner Geschichte ein, dessen Wirkungen sichtbar bis an die Schwelle der Gegenwart reichen. Wohl war Kaiser Friedrich II. um Wiederaufrichtung der staufischen Macht bemüht gewesen; die überragende Persönlichkeit dieses Herrschers, der mit dem Papsttum in hartem Widerstande rang, übte nachhaltigsten Eindruck im deutschen Volke. Aber sein Ruhm und Nachruhm konnte den Zerfall der Zentralgewalt im Reiche nicht verhindern. Noch blieb der Rahmen des Reiches in der Folge bestehen; auch kehrten Zeiten wieder, in denen seine Bedeutung in neuer Gestalt auflebte. Aber das innere Gefüge des Reiches lockerte sich immer mehr auf. Die Zukunft gehörte den Landesstaaten. Es ist unleugbar, daß ihr Aufstieg und Machtzuwachs die bestehende große Staatseinheit aufgelöst hat. Indes nicht darin erschöpfte sich ihre geschichtliche Wirkung. Auf den Trümmern wurde eine neue staatliche Tätigkeit begründet, die, wenn auch in kleineren Gebieten, Ordnung schuf, ja eine viel tiefer greifende staatliche Erfassung des Volkes bewirkte, als dies zuvor dem Reiche nach der Art seiner Verfassung möglich gewesen war. Die Landesstaaten haben auch aufbauende Kräfte ins Werk gesetzt; darin kommt ihnen eine schöpferische Bedeutung in der deutschen Volksgeschichte zu. Überdies vollzog sich ein merklicher Wandel in der Zusammensetzung des Volkes. Entscheidend wurde die Ständegliederung nach den großen Berufsgruppen; soziale Kämpfe waren das Merkmal der Zeit, auch die Staatsform wurde dadurch maßgebend bestimmt. Nicht eine ganz neue Art sozialer Schichtung kam auf, wohl aber trat eine Verlagerung in bezug auf die Bedeutung der einzelnen berufständischen Volksteile ein. Ungünstig entwickelte sich die Lage der Landwirtschaft treibenden Bevölkerung. In den späteren mittelalterlichen Jahrhunderten zog eine große agrarische Krisis herauf, die Adel und Bauern traf, wenn auch ihre Wirkung nicht an der übergroßen Zahl der eingegangenen Orte (Wüstungen) gemessen werden darf. Die Bauernbefreiung, die vordem einem Teile der ländlichen Bevölkerung Hebung ihres rechtlichen und wirtschaftlichen Standes gebracht hatte, hörte auf kraft neuer Bindungen durch die Landesherren und Grund- oder Gerichtsherren; mancherorten galt der Grundsatz: Landluft macht unfrei. Die genossenschaftlichen Nutzungen an den gemeinen Ländereien (Marken) wurden eingeschränkt. Im Gegensatz dazu mehrte sich die Zahl der Städte, wenigstens der kleineren, noch während einiger Menschenalter; die Menge der Stadtbevölkerung wuchs an, nicht aus eigener gewerblicher Kraft, vielmehr durch Zuwanderung vom platten Lande her, durch die Folge einer Landflucht, wobei wirtschaftliche Ursachen, Gefahr durch die vielen Fehden, auch die Verlockungen städtischen Lebens, eingewirkt haben: Deutschland wurde städtischer, das Bürgertum gewann Vorsprung. Von einem allgemeinen Kulturverfall wird nicht schlechthin zu sprechen sein; neben offensichtlichen Erscheinungen des Niedergangs sind Anzeichen einer verständigen Kulturpflege sehr wohl wahrnehmbar. In höherem Maße als bisher wurde das Bürgertum ihr Träger, überhaupt wurden Kulturerrungenschaften einer größeren Bevölkerungsmenge zugeführt.
Ein Wandel von größter Tragweite trat in räumlicher Hinsicht ein. Lag der Schwerpunkt deutscher Geschichte während der Kaiserzeit im Westen, um das Goldene Mainz, so wurde nun der Osten ausschlaggebend. Die großen Staatengebilde des Ostens übernahmen die Führung in politischer Hinsicht, der Ostraum wurde allmählich auch zum Kraftfeld der Kulturentwicklung. Der meißnische Landesstaat aber nahm im Osten eine Mittelstellung

ein: als Übergangsgebiet, das in friedlichem oder kriegerischem Verkehr betreten werden mußte, unter den neu aufsteigenden ostdeutschen Staaten in einer Mittellage zwischen zwei großen Machtbereichen. Im Süden der böhmischen Gebirgsumwallung wurde der Sudetenraum zum Kern einer gewaltigen Staatenbildung, die unter wechselnden Herrschern, den Přemysliden, Habsburgern und Luxemburgern, eine überragende Stellung einnahm. Im Norden erhob sich der große Staat der nordostdeutschen Tiefebene, der markbrandenburgische Staat, zuerst unter Führung des kühn ausgreifenden Hauses Askanien, sodann unter den aus Süddeutschland nach dem Nordosten übersiedelnden Hohenzollern. In dieser Zwischenlage zwischen zwei Fronten rollten die Geschicke des meißnisch-sächsischen Landesstaates ab, mit immer erneutem Streben eines Ausgreifens nach Osten, aber bald unter hemmender Abdrängung, während zugleich die Entfaltungsmöglichkeit in die politisch zersplitterten Räume des Westens erschwert war, auch ohne Nähe der See, die eine weite Bahn des Verkehrs und der großen Politik öffnen konnte. Die Möglichkeiten waren vornehmlich eingestellt auf eine Beherrschung des Raumes der deutschen Mitte, wie sie seit den Erfolgen der ostdeutschen Kolonisation in Ausbildung begriffen war, vor allem aber auf eine Politik der Hebung heimischer Kräfte, um bei günstigen Vorbedingungen an Macht und Einfluß zu erreichen, was durch Gebietsausdehnung schwer zu erzielen war. In diesen Bahnen hat sich die Geschichte der meißnisch-sächsischen Lande in der nachfolgenden Zeit, soweit sie einen folgerichtigen Verlauf nahm, bewegt.

Zehnter Abschnitt

Kämpfe um Bestehen und Festigung der Wettinischen Landesherrschaft. Erwerb der sächsischen Kurwürde

Land- und Markgraf Friedrich der Freidige

Nach dem glücklichen Ausgang des thüringischen Erbfolgekrieges stand das Haus Wettin auf einer Höhe seines Ansehens. Um so heller strahlte solcher Glanz, als damals im Kampfe zweier Schattenkönige, die auswärts weilten, die Macht des deutschen Königtums versunken war. Eine noch höhere Aussicht schien zu winken. War nicht die Königskrone selbst für einen Wettiner erreichbar? Des Landgrafen Albrecht Gemahlin Margarete war eine Tochter Kaiser Friedrichs II., nach dem traurigen Ende Konradins (1268) die Erbin des staufischen Namens. Stolz nannte sie sich selbst Imperatrix, die Kaisertochter. Ihre Söhne hatten Stauferblut in den Adern; konnte nicht einer der Erbe des großen Ahnen sein? In der Tat schien dem einen diese Rolle zuzufallen, nicht dem ältesten Heinrich, dem das heimische Erbe vorbehalten blieb, wohl aber dem zweiten Sohn, der den klangvollen Namen seines Großvaters trug, Friedrich. Stark war damals die Sehnsucht nach einem neuen Kaiser; in Italien erzählte man sich von der bevorstehenden Wiederkehr Friedrichs II., in Deutschland hoffte man auf einen anderen Friedrich. Wirklich lenkte sich der Blick auf den jungen Wettiner, der sich Friedrich von Staufen nannte. Eine Bewegung entstand unter den staufischen Anhängern in Italien, den Ghibellinen, die in hartem Kampfe gegen Karl von Anjou standen; Konradins einstiger Kanzler setzte sich dafür ein, sie entsandten eine Botschaft nach Deutschland, um den jungen Friedrich aufzufordern, über die Alpen zu kommen und den Kampf um das dortige Erbe der staufischen Herrscher aufzunehmen. „Es wird ein Zweig aus der Wurzel des Reiches hervorgehen", so verkündete eine nach Deutschland gebrachte Prophezeiung des Abtes Joachim von Kalabrien, „Friedrich vom Ostlande (Fridericus Orientalis), der den Löwen bekämpfen und ausrotten wird." Im Hause Wettin wurde eine Neigung gehegt, solchem Ruf das Gehör nicht zu versagen. Margarete, Vorkämpferin für den staufischen Gedanken, mühte sich um die Förderung des Planes; die Hoffnung bestand, beide Gegenkönige Alfons und Richard zum Verzicht zu bewegen und so die Bahn für eine Wahl Friedrichs freizumachen. Auch durfte erwartet werden, daß der Böhmenkönig Ottokar II., damals der mächtigste im Reiche und dem jungen Friedrich verwandt, seine Hilfe leihen werde. So wurde die italienische Gesandtschaft unter Führung eines Grafen Ubertino de Lando freundlich aufgenommen; der Burggraf Heinrich von Kirchberg, der selbst in Italien gewesen war und italienische Sitte verstand, wurde zum Geleit gegeben. Eine ganz umfassende Machtstellung schien dem jungen Friedrich zu winken. In einer Urkunde vom 23. August 1269 aus Liebstadt bei Pirna nannte er sich: Friedrich III., König von Jerusalem und Sizilien, Herzog zu Schwaben, Landgraf zu Thüringen und Pfalzgraf zu Sachsen. Schon wurde ein Zug seines Vaters, des Landgrafen Albrecht, mit thüringischen Rittern und anderem Gefolge über die Alpen geplant. Aber der Plan kam nicht zur Ausführung. Ein Hemmnis waren Zerwürfnisse im Hause Wettin, da der Landgraf seine Gemahlin und Söhne um einer Liebesneigung willen zurücksetzte. Auch schienen die heimischen Kräfte zu so ungewissem Unternehmen nicht ausreichend zu sein. Margarete verließ die Wartburg und wandte sich nach Frankfurt, wo sie mit kaiserlichen Ehren aufgenommen wurde, aber bald danach ist sie verstorben, am 8. August 1270. Die Bemühungen auf italienischer Seite, den jungen Wettiner zu gewinnen, ließen nicht nach. Auch als an eine neue deutsche Königswahl ernstlich gedacht wurde, kam er in Betracht. Aber nun wandte sich Papst Gregor X. mit großer Entschiedenheit dagegen, nicht gewillt zu dulden, daß ein Sproß aus dem fluchwürdigen Geschlecht der Staufer den Königsthron besteige. Unter dem Einfluß der Kurie wurde die Wahl des Grafen aus der Schweiz Rudolf von Habsburg erreicht (1273). Die Wettiner haben sich der Entscheidung gefügt. Eine politische Spannung zwischen dem neuen König Rudolf und ihnen blieb freilich zurück; für ein Menschenalter war das Verhältnis zwischen Reich und Meißen umstritten. Der Gedanke, daß Friedrich zum Thron berufen sei und dem deutschen Volke den Frieden schenken werde, schwand nicht dahin. Das Volk hat einen solchen Gedanken festgehalten; man erzählte sich, „daß dieser Markgraf Friedrich der mächtige Kaiser der Zukunft sein und am Klerus Wunderbares tun werde". Die Kyffhäusersage von der Wiederkehr des Kaisers Friedrich, so hat die Forschung festgestellt, ist ursprünglich auf ihn, den Träger der Tradition des Kaisernamens, bezogen worden.

In der Geschichte des Hauses Wettin und der von ihm beherrschten Lande kehrt von Zeit zu Zeit der Vorgang wieder, daß auf kraftvollen Aufschwung ein schwerer Rückschlag folgt. Momente des äußeren Geschehens haben darauf eingewirkt; aber wiederholt war dies darin begründet, daß staatsrechtliche Auffassung und politisches Erfordernis sich mit dem fürstlichen Hausrecht nicht in Einklang befand. So fehlt die gerade Linie eines stetigen Aufstiegs. Schon nach der Begründung der wettinischen Hausmacht durch Markgraf Konrad wurde das Errungene sogleich durch eine Teilung unter seine Söhne wieder aufgelöst, und ein Menschenalter später drohte der Verlust des Hauptlandes an das Reich. Es gelang Konrads Enkel Dietrich, ein neuer Begründer der Macht seines Geschlechtes zu sein; die Gefahr in den Zeiten der Unmündigkeit seines Sohnes ging vorüber, Heinrich der Erlauchte erwarb zu den überkommenen noch zwei Reichsfürstentümer und anderen Besitz hinzu. Aber kaum war dies erreicht, so wurde abermals zu einer Landesteilung geschritten. Gewiß geschah dies zunächst nur in einer Ordnung für Zwecke der Landesregierung, und wirklich war damals die Führung eines einheitlichen Regiments über das große, in einer Hand vereinte Gebiet mit den Mitteln derzeitiger Verwaltung, an deren Arbeit der Fürst ganz persönlich teilnahm, erschwert. Aber der Grund zu künftiger dauernder Aufteilung des Länderbestandes wurde damit gelegt; vorerst war Anlaß zu unerquicklichem Streit in der fürstlichen Familie gegeben, der in der hohen Politik eine Schwächung des Einflusses mit sich brachte und die Länder schwer heimgesucht hat.

Markgraf Heinrich behielt sich selbst die Oberhoheit in allen Landen vor; als Gebiet seines unmittelbaren Regiments wählte er die Mark Meißen und die Ostmark (Lausitz). Gern hielt er sich, etwa seit 1255, im Elbtal und seiner Nähe auf und bevorzugte Dresden schon als einen festen Sitz. Die Landgrafschaft Thüringen nebst der Pfalz Sachsen wurde dem älteren Sohn Albrecht zugewiesen; der jüngere Dietrich erhielt ein neugegründetes Fürstentum unter dem Namen der Mark Landsberg (1265). Später wurde noch ein dritter Sohn ausgestattet, Friedrich Clem. Er entstammte einer dritten Ehe Heinrichs mit Elisabeth von Maltitz aus einer dienstmännischen Familie, doch verlieh der deutsche König ihr und ihrem Sohn die Rechte der freien Geburt.

Markgraf Dietrich, der nach Landsberg genannt wird, tritt in der Geschichte weniger bedeutend hervor. Sein Herrschaftsgebiet lag um den namengebenden Hauptort, von da südwärts um Leipzig bis nach dem Altenburgischen hin, im Westen mit Anfügung von Eckartsberga und Sangerhausen; die Herrschaft Groitzsch war eingeschlossen, wurde jedoch von Dietrich an das Bistum Merseburg veräußert (vor 1285). Maßnahmen einer förderlichen Landesregierung sind bekannt. Leipzig, der Hauptort des Osterlandes, empfing Beweise fürstlicher Gunst: das Stadtgericht wurde selbständig, nur mit Vorbehalt persönlicher Entscheidungen des Landesherrn (1263); auch das Münzrecht wurde zugestanden, überdies gewährte er allen Handeltreibenden, die nach Leipzig (wohl zur Messe) reisen wollten, seinen Schutz, selbst wenn sie aus feindlichen Ländern kamen (1268), eine Maßregel, die seinen Blick für die Bedeutung des großen Handelsverkehrs und die Wichtigkeit Leipzigs zeigt. Gern hielt er sich in Weißenfels auf, wo später seine Gemahlin Helene, Tochter des Markgrafen Johann von Brandenburg, ihren Sitz nahm; dort wurde das Klarissenkloster von der fürstlichen Familie begünstigt. Seine Tochter Sophie war Verlobte Konradins (1266); sie wurde später Äbtissin in dem Kloster zu Weißenfels. Im Jahre 1285 starb er, ihm folgte sein Sohn Friedrich Tuta (geb. 1269).

Bedeutender trat Landgraf Albrecht in der Geschichte hervor, freilich oft genug in wenig rühmlicher Art. Albrecht hat gute Fähigkeiten eines Regenten gehabt; er war tapfer im Feld, rührig, gewandt, in Schwierigkeiten Ausweg zu finden, er sah die Bedeutung der Städte und des Bürgertums und hat der Entwicklung Eisenachs und des Stadtrechts in Thüringen Förderung angedeihen lassen. Aber ihm gebrach es an einer wichtigen Eigenschaft, die ein zur Führung Berufener haben muß: sich selbst im Dienste des Ganzen zu beherrschen. Albrecht hat es darin fehlen lassen, sowohl an dem, was er seinem Hause schuldig war, wie auch in der Fürsorge für die ihm anvertrauten Lande. Wieder und wieder kam es zu Zerwürfnissen in der eigenen Familie, bald zum Streit mit seinem Vater, bald mit seinen Söhnen. Seine Gemahlin Margarete verließ den landgräflichen Hof (1270), als Albrecht einer anderen Frau, Kunigunde von Eisenberg, seine Gunst zugewandt hatte; im Jahre danach heiratete er sie und zog den mit ihr gezeugten Sohn Apitz in Ärgernis erregender Weise vor. Es ist in der Landesgeschichte nicht von Nöten, diesen Vorgängen nachzugehen; aber des Unheils, das dadurch auf das fürstliche Haus und das Land heraufbeschworen worden ist, muß gedacht werden, denn manche verwüstenden Kämpfe in Thüringen und seinen Nachbarlanden gingen daraus hervor. Schlimm war, daß Albrecht nicht Haus zu halten verstand; in den immer wiederkehrenden Geldverlegenheiten, in die sein verschwenderisches und unwirtschaftliches Auftreten ihn stürzten, hat er sich zu verhängnisvollsten Maßnahmen hinreißen lassen.

In der Ehe mit Margarete waren drei Söhne geboren: Heinrich, Friedrich (1257), dessen schon gedacht worden ist, und Dietrich, auch Diezmann genannt (1260). Heinrich wurde mit dem Pleißner Land ausgestattet, ist aber nach dem Osten (nach Schlesien) gegangen und dort verschollen. Eine Persönlichkeit von historischem Range wurde Friedrich der Freidige (der frisch draufgehende, mutvolle, kühne), wie er in der Geschichtsschreibung heißt, auch der Gebissene genannt, mit der gebissenen Wange, nach einer Erzählung von dem schmerzvollen, erregten Abschied, den die Mutter bei ihrer Flucht von der Wartburg von dem geliebten Sohne nahm. Friedrich erhielt, als seine großen Königshoffnungen verblichen waren, die Pfalz Sachsen, und nahm seinen Sitz in Eisenberg, wo ihm ein kleines Landgebiet zugewiesen war; es gelang ihm, zeitweilig einen günstigen Einfluß auf seinen Vater auszuüben. Eine große Zukunft schien ihm bevorzustehen, als er Agnes, eine Tochter des Grafen Meinhard von Görz und Tirol, heiratete (1286) und damit auch den Habsburgern nähertrat; die glänzende Hochzeit wurde in Wien gefeiert. Zu seinem Großvater, dem Markgrafen Heinrich, trat Friedrich in ein näheres Verhältnis; er stand ihm bei in manchen Schwierigkeiten, die die letzten Lebensjahre erfüllten. Die Ordnung und Wohlfahrt in den Landen war nicht aufs beste bestellt. Schwere Ereignisse bereiteten sich vor. Der deutsche König Rudolf von Habsburg hatte es erreicht, daß eine Hausmacht seines Geschlechtes im deutschen Südosten, in Österreich und den östlichen Alpenländern, begründet wurde; Ottokar, König von Böhmen, war in der Schlacht bei Dürnkrut auf dem Marchfeld gefallen (1278), schon bezog Habsburg den böhmisch-mährischen Raum in seine weitreichende Erwerbspolitik ein und rückte damit in den Grenzhorizont der Länder des Markgrafen von Meißen. Nun wandte der König seine Aufmerksamkeit auch Mitteldeutschland zu, zunächst Thüringen, um die Rechte des Reiches wieder herzustellen und den Landfrieden zu sichern. Als seinen Statthalter für Thüringen ernannte er den Erzbischof Heinrich von Mainz; wirklich gelang es diesem, einen Landfrieden aufzurichten (1287; zunächst bis 1293). Ein Friedensgericht trat in Tätigkeit; auch die Erhebung einer Landessteuer wurde angeordnet. In die Zustände östlich der Saale griff der König vorerst nicht ein.

Nach einem langen Leben, das an Erfolg, aber auch an schweren Erfahrungen reich war, starb Heinrich der Erlauchte 1288 (vor dem 8. Februar). Im Kloster Altzelle wurde er beigesetzt; dem Kloster Seußlitz, dem seine besondere Gunst zuteil geworden war, wurden reiche Zuwendungen gemacht. Laute Klage erscholl in dem meißnischen Lande. Wirklich brachen sehr bald schwere Wirren herein. Heinrichs Erben gingen daran, eine Landesteilung vorzunehmen. Thüringen behielt seine Sonderstellung unter dem Landgrafen Albrecht bei, auch die Mark Landsberg unter Friedrich Tuta; aber über Meißen und die Ostmark mußte verfügt werden. Ein Heimfall der Mark Meißen an das Reich trat nicht ein; denn Übergang eines Fürstentums an den Sohn war bräuchlich. Es geschah nun, daß Landgraf Albrecht und Friedrich Tuta gemeinschaftlich von der Mark Meißen Besitz ergriffen; sie kamen über eine Aufteilung der Verwaltung überein. Der jüngste Sohn Heinrichs, Friedrich Clem, erhielt Herrschaftsbesitz in und um Dresden; er hat sich später Herr von Dresden, ja Markgraf von Dresden genannt. Die Vorgänge erregten Mißstimmung bei Albrechts Söhnen Friedrich und Diezmann. Es kam zu einer Fhde zwischen Diezmann und Friedrich Tuta. Diezmann gelangte in den Besitz der Ostmark, der Niederlausitz, erhielt auch Teile der bisherigen Mark Landsberg im Osterland. Landgraf Albrecht ließ sich bereit finden, seinen Anteil an der Mark Meißen Friedrich Tuta zu überlassen, so daß diese Mark wieder als Einheit hergestellt wurde. Seinem älteren Sohn Friedrich wurden einzelne Besitzungen, darunter Rechte an Freiberg, überlassen, in einem Vertrag zu Rochlitz (1288/89). Dies war die Lage, als Rudolf von Habsburg persönlich daran ging, in Thüringen seine Pläne der Reichspolitik aufzunehmen. Er traf in Erfurt ein, wohin er auf Weihnachten des Jahres 1289 einen Reichstag berufen hatte. Ein volles Jahr verbrachte er dort, wie er selbst einmal gesagt hat, „in Thüringen, des Reiches edlem Garten". Die Macht der deutschen Krone wurde wieder gezeigt, der Landfrieden streng gehandhabt, eine große Zahl der Raubritterburgen rings gebrochen. Nun galt es aber auch, im Osten die verlorenen Reichsrechte wieder herzustellen. So erzielte Rudolf einen Erfolg, indem er das

Pleißner Land, das nur als verpfändet galt, an das Reich zurückbrachte. In Altenburg, wo er sich vor seinem Weggang aufhielt, wirkte er auf eine engere Verbindung der drei Städte des Pleißner Landes Altenburg, Zwickau und Chemnitz ein und empfahl ihnen, sich politisch zusammenzuhalten. Der Charakter dieser Städte als Reichsstädte war damit betont. Die Grafschaft Brehna verlieh der König nach dem Tode des Grafen Otto († 1290), mit dem die Linie ausstarb, an seinen Enkel Rudolf von Sachsen; Wettin kam an das Erzbistum Magdeburg. Beide alte Besitzungen gingen dem Hause Wettin verloren. Im übrigen erkannte Rudolf den Besitz der Wettiner an; wichtig war es namentlich, daß Diezmann die Belehnung mit der Niederlausitz empfing (1291), so daß seine dortige Stellung reichsrechtlich gesichert war; es ist aber bezeichnend, daß nun nach dem Willen des Königs die vier Reichsfürstentümer, die einst in Heinrichs des Erlauchten Händen vereint gewesen waren, jetzt vier verschiedenen Fürsten des wettinischen Hauses zustanden, eine Schwächung der Hausmacht, eine Stärkung der Möglichkeiten für einen deutschen König, die Macht der Krone zur Geltung zu bringen. Bald danach ist König Rudolf verstorben und wenige Wochen später, am 16. August 1291, Friedrich Tuta, in ganz jungen Jahren ohne männliche Erben: die Mark Meißen wurde frei.

Die Fürsten des Hauses Wettin gingen wiederum daran, über ihre Länder nach dem fürstlichen Erbrecht zu verfügen. Die Vorgänge, die jetzt eintraten, führten rasch zu einer argen Verwirrung bei dem Verhalten des Landgrafen Albrecht, der nicht nach dem Wohle seines Hauses und seines Landes, sondern rücksichtslos in seiner steten Geldverlegenheit handelte. Es wurde eine Vereinbarung getroffen, daß der junge Friedrich in der Mark Meißen nachfolge; dazu erhielt er kleinere Stücke des Osterlandes, andere wurden an Diezmann gegeben, der im ruhigen Besitz der Lausitz blieb. Die Lehenshoheit der Abtei Hersfeld über weite Gebietsstücke im Meißnischen erkannte Friedrich damals ausdrücklich an (1292). Landgraf Albrecht erhielt das Gebiet der Mark Landsberg, aber er trat es sofort käuflich an den Markgrafen Otto (mit dem Pfeil) von Brandenburg ab, in den Grenzen, wie das Gebiet an ihn gefallen war (1291); so war ein wichtiges Land des wettinischen Besitzstandes preisgegeben. Ein Handel schloß sich an, der sich auf Leipzig mit den Gerichtsbezirken in seiner Umgebung bezog. Auch Leipzig mit vier Gerichtsstühlen sollte an Brandenburg überlassen werden. Der Bischof Heinrich von Merseburg jedoch widersprach und machte seine Lehensherrlichkeit geltend. Nach mancherlei Wechselfällen wurde eine Vereinbarung getroffen, wonach Leipzig mit dem Gericht von Leipzig und Naunhof, sowie Grimma dem Landgrafen verbleiben sollten, gegen eine Geldzahlung für den Bischof, statt deren Sangerhausen jenem überlassen ward (1292). In der Tat jedoch brachte sich Diezmann in den Besitz Leipzigs und behauptete die Stadt und das Osterland im siegreichen Gefecht bei Torgau gegen den Markgrafen Otto. Es ist in der Folge von entscheidender Bedeutung gewesen, daß Leipzig mit seiner Umgebung damals für den Besitz der Wettiner gerettet worden ist.

All dies war geschehen, ohne daß die höchste Reichsgewalt, ein deutscher König, dazu hätte Stellung nehmen können. Aber nun wurde ein Versuch gemacht, vom westlichen mittleren Deutschland aus die Rechte des Reiches in den meißnischen Landen zu erneuern. Auf den deutschen Thron war durch Wahl nicht Rudolfs Sohn Albrecht gelangt, sondern ein Graf von Nassau Adolf, ohne eine größere Hausmacht des eigenen Geschlechts. Adolf sah die Mark Meißen als ein heimgefallenes Lehen des Reiches an; er wünschte sie für sein Haus zu erwerben, um seine Stellung in Deutschland dadurch zu kräftigen. Es war dies gewiß ein Bestreben im Sinne einer königlichen Hausmachtpolitik, aber bei der Schwäche der Krongewalt verständlich und notwendig. Gelang dies Vorhaben, so wurde das Kerngebiet Deutschlands, Thüringen, mit dem ostwärts sich anschließenden meißnischen Lande zur Grundlage für die Aufrichtung einer neuen deutschen Zentralgewalt. Dies war der Preis, um den damals ein heftiges Ringen begann. Aber auch andere Mächte traten in

CHRISTO · SACRVM ·

ILLe · Dei verbo · magna · pietate · favebat ·
· perpetva · dignvs · posteritate · coli ·

D · FRIDR · DVCI · SAXON · S · R · IMP
ARCHIM · ELECTORI ·
· Albertvs · dvrer · Nvr · faciebat ·
· B · M · F · V · V ·
M · D · XXIIII ·

Abb. 15   Kurfürst Friedrich der Weise (1463–1525)

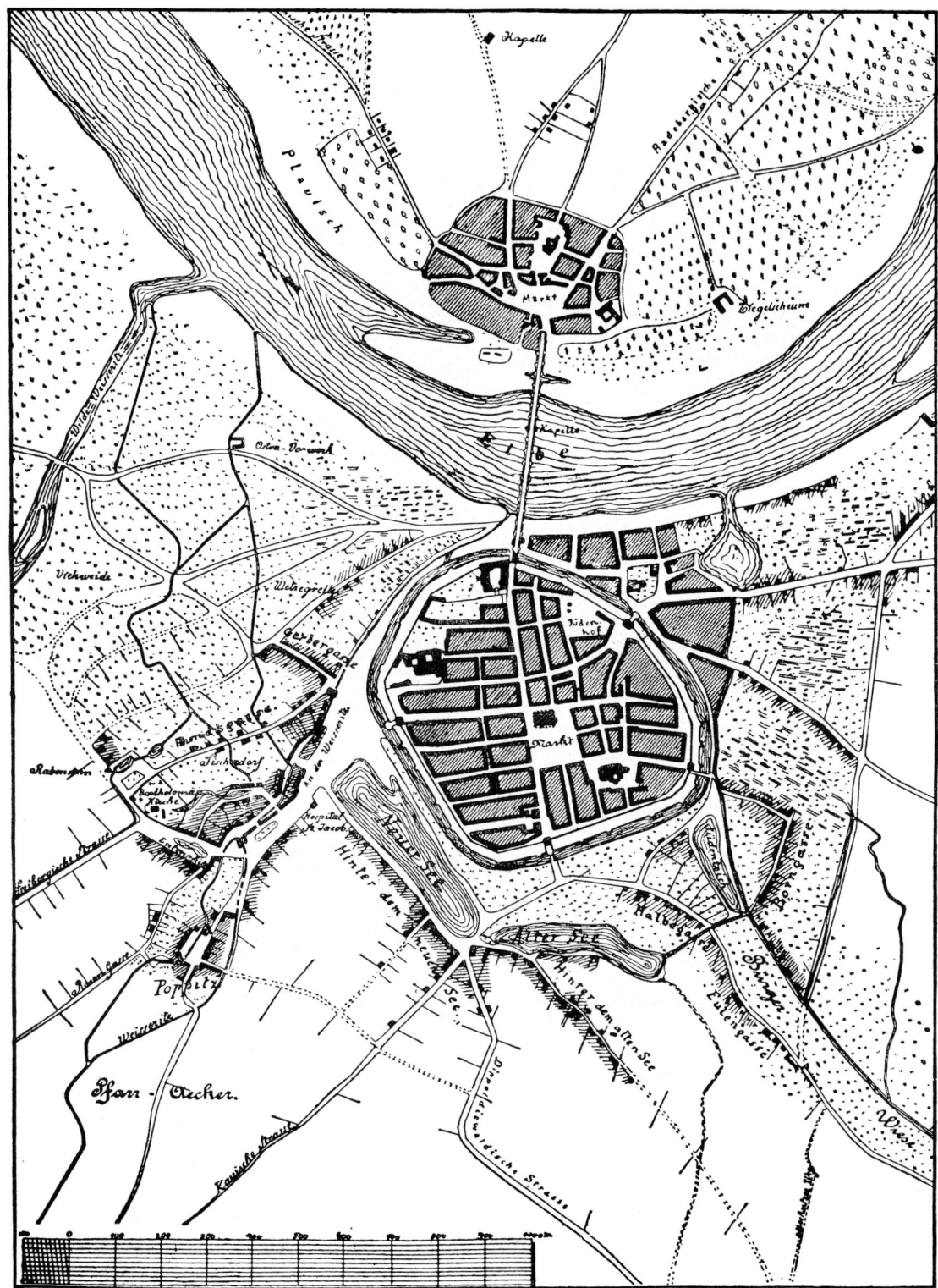

Abb. 16   Dresden um 1500

MVLIERES DEBENT ESSE SVBDITÆ MARITIS SICVT DEC
MARITI DEBENT DILIGERE VXORES SICVT CORPVS SVVM
QVILIBET DILIGAT VXOREM SICVT SE IPSVM.
VXOR TIMEAT MARITVM.   AD EPHE · 5
MVLIERES HABEANT HONESTVM VESTITVM
CVM DISCRETIONE.   AD   TIMOTH· 2

ESTOTE SVBDITI OMNI HVMANAE CREATVRÆ
PROPTER   DEVM   SIVE REGI   SICVT PRÆ·
CIPVO SIVE PRINCIPIBVS TAQVAM AREGE
MISSIS IN VINDICTAM MALORVM LAVDEM
VERO BONORVM QVIA SIC EST VOLVNTAS
DEI   PET· SECVNDO

Abb. 17   Herzog Georg der Bärtige von Sachsen (1471–1539) und seine Gemahlin Barbara mit Aposteln und Heiligen

Abb. 18 Kurfürst August von Sachsen (1526–1586)

Abb. 19 Kurfürstin Anna von Sachsen (1532–1585)

diesem Streite auf. Erzbischof Gerhard von Mainz war zum Reichsvikar und Hauptmann des Landfriedens in Thüringen ernannt worden; sein Bestreben ging darauf, die mainzische Herrschaft in Thüringen zu festigen und zu erweitern. Von Böhmen her suchte König Wenzel II. Einfluß in den Landen nördlich des Erzgebirges zu erreichen, so daß der Kampf um Meißen eine ganz allgemeine Bedeutung in der deutschen Geschichte gewann.

In Thüringen war das Recht des Landgrafen Albert nicht strittig. Aber König Adolf versuchte auf dem Wege eines Vertrages mit Albrecht, Thüringen an sich zu bringen, und wirklich hat dieser daraufhin sich eingelassen, Thüringen an Adolf käuflich abzutreten. Es lohnt nicht, diese Verträge, die geschlossen, nicht ausgeführt und wieder gebrochen wurden, darzustellen. Albrechts Söhne Friedrich und Diezmann hielten an ihrem Erbrecht fest, sowohl für Thüringen, wie für die östlichen Lande. Mit ihnen mußte der Kampf ausgefochten werden, wenn Adolf seine Absichten durchzusetzen unternahm. Im Sommer 1294 hat er den entscheidenden Entschluß gefaßt. Mit Söldnertruppen wurde ein Feldzug nach Thüringen ausgeführt; das Land wurde furchtbar verheert. Aber es brachen Meinungsverschiedenheiten zwischen dem König und dem Erzbischof Gerhard von Mainz aus. So wurde das weitere Vordringen der Königlichen gehemmt; nur das Osterland (mit Leipzig) wurde von ihnen eingenommen. Im Jahre 1295 schloß sich ein zweiter Feldzug an. Diesmal vermochte König Adolf in die Mark Meißen vorzudringen. Die Kämpfe waren hart und erbittert, das Land wurde arg verwüstet, Friedrich in Altenburg nur durch die Selbstaufopferung eines seiner Getreuen gerettet. Am schwersten umstritten war das feste Freiberg, dessen Burg aufs tapferste von den Mannen Friedrichs verteidigt ward. Aber Friedrich entschloß sich, um seine treue Besatzung in Freiburg zu retten, die Mark Meißen preiszugeben: er ging außer Landes in die Verbannung, persönlich schwer getroffen auch durch den Verlust seiner Gemahlin Agnes, die nach der Geburt eines Kindes gestorben war. Die Statthalterschaft wurde nun im Namen des Königs ausgeübt, übertragen war sie an den Grafen Heinrich von Nassau. Es gelang, eine Anhängerschaft im Lande zu gewinnen; manchen der Großen des Landes sagte dies zu, weil eine Stellung unmittelbar unter dem König ihnen selbst förderlich zu sein schien, und auch in den Städten zeigte sich eine gleiche Stimmung. So sind die Lande zwei Jahre lang wie ein Reichsland verwaltet worden. Inzwischen aber kam es zum Kampf zwischen Albrecht von Habsburg und König Adolf, der am 2. Juni 1298 in der Schlacht bei Göllheim fiel.

Die deutsche Königskrone gelangte nun an das Haus Habsburg zurück; Albrecht bestieg den Königsthron. Damit trat der Kampf um Meißen erst voll in den großen Zusammenhang der deutschen Geschichte ein. Albrecht verfügte über eine ganz andere Hausmacht als sein Vorgänger; er gebot über die großen Länder des deutschen Südostens, ihm war Besitz und Herrschaft im Elsaß und in der Schweiz eigen, und er plante bereits die Festsetzung auch in nordwestlichen Gegenden des Reiches, in den Niederlanden. Eine die weitesten Gebiete des Abendlandes umspannende Hausmacht zu gründen, schwebte ihm vor, eine starke Macht, auf der eine neue deutsche Königsgewalt, wenn möglich eine erbliche Alleinherrschaft aufzurichten war. In diesen groß angelegten Gesamtplan war auch der Erwerb der Mark Meißen und ihrer Beilande einbezogen; Albrechts Herrschaft drang damit nach dem deutschen Nordosten zu vor, es schloß sich gleichsam der Ring seines politischen Großplanes. Indes in den Anfängen seiner Regierung vermochte Albrecht noch nicht an die Ausführung heranzugehen. Die thüringische Frage wurde von ihm zurückgestellt; auch das Land Meißen ließ er nicht durch die königlichen Beamten verwalten, sondern übertrug es als Lehen dem König von Böhmen Wenzel, der es in Besitz nahm, nach wenigen Jahren aber (1304) als Pfand an Brandenburg gab. Diezmann hatte inzwischen sich in seinen Landen zu halten vermocht; er bemächtigte sich des Osterlandes mit Leipzig, dessen Belehnung er schon vor 1294 erlangt hatte. Die Mark Lausitz mußte er aufgeben; er trug sie als Lehen dem Erzbischof von Magdeburg auf, 1303/04 kam sie an Brandenburg.

Friedrich der Freidige war mit wenigen Getreuen nach dem Süden gegangen. In Kärnten hielt er sich auf, dann in Italien, dem Lande, wo ihm in seiner Jugend eine so bedeutende Rolle zugedacht war. Sodann wandte er sich nach Böhmen und Schlesien, immer gewillt und bereit, den Angriff auf sein angestammtes Land aufzunehmen. Verständigung mit dem König schlug fehl. Doch glückte ihm eine Heirat, die in der Landesgeschichte folgenreich geworden ist: Elisabeth aus dem Hause der Grafen von Lobdeburg-Arnshaugk wurde seine zweite Gemahlin. Dadurch konnte die Stellung in Thüringen, namentlich im thüringischen Osten, sehr verstärkt werden, da ihr ein reiches Erbe an Ländern und Schlössern zufiel. Im Jahre 1306 ging nun König Albrecht daran, die Mark Meißen selbst zu erwerben. Er forderte sie von Wenzel zurück. Ein Heer wurde ausgerüstet unter Führung eines Feldhauptmanns von Nörtenburg, das nach dem Osterlande vorrückte. Friedrich jedoch, verbunden mit seinem Bruder Diezmann, rüstete zur Gegenwehr. Von Leipzig aus wurde der entscheidende Schlag vorbereitet; hier soll er, wie erzählt wird, die Bürgerschaft aufgerufen und einen Helm mit zwei güldenen Löwen sich aufs Haupt gesetzt haben, als Zeichen seines Anspruchs auf Thüringen, Meißen und Pleißen. In raschem Ritt eilte Friedrich mit seiner Schar nach Lucka, wo es auf der „Streitstatt" zum Kampfe kam (1307, am 31. Mai); er endete mit einem vollen Siege Friedrichs. Der Feldhauptmann der Gegner und mehrere adlige Herren wurden gefangen. Bald darauf kam auch Freiberg wieder in Friedrichs Besitz. Landgraf Albrecht hatte seine landgräfliche Würde zugunsten seines Sohnes aufgegeben. Am 10. Dezember des Jahres starb Diezmann, so daß Friedrich auch in den Besitz der von ihm hinterlassenen Lande kam. So war es ihm in dem denkwürdigen Jahr 1307 gelungen, in den Ländern, auf die Erbansprüche erhoben wurden, wieder seine Herrschaft aufzurichten. Da König Albrecht 1308 durch den Mordstahl Johann Parricidas ein jähes Ende fand, war auch diese Gefahr für Friedrich beseitigt. Der Nachfolger in der Königswürde Heinrich VII. aus dem Hause Luxemburg gab zwar die Ansprüche nicht auf, aber er verfolgte sie tatsächlich nicht weiter. Friedrich ließ sich überall huldigen. Es zeigte sich, daß die Großen des Landes und auch das Volk ihm zufielen; die Landesherrschaft der Wettiner war wirklich bereits eingewurzelt. Auch Dresden, Stadt und Herrschaft, fiel ihm zu, kraft eines Bündnisvertrages mit seinem Oheim Friedrich (1309). Dazu gewann er die freundliche Stellungnahme des Reichserzkanzlers Peter von Aspelt, Erzbischof von Mainz. Als König Johann von Böhmen, der Sohn Kaiser Heinrichs, Reichsverweser war, schloß er mit Friedrich einen Frieden zu Prag, am 18. Dezember 1310: Friedrichs Ansprüche wurden gegen Zusagen in bezug auf die thüringischen Kirchenlehen reichsrechtlich·anerkannt. Das Landesfürstentum hatte in der Tat den Sieg errungen.

In der Folge begnügte sich Land- und Markgraf Friedrich mit dem, was er erreicht hatte, nicht; ja, er setzte durch sein Ungestüm das schon Gewonnene wieder aufs Spiel. In dem Wunsche, seine Hausmacht im ganzen früheren Umfang herzustellen, suchte er auch die thüringischen Kirchenlehen zu erlangen; er führte Fehde mit Erfurt und geriet in einen Streit mit dem Erzbischof von Mainz und den Äbten von Fulda und Hersfeld. Der Reichsverweser erklärte daraufhin den Prager Vertrag für gebrochen; ein Reichshauptmann wurde für Meißen und das Land Pleißen ernannt. Auch suchte Friedrich die Ansprüche auf die Lausitz und Landsberg zu erneuern. Daher stürzte er sich in Kampf mit dem heldenhaften, von Heinrich Frauenlob hochgepriesenen Markgrafen Waldemar von Brandenburg. Waldemar konnte sich Meißens und Großenhains bemächtigen, ja Friedrich selbst geriet vor Großenhains Toren in Gefangenschaft. Ein Frieden von Tangermünde (1312, Apr. 13) brachte noch vergleichsweise glimpfliche Bedingungen. Die Lausitz und Landsburg mußten freilich preisgegeben, auch das Gebiet um Torgau und Großenhain abgetreten werden. In dieser gespannten Lage kam dem Wettiner ein Ereignis der Reichsgeschichte zugute: die Doppelwahl nach dem Tode Heinrichs VII. Beide Könige, Ludwig der Bayer und Friedrich von Österreich, mußten nach der Gunst des wichtigen Markgrafen von Meißen streben. Die neuen Kämpfe mit den Askaniern gingen für Friedrich glücklicher aus, in einem Friedensschluß zu Magdeburg 1317 erlangte er Freiberg und Meißen, auch das Gebiet um Torgau und das Land zwischen Elbe und Schwarzer Elster zurück. So war es ihm von neuem gelungen, nach zähem Kampfe den größeren Teil der alten Besitzungen außer der Lausitz zu behaupten. In seiner Weise war auch er ein Neugründer der wettinischen Macht.

Nach diesem bewegten Leben zog sich Friedrich nach der Wartburg zurück. Noch manche kleinen Kämpfe gegen das Raubrittertum in Thüringen, im Osterland und im Lande Pleißen wurden durchgefochten. Nach dem Aussterben der Askanier (1320), das in Brandenburg wirrvolle Zeiten heraufbeschwor, dachte der schon hochbetagte Fürst an einen Versuch, die Lausitz wiederzugewinnen; aber die Kraft dazu war ihm versagt. Schon leidend sah er an einem Montag, dem 4. Mai 1321, der Aufführung eines geistlichen Schauspiels in Eisenach „von den sieben klugen und sieben törichten Jungfrauen" zu. Als er dabei schaute, wie die Bitten selbst der Gottesmutter und der Heiligen nichts fruchteten zur Erlösung von Sünde und Schuld, faßte ihn eine furchtbare Aufregung. Wenige Tage danach fand ihn seine Gattin vom Schlag gelähmt. Nach langem Siechtum ist er am 16. November 1323 verschieden. Ein figurenreiches, in weichen Formen gehaltenes Denkmal von der Hand Meister Bertholds aus Eisenach, das nach der Kirche in Reinhardsbrunn überführt worden ist, zeigt ihn unter gotischem Baldachin, der wirklichen Erscheinung in Bildnisähnlichkeit nachgebildet mit den Gesichtszügen des Alters, nicht als den harten Kämpfer um sein Recht in den Mannesjahren, nach Symbolen und Umschrift vielmehr als den aus kaiserlichem Stamme entsprossenen Träger der deutschen Kaiseridee.

Eine Zeit des Zusammenhalts meißnisch-thüringischer Lande inmitten von
Großmachtbestrebungen im deutschen Osten

Nach der heroischen Epoche Friedrichs des Freidigen folgten zwei Menschenalter einer vergleichsweise ruhigen Entwicklung: die landesherrliche Gewalt erstarkte im Innern, der landesfürstliche Besitz wuchs an durch Waffengang, Eheberedung, auch Geldgeschäfte, Kauf oder Verpfändung. Es war ein Glück, so merkwürdig dies klingen mag, daß nur ein Sohn und Erbe dem Vater folgte: Friedrich II., dem der Beiname der „Ernsthafte" gegeben worden ist. Bei seiner Jugend stand er zunächst unter der Vormundschaft seiner Mutter Elisabeth, die eine Frau von ganz ungewöhnlicher Fähigkeit zur Führung einer Landesregierung war (ihr zur Seite Heinrich von Schwarzburg). Als Umschau nach einer aussichtsvollen Heirat des jungen Fürsten gehalten wurde, gelang es, eine höchstvornehme Verbindung anzuknüpfen. Noch zu Lebzeiten des Vaters wurde der junge Landgraf mit Mechtild, einer Tochter des Königs Ludwig des Bayern, verlobt. Damit wurde der politische Anschluß an die wittelsbachische Partei im Reiche vollzogen, für die wettinischen Lande um so wichtiger, weil der König seinem Sohne Ludwig 1323 die Mark Brandenburg übertragen hatte und das Haus Wittelsbach, nach dem deutschen Nordosten ausgreifend, unmittelbar in Nachbarschaft der Wettiner ein ansehnliches Herrschaftsgebiet erwarb. Im Jahre 1329, zugleich mit dem Ende der vormundschaftlichen Regierung, wurde die Vermählung in Nürnberg vollzogen. Friedrich war ein Fürst, der sich als praktisch-tüchtig erwies, auf das Erreichbare beschränkte, aber sehr wohl auch mit aller Entschiedenheit durchzugreifen verstand. Der König erteilte ihm sogleich manche Gnadenerweise, die in der Landesgeschichte bedeutsam geworden sind. Nicht nur die Vogtei über die Städte Mühlhausen und Nordhausen in Thüringen überließ er dem jungen Friedrich, auch das Burggrafentum Altenburg wurde ihm 1329 übertragen, ebenso die Lehenshoheit über die Burggrafschaft Leisnig, dazu die Rechte über die Städte Altenburg, Chemnitz und Zwickau, deren Einlösung durch den Wettiner zugestanden ward, so daß sie dem werdenden meißnischen Landesstaate eingegliedert werden konnten. Seinen Aufenthalt nahm Friedrich meist in Thüringen; dort hat er am entschiedensten zur Festigung des fürstlichen Regimentes gewirkt. Es geschah dies vorerst in der Aufrichtung eines Landfriedens 1338, in dem eine strengere Ordnung hergestellt wurde als zuvor. Sehr bald geriet er in Gegensatz zu thüringischen Grafen und anderen Herren im Lande, zumal da eine Besitzergreifung durch käuflichen Erwerb des wichtigen Orlamünde angestrebt wurde. So kam es 1342 zum Ausbruch der „Grafenfehde". Die Grafen von Weimar, zeitweilig auch der tüchtige Günther von Schwarzburg, schlugen los; der Erzbischof von Mainz, Heinrich von Virneburg, war einer der eifrigsten Gegner Friedrichs. Aber es gelang ihm dank seiner persönlichen Tüchtigkeit, diesen Kampf gegen viel Feinde siegreich zu bestehen. Im Jahre 1346 war die Felde zugunsten des Landgrafen entschieden, auch die Grafen von Weimar-Orlamünde erkannten seine Lehensherrlichkeit an. Seitdem ist die wettinische Landeshoheit in Thüringen nicht mehr bedroht gewesen. Auch die Mark Landsberg nebst der Pfalz Sachsen-Lauchstedt wurde zurückerworben (1347, aus zeitweilig braunschweigischem Besitz). So hoch war das Ansehen Friedrichs gestiegen, daß ihm nach dem Tode König Ludwigs die wittelsbachische Partei die Königskrone anbot. Doch er hielt die Macht Karls von Mähren, des Luxemburgers, der von den Gegnern zum König erhoben worden war, für zu groß und lehnte ab; vielmehr schloß er mit Karl seinen Frieden. Eine große Gefahr für den Landgrafen war es, als nun Günther von Schwarzburg zum Gegenkönig aufgestellt wurde; die thüringischen Herren waren sehr geneigt, sein Königtum sichern zu helfen und so in unmittelbare Stellung unter das Reich zurückzukehren. Aber sehr bald nach der Wahl am 14. Juni 1349 wurde Günther durch den Tod hinweggerafft. Es war eine wirrvolle schwere Zeit. Der schwarze Tod ging auch in den wettinischen Ländern umher und forderte zahllose Opfer; in heftigen Judenverfolgungen brach der Grimm des Volkes los. In der aufflammenden religiösen Erregung wurden wieder Geißlerfahrten veranstaltet. In so trüber Zeit starb Friedrich noch jung an Jahren, am 18. November 1349. Es ist ein Zeichen seiner Klugheit, daß er die Bestimmung traf, der älteste seiner vier Söhne solle die Vormundschaft führen, eine Teilung aber vermieden werden; ja, er ging so weit, daß er die Landstände als Schützer des darauf abzielenden Vertrages einsetzte.

Die politische Lage des meißnischen Landesstaates war damals bestimmt durch die große, ausgreifende luxemburgisch-böhmische Machtballung unter Kaiser Karl IV. Kein deutscher Herrscher des späteren Mittelalters hat mit so weitem Blick eine Stärkung seiner Macht erstrebt wie Karl. Gewiß geschah es zugunsten seines eigenen Geschlechtes. Aber sehr wohl ließ sich darauf eine neue Kräftigung einer deutschen Zentralgewalt gründen, nach seinen Plänen in einer weit umspannenden Ostpolitik, die Ungarn und Polen, vornehmlich aber den näheren Osten in den Bereich klug gesponnener Berechnung zog und Verbindung mit den Ostseestädten und dem damals in seiner Hochblüte stehenden Deutschen Ritterorden in Preußen gewann. Seit 1329 hatten die Luxemburger das Land Budissin erworben, 1346 das Land Görlitz, so daß die Oberlausitz ganz in ihren Händen war. Karl fügte dazu den Besitz der Mark Brandenburg (1373) bis Tangermünde, das er besonders begünstigte und mit Bauten schmückte. Nach Südosten zu bereitete er durch eine Heirat seines Sohnes Sigmund eine Verbindung mit Ungarn vor. Aber nicht nur auf äußeren Erwerb war Karl bedacht; schon berührt von den Gedanken der wiederbelebten Antike mühte er sich in seinem Erbreich um eine straffer geordnete, planmäßigere Verwaltung mit dem Ziel einer Hebung der Landeswohlfahrt und stellte darin ein neues Vorbild auf. Für das Reich bedeutsam war Karls großes Gesetz von 1356, die „Goldene Bulle", das die Königswahl, den Landfrieden und die Münze ordnete, wichtig für Sachsen, weil darin die Führung der Kurstimme dem Herzog von Sachsen-Wittenberg zugesprochen ward.

Die Mark Meißen mit ihren Beilanden war von dieser luxemburgischen Macht von drei Seiten völlig umklammert. Karl verstand es aber auch, innerhalb dieses meißnischen Besitzstandes Herrschaften zu erwerben, zumindest die Lehensherrlichkeit Böhmens über einzelne Herrschaftsgebiete aufzurichten. So geschah es im Vogtland (Plauen, Mylau, wo er sein Kaiserschloß baute; Reichenbach, Treuen). Die Herren von Waldenburg trugen ihm ihre Herrschaft als Lehen auf, die Herrschaften Colditz und Eilenburg wurden gewonnen; auch an der Elbe faßte er Fuß (Strehla, Mühlberg). Die mächtigen Herren von Schönburg erkannten die böhmische Lehenshoheit über einige ihrer Herrschaften an (als Reichsafterlehen, schon etwa seit 1300) und suchten damit Schutz gegen Ausdehnungsbestrebungen der Markgrafen. Karl griff überdies in die inneren Verhältnisse der Mark ein: er erwirkte beim Papst die Unterstellung des Bistums Meißen unter den Erzbischof von Prag und stärkte den böhmischen Einfluß durch die Bischöfe böhmischer Herkunft, ein Bemühen, dem freilich kein dauerhafter Erfolg entsprach.

In solch bedrohlicher Lage war es ein Gebot der politischen Klugheit, daß die Einheit des Länderbesitzes der Wettiner bewahrt blieb. Es war dies auch ein Verdienst der noch lebenden Elisabeth, der Großmutter der jungen Fürsten (in Thüringens Geschichte die „Weiße Frau von Gotha"). Unter Friedrichs Söhnen trat Ludwig in den geistlichen Stand ein; er ist in den Besitz mehrerer Bistümer gekommen, auf die meißnisch-thüringische Landesgeschichte hat er nicht gewirkt. Drei der Söhne aber traten den Besitz der überkommenen Länder an: Friedrich, Balthasar und Wilhelm; nicht unerwähnt bleibe, daß ihre Schwester Elisabeth Gemahlin Friedrichs, des Burggrafen von Nürnberg, und Mutter Friedrichs I., Kurfürsten von Brandenburg, aus dem Hause Hohenzollern, geworden ist. Es ist nun sehr bezeichnend, daß die Aufrechterhaltung des Gesamtbesitzes und seiner einheitlichen Verwaltung in der nachfolgenden Zeit auf verschiedene Weise versucht worden ist. Zuerst wurde eine vormundschaftliche Regierung des Ältesten, Friedrichs III. des Strengen, eingerichtet, die bis zum Jahre 1368 dauerte. Dann einigte man sich über ein gemeinsames Regiment der drei Brüder; 1371 wurde ein Vertrag geschlossen, daß ein jeder von den Brüdern zwei Jahre lang Vormund sein solle, 1377 wurde ein solcher Vertrag erneuert, aber nur auf ein Jahr; der Weg zu künftiger Teilung war beschritten. Der luxemburgischen Übermacht gegenüber stellten sich die Wettiner darauf ein, ein freundliches Verhalten zu beobachten. Es gelang ihnen, einige Erwerbungen zu machen. Von Bedeutung war es, daß infolge der Vermählung Friedrichs mit Katharina von Henneberg Besitz südlich des Thüringerwaldes ihnen zufiel (1353 Teilung der Herrschaft Coburg). Auch im Vogtland wurden einzelne Schlösser mit Umgebung in dem vogtländischen Krieg 1354/58 gewonnen: Vogtsberg mit Ölsnitz, dazu die Herrschaft, Schloß und Stadt Mühltroff. Den Erwerb des Burggraftums Leisnig und der Herrschaft Sangerhausen gestand ihnen der Kaiser zu. Aber ihre Pläne auf Wiedergewinn der Niederlausitz, die sie 1350 in ihren Pfandbesitz gebracht hatten, machte er durch Einlösung zunichte (1364). Als sie zu den Wittelsbachern abzuschwenken drohten, kam er ihnen entgegen mit dem Versprechen, ihre Reichspfandschaften (Altenburg, Zwickau und Chemnitz) nicht einzulösen. Eine große Aussicht schien sich in Hessen zu bieten. 1373 wurde ein Bündnis und eine Erbverbrüderung mit den Landgrafen Heinrich und Hermann geschlossen in einem Zeitpunkt, als das Aussterben des hessischen Landgrafenhauses bevorzustehen schien. Aber dieser Fall, der eine Erweiterung des Besitzes bis an den Rhein bewirkt haben würde, trat nicht ein. Nach dem Tode Karls IV. minderte sich die Gefahr von Böhmen her; denn König Wenzel besaß nicht die Tatkraft seines Vaters. So wurde nun, zumal da Mißhelligkeiten nicht ausgeblieben waren, an eine Aufteilung der Lande unter den drei wettinischen Brüdern gedacht. Vorerst trat eine Sonderung ein durch eine sog. Örterung, wobei sie die Länder „in drei Orte" schicken wollten, Thüringen, Meißen und Osterland, dabei jedoch die wichtigsten Hoheitsrechte gemeinsam bleiben sollten (1379 in Neustadt an der Orla). Bald danach am 26. Mai 1381 starb Friedrich, mit Hinterlassung von drei unmündigen Söhnen: ein Fürst, der maßvoll, aber fest in seinem Auftreten mit ruhiger Zielsicherheit eine auf das nächst Erreichbare eingestellte Politik betrieb. Bei der wachsenden Schwierigkeit einer gemeinsamen Verwaltung wurde nunmehr die Einheit aufgelöst: es kam zu der wichtigen Chemnitzer Teilung vom 13. November 1382.

Die Teilung wurde nicht nach den älteren Territorien vorgenommen; vielmehr wurden die Verwaltungsämter zugrunde gelegt, ihre Erträgnisse berechnet und danach drei Teile gemacht. Den einen Hauptteil Thüringens mit einigem Streubesitz empfing Balthasar, Meißen nebst Stücken des Osterlandes, sowie des Pleißnerlandes und auch die vogtländischen Besitzungen kamen an Wilhelm; die drei Söhne Friedrichs des Strengen, Friedrich, Wilhelm und Georg, wurden mit Landbesitz inmitten jener Hauptteile abgefunden. Ein jeder der Fürsten sollte in seinem Teile die Lehen vergeben, die Gerichtsbarkeit üben und die Gefälle beziehen; auch standen ihm die Klöster und Klösterhöfe zu. Die Mannschaft, die Amtsleute, die Hauptleute der Schlösser und die Städte huldigten ihrem Fürsten. Gemeinsam verblieb der Besitz an Stadt und Schloß Freiberg mit dem Bergwerk, der Münze, dem Bergzehnt, dem Landgericht, dem Stadtgericht und Berggericht; hier sollten die Amtsleute gemeinsam eingesetzt werden und allen drei „Parteien" gehorsam sein, nur die „Erbarmannschaft" sowie die weltlichen und geistlichen Lehen waren hier für Wilhelm vorbehalten. Die Gesamtbelehnung an dem Länderbestand und die Führung aller Titel verblieb den Mitgliedern des Hauses Wettin gemeinsam.

Die Landesverwaltung

Ein wichtiger Zeitabschnitt meißnisch-thüringischer Geschichte ging mit der Chemnitzer Teilung zu Ende, in der äußeren Politik nicht sonderlich erfolgreich, aber nicht unfruchtbar in der Aufbauarbeit des Landesstaats. Während dieser Zeit einheitlichen Zusammenhaltens der wettinischen Lande, als eine größere Kampfhandlung von außen den Frieden nicht störte, wurden die Einrichtungen der Landesverwaltung in mannigfacher Weise ausgebaut und befestigt. Noch hielt der Fürst das Regiment persönlich in seiner Hand. Hofhaltung und staatliche Organisation waren aufeinander eingestellt; aber schon ist eine Lockerung bemerkbar: die Verwaltung echt staatlicher Aufgaben war in einer Lösung von der höfischen begriffen.   Eine bedeutendere Rolle spielte bereits der landesherrliche Rat. Der Fürst umgab sich mit Männern, die ihm bei den Regierungshandlungen ihren Rat erteilten und von Fall zu Fall Aufgaben der zentralen Verwaltung erfüllten. Zu diesem Kreise von Ratgebern, sog. Heimlichen, gehörten: Inhaber der höheren Hofämter, Amtsträger ohne besonderes Amt, dazu aber auch Herren aus dem Lande, zeitweilig sogar Mitglieder dynastischer Familien. So stand der Rat dem Fürsten ständig zur Seite, wenn auch der Charakter einer völlig festen Regierungsbehörde mit bestimmtem Geschäftskreis noch nicht durchgebildet war. Unter den alten Hofämtern behielt das des Marschalls seine Bedeutung auf die Dauer. Wie schon früher hatte er sich um den Marstall und die Gestüte zu kümmern; aber er war auch Befehlshaber des Lehensaufgebotes, begleitete den Fürsten auf Reisen im Ausland und besorgte dann die dafür erforderlichen Ausgaben und ihre Kostendeckung. Neben dem Marschall war der Hofmeister angesehen; die Bezeichnung wechselt mit der eines Hofrichters. Er übte richterliche Tätigkeit aus, führte auch das Siegel des Hofgerichtes und stand an der Spitze der Finanzverwaltung. Eine wachsende Bedeutung gewann die Kanzlei bei Zunahme des schriftlichen Verfahrens. Der Geschäftskreis erweiterte sich zusehends; es gelang, größere Ordnung dabei zu schaffen. Eine bedeutsame Tätigkeit hierfür entfaltete Konrad von Kirchberg, vordem Pfarrer in Wallhausen, zeitweilig in Italien, wo er auf der Universität Bologna das Rechtsstudium pflegte (einer der Prokuratoren der „Deutschen Nation"). Auf Grund so gewonnener Kenntnis führte er daheim Fortschritte in der schriftlichen Verwaltung ein zur Erzielung größerer Genauigkeit und Sicherheit (1348/50). Als erster Vorsteher der Kanzlei von weltlichem, ritterlichem Stande führte

Heinrich von Kottwitz den Titel Kanzler dauernd (1353). Der Kanzlei lag die Aufgabe ob, den brieflichen Verkehr des Fürsten und der Regierung zu besorgen; sie widmete sich dem Beurkundungsgeschäft und hatte sich auch mit dem Rechnungswesen zu befassen. Einen großen Aufschwung nahm damals die Anlegung von Registern verschiedenster Art. Schon früh waren Verzeichnisse der Bete (Landessteuer), wenn auch nur knapp, vorhanden (1314, 1334/36). Nun entstanden laufende Kanzleiregister (Copialbücher). Wichtig war das Lehenbuch Friedrichs des Strengen 1349/50, eine Grundlage zur Kenntnis des großen, verstreuten Lehengüterbestandes und der lehensrechtlichen Verhältnisse. Buchungen in bezug auf Einkünfte und Ausgaben wurden eingeführt. Eine große Leistung war die Anlegung des Gesamtverzeichnisses der Einkünfte der Landgrafen von Thüringen und Markgrafen von Meißen im Jahre 1378, als die Länderteilung vorbereitet wurde. Dieses landesfürstliche „Urbar" ist nach den Ämtern angelegt und enthält eine genaue Verzeichnung der verschiedensten Einkünfte aus Steuer, Zins, Gerichtsgefällen, Zoll und Geleit, Abgaben von Handel und Gewerbe, Diensten, Erträgnissen der Vorwerke, Klosterhöfe, Mühlen, Hammerwerke u. a. Schon stellte sich das Bedürfnis ein, eine Ordnung im Archivwesen einzuführen; jener Zeit gehört das älteste vorhandene Archivverzeichnis nach bestimmten Ordnungsgesichtspunkten an.

Was die Bezirksverwaltung (Lokalverwaltung) betrifft, so drang die Vogteiverfassung völlig durch. Das Land gliederte sich nach Bezirken, die als Vogteien oder Ämter bezeichnet wurden; an ihrer Spitze stand ein Richter, Hauptmann oder Amtmann. Den Mittelpunkt bildete ein Schloß (castrum) mit Zubehör; darin prägt sich die militärische Seite der Verwaltung aus. Zu solchem Schloß pflegte ein Wirtschaftshof (Vorwerk, Domäne) zu gehören, dazu eine Anzahl dienender und zinsender ländlicher Orte; auch Städte gab es als Amtszubehör, überdies Besitz der Ritterschaft, soweit deren Güter und Dörfer der Amtsverwaltung unterstellt waren. Die Amtleute wurden nach Amtsrecht eingesetzt; ihr Entgelt bestand in Einkünften, die unmittelbar aus der Wirtschaft des Gutes entnommen wurden, aber es konnten auch Geldeinkünfte zugewiesen werden. Leider wurden die Ämter nicht selten in die geldwirtschaftliche Bedarfsdeckung einbezogen, indem der Fürst, um Schulden zu decken, einzelne pfandweise an Gläubiger übergab, ein Mittel der Geldbeschaffung, das einer zweckvollen Erfüllung der Ämterverwaltung stark hinderlich war.

Die Machtmittel des Landesstaates beruhten auf dem Heerwesen, den Finanzen und der Handhabung der Gerichtsbarkeit, womit zugleich die Hauptaufgaben bezeichnet sind: Schutz nach außen und innen, Landesverteidigung und Wahrung des Rechts. Das ritterliche Lehensaufgebot bestand von früher fort; aber es wurde seltener davon Gebrauch gemacht. Dafür kam das Söldnerwesen hoch; Hauptleute, mit denen die Fürsten einen Vertrag abschlossen, warben Söldnertruppen an, brachten unmittelbar die Besoldung dafür auf und führten den Befehl, alles gegen Verpflichtungen der sie anwerbenden Fürsten. Das Finanzwesen gründete sich großenteils noch auf die Erträgnisse der Domänenwirtschaft; freilich die Überschüsse für den Hof und die staatliche Nutzung waren gering, weil der Ertrag zumeist durch die Amtsverwaltung aufgezehrt wurde. So gewann die Geldbeschaffung, zumal bei Zunahme der geldwirtschaftlichen Art der Bedarfsdeckung überhaupt, immer größere Wichtigkeit. Es wurde ein landesherrliches Steuersystem ausgebildet, wobei die Untertanen der Bischöfe und Klöster nicht schlechthin, oft jedoch auf Zugeständnis einbezogen wurden. Die wichtigste Steuer war die sog. Bete (precaria „geschos"), die teils auf dem Lande erhoben wurde, teils als Steuerleistung der Städte. Schon im 14. Jahrhundert war es üblich, diese Steuer zu fixieren; vielfach wurde sie für einzelne Orte oder auch allgemeiner verpfändet oder veräußert. Geldeinnahmen brachten überdies die Zölle in steigendem Maße bei wachsendem Verkehr, dazu das Landgeleit. Eine Ergänzung boten die Gerichtsgefälle einschließlich der Vogteieinkünfte, die auf und ab schwankten, damals wesentlich schon Gelderträge. Was die landesherrliche Gerichtsbarkeit betrifft, so entwickelte sie sich unter wenig günstigen Bedingungen. Der Markgraf gab die Gewohnheit auf, den Vorsitz vor Gericht in den großen Landesversammlungen zu führen. Seine Schiedsrichtertätigkeit setzte nicht völlig aus. Aber größere Bedeutung gewann das Hofgericht, freilich auf die Dauer unmittelbar nur für die oberen Stände. Die in den Ämtern gehandhabte Gerichtsbarkeit wurde oft durch Veräußerungen aufgelockert. So gelangten die Befugnisse an die Inhaber ritterlicher Güter, die je länger je mehr Gerichtsherren über ihre Gerichtsuntertanen wurden, ausgestattet mit der niederen Gerichtsbarkeit, bisweilen auch mit der oberen: die patrimoniale Gerichtsbarkeit nahm überhand. All dies eine wesentliche Schwächung der Staatsgewalt.

Wie die Ritterschaft eine Verstärkung ihrer Stellung im Lande erfuhr, so nahmen auch die Städte, wenigstens die größeren, an Selbständigkeit zu. Sie verstanden es, wichtige Befugnisse zu erwerben. Die niedere Gerichtsbarkeit, günstigenfalls auch die hohe, brachten sie an sich, dazu wirtschaftlich wertvolle Gerechtsame; so erlangte Leipzig die Münze, die Einhebung des Marktzolles, Aufsicht über die Handwerksämter. Fester wurde die Verwaltung geordnet, das schriftliche Verfahren kam regelmäßiger zur Anwendung. Es zeigt sich dies darin, daß in den größeren Städten das Amt eines Stadtschreibers üblich wurde, anfänglich nur gelegentlich mit einem Geistlichen besetzt, damals jedoch schon als ein eigentliches Amt, zu dessen Verwaltung Rechtskenntnis und Geschäftserfahrung Vorbedingung waren. Im Laufe des 14. Jahrhunderts setzen die Stadtbücher ein, zunächst Nachrichten gemischter Art, dann aber regelmäßig geführt, je nach den verschiedenen Zwecken geschieden als Rechnungsbücher oder Aufzeichnung der Liegenschaftsübertragungen, der Gerichtshändel und dgl. Eine Fortbildung erfuhr die Ratsverfassung. Während anfänglich Mitglieder des Rates auf Zeit (nach Jahren) gewählt wurden, pflegte Wiederwahl einzutreten, so daß die Ratswürde den einmal Gewählten oft lebenslänglich verblieb; ja eine gewisse tatsächliche Erblichkeit stellte sich ein, es bildete sich ein Kreis von Familien, aus denen die Ratsherren ständig hervorzugehen pflegten. Eigentümlich war die Verfassung größerer Städte, daß im 14. und 15. Jahrhundert zwei bis drei Räte unter je einem Bürgermeister gebildet wurden, die jährlich einander in der Verwaltung ablösten (Ratswechsel). Dem weiteren Rat gehörten alle Mitglieder an. Darin schied sich jeweils der amtierende (regierende) Rat vom ruhenden Rat, aber bei wichtigen Angelegenheiten wurde die gesamte Ratsversammlung berufen. Daneben stand das Stadtgericht unter dem Stadtrichter nebst den Schöffen; in der Regel waren sie zugleich Mitglieder des Rates und übernahmen ihr Amt auf bestimmte Zeit. Wichtig war das Kammeramt unter einem Stadtkämmerer, dem die Geschäfte der Finanzverwaltung oblagen. Dazu schuf man viellerlei besondere Amtsverrichtungen, deren Besorgung nicht berufsmäßig geschah, bisweilen gegen Bezug von Sporteln oder ein kleines Entgelt neben dem Betrieb einer bürgerlichen Nahrung. Eine geordnete Vertretung der Gemeinde gab es nicht, doch waren in manchen Städten Viertelsmeister eingesetzt, denen ein gewisser Einfluß auf die Ordnung in der Stadt zustand.

Die großen Landesversammlungen, wie sie früher bestanden hatten, wurden noch bis gegen Ende des 13. Jahrhunderts mehrfach abgehalten. Auch danach kamen Zusammenkünfte noch vor, freilich nicht mehr regelmäßig an den alten Dingstätten, vielmehr gelegentlich an anderen Orten im Lande. Somit bestehen von diesen Versammlungen her nur ganz lockere Zusammenhänge bis zur Berufung der landständischen Tage im 15. Jahrhundert. Einen gewissen Ersatz dafür boten gelegentliche Aussprachen; denn der Landesherr berief, wenn er durch sein Land reiste, Mitglieder des höheren Adels und andere seines Vertrauens gewürdigte Männer, um sich von ihnen Rat erteilen zu lassen. Es war gleichsam eine Vorstufe für die späteren Vorgänge zur Ausbildung der landständischen Tagungen. Während in anderen deutschen Territorien, namentlich in Süddeutschland, die Stände bereits im 14. Jahrhundert eine bedeutsame Rolle spielten, kann in der Mark Meißen von Anfängen eines wirklichen Ständestaates in jener Zeit noch nicht die Rede sein.

Diese Entwicklung im Staate, wie auch in den Städten spiegelt sich in Rechtsbuchaufzeichnungen, die der Zeit des 14. Jahrhunderts angehören. Eine allgemein wichtige Erscheinung ist dabei die Ausbreitung des Sachsenspiegelrechtes nach den südlichen mittelelbischen Landen. Besonders eindrucksvoll zeigt sich dies in den Bilderhandschriften des Sachsenspiegels die mit Federzeichnungen den Rechtsinhalt in sinniger Weise illustrieren und so verständlich machen. Eine der frühesten dieser Handschriften, in der die Mark Lausitz mit dem Wappen der Landsberger Pfähle unter den 7 Fahnlehen vorangestellt ist (vor der Landgrafschaft Thüringen und der Mark Meißen), mag für den Hof des Land- und Markgrafen Diezmann bestimmt gewesen sein. Die große, uns erhaltene Bilderhandschrift, jetzt in Dresden, wurde im Meißnischen hergestellt, etwa in der Zeit der Anfänge des Markgrafen Wilhelm, für uns eine unerschöpfliche Quelle der Rechtssymbolik und der Veranschaulichung damaligen Lebens, überdies ein sprechendes Zeugnis des feineren Kunstgeschmacks ihrer Entstehungszeit und ihres Entstehungslandes. Auch andere Sachsenspiegelhandschriften gehören jener Zeit an, so ein Bruchstück in Oschatz. Dazu gesellten sich wichtige Aufzeichnungen des Stadtrechtes. Am frühesten wurde das große Stadtrecht von Freiberg niedergeschrieben, ursprünglich angelegt in den Jahren, als Freiberg unter Königsherrschaft stand (zwischen 1296 und 1305). Bemerkenswert ist ein Zwickauer Stadtrecht (1348), das mit Bildbeigaben zum Strafrecht überliefert ist. Einen Abschluß rechtlicher Entwicklung bedeutet das sog. Meißnische Rechtsbuch (nach Distinktionen), in dem Sachsenspiegelrecht und das Recht der Weichbilde, sowie Kaiserrecht miteinander verarbeitet sind; es ist wohl in den westlichen Gegenden, wo einst die Reichsstädte lagen, entstanden, hat aber dann allgemeiner für die meißnischen Lande Geltung gehabt und ist auch weiter ostwärts sowie nach Böhmen verbreitet worden.

In der Oberlausitz entwickelte sich die Landesverfassung mit manchen Abweichungen gegenüber dem meißnisch-sächsischen Staat. Der Name Oberlausitz für die Lande wurde seit Ausgang des 14. Jahrhunderts, mehr noch im folgenden üblich, von der Niederlausitz auf das höher gegen das Gebirge hin gelegene Land übertragen. Die Herrschaft der Landesherren, der Könige von Böhmen, war hier nicht so stark, da die Oberlausitz eines der Nebenländer, ein Außenbezirk, war. Vertreten waren sie durch die Landvögte (Hauptmann zu Budissin und Görlitz). So vermochten die Stände zu größerer Selbständigkeit und Bedeutung zu gelangen. Der Ständestaat kam hier kräftiger zur Ausbildung als im Meißnischen. Dies trat auf den Landtagen oder Landesversammlungen in die Erscheinung, auf denen auch politische Angelegenheiten zur Verhandlung kamen; hier waren die Ritterschaft (hoher Adel der Starazzen und die Vasallen unter ihren Landesältesten), dazu die Geistlichkeit (namentlich die Klöster), sowie die Städte vertreten. Die Inhaber der Herrschaften genossen große Selbständigkeit; auch der niedere Adel im Besitze der ritterlichen Güter hatte weitgehende Berechtigung und eine gesteigerte Gewalt gegenüber den Untertanen, die zu den Gütern gehörten und in besonders strenge und drückende Abhängigkeit gerieten. Auch die Stellung der großen Städte, obschon sie landsässig blieben, war selbständiger als in der Mark Meißen und ihren Beilanden. In der Oberlausitz kam es zum Abschluß eines Bundes der wichtigsten Städte, der eine oft ausschlaggebende politische Rolle in der Landesgeschichte zu spielen vermocht hat. Nachdem schon engere Bündnisse vorausgegangen waren (1329, 1339), verbanden sich 1346 die sechs führenden Städte (auf den Rat des Hans von Worganowitz) vornehmlich zum Schutze des Verkehrs auf den Straßen und zur Sicherheit gegen das Unwesen des Raubrittertums (1349 Zerstörung des Raubschlosses auf dem Oybin). Dies war der Sechs-Städte-Bund, in dem die Städte Bautzen, Kamenz, Löbau, Zittau, Görlitz und Lauban vereinigt waren. Er fand die Anerkennung Kaiser Karls IV., der dem Bund die Wahrung des Landfriedens übertrug; ja es wurde eine Art Femegericht geschaffen, das von den Städten aus geübt worden ist. Auch bei politischen Vorgängen und hereinbrechenden Kämpfen bewährte sich die Macht des Bundes der Sechsstädte während des an erschütternden Ereignissen reichen 15. Jahrhunderts, in der Zeit der Hussitenkriege, danach unter der Fremdherrschaft und bis in die Reformationszeit hinein. An Mitgliederzahl nur gering, hat dieser Bund große Lebenskraft und Dauerhaftigkeit bewiesen, mehr als andere geschichtliche vielgenannte Städtebünde Deutschlands. Die Bedeutung der Oberlausitzer Städte zeigt sich auch darin, daß es ihnen gelang, eine große Zahl ländlicher Ortschaften in ihrer näheren und weiteren Umgebung sich zu unterwerfen und darüber die Gerichtsherrschaft zu erlangen. Sowohl Dörfer mit Bauerngütern, wie auch adliges Gut wurde solchem Gerichtsbezirk im Besitze einer Stadt, des Stadtrates, einverleibt; als Bezeichnung dafür wurde Weichbild gesagt, somit nicht in Einschränkung auf ein engeres Gebiet geltenden Stadtrechtes innerhalb der städtischen Mauern und eines nahen Bereiches ringsum, vielmehr im Sinne einer gleichsam territorialen Bildung, wenn auch nicht mit Lösung von der landesfürstlichen Herrschaft. Auch finanzielle Hoheitsrechte sowie andere Regalien wurden den Städten der Oberlausitz übertragen. Erwähnt sei, daß Zittau 1412 förmlich in den Verband der Lausitz eintrat.

Bei den nahen Beziehungen politischer, wirtschaftlicher und rechtlicher Art zu Böhmen während der Höhezeit des luxemburgischen Hauses strömten auch Kultureinflüsse aus dem südlichen Nachbarlande herein. Der Hof in Prag war unter Kaiser Karl IV. eine Pflegestätte gehobener Kultur. Bedeutende Werke der Baukunst wurden geschaffen (auf dem Hradschin, der neue Dom nach Erhebung Prags zum Erzbistum 1344, Burg Karlstein; Peter Parler und die Seinen). Die Bildnerei, hingewendet zu herbem Wirklichkeitsausdruck, der Erzguß, die Malerei (Marienbilder mit lieblichen Zügen), auch die Buchmalerei leisteten Tüchtiges; ein feines Verständnis für Literatur war vorhanden. Damals wurde auch die älteste Universität innerhalb des Deutschen Reiches (die Carolina) 1348 gestiftet, auf je vier Nationen und Fakultäten, mit reicher Ausstattung. Noch stand die Gotik in ihrer Vollkraft; aber schon wurden Gedanken der neuen geistigen Bewegung von Italien her durch Persönlichkeiten wie Petrarca und Cola Rienzi hereingetragen. All dies strahlte nach der Oberlausitz und den meißnischen Landen aus. In der Südlausitz wurde das Zölestinerkloster auf dem Oybin durch Karl gestiftet; seine stimmungsvolle Ruine ist uns noch heute ein Zeugnis von der hochgotischen Baukunst jener Zeit, die in der Oberlausitz von Böhmen her beeinflußt war. Böhmische Kunstübung ist auch in der Malerei und Bildnerei zu beobachten. Ein schönes Beispiel dafür ist ein Flügelaltar der Leipziger Paulinerkirche, eine Darstellung der Verkündigung mit großer Zartheit der Formengebung und Farben. Beziehungen persönlicher Art spannen sich zur Hochschule in Prag. Auch die Schriftsprache erfuhr nachhaltigen Einfluß von Prag her. Der Verkehr mit der kaiserlichen Kanzlei, in der selbst bei dem Zusammenströmen vieler Hilfskräfte Sprachmischung bestand, wirkte auf die deutsche Urkundensprache der wettinischen und anderen Kanzleien nördlich des Erzgebirges, weniger im Lautbestand und in seiner Schreibung, als in der Wortwahl, Satzfügung und manchen Wendungen des Stils. Die Schule Johanns von Neumarkt aus Schlesien, des hochgebildeten Leiters der Kanzlei unter Karl IV., eines Meisters stilistischer Kunst, machte sich geltend, mit einem sichtlichen Einschlag der Formgebung nach fremden lateinisch-italienischem Vorbild. Schlesisch-böhmische Briefmustersammlungen brachten dies Sprach- und Gedankengut herein und führten es auch nichtamtlichen Kreisen zu; nachweislich haben sie in Leipzig Wirkung getan.

Einer wahrhaft bedeutenden Dichtung ist endlich zu gedenken, die im benachbarten Nordböhmen (Saaz) in erregter Zeit an der Wende zum 15. Jahrhundert entstand und herüberwirkte: Der Ackermann aus Böhmen. Die Dichtung in deutscher ungebundener Rede enthält ein Zwiegespräch zwischen dem Tode und einem Mann, der sein Teuerstes, sein Weib, verlor, den Tod vor Gott mit Ingrimm anklagt und das vernichtende Urteil über ihn fordert. Der Verfasser (vermutet wird ein Johannes Pflug von Rabenstein aus Nordböhmen) war ein hochgebildeter Mann, der die Sprache und Kunstform mit bewundernswertem Können beherrschte. Aus innerster Seele quellen die Worte hervor, heiß, herzbewegend, erschütternd; die tiefsten Fragen des Lebens werden in dem dramatisch verlaufenden Streitgespräch berührt und leidenschaftlich und doch in einer Vernunftgründe erwägenden Beweisführung. Schönheit und Größe der Natur wird geschildert, volle Lebenssehnsucht bricht durch. Aber im Grunde herrscht eine düstere Stimmung voll Todesgrauen, ein Vorzeichen kommender, aufs schwerste erschütterter Zeit. Schon wehen spürbar Gedanken von England herüber: Wiclifs Lehren über kirchliche Reform, Langlands Visionen von Peter dem Pflüger; denn der Ackermann ist der in Arbeit und Armut gläubig schaffende Mensch. Aber der deutsche Dichter verkündet nicht sozial-revolutionäres Aufbegehren; er verlangt nur das Recht auf den Besitz des Lebens, das eine Gabe ist, die Gott dem Menschen auf Zeit darleiht.

Die Mark Meißen wieder Grenzland. Vereinigung mit dem Herzogtum Sachsen

Während Karl IV. am Bau einer starken Ostmacht des luxemburgischen Hauses schuf und deutscher Kultur unter seiner Obhut noch manche Förderung zuteil wurde, ging das Zeitalter der großen deutschen Ostsiedlung in seinen Nachwirkungen allmählich zu Ende. Eine Gegenwirkung der fremden Völker wider das Deutschtum des Ostens trat in verstärktem Maße ein, in Polen wie Ungarn von Adel und Klerus betrieben. Im Nordosten entstand eine slawisch-baltische Großmacht, als Wladislaw Jagiello Polen und Litauen unter seiner Herrschaft vereinte. Der Deutsche Ritterorden erlitt seine schwere Niederlage bei Tannenberg (1410); doch noch wehrte die rettende Tat Heinrichs von Plauen, des tapferen Verteidigers der Marienburg und neuen Hochmeisters, das Schlimmste ab. Auch in unmittelbarster Nähe des meißnischen Elblandes, im Sudetenraum, holte das Slawentum zu einem Gegenschlage aus. Schon in den Zeiten Karls IV., so glänzend nach außen noch die deutsche Kultur dastand, bereitete sich eine tschechische Volksbewegung vor, die bald die Massen erfaßte und reißend um sich griff: nationale Leidenschaft, soziale Gärung, religiöser Fanatismus vereinten sich zu einer Schlagkraft ohnegleichen.
In solcher gefahrdrohenden Zeit war die Mark Meißen infolge der wettinischen Länderteilung von 1382 wieder auf sich selbst gestellt. Thüringen erlebte auf Menschenalter hinaus seitdem seine eigene Geschichte, nur in loser Verbindung mit den östlicheren Landen, bewegt und unruhevoll, bei der zu raschem Zugreifen und kriegerischem Abenteuer geneigten Haltung des Landgrafen Balthasar, bis ihm sein Sohn Friedrich der Friedfertige folgte (1406). In der Mark Meißen führte Wilhelm I. (der Einäugige) das Regiment, in umsichtiger Leitung der Landesverwaltung. In seiner Zeit sind die Anfänge einer Politik zu beobachten, deren Gesichtspunkte über Besitzerwerb hinausgingen und auf eine Hebung der Wohlfahrt des Landes und der Untertanen in mannigfachster Hinsicht abzielten. Die äußere Politik Wilhelms war durch sein Verhältnis zu Böhmen und Brandenburg wesentlich bestimmt. Auf Zeit gelang ein Erwerb der Mark Brandenburg; 1395 wurde sie ihm pfandweise überlassen und die Statthalterschaft übertragen. Die märkischen Städte erkannten den neuen Herrn an, die Zustände besserten sich. Indes der Pfandbesitz wandelte sich nicht in dauernde Herrschaft; Brandenburg mußte nach Auszahlung der Pfandsumme zurückgegeben werden (1398). Dem Böhmenkönig gegenüber nahm Wilhelm vorerst eine freundliche Haltung ein und übte auf ihn einen günstigen Einfluß, vermittelte auch als Gemahl einer Schwester Josts von Mähren, Elisabeth, an den mannigfachen Händeln des Luxemburgischen Hauses. Später jedoch zog er sich von ihm langsam zurück. Nach Wenzels Enthebung vom deutschen Königsthron (1400) stellte er sich auf Seiten König Ruprechts von der Pfalz; ja, er knüpfte Verbindung mit dem böhmischen Herrenbund gegen Wenzel an. Nicht gering waren die Erweiterungen des Besitzes innerhalb der Mark Meißen

und in ihrer unmittelbaren Nachbarschaft. So ist es dem Markgrafen Wilhelm gelungen, böhmische Lehen, die das meißnische Gebiet durchsetzten, zu erwerben: vor allem die Herrschaften Colditz und Eilenburg (1402). Der bedeutendste Gewinn war ein Erfolg in der sogenannten Dohnaischen Fehde. Ein Landfriedensbruch war der Anlaß zum Einschreiten (Streit der Burggrafen mit den Herren von Körbitz; Beraubung von Kaufleuten). Es gelang dem Markgrafen, sich Dohnas zu bemächtigen (1402) und die Burggrafschaft mit anderem Besitz zu erwerben (Rabenau, Gottleuba, Dippoldiswalde). Burggraf Jeschke flüchtete nach Weesenstein, sodann nach dem Königstein; aber auch diese unbezwingbar scheinende Feste wurde genommen (1406/08). Pirna war 1404 von Wenzel, zunächst pfandweise, an Wilhelm überlassen worden. So wurde hier an der wichtigen Elbpforte die Grenze der Mark Meißen südwärts hinausgeschoben, das Gebiet wurde in glücklicher Weise abgerundet und gesichert. Wilhelm vermochte sogar südlich des Gebirges im nördlichen Böhmen Besitz zu erlangen: die Burg Leitmeritz, die Riesenburg, das Kloster Ossegg und das Öffnungsrecht in manchen Schlössern. Beträchtlich waren die Fortschritte der Landesgewalt im Innern. Es ist klar zu sehen, wie eine auf den Abschluß des Territoriums gerichtete Landespolitik betrieben worden ist. Deutlich zeigt sich dies in dem Verhalten gegenüber der Kirche. Der Markgraf erreichte bei Papst Bonifatius IX. eine Verfügung, wonach das Bistum Meißen von dem Aufsichtsrecht und der Gerichtsbarkeit der Erzbischöfe von Magdeburg und Prag befreit wurde (1399): Meißen wurde ein Bistum. Dazu erhielt der Markgraf das Recht, vier Meißner Domherrenstellen zu besetzen, wodurch ihm ein Einfluß auf den Bestand des Meißner Domkapitels, mittelbar auch auf die Bischofswahlen zukam. Auch wurde die Vorladung von markgräflich-meißnischen Untertanen vor das Prager Universitätsgericht 1401 durch eine päpstliche Bulle verboten. Es waren Anfänge zum territorialen Abschluß des meißnischen Staates in kirchlicher Hinsicht. Das Verhältnis zu den großen Vasallen war meist gut; gegen Auflehnung griff der Markgraf mit Entschiedenheit durch. Die Wirtschaftspolitik Wilhelms ist durch seine Fürsorge für die Städte gekennzeichnet; manchen unter ihnen verlieh er Jahrmarktsgerechtigkeit, um die Wirtschaft zu heben. Auch wurden Verträge zugunsten des Handels mit Nachbarfürsten abgeschlossen. Eine größere Sicherheit der Straßen nach Schlesien, Polen, Brandenburg und Böhmen wurde erzielt, auch die Gebirgsgegenden waren jetzt sicherer zu überschreiten. Ebenso war die Fürsorge einer Belebung der Elbschiffahrt zugewandt. Alt-Dresden (auf der rechten Stromseite) erhielt Weichbildrecht (1403). Gegen räuberische Adlige ging der Markgraf mit großer Strenge vor. Die Finanzverwaltung war im ganzen gut. Erst in späteren Jahren sind Maßnahmen, wie eine Verringerung der Münze und auch Steuerdruck, vorgekommen. Am 9. Februar 1407 starb Wilhelm, ohne Kinder zu hinterlassen: nicht unbedeutend in der verworrenen Reichspolitik seiner Zeit, ein tüchtiger Regent, der die inneren Kräfte seines Landes stärkte und dadurch Größeres vorbereitet hat.

Seitdem nahm die älteste Linie des Hauses Wettin einen neuen Aufschwung, geführt von Friedrich, dem die Geschichtsschreibung den Beinamen des Streitbaren zugelegt hat. Friedrich war eine der tatfreudigen, kernigen Gestalten des Hauses Wettin; von kleinen Anfängen durch die Wirren der Zeit sich durchschlagend, hat er Neues und Großes für sich und sein Haus, auch für sein Land und die deutsche Stellung im Osten gewonnen (geb. am 11. April 1370).

Anfänglich war ihm nur ein kleiner Besitz im Osterland zugekommen. In jungen Jahren nahm er an dem Städtekrieg in Süddeutschland 1388 zugunsten des Burggrafen Friedrich V. von Nürnberg teil. Wie sein Vorfahr Heinrich ist Friedrich nach dem ostpreußischen Lande gezogen; er kam dem deutschen Ritterorden gegen Wladislaw Jagiello zu Hilfe und verdiente sich auf solcher Fahrt im Kampf wider die heidnischen Litauer den Rittersporn. Daheim war seine Tätigkeit auf Wahrung und Erweiterung seines Besitzes gerichtet. Erst nach dem Tode Markgraf Wilhelms I. 1407 gelangte er zu einer größeren Stellung. Eine

Teilung der Lande, wobei auch eine Auseinandersetzung mit Balthasars Sohn Friedrich dem Friedfertigen in Thüringen nötig war (zeitweilig hatte jener Dresden inne), kam in dem Naumburger Vertrag 1410 zustande, der im nachfolgenden Jahr in einer Örterung etwas abgeändert ward (neue Teilung 1415). Friedrich erhielt das Hauptland Meißen, während sein jüngerer Bruder Wilhelm osterländische Gebietsteile empfing.

Die politischen Ereignisse waren vornehmlich durch das Verhältnis zu Böhmen bestimmt, wo eine dem Deutschtum immer feindlicher werdende Bewegung auftrat, allmählich auch durch König Wenzel selbst unter dem Einfluß von Hus und anderen Ratgebern gefördert. Denn Hus, einflußreicher Lehrer an der Universität und Prediger an der angesehenen Bethlehemskapelle in Prag, war ein glühender Vorkämpfer tschechisch-nationaler Gesinnung, ein Bewunderer „des heiligen ruhmvollen Slawen". Noch war die Mark Meißen nicht unmittelbar betroffen, aber die Gefahr kommender Verwicklungen dräute: Meißen war wieder Grenzland, dessen Fürst und Volk auf der Hut sein mußten. Damit verquickten sich kirchliche Reformbestrebungen von größter Tragweite. Wicliffs von England herübergetragene Lehren fanden in Böhmen Anklang und erregten Gelehrte wie Laien. Hus trat ihnen nahe, ohne sich sogleich voll zu ihnen zu bekennen. Die ganze abendländische Christenheit aber hallte damals von dem Bemühen wider, dem verderblichen, seit 1378 die Kirche zerreißenden Schisma ein Ende zu bereiten. Eine Partei der Kardinäle berief ein Konzil nach Pisa, unter Gegenwirkung der bisher einander befehdenden Päpste, die sich noch im Besitz ihrer Gewalt befanden.

In dieser gespannten Lage trat ein Ereignis ein, das höchstes Aufsehen erregte: die Aufnahme der Lehrer und Studierenden, die im Mai 1409 Prag verließen, um eine neue Stätte gesicherter Pflege ihrer Hochschulstudien in deutschen Landen zu suchen. Die Universität Prag, die als die älteste unter allen Hochschulen innerhalb des Reiches von Kaiser Karl IV. gegründet worden ist (1348), gliederte sich nach vier Nationen, die einander gleichberechtigt sein sollten, bei der Besetzung der gestifteten Pfründen für die Lehrenden (Kollegiaturen), der Würden innerhalb der Fakultät sowie der Rektorwahl. Drei von ihnen, die bairische, die sächsische und auch die polnische (meist Schlesier), hatten vornehmlich Mitglieder deutscher Abstammung, in der böhmischen waren die Tschechen vorherrschend. Die böhmische Nation aber stellte in einer Zeit gesteigerten national-tschechischen Selbstbewußtseins die Forderung, daß ihr als der Nation des Landes das gleiche Maß an Rechten zukommen solle, wie den drei anderen Nationen insgesamt. König Wenzel ließ sich während der Anwesenheit einer französischen Gesandtschaft in der Frage des Kirchenstreites dazu bestimmen (18. Januar 1409); denn die Deutschen widerstrebten seiner Neigung zum Anschluß an die Konzilspartei. Die Deutschen sahen dies als Bruch der Universitätsverfassung und ihres alten Rechtes an und waren entschlossen, nicht Folge zu leisten. Als der neue Rektor nach dem bisherigen Wahlrecht gewählt wurde (Henning von Boltenhagen), ließ der König ihm die Insignien seiner Würde abfordern (9. Mai). Darauf erfolgte der Auszug der deutschen Universitätsangehörigen aus Prag. Anfangs waren die Führer geneigt, sich nach Schlesien zu wenden. Aber die meißnischen Fürsten Friedrich und sein Bruder Wilhelm gaben ein Beispiel entschlossenen Handelns und zeigten sich rasch zur Aufnahme bereit. Die Verhandlungen, die auch mit dem neuen in Pisa soeben erhobenen Papst Alexander V. geführt wurden, erzielten einen günstigen Abschluß; die Genehmigung zur Erteilung der akademischen Würden und Grade wurde gewährt (9. Sept.). In Leipzig wiesen die Fürsten Wohnstätten an (auf der Ritterstraße im „lateinischen Viertel", auch auf der Petersstraße) und stifteten zwei Kollegien für 12 und 8 Lehrkräfte. Am 2. Dezember 1409 wurde im Refektorium des Thomasstiftes in feierlicher Versammlung die Satzung verkündet. Die Universität im Sinne einer Korporation der Lehrenden und Lernenden (universitas studii Lipsiensis) wurde auch hier in vier Nationen gegliedert: drei mit gleicher Bezeichnung wie in Prag, während an Stelle der böhmischen die meißnische trat. So wurde eine Hochschule, ein studium generale, auf dem Boden des meißnischen Landes begründet, eine große, für die Zukunft Richtung weisende Leistung in der Geschichte des Bildungs- und Schulwesens des aufsteigenden Landesstaates, zugleich aber eine bahnbrechende Kulturtat von entscheidender Bedeutung für den ganzen deutschen Osten.

Diese Tat war im Gegensatz zu Maßnahmen des Böhmenkönigs geschehen. Auch in der Folge blieb die Spannung gegenüber Böhmen, wo die tschechische Bewegung von Jahr zu Jahr mehr emporkam. Da inzwischen klar geworden war, daß die Erhebung des Konzilspapstes das Ende des kirchlichen Schismas nicht brachte, wurde ein großer Versuch der Kirchenreform auf einem neuen Konzil zu Konstanz in Anwesenheit höchster geistlicher und weltlicher Würdenträger und zahlreicher Abgesandten aus den Nationen des Abendlandes (für Leipzig der Kanzler der Universität Bischof von Merseburg und drei Doktoren) unternommen. Markgraf Friedrich erschien dort mit stattlichem Gefolge (1417). In prächtigem Aufzug ritt er in die Stadt ein; der feierlichen Belehnung des Kurfürsten von Brandenburg, Friedrich von Hohenzollern (ernannt 1415), wohnte er bei, empfing auch selbst seine Reichslehen, während der König ihm die Belehnung mit den böhmischen Lehen verweigerte. In Unmut und mit Drohungen soll Friedrich davongeritten sein. Der Versuch einer Reform der Kirche mißland; aber Johannes Hus wurde zum Feuertod verurteilt, ein Flammenzeichen, das von Konstanz über den Böhmerwald hinüberleuchtete und zündete. Seitdem nahm die Gärung in Böhmen gewaltig zu. Bitterer Haß erfüllte die Menge des tschechischen Volkes gegen den König, dem es die Schuld an dem ungerechten Tod des als Märtyrer gefeierten Kämpfers gab. So kam es 1419 zum revolutionären Ausbruch, als Sigmund nach dem Hinscheiden Wenzels Anspruch auf die Königskrone dem Erbrecht gemäß erhob. Das benachbarte meißnische Land wurde nun in Mitleidenschaft gezogen; die starke Volksbewegung im Sudetenraum brandete gegen die Grenzen heran. Die Hussiten hofften, den Markgrafen Friedrich für sich zu gewinnen. So schickten sie Botschaft an ihn und ließen die vier Prager Artikel ihm zur Annahme vorlegen: freie Lehre des Wortes Gottes, Abendmahl unter beiderlei Gestalt, Abschaffung der weltlichen Güter der Kirche, Bestrafung der Todsünden auch bei Geistlichen. Friedrich aber entschied sich nicht für sie, sondern für Sigmund, den er als den rechtmäßigen König ansah, gegen Ketzerei und Rebellion, wie er die hussitische Bewegung beurteilte. Er trat mit seinen meißnischen und thüringischen Rittern in die Kämpfe persönlich ein. Schon im Jahre 1420 nahm er am Feldzug teil und zeichnete sich im Kampf mit dem Prag aufs tapferste verteidigenden Ziska aus. Sigmund erteilte nun ihm sowie seinem Bruder auf freiem Felde vor Prag die Belehnung mit ihren böhmischen Lehen. Auch bei der Königskrönung Sigmunds war Friedrich zugegen. Im nächsten Jahr 1421 gelang es ihm, das hart bedrängte wichtige Brüx zu entsetzen. Der Leitmeritzer Kreis, Kaaden und Komotau wurden erobert. Nach solchem Erfolg brachte zunächst der Papst ihm einen Lohn dar: er gewährte dem Markgrafen das Recht, daß meißnische Untertanen nicht vor geistliche Gerichte außerhalb ihres Landes gerufen werden dürften; dazu sollte ihm das Recht zustehen, weitere drei Domherrenstellen in Meißen zu besetzen, so daß der Landesfürst das dortige Domkapitel in entscheidender Weise zu beeinflussen in der Lage war. Aber es winkte auch politischer Lohn.

Im November 1422 war Kurfürst Albrecht III. von Sachsen aus dem Hause Askanien ohne männliche Nachkommen gestorben. Nicht wenige Bewerber um die Kurwürde und das Herzogtum traten auf. Das Haus Braunschweig-Lüneburg trat mit Ansprüchen hervor, unter Hinweis auf eine abgeschlossene Erbverbrüderung mit Sachsen-Wittenberg. Friedrich von Brandenburg, der Hohenzoller, der 1415 Kurfürst in der Mark Brandenburg geworden war, wünschte das Herzogtum Sachsen für seinen Sohn Johann zu erwerben; ein Teil des sächsischen Landadels trat für diesen Bewerber ein. Auch der Kurfürst Ludwig von der Pfalz erstrebte Belehnung für seinen Sohn Albrecht. Da trat auch Friedrich von Meißen in die Bewerbung ein, ohne Erbansprüche; aber er konnte auf die Verdienste in seinen Kämpfen auf böhmischem Boden hinweisen. König Sigmund stand dieser Bewerbung bald günstig gegenüber; denn es bot sich ihm die Möglichkeit, Besitzungen, die an den Wettiner verpfändet waren, zurückzugewinnen, vor allem aber hoffte er auf die künftige Hilfe Friedrichs des Streitbaren, der sich bisher in dem Kampf um Böhmen so trefflich bewährt hatte. Ein großer politischer Gedanke kam dabei zur Geltung. Wenn der wettinische Hausbesitz in Meißen und seinen Umlanden mit Kursachsen vereinigt würde, dann entstand ein kräftiges Bollwerk gegen die hussitischen Heerscharen in Böhmen. Auch Bitten aus dem Lande selbst wurden zugunsten Friedrichs vorgebracht. Die Unterhandlungen führte der Hofmarschall Apel Vitzthum in geschickter Weise in Ungarn, wobei einige Geldnachhilfe bei den Amtsträgern am Königshof nicht gefehlt zu haben scheint. So entschied sich König Sigmund rasch zugunsten des Wettiners: bereits am 6. Januar 1423 wurde der Lehenbrief für Kursachsen an ihn erteilt, zugleich mit einem Privilegium de non evocando, in dem Sinne, daß Untertanen des Herzogs und Markgrafen nicht außer Landes vor Gericht gerufen werden durften. Das gleichzeitig erteilte Recht, mit rotem Wachs in Urkunden zu siegeln, war ein Symbol: denn die rote Siegelfarbe durfte nur bei Königsurkunden oder Urkunden der höchsten Fürsten im Reiche angewendet werden. Auch das Erzmarschallamt war mit der neuen Würde verbunden.

Durch den königlichen Hofrichter, einen Grafen Johann von Lupfen, wurde Friedrich im Lande eingeführt. Er fand Anhang, sicherte sich auch die Geneigtheit durch Gewährung eines Rechtes auf Mitberatung an die Ritterschaft und Städte des Herzogtums Sachsen. Der Hohenzoller Friedrich von Brandenburg setzte sich bald freundlich mit ihm auseinander; er ließ sich durch einen Geldbetrag dafür abfinden und verzichtete auf die erhobenen Ansprüche für seinen Sohn. Beide Fürsten haben in der Folge freundschaftlich zueinander gestanden. Ein merkwürdiges Nachspiel erlebte diese Belehnung, als Erich von Sachsen-Lauenburg, der Vertreter der anderen herzoglich-sächsischen Linie aus askanischem Hause, mit Ansprüchen hervortrat, unter Hinweis auf eine Urkunde vom 13. Dezember 1414, wonach ihm vom König eine Anwartschaftsbelehnung erteilt worden sei. Diese Urkunde war in der Tat eine Fälschung, von der Reichskanzlei jedoch 1422 in die Reichsregister aufgenommen und als echt anerkannt worden. Der Anspruch konnte indes nicht durchgesetzt werden. Inzwischen hatte Friedrich Aufnahme in das Kollegium der Kurfürsten erlangt und wurde am 1. August 1425 feierlich in Ofen mit dem Herzogtum Sachsen belehnt: er erlangte damit das Kurfürstentum, die Pfalz Sachsen-Allstedt, dazu die Grafschaft Brehna, die einst zum alten wettinischen Hausgut gehört hatte, endlich auch das Burggraftum Magdeburg. In demselben Jahr starb der jüngere Bruder Wilhelm: Friedrich der Streitbare war jetzt im Gesamtbesitz alles Länderbestandes seiner Hauptlinie, während nur noch der Besitz des thüringischen Vetters gleichen Namens abgesondert blieb.

So war in diesen denkwürdigen Jahren ein größeres geschlossenes Gebiet an der Mittelelbe in einer Staatsbildung zusammengefügt, dessen Kernbestand Teile des alten Herzogtums Sachsen und die Mark Meißen waren. Dies ist der Anlaß dafür, daß der Name Sachsen nunmehr auch auf das meißnische und südosterländische Gebiet angewandt worden ist; denn die hier regierenden Fürsten nannten sich nach der hohen Würde Herzöge zu Sachsen, und darum wurde auch dieser Landesname üblich, nicht sogleich in stetem Gebrauch, aber allmählich vordringend, seit dem Ausgang des 15. Jahrhunderts, mehr noch seit der Reformationszeit — nach Abschluß des Kurstaates Sachsen vom Erzgebirge bis zur Wittenberger Elbniederung — auch volkstümlich.

Meißen-Sachsen als ostmitteldeutsche Territorialmacht. Reformversuche in Kirche und Staat

Notzeit und neuer Aufschwung

Die Vereinigung des Herzogtums Sachsen mit der Mark Meißen und ihren Nebenlanden hat die Geschichte des sächsischen Raumes auf vier Jahrhunderte hinaus entscheidend bestimmt. Im Kampf wider die Hussiten in Böhmen war sie gewonnen worden; in erbitterten Kämpfen mußte das Errungene verteidigt werden, denn immer ungestümer und schonungsloser traten die Hussiten auf, fest schloß sich ihre „Feldgemeinde" zusammen, größer ward ihre Kampfeskraft, gefährlicher wurden sie für die Nachbarlande ringsum. Das Reich aber vermochte nicht, trotz Kreuzpredigt und mancher Versuche einer Reform der Reichskriegsverfassung (neue Ordnung des Aufgebots und Kriegssteuer), ein Heer aufzustellen, das der fanatischen Angriffslust und der neuen Kriegstaktik der Hussiten wirksam widerstehen konnte. Schon war unmittelbar die Mark Meißen bedroht. Die Hussiten hatten sich 1426 der Feste Aussig bemächtigt. Kurfürst Friedrich war im Reichsdienst abwesend; da leitete die Kurfürstin Katharina selbst die Gegenwehr und versammelte ein Heer vor Freiberg. Die meißnisch-thüringischen Scharen zogen vor Aussig, um die Feste zu befreien und belagerten sie. Aber die Hussiten machten unerwartet einen Ausfall, heiß entbrannte der Kampf am Hügel Bihana, das Belagerungsheer erlitt an dem furchtbaren 26. August eine schwere Niederlage trotz tapferster Gegenwehr; Hunderte, vielleicht Tausende aus der meißnischen und thüringischen Ritterschaft deckten das Schlachtfeld. In den nachfolgenden Jahren nahm Kurfürst Friedrich wieder an den Kämpfen in Böhmen teil (vor Mies), aber die Deutschen hatten gegen die Hussiten keinen Erfolg. In dieser schweren Zeit verstarb am 4. Januar 1428: ein rechter Führer des ihm anvertrauten Volkes, mit tapferem Sinn, mit weitem Blick und Entschlußkraft, fest und beharrlich, verdient um das Reich, bahnweisend in eine größere Zukunft seines Landes. Später ist er in dem neuen Westanbau am Meißner Dom, in der sogenannten Fürstenkapelle, beigesetzt worden; eine schöne Grabplatte aus Vischers Werkstatt in Nürnberg zeigt ihn in männlicher ernster Haltung mit dem Kurschwert in der Hand, umgeben von den Wappen Kursachsens, der Pfalz Sachsen, der Landgrafschaft Thüringen und der Mark Meißen.

Vier Söhne hinterließ Friedrich der Streitbare, unter denen zwei in der sächsisch-thüringischen Geschichte eine Rolle gespielt haben. Der älteste, Friedrich II. mit dem Beinamen der Sanftmütige, und der jüngste Wilhelm, während Sigismund in den geistlichen Stand trat, Heinrich aber kurz nach dem Vater starb. Die Regierung wurde zunächst gemeinsam geführt unter Leitung Friedrichs, dem das Kurland im besonderen vorbehalten blieb.

Die Lage Meißens war damals sehr gefährdet; denn nun begannen die Züge der Hussiten in die Nachbarlande. Aufs schlimmste wurde die Oberlausitz in langen Schreckensjahren (seit 1424) heimgesucht, da ja das Land in einem engeren politischen Verband mit Böhmen stand und zugunsten Sigmunds mit Waffenhilfe eingetreten war. Aber im Winter 1429/30 drangen die Hussiten auch in das meißnische Gebiet ein. Alt-Dresden wurde niedergebrannt, dann ging es unter Verwüstungen und Plünderungen elbabwärts bis nahe an Magdeburg; den Rückweg nahmen die hussitischen Scharen über Altenburg und durch das Vogtland. Ein gleich verheerender Zug ist später nicht wieder unternommen worden, aber die Grenzen blieben bedroht. Im nachfolgenden Jahre 1431 wurde wieder ein Kreuzzug mit großem Aufgebot veranstaltet, an dem auch meißnische und sächsische Krieger teilnahmen, jedoch das Reichsheer ging vor Taus, als die Hussiten unter Prokop herannahten, in unrühmlicher Flucht auseinander. Aber die aufkeimenden Parteiungen, die Verwilderung in den eigenen Reihen lähmten die Stoßkraft der hussitischen Massen. So begannen nun auf dem Baseler Konzil die Friedensverhandlungen, die 1433 nicht ohne Erfolg geführt wurden, indem mit den Gemäßigten (Kalixtinern) eine Vereinbarung geschlossen ward, mit wesentlichen Zugeständnissen an die hussitischen Lehren in kirchlicher Hinsicht (Prager Kompaktaten). Die Herzöge Sachsens schlossen indessen (1433) einen Waffenstillstand; 1438 zog Kurfürst Friedrich noch einmal gegen hussitische Scharen ins Feld und gewann einen Sieg über sie bei Brüx.

Nachdem in den Schrecken der Hussitenkriege die schweren Schäden der Reichsverfassung offenbar geworden waren, trat die große Aufgabe einer Reichs- und Kirchenreform drängend in den Vordergrund. Auch Kurfürst Friedrich nahm an den Bestrebungen teil, nicht in folgerichtiger rein grundsätzlicher Haltung, vielmehr mit Schwankungen je nach der politischen Lage. Erschwert war freilich seine Stellungnahme dadurch, daß von neuem ein Streit um die sächsische Kur entfacht war; denn Erich von Sachsen-Lauenburg hatte seine Ansprüche wieder geltend gemacht und verfocht sie bis zu seinem Ende (1436). Nach dem Tode König Sigmunds beteiligte sich Friedrich 1437/38 an dem Versuch einer Kräftigung des kurfürstlichen Einflusses auf die Reichsregierung. Aber er ließ sich dann doch rasch bereit finden, für die Wahl Albrechts II. aus dem Hause Habsburg auf den deutschen Königsthron einzutreten, und als dieser schon 1439 im Kampf gegen Ungarn gefallen war, wirkte Friedrich vermittelnd auf die Wahl des Habsburgers Friedrich III. zum deutschen König ein, zumal da er ihm verwandtschaftlich nahe stand als Gemahl von dessen Schwester Margarete. An der „kurfürstlichen Neutralität", die damals einige Jahre hindurch die Politik im Reiche und im Kirchenstreit bestimmte, nahm Friedrich teil, aber nicht mit betonter Entschiedenheit. Mit der kirchlichen Reformpartei auf dem Baseler Konzil unterhielt Kursachsen freundliche Beziehungen; eine Versammlung zu Leipzig (1444) sprach sich zugunsten des Konzils aus, ja, es wurde erreicht, daß der vom Konzil erhobene Papst Felix V. das Präsentationsrecht für Domherrenstellen in Naumburg, Merseburg und Meißen und sogar das Recht der Ernennung von Bischöfen für die drei sächsischen Bistümer zugestand, ein Recht, das danach in Wirklichkeit freilich nicht zur Geltung gekommen ist, da der Konzilspapst auf die Dauer sich nicht durchzusetzen vermochte. Der Kurfürst näherte sich schon bald dem Papst Eugen IV., der gegen das Baseler Konzil auftrat und die volle Gewalt der römischen Kurie in der Kirche wieder hergestellt hat.

In dieser vielbewegten Zeit gelang im Inneren ein für die Herstellung geschlossenen landesherrlichen Besitzstandes bedeutsamer Erfolg. Auf dem Schlachtfeld von Aussig (1426) war der letzte Burggraf aus dem Geschlecht der Meinheringer, Heinrich II., noch ein Jüngling, wider die Hussiten gefallen. Damit wurde eine für die Mark Meißen wichtige Frage zum Entscheid gestellt. Markgrafen und Burggrafen von Meißen standen mit verschiedener Auffassung ihres Rechtsverhältnisses einander gegenüber. Das Burggraftum galt als markgräfliches Lehen, und auch kaiserliche Lehensbriefe sprachen dies aus; aber auf burggräflicher Seite wurde Reichsunmittelbarkeit in Anspruch genommen, und wirklich war der Burggraf dem Reiche zum Dienst verpflichtet. Kraft königlicher Entscheidung gelangte nun die Würde an Heinrich von Plauen aus dem Hause der Vögte, der eine neue burggräfliche Linie als Inhaber einer reichsunmittelbaren Burggrafschaft Meißen begründete. Aber um den Güterbesitz, der im Meißnischen lag, erhob sich ein ernstlicher Streit. Im Vertrag von Arnshaugk 1428 wurde der wesentliche Bestand an Gütern, Städten und Dörfern im Bereich der Mark Meißen den Markgrafen überlassen, während anderer Besitz, so auch die Grafschaft Hartenstein, dem neuen Burggrafen verblieb und Schloß Frauenstein ihm als markgräfliches Lehen gegeben ward. Aber Burggraf Heinrich reichte 1435 eine Klageschrift ein, in der er die von dem Landesherrn angeblich zurückgehaltenen burggräflichen Lehen forderte; nicht weniger als 270 Dörfer werden darin genannt (der höchste Stand der burggräflichen Grundherrschaft mag mehr als 380 Dörfer nebst kleineren Städten umfaßt haben). Um den Frauenstein entbrannte heftiger Kampf. Endlich 1439 kam der Streit in dem Schied von Preßburg zum Abschluß; der Besitz ging tatsächlich an die Markgrafen über, eine Abrundung und Auffüllung ihres Besitzstandes war erreicht, ihre Stellung im Kerngebiet der landesfürstlichen Herrschaft verstärkt und gesichert. — Ein politisch wichtiger Erwerb glückte wenig später: die Herren Berken von der Duba traten 1443 Schloß Hohnstein, 1451 Wildenstein an die Herzöge von Sachsen ab; die Grenze gegen Böhmen im Elbsandsteingebirge wurde hinausverlegt und in einfacherem Verlauf befestigt.

Inzwischen ging die Zeit der gemeinschaftlichen Regierung zu Ende. Im Jahre 1440 war der Landgraf von Thüringen Friedrich der Friedfertige verstorben, mit ihm starb die thüringische Nebenlinie aus. So wurde der Gesamtbesitz der wettinischen Länder auf Zeit wieder vereinigt, aber nur für wenige Jahre. Friedrich, der Kurfürst und sein Bruder Wilhelm schritten zu einer neuen Teilung. In Altenburg kam sie 1445 zustande, aber da der Herzog Wilhelm sich dagegen erklärte, wurde eine Veränderung in dem sogenannten Hallischen Machtspruch vorgenommen. Das Ergebnis war, daß Friedrich neben dem ihm vorbehaltenen Kurland den östlichen Teil, Meißen nebst Altenburg und Zwickau, Wilhelm aber Thüringen und den fränkischen Besitz erhielt. Bei all den Verhandlungen darüber hatte Apel Vitzthum, der vordem Amtmann in Apolda gewesen war, eine entscheidende Rolle gespielt, was sich als verhängnisvoll erwies. Er hatte in Diensten des Kurfürsten gestanden und war dessen Hofmeister gewesen, verließ aber gegen Ende 1444 den Hof und wandte sich dem jungen Herzog Wilhelm zu; ein Zwiespalt zwischen dem Kurfürsten, seinen Ratgebern und ihm, wofür der Grund nicht zu erkennen ist, mag den Anlaß gegeben haben. Bei den Verhandlungen vor der Altenburger Teilung war es nun Vitzthums Bestreben, daß sein eigener Besitz, den er als Lehen hatte, nur in dem Teile Herzog Wilhelms liegen sollte, in Thüringen. Kurfürst Friedrich aber wählte zunächst den westlichen Teil mit Thüringen, so daß Vitzthums Wünsche durchkreuzt wurden. Danach fand die Änderung statt, in Halle. Aber eine Mißstimmung zwischen den beiden Fürsten blieb zurück, sie wurde wohl in der Folge durch Apel Vitzthum genährt. Als Herzog Wilhelm seine Hochzeit mit Anna von Österreich, Tochter König Albrechts, überaus prächtig in Jena feierte (Juni 1446), sagte der Kurfürst ab; ja, ein falsches Gerücht von seinem Anmarsch sprengte die Hochzeitsgesellschaft auseinander. Bald danach brach 1446 der Krieg aus, den man den Bruderkrieg genannt hat. Beilegung und Wiederausbruch des Streites, schiedsrichterliche Verhandlungen folgten einander. Der Krieg wurde rücksichtslos und grausam geführt; Herzog Wilhelm rief sogar die Böhmen herbei, die unter Georg von Cunstadt (Podiebrad) an den verwüstenden Kämpfen argen Anteil hatten. 1450 fiel Gera, nicht wenige der auf kurfürstlicher Seite kämpfenden Ritter gerieten in Gefangenschaft. Nun raffte sich Friedrich zu kraftvollerem Handeln auf. Neue Besprechungen (in Crimmitschau) bahnten endlich den Ausgleich an. Am 27. Januar 1451 wurde der Friede von Naumburg geschlossen; die bisherige Länderverteilung blieb bestehen.

Dieser Kampf hat nun ein Nachspiel gehabt, das früher als das berühmteste Ereignis der älteren sächsischen Geschichte galt. Unter den Rittern, die nach dem Kampf um Gera aus böhmischer Gefangenschaft gelöst werden mußten, befand sich auch Kunz von Kauffungen, kurfürstlichen Amtmann auf dem Schlosse zu Altenburg. Er erhob demgemäß Ansprüche an den Kurfürsten von Sachsen, ihn zu entschädigen. Das Vitzthumsche Gut Schweikershain, das ihm zugefallen war, mußte an die Vitzthums nach den Friedensbedingungen zurückerstattet werden. Der Kurfürst wollte ihm dafür Milowitz in Thüringen geben, aber Kunz erklärte sich davon nicht befriedigt. So kam es zu einem Prozeß zwischen dem Fürsten und seinem Lehensmann Ritter von Kaufungen vor dem Hofgericht in Leipzig. Das Hofgericht entschied zugunsten des Kurfürsten, aber Kunz nahm diese Entscheidung nicht an, denn er machte geltend, daß bei dem kurfürstlichen Gericht Gerichtsherr, also Richter, und Beklagter, eine Person sei und darum dies Gericht nicht als zuständig angesehen werden könne. Als ein zu Gewalttat geneigter Mann — auch eine ihm auferlegte Sühne wegen Überfalls auf Kaufleute wollte er nicht leisten —, griff er zu dem Mittel der Fehde, die in damaliger Zeit noch als Rechtsmittel galt, wenn sie der Sitte gemäß angezeigt war. Kunz aber suchte die Fehde nicht in gewöhnlichem Kampf zu führen, sondern gedachte seinen Gegner zu treffen, indem er die Söhne des Kurfürsten entführen und ihn zur Nachgiebigkeit zwingen wollte. Er tat sich mit anderen dem Kurfürsten feindlich gesinnten Rittern zusammen, den Herren von Mosen und von Schönfeld. Bei günstiger Gelegenheit, während der Kurfürst in Leipzig weilte, führten sie den Anschlag aus, noch ehe ihr Fehdebrief eingetroffen war. Von Kohren aus wurde der Ritt nach Altenburg unternommen, um dort in der Nacht vom 7. zum 8. Juli 1455 die beiden Prinzen Ernst und Albrecht hinwegzuführen. Der Küchenjunge Hans Schwalbe war ihm behilflich dabei. So gelang es wirklich, die Prinzen aus dem Schloß zu bringen. Die Entführer nahmen nun Richtung nach Böhmen, um jenseits der Grenze in Sicherheit zu sein. Der ältere Ernst wurde in der Teufelskluft (Prinzenhöhle) bei der Burg Stein verborgen, Kunz selbst mit dem jüngeren ritt im Walde bei Grünhain vorbei. Aber es war eine Mitteilung verdächtiger Art an den Abt von Grünhain (Liborius) gelangt, und so glückte es, wie erzählt wird, mit Hilfe einiger Köhler Kunz mit seinen Gefolgsleuten gefangenzunehmen und den Prinzen zu befreien. Die Helfer von Kunz gaben daraufhin auch den ältesten Prinzen frei, um sich Rettung auszubedingen. Der Prozeß gegen Kunz wurde nicht in Form des Rechtes durchgeführt; am 14. Juli 1455 wurde er öffentlich auf dem Markt zu Freiberg hingerichtet. Die Sage hat sehr bald diese dramatischen Ereignisse ausgeschmückt. In Liedern nach Art der Fahrenden wurden sie besungen. Erst in jüngerer Zeit liegen Nachrichten über die Waldleute vor, die die Befreier des Prinzen geworden sein sollen. Als Retter ist ein Stammvater der Triller bezeichnet worden; und wirklich wird es stimmen, daß ein solcher an der Rettung tatsächlich beteiligt gewesen ist[1]). Seitdem der innere Friede wieder hergestellt war, wurden die Aufgaben einer Pflege der Landeswohlfahrt aufgenommen. Nach außen ging die thüringische und meißnische Politik Hand in Hand. Eine Erbeinung mit Brandenburg wurde geschlossen (1457), was zugleich eine politische Übereinstimmung und gegebenenfalls Gemeinsamkeit des Handelns bedeutete. Der Blick des Kurfürsten war auf eine Erweiterung des Besitzes und Einflusses nach dem Osten zu gerichtet. Erwerbungen in Schlesien gelangen, wenn auch nur in geringem Ausmaß (Liegnitz 1451). Die Absicht, in der Lausitz wieder festen Fuß zu fassen, führte zu keinem volleren Erfolg; nur Hoyerswerda und Senftenberg wurden im Streit um das Erbe der Herren von Polenz gewonnen. In der Reichspolitik trat Friedrich nicht in zielstrebiger Tätigkeit hervor; er nahm daran teil, aber nur vorsichtig und zurückhaltend, meist vermittelnd. Am lebhaftesten wurde die politische Tätigkeit durch das Verhältnis zu dem benachbarten Böhmen in Anspruch genommen. Als nun Ladislaus Postumus, König Albrechts II. nachgeborener Sohn, König in Ungarn und Böhmen, 1457 gestorben und der böhmische Königsthron freigeworden war, gedachte Herzog Wilhelm daran, die Krone Böhmens für sich zu gewinnen, wobei er erbliche Ansprüche geltend machen konnte (1457/58). Indes die Werbung, die in den Lausitzen, Schlesien und Mähren günstige Aufnahme fand, führte nicht zu dem erhofften Erfolg; vielmehr wurde aus dem hussitisch gesinnten böhmischen Adel Georg von Podiebrad gewählt. Ein schwerer Kampf mit dem uffgerückten, wie verächtlich gesagt wurde, drohte, aber dank der Friedensvermittlung

---

[1]) Ein „Gnadenkorn" ist in Rechnungen des 16. Jahrhunderts nachweisbar. Später wurde in der Familie ein Freigut in Eckersbach bei Zwickau als Lohn für die Tat bezeichnet. — Noch bis in die Goethezeit ist der Prinzenraub in volkstümlichen Dramen dargestellt worden.

durch Markgraf Albrecht Achill von Brandenburg-Ansbach wurde dies vermieden, zumal da eine Versöhnung zwischen dem Kaiser und Georg stattfand. Auf einem Tage zu Eger 1459 im April und Mai gelang eine Vereinbarung zwischen Sachsen und Böhmen, die einen Wendepunkt in der Geschichte des wettinischen Hauses und ihrer Länder gebracht hat. Seitdem wurden freundlichere Beziehungen der Wettiner zu Podiebrad und der utraquistischen Partei in Böhmen angebahnt. Das Bündnis wurde durch eine böhmisch-meißnische Erbeinigung besiegelt, sowie durch eine Doppelheirat: Friedrichs jüngerer Sohn Albrecht wurde mit Podiebrads Tochter Zedena verlobt, Podiebrads Sohn mit einer Tochter des Herzogs Wilhelm. Der böhmische König gab seine Forderungen auf die Schlösser und Städte nördlich des Elster- und Erzgebirgszuges auf, die Albrecht als böhmische Lehen erhielt, darunter Plauen, Ölsnitz, auch Colditz; dagegen gaben die Wettiner Brüx, Dux und Riesenburg zurück. Die Grenze wurde jetzt in einer vereinfachten Art gezogen, freilich unter Vorbehalt böhmischer Lehenshoheit an einer Anzahl von Städten und Schlössern innerhalb des Territorialbereichs des Hauses Wettin. Die Stände des meißnischen Landes waren mit diesem Vertrag unzufrieden, überhaupt nicht geneigt zu einer den Hussiten entgegenkommenden Haltung. Die nächsten Jahre waren von mancherlei Verhandlungen im Reich und unter den benachbarten Landesfürsten erfüllt, ohne ein tiefer eingreifendes Ereignis; Sachsen nahm eine dem Kaiser und dem Hause Habsburg zugeneigte Stellung ein. Am 7. September 1464 ist Friedrich der Sanftmütige verstorben.

Als dieser nicht ungeschickte, aber in den Stürmen einer rauhen Zeit schwankende Fürst ins Grab sank, waren schwere Wetterwolken von Osten her heraufgezogen. Polen schob sich weichselabwärts zum Meere vor; im Frieden von Thorn 1466 wurde der deutsche Ordensstaat auf Ostpreußen beschränkt und aus dem unmittelbaren Zusammenhang mit dem Reiche abgedrängt. Aber auch weit nach dem Süden in das Donautiefland griff Polens Machtstreben aus. Schon drohte im fernen Südosten ein neuer Feind. Von Kleinasien waren die Türken nach der Balkanhalbinsel herübergekommen, nach dem Fall von Konstantinopel 1453 auf dem Sprung, weiter westwärts gegen die Völker der abendländischen Christenheit vorzustürmen. Dazwischen erhob sich unter dem tüchtigen Führergeschlecht der Hunyadi Ungarn als gebietende Macht und drängte gegen das Reich vor, eine unmittelbare Gefahr für Österreich und Wien, bald auch für den Sudetenraum, ja das Land nördlich des Lausitzer Gebirges in seine Ausdehnungsbestrebungen einbeziehend. Sachsen lag im Grenzraum dieser ostmitteleuropäischen Gefahrenzone; große Aufgaben hatte es zu erfüllen, nicht nur für den eigenen Bestand, auch für das Deutsche Reich und Volk.

Zwei Söhne folgten dem Kurfürsten Friedrich II. nach: Ernst und Albrecht der Beherzte, die Stifter der beiden Linien des Hauses Wettin, die in der nachfolgenden Zeit nebeneinander bestanden. Der Vater hatte angeordnet, daß die beiden mit Land ausgestattet werden sollten; aber auf längere Zeit hinaus wurde dies vermieden. Vielmehr hielten sie eine gemeinsame Regierung über die ungeteilten Länder aufrecht. In der Anlage ihres Charakters ergänzten sich beide durch ihre Verschiedenheit, jeder in seiner Art von besonderer Tüchtigkeit, glänzende Gestalten in der Geschichte ihres Hauses, ihres Landes und des Reiches. Der ältere Ernst, 1441 in Meißen geboren, der die Kurwürde erhielt, wandte sich praktischen Zielen der Landesregierung zu, gewissenhaft und eifrig in der Besorgung der Verwaltungsgeschäfte, aber auch rührig, klug und mit weitem Blick handelnd in deutscher und europäischer Politik. Albrecht, am 31. Juli 1443 in Schloß Grimma geboren, hatte eine sorgfältige Erziehung genossen, wobei Beherrschung höfischer Sitte, Erwerb eines vielseitigen Wissens, vorzüglich auch die Ausbildung in der Kriegskunst gepflegt worden war, der seine ganze Neigung galt. Stattlich, mit großer Körperkraft begabt, mutig, tüchtig im Turnier und auf dem Schlachtfeld, wandte sich Albrecht einer lebhaften Betätigung in der äußeren Politik und auch bei kriegerischen Ereignissen zu. Eifrig und treu trat er in den Dienst des Reiches im Anschluß an das Haus Habsburg und wurde einer der gefeiertsten Kriegshelden seiner

Zeit. Schon in jungen Jahren (1476) unternahm er eine Pilgerfahrt nach dem Heiligen Lande; sie führte ihn mit stattlichem Gefolge nach Florenz und Venedig, über See nach Cypern und Palästina, auf dem Rückweg wieder nach Italien und über Wien heimwärts und bot ein reiches, nicht immer erbauliches Erleben, weitete den Blick und brachte Berührung mit den Schätzen fremdartiger, südlicher Kultur.

Die gemeinsame Regierungsweise des Brüderpaars wurde anfänglich dadurch erleichtert, daß eine gemeinsame Hofhaltung in Dresden eingerichtet war; einträchtig lebten die beiden fürstlichen Familien beieinander. Ernst führte die Regierung, während Albrecht oft auswärts auf Reisen war. Damals wurde der Bau eines neuen Schlosses in Meißen begonnen, die später sogenannte Albrechtsburg. Der Bau war für zwei fürstliche Hofhaltungen sowie die Verwaltung des Landes eingerichtet. In der baugeschichtlichen Entwicklung bedeutet er den Übergang von der Burg, vom Wehrbau, zum Schloß, zugleich eine selbständige Weiterbildung der Spätgotik, eine in Baugedanken eigener Art künstlerische Schöpfung des Meisters Arnold von Westfalen.

Ein neuer Zug schwunghafter Betätigung in der sächsischen Politik trat ein, als die „jungen Herren" ihrem Vater gefolgt waren; denn sie übten nicht die gleiche vorsichtige Zurückhaltung, sondern nahmen lebhaft an den politischen Vorgängen im Reich und im Treiben der „großen Tage der Christenheit" teil, obschon anfänglich noch die Kurfürstin-Mutter Margarete zügelnd einwirkte; zumal der jüngere Albrecht drängte, als er herangewachsen war, mit großer Tatenlust hinein. In der Haltung zum Kaiser und Reichsoberhaupt blieb sich die wettinische Politik treu. Das Verhältnis zu den Hohenzollern lockerte sich, bei der Ostpolitik stießen die Bestrebungen bisweilen aufeinander: Markgraf, später Kurfürst Albrecht Achill nahm Anlaß, sich über die Neffen unzufrieden zu äußern, während sie sich den Wittelsbachern näherten.

Vorerst nahmen die Zustände an der Grenze gegen Böhmen hin die Aufmerksamkeit in Anspruch. Im Vogtland war ein Streit zwischen Heinrich von Plauen und seinen ritterlichen Mannen ausgebrochen; diese brachten ihn vor den böhmischen König Podiebrad als den obersten Lehensherrn. Aber Heinrich setzte es bei der Kurie durch, daß über seine Mannen der Kirchenbann verhängt wurde, und nun riefen diese den Kurfürsten Ernst zu Hilfe, wie auch König Podiebrad auf Grund des Vertrags von Eger dies tat. Der sächsische Kurfürst griff mit rascher Tatkraft ein; in der Fehde, die ausgefochten wurde, mußte Heinrich weichen: Herzog Albrecht wurde mit Schloß und Herrschaft Plauen belehnt (1466). Aber Heinrich wandte sich an den Papst, der in einem ernsten Schreiben an den Kurfürsten Abbruch der Beziehungen zum Böhmenkönig und Wiedereinsetzung Heinrichs forderte.

Inzwischen gewann der Kampf in Böhmen eine große, allgemeine Bedeutung: Papst Paul II. hatte 1465 den Bann über Podiebrad verhängt; er entband seine Untertanen ihres Eides, jeder Verkehr mit ihm und den Böhmen war verboten worden. Auch der Kaiser war damals geneigt, gegen ihn vorzugehen. So entstand eine Spannung zwischen der römischen Kurie und den Wettinern; schon drohte die Verhängung des Interdikts auch den wettinischen Ländern. Doch bemühten sich die Fürsten, bei Papst und Kaiser zu vermitteln, darin einig mit den Hohenzollern, besonders auch unterstützt von Markgraf Albrecht Achill. Im Grunde war es Neutralitätspolitik. Wirklich gelang es, ein kriegerisches Vorgehen des Reiches gegen den böhmischen König zu verhindern. Ein deutliches Merkmal der politischen Beziehungen war es, daß Dr. Gregor von Heimburg, der geistvollste und entschiedenste Vertreter Georgs im Kampf gegen Rom, allgemein berühmt durch seine kühnen und gedankentiefen Schriften zur Reform der Kirche, in ein näheres Verhältnis zu den Wettinern trat; ihm wurde für Erteilung von Rat eine Besoldung aus der sächsischen Kammer gewährt. Diese Haltung der Landesherren, die dem König Georg freundlich war, wurde dadurch erleichtert, daß Bischof Dietrich von Meißen ein schroffes Vorgehen gegen die Ketzer nicht erzwang. Aber in der Bevölkerung hielt die den Hussiten feindliche Stimmung stark an: als von neuem die

Kreuzpredigt gegen sie im Lande erging, fand sie lebhaften Widerhall. In Leipzig und Erfurt verkauften Magister und Studierende ihre Bücher und Kleider und nahmen das Kreuz gegen die Hussiten, um in der Lausitz am Kampfe der Sechsstädte gegen Podiebrad teilzunehmen. Als nun die Kurie ein Verbot des Verkehrs mit den Böhmen ergehen ließ, mußte dies wie eine Grenz- und Handelssperre wirken. Es erwies sich bei den wirtschaftlichen Verhältnissen im Erzgebirge als nicht durchführbar, da die Bevölkerung auf Getreidezufuhr aus Böhmen angewiesen war. So mußte sich der päpstliche Legat Bischof Rudolf von Breslau dazu entschließen, Ausnahmen zuzulassen. Die Herzöge bestimmten ihn, zunächst in ihren Ländern von der Kreuzpredigt abzusehen. Als sie jedoch im Frühjahr 1468 wieder fanatisch aufgenommen wurde (durch die Barfüßermönche in Freiberg), fand sie Beifall bei den Lehensmannen der Herzöge, bei angesehenen Bürgern und Handwerkern, ja diese Kreuziger übernahmen selbst die Durchführung des Handelsverbotes (mit Warenkonfiskation), so daß die Herzöge dagegen einschritten, um eine Schädigung der Wirtschaft ihres Landes zu verhindern. König Podiebrads Lage besserte sich im Sommer 1470, da der Kaiser ihm gegenüber sich günstiger stellte und auch die Kurie zum Einlenken bereit war. Aber bald danach im März 1471 verstarb er. Seinem Ratgeber von Heimburg gewährten die sächsischen Fürsten damals ein Asyl in Tharandt; nach Lösung des Bannes durch den Bischof von Meißen starb er in Dresden (1472).

Eine neue große Aussicht schien den Wettinern zu winken. Der junge, tatenlustige Herzog Albrecht, der Gemahl der Sidonia, erhob Erbansprüche auf Böhmen und versuchte, die Krone zu gewinnen. An der Spitze stattlichen Kriegsvolkes kam er nach Prag und hielt dort einen glänzenden Einzug. Aber in dem Streit um die Königswahl siegte nicht er; am 29. Mai wurde Wladislaw, ein Sohn des Königs von Polen, gewählt. So schien ein großer Kampf bevorzustehen; denn Albrecht fand in manchen Landen, wie der Lausitz und in Schlesien, Anhänger. Doch wurde eine Verständigung mit den Gegnern vorgezogen, zumal auf den Rat des Markgrafen Albrecht.

Schon seit Herbst 1468 war die wettinische Politik, die weitschauend dem Osten zugewandt war, in ein loses Verhältnis zu dem Ungarnkönig Matthias Corvinus getreten, der in Böhmen politischen Einfluß zu erstreben begann. Bei dem Kampf um die Nachfolge Podiebrads gegen König Wladislaw gelang es ihm, Vorteile zu erringen: Mähren, aber auch die Oberlausitz und Schlesien mußten ihm überlassen werden. Die Wettiner suchten nun große Politik zu treiben in einem gewissen Anschluß an Ungarn, zugleich in dem Bemühen, ein enges Verhältnis zum Kaiser aufrecht zu erhalten, eine Lage, die manche Aussichten bot, aber auch die Schwierigkeiten eines Doppelspiels in sich trug, als der Konflikt zwischen Matthias Corvinus und Kaiser Friedrich III. auszubrechen drohte. Auch nach dem ferneren Westen spannen sie ihre Fäden; sie knüpften mit der jung aufstrebenden Macht in Burgund, Herzog Karl dem Kühnen, an, wieder in einer schwierigen Lage, als das Reich in Kampf mit dem Herzog geriet und die sächsischen Fürsten um ihrer Reichspflicht willen in diesen Krieg eintreten mußten. Herzog Albrecht, seiner ganzen Natur nach kampffreudig, hat an dem Krieg am Rhein entscheidenden Anteil gehabt, als des Reiches Marschall und Bannerherr, zumal bei dem Entsatz, den das Reichsheer dem von Karl belagerten Neuß zu bringen vermochte (1475). Bald wurde der Frieden mit Herzog Karl hergestellt, der im Streit mit den Schweizern ein frühes Ende fand. Im Osten aber war wirklich eine Erweiterung des wettinischen Besitzes gelungen: 1472 wurde die Herrschaft Sagan in Schlesien angekauft; 1477 sind auch die Biebersteinischen Herrschaften Sorau, Beeskow und Storkow als böhmische Lehen wiederkäuflich erworben worden. In den Bestrebungen, nach dem Osten vorzudringen (zeitweilig war Herzog Albrecht als Hauptmann des Ungarnkönigs für die Lausitz und Schlesien ersehen), fanden die Wettiner einen Rückhalt an ihm, der damals über die Oberlausitz gebot; sein prunkendes Bild am Tore des Schloßturms der Ortenburg in Bautzen ist noch heute ein Wahrzeichen jener Zeit. Mit den benachbarten Hohenzollern aber, zunächst Markgraf Johann von Brandenburg, stießen sie zusammen; das ursprünglich freundschaftliche Verhältnis trübte sich, indes ohne daß es zum Ausbruch offenen Konfliktes kam. Ein Höhepunkt war der Tag zu Olmütz 1479, zu dem der Ungarnkönig eingeladen hatte. Herzog Albrecht staunte über die dort entfaltete Pracht; der politische Erfolg war ein Vergleich zwischen Ungarn und Brandenburg, wobei die wettinische Vermittlung gute Dienste geleistet hatte.

Die Wettiner lockerten indes bald danach ihr Verhältnis zum Ungarnkönig und wandten sich in ihren Erweiterungsbestrebungen dem Nordwesten, zunächst dem Elbgebiet zu. Taucht hier schon der Gedanke eines Elbstaates auf? Wie dem auch sei, es gelang ihnen ein großer Erfolg, indem einer der Söhne des Kurfürsten Ernst, gleichen Namens, als Erzbischof von Magdeburg angefordert (postuliert) und dann wirklich eingeführt wurde (1476); ja Ernst wurde wenig später, 1479, auch Coadjutor von Halberstadt. Eine Reise des Kurfürsten nach Rom, wo er vom Papste empfangen wurde (1480), galt solchem Bemühen nebst dem Besuch nord- und mittelitalischer Städte und manchem politischen Gespräch. So waren diese beiden wichtigen geistlichen Territorien damals dem wettinischen Machtbereich angeschlossen. Deutlich zeigte sich dies in Halle, wo 1482 eine neue Ordnung eingeführt wurde, welche die Stadt und Bürgerschaft strenger dem Erzbischof unterordnete, gleichfalls in einer mittelbaren Abhängigkeit von der wettinischen Gesamtmacht. Eine Schwester der Fürsten, Hedwig, wurde Äbtissin im Stift Quedlinburg; damals erkannte sie die sächsische Schutzgerechtigkeit über dies zwar kleine, aber nicht unwichtige Stift in der Nähe des Harzes an, auch dies lag nun innerhalb der wettinischen Machtsphäre. Ein gleiches wurde in der Mitte Thüringens erreicht: Erfurt mußte die sächsische Schutzgerechtigkeit anerkennen (1483), nicht als eine sächsische Landstadt, aber doch unter dem herrschenden politischen Einfluß Sachsens. Einer der Söhne des Kurfürsten Ernst, Albrecht, wurde 1482 Erzbischof von Mainz, Inhaber des angesehensten erzbischöflichen Stuhles im Reich, Erzkanzler Germaniens. Damit stieg der politische Einfluß der Wettiner in Thüringen noch an, ja er griff bis nach dem Rheine aus: das ganze mittlere Deutschland war unmittelbar weltlich oder mittelbar durch die geistliche Gewalt dem wettinischen Hause untertan. Als Herzog Albrecht als einziger deutscher Fürst eine Hilfsschar für den Krieg wider die Türken sandte, gewährte ihm der Kaiser eine Anwartschaft auf Jülich und Berg (1483); die Brücke zum Niederrhein schien geschlagen zu sein.

Landesverfassung und Verwaltung im Ständestaat

Die politischen Kräfte, die erfolgreich nach außen entfaltet werden konnten, beruhten neben dem dabei bekundeten Willen auch darauf, daß in jenen Zeiten der meißnisch-sächsische Landesstaat im Innern eine Festigung erfahren hat. Schon in der Erzählung der politischen Vorgänge war mehrfach darauf hinzuweisen, daß ein territorialer und rechtlicher Abschluß nach außen erstrebt und erreicht worden ist. Eine Förderung in dieser Hinsicht brachte der Erwerb der Kurwürde; denn damit war das Recht verbunden, daß die Untertanen nicht vor auswärtige Gerichte gerufen werden durften. Galt dies Recht zunächst nur für das Herzogtum Sachsen, so wurde es auch auf die meißnischen Lande, auf das ganze Giebt des territorialen Staates ausgedehnt. Maßnahmen zum gleichen Zwecke folgten: so untersagte der Kurfürst 1432 das Einholen von Rechtsbelehrungen in Magdeburg bei den dortigen Schöffen. Er verwies vielmehr an den Leipziger Schöffenstuhl, der eine Bedeutung als Berufungsinstanz für das ganze meißnisch-sächsische Landesgebiet erlangte. Völlig unterbunden wurde freilich der Rechtszug nach Magdeburg nicht. Aber deutlich war die Richtung, in der die Entwicklung, wie auch in der benachbarten Oberlausitz, lief. Die Wirksamkeit, die vom Stadtrecht vermöge der Spruchtätigkeit der Oberhöfe ausging, erfuhr Einschränkung; das allgemeine Landesrecht drang vor, wobei die Annahme römisch-rechtlicher Grundsätze Hilfsdienst leistete. Bemerkenswert ist die Stellung zu den westfälischen Freigerichten der Feme, die dank der bei ihnen üblichen Belehnungen durch den König Geltung für das Reich erlangt hatten. Um dem unrechtmäßigen Eingreifen vorzubeugen, schloß sich Markgraf Wilhelm der Feme an und nutzte dies zum Schutze seines Landes; andere Fürsten folgten ihm darin nach. Später jedoch, als jene Gerichte schon in einem Niedergang begriffen waren, wurde ihr Hereinwirken durch Landesordnung ausgeschlossen (1446): die Landesobrigkeit handhabe allein den erforderlichen Rechtsschutz.

In den lehensstaatlichen Verhältnissen der vorangehenden Zeiten war es begründet, daß der Besitz und die obrigkeitliche Gewalt der Landesfürsten nicht gleichmäßig über einen geschlossenen Raum verbreitet, vielmehr mit fremden Herrschaften durchsetzt war und auch innerhalb des Bereiches der Landesherrschaft eine mannigfache Abstufung obrigkeitlicher Befugnisse bestand. So kam es dahin, daß die Inhaber von herrschaftlichen Rechten staatlichen Ursprungs, die sogenannten Stände, eine der Landesregierung nebengeordnete Macht im Staate darstellten. Während des 14. Jahrhunderts waren im meißnischen Gebiet Ansätze dafür vorhanden, aber noch war der Ständestaat nicht ausgebildet; das 15. Jahrhundert ist durch das Emporkommen des Ständewesens auch hier gekennzeichnet. Verursacht war dies in politischen Anlässen sowie in der Notwendigkeit, neue Mittel zur Deckung des Finanzbedarfs zu beschaffen. Schon Friedrich der Streitbare hatte, als er das Herzogtum Sachsen zugesprochen erhielt (1423/24), der Ritterschaft und den Städten das Recht von Beratungen in Landesangelegenheiten zugestanden. Die Zeit nach den hussitischen Kriegen war für eine Steigerung des ständischen Einflusses günstig; die Schulden, die während der Kriegszeit und infolge der Verwüstungen im Lande hatten eingegangen werden müssen, zwangen die Fürsten dazu, bei den Ständen finanzielle Hilfe zu suchen und nach der Bewilligung ihnen Rechte zuzugestehen. In dieser Zeit wurde ein wichtiger Fortschritt in der Ausbildung der landständischen Verfassung getan. Im Jahre 1438 — nach dem Siege bei Brüx — ist zum ersten Male ein eigentlicher Landtag in Leipzig zusammengetreten. Die Grafen und Herren, die Ritter und die Vertreter der Städte aus dem meißnischen Lande, dem Osterlande und auch aus dem Herzogtum Sachsen wurden zur Versammlung berufen. Der Anlaß war in dem Bedürfnis der Fürsten gegeben, Schulden, die gemacht waren, durch eine Steuer im Lande zu decken. Die Stände bewilligten eine Akzise (zise als Abgabe von den Getränken: Wein, Bier). Damit kamen sie den Wünschen der fürstlichen Regierung entgegen. Aber die Fürsten mußten einwilligen, daß die Stände im Falle einer Neuerung im Steuerwesen das Recht haben sollen, sich ungerufen zu versammeln. Als nach der Altenburger Teilung 1445 Mißhelligkeiten eintraten, versammelten sich die Stände aus Meißen, dem Osterland, dem Vogtland und Franken, um selbst für das Wohl der Lande Fürsorge zu treffen. Nun war ein solcher Landtag zunächst nur als vorübergehende Maßnahme gedacht. Aber die Berufungen wiederholten sich. Es fanden Tagungen statt: 1446 in Leipzig, 1451 in Grimma, 1454 wieder in Leipzig. Bei der nächsten Tagung 1458 mußten die Fürsten das weitere Zugeständnis machen, daß die Stände bei der Entscheidung über Krieg und Frieden, also bei den wichtigsten Maßnahmen politischer Art, gehört werden sollten; Ernst und Albrecht bestätigten 1466 ihnen dieses Recht. Hob sich damit die Kraft und Bedeutung der Stände, so wurden sie zugleich als korporative „Gesamtlandschaft" eine Macht, die für die Einheit des Staates eintrat.

Die landständische Verfassung war noch nicht völlig fest durchgebildet. Hoher Klerus, Adel und Städte aus den verschiedenen Landesgebieten nahmen an den Versammlungen teil, ohne daß schon ein Zusammenschluß nach Kurien, wie später, bestand. Die Bischöfe erschienen auf landständischen Versammlungen, doch beteiligten sie sich nicht an den Steuerverhandlungen und sahen die Beschlüsse nur als verbindlich an, insoweit ihre besondere Zustimmung vorlag. Ähnlich hielten es die Grafen und ihnen gleichstehende (freie) Herren,

Abb. 20   Mittelteil des Bergaltars in der St. Annenkirche zu Annaberg

Abb. 21   Inneres der St. Annenkirche zu Annaberg

Abb. 22 Friedrich August I. (der Starke) Kurfürst von Sachsen, König von Polen
(1670–1733)

Abb. 23   Heinrich Graf von Brühl (1700–1763)

die in den Landesstaat nicht voll eingefügt waren, vielmehr auch zum Reiche und zu anderen Reichsfürsten Beziehungen hatten (Dynastien). Die Ritterschaft, die Ehrbarmannen, denen der Ritterdienst mit gerüstetem Pferd und reisigen Knechten oblag, schied sich in zwei Gruppen. Mit höheren Vorrechten waren die beschloßten Edelleute, die Schloßgesessenen, ausgestattet, die einen Herrensitz innehatten mit einem Herrschaftsbereich, ohne der Amtsverwaltung unterstellt zu sein; sie übten die Gerichtsbarkeit über ihre Untertanen aus, in der Regel nicht nur die niedere, sondern auch die höhere Gerichtsbarkeit. Auch die Einhebung der Steuern und das Aufgebot ihrer Untertanen zur Folge und Wehrpflicht (Heerwagen) standen ihnen zu. Da sie selbst zu Leistung des ritterlichen Dienstes unmittelbar von der landesfürstlichen Regierung erfordert und zu den landständischen Tagen eingeladen wurden, sagte man, daß sie auf des Landesherrn Kanzleischrift sitzen, daher wurden sie Schriftsassen genannt. Anders war es bei den ritterlichen Mannen, denen „der Amtmann pflegt zu schreiben". Auch sie hatten ein ritterliches Gut, Sitz oder Sattelhof nebst Vorwerk mit Gutsuntertanen inne. Zumeist stand ihnen nur die niedere Gerichtsbarkeit zu. Von der Amtsverwaltung waren diese Güter nicht befreit; sie zog vielmehr die Steuern ein und ließ das Aufgebot zum Wehrdienst ergehen, daher wurden die Güter als amtssässig, ihre Inhaber als Amtsassen bezeichnet. Von den Städten wurden Mitglieder der Stadtobrigkeit zu den landständischen Tagungen entboten. Es war dies bei den großen Städten der Fall, denen die Gerichtsbarkeit und Rechte der Steuereinhebung zugefallen waren, auch die Fürsorge für Wehr und Waffen ihrer Bürger oder die Stellung der Knechte und Wagen zum Kriegsdienst zukam, so daß auch sie nicht der Amtsverwaltung unterstanden. Diese Städte galten daher später als schriftsässig, unterschieden von den Amtsstädten und Adelsstädten, deren Zahl die jener Städte weit übertraf. So boten die landständischen Tagungen ein Abbild der ständischen Gliederung der Bewohnerschaft im Landesstaat. Die drei „erblichen Stände" waren auf ihnen vertreten, unmittelbar nur nicht das Bauerntum, bei den damals noch ganz überwiegend agrarischen Lebensverhältnissen fürwahr die breite Menge des Volkes, die tragende, feste Grundlage alles sozialen Aufbaus. Nicht also eine echte Volksvertretung waren diese Stände, wohl aber eine Landesvertretung in dem Sinne, daß die Inhaber obrigkeitlicher Befugnisse auf den Landtagen zugegen waren und an den Beratungen und Beschlüssen teilnahmen, zur Vertretung nicht etwa nur berufs- und rechtsständischer Belange, vielmehr zugleich für ihre Untertanen neben der an Zahl wohl kaum sie übertreffenden unmittelbaren Untertanenschaft des Landesherrn. Somit prägte sich im Ständewesen die politische Kräfteverteilung des spätmittelalterlichen Staates in Sachsen neben dem Landesfürstentum wirksam aus.

Die führende Macht blieb bei all dem die landesherrliche Regierung. Trotz der Not und Unruhe der Zeit machte die Landesverwaltung und Behördenorganisation Fortschritte. Üblich wurde die Bestellung juristisch geschulter Kräfte, denen Rechtskenntnis und Geschäftsgewandtheit zukam; war vordem Ausbildung im Auslande dafür nötig gewesen, so war jetzt für die Heranbildung künftiger Träger eines Amtes durch die Universität Leipzig selbst gesorgt. Auch bei der auswärtigen Politik standen solche Kräfte zur Verfügung, die in den mannigfachen Händeln Bescheid wußten und als Ratgeber oder als Gesandte an fremden Höfen die Interessen ihrer Fürsten und ihres Landes wahrzunehmen verstanden. Ebenso wirkten sie in der heimischen Verwaltung mit. Bezeichnend ist es, daß neben den Amtsträgern adligen Standes in höheren Verwaltungsämtern jetzt auch Männer bürgerlicher Herkunft Anteil gewannen; bei einer höheren Stellung zunächst nur dann, wenn sie durch Erwerb der Doktorwürde einen höheren Rang erlangt hatten, aber auch dies nicht ohne Ausnahme. Daneben festigte sich in der Verwaltung ein Berufsbeamtentum für die einfacheren Geschäfte. An der Spitze der gesamten Verwaltung stand der Obermarschall, der im Innern wie nach außen die Politik leitete. Bekannt ist Hugold von Schleinitz, ein wahrhaft bedeutender Mann, der das ganze Gewicht seiner Tatkraft und Weltkenntnis in die

Waagschale der Entscheidungen warf, angesehen, gefürchtet, auch eigenwillig und auf seinen Vorteil bedacht; in den böhmischen Händeln spielte er eine gewichtige Rolle, auch in Rom hat er Verhandlungen geführt. Das Amt des Kanzlers nahm einen neuen Charakter an; der Kanzleiarbeit trat er ferner, der Schwerpunkt lag jetzt in der politisch-juristischen Tätigkeit, dazu in der Beteiligung an der Finanzverwaltung. Die Arbeit in der Kanzlei nahm an Umfang und Mannigfaltigkeit zu; zahlreich sind die verschiedenerlei Geschäftsbücher, die nebeneinandergeführt wurden (Register und Besitzstandsverzeichnisse von 1445), freilich noch nicht in einer ganz bestimmten Arbeitsteilung nach sachlichen Gesichtspunkten, so daß die Bücher Mängel aufweisen und noch keine völlig sichere und klare Übersicht gestatten.

Ein bedeutender Schritt vorwärts geschah in der Finanzverwaltung, die von Jahrzehnten her in arger Zerrüttung lag. War in dem Finanzwesen der vorangegangenen Zeit eine Übersicht bei der Mannigfaltigkeit der Amtsstellen und dem herrschenden Anweisungssystem für einzelne Bedarfsfälle nicht möglich gewesen, so wurde in dieser Hinsicht eine neue Ordnung geschaffen, als 1469 Johann von Mergenthal, bisher Kanzler, zum Landrentmeister ernannt wurde, zugleich mit Überantwortung der fürstlichen Schatzkammer (Silberkammer). Die oberste Finanzverwaltung wurde auf sich gestellt, von den Mittelbehörden gelöst. Der Landrentmeister übernahm die Kontrolle über die gesamte Finanzgebarung, auch über das Münzamt und die Zehnten in Freiberg; sogenannte Beschiede, in Vertragsform mit den Amtsleuten, bezeichneten genau ihre Aufgaben, die Rechnungslegung wurde neu geordnet. Als von Mergenthal 1478 aus dem Amte schied, folgten zunächst zwei Kammerschreiber oder Kammerknechte, ein gewisser Rückschritt in der Verwaltungsordnung. Ein Jahrzehnt später wurde jedoch unter Herzog Albrecht die Finanzreform wieder aufgenommen und nun in vollem Maße durchgeführt. Jakob Blasbalg, ein kaufmännisch, zumal in Bankgeschäften erfahrener Mann, selbst vermögend, der in Schneeberg die Oberzehntamtskasse und die Silberkaufrechnungen geführt hatte, wurde auch mit der Verwaltung der Kammerkasse beauftragt. So konnte 1487 eine völlige Einheit der Gesamtkassenführung, ein einheitlicher Staatshaushalt im Herzogtum Sachsen hergestellt werden. Als Blasbalg, der in Leipzig Bürger geworden war, 1490 verstarb, übernahmen zunächst seine Erben die Geschäftsführung, vor allem Apollonia (aus der Freiberger Familie Alnpeck), seine Gattin, die damals gleichsam wie ein Finanzminister in Sachsen gewaltet hat. Dann wurde nach ihrer Wiederverheiratung ihr Gemahl, Georg von Wiedebach, vordem „Türknecht" Herzog Albrechts und Kassenwart auf seinen Reisen, sodann Rentmeister und Amtmann in Leipzig, mit den Geschäften beauftragt.

Auch das höchste Gerichtswesen wurde einheitlich geordnet. Seit einem ersten gemeinsamen Versuch 1483 begründete Albrecht nach einigem Wandel für das Herzogtum Sachsen albertinischer Linie ein Oberhofgericht in Leipzig (1488), das zugleich mit dem schon berühmt gewordenen Leipziger Schöffenstuhl in Verbindung stand. Im Frühjahr 1493 wurde ihm die Zuständigkeit für die Lande beider Linien gewährt. Es war teils mit adligen Beisitzern, teils mit Doktoren bürgerlichen Standes besetzt und ward bald auch bei der anerkannten Rechtskenntnis der Leipziger Schöffen von auswärts um Rechtsgutachten angegangen. Wichtig ist die Bestimmung, daß nach sächsischem Rechte und subsidiär nach gemeinem Recht geurteilt werden sollte. In der Tat hat die Leipziger Rechtsprechung in der Geschichte der sogenannten Rezeption des römischen Rechtes in Deutschland eine bedeutende Rolle gespielt, nicht in einfacher Herübernahme des fremden Rechtsinhalts, wohl aber in der Fortbildung überkommenen heimischen Rechts dank der Schulung durch die damals formal überlegene, begrifflich klare römisch-rechtliche Jurisprudenz.

Den deutlichsten Ausdruck der strafferen Landesverwaltung zeigten die Landesordnungen, die von den Fürsten erlassen wurden: zuerst eine Landesordnung, die Herzog Wilhelm für Thüringen gab (1446). Es ist bezeichnend, daß darin geistliche wie weltliche Vorschriften gegeben worden sind, vor allem in bezug auf die Landeswohlfahrt. Eine große gemeinsame Landesordnung wurde von Ernst und Albrecht 1482, am 15. April, erlassen, mit Bestimmungen über die Münze, gegen den überhandnehmenden Luxus in der Tracht und bei Festen, wobei die ständische Gliederung des Volkes genau beachtet werden sollte, dazu Vorschriften für Löhne und Preise, Handwerksbetrieb, Überwachung des Verkehrs (zumal im Gastwirtsgewerbe). Bedeutsam ist die Staatsauffassung, die sich in der Ordnung ausspricht. Kraft fürstlicher Macht und Gewalt wird sie erlassen, auf Beschwerden der Stände hin, um wirtschaftlichem Niedergang Abhilfe zu tun. Es geschah im Bewußtsein, daß dies etwas Neues und Schweres sei. Aber den Fürsten ist „die Sorgfältigkeit ihrer Lande aufgelegt"; und darum treffen sie solche Ordnung, obwohl sie wissen, daß sie „mit Veränderung bösen Wesens und Satzung ordentlicher und nutzbarer Dinge von und bei den Unverständigen, Leichtfertigen und in ihrem eigenen vor dem gemeinen Nutz verblendet, viel Argwohn und Nachrede machen", und wenden sich an diejenigen, die „zu unserer und aller unserer Lande und Untertanen Ehren, Bestes und zur Förderung gemeinen Nutzens geneigt sind" — ein Vorgehen, das leider infolge der bald danach eintretenden Landesteilung nicht recht zur Durchführung gelangt ist.

Die Leipziger Teilung

Am 17. September 1482 starb Herzog Wilhelm von Thüringen; sein Land fiel an die Hauptlinie zurück. Der gesamte Besitzstand des Hauses Wettin war wieder miteinander vereinigt. So war dies Haus 1483 (im Geburtsjahr Luthers) eines der mächtigsten Fürstenhäuser ganz Deutschlands, ja das bedeutendste nach Besitz und politischer Kraft nächst dem Kaiserhaus. Indes die Wettiner taten in diesem bedeutsamen Moment das gleiche, was schon zuvor mehrfach geschehen war: es wurde zu einer Teilung geschritten. Inzwischen war bereits eine Auflösung des gemeinsamen Hofhaltes beschlossen worden; die Vermehrung der beiden fürstlichen Familien und des Hofgesindes gab dazu Anlaß. Albrechts Wohnsitz wurde 1482 nach Torgau verlegt; er empfing ein Jahrgeld, sein Einfluß auf die Regierung wurde beschränkt. Nach dem Heimfall Thüringens wünschte Albrecht eine Besserstellung; Schloß Tharandt wurde ihm überlassen. Indes ein Ausgleich war dies nicht. Unzuträglichkeiten persönlicher Art kamen hinzu; namentlich bestand ein Gegensatz Albrechts zu dem Obermarschall des Kurfürsten Ernst, Hugold von Schleinitz. So wurde im Juni 1485 der Entschluß zu einer Hauptteilung gefaßt. Ernst, der ältere, sollte nach altem sächsischen Rechtsbrauch teilen, Albrecht, der jüngere, die Wahl haben, jedoch gegen Zahlung von 25 000 Gulden für das Kürrecht. Einige Landstände wurden damit beauftragt, die Erträge aller Lande festzustellen und danach zwei Teile zu machen. Das Herzogtum Sachsen, die Kur, blieb Ernst vorbehalten; als Hauptteile wurden Meißen und Thüringen (Weimar) bestimmt, auch diese freilich nicht nach dem überkommenen Territorialbestand. Dazu wurden einzelne Stücke gewiesen, so daß nicht abgerundete Gebiete entstanden, vielmehr die Anteile eine Mischung der Lagerung aufwiesen. Der Besitz der Vasallen lag oft in den beiderlei Gebieten, also in Abhängigkeit von den beiden Herren. Eine solche Teilung wurde vorgenommen, um geflissentlich die Einheitlichkeit des Gesamtbesitzes zu wahren; in Wirklichkeit stellten sich freilich Schwierigkeiten heraus. Der östlichere Teil umschloß ein Hauptgebiet um Meißen, Dresden, Freiberg, vom Erzgebirge nördlich bis um Mühlberg (mit 34 Städten); dazu sollte ein nördlicher schmaler Landstrich Thüringens gehören: von der Pleiße (mit Leipzig und seiner Umgebung) westwärts bis zur Werra (mit 22 Städten). Der andere Teil umfaßte das übrige der alten Mark Meißen, Teile des Osterlandes und des Pleißnerlandes, sowie das innere Thüringen als Hauptland um Weimar nebst dem fränkischen Besitz (im ganzen 70 Städte). Gemeinsam sollten bleiben: die Bergwerke, die neu erworbenen Herrschaften in Schlesien und in der Lausitz, die Schutzherrschaft über Erfurt, Nordhausen, Mühlhausen, auch Görlitz, dazu die Schirmherrschaft über das Hochstift Meißen, während das Bistum Merseburg dem meißnischen, Naumburg dem thüringischen Hauptteil angegliedert wurde. Die Schulden, etwaige Anwartschaften und die Lehen sollten gemeinsam bleiben. Dazu wurde die Bestimmung getroffen, daß, wer Meißen wählt, 100 000 Gulden zu zahlen hat. Diese Teilung und ihre Nebenbestimmungen waren so gemacht, damit dem jüngeren Bruder Albrecht Weimar verlockender sein sollte; denn Kurfürst Ernst selbst wünschte in Meißen zu bleiben und sein Obermarschall von Schleinitz hatte Absichten auf die Schlösser Rochsburg und Hohnstein, die im meißnischen Teile lagen.

Ein Tag für die Entscheidung wurde nach Leipzig einberufen; am 9./11. November fand er statt vor den Ständen des Landes. Albrecht legte in einer eindringlichen Rede dar, daß die Vornahme einer Teilung Gefahren mit sich bringe, wies auf die Zerreißung und Vermengung der Lande hin und warnte, vor allem „der schweren Nachbarschaft halben der Krone Böhmens". Aber der Kurfürst verblieb bei dem Entschluß, daß geteilt werden solle. Albrecht wählte nun Meißen, zum Verdruß des Kurfürsten, der nur sehr ungern aus Dresden und Meißen ausschied. — In Frankfurt auf dem dortigen Reichstag erhielt die sächsische Erbteilung die kaiserliche Bestätigung (24. Februar 1486) nebst Verwilligung über die Reichslehen, danach auch durch Maximilian, dessen Wahl zum römischen König soeben erfolgt war.

Schon schloß sich sogleich nach der Leipziger Teilung mancherlei Zwist an. Er wurde im Naumburger Schied 1486, Juni 25., beigelegt, doch kaum so, daß Kurfürst Ernst befriedigt gewesen wäre. Nur wenig später verstarb er am 26. August 1486 nach einem Sturz vom Pferde, einer der Fürsten des meißnisch-sächsischen Landes, die an der Förderung der Landeswohlfahrt großen Anteil gehabt haben, ausgezeichnet durch seine maßvolle und dabei rührige Art des politischen Handelns.

Ein Zeitalter sächsischer Geschichte ging mit diesen Ereignissen zu Ende. Eine neue, gewaltige Zeit zog herauf. Sachsen und das Haus Wettin traten in sie in aussichtsreicher und verantwortungsvoller Stellung ein, aber nicht mehr mit der Vollkraft der Macht, die während des vorangegangenen Menschenalters ihnen zugestanden hatte.

Zwölfter Abschnitt

Volkszustände.
Ausbildung obersächsisch-mitteldeutscher Kultur

Die Lande, deren staatliche Verfassung und Schicksale während der spätmittelalterlichen Jahrhunderte geschildert worden sind, waren seit der großen Ostsiedlungszeit deutscher Volks- und Kulturboden. Immer völliger drang deutsche Sprache und Sitte auch in jenen engumgrenzten Gegenden durch, die nicht erst im Landesausbau auf Waldesgrund durch deutsche Siedler Wohn- und Arbeitsstätten geworden sind. Indes hielt sich wendisch sprechende Bevölkerung, bald mit dem Gebrauch beider Sprachen vertraut, in einzelnen Landstrichen. Für das Jahr 1327 liegen, freilich nur aus recht junger Zeit, Nachrichten vor, die besagen, daß der Gebrauch wendischer Sprache vor Gericht damals in Zwickau sowie Leipzig verboten worden sei, wie dies im Anhaltischen um ein Menschenalter früher geschehen war, nach einer Aufzeichnung (1293), weil das Nebeneinander zweier Sprachen an einem Orte schädlich sei. Es kann sich dabei nicht um das Gericht in den Städten handeln, nur um das Landgericht, innerhalb dessen, im einstigen Burgward, Orte mit wendischer Bevölkerung dagewesen waren. Wirklich ist das Bestehen slawischen Rechtsbrauchs (im Erbrecht; Zollfreiheit der „Wutzschken") um Leipzig bis in jene Zeit erkennbar. Für das meißnische Land wird das gleiche um ein Jahrhundert später bezeugt; hier geschah damals der Übergang aus burggräflichem Besitz in den des markgräflichen Landesherrn und gab wohl den Anlaß zu der Gerichtsreform. Die Bildung von Familiennamen slawischen Ursprunges in dörflichen Ortschaften des Elblandes zeigt, daß der Gebrauch des Wendischen als Haussprache im späten Mittelalter dort noch nicht ausgestorben war (wie auch im Altenburgischen). Das volle Durchdringen deutscher Volkssprache und Sitte vollzog sich ohne Reibung und Widerstand. — In der Oberlausitz hielt sich die wendische Sprache dauerhafter, freilich nur im Altsiedlungsbereich außerhalb der Gebiete der Waldrodung, auch dies in langsamem Rückgang vor der deutschen Umgangssprache, der dank der Kulturüberlegenheit der Deutschen, nicht etwa in geflissentlicher Unterdrückung der wendischen Sprache sich vollzog; ja es scheint zeitweilig ein gewisses Vordringen nach Orten, wo einst deutsch gesprochen worden war, vorgekommen zu sein. Es mag dies daran liegen, daß die wendische Bevölkerung von früher Zeit her in der Oberlausitz dichter seßhaft geblieben ist als im Meißnischen. Die Kirche traf Fürsorge für den Gebrauch des Wendischen bei der Betreuung ihrer Pflegebefohlenen (1293); die auswärtigen Herren des Landes griffen nicht in die volkstümliche Sprachbewegung ein, förderten das Wendische wohl kaum mit ausdrücklichem Gebot, aber wirkten auch nicht dagegen. Eine Aufhebung der wendischen Gerichtssprache ist nicht bekannt. Landgerichte, wie jene im Meißnischen, gab es in der Oberlausitz nicht; bei den gutsherrlichen Gerichten entschied der Brauch. Nur die Stadtgerichte haben einen nachhaltigeren Einfluß auf Ausbreitung der deutschen Gerichtssprache gehabt.

Wirtschaft und Gesellschaft

Der Landesbau erfuhr noch in den Zeiten nach der Hochkolonisation manchen Fortschritt, in weiterem Vordringen in das höhere Gebirge hinauf. Es wurden solche Stellen einbezogen, die für die Anlage großer Fluren in gereihten Waldhufen nicht geeignet waren; so entstanden Kümmerformen der Restsiedlung, wie dies ausgedrückt worden ist. In den niederen Gegenden des Landes, aber auch im Gebirgsland und selbst in höheren Lagen trat bereits ein Rückschlag ein. Im Spätmittelalter kam die Zeit, als eine nicht geringe Anzahl von Siedelorten aufgegeben wurde; die Bevölkerung zog weg, die Siedelstätten blieben unbebaut liegen, die Fluren ringsum wurden „Wüste Marken". Der Anlaß zu dieser Erscheinung war mannigfaltig. Es war in der großen Siedelzeit geschehen, daß solche Plätze zur Ansiedlung gewählt wurden, die nach ihrer Bodenbeschaffenheit minder günstig waren und nun wieder aufgegeben wurden. Manche Wüstlegung trat ein in großen Fehden, die in spätmittelalterlichen Zeiten die Lande schwer heimsuchten; nicht alle Wohnorte, die dabei verwüstet wurden, sind wieder aufgebaut worden. Aber auch wirtschaftliche und soziale Ursachen wirkten auf das Wüstwerden ein. Ländliche Bevölkerung strömte vom platten Lande nach den Städten ab, wo ein leichterer Nahrungsgewinn und andere Annehmlichkeiten zu winken schienen. So finden sich rings um die Städte oft auffallend viele eingegangene Orte. Dazu kam noch ein anderer Vorgang, die Zusammenlegung von kleineren Siedelplätzen mit ihren Fluren zu einem größeren, leistungsfähigeren Dorf mit regelmäßiger planvoller Fluranlage; in solchem Fall erscheinen die aufgegebenen Orte als wüste Plätze, freilich nicht mit einer wüsten Mark, da das alte Flurzubehör in die neue größere Flur aufgegangen ist. Auch die Entstehung einer Ortschaft als Sammelgruppe verwachsender Siedlungen kann ähnlich gewirkt haben. Es wäre nicht richtig, die Schäden ländlicher Wirtschaft im späteren Mittelalter an der großen Zahl der Wüstungen zu messen; aber eine agrarische Krisis prägt sich darin entschieden aus.

War in der einstigen Siedelzeit das Bauerntum für die Erfolge ländlicher Wirtschaft bestimmend gewesen, so nahm nun der Großgrundbesitz die Führung an sich, mit sichtlichen Vorteilen für die Steigerung des Wirtschaftsertrages, aber zugleich mit sozialer Schädigung der landarbeitenden Bevölkerung. Die Entwicklung der Agrarverfassung im späten Mittelalter ist durch die Anfänge umfassenderen Betriebes der Rittergutswirtschaft und Gutsherrschaft gekennzeichnet. Vom Bauerngut unterschiedene Herrengüter (dominicalia) waren schon seit der frühdeutschen Zeit vorhanden, in einem bei vielen glückenden Aufstieg vom einfachen Wehrsitz, Siedel-(Sattel-)hof, auch Turmhof, zum ritterlichen Herrengut. Neue kamen hinzu, teils bei Fortschritten des Landesausbaues, teils auch, indem Schulzenlehen oder Freigüter die Eigenschaft eines ritterlichen Lehens erlangten, was durch Verleihung von seiten des Landesherrn möglich war. Auch konnten landesherrliche Höfe oder klösterliche Wirtschaftshöfe in ritterliche Güter verwandelt werden. Der Name Rittergut tritt zuerst im 15. Jahrhundert auf und bezeichnet mit schwergerüstetem Kriegsdienst, mit Ritterpferden, verdiente Lehen. Eine ritterliche Gutsherrschaft besteht aus einem Herrengut mit Vorwerk, auf dem eine Gutswirtschaft betrieben wird, nebst zugehörigen bäuerlichen Stellen, die bei dem Herrengut liegen, in einer oder mehreren Dorfschaften, möglichst auf geschlossenem Raum ringsum; Streubesitz war sehr wohl möglich. Bei der Bewirtschaftung, die der Herr selbst oder in seinem Auftrag ein Hofmann (Verwalter) leitete, wurde die Arbeit durch eigenes Gesinde und eigene Gespanne geleistet; es waren also landlose Hofknechte unter einem Schirrmeister oder Hofvogt dabei tätig. Aber bei der Bestellung wurden auch Dienste abhängiger Bauern benötigt, je länger je mehr, wenn der Wirtschaftsbetrieb nicht mehr nur auf Bedarfsdeckung für den ritterlichen Haushalt eingestellt war, sondern sich auf Mehrerzeugung und Gewinn richtete. Dies war aber die Entwicklung im späteren Mittelalter bei dem Erstarken der Geldwirtschaft und einer Vermehrung der städtischen Bevölkerung, die einen Absatzmarkt für ländliche Erzeugnisse bot. Im besonderen konnte die Wirtschaft auf Viehzucht (Fleischerzeugung, Milch) und bei der Schafzucht auf Absatz von Wolle für das aufblühende Tuchgewerbe eingestellt werden; auch eine Vermehrung der Getreideproduktion im Nahverkehr wurde lohnend. Die lockende Möglichkeit zunehmenden Vertriebs außer Landes war in Sachsen beeinträchtigt, weil die See fern, die Fracht auf Landwegen und Flüssen für die Früchte der Bodenbestellung schwerfällig war. So war nun die Leitung einer Rittergutswirtschaft darauf bedacht, das zugehörige Gutsareal (den Ritteracker) auszuweiten, dann aber auch die Arbeitsleistungen zu steigern; und da dies bei dem Mangel an freiem Arbeitsgesinde nicht hinlänglich erreichbar war („Sachsengängerei" zu lohnenderem Verdienst nach Thüringen, auch Hessen, fand damals statt), so galt es, die Frondienste der abhängigen Bauern zu vermehren. Der ritterliche Herr, dem Kapital zunächst kaum zur Verfügung stand, nutzte dafür seine obrigkeitlichen Rechte und Befugnisse aus, die er im späteren Mittelalter durch Überlassung von seiten des Landesherrn innehatte. Die Ritterschaft stellte sich um so mehr auf die Steigerung des Wirtschaftsbetriebes ein, weil sie an Einnahmen nicht hinter den reicher werdenden Bürgern zurückbleiben wollte, überdies mit dem Aufkommen des Söldnerwesens die bisherigen ritterlichen Kriegsdienste an tatsächlichem Wert sich minderten. Aber es ist eine Grundtatsache der Agrarverfassung Sachsens, daß die Rittergüter und Vorwerke keine Latifundien wurden, vielmehr vergleichsweise von bescheidenem Umfang blieben, nicht wenige kaum über das Maß eines stattlichen Großbauernguts hinaus.

Unter diesen Umständen vollzog sich das Schicksal der bäuerlichen Volkskreise. Bei den Nachkommen der einst slawischen Bevölkerung sind Erscheinungen eines gewissen Aufstiegs festzustellen. Leibherrliche Bindung, soweit sie noch bestanden hatte, wandelte sich in sachliche Leistungspflicht (Heiratsgebühr, Sterbefall). Das Besitzrecht am Boden besserte sich nach dem Vorbild der deutsch-rechtlichen Siedlung; auch kam die landwirtschaftliche Technik, die angenommen wurde, dem Ertrag zugute. Ein Teil altslawischer Bevölkerung ging allerdings in die niedere ländliche soziale Schicht der Gärtner (mit Feldgärten) ein. Ungünstiger verlief die Entwicklung für die Nachkommen der deutschen Kolonisten. Das Erbzinsrecht, zu dem sie angesetzt worden waren, blieb erhalten; Minderung der persönlichen Freiheit trat wohl kaum ein. Aber es folgten manche Beschränkungen von seiten der Erb- und Gerichtsherren: Verstärkung der Vorbehalte bei der Veräußerung eines bäuerlichen Gutes und seiner Teile, dazu Beseitigung der einst gewährten Freiheiten in bezug auf Steuerzahlung, Burgdienst und dgl. Bei dem Besitzwechsel kam eine Besitzänderungsgebühr auf, die oft als Lehenware bezeichnet wurde und einen nicht geringen Teil des Gesamtwertes, mindestens aber den 20. Pfennig (5 Prozent des Tax- und Kaufwertes eines Gutes) betrug. Auch die Freiheit von Fronden konnte verloren gehen, durch Auferlegung solcher Dienste von Gerichts- und Amtswegen oder bei Erwerb fronpflichtigen liegenden Guts in einer Nachbarflur, auch durch Willkür. Allgemein machte sich das Eindringen der römischen Rechtsanschauungen ungünstig geltend, indem man das Erbpacht- und Erbzinsverhältnis der römischen Emphyteuse verglich, die ein Vertragsverhältnis darstellt, aber die Nutzung in mannigfacher Hinsicht einschränkte, auch die Teilung unter mehreren Erben verbot und gefährlich war, weil schon eine geringe Versäumnis in der Entrichtung des Pachtschillings oder Kanons den Verlust des Gutes herbeiführen konnte. Es ist eine Tatsache, daß die ritterlichen Herren anfingen, bäuerliche Güter in mehr oder minder rechtlichen Formen an sich zu bringen: das berüchtigte Bauernlegen setzte ein, in Sachsen allerdings nicht in ähnlichem Maße wie in den Landen ostelbischer Gutsherrschaft. Sachsen blieb ganz wesentlich Bauernland.

Der bedeutendste Zweig der Urproduktion neben der Landwirtschaft, der Bergbau, erfuhr im späten Mittelalter von neuem erhebliches Wachstum in den alten Revieren mit Freiberg als Hauptort, sowie an neuen Fundplätzen. Seitdem die Kriegsgefahr von Böhmen her abgewehrt schien, begann im Erzgebirge ein neues Suchen nach Erzlagerstätten. Ein erster Erfolg war die Entdeckung abbauwürdigen Zinnes am Geisingberg: von Graupen aus, der deutschen Bergstadt Nordböhmens, die von den Hussiten in Asche gelegt worden war, wurde der Betrieb in Gang gesetzt, im festen Gestein etwa um 1440 (Asmus Röling). Bald wurde die Bergstadt Altenberg gegründet und mit Stadtrecht begabt, eifrig von den Fürsten gefördert; um 1460 war man dabei, den berühmten Aschergraben nach Zinnwald anzulegen. Auch anderwärts wurden neue Zinnfunde gemacht (Ehrenfriedersdorf, Geyer, Thum). Zu angestaunter Höhe schwang sich der Silberbergbau auf. In Schneeberg waren Erze um 1460 entdeckt worden; ein Jahrzehnt später wurden glänzende Funde gemacht, die „Alte Fundgrube" kam in Betrieb. Neue Funde folgten, so daß Schneeberg zeitweilig zur wichtigsten Silberbergstadt wurde. In der Verwaltung war es anfänglich Zwickau unterstellt, wo der Bergzehnt verrechnet wurde und der Berghauptmann Martin Römer sich des neuen Gemeinwesens annahm (1477); es erhielt aber ein eigenes Bergamt. Etwa um die gleiche Zeit kam der Bergbau in Wolkenstein in Gang (Bergrecht nach Schneeberger Vorbild 1477). Um 1480 drang das Schürfen schon nahe in die Marienberger Gegend vor (Entdeckung der Mönchsgrube). Nicht gleich großartig, dafür aber zahlreich und wirtschaftlich wichtig waren die Eisenerzfunde. Im östlichen wie im westlichen Erzgebirge und im Vogtland entstanden kleinere Betriebe und Hammerwerke nebst Schmieden in nicht geringer Anzahl (Frohnauer Hammer bei Annaberg). Goldwäscherei fehlte im Lande nicht, doch war sie ohne wirtschaftliche Bedeutung; aus jüngerer Zeit ist das Auftreten von Goldsuchern (Walen) bezeugt. Von Wichtigkeit wurde für Sachsen der Kupferbergbau in Mansfeld, sowie bei Sangerhausen, das unter wettinischer Landesherrschaft lag; denn auch von Sachsen aus wurde in die wirtschaftliche Auswertung des Abbaues der Kupfererze eingetreten.

In der Wirtschafts- und Sozialgeschichte sind diese neuen Bergbaubetriebe nicht nur wegen ihres Ertrages an edlem Metall und anderen Mineralien wichtig geworden, sondern auch durch die Anfänge eines neuen Betriebssystems, wobei sich Erscheinungen der kapitalistischen Unternehmung ausbildeten. Die Überwachung des Bergbaues geschah im Auftrag der landesfürstlichen Gewalt; denn dem Landesherrn gebührte das Bergregal, wie den Inhabern hoheitlicher Rechte in den benachbarten Herrschaftsgebieten. Ein Berghauptmann stand an der Spitze eines Reviers als oberster Richter; auch der Bergmeister, der die Nutzungsrechte an den Gruben zuwies, war Beamter des Fürsten, sowie der Bergschreiber, der die Rechnungen führte. Dabei war der Ertrag des Bergzehnten, der dem Landesfürsten zufiel, zu berechnen und einzuziehen. Die Berechtigungen an einer Zeche oder Gube wurden nach Anteilen, sogenannten Kuxen, vergeben, mit einer später üblichen Berechnung nach 128 Teilen; dies geschah auf Gewinn oder Zubuße und Verlust. Die Inhaber solcher Anteile hießen Gewerken. Es kam freilich noch vor, daß sogenannte „Eigenlehner" Kleinunternehmer und Arbeitende zugleich waren: wer an einer Fundgrube Anteile erhielt, arbeitete das Erz selbst heraus. Aber es bildete sich eine schärfere Scheidung durch, wenigstens bei den großen Fundstellen und Gruben. Da der Bergbau beträchtliche Kosten zu verursachen begann, bei Anlegung von Schächten und Stollen oder zur Verwendung größerer Maschinen, Hebelwerke, Haspeln und dgl., so war Kapital nötig, um den Betrieb in Gang zu halten. Es setzte sich nun der Brauch durch, daß Inhaber von Kapital nur durch Verlegen solcher Mittel daran teilnahmen, ihren Gewinnanteil beanspruchten und erhielten, ohne selbst an der Arbeit im Bergbau noch mitzuwirken. Kapitalistisches Unternehmertum unterschied sich von den Arbeitenden, wenn auch zunächst noch, namentlich bei kleineren Gruben, das ältere System keineswegs ganz aufgegeben wurde. Unter denen, die unmittelbar an der Arbeit im Bergwerk beteiligt waren, trat eine reichere Gliederung ein. Die Steiger verwalteten die Gruben; Schichtmeister beaufsichtigten die Arbeit, während diese Arbeit selbst von den Berghäuern oder Bergknappen geleistet wurde. Es zeigt sich also dabei eine Scheidung von Aufsicht, Kopfarbeit und Handarbeit. Die Lage der Bergknappen war im späteren Mittelalter nicht durchaus ungünstig, die tägliche Arbeitszeit (Schichtdauer) etwa 7 Stunden, Nachtschicht nur in Fällen der Not gestattet; nicht nur an Sonn- und Feiertagen, auch an Sonnabenden war Ruhezeit. Bei der Entlohnung waren beide Möglichkeiten gegeben: Zeitlohn (Wochenlohn) und Gedingelohn in vertragsmäßiger Entlohnung nach der Leistung. Der Lohn war bei harter und schwerer Arbeit karg, aber höher als bei anderem Lohnwerk, wobei Nebengewinn auf eigene Rechnung nicht aufgeschlossen blieb. Schon kamen auf den sächsischen Bergwerken Lohnkämpfe vor, so daß die Fürsten mehrfach eingriffen (1478, 1496). Auch setzte bereits eine Art sozialer Fürsorge ein, zunächst durch Selbsthilfe, indem sich die Bergleute zu Vereinigungen (Knappschaften) zusammenschlossen und für Krankheit und Alter Fürsorge getroffen ward. Ein reiches, sinniges Brauchtum bildete sich aus; die schmucke Berufstracht, Bergfeste und Aufzüge, fromme und fröhliche Bergreihen geben uns noch heute von dem Treiben des Bergvolks Zeugnis.

Der Ertrag des Silberbergbaues wurde großenteils in Münze ausgeprägt. Dies bot die Möglichkeit, das Silbergeld in Sachsen nach gutem Schrot und Korn hochwertig auszubringen, bei der nicht ausbleibenden Münzverschlechterung in wiederholten Reformversuchen, zu besserer Ausmünzung zurückzukehren; Silber blieb die Hauptwährung, während der Gulden, wichtig als Rechnungsgeld, hier wenig im Verkehr umlief. Aber eine Menge der Erze wurde nach ihrer Verhüttung der weiteren Verarbeitung zu Schmuck und Gerät zugeführt. Wesentlich geschah solche Verwertung beim Zinn, erst recht bei dem gewonnenen Roheisen. Der Erze bemächtigte sich auch der Handel, sei es im Aufkauf der Silberbarren und anderen Rohstoffes, sei es in der Spekulation mit Bergbauanteilen (Kuxen), woran sich Adlige, einzelne Bürger, Stadträte, auch Herzog Albrecht selbst, beteiligten, ein Vorgang von großer wirtschaftlicher Tragweite, weil der dabei erzielte Gewinn — freilich oft genug

„wie gewonnen, so zerronnen" — der anwachsenden Vermögensbildung namentlich in bürgerlicher Hand diente. — Auch andere Bodenstoffe wurden gewerblich ausgewertet: im Steinbruchsbetrieb, in der die Tonerde verarbeitenden Töpferei, in den Glashütten. Mit dem Bau von Papiermühlen siedelte sich auch das Papiergewerbe seit dem Spätmittelalter an, im Gebirge, wo Holz und klares fließendes Wasser der Bäche nutzbar war. So entstand im Zusammenhang mit dem Bergbau eine reichhaltige, der Rohstoffveredelung dienende gewerbliche Tätigkeit in Sachsen, vorerst als ein bodenständiges Gewerbe. Aber schon zeigten sich auch die Anfänge einer „arbeitsorientierten Industrie", sobald ein Unternehmertum heimischer oder auswärtiger Herkunft (sogenannte Landfahrer) begann, vorhandene Arbeitskräfte, zumal wenn sie in Zeiten mangelnder Ausbeute der Bodenschätze brach zu liegen drohten, mit Aufträgen nach Art des kapitalverwertenden „Verlags" nutzbar zu machen, wie dies in der nachfolgenden Zeit hochkam.

Infolge des Bergbaues und der neu eingeführten Gewerbe hob sich die Volkszahl auf dem Lande, wenigstens gegendweise, trotz der Verluste durch Krieg und Agrarkrisis. Indes im Verhältnis nahm während des späteren Mittelalters weit mehr die städtische Bevölkerung und ihre Bedeutung innerhalb der gesamten Bewohnerschaft über das früher erreichte Maß hinaus zu. Es kam noch einmal eine Zeit der Städtegründungen. So strömten in Schneeberg nach den ersten Funden Bergbaulustige zahlreich zusammen und siedelten zunächst in ungeordneter Weise nebeneinander; aber bald wurde eine neue Stadt angelegt (1477). Noch planvoller geschah dies bei den in der anhebenden Reformationszeit gegründeten Bergstädten. Die Bewohnerschaft der meisten großen Städte Sachsens war, an jüngeren Zahlen gemessen, freilich noch sehr gering. Selbst die größten erreichten um 1474 nur etwa die Zahl von 5000 Einwohnern, ausnahmsweise gegen Ausgang des 15. Jahrhunderts mehr. So war es in Freiberg der Fall, auch in Leipzig (vor 1500 vielleicht schon 6000—7000 einschließlich der Universitätsangehörigen). Dresden ohne Vorstädte wird kaum 4000 Einwohner gehabt haben, Chemnitz stand dahinter zurück, andere zählten etwa 1000, die kleinsten nur gegen 500. Bautzens Einwohnerzahl wird für das Jahr 1400 auf 5500 berechnet; nach den Hussiteneinfällen sank sie auf 3500 (1436). So ist der vorherrschende Typus durchaus die Kleinstadt gewesen. Auch die Vermögensverhältnisse blieben ganz dürftig; ein Vermögen von ein paar hundert Gulden galt schon für ungewöhnlich. Bei der städtischen Wirtschaft spielte die landwirtschaftliche Beschäftigung eine noch vergleichsweise nicht unbedeutende Rolle. In den kleineren und mittleren Städten, den Städtlein, gründete sich die Wirtschaft der Bürger sogar noch großenteils auf Nutzung des Feldbesitzes; daneben wurde einiger Handel und Gewerbe betrieben. Auch in den größeren Städten gab es unter den angeseheneren Bürgern solche, die ein Vorwerk oder Gut bewirtschaften ließen und wesentliche Einkünfte daraus zogen; ja, sie gehörten zu den führenden Familien, zum „Patriziat". Aber der Kern der Bürgerschaft ernährte sich von Handel und Gewerbe. Vornehmlich geschah dies in der Beherrschung eines Marktbereiches rings um die Stadt. Indes auch der Fernverkehr spielte eine Rolle. Der Gewerbebetrieb in manchen Städten wies bereits ein Ausmaß auf, wonach er, wenigstens in einzelnen Zweigen, auf Absatz für weitere Entfernung sich einstellte. So in den Städten, in denen das Tuchgewerbe betrieben wurde (Rochlitz, Reichenbach, Plauen, Meißen, Bautzen u. a.), wobei bereits eine gewisse Produktionszerlegung sowie Scheidung von Handwerk und Verkaufsgeschäft eintrat (Weben, Walken, Färben mit Waid aus Thüringen u. a.; Tuchhandel in Ballen, Gewandschnitt, auch Lieferung nach Nürnberg an das dortige Veredlungsgewerbe). Chemnitz war seit Mitte des 14. Jahrhunderts Mittelpunkt eines großen Bezirkes, für den das Bleichrecht galt: die Leinenerzeugnisse mußten nach Chemnitz zur Bleiche gebracht werden, so daß von hier aus der weitere Vertrieb besorgt wurde. Dieses Chemnitzer Recht ist von den Landesfürsten 1357 urkundlich niedergelegt. Bei vielen Städten spielte die Bierbrauerei eine größere, ja maßgebende Rolle im gewerblichen Leben; denn nicht nur die Stadt selbst wurde damit versorgt, sondern es galt auch eine Braugerechtigkeit in dem Sinne, daß Dörfer ringsum zur Abnahme verpflichtet waren. Auch auf andere gewerbliche Erzeugnisse wurde solches Bannmeilenrecht ausgedehnt. Es kam daher je länger je mehr zu mancherlei Kämpfen zwischen Stadt und Land. Die ländlichen Gutsherrschaften strebten danach, ein ländliches Handwerk zu fördern und den eigenen Wirtschaftszielen nutzbar zu machen, wogegen die Städte ihre Vorrechte zu festigen sich bemühten. Die Landesfürsten entschieden dabei öfter zugunsten der Städte, da sie den Städten gegenüber zumeist wegen ihrer Verschuldung eine entgegenkommende Haltung einzunehmen gezwungen waren. Innerhalb der städtischen Gewerbe kam die Zunftverfassung zu größerer Ausbildung als je zuvor. Verursacht war dies in einer Zunahme der Zahl der Gewerbetreibenden, wobei eine berufliche Sonderung eintrat. So schlossen sich innerhalb des Gewerbes die einander nahestehenden Handwerker zu Innungen zusammen. In Leipzig und Dresden, sowie auch anderwärts, hat die Zahl der Innungen im 14./15. Jahrhundert sich nicht unbedeutend vermehrt. Organisiert strebten sie auf wider den Stadtrat und das städtische Patriziat. Indes verliefen diese Kämpfe in den meißnischen Landen vergleichsweise glimpflich, nicht so heftig wie in Süddeutschland und in Thüringen (namentlich Erfurt). In der Oberlausitz, wo die Selbständigkeit der Städte größer war, haben sich heftige Zunftkämpfe abgespielt, mit schweren Zusammenstößen in Bautzen, so daß der Inhaber der Landesgewalt mit harten Strafen eingriff. Die wachsende Kulturentwicklung des deutschen Ostens wirkte belebend auf den Verkehr in dem Übergangsgebiet an der Mittelelbe zwischen Saale und Görlitzer Neiße ein. Ein verzweigtes Netz der Verkehrswege legte sich über das Land, unter denen einige Hauptwege als die meist begangenen erkennbar sind. Schon hatte Leipzig die Bedeutung des wichtigsten Knotenpunktes und Stapelorts. Die älteste Hauptstraße des West-Ost-Verkehrs war die sogenannte „Hohe Landstraße", die via regia Lusatiae. Vom Rhein und Main (Frankfurt) führte sie über Thüringen (Eisenach, Erfurt, Eckartsberga) nach der Saalepforte bei Naumburg, über Weißenfels nach Leipzig; von dort weiter über Wurzen, Oschatz, den Elbübergang (bei Merschwitz, später Riesa), Großenhain, Königsbrück, Kamenz nach Bautzen. Hier mündete eine Hauptstraße ein, die von Franken her, besonders von Nürnberg, nach dem Vogtlande (Plauen) und längs des Nordrandes des Erzgebirges über Zwickau, Chemnitz, Freiberg auf Dresden zu führte (die „Frankenstraße", auch Reichsstraße), dann weiter nach Bautzen. Von dort ging die Hohe Straße, den Verkehr von Leipzig her aufnehmend, über Görlitz und Liegnitz nach Breslau. Die nördlich von der hohen Landstraße über Eilenburg nach Torgau abzweigende Straße führte über Cottbus, Sorau, Sagan nach Schlesien, die sogenannte Niedere Landstraße, wesentlich nicht durch kursächsisches Gebiet. Eine Hauptstraße des Handelsverkehrs führte in südnördlicher Richtung von Hof (Verbindung mit Nürnberg) nach Plauen i. V., mit Einmündung des Weges von Eger her, sodann über Reichenbach, Zwickau, Altenburg und Borna nach Leipzig; auch ein Weg mit Berührung der Städte an der Weißen Elster, Gera und Zeitz, konnte eingeschlagen werden, wobei eine Querverbindung von Westen her (Saalfeld, Jena) bestand. Aus dem Süden von Nürnberg her ging weiter westlich ein wichtiger, schon früh viel benutzter Verkehrsweg durch Thüringen nach Naumburg und mündete dort in die Hohe Landstraße ein. Verbindungen führten auch von Leipzig nach der Erzgebirgslandschaft und über die Gebirgspässe nach dem nördlichen Böhmen: schon früh ein Weg über Freiberg oder Öderan nach Brüx, später der über Chemnitz, Zschopau und Reitzenhain nach Komotau, beide weiter nach Prag. Auch nach dem Norden zu strahlte ein lebhafter Verkehr nach Leipzig aus, in Richtung auf Braunschweig, Magdeburg und Wittenberg, darüber hinaus bis zur Nord- und Ostsee. Als ein wichtiger Verkehrsweg wurde die Elbe benutzt. Als Umschlagsplatz war am Ausgang des Elbsandsteingebirges Pirna bedeutend; die von König Johann von Böhmen 1325 bestätigte Zollordnung zeigt die Mannigfaltigkeit des Handelsverkehrs auf dem Strom sowie auf den einmündenden Landstraßen. Pirna besaß damals die Stapelgerechtigkeit, worüber ein Streit mit Dresden ausbrach (Verleihung des Stapelrechts, der Niederlage für die nach Böhmen gehenden Waren, an Dresden 1455). Dresden hob sich erst gegen Ausgang des Mittelalters, als es von den Landesfürsten wesentlich begünstigt wurde. Ein Straßenknotenpunkt mit Elbübergang war Meißen. Weiter nördlich waren die von der hohen Landstraße benutzten Elbübergänge, sowie Torgau wichtig. Stromabwärts gelangte man, freilich in beschwerlicher Fahrtrinne, bis Magdeburg und Hamburg. — In der Oberlausitz wurde die west-östlich führende Straße von Nord-Süd-Wegen nach Schluckenau, weiter östlich von Bautzen über Zittau nach dem nördlichen Böhmen; dazu bestand eine Verbindung von Zittau nach Görlitz und Lauban, südlich gleichfalls mit einem vielbegangenen Verkehrsweg nach Böhmen hinein bis Prag.

Bei dieser Entwicklung des Verkehrsnetzes ist es verständlich, daß Leipzigs Handelsbedeutung anwuchs. Besonders geschah dies, seitdem die großen Kaufhäuser Deutschlands, namentlich aus Nürnberg, Handelsverbindungen mit dem deutschen Nordosten bis nach Ostpreußen hin anknüpften. Leipzig war gleichsam ein Vorposten des Nürnbergischen Handelns; eine Tafel über die Handelswaren in der Alten Waage zeigt deutlich diesen Verkehr. Erst später vermochte die Leipziger Kaufmannschaft sich zur größeren Selbständigkeit gegenüber den Nürnbergischen zu erheben, zumal als der Ertrag des Silberbergbaus Kapital zuzuführen vermochte. Leipzig wurde der beherrschende Verkehrsmittelpunkt Mitteldeutschlands. Bezeichnend ist es, daß keine der meißnisch-sächsischen Städte, auch nicht Leipzig, der Hanse angehört hat. Die südlichsten Hansestädte in diesen Gegenden waren Halle und Naumburg.

Eine Belebung des Handels wurde in manchen Städten erzielt, indem neben dem gewöhnlichen Verkehr auf den Wochenmärkten ihnen Jahrmarktsgerechtigkeit verliehen wurde. So haben die Landesherren Dresden mit Jahrmärkten ausgestattet; altberühmt war der Gallimarkt, seit 1488 der Fastenmarkt, auch der Weihnachtsmarkt mit dem Verkauf der beliebten Christbrode (Striezel). Bei weitem über alle Jahrmärkte im Lande erhoben sich die Märkte in Leipzig, die anfänglich auch Jahrmarktscharakter gehabt haben. Indes stieg ihre Verkehrsbedeutung so hoch, daß sie den Messen Mittel- und Westeuropas zu vergleichen waren. Schon früh, wenigstens seit dem 13. Jahrhundert, bestand Meßverkehr. Zu den Oster- und Michaelismärkten, die aus der Verkehrsgewohnheit ohne Gründung hervorgegangen sind, kam der Neujahrsmarkt, der auf Grund eines kurfürstlichen Privilegs vom 1. November 1458 ins Leben gerufen wurde, ein Zeichen für die zielbewußt den Verkehr hebende sächsische Wirtschaftspolitik. Die Erteilung der großen Meßprivilegien, auf denen sich später Leipzigs überragende Bedeutung als Messestadt erhob, gehört erst der nachfolgenden Epoche an.

Sprachformendes Geistesleben

Wie in Wirtschaft und Gesellschaft, so zeigte es sich auch in den Vorgängen des geistigen Lebens, daß das Land deutscher Kulturboden war. Das Gebiet östlich der Saale bis zur Lausitz hin gehörte dem großen ostmitteldeutschen Sprachraum an. Die Sprache, die hier im Volke als Umgangs- und Haussprache zur Anwendung kam, war eine koloniale Sprache, gemischt aus Sprachelementen verschiedener Herkunft, die auf den Siedlungsbahnen vorgetragen waren und danach unter dem Einfluß jüngerer Kulturströmungen durch den Verkehr Berührung, Durchkreuzung und Ausgleich untereinander fanden, auch mit mancherlei Elementen der Hochsprache durchsetzt wurden. Hereingebracht wurden sie im Süden von Ostfranken her (nebst einer Beimischung des Nordbairischen) nach dem Vogtland und weiter längs dem nördlichen Erzgebirgsrand, auf einer mittleren Siedelbahn von dem rheinischen Westen und aus Thüringen her, dazu im Norden aus Niederdeutschland mit einem besonderen Einschlag aus den Niederlanden. In sprachgeographischer Hinsicht werden Sprachstaffeln und Schwingungsfelder beobachtet, in Auswirkung solcher Art des Vordringens und der Verbreitung der sprachlichen Erscheinungen. Einzellandschaften sind da, die ihre Besonderheiten aufweisen, je nach der Abstammung des Siedlertums und den Einwirkungen des Verkehrs, der die Sprache bereicherte und umformte, mit Übergangserscheinungen und Berührungszonen. Über all dem erwuchs eine Sprache übergeordneter Art, die obersächsische Umgangssprache, die aus der Geschäfts- und Verkehrssprache des ausgehenden Mittelalters und der Neuzeit hervorgegangen ist. In der Urkundensprache des 14. Jahrhunderts, deutlicher im 15. Jahrhundert, wird sie faßbar. Elemente der heimischen Mundarten sind darin erkennbar, aber ein Einfluß, der aus einer Linie Nürnberg-Eger-Prag nach Norden zu vordrang, wirkte wesentlich darauf. Es waren Vorgänge zur Ausbildung der neuhochdeutschen Schriftsprache. Auffallend ist, daß mitteldeutsche Mundart im Bereich der wendischsprechenden Bevölkerung der Lausitz später nicht sich zeigt, vielmehr das Hochdeutsche aufgenommen wurde, erklärlich aus der Zeit, in der die Wenden sich dem Gebrauch der deutschen Sprache in der Lausitz angepaßt haben.

Hat Sachsen in der Geschichte der deutschen Schriftsprache damals seiner Lage gemäß eine wichtige Aufgabe erfüllt, so waren die Leistungen in Dichtung und Kunstprosa nur ganz unbedeutend. Kein Dichter von Ruf, kein dichterisches Werk ist aus dem späteren Mittelalter zu nennen. Der Meistersang fand einige Pflege; aber er war nur von Wert für den Schmuck des geselligen Lebens an einzelnen Orten, nicht in weiter Wirkung oder mit einem Nachklang in der Geschichte der Literatur. Regsamer betätigten sich die besonders in Sachsen heimischen Bruderschaften des „Kalands", die mit der Pflege des geistlichen Gesanges Liebestätigkeit und Geselligkeit verbanden. Ohne literarischen Wert, aber als eine Art einfachster epischer Darbietung, die Eingang beim Volke fand, sind Lieder mit geschichtlichem Stoff zu nennen (vom sächsischen Prinzenraub). Auch Berichte in Prosa über Ereignisse, die allgemeine Aufmerksamkeit hervorriefen, entstanden: eines über die Bezwingung der Burggrafen von Dohna und den Adelstanz, der Anlaß zur Fehde gab. Ein großes Werk heimischer Geschichtsschreibung, freilich nicht von allgemeiner Bedeutung, war die Fürstenchronik des Hauses Wettin, die Johannes Tylich, Lehrer an der Juristenfakultät zu Leipzig, auf Grund eines älteren Textes bearbeitet und fortgesetzt hat (um 1420), mit mancherlei Nachrichten auch zur Landesgeschichte. Die Schrift fand Verbreitung, wurde ins Deutsche übersetzt (1426) und mit Zusätzen und Änderungen versehen, fortgeführt, 1518 als „Meißnische Chronica" gedruckt und mehrfach neu aufgelegt: ein erster Versuch, meißnisch-sächsische Geschichte in größerem, geordnetem Zusammenhang darzustellen.

Deutlicher und eindrucksvoller spiegelt sich die Kulturentfaltung der meißnisch-sächsischen Lande in der Kunst des späteren Mittelalters wider. Während des 14. Jahrhunderts war es mit der Kunstpflege minder gut bestellt; dies erklärt sich wohl aus den Nachwirkungen der vorangegangenen unfriedlichen Zeit und den Schwierigkeiten der äußeren Lage. Aber es fehlte nicht an einzelnen bemerkenswerten Leistungen. Das Langhaus des Meißner Domes erstand erst in jener Zeit zu seiner vollen Größe, eine lichtdurchflutete, von schlanken, hochanstrebenden Pfeilern getragene Halle in schlichter Klarheit und Reinheit des Stils; am Südquerschiff stieg der „höckerichte" Turm empor mit seinem luftigen ziervollen Steinhelm. Am Westbau ließ der erste sächsische Kurfürst wettinischen Stammes die „Fürstenkapelle" in reicher Gotik anfügen (1425). Erst im 15. Jahrhundert, in der Spätzeit der Gotik, trat in Sachsen ein neuer Aufschwung ein, der in dem wachsenden Reichtum und in neu sich darbietenden Aufgaben begründet war.

Bemerkenswert ist ein Vorgang unter den Steinmetzen. Die deutschen Steinmetzen standen in einem über weite Räume Deutschlands ausgebreiteten Verband. Auch von Sachsen aus waren Beziehungen zu Süddeutschland, namentlich zur Straßburger Hütte, unterhalten worden. Aber nun kam es zu einem Streit; auf einem Tage zu Torgau 1462 wurde der Versuch gemacht, zur Selbständigkeit zu gelangen. So zeigt sich auch in der Kunst die wachsende Eigenbedeutung des meißnisch-sächsischen Landes. In vollem Maße kam dies freilich erst in der nachfolgenden Zeit zur Auswirkung.

Unter den weltlichen Bauten war die bedeutendste die Albrechtsburg in Meißen, eine Schöpfung Arnolds von Westfalen, später fortgesetzt unter Leitung Konrad Pflügers. Der Aufbau dieses palastartigen hochansehnlichen Schlosses ist noch in der gotischen Baukunst ausgeführt; die Art der Raumbildung im Innern, auch die prächtigen Deckengewölbe, sind dafür Zeugnis. Aber es zeigt sich das Streben, nach außen eine Vereinfachung zu erzielen. Die äußeren Anzeichen der Gotik, Strebepfeiler und Spitzbogen, sind nicht verwandt. Die Geschosse liegen übereinander durch horizontale Linien geschieden; bei den Fenstern sind die sogenannten Vorhangbögen charakteristisch mit ihrer Betonung der Breite, statt der Höhe des geteilten Bogens. So stellt sich das Bauwerk als ein Erzeugnis einer Zeit des Überganges und der Vorbereitung dar, nicht eine Nachahmung italienischen Vorbildes, aber im Grundgedanken schon dem angenähert, was der heraufkommende Stil der Renaissance anstrebt.

Zahlreich sind im späteren Mittelalter die Burgbauten als wehrhafte Sitze ritterlicher Adelsfamilien. Sie prägen noch ganz die gotische Bauweise aus, im steilragenden Aufriß, in der vielförmigen Anordnung der Räume, auch in der Gestaltung der Kapellen, meist freilich so, daß die Burg als ein Erzeugnis einer Folge von Zeitaltern erscheint, von der romanischen Baukunst durch die gotische bis in eine jüngere Stilepoche hinein. Ein eindrucksvolles Beispiel dafür ist namentlich die Burg Kriebstein, die unter Hugold von Schleinitz einen stattlichen Ausbau erfuhr, gleichwie er das von ihm besonders geliebte Rochsburg zu dem noch heute sehenswerten Burgsitz gestalten ließ. — Auch der Bau von Rathäusern wurde in gotischer Zeit aufgenommen; sie dienten den Zusammenkünften des Rates und den Gerichtssprachen, auch geselligen Zwecken, bargen die Waffenkammer und wurden als Kaufhaus (besonders für Kleinhandel mit Tuch) benutzt.

In der kirchlichen Architektur und Bildnerei weist Halle am frühesten eine Schöpfung von großem Wert auf: die Moritzkirche mit ihrem wundervollen Chor, das Werk Konrads von Einbeck (um 1410), darin die ergreifende Darstellung der von ihrem Gram durchbebten Mater dolorosa, der Schmerzensmann mit dem derben Ausdruck des körperlichen Leidens und die verzerrte Gestalt des Christenverfolgers, Kaiser Maximilian, nach dem der Teufel greift (der berühmte Schellenmoritz). Auch in Sachsen sind nicht wenige Kirchenbauten der Spätgotik begonnen worden, oder man nahm An- und Umbauten vor. Dabei wirkte sich die Schule des Meisters Arnold von Westfalen aus. Er selbst ersann den Bau der höheren Turmgeschosse an der Westseite des Meißner Domes, führte sie hoch und krönte sie mit Spitzen. In Rochlitz wurde ein Bau an der Peterskirche, vor allem aber unter Arnolds Mitwirkung an der Kunigundenkirche vorgenommen. Auch der große Neubau der Marienkirche zu Zwickau begann 1453, um die gleiche Zeit erstand der spätgotische Teil der Johanniskirche in Plauen. In Dresden entstand im gotischen Stil die Klosterkirche an der Brüdergasse, die Sophienkirche. Noch herrschten Spitzbogen und Maßwerk, Strebepfeiler und schwer lastende Gewölbe; aber ein Streben nach Breite und Ausweitung des Raumes war sichtbar. Größere Vollendung erreichte der Kirchenbaustil erst in der nachfolgenden Zeit, schon mit Aufnahme neuer Baugedanken und als Ausdruck eines neuen Lebensgefühls.

Einen ersichtlichen Aufschwung nahmen auch die Bildnerei und Malerei; beide gingen damals Hand in Hand, zumal bei den Erzeugnissen der Holzschnitzkunst, die bemalt zu werden pflegten. Kunstvolle Altarschreine wurden gestiftet und hergestellt, die in Stadtkirchen wie auch in ländlichen Kirchen zur Aufstellung kamen. Der Einfluß der böhmischen Malerschule trat zurück; dafür wirkten sich bedeutend die Kölner Malerschule, auch die flandrische Malerei, aus, noch mehr die Kunst von Franken her, namentlich aus Nürnberg. Eine in ihrem Gestaltenreichtum, dem klaren Umriß der Zeichnung und der Farbenschönheit anziehende Leistung, die dies bezeugt, ist das Gemälde des Altarschreins der Stadtkirche zu Zwickau, das von Michel Wolgemut, dem Lehrer Albrecht Dürers, ausgeführt worden ist (1479). Der gleichen Zeit gehört ein Flügelaltar der Kriebsteiner Burgkapelle an, dessen Predella durch die Darstellung historischer Begebenheiten merkwürdig ist, die für Hugold von Schleinitz Erlebnis waren: König Podiebrads Bann und die kirchliche Bestattung, Herzog Albrecht als Kreuzfahrer (mit weißem Kreuz auf rotem Feld) — das Ganze wohl ein Werk, das niederländische Kunstweise bekundet. Waren so die Einflüsse von außen her zunächst vorherrschend, so setzte sich auch eine heimische Kunstübung allmählich durch. Es ist zu beobachten, daß Mittelpunkte im Lande für Kunstpflege vorhanden waren, von denen aus die Werke für einen weiteren Umkreis hergestellt wurden: Leipzig, Zwickau, Freiberg, Großenhain, so daß sich ein Einfluß von den Städten aus für das umgebende platte Land bemerkbar machte. Der Kunststil war noch die Spätgotik; nur wenig zeigen sich schon die neuen Gedanken, die zur Renaissance hinleiten. Ein besonderes Erzeugnis der Malerei ist in Zittau das sogenannte Hungertuch (gestiftet vom Gewürzkrämer Joh. Gorteler 1472), das während der Passionszeit in der dortigen Johanniskirche ausgestellt wurde und eine in Temperafarben ausgeführte Darstellung der gesamten biblischen Geschichte aufweist. Auch die Steinskulptur hat nicht unbedeutende Werke hinterlassen; die Grabmäler, schon mit einer das Vorbild nachahmenden Behandlung des Kopfes, sind uns Zeugnisse des Erscheinungsbildes der damaligen Menschen. Ein frühes gutes Beispiel ist der Grabstein des Ritters K. v. Theler aus Höckendorf bei Dippoldiswalde (nach seiner Kreuzfahrt 1378, kniend in voller Rüstung); in ganzer Generationenfolge stellen sich die Denkmäler derer von Schleinitz in der Barbarakapelle zu St. Afra, Meißen, dem Beschauer dar, aus der bürgerlichen Gesellschaft der Kopf des Dresdener Ratsherrn und Bürgermeisters Lorenz Bußmann († 1412) und seiner Gattin in der Taufkapelle der Sophienkirche.

In der Geschichte des Bildungswesens war die Gründung der Universität Leipzig (1409) das bedeutendste Ereignis, dessen schon im Zusammenhang der politischen Geschichte gedacht war. Die Hochschule, die der seit 1389 in Erfurt gegründeten in Mitteldeutschland zur Seite trat, wurde voll ausgestaltet, durch Fürsorge für die Juristen und Mediziner neben den Theologen und „Artisten" ergänzt, im Grunde eine Anstalt halbgeistlichen Charakters. Kurfürst Friedrich der Sanftmütige ließ eine neue Ordnung der Einkünfte vornehmen (1438) und stattete die Universität mit reichem Grundbesitz aus, mit den drei alten Universitäts-Dorfschaften Hohenheida, Gottscheina und Merkwitz, dazu mit Einnahmen in Geld oder Getreide. Den ursprünglich gegründeten zwei Kollegien der Fürsten wurden andere hinzugefügt, am bedeutendsten das sogenannte Frauenkolleg (Collegium beate Mariae virginis), das vom ersten Rektor Joh. von Münsterberg gestiftet worden ist. Daneben entstanden verschiedene Bursen, in denen einzelne Lehrer der Hochschule mit ihren Scholaren wohnten und auch Unterricht erteilten. Studierende, die in der Stadt bei Bürgern wohnten, mußten einen Lehrer haben, der die Aufsicht über sie übernahm. Die Universität gliederte sich in vier Nationen, unter denen die meißnische die erste Stelle einnahm. Diesen Nationen, in die Lehrende und Studierende durch Eintragung in die Matrikel (Inskription, Immatrikulation) aufgenommen wurden, war die allgemeine körperschaftliche Verwaltung der Universität anvertraut. Von ihnen wurde das Oberhaupt, der Rektor, gewählt; ihm zur Seite standen Organe für die Gerichtsbarkeit (Karzer), die Verwaltung des Grundbesitzes u. a. Für die Lehre gliederte sich die Hochschule nach den vier Fakultäten. Die Artistenfakultät, die der späteren philosophischen entspricht, diente einer allgemeinen Ausbildung, die sich über das, was an den Lateinschulen geboten wurde, nicht wesentlich erhob. Der Unterricht, in lateinischer Sprache erteilt, erfolgte in den sieben freien Künsten (im Trivium und Quadrivium); eine pädagogische Anstalt für ganz Jugendliche zur Einführung war angeschlossen. Dem Abschluß diente eine Prüfung mit Verleihung des Titels

Baccalaureus. Wer die Lehrberechtigung erwarb, hieß Meister der freien Künste (magister artium). Dem Studium bei den höheren Fakultäten durfte man sich nur zuwenden, wenn das Studium an der Artistenfakultät abgeschlossen war. Dabei verblieben diejenigen, die nun Medizin, Jura und zuletzt Theologie studieren wollten, oft im Zusammenhang der Philosophischen Fakultät als Lehrende, so daß eigene Lehrtätigkeit und Studium miteinander verbunden waren. In den oberen Fakultäten wurde die Würde eines Lizentiaten (mit der Erlaubnis, Lektionen zu halten), danach die eines Doktors verliehen. Als höchste Würde galt die des Doktors der Theologie, höher als eine „Professur".

War die wissenschaftlichen Leistungen in jener Zeit betrifft, so waren sie ganz auf die scholastische Art spätmittelalterlicher Wissenschaftspflege eingestellt. Bedeutende Lehrer, die auf den allgemeinen Stand der Wissenschaft in Deutschland namhaften Einfluß ausübten, vermag die Leipziger Hochschule im 15. Jahrhundert kaum aufzuweisen. Nur etwa Nikolaus Weigel erwarb sich einen größeren Ruf durch Abfassung eines umfangreichen gelehrten Werkes über Ablaß und Buße, in Verteidigung der Lehrmeinung, daß der Ablaß nur den Erlaß der Kirchenstrafe, nicht Sündenvergebung erwirke. Selten traten einmal Männer in Leipzig auf, die von den Bestrebungen des frühen Humanismus gedanklich tiefer berührt waren. Als Peter Luder von Erfurt, dessen Hochschule in Blüte stand, 1462 nach Leipzig kam, um die „Barbarei" der Universitätslehrer zu vertreiben und nach Humanistenart Poesie und Rhetorik zu lehren, vermochte er sich nicht zu halten. Doch bildete sich ein kleiner Studienkreis um den jungen wissenschaftlich tüchtigen Hartmann Schedel, der später als namhafter Historiker hervortrat. Erst in jüngerer Zeit fand der Humanismus an der Universität durch bedeutende Männer eine wirkungsvolle Betätigung.

Im Lande waren die Klöster noch immer Stätten einer Pflege der Wissenschaften. Die Klosterbüchereien wurden ansehnlich vermehrt. Dabei sammelte man nicht nur biblische und theologische Schriften an; auch Bücher über Recht, Medizin, Musiktheorie und allerlei Wissenswertes, Werke der antiken Dichter und Geschichtsschreiber fanden Aufnahme, dazu beliebte Schriften mittelalterlicher Historie, zumal in einer für Lehrzwecke geeigneten Art, darunter nicht wenige mit schöner Miniaturmalerei geschmückt. Auch an eigenen geschichtlichen Aufzeichnungen fehlte es in den Klöstern nicht. Klostergeschichte wurde niedergeschrieben, dazu Landes- und Fürstengeschichte, vereinzelt ein Versuch in deutscher Sprache, alles nur in knappsten, ja dürftigen Umrissen, keine Leistung von Rang. Erst gegen Ausgang des Mittelalters entstand hier oder da eine breiter angelegte Handschrift, am stoffreichsten das historisch-topographische Wörterbuch (Onomasticon) des „Pirnaer Mönchs" Joh. Lindner, eine Sammelarbeit ohne überlegte Auswahl des Zutreffenden, aber nicht ohne Wert wegen mancher darin aus älteren Quellen aufbewahrten Mitteilung von Belang. — Ein wissenschaftliches Bestreben bekundete sich darin, daß in Altzelle, befördert durch Vincenz Gruner, der einst von Prag mit zur Gründung der Leipziger Hochschule gewandert war, das Bernhardinerkollegium ins Leben gerufen wurde und später in Leipzig eine Einrichtung zu Hochschulstudien von Zisterziensermönchen gegründet worden ist.

In den Städten herrschte ein sichtliches Bemühen, das Bildungswesen der Bürgerschaft zu heben. War bisher das Schulwesen nur von der Kirche aus betreut worden, so mühten sich nun die Stadträte in den größeren Städten, selbst Schulen zu errichten oder ältere schon bestehende unter ihren Einfluß zu bringen. Ein Beispiel dafür gibt die Dresdener Kreuzschule, die etwa seit der Mitte des 14. Jahrhunderts zur Stadtschule geworden ist. Diente sie zunächst wesentlich der Ausbildung der Sänger, die den Gottesdienst in der Kreuzkirche zu versehen hatten, so doch auch der Bildung bürgerlicher Jugend, in der Unterrichtsweise damaliger Lateinschulen (Lehrbücher: Donatus, doctrinale Alexandri). Gegen Ausgang des 14. Jahrhunderts und um den Beginn des nachfolgenden hat diese Schule eine gewisse Blüte gehabt; ihr Rektor Peter von Dresden war ein nicht gewöhnlicher Mann, der in der Geschichte geistigen Lebens hervortrat. Er bemühte sich, den Unterricht zu einem hochschulmäßigen auszugestalten, so daß Dresden neben Leipzig eine Universitätsbildung hätte darbieten können. Aber wegen seiner der Kirche gefährlichen Ansichten wurde ihm das Lehren an der Schule verboten; er verließ die Heimat. Auch in nicht wenigen Städten der wettinischen Lande sind Stadtschulen seit dem 14. Jahrhundert bezeugt (am frühesten in Plauen 1319). In Leipzig erlangte der Stadtrat 1395 die päpstliche Genehmigung, neben der Thomasschule eine städtische zu St. Nikolai zu begründen, aber wahrscheinlich ist diese Schule damals nicht ins Leben getreten, sondern erst in der Reformationszeit. In der Oberlausitz erlangte die Schule in Zittau einen größeren Ruf. So war viel geschehen, um breiteren Kreisen, namentlich in den Städten, eine höhere, lateinische Bildung möglich zu machen. Das Volksschulwesen (mit deutschem Elementarunterricht) freilich war noch wenig entwickelt, wurde auch von den Behörden kaum gepflegt.

Das kirchliche Leben zeigt Erscheinungen inneren Verfalls und Anfänge einer bevorstehenden Neubildung. Die äußere Ordnung der Kirche in den meißnischen Landen wurde nur wenig verändert. Das wichtigste Ereignis war die Lösung des Bistums Meißen aus dem Verband mit der Erzdiözese Magdeburg kraft einer päpstlichen Anordnung 1399. Damit wurde Meißen selbständig auf sich gestellt, ein Vorgang, der sich in die territoriale Staatsbildung spätmittelalterlicher Zeit passend einfügt. Deutlich zeigt sich dies in der Art der Besetzung des Bischofsstuhls. Waren im späteren 14. Jahrhundert mehrfach Bischöfe böhmischer Abkunft nach Meißen berufen worden, so entstammten die Bischöfe während des 15. Jahrhunderts dem heimischen Adel, wie auch das Domkapitel aus Angehörigen dieses Landadels zusammengesetzt war. Aber es machte sich auch eine Verstärkung des Einflusses der Landesfürsten auf die kirchlichen Verhältnisse geltend. Ein landesherrliches Regiment in Kirchensachen wurde begründet; andererseits stellte der Landesfürst seine Macht in den Dienst kirchlicher Aufgaben. So zeigten sich schon damals Ansätze jener Auffassung des christlich-territorialen Staates, der nicht nur die leibliche Wohlfahrt zu fördern, sondern auch für der Seelen Seligkeit zu sorgen hat. Deutlich trat dies in den Landesordnungen zutage, am frühesten in der Ordnung, die Herzog Wilhelm 1446 für Thüringen gab, worin strenge Einhaltung der Sonntagsfeier vorgeschrieben war. Auch ward es als eine Pflicht der Obrigkeit angesehen, dazu zu tun, daß die weltlichen Priester sich priesterlich und göttlich halten. Andererseits wurde bei Strafe der Acht verboten, weltliche Sachen vor geistliche Gerichte zu ziehen: in bezug auf die Gerichtsbarkeit wurde eine reinliche Scheidung von Staat und Kirche angestrebt (Ordnung von 1452). Auch die Herzöge Ernst und Albrecht griffen in gleichem Sinne ein. Bei den Bestrebungen zur Klosterreform begünstigten die Wettiner die aufkommenden strengeren Richtungen, unter den Franziskanern die sogenannten Observanten. So wählten sich die Fürsten aus diesen gern ihre Beichtväter.

Das innere kirchliche Leben war durch die Stellung zu der hussitischen Bewegung in Böhmen stark bestimmt. Schon ehe sie ausbrach, hatten Beziehungen zwischen Dresden und Prag bestanden. Peter von Dresden hat an der Prager Hochschule gelehrt; andere waren ihm gefolgt, und es ist wahrscheinlich, daß das Verlangen nach Darreichung des Kelches an die Laien beim Abendmahl, die utraquistische Lehre (Kommunion unter beiderlei Gestalt), auf diese Dresdener zurückzuführen sei, ehe sie von den Hussiten übernommen wurde. Peter und seine Schüler, den Anschauungen Wiclifs eifrig zugewandt, trugen dazu bei, die neue Lehre im Reiche zu verbreiten. 1421 wurde ihm der Ketzerprozeß in Regensburg gemacht; er selbst erlitt den Feuertod, sein Schüler Johann Drändorf wurde in Heidelberg gleichfalls zum Tode verurteilt.

In der Bevölkerung des meißnisch-sächsischen Landes schlug die neue Bewegung zunächst nicht Wurzel. Die Stimmung war heftig gegen die Hussiten erregt. Als der Bußprediger Capistrano 1452/53 das Kreuz gegen die böhmischen Ketzer predigte, fand er willig Gehör. Im Erzgebirge griffen viele zu den Waffen wider die Hussiten; auch der meißnische Adel war so gesinnt. Aber es fehlte auch nicht an Einflüssen, die waldensischer Herkunft waren, und bald schlichen sich auch die hussitischen Anschauungen ein. In Zwickau und seiner Umgebung breiteten sich solche Lehren aus und wurden in Kreisen des einfachen Volkes aufgenommen. Ein geistlicher Prozeß 1462 in Altenburg zeigt diese noch sehr verborgene Bewegung. Es wurden von den Anhängern Zusammenkünfte bei Nacht in den Häusern gehalten. Ihr Leiter war ein Meister Nickel, der das Schneiderhandwerk betrieb. Die „Kunden" waren Handwerker oder Bauern. Ohne Priester wurde Predigt- und Beichtehören geübt, das Abendmahl unter beiderlei Gestalt gereicht. Daneben vermied man den Besuch der kirchlichen Gottesdienste nicht. Aber man wollte streng nach dem Gesetz Gottes wandeln. Es galt das Verbot der Eidesleistung. Das Vaterunser wurde als das einzig erlaubte Gebet angesehen. Das apostolische Symbol lehnte man als eine Erfindung der römischen Kirche ab; auch die Lehren vom Fegefeuer, von der Wirkung der Sakramente, vom Ablaß wurden zurückgewiesen; man wandte sich gegen den Reliquiendienst und die Heiligenverehrung, vielleicht auch gegen die Kindertaufe. Eine gelehrte Bildung erlangten diese Männer und Frauen nicht, aber sie zeichneten sich durch sehr gute Kenntnis der Bibel und der kirchlichen Bräuche aus. In dem gegen sie angestrengten Prozeß wurden sie verurteilt, sie mußten sich unterwerfen. Ob im geheimen Ansichten fortbestanden, wird nicht deutlich. Es traten wohl neue Einflüsse radikaler taboritischer Art von Böhmen her dazu. Im Stillen mag sich die Bewegung bis zum Auftreten der Zwickauer Propheten in der Reformationszeit erhalten haben. Es war ein Wetterleuchten vor heraufziehendem Sturm.

Die Geschichte Sachsens während des späten Mittelalters zeigt, daß die überkommenen Zustände in Kirche und Staat, Wirtschaft und Gesellschaft, in der ganzen geistigen Haltung des Volkes in heftige Bewegung geraten waren. Reibungen und Spannungen durchsetzten das Leben, schwere Mißstände wurden erkannt und ihre Beseitigung gefordert. Aber mehr als dies: ein Ringen hob an, um Erweitung des Gesichtskreises, Vertiefung des Denkens, Schärfung des Gewissens. Starke Eerregtheit durchzitterte die Menschen, wühlte sie auf; mit Erwartung und Hoffnungen sah man einem Neuen entgegen, das sich anzukündigen schien. Sachsen, politisch angesehen, wirtschaftlich aufstrebend, mit seiner dichten, aufgeschlossenen, leicht erregbaren Bevölkerung war berufen zu innerstem Anteil an dem großen gewaltigen Erleben, dessen Durchbruch bevorstand.

FÜNFTER TEIL

Sachsen im Zeitalter der Reformation

Eine der entscheidungsvollsten Epochen deutscher Geschichte zog seit der Wende des 15. Jahrhunderts herauf, eine Zeitspanne, in der heiß und leidenschaftlich in allen Gauen der Nation, in allen Schichten des Volkes gerungen wurde, um dem deutschen Leben eine neue Gestalt zu geben. Noch einmal war Deutschland das Kerngebiet einer überragenden Machtbildung in der abendländischen Christenheit, unter Karl V. nach dem Wahlspruch des Kaisers plus ultra, über die Säulen des Herkules hinaus, Glied eines Weltreiches, in dem „die Sonne nicht untergeht". Auf die österreichischen Lande gestützt, vom Oberrhein bis zu den Ostalpen, gewann das Haus Habsburg unter Maximilian die Niederlande hinzu, die flandrische Seeflanke war hier erreicht. Im Südosten glückte es, mit König Wladislaw von Böhmen und Ungarn eine Eheberedung zu stiften (1515), kraft deren seine Länder an Ferdinand, den Erzherzog von Österreich, später dem deutschen König, fielen (1526), so daß Habsburgs Herrschaft weiter donauabwärts vorgetrieben und auf den Sudetenraum ausgedehnt werden konnte. Im Nordosten lag die Macht des polnisch-litauischen Staates vor den Toren des Reiches, ausgedehnt weichselabwärts bis zur Ostsee; Ostpreußen war vom Reich abgedrängt, in den letzten Zeiten des Ordensstaates sowie als weltliches Herzogtum (seit 1525), obwohl der Hochmeister, später der Herzog zu den Reichsfürsten zählte. In solcher Lage, in der Erfolg und Gefährdung gemischt waren, erfuhren inmitten des Heiligen Römischen Reiches Deutscher Nation die nationalen Kräfte und Willensantriebe eine mächtige Stärkung. In Schrifttum mannigfaltigster Art, in der Geschichtsschreibung, in Flugschriften und Liedern wurde das nationale Bewußtsein mit Stolz und Freude an eigener Art lebhaft betont. Eine Reform der Reichsverfassung war ein ersehntes Ziel. An einzelnen Fortschritten fehlte es nicht; aber der verheißungsvolle Ansatz fand auf die Dauer keine Verwirklichung. In dem Gegensatz der aufstrebenden Zentralgewalt und der ständischen Sondergewalten gingen die Reformbestrebungen unter, die nationale Neubildung des Reiches mißlang.
Nicht nur um die Ordnung im Staate wurde gekämpft; Wirtschaft, Gesellschaft, Wissen und Weltanschauung waren in Fluß geraten. Zu einer ungewohnten Fülle entwickelten sich die wirtschaftlichen Kräfte. Reichtum sammelte sich in einem Ausmaß, wie es bis dahin unerhört war, auch nicht annähernd anderwärts in Europa erreicht wurde. Die großen, ja riesigen Vermögen aber dienten nicht wesentlich dem Verzehr, sondern wurden großenteils weitausgreifenden Handelsunternehmungen, dem Bergbau und Hüttenwesen, der Steigerung des Gewerbebetriebes zugeführt. Auch die Inhaber von kleineren Vermögen folgten solchem Beispiel. Die schaffende Tätigkeit nahm, zumal im Metallgewerbe, in der Weberei, im Buchdruck, einen beträchtlichen Aufschwung; deutsche kunstreiche Handwerker erfreuten sich großen Rufes, Deutschland wurde so recht das Land der Erfindungen, die auch nach dem Ausland wirkten. Aber diese wirtschaftlichen Errungenschaften verbanden sich mit schweren Schäden im Volkskörper. Die wirtschaftlich-sozialen Gegensätze steigerten sich ins Ungemessene. Neben dem glänzendsten Reichtum lag bittere Armut; soziale Kämpfe von nie gekannter Heftigkeit erschütterten das Volksdasein. Bei dem herrschenden Druck begehrte das Freiheitsverlangen ungestüm in Stadt und Land auf.
Das geistige Leben trieb vorerst wundervolle Blüten. Bildnerei, graphische Kunst und Malerei schufen herrliche Werke, in denen sich tiefstes Menschentum offenbarte, aber auch deutsches Lebensgefühl zum Ausdruck kam, deutsche Form von Meisterhand eindrucksvoll gestaltet wurde. Die Dichtung, aus der Starrheit künstlerischer Formgebung gelöst, rang

um unmittelbaren Ausdruck des inneren Lebens. Die Wissenschaft überwand die mittelalterliche Scholastik und strebte nach Erweiterung des Gesichtskreises, nach vielseitiger und geläuterter Erkenntnis, nach neuer Forschungsweise auf Grund eigener Beobachtung. Ihre tiefsten Antriebe schöpften die Menschen aus der Religion. Die Stellung zu Gott wurde die Kernfrage, um die das Zeitalter in schwerster Erschütterung kämpfte. In ihren Grundfesten war die von den Vätern überkommene kirchliche Heilsanstalt bedroht, die vordem, mochte auch vielfach nur ein Gewohnheitschristentum herrschen, einen sicheren Halt dem Denken und Handeln auch in den Nöten des Lebens geboten hatte. Jeder einzelne, das ganze Volk, war durch den hereinbrechenden Kampf um eine neue Gestalt der Kirche, um den Glauben und der Seelen Seligkeit in stärkste Erregung gebracht, innerlich aufgewühlt, zu schwerer Entscheidung gedrängt. Es war ein Aufbruch zu neuer Sinngebung des Lebens. Vom Ewigen und Unbedingten sollte die Welt ihre Gestalt empfangen, wie Gott es gebot.

In solcher Zeit stärkster Bewegung des abendländischen Kulturkreises, tiefinnerlicher Umbildung des Lebensgehalts deutscher Volksart, stieg Sachsen auf die Höhe eines politischen wie geistigen Einflusses auf. Im Reiche stand es als ein Territorium unter Territorien überragend da, an Umfang und Ansehen sowie staatlichen Machtmitteln eines der größten, unmittelbar nächst der Macht des Hauses Habsburg, wenn es in seinem Bestand zusammenhielt. Die Bevölkerung war regsam, die Wirtschaft, zumal in ihrem triebkräftigsten Zweige, dem Bergbau, in neuem Wachstum begriffen, das geistige Leben in sich zwiespältig, aber von neuen Antrieben durchsetzt. Das Land nahm im Kulturstand eine Mittlerstellung zwischen Osten und Westen, Süden und Norden ein. Nun wurde Sachsen Ausgang und Mittelpunkt der reformatorischen Bewegung, die den Charakter des ganzen Zeitalters bestimmt hat. In drei Zeitabschnitten verlief die Geschichte Sachsens in jener denkwürdigen Zeit: auf die Menschenalter vor dem Durchbruch der Reformation folgte die Höhezeit der reformatorischen Bewegung bis zur abschließenden Bildung des albertinischen Kurstaates; danach nahm Sachsen eine vorherrschende Stellung ein in der Zeit eines gefestigten Altprotestantismus.

Dreizehnter Abschnitt

Sachsen am Vorabend der Reformation

Die innen- und außenpolitische Lage in beiden Sachsen

In eine sturmbewegte Zeit trat Sachsen mit geschwächter Macht. Die Lande waren im Besitz der ernestinischen Kurlinie und der albertinischen Linie geteilt. Wohl war die Lagerung der Besitzstücke geflissentlich so gewählt, daß nur der gesamte Besitzstand des Hauses Wettin eine räumliche Einheit darstellte. Auch blieben wichtige Rechte und nicht unbedeutende Einkünfte, zumal aus den Silberbergwerken, gemeinsam; weltliche und geistliche Große des Landes standen zu beiden Linien in einem Verhältnis der Lehens- und Schutzabhängigkeit. Der albertinischen Linie gehörte ein großes, geschlossenes Gebiet der ehemaligen Mark Meißen und des Osterlandes an: das meißnische Nieder- und Hochland von der böhmischen Grenze bis Mühlberg (nordostwärts bis Senftenberg), der Kern der Erzgebirgslandschaft. Daran schloß sich nach Westen zu ein breiter Streifen Landes im Besitz der kursächsischen Linie: die Ämter Eilenburg, Grimma, Leisnig, Borna, Altenburg, Zwickau,

dazu das Vogtland mit Plauen, auch Schwarzenberg. Im Nordwesten folgte wieder albertinischer Besitz: das Amt Leipzig sowie Delitzsch-Landsberg, auch Zörbig, das Stift Merseburg unter albertinischer Schutzherrschaft, die Pfalzgrafschaft Sachsen nebst Sangerhausen,
und Ämter im nördlichen Thüringen in einem breiten Streifen bis zur Werra. Das mittlere
Thüringen, geschieden in ein östliches und westliches Gebiet durch Erfurt mit seinem Um-
lande, dazu die von albertinischem Besitz umklammerte Schutzherrschaft über das Stift
Naumburg sowie der Besitz in Franken südlich des Thüringerwaldes (Pflege Coburg) gehörten dem Kurhaus. Landschaften verschiedenen Charakters und Volkstums waren also in
jedem Besitzteil miteinander verbunden und gemischt. Durchbrochen war der Besitz durch
die dazwischenliegenden reußischen Lande, die Schönburgischen, die Schwarzburgischen und
andere Herrschaften; im Nordwesten grenzten die Harzgrafschaften an — alles in lockerem
Verhältnis zu den über Sachsen gebietenden Herren. Bei solcher Lage waren wirtschaftliche
und politische Gegensätze vorhanden, selbst in friedlicher Zeit, mehr noch, wenn Bestrebungen nach Erweiterung des Besitzstandes und Einflusses auftraten. Große Verschiedenheiten des Charakters bei den führenden Männern vertieften den Gegensatz, so daß die
brennenden Fragen reichs- und kirchenpolitischer sowie weltanschaulicher Art die Gemüter
erregten und eine tiefgreifende Spaltung herbeiführten.
Im albertinischen Sachsen gebot Albrecht der Beherzte über das ihm verbliebene Land,
seine Einkünfte und Hilfskräfte. Von Tatendrang und Freude am kriegerischen Erleben
erfüllt, war er ganz der großen Politik zugewandt und wirkte auf auswärtigen Schau-
plätzen geschichtlicher Ereignisse zugunsten des Hauses Habsburg im Dienst von Kaiser
und Reich. Sobald auf dem Reichstag zu Nürnberg 1487 ein Beschluß des Reichskrieges
gegen Ungarn gefaßt war, übernahm er den Oberbefehl des Reichsheeres. Erfolg im Felde
und Ruhm winkten hier bei Mangel an Mitteln nicht; aber an seinem Teile half er die
Wiedergewinnung Wiens vorbereiten und leistete damit Österreich und den Habsburgern
einen Dienst. Weit glücklicher war seine Beteiligung an Politik und Kämpfen in den Niederlanden. Als Maximilian, der römische König, in Brügge von den Bürgern gefangenge-
nommen war, eilte Albrecht zu Hilfe des Bedrängten herbei; und wirklich gelang es, Maximilian den Besitz des reichen und schönen Erbes zu erhalten. Er übertrug 1488 die Statthalterschaft über die Niederlande an Albrecht. Der Kampf wider Maximilians Gegner
wurde hart und zäh fortgesetzt. Albrecht nahm Brüssel und Brügge, später Haarlem ein,
unterwarf auch die Westfriesen und bemächtigte sich 1492 des wichtigen Sluys. So vermochte er seinem kaiserlichen Herrn und Freunde die Lande 1493 zu sicherem Besitz zu
übergeben. Die Verleihung des goldenen Vließes war ein äußerlicher Lohn; der Papst sandte
ihm zum Zeichen der Anerkennung die goldene Rose. Aber in den langen und schwierigen
Kämpfen hatte Albrecht beträchtliche Kosten aufwenden müssen; nun war die Frage der
Wiedererstattung zu lösen. Da das Haus Habsburg ihm nicht Zahlung gewähren konnte,
überließ ihm Maximilian 1494 die Würde eines Gubernators in Friesland. Aber neue
Kämpfe waren nötig, um dieses versprochene Land in Besitz zu bringen. 1498 endlich
wurde Albrecht als erblicher Regent anerkannt, auch durch die Stände des Landes. In einer
Reichsangelegenheit abwesend, überließ er das Land seinem Sohn Heinrich als Stellvertreter, dessen wenig geschicktes Auftreten eine Erhebung der Friesen zur Folge hatte. Heinrich wurde in Franeker belagert; es gelang dem Vater, dem Sohne Ersatz zu bringen, doch
wurde das feste Groningen eingenommen. Aber schon ermattet, begab sich Albrecht nach
Emden, wo er am 12. September 1500 starb, nach einem ungewöhnlich reichen und tätigen
Leben, das mehr dem gesamten deutsche Reiche und dem kaiserlichen Hause gewidmet
gewesen war als der Verwaltung seines engeren Heimatlandes.
Im ernestinischen Sachsen waren nach dem Tode des Kurfürsten Ernst seine beiden Söhne
gefolgt, Friedrich (III.), dem später der Beiname des Weisen gegeben worden ist, und sein
Bruder Johann. Friedrich erhielt als der älteste die Kur und das Herzogtum Sachsen für

sich; in dem übrigen Gebiet sollte die Regierung gemeinschaftlich sein, aber das Direktorium Friedrich zufallen, solange der jüngere Bruder noch nicht mündig war. Es blieb also der ernestinische Besitz vorerst unter einheitlicher Leitung. Später gewann „Herzog Hans" steigenden Einfluß auf die Regierung, zumal da ein gutes Verhältnis zwischen den Brüdern bestand.

Friedrich, am 17. Januar 1463 in Torgau geboren, stand im Alter von 23 Jahren, als er die Regierung des väterlichen Landes übernahm. In seiner Jugend hat es ihm an Frische und Rüstigkeit nicht gefehlt; er hatte Freude an ritterlichen Übungen, nahm lebhaft Anteil an dem, was auf der Stechbahn vor sich ging. Unternehmungslust, mit frommem Triebe gepaart, führte ihn 1493 nach dem gelobten Lande. Aber stärker wandten sich seine Neigungen anderem zu. Gern erwarb er eine gelehrte Bildung (Studien in Grimma); er pflegte Beziehungen zu den Humanisten und Künstlern, auch ein Kunsthandwerk hat er erlernt. Er war so geartet, daß er, wie es heißt, „selber wissen wollte, wo es stund". So gelangte er in den Ruf der Klugheit und des vorsichtigen Urteils. Die Formen des diplomatischen Verkehrs beherrschte Friedrich trefflich; auch verstand er sich auf vollendete höfische Sitte. Er war eine durchaus ehrliche, rechtliche und streng gewissenhafte Natur, ohne großen Schwung, nicht von starker Tatkraft, auch ohne ausgeprägte Neigung zu politischem Handeln. Sein Wahlspruch hieß: so viel, als ich kann (tantum quantum possum). So war dieser an schicksalhafter Stelle stehende Fürst — Träger des Namens jenes großen mittelalterlichen Kaisers, der einst mit dem Papsttum rang, von dessen Wiederkehr das Volk ein neues Erstehen des Reiches erhoffte — in Wirklichkeit, wie der Name besagt, ein Mann des Friedens.

In der Reichspolitik schlug Friedrich andere Wege ein als Herzog Albrecht. Wohl war auch er bereit, dem Reiche zu geben, was des Reiches ist, und blieb dem Hause Habsburg anhänglich gesinnt. Aber als Kurfürst von Sachsen hielt er sich auf der Seite der kurfürstlichen Partei bei den Bestrebungen um die Reichsreform, deren Führer Kurfürst Berthold von Mainz, ein Graf von Henneberg, war, dem er persönlich nahestand. Nicht eine Verstärkung der Königsgewalt und damit des einheitlichen Regimentes im Reiche war das Ziel, vielmehr eine Kräftigung der Kurfürsten als des höchsten Standes im Reiche (Einsetzung eines Reichsrats, danach eines Reichsregiments), um die kaiserliche Politik zu überwachen und zu zügeln, ein Unternehmen, das bei der Sprunghaftigkeit und Wandelbarkeit der politischen Haltung Maximilians verständlich war und dem Reiche nützen konnte, aber im Grunde dem festeren Aufbau einer Ordnung im Reiche nicht entsprach. Bei den förderlichen Leistungen zur Reform der Reichsverfassung wirkte Friedrich an entscheidender Stelle mit: so bei dem großen Gesetz des „ewigen Landfriedens", das auf dem Wormser Reichstag 1495 beschlossen wurde, wie auch bei der Bewilligung einer ersten Reichssteuer, des sogenannten „gemeinen Pfennigs". Weittragende Bedeutung hatte die Einsetzung des Reichskammergerichts; auch dies wurde von dem sächsischen Kurfürsten mit großem Eifer befördert und ist später für Friedrich in entscheidenden Fragen von größter Wichtigkeit geworden. Überdies wurden Pläne erwogen, das Heerwesen im Reiche leistungsfähiger zu machen.

Ein Fortschritt im Sinne besserer Reichsverwaltung, wenn auch nur ein Ansatz dazu, war die Schaffung einer Kreisteilung des Reiches. Nach einem ersten Versuch in Augsburg (1500) wurden die maßgebenden Beschlüsse auf den Reichstagen zu Trier und Köln (1512) gefaßt. Eine Bestätigung fand sie auf dem berühmten Reichstag zu Worms 1521, dessen Matrikel die Kreisnamen zuerst nennt. Die Kreisteilung sollte der Handhabung des Friedens im Lande, der allgemeinen Steuererhebung, auch dem Reichskriegswesen dienen. Für die Geschichte der meißnisch-sächsischen Lande war die Entstehung der Reichskreise ein Akt von dauernder Nachwirkung. Damals entstand der Name Obersachsen: der vordem „sächsische" Kreis wurde der niedersächsische genannt, Kursachsen und Brandenburg wurden einem neu geschaffenen Kreis, dem obersächsischen, zugewiesen. Außer diesen beiden

Kurfürstentümern gehörten dazu die anderen wettinisch-sächsischen Lande, auch die Herzogtümer Vor- und Hinterpommern, sowie mehrere Grafschaften und Abteien. Eine geschlossene räumliche Bildung von einheitlichem Charakter war dieser Kreis nicht; das Erzbistum Magdeburg, damit auch Halle, und das Bistum Halberstadt waren zum niedersächsischen Kreis geschlagen worden, Erfurt gehörte bei seiner Abhängigkeit von Mainz zum kurrheinischen Kreis. Böhmen und die Lausitzen waren in die Kreiseinteilung des Reiches überhaupt nicht einbezogen. Die endgültige Regelung erfuhr die Einteilung 1555, jedoch etwa in dem Umfang, wie es schon 1512 bestimmt worden war.

Bestrebungen zur Ausweitung des kursächsischen Territoriums hat Kurfürst Friedrich kaum verfolgt. Am wichtigsten war der Versuch, Erfurt, den Mittelpunkt Thüringens, in strengere Abhängigkeit zu bringen. Ein Streit darüber brach 1508 aus, der mit Kurmainz geführt werden mußte; jedoch auf die Dauer ohne Erfolg. An Bemühungen, geistliche Territorien seinen Verwandten zu verschaffen, hat Friedrich es nicht fehlen lassen; aber auch dabei war ihm Glück nicht beschieden. An Albrecht aus dem Hause Hohenzollern kam das Erzbistum Magdeburg 1513, nebst dem Bistum Halberstadt, 1514 wurde Albrecht auch Erzbischof von Mainz, damit geistlicher Oberhirte auch in Thüringen. So war Kursachsen von geistlichen Territorien in hohenzollernschem Besitz völlig eingeschlossen, in unmittelbarer Nachbarschaft mit der Kurmark Brandenburg, in der damals Kurfürst Joachim, ein Herrscher voll Willenskraft, gebot: drohte schon eine Überflügelung von Osten her?

Erfüllt von den Pflichten, die der Fürstenberuf auferlegte, gab sich Friedrich ganz der landesväterlichen Fürsorge für das ihm anvertraute Land hin, ein Fürst im Sinne des persönlichen patriarchalischen Regiments. Er verstand es, sich mit einem Kreis von Räten zu umgeben, die sich durch außerordentliche Tüchtigkeit auszeichneten. Einflußreich war am Hofe Dr. Johann von Staupitz, auch der feingebildete Georg Spalatin (aus Spalt bei Nürnberg), Hofkaplan und Sekretär des Fürsten. Unter den Adligen nahm der Obermarschall Hans von Dolzig (seit 1513) eine hervorragende Stelle ein. Bekannt sind unter den anderen besonders Bernhard von Hirschfeld, Hugold von Einsiedel, Hans von der Planitz, Graf Philipp von Solms, unter den Bürgerlichen Degenhart Pfeffinger, der Kämmerer, die Rechtskundigen Henning Goede, Hieronymus Schurff, Christian Beier; später trat Dr. Gregor Brück als Kanzler hervor, der zunächst dem Herzog Johann näherstand. Eine festere Ordnung des Hofrates wurde noch nicht üblich. In der Ämterverwaltung geschah eine Besserung, indem ein Anfang mit der Anlegung von Amtserbbüchern gemacht wurde (Wittenberg, Plauen), in denen die Gerechtsame des Landesherrn, Einrichtungen der Wirtschaftsverwaltung und Befugnisse der Amtsträger genaue Bezeichnung fanden.

Im albertinischen Sachsen war Albrecht der regierende Herzog geblieben. Indes, da er auswärtigen Unternehmungen dauernd zugewandt war, nahm er, bisweilen zum Verdruß seiner Räte, nur selten Aufenthalt im eigenen Lande. Doch eine wichtige Bestimmung wurde von ihm getroffen, die seinen Blick für Notwendigkeiten staatlichen Daseins deutlich zeigt. Albrecht erließ 1499 ein Hausgesetz, dem er Bestätigung vom Kaiser erwirkte: die sogenannte „Väterliche Ordnung". Eine jede weitere Teilung des Landesstaates soll in Zukunft vermieden werden; das Herzogtum soll ungeteilt an den älteren Sohn Georg fallen, während für den jüngeren Heinrich Friesland als Ausstattung gedacht war. In dem Fall eines Verlustes von Friesland sollten die Ämter Freiberg und Wolkenstein mit ihren Hoheitsrechten und Einkünften an Heinrich fallen, jedoch ohne Landfolge und die Regierungsrechte an den Bergwerken; auch sollte dem jüngeren Sohn ein Viertel aller Landeseinkünfte nach Abzug der Kosten für die Verwaltung zustehen. Für die weitere Zukunft war bestimmt, daß stets der älteste im albertinischen Hause als regierender Herzog folge. Es sollte so die Einrichtung des Seniorates bestehen; die jüngeren Prinzen erhalten nur Schlösser und Jahrgelder, insgesamt jedoch nicht mehr, als ein Drittel der Landeseinkünfte beträgt. Im Streitfall, so war es vorgesehen, soll ein Schiedsgericht der Stände entscheiden.

Als Albrecht 1488 in die niederländischen Kämpfe zog, wurde Georg, damals im Alter von 17 Jahren, an die Spitze der Regierung des Herzogtums gestellt. War er in jenen Jahren noch nicht völlig selbständig in seinen Entscheidungen, so hat er doch im ganzen volle 50 Jahre regiert, seit dem Tode des Vaters 1500 als alleiniger Regent im Herzogtum Sachsen.

Georg war in Meißen geboren, am 27. August 1471; den Namen empfing er nach dem Großvater Georg Podiebrad. Von großem Einfluß war seine Mutter Sidonia auf ihn, die Tochter jenes hussitischen Fürsten, aber in ihrem Glauben trat ein Rückschlag gegen die hussitischen Lehren ein; ja Sidonia meinte, durch eine strengere Frömmigkeit in katholischem Sinne das von den Hussiten, auch von ihrem Vater, begangene Unrecht an der Kirche wieder gutmachen zu sollen. Lebhaft erfüllte sie der Wunsch, für das Seelenheil ihres Vaters durch Büßungen tätig zu sein; denn sie schätzte diese kirchlichen Leistungen hoch. Aus solcher Denkweise entstammte der Entschluß, den ältesten Sohn für den Priesterstand zu bestimmen. Seine Erziehung wurde auf den Erwerb einer gelehrten geistlich-theologischen Bildung gerichtet, ganz nach der überkommenen scholastischen Weise. Die Würde eines Domherrn in Mainz ward für ihn erstrebt; es war an eine höher aufsteigende Laufbahn innerhalb der Kirche zu denken, wie es für seinen jüngeren Bruder Friedrich gelang, die geistlich-weltliche Stellung eines Hochmeisters des Deutschen Ordens zu erringen (1498–1510). Aber dieser Plan wurde aufgegeben; der Vater bestimmte den ältesten Sohn zu seiner Stellvertretung in der Regierung des Landes.

Georg war eine innerliche und ernste Natur, erfüllt von der Schwere seiner Verantwortung, ja dadurch im Anfang seines Regiments bedrückt. Ein waffenfreudiger Kraftheld, wie der Vater, war Georg nicht; nur selten ist er persönlich auf dem Schlachtfeld erschienen, dann ohne kriegerischen Erfolg und Ruhm. Aber er war ganz ein Mann der landesfürstlichen Verwaltungsarbeit. Die von ihm herrührenden Schriften zeigen einen erstaunlichen Fleiß rastloser Tätigkeit; sehr rege war sein Verkehr mit den fürstlichen Zeitgenossen, außerordentlich der Eifer, sich im Innern seines Landes um das Wichtige wie das Kleinste zu kümmern. Dabei war er gewissenhaft, ein scharfer Rechner, sparsam, wenn auch nicht ohne Aufwendungen zu äußerer Darstellung seines hohen Amtes und Ranges. Sehr wohl war er von starkem fürstlichen Selbstbewußtsein erfüllt; er konnte herrisch und schroff auftreten, zumal im höheren Alter, nach einem Leben, das ihm viel Enttäuschungen gebracht hat.

In den Anfängen seiner eigenen Regierungstätigkeit war der Blick vorerst voll auf auswärtige Angelegenheiten gelenkt. Die Übernahme der Regierung des Landes Friesland durch seinen Bruder Heinrich schuf große Schwierigkeiten; allenthalben erhob sich gegen ihn, der in dem fremden Land wenig glücklich auftrat, der Widerstand. So entschloß sich Heinrich sehr bald, die Regierung Frieslands wieder aufzugeben. Am 30. Mai 1505 wurde zu Leipzig der „Brüderliche Vertrag" geschlossen: Heinrich verzichtete zugunsten männlicher Nachkommen Georgs auf die Nachfolge im Herzogtum Sachsen, er behielt den Titel eines Herzogs zu Sachsen und empfing die Ämter Freiberg und Wolkenstein mit einigen Hoheitsrechten sowie eine jährliche Zahlung von 25 000 Gulden aus der herzoglichen Kasse. Es wurde also eine gesonderte Landesregierung mit dem Sitze in Freiberg eingerichtet, obschon nicht in voller Herauslösung aus dem gesamten Bestand der albertinischen Lande.

Georgs Politik war nun vornehmlich durch Friesland in Anspruch genommen, um die dortigen Rechte zu vertreten. Indes bestand wohl von Anfang schon die Neigung, den Besitz aufzugeben. Bereits 1501 war der Plan erwogen worden, Friesland käuflich wieder zu veräußern. Dann bemühte sich Georg um seine Erhaltung und wandte auch Kosten darauf. Beschwer machte besonders die Stadt Groningen; später trat auch Graf Edzard von Ostfriesland wider die sächsische Freundschaft auf, um eine unabhängige eigene Herrschaft zu gründen. Georg erzielte anfänglich einigen Erfolg, im Jahre 1514 ist er persönlich im Feld auf friesischem Boden erschienen. Aber er überspannte seine Forderungen und rief gegnerische Stellungnahme der benachbarten Mächte, Groß-Flanderns, Gelderns, sogar Frankreichs, hervor, so daß er in Bedrängnis geriet. So faßte er den Entschluß, Friesland an Kaiser Karl V. für 100 000 Gulden zu verkaufen. Der Vertrag kam 1515 zustande; aber die Summe, die Georg erhielt, war durch die vorausgegangenen Soldzahlungen und andere Kosten verbraucht. In Sachsen nannte man Friesland spöttisch das „Freßland".

Auch nach Osten zu war die territoriale Politik Sachsens unter Georg nicht erfolgreich. Die schlesischen Herrschaften Beeskow und Storkow in der Niederlausitz mußten 1512 gegen Zahlung der Pfandsumme zurückgegeben werden. Es war ein Geldgewinn, aber die Aussicht, nach Osten vorstoßen zu können, schwand dahin. Der eingehende Betrag wurde glücklich dazu verwendet, um innerhalb des Herzogtums Sachsen durch Ankauf von Herrschaften den fürstlichen Besitzstand zu ergänzen und abzurunden.

Auch Georg war ein Fürst im Sinne des patriarchalischen Regimentes. Mit größtem Pflichtbewußtsein war er um die Landesverwaltung besorgt. Fortschritte in den Einrichtungen wurden mehrfach erzielt. So wurde eine Gliederung seines Gebietes nach Kreisen eingeführt, um die Erhebung der Steuern besser zu übersehen. Vor allem war die Aufmerksamkeit den Ämtern zugewandt: in den Zeiten Georgs wurde ein Anfang mit der Anlegung von Amtserbbüchern gemacht, die, wenn auch zunächst noch in einer nicht eingehenden Form, den Besitzstand des Landesfürsten und die ihm zustehenden Gerechtsame verzeichneten. Unter den Räten, die am Hofe und bei der Zentralverwaltung tätig waren, zeichneten sich mehrere aus: vor allem Cäsar Pflug, sein Schwiegersohn Georg von Carlowitz, unter den Bürgerlichen Dr. Fachs, der zugleich Bürgermeister von Leipzig war. Dr. Simon Pistoris (Sohn eines Leipziger Mediziners), beide Rechtsgelehrte, die zeitweilig an der Universität Leipzig gewirkt haben.

Neben dem Landesfürsten behaupteten die Stände ihre Stellung im Staat. Es ist bemerkenswert, daß bisweilen Versammlungen abgehalten wurden, in denen Stände der ernestinischen und albertinischen Lande zusammen tagten; die Gemeinsamkeit des territorialen Gesamtbestandes kam hierbei noch zum Ausdruck (1498; besonders 1525 bei Erörterung von Münzfragen in Zeitz). In der Regel wurden die Stände nur eines Territoriums berufen, alle Stände vereint, öfter nur die Ritterschaft für sich oder die Städte, seltener einmal die Grafen und Prälaten. Daneben waren Ausschußtage üblich, so daß in den aufeinanderfolgenden Jahren mit kurzen Unterbrechungen in der Regel irgendeine ständische Vertretung zusammenkam. Gemeinsam für alle Lande galt anfänglich die Landesordnung von 1482; indes fand sie sehr bald nur noch wenig Beachtung. Bemühungen um ihre Erneuerung waren im Gang, jedoch mit keinem rechten Erfolg. Später wurde im albertinischen Staate zur Abfassung neuer Landesordnungen, wenigstens in Einzelregelung, geschritten, wobei der Fürst und die Stände in Beratungen zusammenwirkten. Eine gemeinsame Ordnung für ganz Sachsen war nicht mehr möglich.

Viele Aufmerksamkeit erforderte die Wirtschaftspolitik. Manche Gegensätze traten dabei zutage. Der Gesamtbesitz der Bergwerke gab Anlaß zu schwieriger Auseinandersetzung. Auch über die Straßen und die Stapelgerechtigkeit wurde gestritten; denn im albertinischen Sachsen war das Streben darauf gerichtet, die „Hohe Straße", die das Land durchzog, in ihrer Geltung zu erhalten, ein Abweichen von den vorgeschriebenen Wegen zu untersagen; im ernestinischen Sachsen aber suchte man den Verkehr auf die nördlicheren Straßen zu lenken, was dem älteren Rechte nicht entsprach. Am schärfsten war der Gegensatz in der Münzpolitik, nicht nur um die Frage des schweren oder minder guten Geldes, vielmehr im Hinblick auf die tiefer greifenden volkswirtschaftlichen Belange. Auf einem Ständetag zu Zeitz (September 1525) wurde darüber Erörterung gepflogen. In „Streitschriften über den Münzstreit" in jüngerer Zeit (1530) kam dies zu deutlichem Ausdruck, Schriften, die zuerst in Deutschland volkswirtschaftliche Fragen vor einer größeren Öffentlichkeit erörterten, in

Abb. 24 Leipzig. Stadtansicht von 1736

Abb. 25   Der Neumarkt zu Dresden, gesehen vom Jüdenhof um 1750

klarer Ausprägung wirtschaftlicher Grundanschauungen und Lehren. Kursachsen im engeren Sinne mit den angrenzenden Landstrichen war noch wesentlich Agrarland, nur mit kleineren Städten durchsetzt, ohne stärkere Handelsbelange. Das südliche Sachsen aber, zumal das albertinische, war dichter bevölkert, gewiß nicht ohne Kleinräume mit rein agrarischer Wirtschaft, aber viel unmittelbarer unter dem Einfluß des aufblühenden Bergbaues, schon weit mehr auf Handel und Gewerbe eingestellt. So wurde in Kursachsen, freilich schon unter der Wirkung sittlich-religiöser Gedanken der Reformation, eine Wirtschaftspolitik befürwortet, die dem kaufmännischen Gewinntreiben, das Luxuswaren ins Land bringt und die Nahrung des gemeinen Mannes verteuert, entgegentritt; im albertinischen Sachsen aber, wo die im Handel aufstrebenden Kreise, namentlich in Leipzig, großen Einfluß übten, wurde der Wert der Leistungen des Kaufmannes betont, die günstige Wirkung des Verkehrs auf Mehrung der Bevölkerung und des Landeswohlstandes gepriesen. Es wird vermutet, daß bei der ersten klaren Schrift über diese Fragen (über die Münze) Herzog Georg persönlich Anteil gehabt hat. [1]

Wirklich trat im südlichen Sachsen eine beträchtliche Steigerung der Wirtschaftsverträge und des Vermögensstandes ein. In Schneeberg wurde die „neue Fundgrube" aufgetan; indes die Ergiebigkeit minderte sich, die Schurfwelle zog ostwärts weiter. Im Jahre 1492 glückte von Frohnau aus, in der „wilden Ecke" des Gebirges, die Entdeckung des Silbers am Pöhlberg. Nach einem wohldurchdachten Plan Ulr. Rüleins, der Arzt und Geometer in Freiberg war, wurde 1496 die neue Stadt am Schreckenberge angelegt. Von Herzog Georg tatkräftig gefördert, nahm sie einen überraschend großartigen Aufschwung; nach der damals beliebt gewordenen Heiligen Anna wurde ihr die Bezeichnung Annaberg mit kaiserlicher Bestätigung nebst der Verleihung bedeutender Gerechtigkeiten beigelegt (1503; Bergordnung 1509). Von kursächsischer Seite wurde gegenüber Annaberg die Stadt am Buchholz gegründet, Katharinenberg, die auch zu einer Blüte kam, obschon nicht in gleichem Ausmaß. Um 1517 war ein Stocken spürbar. Da begann im Jahre 1519 die Schurftätigkeit bei Wüstenschletta, und nun wurden Silberschätze um Marienberg aufgefunden, die sich allmählich als noch reicher erwiesen; der großartigste Bergbau des Erzgebirges blühte um diese neue, nach klarem Grundplan 1521 durch Heinrich den Frommen gegründete Bergstadt auf. Im Zinnbergbau nahm Sachsen eine ungewöhnliche Stellung ein, die eine günstige Möglichkeit zur Beherrschung des Marktes zu bieten schien. Die Eisenhämmer und Hütten wurden vermehrt; auch Kohlenabbau bei Zwickau war bekannt (1515). Diese Erträge des Bergbaues führten den Unternehmenden ein bedeutendes Kapital zu, was eine Weiterbildung kapitalistischer Wirtschaft in Sachsen hervorrief, aber auch Anlaß zu tief eingreifenden Kämpfen gab. Von den Landesfürsten begünstigt, traten Monopolbestrebungen auf, um den Handel mit Zinn, auch mit Silber, in völlige Abhängigkeit einzelner Unternehmergruppen zu bringen. Überaus weitgespannte Pläne wurden erwogen (1527), wobei Großkaufleute in Leipzig mit anderen Gesellschaftern die Bergwerksverträge in Böhmen (Schlakkenwald; Joachimsthal), im sächsischen Erzgebirge und sogar die Bleigruben in Goslar in der Ausbeutung zusammenzufassen bemüht waren, auch Mansfelder Kupfer an sich zu bringen suchten. Nach vorübergehendem Erfolg brachen diese Bestrebungen zusammen. Indes ist unverkennbar, daß der Reichtum, namentlich in Leipzigs Handelskreisen, wuchs. Es wurde in Leipzig möglich, einen Wirtschaftskampf mit den Nürnbergern aufzunehmen und den Leipziger Eigenhandel von dem nürnbergischen unabhängig zu machen. Damit begann so recht erst der große Aufstieg der Handelsstadt Leipzig. Im Westen belebten sich die Beziehungen zu Frankfurt a. M., im Osten zog es Verkehr an sich, wo zuvor Lübeck und Breslau geherrscht hatten. Das Kapital in Geldwerten drang nun aber auch in das Gewerbe ein. Auch hier ging der Anstoß von Oberdeutschland, besonders von Nürnberg aus.

---

[1] W. Görlitz, Staat und Stände unter den Herzögen Albrecht und Georg, S. 338 f.

Nürnberger Kapital wurde im Vogtland, im Erzgebirge und seinem Vorland vielfach angelegt, um das dort erzeugte Tuch, Garn und Leinwand aufzukaufen und den Handel mit Textilwaren nach Möglichkeit zu beherrschen. Faktoreien der großen oberdeutschen Kaufhäuser sind mancherorten entstanden. In Zwickau, vor dessen Toren die Silberstraße zog, ist die Niederlassung eines Zweiges der Welser nachweisbar; in Leipzig waren die Fugger von Augsburg (And. Madstedt) wie auch die Welser (Hier. Walter) vertreten. Einzelne Oberdeutsche siedelten schon nach Leipzig über, um hier ein selbständiges Handelsunternehmen zu beginnen, gleichwie Zuwanderung vom Rheine und dem benachbarten Franken wieder einsetzte (Lor. Mordeisen, Heinr. Probst, Heinz Scherl u. a.). Als ein neuer Gewerbezweig kamen Buchhandel und Buchdruck auf (Leipzig Druckort 1481); der Buchdrucker war Unternehmer, der Absatz geschah durch Buchführer im Wanderhandel, bis der Verlag sich des Vertriebs annahm. Solcher Aufschwung Leipzigs war um so mehr möglich, weil es in jener Zeit seine großen Meßprivilegien erhielt und damit die alten Jahrmärkte den Charakter von Reichsmessen erlangten. Die sächsischen Fürsten selbst haben sich darum eifrig bemüht, namentlich Herzog Albrecht, später auch Herzog Georg; der Leipziger Rat griff diese Meßpolitik mit Eifer auf und hielt zäh an den verliehenen Rechten fest. Bereits 1497 wurde ein Privileg Kaiser Maximilians ausgestellt, daß in den fünf Bistümern ringsum keine neuen Jahrmärkte außer dem Leipziger aufgerichtet werden dürfen; 1507 wurde diese Verleihung bestätigt und dahin erweitert, daß kein Jahrmarkt, „Messe" oder Niederlage im Umkreis von 15 Meilen errichtet werden solle; die Leipziger Messen erreichten sogar den kirchlichen Segen und Schutz durch den Papst Leo X. (1514). Seitdem wurde der Wettkampf mit den Veranstaltungen in anderen mitteldeutschen Meßstädten, Naumburg und Frankfurt am Main, aufgenommen und in langem zähem Ringen zum Siege geführt.

Spätgotische Kunst; Hinwendung zur Renaissance und zum Humanismus

Der große Reichtum, den die Silberbergwerke schütteten und die zunehmende Betriebsamkeit in Handel und Gewerbe abwarf, ermöglichte eine gesteigerte Pflege der Bautätigkeit und der bildenden Künste. Die Entwicklung, die in der vorausgehenden Zeit eingesetzt hatte, wurde fortgeführt, zu Leistungen über das Maß hinaus, das schon zuvor erreicht worden war. Bemerkenswert ist dabei das Auftreten in den landschaftlichen Räumen. Bevorzugt waren die Fürstensitze sowie große Städte des Niederlandes, namentlich Leipzig. Aber einen besonderen Reichtum an künstlerischen Werken weist die Erzgebirgslandschaft auf, erklärlich aus den wirtschaftlichen Vorbedingungen der Kunstübung, gewiß jedoch auch aus dem inneren Anteil einer geistig regsamen Bevölkerung. In großer Zahl waren die Meister tätig, unter ihnen schon manche mit Namen und Herkunft nachweisbar, noch immer nicht wenige und wohl die bedeutendsten, die von auswärts zugewandert waren: deutsche Kunst wurde auf sächsischem Boden geschaffen. Aber auch das Mitschaffen der Heimischen ward reger: das Entstehen einer sächsischen Kunst mit eigenen Zügen kündigte sich an. Ein äußeres Ereignis, das als Merkmal der sich anbahnenden heimatlichen Kunstentwicklung erscheint, ist der Hüttenstreit 1518 zwischen Annaberg und Magdeburg. Die Annaberger waren damals am Werke, den größten und eigenartigsten Kirchenbau auszuführen, der auf sächsischem Boden entstand. Bei dem Gegensatz, der sich zu Magdeburg einstellte, schritt nun Herzog Georg zugunsten der Annaberger Meister ein: die Kunst seines Landes wurde gegen Einflüsse von außen her verteidigt. Aber es wurde die Gelegenheit benutzt, um Dresden zur Haupthütte zu bestimmen, wo Hans Schickentanz die Führung übernahm: Dresden gewann Bedeutung als Vorort der Kunstbewegung in Mitteldeutschland. Handelte es sich dabei zunächst um mehr äußerliche und rechtliche Beziehungen, so wirkte sich auch ein Wandel der Baugrundsätze und des Kunststiles darin aus: ein Übergang von Formen der Renaissance, wenn auch in einer deutschem Kulturempfinden angemessenen Kunstform. — Eine verständnisvolle Pflege fand die Kunst am Hofe Friedrichs des Weisen, der ganz persönlich ein treffendes Urteil über Kunstleistungen, Malerei und Musik besaß. Er verstand es, Künstler von ungewöhnlicher Bedeutung zu berufen und ihnen Aufträge zu geben: neben Baumeistern, wie Konrad Pflüger und Kunz Krebs, Maler und Meister des Holzschnitts, wie Mich. Wohlgemut und Hans Burgkmair, die Erzgießer P. Vischer und Mühlich. Albrecht Dürer hat ein großes Altargemälde (in Dresden) gemalt, auch ein sprechendes Bildnis des Kurfürsten wird ihm verdankt; am Hofe traf er mit einem Meister italienischer Kunst, Jacopo de'Barbari, zusammen, bei dem er die neue „antikische Art" näher kennenlernte und Anregungen empfing, die für sein späteres Kunstschaffen von nachhaltiger Bedeutung geworden sind, ohne daß er dabei seinen grunddeutschen Charakter und die deutsche Form aufgab. Auch die niederländische Malerei war durch einen Meister Jan (wahrscheinlich Gossart) vertreten. Wirklich heimisch wurde Lukas Cranach in Sachsen. Gebürtig in Franken, kam er nach Wanderungen durch Bayern und Österreich, auch mit Dürers Kunst bekannt, nach Wittenberg (1505), als er soeben das Meisterwerk seiner Jugendjahre, die „Ruhe auf der Flucht" vollendet hatte. Er wurde Hofmaler des sächsischen Kurfürsten und stand fast ein halbes Jahrhundert im Dienst der Wettiner, deren Schlösser er mit Gemälden ausschmücken half. Von der Gotik ausgehend, nahm er Motive der Renaissance und des Humanismus auf; früh und voll Eifer wandte er sich dem Luthertum zu. Sein Kunstschaffen ist für Sachsen auch darum bezeichnend, weil er auf diesem mitteldeutschen Boden Stilmomente verschiedenerlei deutschmutterländischer Kunstrichtungen in sich verarbeitete und gleichsam zusammengefaßt hat.

Wie schon zuvor der Schloßbau Pflege gefunden hatte, entstanden auch in dieser Zeit neue, noch burgähnliche Bauten von Bedeutung. Das Schloß zu Meißen wurde weitergebaut, ebenso das schlicht gehaltene Bischofsschloß; Bischof Johann VI. von Salhausen, der den Aufenthalt in Wurzen vorzog, schuf dort einen stattlichen Bau, der dem meißnischen Vorbild ähnlich war, wehrhaft mit den runden Türmen in den Flanken. In Torgau wurde Schloß Hartenfels begonnen, in schon fortgebildeter Form des Baustils; der frei aufsteigende Treppenturm (Wendelstein) des genialen K. Krebs gehört einer jüngeren Zeit an. Auch das Schloß in Dresden erfuhr einen Neubau (1533). Hier zeigt das Portal am Georgentor, das dem Meister Hans Schickentanz zugeschrieben worden ist, im reliefartigen Schmuck und im Gebälk, aber in einer dem deutschen Kunstempfinden angepaßten Form. Die daran zur Darstellung gebrachten Gedanken sind nicht der Antike entnommen, vielmehr christlich: Wirkung des Sündenfalls mit dem darübergeschriebenen Spruch: „Durch die Tücke des Teufels ist der Tod in die Welt gekommen" — trotz der heiter anmutenden Formgebung der Ausdruck einer ernsten religiösen Stimmung, die in der Dresdener Kunst in der Zeit Herzog Georgs vielfach widerklingt.

Als Wahrzeichen wachsender Bürgerkraft und bürgerlicher Ordnung erhob sich in nicht wenigen Städten ein neuer Rathausbau, stattlich aus Stein errichtet. Kennzeichnend für diese in spätgotischer Zeit entstandenen Rathäuser sind die hohen Steilgiebel sowie auch Schmuckformen des gotischen Stils; aber ein Stilwandel mit Betonen der Breite ist im Gang. An der Schauseite führt öfter eine Freitreppe empor. Ein besonders prächtiger Bau wurde in Plauen i. V., um die gleiche Zeit wie die Albrechtsburg, errichtet (Meister Hans Reinhart). Reich gestaltet war der gotische Bau in dem Rathaus zu Bautzen, worin sich die Tuchschergewölbe befanden (Turmbau um 1490). Aber nun ging man daran, Ratsgebäude und Kaufhaus zu sondern. In manchen Städten wurde ein Gewandhaus errichtet: ein schönes Beispiel dafür bietet Zwickau mit seinem großen Backsteingiebel in kühn sich aufschwingender Form (1522); auch das Wohnhaus Martin Römers wird noch heute dort gezeigt.

Unter den großen Bauten, die als ragende Denkmäler dem heimischen Boden eingefügt wurden, sind als Zeugen ihrer Zeit die des Kirchenbaus hervorzuheben. Nicht wenige große kirchliche Bauwerke sind in jener Zeit entstanden. Die ältere Freiberger Marienkirche war 1484 durch Feuer vernichtet worden; nun erstand ein Neubau des Domes, auf Anlaß Herzog Albrechts, der der Kirche eine erhöhte Würde verlieh. Der Bau der Marienkirche in Zwickau wurde weitergeführt und erst spät in ihrer ganzen Größe zur Vollendung gebracht (1538), mit einer wundervollen Raumwirkung von großer Geschlossenheit, zu der sich gewaltig emporstrebende Höhe und lichte Weite harmonisch vereinen. Auch die Leipziger Kirchen wurden in spätgotischem Stil erneuert (1482—1521): die Thomaskirche, die Universitätskirche zu St. Pauli, die Nikolaikirche, die in klassizistischer Zeit im Inneren einen völligen Umbau erfuhr. In Dresden stieg die Kreuzkirche in stattlichem Neubau auf. Das gleichsam klassische Werk des Kirchenbaus wurde die Kirche St. Annen in Annaberg, während einer fast ein Menschenalter währenden Bauzeit (1499—1526). Jünger ist der Bau der großen Stadtpfarrkirche in Pirna (um 1504; Meister Peter von Pirna). Den Abschluß der baugeschichtlichen Entwicklung zeigt St. Wolfgang in Schneeberg (1515; 1540 ff.), wo die Grundgedanken der neuen Bauweise am klarsten und reinsten ausgebildet erscheinen. Worin bestand nun das Eigentümliche dieses neuen Kirchenbaustiles? Von außen gesehen erscheinen die Kirchen schmuckarm. Die Strebepfeiler mit ihren großen Bögen, den Wimpergen und Fialen fehlen; man könnte den Eindruck gewinnen, als ob Armut für die Baugestaltung maßgebend gewesen sei. Aber das Innere zeigt den neuen Charakter, in dem sich empordrängende religiöse Gedanken und Bedürfnisse ausprägen. Die Kirche ist als hohe, weite Halle gestaltet, ein einheitlicher Raum, wenn auch mehrere Schiffe nebeneinander beibehalten sind. Erzielt wird dies dadurch, daß die Pfeiler minder stark gebildet sind, das Licht kann frei hindurchfluten. Der Chor mit dem Altarraum ist weniger scharf vom Schiff geschieden; die Stätte, wo der Priester die heilige Handlung vollzieht, und der Raum für die Laien sind zu einer größeren Einheit zusammengeschlossen. Die Kanzel nimmt eine bedeutendere Stellung ein, als ihr oft in den älteren Kirchen zugewiesen war. Emporen sind „eingehängt", eingebaut, so daß mehr Raum für die Hörenden geschaffen ist. Das Ganze ist gleichsam als Predigtkirche gestaltet. In all dem spricht sich eine geistige Haltung aus, die dem innersten Bedürfnis eines neuartigen christlich-religiösen Erlebens gemäß ist.
Eine ähnliche Entwicklung ist in den Schöpfungen der Bildnerei und Malerei zu spüren. Die Bildnerei erfüllt vorerst noch Aufgaben, wie sie dem Brauchtum der mittelalterlichen katholischen Zeit entsprechen. In großer Zahl sind damals Altarschreine, geschnitzt und farbig ausgemalt, in den Kirchen zur Aufstellung gekommen. Gestalten aus der biblischen Geschichte und der Heiligenlegende sind dargestellt, aber wie Menschen der Gegenwart mit lebendigen, der Wirklichkeit abgelauschten Zügen, in der Tracht damaliger Zeit, mit großer Freude an glänzenden, farben- und schmuckreichen Gewändern, mit einem kaum verhaltenen, oft sehr starken Ausdruck der Gefühle, die diese Menschen in Leid und Lust, Seelenqual und Selbstbesinnung bewegen. Groß steht in der Geschichte deutscher bildender Kunst die „Freiberger Schule" da. Am bewundernswertesten sind die Schöpfungen eines „Unbekannten Meisters" (H. W.), dessen künstlerisches Lebenswerk in einer großen Fülle von Leistungen zutage getreten ist, in überraschendem Reichtum der Gestaltungsfähigkeit in mannigfaltigster Tönung vom Innig-Zarten zum Erhabenen und Erschütternden. Ihm ist die „Schöne Tür" in Annaberg zu danken, einst an der Kirche des Franziskanerklosters, sodann nach der Hauptkirche der Stadt übertragen: in großartigem Aufbau Gottvater mit dem gekreuzigten Christus im Schoß, von andächtig schauenden und betenden Engeln wie in einer Glorie umgeben. Dem gleichen Meister wird die berühmte Tulpenkanzel im Freiberger Dom zugeschrieben, ein ganz eigenartiges Werk einer künstlerischen Persönlichkeit von größter Schaffenskraft und Selbständigkeit, kühn im Aufbau, herrlich in der Gestaltung der wundervollen Pflanzenornamente, ergreifend in der Einfügung und Ausprägung der mensch-

lichen Gestalten. — Den religiös-sittlichen Gehalt offenbaren andere bildnerische Werke, in denen die vibrierende seelische Erregtheit der Zeit sich ausspricht. Die Gruppe „Maria mit dem Leichnam des Herrn" aus Freiberg, auch das Vesperbild in Zwickau zeigen mit ungeheurer Ausdruckskraft den tiefen Gram der Mutter, in unerbittlichem Wirklichkeitssinn den im Tode erstarrten Körper des Sohnes in all der erschütternden Größe des Vorgangs. Sprechend sind in Freiberg die Gestalten der zwölf Apostel mit sehr persönlichem Ausdruck ihrer Charakterverschiedenheit. Daneben stehen aber Leistungen, wie eine Szene der Geißelung (in Chemnitz), eine Dornenkrönung (einst in der Leipziger Thomaskirche, jetzt in Plauen), in denen eine realistische, ja naturalistische Darstellungsweise bis zur Verzerrung des Ausdrucks körperlichen Schmerzes vom Künstler versucht worden ist. Ein Wahrzeichen jener Zeit war die Schaffung des Totentanzes in Dresden, ursprünglich am Georgenbau des Schlosses über dem Tor, später nach dem Neustädter Friedhof gebracht, ein Werk, wie angenommen wird, Christoph Walthers; in ihm sind die verschiedenen Stände, die das Volk zusammensetzen, in ernstem Zuge vom Tode geführt, symbolisch dargestellt. Ein Gegenstück dazu ist in Annaberg der Versuch, die Lebensalter zu charakterisieren, mit Beimischung eines urwüchsigen Humors (Künstler: Franz Maidburg).

Bezeichnend ist die Entwicklung der Wiedergabe einzelner Persönlichkeiten in der Kunst am Vorabend der Reformation. In eindrucksvoller Weise treten uns Angehörige, namentlich des ritterlichen Adels, auf den Denkmälern damaliger Grabsteinkunst entgegen: als voll gerüstete ritterliche Mannen sind sie dargestellt, mit einer Lebendigkeit des Gesichtsausdrucks, die uns ermöglicht, ein greifbares Bild des Menschen uns zu machen (ein herrliches Werk in solchem Sinn ist der Grabstein des Herrn von Beschwitz, Strehla). An solcher Kunstübung hielt man auch in der Folge fest; nur stellten sich in der Umrahmung und im Beiwerk Renaissancemotive ein, seit der Reformation der Ausdruck der neuen Gläubigkeit. In der Malerei, auch im Kupferstich und Holzschnitt jener Zeit tritt uns eine andere Art der Darstellung entgegen. In der Tracht des täglichen Lebens, nach bürgerlicher Art, sind diese Männer und Frauen im Bildnis wiedergegeben, so daß wir nicht nur einen allgemeinen Eindruck gewinnen, sondern eine lebendige Vorstellung der Menschen, wie sie im Leben gewirkt haben. Ein Meister solcher Kunst der Bildnismalerei in Sachsen war Lukas Cranach, dem wir eine ganze Galerie von Bildnissen verschiedenster Persönlichkeiten, vornehmer Männer und Frauen, auch solcher aus einfacheren Lebenskreisen verdanken, in merklicher Stilentwicklung von der Gotik zu Einflüssen der Renaissance.

Spürt man dem Lebensgefühl all dieser Schöpfungen spätgotischer Kunst nach, so drängt sich bei der starken Bewegtheit des Dargestellten bisweilen bis zur Auflösung der Form ein Vergleich mit dem Barock auf, freilich nicht mit seiner naturhaft schwellenden Kraft, noch weniger mit seinem Pathos. Es spricht sich darin die geistig erregte Stimmung der Zeit am Vorabend der Reformation aus, die von den tiefsten Fragen um Leben und Tod innerlich bewegt war und nach einem neuen festen Grunde schwer mit sich rang. Aber schon wird ein anderes wahrnehmbar: Hinwendung zur größeren Einfachheit geschlossener Form, zur Aufnahme eines fremden Vorbildes, das aus der Nachahmung der Antike hervorgeht.

Auch im Bildungswesen zeigt sich die Anbahnung des Neuen, das im harten Kampf mit dem Überkommenen vordringt. In der Universität in Leipzig blieb die scholastische Art des Wissenschaftsbetriebes vorherrschend, gewiß nicht ohne einige achtbare Gelehrsamkeit. Aber auch der Humanismus fand Vertreter, die sich freilich nur schwer durchzusetzen vermochten und meist nach kurzer Zeit Leipzig wieder verließen. Es war ein Verdienst der herzoglichen Regierung, ja Herzog Georgs ganz persönlich, daß Humanisten an die Universität berufen worden sind. Als einer der ersten, die die neuen Gedanken mit Erfolg vertraten, ist Konrad Celtis zu nennen, der 1486 in Leipzig sich aufhielt. Er war es, der zuerst von der neuen Zeit (aevum modernum) sprach; wie ein Seher — Poet — verkündete er den

Beruf, die Menschen zur wahren Bildung zu führen, erklärte antike Dichter und schrieb eine „Verskunst" in lateinischer Sprache. Auf ein Doppeltes war es dabei abgesehen: auf selbständige Forschung in eigener Beobachtung nach den ursprünglichen Quellen, aber auch in weltanschaulicher Hinsicht auf persönliche freie Herausbildung eines Menschentums, das seine Kräfte und Gaben entfaltet ohne hemmende Bindung an die Tradition. Einen vollen Eingang fanden die neuen Studien in Leipzig vorerst nicht. Wohl aber traten einzelne Männer auf, die sich davon anregen ließen und über die bisherige Art des Betriebes der Wissenschaften und des Unterrichtes an den Schulen hinausstrebten. Eine ansprechende Persönlichkeit unter ihnen war Paul Schneevogel (Niavis), der in Leipzig studiert hat, später Rektor an der Stadtschule zu Chemnitz war und als Oberstadtschreiber in Bautzen starb. In seinen Schriften zeigt sich ein Verständnis für das humanistische Latein, wenn er auch nicht in der klassischen Form zu schreiben vermochte; dafür zeichnet sich sein Stil durch ansprechende Lebendigkeit aus. Wirksam wurde Schneevogel durch einige Schriften der Colloquien-Literatur, in der der Sprachunterricht in Form von Gesprächen und Briefen gepflegt wurde, mit Beispielen aus dem Alltag, so daß sich dabei deutlich das Bemühen zeigt, den Unterricht den Anforderungen des Lebens angemessen zu gestalten. An der Universität nahm Konrad Wimpina eine Mittelstellung zwischen Scholastik und Humanismus ein. Nach humanistischer Art dichtete er ein Lied auf Albrecht den Beherzten, bot auch eine Beschreibung der Universität und der Stadt Leipzig in Versen, die der Anschaulichkeit nicht entbehren. In einem Streit mit Martin Polich aus Mellrichstadt verteidigte er den höheren Rang der Theologie und ihres Wahrheitsgehalts gegenüber der Poesie, wie sie die Humanisten als „heilige Weisheit" preisen. Bei all dem war die Universität äußerst reformbedürftig; Vorlesungen und Diputierübungen wurden lässig gehalten, der Erwerb der akademischen Grade geriet in Mißachtung, die Studierenden legten modische Tracht an, wurden gelegentlich aufsässig. Der Herzog gab Veranlassung zur Prüfung der Zustände und Einführung von Besserungen, freilich ohne dauernden Erfolg. Auch die später auftretenden Vorkämpfer humanistischer Bildung in Leipzig erreichten wesentlich nicht viel: Hermann von dem Busche (1503/07), der als Dichter einen gewissen Ruf erlangte, Johann Rack von Sommerfeld (Aesticampianus), der 1507 zum Professor der Rhetorik ernannt wurde, aber schon 1511 Leipzig verließ, um nach Freiberg zu gehen. So wurde Leipzig aus dem Kreise von Erfurt-Gotha in den „Dunkelmännerbriefen" (1515) mit Spott überschüttet, nicht ohne Grund, aber in satirischer Übertreibung. Einen Fortschritt des Unterrichtsbetriebes bedeutete es, daß der Herzog einen Vertreter des Griechischen, Richard Crocus, 1514 nach Leipzig berief. Bedeutender war nach dessen Weggang Petrus Schade Mosellanus, der 1518 nach Leipzig kam und seine Lehrtätigkeit mit einer Vorlesung über das Studium der Sprachen eröffnete, damals als ein Gelehrter bezeichnet, von dem man sich ebensoviel versprach wie von Melanchthon. In der Tat hat Mosellanus in Leipzig eine erfolgreiche Lehrtätigkeit ausgeübt nach dem Grundsatz, aus den echten Quellen zu schöpfen, in der Erklärung von Schriftstellern des klassischen Altertums, später aber auch neutestamentlicher Schriften, so daß er sich der Art des Schriftstudiums, wie es von den Reformatoren betrieben wurde, in rein wissenschaftlicher Hinsicht wesentlich annäherte.

Inzwischen war in Wittenberg durch den Kurfürsten Friedrich den Weisen 1502 eine neue Universität gegründet worden, mit Zustimmung der Reichsgewalt, doch unter nachträglicher Bestätigung des Papstes (1507): „als ein Markt der freien Wissenschaften, auf dem die Besucher löbliche Kenntnisse und als Vorbedingung dazu verfeinerte Sitten sich aneignen . . ." Manche zeitgemäße Einrichtungen wurden sogleich eingeführt (Gliederung nur in die vier Fakultäten, Rektor und Senat; Lehrpläne), obschon der Unterrichtsbetrieb noch vielfach auf die überkommene Art eingestellt war. Wittenberg blühte bald auf, indes eine Universität nach ganz neuen Grundsätzen der Lehrweise und auch des Zusammenlebens der Lehrenden und Studierenden wurde Wittenberg erst nach der Berufung Luthers, der selbst die Universitätsreform angeregt und durchgeführt hat (1517/18). Bedeutsam war dabei die Berufung Melanchthons 1518, der, an tief eindringendem Studium der „Sprachen" geschult, sein umfassendes Wissen in den Dienst eines neuen Aufbaus geistiger Bildung gestellt hat und so recht der Träger der inneren Entwicklung der Wittenberger Hochschule gewesen ist.

Neben den Hochschulen blühten damals im Lande auch die Höheren Schulen in manchen Städten, die von der Bürgerschaft unterhalten und gefördert wurden. Der Unterschied zwischen Universität und den Lateinschulen in den Städten war nicht so groß, wie er später sich herausgebildet hat. In Sachsen war namentlich das Schulwesen in Zwickau sehr gefördert: unter dem humanistisch feingebildeten Stephan Roth (1517) und Georg Agricola; wichtig ist Leonhard Natthers Zwickauer Schulordnung 1523, die für das neue „Studium und Collegium" drei Hauptsprachen vorsah, neben dem Lateinischen auch Griechisch und Hebräisch, zur Einführung in das Verständnis der Heiligen Schrift, so daß die Schule im Sprachunterricht der Universität gleichkam, ja sie übertraf. Daneben waren die Schulen in den Erzgebirgsstädten, in Freiberg und Annaberg, auf sichtlicher Höhe; mehrere der bekannten Humanisten haben hier zeitweilig gelehrt, zugleich mit Ästicampian sein Schüler Kaspar Borner, der später Rektor der Thomasschule und Reformator der Leipziger Universität geworden ist. Auch in die Klöster fanden die humanistischen Studien und Schriften Eingang. In Altzella wurden sie unter dem trefflichen Abte Martin von Lochau sorgsam gepflegt; Kloster Grünhain folgte darin, die Abtei Chemnitz leistete nicht Unwürdiges.

Eine hohe Blüte erreichte damals die Pflege von Kunst, Literatur und Wissenschaft in Halle unter dem Kardinal-Erzbischof Albrecht. Er war ein Kirchenfürst, der weltlichen Glanz um sich zu breiten liebte. Selbst mit feinem Kunstverständnis begabt, zog er berufene Männer an seinen Hof. Die Moritzburg, vorher eine Zwingfeste, ließ er zu einem Schloß für seine prächtige Hofhaltung ausbauen; dazu gründete er das neue Stift mit seiner Kirche (jetzt Dom), die an den Schiffspfeilern eine Reihe geistig bewegter Apostelgestalten birgt. Die Stadt Halle hat ihm viel zu danken gehabt. Aber es war ein flackernder Schein vor dem Ende; denn zu dem, was in der Kirche nottat, einer gründlichen Reform, fehlte ihm die tiefe Einsicht und die strenge Selbstzucht.

Vierzehnter Abschnitt

Ursprung und Verlauf der reformatorischen Bewegung

In der hochgesteigerten Ausdrucksfähigkeit der künstlerischen Schöpfungen, in mannigfachen Äußerungen eines auf das Echte und Wahre hinstrebenden Bildungsdranges hatte sich die seelische Erregtheit der Zeit am Vorabend der Reformation offenbart. In wirtschaftlich-sozialen Gegensätzen, in starken Spannungen der Politik im Reiche und in den Landesstaaten war dies zutage getreten. Aber am tiefsten wurden die Gemüter in allem Volk ergriffen und erschüttert, als das Ringen um eine Reform kirchlicher Lebensordnung und Verfassung von Grund aus begann, als die Fragen nach dem Verhältnis des Menschen zu Gott gestellt und zu einer Entscheidung aus dem innersten Gewissen gedrängt wurden.

Landesherrliche Reformmaßnahmen

Mißstände in der Kirche bei Priestern und Laien, im Weltklerus und in der Klostergeistlichkeit, in Sitte und Recht waren seit Menschenaltern gefühlt, beklagt, ernstlich erörtert worden. Das heiße Verlangen nach Reformen war da, aber die Gedanken waren oft nur auf die Abstellung offensichtlicher Mißbräuche, auf eine Reinigung des kirchlichen Lebens gerichtet. Es waren Bestrebungen, die in der Geschichtsschreibung als katholische Reformation bezeichnet worden sind: nötige Besserung eingerissener Schäden, aber doch unter Wahrung der überkommenen Ordnungen der Kirche als einer sakramentalen Heilsanstalt der ganzen Christenheit. In solchem Sinne waren die Landesherren in Sachsen schon in den vorangehenden Zeit mit Eifer tätig gewesen, seitdem eine landesherrliche Kirchenpolitik zur Entfaltung gekommen war. Auch die Fürsten, die seit dem Ausgang des 15. Jahrhunderts die Regierung in dem ernestinischen wie in dem albertinischen Sachsen führten, waren gewillt, eine solche Reformpolitik zu betreiben. Dies galt ebenso für Friedrich den Weisen wie für Herzog Georg. Vor allem war das Bemühen darauf gerichtet, die Reform der Klöster zu befördern, zu einer Erneuerung der innerklösterlichen Zucht, zur Sicherung der wirtschaftlichen Grundlagen mönchischen Daseins. Herzog Georg trat in dieser Hinsicht mit größter Entschiedenheit auf. Er wünschte weiterzugehen als seine Vorfahren; er nahm für sich das Recht in Anspruch, alle Klöster als Landesherr zu reformieren, so daß den geistlichen Oberen der Einfluß darauf geschmälert wurde; der Herzog tat dies, weil er sah, daß eine Reform der Klostergeistlichkeit nur lässig in Gang kam. So weitgehende Forderungen lehnte die römische Kurie ab; Georgs Anspruch wurde nicht anerkannt, aber sehr wohl griff er im Einzelnen kräftig durch. Unter den Orden begünstigten die Fürsten, Georg wie auch Friedrich der Weise, diejenigen Richtungen, die von sich aus das Klosterleben strenger gestalten wollten: die sogenannten Observanten bei den Franziskanern und die Augustiner-Eremiten. Diesen Orden wandten sie manche besondere Gunst zu. Friedrich schuf sogar ein neues Stift in Wittenberg, das bald berühmt werdende Aller-Heiligen-Stift. Aber die Fürsten ließen sich nicht daran genügen, bei den Klöstern einzugreifen. Es wurden auch ernste Versuche gemacht, eine Reinigung des Weltklerus, zumal der Landpfarrer, herbeizuführen. So wurde eingeschritten wegen mancher Mißbräuche, wie sie im Leben der Geistlichen Anlaß zu Beschwerden gaben (Habsucht, Unsittlichkeit, Trunksucht, Ausnutzung der Schankgerechtigkeit u. a.). Besonders wurde auch der Kampf gegen den Mißbrauch des geistlichen Gerichts fortgesetzt; der Staat trat gegen Willkürlichkeiten bei der Verhängung des Kirchenbannes auf, worin eine Schädigung der Bevölkerung erblickt wurde. Den Ablässen waren die Landesfürsten nicht sonderlich geneigt; sie lehnten sie nicht ab, doch man erblickte in solchem Ablaß eine Gefahr der Geldausfuhr aus dem Lande. So ordnete Herzog Georg an, daß die Einnahmen des vom Papste bei der Jahrhundertwende verordneten Jubiläumsablasses nicht aus seinem Lande gegeben werden, vielmehr in Leipzig hinterlegt werden sollten. Er hat später bestimmt, daß daraus eine Beisteuer für den Dombau in Meißen und die Heiligsprechung des Bischofs Benno erbeten werden solle. Darum war Herzog Georg in seinem Kampfe gegen den Ablaßhandel mit Kurfürst Friedrich und mit Luther selbst einig, auch weil er nach seiner Überzeugung nicht zugab, daß der Papst für Geld Sünden vergeben dürfe (Plenarablaß), was der ursprünglichen Auffassung in der katholischen Kirche gar nicht entsprach.

Vergeblich waren all diese landesherrlichen Bemühungen nicht. Aber man drang damit nicht in die Tiefe des religiösen Erlebens; die Sehnsucht nach wahrer Erneuerung und Heilung arger Schäden wurde nicht erfüllt.

Die Jahre des Durchbruchs der lutherischen Reformation

Der Durchbrach kam aus der Seele eines innerlich in schwersten Kämpfen mit sich ringenden Mannes, in dem das Volk den ihm gesandten Propheten, den Reformator sah. Martin Luthers Lebensgang in jugendlichen Jahren bis zur Mannesreife bewegte sich in dem thüringisch-sächsischen Raum zwischen Magdeburg und Eisenach, der schon seit der Höhe des Mittelalters von geistiger Regsamkeit erfüllt gewesen war. Aus einem Bauerngeschlecht entstammte er, das an den Hängen des nordwestlichen Thüringerwaldes auf ostfränkischem Boden, nahe an Hessen, daheim war; ein Einschlag fälischer Rasse ist in Kopfbildung und Gesichtszügen wahrnehmbar. In Eisleben war er als Bergmannssohn geboren. Die Eindrücke seiner frühen Jugend empfing er in Magdeburg und Eisenach. An Erfurts Hochschule, die treffliche Lehrer aufwies, gewann Luther Fühlung mit dem neuen wissenschaftlichen Erkenntnisstreben in Theologie und scholastischen, auch humanistischen Studien. Im Grund seiner Seele betroffen, trat er in das Kloster der Augustiner ein und erlebte in einsamer Zelle seine peinvollen Seelenkämpfe in dem leidenschaftlichen Ringen um die Gerechtigkeit Gottes durch strengste Bußübungen nach mönchischer Art, denn Gott war ihm eine Macht von gewaltiger, ja furchtbarer Majestät, vor der ein sündiger Mensch in den Staub sinkt. Da trat eine entscheidende Wendung ein. Auf den Rat seines Oberen Johann von Staupitz (aus meißnischem Adel, bei Wurzen) wurde Luther im Oktober 1508 auf einen Lehrstuhl in der Artistenfakultät der neuen Universität Wittenberg berufen und trat damit ein Amt in kursächsischem Dienst an. Seine Lehrtätigkeit, in der er sich bald der Erklärung biblischer Schriften zuwandte, wurde durch eine Romfahrt unterbrochen; aber im Sommer 1511 kehrte er nach Wittenberg zurück, nahm dort Aufenthalt im Schwarzen Kloster und erhielt auch ein Predigtamt an der Stadtpfarrkirche, dazu im nachfolgenden Jahre die theologische Professur, die Staupitz vordem bekleidet hatte. Hier geschah in ihm ein Durchbruch der „reformatorischen Erkenntnis". In seinen inneren Kämpfen um die Gewißheit des Heils hatte Luther aufs schwerste darunter gelitten, daß er bei höchster Steigerung der Buße und Reue aus eigener menschlicher Kraft einen gnädigen Gott nicht erlangen konnte. Auch der Hinweis Johanns von Staupitz auf Christus, der am Kreuz zur Sühne gestorben ist, war ihm nicht ausreichend. Lichter ward es in ihm erst, als er Römer I, 16/17 las: Das Evangelium ist eine selig machende Kraft Gottes für alle, die es gläubig annehmen, weil die Gerechtigkeit Gottes geoffenbart wird aus Glauben im Glauben (iustus ex fide vivit). Aber erst dann kam nach erneuten Seelenkämpfen Luther zum inneren Frieden, als er diese Gerechtigkeit Gottes nicht mehr als strafende, sondern schenkende erkannte. Jene Stelle wurde ihm die „Pforte des Paradieses": das heilige Evangelium „war wieder herfür gebracht". Auf das Frohgefühl über die erfahrene Gnade Gottes gründet sich die Stellung des Menschen zu ihm. Gottes liebeswarmes Erbarmen weckt das Vertrauen des Gläubigen. Nicht gerechtfertigt wird er aus den guten Werken, frei und freudig mag er sie aus dem Glauben tun. Auch nicht in mystischer Versenkung erhebt sich der Mensch zu Gott; im „Wort Gottes" ist die selige Botschaft dargeboten. Luther schöpfte aus dieser ihm gegebenen Offenbarung das Bewußtsein, daß Gott durch ihn wirken wolle. Nachdem sein Bibelverständnis von Jahr zu Jahr zu völliger Klarheit gewachsen, auch Schriften der deutschen Mystik von ihm gelesen und die neuen Gedanken schon in Predigten ausgesprochen waren, trat er im entscheidenden Augenblick vor die große Öffentlichkeit.

Der unmittelbare Anstoß ging vom Ablaßhandel aus, der nach der Erhebung Albrechts auf den erzbischöflichen Stuhl von Mainz, um die dadurch benötigten Geldbeträge für Rom aufzubringen, rings um Sachsen verbreitet wurde. Eine eifrige Tätigkeit entfaltete dabei Johann Tetzel aus Pirna, der in Leipzig in das Dominikanerkloster eingetreten war. Luther predigte schon im Oktober 1516 gegen den Ablaßhandel, der der wahren Buße nur entgegenwirkt. Als im Herbst 1517 ein Büchlein mit dem Wappen des Erzbischofs von Mainz erschien- worin gesagt war, daß der Ablaß Versöhnung des Menschen mit Gott erwirke, ja auch für Tote verkäuflich sei, faßte Luther, in seiner Seelsorgetätigkeit unmittelbar betroffen, den Entschluß, den Bischof anderen Sinnes zu machen und trat mit Bedenken und Erwägungen über die Heilskraft des Ablasses hervor; seine Absicht war, eine Disputation unter theologischen Gesichtspunkten herbeizuführen. Am Abend vor dem großen Ablaßfest zu Allerheiligen schlug er an die Schloßkirche zu Wittenberg seine 95 Thesen an (31. Oktober 1517). Schon war darin die neue religiös-sittliche Grundhaltung deutlich erkennbar: Verkündigung des Evangeliums von der Herrlichkeit und Huld Gottes; die Forderung, daß der Mensch den Willen Gottes tun und Werke der Barmherzigkeit an den Brüdern üben soll.

Die Gegner nahmen den Kampf auf. Eine Anzeige gegen Luther ging nach Rom. Tetzel verteidigte seine Ablaßlehre vor den Dominikanern in Frankfurt a. O. Luther schrieb gegen Eck. So hallte der „Luthersche Lärm" weiter. In Rom wurde der Prozeß gegen ihn eröffnet. Papst Leo X. gab an seinen Legaten, den Kardinal Cajetan, der in Deutschland weilte, den Befehl, Luther verhaften zu lassen; auch ging ein päpstliches Breve an den Kurfürsten Friedrich, Luther auszuliefern. Ein scharfes Vorgehen gegen den Kurfürsten wagte man in Rom aber nicht mit Rücksicht auf seine Bedeutung bei der bevorstehenden neuen Kaiserwahl. Luther wurde nach Augsburg entboten, dort vor Cajetan verhört (Oktober 1518); er berief sich von dem schlecht unterrichteten Papst an den besser zu unterrichtenden in aller Form des Rechts. Ihm drohte die Gefangensetzung, doch verhalfen ihm die sächsischen Räte dazu, daß er aus Augsburg entkam. Ein neues Schreiben Cajetans ging an Friedrich, Luther auszuliefern oder aus dem Lande zu treiben. Luther selbst faßte den Entschluß, das Land seines Fürsten zu verlassen, mit großer freudiger Bereitschaft, das Martyrium auf sich zu nehmen. Wirklich erging an ihn am 28. November die Aufforderung, aus Sachsen wegzugehen; Friedrich glaubte, ihn nicht länger schützen zu können, wahrte nach außen jedenfalls diesen Anschein. Aber es trat ein Wandel in der Stimmung des Kurfürsten ein, vielleicht veranlaßt durch eine Nachricht über das Urteil, das der päpstliche Kämmerer von Miltitz (aus Rabenau b. Tharandt) äußerte. So wurde eine Unterredung zwischen Luther und Spalatin in Pretzsch herbeigeführt (3./6. Dezember); die Anträge Cajetans wurden am 18. Dezember abgelehnt. Damit war die Entscheidung über Luthers Zukunft gefällt; Luther blieb in Sachsen, seitdem hielt Kurfürst Friedrich an ihm unerschütterlich fest.

In einer Unterredung mit Miltitz ließ sich Luther bereit finden, nicht weiter schreiben zu wollen, wenn auch die Gegner schwiegen. Einen Widerruf einzelner Artikel lehnte er ab, wenn er nicht seines Irrtums überführt werde. Der Streit war damit nur auf Zeit unterbrochen, nicht beigelegt.

Luther hatte bisher als Lehrer der Theologie und christlichen Ethik gehandelt, in Abwehr wider die Gegner seiner Lehrmeinung. So konnte noch immer die Hoffnung bestehen, eine Annahme seiner Lehre durchzusetzen. Einen neuen Anlaß dazu gab der inzwischen ausgebrochene Federkrieg zwischen Johann Eck aus Ingolstadt und Karlstadt, einem nur wenig älteren Lehrer an der Universität Wittenberg, der Luthers Anschauungen innerlich nahegetreten war. Der Streit sollte in einer wissenschaftlichen Disputation zum Austrag gebracht werden, als Ort dafür wurde Leipzig gewählt. Den aufgestellten 12 Thesen wurde nun von Eck eine 13., über die Gewalt des Papstes, hinzugefügt; Luther stellte eine Gegenthese auf über die Oberhoheit der römischen Kirche und sprach darin den Satz aus, daß nur die Ordnungen der altchristlichen Zeit bis auf Papst Gregor den Großen, ja nur bis in das 4. Jahrhundert für die Glaubenslehre verbindlich sein können. Damit gewann die bevorstehende Disputation eine Bedeutung weit über die Anerkennung theologischer Sätze: die ganze Grundlage der bestehenden Verfassung der römischen Kirche war zur Erörterung gestellt. Die theologische Fakultät in Leipzig war dem Abhalten einer solchen Disputation nicht geneigt; auch der Bischof von Merseburg als Kanzler suchte sie zu verhindern. Aber Herzog

Georg hatte Eck eine Zusage gegeben; und als die Leipziger Theologen auf „merklichen Aufruhr«« hinwiesen, der durch den Streit entstehen könne, brauste der Herzog auf: die Disputation zu fliehen sei wider ihr Amt. Es wurde also Befehl an die Fakultät gegeben, daß die Disputation stattfinden solle. Dies geschah in der „Pleißenburg", d. h. in dem sogenannten Alten Schloß, vom 27. Juni bis 15. Juli 1519, eröffnet wurde sie durch eine Ansprache Peter Mosellans über die Art des Disputierens (in lateinischer Gelehrtensprache). Herzog Georg wohnte der Disputation mit gespanntester Aufmerksamkeit bei. Am 4. bis 14. Juli disputierte Eck gegen den Dr. Martinus. Dabei kam das Gespräch auf den Primat des Papstes. Eck warf ein, Luthers Anschauung stehe dem Irrtum der Böhmen nahe. Luther äußerte: unter den Artikeln des Hus seien einige echt christliche und evangelische, auch solche, die von dem Konzil in Konstanz verdammt worden wären. Herzog Georg fuhr bei solchen Äußerungen entsetzt auf; zog nicht ein Gefahr neuer hussitischer Ketzerei für sein Land herauf? Die Disputation wurde über Buße, Sündenvergebung, gute Werke fortgeführt, dann aber aus äußerem Anlaß abgebrochen; eine jede beider Parteien schrieb sich den Sieg zu. Eck bemühte sich, bei auswärtigen Universitäten, namentlich in Paris, eine Verurteilung Luthers zu erwirken. Ein Urteil ist jedoch überhaupt nicht ausgesprochen worden. Die Kreise der Humanisten in Deutschland begannen lebhaft für Luther einzutreten.
Die Leipziger Disputation war das wichtigste Ereignis im Gang der reformatorischen Bewegung, das sich auf dem Boden des albertinischen Sachsen abgespielt hat. Für Luthers innere Entwicklung trat damit eine entscheidende Wendung ein, die Wege der kirchlichen Politik in beiden Sachsen gingen seitdem je länger je schärfer auseinander. Kurfürst Friedrich, nicht ein Mann von harter durchschlagender Willenskraft, schon oft kränklich, müde, ja menschenscheu, sah sich in einen stürmisch verlaufenden Kampf von weltgeschichtlichem Ausmaß hineingestellt. Von religiösem Ernst nach altgläubiger Art, geneigt zur Heiligenverehrung, ein Freund des Reliquiensammelns, war er innerlich für die neuen Anschauungen noch nicht gewonnen. Aber er stand unter dem Einfluß von Luthers übermächtiger Persönlichkeit, obschon beide einander wohl kaum gesehen haben; er schätzte ihn als den angesehensten Lehrer seiner Universität, er wußte, daß seine Räte für ihn eintraten, daß das Volk ihm zugewandt war. Erfüllt von strengem Rechtssinn, fühlte er sich als Landesherr verpflichtet, ihm Schutz angedeihen zu lassen, solange nicht ein rechtskräftiges unparteiisches Urteil gegen ihn einwandfrei sprach. Im letzten aber war für ihn bestimmend, daß er sich an Gottes Willen gebunden wußte. In der Sache Luthers wollte er nichts gegen ihn tun, ohne den klaren Willen Gottes erkannt zu haben. So blieb er sich darin treu, daß er Luther beschirmte; allmählich näherte er sich der neuen Art des Glaubens und der Frömmigkeit innerlich an. Anders Herzog Georg. Auch er war ein Fürst von streng altgläubiger Frömmigkeit, noch jünger an Jahren, willenskräftig, ja allmählich härter werdend, wollte er zu gründlicher Besserung kirchlicher Zustände die Hand bieten und voll Eifer helfen; aber die Grundlagen kirchlicher Verfassung und Lehre, die Geltung kirchlicher Autorität durften nicht verletzt werden, darum wandte er sich immer heftiger von Luther und der Lutherschen Reformbewegung ab und suchte dem Eindringen ihres Einflusses in sein Herzogtum mit allen Mitteln zu wehren.
Noch ehe das Leipziger Gespräch seine kritische Wendung genommen hatte, vollzog sich ein Vorgang von größter Tragweite in der politischen Geschichte Deutschlands, der auf die reformatorische Bewegung aufs stärkste zurückzuwirken geeignet war: die Wahl eines neuen Kaisers nach dem Tode Maximilians. Die Haltung des Kurfürsten von Sachsen war dabei von ausschlaggebender Bedeutung, zumal da während der Zeit bis zur Neuwahl das Reichsvikariat in den Ländern sächsischen Rechtes ihm zustand. Das Haus Habsburg und Frankreich rangen miteinander um die Kaiserkrone; Friedrich selbst wurde von deutschen Fürsten als künftiger Kaiser gewünscht, sogar Papst Leo X. trat für seine Wahl ein. Drei Kurstimmen waren ihm gewiß; er konnte sich für Annahme der Wahl entscheiden. Die persönliche

Rechtschaffenheit für ein so hohes Amt hat Friedrich für sich in Anspruch nehmen dürfen;
aber er glaubte nicht im Besitz der Macht zu sein, die in der unruhigen, zu Aufruhr geneigten Zeit dafür erforderlich schien. So entschloß er sich zur Ablehnung; seine Haltung entschied zugunsten der Wahl des jungen Habsburgers Karl V., der Herrscher über Spanien
und die Niederlande war, während der Besitz der österreichischen Lande seinem Bruder
Ferdinand zufiel. Karl war darum dem sächsischen Kurfürsten verpflichtet, noch mehr galt
es, auf ihn wegen seines hohen Ansehens unter den deutschen Fürsten Rücksicht zu nehmen.
Zeitweilig hielt diese Lage vor, aber ein tief begründeter Gegensatz blieb nicht aus. Karl, in
Spanien an strenge Handhabung kirchlicher Reformen in katholischem Sinne gewöhnt,
stand der deutschen reformatorischen Bewegung ohne inneres Verständnis gegenüber: kraft
seines Herrscheramtes gedachte er den Religionshandel zu entscheiden.
Luther, bis zur Leipziger Disputation nur gewillt, zur Klärung kirchlichen, sittlichen und
wissenschaftlichen Denkens, schritt nun kühn und entschlossen in die große Bahn eines
weltgeschichtlichen Kampfes hinaus, Führer einer wahrhaft elementaren Volksbewegung,
getragen von der begeisterten und begeisternden Zustimmung weitester Scharen des deutschen Volkes. Im Jahre 1520 ließ er seine großen Reformationsschriften ausgehen: An den
christlichen Adel deutscher Nation, Von der babylonischen Gefangenschaft der Kirche, Von
der Freiheit eines Christenmenschen. Mit flammenden Worten schrieb er eine Absage an
das Papsttum, das so, wie es geworden ist, geradezu als antichristlich bezeichnet wird. Er
fordert Rückkehr von der hierarchisch geleiteten Kirche Roms zu der ursprünglichen und
echten Christengemeinschaft. Die Kirche ist nicht sakramentale Heilsanstalt, die einen Gna-
denschatz verwaltet. Gelten soll das allgemeine Priestertum aller Gläubigen, aber nicht mit
Schrankenlosigkeit der Einzelperson; bestimmend ist die Bindung an Gottes Wort, an die
Offenbarung, an das Evangelium, wie er selbst es wieder hervorgebracht hat. Im Lichte
dieses Evangeliums soll das ganze Leben in einer neuen Frömmigkeit gestaltet werden.
Darum wirkt es sich in Staat und Gesellschaft richtungweisend aus. Luther verlangte Befreiung der deutschen Nation von aller Priesterschaft, zumal von der Gewalt Roms. Auf
den jungen Kaiser setzte er große Hoffnungen; er sah in ihm den starken Träger einer
Einheit des Reiches. Wider die Fürsten erhob er sehr scharfe Vorwürfe, wenn sie dem Eigennutz frönen; aber für Aufgabe und Beruf der Obrigkeit fand er warme Worte der Anerkennung. Auch über die inneren Volkszustände sprach sich Luther mit unverblümter Offenheit
aus. Zu künftiger Besserung verkündete er aus seiner sittlich-religiösen Überzeugung heraus mit gesundem Urteil eindringliche Gedanken und Mahnungen zu den wirtschaftlichen
und sozialen Nöten des deutschen Volks.
Inzwischen war der Prozeß in Rom gegen ihn langsam zu Ende geführt worden. Eck, sein
persönlicher Gegner, brachte die Bannbulle gegen ihn über die Alpen und suchte sie zu
verbreiten. Luther bezweifelte ihre Echtheit und berief sich auf ein Konzil. Er forderte
Kaiser und Fürsten auf, sich zum Schutze der christlichen Kirche wider die unchristliche
Bulle anzuschließen. Damit appellierte er an Kaiser und Reich. Am 10. Dezember des Jahres
1520 warf er vor dem Elstertor in Wittenberg, als die Bücher des kanonischen Rechtes verbrannt wurden, auch die Bannbulle hinein, mit ungeheurer Wirkung dieses Feuergerichts
auf die Massen.
Kurfürst Friedrich hatte mit Kaiser Karl, bald nach seiner Krönung, darüber verhandelt,
Luther, der nicht ungehört verdammt werden sollte, auf den nächsten Reichstag mitzubrin-
gen. Der Kaiser willigte ein. Wenn freilich solche Berufung nur dazu dienen solle, daß er
dort einen einfachen Widerruf zu leisten habe, wollte Luther nicht folgen. Aber in der
Urkunde, die ihn berief, stand dies nicht. So unternahm er hart entschlossen am 2. April
1521 unter großem Zulauf die Reise, traf am 16. in Worms ein und stieg im „Johanniter-
hof" ab. Es folgten die großen Tage in Worms, in denen Luther vor dem Kaiser und den
Fürsten stand. In seinen großen Reden forderte er, ihn aus der Heiligen Schrift oder durch

helle Gründe der Vernunft zu überwinden, sonst könne er nicht widerrufen. Er schloß mit den deutschen Worten: „Gott helf mir, Amen". Kurfürst Friedrich fand, daß sein Doktor sich wacker gehalten habe: „er ist mir nur viel zu kühn." In den nächsten Tagen fanden Verhandlungen mit ihm noch statt, besonders mit Cochläus, einem dem Hofe Kardinal Albrechts nahestehenden Theologen; nur ein Widerruf solcher Sätze, die offenkundig gegen den katholischen Glauben verstoßen, wurde noch verlangt, aber Luther ging auch darauf nicht ein. Am Morgen des 26. April reiste er ab, nachdem ihm zuvor die Mitteilung durch sächsische Räte geworden war, der Kurfürst werde ihn eintun. Auf der Heimreise wurde er nach der Wartburg gebracht.

Die Verhandlungen auf dem Wormser Reichstag nahmen ihren Fortgang. Unter den deutschen Fürsten wurde über eine notwendige Reform der Kirche mit großer Entschiedenheit gesprochen. Herzog Georg reichte neben den allgemeinen Beschwerden der Reichsstände noch besondere ein, die sehr scharf waren und das Entsetzen des päpstlichen Abgesandten erregten. Er war für die Berufung eines Konzils. In der Frage, ob man Luther das zugesicherte Geleit halten solle, sprach sich neben Kurfürst Friedrich Herzog Georg seinem Rechtssinn gemäß dafür aus; aber seine Stellung gegen die Luthersche Reform wurde nur immer schroffer. Auch schlossen sich auf dem Reichstag Verhandlungen über das Reichsregiment an, das während der Abwesenheit des Kaisers bestehen sollte. Am 8. Mai wurde ein Entwurf zu einem Edikt, das Luther in die Reichsacht erklärte und die Vernichtung seiner Schriften anordnete, vorgelegt; kurz vor Reichstagsschluß fand es die Billigung durch die Stände. Kurfürst Friedrich, verstimmt durch die Behandlung politischer Angelegenheiten, war inzwischen abgereist. Das Wormser Edikt wurde ihm nicht zugestellt; so konnte sich der Kurfürst in der Folge darauf berufen, daß er zu seiner Durchführung in den sächsischen Landen nicht verpflichtet sei.

Während Luther auf der Wartburg als Junker Jörg weilte und das Neue Testament in das Deutsche volkstümlich kraftvoll und anschaulich übertrug, breitete sich die evangelische Lehre in Sachsen mit größtem Erfolge aus, nicht nur im ernestinischen Gebiet, auch hinüber nach den Landen Herzog Georgs, ja schon über die Grenzen ostwärts nach der Lausitz. In den verschiedenen Schichten des Volkes war die innere Bereitschaft zur Aufnahme ungleich. Auf kursächsischem Boden ergriff die Bewegung das ganze Volk, ohne Unterschied des Standes. Der Adel im albertinischen Sachsen jedoch, sei es aus überkommener Gesinnung, sei es auch um der kirchlichen Pfründen und Patronatsrechte willen, ebenso die vornehmeren Kreise des Bürgertums blieben meist altgläubig gesinnt, wenn auch manches aus der neuen Lehre Zustimmung fand. Einzelne Anhänger schlossen sich auch in diesen Kreisen an, unter den Edelleuten (die Herren von Einsiedel), an der Universität Leipzig, namentlich aber im Buchhandel (so der Herausgeber von Luthers Schriften Melchior Lotter, der Inhaber einer bedeutenden Druckerei); auch war der Leipziger Rat gegen ein schroffes Vorgehen wider die Evangelischen, da er eine wirtschaftliche Schädigung der Stadt befürchtete. Weit mehr war die breite Menge zur Aufnahme der neuen Anschauungen bereit: im Handwerk, bei den Arbeitern um Lohn, auch bei Bauern. Feindselige Stimmung, selbst zu Gewalttat bereit, richtete sich mancherorten gegen die Klöster. Bald begann das „Auslaufen" der Mönche aus den sich entleerenden Klöstern; oft wurden sie fanatische, nicht immer die besten, Verbreiter der neuen Lehre.

Schon brachen Antriebe im Laienvolk durch, selbst zum Handeln sich zusammenzutun. In Leisnig wurde ein beachtenswerter Versuch gemacht, von der Gemeinde aus eine neue Ordnung des kirchlichen Lebens aufzubauen. Zeugnis dafür ist die vielgenannte Leisniger Kastenordnung von 1522, in der auch Bestimmungen einer sozialen Fürsorge enthalten waren.

Besonders erregt entwickelte sich die religiöse Bewegung in den Muldengegenden, wo schon zuvor waldensische und hussitische Lehren Eingang gefunden hatten. Eine die Kirche radi-

kal ablehnende Richtung des Reformverlangens kam auf; Mittelpunkt wurde Zwickau, wo, wie schon früher, kleine Konventikel von Tuchknappen und Handwerkern sich bildeten. An die Spitze trat Niklas Storch, ein Tuchscherer, der auf der Wanderschaft in Böhmen gewesen war und kommunistische Ideen aufgenommen hatte, fest in der Kenntnis der Bibel, bei deren Auslegung er eine bemerkenswerte Kunst zeigte. Es drangen hier Anschauungen durch, wonach jede Heilsvermittlung durch Priester und Gnadenmittel verworfen wurde; man band sich nicht mehr an äußere Satzungen und überlieferte Einrichtungen. Unter den Geistlichen Zwickaus schloß sich Thomas Münzer, Prediger an der Katharinenkirche, dieser Bewegung an und wurde ihr geistiger Führer. Münzer war von Luther beeinflußt worden, aber stärker als jener selbst durch die spätmittelalterliche Mystik. So gelangte er dazu, auch die Bindung an die Heilige Schrift, die für Luther unverbrüchlich war, nicht mehr anzuerkennen. Das „innere Wort" sollte entscheidend sein; Münzer gab viel auf Visionen und Träume. Er predigte die Nachfolge des armen Lebens Jesu, einen Glauben, der in allen Herzen der Auserwählten auf Erden gleichförmig ist. In Zwickau schritt der Rat gegen Münzer ein; er wurde am 16. April 1521 seines Amtes entsetzt und verließ die Stadt. Seitdem er diese Leiden auf sich nahm, entfernte er sich noch mehr von Luthers froher Botschaft: er verkündete den „bitteren Christus", forderte eine mühe- und leidvolle Erkämpfung des Heils, das persönliche Erleben des Kreuzes und nahm damit Ansichten auf, die Luther als eine Art von Werkheiligkeit bekämpfte. Inzwischen hatten in Zwickau die Laien die Führung übernommen. So schritt der Rat auch gegen sie ein. Storch entwich nach Wittenberg, andere folgten ihm (der Tuchmacher Thomas Drechsel).
In Wittenberg waren während der Abwesenheit Luthers Karlstadt (Andreas Bodenstein) und der Augustiner Gabriel Zwilling als Führer hervorgetreten. Beide wandten sich gegen die bisherige Art des Gottesdienstes, schafften die Messe nach katholischer Art ab und änderten die kirchlichen Gebräuche. Heiratspflicht der Priester, Eheschließung der Mönche, Entfernung der Bilder aus den Kirchen wurde verlangt; Karlstadt setzte sich auch für die Einrichtung einer planmäßigen sozialen Fürsorge ein in der Wittenberger Stadtordnung (Armenordnung) vom 25. Januar 1522. Als Ende Dezember 1521 die Zwickauer Propheten eintrafen, gewannen die mystisch-apokalyptischen Anschauungen sichtlichen Einfluß. Die Ansicht, daß die Kindertaufe verwerflich sei, wurde laut. Der Kurfürst war einem Eingreifen abgeneigt. Da entschloß sich Luther selbst zur Rückkehr und trat in Predigten dieser radikalen Bewegung entgegen; denn er lehnte es ab, in Glaubensdingen andere zwingen zu wollen, auch bestand er fest darauf, daß das Wort Gottes maßgebend bleiben müsse, und wies einen religiösen Subjektivismus, jede Schwarmgeisterei, als aus dem Ich, nicht aus Gott stammend, zurück.
In der Kirchenpolitik war die wichtigste Frage, ob dem Wormser Edikt Geltung verschafft werden würde. Bei dem Reichsregiment in Nürnberg bemühten sich die Gegner der Lutherischen Bewegung, namentlich auch Herzog Georg, darum, daß das Edikt wirklich streng durchgeführt werden solle; aber unermüdlich kämpfte der Vertreter der ernestinischen Fürsten, Hans von der Planitz, gegen dies Verlangen. Im albertinischen Sachsen wurde 1522 ein Versuch gemacht, durch eine Visitation, die Bischof Adolf von Merseburg anordnete, der Ausbreitung der evangelischen Lehre entgegenzuwirken. Herzog Georg ließ ein Verbot der reformatorischen Schriften ergehen; ja es begann in der Nähe Leipzigs, auch in Oschatz, schon ein Verfolgen der evangelisch Gesinnten. In dieser entscheidenden Zeit war es ein großer Verlust, daß Peter Mosellanus, ein humanistisch gesinnter, erfolgreicher Erklärer neutestamentlichen Schrifttums, starb (1524). An der Universität Leipzig trat ein Stillstand der reformfreundlichen Bewegung ein, sehr bald ein erschreckender Rückgang der Studien überhaupt, während Wittenberg mehr und mehr die studierende Jugend an sich zog.
In dieser Zeit betrieb Herzog Georg, um eine neue Stützung der katholischen Frömmigkeit zu erreichen, die Heiligsprechung des einstigen Bischofs von Meißen Benno. Er erreichte die

päpstliche Zustimmung. Mit großem Prunk wurde das Fest des heiligen Benno 1524 gefeiert. Aber Luther schrieb mit schneidender Schärfe dagegen seine Schrift vom Abgott in Meißen. Der Herzog veranlaßte auch den angesehensten unter den Humanisten Erasmus, mit dem er lebhafte Beziehungen unterhielt, gegen Luther zu schreiben (1524 de libero arbitrio); es war offenkundig, daß manche unter den Humanisten von Luther sich abzuwenden begannen.

Auch in der Reichspolitik brachte das Jahr 1524 eine bedeutsame Entscheidung. Die Reichsstände in Nürnberg hatten den Beschluß gefaßt, es möge ein deutsches Nationalkonzil nach Speier berufen werden, auf dem über die Frage der kirchlichen Reform entschieden werden solle. Kaiser Karl V. aber verbot 1524 diese Versammlung und tadelte dabei die unerhörte Anmaßung deutscher Nation. Damit war die Hoffnung auf eine einheitliche reichsgesetzliche Regelung der Glaubensfrage zerstört. Der Gedanke an eine solche Entscheidung wurde zwar nicht aufgegeben, in Wirklichkeit kam es aber nicht dazu; soweit von Reichs wegen in der Glaubensfrage Stellung genommen wurde, geschah es in Zukunft nicht mehr einheitlich, sondern nach den einzelnen Territorien und Ständen.

Indessen drängte vom Südwesten Deutschlands, immer mehr anschwellend und alle Dämme niederreißend, eine gewaltige Volksbewegung von revolutionärer Art heran. Schon im 15. Jahrhundert waren dort Bauernunruhen ausgebrochen, verursacht durch den wirtschaftlich-sozialen Druck, der vielfach auf der bäuerlichen Bevölkerung lastete, um so mehr, wenn die Herren ihre Anforderungen an Zins und Dienst steigerten, den Bauern die persönliche Freiheit geschmälert wurde, auch ihre alten Gerechtsame an den Allmenden oder Marken durch ein herrschaftliches Obereigentum Einschränkung erfuhren. Besonders fühlbar war der Mangel einer größeren, schutzbereiten Landesgewalt. Schon war die Forderung ausgerufen worden: „nichts als die Gerechtigkeit Gottes.“ In der Zeit der reformatorischen Bewegung verstärkte sich der Drang nach Beseitigung erlittenen Unrechts. Der Gedanke an die christliche Freiheit wurde auf Weltliches bezogen. Mancherorten kam ein auf die evangelisch Gesinnten ausgeübter Druck hinzu; oder es reizte der Haß gegen geistliche Herren und Klöster. Ein großes Ziel nationaler Reform erkannten nur einzelne, nicht die Masse. Von Schwaben breitete sich die Bauernerhebung nach Franken und Mitteldeutschland aus. In Thüringen nahm sie am meisten eine sozialistische Färbung an, unter Einwirkung von Thomas Münzer, der in Mühlhausen seinen Sitz nahm und als ein Prophet mit zündenden Worten aufrief, sich wider die Tyrannen zu wehren. So brandete die Bewegung auch gegen Sachsen heran. Auch hier geschah es, daß die Bauern frei sein, die gewohnten Dienste nicht mehr tun wollten. Die „zwölf Artikel“ fanden Verbreitung und Annahme. Indes nach dem nördlichen Kursachsen, dem Ursprungsland der Reformation, unter seiner milden, doch festen Regierung, drang der Aufruhr zusammengerotteter Haufen nicht ein. Heftiger waren die Unruhen weiter südwärts um Altenburg, in Zwickau und seiner Umgebung. Im Erzgebirge nahmen die Bergarbeiter, die schon seit langem erregt waren, an dem Aufstand stärkeren Anteil. Annaberg war ein Mittelpunkt, Beziehungen wurden von da nach Joachimsthal, auch nach dem Vogtland unterhalten; Marienberger (Göftel und Ziener) schürten ringsum; Kloster Grünhain wurde gestürmt, von Wolkenstein drang die Unruhe gegen das Elbland heran, auch in der Dresdener Gegend geschah Murmelung. Inzwischen waren in Oberdeutschland die Inhaber der obrigkeitlichen Gewalt aufs schärfste und blutigste gegen die Bauern vorgegangen. Was sollte in Sachsen geschehen? Kurfürst Friedrich war gegen jedes Blutvergießen; die Empörung sollte in Güte gestillt werden. „Will es Gott also, so wird es also hinausgehen, daß der gemeine Mann regieren soll. Ist es aber sein göttlicher Wille nicht, daß es zu seinem Lobe nicht vorgenommen, wird es bald anders.“ Sein Bruder Johann dachte ähnlich wie er und sah die Erhebung als eine Strafe Gottes an; aber er beteiligte sich an den Maßnahmen wider die Bauern. Sehr entschieden trat Herzog Georg zu ihrer Niederwerfung auf. Er vereinigte sich mit dem Herzog von Braunschweig und dem Landgrafen Philipp von Hessen, auch Albrecht von Mansfeld, bot Söldnertruppen auf und zog hinaus ins Feld gegen die Bauern und die zum Streit bereiten Haufen unter Führung Münzers. Bei Frankenhausen am 15. Mai kam es zum entscheidenden Kampf. Münzer zog entgegen unter Vorantragen der weißen Prophetenfahne; indes in der Erwartung, daß mit ihm noch verhandelt werden solle, hatte er die Maßnahmen für eine regelrechte Schlacht nur ungenügend getroffen und erlitt mit seinen Scharen eine vernichtende Niederlage. Er selbst floh nach Mühlhausen, wurde jedoch dort ergriffen, gefangengesetzt und als Aufrührer und Ketzer enthauptet. Mit diesem entscheidenden Schlag war die Erhebung zu Boden geworfen. Wo sich die Unruhen gezeigt hatten, wurden sie danach sehr bald gestillt. Die Strafe an den Bauern und denen, die sich ihnen zugesellten, war hart und schwer. In Sachsen haben sich die ländlichen Zustände danach wenig geändert. Stärker war die Rückwirkung auf die reformatorische Bewegung selbst. Luther hatte anfänglich den Fürsten und Herren ins Gewissen geredet, dann aber mit äußerster Schärfe gegen die Bauern geschrieben, weil er die Sache des Evangeliums, so wie er sie verstand, durch die revolutionäre Bewegung für gefährdet ansah. An Volkstümlichkeit hat er seit diesem Jahre der Krisis eingebüßt; die Hoffnungen, durch die Reformation zu einer großen allgemeinen nationalen Erneuerung zu kommen, waren zurückgeworfen.

Der Protestantismus in Kampf und Sieg

Kurfürst Friedrich der Weise war in dem unruhevollen Frühjahr 1525 auf seinem Lieblingsschloß in Lochau am 25. Mai verstorben, nachdem er das Abendmahl nach evangelischem Brauch empfangen hatte. Ihm folgte sein Bruder Johann nach, der Beständige, wie er bei der Bevölkerung und in der Geschichtsschreibung genannt worden ist, schon seit Jahren ein überzeugter Anhänger der lutherischen Lehre, von Glaubenseifer erfüllt, entschiedener und willenskräftiger als sein Bruder, fest und treu auch in schwerer Zeit. Sogleich nach dem Beginn seiner Regierung traf er Anordnung, den evangelischen Gottesdienst öffentlich durchzuführen. Auch für den Aufbau eines neuen Staatswesens in Kursachsen hat er richtigen Blick bewahrt.
Seit diesem Jahre der Wendung 1524/25 wurde die Reformation wesentlich Sach der deutschen Reichsstände und ihrer territorialen Politik. Bereits im Sommer 1525 schloß Herzog Georg einen Bund in Dessau mit den Kurfürsten von Mainz und Brandenburg und den Herzögen von Braunschweig, um die katholische Partei zum Widerstand gegen die Evangelischen zu sammeln. Ein Gegenbund Kursachsens und Hessens zu Gotha-Torgau war die Antwort. Auf dem Reichstag zu Speier 1526 kam eine Einigung der Stände dahin zustande: bis der Kaiser zur Bitte um ein Konzil Stellung genommen habe, also zu leben, zu regieren und es zu halten, wie ein jeder solches gegen Gott und ihre Majestät hofft und vertraut zu verantworten. Ursprünglich war wohl dabei nicht an ein eigentliches Reformationsrecht der Obrigkeiten gedacht. Tatsächlich wurde die Haltung der Reichsstände dafür entscheidend. Die Evangelischen schritten nun entschiedener zu einer neuen kirchlichen Organisation.
Auch in Sachsen geschah dies. Luther selbst rechtfertigte das Vorgehen damit, daß die Obrigkeit, obschon geistliche und weltliche Gewalt an sich getrennt sind, sich der äußeren Ordnung in der Kirche annehmen müsse, als das Haupt-Glied der Kirche, um in Notzeiten der Kirche einen Liebesdienst zu tun. Dies Notrecht wurde in Anspruch genommen, weil die geordneten Oberen der Kirche, die Bischöfe, versagten. Es wurde eine Visitation in die Wege geleitet; die Instruktion dafür, ursprünglich nicht von Luther abgefaßt, aber von ihm gebilligt, vom Jahre 1527 ist die Grundlage der evangelisch-lutherischen Landeskirche Sachsens, allgemein des landesherrlichen Kirchenregimentes der evangelischen Stände im Reich geworden.

Im Reiche verschärfte sich der Gegensatz zwischen Evangelischen und Altgläubigen bedenklich. Eine Verschlimmerung des Verhältnisses brachten die sogenannten „Packschen Händel" 1528/29. Otto von Pack, aus meißnischem Adel, in der Kanzlei Herzog Georgs tätig, legte ein gefälschtes Schriftstück am Hofe Philipps von Hessen vor, woraus ein auf katholischer Seite angeblich abgeschlossenes Bündnis in Breslau, das Waffenrüstung vorsah, erwiesen werden sollte. Landgraf Philipp schenkte dem Schriftstück Vertrauen; schon war es nahe daran, daß der Konflikt offen ausbrach. Doch lenkte Kursachsen ein, zumal als die Erkenntnis durchdrang, daß jenes Schriftstück nicht echt sei. Ein starkes Mißtrauen und große Erregung blieben als Folge dieses Vorganges zurück. Auch ein ganz persönlicher Zusammenstoß Herzog Georgs mit Luther in heftigen Streitschriften trat ein.

Der Kaiser, der nach siegreichem Kampf mit Frankreich politisch damals freier war, schickte sich an, eine Entscheidung in der Glaubensfrage herbeizuführen. Auf dem Reichstag zu Speier 1529 sollte darüber verhandelt werden. Indes, da eine Gefahr des Krieges von seiten der Türken drohte, auch eine Spannung mit dem Papste Clemens VII. eingetreten war, neigte Karl sich dazu, den evangelischen Ständen entgegenzukommen. Der Entwurf einer Proposition für den Reichstag wurde in solchem Sinn abgefaßt; aber sie traf nicht rechtzeitig ein. Ferdinand, der Statthalter an Stelle des Kaisers, damals gereizt wegen des Widerstands der deutschen Fürsten gegen seine Wahl zum römischen König, war scharf gegen die Evangelischen eingestellt und ließ eine Proposition mit anderem Wortlaut vorlegen. Johann Friedrich, der sächsische Kurprinz, hatte sofort Zweifel an der Echtheit. Gegen diese angeblich kaiserliche Proposition, die eine Durchführung des Wormser Edikts und eine Aufhebung der Beschlüsse des Reichstags zu Speier 1526 verlangte, erhoben die anwesenden evangelisch gesinnten Stände Protest; seitdem gewöhnte man sich daran, sie als Protestanten zu bezeichnen. Bald danach fanden die ersten Besprechungen über einen Bund der Evangelischen zur Gegenwehr statt, bei einem Angriff um des Glaubens willen selbst gegen den Kaiser, was bisher vermieden worden war; auch eine Fürsorge für Kriegsausrüstung wurde bereits vorgesehen.

Noch einmal, in einer Atempause der Weltpolitik, unternahm es Karl V., auf einem Reichstag den Glaubensstreit zu schlichten. Dies geschah auf dem denkwürdigen Reichstag zu Augsburg 1530, wo die evangelischen Fürsten, an ihrer Spitze Johann der Beständige und sein Sohn, das Augsburgische Glaubensbekenntnis am 25. Juni in deutscher Sprache (durch den kursächsischen Kanzler Beier) in feierlicher Versammlung vortragen ließen. Es war eine erste Zusammenfassung der Lehrsätze, die als die evangelischen erklärt wurden; verfaßt war die Schrift von Melanchthon, der dabei nach Möglichkeit das Übereinstimmende zwischen katholischem und evangelischem Glauben heraushob, aber auch die Unterschiede der Glaubenslehre kennzeichnete. Luther, der in der Reichsacht war, hielt sich in Koburg auf und stand den an gefährdeter Stelle ringenden Vertretern des evangelischen Glaubens mit seinem Rat und Zuspruch bei. Lange Verhandlungen schlossen sich an; ein Übereinkommen war nicht zu erreichen. Der Kaiser schärfte von neuem die Befolgung des Wormser Ediktes ein und drohte mit dem Vorgehen des Kammergerichts gegen die Übertreter seines Spruches. Seit dem Augsburger Reichstag standen die großen Glaubensparteien politisch einander wie zwei Heerlager gegenüber. Die Evangelischen schlossen eine christliche Vereinigung im Dezember 1530, den Schmalkaldischen Bund, der im Frühjahr des nachfolgenden Jahres erneuert und gefestigt wurde. Indes die auswärtige Politik hielt Karl V. abermals davon ab, seinen Willen in der Glaubensfreiheit in Deutschland durchzusetzen. Bei der Stärke der Evangelischen war gegen sie nicht vorzugehen. Im Juli 1532 wurde in Nürnberg ein Religionsfrieden (Schied) vereinbart, der die Entscheidung auf ein künftiges Konzil vertagte. Nun begann die große Zeit des politischen Protestantismus: mit unwiderstehlicher Kraft breitete sich die Reformation in den norddeutschen Territorien aus; auch nach Oberdeutschland drang sie kraftvoll vor, zumal in den großen Städten.

Am 16. August 1532 war Johann der Beständige verstorben. Ihm folgte Johann Friedrich der Großmütige, geboren am 30. Juni 1503; seine Mutter Sophie war eine mecklenburgische Fürstentochter. In seiner Jugend hatte der Kurprinz eine klassische Bildung empfangen. Spalatin war sein Erzieher. Lebhaft beschäftigte er sich besonders mit Theologie und Geschichte. Auch der körperlichen Ausbildung in Turnier und Jagd lag er gern ob. Vermählt war Johann Friedrich mit Sibylle von Jülich-Cleve in guter Ehe (1526; nach dem Scheitern der Eheberedung mit einer spanischen Infantin). Schon früh war er für Luthers Lehre gewonnen und stand in nahen Beziehungen zu dem Reformator; doch auch Melanchthon wußte er zu schätzen. Von gutem Willen beseelt, gewissenhaft, nicht ohne staatsmännische Fähigkeiten, in seinen politischen Entschlüssen selbstherrlich, oft ungeduldig, aber später, als seine Zuversicht schwand, zögernd und bedenklich, in vorgerückteren Jahren sogar schwerfällig, war er schwieriger politischer Lage nicht gewachsen. Dem Kaiser gegenüber, als des Reiches Oberhaupt, wollte er sich gemäß seiner Treupflicht verhalten, ja er wünschte ein Vertrauensverhältnis mit den Habsburgern; erst nach persönlicher Enttäuschung tauchten Pläne wider das Haus Habsburg auf. Minder groß war seine Neigung für die innere Politik, doch mit geschäftiger Tätigkeit und nicht ohne Verständnis für vieles, was besserungsbedürftig war, kümmerte er sich um die Regierung seines Landes. Unter Johann Friedrich wurde die Zentralverwaltung straffer geordnet, dank der Einsetzung eines Hofrates. Die Gliederung nach Kreisen und Ämtern wurde planvoller durchgeführt; wirksame Maßnahmen zielten auf Hebung der Wirtschaft, Besserung der Finanzen, militärische Bereitschaft des Landes, geordnete Einrichtungen in Kirche und Schule.

Die ernestinische Regierung, unter Führung Johann Friedrichs eifervoll protestantisch, nahm weniger Rücksicht auf die Haltung Herzog Georgs, als dies zuvor noch geschehen war. So wurden evangelische Pfarrer in Orten eingesetzt, wo man dies nahe der Grenze bisher vermieden hatte. Auch lebten die im Grimmaischen Machtspruch 1531 mit Mühe behobenen nachbarlichen Streitigkeiten sehr zum Schaden beider Sachsen wieder auf. Aber auch Herzog Georg ging nun schroffer vor; ein Beispiel ist die Vertreibung der lutherisch Gesinnten 1533 aus Leipzig. Indes während Cochläus, des Herzogs Hofkaplan, die scharfe Richtung vertrat, machte sich unter den Räten Georgs ein Bestreben geltend, in der Glaubensfrage einen mittleren Weg zu gehen. Es waren Männer, die unter humanistischem Einfluß ihre Bildung erfahren hatten und nach einem Ausgleich strebten: Dr. Simon Pistorius, Julius Pflug, der später Bischof von Naumburg geworden ist. Auf seine Vermittlung schrieb Erasmus eine Schrift, die in deutscher Übersetzung herausgegeben wurde (1534): Von der Kirchen lieblicher Vereinigung. Vor anderen trat Georg von Carlowitz, aus meißnischem Adel, mit verwandten Gedanken auf. Als ein Landedelmann aufgewachsen, mit dem Blick für das Ganze seines Herrenbesitzes, hatte er sich der Politik zugewandt und war einer der einflußreichsten Räte Herzog Georgs geworden. Das Heil des Staates erblickte er in der Erhaltung des Friedens der Stände untereinander wie auch nach außen. So schloß er sich der Versöhnungspolitik im humanistischen Geiste an, freilich ohne genügend zu würdigen, daß sein fürstlicher Herr aus Gewissensbedenken eine solche Politik nicht gutheißen werde. Im Jahre 1534 fand in Leipzig ein Religionsgespräch statt, an dem von kursächsischer Seite Melanchthon und der Kanzler Brück teilnahmen, auf albertinischer besonders Julius Pflug. Bei der Lehre über die Rechtfertigung aus dem Glauben und das Verdienst guter Werke kam man sich nahe, aber nicht in bezug auf die Bedeutung der Messe im Gottesdienst. So verlief dies Gespräch ergebnislos. Auch ein zweites Religionsgespräch in Leipzig im Jahre 1539 brachte keinen wirklichen Erfolg. Es fand wieder auf Betreiben Georgs von Carlowitz statt; außer ihm nahmen der fürstliche Rat Dr. Fachs, zeitweilig G. Witzel, daran teil, auf kursächsischer Seite Melanchthon und Brück, aus Hessen der Kanzler Feige und Martin Bucer aus Straßburg. Carlowitz wünschte die Vereinigung aller reformwillig gesinnten Stände im Reich und forderte zur Herstellung der wahren apostolischen Kirche nur die

Anerkennung des Lehrinhalts der ersten sechs, ja nur vier nachchristlichen Jahrhunderte, bis zur Zeit Augustins. In manchen Punkten kam man einander nahe; nach Abreise Brücks wurden einige vermittelnde Formeln vereinbart. Indes für die kursächsischen Theologen und Staatsmänner war dies nicht mehr verbindlich. Auch Herzog Georg wäre auf solchen vermittelnden Standpunkt schwerlich eingegangen. Beharrlich setzte er seine Reformbestrebungen, namentlich in Visiationen der Klöster fort, fand nun aber dabei auch lebhaften Widerstand seines Adels, so daß „ein Gemurmel" über Herzog Georg entstand (1538).

Inzwischen war ein entscheidender Schritt innerhalb des albertinischen Sachsenlandes in den Herrschaften geschehen, die dem Herzog Heinrich zustanden. Seine kluge und tatkräftige Gemahlin Katharina, eine geborene Fürstin aus Mecklenburg, war schon seit Jahren evangelisch gesinnt. Auf ihr Bemühen wurde der lutherische Prediger Dr. Jakob Schenk nach Freiberg gerufen. Herzog Georg suchte einer Einführung der Reformation im Freiberger Gebiet entgegenzuwirken. Carlowitz wollte vermitteln, Schenk solle die Weihe vom Bischof von Meißen empfangen, aber in manchen Punkten der Lehre Freiheit erhalten; indes dies schlug fehl. Schenk hielt am Neujahr 1537 öffentlich eine lutherische Predigt im Dom; danach wurde das Abendmahl unter beiderlei Gestalt gereicht. Die Reformation wurde tatsächlich im Gebiet Herzog Heinrichs durchgeführt. Ein weiterer Schritt war es, daß der Herzog in den Schmalkaldischen Bund aufgenommen wurde, freilich nur in den Hauptvertrag, wonach Hilfe bei einem Angriff aus Gründen der Religion geleistet werden solle. In die engere „Verfassung zu Rettung und Gegenwehr" trat er geflissentlich nicht ein.

Am 11. Januar des gleichen Jahres starb Herzog Georgs ältester Sohn Johann ohne Erben. Seine Gemahlin Elisabeth, Schwester des Landgrafen Philipp von Hessen, empfing Rochlitz als Witwensitz und hat sich um eine geordnete Verwaltung ihres Herrschaftsbereiches verdient gemacht. Außerordentlich reich und lebhaft war der Briefwechsel, den sie mit Fürsten und anderen bedeutenden Persönlichkeiten führte, mit innerlichem Verständnis und klugem Urteil, oft mit Äußerungen sehr unverblümter Art. Auch über politische Händel war darin viel die Rede; manch wichtige Nachricht kam ihr zu und wurde durch sie wirksam gemacht. In ihrer Gesinnung war sie den Evangelischen aufrichtig zugetan, hielt sich namentlich an ihre landgräflichen Verwandten in Hessen. Aufrecht und sittlich hochstehend behauptete sie ihren oft schweren Stand zwischen jenen und den sächsischen Fürsten und hat zur Förderung der evangelischen Sache, geschickt und tapfer in ihrer Art, wesentlich beigetragen. Der zweite Sohn Herzog Georgs, Friedrich, war geistig nicht normal und darum regierungsunfähig. Dennoch setzte Georg im Mai 1537 durch, daß die Landstände Sachsens ihn als rechtmäßigen Erben anerkannten; ein Landesausschuß sollte ihm bei künftiger Regierung zur Seite stehen, was eine Förderung der landständischen Macht bedeuten mußte. Eine starke Spannung zwischen den beiden albertinischen Höfen war die Folge solcher Maßnahme: Heinrichs ältester Sohn, der junge Moritz, der damals am Hofe seines Oheims in Dresden weilte, wurde von dem Vater abgerufen. Herzog Heinrich ließ eine Visitation in seinem Gebiet durchführen und schloß sich um so enger an den Kurfürsten von Sachsen an. Georg aber mühte sich nun 1538, einen Bund katholischer Reichsstände in Nürnberg zustande zu bringen, mit einem Nebenvertrag, wonach der Beitritt auch protestantischen Fürsten offenstehen sollte, wenn sie keine Neuerungen in Glaubenssachen bis zu einem Konzil einzuführen versprachen.

Nach Beginn des Jahres 1539 ließ Herzog Georg seinen Sohn Friedrich am 27. Januar ganz in der Stille mit einer Gräfin Elisabeth von Mansfeld vermählen, in der Hoffnung auf Nachwuchs. Aber Friedrich starb am 26. Februar und nun schien es sicher zu sein, daß das Herzogtum Sachsen an die Linie des Bruders fallen werde. Georg wollte dem auf jeden Fall vorbeugen. Er dachte daran, Moritz zu seinem unmittelbaren Nachfolger zu machen, der versprechen sollte, daß er in der Religion nichts ändern und die geistlichen Güter nicht antasten werde (Eintritt in den Nürnberger Bund). Der Herzog setzte sogar ein Testament auf, wonach sein Eigenvermögen dem Bruder nicht zukommen solle, wenn er in religiösen Sachen etwas ändere; es wurde für diesen Fall Kaiser Karl und seinem Bruder Ferdinand zugewiesen, womit eine Handhabe zur Einmischung gegeben war. Die Landstände erfuhren davon, wünschten jedoch, daß das Vermögen an sie selbst falle. Dies Testament des Herzogs blieb ohne Zeugenunterschrift und Siegel und war somit nicht rechtskräftig, als Georg am 17. April 1539 starb. Mit großer Feierlichkeit wurde er im Dom zu Meißen beigesetzt, neben der Fürstenkapelle in einem Raum, den ein Altargemälde Lukas Cranachs schmückt, auf dem Georg und seine Gemahlin in Andacht kniend dargestellt sind. Das Lebenswerk, das ihm selbst am meisten am Herzen lag, Erhaltung des Landes und seiner Untertanen bei dem römisch-katholischen Glauben, war vergeblich. Georg hat den inneren Gehalt der lutherischen Reformation, vor allem aber die überwältigende Kraft, die von ihr ausging, nicht richtig eingeschätzt, und darum endete sein Leben mit einem Fehlschlag. Sein Wirken zur Hebung der Wohlfahrt seiner Lande ist von merklichen Erfolgen begleitet gewesen. Ein Zeichen dafür war die nach Möglichkeit gute Ordnung des Finanzwesens; der Herzog hinterließ einen nicht geringen Barschatz. Die Bevölkerung seines Landes hatte sich während seiner Zeit vermehrt (Leipzigs Einwohnerschaft wuchs etwa auf das Doppelte, auf 15 000 an), Dresden, die Residenzstadt, war, wie eine Schilderung besagt, von schönen Häusern der Bürger geschmückt. Der Georgenbau an der Stirnseite des Schlosses gegen den Elbstrom, in Form deutscher Renaissance, ist gleichsam ein Denkmal der gehobenen Staatsmacht, für uns noch heute eine Erinnerung an denkwürdige Jahre, in denen ein Zeitalter sächsischer Landesgeschichte zu Ende ging.

Nach Georgs Tode kam Herzog Heinrich in den ruhigen Besitz des sächsischen Herzogtums. Der neue Herrscher war nach Anlage und Lebensanschauung sehr wesentlich von seinem Bruder unterschieden. In jungen Jahren hatte er an kriegerischer Betätigung, auch an der Sammlung von Waffen Gefallen gefunden; schriftlicher Verwaltungsarbeit war er nicht geneigt. Selbstbewußtes und eigenwilliges Auftreten war ihm nicht fremd gewesen; aber an Willenskraft stand er dem Bruder nach. In der Verwaltung seiner Herrschaftsgebiete Freiberg und Wolkenstein hatte Heinrich Geschick bewiesen, namentlich bei der Förderung des Bergbaus: so verdankt ihm Marienberg sein Aufblühen. Als er zur Regierung des Herzogtums kam, war er schon hochbetagt und körperlich schwach, sehr unter dem Einfluß seiner ehrgeizigen, willensstarken Gemahlin Katharina, bereit, für seine politische Haltung Weisungen des Kurfürsten von Sachsen zu empfangen. Sogleich wurde die Reformation im Lande durchgeführt, kraft der Anordnungen, die die Obrigkeit gab, nicht ohne Härte. Bei der Huldigungsreise, die Herzog Heinrich im Lande unternahm, wurden Predigt und Gottesdienst nach der lutherischen Lehre gehalten und das Abendmahl unter beiderlei Gestalt gereicht. Die Versuche König Ferdinands, ihn zu bestimmen, in den Nürnberger Bund zu treten, hatten keinen Erfolg. Als ein Landtag zu Chemnitz 1539 abgehalten wurde, zeigte sich freilich, daß die politisch einflußreichen Schichten, namentlich im Landesadel, mit der Religionserneuerung nicht durchaus einverstanden waren. Auch von den Stadträten wurde die Bitte ausgesprochen, vor einer Verständigung mit den Landständen, der geordneten Vertretung des Landes, keine kirchlichen Neuerungen einzuführen. Der Bischof Johann von Meißen trat gegen eine Reformation von weltlicher Seite auf und wollte sie selbst in die Hand nehmen. Aber Herzog Heinrich nahm darauf keine Rücksicht; er gab eine Kirchenordnung, die sogenannte „Heinrichs Agende", und ließ in den Jahren 1539/40 Visitationen vornehmen, kraft deren die altgläubigen Pfarrer und Lehrer entweder der neuen Lehre sich fügen mußten oder durch andere tüchtige, gelehrte Leute ersetzt werden sollten. Den maßgebenden Einfluß am Hofe und in der inneren Politik übte Anton von Schönberg, der ein aufrichtiger Anhänger der Lutherischen Lehre war.
Zwischen Herzog Heinrich und dem drängenden Kurfürsten traten bald Mißhelligkeiten

auf. Heinrich, vom Adel seines Landes beeinflußt, duldete hier und da das Messelesen, ließ auch Domherrenstellen und Nonnenklöster bestehen; vor allem aber trat er der engeren „Verfassung zur Rettung und Gegenwehr" nicht bei, blieb nur Mitglied des Schmalkaldischen Bundes im weiteren Sinn und hatte nicht teil an der Bundeshauptmannschaft. Eben damals begann der leidige Handel der Doppelehe des Landgrafen von Hessen das Verhältnis unter den fürstlichen Verwandten zu trüben, die Tatbereitschaft der Bundesfürsten zu lähmen. Bezeichnend ist das Bestreben der Bischöfe, die Zeitlage dazu auszunützen, um ihre weltliche Stellung gegenüber dem Landesherrn freier zu gestalten und die Reichsstandschaft durchzusetzen. Dies rief nun wieder Absperrungsmaßregeln der landesherrlichen Regierung gegen den Bischof und das Domkapitel von Meißen hervor (Oktober 1539). Eine wichtige Frage wurde die nach Behandlung der geistlichen Güter. Die Einziehung solcher Güter (Säkularisation) konnte den Herzog unabhängiger von den Landständen machen; deshalb strebte er danach, stieß aber auf Widerstand. Es kam vorerst eine vermittelnde Vereinbarung zustande: die Verwaltung der Güter (Sequestration) wurde der Landschaft gegen eine Geldbewilligung einstweilen überlassen, wobei es bemerkenswert ist, daß der junge Moritz einen diesbezüglichen Revers nicht unterschrieb. Die Herzogin Katharina, die den jüngeren Sohn August begünstigte, erreichte bei ihrem Gemahl, daß ein Testament verfaßt wurde, wonach beide Söhne, Moritz und August, zu Erben eingesetzt werden sollten, also eine Teilung, entgegen den einstigen Bestimmungen der Ordnung Herzog Albrechts. Eine neue Schwierigkeit entstand, als Kaiser Karl V. Anstalt machte, dem Testament Herzog Georgs Geltung zu schaffen, das Vermögen des verstorbenen Herzogs also an sich zu ziehen; Heinrich setzte sich zur Wehr. Während all dies spielte, starb der Herzog nach kurzer Regierung am 18. August 1541 (beigesetzt in Freiberg). Das wesentliche Ereignis während seiner Regierung ist die Einführung der Reformation im albertinischen Sachsen, die überraschend schnell hier feste Wurzeln schlug und nunmehr in dem gesamten Bereich der wettinischen Lande, in Kursachsen sowie auch auf dem Boden des meißnisch-sächsischen Landesstaats galt.

Anders war der Verlauf der reformatorischen Bewegung in der Oberlausitz. Da das Land unter der Herrschaft des Königs von Böhmen stand, wurde der Verbreitung der Reformation entgegengewirkt; aber es geschah dies nicht mit der gleichen Kraft und Entschiedenheit wie in dem Sachsen Herzog Georgs. König Ferdinand war, zumal bei seiner Abhängigkeit von Geldbewilligungen der Oberlausitzer Stände, nicht in der Lage, mit gleicher Schärfe aufzutreten. Dazu kam, daß das Erzbistum Prag zeitweilig nicht besetzt war. So hat sich in der Tat die evangelische Bewegung in der Lausitz schon früh und rasch ausgebreitet. Am lebhaftesten wurde sie in den Städten aufgenommen, da die Stadträte, namentlich im Sechsstädte-Bund, sich rasch dafür erklärten (in Zittau L. Heidenreich seit 1521). Auch im ritterlichen Adel des Landes entschieden sich manche dafür und vermochten in ihren patrimonialen Herrschaften die Einführung des evangelischen Gottesdienstes zu begünstigen. Von Kursachsen aus wurde ein Schutz der evangelischen Glaubensverwandten östlich der Grenzen ausgeübt. Diese Vorgänge hatten zur Folge, daß eine gewisse Mischung des Bekenntnisses eintrat: weit verbreitet war das Luthertum, aber es verblieb altgläubige Bevölkerung seßhaft. So konnte der Bischof von Meißen später es unternehmen, eine Einrichtung zu treffen, die das katholische Bekenntnis festzuhalten bestimmt war: er übertrug seine Stellvertretung (Generalvikariat) einem Administrator, Johann Leisentrit (1560), dem ein Auftrag Kaiser Ferdinands und päpstliche Bestätigung zuteil wurden; die Aufgabe ist mit dem Stift St. Petri in Bautzen verbunden worden (1570). Hier trat der einzigartige Fall ein, daß die Hauptpfarrkirche der Stadt, der Dom St. Peters, auf die Dauer den beiderlei Konfessionsverwandten verblieben ist. — Die evangelische Kirchenverfassung, wie sie in den sächsischen Landen bestand, wurde in der Oberlausitz nicht eingeführt; es wurden nicht

Superintendenten eingesetzt, keine Aufsichtsbezirke für sie gebildet. Nur eine Oberbehörde geistlicher Art in Bautzen ist später geschaffen worden. Dieser Zustand, der sich aus der Geschichte der Reformation in der Oberlausitz erklärt, hat bis zur jüngsten Vergangenheit nachgewirkt.

Die Kulturwirkung der Lutherischen Reformation

Eine Bewegung, die so tief in das Innenleben des Menschen eingreift wie die deutsche Reformation, hat auf die Kulturzustände Sachsens, des Geburtslandes der Reformation, nachhaltigen Einfluß geübt. In zahlreichen Schriften wurden die Grundgedanken im Volke verbreitet, in Holzschnitten oder Stichen eindrucksvoll vor Augen gestellt. So tief drang dies in jedes Haus, zu jedem einzelnen, wie nie zuvor bei einer geistigen Bewegung.

Für Sachsen, das noch immer an einer Staatsgrenze erster Ordnung und auch im völkischen Sinne grenznah lag, war es bedeutungsvoll, daß die große Volksbewegung der Reformation in ihrer Art auf eine Kräftigung des Deutschtums eingewirkt hat. Wie hätte dies anders sein können, da Luther mit allen seinen Fasern im Deutschtum wurzelte? Das Größte und Beste was von Sachsen aus dargeboten wurde, war die Förderung der deutschen Sprache in Luthers Bibelübersetzung, in seinem kernhaften gemeinverständlichen Schrifttum, auch dank dem Einfluß, der von der sächsischen Kanzleisprache ausging, all dies gefördert dadurch, daß der Leipziger Buchdruck und Buchhandel schon einen beachtlichen Aufschwung nahm. Die deutsche Hochsprache, schon zuvor durch Kulturströmungen im obersächsisch-mitteldeutschen Raum beeinflußt, wurde nun erst recht voll wirksam, schlang ein gemeinsames Band um alle Deutschen in Ober-, Mittel- und Niederdeutschland; sie wurde ein gemeindeutsches geistiges Gut, über alle Unterschiede der Stammesart und des Bekenntnisses hinweg.

Im Aufbau des Volkskörpers war es ein Wesenszug deutscher Art, daß der Familie als Zelle des Volkes bereicherte Bedeutung zukam. Gewiß, als eine Abstammungsgemeinschaft galt sie von germanischer Zeit her, war auch rechtlich festgefügt. Aber eine höhere Wertschätzung wurde ihr errungen, seitdem, dank der Reformation, das ehelose Leben nicht mehr als besonders verdienstlich nach der Bewertung mönchischer Askese galt. Auch ist es tief im Wesen der Reformation begründet, daß die Familie innerlicher als zuvor eine wahre Lebensgemeinschaft geworden ist. Ein Vorbild dazu bot das Pfarrhaus Lutherischer Prägung, wie es früh und beispielhaft in Sachsen zur Ausbildung kam, eine Pflegestätte evangelisch gegründeter Kultur, nicht nur ein Heim für die Glaubenslehre und Frömmigkeit, ebenso für mannigfache feinere Bildung, Dichtung und Musik, ein Haus, von dem aus fruchtbare Beziehungen zu den Gliedern der ganzen Pfarrgemeinde gepflegt worden sind und in das praktische Leben hineinwirkten. Ein Pfarrerstand bildete sich, in dem geistige Güter überliefert und vermehrt wurden, auch manche schöpferische Leistung in neuen Kulturwerten dem Volksganzen zugute kam.

Im Hinblick auf Wirtschaft und Gesellschaft vertrat Luther bedeutsame Gedanken eines deutschen Sozialismus. An dem Rechte und Wert des Eigentums hielt er fest; die Wirtschaftsordnung sollte darauf begründet bleiben. Aber die wirtschaftliche Leistung soll im Dienst der Gemeinschaft geschehen, nach einer berufsmäßigen Gliederung der Gesellschaft. Dabei schätzte Luther den Ackerbau am höchsten: er ist ihm ein göttliches Werk, die Bauernarbeit die fröhlichste. Ebenso erkannte er das Handwerk in seinen mannigfaltigen Arbeitsverrichtungen an. Aber er ließ auch die Tätigkeit des Kaufmanns gelten, soweit sie Arbeitsleistung ist und gemeinen Nutzen stiftet. Andere aus dem Kreise der Reformatoren (Melanchthon) rechtfertigten den Handel als förderlich für die Volkswirtschaft; noch in höherem Maße geschah dies in den führenden Wirtschaftskreisen und auch bei Staatsmännern im albertinischen Sachsen. Freilich nur in geringerem Maße lenkte die wirtschaftlich-soziale Entwicklung unter dem Einfluß reformatorischer Gedanken wirklich in neue Bahnen ein. Die Bauernerhebung, die nur in einem Teil Sachsens um sich gegriffen hatte, hat der Bauernschaft auf die Dauer wesentliche Besserung nicht gebracht. Aber es wurden Maßnahmen des Bauernschutzes durch die landesfürstliche Regierung getroffen; dem Bauernlegen wurde entgegengewirkt, manches geschah zur Festigung ländlicher Gemeindeverfassung und dörflichen Rechts, und da die Preise für landwirtschaftliche Erzeugnisse im 16. Jahrhundert anstiegen, gestaltete sich die wirtschaftliche Lage der Bauern etwas günstiger. Bezeichnend ist, daß das Wüstwerden ländlicher Orte etwa seit der Reformationszeit aufgehört hat. Einzelne Fortschritte der Land- und Forstwirtschaft wurden getan, allerdings wesentlich erst in jüngerer Zeit nach Wiederkehr friedlicherer Zustände. Die kapitalistische Wirtschaft in Handel und Gewerbe wurde jedoch nicht gehemmt, zumal nicht im südlichen albertinischen Sachsen, im Gegenteil, sie nahm mancherorten noch zu, um so mehr, als oberdeutsches Unternehmertum im Vogtland und Erzgebirge, auch in der Oberlausitz Hausindustrie mit steigendem Erfolg einbürgerte. Leipzig focht damals seinen Wirtschaftskampf gegen Nürnberg durch und stärkte seine Selbständigkeit und Handelsmacht; ein großes Vermögen wie das des Heinz Scherl betrug um 1540 bereits etwa 100 000 Gulden. Das Handwerk in den größeren städtischen Mittelpunkten Sachsens nahm an dem wirtschaftlichen Wachstum teil: das Tuch- und Leinengewerbe, das Metallgewerbe u. a. steigerten ihre Gütererzeugung und ihren Absatz. Allgemein ist die Vermehrung handwerklicher Berufsarten, demgemäß auch der Innungen, festzustellen; auch die Vermögenslage der Handwerksmeister, an sich freilich gering, besserte sich etwas. Aber die Spannungen innerhalb des Handwerks nahmen zu: Gegensätze zwischen Handwerkern verwandter Art, namentlich auch der Gegensatz zwischen Meistern und Gesellen, so daß neben Anzeichen einer günstigen Lage auch Schwierigkeiten und Niedergang, teilweise auch wegen vergleichsweise sinkender oder zurückbleibender Preise für die handwerklichen Erzeugnisse sowie der Arbeitslöhne sich einstellten. Die Leistungen kunstgewerblicher Art im 16. Jahrhundert (feine Schmiedearbeiten, Zinngefäße, Krüge, Kacheln, Schränke, Truhen; die Tracht) sind recht hoch und beachtlich gewesen. — Ein Einfluß der reformatorischen Anschauungen wird darin zu erblicken sein, daß nach Luthers Lehre der Arbeit im Beruf eine höhere Wertschätzung und Ehre anerkannt worden ist und ihre Würdigung als eine sittlich-religiöse Leistung in den Gedankenschatz einging.

Am stärksten wirkte die Reformation auf einen neuen Aufbau des Bildungswesens in Sachsen. Die Grundlage dazu für das ganze Volk wurde auf Luthers Rat und Bemühungen hin geschaffen, indem weithin in den Städten des Landes, auch in kleineren Orten, die Einrichtung deutscher Schulen für Knaben und Maidlein empfohlen ward, in denen die nötigste religiös-sittliche Unterweisung im Katechismusunterricht, dazu die allgemeinsten Kenntnisse für das praktische Leben dargeboten werden sollten, ein Anfang zu einem Volksbildungswesen, das gerade in Sachsen zu einer hohen Blüte gebracht worden ist. Darüber erhob sich eine mittlere und obere Stufe für die Ausbildung der künftigen Amtsträger in Kirche und Staat sowie für die wohlgeordnete Pflege der Wissenschaften. Es sollten die Begabten ausgelesen werden, aus allen Ständen, mit wohlbedachter Fürsorge für Ärmere, denen ohne Beihilfe ein Aufstieg nicht möglich war. Der Besuch der Lateinschulen bereitete auf den Besuch der Universität in einem planmäßigen Lehrgang vor, wobei Lehrstoff und Lehrweise der höheren und höchsten Unterrichtsanstalten einander angepaßt sein sollten, wie dies später in der kursächsischen Schulordnung (1580) klar zum Ausdruck kam. Die sittlich-religiösen Grundgedanken der Reformation vereinten sich dabei mit jenen Grundsätzen humanistischer echter Wissenschaftspflege, die auf die Kenntnis der alten Sprachen, auf die selbständige Beobachtung und Forschung in allen Zweigen der Wissenschaft bedacht war. Die Bahn wies in dieser Richtung der große „Lehrer Deutschlands" (praeceptor

Germaniae), Melanchthon, schon in der Ordnung von 1528, der auf den Unterrichtsbetrieb auch im albertinischen Sachsen entscheidenden Einfluß gewann, dank den Maßnahmen unter Herzog Moritz, deren noch zu gedenken sein wird. Auch der berühmte Meister der Erziehung und Unterweisung in Straßburg, Jakob Sturm, wirkte durch die Schüler, die nach Sachsen berufen wurden (Bach-Rivius; G. Fabricius), auf Inhalt und Form des sächsischen höheren Bildungswesens mittelbar ein. Schon sehr bald zeigte es sich, daß die Einrichtungen der höheren Schulen des Landes, Unterrichtsziele und Lehrplan, als ein Eigengut sächsischer Bildung angesehen und, wenn not, auch gegen fremden Einfluß verteidigt wurden.

Es entsprach dem Sinn humanistischer Studien wie auch dem Bedürfnis der Reformation, die Geschichtsschreibung zu fördern. In der Frühzeit des Humanismus galt sie als eine Kunst. So wurden meist schwerfällig dahinstelzende Dichtwerke in lateinischen Versen verfaßt, die dem Preise wettinischer Fürsten, Friedrichs des Freidigen, Albrechts des Beherzten, Friedrichs des Weisen, dienten. In Prosa geschrieben waren Schriften des Zwickauer Arztes Erasmus Stella (Stüler), die eine Darstellung der Landesgeschichte zum Ziele hatten, aber nicht auf streng wissenschaftlicher Grundlage, sondern in phantasievoller Art, so daß die Geschichtskenntnis für die Folge mehr verwirrt als geklärt worden ist. Eine ernste geschichtliche Wissenschaft drang erst durch mit der Reformation. Ihr namhaftester Vertreter war Georg Spalatin, der dazu Auftrag vom kursächsischen Hofe empfing. Große Werke zur Geschichte der Reformation selbst werden ihm verdankt; aber auch der Geschichte des Landes und seiner Fürsten hat er sich gewidmet und Wertvolles abgefaßt, woraus noch heute Kenntnis geschöpft zu werden vermag. Später, und nur unter mancher Schwierigkeit und Verzögerung, kam die von Kurfürst Moritz angeregte Geschichtsschreibung in Fluß (G. Agricola, G. Fabricius; danach Albinus, d. i. Weiße u. a.). — Bemerkenswert sind die ersten Darstellungen des Landes Meißen und der Lande ringsum im Kartenbild, nach den noch rohen Anfängen bald mit bereichertem Inhalt des staatlich Bedeutsamen im Raum und mit nicht gewöhnlicher Genauigkeit auf Grund von Messungen (H. Magdeburg; Oeder).

Die Entwicklung der bildenden Künste erfuhr seit dem Durchbruch der Reformation manche Hemmung. Der Brauch in katholischer Zeit, große Altarschreine zu stiften und damit den Künstlern Aufgaben zu stellen, ließ sichtlich nach. Wertschätzung sinnfälliger Kunst lag überhaupt dem Luthertum wenig. Daraus erklärt es sich, daß die eben erst in Ausbildung begriffene bodenständig sächsische Kunst nicht so blühend sich entfaltete, wie es zu hoffen schien. Dem Kirchenbau wurden nur noch einzelne neue Aufgaben gestellt. Die Schloßkapelle in Torgau, von Luther persönlich eingeweiht, weist die Eigenart eines kirchlichen Raumes auf, der für evangelische Gottesdienste bestimmt ist, ganz schlicht in der Ausstattung, mit hervorgehobener Betonung von Altar und Kanzel, angelegt für die Aufnahme eines vergleichsweise großen Kreises solcher, die mit Nachdenken die Predigt hören. Bedeutender waren die Aufgaben weltlicher Art in der Architektur, wobei das Vorbild italienischer Kunst Nachahmung fand, freilich vorerst mehr in der Schmuckgebung als in den Grundelementen der Bauweise. Das Dresdener Schloß wurde nach der Elbseite prächtig ausgestaltet. Auch schuf das Bürgertum manche neuen Bauten: einzelne Rathäuser (so in Leipzig in der Zeit des Ratsherrn und Verwalters des Bauamtes Hieronymus Lotter), dazu stattlichere Häuser des bürgerlichen Wohnbaues. Besonders die Portale weisen Renaissancemotive auf, in der Umrahmung, wie in figürlicher Darstellung. Einzelne neue Schöpfungen der Bildnerei und Malerei im Geiste der Reformation wurden geboten. L. Cranach mit seiner Werkstatt schuf Bildnisse der Reformatoren, der sächsischen Fürsten jener Zeit, ein Passionale Christi und des Antichrists (mit Melanchthon 1521), Holzschnitte zur Lutherbibel, Altargemälde. Im südlichen Sachsen wirkte die Künstlerfamilie Walther (Christoph, Hans; Altarwerk in der Dresdener Kreuzkirche 1574).

Mannigfaltige Pflege fand die Literatur, mehr als dies in älteren Zeiten geschehen war. Verständlich ist dies daraus, daß dieser Ausdruck künstlerischer Betätigung humanistischem

Abb. 26   August der Starke und Friedrich Wilhelm I. von Preußen

Abb. 27 Schloß Wettin

Brauche entsprochen hatte, auch die Reformation selbst ihre breite Wirkung auf das Wort und seine Handhabung stützte. Ein Teil dieser Literatur war freilich lateinisch nach Humanistenart abgefaßt. Aber es entstand auch ein Schrifttum, das in weiteren Kreisen gelesen wurde. Es ist bezeichnend, daß das Drama besonders beliebt war. Hier vollzog sich eine Verbindung höherer literarischer Form mit volkstümlicher Kunst. In den Lateinschulen wurde der Versuch gemacht, das antike Drama zu erneuern. Luther empfahl die geistlichen Spiele. Wirklich sind solche Spiele damals oft aufgeführt worden: mit Vorführung der christlichen Heilsgeschichte von der Schöpfung der Welt bis zum Jüngsten Gericht. In Dresden, Freiberg, Zwickau und Leipzig ist derartiges bezeugt. Auch deutsche Schauspiele meist biblischen Inhalts wurden geboten, von Schülern der höheren Schulen wie auch von den Studierenden der Universität (als bekannteste deutsche Komödie „Hans Pfriem" von M. Hayneccius). Neben dem Drama wurde das Lied viel verbreitet, seit der Reformationszeit in reichem Maße das geistliche Lied, der Choral. Auch die Schwankdichtung war vertreten, nicht nur in mündlichem Vortrag, sondern auch aufgezeichnet und gedruckt, nicht ohne einigen literarischen Wert.

Lieblingskunst war und wurde immer mehr in Sachsen die Musik, in kunstmäßiger Art geübt, wie auch in volkstümlicher Weise; denn wie keine andere Kunst bewegt sie das „gläubige Herz" und erfüllt in Lust und Leid das innerste Gemüt. Durch die Reformation wurde ihre Pflege erheblich gefördert; der thüringisch-sächsische Raum wurde so recht kerndeutsches Musikland. Luther selbst hat sie gepriesen, Melodien geistlicher Lieder erfunden und den Choralgesang, anfangs ohne Orgelbegleitung, der Gemeinde ans Herz gelegt (die „wittenbergischen Lieder"). So wurden in der Kirche, von Fürsten, aber auch im Bürgertum Einrichtungen zur Pflege des Gesanges und der Instrumentalmusik in neuer Form geschaffen. Singknaben und geistliche Sänger leisteten Tüchtiges. Die Laienkraft betätigte sich dabei in den kurfürstlichen Kapellen, bei den Stadtpfeifern, in den sogenannten Adjuvantenchören und in den Kantoreien, die vielfach in großen und keineren sächsischen Städten begründet worden sind. Eine Durchbildung der Musik fand statt, indem auch hier Elemente der Renaissance Aufnahme fanden, wesentlich aber in Weiterbildung deutscher Musik nach kontrapunktischem Satz. Großes wurde geleistet in der Bearbeitung von Chorälen, in Motetten und Kantaten (Leipziger Schule des Thomaskantors Georg Rhau), im Orgelspiel, dazu in der Pflege des weltlichen Liedes, der Madrigale und Tanzmelodien, des begleitenden Sololiedes. Eine harmonische Verschmelzung von Kunstgesang mit volksmäßigem Singen und Spiel drang durch. Das Beste, was in der Reformationszeit zu Gehör kam, zum Lobe Gottes und zur Erhöhung der Freude lauschender Menschen, wirkte wunderbar ergreifend in seiner herben Kraft und einem erstaunlich reichen Ausdruck seelischen Erlebens.

Unverkennbar hat sich die Kulturentwicklung Sachsens während des frühen Reformationszeitalters aufwärts bewegt, wenn es auch an Krisen und zeitweiligen Erscheinungen des Niederganges nicht gefehlt hat. Es ist die Epoche der vollen Ausbildung einer Kultur von eigenem sächsischen Charakter, nach den Zeiten vornehmlich der Aufnahme mutterländischdeutschen Kulturguts eine große schöpferische Leistung zur allgemeinen deutschen Kulturentwicklung, zugleich mit der Ausprägung eines heimatlichen Gemeinschaftserlebens des Volkes in diesem sächsischen Lande, wo der Reformator auftrat, die Tat der Reformation vollbracht war.

Die Begründung des Kurstaates Sachsen Albertinischer Linie; Kurfürst Moritz als Staatsmann und Landesherr

Der junge Herzog

Im albertinischen Sachsen folgte in schicksalsschwerer Zeit ein Fürst von außerordentlichem Format, dem es gelang, während einer kurzen Spanne seiner Regierung in einem Leben voll ungewöhnlich weittragender Ereignisse zu einer europäischen Bedeutung aufzusteigen: Moritz. Sehr rasch wurde, trotz des Widerstrebens der Herzogin-Witwe Katharina, eine Einigung mit seinem Bruder August herbeigeführt, Moritz übernahm allein die Regierung des Herzogtums, wie es einst Herzog Albrecht vorgesehen hatte.

Moritz war am 21. März 1521 im Schlosse zu Freiberg geboren, in dem gleichen Jahre, als Luther vor dem Reichstag in Worms stand. Beim Antritt der Regierung stand er im jugendlicher Alter von 20 Jahren. Bisher war Moritz den verschiedensten Einflüssen ausgesetzt gewesen. In seiner Kindheit an dem elterlichen Hofe zu Freiberg unter evangelischem Einfluß erzogen, kam er an den Dresdener Hof zu seinem Oheim Georg, dann nach Halle, wo Kardinal-Erzbischof Albrecht glänzend Hof hielt, danach aber zu den ernestinischen Verwandten in Torgau wieder in einen Kreis streng protestantischer Anschauungen. In persönlich nahe Beziehungen trat Moritz zu dem Landgrafen Philipp von Hessen, mit dessen Tochter Agnes er sich verlobte, freilich nicht mit Zustimmung der Eltern, die erst danach sich mit diesem Schritt aussöhnten; lange hat der Landgraf einen besonders starken Einfluß auf ihn geübt. Eine tiefere wissenschaftliche Bildung hatte Moritz nicht empfangen. Wie sein Großvater Albrecht liebte er es, die Waffen zu führen; gern zog er ins Feld. In friedlicher Zeit gab er sich dem Genuß des Lebens hin, freute sich an der Jagd, sprach auch dem Trunk oft mehr, als gut war, zu. Ein kraftverleihendes Selbstbewußtsein erfüllte ihn; er fühlte sich als geborener Führer und Herr. Selbständig wollte er entscheiden. Dabei war es anfänglich seine Gewohnheit, nach augenblicklichen Eingebungen rasch zu handeln; eine bestimmte Linie politischen Verhaltens auf lange Sicht verfolgen lernte Moritz erst im Laufe der Erfahrung. Eine besondere Neigung zu den Verwaltungsgeschäften hat Moritz nicht gehabt. Wohl aber wußte er, in jungen Jahren zum Herzog geworden, von allerlei politischen Händeln, ohne genau die Lage zu übersehen.

So sah sich der junge Fürst, ohne planvolle Vorbildung für den künftigen Herrscherberuf, vor schwierigen, verwickelten Aufgaben der Reichs- und Landespolitik. Bei dem staatsmännischen Handeln verschlangen sich in der Hochspannung jener Tage Beweggründe verschiedenster Art. Es wurde Politik auf weltanschaulicher Grundlage getrieben; aber dabei konnten sehr wohl auch rein weltliche Machtziele verfolgt werden. Auf seiten der Anhänger des Augsburgischen Bekenntnisses stand die Wahrung und Erhaltung des evangelischen Glaubens obenan. Dabei gab es jedoch Verschiedenheiten der politischen Einstellung. Ein politischer Protestantismus suchte die Glaubensziele mit politischen Mitteln zu verwirklichen, strebte dies durch politische Macht, durch Aufrichtung einer Vorherrschaft protestantiser Stände an. Aber es konnte auch der Versuch gemacht werden, Religion und Politik nach Möglichkeit auseinanderzuhalten, eben dadurch die evangelische Lehre zu sichern und im rein Politischen freie Hand zu haben. Bei den katholisch Gesinnten schied sich eine manchen Reformen geneigte Gruppe von den streng Altgläubigen, und es gab Meinungsverschiedenheiten bei der Wahl der Kampfesmittel. Bei all dem spielte der stärkste innerpolitische Gegensatz eine große Rolle: Zentralgewalt im Reich und Macht der Stände, Kaisertum und territoriale Machtpolitik strebten gegeneinander, das Kaisertum zugleich als habsburgische Hausmacht, und auch dies wieder in einem gewissen Gegensatz Kaiser Karls V. zu seinem Bruder Ferdinand, dem Herrn über die österreichischen Lande und Träger der böhmischen Königskrone. Innerhalb der Territorien wurde von den Landesfürsten Rücksicht auf die Landstände genommen; im minderen Maße geschah dies unmittelbar gegenüber der Bevölkerung eines Landes, aber auch deren Haltung war nicht völlig außer acht zu lassen. Innerhalb des sächsisch-thüringischen Raumes waren die bestehenden Gegensätze verschärft durch das Nebeneinander des ernestinischen Kursachsen und des albertinischen Herzogtums. Immer wieder gab es Reibungsflächen, traten Anlässe hervor, eine gegeneinander gerichtete Politik zu betreiben. Auf das albertinische Sachsen wirkte sich außenpolitisch die habsburgische Macht im besonderen Maße aus. Böhmen lag unmittelbar an der langhingestreckten Südgrenze; die Macht des Königs von Böhmen griff auch auf die Oberlausitz über, deren Grenze gegen das meißnische Gebiet offen war, und bis zum Nordosten, zur Niederlausitz, konnte die Umklammerung ausgedehnt werden, wie auch im Südwesten über das Gebirge sich böhmische Vorpostenstellung heranschob.

Im albertinischen Sachsen trat, nachdem Moritz die Zügel der Regierung ergriffen hatte, bald ein merklicher Wandel ein. Der namhafteste Träger des politischen Einflusses aus der Zeit Herzog Heinrichs, Anton von Schönberg, wurde aus seiner maßgebenden Stellung entfernt; er wurde verhaftet und ein Prozeß gegen ihn eröffnet, unter Zutun des sächsischen Kurfürsten, der für ein schärferes Verfahren war als Moritz, der von Schönbergs Verwandten Gehör schenkte, so daß sich bald ein Zwiespalt schon bei diesem Anlaß ergab. — Der einflußreichste Ratgeber des jungen Herzogs wurde Georg von Carlowitz, aus heimischem Adel, Vertreter eines ausgeprägten Standpunktes sächsischer Politik. Carlowitz stellte es als obersten Grundsatz auf, eine Kräftigung des Staates zu erzielen; fest und sicher soll die Obrigkeit dastehen. Wie die Landesfürsten dem Reichsoberhaupt Gehorsam schulden, so müssen die Untertanen ihren Landesherren gehorsam sein. Darum sollen die Rechte des Fürsten erhalten und verstärkt werden; einer Mitregierung der Stände war Carlowitz, obschon er selbst Edelmann war, abgeneigt. In der Verwaltung wünschte er den Einfluß der gelehrten Berufsbeamten bürgerlicher Abkunft und namentlich der protestantischen Geistlichen zurückzudrängen. In der großen Politik war Carlowitz für Anschluß an das Haus Habsburg. Am erwünschtesten ist es, den Staat von allen größeren Verwicklungen fernzuhalten. Ist es möglich, eine Vergrößerung des sächsischen Territoriums zu erreichen, so soll danach gestrebt werden. Die große religiöse Bewegung sah Carlowitz als gefährlich an; denn sie bedroht die alte Gesellschaftsordnung und gefährdet leicht den Frieden im Innern wie auch nach außen. Aber er war bereit, Zugeständnisse zu machen; denn das Volk ist in den breiten Schichten überall lutherisch gesinnt, die reformatorische Lehre ist in manchen Punkten annehmbar, so daß ihre Rechtfertigungs- und Abendmahlslehre, auch die Priesterehe zugestanden, wohl auch die weltliche Herrschaft der geistlichen Fürsten preisgegeben werden kann. Aber Papsttum und Bistümer sollen beibehalten werden, auch ist der katholische Gottesdienst wiederherzustellen. So strebte er im Grunde auf eine Religionsvergleichung hin. Diese Anschauungen des alten erfahrenen Rates sind von nicht geringem Einfluß auf den jungen Moritz gewesen, der freilich vom Standpunkt der evangelischen Glaubensverwandten nicht so weit abwich. — Andere angesehene Räte waren die rechtskundigen Doktoren bürgerlichen Standes, Pistoris, der schon unter Herzog Georg tätig gewesen war, Fachs (aus Leipzig) und Komerstadt, später Türk, nur ausnahmsweise Dr. M. von Osse; mit diplomatischen Aufträgen wurde gern der jüngere Christoph von Carlowitz betraut. Die Auffassung der politischen Aufgaben war im Kreise dieser Räte keineswegs völlig gleich; meist neigten sie zu einem vermittelnden Standpunkt, einige waren protestantisch gesinnt. So war Moritz verschiedenerlei Einwirkungen ausgesetzt.

Wie sein Vater, sah sich Moritz als zugehörig zum Schmalkaldischen Bund an, aber nur in bezug auf den Hauptvertrag zum Schutze bedrohten Glaubens. Der Verfassung zur Rettung und Gegenwehr trat er nicht bei, er zahlte auch keine regelmäßigen Beiträge. Gleichzeitig versuchte er in ein Verhältnis zu den Habsburgern, namentlich zu König Ferdinand zu treten, mit der Zusage des Gehorsams gegen den Kaiser in weltlichen Dingen, während ihm selbst in Glaubenssachen freie Hand gelassen werden sollte. Für eine künftige Religionsentscheidung dachte Moritz an Einberufung eines Konzils in einer deutschen Stadt. Es war freilich ein schwieriges Verhältnis einer Doppelstellung mit all ihren Gefahren. Im Inneren trat Herzog Moritz für Durchführung des evangelischen Bekenntnisses ein, die zuletzt unter Heinrich ins Stocken geraten war. Es bestimmte ihn dabei der Wunsch, daß der Gottesdienst im ganzen Lande gleich sein solle. Das Schmähen auf den Kanzeln sollte unterbleiben; eine gewisse Milde gegen Einrichtungen aus katholischer Zeit (Chorrock) wurde eingeschärft. Dazu spielte die Frage nach der Verwaltung der geistlichen Güter eine wichtige Rolle. Moritz strebte nach Säkularisation. Im Januar 1542 wurde eine Vereinbarung mit dem landständischen Ausschuß über Verpachtung der Güter unter Aufsicht fürstlicher Räte geschlossen. Schon im Jahre danach begann jedoch die Veräußerung einzelner Güter; manche wurden für geistliche, andere für weltliche Zwecke verwendet. Es war das Jahr der neuen Ausstattung der Universität Leipzig sowie die Gründung der Fürstenschulen (1543).

In der äußeren Politik spitzte sich indessen die Lage zu. Verhängnisvoll war es, daß sich zwischen Kursachsen und Moritz sehr bald eine merkliche Verschiedenheit der politischen Haltung herausstellte, als die schmalkaldischen Verbündeten 1542 ein kriegerisches Vorgehen gegen den streng katholischen Herzog Heinrich von Braunschweig planten; Moritz sagte nur geldliche Hilfe zu (Vertrag von Rochlitz). Größer wurde die Spannung durch Vorgänge in Sachsen. Kurfürst Johann Friedrich vertrieb den Bischof Julius Pflug aus Naumburg und bewirkte, daß statt dessen Nikolaus Amsdorf als Verwalter des Bistums eingesetzt und von Luther geweiht wurde (20. Januar 1542). Der meißnische Adel war um so mehr entrüstet, weil die Familie Pflug eine hochangesehene Stellung einnahm. Auch anderwärts erregte das Vorgehen des Kurfürsten größtes Aufsehen; denn es war der erste Schritt eines protestantischen Fürsten zur Beseitigung eines Bistums.

Äußerst scharf wurde der Gegensatz zwischen dem ernestinischen Vetter und Moritz, als Kurfürst Johann Friedrich im nachfolgenden Frühjahr auch in Wurzen eingriff. Stift und Land Wurzen standen unter der gemeinsamen Schutzherrschaft; ein einseitiges Vorgehen des Kurfürsten entsprach nicht dem geltenden Recht. Der Kurfürst aber nutzte den Anlaß dazu, weil der Bischof von Meißen die Türkensteuer nicht abgeliefert hatte, und wünschte in Stift und Amt die papistischen Greuel auszurotten. So ließ er Wurzen besetzen, das wegen der Straßen und des Muldenpasses wichtig war. Herzog Moritz war aufgebracht über die Verletzung seiner Rechte. Ein scharfer Briefwechsel folgte, Streitkräfte wurden aufgeboten. Schon schien eine Entscheidung mit den Waffen auf offenem Feld bevorzustehen. Aber es gelang dem Landgrafen Philipp, den Zwist beizulegen. Die Verwaltung von Wurzen wurde dem Kurfürsten zugestanden, während der andere Gebietsteil des Bistums, Stolpen mit seinem Amt, an den Herzog kam. Der Steuerertrag sollte geteilt und hier wie dort niedergelegt werden. So ging der „Fladenkrieg", wie er im Volksmund hieß, noch ohne Blutvergießen aus. Aber eine arge Verstimmung blieb auf beiden Seiten aus diesen Vorgängen zurück.

Moritz ging bald darauf nach Ungarn, um dort am Türkenkrieg teilzunehmen, zu dem der Reichstag zu Speier eine Reichshilfe beschlossen hatte. So setzte er sich an der gefährdeten Südostfront für des Reiches Schutz ein, tapfer und draufgängerisch, wie ein tollkühner Streich zeigte, der ihm beinahe das Leben gekostet hätte. Im Spätsommer 1544, nachdem ein neuer Reichstag in Speier den Friedstand in Glaubensdingen wiederum beschlossen

hatte, folgte er dem Kaiser Karl V. bei seinem Feldzug gegen Frankreich, der in einem Vorstoß von den Niederlanden bis in die Nähe von Paris führte und sehr zur Verstärkung der
kaiserlichen Machtstellung beitrug.

Inzwischen waren daheim neue Schwierigkeiten zwischen Kursachsen und Herzog Moritz
eingetreten, da die bischöflichen Territorien Magdeburg und Halberstadt zum Streitgegen-
stand der kursächsischen und albertinischen Politik wurden. Moritz wünschte, die Schutz-
herrschaft über jene beiden Bistümer zu erlangen; er gedachte, seinen Bruder August zum
Koadjutor zu machen und so ihn auszustatten. Aber auch der Kurfürst von Sachsen suchte
Anhänger im Lande zu gewinnen und nutzte dazu den Gegensatz der Bürger von Halle und
Magdeburg gegen ihren Erzbischof aus. Diese Bürgerschaften, vielfach auch der Adel im
Lande, lehnten sich politisch an Kursachsen an. Dazu spielte ein Streit über die Rechte am
Burggrafentum Magdeburg, das der Kurfürst für sich in Anspruch nahm. Durch ein Urteil
1538 war es ihm zugesprochen worden, nebst dem Rechte, in Halle den Schultheißen und
den Salzgrafen zu ernennen; aber Erzbischof Albrecht hatte dies nicht anerkannt, auch
Moritz strebte kursächsischen Herrschaftsrechten über Halle entgegen.

Im albertinischen Sachsen hatte sich im Frühling 1545 Georg von Carlowitz von den Staatsgeschäften zurückgezogen; sein Auftreten bei Verhandlungen mit den Evangelischen war
ihm verdacht worden, er spürte wohl auch ein Abnehmen seines Einflusses am Dresdener
Hofe. Der junge Herzog Moritz übernahm selbständig die Leitung seines Staates, in einem
Augenblick heraufziehender politischer Krisis, als eben Kaiser Karl V. an die Ausführung
seines lang gehegten Planes heranging, die protestantischen Gegner niederzuwerfen.

In dieser hochgespannten politischen Lage standen sich am Dresdener Hofe zwei Parteien
gegenüber. Die einen, geführt von dem klugen und einflußreichen Dr. Komerstadt, wünschten einen engeren Anschluß an den Schmalkaldischen Bund, freilich nach Möglichkeit ohne
offenen Bruch mit den Habsburgern. Man hoffte dabei, den Frieden erhalten zu können,
die unangenehme Wahl zwischen den evangelischen Glaubensgenossen und dem Hause
Habsburg möglichst zu meiden. Es war aber auch eine andere politische Überzeugung
vertreten, besonders durch den jungen Christoph von Carlowitz und Dr. Fachs. Diese
Staatsmänner waren der Ansicht, daß der Kampf unvermeidlich sei; wenn er aber aus-
breche, dann müsse man ihn an der Seite der Habsburger ausfechten und zu einer Abrechnung mit den Ernestinern ausnutzen. Herzog Moritz persönlich neigte mehr zu der
Partei Komerstadts. Er wünschte, daß ein unverklausulierter, also gesicherter Religionsfrieden von den Habsburgern erreicht werden solle; dafür solle ihnen die Türkenhilfe gewährt werden, auch sei die Verpflichtung einzugehen, die geistlichen Güter nicht für weltliche Zwecke, sondern nur zu gemeinem Nutzen zu verwenden. Dabei war er bereit, eine
nähere Verständigung mit den Evangelischen abzuschließen, für den Fall eines nur aus
Gründen des Glaubens erfolgenden katholischen Angriffs zu gegenseitiger Unterstützung.
Der Eintritt in den engeren Schmalkaldischen Bund wurde nach wie vor abgelehnt.

Im Herbst 1545 kam es zu einem ersten Waffengang. Der katholisch gesinnte Herzog
Heinrich von Braunschweig wollte sein ihm entwendetes Land wiedererobern. Landgraf
Philipp von Hessen, der einen Angriff auf sein hessisches Land befürchtete, mühte sich, die
Evangelischen zur Gegenwehr zusammenzuschließen, da es sich um einen Angriff aus
Glaubensgründen handele; auch Kursachsen teilte diese Auffassung. Im albertinischen
Sachsen war der meißnische Adel der braunschweigischen Sache geneigt; die Räte erwogen
mit aller Vorsicht ihre Pläne. Aber Herzog Moritz, feurig und jung, griff rasch durch und
zog mit einem Aufgebot auf den Kampfplatz, wie er es hinstellte, nur um zur Verteidigung
seiner Erbeinungsverwandten, Hessen und Kursachsen, gegen einen Angriff zu helfen. Als
nun die Heere einander bei Kalefeld-Northeim gegenüberstanden, drängte Landgraf Philipp zum Angriff. Während der Kampf im Gange war (am 21. Oktober), bewirkte Moritz,
daß sich Herzog Heinrich von Braunschweig dem Landgrafen persönlich gefangengebe, auf

die Zusage eines annehmbaren Vertrages, die Moritz ihm gegeben hatte. So wurde ein Sieg der Hessen und Kursachsen über den Braunschweiger erzielt. Aber Landgraf Philipp war nicht geneigt, die von Moritz gemachten Zusagen zu erfüllen. Moritz sah sich von allen Seiten bitteren Vorwürfen ausgesetzt. Eine Entfremdung zwischen Philipp und ihm trat ein, zumal da Moritz den Gegnern in Glaubensfragen weiter entgegenzukommen bereit war, namentlich in der Frage eines einzuberufenden allgemeinen Konzils. Aber auch der sächsische Kurfürst war über die Haltung seines albertinischen Vetters erzürnt. Im Lande selbst war man mit dem Verhalten des Herzogs vielfach unzufrieden. In der Folge verschärfte sich der Streit zwischen den Albertinern und Ernestinischen um Magdeburg, als Kardinal Albrecht verstorben war (1545). Der neue Erzbischof Johann Albrecht, gleichfalls aus dem Hause Hohenzollern, suchte Anlehnung an Kursachsen. In aller Stille wurde der Sohn des sächsischen Kurfürsten, Johann Wilhelm, zum Koadjutor gewählt und damit ein künftiger Anfall des Erzbistums an Kursachsen vorbereitet. Das Domkapitel und der Stiftsadel jedoch neigten zu den Albertinern. Überdies erzielte Johann Friedrich einen Erfolg, als ein Vertrag mit Erzbischof Johann Albrecht 1546 zustande kam, wonach ihm die burggräflichen Rechte, zumal auch für Halle, zugesprochen wurden. Eine Ausdehnung des Kurfürstentums Sachsen auf das mittelelbische Gebiet um Magdeburg schien bevorzustehen. Dies war die Lage, als im Frühjahr 1546 — bald nach Luthers Tod — der Konflikt zwischen Kaiser Karl und dem Schmalkaldischen Bund wirklich ausbrach, dem Vorgeben nach wegen Ungehorsams des Kurfürsten von Sachsen wider den Kaiser; in Wirklichkeit sollte es der entscheidende Schlag gegen den Protestantismus sein.

In Dresden herrschte damals die Auffassung vor, der Sieg werde aller Wahrscheinlichkeit nach dem Kaiser zufallen. Aber man wünschte nicht unmittelbar sich ihm anzuschließen, hoffte vielmehr, die Trennung von den Evangelischen vermeiden zu können. So war das politische Streben nach Möglichkeit auf Wahrung der Neutralität eingestellt. Diesem Standpunkt gemäß handelte nun freilich Herzog Moritz in einer Weise, die zu den größten Schwierigkeiten führen mußte. Er gab nach der Seite der Schmalkaldener die Zusage, er werde jedem helfen, der wegen Zugehörigkeit zum gemeinsamen Bekenntnis angegriffen werde. Aber andererseits ließ er sich auf Verhandlungen mit den Habsburgern ein. Auf dem Reichstag zu Regensburg 1546 erschien (auf Betreiben Christophs von Carlowitz) Herzog Moritz persönlich, um die Entscheidung zu treffen. Nach beiden Seiten gingen Besprechungen hin und her, während schon Kriegsgerüchte schwirrten. Vom Kaiser wurde Unterwerfung unter das vom Papste einberufene Tridenter Konzil verlangt, während Moritz nur sich auf dessen Beschickung einlassen wollte. Dagegen sagte der kaiserliche Rat Granvelle, der mit den sächsischen Räten zunächst verhandelte, mündlich zu, der Kaiser werde versprechen, dafür zu sorgen, daß die Aritkel vom Abendmahl, der Priesterehe und der Rechtfertigung nach der Schrift entschieden würden. Auch wurde in Aussicht gestellt, die Albertiner sollten wegen der vorgenommenen Säkularisationen unbehelligt bleiben; die Schutzherrschaft über Magdeburg und Halberstadt werde übertragen werden; wenn das ernestinische Gebiet erobert werden würde, solle es an Moritz gegen Erstattung mäßiger Kriegskosten herausgegeben werden. Auf solche Erwartung hin unterschrieb Herzog Moritz am 19. Juni einen Vertrag in der von den Habsburgern gewünschten Form, wobei allerdings besonders ausbedungen war, daß von ihm keine Dienste gegen die evangelische Lehre oder seine Erbverwandten verlangt werden würden. Vermittlung zu ihren Gunsten wurde ihm für künftig zugelassen. Aber nun, da der Herzog unterzeichnet hatte, geschah es, daß die Zusagen vom Kaiser nicht mündlich bestätigt wurden. Auf das Drängen von Moritz äußerte er sich nur ganz allgemein: „ ... schaue ein jeder zu dem Seinen; wer etwas bekomme, der hab's, wenn die Acht oder dergleichen sollt ergehen." Moritz war gebunden, ohne daß der Kaiser selbst sich an die Versprechung, die sein Rat geäußert hatte, band. Es war ein Erfolg überlegener habsburgischer Diplomatie.

Der Krieg brach nun nach Erklärung der Reichsacht wider die Häupter der verbündeten Protestanten aus, während der ersten Monate in Oberdeutschland nicht in einträchtigem Zusammenwirken der beiden Führer des Schmalkaldischen Bundes, des Kurfürsten von Sachsen und des Landgrafen von Hessen, und nicht mit der Entschiedenheit und Kraft geführt, die anfänglich einen Erfolg hätten erzielen können. In Dresden hielt man sich noch an den Versuch, möglichst die Neutralität zu bewahren. Moritz gab dem Landgrafen sogar Zusagen, unter gewissen Umständen ihm helfen zu wollen. Auch erwog er den Plan einer dritten Partei zur Vermittlung und Abwehr, im Verein mit dem Kurfürsten Joachim von Brandenburg. Eine größere Truppenmacht wurde nicht aufgestellt; nur die Festungen wurden in Verteidigungszustand gesetzt (Chemnitzer Land- und Ausschußtag, Juli). Im Lande rief die Politik des Herzogs schwere Bedenken wach. Auf einem Landtag zu Freiberg (8. Okt.) ging es heiß her; die Landstände traten für die Erhaltung evangelischer Lehre ein, die Geistlichkeit war gegen einen Krieg auf Seiten des Kaisers. Aber nun drohte, während der Feldzug in Oberdeutschland noch unentschieden war, ein vorbereiteter Angriff auf die sächsischen Kurlande von Böhmen her, und damit zog die Gefahr eines Verlustes der Lande für das Haus Wettin herauf. Langwierig wurde mit König Ferdinand über die Vorbedingungen für das Eintreten in den Krieg (Waffenhilfe, Winterfeldzug, Landgewinn) verhandelt. Endlich kam ein Vertrag in Prag — unter Zutun des Burggrafen Heinrich von Plauen — am 14. Oktober 1546 zustande. Dabei stellte der König dem Herzog mündlich die Verleihung der Kur in Aussicht; andererseits wurde der Heimfall der ernestinischen Lehen an Böhmen ausbedungen, die sächsisch-böhmische Erbeinung erneuert. Auch Kaiser Karl ging darauf ein, aber wieder sehr vorsichtig, ohne daß diesbezügliche Urkunden an Moritz ausgeliefert wurden. Ferdinand gab ausdrücklich Zusicherungen in bezug auf die Behandlung der zu besetzenden Gebiete in religiöser Hinsicht.

Das ernestinische Gebiet mit Halle wurde nun gemeinsam von den Böhmen und den Sachsen unter Moritz rasch eingenommen; Wittenberg wurde belagert, ebenso Gotha. Diese Vorgänge in der Heimat gaben dem Kurfürsten Johann Friedrich Anlaß, den Feldzug in Oberdeutschland abzubrechen und zurückzukehren. Sehr rasch fiel sein Land ihm wieder zu. Er begann nun selbst einen Angriff auf das albertinische Sachsen. Moritz war anfänglich zu einem Ausgleich mit dem Vetter geneigt, er hatte es vermieden, sich Kurfürst zu nennen. Nun sah er sich zu engstem Anschluß an König Ferdinand gedrängt. Die Waffen mußten entscheiden. Wichtig war es für Johann Friedrich, sich der festen Stadt Leipzig zu bemächtigen. Herzog Moritz erschien persönlich hier, um Anordnungen für den Widerstand zu treffen. Leipzig wurde durch die kursächsischen Truppen nach Neujahr 1547 eingeschlossen. Ein Versuch, die Stadt sogleich im Sturme zu nehmen, mißlang, und so folgte mehrere Wochen hindurch eine Belagerung. Aber die Verteidigung Leipzig war so zäh, geschickt und tapfer, daß der Kurfürst die Stadt nicht zur Übergabe zwingen konnte. Als Krankheit und Mangel in seinem Heere ausbrachen, mußte er die Belagerung aufgeben. Leipzig war für Moritz gerettet. Auch Dresden wurde damals belagert, ohne daß die Kursachsen die Stadt einzunehmen vermochten. Aber der größte Teil der albertinischen Lande fiel in die Hand des Kurfürsten. Wenn Johann Friedrich jetzt rasch die Verbindung mit den aufständischen Böhmen, die sich gegen König Ferdinand erhoben, durch das Vogtland herstellte, so mußte die Lage für Moritz verhängnisvoll werden. Aber der Kurfürst tat dies nicht; er versplitterte seine Truppen. So lagerten die Heere beider wettinischen Fürsten eine Zeit hindurch untätig nebeneinander (um Altenburg und Chemnitz). Moritz wandte sich nun dringend um Hilfe an König Ferdinand, dessen Kriegsvorbereitungen nur sehr langsam fortschritten. Noch einmal vermochte der Kurfürst einen Waffenerfolg am 2. März über den Markgrafen Albrecht von Brandenburg-Kulmbach, der Rochlitz besetzt hielt, davonzutragen. Da geschah der Anmarsch des Kaisers mit einem großen Heer unter Führung des Herzogs Alba. Johann Friedrich trat den Rückzug an. Bei Mühlberg kam es zum entscheidenden Zusammenstoß.

Nicht eigentlich war es eine große Schlacht, sondern nur ein Gefecht, um den weiteren Rückzug zu decken (am 24. April 1547). Es begann an einem Sonntagmorgen, als noch der Nebel die Elbaue deckte. Heftig war die Schiffbrücke der Sachsen umstritten; es gelang den Kaiserlichen, den Strom zu überschreiten. Der Kurfürst suchte den Schutz der vor ihm liegenden Waldungen zu erreichen. Moritz machte einen ähnlichen Versuch wie einst gegenüber dem Herzog von Braunschweig; er wünschte den Kurfürsten gegen Versprechungen zu bewegen, sich ihm zu ergeben. Johann Friedrich lehnte dies ab; doch sein Heer löste sich in Flucht auf. Auf einer Lichtung in der Lochauer Heide, wo jetzt inmitten einer Kieferngruppe ein schlichtes Denkmal steht, gab er sich einem sächsischen Edelmann Thilo von Trotha auf Krosigk gefangen.

Das kaiserliche Heer zog nun vor Wittenberg. Noch während die Belagerung stattfand, wurde Kurfürst Johann Friedrich gezwungen, als ihm mit Vollstreckung des Todesurteils wegen der Erhebung gegen den Kaiser gedroht wurde, am 19. Mai die Wittenberger Kapitulation zu unterschreiben, deren Bedingungen in langwierigen Verhandlungen, nicht durchaus nach den Wünschen von Moritz, festgesetzt worden waren. Er erklärte darin seinen Verzicht auf die Kurwürde, auf seinen Anteil an der Markgrafschaft Meißen und den sächsischen Bergwerken sowie auf die böhmischen Lehen. Das feste Gotha, dazu das Geleit zu Erfurt und einige Ämter rechts der Saale wurden den jungen Ernestinern zugesagt; dazu mußte ihnen Moritz ein Einkommen von 50 000 Gulden zusichern und auch die auf den abgetretenen Landen haftenden Schulden übernehmen.

Am 1. Juni entband Johann Friedrich die Bewohner der abgetretenen Lande ihres Eides und wies sie an Moritz. Nun wurde Moritz im Feldlager zum Kurfürsten von Sachsen ausgerufen, die Urkunde des Kaisers über die Verleihung der Kur an ihn gegeben (4. Juni). Auch wurde bestimmt, daß er Schutzherr des Erzstiftes Magdeburg sein solle.

Mit diesen Vorgängen war die Begründung des Kurstaates Sachsen albertinischer Linie abgeschlossen. Ein großes zusammenhängendes Gebiet an der Mittelelbe von Wittenberg bis zu den südlich an Böhmen grenzenden Gebirgen war politisch vereint, wie einst nach dem ersten Erwerb der sächsischen Kurwürde durch Friedrich den Streitbaren. Es gelang dem Kurfürsten Moritz 1549, auch die böhmischen Lehen Colditz und Eilenburg an sich zu bringen, dazu teilweise die Herrschaft Schwarzenberg (Abschluß der Verhandlungen über die Rainung 1559) und damit das Gebiet des Kurstaats Sachsen in glücklicher Weise abzurunden. Der Erfolg war freilich mit einem Verlust der Besitzungen in Schlesien (Sagan) verbunden, die zum Austausch an Böhmen gegeben werden mußten. Nach dem Westen zu verblieb dem Kurstaat der lange schmale Besitzstreifen, der sich nördlich durch Thüringen zog, von der früheren Landesteilung her, so daß hier die räumliche Geschlossenheit nicht erreicht war, wohl aber der Landbesitz wie eine Zunge weit nach dem westlichen Mitteldeutschland zu sich erstreckte.

Die böhmischen Lehen — Reichsafterlehen — im Vogtlande (Plauen, Vogtsberg mit Oelsnitz, Mühltroff u. a.) überließ König Ferdinand dem „Burggrafen von Meißen" Heinrich von Reuß-Plauen, der damit einen Herrschaftsbereich im Lande seiner Väter und auf dem Augsburger Reichstag 1548 die Anerkennung als Reichsfürst erlangte (mit Einfügung seines Fürstentums in den obersächsischen Kreis). Erst Kurfürst August hat 1569 diese Ämter und Städte dem kursächsischen Staatsgebiet anzugliedern vermocht. — In der Oberlausitz führte der Schmalkaldische Krieg eine empfindliche Schwächung des Städtebundes herbei. Ihrer Pflicht zur Stellung von Hilfstruppen für den Feldzug König Ferdinands waren die Städte nachgekommen; aber, im Grunde protestantisch gesinnt, zogen sie ihr Aufgebot vorzeitig zurück. Auf Beschuldigung des Adels wurde gegen sie vorgegangen und nach den Bestimmungen des „Pönfalls" eine Strafe über sie verhängt (Prag, Sept. 1547); nicht nur eine erhebliche Schadenleistung wegen der eingezogenen Kirchengüter wurde ihnen auferlegt, sie gingen ihrer verliehenen Vorrechte (Ratskür, Gerichtsbarkeit im Weichbild, Meilenrecht) verlustig. Doch gelang es den Sechsstädten rasch, sie von neuem, wenn auch mit Geldopfern, zurückzuerwerben (Bestätigung der alten Landesverfassung 1561).

Landesherrliches Regiment

Während die großen politischen Ereignisse sich vorbereiteten und zur Entscheidung drängten, war eine mannigfaltige Fürsorge des Landesherrn und seiner Regierung auch der inneren Ordnung im Lande zugewandt; wichtige Maßnahmen förderlicher Kirchen- und Kulturpolitik sind dem Herzog und Kurfürsten Moritz zu verdanken gewesen.
Das Verhältnis des Fürsten zu den Landständen war in jenen bewegten Zeiten nicht durchaus gut. Mit dem politischen Verhalten des jungen Herzogs war man nicht selten unzufrieden, um des Bekenntnisses willen, wie auch aus Gründen der Staatswirtschaft. Es lag im Zuge der Politik eines Moritz, den ständischen Einfluß einschränken zu wollen. Ein solcher Versuch wurde gemacht, indem wichtigste Entscheidungen durch Verhandlungen mit einem Ausschuß getroffen werden sollten, ohne die gesamte Ständeversammlung zu befragen. Aber in kritischer Zeit mußten Volltagungen einberufen werden (Chemnitz, Freiberg, Leipzig). Recht glücken konnte das Streben nach fürstlichem Absolutismus nicht, da die Schwierigkeiten und erheblichen Kosten der auswärtigen Politik den Fürsten in Abhängigkeit von den Bewilligungen der Stände hielten.
Ein Fortschritt war es, daß wieder eine allgemeine Landesordnung zustande kam (1543), mannigfaltig in ihrem Inhalt, wie zuvor allerdings nur mit knappen Bestimmungen. Darin wurde nach Anordnung in geistlichen Dingen ein neuer Versuch der Wirtschafts- und Arbeitsgesetzgebung gemacht, mit Vorschriften zur stadtwirtschaftlichen Regelung des Handwerks, gegen Auswüchse im Gesellenwesen und Gastgewerbe. Am bedeutsamsten waren darin die Maßnahmen in bezug auf die Universität und die Schulen, die in leuchtender Weise dartun, welch klaren Blick und Eifer Moritz für Wissenschaft und Bildungswesen besaß. Die Leipziger Hochschule war seit dem Aufschwung Wittenbergs in Verfall geraten, die Besucherzahl ging zurück, der Wissenschaftsbetrieb erstarrte. Aus eingezogenem geistlichen Gut wurden nun die nötigen Mittel zu einer Erneuerung von Grund aus beschafft, gleichsam in einer neuen Stiftung der Universität Leipzig durch Herzog Moritz, der das Dominikanerkloster St. Pauli schenkte und eine reiche Ausstattung mit Einkünften an Geld (2000 Gld.) und Korn zu einem gemeinen Tisch für arme Studenten hinzugefügt hat. Die äußere Form wurde durch Caspar Borner geordnet, mit neuen Satzungen namentlich für die philosophische Fakultät; die wissenschaftliche Erneuerung geschah nach dem Rate Melanchthons, unter Führung eines ihm an philologischer Kenntnis ebenbürtigen Gelehrten, Joachim Camerarius, der, ein Mann von umfassender Allgemeinbildung, den neuen Ruf Leipzigs begründete (1541). Auch die Lateinschulen erfuhren eine durchgreifende Reform in enger Verbindung evangelischer und humanistischer Ausbildung. Am vollkommensten wurde dies ausgeführt dank der Stiftung der sog. Landes- und Fürstenschulen, St. Afra in Meißen, Schulpforta und Grimma, wohin die Schule von Merseburg später verlegt worden ist. Für die Aufnahme der Knaben wurden Freistellen eingerichtet, die teils vom Landesherrn, teils von adligen Familien und einzelnen Städten zu besetzen waren. Die Anstalten dienten ebenso der Erziehung wie der Aneignung eines gesicherten Wissensstoffes; sie wurden anerkannte Träger einer eigenen sächsischen Schultradition.
Eine weitere Aufgabe, die der Lösung harrte, war die Herstellung einer neuen Ordnung der Landeskirche auf reformatorischem Boden. Langwierige Verhandlungen fanden über die Grundzüge der kirchlichen Verfassung statt. Vorerst wurde ein Versuch damit gemacht, evangelische Bischöfe nach der alten Einteilung der Diözese einzusetzen (Episkopalsystem). Es geschah dies 1544 im Bereich des Bistums Merseburg, wo die weltliche Administration

an Herzog August übertragen wurde, während die Ausübung der geistlichen Gewalt dem Fürsten Georg von Anhalt zukam, der von Luther selbst eingeführt und geweiht worden ist. Da Herzog Moritz dem Fürsten Georg auch die Würde eines Dompropstes von Meißen übertrug, schien die Absicht darauf gerichtet zu sein, ähnliches auch in Meißen durchzuführen. Als oberste geistliche Behörden wurden 1545 zwei Konsistorien eingerichtet, deren Befugnisse der Herzog kraft landesherrlicher Ordnung bestimmte. Das eine sollte seinen Sitz in Meißen haben; die Mitglieder wurden vom Landesherrn ernannt. Das andere Konsistorium wurde in Merseburg eingerichtet; dessen Mitglieder wurden vom evangelischen Bischof ernannt. Als Aufgabe waren zugewiesen: die Rechtsprechung in Angelegenheiten der geistlichen Gerichtsbarkeit, dazu in Ehesachen, doch ohne die Befugnisse weltlicher Zwangsgewalt. Das Konsistorium in Meißen hatte überdies die Pfarrer vor ihrer Anstellung zu prüfen. Das Gebiet Sachsens wurde, nach dem kursächsischen Vorbild, in Aufsichtsbezirke (Superintendenturen) gegliedert, deren Sitze in die Hauptorte der wichtigsten Ämter gelegt wurden. Die Bedeutung der Pfarreien hob sich nach den Grundgedanken der Reformation, die ihre Wirkung auf das Dasein lebendiger Kirchgemeinden zu erbauen bestrebt war.

Nachdem Moritz Landesherr in dem neuen Kurstaat Sachsen geworden war, ging er daran, die Staatsreform im Inneren weiterzuführen. Es geschah dies in einer Verwaltungsreform, deren Grundgedanken auf ihn zurückgehen; manche Pläne sind allerdings erst unter seinem Nachfolger August zur Ausführung gelangt, da Moritz selbst allzusehr durch die auswärtigen Verwicklungen in Anspruch genommen war. Das wichtigste war die Ausgestaltung einer Zentralbehörde, des Hofrates. Vorbereitet war eine solche Behörde schon seit früheren Zeiten, aber jetzt erhielt sie eine festere kollegialische Form, wobei das Vorbild im ernestinischen Kursachsen mit eingewirkt hat. Der Grund zu der neuen Verwaltung wurde in der Kanzleiordnung vom 5. August 1547 gelegt. Das ganze Gebiet wurde in 5 Kreise für die Geschäftsordnung bei der Zentralregierung gegliedert: Kurkreis, thüringischer Kreis, Leipziger (osterländischer) Kreis, Kreis auf dem Gebirge, meißnischer Kreis, wobei die beiden letztgenannten in der Verwaltung nicht völlig voneinander getrennt waren. Diesen Kreisen wurden bestimmte Ämter, Städte und Flecken, Schriftsassen, Amtsassen, die darinnen wohnen, zugewiesen. Es war also nicht eine einfache räumliche Einteilung; vielmehr nahm man sie nach den bestehenden Unterobrigkeiten und überkommenen Herrschaftsgebilden vor. In Wirklichkeit jedoch kam die Kreisteilung einer räumlichen Aufgliederung des ganzen Staatsgebietes gleich, nur daß die schriftsässigen Herrschaften innerhalb der Kreise ihre weitgehende rechtliche Selbständigkeit, ihre Stellung außerhalb der Ämter bewahrten. — Unter Kurfürst Moritz begann die Anlegung der Amtserbbücher nach einheitlichem Plan, eine umfassende Verzeichnung alles liegenden Gutes des Landesherrn und aller landesfürstlichen Gerechtsame nach Ämtern mit einer Gründlichkeit und Genauigkeit, wie nie zuvor, eine vortreffliche Grundlage geordneter Kameralverwaltung [1]).

Die Organisation von Behörden für die geistliche Gerichtsbarkeit war schon zuvor begonnen worden, mit der Einrichtung der Konsistorien in Meißen und Merseburg, denen später (1555) ein Konsistorium in Leipzig hinzugefügt wurde. Die Kirchengesetzgebung kam 1549 zu einem Abschluß, nunmehr unter dem Vorwalten der juristischen Berater des Landesfürsten, nicht im Sinne des vordem versuchten Episkopalsystems, noch weniger in einem Aufbau auf den einzelnen Gemeinden, vielmehr in einer Ausgestaltung des territorialen Systems des Kirchenregiments.

---

[1]) Die Amtserbbücher (1547 ff.), nach einem bestimmten Plan entworfen, geben Aufschluß über die ländlichen Ortschaften, Größe und Grenzen der Fluren, Hufenzahl, Gerichtsbarkeit, die Ansässigen mit Namen und Besitz, die Gefälle und Dienste, die Güter und ihre Bewirtschaftung, die Städte, die Ritterdienste, die Pfarreien.

Kurfürst Moritz auf der Höhe deutsch-europäischer Politik

Nur wenig freie Zeit hatte Moritz dafür, sich den inneren Angelegenheiten des Landes zu widmen. Sehr bald trat er wieder hinaus in die Bahnen der großen europäischen Politik. Der Sieg Kaiser Karls V. über die Protestanten 1547 war vollständig erst durch die Gefangennahme des Landgrafen Philipp von Hessen in Halle geworden. Auch hierbei hatte Moritz eine zweideutige Rolle gespielt. Er beredete den ohnehin schon untätig gewordenen Landgrafen, seinen Schwiegervater, dazu, dem Kaiser sich zu unterwerfen, was in der Erwartung geschah, daß Karl ihn zu Gnaden annehmen werde, obschon nur die Zusage von kaiserlicher Seite gemacht war, der Kaiser werde den Landgrafen nicht mit „ewiger Gefängnis" bestricken. So war es auch jetzt wieder, wie schon einst: der Landgraf gab Moritz Schuld an seinem harten Geschick; Moritz selbst fühlte sich durch die Handlungsweise Karls getäuscht und aufs schwerste verletzt.

Die Übermacht Kaiser Karls war jetzt in Deutschland ganz gewaltig. Seine Absicht war darauf gerichtet, die habsburgische Universalmonarchie aufzurichten und die Reichsverfassung in monarchischem Sinne umzugestalten. Auf dem Reichstag zu Augsburg 1548 kam dies deutlich zum Ausdruck, auch im Hinblick auf die Glaubensregelung. Im Reichsabschied wurde auf die Zeit vor den Friedensständen (1532) zurückgegriffen; der Kaiser selbst nahm die Entscheidung für sich in Anspruch, eine kaiserliche Kirchenordnung für das Reich wurde erlassen, das sog. Augsburger Interim, bei dessen Bearbeitung besonders der Sachse Julius Pflug, Bischof von Naumburg, beteiligt war. Das Meßopfer nach katholischer Auffassung sollte im Gottesdienst wieder hergestellt werden, auch die katholische Lehre von den sieben Sakramenten in Geltung sein; Zugeständnisse wurden gemacht in vorläufiger Duldung der Priesterehe und des Laienkelches bei den protestantischen Ständen.

In Sachsen kam das Interim nicht ohne weiteres zur Durchführung; die albertinische Regierung hatte sich ja in den Verhandlungen des Vorjahres für Wahrung des Bekenntnisstandes bis auf ein freies allgemeines Konzil eingesetzt. Es fanden hier Beratungen darüber statt, wobei Melanchthon mitwirkte. So wurde im Kurstaat Sachsen das sog. Leipziger Interim vom Dezember 1548 eingeführt, das die Bestimmungen jener kaiserlichen Kirchenordnung nur mit Abänderungen enthielt. Am stärksten erhob sich der Widerstand gegen das Interim des Kaisers in Magdeburg, das eine sehr selbständige Stellung einnahm und nahezu die Rechte einer freien Reichsstadt behauptete. Heftiger war der Widerstand auch in dem ernestinischen Sachsen, wo als neue Universität Jena begründet wurde und Matthias Flacius, ein Theologe von strenger lutherischer Überzeugung, die Führung übernahm.

Im Reiche spielten damals die Pläne auf eine künftige Ordnung der Nachfolge nach einem Ausscheiden Karls eine große Rolle. Gerade dabei trat der Gegensatz zwischen Karl und seinem Bruder Ferdinand scharf hervor; denn Karl wünschte seinen Sohn Philipp von Spanien als künftigen Nachfolger, während Ferdinand die Nachfolge für sich in Anspruch nahm. Dies war der Anlaß, daß er in engere Beziehungen zu den Fürsten Deutschlands trat und einen Widerstand gegen den Kaiser stützte.

Unter den deutschen Fürsten erhob sich, zumal seitdem die spanischen Pläne Karls bekannt geworden waren, die Opposition sehr heftig. Die Freiheit der Fürsten, mehr als das, die Freiheit der Deutschen war durch die „spanische Servitut" aufs äußerste bedroht. So schlossen sich die zu Widerstand bereiten Fürsten zusammen, aus Gründen der inneren Politik, nicht vornehmlich um des Glaubens willen. In den Mittelpunkt dieser Bestrebungen trat nun Moritz, der Albertiner, der bei dem gegen ihn obwaltenden Mißtrauen nach Überwindung großer Schwierigkeiten die Fürstenerhebung wider den Kaiser organisierte. Wahrscheinlich schwebte ihm nicht von Anfang an ein bestimmter politischer Plan vor. Wie schon bei früheren Vorgängen wurden ihm die Absichten erst deutlich und greifbarer, während er schon im Handeln stand. Aber seiner ganzen Art gemäß ergriff er die Sache mit stärkstem

Eifer und großer Lebhaftigkeit: die Energie eines zur Tat drängenden Willens macht den Kern seines Wesens aus.

Bei dem Vorgehen zeigte es sich, daß Moritz in der politischen Schule der Habsburger durch die Erfahrungen der vorangegangenen Jahre gelernt hatte. Jetzt verstand er es selbst, die Gegner zu überlisten und zu überraschen. In geschickter Weise benutzte er die Belagerung Magdeburgs 1551 zur Vorbereitung des Kommenden. Aufgetragen war ihm dieser Kampf um Magdeburg, weil sich die Stadt der kaiserlichen Glaubensordnung nicht fügen wollte. Moritz sammelte also die Truppen gleichsam im Auftrage des Kaisers. Er erreichte es, daß sich Magdeburg an ihn ergab, zugleich ein politischer Gewinn für ihn, der nach der späteren Angliederung Magdeburgs, des Erzstifts und der Stadt, an den albertinischen Kurstaat strebte. Dabei gab er der Magdeburger Bürgerschaft Zusicherungen in betreff des evangelischen Glaubens: eine Annahme des kaiserlichen Interims wurde nicht verlangt. Damals ging der Ruhm des Widerstandes der Stadt Magdeburg durch alle deutschen Lande. Von hier aus wurde die Werbung für die protestantische Sache mit größtem Erfolg betrieben. Magdeburg schwang sich auf dank seiner Wirtschaftskraft, aber mehr noch wegen der Einsatzbereitschaft seines politisch und geistig rührigen Bürgertums.

Moritz, durch politische Verbindung mit anderen deutschen Fürsten gestärkt (Torgau, Lochau; 1551), ließ sich auch bereit finden, mit Frankreich zu unterhandeln. Der Gegensatz, der zwischen Frankreich und Kaiser Karl bestand, wurde (wie einst schon einmal durch Johann Friedrich) für die Zwecke des sächsischen Kurfürsten und seiner Verbündeten nutzbar gemacht (Vertrag zu Friedewalde in Hessen, 12. Febr. 1552): er erhielt französisches Geld, französische Kriegshilfe wurde ihm versprochen, und er scheute sich nicht, wichtige feste Plätze, die noch zum Reiche gehörten, Toul und Verdun, Frankreich für künftig zu versprechen.

Im März 1552 unternahm er den Zug wider den Kaiser, ein revolutionäres Vorgehen. Er vertrat dabei das protestantische Fürstentum, die fürstliche Libertät, aber auch die Sache der Religionsvergleichung, während die deutschen Fürsten des Südwestens in kleinlichen Verhandlungen untereinander sich ohne Erfolg bemühten und zu keinem Handeln kamen.

Als Moritz mit seinen Truppen in Süddeutschland erschien (Besetzung Augsburgs), war der Gegner auf Kampf und Widerstand nicht gefaßt. Noch ehe zum entscheidenden Schlage ausgeholt wurde, trat Moritz im April zu Verhandlungen mit König Ferdinand auf einem Tage zu Linz zusammen. Seine Forderungen waren: die Religionsartikel, d. h. Herstellung des Rechtes vom Reichstag zu Speier 1544, für eine christliche und friedliche Vergleichung, dazu Befreiung des Landgrafen von Hessen; dies war eine reichs- und kirchenpolitische Haltung, die in ihren Grundzügen mit dem übereinstimmt, was Moritz schon vor Ausbruch des Schmalkaldischen Krieges gewünscht hatte.

Der Kaiser setzte den einstigen Kurfürsten von Sachsen Johann Friedrich, den er mit sich geführt hatte, bei der drohenden Gefahr sogleich in Freiheit (am 19. Mai). An demselben Tage geschah die Erstürmung der Ehrenberger Klause durch Söldner im Dienst von Moritz. Aber der Einbruch nach Tirol verzögerte sich, da die Söldner ihren Lohn verlangten, der nicht sogleich zur Auszahlung gebracht werden konnte. So vermochte der Kaiser eine Frist zu benutzen, um von Innsbruck nach Villach in Oberitalien zu entfliehen, gewillt, den Gegenschlag wider Moritz vorzubereiten.

Inzwischen wurden die Verhandlungen zwischen Moritz und König Ferdinand sowie unter den deutschen Fürsten, namentlich Herzog Albrecht von Bayern, in Passau fortgeführt. Moritz griff auf die schon in Linz gemachten Forderungen zurück: Friedensstand der Religion halber, dann allerdings mit dem Zusatz „bis zu endgültiger gütiger Vergleichung". Verlangt wurde von ihm Mitteilung des Vertrags an das Reichskammergericht, so daß die Bestimmungen nicht nur politisch vertragsmäßig gelten, sondern Reichsrecht sein sollten. Das Auftreten des Kurfürsten Moritz beim Abschluß des Passauer Vertrages zeigt ein großes Maßhalten in der Einsicht, daß nur so der Friede und damit die Sicherung der deutschen Fürsten und des evangelischen Glaubens erreicht werden könne. Wirklich ist Moritz zu diesem Ziel gekommen. Der Kaiser war anfänglich nicht gewillt gewesen, auf die Bedingungen des Passauer Vertrages einzugehen. Aber da seine Truppen eine Niederlage vor Metz durch französische erlitten, fand er sich doch bereit, den Passauer Vertrag mit einigen Abschwächungen im August 1552 anzuerkennen.

Am 27. August dieses denkwürdigen Jahres wurde Johann Friedrich zu vollen Gnaden wieder angenommen. Er wurde wieder Reichsfürst und empfing eine Gesamtbelehnung für die den Ernestinern verbleibenden Lande. Auch versprach der Kaiser, nichts gegen die evangelische Lehre zu unternehmen. Johann Friedrich nahm seinen Sitz in Weimar († 1556); als Hauptfeste im ernestinischen Sachsen wurde Gotha aufgebaut.

Nach den Passauer Verhandlungen war Moritz zunächst nach Ungarn gegangen, um dort den Kampf wider die Türken aufzunehmen. Bei solcher Kampfhandlung fühlte er sich so recht in seinem Element. Aber dann wurde er in die Wirren hereingezogen, die durch seinen bisherigen Verbündeten, den Markgrafen Albrecht Alcibiades von Brandenburg-Kulmbach, einen rücksichtslosen Söldnerführer, in Franken hervorgerufen waren, im Vorgehen gegen die Bischöfe von Würzburg und Bamberg und die Reichsstadt Nürnberg; möglich, daß auch andere Fürsten, vielleicht Ernestiner, geneigt waren, sich ihm anzuschließen. Moritz trat wider ihn auf, im eigenen Interesse seines kursächsischen Staates, aber zugleich für die öffentliche Ordnung im Reich und damit für die Sache des Protestantismus, die bei einem Siege des vom Kaiser geförderten Markgrafen erneut bedroht war. Der Kampf wurde nach dem Norden Deutschlands verlegt. Die Entscheidung fiel in einem Reitergefecht bei Sievershausen am 9. Juli 1553. Mit böhmischer Hilfe wurden die Markgräflichen von den Sachsen geschlagen; Albrechts Macht war geschwächt, auch der Kaiser gab ihn auf, die politischen Absichten des Kurfürsten waren erreicht. Aber ihn selbst hatte im Gefecht, während er hoch zu Roß in schwarzer Rüstung die fliehenden Feinde verfolgte, die tödliche Kugel getroffen. Er starb am 11. Juli im Alter von 32 Jahren. In dem Dom zu Freiberg wurde Moritz beigesetzt.

Ein Bild der äußeren Erscheinung dieses bedeutenden Menschen bewahren uns Gemälde aus Cranachs Werkstatt, mit merkwürdig weichen Zügen, im Ausdruck mehr Klugheit, ja Verschlagenheit, als frisches, tatfreudiges Handeln; künstlerisch höher steht ein Porträt des vornehmen Fürsten, Feldherrn und Staatsmanns von der Hand eines italienischen Meisters.

Das Urteil über Moritz ist, während er lebte, zwiespältig gewesen und geblieben bis zur Gegenwart. In einem Zeitalter, das von leidenschaftlichem Ringen um höchste geistliche Güter erfüllt war, ging er machtpolitischen Zielen nach und trennte sich dabei von den Glaubensgenossen. Aber sehr wohl war Moritz in seiner Weise darauf bedacht, den evangelischen Bekenntnisstand in den sächsischen Landen zu wahren. Seine politische Haltung war lange auf Vermittlung, auf Neutralität inmitten der Gegensätze angelegt; so sah er sich absprechender Beurteilung auf den verschiedenen Seiten ausgesetzt. Sein Handeln verriet in den ersten Jahren manches Schwanken und Mangel an Zuverlässigkeit. Aber als er Herr des neuen Kurstaates geworden war, als er nach mancher persönlichen Enttäuschung die Gefahren der habsburgischen Übermacht für das Reich und den evangelischen Glauben voll erkannte, war sein späteres Auftreten zielbewußter, umsichtiger und größer. Die Sache, für die Moritz, zumal am Schluß seines Lebens, eingetreten ist, war zukunftskräftig, und darum war er eine historische Persönlichkeit von gestaltender Kraft.

Ein schlichtes Denkmal, das erste geschichtlicher Art, ist ihm bald nach seinem Tode in Dresden gesetzt worden, an einer Bastei der neuen Befestigung, die er hatte anlegen lassen. In einer Umrahmung nach Motiven der Antike zeigt es ihn, wie er dem Bruder und Nachfolger das Kurschwert überläßt. Im Dom zu Freiberg wurde ein gewaltig aufstrebendes, mit Sinnbildern geschmücktes Grabmal aus Marmor und Alabaster errichtet, vor dem Eingang zum

Hohen Chor, der als eine Gruftskirche ausgestattet worden ist. Das wuchtige Monument, das dem Andenken des Kurfürsten Moritz gewidmet ist, und jener große prächtige Raum im vornehmen Baustil der Hochrenaissance mit reichem Bildwerk stellen vereint die Bedeutung des neuen Kurstaates Sachsen und seines Herrscherhauses eindrucksvoll dar und wahren die Erinnerung daran von Jahrhundert zu Jahrhundert.

RÜCKSCHAU

Überblicken wir die geschichtlichen Bahnen, die Volkstum, Staat und Kultur während der Generationenfolge eines Jahrtausends im sächsischen Raum beschritten haben, so zeigt sich eine aufsteigende Linie, obschon es rückläufiger Bewegung nicht gefehlt hat und bei dem Fortschreiten Seitenpfade und Abwege betreten worden sind.

Die deutsche Geschichte in unserem Lande begann mit *einem Zeitalter märkischer Art.* Nach der Wiedergewinnung für die deutsche Herrschaft wurde das Land in den Gürtel östlicher Marken eingegliedert, als ein Gebiet zum Schutze des Deutschen Reiches, mit einer Verfassung, die in straffer Ordnung auf Landessicherung und Abwehr gegen äußere Gefahr eingestellt war. Noch war die Siedlung wenig ausgedehnt; nur enge Räume natürlicher Offenlandschaften inmitten des Urwaldes waren angebaut, bewohnt von einer wenig dichten Bevölkerung, die seit der slawischen Zuwanderung zurückgeblieben war. Die Deutschen im Lande stellten eine Oberschicht wehrhafter Mannen dar, die den Bestand des Staates erhielten und Träger eines höheren geistigen Lebens waren, soweit ein solches schon in den unsicheren Zuständen umkämpften Grenzlanddaseins zur Entfaltung kam. Das Christentum wurde eingeführt und übte Einfluß, noch ohne von Grund aus Wurzel zu schlagen.

Eine neue Epoche zog in den südmittelelbischen Landen mit dem *Zeitalter der deutschen Ostsiedlung* herauf. Die Marken im Übergangsbereich vom Mutterland her lösten sich in kleinere Herrschaftsgebiete auf; im Osten blieb der Name und das Gebiet der Mark Meißen erhalten, aber auch hier glich sich die staatliche Ordnung der deutsch-mutterländischen an: in der Art der Verwaltung, im geltenden Recht. Die Siedlung weitete sich ganz bedeutend aus. Urwald und Ödland wurden in Wohnboden und Fruchtgefilde umgewandelt, und es war Volk deutscher Abstammung, deutschen Blutes, das sich rings auf den erarbeiteten Neusiedlungsräumen niederließ und heimfest zu werden vermochte. Damit zugleich drang deutsche Kultur sieghaft in allen Gauen ein. Das Christentum wurde tiefer und innerlicher erfaßt. Schon lag das Land im Ausstrahlungsbereich ostsächsisch-thüringischer Kunst; wundervolle Werke der Baukunst und Bildnerei sind uns noch heute ein ergreifendes Zeugnis des hohen Kulturstandes und der seelischen Haltung jener denkwürdigen Zeit. Völlig einheitlich war das Volkstum noch nicht; Stammesverschiedenheiten in Auswirkung der Siedlungsvorgänge lagen unausgeglichen nebeneinander. Doch konnte der Eindruck auffallender Eigenart der Meißener entstehen: ein Zug friedlich-freundlicher Gesittung im Vergleich zu anderen Stämmen Germaniens ist ihnen in jener Friedenszeit deutschen Kulturausbaues nachgerühmt worden.

Auf den Ausgang des großen deutschen Siedelwerkes folgten die *Zeiten der territorialen Staatsbildung, einer territorialen Kultur,* in der sich eine noch engere Verbundenheit aller Lebenseinrichtungen mit dem heimischen Boden festigte. Dank den Erfolgen der deutschen Ostsiedlung war die Mark Meißen zu einem Lande der deutschen Mitte geworden; weiterhin war sie von reichszugehörigem Gebiet, von deutschem Volksland, umschlossen. Indes, der Grenzlandcharakter lebte von neuem auf, als im benachbarten Böhmen eine dem

Deutschtum feindliche Volksbewegung empordrängte, als die politische Macht der Fremdvölker des Ostens bis an die meißnischen Grenzen ausgriff. In solcher Gefahr wurde das
Herzogtum Sachsen mit den markmeißnischen Landen vereint; es entstand der meißnisch-
sächsische Landesstaat. Nach außen hin schloß er sich fester ab. Im Innern erhob sich die
landesherrliche Gewalt kraftvoll über den Einzelgewalten und fügte sie in das Staatsganze
ein. Dabei war die Absicht der regsamen, vielfältigen Verwaltung nicht nur auf Friedens-
wahrung gerichtet, allgemein stellte sie sich die Förderung der Landeswohlfahrt, des gemeinen Nutzens zum Ziel. Die Siedlung schritt in nochmaliger Erweiterung des Landes-
baues bereits auf ungünstige Böden vor. Die Bevölkerung Sachsens erlangte eine in Deutschland nicht gewöhnliche große Dichtigkeit, die den Binnenverkehr beflügelte und dem Güter-
und Gedankenaustausch förderlich war. Im Wirtschaftsleben betätigte sie sich mit beharr-
lichem Fleiß und großer Emsigkeit. Neben vervollkommneter Landwirtschaft wurde der
Betrieb des gesteigerten Bergbaues, dazu eines mannigfaltigen bodenständigen Gewerbes
und lebhaften Handels bestimmend für die sächsische Volkswirtschaft. Eine gewisse Wohlhabenheit, ja stellenweise Reichtum sammelte sich an; den Meißnern wurde nachgesagt,
daß sie gern großartig auftreten und sich zu schmücken lieben. Beschwingter ward auch der
Anteil am geistigen Leben höherer Art. Anzeichen einer seelischen Erregbarkeit sind in
Sachsen zu beobachten, wobei die hereindringenden Kulturbewegungen eine Fülle von An-
reizen boten. Eine Gemeinsprache mitteldeutscher Art kam zur Anwendung, wenn auch mit
mundartlichen Schattierungen, und schritt zu literarischem Ausdruck fort. Baukunst, Bildnerei und Malerei fanden in spätgotischer Zeit und im Übergang zu Formen einer deutschen
Renaissance viel weitere Pflege über das Land hin, als je zuvor. Die Bildungsbestrebungen
nahmen zu, in den Städten sowie von den Hochschulen aus. Am tiefsten wirkte als ein
großes Gesamterlebnis die reformatorische Bewegung in den sächsischen Landen, nicht nur
bestimmend für Glaube und Frömmigkeit, die sich nach evangelischer Verkündigung auf
freudiges Vertrauen gründeten, sondern ebenso wirksam auf die sittliche Selbstzucht und
allgemein auf die geistige Grundhaltung und damit den Volkscharakter.
In solch geschlossener Folge bedeutender Geschichtszeitalter bildete sich auf sächsischem
Raume in innerlich bedingter Entwicklung ein heimisches *Volkstum* stammhafter Art heraus, das nach seiner geschichtlich begründeten Blutzusammensetzung, verwachsen mit der
sächsischen Landschaft, unter der erziehenden Einwirkung erlebten Schicksals besondere
Züge eigener Wesensart ausgeprägt hat. Die sächsische Geschichte, lehrreich in ihren Höhen
und Tiefen, schließt uns das rechte Verständnis dafür auf. In einer Lage zwischen drängenden politischen Gegensätzen, stark berührt von vielfältigen, oft einander kreuzenden Kultureinflüssen aus den umgebenden Landen war dies Volk auf sächsischem Boden leicht auf-
nahmefähig, freilich auch geneigt zu rascher Anpassung, geistig regsam, aufgeschlossen und
doch gern nach innen gewandt, mit gefühlsbetontem Ausdruck tiefer liegenden seelischen
Lebens. Mitten im großen Strom deutscher Geschichte, einst in der Gefahrenzone der Grenzwacht, bald betraut mit wichtigen Aufgaben westöstlicher Kulturvermittlung, erwies es sich
fähig und bereit zu fruchtbarem Kulturschaffen, in seinem Verhalten und seinen Leistungen
stets ein wertvolles Glied des vielgestaltigen, innerlich so reichen Ganzen deutscher Nation.

Teil II

HELLMUT KRETZSCHMAR

Geschichte der Neuzeit seit der Mitte des 16. Jahrhunderts

Der konfessionelle Staat patrimonial-ständischen Charakters. Von der Reformation zum Dreißigjährigen Kriege

Sechzehnter Abschnitt

Die Bildung und das Wesen des albertinischen Kurstaates in der abklingenden Reformationszeit

Die neuere Geschichte Sachsens beginnt mit dem Leben und der Zeit des Herzogs und Kurfürsten Moritz. Bedeutend wie kaum einer seiner Nachfolger auf dem Throne der albertinischen Wettiner, einmalig und unvergleichbar auch unter seinen Zeitgenossen, hat dieser vieldeutige Charakter immer wieder die Aufmerksamkeit der Nachlebenden auf sich gezogen; seine Taten und sein Schicksal, in wenige Jahre zusammengeballt, gipfeln in einer kurzen, steilen Höhenlinie von europäischem Ausblick, stellen ihn in die geschichtliche Nachbarschaft der großen reformierten Meister der Politik, Colignys, Wilhelms von Oranien, Cromwells, aber die Kugel in einem Reitergefecht von untergeordneter geschichtlicher Bedeutung setzt ihm ein jähes Ziel, ihm und dem aussichtsreichen Versuch einer wettinisch-protestantischen Politik von europäischer Weite.

In die Zeit der Wandlung des Bekenntnisses gehört die Regierung Moritzens ohne Zweifel hinein; aber der doppelgesichtige Gehalt dieser Übergangszeit wie dieses kurzen Lebens offenbart sich in der Notwendigkeit, in ihnen gleichwohl auch Fragestellungen und Antriebe der Folgezeit zu suchen und in nachhaltiger und lebendiger Fülle zu finden.

Vergleicht man das albertinische Sachsen mit anderen großen deutschen Ländern, so findet man auch noch für die ausgehende Reformationszeit einen hervorstechenden Zug: es steht unter den bestimmenden Wirkungen der Leipziger Teilung von 1485. Das wettinische Gesamtgebiet war und blieb seitdem höchst unglücklich geteilt. Auf den staatsrechtlichen Anschauungen einer älteren Zeit erwachsen, mußte die Leipziger Regelung die politische Entfaltung beider Teile lähmen, hatte doch den Gedanken der Trennung der der Verbindung stets begleitet: kaum übersehbar war die Gemengelage der Herrschaftsgebiete, von Bedeutung der Rest an Rechten, die beiden Linien gemeinsam blieben, bemerkenswert das Festhalten am Zusammenhang der Landstände, deren Macht im Aufstieg begriffen war. Die Bestimmungen des Teilungsvertrags schienen für die Dauer zu sein, während die Auffassung vom Staate, seinem Wesen und seinen Aufgaben, fortschritt und nach Zielen hindrängte wie zur Festigung der Fürstenmacht, zum Übergang zur Geldwirtschaft, zur Ausbildung des Berufsbeamtentums und zur Zusammenlegung der grundherrlichen, gerichtsherrlichen und lehensrechtlichen Herrschafts- und Rechtsbeziehungen in ein neues, vereinfachtes Verhältnis vom Landesherrn zum Untertanenverbande. All das beeinflußte das nachbarliche Verhältnis der wettinischen Linien und gestaltete es zunehmend schwieriger. Solange die jüngere Linie einen großen Teil ihrer Kraft im Reichsdienste eingesetzt hatte, wie es unter dem Herzoge Albrecht und noch unter Georg der Fall war, hatte der Ruhm dieser Taten das machtpolitische Zurückstehen hinter der Kurlinie aufgewogen. Als aber neue Erschütterungen Deutschlands auch das Verhältnis zum Kaiser in Frage zu stellen drohten und das Gefüge des Reichskörpers erfaßten, stieg die Gefahr der Verschärfung des

Gegensatzes noch mehr. Entscheidend mußte es dann vollends sein, als noch der Widerstreit der Bekenntnisse die landesherrliche Vetterschaft zu belasten begann und der Wettlauf um den Besitz der als Beute winkenden, im Einflußgebiet oder in der Nachbarschaft
liegenden geistlichen Herrschaften einsetzte. Auch der rein menschliche Gegensatz der
Charaktere der Landesherren fehlte in den entscheidenden Jahren nicht.

Offen wurden diese Spannungen zuerst sichtbar, als Sachsen in den Mittelpunkt der großen,
Volk und Staat, Anschauungswelt und Glauben zutiefst durchfurchenden Vorgänge der
Reformation gerückt wurde.

Die von den großen Konzilien geförderte kirchliche Reformbewegung hatte seit Beginn des
15. Jahrhunderts auch die Bemühungen um eine Erneuerung des alten Reiches deutscher
Nation angeregt. Vom Reiche aber übernahmen die Landesherrschaften unter dem Einflusse
des siegreich vordringenden römischen Rechts und des an Höfen und Bildungsstätten sich
ausbreitenden Humanismus die zur Weiterbildung von Recht und Verwaltung führenden
Ideen. Dahin gehört etwa die Ausbildung eines festen Instanzenzuges in der Rechtspflege,
die behördliche Gestaltung der landesherrlichen Kanzlei, die Erneuerung der Stadtverwaltungen. Auf allen Wegen drängt man zu festen Ordnungen für die Gestaltung des
staatlichen Gemeinschaftslebens an Stelle des freieren, nur an der Überlieferung geformten
Brauchtums des Mittelalters. Dieses Bestreben verdeutlichen die Landesordnungen (seit
1442 und 1482), die Hausgesetze (1499), die Hof- und Ratsordnungen (seit 1502), die
städtischen Ordnungen. Die Landesherrschaft erscheint nicht mehr als vorwiegend privat-
rechtlicher Besitz des Fürsten, ja gerade die Reformation sollte die Auffassung der wechsel-
seitigen Verpflichtung zwischen Landesherrn und Untertanen gedanklich bedeutsam ver-
tiefen und die ins 16. Jahrhundert sich fortsetzende staatliche Entwicklung, so wie sie das
ausgehende 15. Jahrhundert angebahnt hatte, ethisch unterbauen. Eine Volksgemeinschaft
im Rahmen des Staates ist, vom protestantischen Gemeindebegriff ausgehend, im Werden.
Herzog Moritz hat in den Jahren seiner Jugend alle damals vorhandenen Möglichkeiten
fürstlicher Herrschaftsbildung, staatlicher Verwaltung, ständischer Abhängigkeit und be-
kenntnismäßiger Gebundenheit oder Gelöstheit kennengelernt und in sich aufgenommen:
die kleinfürstliche Beschränktheit in Freiberg, die altgläubig-tüchtige Landesfürsorge in
Dresden, das klassische Luthertum in Wittenberg, die aktive protestantische Politik des
Marburger Hofes, die Weltweite, Großzügigkeit und das welsche Wesen am Kaiserhofe ...
so viele Namen, so viele Ausprägungen des christlichen Herrschaftsgedankens seiner Zeit.
Zwanzigjährig kommt er dann selbst an die Regierung. Um den noch Unselbständigen
ringen verschiedene Einflüsse, voran der seines Schwiegervaters Philipp von Hessen, der
des führenden Politikers seines Landes, Georg von Carlowitz, bald auch die Bemühungen
der Habsburger. Im vertrauten Rate stehen zwei Richtungen gegeneinander: die dem
Schmalkaldischen Bundesgenossen wohlgesinnte Gruppe, die die Massen des Volkes hinter
sich weiß, und die kaiserfreundlichen Anhänger des alten Glaubens, vom ständischen
Adel unterstützt. Fäden wärmeren Gefühls verbinden den jungen Herzog wohl allein mit
Landgraf Philipp. Langsam entwächst der kühle, noch weder folgerichtige noch erfolgreiche
Politiker den Einflüssen der Ratgeber. Keiner erreicht mehr das Gewicht des Anfang 1545
ausscheidenden Georg von Carlowitz. Moritz sucht zwischen den großen Parteien im Reiche,
deren politisches Gesicht er schon deutlich unter der bekenntnishaften Maske zu erkennen
vermeint, den beobachtend-vorsichtigen Weg der Neutralitätspolitik einzuhalten. Schon
im nächsten Jahre hat die überlegene habsburgische Staatskunst den zaudernd Vermittelnden in den Kampf, den Schmalkaldischen Krieg, hineingezwungen. Wohl bringt ihm der Sieg
die kurfürstliche Würde, Gebietserweiterung und den Triumph über den ernestinischen
Rivalen, aber doch auch das Erlebnis der Schrecken des Krieges im eigenen Lande und die
bittere Erfahrung der eigenen Unterlegenheit gegenüber dem Kaiser. Weniger mag es belastet haben, daß ihn dieser Feldzug zum „Judas von Meißen" stempelte.

Der Überlistete nimmt nun den großen Anlauf zur eigenen staatsmännischen Meisterschaft, skrupellos, weit hinausgreifend über das geistige Ausmaß seiner Ratgeber und Standesgenossen. Sein zweideutiges Spiel vermag selbst den Kaiser zu täuschen. Von Magdeburg bis Innsbruck geht des Rastlosen Stoß, der im Passauer Vertrage das Gleichgewicht der Kräfte wiederherstellt. Ein Jahr später läßt bei einer zufälligen Gelegenheit der vorsichtige Politiker Moritz sich von dem gleichfalls in seiner Natur schlummernden draufgängerischen Soldaten zurückdrängen, da ereilt den 32jährigen in siegreichem Gefechte der Tod, allzufrüh für Sachsen, für Deutschland, für den Protestantismus. Welche geschichtlichen Möglichkeiten für sein Haus und sein Land werden mit diesem heldenhaften Wettiner, dem letzten im Kampfe gefallenen regierenden Fürsten der deutschen Geschichte, zu Grabe getragen!

So umstritten schon den Zeitgenossen der Charakter Moritzens war, weder Freund noch Feind verkannten doch seine Bedeutung als Herrscher. Seine Regierungszeit war kurz, von kriegerischen Ereignissen begleitet und durch eine beträchtliche Erweiterung der Landesgrenzen gekennzeichnet. Alles dies sind Umstände, die einem ruhigen staatlichen Ausbau gewiß nicht förderlich sind. Aber die tatenfreudige Genialität des Herzogs-Kurfürsten vermochte neben aller Hingabe an die Aufgaben der äußeren Politik auch für die innere Landesverwaltung zu wirken. Anzuknüpfen war dabei an die Richtlinien aus dem vorangegangenen Jahrhundert und, näherliegend, an das verdienstvolle landesväterliche Wirken Herzog Georgs.

Allerdings hatte sich seit den Tagen Herzog Georgs der Aufgabenkreis der Regierung erweitert, einmal durch die Vergrößerung des Staatsgebiets dank der Erwerbungen auf Grund der Wittenberger Kapitulation, dann aber auch infolge der Erweiterung der Staatsaufgaben nach Durchführung der Reformation und die zunehmende Schriftlichkeit des behördlichen Verkehrs. Neue Ordnungen suchen dem in Kanzlei und Hofhalt Rechnung zu tragen. Seit 1547 ist der alte Hofrat, vordem eine lose Vereinigung der vertrauten Räte des Fürsten, kollegialisch gegliedert. Bald sollten sich in seinem Schoße Sonderbearbeiter für einzelne Verwaltungsaufgaben ausbilden. Die Sprache der kurfürstlichen Kanzlei aber sah ihre Bedeutung durch den Mund Luthers, der sich ja ihrer bediente, weithin verbreitet. Das weltlich-bürgerliche Beamtentum, einst neben dem geistlich gebildeten herangewachsen, behauptete mehr und mehr auch neben den Vertretern des Adels seinen Platz. Oft war es landfremd und wechselte den Herrn, wenn es ihm paßte, dadurch dem mit ihm rivalisierenden Adel, der bodenständig war, einen willkommenen Anlaß zu berechtigter Kritik bietend. Aber Moritz verwendete gleichwohl diese bürgerlichen Juristen gern, nicht nur als Räte und Gesandte, sondern, was besonders beim Adel Anstoß erregte, auch in Amtmannsstellen. Adlige mit juristischer Bildung waren noch selten, wie z. B. der besonders am Kaiserhofe als Diplomat verwandte Christoph von Carlowitz oder der als Staatstheoretiker und Tagebuchschreiber bekannt gewordene Melchior von Osse.

Die oberste Landesverwaltungsbehörde, der Hofrat, war in sich noch nicht fest gegliedert. Erst die Ordnung von 1547 leitet die dahin gehende Entwickelung ein. Es ist lediglich die persönliche Wertschätzung des Herzogs für die einzelne Persönlichkeit des Rates, die diesem zu dieser oder jener Aufgabe verhilft. Dr. Komerstadt z. B. wird die Bearbeitung der Verwaltung der eingezogenen geistlichen Güter übertragen, Georg von Carlowitz, später Komerstadt und dem einflußreichen Dr. Fachs die Berichterstattung über die Verwaltungsgeschäfte an den Landesherrn in dessen Abwesenheit. Der Versuch der ersten Regierungsjahre Moritzens, einen Grafen von Mansfeld an die Spitze der Verwaltung als Hofmeister zu stellen, wird ebensowenig wiederholt wie die Ernennung eines Grafen desselben Hauses zum Statthalter während des Türkenfeldzuges des Herzogs. Beides waren offenbar mißglückte Versuche, die nach reichsunmittelbarer Selbständigkeit strebenden Grafen näher an die Landesherrschaft heranzuziehen. Daß schon vor der Ordnung von 1547 der behördliche

Charakter des Hofrates betont wird, offenbart Moritzens eigene Ausdrucksweise „Wir haben im Rate befunden". Es mag dabei dahingestellt bleiben, wieweit bei diesem Befinden im Rate die Anregungen vom Herzoge oder von den Räten ausgingen. In den letzten Regierungsjahren ist wohl an einer weitgehenden Initiative des großen Staatsmannes nicht zu zweifeln. Verfassungsmäßig, auch nur im Sinne einer festgeprägten Gewohnheit, war der Landesherr nicht an die Befragung seiner Räte gebunden.

Weniger in sein Belieben gestellt, sah Moritz sein Verhältnis zu den Landständen. Der Geldbedarf der immer noch in vieler Hinsicht auf Naturalwirtschaft gestellten Landesfürsten des ausgehenden Mittelalters hatte diese von der Unterstützung der besitzenden und dadurch politisch einflußreichen Schichten der Landesbewohner abhängig gemacht. Es waren dies in den meisten deutschen Ländern und so auch in den wettinischen Gebieten die Geistlichkeit, der Adel und die Städte. Die Verhandlungen dieser „Landstände" zum Zwecke der Geldbewilligung an den Fürsten finden seit der zweiten Hälfte des 15. Jahrhunderts in einer gewissen zeitlichen Regelmäßigkeit, unter sich festigenden Verhandlungsformen und innerhalb eines sich immer schärfer abschließenden Teilnehmerkreises statt. Es ist begreiflich, daß die Stände mit ihrer Bereitwilligkeit zu bestimmten Leistungen auch den Anspruch auf gewisse Rechte verknüpfen. Dabei handelt es sich in erster Linie um die Forderung, über die Verwendung der bewilligten Summen mit zu bestimmen, dann aber darüber hinaus den Gang der Landesverwaltung überhaupt zu beeinflussen. Von dem Grade des Geldbedarfs und von der Energie des Landesherrn wird das Maß seiner ständischen Abhängigkeit von Fall zu Fall bestimmt werden. Dieser ständische Einfluß, der nie den Sinn einer Volksvertretung, immer die Bedeutung einer Zusammenfassung der ursprünglich gegebenen politischen Kräfte der Territorien gehabt hat, ist kennzeichnend genug gewesen, um im Ablaufe der sich wandelnden Staatsformen durch rund zwei Jahrhunderte den für Mitteleuropa beherrschenden Staatstypus zu bilden, der den Lehensstaat zeitlich vom absolutistischen Staate trennt — den Ständestaat. Sachsen aber hat diese Staatsform in besonderer Reinheit ausgebildet und — was später darzulegen sein wird — zu seinem Verhängnis länger festgehalten als seine Nachbarn.

Das für diesen Staat bezeichnende Nebeneinander von fürstlichem und ständischem Regiment hat auch schon die Regierungsjahre Moritzens erfüllt. Er hat sich mit dieser Tatsache abgefunden, aber er hat immer wieder versucht, den ständischen Einfluß zu mildern, auch wohl ihn in listigen Winkelzügen zu seinen Gunsten umzubiegen. Er starb zu früh, um in diesem Bemühen endgültige Erfolge zu gewinnen.

Daß in seine Regierungszeit die Einziehung des geistlichen Besitzes, die schon unter seinem Vater begonnen hatte, endgültig fällt, ist für sein Verhältnis zu den Ständen von ausschlaggebender Bedeutung gewesen. Weiter war die fortschreitende Scheidung der einzelnen ständischen Gruppen von Wesenheit. Die Prälaten und die Grafen und Herren nahmen eine eigene Stellung ein; die Universitäten schickten sich an, ihren Einzug in die ständischen Körperschaften zu halten; die Ritterschaft aber sonderte sich in eine meißnische und eine thüringische Gruppe. Sie folgte dabei der älteren, aus den ersten Jahren des Jahrhunderts stammenden Kreiseinteilung des Landes, die ursprünglich nur zu Zwecken der Steuererhebung und der Münzprüfung getroffen, doch sich bald im Prinzip als bleibende Unterteilung des Landes an Stelle der alten verwickelten Herrschaftsverhältnisse und Verwaltungseinteilung durchsetzte. Allerdings hat diese Kreiseinteilung Sachsens erst ihre letzte, bis heute nachwirkende Form nach dem Landgewinn von 1547 gefunden. Damals wurden die vier alten Kreise, der meißnische, der osterländische, der thüringische und der Kurkreis gebildet, denen sich später der vogtländische (1570), der Neustädter (1588) und der vom meißnischen abgezweigte erzgebirgische (1691, aber schon 1547 vorgesehen und zum Teil gebildet) anschlossen. Vor 1547 waren Dresden, Leipzig, Weißenfels und Weißensee die „Legeorte" für die vier Steuerkreise des Landes.

Herzog Moritz hat den ständischen Einfluß einmal zu brechen versucht, indem er einzelne Gruppen, wie die Grafen und Herren, an sich besonders heranzuziehen suchte. Er hat sich dann weiter bemüht, die Gesamtheit der Stände durch kleine Ausschüsse zu ersetzen, mit denen er leichter verhandeln konnte. Nun war den Ständen die Bildung von kleinen Ausschüssen an sich nicht fremd, sie hatten deren schon unter Herzog Heinrich wiederholt gebildet. Was aber Moritz anstrebte und von ihnen als ungewohnt abgelehnt wurde, war der Übergang des entscheidenden Steuerbewilligungsrechts an einen kleinen Ausschuß; dieses Recht aber war und blieb der Kernpunkt alles ständischen Wesens und sein Wegfall hätte für die ständische Vollversammlung, den Landtag im Gegensatz zum Ausschußtag, den Verlust der Hauptbedeutung ausgemacht. Der Herzog hatte den jede aktive Außenpolitik hemmenden Charakter des Dualismus im Staate rasch erkannt und suchte daher eine ihn überwindende Regierung aus seinen Räten und einen bequemen ständischen Ausschuß von sechs Köpfen zu bilden; damit aber wollte er dann mit dem großen Ausschuß der Stände verhandeln; dieser gewiß kühne Entwurf ist nicht ausgeführt worden.

So mußte Moritz immer wieder versuchen, den „geschwinden und eilenden Läuften" seiner Zeit mit dem schwerfälligen ständischen Apparate Schritt zu halten. Es mußte zu Verstimmungen zwischen ihm und den Ständen führen, wenn die Schachzüge der Politik rasches Handeln, damit aber auch Geldausgaben erforderten, die Landtage aber dann um nachträgliche Bewilligungen oder um Blankovollmachten ersucht werden mußten. Von landesgeschichtlich besonderer Bedeutung war das Schicksal des geistlichen Grundbesitzes, das damals im Einvernehmen mit den Ständen geregelt wurde. Moritz hob dabei immer sein mit den Ständen gemeinsames Interesse hervor, während diese daneben doch auch durch mancherlei Teilrücksichten gebunden waren. Die einst von Herzog Heinrich und der Landschaft eingesetzten Verwalter der geistlichen Güter hatten oft Mißwirtschaft getrieben, die Erträgnisse vermindert, kurz nicht das getan, was Fürst und Landtag zu „Gottes Lob und Ehr und der Armen Nutzen" sich davon erwartet hatten. Nun schritt man teils zu Veräußerung, teils zu Verpachtung — beide Wege wurden in ihrer Nützlichkeit viel umstritten — der Güter, nachdem sie ein gemischter ständischer Ausschuß in ihrem Werte beurteilt hatte. Es hätte nahe gelegen, die hierbei durch die Hände der Regierung gehenden großen Werte zum Vorteile des Landesherrn einzubehalten, wie es den protestantischen Fürsten von der gegnerischen Kritik an ihrer reformatorischen Tätigkeit wohl vorgehalten worden ist und sicher nicht in allen Fällen der Berechtigung entbehrt. Moritz trifft dieser Vorwurf nicht. Es wird vielmehr immer ein Ruhmestitel für ihn bleiben, daß die wesentliche Verbesserung der Universität und die Gründung der Fürstenschulen ihm zu verdanken ist, der für seine Person dem Wesen der gelehrten Bildung seiner Zeit fern stand und auch in seiner eigenen Erziehung wenig von ihr berührt worden war. Auf dem Januarlandtage 1543 wurde die Errichtung der drei Fürstenschulen beschlossen, um die Städte zu entlasten, deren einst von geistlichen Mitteln unterhaltene Schulen jetzt der Stadtverwaltung allein anheimfielen. Über 4000 Knaben, vom Adel und andere, erwähnt der Landtagsbericht, die die städtischen Schulen füllten. Die neu zu errichtenden Schulen sollten 230 Stipendiaten aufnehmen, 76 davon vom Adel, alle zwischen 11—12 und 15 Jahre alt und mit dem elementarsten Wissen schon vertraut. Innerhalb eines Jahres konnte die Meißner Schule in Betrieb genommen werden. Die Pfortaer Schule war in der gleichen Zeit wenigstens zur Hälfte im Gange, und nur die Merseburger blieb wegen einer Epidemie im Verzuge, um erst 1550, und zwar in Grimma, ins Leben zu treten. Die Universität erhielt 2000 Gulden zur Förderung von „Sprachen, Künsten und Gottes Wort", an drei Orten der Stadt aber wurde ein „gemeiner Tisch" zur Speisung der Studenten aufgestellt, um der Teuerung der Lebensmittel Rechnung zu tragen. Kostete doch früher, wie der ständische Bericht meldet, die Kost einer Woche 4 bis 5, jetzt aber 7 bis 8 Groschen.

Neben diesen bekanntesten Schöpfungen aus den Mitteln der geistlichen Güter stehen die geringen Summen, die der Landesverwaltung zuflossen. Den Hauptteil nahm die Besoldung der Geistlichen, die Unterhaltung der Schulen und die vordem ganz von der Kirche geübte Armenpflege in Anspruch. Die nicht sehr zahlreichen noch vorhandenen Ordensgeistlichen wurden in einzelnen geistlichen Niederlassungen vereinigt, um hier auszusterben. Vergeblich war der Versuch des Adels, bei den ständischen Verhandlungen ein ungestörtes Weiterwirken der ihm durch Bande der Familie nahestehenden Kapitelsgeistlichkeit als Ausnahme von der reformatorischen Regel zu erwirken.

Es wird immer von besonderem Reize sein zu verfolgen, wie Kirche und Schule damals in den Aufgabenbereich des Staates hineingewachsen sind. Nicht mehr nur als Richter, als Obrigkeit, als Steuereinnehmer trat nunmehr der Staat an den Einzelnen im Volke heran, sondern — mochte auch der Gedanke der allgemeinen Schulpflicht noch in weiter Ferne liegen — er näherte sich ihm auch mittelbar in den vergleichsweise persönlicheren Bezirken der Bildung. Die Landeskirche schlang ein neues einigendes Band um die Masse der Untertanen, und der Landesherr gewann in seiner Eigenschaft als oberster Bischof eine gesteigerte Würde.

Die geistliche Spitze der Landesverwaltung sonderte sich als oberstes Konsistorium vom Kreise der Räte ab. Der Gedanke, die vorhandenen Bistümer zu reformieren, den vor allem Georg von Carlowitz vertreten hatte, wurde nach dessen Abgange als undurchführbar fallen gelassen. Der 1542 angeregte Plan der Errichtung von Konsistorien wird 1545 ausgeführt. Eine gewisse Schwierigkeit lag für den Aufbau der albertinischen Landeskirche darin, daß die entsprechenden Einrichtungen der Ernestiner natürlich das Vorbild wie jeder, so auch der lutherischen Kirche abgeben mußten, daß aber die Wittenberger Reformatoren Moritzens reformatorischen Willen mit den Augen der ernestinischen Politik ansahen, also ablehnend, und diese Ablehnung auch auf den Staat des Albertiners ausdehnten. Die Ereignisse von 1547 verschärften diese Lage und die diplomatische Wendung von 1552/53 konnte sie in den Augen der Wittenberger Lutheraner nicht wesentlich entspannen.

Das erste auf albertinischem Boden errichtete Konsistorium ist das zu Leipzig, dessen Gründung im September 1543 erfolgte. Für das Merseburger Stiftsgebiet entstand im Frühjahr 1544 ein Konsistorium, das aber nur bis 1548, bis zur Wiedereinsetzung eines katholischen Bischofs, sich zu halten vermochte und 1550 formell mit dem Leipziger Konsistorium vereinigt wurde. Das Konsistorium Meißen trat Anfang 1545 ins Leben und blieb dort bis zu seiner endgültigen Verlegung nach Dresden 1606, nur vorübergehend, 1580 bis 1588, bereits in die Residenz verlegt.

Diese Konsistorien sollten die alten Bischofsinstanzen ersetzen. Eine besondere reformatorische Schöpfung noch eigenerer Prägung waren die Superintendenten, deren Aufgabe es war, im Verein mit den Amtleuten und Schössern die Kirchen zu visitieren. In dieser Einrichtung offenbart sich das neue landesherrliche Kirchenregiment besonders deutlich.

Schließlich die Gemeinden: Landesherr, Grundherr, Stadträte erscheinen als Patrone der Gemeindekirchen und werden durch Ehren- und Mitbestimmungsrechte für die Übernahme nicht unbeträchtlicher geldlicher Opfer entschädigt. Nur mit ihrer Hilfe gelingt es, die finanzielle Selbständigkeit der Gemeinden zu gewinnen. An dem Begriffe der Kirchgemeinde, mit der die Schulgemeinde meist zusammenfällt, festigt sich auch der vordem meist recht lockere Begriff der politischen Gemeinde, an deren Stelle im Mittelalter nur die wirtschaftliche Gemeindegenossenschaft gestanden hatte. Der geistige Mittelpunkt der Landgemeinde wurde das Pfarrhaus. Der verheiratete Pfarrer konnte ungleich mehr und enger als der vorreformatorische ehelose Priester mit seiner Um- und Mitwelt verschmelzen, er entwickelte stärkere standesbildende und Überlieferung schaffende Kräfte. Das Pfarrhaus als Heimat einer bürgerlichen Kultur auf dem Lande, als Elternhaus ungezählter führender Geister der Folgezeit, als Pflegstätte musikalischer, geistlicher, veredelnder Kultur, hat seinen Ausgang von Obersachsen genommen.

Abb. 28   Moritzmonument der Kurfürstlichen Begräbniskapelle im Dom zu Freiberg

Abb. 30 Friedrich August der Gerechte, Kurfürst und
König von Sachsen (1750–1827)

Abb. 29 Kurfürst Friedrich Christian von Sachsen (1722–1763)

In dem dank der Tätigkeit Kaspar Borners der Universität Leipzig gewonnenen Paulinerkloster wurden viele Klosterbibliotheken des Landes vereinigt. Die Universität Leipzig, nunmehr reichlicher ausgestattet, konnte dem als Reformationsuniversität international berühmten Wittenberg wieder nacheifern und den Vorsprung der Schwesternuniversität verringern.

An dem Aufschwung des Schrifttums der ausgehenden Reformationszeit ist das albertinische Obersachsen nur begrenzt und nur auf einigen bezeichnenden Gebieten vertreten. Das gelehrte Schuldrama findet in dem Plauener Paul Rebhuhn einen bekannteren Vertreter; als Mathematiker gelangen Adam Riese in Annaberg zu Volkstümlichkeit und der Leisniger Peter Apianus zu wissenschaftlichem Ruhme. Georg Spalatin begründete von Altenburg aus die Landesgeschichte. In Leipzig schrieben Michael Lindener und Valentin Schumann ihre Unterhaltungsbücher und Melchior Lotter pflegte den Buchdruck. Im ganzen fehlt dem obersächsischen Schrifttum um die Mitte des 16. Jahrhunderts ebenso die Genialität wie die starke volksmäßige Kraft; es ist wesentlich literarisch. Auch die Sprache des genialsten Sachsen jener Tage, Kurfürst Moritzens selbst, kann sich nicht der besonderen Kraft und Farbigkeit Lutherschen Ausmaßes rühmen.

Wird auch die Organisation der protestantischen Kirche seines Landes immer im Vordergrunde jeder Würdigung Moritzens stehen, so seien doch seine Leistungen auf dem Gebiete der Verwaltung darüber nicht vergessen. An die Kreiseinteilung, die Hofratsordnung, die ständische Politik war schon erinnert worden. Zu erwähnen bleibt die 1548 erlassene neue Ordnung des Oberhofgerichts in Leipzig, das bis zur Wittenberger Kapitulation eine den sächsischen Linien gemeinsame Angelegenheit war. In den unteren Instanzen wurden grundlegende Änderungen nicht getroffen, doch wirkte hier die Festigung der Ämterorganisation im Sinne einer Steigerung der landesherrlichen Autorität. Die Ämter, zum Teil mit bürgerlichen Amtmännern besetzt, wurden durch eingezogene geistliche Gebiete — man nannte sie „ins Amt geschlagen" — vergrößert, durch Zurückdrängung der Sonderrechte einzelner Grundherren abgerundet, durch die zunehmende Schriftlichkeit des dienstlichen Verkehrs in ihrer Verwaltungstätigkeit gesteigert und als Mittelbehörden unter den sich zu ständigen Einrichtungen wandelnden Kreisen in einen festeren Instanzenzug eingefügt. Die Einziehung der geistlichen Güter ermöglichte es Moritz, mehrere Jahre ohne Geldbewilligung der Stände zu regieren, bis 1544. Später fordern die kriegerischen Rüstungen Mittel, deren Notwendigkeit sich auch die Stände nicht versagen. Sind doch an Truppen im Lande außer der kleinen gardeartigen Schutzwache des Landesherrn nur die Festungsbesatzungen vorhanden, wie sie in den festen Plätzen wie Leipzig, Dresden, Freiberg, Zwickau gering an Zahl und an Kampfkraft gehalten werden. Die vor dem Beginn des Schmalkaldischen Krieges von den Ständen bewilligte Truppenmacht zählt 4000 Mann zu Fuß und 400 Reiter.

Die entscheidende Rolle der Stände auf finanziellem Gebiete zeigt auch ihre Mitwirkung bei der Durchführung einer Münzreform und bei den Versuchen zur Hebung des Bergwesens. Der Bergbau hatte ja seit dem Mittelalter im Mittelpunkt der Wirtschaft des Landes gestanden und zu Zeiten Macht und Wohlstand seiner Fürsten begründet. Diese Zeiten waren im allgemeinen vorüber. Immerhin blieb der Bergbau ein bedeutender, für das Land bezeichnender und von Ständen wie Landesherrn vorsorglich gehüteter Erwerbszweig. Gerade damals handelte es sich darum, seine Leistungsfähigkeit durch Herbeiziehung fremden Kapitals zu steigern, und der damals beschrittene Weg sollte dann unter Kurfürst August seine Früchte tragen. Die wenigen Jahre von Moritzens Regierungszeit reichten nicht zu endgültigen Lösungen hin.

Bemerkenswert ist der Einfluß, den entgegen späteren Zeiten die Stände unter Moritz auf dem Gebiete der auswärtigen Politik besaßen. „Wir, Herzog Moritz samt unsern Landständen und Untertanen", „Wir und gemein unsere Landschaft" erscheinen als Träger der außenpolitischen Korrespondenz, geben einzelnen Gesandten Instruktionen. 1548 bestätigt Moritz den Ständen das Recht, vor Kriegserklärungen gehört zu werden. Diese weitgehende Abhängigkeit erklärt sich in dem starken Mißtrauen, das die ersten Regierungsjahre Moritzens bei den Ständen geweckt hatten, als er sie nicht um Rat und Billigung dank seiner Finanzlage zu fragen nötig hatte. Dieses Mißtrauen war weiter eine Folge der inneren Hemmungen, die die Stände gegen die undurchsichtige Politik ihres Landesherrn empfanden, auf religiösem wie auf rein politischem Gebiete. Dabei war es gewiß nur wenigen ständischen Vertretern überhaupt möglich, sich ein klares Bild der politischen Zusammenhänge zu verschaffen. Endlich darf auch nicht übersehen werden, daß namhafte Räte des Kurfürsten zugleich ständische Abgeordnete waren, wie z. B. Dr. Fachs, daß also dem Landesherrn ein gewisser indirekter Einfluß auf die Stimmung und Politik der Stände immerhin möglich war.

Während also die Stände die Außenpolitik wenigstens formell laufend zu kontrollieren vermochten, war mit den Geldbewilligungen für die Landesverteidigung dem Landesherrn freiere Hand über die Verwendung dieser Gelder und über seine militärischen Maßnahmen gegeben. Moritz war gern Soldat, vielleicht mehr Draufgänger als Stratege, aber auch von Mißerfolgen nicht so bald entmutigt. Wir besitzen seine Verteidigungsschrift an den Kaiser gegen die laut gewordenen Anklagen, daß seine Leute sich in Nordfrankreich barbarisch gegen die Landesbewohner benommen hätten. Da findet er packende Töne für soldatisches Wesen, rückt deutlich von dem Kriegsbrauche der Welschen ab, als ob ihm Hutten dabei die Feder geführt hätte, und versichert, er und die Seinen hätten sich „dem alten Brauche der ehrlichen Teutschen nach gehalten". Bedeutsam wurden seine defensiven Maßnahmen: die städtischen Befestigungen. Dresden verdankt ihm da das Hauptzeughaus und neben Torbauten insgemein die Erweiterung des Mauerrings, insbesondere die Einbeziehung der Stadt Altendresden rechts der Elbe in die neue Gesamtstadt. Leipzig erhält als befestigten Kern die Pleißenburg. Ein tüchtiger Stamm von Festungsbaumeistern, der bald vorbildhaft in die Ferne wirken sollte, wird unter ihm herangebildet. Auch die unkriegerische Baukunst hat Moritz mancherlei zu danken — z. B. Schloß Moritzburg —, mögen diese Werke auch meist durch den Um- und Überbau späterer baufreudiger Zeiten verhüllt worden sein. Er sorgte auch für den Schutz der durch die Aufhebung vieler geistlicher Niederlassungen gefährdeten Klosterbauten.

Bei aller zeitlichen Kürze bleibt die Vielseitigkeit des landesherrlichen Wirkens dieses begnadeten Politikers anerkennenswert. Als einem wahrhaft politischen Menschen wird ihm auch die innere Verwaltung nur ein Hilfsmittel im Dienste für außenpolitische Ziele gewesen sein; und diese Ziele waren gewiß mehr vom Machtwillen als von religiösem Bedürfnis bestimmt, mochten sie sich auch mit den konfessionellen Denkformen seiner Zeit verbrämen.

Sein in die Zukunft einer kühleren Verstandespolitik, als sie seine Zeitgenossen teilten, weisender Charakter konnte gerade in seinem geschichtlich bedeutsamen Kerne gewiß nicht von seiner Zeit gewürdigt werden. Es ist selbst bei denen, die die Enttäuschung von 1547 wirklich über dem Gang der Dinge nach Moritzens Schwenkung gegen den Kaiser hatten vergessen können, nur der Glaubensheld, der romantisch und kämpferisch, anders als der ernestinische Vetter, sich opfernde Fürst, der in den Nachrufen und Trauergedichten gefeiert wird; z. B. klingt in Melanchthons Gedicht noch ein Ton persönlicher alter Wertschätzung mit, wie sie Luther gegen Moritz nie empfunden hatte.

Lutherisch, d. h. in diesem Falle mißtrauisch, war auch die Haltung der breiten Volksmassen gegen ihn geblieben. Vielleicht war es auch seiner Natur nicht gegeben, wärmere Gefühle für sich zu erwecken. Sehr begreiflich endlich die Abneigung des Adels gegen den eigenwilligen, alle Praktiken so klug durchschauenden Herrn. Solange noch nicht die neue Lehre breiteren Raum im albertinischen Adel gewonnen hatte, und das geschah erst während der Regierungszeit Moritzens, überwog durchaus die Erkenntnis, daß man wirtschaftlich und sozial so vielfach mit der pfründenreichen alten Kirche verbunden war, daß Reformation Machtminderung bedeutete.

Hatte sich aber der Adel bereits dem neuen Bekenntnis zugewandt, dann trat er standesmäßig und im Gefühl alter Verbundenheit dem ernestinischen Adel nahe und gewann von dieser Gemeinsamkeit aus eine den glücklichen Besieger der älteren Linie ablehnende Haltung. Für das Volk in den Städten und auf dem Lande war Wittenberg der Sitz der Rechtgläubigkeit, die Macht des Kaisers aber eine noch durchaus reale Macht und Autorität. Ein Fürst, der mit den Reformatoren nicht eins war, daneben auch noch zum Kaisertum in schwankender Beziehung stand, mußte der breiten Menge unverständlich und unheimlich bleiben. In der Wertung der Nachlebenden schwankt sein Bild je nachdem, ob die konfessionelle oder die politische Betrachtung überwiegt, und auch je nach dem Maße der Planmäßigkeit und vorausschauenden Überlegung, die man seiner Politik zuerkennt. Die neuere Geschichtsschreibung hat sein Bild verbessert, zumal sie auch sein Wirken im Inneren mit herangezogen hat und nicht mit Unrecht in Moritz den ersten neuzeitlichen Fürsten Sachsens nach seiner ganzen geistigen Haltung erkannt. Politisch hat er sein politisches Amt begriffen in einer Zeit, wo bei den meisten seiner Standesgenossen noch Gefühl und Tradition allein die Gesetze des Handelns bestimmten. Er hat ein System innerdeutschen Kräftespiels herankommen sehen, in dem das Eigenleben der Länder neben dem religiösen Bekenntnis die Gruppenbildung bestimmte und sein albertinisches Sachsen das dabei führende Land war. Er aber stand an der Spitze der Bewegungspartei, als gleichwertiger Gegenspieler des Kaisers und des habsburgischen Machtgedankens, bewußter, machtfreudiger, gewiß auch ehrgeiziger als Friedrich der Weise in entscheidender Stunde 1525. Sein heldenhafter Soldatentod überstrahlt sein kurzes, energie- und tatengeladenes Leben, dessen Inhalt der deutschen wie der Landesgeschichte zum wertvollen und zeitbestimmenden Besitz geworden ist. Moritz gehört zu den wettinischen Fürsten, die durch ihre Taten dem Lande einen Klang von europäischem Ausmaße verliehen haben. Er ist, mochte er bei Lebzeiten im Lande wenig beliebt sein, auch durch die Generationen hindurch zu einer Gestalt unserer Landesgeschichte geworden, die im Gedächtnis der Nachlebenden lebendig blieb.

Siebzehnter Abschnitt

Staatswirtschaft, konfessionelle Territorialpolitik und materieller Aufschwung im ausgehenden 16. Jahrhundert

Der Bruder und Nachfolger des genialen Kurfürsten Moritz war der vielseitige talentierte August. Siebenundzwanzigjährig kam er 1553 zur Regierung, schon damals ein Mensch ohne das Feuer, das in seinem Bruder gebrannt hatte, eher bedächtig, überlegend, zäh an einmal gewonnenen Vorstellungen festhaltend, aber auch unermüdlich tätig. Der Pflege der reinen Idee abgeneigt, verabscheute er die Streitigkeiten und Spitzfindigkeiten der Theologie seiner Tage und begnügte sich mit dem schlichten Glauben, der ihm inneres Bedürfnis war. Seine Neigungen waren gegenständlich gerichtet, auf Mehrung seines Besitzes und Wohlstandes; dabei erkannte er klug, daß für ihn als Landesherrn sich die materielle Förderung der Untertanen auch zu seinem eigenen Besten auswirken mußte. Gefährliche Unternehmungen vermied er in der Wirtschaft wie in der Politik. Aber in einer Zeit, in der nach den

Wirren und Erregungen der Reformationsjahre durch ganz Deutschland ein Zug der Ermüdung und Erschlaffung ging, in der viele seiner fürstlichen Zeitgenossen in einer allzu beschränkten und tatenscheuen „Gottseligkeit und Ehrbarkeit" ihre Tage dahin brachten, hat er emsig gewirkt, hat in seinem Lande den praktischen Erfolg volkswirtschaftlichen Bemühens erkannt und genutzt, lange ehe die Theorie damit Schritt hielt. Dem starken Gefühl für fürstliche Würde, das ihn beseelte, hat er einen neuen landesväterlichen Inhalt gegeben, der gewisse Züge des späteren aufgeklärten Absolutismus vorwegnimmt. Wenn man den großen Aufstieg Preußens im 18. Jahrhundert damit erklärt hat, daß auf den bedeutenden inneren König Friedrich Wilhelm das außenpolitische Genie Friedrichs des Großen gefolgt sei, so lag zum Schaden der sächsischen Politik hier der Fall leider umgekehrt: Auf den für den inneren Staatsaufbau so bedeutsam fördernden Kurfürsten August folgte kein genialer Friedrich oder Moritz, der auf der eben geschaffenen Grundlage eine kraftvolle Außenpolitik hätte aufbauen können, sondern er war vorausgegangen.

In Familie und Regierung, Landesverwaltung und Wirtschaft war August ein harter und nüchterner Regent ohne innere Wärme, aber voller Einsicht und Verständnis. Seine Gemahlin, die Dänin Anna, war ihm nach Energie und Arbeitsfreudigkeit wesensverwandt. Ihr Einfluß auf den Gatten war groß. so daß er ihr ganze Zweige seines wirtschaftlichen Planens und Handelns zur eigenen Betätigung überließ. Gartenkultur, Heilkunde, Küche, aber auch Kunstpflege, das waren die Gebiete, auf denen die Kurfürstin mehr oder weniger selbständig waltete.

Die Aufgaben, zu denen sich August bei der Thronbesteigung berufen fühlte, wurden — wie sein kühler Verstand richtig abschätzte — von der Forderung des Tages bestimmt: Sicherung des politisch wie wirtschaftlich ungesicherten Erbes seines Bruders Moritz.

Die Größe der Gefahren für den albertinischen Staat erkannte August wohl. Er suchte sie durch Zurücksteckung der seinem Wesen fremden weitreichenden Ziele Moritzens zu vermindern. Statt der alle anderen überragenden Sicherheit und Selbständigkeit des politischen Handelns setzte er einen dem Zuge seiner Zeit richtig entsprechenden Konservatismus ein. Dieser beruhte auf der staatlichen und persönlichen Autorität, die er als Erbe seines Bruders besaß, fand aber bald eine neue Stütze in der aufbauenden Innen- und Wirtschaftspolitik, die sein Land zum Musterland innerhalb des Deutschen Reiches in den friedlichen und kulturell gesegneten Jahrzehnten seiner Regierung erheben sollte. Spätere friedlosere Generationen haben auf die Tage Kurfürsts Augusts noch als auf eine gute alte Zeit sehnsüchtig zurückgeblickt, da „Vater" August und „Mutter" Anna patriarchalisch inmitten ihres Volkes wirkten.

Volksmeinung und wissenschaftliches Urteil haben Augusts Bedeutung mit Recht auf wirtschaftlichem Gebiete erkannt. Es war die Schuldenlast von etwa 1,7 Millionen Gulden, die beim Tode Moritzens auf Tilgung wartete, die auch Augusts Aufmerksamkeit auf die Hebung der Staatseinnahmen achten ließ.

Dem auf das Tatsächliche gerichteten Sinn Augusts entsprach die Förderung der landwirtschaftlichen Grundlage der Staatswirtschaft, der Kammergüter. Er bemühte sich große, zusammenhängende Besitzungen zu schaffen, deren planmäßige Bewirtschaftung leichter möglich war, als bei Streubesitz. In den ersten zwölf Jahren seiner Regierung hat er 53 Vorwerke und Klostergüter, 7 bis 8 Wüstungen, zusammen etwa 1350 Hufen verkauft und vererbt, dafür für 706000 Gulden Besitz neu oder zurückerworben. Der erworbene Besitz wird in Ämter zusammengefaßt, die zu Musterwirtschaften für den benachbarten Landmann ausgestaltet werden. Diese und jene Wirtschaft wird zum Spezialbetrieb für einzelne Zweige der Landwirtschaft gewählt, in dem auch die Erfahrungen und Methoden des Auslandes erprobt werden. Bekannt sind z. B. das Ostravorwerk bei Dresden, Lohmen, Stolpen. Der Landesherr und die Landesmutter reisen selbst gern im Lande umher, besichtigen und beurteilen mit Kennerschaft die wirtschaftlichen Versuche. Sie sind dem Volke

und seinen Sorgen und Wünschen nahe, selbst die ersten Wirte im Lande. Bei Grundver-
äußerungen werden Adlige nicht bevorzugt, wohl aber bürgerliche oder bäuerliche Untertanen oder ganze Gemeinden. Der Wunsch des Landesherrn geht auf Gründung neuer
ländlicher Haushalte, selbständiger Wirtschaftsbetriebe, nachdem in der vorangegangenen
Zeit das System der Verpachtung nicht den erwarteten Ertrag erbracht hat. Der Rentmeister Bartel Lauterbach ist der hauptsächliche Berater Augusts auf diesem landwirtschaftlichen Gebiete. Das Amt Augustusburg wurde mit besonderer Sorgfalt für die Zwecke
der Hofhaltung bewirtschaftet. Mit den neuen Getreidearten, den neuen Viehsorten aus
Friesland, der Schweiz, Holstein kamen auch Kolonisten ins Land, nicht gerade zahlreich
und gewiß nicht systematisch gefördert, aber doch als belebendes Element, z. B. Holländer.
Länder wie Polen, die Ukraine, Dänemark, aber auch Schwaben liefern Ochsen, Friesland
und Schlesien Schafe, der Südosten Schweine, exotische Gegenden des Südens und Ostens
seltene Geflügelarten. Zeitweise sind 40 kurfürstliche Schäfereien im Lande in Betrieb. Die
Pferdezucht wurde vergleichsweise wenig gefördert. Gewiß haben nicht alle ländlichen
Anbau- und Zuchtversuche zu bleibenden Erfolgen geführt, aber sie haben doch die sächsische Landwirtschaft ein großes Stück vorwärts gebracht, auch gegenüber Gebieten, die von
der Natur begünstigter waren; und diese Kammergüter sind bestimmend für die Genesung
der Staatsfinanzen gewesen. Ihr Ertrag mag in den sechziger Jahren 250 000 Gulden, gegen
Ende der Regierung Augusts etwa 400 000 Gulden jährlich betragen haben.
Die Gartenkultur war eine auch in Sachsen damals mit Leidenschaft gepflegte Liebhaberei
der Fürsten. Die ersten Gartenkünstler waren hier Franzosen und Niederländer, erst später
Deutsche. Weniger auf ausländischen Einflüssen war die Pflege der Forstwirtschaft gegründet. Gerade das Jagdwesen war ein Streitpunkt zwischen Moritz und dem sächsischen
Adel, der sich in der Ausübung seiner Jagdregalien beeinträchtigt fühlte, gewesen und
hatte Moritz angeblich noch in seiner Sterbestunde bewegt. August, selbst ein eifriger
Jäger, verstand es, auch auf diesem Gebiete eine Verständigung mit dem Adel zu finden,
ohne dabei die staatlichen Rücksichten zu vernachlässigen. Eine Forstordnung für Schwarzenberg und Krottendorf von 1560 erhielt bald über den örtlichen Bezirk hinausgehende
Bedeutung; 1575 erschien die Generalbestellung für die Forstbedienten und spannte auch
diesen Zweig der öffentlichen Wirtschaft in den festen Rahmen landesherrlicher Verwaltung.
Schon Kurfürst Moritz hatte dem Bergwesen besondere Aufmerksamkeit gewidmet, Kurfürst August brachte ihm „sonderliche Zuneigung, Lust und Liebe" entgegen. Mit rücksichtsloser Energie suchte er die Berggerechtigkeiten Privater an sich zu ziehen. Seine
monopolistischen Bestrebungen wurden von dem Gedanken getragen, daß der Gewinn von
Mineralien den Besitz von Bargeld bedeute; dieser aber schien ihm besonders erstrebenswert, denn er eröffnete seiner staatlichen Wirtschaftspolitik freiere Möglichkeiten als die
Naturalwirtschaft. Schon dem Jahre 1554 gehört eine Bergordnung an, der dem Drange
der Zeit nach verordnender Regelung folgend noch zahlreiche Vorschriften für einzelne Unternehmungen folgten. Eine gewisse Bürokratisierung bedeutete auch der Ausbau des
Beamtenwesens, der Bergmeister, Hüttenschreiber, Schichtmeister, Bergvögte usw., an
deren Spitze der Hauptmann der Erzgebirge, meist ein Mitglied der Familie von Schönberg,
stand. Die praktischen Bemühungen um den Bergbau erstreckten sich ebenso auf die Findung
neuer Abbaumöglichkeiten wie auf Verbesserung des Betriebs und Unterstützung des Ab-
satzes. Ohne rechten Erfolg blieb der an verschiedenen Stellen aufgenommene Goldabbau.
Das gewonnene Eisen befriedigte zunächst weder nach der Menge noch nach der Güte. In
Pirna und Königstein entstanden Eisenwerke, deren Erzeugnisse von allen sächsischen
Städten verwandt werden mußten. Auch in Gießhübel wurden Versuche zur Eisengewin-
nung angestellt. Immer neue Methoden der Schmelzkunst wurden in einer 1556 beim
Dresdner Schlosse eingerichteten, 1582 an die Weißeritz verlegten Schmelzhütte angestellt.

Schmelzer aus Prag, Salzburg, Tirol wurden beigezogen. Dr. Daniel Keller aus Augsburg war bei diesen Arbeiten des Kurfürsten besonderer Vertrauensmann. Im Mittelpunkte des Bergbaubetriebes, in dem noch immer zu den einwohnerreichsten und wichtigsten Städten des Landes zählenden Freiberg, stand das Erzhaus, auf dessen Dachboden Ausstellungen von Modellen neuer Poch- und Waschwerke veranstaltet wurden. 1567 erwarb August die Grünthaler Saigerhütte der am Ende des 15. Jahrhunderts von Ungarn nach Freiberg gekommenen Bergbauerfamilie Allnpeck. Mit dem Bergbau verschwistert ist der Brunnenbau und die Anlage von Wasserkünsten. Hier zeichnete sich der Altenburger Uhrmacher Konrad König durch seinen Brunnenbau auf dem Königstein aus. Der Bergbau verschlang viel Holz, dessen Preissteigerung wieder anregend auf den Abbau der Steinkohle wirkte. Nach Edelsteinen, Marmor, Kalk, Alabaster, Gips wurde gesucht; Christoph Schürer gelang die Gewinnung von blauer Farbe aus Kobalt, für dessen Verkauf August zwei Schneeberger Kaufleuten ein Privileg verlieh.

Begreiflich war das immer wieder aufgenommene Bemühen, das Kurfürstentum in seinem Salzverbrauch von den Salzquellen der Nachbarschaft, insbesondere den so reichen Salzwerken des Erzstifts Magdeburg, unabhängig zu machen. In Posern, Lützen, Auleben, namentlich in Artern entstanden Salinen, deren Ertrag gleichwohl auf die Dauer nicht die in sie gesetzten Hoffnungen rechtfertigte. Weniger wichtig, aber erfolgreicher war die Alaun- und Vitriolgewinnung. Den alten Ausfuhrartikel der Mühlsteine regelte die Mühlsteinbergordnung von 1556. Neue Brüche wurden bei Pirna in Angriff genommen. Verschiedene Mühlenordnungen bahnten technischen Verbesserungen den Weg, die von verschärfter Steuerkontrolle der Müller wirkungsvoll begleitet waren. Zahlreich waren die neu angelegten Papiermühlen. Dem trinkfreudigen 16. Jahrhundert lag die Sorge um Bier und Wein nicht fern. So wie die Kurfürstin Anna sich der „Weingebirge" mit besonderer Sorgfalt annahm, so war auch das Interesse für das Brauwesen rege. Aus Goslar wurde damals ein Braumeister herbeigerufen.

Der verwaltungsmäßigen Zusammenfassung des Bergbaues ging die Regelung des Münzregals parallel. Die 1556 nach Dresden verlegte Münze sollte wenigstens allmählich zur einzigen des Landes werden. Immerhin haben die Münzen zu Annaberg und Schneeberg noch einige Zeit weiter bestanden. Unter Mitwirkung des bekannten Adam Riese entstand die Münzordnung von 1558. Man erstrebte die Reinigung der umlaufenden Münzen von unterwertigen eigenen und von fremden Stücken. Probations- und Valvationstage wurden abgehalten. Diese Bestrebungen wurden als bessere Regelung der Münzfragen angesehen, als wie das Reich durch die Münzordnung von 1559 sie anstrebte. Sachsen hat darum sich selbst von der Reichsregelung ausgenommen. Bis ans Ende von Kurfürst Augusts Regierung laufen seine Bestrebungen, das Münzwesen zu verbessern und dabei zugleich den Wünschen des Reichs Rechnung zu tragen. Bezeichnend für die günstige Bewertung dieser Tätigkeit war die Berufung von sächsischen Münzergesellen nach Dänemark. Der Kurfürst selbst sammelte Münzen und stand über die Erwerbung einzelner Stücke z. B. mit Lazarus Schwendi, dem bekannten Söldnerführer, in Briefwechsel und mit dem Leipziger Bürgermeister Hieronymus Rauscher in Austausch.

Neben Bergbau und Landwirtschaft stehen als Erwerbszweige im Lande doch schon seit dem Mittelalter die Leineweberei und die Tuchmacherei. Auch sie entgingen der Aufmerksamkeit des Landesherrn nicht. Die Güte der Webwaren, die noch gering war, sollte gebessert werden durch Hinzuziehung holländischer Weber. In Torgau richtete er eine Musterweberei ein. Der Ausschluß fremder Erzeugnisse wurde durch das Beispiel des Hofes, der bald nur sächsische Tuche verwandte, gefördert. Neue Webarten fanden namentlich im mittleren Sachsen ihren Sitz. Die Leinen-, Zwillich- und Damastweberei können ihre Betriebe vergrößern. An den volkstümlichen Namen der Annabergerin Barbara Uttmann knüpft zwar nicht die Erfindung, aber die industrielle Ausnutzung der Kunst des Klöppelns an.

Mochte Kurfürst August auch Ausfuhrverbote in geeigneten Fällen für nützlich halten, um einzelne heimische Gewerbe zu schützen oder vorübergehende Wirtschaftskrisen zu mildern, so war er doch keineswegs ein Freund einer geschlossenen Staatswirtschaft. So wie er Menschen und Arbeitsmethoden, Viehsorten und Getreidearten ins Land zog, woher sie auch stammen mochten, wenn sie nur wirtschaftlichen Gewinn versprachen, so erkannte er gleich deutlich Macht und Wert des Handels. Energisch trat er für den Standpunkt Leipzigs bei dessen Kämpfen um die Elbhandelspolitik ein. Es entsprach den Wünschen der besonders mit Magdeburg rivalisierenden Stadt, wenn die Elbstapel erhalten blieben und die Elbe—Oder-Verbindung nicht hergestellt wurde. Der Straßenzwang mußte in strenger Anwendung der Hebung des eigenen Handels dienen und z. B. das Abbiegen der Fuhrwerke auf dem Nord-Südwege unter Umgehung von Leipzig verhindern. Mancher Konflikt mit den ernestinischen Vettern ist aus diesem verkehrspolitischen Eifer des Kurfürsten entstanden. Seine Handelsfürsorge schuf dem Kurfürsten einen Ruf weit über die Grenzen hinaus. Die Königin Elisabeth von England zog seine Hilfe herbei, als sie die übrigens auch bis Sachsen vordringenden englischen Kaufleute — die marchand adventurers — gegen die Hanseaten zu schützen sich bemühte. Es ist allerdings nicht zu verkennen, daß die Elbestädte unter der folgerichtigen Bevorzugung der wirtschaftlichen Wünsche Leipzigs geschädigt wurden. Der alte Gedanke des Elbestaates konnte so niemals auf wirtschaftlicher Grundlage zum Zielpunkte des politischen Wollens werden. Dafür wurde dem Aufstiege Leipzigs der Boden geebnet, hinter dessen Handelsbedeutung Magdeburg, Erfurt, aber auch schon Frankfurt und die süddeutschen Städte zurückzubleiben begannen. Gute Fortschritte machte der Straßenbau und, wenn auch nicht statistisch faßbar, dürfte auch der auf ihnen sich bewegende Verkehr in den letzten Jahrzehnten des Jahrhunderts eine sehr starke Zunahme erfahren haben. Ein Nachrichtendienst in gewisser regelmäßiger Wiederkehr läßt die spätere Entwicklung der Post schon in ihren primitiven Vorformen ahnen.
In den ersten Jahren des Jahrhunderts waren die geringen für den Bergbau und den mit ihm verflochtenen Handel notwendigen Gelder im Lande oder in den Nachbargebieten aufgebracht worden. Das wurde nun anders. Von Süden her, vornehmlich in Zwickau und Schneeberg Fuß fassend, dringt das süddeutsche Großkapital unternehmungsfreudig ins Land. Die Fugger und die Welser entdecken Sachsen für ihre Zwecke. Die Ebner, Imhof, Fürer beteiligen sich schon unter Herzog Georg an Bergbau und Metallhandel. Unter August reicht der Kreis der an der sächsischen Wirtschaft interessierten Kapitalisten bis Frankfurt am Main, Köln, Goslar, Hamburg, Danzig und Breslau. Es bilden sich Handelsgesellschaften, die Kupfer, Zinn, Eisen vertreiben, die Mühlenwerke und Wasserkünste finanzieren. Sachsen wird damit hineingerückt in den großen Wandel des europäischen Wirtschaftsbildes, der für die zweite Hälfte des 16. Jahrhunderts kennzeichnend und für die Folgezeit bestimmend ist. Es ist die Rückwirkung des Kampfes der Niederlande gegen Spanien auf den Handelsverkehr der Häfen Lübeck und Danzig. Es ist weiter die Schwerpunktsverschiebung der für Mitteleuropa maßgeblichen orientalischen Handelsverbindungen von den Mittelmeerhäfen weg zur atlantischen Küste. So lange die Wirkungen der Entdeckungen der neuen Welt auf sich haben warten lassen, in jenen Jahrzehnten beginnen sie sich doch auszuwirken. Der hansische Städtebund tritt endgültig zurück. Die Nordseehäfen, das unter Elisabeth so gewaltig aufstrebende England wachsen an Handelsbedeutung. Als aber nach der Vereinigung Portugals mit Spanien 1580 Philipp II. den Hafen von Lissabon sperrt, der bis dahin ein wichtiger Umschlagplatz auch für den deutschen Handel gewesen war, da treten die Niederlande und England das Erbe der iberischen Halbinsel an und ziehen den ganzen atlantischen Handel an sich. Sie sind für das kontinentale Europa die Vermittler nach Indien und nach Amerika geworden. Alle diese Veränderungen haben den Staat Augusts nicht wenig in Mitleidenschaft gezogen. Am Ausgang der siebziger Jahre hatte der Kurfürst den Plan gefaßt, den Pfeffer- und Gewürzhandel seines

Landes in Leipzig zu monopolisieren. Anschluß an die Welthandelswege schien sich ihm mit der Aussicht auf materiellen Gewinn zu verbinden, so wie ihm die Dinge von dem unternehmungslustigen Augsburger Kaufmann Konrad Rott (Rodt, Roth) vorgestellt wurden. Leipzig sollte an Augsburgs Stelle als deutsche Gewürzhandelszentrale treten. Drei Kammerbeamte Augusts gründeten als Mittelsleute die „Thüringische Handelsgesellschaft in Leipzig". In Lissabon sollte eine Vertretung entstehen. Dorthin sollte Sachsen wieder Ausfuhrartikel senden, wie Lasurfarben, Gewehre, Pulverhörner. Aber der Absatz der sächsischen Artikel in Portugal war schlecht. Damals kamen die ersten Tabakpflanzen als Heilkräuter nach Sachsen. Mit dem Gewürzmonopol hoffte Rott auch einen Postdienst zwischen den deutschen Handelsstädten ins Leben zu rufen. Die guten Beziehungen des Kurhauses zu Dänemark sollten zur Schaffung einer Schiffsverbindung mit Antwerpen und Lissabon dienen. Mit 6 Schiffen sollte Getreide neben Bergwerkserzeugnissen ausgeführt werden. Dieser Schiffsverkehr scheiterte schon am Magdeburger Stapelrecht, das ganze Gewürzmonopolprojekt aber wurde ein Opfer der Sperrung des Lissaboner Hafens. Bald starb Rott mit Hinterlassung von 120 000 Gulden Schulden. Auch die im Zusammenhang mit seinen Plänen beabsichtigte Gründung einer Bank in Leipzig blieb nun unausgeführt.

Mißerfolge wie der des Pfefferhandelsmonopols wurden von der im Grunde gesunden Staatswirtschaft ohne Mühe überwunden. So war unmittelbar nach den Kriegen Moritzens die Bettelei und Arbeitslosigkeit verbunden mit dem Umhertreiben unbeschäftigter Landsknechte eine schwere Last für das Land gewesen, wurde aber im Zuge der allgemeinen Besserung der Wirtschaftslage überwunden. Schwere Gefahren barg dann das Mißernteund Teuerungsjahr 1567. Rasch wurden eigennützige Getreideaufkäufe durch Spekulanten verboten, ein Getreideausfuhrverbot trat hinzu, und der Verkauf von Getreide aus den Vorräten der Ämter half die Krise überwinden. Laufend unterlag der Markthandel der Aufsicht zum Schutze gegen wucherischen Vor- und Aufkauf.

Der Hofhalt selbst war bei aller Schlichtheit im Alltag doch nicht ohne repräsentativen Prunk, wenn dies dem Gefühl des Kurfürsten für die eigene Würde entsprach. Die Beamten und Diener standen meist noch in Naturalverpflegung, doch ging das Bestreben offen auf die Umwandlung der Bezüge in Geld. Wurden doch auch einige Abgaben damals in Geldleistungen überführt, so 1581 der Unschlittzins, 1583 der Flachszins, gelegentlich auch die Mohnsteuer.

Noch regierte der Landesherr patriarchalisch im Kreise seiner Räte. Er sah möglichst selbst das einlaufende Schreibwerk durch und überwachte den Gang jeder Erledigung. Reisen im Lande unterstrichen den persönlichen Charakter seines Regiments. Die Durchführung dieser Regierungsform hatte stätiges Arbeiten, Gleichmäßigkeit des Interesses für alle Verwaltungszweige und Unabhängigkeit des Urteils zur Voraussetzung. Alles dies hat der so vielseitig begabte August besessen, und das unterschied ihn von vielen seiner Standesgenossen, die so leicht in ein Sichgehenlassen und in Abhängigkeit von Günstlingen gerieten. Man hat von einem Hineinregieren der Kurfürstin Anna gesprochen, im Grunde doch wohl mit Unrecht. Wohl hat sie einen Teil der wirtschaftspolitischen Maßnahmen überwacht, aber doch nicht anders als irgend ein sachverständiger Rat. Daß sie bei dem großen bekenntnispolitischen Konflikt von 1574 ihre Hand im Spiele gehabt hat, ist gewiß wahr, aber hier stand sie in der Verteidigung, und es läßt sich nicht beweisen, daß sie sonst die Kirchenpolitik des Kurfürsten, geschweige denn die allgemeine Außenpolitik, fortlaufend beeinflußt hätte.

Aus all den Kammer-, Licht-, Hof- und Speiseordnungen, die seiner Zeit angehören, spricht ein nüchterner, rechnender Geist, der auch in der gesamten Staatsverwaltung zum Ausdruck kam. Der Hofmarschall leitete den Hofhalt. Als Hofwürdenträger standen neben ihm der Oberstallmeister und der Oberste Kämmerling, dem auch die berittene Leibwache als deren Rittmeister in Stärke bis zu 500 Mann unterstellt war. In den friedlichen Jahren seiner Regierung konnte sich August dabei begnügen, neben der Hofwache Besatzungsstämme in den festen Plätzen zu halten, zu deren von Moritz bestimmter Zahl noch der Königstein trat. Truppenführer wurden sonst nur gelegentlich „von Haus aus", also für den Bedarfsfall, bestallt. Vermehrt und reicher versorgt wurden die Zeughäuser, an deren Spitze der als Festungsbaumeister und Kriegskommissar tätige, als Architekt auch in Dänemark zu Namen gekommene Hans von Dieskau stand. Von Schloßbauten Augusts seien die Augustusburg bei Schellenberg und das zur Annaburg umgebaute Lochau genannt. Der Jägerhof und das erweiterte Zeughaus in Dresden stehen in der Reihe der zahlreichen festgefügten weltlichen Bauten, die zunehmenden Wohlstand, gesteigerte Bedürfnisse und zunehmende Volkszahl in Städten und auf Adelssitzen, nicht zuletzt auch an kurfürstlichen Amthäusern jene Jahrzehnte erstehen ließen. Baukünstlerisch haben Augusts Tage seinem Lande jenes Gepräge gegeben, das auch von der Baufreudigkeit des 18. und von der traditionsarmen Neuerungssucht des 19. Jahrhunderts nicht völlig verwischt werden konnte.

Die für das Behördenwesen Sachsens wichtigste Tat Augusts ist die Errichtung des Geheimen Rates 1574. Dieser ist die oberste Landesverwaltungsbehörde und die Keimzelle aller Sonderverwaltungen einzelner Zweige. Vier Räte treten „zu Beratschlagung sonderlicher vornehmer und vertrauter Sachen" zusammen. Sie begleiten den Kurfürsten auf seinen Reisen und tagen regelmäßig bei seiner Anwesenheit in Dresden. Gegenüber der bisherigen loseren Gruppierung der seit 1547 von Moritz in der „Landesregierung" vereinigten Hofräte stellt die neue Körperschaft eine kollegiale Behörde dar, die für ihre Zeit besonders fortschrittlich erscheinen mußte und von den meisten deutschen Staaten erst später übernommen worden ist. Der Gruppe der nicht dem Geheimen Rate angehörigen Hofräte blieben die Angelegenheiten der Rechtsprechung überlassen. Seit 1576 formt sich dieser Kreis fester zu dem Kollegium der jährlich zweimal tagenden „Hof- und Appellationsräte". Die Finanzverwaltung des Landes gliederte sich dem Wesen des ständischen Staates entsprechend in zwei Richtungen: in die von den Ständen abhängige Steuerverwaltung und in die fürstliche Kammerverwaltung. Über den Landsteuereinnehmern steht seit 1570 das Obersteuerkollegium. Die Kammerverwaltung wird erst vom Kammermeister geleitet, an dessen Stelle 1556 ein Kammerrat tritt, der wieder 1573 vom Landrentmeister abgelöst wird. Neben diesem als dem Leiter des Rechnungswesens betätigt sich weiter ein Kammermeister als Vorstand der Zentralkasse. Zur Verwaltung des Bergwesens werden zwei Räte abgeordnet. Im Lande selbst wirken unter den Amtmännern die Schösser, und teils ihnen, teils unmittelbar dem Landesherrn unterstellt arbeiten die einzelnen staatlichen Wirtschaftsbetriebe. Die Geheime Kanzlei, die das Schreibwerk der Regierung erledigte, war den Kreisen des Landes entsprechend in Expeditionen geteilt, denen sich noch eine solche für die Lehenssachen anschloß. Für ihre Zwecke entstand 1579 neben dem Schlosse das Kanzleihaus. Der Verwaltungskörper Sachsens war ebenso neuzeitlich wie seine Staatswirtschaft. Er befähigte es, allen anderen deutschen Ländern mehr oder weniger zum Muster zu dienen. Dabei bildete sich hier auch ein Typus weltlichen Beamtentums aus, der auf lange hinaus festgehalten worden ist: juristisch gut geschult, nüchtern und sachlich, an strenge Pflichterfüllung gewöhnt, mit offenem Blick für wirtschaftliche Zusammenhänge und deren Bedeutung für den Staat. Bei der Rolle, die Sachsen im Reichszusammenhange spielte, kommt zu diesen Eigenschaften noch bei den im diplomatischen Dienste verwendeten Beamten ein über die Landesgrenzen geweiteter Horizont. Ihnen allen ist Kurfürst August ein vorbildlicher Lehrmeister gewesen.

Bei der Stärke, mit der der damalige Staat das ganze Leben der Untertanen erfaßt, ist es einleuchtend, daß er es in Denken und Handeln sehr stark beeinflußt. Nicht an letzter Stelle wirkte die Rechtsprechung in diesem Sinne. Als deren Grundlage erscheint 1572 ein Gesetzbuch, das weithin vorbildlich wirken sollte, die in vier Teile gegliederten 172 „Constitutionen". Aus Gutachten der juristischen Professoren beider Universitäten, Beratungen zwischen den kurfürstlichen Hofräten und diesen Gelehrten sowie ständischen Vertretern ist dieses Werk entstanden. Es dient zugleich der Überwindung der zwischen deutschem und römischem Recht klaffenden Gegensätze, wobei allerdings jenes vor diesem zurücktrat.

Ein Blick in die dem 17. und 18. Jahrhundert angehörenden Ausgaben des Corpus iuris Saxonici zeigt, welche grundlegenden Ordnungen der inneren Landesverwaltung der Regierungszeit des Kurfürsten August entstammen, die das soziale und wirtschaftliche Leben des Landes durch viele Menschenalter bestimmt und geregelt haben. Der sittlichen Bewahrung der Untertanen dienen die verschiedenen Landesordnungen, in denen namentlich alle die bekannten Begleiterscheinungen wirtschaftlichen Wohlergehens, wie Luxus in Kleidung und Mahlzeiten, Sittenlosigkeit bei Verkehr und Tanz, Händelsucht, geschäftliche Übervorteilung und ähnliche Zeitgebrechen gerügt werden. Man spürt hier und in den Prozeßakten der Zeit noch die Nachwehen der unruhigen Kriegsjahre und der tiefen, das Volk aufrührenden religiösen Wandlungen. Es kommt zu Zusammenbrüchen mancher unwirtschaftlichen Unternehmungen. Über den zunehmenden Branntweingenuß selbst der Dienstboten wird Klage geführt. Der zweifellos den materiellen Werten zugewandten Zeitströmung, die auf das religiös bewegte vorangegangene Zeitalter gefolgt war, suchte der Staat durch Landesordnung und durch Kirchenordnungen zu steuern. Kirche und Schule traten in den Dienst der staatlichen Volkspflege.

Die Landstände fanden ein leichteres Auskommen mit Kurfürst August als mit seinem Vorgänger. Gleich bei der Regierungsübernahme bedurfte er ihrer zur Beilegung der Moritzischen Politik und zur Regelung der Staatsfinanzen. Die wirtschaftspolitischen Neigungen des neuen Landesherrn kamen dem Verständnis und den Wünschen der Stände ungleich mehr entgegen als die aktive Außenpolitik seines Bruders es getan hatte. Das noch zu behandelnde gute Verhältnis des Landesherrn zum Kaiser entsprach gleichfalls alter ständischer Überlieferung. Absolutistische Neigungen waren bei August gelegentlich nicht ausgeschlossen, so daß er mit den widerstrebenden Ständen dann recht unzufrieden war und von ihren Vorschlägen abweichende letzte Entscheidungen traf. Nur das im Ganzen doch glückliche Zusammenarbeiten zwischen Ständen und Landesherrn hat die kulturelle Blüte Sachsens recht eigentlich ermöglicht. Jene Jahre sind die für Sachsen klassische Periode des Ständestaates. Wirtschaftliche Erfolge haben den Ständen auch die Minderung an mittelbarem politischen Einfluß erträglich gemacht, die mit der kirchlichen Wandlung verknüpft war, den Verlust der Stellung in den Kapiteln der Domkirchen und geistlichen Stifter. Das feste Verhältnis des Adels zum Landesherrn ist damals gewonnen worden. Der Einfluß der Ernestiner, der auf ständischem Gebiete wiederholt spürbar gewesen war, wurde überwunden, und die gelegentlichen Versuche des Kaiserhauses, über die Köpfe der Landesherrschaften hinweg sich mit dem Adel zu verbinden, blieben ohne nachhaltigen Erfolg.

August war kein politischer Kopf. Er behandelte die Fragen der äußeren, der Reichs- und Konfessionspolitik — kaum sind sie von einander zu scheiden — mit demselben Bedacht, mit der gleichen schwunglos-skeptischen Vorsicht, aber auch mit der wägenden Klugheit, wie er an seine wirtschaftlichen Versuche im Innern heranging. Ihn bewegte dabei ein nüchterner Macht- und Erwerbstrieb, fern jedem idealistischen Schwunge, aber auch jeder Überspannung seiner Kräfte. Es ist etwas von dem Philister in ihm, der am Ende doch recht behält. Mit kleinen Mitteln strebte er nach begrenzten Zielen, aber am Ende eines langen Lebens konnte er doch Wesentliches als erreicht ansehen. Er hatte sein Staatsgebiet glücklich abgerundet, innerlich gefestigt, sein Ansehen im Reiche im ganzen erhalten, allerdings dabei die richtunggebende Rolle, die sein Bruder ergriffen hatte, in der großen Politik weitgehend verloren. Ihm genügte es, ein großer Reichsstand mit besonderem Vertrauen des

Hauses Habsburg zu sein. Nur Brandenburg hat — von kleineren durch Sachsens leitende Stellung im obersächsischen Kreise zur Abhängigkeit genötigten Reichsständen abgesehen — dem kursächsischen Hofe damals durch Jahrzehnte treue Gefolgschaft geleistet. Bezeichnend hießen damals Sachsen und Brandenburg in der diplomatischen Geheimsprache eines anderen Reichsstandes „Auctoritas" und „Pax". Dabei beruhte die Autorität Augusts anfangs mehr auf den voraufgegangenen politischen Erfolgen seines Bruders, später auf der wirtschaftlichen Kraft seines Landes.

Die ersten außenpolitischen Leistungen Augusts waren negativer Art. Er verzichtete auf die Bestrebungen seines Bruders, die ihm weder nach Ziel noch nach Methode vertraut waren. Die Gedanken an eine Verbindung mit Frankreich zu einem Angriff auf die habsburgischen Niederlande oder an einen Bund mit Dänemark werden ebenso fallen gelassen wie der Plan eines Bundes zum Schutze des Passauer Vertrages.

Zunächst machte August, der sich beim Tode seines Bruders am dänischen Hofe aufgehalten hatte und rasch zurückgeeilt war, seinen Frieden mit Markgraf Albrecht, dem Besiegten aber Überlebenden von Sievershausen, unter brandenburgischer und dänischer Vermittelung. Schon hierbei deutete sich die geänderte politische Richtung in Sachsen an.

Wesentlicher war die Klärung des Verhältnisses zu den Ernestinern. Die Freilassung aus der kaiserlichen Gefangenschaft hatte in Verbindung mit Moritzens Tode Johann Friedrich und seinen Söhnen Anlaß zu neuen Hoffnungen auf Wiedergewinnung der Kurwürde und des Länderverlustes der Wittenberger Kapitulation gegeben. Nach längeren, unter lebhafter Mitwirkung der beiderseitigen Stände geführten Verhandlungen und unter dem Druck des kaiserlichen Hofes, mit dem August in guten Beziehungen stand, kam unter Vermittelung seines dänischen Schwiegervaters der Naumburger Vertrag vom 24. Februar 1554 zustande, in dem August sein Verhältnis zu den Ernestinern endgültig klärte. Der Vertrag bestätigt die Ergebnisse der Wittenberger Kapitulation im ganzen, mildert aber ihre Bestimmungen im einzelnen. An Stelle der ihm in Wittenberg in Aussicht gestellten jährlichen Einkünfte von 50000 Gulden erhält Herzog Johann Friedrich die Ämter Altenburg, Sachsenburg, Herbisleben und Eisenberg sowie 100000 Gulden. Eine Fülle herrschaftlicher Einzelrechte werden geregelt, ein gemeinsames Wittenberger Archiv entsteht; Johann Friedrich darf sich künftig „geborener Kurfürst" nennen, und eine gemeinsame Instanz wird ins Leben gerufen, die künftige Streitigkeiten zwischen den beiden Häusern schlichten soll. Anders als bei dem Vertrage von 1485 ist diesmal Trennung, endgültige Scheidung Aufgabe und Sinn der getroffenen Regelung. Es hieße den Erfolg des Naumburger Vertrages überschätzen, wollte man glauben, daß durch ihn Johann Friedrichs Söhne — er selbst starb wenige Tage nach der Unterzeichnung — auf jede Hoffnung der Wiedergewinnung des Verlorenen verzichtet hätten, mochten auch die Landstände beider Teile den Vertrag durch ihre Unterschrift als bindend anerkannt haben.

Neben der Hauptsicherung seines Erbes durch Verständigung mit der Bruderlinie und Beilegung des Krieges stehen als Augusts weitere Schritte die Erneuerung der alten Erbverbrüderung seines Hauses mit Brandenburg und Hessen und — 1557 — diejenige mit Böhmen. Damit sind die festen Voraussetzungen der konservativen sächsischen Politik auf der Grundlage des Augsburger Religionsfriedens gewonnen. Hat doch August an dessen Zustandekommen besonders tatkräftig mitgewirkt und hat seinen wesentlichen Bestimmungen diejenige Form gegeben, die seinen kirchenpolitischen Anschauungen entsprach. Sowohl die durch seine Gesandten in Augsburg verkündeten Erklärungen wie die zu Naumburg mit den Genossen seiner Erbverbrüderung abgegebenen grundsätzlichen Meinungen lagen in der gleichen Richtung der Bewahrung der bestehenden religionspolitischen Kräfteverteilung. Es ist nicht gelungen, alle protestantischen Fürsten auf diese Linie festzulegen. Kurpfalz übernahm die Führung der reformatorischen Aktionspartei, an deren Spitze einst Moritz gestanden hatte. Der kurpfälzisch-sächsische Gegensatz sollte dann durch Jahrzehnte die deutsche Reichspolitik beeinflussen und die Handlungsfreiheit der deutschen Protestanten nach außen lähmen. Persönliche Gegensätze der Fürsten steigerten die Spannung. August hat dabei zweifellos mehr Rücksicht auf sich und seine Territorialpolitik als auf die großen Interessen des Protestantismus genommen. Mit dieser Politik entsprach er aber ebenso den Wünschen der Stände wie den Strömungen der allgemeinen politischen Meinung, die ihn mehr trug, als daß er sie von sich aus beeinflußt hätte.

Auf dem den Religionsfrieden begründenden Reichstage zu Augsburg war auch eine dem weltlichen inneren Frieden dienende Maßnahme beschlossen worden, die Ernennung von Kreisobersten in jedem der alten Reichskreise zum Zwecke der Befestigung des Landfriedens und für den Vollzug reichsgerichtlicher Urteile. Der Obersächsische Kreis ernannte auf einem Tage in Zerbst Ende 1555 August zu seinem Obersten, den Brandenburger zu seinem Stellvertreter, was das Verhältnis ihrer beiderseitigen Bedeutung in jener Zeit gut verdeutlicht. Die im gleichen Jahre ausgegebene neue Kammergerichtsordnung nahm auf die richterliche Selbständigkeit Sachsens in oberster Instanz — das ius de non appellando — ausdrücklich Bezug und erkannte es nach längeren darum geführten Beschwerden der Vorjahre erneut an. Eine nochmalige Bestätigung dieses Rechts im Jahre 1559 gab dann den Anstoß zur Errichtung des Appellationsgerichts.

Durch wesentlich zwei Gesichtspunkte wurde die äußere Politik Kurfürst Augusts die ganze Länge seiner Regierungszeit hindurch bestimmt: einmal sein enges Verhältnis zum Kaiserhofe und daneben durch das Bestreben nach Sicherung und Verbreiterung der eigenen Territorialmacht. Am Prager Hofe durch Jahre erzogen verband August eine enge Freundschaft mit Kaiser Maximilian. Beide standen in vertrautem, durch keinerlei politische Wandlungen getrübten Meinungsaustausche. Eine dem spanischen Einflusse in Wien entgegenarbeitende Gruppe von habsburgischen Politikern unter Führung des Kanzlers Zasius stützte sich ganz vornehmlich auf den Einfluß Augusts beim Kaiser und gewährte so dem sächsischen Kurfürsten einige Einwirkung auf die kaiserliche Politik in außerdeutschen Fragen. Der feste Rückhalt am Kaiser bildete auch die Grundlage der innerdeutschen wie der Konfessionspolitik Augusts. Die ruhige Zähigkeit, der im einzelnen im Laufe der Zeit mancher territoriale Erfolg beschieden war, fußt auf dem sicheren kaiserlichen Rückhalt, ebenso wie auch manche Versäumnis von weiterem europäischen Ausmaße, die man August zur Last legen muß, in der Abhängigkeit vom Kaiser begründet ist.

Das erste Opfer der rücksichtslosen und kühlen Ausbreitungspolitik des Kurfürsten waren die drei sächsischen Bistümer. In ihrer Erwerbung verband sich die Gewinnung für die neue Lehre mit dem Zuwachs an territorialer Macht. Aus einer Fehde zwischen dem Meißener Bischof Johann von Haugwitz und der Familie von Carlowitz geschickt Nutzen ziehend, zwang August den Bischof 1559 in seine landesherrliche Abhängigkeit, der sich Haugwitz dann auch nicht durch Annahme der evangelischen Lehre zu entziehen vermochte. Als er 1581 starb, trat sein Bistumsland unter landesherrliche Verwaltung. In Naumburg und in Merseburg beschritt der Kurfürst den Weg, daß er beim Ableben der Bischöfe 1561 und 1564 seinen Sohn Alexander als Bischof postulieren und als Administrator wählen ließ. Als der noch im Kindesalter stehende Prinz 1565 starb, übernahm sein Vater zunächst auf 21 Jahre die Verwaltung der Bistumslande, deren Selbständigkeit damit, wenn auch noch nicht formell, denn die Kapitel blieben bestehen, so doch praktisch aufgehoben war. Im gleichen Zeitraume wandte sich die Masse der Bistumsuntertanen dem Luthertume zu. Die Überführung der vordem geistlichen Gebiete in weltliche Herrschaftsformen hat sich in den protestantischen Teilen Deutschlands verschieden vollzogen. Hier hat sie nicht wie gelegentlich auswärts zur Bildung neuer Kleinstaaten geführt, sondern dank der Kleinheit der Bistümer gegenüber der benachbarten weltlichen Macht sind sie in deren Verband übergegangen. Damit hat die Landesstaatsbildung eine stammesmäßige Abrundung erfahren, die das staatliche Gefüge bei aller Willkür der Grenzführung festigte. Namentlich im Zusammenhang mit den thüringischen Erwerbungen aus dem Naumburger Vertrage rundete sich durch die geistlichen Gebiete der albertinische Staat erfreulich ab.

Weiteren Gewinn sollten nach Thüringen hin die sechziger Jahre durch das große mitteldeutsche Zwischenspiel der „Grumbachschen Händel" bringen. Wie es ja häufig geschieht, daß nach dem Abklang kriegerischer Zeiten Söldnerführer und ihre Anhänger, sozial entwurzelt und strenger staatlicher Zucht entwöhnt, auf eigene Faust oder auch bewußt oder unbewußt im Dienste fremder Mächte in Gegensatz zur öffentlichen Gewalt geraten, so hatte sich der fränkische Ritter Wilhelm von Grumbach, einst Parteigänger Markgraf Albrechts von Brandenburg, durch seine Fehde gegen den Bischof von Würzburg des Landfriedensbruchs schuldig gemacht. Der gegen ihn verhängten Reichsacht unbeschadet, fand er bei dem Ernestiner Johann Friedrich dem Mittleren, einem ebenso starrsinnigen wie unklugen Fürsten, Zuflucht. Als Kurfürst August nach langem Zögern und nach vielen gütlichen Versuchen als Kreisoberster und Beauftragter des Kaisers ins Feld rückte, wußte er sicher, daß es hier um mehr als eine unzeitgemäße Fehde ging. Es galt, die Kurwürde und die Erwerbungen des Naumburger Vertrages gegen den nie beruhigten Anspruch der Ernestiner zu verteidigen. Das neue Landesfürstentum stand zudem im Kampfe gegen die niedergehende, früheren verfassungsrechtlichen Zuständen entstammende Reichsritterschaft. Endlich stand Johann Friedrich seit März 1558 im Solde König Heinrichs II. von Frankreich. Jährlich 30 000 Livres ließ sich damals Frankreich seine Einmischung in die deutschen Verhältnisse allein in diesem einen Falle kosten. Die mit rücksichtsloser Energie durchgeführte Belagerung des Grimmensteins zu Gotha, dem festen Platze der Reichsrebellen, wurde dadurch verkürzt, daß die Gothaer Einwohner selbst die Übergabe erzwangen. August triumphierte, mit ihm die Reichsautorität, der albertinische Staatsgedanke und der Einfluß des Kurfürsten am Kaiserhofe. Johann Friedrich ging für die langen Jahre seines Lebensrestes in kaiserliche Haft. Grumbach und seine Gesellen wurden grausam getötet. Man hat damals wie später August den Vorwurf zu großer Härte gemacht, doch wohl mit Unrecht, denn in diesem Falle traf sich zweifellos die mitleidlose Verstandeskälte des Kurfürsten mit dem Interesse von Reich und Land. Für die Kosten des Unternehmens, die fast eine Million Gulden betrugen, wovon der Kurfürst — ein glänzender Beweis der Güte der sächsischen Staatsfinanzen in jener Zeit! — etwa drei Viertel aufgebracht hatte, ließ sich August die Ämter Weida, Ziegenrück, Arnshaug und Sachsenburg durch den „Assekurationsvertrag" vom 8. Januar 1567 verpfänden. Nur Sachsenburg ist dann später an Thüringen zurückgefallen; die drei anderen sogenannten assekurierten Ämter bildeten seit 1660 den Neustädter Kreis. Landgewinn verband sich so für August mit der Steigerung seines politischen Ansehens und Einflusses; hatte doch die Grumbachsche Fehde, als Ausdruck des Ringens größerer Mächte schon von den Zeitgenossen richtig erkannt, die Aufmerksamkeit auch außerhalb Deutschlands auf sich gezogen.

Amt und Schloß Vogtsberg, das Amt Pausa und die Stadtgebiete von Plauen, Ölsnitz und Adorf gingen nach dem Tode des letzten Grafen von Hartenstein aus dem Hause der Reuße von Plauen zugleich mit dem Titel der Burggrafschaft Meißen 1577 an August durch Erbgang über. Aus ihnen wurde der vogtländische Kreis gebildet. Dabei mußte sich allerdings August die Belehnung durch den König von Böhmen, d. h. den Kaiser als den Lehensherrn dieser vogtländischen Besitzungen, durch die Verzichterklärung auf weitere böhmische Erwerbungen erkaufen. Damit hat die Südgrenze Sachsens damals im wesentlichen die Gestalt gewonnen, die ihr dann bis zur Gegenwart geblieben ist. Dem obersächsischen Stamme ist aber dadurch die staatliche Verbundenheit mit dem benachbarten fränkischen für die Dauer gesichert worden, sicher nicht ohne Bedeutung für die Prägung jenes sächsischen Typus des deutschen Menschen, der dann besonders im 17. und 18. Jahrhundert schärfer erkennbar wird und mit dem sich dann die Lausitzer, ein knappes Jahrhundert später sich dem Staate anfügend, nicht mehr in gleicher Weise verschmolzen haben.

Nicht weit vom Vogtlande lag das gleichfalls durch August von den Grafen von Schönburg erworbene Amt Krottendorf mit Scheibenberg und Elterlein. Aus vordem der Familie von Berbisdorf gehörenden Besitzungen bildete der Kurfürst das Amt Lauterstein.
Schon im 15. Jahrhundert war es den Wettinern gelungen, die ziemlich selbständige reichsrechtliche Stellung der Grafen von Mansfeld in vielem Betracht zu erschüttern und wesentliche Teile der vielzersplitterten Grafschaft in ihre lehensrechtliche Abhängigkeit zu bringen. Die zunehmende Verschuldung der einst durch den Ertrag ihrer Bergwerke so reichen Grafen begünstigte den Fortgang dieser Entwicklung im 16. Jahrhundert. Mit den gleichfalls zu lehensrechtlichem Einfluß im Mansfeldischen gelangten geistlichen Landesherrschaften von Magdeburg und Halberstadt verständigte sich unter Zuziehung der Grafen von Mansfeld Kurfürst August 1570 zu Leipzig über die „Sequestration" des größeren, „vorderortischen" Teils der Grafschaft in dem Sinne, daß alle wesentlichen Bestandteile der Landesherrschaft an die drei Sequestrationsmächte übergingen unter Regelung des Schuldenwesens der Grafen. Dem sächsischen „Oberaufseher" unterstanden die Bergwerke allein; einige mansfeldische Grafen versuchten beim Kaiser unter Berufung auf ihre alte reichsunmittelbare Stellung die Sequestration anzufechten, blieben aber ohne Erfolg. Diese und andere aus dem Nebeneinander der drei Verwaltungen erwachsende Unzuträglichkeiten führten schließlich zu der abschließenden Regelung der mansfeldischen Streitigkeiten durch die beiden „Permutationsrezesse", die der Kurfürst mit Halberstadt und mit Magdeburg schloß. Der erste, Halberstädter, — zu Annaberg 1573 vollzogen — gab August alle bisher halberstädtischen Hoheits- und Lehensrechte in Mansfeld gegen Verzicht auf seine Rechte in Lora, Ellrich, Bleicherode und Walkenried. Bedeutsamer war dann der Rezeß mit dem Erzstift Magdeburg, der 1579 in Eisleben zum Abschluß kam. August erwarb hier eine Reihe von mansfeldischen Lehensrechten, verzichtete aber dafür auf seine Rechte als Burggraf von Magdeburg im Erzstift, die namentlich noch in Halle eine gewisse Bedeutung besessen hatten. Nur Titel und Wappen des Burggrafen verblieben beim Kurfürsten, ebenso die vier kleinen Ämter Gommern, Ranis, Elbenau und Plötzkau, die man als alten Besitz der Burggrafen betrachtete. Es kann nicht verkannt werden, daß dieser Vertrag insofern weitergehende Bedeutung besitzt, als in ihm die alte sächsisch-brandenburgische Rivalität um das Erzstift in einem für Sachsen ungünstigen Sinne zum Austrag gelangt. Noch Johann Friedrich und Moritz hatten die alten Burggrafenrechte geschickt in den Dienst ihrer Territorialpolitik zu stellen gewußt. Nun aber rang der kluge Administrator des Erzstifts und künftige Kurfürst von Brandenburg, Joachim Friedrich, dem Sachsen die letzte Rechtsgrundlage seines Einflusses im Nordteil des mittelelbischen Gebietes ab. Dieser Vorsprung ist von Sachsen nicht wieder eingeholt worden, und es bedeutet demgegenüber wenig, wenn August die alten sächsischen Vogteigerichte im Stifte Quedlinburg 1574 nach einem voraufgegangenen Streit mit der Äbtissin Elisabeth von Reinstein festigte und erweiterte. Man hat von der im einzelnen und im gesamten gewiß erfolgreichen territorialen Erwerbspolitik des Kurfürsten August den Eindruck, daß ihr der große Überblick und die zusammenhängende Zielsetzung und Folgerichtigkeit gefehlt haben. Es war vielmehr ein geschicktes und zähes Ausnutzen von sich bald hier, bald da zufällig bietenden Gelegenheiten.
Die gleichwohl nicht zu verkennende und von den Zeitgenossen dem Kurfürsten oft vorgeworfene rücksichtslose Art seiner Herrschaftspolitik offenbarte sich deutlich bei der Frage der ernestinischen Vormundschaft. Der Kaiser hatte 1570 den sächsischen, den pfälzer und den brandenburgischen Kurfürsten zu Vormündern der Söhne Johann Friedrichs bestellt. Als 1573 Herzog Johann Wilhelm von Weimar starb, traten in die Vormundschaft seiner unmündigen Söhne nicht, wie sein Testament bestimmte, der Pfälzer und der Herzog von Mecklenburg ein, sondern auf Wunsch thüringischer Vasallen Kurfürst August. Er verständigte sich mit den beiden Fürsten und übernahm trotz des Protestes mancher thüringischer Untertanen, zumal der Städte, die Administration des ganzen ernestinischen Thü-

ringens. Zu Territorialgewinn führte diese Regierung nicht, wohl steht aber der Streit um Henneberg mit ihr in engem Zusammenhang.

Die Grafen von Henneberg waren gleich den Mansfeldern verschuldet. Graf Wilhelm hatte schon mit Kurfürst Moritz über die Aufgabe seiner landesherrlichen Selbständigkeit gegen Zahlung einer beträchtlichen Summe verhandelt. Da Moritz darüber fiel, August aber eine so hohe Summe nicht zahlen konnte oder mochte, hatte der geldbedürftige Graf sich 1554 mit den Ernestinern zu Kahla dahin verständigt, daß er seine Herrschaft verpfändet und sein Nachfolgerecht verkaufte. Infolge der Grumbachschen Händel gelangten die Rechte an Henneberg an den Kurfürsten, der aber nach Herzog Johann Wilhelms Tode als Administrator erfahren mußte, daß der Verstorbene sich heimlich vom Kaiser die Erbfolge der Albertiner in Hessen und in der gefürsteten Grafschaft Henneberg hatte verschreiben lassen. Die tiefe Verstimmung Augusts gegen den ihm doch freundschaftlich so nahe stehenden Kaiser war verständlich. Der Kaiser suchte ihn durch Verleihung von fünf Zwölfteln Hennebergs zu besänftigen, während den ernestinischen Erben nur sieben Zwölftel belassen wurden, wobei dem Kurfürsten die Umkehr des Anteilverhältnisses durch Zahlungen vorbehalten blieb. Als um 1583 der letzte Graf von Henneberg starb, übernahm der Kurfürst die Grafschaft teils für sich, teils für seine Mündel. Die letzten Lebensjahre Augusts sind dann mit Verhandlungen über die endgültige Teilung des hennebergischen Erbes zwischen den beiden wettinischen Häusern ausgefüllt. Der Kurfürst starb vor ihrem Abschluß. Auch seinem Nachfolger gelangt die angestrebte Regelung nicht. Die gemeinschaftliche Verwaltung der Grafschaft wurde beibehalten, nur geringe Teile von ihr waren sogleich beim Aussterben des gräflichen Hauses an Hessen und an das Bistum Würzburg auf Grund besonderer Verträge gefallen. Über den Besitz der wichtigen Herrschaft und Stadt Meiningen hatte sich Kurfürst August noch kurz vor seinem Tode mit dem Bischof von Würzburg verständigt. Kurfürst Christian vollzog dann diesen Vertrag, durch den Sachsen gegen Abtretung einzelner hennebergischer Orte Meiningen als würzburgisches Mannlehen zugeteilt erhielt.

Es entspricht der hier vorgetragenen Auffassung von dem im Grunde unpolitischen Charakter der Persönlichkeit Kurfürst Augusts, wenn in der Geschichte der Gebietserwerbungen seiner Regierungszeit ein zwar landesgeschichtlich wichtiges Moment erblickt wird, nicht aber das für ihn als Landesherrn letztlich bezeichnende. Dem Grunde seines Wesens entsprach vielmehr das die geistige Haltung des ausgehenden 16. Jahrhunderts in Deutschland überhaupt kennzeichnende Nebeneinander von materiellem Erwerbs- und Betätigungstrieb und von Hingabe an die Sphäre des Kirchlich-Religiösen. Von August als landesherrlichen Volkswirt, von seiner staatlichen Wirtschaftspolitik und deren Rückwirkung auf den Verwaltungskörper des Staates ist hier schon die Rede gewesen. Als daneben mindestens gleichstarker Faktor seines Lebens und seiner Politik tritt sein Verhältnis zur religiösen Entwicklung hervor.

Kurfürst August unterscheidet sich von der Mehrzahl seiner fürstlichen Zeitgenossen durch die ausgesprochene Abneigung gegen den für jene Jahrzehnte kennzeichnenden Streit konfessioneller protestantischer Lehrmeinungen. August war als treuer Lutheraner aufgewachsen, dem zwar jede stärkere religiöse Innigkeit und Wärme wohl abging, dessen klarer Verstand an den Loci theologici Melanchthons aber sein befriedigendes Genügen fand. Das von ihm erlassene Corpus doctrinae Misnicum von 1559 enthält nur Melanchthonsche Schriften. Es war die wohl erkannte religionspolitische Seite seiner auf dem Boden des Augsburger Religionsfriedens stehenden konservativen Gesamtrichtung, wenn er sich einer toleranten mittleren Linie befleißigte. Sie gestattete ihm ein enges und gutes Verhältnis zum Kaiser, sie bedingte weiter Zurückhaltung gegen die strengen Lutheraner, die die geistlichen Träger des ernestinischen Widerherstellungsgedankens waren, sie hielt sich aber auch vor dem Zusammengehen mit der reformierten Aktionspolitik der Pfälzer zurück.

An dieser vorsichtigen Zurückhaltung scheiterten alle Versuche, den mächtigen, in seiner Haltung für viele Reichsstände beispielgebenden Kurfürsten für eine der Parteien festzulegen, die innerhalb Deutschlands um die Änderung des konfesionellen Machtverhältnisses rangen, außerhalb des Reichs aber das weiträumige Spiel um das schwankende europäische Gleichgewicht im Gange hielten. Nur unter Aufbieten seines unvergleichlichen diplomatischen Geschicks ist es dem großen Oranier gelungen, den Kurfürsten wenigstens zu einer gewissen Parteinahme für den Freiheitskampf der Niederlande zu vermögen. Gleichzeitig konnte die spanische Partei am Kaiserhofe es nicht fertig bringen, Augusts Einfluß an der Hofburg dadurch zu untergraben, daß sie ihn auf eine wirklich tätige Anteilnahme an jenen Kämpfen hätte festlegen können.

Endgültig erschüttert wurde die zurückhaltende Konfessionspolitik des Kurfürsten nicht durch Ereignisse von außen, sondern von innen.

Eine die melanchthonische Richtung des Luthertums immer weiter auf das reformierte Bekenntnis hin vortreibende Gruppe von Männern umgab den Kurfürsten täglich in einflußreichen Stellen. Der besonders als Außenpolitiker tätige geheime Rat Cracau, Melanchthons Schwiegersohn, der Leibarzt Kaspar Peucer, der Hofprediger Schütz (Sagittarius) bildeten den Kern dieser Gruppe. Die ernestinischen Theologen erkannten die wachsende Macht dieser Richtung, die ihrer Auffassung des Luthertums so sichtlich widersprach, wohl. Religionsgespräche wurden ohne Erfolg der Milderung des Gegensatzes gehalten. Der Kurfürst, den der Zusammenbruch der Ernestiner 1567 von der Gefahr der politischen Auswirkung der Agitation der strengen Lutheraner befreite, damit aber auch von der philippistischen Richtung am eigenen Hofe unabhängiger machte, verfolgte seit dem Beginn der siebziger Jahre diese Entwicklung mit wachsender Aufmerksamkeit. Er veranlaßte 1571 auf dem Dresdner Konvent die Festlegung der Superintendenten des Landes auf eine Formulierung der Abendmahlslehre, die ihn befriedigte, aber auch den Philippisten die Möglichkeit einer Auslegung in ihrem Sinne bot. Diese Gruppe trat dann 1574, durch die bisherige Haltung Augusts ermutigt, mit einer Schrift rein calvinischer Färbung über die Lehre vom Abendmahl hervor, die den Lutheranern zur tödlichen Waffe vor dem Kurfürsten wurde. Er sah das Gebäude seiner Religionspolitik an seinen Fundamenten unterhöhlt, sich selbst von Ratgebern, die sein volles Vertrauen genossen hatten, hintergangen. Beschlagnahmte Briefe dieser Männer offenbarten ihm, daß man hatte versuchen wollen, auf dem Wege über die Kurfürstin Anna ihn zu beeinflussen. Er erschien als geistig abhängig von seiner willensstarken, übrigens als strenge Lutheranerin bekannte Gemahlin. Aus verschiedenen Bezirken seines Charakters also floß sein Vorgehen gegen Cracau, Peucer, Schütz und den mit belasteten Rat Stössel. Sie wurden verhaftet, in Jahre sich hinziehende Prozesse verwickelt, deren Beurteilung durch die Landstände der Kurfürst als zu mild ablehnte. Grausam und unmenschlich wurden die Verklagten behandelt. Kurfürst und Kurfürstin zeigten hier offen die in allen menschlichen Beziehungen unbeugsame Härte ihres Wesens, die vor Rechtsbeugung und Grausamkeit nicht zurückschreckte. Cracau starb nach der Tortur; Stössel verkam im Gefängnis, Peucer erlangte erst 1586 auf Fürbitte von Augusts zweitem Schwiegervater, dem Fürsten von Anhalt, die Freiheit; Schütz allein, der den Kurfürsten überlebte, wurde von dessen Nachfolger begnadigt.

Der Kurfürst hat sich nicht mit der Vernichtung des Philippismus an seinen Hauptvertretern begnügt. Von 1574 an betreibt er eine aktive Konfessionspolitik im Sinne des ausgesprochenen Luthertums. Geistliche und Professoren, die den Calvinismus nicht gerade völlig verdammten, wurden, wenn nicht gefangen gesetzt, so doch des Landes verwiesen. Allerdings zeigte sich, daß der Anhang der reformierten Richtung unter der Geistlichkeit im Lande gering und auch an den Universitäten nicht sehr beträchtlich war. Es war naheliegend, daß der Kurfürst für seinen neuen kirchlichen Standpunkt unter seinen Mitfürsten warb und Bundesgenossen suchte. Verhandlungen und Verständigungsversuche über bestimmte Formen des Bekenntnisses fanden ja damals allenthalben in Deutschland statt. Die von Melanchthon beklagte rabies theologorum verhärtete nur zu oft die Gegensätze, und die politischen Absichten und Hinterhalte der ihren Hoftheologen den Rücken steifenden Landesfürsten beeinflußten die vorhandenen Gegensätze und Spannungen noch mehr. An diesem Ringen und Feilschen um einigende Formel für widerstrebende Auffassungen und Wünsche beteiligte sich nun auch Sachsen, und dank seiner reichsfürstlichen Autorität in entscheidender Weise. Der Konvent zu Torgau im Frühsommer 1576 stellt das erste bei diesen Bemühungen erreichte Ziel dar. Die in dem sogenannten Torgauer Buche niedergelegte Konkordienformel wurde dann zur Verhandlungsgrundlage mit den protestantischen Landesfürsten Mittel- und Niederdeutschlands. Es ergab sich bald, daß zwar in ausgedehnten Gebieten, zumal in den wettinischen Landen die Träger der Lehre, die Geistlichen und die Lehrer, fast ausnahmslos zur Anerkennung der Konkordienformel bereit waren und sich dem Einigungswerke des sächsischen Kurfürsten anschlossen; aber der bei diesen Verhandlungen geübte Druck erzeugte den Gegenstoß in den ausgesprochen reformierten Teilen Deutschlands, zumal sich diese der Unterstützung des mit ihnen sympathisierenden europäischen Westens, besonders der Königin Elisabeth von England, erfreuen konnten. Erst in langwierigen Verhandlungen, bei denen es auch nicht ohne bekenntnismäßige Zugeständnisse abging, gelang es dem Kurfürsten August, die Besorgnisse der Widerstrebenden vor einer gewaltsamen Majorisierung ihres Standpunktes zu zerstreuen. Als die schon lange im Kloster Berge vor Magdeburg geführten Verhandlungen über die letzte Form der Konkordienformel dort endlich zum Abschluß gekommen waren und das Werk am fünfzigsten Jahrestage der Augsburgischen Konfession, am 25. Juni 1580, feierlich der Öffentlichkeit übergeben werden konnte, da durfte sich Kurfürst August wohl rühmen, namentlich durch seine Initiative die Kurfürsten von Brandenburg und von der Pfalz, dazu 20 Reichsfürsten, 24 Grafen, 4 Dynasten und 35 Reichsstädte zur Unterschrift bewogen zu haben, aber es war doch über diesem Erfolge nicht zu verkennen, daß dieses mühsam geeinte Luthertum in unvermindertem Gegensatze zum Calvinismus verblieb, daß weiter der bekenntnismäßigen Einigung nicht ein wirklicher politischer Zusammenschluß entsprach, ja daß vielmehr die politischen Energien der Gebiete des calvinischen Bekenntnisses sich als die stoßkräftigeren erwiesen. Der Riß, der durch die vom Katholizismus abgewendete Welt Mitteleuropas klaffte, konnte sich unter dem Einflusse dieser Entwicklung verbreitern, und es waren gerade die Gebiete des Luthertums, die dem immer wirksamer hervorbrechenden Angriffe der Gegenreformation und ihrer politischen Begleiterscheinungen ausgesetzt waren.

Mit dem Ergebnis vom Kloster Berge war auch Kurfürst Augusts konfessionspolitische Aktivität, die die Jahre seit 1574 ausgefüllt hatte, wieder seiner ruhigeren Grundhaltung gewichen. Gewiß baute sich auf die Konkordienformel das Gebäude der sächsischen Landeskirche recht eigentlich auf. Das nach Dresden verlegte Meißner Konsistorium wird zum Oberkonsistorium als wichtige zentrale kirchliche Verwaltungsbehörde. Damit schließt sich der Ring des staatlichen Organisationswerks, dieser wirtschaftlich und verwaltungsmäßig größten und die individuellen Züge des sächsischen Staatswesens durch die Jahrhunderte der Folgezeit tief bestimmenden Leistung der Regierungszeit Kurfürst Augusts.

Der früh alternde, geistig und körperlich schwerfälliger werdende Fürst zog seit dem Beginn der achtziger Jahre seinen Sohn, den Kurprinzen Christian, zur Teilnahme an den Regierungsgeschäften heran. Im Herbst 1584 übertrug er ihm förmlich gewisse Verwaltungszweige zur Bearbeitung. An dem politischen System änderte der neue Mitregent nichts. Er stand ganz unter der väterlichen Autorität und dem Einfluß von dessen erprobten Räten. In der äußeren Politik beherrscht auch die letzten, an großen Ereignissen armen Jahre Augusts das gute Verhältnis zum Kaiser. Für ihn tritt er samt dem Brandenburger ein, als neue Gefahren von den Türken drohen oder als das Haus Habsburg mit dem Hause Valois um den polnischen Thron konkurriert, für den übrigens August vorübergehend selbst von einer polnischen Partei als Bewerber – allerdings vergeblich – gewünscht wurde. Das enge Verhältnis zu Dänemark wurde durch seines Schwagers Friedrich Ablehnung der Konkordienformel getrübt. Fest blieb Johann Georg von Brandenburg im sächsischen Fahrwasser. Den großen Ereignissen jener Jahre auf der Bühne Westeuropas zeigte sich August weniger geneigt als je. Nie ist sein Verhältnis zu Frankreich nach der Bartholomäusnacht von 1572 wieder wärmer geworden. Die unglücklichen Ehen seiner Nichte Anna mit Wilhelm von Oranien und seiner Tochter Elisabeth mit dem Pfälzer Johann Kasimir belasteten sein Verhältnis zu den beiden großen protestantischen Führern schwer. Vergeblich bemühte sich darum der Pfälzer bei ihm um Hilfe für Heinrich von Navarra. In der Reichspolitik hat sich August zum Schluß seiner Regierung stark der katholischen Partei genähert. Wenn er zunächst unter dem Einflusse der Eichsfeldischen und Fuldaer Ritterschaft bei den Verhandlungen über die Kaiserwahl Rudolfs zu denen gehört hatte, die den Schutz der Protestanten in katholisch regierten Gebieten, wie ihn beim Augsburger Religionsfrieden die Declaratio Ferdinandea gewährt hatte, erneut bestätigt wissen wollten, so ließ er diese Forderung auf dem entscheidenden Augsburger Reichstage 1582 bedingungslos fallen, erkannte den sogenannten geistlichen Vorbehalt der katholischen Landesherren an und bewilligte die Türkensteuer. Das bedeutete Verzicht auf jegliche protestantische Reichspolitik. Man kann die unbegrenzte Kaisertreue auch dann nicht für gerechtfertigt gegenüber dem darin beschlossenen Verrat der protestantischen Reichsstände ansehen, wenn man in ihr die Wahrnehmung berechtigter sächsischer Interessen hinsichtlich der Türkengefahr für die ostdeutschen Territorien, die notwendige Sicherung gegen die Pläne der Ernestiner und ähnliche Motive erblickt. Man wird obendrein bezweifeln dürfen, ob überhaupt die politische Richtung Sachsens in den achtziger Jahren noch durch die freie Willensentscheidung des Kurfürsten bestimmt wurde oder ob sie nicht vielmehr – mochte er auch die äußere Politik von den dem Nachfolger bereits 1584 übertragenen Aufgaben ausgenommen haben – wesentlich durch seine Räte geleitet wurde, die fest an die Politik des Hauses Habsburg gebunden waren. Es ist nicht zu verkennen, daß bei der Nachricht von Augusts Tode ein gewisses Aufatmen insofern durch die politischen Kanzleien der Mächte lief, als man – übrigens nur bedingt mit Recht – glaubte, nun werde Sachsen aus der habsburgischen Bindung gelöst und wieder auf das freie Meer politischer Betätigung geführt werden können.

Wenige Monate ist dem Kurfürsten seine Gemahlin Anna von Dänemark im Tode voraufgegangen. Daß er sich schon nach Wochen wieder mit der erst dreizehnjährigen Agnes Hedwig von Anhalt vermählte – diese Ehe währte bis zu seinem Tode, genau sechs Wochen – ist geschichtlich bedeutungslos und nur für die fürstlichen Moralanschauungen und das Gefühlsleben der Zeit charakteristisch. Anna steht als scharf gezeichneter Charakter, als höchst wesentliche Ergänzung neben dem Kurfürsten, so wie in richtiger Erkenntnis der Volksmund beide als „Vater" und „Mutter" nebeneinander gestellt hat. Beraterin und Mitarbeiterin, dabei selbst schöpferisch, in der Volks- und Staatswirtschaft, von zeitweisem Einfluß in der Religionspolitik, ist sie eine wichtige, ja vielleicht die wichtigste Figur an diesem patriarchalisch geführten Hofe, dessen Zentralbehörden zur fürstlichen Familie noch in einer unmittelbaren Lebensgemeinschaft stehen. Der Einfluß der Kurfürstin auf den Gatten war dessen Wesen nicht entgegengesetzt, sondern er verstärkte dessen Art nur. Vielleicht, daß sie bei der gleichen Gefühlskälte ihn an Energie des Willens übertroffen, bei der gleichen strengen Pflichtauffassung noch mehr aus einer einheitlichen religiösen Grundhaltung – der des strengen Luthertums – heraus gehandelt hat. Keine wettinische Fürstin aus albertinischem Hause hat die gleiche Bedeutung für die Landesgeschichte gewonnen, keine erscheint im Bilde der Geschichte als so notwendige und sinnvolle Ergänzung des Landesherrn.

Mit dem Ableben Kurfürst Augusts geht das erste Jahrhundert des albertinischen Sachsens nach der Leipziger Teilung zu Ende. Gewiß ein gewaltiger Aufstieg an wirtschaftlicher und geistiger Kultur, ein kräftiges Wachstum an staatlicher Macht, eine grundlegende Umbildung des Staatswesens zu dem verwaltungsmäßig fortschrittlichsten Gebiete Deutschlands. Und wer wollte alle Spuren der durch die Reformation herbeigeführten Veränderungen an Volk und Einzelwesen, an Idee und Praxis fast jeglicher Lebensäußerung aufzeigen? Das Sachsen des ausgehenden Kurfürsten August ist ohne Zweifel das wirtschaftlich blühendste, materiell wohlhabendste, technisch fortgeschrittenste Land Deutschlands, ja vielleicht Mitteleuropas, so groß die Fortschritte auf all diesen Gebieten auch in allen Ländern in der gleichen Zeit gewesen sein mögen. Die Kunst der Hochrenaissance, deren zahlreiche Werke uns aus jener Zeit überliefert sind, offenbaren das Ausmaß der vorhanden gewesenen fürstlichen Macht, den Grad des adligen und bürgerlichen Wohlstands, das Wesen des Geschmacks und der Lebensart der Zeit. Die Schloßbauten der Rochus Lynar, Buchner, Tändler und Dieskau sind schon reine fürstliche Repräsentationsbauten, Nossenis Fürstengräber in Freiberg atmen schon den Geist der absolutistischen Epoche. Wie allenthalben im ausgehenden 16. Jahrhundert blüht auch am Dresdner Hofe das Kunstgewerbe, deutlichster Ausdruck glücklicher wirtschaftlicher Verhältnisse. Die Goldschmiedekunst, die Kleinplastik in mancherlei Material, die Metallbearbeitung verzeichnen gerade hier Leistungen, deren Ruhm und Vorbild weit ins Ausland getragen werden. Wohl entspricht dem Stande der Wirtschaft und der angewandten Künste nicht die gleiche Blüte des geistigen Lebens und die Schöpferkraft der großen Kunst. Aber dies Los teilt Sachsen mit den übrigen Teilen des von den aufwühlenden Geschehnissen der Reformationszeit gewissermaßen ermüdeten Reiches. Die Kunstkammer Kurfürst Augusts übertraf noch diejenige seines bayrischen Freundes Herzog Albrechts V. Neben den Gemälden, z. B. einer Kaiserbilder-Sammlung, Kopien Tizianischer Gemälde, neben Alabasterkopien der Michelangeloschen Tageszeiten, stehen die mechanischen und technischen kunstvollen Apparate, die der allem Technischen geneigte Kurfürst — selbst Drechsler aus Liebhaberei — gesammelt hatte. Diese seine Neigung hat den Charakter der sächsischen Kunstkammer, der Keimzelle der staatlichen Sammlungen, noch lange bestimmt. —

Unzweifelhaft, daß die politische Macht Sachsens durch August zwar im ganzen bewahrt, ja durch Gebietserwerbungen noch vermehrt worden ist, aber diese Macht wurde nicht in den Dienst wirklich großer politischer Ideen gestellt, wie solche einst Moritz bewegt hatten. Es mußte von der Persönlichkeit des Nachfolgers abhängen, ob dieses wohlhabende und ansehnliche Sachsen nun auch noch mehr vermochte, als seine Grenzlinien hier und da zu verbessern, ob es beim Austrag der großen vorhandenen politisch-religiösen Spannungen Hammer oder Ambos war.

Reichspolitik und erste Verflechtung in die europäischen Gleichgewichtskämpfe, Erwerbung der Lausitzen

Einer der großen Söhne Sachsens im 17. Jahrhundert, Leibniz, hat an seinen deutschen Landsleuten einmal eine einzige Eigenschaft als die hervorstechende bezeichnet, den Fleiß. Es wäre wohl zu vermuten, daß ihn gerade Eindrücke seiner engeren Heimat zu diesem Urteile bestimmt haben. So ungeheuer schwer die Nöte und Leiden Sachsens gerade im 17. Jahrhundert gewesen sind, so bewundernswert ist doch auch der unermüdliche Eifer des Wiederaufbaus, die schlichte und gläubige Zähigkeit des einfachen Menschen gegenüber dem wirtschaftlichen Rückgang, der Härte des absoluten Staates und der Gefährdung aller Kulturgüter in der Erschütterung der sozialen Ordnung. Man könnte versucht sein, den Helden des Jahrhunderts im namenlosen und unbekannten Bürger und Bauern zu suchen.

Schon vor der Kriegszeit der dreißig Jahre befand sich die Wirtschaft wie ganz Deutschlands so auch Sachsens im Rückgang. Es mag sein, daß der Rückschlag in Sachsen dank seiner geographischen Lage nicht so stark einsetzte und nicht so gradlinig fortging wie in Westdeutschland und in den Seestädten, wo sich der handelspolitische und industrielle Aufschwung der westlichen Seemächte und auch Frankreichs unmittelbar auswirkte.

Der Frühkapitalismus der oberdeutschen Handelshäuser war zusammengebrochen. Der deutsche Kapitalbesitz hatte schwere Verluste erlitten; sein Wagemut ging infolgedessen zurück, scheute nunmehr räumlich und technisch weitausgreifende Unternehmungen und wandte sich dem landwirtschaftlichen Arbeitsgebiete zu. Die Gutswirtschaft entsteht damals erst recht eigentlich, die Getreide als Handelsware erzeugt, den Bauern wirtschaftlich zu verdrängen droht, um ihn durch den unfreien Gutsarbeiter zu ersetzen. Der Adel, dessen wehrhaft-ritterliche Bedeutung für den Staat im Schwinden ist, vermag seine im Ständetum rechtlich zusammengefaßte Macht nunmehr auf der Grundlage des Großgrundbesitzes und seiner wirtschaftlichen Bedeutung neu zu festigen. Die Preise der landwirtschaftlichen Erzeugnisse sind in der zweiten Hälfte des 16. Jahrhunderts stärker gestiegen als die Preise der gewerblichen Erzeugnisse und die Löhne. Schon herrscht Mangel an landwirtschaftlichen Arbeitern. Man sucht sie, soweit es sich um periodische Erntehilfskräfte handelt, für dauernd seßhaft zu machen, errichtet „Drescherhäuser" bei den Gütern und Vorwerken, gegen freie oder geringe Miete. Die Bevölkerungszahl steigt auch in den ländlichen Gebieten lebhaft, so daß bei längst erreichter Vollnutzung des landwirtschaftlich bearbeiteten Bodens die Zahl der Häusler und Hausgenossen im Vergleich zu der der Vollbauern und Gärtner in starker anteilsmäßiger Zunahme ist. Die Ansammlung von Gruppen mehr oder weniger Besitzloser auf dem Lande ist ein Vorgang, den man in seiner sozialen Bedeutsamkeit erkannte und mit verschiedenen, aber wohl unzulänglichen Mitteln zu bekämpfen suchte. Die Amtsverwaltung und die Stände haben sich mit diesen Fragen wiederholt beschäftigt. Der wirtschaftlichen Hebung des Bauernstandes entsprach auch die allgemein kulturelle. Um die Jahrhundertwende beginnt die neue, der Reformation zu verdankende Bildung, wie sie das protestantische Pfarrhaus, aber nun auch schon bis zu einem gewissen Grade die Schule geschaffen haben, selbst das platte Land zu durchdringen. Hier liegen die Wurzeln der schon ein halbes Jahrhundert später in ganz Deutschland gerühmten sächsischen Lebensart auch in den ländlichen Schichten. Es ist dem Bauern lange nicht wieder so gut, nicht nur materiell, gegangen, wie in den Jahrzehnten vor dem Dreißigjährigen Kriege. Für den ländlichen Großbetrieb ist der Übergang zur Gutswirtschaft zunächst nur langsam zu verfolgen. Die große und mustergültige Epoche des augusteischen Haushalts in Vorwerken wirkte beispielhaft begreiflicherweise noch sehr lange in Sachsen nach.

Schon früh haben in Sachsen nichtstädtische Siedlungen bestanden, die gleichwohl auch nicht landwirtschaftlicher Nahrung nachgingen. Es sind die Weberorte und die bergmännischen Siedlungen. Städte gab es knapp zweihundert im Lande. Freiberg, noch am Beginn des 16. Jahrhunderts die größte Stadt des Landes, muß diesen Rang am Ende an Dresden abgeben und ist wahrscheinlich auch schon von Leipzig überflügelt. Dresden zählt bei der ersten genauen Aufnahme der Bevölkerung Ende 1603 knapp 15 000 Einwohner. Ein Drittel der Landesbewohner wohnt damals in Städten, von denen 1608 68 schriftsässig, d. h. eigene Verwaltungskörper unter der Landesregierung, 62 amtssässig, also in die mittleren Verwaltungsbezirke eingegliedert, und 47 adlig sind. Dabei zählen die amtssässigen und adligen Städte allerdings nur wenig über die Hälfte der Bewohner, die die schriftsässigen allein beherbergen. Die zunehmende wirtschaftliche Differenzierung bedingt auch Verschiedenheiten in der Zusammensetzung und in der Entwicklung der städtischen Bevölkerungen, Wandlungen, die beträchtlicher sind als am Ausgang des Mittelalters. Gleich wie auf dem Lande ist nun auch in den Städten der zur Miete wohnende besitzarme Lohnarbeiter zahlenmäßig im Vordringen gegenüber dem wirtschaftlich selbständigen, grundbesitzenden Bürger. Die Volkszahlen der Städte waren im 16. Jahrhundert wohl ausnahmslos gewachsen, die hinter diesen Zahlen stehende wirtschaftliche Kraft blieb gleichwohl noch weit hinter der des platten Landes zurück. Legt man den Steuervertrag zugrunde, so traten die Städte noch mehr als wie es der Bevölkerungsanteil bedingte, hinter das Land zurück, und dies, obwohl viele Städte, und zumal die kleineren, selbst landwirtschaftliche Nahrungen in solchem Umfange betrieben, daß der eigene Ertrag zumeist für die Ernährung der ortsansässigen Bevölkerung ausreichte. Die Brauerei wird zu einem in fast allen Städten wesentlichen Erwerbszweig, indes die einst allgemein verbreitete Tuchweberei zum Standortsgewerbe nur bestimmter Städte sich entwickelt. Die lange Friedenszeit gestattet den Gewerben gedeihliche Entwicklung. Die große Volksdichte fördert den wirtschaftlichen Wettstreit, aber wohl auch schon die Auswanderung in die dünner besiedelten Gebiete des Ostens. Die Glaubenskämpfe in Westeuropa führen niederländische Flüchtlinge ins Land, dem sie neue wirtschaftliche Antriebe, besonders in der Tuchzubereitung, zubringen. Auch das Hin und Her der Türkenkämpfe in Ungarn und auf dem Balkan bedeutet eine gewisse Volksbewegung, deren schwer zu verfolgende, aber immerhin spürbare Züge durch Sachsen hindurchführen. Der Sinn der Bevölkerung, zumal in den Städten, ist weltweiter geworden: man interessiert sich für die Fremde und ihre Lebensbedingungen mehr als die so ausschließlich von den Glaubenskämpfen erfüllten vorangegangenen Generationen. Mehr und mehr zieht sich die gewerbliche Tätigkeit in die Täler des Erzgebirges hinauf. Klingenthal entsteht 1591.

Der Bergbau des Landes hat sich bis zum Dreißigjährigen Kriege hin im ganzen günstig entwickelt. Der Silberbergbau ging allerdings sehr zurück, doch ersetzte die gesteigerte Kobaltgewinnung diesen Ausfall. Der Zöblitzer Serpentinstein, der schon zu Kurfürst Augusts Zeiten abgebaut worden war, stieg um die Jahrhundertwende dadurch im Werte, daß die Steinschneiderei und -drechslerei große Fortschritte machte und sich zu einem wichtigen Erwerbszweige des Ortes ausbildete.

Die Vielseitigkeit und der hohe Stand des sächsischen Gewerbes brachten es mit sich, daß der Handel in jenen Friedenszeiten sich kräftig entwickelte. Leipzig befindet sich in lebhaftem Aufstieg. Seine Einwohnerzahl wird für den Beginn des Dreißigjährigen Krieges mit 18 000 wohl etwas zu hoch angegeben, doch ist das immerhin etwa dreimal mehr als im Anfang des 16. Jahrhunderts. Die Messen setzen sich durch gegen die Rivalität anderer Märkte. Langsam faßt der Buchhandel festeren Fuß. Hier liegen die Anfänge des sächsischen Postwesens, nämlich in dem 1595 vom Leipziger Stadtrate errichteten Botenamte. Einige Jahre später nahm sich der Landesherr der neuen Einrichtung an. Ein erster Unternehmer pachtet als Postmeister den Botenbetrieb von Leipzig über Dresden nach Prag. Der erste

Leipziger Büchermeßkatalog erschien 1594, dreißig Jahre nach dem ersten Frankfurter, aber rasch holte die östlichere Stadt den Vorsprung ihrer Rivalin im Westen ein. In beiden Städten zusammen sind zwischen 1564 und 1600 schon fast 22 000 Bücher erschienen, davon übrigens knapp 15 000 in lateinischer, 6618 in deutscher, 457 in französischer, 351 in italienischer und 37 in spanischer Sprache. Neben die rein theologischen Interessen der gebildeten Welt des 16. Jahrhunderts waren zunächst die philologischen und bis zu einem gewissen Grade die historischen getreten. Nun wirkten sich um die Jahrhundertwende die großen Entdeckungen aus. Die Weltumsegler wurden die Helden der Zeit. Die Türkenkriege öffneten, wie es einst die Kreuzzüge getan hatten, den Blick in die geheimnisvolle Welt des Orients. Der weltpolitische Aufstieg des elisabethanischen England warf seine Schatten auch über das kontinentale Europa; bald spiegelten die englischen Schauspielertruppen auch in Nord- und Mitteldeutschland den geistigen Aufschwung ihrer Heimat, den weltweiten und beseelten Glanz der Shakespeareschen Bühne und ihrer Menschen wider. Die Spanier drangen vom Wiener Hofe und von den süddeutschen Plätzen werbend für den kämpferischen Katholizismus vor. Die ersten Jesuiten als Bannerträger der Gegenreformation konnten zwar unmittelbar dem Mutterlande des Luthertums keine Gefahr bringen, aber auf die Kämpfe der Lutheraner mit den Reformierten waren sie gewiß nicht ohne Einfluß und zogen aus ihnen Gewinn. Die hohe, von vornherein auf Ausfuhr eingestellte sächsische Gewerbetätigkeit hat inmitten des Warenaustausches in Mitteleuropa gestanden, den Blick der Menschen im Lande geweitet, den politischen Nachdruck der fürstlichen Staatspolitik gestärkt und die Grenzen des Landes dem durchflutenden Verkehr breit geöffnet.

Die zunehmende Wohlhabenheit der breiteren Schichten hat dann in den Jahrzehnten vor dem Dreißigjährigen Kriege jene Erscheinungen des sozialen Lebens gezeitigt, die man für jene Zeit in ganz Deutschland als typisch anspricht und die durch das Vordringen eines übertriebenen Luxus, durch zunehmende Sittenlosigkeit und durch das Zurückdrängen der guten alten deutschen Art durch Ausländerei in Sprache und Lebensgewohnheit gekennzeichnet sind. In Thüringen ist die „Fruchtbringende Gesellschaft" als bekanntest gewordene der sprachverbessernden Vereinigungen gegründet worden, und sie hat in Sachsen, gerade in den führenden Schichten, viel Beifall und Anhang gefunden. Es wird überhaupt schwer zu entscheiden sein, ob man den Niedergangserscheinungen der Zeit den Hauptnachdruck in der Bewertung verleihen will, oder den Kräften, die im Kampf und Gegensatz zu ihnen hochkommen und die kulturell in die Zukunft weisen. In Sachsen sind solche positiven Leistungen nicht so sehr auf dem Gebiete der Literatur zu finden — der Einfluß der ersten schlesischen Dichterschule ist nur gering —, sondern vielmehr in der Musik und der Bühnenkunst einschließlich des Balletts. Zu zusammenfassenderer Würdigung eignen sich diese Dinge erst aus weiterem zeitlichen Abstande, aber es ist hier wenigstens ein Hinweis am Platze, daß sie ihre Anfänge zumeist in diesen vielgescholtenen Jahrzehnten haben. Der Hof der Christiane hat die kulturelle, soziale und wirtschaftliche Veränderung von Land und Menschen um die Jahrhundertwende gewiß nicht richtunggebend beeinflußt, wohl aber in vielfach durch das Wesen der ausschlaggebenden Persönlichkeiten gebrochenem Lichte widergespiegelt. Es fehlen dabei so markante Gestalten, wie das Moritz, aber auch noch August und Anna gewesen waren. Der Kurfürst Christian I. war nicht gerade unbegabt, aber ohne ausdauernde Arbeitsfreude. Die für seine Regierung bezeichnende, so scharf hervortretende politische Haltung ist das Werk seines ersten Ministers, nicht das seine. Wenn man von einem persönlichen Niederschlag des Wesens des Landesherrn in der Geschichte seiner Zeit sprechen will, dann kann man ihn in der Verbreiterung der Hofhaltung, in der Zunahme des Prunkes, in der Vermehrung des höfischen Dienstes finden. Der mit seinem Volke lebende und betende Landesvater, wie er das fürstliche Ideal des 16. Jahrhunderts gewesen war, wird — nicht zuletzt unter dem Einfluß ausländischer Vorbilder —

verdrängt von dem dem Volke mehr und mehr entrückten, von dichten Scharen höfischer Würdenträger umgebenen majestätischen Fürsten der Barockzeit, wie er als Typ vom 17. Jahrhundert in solcher Vollendung gerade in Sachsen geprägt worden ist. Ohne einen höheren Grad fürstlicher oder menschlicher Reife erlangt zu haben, ist der kränkliche Christian, 31 Jahre alt, 1591 gestorben, in der Regierung gefolgt von seinem gleichnamigen, noch unmündigen Sohne. Ein Enkel des Besiegten von Mühlberg, der Gründer der altenburger Linie der Ernestiner, Friedrich Wilhelm, hat die Vormundschaftsregierung im streng lutherischen Sinne geführt. Friedrich Wilhelm ist mehr noch ein Sohn des 16. Jahrhunderts, gläubig, tätig, rechtlich, dem Erwerb von Land und Geld nicht abgeneigt. Als er 1601 die Zügel in Christians II. schlaffe Hände legt, hat das Jahrzehnt der Interimsverwaltung dem Lande eine Million Gulden gekostet. Für die Erziehung des Kurfürsten war der Einfluß seiner Mutter, der Brandenburgerin Sophie, nicht sehr förderlich gewesen. Sophie hatte eine eigene Politik verfolgt, den Sohn verwöhnt und von den Staatsgeschäften ferngehalten. Seine Zeitgenossen nannten Christian II. wohl „das fromme Herz", aber zu rühmen fanden weder Mitlebende noch Nachfahren irgendeine wertvolle Eigenschaft an diesem bestenfalls der Jagd und den Festen, meist dem Wohlleben und Trunke, nicht aber den Aufgaben seines in jenen kritischen Jahren nicht ganz leichten Berufs ergebenen Schwächling. Neben ihm erscheint sein Bruder und Nachfolger Johann Georg, der doch gewiß auch das Durchschnittsmaß fürstlicher Prägung seiner Zeit nicht überschritt, als eine geschlossene und markante Persönlichkeit. Christian II. hat das 28. Lebensjahr nicht vollendet. Er starb, ohne eine Lücke zu hinterlassen, selbst von der Begrenztheit seines Wissens und Könnens überzeugt.

Johann Georg I. unterscheidet sich schon durch die Länge seiner Regierungszeit von seinen beiden Vorläufern. Auch er ist Objekt und nicht Träger der geschichtlichen Wandlungen gewesen, die die langen Jahre seines Regiments mit Lärm, Pulverdampf und Zerstörung erfüllt haben.

Der Hofstaat hat sich seinem Wesen nach in jenen Jahren nicht verändert, aber dem gesteigerten Repräsentationsbedürfnis des Landesherrn angepaßt. Tiefer griffen die Veränderungen, die Christian I. in der Zentralverwaltung des Landes vornahm. Unter dem Einflusse seines ersten Ratgebers Crell nahm er dem Geheimen Rate, der Oberbehörde der ganzen Verwaltung, seine besondere Bedeutung, indem er ihn mit den Hofräten vereinigte. Er übertrug die eigentliche politische Leitung aus den Händen der geheimen Räte seinem Kanzler, eben Crell, der die ganze Veränderung nach seinen Wünschen angeregt hatte. Die organische Entwicklung eines führenden hohen Beamtentums wurde damit unterbrochen und der Einfluß der Landstände auf Landesherrn und Landespolitik gemindert. Die Änderung, die in diesem Zusammenhange die Politik auch inhaltlich erfuhr, wird noch zu erwähnen sein. In der gleichen Richtung lag die Aufhebung des Oberkonsistoriums, dessen Stelle das wieder nach Meißen verlegte Konsistorium einnahm. Mit der Person Christians I., mit der Politik Crells und der noch zu erörternden Kursänderung gegenüber den Reformierten kam und ging die Umordnung in Rat und oberster Kirchenbehörde. Unter dem Administrator Friedrich Wilhelm und unter Christian II. wurde der alte Zustand in der Verwaltung wieder hergestellt. Ein Jahrhundert hindurch ist nun an der Organisation der Landeszentralbehörde nichts Wesentliches mehr geändert worden.

Auf dem Gebiete der Landesverwaltung haben die guten Maßnahmen Kurfürst Augusts in den Jahrzehnten bis in den Dreißigjährigen Krieg hinein ihre segensreiche Weiterentwicklung genommen. Das Rückgrat dabei ist die Ämterorganisation. Das Amt war verwaltungsmäßig, rechtlich, aber auch wirtschaftlich ein lebendiger Körper, der seinen Einfluß in Vorbild und Praxis auch auf die ritterschaftlichen Gebiete erstreckte. Tüchtige Amtleute und Schösser verbreiteten den Ruhm der sächsischen Verwaltung besonders. Schon ist seit Augusts Tagen eine feste Rechnungsführung vorhanden. Die Sonderverwaltungen des Bergwesens, der Forsten, der staatlichen Wirtschaftsunternehmungen lösen sich aus der allgemeinen Ämterverwaltung und bilden einen eigenen Beamtenkörper aus. Die Räte aus der Zentralbehörde reisen durch das Land — wie es einst der Landesherr gern selbst getan hatte — und prüfen und beleben die Tätigkeit der Beamten. Volkspflegerische und gemeinwirtschaftliche Gesichtspunkte werden immer wieder hervorgehoben. Besonders wird früh dem Armen- und Bettlerwesen gesteuert. Diese befriedeten und wohlhabenden Jahre sollten dann im Verlaufe des großen Krieges, wo immer häufiger Soldaten- und bald auch Räuber- und Marodeurtrupps das Land durchzogen, als die gute alte Zeit gesicherten Handels und Wandels gerühmt werden. In stattlichen Schloß- und Rathausbauten, in ragenden Amtshäusern und festen Brücken zeigte das Land die sichere Macht seines Wohlstandes und die Kraft seiner bürgerlichen Ordnung. Mochte auch die politische Leitung allen Verwicklungen — um nicht zu sagen Taten — abhold sein, so drängte doch die Zeit wie allenthalben so auch hier auf eine Verstärkung der militärischen Machtmittel. Es ist eine Zeit vor Ausbruch des Dreißigjährigen Krieges, die in der Gewitterschwüle der allgemeinen Stimmung und in dem Empfinden, vor schweren kriegerischen Verwicklungen zu stehen, an die Jahre vor 1914 erinnert. Man hat damals, um die Wende der ersten Jahrzehnts des 17. Jahrhunderts, in Sachsen die dann wenig günstig erprobten „Defensioner" geschaffen. Es handelt sich dabei um eine mehr oder weniger bewußte Anknüpfung an alte Wehrhaftigkeitsbegriffe des mittelalterlichen Staates. Musterungen der wehrhaften Mannschaft hatte es besonders in den Ämtern und Städten ja schon immer gegeben, wenn auch strenge Ordnung und Folge dabei im 16. Jahrhundert nicht immer eingehalten worden war. Nun, da das alte Lehnsaufgebot unter den veränderten waffentechnischen, wirtschaftlichen und sozialen Verhältnissen nicht mehr aufrechtzuerhalten war, schuf man eine Art Landmiliz. Ausgehobene und periodisch in den Anfangsgründen des Militärischen geübte Mannschaften aus Ämtern wie adligen Gebieten wurden in Regimenter und Kompanien geteilt, einigermaßen gleichmäßig bewaffnet und unter das Kommando eines Offizierskorps gestellt. Diese Berufsoffiziere bildeten einen festen Stamm der Landesverteidigung. In bestimmte Formationen von, wenn auch beurlaubten, Landeskindern eingegliedert, unterscheiden sie sich doch wesentlich von den oft landfremden Söldnerführern, wie sie das 16. Jahrhundert gekannt hatte und die großen Kriege des 17. Jahrhunderts sie wieder erstehen ließen dank eines gesteigerten Bedürfnisses an militärischen Führern. Die kriegerische Praxis hat dann auch das Defensionswesen als dem Berufsheere unterlegen erwiesen. Zunächst stellten diese 15 000—18 000 Mann des Defensionswerks schon einen Fortschritt dar. Daß man überhaupt an ihre Organisation heranging, dürfte seine Ursache auch in den schlechten Erfahrungen finden, die Christian I. machte, als er mit den Pfälzern im Bunde eine kleine Armee unter Fabian von Dohna zur Teilnahme an den Konfessionskämpfen in Frankreich dorthin marschieren ließ. Sie wurde ziemlich aufgerieben.

Es sollte erst zwei Menschenalter später zur Errichtung eines stehenden Heeres in Sachsen — wie übrigens auch in den anderen großen deutschen Territorien — kommen. Zur Voraussetzung hatte diese Einrichtung die viel weiter fortgeschrittene Ausbildung der absoluten Gewalt des Landesherrn; den stärksten Widerstand fand sie dann an den Ständen. Die Landstände aber haben gerade in der Zeit des Administrators Friedrich Wilhelm und Christians II. ihre Stellung sehr gefestigt. Unter der politischen Leitung des bürgerlichen Dr. Crell schien sich die Fürstenmacht über die Bindung der Stände erheben zu wollen. Westeuropäische Vorbilder schienen zur Nachahmung zu locken. Um so bitterer war dann die Reaktion nach dem Tode Christians I. Die Verknüpfung des Konflikts zwischen Crell und den Ständen mit dem konfessionellen Streit gestattete dem Adel, die Erregung der Massen für die Ziele seiner Politik nutzbar zu machen. Die Söhne Christians I. waren nicht weitblickend und nicht energisch genug, um die wachsende Macht des Adels in ihrer Gefährlichkeit für Staat und Herrscher zu erkennen. Fest ruht die Finanzverwaltung in den

Abb. 31   Zusammenkunft der Monarchen von Sachsen, Preußen und Österreich in Pillnitz am 25. August 1791

Abb. 32   Ausschnitt aus dem Fürstenzug am Dresdner Schloß

Händen der ständischen Einnehmer, und die Vertreter des Adels entscheiden in den Ausschüssen über die Verwendung der Einkünfte. So wohltuend in friedlichen Zeiten die auf Bewahrung des Bestehenden, auf Aufrechterhaltung der sozialen Gliederung, auf Leben und Lebenlassen des Einzelnen in materiellen Dingen, aber auf Sicherung der Entscheidung in der Staatsleistung, zumal in der Politik, gerichtete Einstellung der Stände ist, so gefährlich mußte sie werden, wenn sie sich in unruhigen und kampferfüllten Zeiten mit der Schwäche und Trägheit des Landesherrn zusammenfand. Das Schicksal Crells konnte auch die Ratgeber des Kurfürsten nicht ermutigen, es im Ernstfalle auf einen Konflikt mit den Ständen ankommen zu lassen.

Dr. Nikolaus Crell war noch von dem in seinem Alter gewiß nicht allzu vertrauensseligen Kurfürsten August in den Geheimen Rat berufen und dem Thronfolger als Mentor beigegeben worden. Es entsprach der Geistesrichtung des aufgeklärten Leipziger Professorensohnes, wenn sein Zögling bei der Thronbesteigung erklärte, daß er weder Calvinist noch strenger Lutheraner, sondern eben „Christianus" sein wolle. In den fünf Jahren seiner nur zu kurzen Regierung war Crell der entscheidende Mann. Man hat erklärt, daß keineswegs alles, was damals geschah, auf Crells Rechnung gesetzt werden dürfe, denn der Kurfürst habe ja immer die letzte Entscheidung behalten. Aber dabei wird übersehen, wie das Verhältnis zwischen Fürsten und Rat in der Kraft der überlegenen Intelligenz Crells auch die seinem Bewußtsein nach selbständigen Gedanken und Entscheidungen des Landesherrn beeinflußte. Verwaltungspolitisch wirkte sich das Crellsche System zunächst in der Ersetzung der zentralen Stellung des Geheimen Rates durch die Einzelperson des Kanzlers, wie schon gesagt, aus. Kirchenpolitisch, und das war für die Öffentlichkeit das ungleich wichtigere und beunruhigendere, steuerte man bewußt auf die Angleichung an den Melanchthonismus, Crypto- oder gar offenen Calvinismus zu. Da wurde die Konkordienformel ihrer zwingenden Bindekraft entsetzt, die Hofgeistlichkeit der Zeit Augusts entfernt, bald auch positiv der Calvinismus in Personalfragen am Hofe und an den Universitäten und Schulen begünstigt. Verdrängte Lutheraner verbreiteten bald ringsum in den Nachbargebieten die Kunde vom neuen Kurs in Sachsen. Wo hätten sie aufmerksamere Ohren finden können, als in den innerlich nie auf die Hoffnung auf Rache für Mühlberg verzichtenden ernestinischen Landen? Die Fäden des ständischen Adels verbanden die gesamtwettinischen Lande und stärkten die stille Opposition gegen den allmächtigen Mann am Dresdner Hofe. Erstaunlich ist immer wieder, wie in Adel und Volk die Abneigung gegen alles, was nach Reformismus, nach pfälzischer Politik aussieht, lebendig und durch geringe Anlässe entflammbar und wie blind die Öffentlichkeit ist gegen die Gefahr des angriffsbereiten politischen Katholizismus, gegen die Expansionspolitik Habsburgs.

Natürlich wurde die Wendung der vordem viel verspotteten vorsichtigen kursächsischen Politik bei der protestantischen Aktionspartei in Deutschland und bei den Westmächten lebhaft begrüßt. Nicht so sehr die schroffe Ablehnung seines Vermittlungsversuchs bei Heinrich III. 1586/87 als die Thronbesteigung Heinrichs von Navarra legten Christian I. den Gedanken nahe, der auch von Elisabeth von England betriebenen Sammlung der protestantischen Kräfte zum Zwecke ihres Einsatzes im europäischen Gleichgewichtskampfe sich anzuschließen. Er verhandelte mit Johann Kasimir von der Pfalz in Plauen, dann mit anderen Protestanten in Torgau und Altenburg. In Torgau kommt das förmliche Bündnis mit Heinrich IV. zustande. Christian schickt ihm Geldmittel und beteiligt sich an der Aufstellung des von Christian von Anhalt geführten protestantischen Heeres, das in die französischen Kämpfe eingreift. Sachsen steht wieder einmal auf der Schwelle zur europäischen Politik. Wohl grollt der Kaiser, aber scheint es nicht, als böte das Schicksal dem Wettiner noch einmal die Möglichkeit, sich in Verbindung mit den Westmächten an die Spitze des protestantischen Deutschlands zu setzen, jene Kombination, von der Moritz geträumt hatte, als ihn die Kugel auf das Feld von Sievershausen streckte? Christian war kein Moritz, aber ein Crell stand hinter ihm, während einst sein Oheim mit seinen Plänen und Taten völlig in sich allein gewesen war. Man hatte in Torgau schon jenes Problem mit erörtert, das am Wege zur deutschen Vormachtstellung lag und die Politik der folgenden Jahre beherrschen sollte, die Lösung der Erbschaftsfrage von Jülich und seinen Nebengebieten. Ende September 1591 starb Christian, Anfang Januar 1592 Johann Kasimir. Mit einem Schlage änderte sich damit das Gesicht der politischen Lage. Am einschneidensten war der Umschlag in Sachsen. Hier bedeutete er Rückkehr zum orthodoxen Luthertum, zur kaisertreuen Haltung, ja — wie man bald spottete: — zur „Spaniolisierung", zur ständischen Vormachtstellung, zum Verzicht auf politische Aktivität, kurz, zur Alterspolitik Kurfürst Augusts in ihren starrsten und ungünstigsten Formen.

Vor aller Augen offenbarte sich der Umschwung in Sachsen an dem Schicksal Nikolaus Crells. Nach dem Hin und Her eines sich über ein Jahrzehnt erstreckenden Prozesses endet der um die Politik seines Landes ohne Zweifel wohlverdiente, betagte Mann auf dem Richtplatze. Nicht rein konfessionelle Verblendung seiner Gegner hat ihn dahin gebracht und ist die Triebfeder des gegen ihn geführten Vernichtungsfeldzuges gewesen. Nur zu deutlich schimmert durch den fadenscheinigen Mantel wortreicher geistlicher Polemik das sehr viel realere Interesse ständischer Gruppen und politischen Machtwillens. Daß die Kurfürstinwitwe Sophie in dem Gewirr der Intrigen eine mächtige Rolle spielte und sich auch die Teilnahme an dem großen öffentlichen Schauspiel der Hinrichtung des ersten Vertrauten ihres Gatten nicht versagte, ist ein Zeichen jener Zeit. —

Die Erbfolgefrage von Jülich und Berg gehört zu den verwickelsten staatsrechtlichen Fragen der Jahrhundertwende. Sachsens Ansprüche gingen auf etwa ein Jahrhundert zurück, waren den Staatsmännern Christians II. auch in ihrem rechtlichen Zusammenhang nur unvollkommen bekannt und wurden erst von 1604 ab nachdrücklich vertreten. Man suchte sich dabei von vornherein der Unterstützung des Kaisers zu versichern, übersah aber, daß das Haus Habsburg selbst zu Mitbewerbern gehörte. Als dann 1609 durch den Tod Herzog Wilhelms von Jülich die Besitzfrage an den niederrheinischen Landen brennend wurde, hielt sich Sachsen streng an das Staatsrecht, suchte seine Interessen in Wien durchzusetzen und ließ dabei erkennen, daß es ihm nicht so sehr auf Landgewinn ankam, als auf eine Entschädigung. Anders seine beiden Hauptrivalen, Brandenburg und Pfalz-Neuburg. Sie schritten rasch zur Besetzung des Landes, scheuten alle Proteste der kaiserlichen Vertreter nicht, grenzten dann die beiderseitigen Ansprüche in unmittelbaren Verhandlungen, die zu dem Teilungsvertrage von Dortmund führten, ab und konnten nun in Ruhe, auf die vollendeten Tatsachen gestützt, abwarten, wer ihnen den neugewonnenen Besitz streitigmachen würde. Während hinter Brandenburg und Pfalz Heinrich IV. von Frankreich und die Generalstaaten, hinter den habsburgischen Ansprüchen die Spanier standen, also beiderseits die große europäische Politik den Erbstreit ihren Zwecken nutzbar machte, verfocht Sachsen sein Recht mit wenig Glück. Zwar belehnte der Kaiser den Sachsen mit dem strittigen Lande, als er seine eigenen Aussichten geschwunden sah, also fürchten mußte, das Land in die Hände der protestantischen Aktivitätspartei gleiten zu sehen. Aber was wollte das praktisch besagen? Versuche, sich 1611 mit Brandenburg unmittelbar in Verhandlungen zu Jüterbog über eine Gemeinherrschaft zu einigen, konnten die Zustimmung der Pfalz begreiflicherweise nicht finden. Eigentümlich sind damals die religiösen Wandlungen der Teilhaber. Der Pfälzer wird Katholik, der Hohenzoller Reformierter und die neuen Glaubensgenossen erscheinen als Bundesgenossen auf dem Plane. Aber auch diese veränderte Konstellation bessert die Lage der sächsischen Politik nicht. Schließlich vermitteln die Westmächte den Xantener Teilungsvertrag von 1614, in dem Kleve, Mark, Ravensberg und Ravenstein an Brandenburg, Jülich und Berg an Pfalz-Neuburg kommen. Sachsen erbte einen Titel ohne Inhalt und sicherte sich die enge Beziehung zum Kaiserhause, dessen praktisch begrenzte Macht es soeben erfahren hatte. Als Vormacht des deutschen

Protestantismus hatte es wieder an Ansehen bei diesem unglücklichen Kampfe verloren. Die Öffentlichkeit gewöhnte sich mehr und mehr daran, in Sachsen den Verbündeten des katholischen Kaiserhauses zu sehen, die den antispanischen, westlich gerichteten europäischen Mächten aber in Deutschland nahestehenden Kraft nicht mehr in der Pfalz, sondern in dem aufstrebenden Brandenburg zu erblicken.

Daß es an Versuchen, diese Entwicklung hintanzuhalten, nicht gefehlt hat, zeigt nicht nur das Wirken Crells, sondern auch das in der Forschung viel umstrittene, jetzt geklärte sogenannte Stralendorffsche Gutachten. Es ist das eine anonyme politische Schrift des sachsencoburgischen, früher brandenburgischen Rates von Waldenfels, der im Jahre 1614 damit als einem angeblichen Gutachten des Reichsvizekanzlers von Stralendorff an den Kaiser den sächsischen Hof für eine antikaiserliche Politik zu gewinnen suchte. Dabei wurde das Aufblühen Brandenburgs, die Mehrung seines Gebiets und seiner Macht eingehend behandelt, der Gewinn von Jülich betrachtet und dies ganze Bild zum Stillstand im kaisertreuen Sachsen in Gegensatz gestellt. Einst habe kein Haus in Deutschland nach dem Kaiser höher gestanden als das sächsische. Nun empfinde es Mißgunst gegen den glücklicheren Rivalen, es liege aber im Interesse des Kaisers, beide Mächte gegen einander auszuspielen, „damit ein Wolf den anderen fresse". Die Waldenfelssche Arbeit hat ihren Zweck verfehlt, indem sie in Dresden in ihrem Wesen erkannt und infolgedessen unbeachtet gelassen wurde, ja den Anschluß des Landes an den Kaiserhof nur noch stärkte. In Brandenburg hat sie dagegen größere Bedeutung gewonnen und noch lange Beachtung gefunden. Sie zeigt jedenfalls, unter wie kritischen Blicken erfahrener Betrachter sich damals die Politik Sachsens an der Schwelle des Dreißigjährigen Krieges bewegte und wie dabei der sächsisch-brandenburgische Gegensatz an Schärfe gewann. Noch ein Menschenalter vorher segelte das Haus Hohenzollern im Kielwasser Kurfürst Augusts und die Pfälzer waren die eigentlichen Rivalen der Wettiner. Nunmehr ist dieser wesentlich konfessionell begründete Gegensatz abgelöst durch einen rein machtpolitischen, der die folgenden Jahrhunderte entscheidend beeinflussen sollte. Daß die Wettiner als Lutheraner mit dem Kaiser gingen, die Hohenzollern aber das Luthertum mit dem Calvinismus vertauschten, hat die politische wie die konfessionelle Geschichte Deutschlands in der Folgezeit tief beeinflußt.

Als die Nachfolgefrage im Hause Habsburg zum Austrag kam, hat Sachsen die protestantischen Mächte nicht unterstützt, sondern jeden Zusammenschluß gegen die Verfechter der Gegenreformation verhindert. Es tat dies, obwohl immer klarer die Gefahr hervortrat, die nicht nur die Protestanten Österreichs von den Kaisern Matthias und Ferdinand zu gewärtigen hatten. —

Die Nachbarschaft Böhmens ist nicht nur für die Glaubensentwicklung im benachbarten Sachsen, sondern auch für Formung des politischen Gedankengutes im Lande und in den breiten Schichten seiner Bevölkerung durch die Jahrhunderte hindurch von Bedeutung gewesen. Die Durchführung der Reformation in Sachsen und das Ringen der neuen Lehre mit den gegebenen konfessionellen und nationalen Kräften auf dem heißen Boden Böhmens haben diese Wechselbeziehung neu belebt. Es mußte daher auch von entscheidender Bedeutung sein, daß die Anfänge des großen Krieges unmittelbar jenseits des Erzgebirgskammes lagen. Mit größter Aufmerksamkeit mußte man in Dresden die wachsende Verschärfung verfolgen, als die Bestimmungen des Majestätsbriefes Matthias', die die Protestanten schützen sollten, hier und da durchbrochen wurden und als die „Defensoren" der reinen Lehre langsam von der Verteidigung zum Angriff übergingen.

Als nach dem Prager Fenstersturz der offene Konflikt unvermeidlich geworden war, dachten die neuen revolutionären „Direktoren" der böhmischen Regierung an Johann Georg I., als es sich darum handelte, eine fürstliche Schutzmacht für die neue Bewegung zu gewinnen. Weit gefehlt! Johann Georg I., der schon das Angebot der Kaiserkrone, das ihm bei der letzten Kaiserwahl wenigstens mittelbar von gewissen antihabsburgischen Kreisen gemacht worden war, weit von sich gewiesen hatte, versagte sich auch dem neuen Rufe. Dabei war sein Hauptratgeber sein Hofprediger Hoe von Hoenegg; dieser, ein streng lutherischer Österreicher, war zwar mit den Wiener wie mit den Prager kirchlich-politischen Verhältnissen wohl vertraut, aber seiner sehr persönlichen Politik war der Katholik lieber als der Calvinist, und seine Meinung von dem Ausmaß der habsburgischen Macht war sehr groß. So blieben Graf Schlicks Bemühungen, den sächsischen Kurfürsten umzustimmen, vergeblich. Die Wahl des böhmischen Landtags fiel nach der sächsischen Ablehnung auf den Kurfürsten Friedrich von der Pfalz. Wer vermag den Gang der Geschichte zu ahnen, wenn statt des schlaffen und bedächtigen Johann Georg ein Moritz auf dem sächsischen Throne gesessen und die Länder beiderseits des Erzgebirges und des Elbsandstein-gebirges in einer Hand vereinigt hätte!

Als die Schlacht am Weißen Berge das Königtum des Pfälzers zusammenbrechen sah, da konnten Johann Georg und seine Ratgeber wohl zufrieden sein, daß sie sich dem böhmischen Unternehmen ferngehalten hatten. Aber die gewaltige Erschütterung, die Böhmen und seine Bewohner damals heimsuchte, wirkte doch auch auf das benachbarte, durch zahlreiche Fäden mit Böhmen verbundene Sachsen zurück. Wie in den Tagen der ersten Hussiten-kriege kam die Volksmasse Böhmens in Bewegung und überflutete, wenn auch zunächst nur in Spritzern, die Grenze von Staat und Volkstum. In Sachsen selbst verfolgte man mit stärkster Teilnahme in allen Volksschichten die Vorgänge jenseits des Erzgebirges.

Die kaiserlich-katholische Partei hatte sich von vornherein bemüht, die konservativ-protestantischen Kräfte im Reiche an sich zu ziehen. Bei Kursachsen war das schon auf dem Nürnberger Tage im Februar 1620 durch Entgegenkommen gegenüber den Absichten des Kurfürsten auf die geistlichen Stifter gelungen. Im März in Mühlhausen verhandelte Johann Georg weiter. Er verlangte für seine Hilfe Ersatz der Kosten, Verpfändung der Lausitzen und Belehnung mit einem ansehnlichen Fürstentum. Dabei dürfte er an Anhalt gedacht haben. Alles dies bewilligte der Kaiser, nicht aber — wenigstens ohne Einschränkung — diejenige Forderung, die Kursachsen als einzige über die territorial-egoistischen Interessen hinausgehende erhob: Schutz der Lutheraner in den habsburgischen Landen. Daß Sachsen trotz dieser Ablehnung zur kaiserlichen Partei ging, entfremdete es noch mehr den protestantischen Reichsständen.

Wieder schlagen sich die Ernestiner auf die andere, die pfälzische Seite. Unter dem Eindruck dieser ganz allgemein in Niederdeutschland geteilten Kritik am Albertiner zögert er nun doch zunächst, sich dem konzentrischen Angriff gegen den Böhmenkönig anzuschließen. Die Stände erklären sich zur Bekämpfung der Protestanten jenseits der Landesgrenzen nicht bereit. Erst als Bayern den Angriff eröffnete und sich so die ersten Früchte des erhofften Sieges zu sichern schien, besiegte in dem zaghaften Johann Georg der Territorialpolitiker den Protestanten: im September 1620 rückte er in die Lausitzen ein. Bautzen ergab sich bald. Schlesien wurde im Verlaufe des Winters genommen.

Dieser aus sehr landesherrlich egoistischen Ursachen unternommene Feldzug gewann dann doch seine größere Bedeutung durch die Duldung, die der Kurfürst in den besetzten Gebieten den Protestanten gewährte und zu deren Anerkennung er auch den Kaiser zu nötigen wußte. So wurde wenigstens den nördlichen Nebenländern der böhmischen Krone die blutige, grausame und sozial einschneidende katholische Reaktion erspart, die das Kernland der Wenzelskrone so schwer heimsuchte.

Es begann mit der Enteignung des am Aufstande beteiligt gewesenen Adels, bald folgten die Landesverweisungen der protestantischen Geistlichen, erst der Reformierten, bald auch — zur Überraschung der sächsischen Nachbarn, nicht zum wenigsten Hoes — die der Lutheraner. Die folgenden Jahre sind durch die Auswanderung breiter Schichten verschiedener sozialer Herkunft gekennzeichnet. Man hat die Einwanderung nach Sachsen auf insgesamt 150000 Seelen veranschlagt, das wären etwa 10—15 % der damaligen Einwohnerzahl des Kurstaates. Es leuchtet ein, daß dieser Zuwachs von großer wirtschaftlicher, aber auch stammesgeschichtlicher Bedeutung werden mußte. Namentlich die Nordabhänge des Erzgebirges, nächst diesen das Elbeland haben diesen Zustrom aufgenommen. Johanngeorgenstadt erhielt 1654 Stadtrechte; es war eine glückliche Gründung, denn es entwickelte sich in knapp einem halben Jahrhundert zur neuntgrößten Stadt des Kurstaates, annähernd so groß wie das alte Torgau. Annaberg und Eibenstock, an sich älteren Ursprungs, blühten auf unter dem Einfluß der böhmischen Zuwanderung. Ersteres überflügelte an Volkszahl Zwickau und Chemnitz. Ähnlich stieg Marienberg empor. Überall treibt der Gewerbefleiß Früchte, den die Zuwanderer entfalten. Es sind offenbar von vornherein wohlhabende und gewerblich leistungsfähige Kreise, die hier Fuß fassen. So hat sich diese Einwanderung noch fördernder ausgewirkt, als jene, die ihr zwei Jahrhunderte voraufgegangen war.

Die als sogenannter Pfälzischer Krieg bezeichnete Phase des Großen Kriegs sieht dann Kursachsen nicht unmittelbar beteiligt; jene Jahre sind mit der Verarbeitung der Ergebnisse des böhmischen Krieges erfüllt. Es handelt sich dabei nicht nur um die Aufnahme des Flüchtlingsstromes und um seine Eingliederung in den Wirtschaftskörper und die Volksgemeinschaft des Kurstaates, sondern auch um die Neubestimmung der sächsischen Politik. Deren positive Seite war zweifellos der tatsächliche militärische Besitz der Lausitzen; die Operationen in Nordböhmen waren ziemlich ergebnislos geblieben, und Schlesien lag von vornherein zu sehr im habsburgischen Machtbereich, als daß es für Sachsen in Frage gekommen wäre. Auf die Verschreibung der Lausitzen als Pfand für Kriegshilfe, die im Juni 1620 erfolgte, konnte eine „Immissionsurkunde" des Kaisers im Juni 1623 erwirkt werden. Die Möglichkeit einer territorialen Erweiterung erschien also in greifbarer Nähe, und zwar an einer Stelle, wo alte Ansprüche und Besitzüberlieferungen des Kurlandes vorhanden waren und wo auch die Reibungsfläche mit rivalisierenden Nachbarn verhältnismäßig geringer war als anderswo. Aber noch ging der Krieg weiter, und sein bleibender Gewinn für den Kurfürsten hing zunächst lediglich von den Rücksichten ab, die der Kaiser auf ihn zu nehmen durch die militärische Lage genötigt war.

Das weit über das von vielen erwartete Ausmaß der Niederlage hinausgehende Zusammenbrechen des Protestantismus in Böhmen und bald auch in Österreich und die Härte der Machtfülle der Gegenreformation und ihrer klug damit verknüpften politischen Begleiterscheinung zum Besten einer Steigerung der habsburgischen Macht, gingen doch auch an dem System der in Dresden gehegten politischen Meinungen und der dort etwa noch vorhandenen Gefühle von Verantwortung für die· protestantische Sache nicht ohne Eindruck vorüber. Aber die Versuche Johann Georgs, durch gütliche Vorstellungen beim Kaiser die Lage seiner Glaubensgenossen in jenen Ländern zu erleichtern, konnten von Erfolg nicht begleitet sein, denn man wußte am Kaiserhofe wohl, in wie starken Fesseln seiner eigenen Interessen man den Kurfürsten hielt und wie wenig er auf Anschluß bei seinen Glaubensgenossen im Reiche rechnen konnte. Die diplomatischen Schwierigkeiten, die Johann Georg dem Kaiser etwa bei der Frage der Besetzung der pfälzischen Kur oder bei der Entschädigung Bayerns machte, waren doch nur von sehr vorübergehender Wirkung.

Als die große nordeuropäische Koalition Holland-England-Dänemark zustandekam, um noch einmal das Übergreifen der habsburgischen Macht zu verhindern, da fehlten im Bunde die beiden weltlichen Kurfürsten im Osten: Brandenburg, weil es sich von Schweden abhängig machte, das selbst durch polnische Kämpfe und den Gegensatz zu Dänemark ferngehalten wurde, und Sachsen, das von der kaiserlichen Seite nicht wich. Der Verlauf des dänisch-niedersächsischen Krieges, Wallensteins strategische Überlegenheit, gaben scheinbar der sächsischen Politik zunächst recht. Daß ein völliger Sieg des Kaisers auch dem Wettiner jede territoriale Machtentfaltung lähmen und den Glauben des Mutterlandes der Reformation bedrohen mußte, diese Erwägungen wurden bald wieder zurückgedrängt.

Es ist verständlich, daß die Beklemmung über das Anwachsen der kaiserlichen Macht, die im Kreise der Kurfürsten gleichwohl empfunden wurde, ihr Ventil in der Abneigung gegen den imperialistischen Feldherrn Wallenstein fand. Johann Georg operierte dabei im Gefolge Maximilians von Bayern. Eine kühnere Politik hätte vielleicht in der ihrem Wesen nach überkonfessionellen Politik Wallensteins, in seinem nicht nur dem Landesfürstentume, sondern auch dem Kaiser und den Spaniern gegenüber revolutionären Wollen Anknüpfungspunkte gefunden, aber Johann Georg war kein Moritz. Er glaubte an der Entlassung Wallensteins und an der Verminderung der kaiserlichen Armee um so mehr mitwirken zu müssen, als er dadurch die Auswirkungen des Restitutionsrezesses von 1629 für sich zunächst zu mildern hoffte. War doch die Wahl seines Sohnes August zum Administrator von Magdeburg, die 1628 erfolgt war, sonst aufs ernsteste bedroht. Schon sollte ein Habsburger von Magdeburg aus die Rekatholisierung Niederdeutschlands in Angriff nehmen, von Magdeburg aus, das einst unter so starkem sächsischen Einflusse gestanden hatte und wo es eben gelungen war, die nun schon hundert Jahre lang nicht unterbrochene Reihe der hohenzollernschen Administratoren endlich wieder einmal durch einen Wettiner abzulösen. Was dann für die säkularisierten Bistümer Naumburg, Merseburg und Meißen zu erwarten war, die man doch schon — wenn nicht formell, so doch praktisch — als albertinische Territorialbestandteile angesehen hatte, das war leicht zu ermessen. Damit war aber der Lehre Luthers in ihrem Ursprungslande schon selbst an die Wurzel gegriffen.

Die allgemeine Entwicklung des Krieges, nicht irgendwelche Vorbeugungsmaßnahmen Sachsens haben die schlimmsten, den Glauben des Landes gefährdenden Folgen des Restitutionsedikts nicht wirksam werden lassen. Was Johann Georg in dieser Richtung geleistet hat, das hat er schließlich als Trabant eines Größeren getan, Gustav Adolfs.

Das Verhalten der Kurfürsten von Brandenburg und Sachsen nach der Landung und beim Vormarsch des Schwedenkönigs hat schon immer das Mißfallen jeder historischen Kritik gefunden, gleichgültig von welchem Standpunkte sie sonst ausging. Nirgends hat sich die schwachmütige Halbheit der sächsischen Politik deutlicher offenbart als auf dem Leipziger Konvente im Sommer 1631. Johann Georg glaubte einen gewissen Reichspatriotismus — ähnlich wie er das schon auf dem Regensburger Tage 1630 getan hatte — zu vertreten, wenn er die Angebote des Reichsfremden ablehnte. Brandenburg, das die schwedische Rivalität in Pommern fürchtete, schloß sich dieser Auffassung gern an. Zudem hofften die beiden Kurfürsten, daß die schwedischen Werbungen den Kaiser doch noch zu einer Verständigung mit den Protestanten nötigen würden. Endlich aber glaubten sie sich stark genug, sich als eine dritte Partei zwischen den streitenden Mächten behaupten zu können. Ihr klügelndes Zögern wurde durch die ganz Deutschland bewegende Nachricht von dem Untergange Magdeburgs, des von ihren beiden Staaten traditionell umstrittenen beherrschenden Platzes an der Mittelelbe, nicht erschüttert. Wieder war es Weimar, das voran ging und schon im Frühjahr 1631 die Beziehung zum Schweden aufnahm.

Es war dann die Ungeduld des Kaisers, die den so fügsamen Albertiner dem Schweden in die Arme trieb. Als Ferdinand Anschluß an das kaiserliche Heer oder Entlassung der sächsischen Truppen forderte, bekam der alte Unterführer Wallensteins, jetzt sächsische General, Arnim am Dresdner Hofe die Oberhand. Am 11. September kam zu Coswig das schwedischsächsische Bündnis zustande, durch das die sächsische Armee der Führung des Schwedenkönigs unterstellt wurde. Wenige Tage später — schon war Tilly in Sachsen eingefallen — klärte die Schlacht bei Breitenfeld die Lage. Die Sachsen bewährten sich in diesem Kampfe zwar nicht, aber Gustav Adolfs Führung siegte. Bei der Ausnutzung des von einer gewaltigen Wirkung auf die öffentliche Meinung begleiteten Sieges beauftragte der Schwede den Sachsen mit dem Feldzuge gegen den Kaiser, um ihn mit diesem endgültig zu verfeinden. Johann Georg, der lieber gegen die Liga der Reichskatholiken gekämpft hätte, griff nicht, wie eigentlich geplant, Schlesien, sondern das von seinen eigenen Territorialwünschen weniger erstrebte Böhmen an und nahm im November 1613 Prag. Erst im Frühjahr 1632 wurden die Sachsen wieder zur Räumung Böhmens gezwungen, und zwar von Wallenstein. Bekanntlich hatte er das Generalat wieder übernommen. Arnim der Oberbefehlshaber der Sachsen, stand mit ihm in Verbindung. Johann Georg selbst verfolgte die verschiedenen, an den Höfen in jenen Monaten umlaufenden Anregungen und Bestrebungen, im Kreise der Reichsstände ohne entscheidende Mitwirkung Schwedens zu einer allgemeinen Verständigung zu gelangen, mit lebhafter Teilnahme. Der Einmarsch der Kaiserlichen in Sachsen unter Führung des zu diplomatischen Verhandlungen immer bereiten Friedländers hätte wohl die Treue Johann Georgs zum schwedischen Bündnis auf eine harte Probe gestellt. Wie gefährdet Gustav Adolf selbst die Lage in Sachsen ansah, deren Bedeutung auch für seine rückwärtigen Verbindungen nach der Ostseeküste er wohl erkannte, zeigt sich in den wiederholten Rücksichten, die er bei seinen süddeutschen Feldzügen auf das Kräftespiel an der oberen Elbe nahm. Sein großer und überraschender Zug nach Thüringen zu einer Jahreszeit, als die Gegner schon an die Winterquartiere dachten, ist das deutlichste Beispiel dafür. Nur geringe sächsische Kräfte eilten ihm aus Schlesien entgegen. Die Vereinigung der Schweden und Sachsen zu verhindern, war das Ziel Wallensteins und Pappenheims. Es kommt zur Schlacht bei Lützen, diesem kurzen, nebligen Novembertag von weltgeschichtlicher Tragweite. Der Schwedenkönig siegt und fällt. Der Tod Gustav Adolfs hat die europäische Lage des deutschen Protestantismus erneut in Frage gestellt. Er rückte auch das Verhältnis Sachsens zur protestantischen Partei, zumal aber zu Schweden, in ein neues, fragwürdiges Licht. Als der eine Große nicht mehr war, stieg natürlich das Gewicht der vielen Kleinen. Wieder begann man an den deutschen Fürstenhöfen abzuwägen, ob man dem Absolutismus der Habsburger oder den schwer zu überblickenden Übergewichtsbestrebungen der Schweden mehr Bedeutung beimessen sollte. Schon aber begann sich Frankreich als Faktor bei der Gestaltung der deutschen Dinge mehr in den Vordergrund zu schieben. Zunächst mißglückte Johann Georgs Versuch, sich die Nachfolge Gustav Adolfs im Direktorium der protestantischen Bundesgenossen zu verschaffen. Nicht einmal über eine gemeinsame Führung mit den Schweden gelangter er mit Oxenstierna zur Verständigung. Seine Armee hielt er auch in der Folgezeit selbst in der Hand, ohne sie dem schwedischen Oberkommando zu unterstellen. Sein Feldherr Arnim verhandelte mehr oder weniger auf eigene Hand mit Wallenstein, dessen von Geheimnis und Tragik umwitterte Gestalt nach Gustav Adolfs Tode wieder im Vordergrunde des Interesses und Meinungsstreites der Zeitgenossen stand. Noch einmal zeigte der große Friedländer Proben seines strategischen Könnens, als er die Sachsen bei Steinau im Oktober 1633 zur Übergabe zwang und dann Görlitz und Bautzen besetzte. Aber zu weiterem kam es auch diesmal nicht. Das Ende Wallensteins befreite Sachsen von dem Angriffe seines Heeres, aber es änderte nichts an der vom Kurfürsten verfolgten Politik. Deren Verhältnis zu den Schweden blieb nach wie vor kühl, ohne daß es zu einem Bruch, wie er schon oftmals drohte, gekommen wäre. Auch die im Winter 1632/33 angesponnenen Verhandlungen mit Schweden und Frankreich führten zu keinem positiven Ergebnis. Wohl aber gingen die Verhandlungen Sachsens mit dem Kaiser auch nach Wallensteins Tode weiter, allerdings zunächst mit der von Dresden verfolgten Richtung auf einen allgemeinen Frieden. In den sächsischen Forderungen wurde dabei auf die großen Fragen der Protestanten Rücksicht genommen: Duldung der neuen Lehre in allen altgläubigen Gebieten, Entschädigung der Schweden auf Kosten der Katholiken usw. Für den Kurstaat wurden außer den Lausitzen die Bistümer Magdeburg und Halberstadt oder an deren Stelle nordböhmisches Gebiet gefordert. Die große Niederlage der Schweden bei Nördlingen hat dann die Lage der Sachsen bei den zu Leitmeritz geführten Verhandlungen stark verschlechtert. Da der Kaiser seine alte Stütze unter den Protestanten gern für dauernd wiedergewinnen wollte, der Kurfürst selbst aber gleichfalls nach Frieden drängte, einigte man sich am 24. November 1634 in Pirna über den Vorfrieden, dem am

30. Mai 1634 der endgültige Friede zu Prag folgte. Die Schweden und ihre deutschen Verbündeten hatten Sachsen von der Unterzeichnung dieses Friedens abzubringen gesucht. Es läßt sich auch nicht verkennen, daß das Ergebnis für den deutschen Protestantismus nicht sehr erfreulich war. Nur mit Einschränkungen gelang die Aufhebung des Restitutionsedikts; die Bekenner der Augsburgischen Konfession allein wurden anerkannt; lediglich auf vierzig Jahre sollten die dem Luthertume gemachten Zugeständnisse zunächst Gültigkeit haben. Nur für die Lutheraner Schlesiens, nicht für die des übrigen Habsburgerreichs konnte die Duldung ihres Bekenntnisses erreicht werden. Wenn von der großen, zur Vertreibung der Fremden vom Reichsboden aufzustellenden kaiserlichen Armee der Kurfürst von Sachsen ein Viertel unterstellt erhalten sollte, so ist das ein recht fragwürdiges Entgegenkommen. Sachsen selbst erhielt die Markgrafschaften Ober- und Niederlausitz, dazu von dem an den Herzog August gegebenen Erzstift Magdeburg die vier Ämter Querfurt, Jüterbog, Dahme und Burg. Diese letzteren Gebiete wurden übrigens später dem für den Administrator August geschaffenen neuen Territorium wieder eingegliedert, sind also nur wenige Jahre im unmittelbaren Verbande des Kurstaates geblieben. Man hat den Prager Frieden als einen vom Egoismus diktierten Verrat an der protestantischen Sache verurteilt. Dabei wird aber vergessen, daß der konfessionelle Charakter des Krieges damals schon reichlich verblaßt war und einem reinen Machtkampfe zwischen den Großmächten Habsburg, Schweden und Frankreich Platz gemacht hatte. Daß andere Reichsstände nichts Verwerfliches an dem Abschluß fanden, erhellt aus dem bald folgenden Anschluß nicht nur Brandenburgs, sondern noch verschiedener kleinerer protestantischer Länder an den Prager Frieden. Die Gebietsabrundung Sachsens war nicht unwesentlich, die konfessionellen Bedingungen allerdings blieben wohl hinter den berechtigten Wünschen der Protestanten zurück, aber gerade die schwedischen Verurteiler des Kurfürsten hatten durch ihren militärischen Mißerfolg von Nördlingen erst die Voraussetzungen für die Steigerung der kaiserlichen Bedingungen geschaffen. Schließlich war des Kurfürsten Hauptgrund für seine Friedensbereitschaft eben sein persönliches Friedensbedürfnis, das ebenso in Rücksichten auf Land und Leute wie in seiner jeder politischen Aktivität und jeder ausgebreiteten fürstlich-landesherrlichen Betätigung überhaupt abgeneigten Natur begründet lag. Gerade hierin sollte er sich übrigens insofern getäuscht haben, als der Friedensschluß ihm die Schweden zu unversöhnlichen Feinden machte. Die Verheerungen, die die immer mehr verrohenden und Not leidenden Truppen aller Heere aber dem Sachsenlande in den Jahren zwischen 1635 und 1648 zugefügt haben, sind sehr viel umfangreicher und schmerzlicher gewesen als die Wunden der Jahre vor 1635, als noch Schweden an Sachsens Seite gegen den Kaiser stand. Endlich darf auch nicht vergessen werden, daß dadurch, daß der Prager Frieden eben doch kein allgemeiner für das ganze Reichsgebiet wurde, Sachsen immer damit rechnen mußte, daß eine wesentlich veränderte Kräftelage zwischen den weiterkämpfenden Mächten beim endgültigen Friedensschlusse auch für das aus dem Ringen vorher ausgeschiedene und zum Teil schon abgerüstete Kurfürstentum noch verschlechternde Änderungen des vorläufigen Teilfriedens hätte mit sich bringen können.

Die Schwächung des schwedischen Einflusses durch die Schlacht bei Nördlingen und die Verständigung Sachsens mit dem Kaiser gaben Richelieu die erwünschte Gelegenheit, Frankreich an die Spitze der antihabsburgischen Koalition zu setzen. Unter diesem Leitgedanken haben die letzten zwölf Jahre des Großen Krieges gestanden. Allerdings blieb Schweden nicht auf die Dauer so schwach, wie es nach dem Nördlinger Kampfe gewesen war; diese Kräftigung seiner politisch-militärischen Macht bekam nicht zuletzt Sachsen zu spüren, das in der Angriffsrichtung zwischen den schwedischen festen Stellungen in Norddeutschland und den habsburgischen Landen lag und außerdem in besonderem Maße dem Zorne seines früheren Verbündeten als abtrünnig gewordenes Land ausgesetzt war. Der tüchtige Banér wich zwar 1635 vor den Sachsen bis in die Mark zurück, schlug sie aber gegen Jahresende

bei Dömitz und Kyritz. Unter furchtbaren Verheerungen drang er 1636 wieder ins Kurfürstentum vor. Namentlich das platte Land, aber auch kleinere und mittlere Städte wurden
aufs schwerste heimgesucht. Der Verlust an Menschen wie an materiellen und Kulturwerten
war oft so schwer, daß auf Jahre hinaus das soziale und wirtschaftliche Leben der betref-
fenden Gegend lahmgelegt, dadurch aber in Wechselbeziehung auch das übrige Land und
die befestigten großen Plätze in Mitleidenschaft gezogen wurden. Wohl stieß dann die
sächsische, mit kaiserlichen Truppen vereinigte Armee im Gegenstoße bis weit nach Norddeutschland den weichenden Schweden nach, aber die Entlastung Sachsens konnte dadurch
doch weder für die Zukunft wirklich sichergestellt noch der getane Schaden ernstlich
wieder behoben werden. Politisch war es von Bedeutung, daß damals Magdeburg fest in die
Hände der Sachsen kam und auch nach der schweren Niederlage von Wittstock (Oktober
1636) gehalten wurde. Die Wittstocker Niederlage hatte nur Trümmer der Armee in den
Händen des Kurfürsten gelassen, die Artillerie war ganz verlorengegangen, und es war
für die Zeit bezeichnend, daß ein Sachse (Vitzthum) auf schwedischer Seite Wesentliches zur
Niederlage seiner Landsleute beigetragen hatte. Banér konnte nun Erfurt zum schwedischen
Hauptwaffenplatz machen. Diese Stärkung des schwedischen Ansehens reichte doch aus, um
weitere Reichsstände vom Anschluß an den Prager Frieden abzuhalten. Anfang 1637
nahmen die Schweden Torgau, verwüsteten von da aus wieder weite Gebiete Sachsens und
wichen erst im Juni dem Druck kaiserlicher Truppen. Während dann das Jahr 1638 dem
Lande eine verhältnismäßige Ruhe gönnt, bringt das folgende wieder einen großen Einbruch: bei Chemnitz werden die Sachsen und Kaiserlichen geschlagen, Zwickau wird erobert
— während sich Freiberg gegen die Belagerer zu halten vermag —, Pirna wird arg mitgenommen, dann rollt die feindliche Welle weiter nach Böhmen, wo sie vor Prag zum
Stehen kommt. Das Jahr 1640 sieht zwar die Schweden bis Erfurt und Schlesien zurückweichen, aber Banér nötigt die Braunschweiger zum Ausscheiden aus dem Prager Frieden.
Die Landgrafschaft Hessen verbündet sich mit Frankreich. Weiter als je ist der allgemeine
Friede entfernt. Im Frühjahr 1641 betrat Banér, aus einem süddeutschen Feldzuge sich
feindlicher Überlegenheit entziehend, wieder kursächsischen Boden im Erzgebirge. Bei
Zwickau vereinigte er sich mit dem vom Vogtlande heranrückenden Guébriant. Beide
wichen dann vor den nachdrängenden Kaiserlichen nach Thüringen und dann weiter nach
Norden aus. Der Tod des großen Banér in Halberstadt brachte den schwedischen Unternehmungen einigen Stillstand, bis Torstenson das Kommando übernahm. Erst Ende 1642
erscheint er vom Osten her in Sachsen, nimmt Zittau, schlägt Kaiserliche und Sachsen
furchtbar bei Breitenfeld, wo er als Unterführer schon 1632 mitgefochten hatte, und
nimmt nach kurzer Belagerung Leipzig. Bis 1650 ist dann diese Stadt in schwedischem
Besitz geblieben. Sieben Wochen hindurch belagerte er ohne Erfolg Freiberg.
Während in diesem und den folgenden Jahren der geniale Torstenson, in gewaltigen Zügen
hin- und hereilend, den östlichen Kriegsschauplatz behauptete, bereitete sich im deutschen
Osten eine politische Veränderung vor, die den Schlußabschnitt des Krieges und seine Folgen
noch mehr beeinflussen sollte als die militärischen Kämpfe der geschwächten, immer mehr
unter Verpflegungsschwierigkeiten in den ausgeraubten Ländern leidenden, längst jeder
höheren Idee als bewegenden Antrieb entbehrenden Söldnerheere. Kurfürst Friedrich
Wilhelm von Brandenburg hatte 1640 die Nachfolge seines schwachen Vaters und damit
ein sehr bescheidenes Erbe an Macht und Ansehen angetreten. Und doch liegt an diesem
Punkte der Anfang jenes unvergleichlichen Aufstiegs der hohenzollernschen Hausmacht,
der in den folgenden Jahrhunderten die Geschicke Deutschlands bestimmt und die politischen Schicksale Sachsens mehr beeinflußt hat als jede Einwirkung durch eine andere außen-
stehende Macht. Der junge Kurfürst, dem die Meinung der Zeitgenossen schon früh den
Beinamen der Große zuerkannte, brach von vornherein mit der kaiserlichen Politik des
bisherigen Premierministers Adam von Schwarzenberg. Er stellte nicht Pommern, diesen

Zankapfel mit Schweden, in den Vordergrund seiner Politik, sondern ließ schon im Sommer 1641 die Feindseligkeiten gegen Schweden einstellen. Im Juni 1644 schloß Brandenburg mit Schweden Frieden, ein Jahr später folgte ihm Sachsen nach. Allerdings lag darin nicht ein grundsätzlicher Systemwechsel, sondern es war die Folge weiterer schwedischer Waffenerfolge. Meißen und Rochlitz wurden im August 1645 vom General Königsmark genommen, Dresden von Torstenson bedroht, das ganze Land erneut verwüstet. Am 6. September wurde der Waffenstillstand zu Kötzschenbroda geschlossen. Eine Entlastung für das schwer geprüfte Land und Volk war damit erreicht, aber die kursächsische Politik hatte hier einen recht schmählichen Verzicht leisten müssen. Schweden sicherte sich das Durchzugsrecht durch ganz Sachsen und den Pfandbesitz Leipzig. Der Kurfürst durfte nur drei Regimenter bei der kaiserlichen Armee lassen. Leider veranlaßte das Fiasko von Kötzschenbroda den Kurfürsten Johann Georg nun nicht, in lebhaften diplomatischen Verhandlungen die militärisch verlorene Position wieder zu erstreben oder, wie sein Nachbar Friedrich Wilhelm, an den Wiederaufbau seines Heeres zu gehen, um es künftig als erstarkten Faktor in die Waagschale werfen zu können. Weiter durchzogen schwedische Truppen das Land, und es hieße gewiß ihre Disziplin überschätzen, wenn man glauben wollte, daß diese Durchzüge weniger lastend auf dem Lande gelegen hätten als die Märsche vor dem Waffenstillstand. Noch 1647 manövrierten die Schweden von Sachsen aus gegen Böhmen, holten sich von den Kaiserlichen eine Niederlage bei Triebel im Vogtlande. Bekanntlich hat auch noch der Sommer 1648 und der Eintritt der Waffenruhe die Schweden vor Prag und überhaupt in Böhmen gesehen. Bis zum letzten Tage des Krieges hat das sächsische Land unter den unmittelbaren Einwirkungen der Waffen gestanden. Es spricht für das Ausmaß der überstandenen Heimsuchung, daß an manchen Orten die Menschen in ihrer Apathie den neuen Friedenszustand kaum mehr zu fassen vermochten. Wie sehr sich das Gesicht dieses blühendsten Wirtschaftsgebiets Deutschlands, dieser gerühmten Hochburg humanistischer Bildung, dieses Heimatlandes der protestantischen Theologie, unter den Schrecken des Krieges gewandelt hatte, das erhellt so recht erst aus den fast unüberwindlichen Schwierigkeiten, die die Wiederaufbauarbeit in den folgenden Jahren und Jahrzehnten bis an das Ende des 17. Jahrhunderts erfüllen.

Auf dem Westfälischen Friedenskongreß, der Geburtsstätte des fürstlichen Absolutismus in Deutschland und eines gewandelten Staatensystems in Europa, konnte Sachsen bei weitem nicht mehr die Rolle spielen, die es zu Zeiten Friedrichs des Weisen oder auch Augusts behauptet hatte. Die Unterhändler Leuber und Pistoris standen in stärkster Abhängigkeit von der österreichischen Vertretung unter Trautmannsdorff. Eine eigene Linie verfolgte Sachsen eigentlich nur auf konfessionspolitischem Gebiete: es führte die Gruppe der Reichsstände, die am Ausschluß der Reformierten vom Religionsfrieden festgehalten wissen wollten. Hier zeigten sich selbst die kaiserlichen Diplomaten entgegenkommender als die Lutheraner. Der Friede ist zustande gekommen durch die Abtretung deutschen Gebiets an Fremde, an Schweden und Franzosen. An diesen Verlusten war zwar Sachsen nicht unmittelbar beteiligt, aber mittelbar mußte es doch zur Entschädigung der vom Gebietsverlust betroffenen Reichsstände beitragen. Brandenburg erhielt an Stelle seiner pommerschen Gebiete nicht nur Halberstadt, sondern auch — was für die sächsische Politik von entscheidender Bedeutung war — die Anwartschaft auf das Erzstift Magdeburg nach dem Tode des auf seinem Administratorenposten belassenen Wettiners August. Die religiösen Bestimmungen des Friedens gaben den Reformierten zwar die Rechte, die ihnen Sachsen vorenthalten wissen wollte und die geeignet waren, Sachsens Stellung als Vormacht der nichtkatholischen Reichsstände zu beeinträchtigen, aber die Bestimmungen über die säkularisierten Stifter sicherten dem Kurfürsten doch den durch das Restitutionsedikt so schwer gefährdet gewesenen Besitz. Immerhin erhielt Sachsen den Vorsitz in dem paritätisch zusammengesetzten Corpus Evangelicorum und damit einen stärkeren Einfluß auch auf die übrigen

Reichsbehörden, deren Bildung damals neu geregelt oder durchgeführt wurde, so den Deputationstag, das Kammergericht, den Reichshofrat. Soweit sich der Reichsgedanke in Deutschland durch den Friedensschluß und die daran anschließenden Bestimmungen des Reichstags von 1653/54 stärkte und festigte, konnte auch Sachsen dank seiner festen Verbindung mit dem Kaiserhause als der tragenden Macht im Reiche Nutzen ziehen aus dieser Einstellung. Überwog aber das landschaftliche und staatliche Eigenleben der Stände im Reiche, dann mußte es sein politisches System ändern oder ins Hintertreffen geraten. Es ist den Weg des Reiches ebenso unbeirrt gegangen, wie Brandenburg die Bahn die sich vom Reiche mehr und mehr lösenden Territorialstaats eingeschlagen hat. Diese Scheidung in der grundsätzlichen Haltung hat aber die weiteren Schicksale beider Länder bestimmt. Schon in den Regelungen des Westfälischen Friedensvertrags stand neben den auf das Reich und seine Glieder bezüglichen Punkten die Gewährung des Bündnisrechts auch mit Fremden an die Reichsstände. Namentlich für Frankreich lag hier die Möglichkeit der Einmischung in die Reichsangelegenheiten offen zutage.

An Landgewinn brachte Sachsen nur die Erwerbung aus dem Prager Frieden heim, die Lausitzen. Doch behauptete Böhmen seine Lehenshoheit, so daß ein unmittelbarer verwaltungsmäßiger Anschluß des neuerworbenen Gebiets an die Kurlande unmöglich war. Seit das Land einst im Zusammenhange mit der Mark Meißen gestanden hatte, hatten seine Geschicke oft geschwankt.

Die Aufnahme, die die Nachricht von der Erwerbung der Lausitzen in Kursachsen ebenso wie anderwärts im protestantischen Norddeutschland gefunden hatte, war keineswegs sehr beifällig gewesen. Einmal erkannte man die Erwerbung nicht als vollgültigen Ersatz für die Forderungen an, die der Kurfürst an das Haus Habsburg hatte. Weiter urteilte man mit Recht, daß diese Erwerbung zugleich die Preisgabe der übrigen Protestanten in Böhmen und seinen Nebenländern in sich schloß. Endlich bedeutete gerade diese Erwerbung in den Augen vieler keinen völlig neuen Gewinn, denn die Lausitzen hatten schon früher im Zusammenhang der wettinischen Lande gestanden. Der Unwille, wie er etwa aus den ständischen Verhandlungen über die Billigung des Friedens und den dabei zum Ausdruck gebrachten Verteidigungsgründen der kurfürstlichen Räte erhellt, steigerte sich bis zu dem immer wieder erhobenen Vorwurf der Bestechlichkeit gegen den viel verhaßten ersten Ratgeber Hoe von Hoenegg.

Unter dem Namen Lausitz hatte man bis zum Beginn des 16. Jahrhunderts lediglich die Niederlausitz verstanden, während man das südlich angrenzende Gebiet als Land Budissin nach seiner Hauptstadt zu benennen pflegte. Mit den wettinischen Landen hatten diese östlich an die Mark Meißen anschließenden Länder schon bei deren Errichtung in Beziehung gestanden. Später wurde die Lausitz zum Spielball der sie umgebenden stärkeren Nachbarn. Während das Land Budissin noch öfter den Besitz wechselte, blieb die Niederlausitz bis zum Zusammenbruch der wettinischen Macht Ende des 13. Jahrhunderts beim Hause Wettin. Das 14. Jahrhundert sieht sie zumeist in den Händen der Markgrafen von Brandenburg, die wieder um die Wende des 15. Jahrhunderts von den Böhmen abgelöst werden, denen es schon früher gelungen war, das Budissiner Land in ihre Hand zu bekommen. An der in den folgenden Jahrhunderten so unruhevollen und unsteten Geschichte des böhmischen Königreichs haben die Lausitzen nicht immer zu ihrem Vorteile teilgenommen. Schon während der Hussitenkriege hatten sie viel gelitten, weil sie dank ihrer überwiegend deutschen Bevölkerung sich der neuen nationaltschechischen Lehre nicht anschlossen. Von den Bedrängnissen Georg Podiebrads erlöste sie Matthias Corvinus von Ungarn, dessen Bild vom Tore der Bautzner Ortenburg grüßt. Und dann gerät die Lausitz um die Wende des 16. Jahrhunderts in jene große treibende östliche Ländermasse, die sich endlich im Besitze des Hauses Habsburg vereinigt sieht. Schon beim Übergang an den neuen, modernen, zentralistischen Herrschaftstendenzen huldigenden Herrn bekam die

Lausitz eine harte Hand zu spüren. Der Aufschwung des Ständetums, jene für die Zeit so typische Erscheinung, festigt dann auch den Zusammenhang der Lausitz; dabei gelingt es dem Adel, den Anschluß an das Herrscherhaus zu finden, während die Städte sich demgegenüber nur schlecht in ihrer alten, auf wirtschaftlichen Wohlstand und die alte Überlieferung des Sechsstädtebundes begründeten Macht behaupten. Die neue Regelung der Landesverfassung, die Adel und Landesherrschaft stärkt, durchlief mehrere Entwicklungsstadien, auf die hier nicht im einzelnen eingegangen werden kann, doch vollzog sich der entscheidende Umschwung im Gefolge der Reformation. Wohl haben sich ganz allgemein die Deutschen im Lande der Lehre Luthers angeschlossen, während die slawischsprechenden Wenden zu erheblichen Teilen am Katholizismus festhielten, aber die Städte begingen dann den Fehler, im Schmalkaldischen Kriege zu offen für Johann Friedrich einzutreten und die Befehle König Ferdinands zu vernachlässigen. Das führte nach der Mühlberger Entscheidung zu jenem „Pönfall", der völligen Unterwerfung der vordem so selbständigen Städte unter den Willen der Landesherrschaft. Erst sehr allmählich und keineswegs im alten Umfange sind die alten Rechte wieder an die Städte gelangt. Gleichzeitig war aber damit das Überwiegen des ritterschaftlichen Einflusses auf das ständische Wesen und damit auf die Landesverwaltung überhaupt entschieden. Die Entwicklung des Protestantismus ist durch den Machtverlust der Städte nicht gehemmt worden, wohl aber hat sie durch das Aufhören der Bistumszusammenhänge der Lausitz nach Meißen und Brandenburg hin ein Band zu den deutschen Nachbarländern zerschnitten, an dessen Stelle keine neue Bindung im Rahmen der protestantischen Kirche treten konnte, denn diese hatte sich ja nach Landeskirchen gegliedert. An dem Aufschwung der sächsischen Volkswirtschaft unter Kurfürst August dürfte die Lausitz mittelbar nicht unwesentlich beteiligt gewesen sein. Der Handel, der von Sachsen nach Schlesien und Polen führte, mußte die Lausitz durchqueren, und es ist bekannt, welch beträchtlichen Umfang er besaß. Hier haben zwischen den ostsächsischen und den lausitzischen Städten zweifellos enge wirtschaftliche und im Zusammenhang damit auch stammesmäßige und familiäre Zusammenhänge bestanden. Zahlreiche Verbindungen über die Grenzen sind auch für den Adel anzunehmen, denn dieser war auch in der Lausitz deutsch und stand dem meißnischen seit den Tagen der ostdeutschen Kolonisation nach Abstammung, Lebenshaltung und wirtschaftlichen Voraussetzungen nahe. Eine Besonderheit der Bevölkerungszusammensetzung der Lausitz war — verglichen mit Meißen — lediglich das wendische Element. Dieses fehlte zwar ursprünglich und noch bis gegen Ende des Mittelalters auch in den wettinischen Landen östlich der Elbe-Muldelinie nicht, aber zahlenmäßig, wirtschaftlich, sozial und politisch war es doch dort völlig ohne Gewicht. In der Lausitz aber umfaßte es breite Schichten der gutsuntertänigen Bauern, und nur in den Städten trat es stärker gegen das Deutschtum zurück. Beste deutsche Übung des Reformationsjahrhunderts war die Pflege des städtischen Schulwesens, innerhalb dessen das 1527 gegründete Bautzner Gymnasium besonders voranstand. Auch was an einzelnen Gelehrtennamen aus der Lausitz des 16. und beginnenden 17. Jahrhunderts überliefert wird, weist auf Bildungszusammenhänge mit den wettinischen Landen hin.

Der Anschluß der Lausitzen an Sachsen verstärkte den östlichen Charakter des wettinischen Gesamtstaats. Ohne ihren Besitz gibt es keine Polenpolitik des folgenden Jahrhunderts. Der gelegentlich in der sächsischen Geschichte aufklingende Gedanke eines Elbestaates, der nach dem mittleren Norddeutschland seine Ausbreitungsmöglichkeit gesucht hätte, war mit dem befristeten Verzicht auf Magdeburg endgültig begraben, denn die vier kleinen magdeburgischen Ämter waren kein Ersatz für diesen Verlust und die Bedeutung der durch den Gewinn der Lausitz gekennzeichneten Schwerpunktsverschiebung.

Die beiden Markgraftümer Ober- und Niederlausitz blieben verwaltungsmäßig selbständig. Sie hatten eine ausgesprochen ständische Verwaltung, an deren Form der Übergang der Markgrafenwürde an den Wettiner nichts änderte. Erst die schweren Nöte des Dreißigjährigen Krieges bestimmten die Ritterschaft zu stärkerer Mitwirkung bei der Steuerleistung des Landes, denn die wirtschaftliche Kraft der Städte, die sich vom Pönfall bis zum Kriegsausbruch noch nicht wieder ganz erholt gehabt hatte, war durch die Kriegsnöte ganz außerordentlich vermindert worden. So wie dem katholischen Bekenntnis und den geistlichen Ständen, die die Reformation überlebt hatten, ausdrücklich der weitere ungehinderte Bestand vom Kurfürsten im Friedensvertrage zugestanden werden mußte, so wurde auch das Rechts- und Verfassungsleben der beiden Markgraftümer vom neuen Landesherrn unangetastet gelassen. Nur in weiten Zeitabständen sind neben die ständischen Körperschaften, die das Land, wenn nicht formell, so doch praktisch fast ausschließlich verwalteten, landesherrliche Oberamtsregierungen getreten. Sehr vorsichtig wurde die letzte richterliche Instanz an das höchste landesherrliche Gericht verlegt. Auch der werdende fürstliche Absolutismus hat vor den alten Verfassungszuständen der Lausitzen im allgemeinen haltgemacht. Es ist erst dem 19. Jahrhundert vorbehalten geblieben, die völlige Eingliederung der Lausitz in den sächsischen Gesamtstaat durchzuführen.

Politisch bedeutet die Erwerbung der Lausitz die Festigung des guten Verhältnisses zum Kaiserhause. Auf keines ihrer Gebiete hätten die Habsburger so leicht verzichtet wie auf dieses Außenland des böhmischen Kessels, dessen Verlust doch den Besitz des Kernlandes nicht gefährdete. Der protestantische Charakter des Landes mag den Verlust nur erleichtert haben. Der alte Rivale aus dem Mittelalter, der neben dem Böhmen mit dem Meißner so oft um den Besitz der Lausitzen gerungen hatte, der Brandenburger, konnte diesen Gebietszuwachs des wettinischen Hauses nicht gleichgültig mit ansehen, zumal er mit dem Ergebnis des Westfälischen Friedens bekanntlich noch unzufriedener war als mancher andere deutsche Unterzeichner. Der in weiten Räumen und Möglichkeiten denkende Große Kurfürst wird nicht zuletzt durch den Besitz der Lausitz in sächsischer Hand zu der Richtungsänderung der brandenburgischen Politik bestimmt worden sein, die unter seinen Vorläufern seit einem Jahrhundert zumeist im sächsischen Schlepptau geführt worden war. Bei der Unsicherheit der politischen Machtverhältnisse im europäischen Osten stellte der Besitz der Lausitz einen nicht unwichtigen Machtfaktor um so mehr dar, als auch Schlesien nicht nur um des Schutzes seiner Protestanten willen während des Großen Krieges im sächsischen Machtbereich gelegen hatte und einer planmäßigen Ausbreitungspolitik wohl als nächstes Ziel vorschweben konnte, wenn sie es wagen wollte, auch einen Bruch mit dem Kaiser und der Reichsidee in Kauf zu nehmen. Aber gerade in diesem Einsatz des rücksichtslosen Willens zur Macht liegt der Unterschied zwischen der sächsischen und der brandenburgischen Politik in der Grundauffassung, in der Ausführung und in den Erfolgen.

SIEBENTER TEIL

Der ständisch-absolutistische Staat im Rahmen der europäischen Bündnisse und in Verbindung mit Polen

Absolutismus und Rationalismus. Gestaltung von Handel und Wirtschaft nach dem Dreißigjährigen Kriege

Wenn man sich auch gewiß vor Übertreibungen bei der Abschätzung der Folgen des Dreißigjährigen Krieges für Deutschland wird hüten müssen, so steht doch außer Zweifel, daß Kursachsen zu den am ärgsten heimgesuchten Gebieten des Reiches gehörte. Das folgte einmal aus seiner geographischen Lage. Es war dem Entstehungslande der Kriegswirren, Böhmen benachbart und lag in der Angriffsrichtung der Schweden gegen das Ländergebiet Habsburgs. Es war weiter ein Land mit vergleichsweise dichter Bevölkerung, lebhafter Gewerbetätigkeit und ausgebreiteten Handelsbeziehungen. Kriegerische Unruhen mußten die Volkswirtschaft stärker beeinträchtigen als in reinen Landwirtschaftsgebieten. Seuchen und Hungersnöte fanden leichtere Verbreitung als in dünnbesiedelten und abseits gelegenen Ländern. Sachsen war nicht nur Durchzugsland, sondern tätiger Kriegsteilnehmer, ja nach dem Prager Frieden suchten es die Schweden als abgefallenen Bundesgenossen mit besonderer Rücksichtslosigkeit heim.

Die Bevölkerung Sachsens ist im Verlaufe und unter den unmittelbaren Folgen des Krieges nicht nur vermindert worden, sondern die mehr oder weniger starke Änderung der wirtschaftlichen Lage einzelner wie ganzer Berufsgruppen oder Bewohner einzelner Ortschaften hat zu im einzelnen schwer zu verfolgenden Wanderungsvorgängen und Umsiedlungen geführt. Feste Städte, denen Eroberung und Plünderung erspart blieben — wie Dresden —, wurden von Seuchen dezimiert. Leipzig, Chemnitz, Torgau und zahlreiche mittlere Städte des nördlichen Flachlandes und Mittelsachsens waren sehr schwer mitgenommen, mochte das Verderben auch nicht das Ausmaß von Magdeburgs — durch ganz Deutschland mit Ilions Fall verglichener — Zerstörung erreichen, denn dieses hat sich davon nie in dem Maße wieder zu erholen vermocht wie die Mehrzahl der sächsischen Städte. Aber selbst in kleinen, abseits der großen Heerstraßen gelegenen Orten, wie z. B. Lunzenau, das zudem erst 1632 unmittelbar mit dem Kriege in Berührung kam, ging die Zahl der Einwohner und der bewohnten Häuser in acht Jahren — bis 1640 — um die Hälfte zurück. Pirna, das mit knapper Not völliger Zerstörung entging, beziffert seinen Kriegsschaden auf fast 100 000 Taler, den Verlust an Bürgern auf zwei Drittel der vorhanden gewesenen 900. Weite Vorstädte wurden hier wie anderwärts schon von den Verteidigern des ummauerten Stadtkerns niedergelegt. Häufig wird es sich dabei um leichtere Bauten gehandelt haben, die rasch wieder aus der Asche erstehen konnten. Entmutigend mag die Länge des Krieges und die unabsehbare Wiederkehr der Zerstörungen gewirkt haben, zumal in Verbindung mit den zu Pessimismus und mystischen Weltuntergangsstimmungen neigenden Zeitströmungen. Der Rückgang der städtischen Bevölkerung ist in den meisten Orten, für die Beobachtungen vorliegen, zweifellos beträchtlich, doch dürfte ein gewisses fluktuierendes Element, das wirtschaftlich nicht fest an eine bestimmte Stelle gebunden war und ohne besondere Schwierigkeit den Wohnsitz wechseln und so den Kriegsdrangsalen ausweichen konnte, bald nach Wiederherstellung friedlicher Zustände sich wieder fest angesiedelt haben. Nur so läßt sich das verhältnismäßig rasche Aufblühen vieler Orte noch während ruhigerer Kriegszeiten und ganz allgemein nach dem Friedensschlusse erklären. Daß zumal im südlichen Sachsen die Zuwanderung böhmischer Exulanten viel zur Hebung der städtischen Gemeinwesen beigetragen hat, ist bereits früher angedeutet worden.

Wenn auch die Städter schon damals in Sachsen einen stärkeren Anteil an der Gesamtbevölkerung ausmachten als in vielen anderen deutschen Ländern, so überwog doch das platte Land entschieden. Der Bauer als Gutsuntertan oder freier Bewohner eines Amts stellte den Hauptanteil an der sozialen Gliederung des Landes. Und kein anderer als der Bauer ist der Hauptleidtragende des Großen Krieges gewesen. Er war schutzloser den Unbilden des Krieges ausgesetzt als der Angehörige irgendeines anderen Standes. Er hat die meisten Soldaten aller Heere gestellt und die längsten Zeiten die Einquartierung fremder Truppen zu erdulden gehabt. Er hat sich auch in der Nachkriegszeit am schwersten von seinen Leiden zu erholen vermocht. Die entvölkerten Städte hatten nur einen gegen früher verminderten Bedarf von landwirtschaftlichen Erzeugnissen, aber die Zahl der ländlichen Hilfskräfte war bei der Unsicherheit gering und ihr Lohn infolgedessen hoch. Der Staat, der selbst unter dem Nachlassen der Steuereingänge und dem Gewicht der militärischen Ausgaben seufzte, geriet in steigende Abhängigkeit von den Leistungen der Landstände. Er mußte Ämter verpfänden, deren Pächter das ungewisse Aufkommen der Amtsgefälle nun um so nachdrücklicher zu erzwingen gewillt waren. Der höhere und niedere Adel als die entscheidenden Körperschaften des Ständestaates beruhten mit ihrer wirtschaftlichen Kraft ganz vornehmlich auf dem Rittergutsbesitz. Die Rittergüter waren aber der Zerstörung durch den Krieg nicht viel weniger anheimgefallen als die Bauernhöfe. Kein Wunder, daß der Adel seine Verluste an der Stelle wettzumachen suchte, die seiner Ausbreitung den geringsten Widerstand bot: gegenüber den Bauern. Nicht immer, und selten mit der vollen Erkenntnis der darin für das Volksganze liegenden Gefahren, hat sich der Landesherr der Verschlechterung der wirtschaftlichen, sozialen und rechtlichen Lage der Bauern durch das Vorgehen des Adels entgegengestellt. Das Bauernlegen, der Übergang von der Grund- zur Gutsherrschaft, die Umstellung der ländlichen Erzeugung zum Ausfuhrbetrieb des ländlichen Großunternehmers, kurz die Schaffung des modernen Ritterguts verbunden mit der schärferen Ausbildung der Erbuntertänigkeit, alle diese für die Verhältnisse des deutschen Ostens so kennzeichnenden Wandlungen haben in Sachsen zwar nicht die einseitige und zugespitzte Form gewonnen wie in Pommern und den östlichen Teilen der Mark Brandenburg, aber spurlos sind diese Dinge auch an Sachsen keineswegs vorübergegangen. Wie überall im Osten hat das Landvolk sein soziales Selbstgefühl und das noch dem 16. Jahrhundert durch den Mund Luthers gepredigte und allgemein — trotz des unglücklichen Ausgangs der Bauernkriege — geläufige Empfinden von der tragenden Kraft bäuerlichen Wesens für Staat und Volk unter den Eindrücken des Krieges und seiner Folgen verloren. Der aufkommende Absolutismus hat auch den Landesherrn der unmittelbaren Fühlung mit dem bäuerlichen Volke, wie sie noch Kurfürst August und Kurfürstin Anna besessen und betont gepflegt hatten, entzogen. Staat und Fürsten sahen und erreichten den Bauern mehr und mehr nur noch durch die Vermittlung des adligen Grund- und Gerichtsherrn. Die unteren Organe der staatlichen Verwaltung lagen bald völlig in den Händen des Adels. Wirtschaftlich hatte dieser die Machtmittel zur Verfügung, um den Handel mit den ländlichen Erzeugnissen, wenn nicht selbst sich zu sichern, so doch seinen Gang und Gewinn zu überwachen und die Landespolitik in seinem Sinne zu beeinflussen.

Schwierig ist es, den Einfluß des Krieges auf Handel und Wirtschaft voll zu ermessen. Solange nicht starke kriegerische Erschütterungen eintraten, ist der Verkehr auf den Handelswegen offenbar ziemlich ungestört weitergegangen. Die alte Ausfuhrtätigkeit Sachsens auf dem Gebiete der Leineweberei und der Metallerzeugung nahm zunächst ihren Fortgang, und spätere Schwankungen mögen durch die Änderung der Aufnahmefähigkeit der Empfangsländer nicht weniger bedingt sein als durch die Zustände in Sachsen. Die Steigerung der Gewerbetätigkeit durch die böhmische Einwanderung wurde schon erwähnt. Aus den Polizeiordnungen, wie z. B. der von 1661, können wir schließen, daß die zahlreichen Verbote eines übertriebenen Luxus kaum nötig gewesen wären, wenn die Bevölkerung in dem Zustande völliger Verarmung verharrt hätte, so wie sie zeitgenössische Quellen für manche Orte als Ergebnis des Krieges darstellen. Die Postordnung von 1661 bekämpft den Übergriff Brandenburgs in der Führung der Postkurse nach Westsachsen, wie sie seit 1658 aufgekommen waren. Dies und der weiter zu verfolgende große Aufschwung des sächsischen Postwesens deuten auf eine kräftige Entwicklung von Handel und Wandel, nicht auf lethargische Erstarrung hin. Nahe mit der Einrichtung der Post ist das Zeitungswesen verwandt. Der Krieg hatte das Interesse für Nachrichten aus der Ferne belebt. Mehr und mehr lenkte der Nachrichtendienst in periodische Bahnen. Noch in die Kriegsjahre reichen die Anfänge der Leipziger Zeitung zurück. Der Staat sicherte sich den bestimmenden Einfluß auf die zunächst noch völlig unkritische, nur rein berichtende, leise anhebende Stimme der Öffentlichkeit. Wichtiger war und wurde immer mehr der Buchhandel für Leipzig. Vielleicht ist der handelspolitische Aufschwung des mit Frankfurt wetteifernden Leipzig damals unter den Nachwirkungen des Krieges nicht so groß wie der des gewaltig aufblühenden Hamburg, aber es gewinnt doch damals, gestützt auf die immer wieder erneuerten Meßprivilegien, seine lange behauptete Vormachtstellung auf dem Gebiete der deutschen Bildungs- und Geschmackspflege. Die Zerstörung Magdeburgs hat einen alten Konkurrenten Leipzigs für lange Zeit aus dem Felde geschlagen, auch Naumburg vermag sich nicht zu halten. In den achtziger Jahren wird ein Handelsgericht in Leipzig errichtet, während schon 1678 der Bau der Börse die Bedeutung der Stadt auf dem Geldmarkte und im Wirtschaftsleben überhaupt offenbart. Über die wirtschaftlichen Erwägungen, die damals in Sachsen angestellt wurden und sich auch bei der Regierung Geltung zu verschaffen suchten, geben die Gedanken Johann Daniel Krafts Aufschluß, dessen Gutachten für Johann Georg II. die Autarkie empfahlen und die Einfuhr fremder Waren als die heimische Volkswirtschaft schädigend verdammte. Woll- und Seidenmanufakturen, wie sie damals allerorten als wirtschaftlich gewinnbringend in Aufnahme kamen, wurden auch in Sachsen eingerichtet. Kraft empfahl die Errichtung eines Arbeits- und Zuchthauses ebenso wie die Gründung einer Landeslotterie. Alle diese Vorschläge und Ansätze blieben aber in den Anfängen stecken, weil ihnen die gleichbleibende und verständnisvolle Förderung des Landesherrn fehlte. Die Johann George hatten allesamt wenig mit der arbeitsamen, kühnen und weitblickenden Persönlichkeit des Großen Kurfürsten gemein. Man gewinnt den Eindruck, daß die von einem ebenso arbeitsamen wie geschickten Volke getragene sächsische Volkswirtschaft nur dann förderlich gedeihen konnte, wenn ihr nicht die Interessen der Stände hemmend im Wege standen. Und diese glaubten in der Auffassung ihrer Vertreter gewiß dem gemeinen Besten zu dienen. Aber da schon damals diese Stände nicht mehr ein getreues Abbild der sozialen und wirtschaftlichen Kräfte des Landes, wie sie es im Mittelalter einmal gewesen waren, darstellten, war auch ihr Versagen unter den veränderten Verhältnissen keineswegs verwunderlich, zumal ihnen das Gegengewicht einer wirklich schöpferischen, das Ganze verfolgenden landesherrlichen Leitung fehlte. Gleichwohl stand Sachsen noch an der Spitze der industriell führenden deutschen Länder.

Es steht also außer Zweifel, daß die wirtschaftlichen Hemmungen des Dreißigjährigen Krieges in Sachsen verhältnismäßig rasch überwunden worden sind und daß das 17. Jahrhundert der materiellen Kultur des Landes einen guten Fortgang bringt. Vielleicht hat sich der Vorsprung Sachsens gegenüber anderen Ländern, verglichen mit dem 16. Jahrhundert, vermindert, aber vorhanden ist er noch, und was er etwa auf einzelnen Gebieten verloren hat, das hat er auf anderen wieder wettgemacht. Hemmend wirkt dabei lediglich die politische Führung des Landes, in der bei schwacher fürstlicher Willensvertretung die Sonderinteressen der ständischen Gruppen überwiegen.

Wie aber war es um die geistige Entwicklung des Landes bestellt, das das Reformationsjahrhundert im Brennpunkt des geistigen Ringens in Deutschland und in Europa gefunden hatte? Damals hatte ein Giordano Bruno das Wittenberg Melanchthons als das deutsche Athen gefeiert; nach Wittenberg schickte noch Shakespeare seinen problematischen Prinzen Hamlet zum Studium.

Man hat das Geistesleben des 17. Jahrhunderts oft als ähnlich dem Verfall und Niedergang preisgegeben angesehen wie die materielle Kultur. Aber auch hier darf der weltschmerzliche und in lebhaften Farben und krassen Tönen malende Zeitstil nicht übersehen werden. Der Krieg hat neben den zerstörenden doch auch belebende Kräfte des Geistes, heldische Antriebe geweckt. Allerdings ist die Welt des 16. Jahrhunderts nun völlig vergangen. Andere Werte und Betrachtungsweisen sind dem Barockwesen eigen als dem Geiste der deutschen Spätrenaissance des ausgehenden 16. Jahrhunderts. Die Theologie befreit sich gerade in Sachsen von der Unfruchtbarkeit des Streites um Lehrmeinungen und von der Bindung an abstrakte Begriffe. Dabei ist die Herrschaft der lutherischen Orthodoxie ungebrochen, und das schroffe Auftreten des Kurfürsten bei den Westfälischen Friedensverhandlungen gegenüber den politischen Ansprüchen der Reformierten entsprach durchaus der Meinung seiner Hofprediger, ohne übrigens das Ansehen des Landes vor der deutschen Öffentlichkeit zu heben. Wohl sind die böhmischen Exulanten als treue Lutheraner aufgenommen worden, aber man vergleiche nur einmal Zustrom und daraus gewonnene Bereicherung an materiellen Gütern und geistigen Kräften, die der reformierte Glaube während des Jahrhunderts nach Brandenburg-Preußen getragen hat, um zu ermessen, welchen Schaden für Sachsen die reformiertenfeindliche Haltung seiner Geistlichkeit und seiner Stände bedeutete. Darin ist nicht der letzte Grund für die schließliche Überflügelung Sachsens durch seinen weitsichtigeren Nachbarn im Norden zu suchen. Das, worin das Mutterland der Reformation seinen alten geistlichen Ruhm bewahrte, wurde von Volk und Boden getragen, nicht von Staat und gelehrter Oberschicht: es waren der protestantische Kirchengesang, die geistliche Musik, die religiöse Spekulation. Hier läßt sich, von Not und Trübsal des äußeren Erlebens eher gefördert als gehemmt, eine durchaus aufsteigende Linie verfolgen. Sachsen steht dabei mit seinen Nachbargebieten Thüringen und Schlesien führend unter den deutschen Landschaften voran. Was durch Jahrhunderte Gemeingut geistlichen Liederbesitzes im deutschen evangelischen Volke gewesen und geblieben ist, das verdankt die Nation zum überwiegenden Teile dem obersächsischen Stamme in jenen Jahrzehnten: Paul Gerhardts gemütvoller und glaubensstarker Liedergang durch das Kirchenjahr, Paul Flemings zarte, von echter Poesie getragene Verse, und alle die Lieder der Georg Neumark, Martin Rinckart, Gottfried Arnold, Tobias Claußnitzer und so manches anderen. Volksnah und in der Stille gedeiht die Musik in dem musikalisch begabten obersächsischen Stamme. Daneben verdient auch die fürstliche Pflege der tönenden Kunst, besonders an den Höfen der sächsischen Sekundogeniturlinien, in Weißenfels, Merseburg und Zeitz, Erwähnung. Johann Hermann Schein, vor allem aber Heinrich Schütz sind die Wegbereiter des musikalischen Genius, den Thüringen gegen Ende des Jahrhunderts der Welt geschenkt hat: Johann Sebastian Bachs.

Nicht nur in Lied und Vers drängte die durch die erstarrte Dogmatik des Luthertums verschüttete Gemütskraft und seelische Lebensfülle an den Tag, sondern nicht weniger durch Äußerungen jener unsterblichen, die Mystik des Mittelalters fortsetzenden Geisteshaltung, an deren deutscher Formung der obersächsische Stamm seit den Tagen des Mittelalters so besonders beteiligt gewesen ist. Der Weg, der in der Geschichte der deutschen Philosophie von den Kreisen um Melanchthon in Wittenberg zu den Anfängen Leibnizens führt, berührt Höhepunkte, deren Basis ganz überwiegend auf obersächsischem oder angrenzendem

Boden liegt. Valentin Weigel, noch dem ausgehenden 16. Jahrhundert angehörend, aber erst im 17. zur Auswirkung und Anhängerschaft gelangend, schöpfte aus den Quellen der älteren deutschen Mystik ebenso wie aus Platon und Paracelsus. Nicht an Tiefe und Fülle des Wissens, wohl aber an Breite der Wirkung erreichte und übertraf Weigel der ungelehrte sinnierende Schuster von Görlitz, Jakob Böhme, der dem Dresdner Oberkonsistorium zu verworren erschien, um ihn als Ketzer ernst zu nehmen, und der doch mit einem Tiefblick in das letzte Wesen der Dinge begnadet war, der allen seinen Zeitgenossen abging. Die Bedeutung dieses deutschen Gnostikers, weit über die deutschen Grenzen hinaus, z. B. in England, war sehr groß, seine symbolische Bildkraft im Erfassen des Wirklichen unvergleichlich. Auch Christian Knorr von Rosenroth, ein Schlesier, gehört in den Zusammenhang dieser mystischen Philosophen, denen der „Morgenglanz der Ewigkeit" alles Zeitliche überstrahlte. Geschichtsphilosophische und überhaupt historisierende Töne schlug Abraham von Frankenberg an, während der Sangerhausener Pfarrer Wolfgang Büttner die erste deutsche Logik verfaßte. Der geborene Annaberger Gottfried Arnold endlich faßte den theologischen Geist der Zeit in jener Ketzerhistorie zusammen, die gegen den Dogmatismus einer erstarrten lutherischen Orthodoxie Sturm läuft. Er war in Dresden schon von dem großen Elsässer Philipp Jakob Spener, dem Vater des deutschen Pietismus, beeinflußt worden, der selbst nur wenige Jahre in Sachsen wirkte und später — wie so viele andere bedeutende Männer — nach Brandenburg weiterging. Gleich ihm bemühte sich August Hermann Francke um eine lebendige und erbauliche Bibelauslegung, als er mit anderen in Leipzig das Collegium Philobiblicum ins Leben rief. Halle und seine neu errichtete Universität sollte dann vor den Toren des Kurstaates die Stätte seines ausgebreiteten Wirkens werden.
Unter den sächsischen Hochschulen steht im 17. Jahrhundert Wittenberg vor Leipzig voran. Der jährliche Zugang an Studenten, der vor dem großen Kriege etwa 600 betragen hatte, sank in den dreißiger Jahren bis auf 12 (1637), hielt sich um die Jahrhundertmitte auf etwa 400 und verminderte sich später auf etwa 300. Es ist für den Wandel des Zeitgeistes bezeichnend, daß nach dem Kriege die neueren Sprachen, bald auch die Naturwissenschaften und schließlich das Staats- und Völkerrecht sich als akademische Lehrfächer durchsetzen. Ein ständiger Tanz- und Exercitienmeister nahm 1666 seine Tätigkeit auf und vervollständigte so das Bild des neuen Bildungsideals der Zeit. Dazu gehört auch das überhandnehmende Duell-Unwesen und jener Pennalismus, dessen Bekämpfung schon 1633 die Wittenberger Universität bei allen deutschen protestantischen Hochschulen anregt. Nur sehr langsam hat dieser Schritt, haben weitere Bemühungen der Landesherren die vom Kriege und von den Übertreibungen der einströmenden ausländischen Moden gefährdeten Sitten der akademischen Jugend gebessert. Schließlich sollte dann Leipzig den Ruhm für sich in Anspruch nehmen, die weltmännisch gebildetste Jugend Deutschlands an seiner Hochschule zu versammeln. Einen schweren Schlag für Wittenberg bedeutete das vom Großen Kurfürsten über die Hochschule verhängte Studienverbot an seine Landeskinder, eine Abwehrmaßnahme gegen das Gezänk der lutherischen Orthodoxie gegen die Reformierten 1662. Ein Menschenalter später sollte ein noch härterer Schlag folgen, von dem sich die „Leucorea" nie mehr ganz erholt hat: die Errichtung der Universität Halle als bewußte Gegengründung gegen die kursächsischen Hochschulen und als ausgeprägt preußische Staatsuniversität ohne besondere landschaftliche Bindung. Noch kannte das 17. Jahrhundert diese eine spätere Zeit bestimmenden Spannungen nicht, denn der kursächsisch-brandenburgische Gegensatz, eines der Grundthemen der ostdeutschen Geschichte, ruhte nach dem Ende des Dreißigjährigen Krieges, von wichtigeren inneren Sorgen beider Territorien überschattet.
An Namen, durch die die sächsischen Hochschulen damals weithin über Deutschland ihre Anziehungskraft ausübten, seien genannt der Vertreter des Naturrechts und Anhänger des großen Grotius, Kaspar Ziegler, dann ein Klassiker der Naturwissenschaften, der zu Unrecht von dem Franzosen Gassendi in seinem Ruhme als Begründer der Atomistik beein-

trächtigte Daniel Sennert, dessen Name in der Geschichte der Chemie, zumal der Arznei-mittellehre einen großen Klang hat. Mancherlei in der Geschichte der Geschichtswissen-schaft überlieferte Namen zierten den Lehrstuhl der Geschichte an beiden Universitäten. Seit dem letzten Drittel des 16. Jahrhunderts regelmäßiger gelehrt, seit dem großen Kriege fester Lehrgegenstand, hat die Geschichte anfangs einen ausgesprochen landesgeschicht-lichen Unterton. Fabricius steht da am Anfang der stattlichen Reihe, dann folgt jener Reiner Reineccius, der an beiden Hochschulen einige Jahre gewirkt hat und als der erste Vertreter der wissenschaftlichen Genealogie in Deutschland gilt. Konrad Samuel Schurzfleisch ist als weiterhin bekannter Historiker zu nennen. Er verfolgte schon weltgeschichtliche Zusam-menhänge, suchte genetisch über die reine Tatsachenschilderung vorzudringen. Um die Mitte des Jahrhunderts setzt sich auch in Deutschland die Periodenteilung der Vergangen-heit in Altertum, Mittelalter und Neuzeit langsam durch, nachdem noch Johann Georg II. 1666 für Schulen und Universitäten das Festhalten an dem mittelalterlichen Weltreichs-schema befohlen hatte, demzufolge bezeichnenderweise die Zeitgeschichte noch im Rahmen des Römischen Reiches verlief. Und doch waren es gerade Sachsen, die diesem fortlebenden Römischen Reiche teutscher Nation zu Leibe gingen. Sie taten es mit literarischen Waffen, die sich auf die Dauer als schärfer erweisen sollten als die materiellen Waffen ihrer Kur-fürsten, die so unentwegt für das Kaisertum eintraten. Philipp Bogislaus von Chemnitz veröffentlichte 1640 als schwedischer Hofhistoriograph seine scharfe Angriffsschrift „De ratione status in imperio nostro romano-germanico", und 1667 ließ ein noch größerer, der in Dorf-Chemnitz geborene Samuel Pufendorf, den epochemachenden „Severini de Mon-zambano Veronensis de statu imperii germanici liber", sein Buch über das Wesen der deutschen Reichsverfassung, erscheinen. Aber diesem Sohne Sachsens errichtete der Pfälzer Kurfürst die erste deutsche Professur des Natur- und Völkerrechts in Heidelberg. Er war schwedischer, dann brandenburgischer Hofhistoriograph. Dem Großen Kurfürsten schrieb er eine lange vorbildliche, begeisterte Biographie. Als Historiker, Politiker, Staatsrechts-lehrer hat er gegen Habsburg gekämpft. Sein engeres Vaterland hat ihn nicht nur nicht zu halten gesucht, sondern die Leipziger Theologenfakultät erwirkte ein Verbot der Schriften des im Rufe des Unglaubens stehenden Naturrechtlers. Auch der bedeutende Thüringer theoretische und praktische Staatsmann, Veit Ludwig von Seckendorf, dessen „Christen-staat" sich vornehmlich gegen das westeuropäische Freidenkertum richtet und zumal Spi-noza bekämpft (1685), lehnte Pufendorf ab. Und doch sollte das Werk des Chemnitzers Pufendorf gerade in einem Leipziger seinen vorzüglichsten Fortsetzer finden, in Christian Thomasius. Dieser stellte Pufendorf neben Grotius in den Mittelpunkt seiner Vorlesungen, die er zum ersten Male im Sommersemester 1687 deutsch zu halten unternahm. Nachdem ferner seit 1682 die erste deutsche nur auf Wissenschaft und Schrifttum gerichtete Zeit-schrift, die „Acta Eruditorum", erschienen waren, wagte er sechs Jahre später die Ausgabe einer gleichen Zeitschrift in deutscher Sprache. Aber die Macht der wirklichkeitsfernen, er-starrten und in mancher ihrer Formen überlebten Gelehrsamkeit der Leipziger Universität erwies sich stärker als der einzelne Vorkämpfer einer neuen Zeit: Thomasius mußte wei-chen. Er ging nach Preußen. Mit dem Beginn seiner Lehrtätigkeit in Halle 1690 wird die dortige Universität ins Leben gerufen. Dorthin folgte ihm August Hermann Francke. Halle wurde die Pflanzschule der preußischen Beamten, mit denen die großen Hohenzollern ihren Staat errichtet haben. Die Einbuße an geistigem Einfluß, die Sachsen durch diese Gründung in den Bezirken des geistigen Deutschland erlitt, kann gar nicht überschätzt werden.

Unter den bemerkenswert vielen Sachsen, die als führende Deutsche im Reiche des Geistes die Brücke zwischen der älteren, von Reformation und Humanismus her bestimmten Periode und der neueren Zeit des 18. Jahrhunderts bis gegen die klassische Zeit unserer Geistesgeschichte hin geschlagen haben, wird der Leipziger Professorensohn Gottfried Wil-helm Leibniz immer nach europäischem Gewicht und Ausmaß an erster Stelle zu nennen sein. Die Bodenständigkeit ist kein Zufall. Neuere und tiefer blickende Erkenntnis sieht in ihm nicht so sehr den Fortführer von Descartes und Spinoza, sondern den Sohn der Erde, auf der die deutsche Mystik vornehmlich erwachsen ist, Weigel und Böhme gelebt und gelehrt haben, eben des ostmitteldeutschen Raumes, Sachsens und seiner Nachbargebiete. Und es ist die härteste Kritik an dem Staate und der sozialen Lage seiner Heimat, daß auch er, wie so viele, nicht auf dem heimatlichen Boden zur Entfaltung gekommen ist, sondern ihn verlassen hat. Nicht in der politischen Lage, etwa dem Mißverhältnis zum Habsburgerreiche, liegt die innere Unfruchtbarkeit des partikularen Staatsgedankens in dem Deutschland der Barock- und Aufklärungszeit, sondern in der mangelnden Volksverbundenheit und Bodenständigkeit dieser Staatsidee. Leibniz hat das Verdienst, den Deutschen einen neuen Wissenschaftsbegriff gegeben zu haben, und hat bei aller Polyhistorie doch auch die Staats- und Wirklichkeitsnähe des Gelehrten, wie sie in England und Frankreich eine Selbstverständlichkeit war, beispielhaft verkörpert. In Berlin, Dresden und Wien wollte er deutsche Akademien errichtet wissen und hat damit seinem ihm sonst entfremdeten engeren Vaterlande jene Mittlerstellung zwischen Nord und Süd auch auf wissenschaftlichem Gebiete zugewiesen, die Sachsens Rolle in der gesamtdeutschen Geschichte in vielem Betracht ausmacht.

Der bedeutsamen Stellung Sachsens in der Geschichte der deutschen Wissenschaft des 17. Jahrhunderts entspricht sein Einfluß auf die deutsche Dichtung, wenn vom geistlichen Liede abgesehen wird, nicht. Einige sächsische Nachahmer des genialen Grimmelshausen verdienen keine Erwähnung. Erst das ausgehende Jahrhundert bringt Christian Reuters „Schelmuffsky" an die Öffentlichkeit. Hier zeigt sich trotz aller Anlehnung an Molière doch ein genialer Zug, während die Schulkomödien des Zittauer Rektors Christian Weise nüchterne Lehrhaftigkeit und provinzielle Enge atmen. Weise wird neben den Schlesiern Gryphius und Lohenstein auch in der Geschichte des deutschen Barockdramas genannt, aber auch hier kommt er über Durchschnittsleistungen nicht hinaus. Er ist als Schilderer natürlicher Wirklichkeit seiner Zeit wertvoller als als Dramatiker. Der Weg, der von ihm zu Lessing führt, ist wohl erkennbar, aber doch noch recht weit.

In der Lyrik stehen die Schlesier voran, doch sind Fleming und Weise keine unwürdigen Nachbarn der Opitz und Christian Günther.

Hatten Weises Dramen an das alte, auch in Sachsen gepflegte Humanistendrama angeknüpft, so wurde doch die Zukunft der deutschen Bühne, so leistungsschwach diese Ansätze verglichen mit Westeuropa blieben, von anderer Seite mit Erfolg gepflegt, von den Schauspielertruppen. Und hier liegen Verdienste des albertinischen Hofes, die ihn vor anderen Fürstensitzen der Zeit auszeichnen. Englische Komödianten spielten schon 1626 vor Johann Georg I. Einheimische Kräfte führten um die Jahrhundertmitte diese Tradition als kurfürstliche Hofkomödianten weiter, gewiß blasse Verwässerungen Shakespearescher Kunst, aber doch Bemühungen, die die gesamtdeutsche Entwicklung weitergetragen haben. Es sind die Leipziger „Acta Eruditorum", in denen Carpzow zuerst des großen Engländers Erwähnung tut, und es ist in Leipzig, wo der junge Johann Velten 1669 zuerst in Deutschland ein Werk Corneilles, wenn auch nicht in ursprünglicher Form, auf die Bühne stellt. Johann Georg II. weihte 1667 das „Komödienhaus" in Dresden ein, in dem 1685 auch Veltens Truppe als Hofkomödianten spielten, die dann bald Molière auf der sächsischen Hofbühne einführten. Nur zögernd folgten andere deutsche Höfe, insbesondere Wien, dem Dresdner Beispiele.

Schon Kurfürst August hatte eine Anzahl deutscher und italienischer Musiker an seinem Hofe gehalten. Der größte Name der deutschen Musikgeschichte des 17. Jahrhunderts, Heinrich Schütz, entstammt dem preußischen Köstritz. Johann Georg I. berief 1613 den erst Achtundzwanzigjährigen als Hofkapellmeister nach Dresden, und hier hat er fast sechs Jahrzehnte gewirkt. Er leitete die erste deutsche Opernaufführung, seine „Daphne" nach

Opitzens Text, 1627 in Torgau. In den sechziger Jahren setzt sich in Dresden die italienische Oper durch, deren Pflege besonders Johann Georg III. durch Verpflichtung italienischer Künstler fördert, während im Zusammenhang mit der allgemein im Zeitstile liegenden Verausländerung der deutschen Bildung die deutsche Oper zurückgeht. Leipzig steht in der ersten Reihe der deutschen Städte, die ohne fürstliche Gunst aus den Kräften der Bürgerschaft Opernhäuser erhalten, vermag dabei allerdings auf die Dauer den Wettstreit mit Hamburg nicht durchzuhalten. Als Komponist verdient noch der aus der Nähe Leipzigs stammende Reinhold Keiser Erwähnung, dem Hamburg im Verein mit der Dresdner Sängerin Conradi seinen Ruhm als Opernstadt der Zeit verdankt.

Es war die Baukunst, in der der Berliner Hof vor seinen deutschen Rivalen sich im ausgehenden 17. Jahrhundert auszeichnete. Dieser Erfolg knüpft sich an die eine Person Andreas Schlüters, der auf seinem Gebiete das für Berlin wurde, was Schütz in der Musik für Dresden bedeutet hatte: die geniale Einzelpersönlichkeit, deren Wirken der Vorrang in Deutschland gesichert ist. In Dresden hat die fürstliche Bautätigkeit repräsentativen Stils erst in den letzten Lebensjahren Johann Georgs II. eingesetzt, mit der Anlage des Großen Gartens und der 1679 erfolgten Grundsteinlegung des darin vorgesehenen Palais.

Es läßt sich nicht verkennen, daß die bildende Kunst im Laufe des 17. Jahrhunderts in Deutschland zu einer Angelegenheit der Fürsten und des Adels geworden war, in den breiteren Schichten aber an Bedeutung verloren hatte, wenn man die Lage mit der des vorhergehenden Jahrhunderts vergleicht. Der Dreißigjährige Krieg bedeutet hier einen Bruch. Parallel damit geht das Überfluten Deutschlands mit fremden Kultureinflüssen, zumal Frankreichs, aber auch Italiens und Spaniens. Die ständische Scheidung, die Abstufung der Bildung wird differenzierter, das soziale Gebäude künstlicher. Bauer und Bürger — wenn für letzteren auch manche Ausnahmen bestehen — gehen in ihrer sozial-kulturellen Bedeutung für das Volksganze zurück. In den Bezirken der Bildung löst der Kavalier den Humanisten ab. Das Ideal weltmännischer Bildung dringt auch in die höheren Schulen ein und mildert da die rauhen Sitten des Pennalismus, verringert aber auch die bewußte Volks- und Bodenverbundenheit. Der Adel sondert sich um so mehr vom Volksganzen ab, je offener er dem Hofdienst gegenüber dem Landleben den Vorzug gibt. Die Sekundogeniturhöfe in Weißenfels, Merseburg und Zeitz dürfen in ihrer kulturellen und kunstfördernden Bedeutung gewiß nicht unterschätzt werden, aber sie waren doch nicht einem natürlichen Bedürfnis des Staates und Volks entwachsen, sondern einer dynastischen Laune oder Verirrung, wie sie den Anschauungen jener Zeit von Souveränität und fürstlicher Hofhaltung gemäß war. Auch schon manchem Zeitgenossen ist das Widersinnige solcher Duodezstaatsgebilde nicht entgangen.

Die ganze Entwicklung der materiellen und geistigen Kultur Deutschlands ließ den Wiederaufbau von Staat und Volk sich nach dem Großen Kriege in der Richtung auf den Absolutismus, auf das Überwiegen der westlichen Zivilisation, auf Scheidung der Stände und eine starke merkantilistische Wirtschaft hin vollziehen. Sachsen hat dabei in der vordersten Linie gestanden. Der zivilisatorische Fortschritt in jenen Jahrzehnten ist allen Hemmungen zum Trotz hier ganz unverkennbar. Die wirtschaftliche Entfaltungsmöglichkeit scheint ungebrochen. Die geistigen und künstlerischen Strömungen vom Westen her werden früh aufgenommen und weitergebildet. Soweit sich deutschbewußte Gegenkräfte gegen die kulturelle Überfremdung sammeln, wie in den Sprachgesellschaften, ist das östliche Mitteldeutschland wiederum lebhaft beteiligt. Wohl verkennt schon mancher Zeitgenosse nicht den vergleichsweise noch eindrucksvolleren Aufschwung Brandenburg-Preußens, der sich so offensichtlich an die im Kreise ihrer Standesgenossen unvergleichliche Persönlichkeit des Großen Kurfürsten knüpft, aber das alte Ansehen des Wettinerstaats ist auch durch die kriegerischen Mißerfolge nicht erschüttert, seine kulturelle und wirtschaftliche Führerstellung in Deutschland kaum bezweifelt.

Der Staatsorganismus selbst hatte einst durch Moritz und noch mehr durch August seine besondere Form bekommen, fortschrittlich für ihre Tage; an deren Grundlinien haben auch die Johann George nichts wesentliches geändert.

Nach den Schwankungen unter Christian I. hat die Zentralverwaltung im Geheimen Rate weiter den Gang des Staates bestimmt. Je nach der Persönlichkeit des Landesherrn war seine Mitarbeit und damit sein Einfluß auf diesen Gang stärker oder schwächer. Auch wächst die Möglichkeit für Ratgeber des Fürsten außerhalb des Geheimen Rates, ihrem Wirken Geltung zu verschaffen durch den Ausbau der Hofämter, deren Fülle den Glanz des Herrschers zu steigern berufen ist. Neben den oft so einflußreichen Hofprediger und die fürstlichen Frauen tritt der vielgewandte Hofkavalier, der weit weniger schollengebunden ist als die heimischen Beamten und die Landstände. Nicht lange läßt auch die galante Dame westlichen Vorbilds im Kreise der Wandelsterne um den Fürsten auf sich warten.

Entsprechend der allgemeinen Steigerung des schriftlichen Amtsverkehrs und der wachsenden, damit verbundenen Sonderung einzelner Verwaltungszweige entstand 1606 eine eigene Bergexpedition. Die eigentliche Landesfinanzverwaltung wurde zwar schon seit 1589 vom Kollegium der Kammerräte geführt, an ihrer Spitze erscheint aber — nach mancherlei Schwankungen — seit 1658 ein Kammerpräsident, neben dem seit 1661 ein Bergratskollegium mit einem Direktor an der Spitze arbeitet. Diese Dinge sind hier nicht um ihrer selbst willen besonders erwähnenswert, sondern weil sich in ihnen das allmähliche Werden der Verwaltung verdeutlicht, die dem Staate zu allen Zeiten sein besonderes Gepräge gegeben hat. Versuche, die fürstliche Privatschatulle schon verwaltungsmäßig von der Staatskasse zu sondern, wie sie in der vorübergehenden Errichtung einer Geheimen Rentkammer in den zwanziger, sechziger und siebziger Jahren zum Ausdruck kommen, waren zunächst noch nicht von bleibender Gestalt. Wichtig ist die Errichtung einer besonderen Expedition für die Ausländischen Sachen in der Geheimen Kanzlei 1642. In der Justizpflege kam man noch nicht wesentlich über die Appellationsgerichtsordnung von 1605 hinaus. Eine erste Prozeßordnung erschien 1622. Bemerkenswert ist übrigens in der Kriminalrechtspflege das lange Festhalten an Strenge und unmenschlichen Strafen, in Zeiten, wo schon Toleranz und weltliche Aufklärung geläufige Begriffe waren. Das Wachsen der Hexenprozesse steht mit dieser Erscheinung in innigem Zusammenhang. Zahlen, wie z. B. die Angabe, daß in dem kleinen Schleusingen zwischen 1597 und 1676 nicht weniger als 79 Hexen abgeurteilt worden sind, sprechen eine eindrucksvolle Sprache von einer der tiefsten Schattenseiten jenes vom Konfessionalismus zur Aufklärung führenden Jahrhunderts. Sachsen hat bei dieser Verirrung des Rechtsempfindens offenbar nicht hinter den anderen deutschen Ländern zurückgestanden. Männer wie der Jurist Johann Benedikt Carpzow und der schon genannte Daniel Sennert tun sich als Eiferer gegen die Hexen hervor.

Das ausgehende 17. Jahrhundert bringt zwar — besonders angeregt durch die auf dem Landtage von 1660 beschlossenen einundneunzig „Dezisionen" als Ergänzung der Konstitutionen Kurfürst Augusts — Ansätze, aber keine endgültige Verbesserung des Prozeßrechts. Unberührt blieb die Verwaltung des Landes in den Ämtern. Ihr Beamtenkörper wurde wohl ein wenig vermehrt, aber sonst bedeutete auch die gelegentliche Ernennung von Kreishauptleuten als Zwischeninstanz zwischen Amt und Zentrale keine Änderung von entscheidender Wichtigkeit.

In allen Notzeiten und bei jeder Anspannung der Staatsfinanzen gewinnt das Verhältnis von Landesherrn und Ständen gesteigerte Bedeutung. Der Große Krieg hat eine in dieser Beziehung einschneidende Wirkung gehabt. Die Landstände haben dank ihrer Geldbewilligungen, ohne die der Landesherr mit seinen verarmten Domänen nicht wirtschaften konnte, wesentlichen Einfluß auf Herrscher und Staat gewonnen. Es gibt dem Staatswesen als Ganzem die bezeichnende Färbung, daß dieser Einfluß das Jahrhundert hindurch fast ständig im Wachsen ist. Diesen Vorgang darf man nachträglich gewiß nicht nur absprechend bewerten. Wohl zeigt das Beispiel des Großen Kurfürsten, was ein überragend begabter, arbeitsfreudiger und energischer Landesherr sich für eine Stellung im Staate sichern konnte, aber keiner der Johann George hat diese persönlichen Voraussetzungen auch nur entfernt mitgebracht. Gegen verschwenderische Neigungen aber bedeuteten die ständischen Rücksichten einen durchaus im Sinne des Ganzen nützlichen Hemmschuh. Auf den Landtagen der sechziger Jahre, besonders bei den umfänglichen, das ganze Grenzgebiet zwischen Landesherrn und Ständen bereinigenden Verhandlungen von 1660/61, bei denen der Kurfürst nicht gerade günstig abschnitt, haben die Stände ihm immer wieder vorgehalten, daß sich seine fürstlichen Ausgaben nach den Einnahmen des Landes richten müßten und nicht umgekehrt. Das war im volkspflegerischen und sozialen Sinne gewiß durchaus geboten. Aber man wird doch auch eine andere Entwicklungslinie nicht übersehen dürfen. Mit der ständigen Einrichtung des Obersteuerkollegiums hatten sich die Stände eine eigene Finanzbehörde geschaffen, die die Staatswirtschaft laufend beaufsichtigte und beeinflußte. Auf den Land- und den mehr und mehr aufkommenden Ausschußtagen übten die Stände ein hartes Bewilligungsrecht. Jede Gabe ließen sie sich teuer abkaufen. Die Kaufsumme lag gewiß häufig auf dem Gebiete des Allgemeinwohls, half unübersehbare politische Experimente des Fürsten eindämmen usw., anderseits fallen aber die steuerlichen Entlastungen der Rittergüter, die Steuerbefreiung der Herren Stände auch für ihren nicht ritterlichen Besitz in den gleichen Zeitraum. Gleichzeitig schloß sich der Kreis der alten Stände immer hermetischer gegen aufstrebende Neulinge ab. Die feinere Unterscheidung zwischen alter und neuer Schriftsässigkeit gewann Geltung. Weniger als einst verkörperten die Stände den Kreis der wirtschaftlich Leistungsbereiten und der politisch Leistungsfähigen. Es läßt sich gar nicht verkennen, daß die kalte und konsequente Interessenpolitik der Stände sich nur in manchen Fällen mit den Rücksichten auf das Volk deckte. Es bleibt jedenfalls die Frage offen, ob die breiten Schichten des Volkes nicht unter einer absoluten, aber gutgeleiteten fürstlichen Regierung besser gestellt waren als unter einem von übermächtigen Ständen abhängigen, schwachen Regiment, wie es das der Johann George in überwiegendem Maße war.

Das wichtigste Ereignis der inneren Verwaltungsgeschichte war neben der Gewinnung der verwaltungsmäßig selbständig gelassenen Lausitz die Errichtung der drei Sekundogeniturfürstentümer durch das Testament Johann Georgs I. Ein der Zeit geläufiger Gedanke kam dabei zur Verwirklichung. Man finanzierte den Hofhalt der jüngeren Prinzen nicht mehr wie im 16. Jahrhundert durch Überweisung der Einnahmen einzelner Ämter, sondern man faßte diese als eigene Verwaltungskörper mit einer Zentralverwaltung zusammen, machte sie aber politisch und militärisch von der Hauptlinie abhängig. Die Geschichte der drei Nebenlinien ist — wie schon gestreift — mehr von kulturellem als von politischem und verwaltungsgeschichtlichem Interesse. Die fließende Abgrenzung ihrer fürstlichen Zuständigkeit auf Grund des Testaments hat den Anlaß zu endlosen Streitigkeiten gegeben, zumal Johann Georg II. die Zügel darin schleifen ließ, Johann Georg III. sie straffer anzog und darum gesteigerten Widerstand fand. Sachsen-Weißenfels trat, solange der Magdeburgische Administrator August lebte, mit dem alten Erzstift in enge Verbindung, besonders als das Weißenfelser Schloß Hof und Regierung noch nicht beherbergen konnte. Im Rahmen dieses Teilfürstentums entstand aus abgetretenen magdeburgischen und einigen thüringischen Ämtern das Fürstentum Querfurt, das es am Ende seiner idyllischen Laufbahn sogar zur Reichsstandschaft brachte und bis zur Auflösung des alten albertinischen Staates bestanden hat. Als seine Nebenlinie konnte es durch zwei Menschenalter hindurch noch eine Abzweigung, das Fürstentum Sachsen-Barby, bilden. Sachsen-Merseburg gewann dadurch einige Bedeutung, daß es die Niederlausitz angegliedert erhielt. Die Oberamtsregierung in Lübben unterstand also dem Merseburger Hofe, konnte sich aber verhältnismäßig selbständig erhalten. Sachsen-Zeitz erregte in Dresden durch sein Liebäugeln mit dem Berliner

Hofe Mißvergnügen, auch sein besonderes Interesse an den benachbarten hennebergischen Gebieten fand Verdacht. Zeitz starb 1718, Merseburg 1738, Weißenfels 1746 aus. Ihre Verwaltung war jeweils in Regierung, Kammer und Konsistorium gegliedert. Ein üppiger Hofstaat stand neben der Beamtenschaft, der einige Geheime Räte nicht fehlten. Vertreter am Dresdner, gelegentlich wohl auch am Wiener Hofe stellten die Verbindung zur größeren politischen Umwelt her. Für den Geschichtsfreund entbehren diese künstlichen und vergänglichen staatlichen Gebilde gleichwohl nicht eines gewissen historischen Reizes. Ihre künstlerischen Leistungen haben ihr politisches Dasein länger und bedeutsamer überlebt als dies von manchem anderen und größeren Staatsgebilde zu berichten ist.

Die innergeschichtliche Wendung, die das Sachsen des ausgehenden 17. Jahrhunderts aus der Enge seiner finanziellen Nöte, seiner ständischen Gebundenheit hinauszuführen geeignet ist, ist die Errichtung des stehenden Heeres. Gewiß liegt dieser Schritt im Zuge der Zeit, ist von anderen Fürsten gleichzeitig oder nicht viel später in Deutschland getan worden. Und trotzdem hebt diese Schöpfung von 1682, so unvollkommen sie noch ist, Johann Georg III. ein gutes Stück über das bescheidene Mittelmaß seiner nächsten Vorläufer auf dem Throne der Albertiner hinaus. Die alte Einrichtung der Defensioner hatte trotz verschiedener Reformen die Erwartungen nicht befriedigt, die man auf sie gesetzt hatte. Seit den Tagen Johann Georgs I. hatten die Stände die sogenannte Quatembersteuer als Abgabe für die Landesverteidigung bewilligen müssen. Damit waren die Jahrzehnte hindurch neben den nur gelegentlich mobilisierten Defensionstruppen die Bestände der Garden bei Hofe, die Besatzungsstämme der Festungen und die auf kürzere Zeit und für bestimmte Aufgaben geworbenen Fähnlein und Kompanien bezahlt und ausgerüstet worden. Eine Anzahl Offiziere befand sich in ständigem Dienste zu wechselnder Verwendung. Unter großen Schwierigkeiten mit den Ständen, die ganz richtig in der stehenden Wehrmacht das Fundament des werdenden absoluten Staates witterten und mit Recht auf die außerordentliche Höhe der geforderten Geldmittel hinweisen konnten, gelang dem kriegerischen Kurfürsten — dem ersten wirklichen Soldaten seit Moritzens Tagen unter den Albertinern — die Aufstellung von zunächst je vier Regimentern Infanterie und Reitern, einem Dragonerregiment und einiger Artillerie, insgesamt rund 10 000 Mann.

An Stelle der 1634 eingerichteten Kriegskanzlei trat für die neue Armee das Geheime Kriegsratskollegium seit 1684. Mit der ersten Kadettenanstalt wurde 1687 dem Offiziersnachwuchs eine geregeltere Ausbildung gegeben. In den leitenden Stellen der Armee wie der Staatsverwaltung faßte der Adel immer festeren Fuß. Es geschah das unter ständischem Einfluß — denn hier erwuchs ihm die Möglichkeit der Versorgung seines Nachwuchses, ähnlich wie dies in vorreformatorischer Zeit in den Domkapiteln und Kollegiatstiften der Fall gewesen war, aber auch infolge des gesteigerten Höfischwerdens des Adels. Immer mehr wurde es zur Selbstverständlichkeit, daß der Landesherr durch eine tief gegliederte Reihe adliger Würdenträger und Amtsinhaber von den Massen des Volkes getrennt war. Diese höheren Schichten empfanden schon häufig international im Sinne einer Aristokratie, die lediglich einem fürstlichen Herrn in Person diente, diesen Dienst wohl auch nach Belieben wechselte, mit Land und Volk aber nicht verwachsen war.

Überblickt man die Zeit zwischen dem Dreißigjährigen Kriege und dem Ende des 17. Jahrhunderts, dann wird man anerkennen müssen, daß der Wiederaufbau auf materiellem Gebiete im obersächsischen Stammesgebiet umfassend war. Die wachsenden Volkszahlen glichen die Verluste des Krieges ebenso wieder aus wie die in der Wirtschaft und im Handel ruhenden Werte sich neu bildeten. Die geistige und teilweise auch die künstlerische Kultur des Landes bewegte sich aufwärts, teilweise führend und richtunggebend für die gesamtdeutsche Entwicklung. Noch war der sächsische Kurstaat ein für das deutsche Gesamtleben ausschlaggebender und gegenüber dem Ausland repräsentativer Teil des Reiches. Gleichwohl konnte er die Zentralstellung, die ihm im voraufgegangenen Jahrhundert die Refor-

Abb. 33   Völkerschlacht in Leipzig vor dem Grimmaischen Tor 1813

Abb. 34   Messetreiben auf dem Marktplatz in Leipzig Anfang des 19. Jahrhunderts

mation und das Wirken ihrer großen Männer für die europäische Gesamtlage verliehen hatte, von dem Zeitpunkte — und dies nicht ohne Mitschuld der Wettiner — an nicht mehr festhalten, wo die geistigen Strömungen sich von den religiösen Fragestellungen und Kämpfen abwandten und neue Gedanken an deren Stelle traten. Es waren das bekanntlich im ausgehenden 17. Jahrhundert geistig-materielle Bewegungen wie die überseeische Expansion der Westmächte, die Kulturblüte Hollands, das große Jahrhundert Ludwigs XIV. in Frankreich, die Türkenkriege im Südosten, alles Probleme, die für Sachsen ohne unmittelbare Bedeutung waren. Der Kurstaat sah sich also durch die allgemeine Entwicklung auf seine räumlich begrenzte und beengte kontinentale Binnenrolle beschränkt, die weitere Gesichtspunkte der Politik über den Rahmen reichsständischer Betätigung hinaus beinahe unmöglich machte. Es ist das unvergängliche Verdienst des Großen Kurfürsten gewesen, seinen Staat durch die gleichen Fährnisse der Abdrängung in die Richtung politischer Bedeutungslosigkeit hindurchgeleitet zu haben. Er bahnte sich durch eine skrupellose, den Reichsorganismus sprengende Aktivität den Weg ins freie Fahrwasser des großen europäischen Kräftespiels, während die Johann George in Sachsen zwar auch gelegentlich einen Schritt von der Bahn unbedingter Gefolgschaft für das Haus Habsburg abzuweichen sich anschickten, aber doch im ganzen Reichspolitik trieben, sei es nun — was zweifellos der Fall war — aus wirklichem Verbundenheitsgefühl gegenüber dem Reichsgedanken oder aber wohl auch aus der Unlust, eigene Wege zielsicher zu verfolgen und aus lebendigem Erfassen der politischen Gesamtlage heraus kühn zu handeln.

Für die aktive französische Politik in Deutschland war Sachsen ein wertvoller Stein auf dem Schachbrett. Es war der mit wenig Klarheit und Willenskraft von sächsischer Seite geführte Streit um Erfurt, der den Franzosen den Weg nach Dresden ebnete. In langen Verhandlungen gelang es dem Kurfürsten von Mainz 1663/64 Sachsens alten Einfluß in Erfurt ganz zu verdrängen und zugleich den Wettiner an das System der von Frankreich abhängigen und — finanzierten rheinischen Allianz heranzubringen. Eine käufliche Kreatur aus Mainz — der Canonicus von Reiffenberg — wurde Präsident des sächsischen Geheimen Rates, als die Mehrzahl der kaiserlich gesinnten Geheimen Räte des Kurfürsten Johann Georgs II. französische Politik nicht mitmachen wollte. Gegen Geld wurden nun die Rechte Sachsens an Erfurt dahingegeben. Ein Rezeß von 1667 schloß diese Geschichte einer politischen Niederlage endgültig ab. Aber um die gleiche Zeit wandte sich der unbeständige Kurfürst schon wieder dem Kaiser und dem damals antifranzösischen Brandenburg zu. Es ist verfehlt, tiefere Gesichtspunkte hinter diesen politischen Schwankungen zu suchen. Sie wurden einmal durch das Geldbedürfnis des schlecht haushaltenden Wettiners, dann aber auch durch den wechselnden persönlichen Einfluß der Ratgeber am Hofe, der fremden Gesandten und Souveräne bestimmt. Klarer wurde die sächsische Politik erst unter dem soldatischen Johann Georg III. So wie er den Sekundogeniturlinien gegenüber das Interesse des Gesamthauses stärker unterstrich und der Schöpfer des stehenden Heeres in Sachsen ist, so handelte er auch politisch zielbewußter. Die französischen Experimente sind endgültig vorbei, nicht zuletzt unter dem Eindruck der immer gefährlicher werdenden Gesamtlage des von Franzosen und Türken zugleich bedrohten Reiches. Die Teilnahme des Kurfürsten und seines kleinen, aber gut ausgerüsteten und sich trefflich schlagenden Heeres an dem Kampfe vor Wien und an der Befreiung dieses Bollwerks christlich-abendländischer Kultur von der Bedrohung durch die Türken, ist einer der Lichtpunkte in der unglücklichen Politik Sachsens in jener Zeit. Hier kämpfte der sächsische Soldat nicht für dynastische Hauspolitik, sondern für ein deutsches Anliegen. Und es macht dabei nichts aus, daß auch hinter diesen hohen Zwecken schon gleich nach dem Siege kleinliche Rücksichten habsburgischer Eigensucht sich offenbarten, die Johann Georg verstimmen mußten und die den Großen Kurfürsten von vornherein von der Teilnahme am Feldzuge abgehalten hatten. Hatte hier noch der Brandenburger vielleicht klüger, der Sachse aber in höherem Sinne bestimmt richtiger gehandelt, so bedeutet die Vermietung sächsischer Truppen in den Dienst der Republik Venedig zum Kampf gegen die Türken auf Morea ein dynastisches Geschäft, das gewiß nicht durch die wahren Interessen des sächsischen Staates und Volkes oder höhere gesamtdeutsche Rücksichten bestimmt war.

Vor einem engeren Zusammenwirken mit Brandenburg hielt sich der Kurfürst trotz wiederholter Angebote fern, wohl aber war er im Kampfe des Reichs gegen Ludwig XIV. zur Stelle. Tapfer fochten die sächsischen Regimenter alljährlich zwischen 1688 und 1691 in Kämpfen, die heute im einzelnen vergessen sind, in denen aber immer wieder das Blut der sächsischen Landeskinder für das gesamte Deutschtum, nicht für partikulare Interessen floß. Vor Mainz, an dessen Eroberung die Sachsen hervorragend mitwirkten, ist Herzog Christian von Sachsen-Weißenfels gefallen, der Kurfürst selbst in Lebensgefahr geraten. Trotz schwere Krankheit eilte Johann Georg III. immer wieder ins Feld. Als er im Herbst 1691 seinem Leiden erst 45jährig in Tübingen erlag, verlor sein Land in ihm einen tätigen und umsichtigen Politiker, wenn auch keinen überragenden Staatsmann und keinen alle inneren Angelegenheiten rastlos betreibenden Landesvater, wohl aber einen tüchtigen und unerschrockenen Soldaten und Truppenführer. Ihm ist es zu danken, daß auf den ersten Blättern der Geschichte der sächsischen Armee rühmliche Taten und Opfer verzeichnet stehen, die dem Gedanken an das gesamte deutsche Vaterland geleistet worden sind.

Hatte sein unmittelbarer Vorläufer Erfurt, sein Großvater die jülichbergische Erbschaft sich entgehen lassen, so versäumte er den rechten Augenblick, um 1689 beim Aussterben des Hauses Sachsen-Lauenburg die Rechte der Albertiner geltend zu machen. Daß er die Entscheidung dem Kaiser überließ, bedeutete praktisch so viel wie Verzicht. Sein Sohn hat seinen Ansprüchen dann auch der Form nach gegen eine Geldentschädigung entsagt.

Der Regierungsantritt Johann Georgs III. hatte eine Wendung vom französischen zum kaiserlichen Standpunkt mit sich gebracht; sein Tod ließ die schon in seinen letzten Lebensjahren erkalteten Beziehungen zum Wiener Hofe nicht wärmer werden, sondern brachte unter dem jugendlichen Sohne, dem vierten Johann Georg, tatsächlich dank dem Einfluß seines Günstlings, des früher brandenburgischen Generals Hans Adam von Schöning, eine stärkere Hinneigung zu Brandenburg. So kurz Leben und Regierung dieses Fürsten war, auch hier wird keine feste Linie eingehalten. Bezeichnend ist es, daß von Rücksichten auf das Wohl des Landes bei allen diesen Schwankungen so gut wie nie die Rede ist, wohl aber von den Prestigerücksichten des Herrscherhauses, den Einflüssen einzelner Persönlichkeiten. So sind die drei kurzen Regierungsjahre des letzten Johann Georg verstrichen, ohne für Staat und Volk bleibende Bedeutung gewonnen zu haben.

Sachsen hat an den verschiedenen Versuchen zu einer Erneuerung des Reichs in den sechziger und siebziger Jahren des Jahrhunderts keinen oder nur geringen Anteil genommen. Während unter der Führung des Erzbischofs von Mainz und seines leitenden Ministers Boyneburg wechselnde Gruppen von Reichsständen, denen zeitweise auch Brandenburg nicht fern stand, Bündnispläne verfolgten, die dem inneren Zusammenhalt des Reichs dienten und die fremden Mächte vom Reichsboden fernhalten sollten, erkannte Sachsen darin eine Richtung, die dem habsburgischen Kaisertum entgegen sein konnte, und hielt sich darum fern. Leibnizens Denkschrift von der „Sekurität" des Reichs, die solche Reichsreformgedanken theoretisch entwickelte, fand in seinem Heimatlande keinen Anklang. Wenn auch Sachsen an dem Aufschwung des deutschen Nationalgefühls und dem Steigen des nationalpolitischen Willens in Deutschland, das gegen Ende des Jahrhunderts allgemein zu beobachten ist, seinen Teil nimmt, so beruht das ganz wesentlich auf politisch-militärischer Mitwirkung an den Abwehrkämpfen gegen Frankreich und gegen die Türken; von einer gewissermaßen bodenständigen Kräftigung des partikular-dynastischen Staatsgedankens, wie dies anderwärts zu beobachten ist, ist demgegenüber wenig zu bemerken. Wir denken etwa an die Kolonialpläne Bayerns, an Bechers von vielen Fürsten zeitweise so beifällig aufgenommene Pläne einer überseeischen deutschen Handelsgesellschaft, vor allem aber an die Entwicklung in Brandenburg-Preußen, wo die Siege von Fehrbellin wie vor Warschau doch ebenso als Erfolge des Heimatlandes und seiner Dynastie empfunden wurden, wie sie anderseits auch dem „Gedenke, daß du ein Deutscher bist" des Großen Kurfürsten einen eigenen Widerhall unter seinen Landeskindern verschafften. Daß endlich die Kolonial- und Flottenpolitik Brandenburgs den Gesichtspunkt für die politische Welt erweitern mußte, leuchtet ebenso ein, wie der Ansporn, der in der Weitung des politischen Horizonts eines Reichsstandes über seine alten Grenzen hinaus, für seine Nachbarn und Rivalen gegeben war. In dem Maße wie sich ganz Europa im 17. Jahrhundert über den alten abendländischen Rahmen hinaus entfaltet und die großen Kolonial- und Seemächte den Erdball zu umspannen trachten, wird auch der Blick der deutschen Reichsstände von der bloßen Beschäftigung mit den deutschen Dingen abgelenkt. Neben den Reichsreformgedanken tritt der der selbständigen Machtentfaltung in den weiten, politisch noch ungeformten Räumen von Osteuropa oder von Übersee. Das durch das Wunder des Türkensiegs vor Wien zu einer angreifenden Balkanpolitik gerufene Haus Habsburg zeigt selbst, wie sehr seine Machtentwicklung über den Rahmen des Reichs hinausgreift. Das Sonnenkönigtum Ludwigs XIV. offenbart in seinen Eroberungen nicht nur die Ohnmacht des Reichs, sondern auch die Möglichkeit einer die Grenzen des Volkstums überschreitenden Staatserweiterung, die dem Vorbilde des werdenden Nationalitätenstaates der Habsburger zu folgen scheint. Der Große Kurfürst denkt bald an die polnische Königskrone, bald an westeuropäische oder überseeische Möglichkeiten seiner Machterweiterung. Allenthalben zeigt sich der seelische Niederbruch durch den Großen Krieg und seine Folgen überwunden zugunsten eines vorwärts zu neuen politischen Formen drängenden staatlichen Willens in Deutschland.

Zwanzigster Abschnitt

Das augusteische Zeitalter der Kulturblüte und der politischen Überflügelung

Wenn man in Sachsen in den letzten Jahrzehnten des 18. Jahrhunderts auf die Schicksale und Wandlungen des Landes und Volks während der voraufgegangenen Menschenalter zurückblickte, dann pflegte man die ersten Jahre des Jahrhunderts, die Zeit vor dem Schwedeneinfall, als die glücklichsten zu bezeichnen. Nicht mit Unrecht! Dabei blieb eine grundsätzliche Stellungnahme zur Verbindung des Landes mit Polen übrigens bezeichnenderweise außer Betracht.

Man wird sich bei der Fragestellung nach der inneren Berechtigung der sächsisch-polnischen Verbindung vergegenwärtigen müssen, daß in den neunziger Jahren des 17. Jahrhunderts die führenden deutschen Fürstenhäuser allgemein im Zuge großer Veränderungen standen. Die Pfalz, Sachsens alter kirchenpolitischer Widerpart, war eben in katholische Hände geraten. Seit Mitte der achtziger Jahre bereitete Leibniz literarisch den Eintritt der Welfen in den Kreis der Kurfürsten vor. Die Anfänge der Bemühungen Friedrichs I. von Brandenburg um die Königskrone fallen ins Jahr 1693. Der Friede von Ryswick im Mai 1697 entlastete das Reich nach Westen hin, mochte auch schon der Spanische Erbfolgekrieg drohen. Der Blick richtete sich unwillkürlich nach Osten, wo König Johann Sobieski von Polen im Juni 1696 gestorben und nun der Wettbewerb um den polnischen Thron eröffnet war. Unter den zahlreichen Bewerbern mit wechselnder Aussicht auf Erfolg fanden sich auch verschiedene deutsche Fürsten wie Max Emanuel von Bayern, Ludwig Wilhelm von Baden, Albrecht von Brandenburg. Als sich der Sieg schon dem französischen Bewerber, dem Prinzen Franz Ludwig von Conti, zuneigte, erschien als letzter Bewerber, Kurfürst Friedrich August von Sachsen. Dank seines geschickten Vertreters Flemming, dank reicher Geldmittel und einer an der Grenze einmarschbereit stehenden Armee, dank vor allem aber der Unterstützung durch Kaiser und Papst wurde die frische Tatkraft des Wettiners mit dem Siege belohnt. Der Juni 1697 brachte ihm die Wahl, die folgenden Monate sicherten sie durch die Vertreibung Contis von der Danziger Reede. Eine Epoche europäischer Politik Sachsens war mit einem Erfolge eingeleitet worden, der zugleich ein Sieg des Deutschtums über Frankreich, eine Rückendeckung des Reichs gegen die Umklammerung durch Ludwig XIV. war. Durch den frühen Tod seines ihm wenig wesensverwandten Bruders wider eigenes Erwarten und ohne besondere Ausbildung für die ihn nun erwartenden Aufgaben, hatte Friedrich August I. — später als polnischer König August II. — als Vierundzwanzigjähriger den Thron bestiegen. Seine bisherige Laufbahn war die des Soldaten gewesen. In den Rheinlanden, vor Mainz, in den Niederlanden hatte er tapfer gefochten. Sein wiederholter Aufenthalt in Italien, zumal in Venedig, und am Kaiserhofe hatte ihn nicht nur mit der Kunst und Kultur des Südens, empfänglich wie er dafür war, vertraut gemacht, sondern dort hatte er auch den benachbarten Osten als lockendes Ziel phantastischer Kriegszüge, ruhmvoller Eroberungen werten gelernt. Jugend, Tatendrang, geistige Begabung und schweifende Phantasie, aber auch Mangel an einem aus der Erfahrung erwachsenen Verständnis für die Grenzen seiner Fähigkeiten und Machtmittel, Mangel an Selbstbeherrschung bei aller Schlauheit vereinigten sich in dieser schon von den Zeitgenossen dank des Schillernden und Unbestimmten in seiner Natur keineswegs einheitlich beurteilten jungen Fürsten. Zunächst trieb ihn sein Tatendrang nach der Regierungsübernahme als kaiserlichen Oberbefehlshaber auf den ungarischen Kriegsschauplatz. Diese Feldzüge der Sommer 1695 und 1696 brachten ihm keine besonderen Lorbeeren ein. Auch für die beteiligten sächsischen Truppen gingen sie nicht ohne ernste Verluste ab; obwohl sie nicht mit eigentlichen militärischen Niederlagen verbunden waren, blieb diesen Unternehmungen doch auch ein nachhaltiger Erfolg versagt. Der Kurfürst wird nicht darüber getrauert haben, daß der nächste Sommer ihn nicht mehr in den Ebenen Ungarns sah, sondern bereits, höheren Zielen zustrebend, in Polen. Nun verfocht er eigene Reichspläne, nicht mehr die Interessen des Hauses Habsburg. Diese polnische Kandidatur darf darum nicht von vornherein abgelehnt werden, weil zwei verschiedene Völker durch sie in einer Hand vereinigt werden sollten. Das geschah noch sehr viel später in viel nationalbewußteren Zeiten. Auch wirtschaftspolitische Erwägungen sprachen viel mehr dafür als dagegen. Die Zeit forderte den Eintritt der Wettiner in den Wettlauf der Dynastien, wenn sie nicht kampflos aus der ersten Reihe weichen wollten. Wohin sollten sie sich aber wenden, wenn nicht gegen Osten, obwohl sie hier das habsburgische Schlesien von dem erstrebten Ziele trennte? Unterstützte der Kaiser nicht die sächsische Bewerbung, der doch für seinen schlesischen Besitz für den Fall des Erfolges fürchten mußte? Das schwerste Bedenken gegen das Unternehmen lag in dem vom polnischen König geforderten katholischen Bekenntnis. Friedrich August hat es ohne Zögern angenommen. Längst den streng lutherischen Überlieferungen seines Hauses entwachsen, tat er den Schritt, den Stände und Zeitgenossen gelegentlich schon von seinem Großvater gefürchtet und den seine Vettern Albrecht von Sachsen-Weißenfels und Christian August von Sachsen-Zeitz schon vor längerer Zeit vollzogen hatten. Das war politisch skrupellos und aus religiöser Indifferenz gehandelt, bedeutete doch aber auch politisch viel: es war der Verzicht auf die aus Luthers Tagen stammende Führung Sachsens im Rahmen des politischen Protestantismus. Es trennte den Landesherrn von dem Glauben seiner sächsischen Untertanen. Dieser von den Zeitgenossen so bitter empfundene Spalt ist, auch wenn die

Befürchtungen der geplanten Rückführung des sächsischen Volkes zur alten Lehre nicht erfüllt wurden, doch auch in der Folgezeit nie ganz überbrückt worden. Nicht mehr als Landesvater im patriarchalischen Sinne des 16. Jahrhunderts, sondern als Glied einer in manchen Zügen fast international anmutenden höchsten Aristokratie führte Friedrich August sein Regiment. Er fühlte sich selbst stammes- und blutmäßig schwerlich als Sohn der obersächsischen Erde, so deutlich er den Dialekt des Landes neben seinem fehlerhaften Französisch und Italienisch sprach und schrieb.

Es war nicht ohne Schwierigkeiten abgegangen, die polnische Krone zu erlangen, es war noch viel schwerer, sie im Sturm der Zeit zu behaupten. Mochte die Erwerbung der Krone durch die Zeitlage, durch ein mehr oder weniger klar erkanntes Wirtschaftsinteresse beider Länder, mochte sie nicht zuletzt durch die Persönlichkeit Friedrich Augusts begründet werden, ihre letzte Rechtfertigung würde sie erst in ihrer Behauptung im Strudel der bewegten osteuropäischen Politik gefunden haben. Und hier haben August der Starke und seine Ratgeber die vorhandenen Gefahren unterschätzt. Es genügte nicht, Österreich auf seiner Seite und die französische Konkurrenz verdrängt zu wissen. In Polen bedurfte es immer wieder gewaltiger Summen, um die kirchlichen und ständischen Machthaber zu befriedigen. Schon nach kurzer Zeit mußten Ämter und andere Rechtstitel in Sachsen verpfändet oder gar veräußert werden, um die nötigen Beträge in dem sonst so wohlhabenden Lande flüssig zu machen. August der Starke ging nach Beendigung des Türkenkrieges durch den Frieden von Karlowitz, enttäuscht über das Scheitern seiner auf Gewinnung einer niederschlesischen Landbrücke zwischen Sachsen und Polen gerichteten Bemühungen in Wien, neuen weitausgreifenden Plänen nach. Er zielte auf ein Bündnis mit Ludwig XIV. und einen Angriff auf die Länder der Wenzelskrone, daneben auf die Errichtung wettinischer Nebenländer in Unteritalien und am Rheine. Gleichzeitig aber wurde er von Peter dem Großen, von Dänemark und von dem Livländer Johann Heinrich von Patkul, zum Konflikt mit Schweden gedrängt, die ihm zunächst fern gelegen hatte, in eine politische Richtung gedrängt. Als ihm Zweifel an den Erfolgsaussichten eines Angriffs auf Livland auftauchten, sah er sich schon zu weit in das Unternehmen verstrickt, um es noch abbrechen zu können. Die strategische Überlegenheit Karls XII. offenbarte sich 1702 bei Klissow, 1704 bei Pultusk. Der inzwischen ausgebrochene Spanische Erbfolgekrieg, an dem sich — da es ein Reichskrieg war — Sachsen gleichfalls beteiligen mußte, verzettelte die nun auch am Rhein gegen Frankreich fechtenden militärischen Kräfte des Kurstaates noch mehr. Weiter drangen die Schweden in Polen vor; im Juli 1704 wurde unter ihrem Einfluß Stanislaus Leszczynski zum polnischen König gewählt, im Februar 1706 schlug der Schwede Rehnschiöld die Sachsen vernichtend bei Fraustadt; im Herbst dieses Jahres erschienen die Schweden in Sachsen selbst; der von seinen Bundesgenossen verlassene Kurfürst-König konnte sie nicht daran hindern. Am 24. September 1706 mußte er im Frieden zu Altranstädt auf die polnische Krone verzichten, das russische Bündnis verlassen, die feindlichen Truppen in seinem Lande überwintern lassen. Vergeblich zögerte er noch einige Monate mit der Anerkennung dieses Friedens, der zugleich einen Schlußstrich unter die erste Epoche seiner sächsisch-polnischen Politik setzte. Wer konnte zweifeln, daß das Ergebnis ein völliger Mißerfolg war?

Innerpolitisch ist dies erste Jahrzehnt augusteischer Politik aufs stärkste von dem Gang der äußeren Verhältnisse bedingt gewesen. Die Rückwirkung des Übertritts Augusts zum Katholizismus auf das sächsische Volk in allen seinen Teilen ist schon berührt worden. Gerade in den breiten Schichten war das stolze Bewußtsein lebendig, das Mutterland der Reformation als Heimat zu wissen. Darauf gründete sich nicht zuletzt das Stammesgefühl, darauf auch das bisher mit der Dynastie unlöslich verbundene Staatsgefühl. Die Landstände mußten jetzt mit dem Überhandnehmen landfremder Einflüsse am Hofe, geistlicher wie weltlicher, rechnen, die ihr Verhältnis zum Landesherrn berührten, anderseits konnten sie nun an die Spitze der volkstümlichen Bewegung treten, die das gefährdete Evangelium schützen wollte und bis zu öffentlich verbreiteten Schmähschriften und Aufläufen aufschäumte. Sachsen ist evangelisch geblieben. August hat die zur Beruhigung des Volkes gegebenen Zusicherungen, die der Vertrag von Altranstädt nochmals forderte, gehalten, auch wenn er gelegentlich einmal in Geldnot seine Einwilligung zur Werbung für den Katholizismus gegen gute Bezahlung gab. Er war auch als Katholik ein Freigeist und enttäuschte Papst und Geistlichkeit auch insofern, als er — was ihm die lutherische Orthodoxie nicht minder verdachte — den Reformierten wie den Juden eine gewisse beschränkte Kultusfreiheit gewährte. Gewiß war der Gedanke der Duldsamkeit auch sonst auf dem Marsche in dem Europa des beginnenden 18. Jahrhunderts, aber gerade in Sachsen stand der Turm des strengen Luthertums damals noch unerschütterter als beispielsweise im benachbarten Brandenburg.

Wohltätiger als die außenpolitischen Versuche des jungen Kurfürsten wirkten sich seine ersten Schritte zur Säuberung und Erneuerung des inneren Verwaltungsapparates aus. Die Sekundogeniturlinien wurden in ihrem nie ruhenden Streben nach größerer Selbständigkeit deutlich in die Schranken gewiesen. Die Familie der Geliebten seines verstorbenen Bruders, die von Neitschütz, ihr Anhang und eine Reihe unzuverlässiger und ungetreuer leitender Beamter erfuhren seine Ungnade und wurden von Ämtern und Hofstellen entfernt. Alles Unruhige und Schweifende seiner politischen Phantasie hinderte ihn nicht, selbst in der Landesverwaltung zu arbeiten, sich auch um Einzelheiten zu kümmern. Leider ist es ihm zunächst nicht gelungen — und hier liegt zweifellos ein beträchtliches Weniger an landesherrlicher Energie verglichen mit der Ständepolitik des Großen Kurfürsten und Friedrich Wilhelms I. vor —, den Ständen die Generalkonsumtionsakzise an Stelle der veralteten und unsozialen Quatember- und Pfennigsteuer abzuhandeln, die der wahren Verteilung der Lasten auf die tragfähigen wirtschaftlichen und sozialen Schichten der Bevölkerung nicht genügend Rechnung trugen. Die Städte hielten in dem Kampfe gegen die beiden anderen ständischen Gruppen nicht durch, und so blieb im Steuerwesen des Landes zunächst alles beim alten. Das bedeutete aber sowohl eine ungerechte und die wirtschaftlichen Kräfte des Landes nicht wirklich erfassende Erhebung der Einnahmen wie auch die unverminderte Abhängigkeit des Landesherrn von den ständischen Bewilligungen. Die Beschwerdeschriften der Landtage beklagen aber nichts mehr als die Ausgaben für Heer und Außenpolitik, gewiß sehr oft mit Recht, nur geschieht es meist nicht um des Besten des Volkes willen, sondern um die Festigung einer absolutistischen Regierung zu verhindern. Es ist August nicht gelungen, sich finanziell von den Ständen so unabhängig zu machen, wie es Friedrich Wilhelm von Preußen durch die Erneuerung des Kammerwesens und die Bildung des Generaldirektoriums erreicht hat. Ähnlich und nicht weniger aber eine starke Armee die notwendige Voraussetzung für eine absolutistische Politik. Wie sollte eine dauernde Herrschaft in Polen möglich sein, wenn August nicht unbeschränkt über die finanziellen und militärischen Machtmittel seiner sächsischen Heimat jederzeit verfügen konnte?

Es ist selbstverständlich, daß die erste Epoche der sächsisch-polnischen Verbindung, deren Jahre von fast ununterbrochenem Kriegslärm erfüllt waren, noch nicht zu greifbaren Ereignissen der Wirtschaftspolitik führen konnte im Sinne des Austausches östlicher Rohstoffe gegen die Fertigfabrikate des hochentwickelten sächsischen Gewerbefleißes. Bis in die Tage des Schwedeneinfalls ist gleichwohl der sächsische Wohlstand weiter gestiegen. Leipzig, wo 1701 das erste Adreßbuch in Deutschland erscheint, pflegte Meßhandel und Gewerbe gerade um die Jahrhundertwende mit besonderem Erfolge. Man sieht aus der Steigerung der für den Postbetrieb im Lande gezahlten Pachtsummen, wie lebhaft sich der Verkehr entwickelte. In Dresden belebte die glanzvolle Hofhaltung das wirtschaftliche Leben. Berühmte oder abenteuernde Fremde aus aller Herren Länder suchten an dem betriebsamen Hofe ihr Glück zu machen. Fürstenbesuche von vordem nicht bekannter Pracht fanden statt. Peter der Große, Karl XII., der Dänenkönig kehrten hier ein und ihr Empfang regte die öffentliche Teilnahme der nun in die Zusammenhänge der großen europäischen Politik gezogenen Hauptstadt an. Der am lauten und bunten Getriebe des Hofes auch nur mittelbar beteiligte Beamte, der Soldat, aber auch der Bürger gewann an diesem Erleben doch irgendwie Sinn und Verständnis für die weiter als einst gesteckten staatlichen Ziele seines Heimatlandes.

Man hat die Volkszahl Sachsens für den Jahrhundertbeginn auf etwa zwei Millionen veranschlagt; das ist etwa ein Viertel mehr als damals Brandenburg-Preußen Bewohner zählte. Unter dem Einfluß der schwedischen Besetzung, später unter dem der schlesischen Kriege, zumal des dritten, ist dann die Volkszahl nicht nur nicht gestiegen, sondern nicht unbeträchtlich gefallen. Auch ohne Zurechnung Schlesiens überholte der Hohenzoller den Wettiner an Untertanenzahl um die Jahrhundertmitte.

Es ist nicht leicht, den Umfang der Schädigung Sachsens durch den schwedischen Einfall richtig abzumessen. Die Volks- wie die Staatswirtschaft haben nachweislich sehr große Summen in die schwedischen Kassen fließen lassen müssen. Fast 35 Millionen Taler nennt eine Zusammenstellung der Zeit. Andere Berechnungen kommen auf niedrigere Beträge; die schwedische Besatzung nahm nicht nur, sie brachte auch Geld ins Land. Anderseits spricht es für die Gesundheit der wirtschaftlichen und sozialen Ordnung im Lande, wenn man beobachtet, wie rasch es die Drangsale der Jahre 1706/07 überwunden hat. Im Herbst 1707 wurde jene Generalkonsumtionsakzise eingeführt, die man bereits früher an die Stelle älterer Steuern hatte treten lassen wollen. Die neue Steuerart übertraf an Ertrag die ältere von vornherein nicht unbeträchtlich; wenn dieser Überschuß anfangs eine viertel bis eine drittel Million Taler im Jahre ausgemacht hatte, so überschritt er 1717 zum ersten Male schon die halbe Million. Man vergegenwärtige sich, daß doch in diesen Jahren auch die als so verhängnisvoll angesehene polnische Politik schon längst wieder im Gange war.

Es ist für die Beurteilung der Persönlichkeit Augusts des Starken von großer Bedeutung, daß er nach dem Niederbruch von Altranstädt nicht verzweifelte, sondern abwartete, bis die Welle des Kriegsglücks den genialen Karl XII., den sie so hoch erhoben hatte, wieder fallen ließ. Als im Juli 1709 die Katastrophe von Pultawa das politische Gesicht Osteuropas veränderte, zögerte August nicht, seine Ansprüche auf Polen tatkräftig zu erneuern. Der Gegenkönig von Schwedens Gnaden mußte das Feld räumen, um allerdings in dem Wettiner einen solchen von wesentlich Rußlands Gnaden Platz zu machen. August hatte zunächst das Bündnis mit Russen und Dänen erneuert, dem sich Brandenburg-Preußen bald anschloß. Auch der habsburgischen Unterstützung versicherte er sich. Das Heer wurde, zunächst ohne ständische Zustimmung, wesentlich verstärkt, wie überhaupt in jene Jahre um das Ende des ersten Jahrzehnts der stärkste Anlauf des Kurfürsten-Königs zu einer absoluten Staatsführung unter Ausschaltung der Stände fällt. Trotz mancher Erfolge ist diese Linie dann nicht mit Folgerichtigkeit weiterverfolgt worden, und August ist so hinter dem Ziele zurückgeblieben, das er selbst richtig erkannt und das das Beispiel des Hohenzollernstaates ihm gezeigt hatte. Schuld daran dürfte außer der Sprunghaftigkeit des Königs sein großer Geldbedarf gewesen sein, der die laufenden Einnahmen des Staates so stark überstieg, daß ohne besondere Beihilfen der Stände kein Ausweg gegeben schien oder wenigstens nicht gefunden wurde. Die Entscheidung im Ringen um Polen zog sich noch einige Jahre hin. Der „stumme" Reichstag von 1717 entschied das Geschick Polens im Sinne des wettinischen Königtums. Der Sieg Augusts wurde aber beschränkt durch die näheren Bedingungen, unter denen Rußland die Verständigung zwischen den streitenden Parteien zustandegebracht hatte. Der Weg bis zur Erbmonarchie der Wettiner in Polen war durch das russische Übergewicht so stark verbaut, daß man mit Recht fragen mußte, worin der Gewinn der Königskrone denn über den Glanz des Namens und Ruhmes hinaus bestand. August hat sich in Polen schließlich behauptet. Allen Wirrnissen zum Trotz ist es mit der Befriedung des unruhigen Landes, zumal in den letzten Jahren seiner Regierung, vorwärts gegangen. Es haben sich festere Beziehungen zwischen beiden vom König-Kurfürsten regierten Ländern angebahnt, die beiden zum Nutzen waren. Vielleicht hätte ein längeres Leben und eine ihm günstige allgemeine Entwicklung der politischen Verhältnisse in Europa den Versuch einer erblichen Monarchie doch noch glücken und dann sich vielleicht auch ein Weg zur Gewinnung des trennenden schlesischen Zwischenlandes finden lassen, aber die Geschichte ist diesen Weg nicht gegangen. Gar bald wurde das politische Kraftfeld im Osten Mitteleuropas durch das staatsmännische und militärische Genie Friedrichs des Großen weithin überschattet. Jene ausschweifenden Pläne Augusts, die auch den Besitz Polens nicht als Ziel, sondern als Weg zu dem großen osteuropäischen Reiche betrachteten, dessen Gründung ihm zeitweise vorschwebte, sind in den späteren Jahren immer mehr, sehr zum Heile seiner polnischen Politik, zurückgetreten. Nur die deutsche Kaiserkrone lockt ihn noch, so oft das Haus Habsburg im Mannesstamme auszusterben droht. Die Rastlosigkeit des Planens, die Unermüdlichkeit seines Unternehmens haben bis zu seinem Tode den Wettiner nicht verlassen, wohl aber hat sich sein Blick für die politische Wirklichkeit und ihre gegebenen Möglichkeiten mit zunehmendem Alter geschärft. Das, was auch der Politiker großen Stils nicht zuletzt braucht, das Glück, ist ihm eigentlich nie oder doch nur für rasch wieder verschwindende Augenblicke günstig gewesen. Unter den hauptsächlichen Ratgebern des Königs hat keiner seine polnische Politik voll unterstützt und dabei ohne Schwankungen durchgehalten. Jakob Heinrich von Flemming, dessen persönlicher Einfluß wohl am größten gewesen ist, hat von den östlichen Unternehmungen stets abgeraten. Sein Tod 1728 bedeutet aber bezeichnenderweise keine grundsätzliche Änderung der Außenpolitik.

Während die polnische Politik Augusts des Starken wenigstens den Erfolg der Wahl seines Sohnes zum Nachfolger erzielte, mochten auch die Bedingungen sehr einschränkend und der Einfluß Rußlands unvermindert sein, so ist die sächsische Innenpolitik auch in den letzten beiden Jahrzehnten des Königs nicht zu völlig befriedigenden Ergebnissen gekommen. Die Konfessionsfrage erhielt neuen Auftrieb, als der Übertritt des Kurprinzen zum Katholizismus bekannt wurde, was 1717 der Fall war. Geistlicher Eifer, durch Persönlichkeiten wie den trefflichen Valentin Ernst Löscher vertreten, und ständische Kreise hielten mit ihren Befürchtungen, daß die reine Lehre Luthers nun in ihrem Ursprungslande endgültig gefährdet sei, nicht hinter dem Berge, und es fiel schwer, die von den breiten Schichten des Volkes aufgenommene Bewegung zu beruhigen. Gerade August, der auf eine gewisse Volkstümlichkeit — wenn auch ohne eigene bewußte Verwurzelung im Volksboden — immer Wert gelegt hatte, wird die Entfremdung, die der Konfessionswechsel zwischen Fürstenhaus und Volk geschaffen hatte, empfunden haben. Mit vorsichtig abwägenden Worten empfiehlt er in einer Art politischem Testament schon lange vor seinem Tode dem Nachfolger Schonung der religiösen Empfindungen des Volkes neben dem Festhalten an der eigenen Glaubensüberzeugung. Die Vermählung des Nachfolgers mit einer habsburgischen Kaisertochter legte das Land auf die habsburgisch-katholische Richtung der Politik noch stärker fest, mochten auch Schwankungen in der kaisertreuen Richtung in den zwanziger Jahren beim Ringen um die Pragmatische Sanktion den allgemeinen Kurs stören.

In dem Kampf mit den Ständen hat August selbst klarer gesehen als seine engsten Ratgeber. Ihm entging das Beispiel Friedrich Wilhelms I. von Brandenburg nicht. Wiederholt versucht er, das Steuerbewilligungsrecht und das Beschwerderecht der Landtage einzuschränken, aber immer wieder widerraten die Flemming und Manteuffel, die die Behandlung ihrer märkischen Standesgenossen durch den Hohenzoller von derartigen Versuchen abgeschreckt hat: sie empfinden selbst in diesem Punkte mehr ständisch als absolutistisch. August aber fehlte jene letzte Härte und folgerichtige Willenskraft, die das politische Genie vom Talent unterscheidet. Er begnügte sich mit dem leidlichen Verhältnis zu den Landständen, das er ohne besondere Änderungen im Staatskörper erreichte, und wirtschaftete mit den Staatsfinanzen, so gut oder schlecht es eben ging. Der Schein der Macht genügte ihm.

An den Kern einer Verwaltungsreform in Sachsen führten die mancherlei statistischen Erhebungen über die Bewohner des Landes und ihre Leistungen heran, die der König-Kurfürst trotz der Mißbilligung durch die Stände ausführen ließ. Die geographische Landesaufnahme lag in derselben Richtung. Der prunkvolle Atlas Augusteus, eine weltberühmte Musterleistung für seine Zeit, zeugt für die gelungene Vereinigung von fürstlicher Repräsentation, nützlicher Landesvermessung und angewandter Wissenschaft. Die Staatsmaschine selbst wurde durch häufige Prüfungen gesäubert, durch die Verbindung mit Polen und die dadurch bedingten Veränderungen über den Rahmen des für das 16. Jahrhundert einst mustergültig gewesenen sächsischen Verwaltungskörpers hinausgeführt. Der lange Aufenthalt des Landesherrn in Warschau und damit die Trennung von der alten obersten Behörde, dem Geheimen Rate, schuf eine für den absoluten Staat dann allgemein bezeichnend gewordene Behörde, das Kabinett. Ursprünglich aus den Räten, die den Fürsten begleiten, und einer kleinen Kanzlei bestehend, wächst sich dieses Geheime Kabinett seit etwa 1706 zu einer obersten Landesbehörde neben dem Geheimen Rate aus. Es ist nach inneren, äußeren und Militärangelegenheiten gegliedert, von den ständischen Einflüssen unabhängig, aber natürlich von den Spitzen des alten Systems heftig befehdet. Namentlich erkannte der Statthalter in Sachsen, der landfremde Fürst Fürstenberg, daß damit seinem Regiment die freie Bewegung beschnitten war. Es ist neben anderen Flemming zu danken, wenn das neue Verwaltungssystem sich bald reibungslos durchgesetzt hat. Hierin ging Sachsen dem brandenburgischen Nachbarn voran, leider ohne ihm in der Berechnung der ständischen Macht zu folgen.

August hat das schon von seinen Vorläufern als rückständig erkannte Justizwesen im Lande verbessert. Gesetze und Verordnungen erschienen im Codex Augusteus im Druck, eine neue Prozeßordnung kam heraus; das Strafwesen in den Zivil- wie in den Militärgerichten wurde unter dem besonderen Einfluß des Landesherrn gemildert. Die Theorie des Rechts erfuhr durch den Ausbau der juristischen Professuren an der Universität Leipzig Förderung. Vergeblich blieb der Versuch, Thomasius von Halle nach Sachsen zurückzurufen.

In einer folgerichtigen Linie vollzieht sich der Aufbau der Armee nach ihrem Zusammenbruch im Schwedenkriege. Es war einst ihr Verhängnis gewesen, daß die großen Kriege im Osten und im Westen Europas ihre Kräfte verzettelten, daß die überlegene Kriegskunst der Schweden auf keine gleichwertige Strategie sächsischerseits traf — der König zeigte hier die Grenzen seiner militärischen Fähigkeiten —, daß endlich in Polen Volk und bodenständige Truppen mit den Sachsen keineswegs zusammengingen. Das alte Defensionswesen wurde nun modernisiert, die stehende Armee zunächst zwar unter ständisch-finanziellem Drucke vermindert, dann aber doch allmählich wieder aufgebaut, einheitlicher und fortschrittlicher, als sie erst gewesen war. Das berühmte Zeithainer Lager war Manöver, Truppenschau und fürstliches Schauspiel in einem. Weithin durch die Öffentlichkeit drang der Ruf dieser einzigartigen Veranstaltung, bei der die sächsischen Truppen den Beifall des kritischen und sachverständigen preußischen Nachbarn fanden. Gerade in dem inneren Aufbau einer schlagkräftigen Wehrmacht von reichlich 30000 Mann, unter denen — im Gegensatz zu Preußen — nur reichlich ein Zehntel nicht Landeskinder waren, liegt eine persönliche Leistung des Königs. Der Kampf um die Kaiserkrone war wohl das Ziel, das er mit dieser Rüstung verfolgt hatte. Das Ideal der allgemeinen Wehrpflicht hat ihm deutlich vorgeschwebt, den Wert der Landesverteidigung hat er über allen persönlichen Ehrgeiz und Hunger nach Glanz hinaus deutlich erkannt. Seine besondere Neigung galt der Befestigungskunst; hier war er unermüdlich in Plänen und Entwürfen. Es ist dem kriegerischen Wettiner nicht vergönnt gewesen, die Probe auf die Tüchtigkeit seiner Armeeschöpfung zu erleben. So erfüllt die erste Zeit seiner Regierung von Krieg und Kriegslärm ist, so sehr ihn da der Mißerfolg seiner Waffen in der Kriegsgeschichte belastet, so sehr er sich dann in den späteren langen Friedensjahren als militärischer Organisator betätigt hat — es sind doch Werke des Friedens und der Zivilisation, die ihm den eigenen Namen besonderen Klanges in der Landesgeschichte verschafft haben.

Die Wirtschaftspolitik der Zeit ist auch in Sachsen die merkantilistische. Man wollte vernünftig und planmäßig die als einheitlichen Körper empfundene Volkswirtschaft des Landes gestalten. Schon seit der Mitte des 17. Jahrhunderts gab es eine Gruppe von Geheimen Räten, die sich der Wirtschaftspflege besonders widmeten. Nun wurde aus ihnen die „Kommerziendeputation" gebildet. Klar erkannte der König den Zusammenhang von Theorie und Praxis auf diesem Gebiete. Wie einst Kurfürst August griff er gern selbst in den Aufbau der Wirtschaft fördernd und anregend ein. Naturwissenschaft, Technik, Verkehrswesen, alles Praktisch-Gestaltende reizte die führenden Köpfe der beginnenden Aufklärungszeit. Leibnizens Akademiepläne lagen ebenso in dieser Richtung wie die verschiedenen Schulgründungen der Zeit, die Ingenieurschule nicht weniger als das „Seminarium nützlicher Handwerke". Die führende Stellung Sachsens in der Gewerbepflege offenbart sich in seiner ausschlaggebenden Rolle beim Entstehen der Reichshandwerksordnung von 1731. Auch der Dreißigjährige Krieg hatte ja die alte Bedeutung Sachsens für das deutsche Wirtschaftsleben nicht erschüttert. Während nun im Zeitalter der großen Kolonialgründungen Westeuropas die ostdeutschen Gebiete in die Gefahr gerieten, von dem neuen Verkehrswegen folgenden Westen überflügelt zu werden, gewann Polen eine Bedeutung für Sachsen, die sich in manchem Betracht mit der jener kolonialen Unternehmungen der gleich Sachsen wirtschaftlich hochentwickelten Ausfuhrgebiete Westeuropas vergleichen ließ. Wenn sich auch der Warenaustausch zwischen Sachsen und Polen in Umfang und Bedeutung nicht unmittelbar erfassen läßt, so steht es doch außer Zweifel, daß der erweiterte staatliche Rahmen, die Auswanderung vieler sächsischer Handwerker nach Polen, die gesteigerte staatliche Tätigkeit in Bauten, Rüstungen, Verkehrswegen, staatswirtschaftlichen Unternehmungen belebend auf die Volkswirtschaft gewirkt hat. Wenn Dresdens Einwohnerzahl sich in den Regierungsjahren ebenso verdoppelt wie diejenige Leipzigs, so sind das deutliche Anzeichen eines allgemeinen Aufschwungs im Lande, denn die Voraussetzungen des Wachstums in beiden Städten sind grundverschieden, und auch mit einer allgemeinen Landflucht läßt sich diese Erscheinung kaum erklären. Weberei, Wirkerei, Klöppelei, manch kleineres Luxusgewerbe stiegen empor.

Den Namen des augusteischen Sachsens bewahrt aber bis in unsere Tage und überall in der Welt das „Vieux Saxe", das Porzellan. Noch ist der Anteil an seiner Erfindung zwischen Böttger und Tschirnhaus umstritten. Im Porzellan vereinigt sich Wirtschaftsgesinnung und fürstlicher Gedanke der Zeit zu symbolischer Einheit. Immer wieder wird sich der Nachlebende die Welt jener Tage in den Gestaltschöpfungen der Kändler und Hörold vergegenwärtigen. Die 1710 in Meißen errichtete Manufaktur wurde bald auch geldlich zu einer bedeutsamen Einnahmequelle des Staates. Allen Nachahmungen zum Trotz gewann hier Sachsen einen besonders wertvollen Ausfuhrartikel, der zudem dem Kunstsinn seines Herrschers so nahe stand.

Daß sich der Verkehr auf den sächsischen Straßen und der Besuch der Leipziger Messen in jenen Jahrzehnten, von einzelnen Schwankungen abgesehen, stark gehoben hat, zeigt sich am deutlichsten in der Entwicklung der Post. Die Kurse verdichten sich, die Postmeilensäulen künden die Entfernungen in dem enger gezogenen Liniennetz; der Staat gibt die Post nun nicht mehr in Pacht, sondern übernimmt sie in eigenen Betrieb. Nicht nur die durch Handel, Verkehr und Staatsdienst über die Landesgrenzen hinausgeführten Landeskinder traten in weitere Weltzusammenhänge ein, der Gesichtskreis des ganzen Volkes erweiterte sich in den kriegerischen Tagen der augusteischen Zeit fast noch mehr als in den friedlichen. Die Türkenkriege hatten die Romantik des Orients mit den von der Wiener Schlacht und aus Ungarn oder Griechenland heimkehrenden Soldaten ins Volk getragen.

Der Spanische Erbfolgekrieg sah Sachsen in Süddeutschland, am Rhein und in Flandern. Noch mehr aber wirkte die Verbindung mit Polen in dem gedachten Sinne. Von Riga bis nach Galizien haben Sachsen gefochten. Über 20 000 Schweden haben reichlich ein Jahr im Lande gestanden. Tausende Sachsen sind ihnen als Rekruten beim Abzuge gefolgt. Bald wurden Polen eine geläufige Erscheinung im Straßenbilde Dresdens und Leipzigs. Der Kaufmann, der Beamte, der Adlige, aber auch der Handwerker, der Künstler, der Abenteurer folgten dem Soldaten auf den ostwärts führenden Straßen zu längerem oder kürzerem Aufenthalte in dem scheinbar unbegrenzteren Möglichkeiten offenstehenden Polen. Nach Sachsen richtete sich ein Strom von Zureisenden verschiedenster Herkunft und Absicht. Dresden wird nun ein Ort, den die internationale Welt besucht und kennengelernt zu haben begehrt. In der Memoirenliteratur und den Reiseerinnerungen erhält die noch vor kurzem so stille Stadt ihren festen Platz ebenso wie Leipzig unter den Handels- und Geldplätzen erster Ordnung auf dem europäischen Markte. Damit wächst der Reichtum im Lande; die Lebenshaltung auch in breiteren Schichten des Volkes hebt sich so sprunghaft, daß die Sittenprediger immer wieder den Verfall der guten alten Zeit beklagen. Die Steigerung der Volkszahl bedeutet aber natürlich auch eine Zunahme des besitzlosen Proletariats. Das Arbeitslosenproblem taucht damals deutlicher als je zuvor auf. August der Starke hat sich gerade mit der Frage seiner Bewältigung wiederholt beschäftigt. Aber auch der Arbeitsscheue erregt die Aufmerksamkeit des merkantilistischen Staates. Arbeitsanstalten dienen hier der Besserung. Aus dem gleichen Gesichtspunkte ließ August die Deserteure in der Armee nicht erschießen, sondern verband durch ihre Einstellung in Festungsbaukompanien das Nützliche ihrer praktischen Verwendung mit dem Gewinn einer Milderung der Strafrechtspflege.
Maßgebend für die Lebenshaltung des Volkes war natürlich das Vorbild des Hofes. Der Hofstaat hat damals seine farbigste und vielfältigste Ausgestaltung erfahren. Er übertraf den Beamtenstand der zentralen Landesbehörden an Kopfzahl um ein Vielfaches. Seit dem Ausgang der zwanziger Jahre wurden die Hofkalender gedruckt, die genaue Namenslisten der Hof- und Staatsdiener enthielten, ein Zeichen, wie groß das öffentliche Interesse an der Gliederung und der Personalbestände dieses Organismus war. Bezeichnenderweise folgt erst einige Jahre später die erste gedruckte Rangliste der Armee. Bekanntlich hat das in Deutschland so gern als fürstliches Vorbild nachgeahmte Prunkgebilde des Versailler Hofes des großen Ludwig den Adel des Landes so im Hofdienste in Anspruch genommen, daß seine bodenständige Verwurzelung und damit seine ständische Eigenwüchsigkeit darüber verlorenging. In Brandenburg-Preußen aber ist es die Armee gewesen, in der der Landadel einen Ersatz an Betätigungsmöglichkeit und Ruhm finden konnte, die auf dem landständischen Gebiete nicht mehr zu gewinnen waren. In Sachsen ist das Ständetum durch Hofdienst und Armee nicht in der Wurzel getroffen worden. Der Hof zählte neben dem sächsischen Adel viele Ausländer, nicht zuletzt zahlreiche Polen, denn seine Bedeutung sollte doch gleich der fürstlichen Würde des Oberhauptes weit über den sächsischen Rahmen hinausgehen. Die Armee aber war auch in der Zeit ihres höchsten Standes am Lebensende Augusts immer noch um die Hälfte schwächer als die preußische, obwohl die Volkszahl der Länder sich damals noch etwa die Waage halten mochte, wenn Sachsen nicht noch etwas voran stand.
Neben den Vertretern des Adels standen am Hofe die Künstler. Auch die Johann George waren in mancher Hinsicht künstlerisch interessierte und mäzenatisch wirkende Fürsten gewesen. Unter August dem Starken aber wurde die Kunst zum kennzeichnenden Träger sächsischer Hofkultur überhaupt. Recht im Gegensatze zu dem preußischen Nachbarn suchte der Dresdner Hof die Führung in Deutschland auf jedem Gebiete sich zu sichern, das feine Geselligkeit, Verherrlichung der Schönheit in jeder menschlichen oder künstlerischen Gestalt, pfleglichen Schmuck auch des Nützlichen und Alltäglichen in sich begriff. Und so wie Augusts Politik über den Rahmen Sachsens, ja auch Polens hinausgriff, so war auch der

Charakter seiner viel beschriebenen und abgebildeten Feste, Aufzüge und prunkenden Veranstaltungen: in echter Barockgesinnung streben sie in ihrer Verbrämung über die Wirklichkeit hinaus in ein phantastisches, mytologisch-exotisches Traumland, wo nur Schönheit und Anmut regieren und nicht hart sich im Raume der Dinge der Politik und Wirtschaft stoßen.

Im Dienste vergänglicher Feste und wechselnder Stimmungen der Herrschenden hat die Kunst in dem Sachsen Augusts des Starken, zumal in Dresden, Werke geschaffen, die unvergänglich sind. Sie haben den Charakter der Hauptstadt bleibend bestimmt und sie für immer in die Reihe der großen Kunststädte Europas eingereiht. Andere Plätze des Landes stehen naturgemäß in dem Gewinn großer Kunstbauten hinter Dresden zurück, aber die Rückwirkungen der landesherrlichen Anregungen auf die öffentliche und private Bautätigkeit und auf die allgemeine Geschmackskultur sind doch nirgends zu verkennen. Der Ruf der Obersachsen als geschmackssichere, künstlerisch interessierte, weltläufige und höflich-gewandte Zeitgenossen ist ein Gewinn der augusteischen Zeit für das Land gewesen. Es hat ihm eine kulturelle Eigenart gegeben, wie es vordem der Ruf als Heimat der lutherischen Rechtgläubigkeit und Gelehrsamkeit gewesen war. „La Saxe Galante" ist nicht nur der Titel einer bekannten Skandalschrift über den Hof, sondern ein Schlagwort für das Land in jener Zeit ganz im allgemeinen. Die Bauwerke, allen voran der Dresdner Zwinger, künden den Ruhm der Architekten, der Pöppelmann, de Bodt, Longuelune, nicht weniger als den der Bildhauer, unter denen Balthasar Permoser einen besonderen Platz einnimmt. Nicht ganz auf gleicher Höhe, wenigstens nach ihrer Eigenwüchsigkeit, stand die Malerei. Silvestre, Monjocki, Rigaud, Fehling hielten sich doch mehr in den Bahnen des konventionellen Geschmacks und Könnens. Aber neben der betont höfischen, ihrem Wesen nach mehr internationalen Kunst stand auch eine deutsch-volksmäßige, deren Werte dem künstlerisch fein empfindenden Könige nicht entgingen. Die Frauenkirche Georg Bährs wurde noch in Augusts letzten Jahren geplant und begonnen. Deutsch ist auch die Malerei der beiden Mengs. Aus ihren Bildnissen spricht lebensvoll das sächsische Volk der augusteischen Zeit noch heute zu uns. Die Feste und exotischen Aufzüge schuf Dinglingers Kunst in der Kleinplastik nach. Zahlreiche Vertreter aller Grenzgebiete zwischen künstlerischpersönlichem und handwerksmäßig-praktischem Schaffen und Gestalten nennt die Kunstgeschichte jener sinnenfrohen, aber auch dem Verständnis für das Nützliche des Alltags nicht abgewandten Tage.

Zu dem Geschaffenen auf allen Gebieten der darstellenden Kunst trat das Gesammelte. Die berühmten Dresdner Sammlungen gehen wesentlich, wenn auch nicht in ihren Anfängen, so doch in ihrem weiteren Ausbau auf August zurück. Neben die türkischen Trophäen stellte man nun die Porzellane des fernen Ostens, seltsame Vögel aus Südamerika, exotische Tiere aus Afrika, für deren Gewinnung umständliche Expeditionen ins Werk gesetzt wurden. Von allen Himmelsgegenden suchte die Zeit den bunten Abglanz vielfältigsten Lebens einzufangen und zur Erhöhung des Glanzes fürstlicher Macht zu verwenden.

Wohl hielt sich die Dichtung noch im Rahmen höfischer Poesie geringen Wertes. Gerade hier fehlt die Parallele zu der Dichtung des klassischen Frankreich am Hofe der Ludwige, es fehlt nicht minder die volksmäßige Dichtung höherer Bedeutung. Christian Günther ist da ein einsamer, wenn auch vergleichsweise bescheidener Stern am literarischen Himmel. Besser war es um die Musik bestellt. Des Orgelbauers Silbermann ist da ebenso zu gedenken wie der die ruhmvolle Überlieferung des 17. Jahrhunderts bewahrenden, wenn auch kaum mehr führenden Dresdner Oper. Verständnis hat der Kurfürst-König nicht nur für die repräsentative Musik als Hofkunst gezeigt, sondern in gewissen Grenzen auch für eines der größten musikalischen Genies, das der mitteldeutsche Volksboden dem deutschen Volke und der ganzen Welt geschenkt hat, für Johann Sebastian Bach, dessen Name für immer mit der Leipziger Thomaskirche verbunden ist. —

Noch ein anderes Werk wurde, unscheinbar genug und fern vom lauten und bunten Getriebe des katholischen Hofes, in dem augusteischen Sachsen eingeleitet, das doch so bleibend sein sollte wie die Bachsche Musik und der Pöppelmannsche Zwinger: das Werk des Grafen Zinzendorf. Der Pietismus der Francke und Spener, der gerade in Sachsen Boden gewonnen und gewirkt hatte, hatte es nicht fertig gebracht, aus der lutherischen Staats- und Pastorenkirche eine wirkliche Volkskirche zu machen. Auch der Hallesche Pietismus hat das nicht erreicht, was dann seinem Zögling, dem sächsischen Grafen Ludwig von Zinzendorf — wenn auch in engem Rahmen —, gelang. Auf seinem Gute zu Herrnhut schuf er jene lebendige Gemeinde, die als Bruderkirche weiterbestehen sollte. Den Kern bildeten die böhmisch-mährischen „Brüder", die ihre Heimat um des Glaubens willen verlassen hatten und nun in Sachsen eine bleibende Heimat finden sollten. Die Engstirnigkeit der Stände, hier namentlich der städtischen Vertreter, hatte es verhindert, daß der Strom der flüchtigen Franzosen und Wallonen in Sachsen Fuß faßte, und die lutherische Orthodoxie hatte die reformierten Salzburger zwar unterstützt, aber weiterziehen lassen. Nun gewann das Land, das bald beobachten konnte, was Wirtschaftskraft und geistige Regsamkeit dieser Emigranten für das benachbarte Preußen zu bedeuten begannen, wenigstens in den stillen Herrnhuter Brüdern ein wenn auch zahlenmäßig geringes, so doch tüchtiges und auch für Staat und Volk wertvolles neue Volkstum. Der Gedanke der Mission wurde von diesen Stillen im Lande, mit dem Pulsnitzer Ziegenbalg als ersten lutherischen Missionar beginnend, kühn verwirklicht. Unter dem Schutze des wettinischen Staates bildete sich da von dem kleinen oberlausitzer Städtchen aus ein die ganze Welt umspannendes Netz geistlich-persönlicher Beziehungen von bleibendem Segen für viele Menschen und Völker.

Als August der Starke am 1. Februar 1733 in Polen starb, wo er auch begraben wurde und von wo nur das silbern verkapselte Herz des Wettiners in die Heimat zurückkehrte, bedeutete dieser Tod ein europäisches Ereignis, wie es nur Moritzens Tod im Gefechte von Sievershausen gewesen war und wie es kein Ableben eines Albertiners wieder sein sollte. Er hat sein gerade sechzig Jahre langes Leben hindurch nach der Macht für sich und sein Haus gestrebt, hatte sich zu seinem Unglück auch mit dem Schimmer und Scheine dieser Macht begnügt, wenn ihm mehr nicht erreichbar gewesen war. Seine sinnenfrohe Natur hat nicht die Niederungen gemieden, an die sich so gern der Klatsch und die Kritik der Äußerlichkeit heftete, wie sie auch die wahren Höhen der Kunst und der kraftvollen Lebensgestaltung nicht ohne eigene Mühe und Leistung erklommen und beschritten hat. Man kann ein Wachsen und Reifen an menschlichen wie fürstlichen Strebungen und Zielen bei ihm beobachten. Was urteilsfähige Zeitgenossen an ihm verurteilten, waren mehr die persönlichen als die öffentlichen Seiten seiner fürstlichen, dem barocken Ideal seiner Zeit so nahekommenden Gestalt. Das Volk hat den katholisch gewordenen Wettiner vielleicht nicht so aus der Nähe geliebt, wie dies von den Untertanen manches seiner ernestinischen Vettern aus ihrer kleinfürstlichen Welt berichtet wird. Aber man ahnte doch auch eine Art und Größe hinter der bunten Pracht und dem vergänglichen Flitter. Viele empfanden die volkswirtschaftliche Bedeutung der neuen Staatsgestaltung, spürten den wirtschaftlichen Fortschritt, so hart die Lasten auf den einzelnen drücken mochten. Die Stimmen einer moralischen Verurteilung Augusts sind im Kreise seiner Zeitgenossen weniger zahlreich als im Chore der nachlebenden Kritiker aus der bürgerlich-liberalen Epoche des 19. Jahrhunderts. Alle sahen die Bauwerke und Kunstschöpfungen, und mancher strebte den auch dadurch irgendwie geoffenbarten neuen Lebens- und Kulturwerten an seinem Teile nach. Und so trauerte Sachsen an der Bahre des trotz allem so volkstümlichen Starken, dessen in Licht und Schatten scharf profilierte Barockgestalt in kraftvoller Bewegtheit an bedeutsamster Stelle in der Landesgeschichte steht.

Auf die Geschichte Augusts des Starken folgt — vom Gesichtspunkte des sächsischen Volkes und Staates aus gesehen — die Periode Brühls, oder, wenn man so will, diejenige Friedrichs des Großen; denn diese beiden Männer haben im Guten und Bösen die hier behandelte Geschichte ungleich mehr bestimmt als Friedrich August II. Der Sohn des ersten sächsisch-polnischen Wettiners hat zwar den Glanz beider Kronen gleich seinem Vater getragen, aber das verdankt er zum allerwenigsten der eigenen Leistung. Er besaß die Tugenden eines Privatmannes, nicht die eines Fürsten, wie sie zumal in bewegten Zeiten gefordert werden. Seinem künstlerischen Geschmack, namentlich auf dem Gebiete des Kupferstichs, der Malerei und der italienischen Musik, seiner sittlichen Lauterkeit und seinem Familiensinn standen seine geringe Geschäftskenntnis, sein mangelndes Gefühl für ernste Arbeit und für das Kräftespiel politischer Machtkämpfe, seine Abhängigkeit in Urteil und Wollen von seinen berufenen und noch mehr von unberufenen Ratgebern gegenüber. Friedrich Wilhelms I. Wort „Die Regenten sein zur Arbeit erkoren" war ihm wohl ungehört, sicher aber unbeherzigt verklungen. Diesen willensschwachen und tatenscheuen Mann hatte nie das typische Kronprinzenschicksal des Vater-Sohn-Gegensatzes bewegen können, denn Staat und Politik kümmerten ihn als Kurfürsten und König nicht viel mehr, als sie ihn als Kurprinzen beschäftigt hatten. Das Urteil seines bissigen Kritikers, Friedrichs des Großen, daß er ohne Liebe seiner Gattin und ohne Religion seinem Beichtvater gefolgt sei, trifft bei aller Einseitigkeit einen wahren Kern der Lage nicht weniger als die den Sachverhalt vergröbernde Spottmünze aus Holland vom Ausgang der dreißiger Jahre, auf der Friedrich August II. von zwei Pagen und einem Lakaien, gemeint sind Sulkowski, Brühl und Hennicke, geführt wird.

Die erste politische Aufgabe war die Gewinnung der polnischen Krone. Hatte August der Starke in seinen letzten Jahren seine Macht in Polen bis hart vor die Tore des Absolutismus geführt und dabei durch wiederholte Teilungsvorschläge an die Großmächte die polnische Frage ebenso gewagt wie geschickt mit der Frage der möglichen Aufteilung der habsburgischen Ländermasse beim Tode des männliche Erben entbehrenden Kaisers verknüpft, so konnte sein Sohn zunächst nur an der Gewinnung und Verbreiterung seines Einflusses in Polen selbst, an dem Zustandekommen einer guten Wahl arbeiten. Berechnete man Sachsens Forderung an Polen damals auf 39 Millionen Taler, so kamen in den folgenden drei Jahren des Ringens um die Nachfolge noch weitere 8 Millionen Taler, zumeist an Bestechungsgeldern hinzu, Beträge, die erst ihr rechtes Gewicht erhalten, wenn man sich vergegenwärtigt, daß beispielsweise in den gleichen Jahren der Staatshaushalt des benachbarten Preußen Friedrich Wilhelms I. sich auf etwa 7 Millionen Taler im Jahre belief, wovon allein 5 Millionen von der Armee verbraucht wurden. Es unterstreicht zugleich den verschiedenen Entwicklungsgang beider Staaten, daß Preußen damals 83 000 Mann unter den Waffen hielt, Sachsen bei kaum geringerer Einwohnerzahl aber in den letzten dreißiger Jahren seine Armee von etwa 35 000 Mann auf rund 17 000 Mann herabsetzte. Dabei waren seine politischen Ziele nicht niedriger gesteckt, seine Regsamkeit nicht geringer als die Preußens. Aber darin zugleich zeigt sich auch die Verschiedenheit der Methode: Sachsen, d. h. sein nach wenigen Jahren allein leitender Kopf, Brühl, glaubt Macht durch Bündnissystem, Soldaten durch Diplomatie ersetzen zu können. Sobald er dabei auf einen überlegenen Willen stieß, mußte er scheitern. Das ganze Land aber hat die Rechnung dieser falschen diplomatischen Unternehmungen zu begleichen gehabt, durch Leistungen, die um das Vielfache das übertrafen, was die Ausrüstung einer starken Armee je gekostet hätte.

Die drei östlichen Großmächte, einig gegen den Rivalen Frankreich, aber nicht unter sich, hatten die Bewerbungen anderer Anwärter auf den polnischen Thron nach und nach fallen lassen. Zuerst war Rußland durch die Aussicht auf das polnische Lehenherzogtum Kurland als Versorgung des Zarinnengünstlings Biron, dann Österreich durch offene Anerkennung der Pragmatischen Sanktion durch das Haus Wettin für die Kandidatur Friedrich Augusts II. gewonnen worden. Daß die Verhandlungen mit Brandenburg sich zunächst zerschlugen, man in Dresden aber dann, im Besitze der russischen und habsburgischen Zu-

stimmung, den Berliner Hof unberücksichtigt lassen zu können meinte, trübte die Beziehungen zwischen beiden Staaten, die in der letzten Zeit Augusts des Starken so gut gewesen waren. Es leuchtete aber ein, daß der Besitz Polens nur dann einen Wert für das Haus Wettin haben konnte, wenn die Landbrücke nach Sachsen hin geschlagen war. Gewonnen konnte eine solche nur werden auf Kosten Österreichs oder Preußens. Der Zeitpunkt zum Handeln, der Tod Kaiser Karls VI., 1740, wurde von Friedrich II. ausgenutzt, Sachsen schwankte zwischen der Treue zur Pragmatischen Sanktion und der scheinbaren Gewißheit sicherer Beute bei dem allgemeinen Angriff aller Nachbarn auf den bedrohten Staat Maria Theresias. Während man seine Hoffnungen in Dresden bis zur Kaiserkrone steigerte, fiel Friedrich in das für Sachsen allein wichtige Schlesien ein. Erst hatte Brühl von dem bedrängten Österreich einige böhmische Ämter durch Gewährung militärischer Hilfe zu erpressen versucht, dann gewannen die Einflüsse der Gegner die Oberhand, und man hoffte ganz Mähren gegen Eintritt in das antihabsburgische Bündnis aus der Teilungsmasse gewinnen zu können. Fochten die Sachsen 1741 vor Prag siegreich, ohne einen Frieden zu erzwingen, so sah sie das folgende Jahr unter dem Kommando des Preußenkönigs — ein den Dresdner Hof überrumpelnder Besuch des Königs hatte das zustande gebracht — einen neuen böhmischen Feldzug beginnen, der bald zur Absonderung vom preußischen Verbündeten führte. Der Friede von Breslau entschied das Schicksal Schlesiens zu Preußens Gunsten, Sachsen aber blieb ohne greifbaren Erfolg seiner kriegerischen Bemühungen. Man fühlte sich von Preußen geprellt, erkannte, wie bedenklich es war, die ersehnte Ostverbindung nunmehr in der Hand des aktiveren nördlichen Nachbarn zu wissen und wandte sich nun jenem Österreich zu, zu dessen Vernichtung man eben noch bereit gewesen war. Der beginnende Zweite Schlesische Krieg fand Sachsen durch mancherlei Abmachungen an die politische Gruppe der habsburgfreundlichen Mächte gebunden, aber gegen den Durchmarsch der Preußen über Sachsen nach Böhmen in förmlichem Protest und in Neutralität. In den ersten Tagen des Jahres 1745 trat es der Allianz Österreich-England-Holland bei. Der Krieg verlief unglücklich für die sächsischen Waffen. Die Niederlagen von Hohenfriedberg, Großhennersdorf und Kesselsdorf gaben dem Inhalt des Friedens von Dresden das Gepräge. Es war ein neuer politischer Mißerfolg, Einbuße an Ansehen bei den anderen Mächten, an wirtschaftlicher Kraft, an Bündnisfähigkeit in jeder Hinsicht. In Wesen und Charakter hat auch dieser Mißerfolg von 1745 die sächsische Politik nicht geändert. Mag es übertrieben sein, daß Brühl nicht nur die Idee gehabt, sondern auch die praktische Anbahnung der Aussöhnung zwischen Frankreich und Österreich erreicht habe, so ist doch sicher, daß er an beiden Höfen tätig für die Bildung antipreußischer Verbindungen warb. Diese damals vom Standpunkte Sachsens aus vielleicht berechtigte Politik war aber nicht von entsprechenden finanziellen und militärischen Rüstungen begleitet, so daß alle diplomatische Wachsamkeit nicht den Staat verteidigungsfähiger machte. Der wohl unterrichtete Friedrich konnte über die Pläne Sachsens nie im Zweifel sein. Als es ihm nicht glückte, die Verbindung Frankreichs mit Österreich zu verhindern, stand ein neuer Krieg unmittelbar vor der Tür. Brühl hat praktisch nichts getan, sein Land vor der neuen Heimsuchung zu schützen. Das Heer war schwächer und schlechter gerüstet als je zuvor. Das preußische war ihm zahlenmäßig um das Sechs- bis Siebenfache überlegen.
Der Siebenjährige Krieg hat Sachsen schlimmer heimgesucht als irgend ein anderes deutsches Land. Mit dem traurigen Schicksal, vorwiegend als Durchmarschgebiet und oft als Kriegsschauplatz dienen zu müssen, mit schwersten blutigen Opfern verband sich eine volkswirtschaftliche Belastung von ungeahntem Maße. Nicht nur, daß die Not Friedrich dazu zwang, das wirtschaftlich hoch entwickelte, finanziell kräftige und gesunde, dicht besiedelte und gewerbefleißige Land für Finanzierung seiner Kriegführung rücksichtslos heranzuziehen; es entging ihm natürlich nicht, daß er dadurch zugleich seinem eigenen Lande den Vorsprung überwinden half, den Sachsen immer noch in wirtschaftlicher und

zum Teil auch in allgemein kultureller Hinsicht besessen hatte — trotz seit dem Jahrhundert-beginn fast ohne Unterbrechung während Handelskrieges, der die Elbelinie der sächsischen Ausfuhr gesperrt und diese nach Norden hin auch somit gelähmt hatte. Nicht der letzte Grund für die große Härte, mit der der König in Sachsen schaltete, war seine persönliche — sachlich durchaus begründete — Abneigung gegen Brühl und seine aus Jugendtagen in ihm lebendige geringe Achtung vor dem sächsischen Kurfürsten. Er hat sein Ziel politisch noch vollkommener erreicht als wirtschaftlich, denn das betriebsame, so oft geprüfte Land hat die wirtschaftlichen Schädigungen durch den Krieg schließlich doch überwunden, nicht aber die politische Niederlage. Denn das Sachsen des Hubertusburger Friedens erfreut sich nicht mehr der Lebensfülle und des Ehrgeizes wie vor den schlesischen Kriegen. Mit der polnischen Krone geht auch der Glaube an eine europäische politische Rolle, an die Gleichberechtigung mit Preußen innerhalb und außerhalb des Reichsgefüges dahin. Wohl hatte der Überfall auf Sachsen beim Kriegsausbruch das Mitleid der öffentlichen Welt für das formell ja vergewaltigte Land wachgerufen, wohl war der Glaube in den europäischen Kabinetten immer noch lebendig, den südlichen Nachbarn des aufstrebenden Preußens vor den Wagen der internationalen antipreußischen Politik spannen zu können, aber Sachsens Ansehen als militärische Macht war doch trotz aller Tapferkeit seiner Landeskinder, trotz ihrer oft bewährten Treue gegen das Herrscherhaus erschüttert. Dem alten Rufe des sächsischen Volkes, dem aus Anekdote und Histörchen durch die Welt getragenen Namen Augusts des Starken stand nun der Ruhm der preußischen Waffen, der neue „fritzische" Klang des unerhörten Geschehens im Wege. Es war allein das kulturelle Wesen, nächst ihm das wirtschaftliche, die den Klang des sächsischen Namens noch in der Welt lebendig erhielten. Die politische Bedeutung ist dahin, und kein Herrscher unter den Albertinern hat mehr als Staatsführer die Aufmerksamkeit weiterer europäischer Kreise ernstlich zu fesseln vermocht.

Der ganze große Krieg der sieben schweren Jahre kann hier nicht behandelt werden mit all seinem Auf und Ab der Bewegungen und der Hoffnungen. Dresden, das der Dreißig-jährige Krieg verschont hatte, erlebt harte Belagerungen und Besetzungstage. Bei Kolin zeichnen sich die sächsischen Reiter entscheidend aus. Der Finckenfang von Maxen wird zu einem der volkstümlichsten Geschehnisse des Krieges. Bei Torgau wird ein schwerer Kampf mit dem Siege der preußischen Waffen entschieden, bei Freiberg die letzte Schlacht des abklingenden Krieges geschlagen. Aber härter als Sieg und Niederlage, schwerer als feindliche Besetzung und Verwaltung lasten die immer wiederholten Kontributionen. Leipzig muß von seinem Reichtum Millionen und Abermillionen dem unerbittlichen Sieger darbringen. Das gewerbfleißige Zittau geht nach der Koliner Schlacht in Flammen auf. Allein 1758 werden den Landständen 3,7 Millionen Taler abgepreßt. Nicht nur der Staat, auch der persönlich unschuldige einzelne Bürger oder Edelmann muß die Preußen für die russischen Zerstörungen in Ostpreußen entschädigen. Die Zwangseinstellung von Kriegs-gefangenen in preußische Truppenteile — viele von ihnen liefen davon und formten sich in Polen und Österreich zu eigenen Verbänden — wurde an Härte von den Zwangsaushebun-gen der sächsischen Landeskinder, die zur Dienstaltersreife heranwuchsen, übertroffen. Berüchtigt sind die Münzfälschungen, die den Kurs des sächsischen Geldes herabdrückten. Allerdings wurden aber auch die preußischen Untertanen von den „Ephraimiten" nicht verschont. Bei aller Berücksichtigung der Härten Friedrichs gegen das Land darf doch auch nicht vergessen werden, daß Österreicher und Reichstruppen sich nicht besser aufführten. Ob die Preußen die Brühlschen Besitzungen und Hubertusburg, ob die Sachsen Charlotten-burg heimsuchten, der Unterschied war nicht eben groß. Vergleicht man die Vorgänge aber mit dem Großen Kriege des vorangegangenen Jahrhunderts, so ist doch der Fortschritt in der Milderung der Kriegführung, namentlich gegen die friedliche Bevölkerung, nicht zu verkennen.

Während der Drangsale des Krieges weilte der Kurfürst-König mit dem Premierminister Heinrich von Brühl in Warschau. Polen galt als unbeteiligt am Kriege. Daß es für die Sachsen gelegentlich eine Art Aufnahmestellung gebildet hat, ist ebensowenig zu verkennen, wie daß es zwar offiziell nicht die finanzielle Notlage Sachsens entlastete, wohl aber zu besonderen Entschädigungen, etwa für die Zerstörung der Brühlschen Güter, herangezogen wurde. Die in Dresden verbliebene Kurfürstin Maria Josepha starb schon im zweiten Kriegsjahr. Eng mit den Nöten des Landes verbunden blieb aber der Kurprinz, der treffliche Friedrich Christian. Ihn hat auch der große Gegner geschätzt, und von ihm ist die Anbahnung des Friedens betrieben worden. Sachsen war von dem Gang der Verhandlungen zwischen den beiden Großmächten abhängig. Es war zum Objekt der Politik geworden, wo es in Brühls Gedanken und Hoffnungen schon an der Schwelle zur Großmacht gestanden hatte. Preußen trat ebenbürtig neben Österreich. Gern konnte Friedrich den Sachsen den freien Durchgang nach Polen gestatten, denn der sächsisch-polnische Machttraum war ja doch ausgeträumt. Friedrich hat selbst den materiellen Verlust Sachsens durch ihn auf 40 bis 50 Millionen Taler beziffert. Der Gesamtverlust des Landes mag das Doppelte erreicht haben. Staat, Gemeinden und Private waren schwer verschuldet. Viele Gewerbe hatten ihre Absatzmöglichkeiten verloren; auch als der Krieg beendet war, wollte der Umsatz nicht wieder in Gang kommen; und so sahen sich tüchtige Arbeitskräfte zur Auswanderung genötigt, gern aufgenommen von den Nachbarländern, nicht zuletzt in Preußen.

Der Beamtenkörper, in der Notzeit schlecht und unregelmäßig besoldet, war in seiner inneren Festigkeit erschüttert, die Armee bis auf wenige Truppenteile nicht mehr verwendungsfähig. Es wird später zu behandeln sein, wie trotz der niedergedrückten Stimmung, die gerade in den führenden und noch besitzenden Schichten herrschte, doch unverzüglich an den Wiederaufbau herangegangen wurde. Der Rationalismus als herrschende Geistesrichtung der Zeit bewährte sich als treibende Kraft, besonders wenn man vergleichsweise an das Unplanmäßige und Langsame der Aufbauleistung nach dem Westfälischen Frieden denkt.

Auf den Friedensschluß von Hubertusburg folgen bald der Tod Friedrich Augusts II., der Tod Brühls und das Aufhören der sächsisch-polnischen Verbindung. Mit dem Jahre 1763 geht eine große Epoche der sächsischen Landesgeschichte zu Ende.

Erinnert man sich rückblickend dieser Zeit von 1697 bis 1763 — seit langem in der Geschichtsschreibung Sachsens ebensoviel bewundert wie gescholten —, so ist es doch nur bedingt der Staat, der den Vordergrund der Bühne belebt; es sind vielmehr die Gestalten der Künstler und Gelehrten, der Dichter und Schriftsteller, der Kaufleute und Gewerbetreibenden, ja es ist der Sachse als deutscher Stammestypus, wie er durch unsere klassische Dichtung geht: fleißig, manierlich, gebildet, ein wenig nüchtern und hausbacken, aber regsam allem Neuen, Vorwärtsführenden offen. Wenn er als unerfreuliche Gestalt des Dramas oder des Romans eingeführt wird, dann ist der Sachse kein Gewaltmensch oder düsterer Intrigant, sondern eher die schwatzhafte Bedientenseele, ein leichter Plänemacher, der Gleisner, der sich im Sprichwort auf den Meißner reimt. Die Frauen und Mädchen aber, zumal die der großen Städte, gelten als ebenso hübsch und geschmackvoll wie als eitel und nicht allzu sittenstreng. Man hat an dem Schrifttum der Zeit die große Fülle der mittleren Talente hervorgehoben. Wie viele von ihnen entstammen dem sächsischen Boden oder haben hier ihren Wirkungskreis gefunden! Leipzig bekommt trotz Krieg und Kriegslasten, trotz der damit natürlich verbundenen zeitweisen wirtschaftlichen Rückschläge seine Prägung als Klein-Paris, als die führende Stadt deutscher Bildung, als der Zürich und Hamburg hinter sich lassende Mittelpunkt der deutschen Literatur. Immer wieder wird man versucht sein, diese Stadt mit den Augen Lessings und des jungen Goethe zu sehen. Auch Dresden hat damals seine für lange Zeit bleibende geistig-kulturelle Form gewonnen.

Selten hat Sachsen so im Mittelpunkte des deutschen geistigen Lebens gestanden wie in der augusteischen Zeit. Als in den letzten Jahren Augusts des Starken ganz Deutschland von dem Kampfe um die Philosophie Christian Wolffs widerhallte, besonders nachdem Friedrich Wilhelm I. den Philosophen auf Drängen theologischer Kreise aus Halle vertrieben hatte, da nahm sich auch die sächsische Gelehrtenwelt des großen Breslauers an; man wollte ihn nach Leipzig berufen, und der geistigen Dingen stets offene sächsische Gesandte in Berlin, Graf Manteuffel, machte den jungen Kronprinzen Friedrich mit der Philosophie Wolffs bekannt. Selbst Friedrich Wilhelm hat dann unter dem Einflusse Gottscheds noch in seinem letzten Lebensjahre sich eine bessere Meinung über Wolff gebildet. Manteuffel hat auch jene Gesellschaft der „Alethophilen" gegründet, deren Hauptverdienst in der Verbreitung der Wolffschen Philosophie in weitere Kreise der Gebildeten besteht. Der wissenschaftsfreundliche Graf erwarb sich später noch mancherlei Verdienste um die Universität Leipzig in den letzten Jahren seines Lebens. Eng mit der Aufklärungsphilosophie ist der englische Deismus verbunden, der im vierten Jahrzehnt in Deutschland Eingang findet, besonders in der Form der Logengesellschaften. Die erste deutsche Loge bildet sich zwar 1733 in Hamburg, aber bis 1740 folgen neben Berlin und Braunschweig doch auch Leipzig und Altenburg diesem Beispiele. Weiter noch in das Gebiet der dogmenfeindlichen Naturreligion stieß, ohne wesentlich Anhänger und Verständnis zu finden, jener Weißenfelser Johann Christian Edelmann vor, den erst eine spätere Würdigung in die Reihe von Spinoza zu Lessing führenden Köpfe gestellt hat.

Wie sollte eine Zeit tieferes Verständnis für ihr eigenes Wesen aufbringen, deren geschichtliches Bewußtsein eben erst im Entstehen war? Es ist schon der älteren Historiker vom Jahrhundertbeginn gedacht worden, der Schurzfleisch und Pufendorf. Neben ihnen steht Burckhard Mencke, aus einer bekannten Leipziger Gelehrtenfamilie stammend, Hofhistoriograph, besonders aber fleißiger Quellensammler. Neben ihm wirkte seit 1719 Johann Jacob Mascov, dem vorwärtsweisende Werke zur allgemeinen deutschen Geschichte verdankt werden. Ebenfalls in Sachsen wirkte Graf Heinrich von Bünau, zu Weißenfels geboren, namhaft durch eine Darstellung der deutschen Kaisergeschichte. Jener stand an Darstellungskraft und Kritik, dieser an Quellenkenntnis an der Spitze ihrer zeitgenössischen Wissenschaft in Deutschland.

Die Anfänge der neueren wissenschaftlichen Philologie knüpfen sich an die Person des Johann Matthias Gesner, der wenigstens einige Jahre als Thomasschulrektor in Leipzig gewirkt hat, ehe er einem Rufe an die neue Universität Göttingen folgte. Neben die Pflege der Sprache stellte Johann Friedrich Christ, der um die gleiche Zeit, aber viel länger als Gesner in Leipzig, und zwar an der Universität, lehrte, die Kunst der Antike. Er ist auch als Sammler antiker Kleinkunst zuerst in Deutschland hervorgetreten. Nur ein Schritt führt vom Talent zum Genie, von Christ zu Johann Joachim Winckelmann, der in Dresden sich selbst die Augen für die Schönheit der Antike geöffnet hat, und auch, als er längst in Italien heimisch geworden war, immer noch Dresden als die Insel künstlerischer Lebenskunst und -gestaltung gefeiert hat. Dankbarkeit band ihn an den Grafen Bünau in Nöthnitz ebenso wie an den Kurfürsten, der ihn unterstützt hatte. Es ist dem Verehrer Bayles und Voltaires nicht schwer geworden, die fürstliche Unterstützung mit einem Glaubenswechsel zu erkaufen, — er nennt es „aus Liebe zur Wissenschaft über etliche theatralische Gaukeleien hinwegsehen, denn der wahre Gottesdienst sei stets nur bei wenig Auserwählten in allen Kirchen zu suchen". Schon in Dresden hat er seinen Zuhörern die Vorstellung der klassischen Kunst belebt. Bei allen antik-heidnischen Zügen seines Wesens hat Winckelmann gleichwohl als Deutscher geschaffen und offen bekannt, daß er der deutschen Wissenschaft zu dienen, die deutsche Sprache zu ehren sich bemühe. Lessing und Heyne sind seine besten Schüler gewesen.

In der deutschen Dichtkunst verdeutlicht die Mode der moralischen Wochenschriften den Einbruch des englischen Einflusses. Nach rasch versandenden Anfängen ist es Johann Christoph Gottsched, der in Leipzig für Lebenszeit heimisch gewordene Ostpreuße, der mit seinen „Vernünftigen Tadlerinnen" seit 1725, bald auch mit anderen ähnlichen Unternehmungen festen Boden unter die Füße bekommt. Trotz Lessings herber Kritik an dieser Wochenschriftliteratur ist nicht zu verkennen, daß ihr erzieherischer und belehrender Einfluß auf breite Volksschichten von Bedeutung und von Nutzen gewesen ist. Gerade der obersächsische Volkscharakter kam der etwas nüchternen Nützlichkeitsgesinnung dieser Organe zweifellos entgegen. Die Bedeutung, die Sachsen und besonders Leipzig für die Geschmackspflege, nicht nur in literarischen Dingen, vor der deutschen Öffentlichkeit gewann, beruht nicht zuletzt auf der ausgebreiteten Wirksamkeit Gottscheds, die sich ebenso auf das gelesene Wort wie auf die Bühne erstreckte; mochte ihr auch der eigentlich neue Werte schaffende Geist abgehen, sie faßte doch das bisher Erreichte ordnend und reinigend zusammen. Auch seine Bevorzugung des französischen Schrifttums geschah aus der erklärten Absicht, das Deutsche zu fördern. Sein Zusammenwirken mit der Neuberin ist aus der deutschen Theatergeschichte nicht fortzudenken. Es ist schließlich das volkstümliche Element der deutschen Dichtung, das, nicht ohne Zusammenhang mit der Persönlichkeit und Staatsidee Friedrichs des Großen, Gottscheds Stellung, und damit den gerade in Sachsen so starken französischen — auf anderen Kunstgebieten auch den italienischen Einfluß — zurückgedrängt hat. In dieser großen Wendung lag aber auch schon ein gewisser Rückgang der beherrschenden Stellung Leipzigs im deutschen Geistesleben. Lessing und Goethe haben nur in ihren Anfängen noch in persönlicher Beziehung zur Leipziger Atmosphäre gestanden. Noch Johann Elias Schlegel, der geborene Meißner, hat als Gottschedschüler begonnen, dann führt ihn innerlich und äußerlich die Zeit weiter, Shakespeare und dem Norden zu. In Zachariäs „Rennomisten" wird ein Typus des Leipziger Lebens der Zeit auf die Bühne gestellt. Mehr als Liscow, der einige Zeit Brühls Privatsekretär war und dann lange in der Nähe Leipzigs bei Eilenburg lebte, und als Rabener, der aus Wachau bei Leipzig gebürtige Dresdner Obersteuerrat, bedeutet Christian Fürchtegott Gellert für Deutschland und für sein sächsisches Heimatland. In vielen Charakterzügen ein echter Sachse der ungenialen Prägung, aber von ausgebreitetem Talent zum Lehren, zum Wirken auf andere und zum Besten seiner Mitmenschen, manches Kleinliche und allzu Bescheidene im Wesen mit Weitblick, festem Gottvertrauen und weiser Menschenliebe verbindend. „Praeceptor Germaniae" ist der Ehrentitel, den ihm — wie einst dem gelehrten Melanchthon — seine Zeitgenossen gaben. Friedrich nannte ihn den klügsten aller deutschen Gelehrten. Und doch fühlte er sich seinem Volke lebendig verbunden und das Volk ihm, wie kaum je einem anderen Manne aus der Schicht der Gelehrten seit Luthers Tagen.

Hatte so die deutsche Literatur zuerst wieder in dem Sohne des sächsischen Städtchens Hainichen, im Dichter zahlreicher viel gesungener Kirchenlieder den Weg zu den breiten Volksschichten gefunden, so lag auf dem Gebiete der dem obersächsischen Stamme altvertrauten Musik die Frage nach dem Verhältnis von Kunstform und Volksteilnahme von vornherein günstiger. Es ist früher davon die Rede gewesen, wie anfänglich die deutsche Musik am albertinischen Hofe vorherrschte, früh allerdings daneben italienische Künstler tätig waren, ebenso, daß dieser italienische Einfluß unter den letzten Johann Georgen und vor allem unter August dem Starken mehr und mehr überwog. Das war ein Vorgang, der dem in Wien, Berlin und an anderen deutschen Höfen eingetretenen Wandel entsprach. Schon unter dem ersten, mehr noch aber unter dem zweiten Friedrich August gewann Dresden die Führung auf musikalischem Gebiete in Deutschland. Ein lebhaftes künstlerisches Leben entwickelte sich hier, wo die verschiedensten Talente zusammenströmten, fürstliche Großmut, eine von breiten Adelsschichten getragene Geschmackskultur und Verständnis für das Wesen und Wollen des künstlerischen Menschen zu finden waren, wie sonst nirgends in Deutschland. Im Mittelpunkte dieses Musiklebens stand das Ehepaar Hasse. Er, Johann Adolf, aus Bergedorf, sie, Faustina, Venezianerin, traten sie 1731 zuerst in einer von ihnen komponierten Oper, deren Hauptrolle sie sang, auf, wirkten dann von 1734 an ständig in Dresden. In ihrem Wirken erreicht die klassische romanische Oper ihren Höhepunkt. Hasse führt an die Schwelle der Welt Glucks und Mozarts. Neben der klassischen Hofkunst steht die aus dem sächsisch-thüringischen Volkstum hervorgewachsene Genialität Johann Sebastian Bachs. Von 1723 bis zum Tode 1750 hat er an der Thomaskirche zu Leipzig das Kantorenamt geübt. Charakteristische Züge seines Stammes vereinigen sich in ihm mit gesamtdeutschem Wesen zu einer einmaligen musikalischen Bedeutung, die alle Grenzen von Raum und Zeit überragt. Das hat zum guten Teile schon die Mitwelt Bachs erkannt.

Wie Bach neben Hasse im Raume der von Dresden und Leipzig getragenen obersächsischen Kultur steht, so fügt sich im Stadtbilde von Dresden die Frauenkirche Georg Bährs zu der Hofkirche Chiaveris zu einem Zusammenklang von einziger Art und Schönheit. Auch in der Baukunst der augusteischen Zeit setzt der Sohn die Bemühungen des Vaters mit Geschmack, Eifer und Gebefreudigkeit fort. Franzosen arbeiten neben Italienern und Deutschen. Leplat neben Longuelune, de Bodt, Knöffel. Etwa zu gleichen Teilen sind an den privaten Hausbauten großen Stils, die dem Beispiele des Hofes zumal in Dresden folgen, der Adel und die reiche Kaufmannschaft beteiligt, während diese in Leipzig natürlich weit überwiegt. Damals haben die Innenstädte ihr lange festgehaltenes Gepräge angenommen. In den Häusern aber stieg die Wohnkultur im Prunk- wie im Alltagsraum. Die Bildhauerkunst und die Malerei erhielten Aufträge; die Wände bedeckten sich mit Webstoffen von künstlerischer Gestaltung: Teppiche und Möbel, Leuchter und Geschirr, Kleinplastik und die verschiedensten Gebrauchsgegenstände gaben dem Kunstgewerbe und dem Schaffen des einzelnen Künstlers wie Handwerkers Gelegenheit und Anreiz zum Üben und Steigern ihres Könnens. Balthasar Permoser läßt die zahlreichen Italiener weit an bleibender Wirkung als Plastiker hinter sich, während in der Malerei der von Brühl geförderte Leonardo Belotto, genannt Canaletto, die venezianische Kunst des Sehens auf die Ansichten Dresdens und Pirnas anwendet. Er wird dabei nicht von den deutschen Malern, etwa einem Thiele oder Dietrich, erreicht. Berühmt war Anna Maria Haydt-Werner, die „Wernerin", deren Kupferstiche neben denen Bernigeroths so deutlich jene Barockmenschen und ihre Schmuckformen und Allegorien erhalten haben.

Man pflegte die Kunst in allen ihren Ausdrucksformen in Dresden in so überschwenglicher Weise, daß viele Staatsaufgaben und politische Rücksichten darüber ins Hintertreffen gerieten. Man hat aber unter Augusts des Starken Sohne noch mehr als unter ihm selbst auch Kunst gesammelt. Jene Anekdote, nach der Friedrich August II. eigenhändig den Thron beiseiteschiebt, um das Aufhängen eines Raffaelschen Gemäldes zu ermöglichen, dieses „Platz dem großen Raffael" unterstreicht die einzig bedeutende Seite im Wesen dieses sonst so schlaffen und unbedeutenden Wettiners. Erst unter Friedrich August II. haben die Sammlungen ihr bleibendes Gesicht erhalten, als die italienischen Antikensammlungen erworben wurden, als auch bald der Aufkauf von Bildern eifrig betrieben wurde, der in der Erwerbung der Sixtinischen Madonna gipfelt. Noch heute spiegelt die Dresdner Galerie in ihrem Bilderbestande die im zweiten Drittel des 18. Jahrhunderts bevorzugten Richtungen der Malerei, auf dem Gebiete der Italiener und Spanier nicht weniger als auf dem der Flamen und Niederländer. Diese Schätze Dresdens waren es großenteils, an denen sich die deutsche gebildete Welt von Winckelmann bis Goethe und noch lange darüber hinaus den Begriff des klassisch Schönen gebildet hat.

„Die reinsten Quellen der Kunst sind geöffnet; glücklich ist, wer sie findet und schmecket", schrieb Winckelmann ein Jahr vor Ausbruch des Siebenjährigen Krieges. Man hat den materiellen Verlust dieser sieben Jahre nachgerechnet und ist zu erstaunlich hohen Zahlen gekommen, man kennt die blutigen Einbußen des sächsischen Volkes, man weiß schließlich, wie Verkehr und Handel, wie jegliche Gewerbetätigkeit während des Krieges gestockt haben. Waren diese Menschen gleichwohl glücklich? Das Ergebnis des Krieges war der Zusammenbruch des politischen Systems, zu dessen Schmuck und Ruhme — wenn man den Sinn des absolutistischen Staates so fassen will — die Bauten gewachsen, die Bildwerke geschaffen, die Tonwerke komponiert worden waren. Von den Werken bleibender Art war wenig zerstört; sie standen noch, aber Staat und Volk waren verarmt. Gegenüber den Verbündeten wie den Feinden, die ins Land kamen, fühlte sich der Sachse wohl materiell wehrlos — dank der Brühlschen Politik. Schon damals wurde sie von der Öffentlichkeit verurteilt, die unter ihren Folgen litt, während ihr Urheber in Warschau in Sicherheit weilte. Aber kulturell fühlte sich der Sachse seinen Widersachern überlegen. Man tat sich auf seine Weltgewandtheit, auf seine humane Bildung, auf die Klarheit seines verständigen Geistes und Gemüts etwas zugute. Nicht am kriegerischen Macht- und Eroberungsgedanken, sondern am bildungsmäßigen Heimatgefühl festigte sich das vaterländische Empfinden. Und dieses Gefühl hat auch die Leiden des Krieges gemildert, zumal es von den Sympathien der öffentlichen Weltmeinung unterstützt wurde, die dem preußischen Angreifer den Überfall von 1756 nicht vergab.

Der Aufbau nach dem in Hubertusburg unter das bisherige politische System gezogenen Schlußstrich war gewiß nicht ohne die kulturellen Voraussetzungen und Kräfte denkbar, die die augusteische Zeit als bleibenden Gewinn geschaffen hatte; er mußte aber — wollte er auf die Dauer gelingen — von einer Staatsgesinnung getragen werden, die dem friderizianischen Preußen dem Wesen nach näher stand als dem Premierministertum Brühls.

Der Zusammenstoß der aufgeklärten Monarchie mit den Ideen von 1789 bis zur Auflösung des alten Reiches

Über den drei Jahrzehnten vor dem Ausbruch der französischen Revolution liegt jener Abendglanz des sterbenden Rokoko, der die Aufmerksamkeit und Liebe der Kulturhistoriker seit langem auf sich gezogen hat. Für die Volksgeschichte hat diese Spätblüte einer zu Ende gehenden, von einer sehr dünnen sozialen Schicht getragenen Kultur eine vergleichsweise geringere Bedeutung. Bei den Hauptbeteiligten des Siebenjährigen Krieges zumal steht vor den mehr oder weniger dem Welken nahen Blüten abklingender Adelskultur die für Volk und Staat ungleich bedeutsamere Leistung des Wiederaufbaus der durch den Krieg zerrütteten staatlichen und privaten Wirtschaft, die Festigung der erschütterten sozialen Ordnung und die Herstellung beruhigter zwischenstaatlicher politischer Beziehungen. Die Wiederaufbauarbeit, die in jenen Jahrzehnten auf diesem Gebiete in Preußen, in Österreich und in Sachsen — um nur die nächstliegenden Mächte zu nennen — geleistet worden ist, reizt zum Vergleich der dabei befolgten Methoden ebenso wie der dabei erzielten Erfolge. Bei einem solchen Vergleiche würde Sachsen neben den größeren Nachbarn wohl bestehen können.

Österreich hat den Erfolg seines Wiederaufbaus, besonders den der Staatsfinanzen, in erster Linie einem genialen Wirtschaftspolitiker sächsischer Herkunft, dem Grafen Zinzendorf, zu danken. Wichtiger war bei der damaligen politischen Lage für Sachsen der Gang der Dinge in Preußen. Hier verfolgte Friedrich der Große eine zwar in erster Linie den agrarischen Charakter seines Staates, zumal nach der ersten Teilung Polens und der damit einsetzenden

Kolonisation Westpreußens, betonende Wirtschaftspolitik, aber daneben stand doch auch sein lebhaftes und mit Erfolg gepflegtes Bemühen, seine Länder industriell und gewerblich von der Einfuhr fremder — und das bedeutet in erster Linie sächsischer — Waren unabhängig zu machen. Nicht die politischen Bemühungen Sachsens, sondern der am eigenen Leibe verspürte Schaden haben ihn hierin erst zu Milderungen veranlaßt. Diese bezogen sich namentlich auf den Durchfuhrhandel sächsischer Erzeugnisse durch Schlesien und auf der Elbe über Magdeburg. Dieses wie Breslau litten unter der Ausschaltung des sächsischen Handels besonders. Immerhin kann von einem wirtschaftlichen Ausgleich zwischen Preußen und Sachsen auch damals noch nicht gesprochen werden, wenn auch die allgemeine Politik beider Staaten im wesentlichen einträchtig war.

Die durch den Hubertusburger Frieden bedingte Wendung der sächsischen Politik nach Preußen hin bedeutete keineswegs von vornherein einen Verzicht auf die Gemeinsamkeit und Verbindung mit Polen. Der Antritt der Regierung durch den Kurfürsten Friedrich Christian hat die polnische Politik ebensowenig geändert, wohl aber dessen rascher Tod nach knapp einvierteljähriger Regierung. Die Minderjährigkeit des Thronerben verhinderte den Erfolg weiterer Bemühungen, wie sie namentlich im Sinne der ebenso geistig regsamen wie politisch ehrgeizigen Kurfürstin Maria Antonie lagen. Im Oktober 1765 schloß der Administrator Prinz Xaver den Verzichtvertrag mit dem neuen polnischen König Stanislaus August Poniatowski. Damit war zwar die sächsisch-polnische Verbindung abgebrochen, aber die sächsische Partei in Polen blieb trotz des immer mehr wachsenden russischen Einflusses bestehen und überdauerte auch die Teilung von 1772, um später noch einmal zu Wichtigkeit und entscheidendem Einfluß zu gelangen. Von dem Scheitern der polnischen Pläne abgesehen, bedeutete der frühe Tod des Kurfürsten Friedrich Christian einen herben Verlust für das aufbaubedürftige Land. Er war ein scharfer Gegner des Brühlschen Systems und entfernte den bald darauf verstorbenen, unter seinem Vater allmächtig gewesenen Premierminister gleich nach Antritt der Regierung. Mag die Frage nach den geldlichen Verfehlungen Brühls nicht im Sinne wirklicher Unterschlagungen durch die Untersuchungskommission entschieden worden sein, sicher ist doch, daß das ganze Verwaltungssystem Brühls unhaltbar, schwer belastet, nicht nur durch den Kriegsausgang, und seinem Geiste nach auch durch das Gegenbeispiel des friderizianischen Preußen innerlich überholt war. Des Kurfürsten Oberhofmeister, der treffliche Graf Gabaleon von Wackerbarth-Salmour, dürfte als alter Gegner Brühls ein wesentliches Verdienst um dessen Sturz haben. Kurfürst und Kurfürstin suchten und fanden enge persönliche Beziehungen zum preußischen König. In seinem Geiste sind alle inneren Reformen begonnen worden, zu denen der Kurfürst nur erst den Grund legen konnte. Friedrich Christian hat auch den Mann zum Aufbau des Staates berufen, dessen Hauptverdienst Sachsens Blüte im ausgehenden 18. Jahrhundert gewesen ist und dessen Richtung auch die besten Minister der Folgezeit gefolgt sind, Thomas von Fritsch, den Unterhändler von Hubertusburg. Die knapp fünf Jahre umfassende Zeit der Stellvertretung des Prinzen Xaver stellt die Außenpolitik Sachsens unter die einzige Aufgabe der Sicherung des inneren Wiederaufbaus. Das bedeutet neben dem Abbau der Polenpolitik die Bemühung um eine wirtschaftspolitische Verständigung mit Preußen. Der staatliche Egoismus des stärkeren Nachbarn war zu groß, als daß die verschiedenen zur Erleichterung der sächsischen Ausfuhr geführten Verhandlungen zum Erfolg geführt hätten. Wichtig für den Widerhall der sächsischen Stimme im Konzert der Mächte, die durch den Niederbruch von 1763 so stark geschwächt worden war, wurde die Neubildung der Armee, deren Wert Friedrich II. besonders dann hochzuschätzen begann, als ihm gegenüber Österreich sein Bündnis mit Rußland nicht mehr als das einzige Heilmittel und daher der Besitz einer Stütze unter den Reichsständen um so wünschenswerter erschien. Es lag im klar erkannten Sinne der preußischen Ostpolitik, daß Friedrich alle Bemühungen Maria Antoniens um wirtschaftliche Verständigung ebenso ablehnte wie ihre verschiedenen Versuche —

zum Beispiel 1769 beim Regierungsbeginn Friedrich Augusts III, ihn für ein sächsisches Polen zu gewinnen. Die unermüdliche Kurfürstin hat auch in späteren Jahren ihre Privatpolitik, gegebenenfalls Österreich oder Frankreich für ihre Pläne zu interessieren, nicht aufgegeben. Je mehr aber die Regierung Kurfürst Friedrich Augusts III. an Festigkeit gewann, um so weiter traten diese Bestrebungen in den Hintergrund. Als 1776 die um ihre reichsunmittelbare Stellung bemühten Grafen und Herren von Schönburg ihre böhmischen Lehensbeziehungen gegen die mit Kursachsen getroffenen Vereinbarungen ausnutzend, österreichische Truppen in ihr Gebiet zogen, beschritt zwar der Kurfürst gegen diesen unfreundlichen Akt Habsburgs den Verhandlungsweg, aber als bald darauf die Leitung der auswärtigen Beziehungen auf den bisherigen Berliner Gesandten Stutterheim überging, da bekam die sächsische Außenpolitik eine noch stärkere Wendung nach Preußen hin. Dieses nutzte die Annäherung 1778, als sich der bayerische Erbfolgestreit erhob, an dem Sachsen durch die Kurfürstin Maria Antonie als älteste Schwester des letzten bayrischen Herzogs beteiligt war, aus; es machte dem Wettiner wiederholt Vorschläge zu einer gemeinsamen Offensivpolitik. Preußen bot damals Ansbach-Bayreuth samt einigen benachbarten bayrischen Ämtern zum Tausche gegen die Lausitzen an. Es suchte damit Sachsen aus der gefährlichen Linie des Austrags bleibender preußisch-habsburgischer Gegensätze und aus der verhältnismäßig nahen Nachbarschaft zu Polen abzuziehen, nach Franken und Thüringen zu. Ein albertinischer deutscher Kernstaat deutete sich als Möglichkeit an, wenn es weiter gelang, die Ernestiner auf die Randzone dieses wahren Mitteldeutschland abzudrängen. Aber dem formalrechtlich und alles andere als machtpolitisch denkenden Kurfürsten lagen ebenso wie seinen Ratgebern derartige weitgespannte und unsichere Pläne sehr fern. Sie wären ihm als Untreue gegen seine Lausitzer erschienen, auf deren Mehrzahl er unter wesentlich ungünstigeren Umständen später als Greis doch noch verzichten mußte. Wie man einst den unruhigen jungen Friedrich in Dresden beargwöhnt hatte, so tat man es jetzt mit dem fast noch unruhigeren Joseph II. Seine unfreundliche Haltung gegen Sachsen trieb dieses ganz von selbst auf die preußische Seite. Es kommt zu dem ereignisarmen Feldzug der beiden norddeutschen Staaten nach Böhmen im Sommer 1778. Beim Teschener Frieden im Mai 1779 gewinnt Sachsen zwar wenig, aber sein staatliches Ansehen hat sich doch seit Hubertusburg wieder sichtlich gehoben. Die Schönburger werden zur Lehensabhängigkeit gebracht, mögen sie auch noch eine Weile widerstreben; außerdem erhält Sachsen 6 Millionen Gulden als Entschädigung für seine Ansprüche. Es ist allerdings nicht zu verkennen, daß es zu dem größeren Zweck Preußens, dem Kampfe mit Österreich, zwar mit gefochten hatte, an der Entscheidung aber ebensowenig unmittelbar beteiligt war, wie es am wirklichen Gewinn Anteil erhielt.

Da der Angriffswille Josephs II. durch den Teschener Frieden keineswegs für die Dauer gelähmt war, nahm Friedrich II. den schon einst von August dem Starken gelegentlich angeregten Gedanken einer Vereinigung der Reichsfürsten zum Schutze der Reichsverfassung gegen Habsburg unmittelbar unter dem Eindruck der Ereignisse von 1778/79 auf, ohne ihm zunächst unter dem Drucke Frankreichs zur Verwirklichung verhelfen zu können. Natürlich spielte in diesen Plänen Sachsen eine erste Rolle.

Der Fürstenbund, dieses letzte größere politische Unternehmen Friedrichs des Großen, ist eine Episode der deutschen Geschichte geblieben. Gerade der Gedanke, der der preußischen Politik zugrunde lag und Ideen enthielt, die das folgende Jahrhundert wieder aufgenommen hat, nämlich, den preußischen Kern mit einem Kranze mittlerer und kleinerer deutscher Mächte zu umgeben und damit eine feste Macht gegen Österreich zu bilden, widerstrebte dem Willen Friedrich Augusts von Sachsen völlig. Er glaubte im Sinne des inneren Aufbaus seines Staates eine strenge Neutralitätspolitik verfolgen zu müssen. Diese sollte der Bewahrung des Reichsgefüges dienen, auf eine enge Verbindung mit Preußen gestützt sein, aber auch ein gutes Verhältnis zu Österreich, an dem es seit Hubertusburg mangelte, einschließen. Immer wieder verwahrt sich Sachsen gegen eine einseitige antihabsburgische Auslegung seiner zögernd eingegangenen Mitgliedschaft zum Fürstenbunde. Als mit dem Tode des großen Friedrich, dessen europäische Vereinsamung den Bund als Rettung Preußens gegen Habsburg geschaffen hatte, eine Änderung der preußischen Politik eintrat, da verfiel auch der Fürstenbund. Für Sachsen hatte er nie eine größere Bedeutung gehabt.

Betrachtet man die Außenpolitik Sachsens in den Jahren bis zum Beginn des letzten Jahrzehnts des 18. Jahrhunderts, so ist sie durch ihre Schwäche und durch ihren Mangel an Tatkraft gekennzeichnet. Die Knappheit der Geldmittel ist nicht der einzige Grund dieser Haltung. Die öfters von Friedrich II. dem sächsischen Hofe vorgeworfene Illusionspolitik auf der einen Seite — verkörpert durch die plänereiche Kurfürstinwitwe Maria Antonie, deren polnische Hoffnungen nicht zur Ruhe kommen — und der Grundsatz des bloßen Abwartens — des leitenden Ministers Gutschmid Wahlspruch „Interim aliquid fit" wurde nur zu gern vom Kurfürsten angenommen — auf der anderen Seite, konnten die verlorene europäische Stellung Sachsens nicht wieder bringen. Dazu kam das schlechte Verhältnis zu Rußland, gegründet auf der Abneigung Katharinas II. gegen die Wettiner, das Scheitern aller Versuche, zu Frankreich engere Fühlung zu gewinnen — hier stand die preußische Freundschaft im Wege — und das kühle Verhältnis zu Hannover-England. Bezeichnend dafür ist das Scheitern der Anleihebemühungen bei den Westmächten. Wenn Sachsen nicht zu den deutschen Staaten zählt, die im 18. Jahrhundert ihre Landeskinder als Kanonenfutter für die überseeischen Kriege Englands verschachert haben, so scheint das seine Ursache nicht so sehr in grundsätzlicher Ablehnung solchen Tuns durch den Kurfürsten zu haben, als in der Weigerung Sachsens, seine Soldaten in der neuen Welt kämpfen zu lassen. Für europäische Kriegsschauplätze wären sie wohl zu haben gewesen, wie hundert Jahre vorher für die griechischen Feldzüge der Republik Venedig.

Wenn der Kurfürst und seine Ratgeber geglaubt hatten, daß der Wunsch nach einer friedlichen Neutralitätspolitik auch schon einschlösse, das Land außerhalb aller europäischen Beunruhigungen zu halten, so mußte sie das Jahr 1791 eines Schlimmeren belehren. Damals hebt bekanntlich jenes Nebeneinander von Ereignissen an, das die Karte Europas so gründlich umgestalten sollte: die außenpolitischen Wirkungen der Französischen Revolution im Westen und die Auflösung Polens im Osten. Beide Entwicklungslinien haben schließlich den Weg der sächsischen Landesgeschichte recht fühlbar geschnitten.

Wohl lehnte Sachsen jede Teilnahme an den Verhandlungen zu Pillnitz ab, die auf eine gemeinsame Politik der großen deutschen Mächte gegen das revolutionäre Frankreich abzielten. Aber Preußen wie Österreich empfahlen Sachsen bei dieser Gelegenheit, sich der polnischen Sache erneut zu widmen, wobei dahingestellt bleibt, wieweit diese Vorschläge ganz ehrlich gemeint waren. Am 3. Mai 1791 war von den Polen eine neue Verfassung beschlossen worden, die die Erbfolge Sachsens für den Fall des Todes des Königs Stanislaus August Poniatowski vorsah. Preußen wie Österreich rieten zur Annahme der Krone, wohl wissend, daß die innere Zersetzung des Wahlkönigreichs schon so weit vorgeschritten war, daß die Aussichten des Wettiners auf Gewinnung einer festen Macht im Lande noch geringer waren als zu Zeiten seines Großvaters und Urgroßvaters. Der sächsische Gesandte in Warschau, Essenius, riet dringend ab. Adam Kasimir Czartoryski als Beauftragter des polnischen Reichstages kam nach Dresden und drängte zur Annahme. Rußland, das vom sächsischen Gesandten besonders vorsichtig befragt wurde, hüllte sich in Schweigen. Friedrich August zögerte. Daß er nach langen Erwägungen schließlich doch ablehnte, ist wohl zum Teil die Folge richtig die Lage erfassender politischer Erwägungen, zum Teil aber auch der Ausfluß des zaghaften, an den kleinen Pflichten des Alltags und dem Anschauungskreis seiner Ratgeber — namentlich Gutschmids und Marcolinis — haftenden streng rechtlichen, aber größeren Anforderungen schon in jugendlichem Alter wenig gewachsenen Denkens des wohlmeinenden Fürsten. Bekanntlich ist ihm die polnische Dornenkrone unter

Abb. 35   Marktplatz mit Rathaus, Stadtkirche und Lutherdenkmal in Wittenberg

Abb. 36 Richard Wagner (1813–1883)

Abb. 37 Johann Gottfried Seume (1763–1810)

wesentlich unwürdigeren Umständen dann anderthalb Jahrzehnte später doch nicht erspart geblieben.

Ganz ähnlich liefen die Dinge im Westen. In Pillnitz lehnte Sachsen den Beitritt zum preußisch-österreichischen Verteidigungsbündnis ab. Als aber 1793 der Reichskrieg gegen Frankreich erklärt wurde, konnte es sich seinen Pflichten als Reichsstand nicht entziehen. Bis zu 10000 Mann Sachsen haben im Reichskriege im Felde gestanden. Sie halfen Mainz einnehmen und siegten mit bei Pirmasens und Kaiserslautern. Als Preußen den viel verurteilten Frieden von Basel im April 1795 schloß, trennten sich die sächsischen Truppen von dem preußischen Kontingent und schlossen sich den Österreichern an. Während Hessen und Hannover, dem Beispiele Preußens folgend, ihr Landesinteresse vor das des sterbenden Reiches stellten und gleichfalls mit Frankreich zum Frieden kamen, führte Sachsen zunächst noch den Kampf allein an Österreichs Seite weiter, das heimlich selbst mit den Franzosen verhandelte. Nur vorübergehend, als die Franzosen Mitteldeutschland bedrohten, rief Friedrich August seine Sachsen an die Landesgrenzen zurück, doch schon im Juni 1796 fochten sie gemeinsam mit den Österreichern siegreich bei Wetzlar. Erst als die Franzosen weiter nach Osten vordrangen, bequemte sich der Kurfürst am 13. August 1796 zum Waffenstillstands- und Neutralitätsvertrag von Erlangen. Im Rahmen der von den Reichsständen allgemein geführten Verhandlungen erschien auch Sachsen auf dem Kongreß in Rastatt. Hier mußte Sachsen erleben, daß Verfall und Verrat des Reichs in Praxis und Idee schon ungleich weiter vorgeschritten waren, als wie die Leiter der sächsischen Politik in ihrer überkommenen Reichstreue angenommen hatten. Vergeblich auch das Bemühen, dem Länderschacher dadurch Einhalt zu tun, daß man selbst bekannte, neues Gebiet nicht zu begehren. Die ebenso ehrliche wie in ihrem Grundgedanken überholte Politik des unpolitischen Kurfürsten hat auch beim Reichsdeputationshauptschluß keinerlei praktische Früchte getragen.

Mit dem Ende des alten Reichs ist der sächsischen Politik eine Grundlage ihrer Bemühungen entzogen worden, für die ein Ersatz in einem gesunden eigenstaatlichen Egoismus nicht ohne weiteres vorhanden war. Staaten, die eine europäische Politik, wenn auch nur auf dynastischer Grundlage, neben der Reichspolitik getrieben hatten, konnten sich nun eher freier bewegen als bisher. Der Verzicht auf Polen hatte aber für Sachsen das Ende solcher weiteren Zielsetzung gebracht. Es befand sich auch nicht in der Lage wie Bayern, das, immer wieder von Frankreich gegen Österreich ausgespielt, auch jetzt eine große Tätigkeit entfaltete. Demgegenüber blieb für Sachsen, das Frankreich bis 1763 gern ähnlich gegen Preußen eingesetzt hätte, nun nur die Verbindung mit eben diesem Preußen, dessen Freundschaft weder in der polnischen Frage von Nutzen gewesen war, noch jetzt durch sein gespanntes Verhältnis zu dem revolutionären Frankreich Sachsen eine Stütze bieten konnte.

Ehe aber auf die Geschicke Sachsens in der eigentlich napoleonischen Zeit eingegangen werden kann, muß seine innere Entwicklung in dem Zeitraume von 1763 bis zum Ende des Jahrhunderts überblickt werden.

Mit einer Energie, die nach den schweren Kriegsjahren und dem harten Hubertusburger Frieden besondere Beachtung verdient, ist Sachsen an den staatlichen Wiederaufbau gegangen, der in vielen Stücken zu einem Neubau wurde.

Man begann noch unter Friedrich Christian mit wesentlichen Einsparungen bei der Hofverwaltung, denen auch die italienische Oper zum Opfer fiel. Viele ausländische Künstler verließen den an Farbe und Glanz so rasch verbleichenden Hof. Die Bevölkerungszahl Dresdens nahm damals nicht unbeträchtlich ab. Als die polnische Verbindung aufhörte, fiel auch der polnische Anteil an der Hofgesellschaft fort. Ein Zug preußischer Nüchternheit legt sich über die Residenz, die eben noch eine Kolonie italienischer Kunstfreude und Lebenswärme gewesen war. Immerhin konnte die bisherige Malerakademie zu einer Akademie der zeichnenden und bildenden Künste noch 1764 ausgebaut werden, die unter Hagedorns und Casanovas Leitung dann eine glückliche Lehr- und Schaffenskraft entfaltet hat. Im Jahre 1765 fand die erste akademische Gemäldeausstellung statt.

Schon im Frühjahr 1762 war von Brühl von Warschau aus die „Restaurationskommission", aus sieben meist jüngeren leitenden Staatsbeamten bestehend, ins Leben gerufen worden. Sie, die zumeist später in die höchsten Staatsstellen aufgestiegen sind, haben in den anderthalb Jahren des Bestehens der Kommission tüchtige Arbeit geleistet. Die Seele des Ganzen war der schon genannte Fritsch. Neben diesen Männern tritt die Leistung der Landstände am Wiederaufbau wesentlich nach Bedeutung und Ideenreichtum zurück. Infolge des frühen Todes des Kurfürsten wurde der Administrator Xaver zum Träger der weiteren Regierungspolitik. Seine Bedeutung für die innere Geschichte Sachsens ist gewiß nicht zu verkennen, seine Leistung und Politik sind im einzelnen aber zum Teil noch umstritten. Sicher ist die gewaltige Entrüstung der Stände über seine Geldforderungen bei der Neuordnung und Vermehrung des Heeres stark von persönlich-ständischen Rücksichten bestimmt. Am Ende des Siebenjährigen Krieges hatte man etwa 20 000 Mann unter den Waffen. Der Landtag von 1763 beschloß eine Verminderung auf 16 000—17 000 und dann ein langsames Steigen der Bestände um jährlich 1000—1200 Mann bis auf 24 000. Statt dessen forderte Xaver auf einmal 12 000 Rekruten in einem Jahre und einen Friedensstand von über 30 000. Nach Xavers Rücktritt setzte man den Stand wieder auf 27 200 herab, und so blieb er nur langsam steigend bestehen, so daß er 1803 die Zahl 31 000 erreichte. In der gleichen Zeit stieg vergleichsweise die Einwohnerzahl Sachsens von 1 632 700 im Jahre 1771 auf 1 941 800 im Jahre 1785 und auf 2 013 000 im Jahre 1793.

Nicht nur an der ständischen Opposition gegen die Heeresreform ist Xaver gescheitert, sondern auch an seiner ganzen Finanzpolitik. Die Stände verwarfen die einzelne Gewerbe schädigende Quatembersteuer ebenso wie die Bestimmung, die die ländliche Besitzteilung verbot, das Bauernlegen aber ermöglichte. Besonders ungünstig war die Schuldenlage des Staates. Die Kriegsanleihen waren meist in Holland untergebracht worden. Xaver nahm für die Heeresreform eine Anleihe in Genua auf, nachdem anderswo Versuche gescheitert waren. Die Staatsschulden betrugen in den siebziger Jahren über 40 Millionen Taler. Dabei hielten sich Einnahmen und Ausgaben auf etwa 6 Millionen Taler jährlich. Unter den Staatsausgaben standen beispielsweise 1773 die Zinsen an die Staatsgläubiger mit rund 27,5 % der Ausgaben wenig hinter denen für die Landesverteidigung — 28,5 % — zurück und wesentlich vor denen für die gesamte Hofhaltung oder für die Kosten der Staatsverwaltung einschließlich der Pensionen — 20,8 und 13,3 % —. Es ist dann aber einer weisen Finanzpolitik im letzten Jahrhundertviertel gelungen, die Gesundung der öffentlichen Wirtschaft durchzuführen. Zwar mußte der Zinsfuß auf 3 % gesenkt werden, aber die Kapitalien blieben erhalten, und das Vertrauen der Geldgeber in die sächsischen Anleihen stieg mit den Jahren wieder so stark, daß der Kurs sich von 58 des Jahres 1764 auf 84 im Jahre 1774 und auf 106,5 im Jahre 1798 hob, gewiß ein guter Gradmesser für die staatliche wie die wirtschaftliche Erholung des Landes. In diesem Punkte ist die sächsische Nachkriegsentwicklung geradliniger als die Preußens.

Sehr von Vorteil erwies sich die 1763 verfügte Reform der Akzise. Brühls System der Verpachtung dieser wichtigen und volkswirtschaftlich entscheidenden Einnahmequelle wurde aufgegeben. Dafür nahm sie das Generalakzisekollegium wieder in eigene Verwaltung. Gerade von ständischer Seite ist Xaver der Vorwurf gemacht worden, er habe Ausländer in seine Umgebung gezogen und diesen bestimmenden Einfluß auf die Innenpolitik gestattet. So wird Martange als Anreger der absolutistischen Finanzpolitik gegen die Stände genannt, für die Reformen der Finanzverwaltung der aus Mailand stammende, angeblich jüdische Graf Joseph Bolza. Auf seine Anregung wird 1773 die Generalhauptkasse errichtet; diese tritt an die Stelle des 1778 aufgehobenen Generalakzisekollegiums und wird durch Vereinigung mit dem Kammer- und Bergkollegium 1782 zum Geheimen Finanzkollegium umgebildet. Hier ist dann die Verwaltung der meisten Staatseinnahmen und -ausgaben vereinigt, während vordem ein schwer übersehbares Nebeneinander verschiedener Kassen bestanden hatte. Die Besserung der Finanzen gestattete die Senkung der die Wirtschaft belastenden Akzise und diese namentlich die Einfuhrbesteuerung mildernde Maßnahme ließ die Volkswirtschaft aufblühen und förderte so wieder indirekt die Staatswirtschaft. Bekannt ist der gewaltige Aufschwung der Leipziger Messen, deren Ertrag für Stadt und Staat schon 1773 auf 300000—400000 Taler im Jahre geschätzt wird.

Der schärferen und sinnvolleren Trennung der behördlichen Zuständigkeit entsprach es, daß man die Justiz in Kammersachen von der Kammerverwaltung an die eigentlichen Rechtsbehörden, die Landesregierung und das Appellationsgericht, verwies. In die achtziger Jahre fallen auch noch Bestimmungen über die Abgrenzung der weltlichen und der geistlichen Gerichtsbarkeit, über die Rechtsprechung in Akzisesachen, über die Zuständigkeit der Hofämter sowie ein Kriegsgerichtsreglement. Bedeutsam ist die langsame Abschaffung der Verpachtung der Gerichtsämter, begonnen 1780, abgeschlossen 1793. Die Stellung der Gerichtsbeamten hebt die Trennung der Gerichtssporteln von der Besoldung, wie überhaupt in jene Jahrzehnte des praktischen Rationalismus und des vernünftigen Wohlfahrtsstaates die Anfänge eines nicht nur dynastisch, sondern staatlich fühlenden Beamtentums fallen, das sich als Stand, als soziale Schicht, neben dem älteren Gegensatz von Adel und Bürgertum zu betrachten anfängt. Einem schon lange gerügten Mangel suchen die Strafrechtsreformen von 1770 und 1783 abzuhelfen, wenn es hier auch bei Teillösungen bleibt. Kennzeichnend für den Geist der Zeit ist die Abschaffung der Tortur. Mit der viel nachgeahmten Vormundschaftsordnung von 1782 ging Sachsen auf einem rechtlichen Sondergebiete in Deutschland voran. Abgeschafft wurde die Strafe der Landesverweisung, die zu dem üblen Zustande geführt hatte, daß ein Staat dem anderen die asozialen Elemente zuzuschieben trachtete. Die Strafanstalten werden dafür erweitert, oft mit Arbeitshäusern, aber auch mit Irrenanstalten räumlich vereinigt. In der gleichen sozialpolitischen Richtung, die das Denken der Zeit beherrscht, liegt der Ausbau des Armenschulwesens und der Armenfürsorge überhaupt, deren Notwendigkeit die schwere Hungersnot der Jahre 1770/71, bei der über 60000 Menschen ums Leben kamen und die Auskunftsmittel der Regierung zunächst völlig versagten, so deutlich erwiesen hatte. Schon 1768 war in Dresden das erste Leihhaus errichtet worden. Die auf dem Gebiete der öffentlichen Wohlfahrtspflege häufig bahnbrechenden oberlausitzer Stände hatten schon 1767 die Einrichtung einer Brandversicherung angeregt und in die Wege geleitet. Für das ganze Land kam eine solche 1787 zustande. Ihr entsprach die Feuerordnung für die Dörfer von 1775. Im Jahre darauf wurde der erste Blitzableiter im Lande angebracht, auf dem Dresdner Schloßturme.

Dem Ausbau des Besserungs- und Heilanstaltswesens wandte man besondere Aufmerksamkeit zu. Das Sanitätskollegium, seit 1768 tätig, kämpft gegen Epidemien, sucht das Verständnis für alle sanitären Fragen im Volke zu heben und dehnt seine Vorsorge bis zur Beaufsichtigung der Weinstuben, ja bis zum Verbot des Aufenthalts von Schauspielergesellschaften auf dem Lande aus. Der Polizeistaat kann eben gar nicht weit genug in der wohlmeinenden Fürsorge für die Unteranen gehen. Die pflegliche Förderung der Landeskinder ist der auf allen Zweigen des Staatslebens verfolgte Grundsatz, ob es sich darum handelt, den Mannschaftsersatz des Heeres mit möglichster Schonung der privaten Wirtschaft durchzuführen — übrigens mit dem schönen Erfolge, daß Karl August von Weimar nach einem bekannten Worte die sächsische Armee als „doch eigentlich die einzige Nationalarmee in Deutschland" bezeichnen konnte —, ob es um Fragen der staatlichen Wirtschaftspolitik ging, ob endlich die viel erörterten Bildungsfragen der Zeit zur Aussprache standen. Denn daß die Menschen klüger und vor allem technisch geschickter gemacht werden müßten, wenn man sie sozial heben und moralisch bessern wollte, das war der ausgemachte Glaube der Zeit.

Es sind die klassischen Jahre der Schulentfaltung. Die Artillerieschule und die Kunstakademie sind schon erwähnt worden. Innerhalb des Bergwesens ist auf sozialem Gebiete zu berichten, daß die Knappschaftskassen verbessert, Bergphysikate errichtet und Bergchirurgen eingestellt wurden. Der Ausbildung im höheren Bergfach diente die 1765 in Freiberg errichtete Bergakademie, deren Gründung mit den Namen Oppel und Heynitz verknüpft ist. Hier wirkte seit 1773 Abraham Gottlob Werner und versammelte bald die Lernbegierigen aller Länder um diese erste akademische Lehrstätte des Bergfachs in Deutschland. Ein Menschenalter später erwuchs in Tharandt die erste Forstakademie in deutschen Landen (ähnlich wie ein Jahrhundert später wieder in Sachsen, in Leipzig, die erste deutsche Handelshochschule errichtet wurde). In Dresden begann Dr. Christoph Friedrich Weber 1774 eine Privatschule für Tierarzneikunde zu führen, die später verstaatlicht wurde. Noch ein paar Daten aus der Bildungsgeschichte des schulfreudigen Landes: 1778 wird das erste deutsche Taubstummeninstitut in Leipzig errichtet und das erste Lehrerseminar in Dresden-Friedrichstadt, 1785 die erste Realschule in Dresden.

Dem Schulwesen der Jugend entspricht in gewissem Sinne das Vereinswesen der Erwachsenen. Freimaurerei, Ordensbildungen, allerlei Verbrüderungen sind allenthalben im Schwange. „Sozietäten", „Harmonien", bald sozial gerichtet, bald weltbürgerlich, bald wissenschaftlich, ästhetisch oder künstlerisch, bald nur gesellig eingestellt, blühen auch an kleineren Orten auf. Hier kommt die allgemeine Zeitströmung der von Natur geselligen Neigung der meist dicht beieinander wohnenden Bevölkerung des Landes entgegen. Der Wirksamkeit der 1764 gegründeten „Ökonomischen Gesellschaft" wird noch bei Erörterung der wirtschaftlichen Entwicklung zu gedenken sein. Dem Jahre 1774 gehört die Jablonowskische Gesellschaft in Leipzig, dem Jahre 1779 die Oberlausitzer Gesellschaft der Wissenschaften, dem Jahre 1787 die Linn'sche oder Naturforschende Gesellschaft an. Ins Jahr 1784 fallen die Anfänge der später zum akademischen Seminar umgebildeten, von Christian Daniel Beck gestifteten Philologischen Gesellschaft in Leipzig. Sozial gerichtet ist die seit 1793 in Dresden wirkende „Gesellschaft christlicher Liebe und Mitleidens", seit 1803 in „Gesellschaft zu Rat und Tat" umbenannt. Für ähnliche Gründungen an kleineren Orten sei etwa die Marienberger „Gesellschaft der Volksfreunde" als der gleichen Zeit entstammendes Beispiel genannt.

Regelmäßige Zusammenkünfte, die bei dem gegen die voraufgegangene Zeit beträchtlich gesteigerten Verkehrswesen auch schon entfernt wohnende Teilnehmer zusammenführen, kommen in Aufnahme. Sie knüpfen besonders an die Leipziger Messen an. Da trifft sich der Adel ebenso wie gelehrte Kreise sich zusammenfinden; Kaufleute und Bankherren, Buchhändler und Literaten füllen Gasthäuser und Kaffeestuben. Wirtschaft und Bildung, Handel und soziales Leben empfangen hier Anregungen. Sachsen aber wird auch auf diesem Wege zum geistigen wie materiellen Umschlagplatz wechselnder Werte und Strömungen für ganz Mitteleuropa und darüber hinaus für den Osten und Südosten des Erdteils.

Den Anteil der staatlichen Führung an der wirtschaftlichen Entfaltung Sachsens im dritten Drittel des Jahrhunderts wird man nicht bestreiten können, mag man ihn im einzelnen auch verschieden hoch bemessen. Den Grund hat auch hier die Restaurationskommission von 1762 gelegt. Der wirtschaftserfahrene Thomas Fritsch ist gerade hier der leitende Kopf. Schon 1764 werden die Kreis- und Amtshauptleute, deren Ämter längst zu reinen Ehrenstellen und Titulaturen verblaßt waren, wieder zu dem, was sie in gewissem Sinne ursprünglich gewesen waren oder doch hatten sein sollen: zu Verwaltungsbeamten ihres Bezirks. Die sorgsame Beachtung der wirtschaftlichen und sozialen Entwicklung im Lande war dabei eine ihrer vornehmsten Aufgaben, und die Geschichte weiß schon aus den Hungerjahren 1770/71 einzelne rühmliche Leistungen volkspflegerischer Wirksamkeit dieser Beamten zu melden. Dem April 1764 gehört die Erweiterung der unter den Johann

Georgen einst gebildeten Commerziendeputation zur „Landes-Ökonomie-, Manufaktur- und Commerziendeputation" an. Ihr Direktor wurde der regsame und ideenreiche Friedrich Ludwig von Wurmb, seit 1769 Konferenzminister; weiter haben in ihr besonders Friedrich Wilhelm Ferber als erfahrener Finanzmann und später Bernhard v. Lindenau eine Rolle gespielt. Leider hat man der Deputation nur beratende Aufgaben gestellt. An der Ausführung, die der Kammer und der Landesregierung verblieb, hatte sie keine Mitwirkung. Das hat ihre praktische Bedeutung stark eingeschränkt.

Seit 1765 wurden zur Hebung der vom Kriege schwer mitgenommenen Viehzucht spanische Merinoschafe eingeführt. Musterschäfereien in Lohmen, Rennersdorf, Hohenstein beförderten jenen Aufschwung der Wollverarbeitung, der bald bei einer Mengensteigerung der Erzeugung um die Hälfte eine Wertsteigerung der Erzeugnisse um das Vier- bis Sechsfache bewirkte.

Auf dem Gebiete der inneren Kolonisation vermag das engräumige, dichtbesiedelte Sachsen gewiß nicht mit den Leistungen des preußischen Nachbarn, zumal nach dessen Erwerbung Westpreußens, zu wetteifern, aber übersehen wurde dieser wichtige Zweig der staatlichen Wohlfahrtspflege auch hier nicht. In der Niederlausitz werden schon 1770 Versuche mit dem Ansetzen von Kolonisten gemacht, die mit drei Freijahren begabt sind. Eine Verordnung von 1788 sieht die Beförderung des Anbaus von Wüstungen vor, und die Berichte der Kreis- und Amtshauptleute sollen ausdrücklich Angaben über Neubautätigkeit und Steigen des Ernteertrags enthalten. In der Ökonomischen Sozietät wirken Staat und private Tatkraft zum Besten des Landbaus zusammen. Langsam nur verbreitet sich der Anbau der Kartoffel, die beispielsweise im Kurkreise noch 1773 ziemlich unbekannt ist. Stark aber steigt der lebhaft in Aufnahme gekommene Tabakbau. Um 1790 beginnt man Hopfen zu bauen, während die schon früher aufgenommenen Versuche mit der Maulbeere, besonders bei Görlitz, ebenso fehlschlagen wie die friderizianischen und darum bald wieder einschlafen. Thüringen erlebt einen starken Aufschwung seines Obstbaus. Seit 1787 unterhält der Staat Landgestüte zur Förderung der Pferdezucht. Mehr in privaten Kreisen wird die Bienenzucht weiterentwickelt. Zumal die Oberlausitz macht sich darin einen Namen. Die langen Friedensjahre sind jedenfalls dazu angetan gewesen, die sächsische Landwirtschaft alle Unbilden der Kriegszeit überwinden und sie innerlich gesunden zu lassen. Die Regierung hat dabei durchaus fortschrittlich mitgewirkt, mag auch die zeitgenössische wie manche spätere Kritik dem entgegenstehen. Sie hat die Koppelhütung aufgehoben — was in der Durchführung sehr langsam voranging —, aber die Trift- und Hütungsgerechte und die Frohnrechte der Rittergüter bestehen lassen. Mangelnde Förderung des kleineren Bauern gegenüber dem Großgrundbesitzer daraus abzuleiten, scheint aber eine unhistorische Übertreibung zu sein. Auch in den benachbarten Staaten ist die Lage nicht anders. Selbst die Bauernunruhen von 1790 richten sich nicht gegen die soziale oder wirtschaftliche Politik der Regierung, sondern gegen einzelne ländliche Gerichtsherren. Sie kommen in den wohlhabendsten Landwirtschaftsgebieten des Landes zum Ausbruch, beruhigen sich, sobald die Regierung nach den ersten Augenblicken der Überraschung in vorsichtiger und im allgemeinen milder Form die örtlichen Mängel abstellt, und verlieren nur vereinzelt den loyalen Charakter. Die damals in Lauenstein aufgefangene Botschaft eines einzelnen, von der französischen Revolution ergriffenen Wirrkopfes, hinter der man weitergehendere Umsturzpläne wittern konnte, erwies sich bei näherer Feststellung als ein ziemlich harmloses Unternehmen, dem jede bodenständige Verwurzelung fehlte.

Die Landwirtschaft Sachsens war schon damals bestenfalls imstande, den Nahrungsbedarf des Landes zu decken. Für die Ausfuhr, das Lieblingskind des Merkantilismus, spielte sie keine Rolle. Wirtschaftlich ging es dem Landwirt am Jahrhundertende gut. Sozial war die Lage weniger günstig. Es fehlte in Sachsen das, was man in Preußen die Reform vor der Reform genannt hat, fast völlig. Die Bauernbefreiung hatte noch nicht in bemerklichem

Umfange begonnen. Die wenigen Einzelfälle, etwa in Thüringen auf den Münchhausen-schen Gütern, zählten beim Vergleiche kaum mit. Diese Rückständigkeit hatte ihren festen Halt in den Ständen, die erst 1805 eine leichte Milderung der Grundsätze, die für die Landtagsfähigkeit der Rittergüter wegen des Aussterbens vieler Geschlechter notwendig geworden war, eintreten ließen. Ein Vergleich mit Preußen zeigt hier, daß in Sachsen auch eine rechtliche und aufgeklärte Verwaltung nicht den festen Willen des absolutistisch ge-führten Staates zu ersetzen vermochte, wenn die Landstände ungebrochen ihren Willen geltend machten.

Die Grundlinien der sächsischen Wirtschaftspolitik lassen die vielfältige Förderung von Bergwesen, Gewerbefleiß und Handel leicht erkennen. Nur die steuerliche Rücksicht auf das verarmte Land hat zunächst dem guten Willen der Regierenden im Wege gestanden und hat der Wirtschaft Fesseln auferlegt.

Das Bergwesen wird namentlich durch Verbesserung und Einführung maschineller Ein-richtungen gehoben. Der Name des Berghauptmannes von Trebra ist mit diesen Errungen-schaften verknüpft. Die Silberausbeute wird von dem Jahrfünftertrag von 1767/71 — 153 Tausend Mark Silber — auf 287 Tausend Mark Silber 1792/96 gesteigert. Erneute Ver-suche der Goldgewinnung scheitern, aber dafür entwickelt sich der Kohlenbergbau, zumal im Plauenschen Grunde bei Dresden, günstig. Dem Bergrat Borlach, der schon unter August II. die Salinen von Artern und Kösen eingerichtet hatte, gelingt mit dem Ausbau von Dürenberg 1763 die Steigerung der heimischen Salzerzeugung so weit, daß nur noch von Halle Salz eingeführt wird, man aber von den übrigen magdeburgischen Salinen unab-hängig wird. Es steigt auch der Ertrag des Erzbergbaus, besonders der Kupferminen. Man berechnet damals den Ertrag der Erzbergwerke auf jährlich eine Million, den der Silber-gewinnung auf 400 000 Taler.

Die „Manufakturen" beschäftigen schon einen großen Teil der Erwerbstätigen im Lande. Über ganz Sachsen sind die Niederlassungen verbreitet. Die Städte leiden besonders darun-ter, daß der ländlichen Bevölkerung die wirtschaftliche Betätigung in den Stadtgebieten verboten wird, die Gewerbebetriebe sich aber ohne Unterschied ebenso in den Städten wie auf dem platten Lande niederlassen können, also keineswegs an die städtische Nahrung gebunden sind. Die Fabriktätigkeit umfaßt ein weites Gebiet von den schweren Eisenwaffen der Suhler Gewehrfabriken, die halb Deutschland, aber auch den Orient mit Feuerwaffen versorgen, bis zu den zarten Spitzenerzeugnissen des Erzgebirges. Die seit 1666 in der Lausitz betriebene Damastweberei hat in Zittau ihren Hauptsitz. Daneben blüht dort seit langem die Leinenweberei. Das Erzgebirge webt Baumwollstoffe. Die Kattundruckerei siedelt sich vornehmlich in Chemnitz an, doch ist Plauen der erste Ort ihrer Niederlassung. Die Plauener „Schleierherren", unter Kurfürst August eingewanderte Schweizer, wenden sich der Mousselinherstellung zu. In den Anfängen bleibt noch die Strumpfwirkerei stehen. Ihre große Entwicklung hat sie erst im folgenden Jahrhundert genommen. Spitzen werden weiter im Erzgebirge geklöppelt. Die Tuchbereitung hat in Görlitz und an einzelnen nieder-lausitzer Orten ihren Sitz. Verschiedene Woll- und Halbseidenstoffe finden im Vogtlän-dischen und im Neustädter Kreise ihre Verarbeitung. Strickereien werden auch in Dresden und Leipzig hergestellt. Endlich sei noch das genannt, was das 18. Jahrhundert „Schachtel-kram" nannte, jene kleinen Gebrauchsgegenstände und Spielzeuge aus Holz oder auch aus Strohgeflecht; er kommt aus dem Erzgebirge. Auch die Markneukirchener Musikinstru-mentenherstellung, ursprünglich aus Graslitz in Böhmen gebürtig, breitet sich weiter aus, spezialisiert ihre Erzeugung und arbeitet für eine weitreichende Ausfuhr. Berühmter noch ist das Meißner Porzellan, das, obwohl die erste Blüte der Kändlerzeit vergangen und neben Berlin manche andere Rivalin erwachsen ist, seine große Stellung auf dem Weltmarkte behauptet. Kobalt, Alaun, Vitriol sind an geringerer Stelle gleichfalls noch als alte erzgebirgische Ausfuhrerzeugnisse zu nennen.

Mehr und mehr tritt die Maschine neben den gewerbefleißigen Handwerker und Heimarbeiter. Die Generalinnungsartikel für Künstler, Professionisten und Handwerker von 1770 nehmen eine konservative Haltung ein, suchen aber alte Mängel zu beseitigen. In der Handwerkspolitik des Reiches — einem der Gebiete, auf denen es noch bis gegen sein Ende hin eine fruchtbare Schöpfungskraft entfaltete —, hat Sachsen eine führende Rolle gespielt.

Man klagte oft darüber, daß die heimische Industrie so stark mit Abgaben belastet war, daß diese sich höher stellten als der Preis fremder Einfuhrware. Wo sich solche Überlastungen nachweisen ließen, wurden sie sicher von der Regierung abgestellt, denn es gehörte zu den Grundsätzen der volkswirtschaftlichen Anschauungen der Zeit, daß man die Einfuhr beschränken, die Ausfuhr steigern müsse im Interesse von Staat und Volk. Hatte 1765 Xaver die französische, englische und holländische Einfuhr gestattet, die preußische und österreichische aber verboten, so führte dieser unkluge Schritt zu so heftigen Rückschlägen durch die beiden Nachbarn, daß die sächsische Ausfuhrerzeugung um ein Viertel bis ein Drittel zurückging. Man hat oft gesagt, die friderizianische Handelspolitik Preußens habe das sächsische Exportgewerbe vernichtend geschlagen, doch erscheint diese Behauptung als übertrieben. Gewiß hat der das ganze 18. Jahrhundert hindurch nie zur Ruhe gekommene Handelskrieg der sächsischen Ausfuhr alte Handelswege verlegt und Absatzgebiete genommen — Magdeburg und sein Gebiet z. B. —, aber die sächsische Wirtschaft hat diese Verluste doch meist an anderer Stelle wieder ausgeglichen. Ist doch das Land Gewerbe- und Handelsgebiet erster Ordnung in Deutschland am Ende des Jahrhunderts wie am Anfang und sein Wohlstand trotz der Kriege nicht ernstlich in Frage gestellt.

Vor allem ging der Durchgangshandel von Polen, Österreich, Ungarn, dem ganzen Balkan nach Norden weiter. Eingeführt wurden nach Sachsen und Frankreich Luxus- und Modeartikel, von England feine Tuche und Kolonialwaren, die auch Holland liefert, das außerdem vor allem mit Heringen und anderen Fischen vertreten ist. Der Orient wartet auf mit Gewürzen, Seide — deren Bearbeitung in Sachsen nicht recht glücken wollte —, Indigo, Drogen, vor allem aber Kaffee und Tee, Zucker sowie, gleich den Westmächten, mit Weinen und Likören. Die Verbesserung der allgemeinen Lebenshaltung hat die Einfuhr aller dieser Artikel nach Menge und Güte im Laufe des Jahrhunderts wesentlich gesteigert. Wie hoch sich Aus- und Einfuhr beliefen, ist schwer zu sagen, doch gibt es immerhin einen Anhalt, daß beispielsweise die oberlausitzer Leinenindustrie in den neunziger Jahren für etwa zwei bis drei Millionen Taler jährlich ausführte.

Als Exportland verfolgte Sachsen eine Freihandelspolitik, die es hinderte, die Akzise durch Grenzzölle zu ersetzen, so lebhaft diese Frage um die Jahrhundertwende erörtert wurde. Wie stark der industrielle Aufschwung in jenen Jahren war, erhellt aus der Tatsache, daß zwischen 1792 und 1803 4000 Handspinn- und 300 Krempelmaschinen aufgestellt wurden. Die Maschinen stammten zumeist aus dem fortgeschritteneren England, wurden aber von sächsischen Technikern nachgeahmt und wohl auch verbessert.

Wertvoll für den Geld- und Handelsverkehr war die nach dem Siebenjährigen Kriege mit Preußen und Braunschweig getroffene Münzübereinkunft, die den Spezies- oder Konventionstaler zu 32 Groschen als Einheit einsetzte. Eine von der Öffentlichkeit erst mit Zögern, dann aber mit Vertrauen aufgenommene Neuerung war das Papiergeld, die zuerst 1772 ausgegebenen Kassenbillets im Wert von 1 bis zu 100 Talern. Auch das erste Kupfergeld ist damals als Scheidemünze in Umlauf gesetzt worden.

Ebenso der Wirtschaftspolitik wie der Volksfürsorge sind endlich jene nach dem Hubertusburger Frieden erlassenen Verfügungen zuzurechnen, die sich gegen das Diebes- und Räuberunwesen, gegen das Glücksspiel oder auf die Beaufsichtigung der herumziehenden Handelsjuden richten.

Bereits bei der Behandlung der verwaltungsmäßigen Neuerungen und bei der sozialen und Wirtschaftspolitik ist der Geist und das Wesen des Beamtentums jener Jahre gewürdigt

worden. Die Abstellung eingerissener Mißbräuche und die Betonung neuer und fortschrittlicher Anschauungen, zunächst von Fritsch und seinen Gesinnungsgenossen vertreten, hat
in den oberen Schichten der Beamten guten Widerhall gefunden. Es ist ein aufgeklärtes und
bildungsfreudiges Beamtentum, das an den großen geistigen und künstlerischen Bewegungen der Zeit teilnimmt. Dabei steht der Adel nicht hinter dem Bürgertum zurück. Die
Ideen von 1789 sind schon auf dem Landtage von 1793 zur Sprache gekommen. Wohl war
der Hauptsprecher ein Vertreter der Städte, der Akziseeinnehmer und Stadtschreiber
Schmorl, aber neben diesem Prettiner Vertreter des dritten Standes, der hinter die ständische
Gliederung als Voraussetzung der Wohlfahrt des Landes schon ein Fragezeichen zu setzen
wagte, begegnen uns auch beachtliche Kreise der Ritterschaft, z. B. Dietrich von Miltitz und
Philipp Adolf Friedrich von Münchhausen, als Wortführer. Diesen Adelskreisen steht aber
auch die jüngere Beamtenschaft nahe, die der gleichen sozialen Bildungsschicht angehört.
Selbst im abgelegenen Fürstentum Querfurt bezeichnen sich die Stände 1793 als „Reprä-
sentanten" des Landes. Auf den Landtagen von 1795 und 1805 ebbt zwar die Opposition
ab, aber dafür nimmt die Öffentlichkeit, deren Meinung zum ersten Male als politische
Macht sichtbar wird, wenn sie auch noch nicht ins Gewicht fällt, diese Gedanken auf. Eine
Fülle von Schriften erscheint: „Über den Verfall der Städte . . .", „Freimütige Gedanken
über den Verfall . . .", „Rügen in der bürgerlichen Verfassung . . .", ja sogar „Über die Beförderung des Zutrauens zwischen Regenten und Untertanen".
Diesem Wehen eines neuen Geistes gegenüber stand die Regierung in der Abwehr. Der
wohlmeinende Kurfürst Friedrich August war weder den literarischen noch den wirtschaftlichen Gedanken seiner Zeit verschlossen. Aber eine falsche Erziehung zum Mißtrauen gegen
das eigene Können hatte auch von seinen trefflichen späteren Lehrern, Gutschmid und
Forell, nicht wieder gut gemacht werden können. Seine rechtliche, pflichttreue — wenn auch
enge und volksferne — Regierungsweise hatte ihn in gewissen Grenzen volkstümlich gemacht, aber eine Gestalt, an der die vorwärtsdrängende Jugend der Verwaltung und des
Landes überhaupt sich hätte begeistern, oder auch nur erwärmen können, war er nicht. Er
sei weder ein Rächer noch ein Lohner gewesen, sagte ein Kritiker von ihm. Seine Hauptratgeber waren Marcolini und Gutschmid. Ersterer ein Hofmann, landfremd, als Charakter
und Ratgeber seines Herrn sehr umstritten — Talleyrand nennt ihn einmal „mittelmäßig" —,
Gutschmid aber reiner Jurist, der seinen Ruf vornehmlich der Verarbeitung Fritschescher
Ideen verdankt. Er entstammt dem Bürgertum, das er selbst stark in die Staatsverwaltung
gezogen und zu einem neuen Beamtenadel erhoben hat. In seinen späteren Jahren hat er
den Vorwurf, er fühle sich immer nur für eine Verordnung, nicht aber für ihre Ausführung
verantwortlich, sicher verdient. Die ordentlichen Geschäftsmänner waren ihm an leitender
Stelle im Staate lieber als geniale Naturen. Geistvoller als er vertrat der Konferenzminister
Friedrich Ludwig von Wurmb die konservative Sache. Sein 1798 erschienenes „Grabmal des
Leonidas" gehört zu den fesselndsten Streitschriften der Zeit.
Die künstlerische Bautätigkeit in den Städten Sachsens läßt sich mit den Leistungen der
beiden ersten Drittel des Jahrhunderts nicht vergleichen. Krubsacius' Bauten, wie das
Ständehaus in Dresden, aber auch die 1792 erbaute Kreuzkirche, erreichen nicht die Leistungen Pöppelmanns oder Bährs. Hinzukommt, daß die Vermögenslage der Städte noch
bis in die siebziger und achtziger Jahre recht ungünstig war. Brandschäden der Kriegszeit
wurden beispielsweise in Dresden, Zittau und Wittenberg nur langsam ausgeglichen. Der
Rückgang des Bauwesens lastete auf vielen kleineren Orten und wurde mit der oft be-
klagten starken Steigerung des Kaffeegenusses erklärt. Der Kaffee ist damals zum sächsischen Volksgetränk geworden. Die von Preußen verfolgte Handelspolitik schädigte vornehmlich die Elbstädte. Kurzum, gerade in den Städten setzte der wirtschaftliche Aufschwung erst spät ein, und das spiegelt sich auch in der Bautätigkeit. Reich ist dann der
Ausgang des Jahrhunderts an Bauten des wieder wohlhabend gewordenen Bürgertums. Hier

ging naturgemäß Leipzig voran. Was der Gegenwart als altes Leipzig erhalten geblieben ist, ist Leipzig des jungen Goethe. In der Malerei behaupten sich als deutsche Meister Adrian Zingg, der 1766 nach Dresden kommt, und namentlich der im gleichen Jahre zum Hofmaler bestellte Anton Graff erfolgreich neben Canaletto. In Graffs Bildnissen sind die Menschen jener Zeit lebendig vor das Auge der Nachlebenden gestellt.

Stärker als andere Künste behauptete die auch vom Kurfürsten mit persönlicher Teilnahme gepflegte Musik die Vormachtstellung Sachsens. Der Blasewitzer Johann Gottlieb Naumann wurde noch von der Kurfürstin Maria Antonie 1765 als Kirchenkomponist angestellt und leitete seit 1785 die wieder, nach Aufhebung der Sparmaßnahmen Xavers, zum Leben erweckte kurfürstliche Kapelle. Seine geistlichen und Opern-Kompositionen machten ihn zu einer europäischen Berühmtheit seiner Zeit. Die Oper erlebte besonders unter der Leitung des Freiherrn v. Racknitz in den Jahren nach 1800 eine Blütezeit. In Leipzig, dessen Schauspiel früher zur festen Einrichtung wurde als das Dresdner — wo seit 1775 im Linckeschen Bade eine Sommerbühne entstanden war —, fand die Musik besondere Pflege in den regelmäßigen Konzerten, die 1763 begonnen, seit 1781 im Gewandhause veranstaltet wurden. Für die Verbürgerlichung der Kultur ist es bezeichnend, daß es Häuser wie das Körnersche in Dresden sind, in denen die Mozart, Schiller und Goethe aus- und eingehen. Abseits vom Staate und seinen dynastischen Spitzen lebt die klassische Kunst, zumal nach dem Tode der Kurfürstin Maria Antonie. Zeitgenössische Reiseberichte Fremder rühmen immer wieder die gepflegte Lebensart der gebildeten Schichten, aber auch die gute Schulbildung der breiten Massen in Sachsen. Ernestis Schulordnung von 1773, die auch schon die Realien berücksichtigt hatte, trug an diesem gebildeten sächsischen Wesen gewiß ein besonderes Verdienst. Der Kometenentdecker von 1769, der Prohliser Bauer Pahlitsch, und der Mineraloge und Meteorologe Poetzsch in Dresden gehören als gelehrte Autodidakten ebenso in diese Zeit wie die Zauberkünstler und hochstapelnden mystifizierenden Reisenden vom Schlage des Cagliostro, die gerade am kursächsischen Hofe Gläubige suchten und fanden.

Unter den großen Gelehrten der Zeit stehen die Philologen Christian Gottlob Heyne und Friedrich August Wolf in der ersten Linie, jener in Chemnitz, dieser in Hainrode bei Nordhausen geboren. Es ist aber vielleicht wieder bezeichnend, daß der eine von Göttingen, der andere von Halle aus seinen Ruhm verbreitet hat. Über Leipzig ist der Pommer Johann Christoph Adelung nach Dresden gekommen und hat hier, wo immer noch galantes Wesen und literarisch-ästhetische Bildung vorherrschend waren, seine ernste Wissenschaftlichkeit, die ihm in der deutschen Sprachwissenschaft wie in der Geschichtswissenschaft bleibendes Verdienst erwarb, zu Geltung und Anerkennung gebracht. Er ist auch einer der ersten Vertreter der wissenschaftlich gerichteten Landesgeschichte. Zum Rektor von Schulpforta wurde 1802 der treffliche Philologe Karl David Ilgen berufen, der den Geist des klassischen Weimarer dann der Generation des jungen Ranke vermitteln sollte.

Die Universität Leipzig wurde nach dem Kriege durch staatliche Mittel wieder emporgeführt, später mit einer erweiterten Sternwarte und verschiedenen, namentlich naturwissenschaftlichen, Sammlungen ausgestattet. Die Juristenfakultät erbaute sich 1773 ein eigenes Gebäude. Eine Hebammenanstalt wird in Leipzig 1805 eingerichtet. Die Wittenberger Universität verlor ihren berühmtesten Lehrer in jener Zeit, den Theologen Franz Volkmar Reinhardt 1791 durch dessen Berufung als Oberhofprediger nach Dresden, wo er bald Mittelpunkt eines gelehrten und literarischen Kreises wurde.

Glänzend ist unter Friedrich August II. der Ausbau und die Pflege der Dresdner Sammlungen. Die kurfürstliche Bibliothek, die ins Japanische Palais übersiedelte, wurde durch Ankauf großer Bücher- und Handschriftensammlungen in einer ihren Charakter bleibend bestimmenden Weise ausgebaut. Hier hat Adelung auch als Bibliothekar vorbildlich gewirkt. An den Sammlungen war ein Stab von Gelehrten tätig, die der Stadt ihr geistiges

Gepräge wenn nicht gaben, so doch mitbestimmten. Das schreibfreudige und geistig angeregte Zeitalter sah die Großen in Kunst und Schrifttum von einem dichten Haufen kleiner Geister und eifriger Liebhaber nachgeahmt.

Der Leipziger Buchhandel, in dem Männer wie Adelungs Freund Breitkopf tätig waren, beeinflußte maßgeblich die ganze literarische Erzeugung der Zeit. Hier in Leipzigs Kaffeehäusern erwuchs jener Literatentypus, der durch den Freundeskreis des jungen Goethe ebenso bekannt ist wie durch die Gestalt des jungen Lessing. Der Sohn der Sechsstadt Kamenz gehört seiner geistigen Richtung nach gewiß nicht vornehmlich seinem engeren Vaterlande an. Sein weltverbundener Geist strebte über die nationalen Grenzen hinaus zu Menschheitsgedanken, wie sie dem klassischen Zeitalter ja überhaupt geläufig waren. Und doch ist er ein echter Sohn des obersächsischen Stammes in der kämpferischen Prägung seines Wesens gleich Luther und Nietzsche, Treitschke und Wagner. Die helle Lebendigkeit, der gesunde Wirklichkeitssinn, der behende Witz, die wache Gerechtigkeitsliebe sind Züge, die ihn mit seinem Volksstamme eng verbinden. In seiner „Minna von Barnhelm" hat er dem sächsisch-preußischen Gegensatz in seiner kriegerischen Verwicklung ein bleibendes Denkmal von hoher Gerechtigkeit gesetzt. In seinem umspannenden Geiste trifft sich aber auch die ganze geistige Bewegung seiner Zeit. Er faßte sie wie kein anderer in seiner Person zusammen. Wie in seinem Heimatlande die wirtschaftlichen, sozialen, geistigen Strömungen aufeinandertreffen, so geschieht es in den Bezirken des reinen Denkens bei diesem großen Sohne Sachsens, dem geistigen Nachfahren Winckelmanns. Von den fünf Jahren seines Aufenthalts auf der Fürstenschule St. Afra hat er später gesagt, es seien die einzigen gewesen, in denen er glücklich gelebt habe, als „Theophrast, Plautus und Terenz meine Welt waren, die ich in dem engen Bezirke einer klostermäßigen Schule in aller Bequemlichkeit studierte ...". So wie er an der Möglichkeit eines deutschen Nationalgefühls zweifelte, dem Freiheitskampf der Nordamerikaner skeptisch gegenüberstand, so ist ihm Sachsen gewiß sein Leben lang nur ein Stammes- und Landschaftsbegriff gewesen, nicht aber eine politische Heimat im Sinne eines bewußten Staatsbürgertums.

ACHTER TEIL

Vom alten Reich zum Deutschen Bund 1806 bis 1866

Zweiundzwanzigster Abschnitt

Napoleonische Zeit und deutsche Erhebung. Klassizismus und Romantik. Der verkleinerte Staat des Wiener Friedens

Geist und Handeln der Führung wie der breiteren Massen eines Staates werden immer von der Aufgabe bedingt sein, die dieser Staat sich selbst setzt; das gemeinsame staatliche Erleben bedingt den Grad und den Rhythmus des gemeinsamen Wollens. Der Staat Friedrich Augusts III. hatte als Aufgabe und Ziel nur Beharren auf dem Gegebenen, Fernhalten von allen Verwickelungen erkannt. Dieses Bestreben war dem Wiederaufbau Sachsens aus dem Niederbruch des Siebenjährigen Krieges drei Jahrzehnte lang zustatten gekommen. Friedliche Tage hatten den allgemeinen Wohlstand gemehrt, hatten ein im ganzen glückliches Verhältnis zwischen Regierung und Volk, denen es beiden nicht schlecht dabei ging, geschaffen. Aber „die Weltgeschichte ist nicht der Boden des Glücks", und wenn Stürme über den Erdteil brausen, kann sich ein einzelnes Land nicht außerhalb der allgemeinen Bewegung halten.

Die Verhandlungen von Rastatt und der Reichsdeputationshauptschluß hatten Sachsen als völlig ohne Egoismus — aber eben darum auch ohne Zielstrebigkeit — handelnden Staat gesehen, der nur auf wenn irgend noch mögliche Erhaltung des Reichsorganismus und der eigenen Neutralität in Anlehnung an Preußen bedacht war. Ein solcher Staat mittlerer Bedeutung war dem vordringenden Imperialismus Napoleons zunächst und solange gleichgültig, als er nicht zu einer aktiv am Kampfe um die Macht beteiligten Verbindung stieß. Sachsen erkannte das richtig und glaubte darum, sich außerhalb des Kampfplatzes halten zu können, wenn es sich gegen die seit 1805 immer wieder vorgebrachten preußischen Vorschläge einer engeren Verbindung der norddeutschen Staaten unter preußischer Führung hinhaltend verhielt, ohne die preußische Fühlungnahme dadurch aufzugeben. Im Herbst mobilisierte Sachsen einen Teil seiner Armee zum Grenzschutz und gestattete den Durchmarsch preußischer Truppen. Verhandlungen über militärische Zusammenarbeit wurden geführt. Einer festeren Anlehnung, der Vereinbarung über den Bezug englischer Hilfsgelder, dem Beitritt zu der preußisch-russischen Verbindung mit ihrer deutlichen antifranzösischen Spitze suchte sich der ängstliche Kurfürst zu entziehen. Das gleichzeitige Schicksal des österreichischen Bruderstaates beeinflußt weder die widerspruchsvolle und unklare Berliner Politik noch die einzig am Neutralitätsgedanken haftende Dresdner.

Der Beginn des Jahres 1806 entlastete die Atmosphäre nur vorübergehend. Die Auflösung des Reiches, zu dessen treuesten Gliedern Kursachsen seit Jahrhunderten — oft im Gegensatz zu seinem engeren Staatsinteresse — gezählt hatte, wurde Wirklichkeit. Der Rheinbund sammelte das „dritte Deutschland" unter der Trikolore. Sachsen blieb ihm fern, gestützt nun nur noch allein auf die Verbindung mit Preußen, die sich zu dem Norddeutschen Bunde, dem auch Hessen beitreten sollte, verfestigen sollte. Der Kurfürst regte die Verbindung mit Österreich und Rußland an und knüpfte seinen Beitritt an die Voraussetzung einer Klärung des Verhältnisses Preußens zu Frankreich. Also Sicherung des Friedens nach allen Seiten. Auch der preußische Plan eines norddeutschen Kaiserreichs, in dessen Rahmen Sachsen Königreich und Führer eines der drei geplanten Reichskreise werden sollte, vermochte den vorsichtigen Kurfürsten nicht zu rascheren Entscheidungen zu bestimmen.

Über dem Austausch von Vorschlägen und Gegenvorschlägen kam schließlich nur ein Verteidigungsbündnis zustande, das die Reichspläne wohl erwähnte, aber in die Zukunft vertagte. Im Laufe des September wurde die Kriegsgefahr immer deutlicher. Man empfand sie als Verhängnis am Dresdner Hofe und war von vornherein ohne Hoffnung auf Sieg, im Gegensatz zu der Stimmung Berlins. Noch immer hoffte der Kurfürst wohl neutral bleiben zu können, beschwerte sich über die preußischen Durchmärsche und versicherte in Paris seine lediglich defensiven Absichten. Geschickt antwortete Talleyrand, daß Sachsen ja groß genug sei, um allein bleiben zu können. Ohne Bündnis und ohne Militärverabredung hatte schließlich Sachsen seine Armee der preußischen angegliedert und ist Seite an Seite mit ihr ohne Begeisterung, aber in treuer Waffenbrüderschaft in den Kampf gegen Napoleon nach Thüringen gezogen.

An der Spitze sächsischer Schwadronen ist dann Prinz Louis Ferdinand bei Saalfeld am 10. Oktober 1806 gefallen. Vier Tage danach endete die Schlacht bei Jena mit der völligen Niederlage der aus 27000 Preußen und 16000 Sachsen bestehenden Armee des Fürsten von Hohenlohe-Ingelfingen, der, umgeben von dem sächsischen Bataillon Aus dem Winckel, zwischen den Trümmern seines Heeres das Schlachtfeld verließ. Napoleon entließ am Tage darauf 6000 gefangene Sachsen auf Ehrenwort; schon vor der Schlacht hatte er einen Aufruf an „Die Völker Sachsens" gerichtet, in dem sichtlichen Bestreben, sie von ihrem preußischen Bundesgenossen zu trennen. Während die völlig kopflose Staats- und Armee-Führung Preußens den Bundesgenossen, dem die strategische Möglichkeit, nach Osten auszuweichen, fehlte, ohne jede Hilfe, ja selbst ohne jede Nachricht ließ, eröffnete Napoleon sogleich die Unterhandlungen von Armee zu Armee. Es gelang ihm, den Kurfürsten durch Drohungen zum Bleiben in Dresden und zur Heimberufung seiner Truppen zu bestimmen, während die französischen Heeresabteilungen rasch in Sachsen eindrangen. Zwar erklärten die Franzosen schon drei Tage nach der Jenaer Schlacht Sachsen als neutrales Gebiet, aber sie nahmen es umgehend in eigene Verwaltung und versicherten sich nicht nur aller öffentlichen Einnahmen, sondern schrieben auch Kontributionen aus. Der als franzosenfeindlich angesehene Minister Graf Loß mußte gehen, ehe die Friedensverhandlungen aufgenommen wurden. Diese endeten mit dem am 11. Dezember 1806 vom Grafen Bose in Posen abgeschlossenen Frieden, der Sachsen dem französischen politischen System in Deutschland eingliederte und zugleich darauf gerichtet war, das Land von der preußischen Verbindung endgültig zu trennen.

Der Kurfürst mußte dem Rheinbunde beitreten, den Königstitel annehmen, jedem Nichtbundesmitglied den Durchmarsch durch Sachsen ohne Zustimmung der Bundesglieder verwehren, endlich dem katholischen Bekenntnis die Rechtsgleichheit mit dem protestantischen im Lande gestatten. Besonders ungünstig waren die territorialen Bestimmungen: Zwischen Erfurt und dem Eichsfeld muß Sachsen seine Landgebiete einem künftigen neu zu errichtenden Staate, dem späteren Königreich Westfalen, abtreten, erhält dafür aber nicht, was es gewünscht hatte, andere thüringische Gebiete als Ersatz, sondern ihm wird der Kottbuser Kreis in Aussicht gestellt, dessen Besitz es endgültig mit Preußen verfeinden sollte. Ein preußischer Protest gegen die Kottbus betreffende Bestimmungen des Posener Diktatfriedens verhallte natürlich angesichts der militärisch-politischen Lage wirkungslos; mußte doch Sachsen sogar noch eine kleine Truppenmacht gegen seinen früheren Verbündeten ins Feld stellen. Allerdings blieb auch die Verkündung der neuen Königswürde ohne besonderes Echo im Lande, wohl auch deshalb, weil dieser Titel noch aus der polnischen Zeit geläufig und seine Wiederaufnahme schon in den vorangegangenen Jahren oft erörtert worden war.

Das Ergebnis des Friedens war für Sachsen außerordentlich einschneidend, denn es bedeutete das wirkliche Ende des altsächsischen Staates in seinen Grundanschauungen.

Zu einer eigenen Politik der Selbständigkeit vielleicht nicht stark und gewiß nicht entschlossen genug, hatte Friedrich August anfangs in der Reichstreue und dann in wachsendem Maße im Anschluß an Preußen die Richtlinien seiner Politik gesehen; jetzt, wo ihm Napoleon die Möglichkeit dazu bot, schloß er sich schon darum eng an das französische System an, weil ihm der Weg nach Österreich verbaut, der nach Preußen unmöglich gemacht und nur noch der zu den süddeutschen Rheinbundstaaten offen war. Gleichzeitig verlor das Land durch die Aufnahme der Katholiken als gleichberechtigte Staatsbürger den besonderen Rang als protestantische Vormacht, den es auch nach Abklingen des konfessionellen Zeitalters sich noch bewahrt hatte.

Dem Wandel der politischen Lage entsprach ein Umschwung in der Haltung der öffentlichen Meinung. Einst hatte die französische Revolution nur bestimmte intellektuelle Kreise im Lande in ihren Bann gezogen, der wirtschaftliche Aufschwung aber hatte ebenso wie das rechtlich-wohlwollende konservative Wesen der Regierung die friedlich-beschauliche Haltung der Menge gefördert. Nachdem man dann widerstrebend und ohne Siegeswillen durch die kriegerischen Verwicklungen aus diesem Zustande aufgeschreckt worden war und sehr bald die materiellen und ideellen Lasten feindlicher Besatzung am eigenen Leibe gespürt hatte, wurde die Stimmung der Öffentlichkeit bald recht erregt. Wohl machten die Franzosen als die Träger der anscheinend unwiderstehlichen Macht, machte insbesondere die geniale Persönlichkeit Napoleons moralische Eroberungen, die an der Regierungspolitik einen Rückhalt fanden, aber daneben liefen doch schon sehr früh Stimmungen und Gefühle einher, die vom Gegenteile bestimmt waren. Die allgemeine Unsicherheit der wirtschaftlichen Lage, der Übermut einzelner Vertreter der siegreichen Nation, der seine letzte Stunde durch den Umbruch der Zeit gekommen fühlende ständisch-konservative Gedanke wirkten zusammen. Vor allem aber gewann eine gemeindeutsche Geisteshaltung, die dem neu werdenden nationalen Gedanken in Deutschland ihre Flügel leihen sollte, an innerer Kraft, die Romantik. Sie stand dem Rheinbundgedanken in jeder Form entgegen. Noch ringt in ganz Deutschland unter den Besten der überstaatlich-individualistische Gedanke mit dem volksmäßig-nationalen. Es bedurfte einer harten Schule praktischer Erfahrung, um dem letzteren zum Siege zu verhelfen. Der Sohn der sächsischen Oberlausitz, Fichte, aber auch der andere Sachse, Hardenberg-Novalis, sind in ihrer Entwicklung kennzeichnend für die sich in vielen weniger Namhaften vollziehenden Wandlungen. Wohl sah man in Staat und Gesellschaft vieles Abgelebte fallen, als Napoleon die alten Grundlagen einmal erschüttert hatte, aber was an der Stelle des Gefallenen zu wachsen sich anschickte, das war doch noch etwas anderes als das Rheinbundsystem, es war ein neuer Staats- und Volksbegriff, der irgendwie, tastend und zunächst nur gefühlsmäßig, an den alten Reichsgedanken anzuknüpfen suchte, der auf das ganze deutsche Volk zielte und der in den eben zur vollen Souveränität gelangten deutschen Einzelstaaten keineswegs das Ideal seiner politischen Wünsche erkannte. Dabei hat die deutsche Romantik, die dem nordostdeutschen Volksboden vorwiegend entstammt, gerade in Dresden einen ersten festen Stützpunkt auf ihrem Wege ins Reich gefunden. Mitten in dem kriegerisch unsicheren Treiben jener Jahre sammeln sich erlesene Geister zu längerem oder kürzerem Verweilen in der kunstfreudigen Stadt. Hier unternimmt Heinrich von Kleist den Versuch, seinen „Phöbus" aufsteigen zu lassen. Ein angeregter literarischer Kreis, dem auch der sächsische Adel Vertreter stellt, umgibt ihn. Die romantische Malerei schlägt auf Jahre hier ihre Zelte auf: Caspar David Friedrich, Kersting, Dahl verewigen das künstlerische Empfinden ihrer Zeit. Der germanische Norden gewinnt hier dem einst völlig vorherrschenden Süden einen künstlerisch besonders fruchtbaren und gesegneten Boden ab. Es gibt wenig große Namen in der deutschen Geistes- und Kunstgeschichte, die nicht in jenen klassischen Jahren durch die Hallen der Dresdner Galerie geschritten sind. Der Gegensatz dieses ungeheuer reichen geistigen Lebens im Lande zu seiner politischen Ohnmacht spiegelt zugleich die allgemeine Lage in Deutschland wider. Aber es ist doch auch bezeichnend, daß schließlich die Lösung dieses Gegensatzes nicht von den Ufern der Elbe ausgegangen ist.

Die sächsische Politik sah sich zunächst immer enger mit den Zielen des napoleonischen Imperialismus verflochten. Der Tilsiter Friede brachte den schon in Posen vereinbarten Gewinn des Kottbuser Kreises, nach dem Sachsen gewiß nicht verlangt hatte und dessen Besitz das Verhältnis zu Preußen ebenso belasten mußte wie die nun durchgeführte Errichtung des Großherzogtums Warschau als sächsischer Sekundogenitur. Die alte sächsisch-polnische Verbindung erneuerte sich in einer Form, die ihre Unhaltbarkeit schon insofern in sich trug, als die wahren Herren in Polen die Franzosen waren, die die militärische Macht nicht aus der Hand ließen. Im übrigen ist dieses mehr napoleonische als sächsische Großherzogtum ebensowenig zur inneren Beruhigung gekommen wie das Königreich Westfalen, zu dessen Gebiet auch die von Sachsen im Posener Frieden abgetretenen nordthüringischen Lande geschlagen worden waren. Bei Napoleons Dresdner Aufenthalt im Juli 1807 wurde diese Abtretung in teilweiser Änderung der Vereinbarungen des Friedensvertrags dahin festgelegt, daß nicht die Gegend um Langensalza, sondern die Ämter Gommern und Sangerhausen die Grafschaft Barby und ein Teil des Mansfeldischen zu dem Staate Jérôme Bonapartes geschlagen wurden. Eine weitere, Leipziger, Übereinkunft zwischen Sachsen und Westfalen beließ schließlich das Amt Sangerhausen und die Mansfeldischen Gebiete von Artern, Vockstädt und Borstädt bei Sachsen, während das übrige Mansfeld, Gommern, Elbenau, Ranis, Barby — ohne Walternienburg —, Treffurt und Dorla an Westfalen fielen (19. März 1808).

Die Versuche König Friedrich Augusts, als Großherzog von Warschau den staatlichen Aufbau mit Hilfe sächsischer Verwaltungserfahrung — wenn auch, abgesehen von der Domänenverwaltung, nur unter polnischen Beamten — durchzuführen, hatte wohl einige Erfolge, zumal auf dem Gebiete der Volksbildung und der Wissenschaft, führte aber auch zur Heranziehung sächsischer öffentlicher Mittel für polnische Zwecke. Sie hielten sich allerdings in wesentlich engeren Grenzen als vor 1763. Vor allem wurde das Verhältnis zu Preußen dauernd getrübt. Die Rechtsstellung der sächsisch-polnischen Verbindungsstraßen und die Behandlung der Entschädigungsansprüche aus der früheren preußischen Zeit führten, nicht ohne Zutun der Franzosen, zu immer neuen Verbitterungen beiderseits der neuen Grenzen.

Die Abhängigkeit der sächsischen Politik von Napoleon war unbegrenzt. Der große Korse hatte es bei seinen Besuchen in Dresden ebenso wie bei der berühmten Fürstenzusammenkunft zu Erfurt im Herbst 1808, dem Höhepunkt der napoleonischen Machtentfaltung in Mitteleuropa, verstanden, beim sächsischen Könige den Glauben an ein besonderes persönliches Verhältnis zwischen ihnen zu festigen. Da das enge Zusammengehen auf politischem Gebiete zu gewissen Milderungen des französischen Auftretens in Sachsen führte, konnte sich gerade hier ein besonderer Napoleonkult entfalten, der zumal in manchen bürgerlichen Schichten, in den gelehrten Kreisen wie in der Kaufmannschaft, zu häßlichen Übertreibungen und zur Absage an das lebhafte, damals schon keineswegs völlig in Deutschland fehlende nationale Empfinden führte. Mancher war im Grunde stolz auf die Bundesgenossenschaft der großen Nation und auf die Sympathien des großen Mannes. Auch in den breiteren Schichten gewann das französische Wesen an Einfluß. Die weltbürgerlichen Neigungen mancher Kreise fanden übrigens dann dadurch den Weg zum engeren Vaterlande zurück, daß sie es in das System des übernational empfundenen Napoleonismus eingegliedert sahen. Ansätze zu einer nationalen Gegenbewegung sind natürlich auch in Sachsen vorhanden, aber damals noch sehr schwach. Hier ist es der Adel und die höhere Beamtenschaft, in der wenigstens einige Vertreter, meist von der Romantik herkommend, den deutschen Vaterlandsbegriff in sich bewahren und mit einem vertieften und geläuterten Inhalte versehen.

Als im Frühjahr 1809 der Krieg zwischen Frankreich und Österreich ausbrach, eröffneten die Österreicher den Feldzug durch einen Einfall in Polen. Hier fochten anfangs auch sächsische Truppen gegen sie. Die sächsische Hauptmacht wurde an der Donau eingesetzt.

Die öffentliche Stimmung in Sachsen zeigte sich deutlich bei den verschiedenen kriegerischen Ereignissen im Lande selbst. Der Major Schill konnte weder die Wittenberger Garnison noch die dortigen Studenten für seine Sache gewinnen. Als der Herzog Friedrich Wilhelm von Braunschweig, durch sächsische Angriffe auf die von österreichischer Seite zunächst respektierte Landesgrenze gereizt, in Zittau einrückte und dann auf verschiedenen Zügen durch das Land um Anhang für seine Sache warb, versagte sich ihm die Bevölkerung bis auf wenige Ausnahmen. Aber auch die zumeist von dem geschäftigen und streng napoleonisch gesonnenen Thielmann geleiteten Operationen der sächsischen Truppen, die ohne französisch-westfälische Unterstützung sich nicht zu halten vermochten, konnten die öffentliche Stimmung nicht eigentlich für sich erwärmen. Tapfer, aber ohne den entscheidenden Erfolg der Schlacht trotz schwerer Verluste selbst erringen zu können, fochten die Sachsen unter dem Prinzen von Pontecorvo, Bernadotte, bei Wagram. Das Ende des Krieges, die Rückkehr des bis nach Frankfurt am Main ausgewichenen Königs, besonders aber der bis Preßburg vorgedrungenen Truppen, wurde im Lande lebhaft begrüßt. Als Landgewinn waren lediglich das von Lausitzer Gebiet umschlossene Städtchen Schirgiswalde und fünf benachbarte Dörfer zu erwähnen, deren Übergang an Sachsen aber endgültig erst 1845 erfolgt ist. Am Anfang des Jahres 1812 zeigten sich deutlicher die politischen Verwicklungen zwischen Frankreich und Rußland; Sachsen war schon wegen der darin beschlossenen polnischen Frage sehr interessiert. Von Napoleon erwartete Polen seine Wiederherstellung, und es schien keineswegs ausgemacht, daß dieser, der die Zukunft Polens offensichtlich im Unklaren ließ, die Krone des seit dem Preßburger Frieden zum Großherzogtum erhobenen Herzogtums Warschau bei dem Hause Wettin belassen werde. Bald aber trat vor die Erwägung solcher Möglichkeiten der offene Bruch mit Rußland in den Vordergrund. In Dresden sah der Kaiser und Führer der Großen Armee noch einmal seine Verbündeten, den Österreicher und den Preußen um sich, ehe der Marsch nach dem Osten angetreten wurde. Die Sachsen bildeten ein über 21 000 Mann starkes Korps unter Reynier. Kleinere sächsische Einheiten fochten in anderen Verbänden der Großen Armee. Das in den vorangegangenen Jahren neu geordnete sächsische Heer hat sich im russischen Feldzuge, wo es vorwiegend auf dem rechten Flügel kämpfte, gut geschlagen und auch in der großen Katastrophe dieses Unternehmens eine gute Haltung bewahrt. Die Verluste waren, besonders beim Rückzuge, außerordentlich groß. Wenige Tausend Mann erreichten in geschlossenen Verbänden wieder die Heimat, die Napoleon bereits Mitte Dezember 1812 auf seiner eiligen Reise, fort von der Armee nach Frankreich, durchquert hatte.

Es ist nicht zu verwundern, daß diese Ereignisse auf die öffentliche Meinung auch in Sachsen von nachdrücklicher Wirkung waren. Napoleon hatte den schon 1809 erschütterten Ruf der Unbesiegbarkeit endgültig verloren. Allgemein war die Unzufriedenheit mit dem bisherigen System verbreitet; weniger klar erkannt wurde der einzuschlagende Weg zur Besserung. An die Namen Senffts, Marcolinis, Gersdorfs heftete sich die Kritik an der bisherigen Politik, besonders der Finanzwirtschaft, und verband sich mit dem Vorwurfe franzosenfreundlicher Gesinnung. Man fragte sich nach dem Gewinn der jahrelangen Anhänglichkeit an die französische Politik. An einem für das deutsche Schrifttum so wichtigen Platze wie Leipzig waren die geistigen Strömungen in Deutschland, die vom nationalen Gedanken mehr und mehr getragen waren, gewiß nicht unbekannt geblieben. Wenn Sachsen den großen Frühling des Jahres der deutschen Erhebung von 1813 nicht in dem Maße wie das nördliche Deutschland miterlebt hat, so ist daran nicht ein grundsätzlicher Mangel an deutschem Nationalgefühl schuld. Sachsen lag nach wie vor im Machtbereich der französischen Waffen. Die schlimme Erfahrung mit dem preußischen Bündnis von 1806 war zumal in Regierungskreisen noch nicht vergessen. Der König aber urteilte rein nach formal rechtlichen Gesichtspunkten. Eine gefühlsmäßige Entscheidung, ein tieferer Sinn für die Bedeutung des Opfers gerade in ungesicherter Lage, jede Hingabe an Ziele, die über den wohlabgemessenen Umkreis seiner landesväterlichen Aufgaben, auch in der Frage der etwa möglichen Erwerbung neuer Gebiete — z. B. Erfurts! —, hinausgingen, lagen ihm fern. Er verstand den Geist der Zeit ebensowenig, wie Friedrich Wilhelm III. von Preußen und Franz von Österreich das taten. Der alte Leitgedanke seiner Politik, durch Jahrzehnte angewandt und in Friedenstagen oft von Nutzen, nämlich Zeit zu gewinnen, abzuwarten, verfing diesmal nicht. Als die Verbündeten von Osten her in Sachsen einrückten, als Theodor Körner und mancher andere zu den Fahnen einer gefühlsmäßig richtig, aber verstandesmäßig noch sehr unklar erkannten Freiheit und Deutschheit eilten, da wich der König über Plauen und Regensburg nach Prag aus. An Österreich suchte er Anschluß, das ihm gegenüber den halbrevolutionären, seinem Denken ungeläufigen Wollen der deutschen Freiheitsbewegung als der Hort jener vielleicht doch noch wieder erweckbaren alten deutschen Reichsidee erscheinen mußte, zu deren Lebtagen Sachsen glückliche Zeiten gehabt hatte. Er entzog sich damit der Vereinigung mit den Verbündeten, die ihn nun als Feind behandeln konnten. Das aber paßte durchaus in den Rahmen der von Preußen und Rußland schon bei Beginn des Feldzuges in Kalisch getroffenen territorialen Vereinbarungen. Auch Napoleon erkannte klar, daß er Sachsens nicht mehr sicher war und mit dem Abfall einer Hauptstütze des Rheinbundsystems rechnen mußte, was nicht ohne Folgen auf die süddeutschen Staaten bleiben mochte. Schon war der sächsisch-österreichische Vertrag in Prag im Entwurf fertig, als das Kriegsglück des Frühjahrsfeldzuges gegen die Verbündeten entschied und die Franzosen wieder zu Herren Sachsens machte. Nun konnte Friedrich August dem Drängen seines bisherigen Protektors nicht mehr widerstehen. Er kehrte nach Dresden, in die französische Abhängigkeit, zurück, ein Gescheiterter seines guten und rechtlichen, aber zu schwachen und zaudernden politischen Wollens. Nicht aus rechtlichen Bedenken und aus Mangel an Mut, aber aus überkluger egoistischer Berechnung war gleichzeitig der Kommandant des neubefestigten Torgau, Thielmann, nicht zu einer Entscheidung zwischen der von den Truppen sonst bewahrten Treue gegen den Landesherrn und dem Bemühen, sich für alle Fälle den Übertritt zu den Verbündeten offen zu halten, gekommen. Am 20. April hatte Sachsen seinen geheimen Vertrag mit Österreich abgeschlossen, was der König auf die am 9. April ergangene Aufforderung der Verbündeten hin, sich ihnen anzuschließen, diesen sogleich mitteilte. Am 2. Mai siegte Napoleon bei Großgörschen, am 9. Mai stellte er dem Könige ein zweistündiges Ultimatum, seine Rückkehr anzutreten. Es steht dahin, ob den Verbündeten auf die Dauer Sachsens Anschluß an das abwartende Österreich genügt haben würde, zumal die Gebietswünsche Preußens seit den Tagen der schlesischen Kriege nach Sachsen gingen.

Nie vorher hatte das französische Regiment in Sachsen so unumschränkt herrschen können wie in diesem Sommer 1813. Der König mußte fürchten, daß Napoleon ihm den halben Abfall nicht verzieh; das Land war durch fremde Besatzungen und durch die notwendige Aufstellung neuer eigener Truppen schwer heimgesucht. Die Patrioten waren zumeist außer Landes gegangen; ihre Zahl hatten die Zeit der preußisch-russischen Besatzung im Frühjahr, das herrische Auftreten Steins und der gut gemeinte, aber psychologisch völlig verfehlte Aufruf Blüchers beim Einrücken — er stammte aus Gneisenaus Feder — nicht gerade vermehrt. Thielmann war nach der Übergabe Torgaus an die Franzosen in russische Dienste getreten. Andere wie Dietrich von Miltitz wechselten zwischen dem Aufenthalte in österreichischem Gebiet und im russischen Heere. Allgemein war die Entmutigung der Bevölkerung. Die Anhänglichkeit an den König und die Hinneigung zur gesamtdeutschen Sache, die sich mit der wachsenden Abneigung gegen die Franzosen paarte, gerieten schon damals in manchen inneren Widerstreit. Dresden wurde zum Mittelpunkte des französischen Verteidigungssystems, als die Feindseligkeiten mit Ablauf des Waffenstillstandes von Poischwitz wieder begannen. Längst waren die Zeiten vorbei, wo nach der Meinung Friedrichs des Großen der Bürger es nicht merken sollte, wenn der Soldat marschierte. Auf dem sächsischen Gebiete, auf dem sich der Herbstfeldzug 1813 zumeist abspielte, wohnten damals reichlich zwei Millionen Menschen, aber die auf Grund der Volksbewaffnung angeschwollenen Heere der kämpfenden Parteien zählten zusammen beinahe eine Million Köpfe. Der Zustand des nun schon durch Jahre nicht zur Ruhe gekommenen Landes läßt sich dabei leicht ermessen. Beide Parteien behandelten es feindlich. Die Bevölkerung glaubte zumeist, sich vom Siege keiner Partei eine Land und Volk wirklich befriedigende Zukunft erwarten zu können. Unmut und Verzweiflung, epidemische Krankheiten wie im Dreißigjährigen Kriege, eine schwache Regierung, die bald jede Initiative aufgab, das waren die Zeichen der Zeit. Selbst in der Armee zeigten sich bei den langsam, aber stetig fortschreitenden Erfolgen der Verbündeten Anzeichen der Unsicherheit. Ende September trat zuerst ein Infanteriebataillon als geschlossene Formation zu den Verbündeten, während der für die Sachsen sehr verlustreichen Kämpfe in der südlichen Mark Brandenburg über. Die fragwürdige Entscheidung der Schlacht bei Dresden schien nur die Leidenszeit des Landes ins Unbestimmte zu verlängern. Schwer litt die sonst so heitere Stadt unter den Kämpfen und der anschließenden Belagerung. Als sich dann das Kriegstheater in die von so vielen Schlachten her berühmte Leipziger Ebene zog, fiel hier mit der Entscheidungsschlacht auch das Los über den König. Größere sächsische Truppenabteilungen waren noch während der Schlacht zu den Verbündeten übergegangen. Daß andere zurückblieben, zeigt den Grad der Verwirrung, die in der Armee herrschte und die im Volke nicht geringer war.

Am 21. Oktober 1813 wurde das „General-Gouvernement der Hohen Verbündeten Mächte" unter Steins Leitung in Leipzig errichtet; Sachsen trat sofort unter russisches Gouvernement. Der König wurde in die Gefangenschaft nach Friedrichsfelde bei Berlin überführt.

Seit dem Wiederbeginn der Feindseligkeiten im Herbst hatte die nationale Bewegung auch in den breiten Schichten des sächsischen Volkes große Fortschritte gemacht. In Spottgedichten und auch schon in Tätlichkeiten machte sich die Stimmung gegen die schwächer werdende Macht des Feindes, der doch noch Verbündeter war, Luft. Bis weit in die Reihen der Beamtenschaft, der Kaufmannschaft und der Landbevölkerung festigte sich der Glaube, daß mit dem französischen Bündnis auch die bisherigen Spitzen der Landesverwaltung fallen müßten. Der Ruf und Name der großen preußischen Reformer, die ja zumeist gar keine Preußen von Geburt waren, drang über die Grenzen. Mancher Urteilsfähige verglich ihre Genialität mit den bescheidenen Talenten der Gersdorf und Einsiedel. Wie ein Gefangener hatte König Friedrich August sein Scheinregiment im Auftrage Napoleons geführt, wie ein Gefangener war er den Franzosen nach Leipzig gefolgt. Nach der gefallenen Entscheidung gingen die Ereignisse über ihn hinweg, den weder Napoleon noch die verbündeten Monarchen weiterer Beachtung für wert hielten. Erst im November wurde das schwerer als je heimgesuchte Dresden, erst im Januar 1814 wurden Torgau und Wittenberg genommen. Über ein Jahr, vom 12. Oktober 1813 bis zum 8. November 1814, hat Sachsen unter dem Gouvernement des russischen Fürsten Nikolai Repnin-Wolkonski gestanden. Schwer war seine Aufgabe, das Land wieder geordneten inneren Zuständen zuzuführen. Man berechnet die Zahl der in Sachsen verstorbenen fremden Kriegsteilnehmer auf 200000, die Zahl der im Zusammenhang mit den kriegerischen Ereignissen, besonders an Krankheiten, verstorbenen Landeskinder auf ebensoviel. Von den 33000 Einwohnern Leipzigs starben in den drei Monaten nach der Völkerschlacht über 10 %. Sehr langsam knüpfen sich wieder die Handelsverbindungen des auf Ausfuhr angewiesenen Landes; langsam hebt sich wieder die Warenerzeugung. In dem Lande, dessen Staatskredit zutiefst gesunken ist, dessen Kassenbillets kaum noch Wert haben, beginnt man gleichwohl zu sammeln, um Truppen für den Freiheitskampf ausrüsten zu können. Ein Banner der Freiwilligen Sachsen wird in Stärke von reichlich 2000 Mann nach dem Vorbilde der preußischen freiwilligen Jäger aufgestellt. Meist treten hier Angehörige der gebildeten Stände ein. Wohl sind die militärischen Fähigkeiten dieser Truppe geringer als die alter Feldtruppen, aber ihr ausgesprochen nationaler

Charakter gibt ihr den inneren Wert. Neben den an der Seite der Verbündeten kämpfenden, wenig über 5000 Mann starken Einheiten, die in Leipzig übergegangen waren, schuf man nun eine Landwehr von 22 000 Köpfen, gleichfalls nach preußischem Vorbilde. Die Opferfreude der so verarmten Bevölkerung für alle kriegerischen Leistungen des Landes war um so größer, als jeder glaubte, durch diese Leistungen das Land in den Rahmen der deutschen Nationalbewegung stellen und auch dem Könige wieder auf den Thron verhelfen zu können. Unter den Männern, die, von Repnin berufen, die Landesverwaltung in ihrer Wiederaufbauarbeit leiten, ist neben Miltitz vor allen Julius Wilhelm von Oppel zu nennen, der die Gesundung der Staatsfinanzen anbahnte. Radikale Gesinnungen vertrat der frühere Zwickauer Bürgermeister Ferber im Gouvernement, während im Sinne der Besatzungsmächte der russische Staatsrat Merian, der preußische Geheimrat Krüger, der sich sehr unbeliebt machte, und der spätere Minister Eichhorn tätig waren. In dem Geiste der wenn auch vorläufigen, so doch sichtlich die Brücke zu künftigen Staatsformen bildenden Regierung begegneten sich verschiedene Strömungen. Stein, als der wirklich leitende Geist, suchte das Land zunächst wirtschaftlich zu heben, ermöglichte die Einfuhr von Getreide und Vieh aus den Nachbarländern, sorgte für sanitäre Hilfsmaßnahmen, kurz, tat alles, um die Kraft des Landes zu stärken, nicht so sehr um seiner selbst willen, als um Sachsen teilnehmen zu lassen an den gesamtdeutschen Kriegsleistungen in dem noch nicht beendeten Ringen mit Frankreich. Dabei glaubte er fest an das künftige Aufgehen des Landes im preußischen Gesamtstaate. Stein liebte die Sachsen als Volk wenig, den König verabscheute er völlig, und den Männern der verflossenen Regierung stand er mit skeptischer Abneigung gegenüber, soweit sie nicht der Reformpartei angehörten oder persönliche Beziehungen vorlagen. Als alter Schüler der Freiberger Bergakademie verkannte er die starken wirtschaftlichen Möglichkeiten nicht, die das gewerbefleißige Land auch als künftiger Teil Preußens in sich schloß. Darum war er geneigt, die Ideen jener Staatsreform, die seinen und Hardenbergs Namen in der preußischen Geschichte unsterblich gemacht haben, auch auf Sachsen Anwendung finden zu lassen, dessen veraltete Staatseinrichtungen er ebenso klar überblickte wie verwarf. Neben den reinen Verwaltungsspezialisten arbeiteten aber im Gouvernement jene sächsischen Patrioten wie Oppel und Miltitz, für die die Frage der Zukunft ihrer engeren Heimat nicht ohne weiteres durch die reine Machtlage gegeben war. Ihnen stand der Wohlstand Sachsens im Vordergrunde des Interesses. Die sachliche Leistung dieser Gouvernementsregierung war recht beträchtlich, wenn man bedenkt, daß ihr politischer Wille nicht einheitlich und daß die Haltung der Bevölkerung sehr abwartend war. Wohl war der patriotische Schwung nach der Leipziger Schlacht groß, der Wille zum Mittun bei dem großen Befreiungskampfe der Nation ehrlich, mag auch der rückschauenden Betrachtung der Umschwung von dem Napoleonkultus zur Deutschheit im einzelnen gerade bei manchem Vertreter der gebildeten Schichten im Lande etwas rasch und befremdlich erscheinen. Aber man empfand doch das Gouvernement, und mochte es gegenüber der alten angestammten Regierung auch viele Fortschritte und Erleichterungen bringen, als Fremdherrschaft. Dabei waren einzelne Mißgriffe der Verbündeten in Personalfragen, wie z. B. die Unterstellung der aktiven Armee unter das Kommando des als zweideutigen Charakter bekannten Thielmann, oder manche Schroffheit untergeordneter Vertreter, ebenso aber auch der so rasch aufbrausende Zorn Steins selbst oft geeignet, Wasser in den noch gärenden Wein der nationalen Begeisterung im Lande zu gießen. Nicht verkannt darf auch werden, daß nach der Leipziger Entscheidung der Krieg den Charakter einer großen nationalen Erhebung bis zu einem gewissen Grade verloren hatte, von der Körner gesungen hatte, daß es kein Krieg sei, von dem die Kronen wissen, sondern ein Kreuzzug, ein heiliger Krieg. Die Kabinette nahmen wieder das Kräftespiel um die Landkarte Europas fest in die Hände. Gerade der Eintritt Österreichs in die Koalition hat ja in diesem Sinne gewirkt. Das aber empfand man auch in Sachsen. Dazu trat die ungeklärte Lage des gefangenen Königs, für den die schon fast erloschenen Sympathien langsam wieder zu wachsen begannen, als er mit der stillen Ausdauer seiner Natur den Dingen ihren Lauf lassend, doch keinen Rechtstitel seiner legitimen Ansprüche aus der Hand gab.

Teile der wieder handlungsfähig gewordenen Armee wurden Anfang des Jahres 1814 nach den Niederlanden gezogen und kämpften hier mit gegen die weichende französische Armee. Namentlich an der Belagerung von Maubeuge waren sie beteiligt. Noch waren die Sachsen nicht auf dem Kriegsschauplatze erschienen, da versuchte König Friedrich August schon, zu einer Verständigung mit den Verbündeten zu gelangen, wobei er besonders auf Rußland einzuwirken suchte. Aber die Sendung des Generals von Watzdorf zu den Monarchen nach Frankfurt Ende des Jahres 1813 blieb ohne Erfolg. Während man von Preußen von vornherein nichts für das albertinische Haus hoffen zu können meinte, Rußland aber scheinbar stark unter dem Einflusse des auf die Vergeltung für die Verluste des 16. Jahrhunderts rechnenden Karl August von Weimar zu stehen schien, blieb nur noch Österreich als Macht übrig, auf das die Politiker um den König in Friedrichsfelde zählen zu können vermeinten. Kaiser Franz hatte der königlichen Familie in Prag Aufnahme gewährt. Durch Dazwischentreten Repnins wurden Verhandlungen unmöglich gemacht, die zwischen Prag, Friedrichsfelde und Metternich sich anspannen und auf eine Unterstützung der Wiederherstellungswünsche des Königs durch Kaiser Franz, möglichst aber auch durch England, hinausliefen. Je mehr sich der konservative Gedanke beim Wiederaufbau Europas, besonders bei der Wiedereinsetzung der Bourbonen in Frankreich, durchsetzte, um so mehr konnte auch der sächsische Legitimismus auf seine Berücksichtigung rechnen. Die Frage wurde zudem noch belastet durch das konsequente Festhalten des Königs an seinen Ansprüchen auf seinen polnischen Thron, während die Polen selbst, enttäuscht von den auf Napoleon gesetzten stürmischen Hoffnungen, nunmehr von dem Idealismus Kaiser Alexanders das Heil ihrer Selbständigkeit erwarteten. Mit geringem Erfolge, aber unermüdlich suchten die Sendboten des Königs die leitenden Staatsmänner der Großmächte auf und bemühten sich Einfluß auf die Souveräne zu gewinnen. Schon wagten sich auch im Lande offene legitimistische Kundgebungen hervor und veranlaßten Repnin zum Eingreifen, der betonte, daß er nur das Wohl des Landes verfolge, aber den König außer Betracht lasse; Stein aber unterstrich immer wieder, daß die Verbündeten Sachsen rechtmäßig erobert und über sein künftiges Schicksal zu bestimmen hätten, der gefangene König aber keinerlei Einfluß mehr auf die Landesverwaltung nehmen könne. Solche Erklärungen wirkten auf die öffentliche Meinung in Sachsen erbitternd. Man schickte sich an, die entschlußlose Halbheit des Königs in entscheidender Stunde zu vergessen und ihn als das Opfer längst geplanten Länderschachers des mächtigeren Nachbarn zu bemitleiden. Je weiter die Zeiten leidenschaftlicher patriotischer Erhebung vor dem Alltag und seinen in Sachsen von der Unbestimmtheit der Zukunft des Landes belasteten Sorgen zurücktraten, um so kräftiger erwachte die alte Anhänglichkeit an die durch die Jahrhunderte dem Volke verbundene Dynastie. Es war die durch die besonderen Umstände gegebene Wandlung vom revolutionären zum konservativen Prinzip, die sich damals unter sorgsamer Förderung durch die Regierungen allenthalben in Deutschland in den weitesten Kreisen beobachten ließ. Die Landstände, vor 1806 schon einer starken Kritik der reformfreudigen öffentlichen Meinung ausgesetzt, konnten nun wieder als Wortführer der Willensmeinung des sächsischen Volkes auftreten. Adressenstürme richteten sich besonders an den für volksfreundlich angesehenen Zaren. Auch auf die Armee griff die legitimistische Bewegung über. Aus dem Kampfgebiet zurückgezogen, lag sie erst in Koblenz, dann um Marburg vereinigt unter der Führung des unbeliebten Thielmann. Die Fälle offenen Gesinnungsausbruchs für den König mehrten sich besonders unter den Offizieren. Ungeschicklichkeiten von der anderen Seite taten das ihre. Schließlich mußten die Truppen wieder aus Hessen nach dem Rheinlande zurückverlegt werden, um sie der Beeinflussung von Sachsen her stärker zu entziehen.

Stimmung für den König von Sachsen zeigte sich damals auch in Süddeutschland, in jenen Rheinbundgebieten also, die vom nationalen Standpunkte aus nicht weniger belastet waren als die sächsische Regierung; konnte doch diese immer für sich geltend machen — und sie tat das in ihren zahlreichen Denkschriften auch —, daß sie unmittelbar unter dem Druck der kämpfenden Parteien ihre Entscheidungen hatte treffen müssen. In dem von beiden Seiten her einsetzenden Broschürenstreit über die sächsische Frage haben neben vielen minderwertigen auch Autoren klangvollen Namens zur Feder gegriffen, so von preußischer Seite Niebuhr, der seinen Standpunkt allerdings mehr von den Maßstäben der absoluten Ethik als von denen der praktischen Politik her nimmt. Die Entscheidungen der Kabinette haben alle diese literarischen Bemühungen natürlich kaum beeinflußt, wohl aber haben sie die Aufmerksamkeit der deutschen Öffentlichkeit wirkungsvoll auf dieses Problem gelenkt. Deutlich schien der Übergang des Gouvernements aus russischer in preußische Hand die Zukunft des Landes anzukündigen. Als am 8. November 1814 Repnin sich von den Sachsen verabschiedete, erklärte er, Sachsen werde in seinen Grenzen unangetastet und unter einer liberalen Verfassung selbständig bleiben, aber unter die Regierung Friedrich Wilhelms treten. Das neue preußische Gouvernement unter den weniger als der Russe beliebten Ministern v. d. Recke und Gaudi sprach sich zwar weniger klar aus, ließ aber doch in der Praxis keine Zweifel über seine Ziele. Stein und Miltitz suchten in Wien, wo sich die Teilnehmer des großen europäischen Kongresses versammelten, die Übernahme Sachsens durch Preußen vorzubereiten.

Der so viel von Zeit und Nachwelt verurteilte Wiener Kongreß hatte die Aufgabe, die Karte Europas vom Stande des Napoleonischen Imperialismus auf den des Legitimismus zurückzuführen. Dabei wurden die rein dynastisch-historischen Gesichtspunkte beeinflußt nicht so sehr von dem Willen der Völker und der ihn vertretenden öffentlichen Meinung, sondern vom staatlichen Egoismus der großen Mächte, mochte er sich auch mit den Grundsätzen einer vergeltenden Gerechtigkeit, einer nationalen Idee oder überstaatlichen Interessen verbrämen. Die sächsische Diplomatie kämpfte in den Verhandlungen, bei denen sie übrigens lange um ihre Zulassung als Verhandlungspartner überhaupt zu ringen hatte, auf der Linie des Legitimismus. Als weiterer Waffe suchte sie sich der öffentlichen Meinung in- und außerhalb Sachsens zu bedienen, die sie auf verschiedenen Wegen zu bearbeiten suchte. Wehrlos stand Sachsen — jeglicher militärischer Machtmittel beraubt — den territorialen Wünschen der großen Mächte gegenüber; an ihnen, nicht an den Urteilen des sich eben erst bildenden Nationalbewußtseins, ist der sächsische Legitimismus schließlich auch gescheitert.

In der öffentlichen Meinung der Welt wurde das sächsische Problem als Teil der Frage nach dem Schicksal der Rheinbundstaaten überhaupt betrachtet, d. h. nach der Neugestaltung des Reichsgebietes und der etwa wünschenswerten Neubildung eines Reichskörpers. Dabei fiel der alte Ruf Sachsens als eines wohlregierten, wirtschaftlich und sozial wohlbegründeten Staates ins Gewicht. Von diesem Standpunkte wichen nur die eigentlichen Träger des nationalen deutschen Erhebungsgedankens ab, die zwischen dem Lande und seinem Könige unterscheidend, jenem zwar wohlgesonnen waren, diesen aber für seine rheinbündlerische Politik, die doch kaum napoleonfreundlicher gewesen war als die der anderen Rheinbundstaaten, bestraft wissen wollte. Endlich ist jene namentlich den gebildeten Schichten in Preußen angehörende Gruppe zu nennen, die nicht aus Vergeltungsrücksichten Sachsen für Preußen forderten, sondern aus ihrer Kenntnis der historischen, schon die Testamente des großen Friedrich beherrschten Gedanken, daß die gegebene Ausdehnung Preußens, schon mit Rücksicht auf den österreichischen Rivalen, in Sachsen, in der Gewinnung des Gebirgskammes von Krakau bis Eger, bestehen müsse, also gewissermaßen die Geopolitiker. Innerhalb Sachsens zeichnet sich nicht so sehr durch die Zahl, sondern durch das Gewicht der Namen seiner Anhänger jener so gut deutsch wie sächsisch empfindende Kreis der Männer ab, denen die Erhaltung des Landes in seinen historischen Grenzen als durch Jahrhunderte erprobte Lebens- und Schicksalsgemeinschaft eines zwar ursprünglich nicht einheitlichen, aber längst zu einer inneren Einheit gewordenen deutschen Stammes höher stand als die Treue zur Dynastie. Es sind die Köpfe um Miltitz und Oppel, die auch den Gedanken der preußischen Staatsreformer nahestanden und denen in Staat und Gesellschaft die Neuordnung nicht Wiederherstellung des alten Sachsen in ursprünglicher Form bedeutete. Es läßt sich nicht verkennen, daß die Masse des sächsischen Volkes, auch der Beamtenschaft und wohl auch der gebildeten Kreise überhaupt, im anderen Lager stand, wo man die Rückkehr des angestammten und so unglücklichen Königs, unter dessen mildem Szepter man durch friedliche Jahrzehnte glücklich und in wachsendem Wohlstande gelebt hatte, als Voraussetzung für die Wiederkehr rechtlich begründeter und haltbarer öffentlicher Zustände, ja auch für die gesunde Betätigung eines wahren gesamtdeutschen Nationalgefühls betrachtete. Die preußische Besatzung und das persönliche Auftreten Steins und mancher seiner Beamten im Lande hatte in breiten Kreisen die Erinnerung an die Zeiten des Siebenjährigen Krieges und seiner Drangsale geweckt und die näherliegende Epoche der politischen Zusammenarbeit beider Länder wieder vergessen lassen.

Aber vor allen Wünschen der Menschen standen die Interessen der Mächte, stand die Realpolitik der Kabinette. Es kann hier das bis zu unmittelbaren Kriegsgefahren führende Ringen, unterbrochen durch Napoleons dramatische hundert Tage, nicht erörtert werden. Unmittelbar mit der sächsischen Frage ist immer wieder die polnische verkoppelt. Daher sind Preußen und Rußland auf der einen, Österreich auf der anderen Seite die unmittelbar beteiligten, Frankreich und England die Sachsen lediglich mittelbar als eine Figur im Schachspiel benutzenden Mächte. Am schwersten ist dabei die Politik Metternichs zu durchschauen, während anderseits sein Monarch, Kaiser Franz, der einzige Fürst ist, der ein tätigeres Interesse am Schicksale der sächsischen Dynastie an den Tag legt. Bekanntlich haben Österreich und England zunächst den russisch-preußischen Wünschen nach Vereinigung Sachsens mit Preußen zugestimmt, und nur Frankreich und die Mittelstaaten des deutschen Südens haben widersprochen. Das an sich an der sächsischen Dynastie uninteressierte Rußland trat für den ihm verwandtschaftlich nahestehenden Großherzog Karl August von Weimar ein.

Je deutlicher die Uneinigkeit der Großmächte in den territorialen Fragen ersichtlich wurde, und je mehr der Kampf um die politische Gestalt Polens und seine Grenzführung zwischen Preußen und Rußland hin- und herwogte, um so näher lag der Ausweg, auch aus dem anderen Handelsgegenstand der Wiener Verhandlungen, aus Sachsen, eine veränderliche Größe zu machen, indem man seine Teilung in Erwägung zog. Daß man dabei dem Könige einen Teil des Landes belassen wollte, also den von den Patrioten gegen ihn erhobenen Vorwurf der grundsätzlichen Unwürdigkeit fallen ließ, ist eine politische Inkonsequenz gleich der, daß man für den Fall der Gesamtübernahme des Landes in preußische Verwaltung, Friedrich August anderswo, bald in Italien, bald am Rhein, bald in Westfalen, zu „entschädigen" gedachte. Es ist für die diplomatische Methode der Wiener Verhandlungen kennzeichnend, daß bei der viel erörterten Linienführung für den Fall der Teilung Sachsens trotz aller vorgebrachten militärischen, wirtschaftlichen und historischen Gründe und trotz aller Äußerungen des Volkswillens es schließlich für die Frage, ob Leipzig sächsisch bleiben oder preußisch werden sollte, allein ausschlaggebend wurde, ob an Rußland oder an Preußen fiel.

Die endgültige Entscheidung wurde dann durch einen äußeren Umstand herbeigeführt: am 4. März 1815 war der König aus Friedrichsfelde zu den abschließenden Verhandlungen in Preßburg eingetroffen, am 7. erreichte Metternich die Nachricht von Napoleons Flucht aus Elba, am 9. versuchten Metternich, Talleyrand und Wellington vergeblich durch eine Zustimmung des Königs zur Landesteilung die sächsische Frage grundsätzlich zu bereinigen. Bis zum 18. Mai dauerte des Königs zäher Widerstand; dann gab er nach.

Der in Form eines Friedenschlusses zwischen Rußland, Preußen und Sachsen abgeschlossene Vertrag entsprach im Grunde den Wünschen keiner der abschließenden Mächte, wie es dem Wesen solcher Vergleichslösungen eigen zu sein pflegt. Es war die Landesteilung als Ergebnis eines Ausgleichs zwischen den Territorialwünschen Preußens, seinen Vereinbarungen mit Rußland über Polen und den Forderungen des Legitimismus, die nicht ohne eigene Rücksichten dabei Österreich und die Süddeutschen vertreten hatten.

Sachsen verlor an Gebiet die ganze Niederlausitz und Teile der Oberlausitz, den Kurkreis mit Gommern, Barby, den thüringischen und den neustädter Kreis — ihn trat dann Preußen teilweise an Sachsen-Weimar ab —, Mansfeld, Querfurt und das Hauptgebiet der einst säkularisierten Stiftslande, endlich auch Teile des meißnischen Kreises. Das bedeutet, daß dem Könige Friedrich August nur 42,5 % der früheren Fläche seines Staates verblieben, mit allerdings 57,8 % der rund 2,05 Millionen Bewohner des alten Staates. Selten hat ein Land, als Stammesgemeinschaft wie als wohl ausgeglichener staatlicher Wirtschaftskörper, ein so einschneidendes Schicksal betroffen, das weder den Wünschen der Bewohner noch den Erfordernissen der Wirtschaft auch nur im mindesten Rechnung trug. Daß dabei alte historische Zusammenhänge zerrissen wurden, ist sicher nicht weniger schmerzlich empfunden worden.

Mit diesem Ergebnis ist nicht nur der alte wettinisch-hohenzollernsche Wettstreit ausgefochten, es ist auch die Rolle Sachsens sinnvolles Teilgebiet des Reiches in Frage gestellt. Einst war es ein wichtiger Teil der mittleren Ostfront gegen die Slaven gewesen und hatte sich auf dieser Grundlage zum größeren Staatswesen neben anderen ostdeutschen Territorien entwickeln können, dabei durch Bergbau und Gewerbefleiß ersetzend, was andere Rivalen an Landgebiete für sich im weiträumigen Osten sichern konnten. Dann war es die Vormacht des Luthertums und die Hauptstütze des Reichsgedankens zugleich geworden in der durch die Glaubensspaltung und die Machtsteigerung der Einzelstaaten sich immer mehr lockernden alten Reichsordnung. Die Staatsidee war durch die Aufklärung völlig verweltlicht und der Reichsgedanke durch den Napoleonischen Imperialismus zerschlagen worden. Was blieb, nachdem auch der zuletzt noch zaghaft verfolgte Gedanke an ein norddeutsches Staatensystem in der Zeitwende überholt worden war? Dazu kam die moralische Herabsetzung des Landes, nicht nur des Königs, in der deutschen Öffentlichkeit aus dem Blickpunkte des Gedankens der deutschen Erhebung. Weithin hatten der Gedanke der Macht als Trägerin des Staates und damit der Begriff des Großstaates als wünschenswerter Ausdrucksform nationalen Gemeinschaftslebens gerade unter den Gebildeten, den freiwilligen Jägern, aber auch den einstigen Verehrern der Napoleonischen Staatsidee an Boden gewonnen.

Was also blieb dem verkleinerten Sachsen als Inhalt der Staatsidee, als Ziel des gemeinsamen Willens zum Staate übrig? Es ist immer wieder geschildert worden, mit welcher großen Begeisterung der König, der leidgeprüfte Landesherr mit dem längst volkstümlich gewordenen Beinamen „der Gerechte" in Sachsen begrüßt worden ist. Unter den neuen Landesfarben Weiß-Grün, übrigens einem Zufallserzeugnis der Zweckmäßigkeit zur Unterscheidung der Sachsen von den verschiedenen landmännischen Truppen und somit ohne historische Beziehung, kehrte er zurück. Die Dynastie wurde in erster Linie zur Verkörperung der staatlichen Überlieferung im Lande. Weniger unbeschädigt ging der Verwaltungskörper aus den überstandenen Stürmen hervor. Viele und nicht die schlechtesten Beamten hatten in der Besetzungszeit den Vorzug, einem größeren Staatskörper dienen zu können, kennen, hatten den Wert der preußischen Reformgedanken schätzen gelernt und traten freiwillig unter den preußischen Herrn, während die Untertanen in den verlorenen Gebieten aus der Unfreiwilligkeit des sich vollziehenden Wechsels für ihren Teil kein Hehl machten. Die Wiederkehr friedlicher Verhältnisse sollte dann auch noch zeigen, daß ein übertriebener Konservatismus in Sachsen den Staatsapparat nicht den verkleinerten Bedürfnissen anzupassen wußte, sondern Formen beibehielt, die nur im alten Staate innere

Berechtigung gehabt hatten. Auch die unfreundliche Behandlung der Beamten, die sich in der Besatzungszeit mehr, als es den Hofkreisen berechtigt erschien, mit den gegebenen politischen Verhältnissen abgefunden hatten, veranlaßte manchen seinem Heimatlande durchaus treugesinnten Sachsen außer Landes zu gehen. Bei den im Staatsdienste Verbleibenden wie bei weiten Kreisen der Bevölkerung überhaupt hinterließen die Erlebnisse dieses bewegten Jahrzehnts eine tiefe Verbitterung. Diese richtete sich naturgemäß nicht so sehr gegen die Urheber der Unterlassungssünden im eigenen Lager, sondern in erster Linie gegen die glücklicher aus dem Zeitwandel hervorgegangenen deutschen Brüder. Der vordem vernarbende Haß gegen Preußen, seine Regierung, oft aber auch gegen den Einzelnen, loderte wieder auf und fand in manchen Ungeschicklichkeiten und Schroffheiten von preußischer Seite immer wieder neue Nahrung. Nicht viel besser wurde namentlich von Hof- und Regierungsseiten die Haltung Österreichs auf dem Wiener Kongreß beurteilt; man glaubte hier im Stich gelassen worden zu sein, obwohl die habsburgisch-wettinischen Beziehungen als überlieferungsmäßig gut und darum als verpflichtend angesehen wurden. Die Erfahrungen der Krisenzeit haben endlich auch noch auf lange hinaus die Beziehungen zu Sachsen-Weimar überschattet; man vergaß Karl August seine Hoffnungen auf eine Revision des Naumburger Friedens in Dresden gewiß nicht.

Die Stimmung in den abgetretenen Gebieten war zunächst abwartend und kühl, wenn nicht offen ablehnend gegen die neue Ordnung. Die mancherlei Adressen an König Friedrich August in den Tagen der Entscheidung in Wien, alle die spontanen Treuebekenntnisse erfüllten die Öffentlichkeit. Auch unter den übernommenen Beamten zeigte sich manche Mißstimmung. Man lehnte den Geist des Beamtentums Preußens bewußt ab. Die Staatslehre von Wittenberg und Leipzig stand gegen die von Halle. Aber diese Gegensätze haben sich doch rascher ausgeglichen, als man zunächst hätte annehmen können. Das mag auch daran gelegen haben, daß in den nächsten Jahren die preußische Verwaltung in ihrem Neuaufbau und der Fülle der sie beschäftigenden Aufgaben einen stärkeren Anreiz zur Mitarbeit bot als das in den ausgetretenen Bahnen der alten Zeit sich langsam vorwärtsbewegende Sachsen. Ganz besonders ins Gewicht für die rasche Überwindung der Heimwehstimmung in den neupreußischen Gebieten fielen aber schließlich die wirtschaftlichen Gesichtspunkte. Die preußische Zoll- und Handelspolitik in der Zeit vor dem Zollverein ist sicher nicht frei von Unfertigkeiten und Widersprüchen, aber ein großer Zug ist ihr doch ebensowenig abzusprechen wie die Fähigkeit, alle Entwicklungsmöglichkeiten erkennen zu lassen, die sich in den neuerworbenen Gebieten boten. Am schlechtesten haben sich die auch schon in sächsischer Zeit nicht gerade wirtschaftlich voranstehenden Bezirke des Kurkreises entwickelt, während Thüringen und das Merseburger Gebiet — diese unter dem trefflichen Präsidenten Moritz von Schönberg — sich trotz des Rückgangs der Naumburger Messen günstiger entfalteten, als die anstoßenden, sächsisch verbliebenen Landesteile.

Einschneidender noch als für das Beamtentum war die Wiener Entscheidung für die sächsische Armee. Ihr Führer Thielmann war darum bemüht, sie im Sinne der verbündeten Mächte zu beeinflussen und dem angestammten Könige zu entfremden. Heimische Parteiungen spiegelten sich in den Reihen des Heeres. Die Länge der Ungewißheit steigerte noch den Unmut der am Niederrhein stehenden Truppen.

Im April 1815 lagen die meisten Regimenter in Lüttich. Blücher übernahm das Kommando und erhielt dort am 30. April den Befehl des preußischen Königs, die Sachsen aus ihren bisherigen Verbänden in neue umzugliedern, je nachdem, ob der einzelne Soldat künftig Preuße werden oder Sachse bleiben sollte. Man trennte also die Soldaten eines Landes, dessen Teilung noch gar nicht ausgesprochen und noch nicht vom bisherigen Landesherrn gebilligt worden war. Nur den Offizieren wurde die Entscheidung ins persönliche Ermessen gestellt. Die Erregung der Mannschaften über diese Maßnahmen, ehe sie ihr Landesherr aus seinem Dienste entlassen hatte, kam offen zum Ausbruch. Blücher mußte eilig die Stadt verlassen. Herbeigezogene preußische Truppen entwaffneten zwei meuternde sächsische Gardebataillone; sieben Rädelsführer wurden erschossen. Dies ist wohl der schrillste Mißklang in der Geschichte eines deutschen Stammes inmitten der deutschen Freiheitsbewegung, eines Stammes, der weder an militärischer Manneszucht noch an grundsätzlichem Nationalgefühl hinter seinen deutschen Brüdern zurückstand und nur das Opfer der falschen Politik wurde, durch die kurzsichtige Fürsten und übereifrige Diplomaten die deutsche Zwietracht eher nährten als überwanden.

Der preußische Standpunkt, vertreten durch Blücher und Gneisenau, setzte das als selbstverständlich geforderte deutsche nationale Empfinden mit dem Anschluß an die preußische Politik gleich, der sächsische stellte die Treue gegen den König und die engere Heimat höher als das deutsche Gemeingefühl. Alte Gegensätze kamen hinzu, persönliche Verhetzung spielte eine Rolle, und als Hauptschuld erscheint die sachlich schwer zu begründende Eile, vor der letzten politischen Entscheidung schon die Sachsen zu trennen. Sie fällt dem Könige Friedrich Wilhelm III. zur Last, der doch bei Beginn der Befreiungskriege sich gewiß nicht durch besondere Eile in der Betätigung nationaler Gesinnung vor seinen Standesgenossen ausgezeichnet hatte. Das Odium von Lüttich hat ebenso schwer auf der sächsischen Armee gelastet wie das des Leipziger Übertritts während des Waffengangs. Was dabei an psychologischer Entlastung beigebracht werden kann, entschuldigt die Mannschaft sicher mehr als ihre Führer. — Man hat die übrigen sächsischen Truppen dem preußischen Oberkommando entzogen und sie haben mit den Österreichern gemeinsam im Elsaß gekämpft, aber auf diese Weise den großen Frühjahrsfeldzug Blüchers nach Frankreich nicht mitgemacht und seinen Ruhm nicht geteilt. Nach Eintritt der Waffenruhe lagen Teile der sächsischen Truppen noch bis Ende 1818 als Besatzungskorps in Nordfrankreich.

Die sächsische Kriegsgeschichte hat des Jahrzehnts der napoleonischen Zeit gewiß mit Bewegung und Stolz zu gedenken, so wechselvoll sich das Geschick des Landes in dem seiner Armee spiegelt. Zuerst das trotzige Ausharren auf den Höhen bei Jena; dann wird man unter die fremde Trikolore gestellt, ficht einmal bei Danzig, ein andermal vor den Toren Wiens. Es folgt der große, bunte Aufschwung im Rahmen der Großen Armee, der Sturm auf die Rajewskischanze bei Borodino, es schließt sich der ermüdende Zug durch Rußland an, der Tausende dahinrafft, und das immer unmutigere und verzweifeltere Fechten neben den weichenden Scharen Napoleons. Bis dann das Nationalgefühl durchbricht, die entschlossene Eingliederung in das Freiwilligenheer unter dem sächsischen Banner erfolgt und der Übertritt immer weiterer Verbände in die Front der Verbündeten führt. Und nach dem allen nun der müde und enttäuschende Abklang im Laufe des Jahres 1815. Und wie viele Landeskinder sind für die verworrene Politik der Dynastie und doch auch für die Freiheit der großen deutschen Heimat seit jenem kurzen Frühherbsttage bei Saalfeld 1806 gefallen!

Dem militärischen Anschluß Sachsens an die Verbündeten mußte auch der politische insofern folgen, als nun auch Sachsen sich an den Beratungen über die Bildung des Deutschen Bundes beteiligte. Viel hat es die damals gewählten Formen des deutschen staatlichen Gemeinschaftslebens nicht beeinflussen können und wohl auch nicht wollen, denn in richtiger Erkenntnis der gegebenen Lage verfolgte es eine Politik der Nichteinmischung in allen Fragen, die nicht unmittelbar seine Lebensinteressen berührten. Die konservativen Gesichtspunkte, die in der neuen Bundesverfassung zur Geltung kamen, entsprachen völlig den Anschauungen des Königs Friedrich August und seines leitenden Ministers Graf Einsiedel. Beide waren übrigens ehrlich zur Mitarbeit an den deutschen Angelegenheiten unter den neuen Voraussetzungen bereit und teilten nicht die im Lande noch lange umlaufenden Hoffnungen, mit Hilfe eines Wandels in der politischen Gesamtlage, etwa unter Hilfe Frankreichs, den Wiener Frieden in absehbarer Zeit umstoßen zu können.

Nicht ohne Schwierigkeiten und Verärgerungen gingen die Auseinandersetzungen mit Preußen bei Durchführung des Friedensvertrages ab. Noch durch mehrere Jahre zog sich

Abb. 39 Gottfried Semper (1803–1899)

Abb. 38 Ernst Rietschel (1804–1861)

Abb. 40 Johann Gottlieb Immanuel Breitkopf (1719-1794)

Abb. 41 Georg Joachim Göschen (1752-1828)

Abb. 42   Eröffnung der Sächsisch-Böhmischen Eisenbahn in Pirna 1848

Abb. 43   Altes und Neues Rathaus in Chemnitz

die Regelung der Staatsfinanzen hin. Preußen sicherte dabei z. B. Sachsen den abgabefreien Salzbezug aus seinen verlorenen Salinen zu. Die Teilung der Archive ging in ebenso einseitig, durch Preußen bestimmter, wie — nach späterer Einsicht — unpraktischer Weise vor sich. Durch Jahrzehnte hat sich die Abrechnung der sächsischen Ansprüche in Polen, auf das der König im Friedensvertrage ausdrücklich Verzicht geleistet hatte, hingezogen. Die alte sächsisch-polnische Beziehung hat übrigens auch diese Trennung noch in gewissem Sinne überlebt. Bei den polnischen Aufständen von 1830 und 1863 waren die sächsischen Sympathien besonders lebhaft auf der polnischen Seite, und Dresden war als Zufluchtsort polnischer Flüchtlinge nicht nur bei diesen Gelegenheiten bekannt und beliebt. Hier verlebte Chopin glückliche Tage, deren Stimmungsgehalt in seine Tondichtungen übergegangen ist. Auch Adam Mickiewicz hat in Dresden eine Zeit lang gelebt und geschaffen.

Man hat damals in Sachsen nicht der Verzweiflung über den Ausgang des Kampfes Raum gegeben, sondern hat sich an die Wiederaufbauarbeit in Staat, Wirtschaft und Gesellschaft gemacht, ohne lange nach dem Sinn dieser Bemühungen in dem so arg verkleinerten staatlichen Rahmen zu fragen. Die sächsische Geschichte des 19. Jahrhunderts hat die Frage nach der Berechtigung dieses Bemühens zu beantworten. Sie darf sie bejahen.

Ein Ansporn war in der Festigkeit der staatlichen Überlieferung, eng mit der Bodenständigkeit der Dynastie verbunden, und in dem Bewußtsein weiter zu pflegender eigentümlich sächsischer Kulturwerte gegeben. Immer wieder werden gegen den siegreichen preußischen Rivalen Äußerungen laut, die mit der Anerkennung von dessen überlegener militärischer Kraft zugleich und oft weit über Gebühr den Vorwurf einer Minderwertigkeit in Dingen der Bildung und des künstlerischen Geschmacks verbinden. Dieses stammesmäßige Kulturbewußtsein war aber eine der stärksten Lebensquellen des Landes in der politisch dank der Mißerfolge so gleichgültig und ablehnend gewordenen Geisteshaltung gerade der Gebildeten.

Die Landesverwaltung arbeitete fleißig in altsächsischer Geschäftigkeit, aber ohne rechte Befruchtung durch die neuen Gedanken der Zeit. Alte Männer standen an der Spitze, und ihr begreifliches Bemühen war es, zunächst den vornapoleonischen Zustand nach Möglichkeit wiederherzustellen. Auch von dem, was das Gouvernement in der Zwischenzeit eingeführt hatte, wurde manches abgelehnt, nicht weil es falsch, sondern weil es aus Preußen übernommen war.

Der alte Rangstreit zwischen dem Geheimen Kabinett und dem Geheimen Rat — jetzt Geheimen Consilium — wurde zugunsten des ersteren entschieden. Der Geheime Rat wurde als nur noch beratende Behörde aus den hauptsächlichsten Behördenvorständen gebildet. Das Kabinett aber leitete den Staat. In die Landesverwaltung wurden die Reste der beim Lande verbliebenen Stiftsgebiete nunmehr eingegliedert. Die Oberlausitz führte ihr Sonderdasein weiter, was ihr noch eine gewisse Gemeinsamkeit mit den an Preußen gekommenen Teilen der Oberlausitz sicherte. Nur sehr langsam brach sich in der Verwaltung der Grundsatz der Gleichheit zwischen juristisch vorgebildeten und adligen Beamten in den Kollegien Bahn unter Überwindung der dem ausgedehnten Mittelalter entstammenden und damals sinnvoll gewesenen Scheidung der „adligen Bank" von der der „Doktoren". Fortschritte wurden in der Modernisierung des Aufgabenkreises und der Zuständigkeit der Kreis- und Amtshauptmannschaften erzielt; sie minderten ihren halbständischen Charakter zugunsten der Bildung reiner Verwaltungsbehörden. Ihnen wurde die schon 1810 errichtete Gendarmerie unterstellt. Gerade in allen Organisationsfragen machten die Landstände ihren unverminderten Einfluß geltend. In ihnen fand das unerschütterte Staatsgefühl, die Verbindung mit der Dynastie die festeste Stütze, auch gegenüber einem Beamtentum, das vielleicht nicht immer gegen liberale oder gesamtdeutsche Neigungen gefeit erschien. Auch die Stände, namentlich die Vertreter der Städte, haben manchen vorwärtsweisenden Gedanken vorgebracht. Aber daß ihre Neigungen nicht gerade in der Richtung der Volksvertretungen lagen, die — wenigstens nach der Auslegung vieler — nach dem Bundesvertrage auch von Sachsen künftig eingeführt werden sollten, das ist ebenso offensichtlich. An so weitgehende Reformen dachte auch der König nicht.

Man hat es mit Recht als eine besondere, persönlich dem später viel verlästerten Minister Graf Detlev Einsiedel anzurechnende Leistung bezeichnet, daß die durch die Jahre der Wirren zerrütteten Staatsfinanzen wieder in Ordnung kamen. Erinnerungen aus früheren Zusammenbrüchen der Staatswirtschaft mochten aufleben, so daß die mit langer Erfahrung und kluger Schonung der Leistungskraft des Landes durchgeführten Maßnahmen bald zur Gesundung führten; es gelang innerhalb eines Jahrzehnts. Nicht erfüllt wurde der auch aus ständischen Kreisen geäußerte Wunsch nach öffentlicher Vorlage des Staatshaushaltes. Ein unübersichtliches Nebeneinander von Kassen blieb bestehen, die Einnahmen und Ausgaben getrennt verrechneten und eine Übersicht über den Staatshaushalt erschwerten. Schon die Möglichkeit einer öffentlichen Aussprache über die Staatsfinanzen betrachtete die Regierung als Nachgeben gegenüber dem Zeitgeist, d. h. dem von Jahr zu Jahr mehr in Verruf der deutschen Regierungen — nicht einmal am meisten in Sachsen — geratenden nationalen Gesamtwillen des deutschen Volkes.

Die schon in den neunziger Jahren des 18. Jahrhunderts laut gewordenen Wünsche nach Erweiterung der ständischen Körperschaften in der Richtung auf eine Volksvertretung kamen auch in der Napoleonischen Zeit nicht zur Ruhe. Sie traten später in Zusammenhang mit dem sog. „Unionswerk", d. h. der geplanten Vereinheitlichung der einzelnen das Staatsgebiet bildenden historischen Landesteile zu einem in sich geschlossenen Verwaltungskörper. Man dachte an eine Heranziehung des Fabrik- und Handels- wie auch des Bauernstandes. Daneben sollte auch der Besitz eines Rittergutes, nicht mehr die Landstandschaft der Familie, über die Mitgliedschaft bei den Landständen entscheiden. Es sind das die typischen liberalen Fortschrittsgedanken der Zeit, bei denen der Grundbesitz schon zur veräußerbaren Ware geworden und der alte Sinn der ständischen Vertretung längst vergessen worden ist. Wenn der König auf so weitgehende Forderungen nicht einging, so tat er das allerdings nicht aus klarer Erkenntnis der uns heute geläufigen Vorstellungen — er dachte ebenso römisch-rechtlich wie die meisten seiner Zeitgenossen —, sondern aus einem grundsätzlichen Konservatismus. Man kam schließlich nur dahin, da die Zahl der nach dem bisherigen Recht landtagsfähigen Ritterschaftsmitglieder sehr zusammengeschrumpft war, die Mitgliedschaft dieses Kreises durch gewisse Bestimmungen zu erleichtern. Wie ungetrübt die Anschauungen der Vergangenheit in den leitenden Kreisen des Landes noch lebendig waren, erhellt allein aus der Tatsache, daß die ebenfalls sehr zusammengeschmolzene Kurie der Prälaten, Grafen und Herren — eine Gruppe also, der eine lebendige soziale Schicht im Lande gewiß nicht mehr entsprach — das ihr von der Regierung vorgeschlagene Aufgehen in der Ritterschaft ablehnte und sich nur bereit erklärte, den Vertreter der Universität Leipzig in ihre Reihe aufnehmen zu wollen. Graf Einsiedel als Leiter der staatlichen Politik stand zugleich fest auf dem Standpunkte seines eigenen ständischen Bekenntnisses, und es wurde ihm leicht in den ausschlaggebenden staatlichen Ämtern Männer zu finden, die bei aller sachlichen Tüchtigkeit nicht im Sinne des Volksganzen arbeiteten, sondern ihres ritterlichen Standes, also einer begrenzten sozialen Schicht. So zogen sich die Verhandlungen über das Ausmaß der durchzuführenden Reformen mit Vorschlägen und Gegenvorschlägen lange hin und entfernten sich mehr und mehr vom lebendigen Empfinden des Volkes und seiner durch das Erlebnis der Freiheitskriege gewonnenen gesteigerten Teilnahme am Staate. Auch das magere Ergebnis der Reformbemühungen konnte Beteiligte und Unbeteiligte schwerlich für sich erwärmen. Man mißtraute allem Neuen, das sich nicht auf längere Erfahrung berufen konnte; man fürchtete von allem Unbekannten die Erschütterung des schmalen und fragwürdigen staatlichen Daseins und vor allem der sorgsam zu pflegenden Staatsfinanzen. Schließlich begnügte sich ein sowieso der Welt des Politischen gegenüber nach den Erfahrungen der napoleonischen Zeit skeptisch und zurückhaltend eingestelltes Geschlecht damit, daß die ständischen Verhandlungen unter Ausschluß der Öffentlichkeit stattfanden, nur ein inhaltsarmer Bericht über ihre Verhandlungen in der Gesetzsammlung erschien, man aber im übrigen von der guten Absicht der Regierung, ihrer Sparsamkeit und Redlichkeit überzeugt war. Die persönliche Verehrung für den greisen Landesherrn dämmte alle unmutigen Stimmungen zurück.

Sparsam wurde auch im Heere gewirtschaftet. Seine Stärke wurde auf etwa 14 000 Mann bemessen, wovon aber noch ein Teil der acht Jahre dienenden Mannschaften beurlaubt zu werden pflegte. Die in Preußen nunmehr auch die gehobenen bürgerlichen Schichten erfassende allgemeine Wehrpflicht wurde in Sachsen in ihrem Werte weder erkannt noch in die Tat umgesetzt. Die Wehrpflichtigen wurden in Klassen je nach ihrer wirtschaftlichen Abkömmlichkeit eingeteilt, und man bemühte sich darum, nur die entbehrlichste Gruppe zum Dienste heranzuziehen. Der Wohlhabende konnte sich einen Stellvertreter kaufen. Kein Wunder, daß das Ansehen des Soldaten im Staate geringer war als in dem bewußt seine militärischen Überlieferungen pflegenden Preußen. Die Stände vereitelten auch die Durchführung des Gedankens, eine Reserve neben der aktiven Truppe aus den entsprechenden Jahrgängen zu bilden und die städtischen Schützenvereinigungen praktisch mit der Wehrmacht zu verknüpfen. Das kleine, scharf preußenfeindlich empfindende Offizierskorps, in das aus der Militärakademie — 1826 durch Vereinigung von Ingenieur- und Artillerieschule gebildet — sowie aus den Volontären des Kadettenkorps nun immerhin auch Bürgerliche gelangen konnten, stand auch in diesen trüben Tagen auf einer auch preußischerseits anerkannten Höhe der Leistungen. Das an Preußen verloren gegangene Annaburg, einst Erziehungsanstalt von Soldatenkindern für die Unteroffizierslaufbahn, wurde durch eine 1822 in Struppen errichtete ähnliche Anstalt ersetzt. Ein neues Militärstrafgesetzbuch kam zwar, im Gegensatz zu den noch unvollendeten gleichen Schöpfungen für den Zivilstand, in diesen Jahren — 1822 — heraus, wurde aber wegen seines Beharrens auf den Körperstrafen für bestimmte Vergehen schon damals viel verurteilt.

Der Volkswohlfahrt waren in Fortsetzung alter sächsischer Regierungskunst stets die Bemühungen des Staates gewidmet. Die Chirurgie entwickelte sich damals allenthalben vom bloßen Handwerk zu einer wissenschaftlichen Übung, und damit gewannen die neu geschaffenen chirurgischen Akademien, wie die in Dresden ins Leben gerufene, an allgemeiner Bedeutung. Kranken- und Fürsorgeanstalten, Arbeitshäuser und Besserungsanstalten erfreuten sich der Pflege der von liberal-sozialen Gedankengängen bewegten Öffentlichkeit. Dem rationalen Denken entsprach auch die Gründung der Forstakademie in Tharandt. Unter Leitung des berühmten Heinrich Cotta 1816 gegründet, trat die Anstalt bald an Ruf und Bedeutung an die Seite ihrer benachbarten dem Bergbau gewidmeten Schwesteranstalt in Freiberg, die gerade damals sich wieder eines bedeutungsvollen Aufschwungs erfreute. Das in Sachsen sich besonders früh ankündigende technische Zeitalter, das man auch rechtzeitig in seiner Bedeutung in den Regierungskreisen gewürdigt und darum stärker gefördert hat als dies z. B. in dem noch überwiegend von agrarisch denkenden Köpfen geleiteten Preußen geschah, fand eine neue oberste Bildungsstätte seiner Theorie in der polytechnischen Schule in Dresden, die 1828 als zweite in deutschen Landen — nur die in Karlsruhe ist ein wenig älter — ins Leben trat.

Der König und seine Ratgeber haben wohl mehr gefühlt als klar erkannt, daß die Entwicklungsmöglichkeiten Sachsens nicht mehr in der Sphäre des Politisch-Militärischen lagen, sondern in der des Wirtschaftlichen und der allgemeinen Kulturwerte. Es ist kein Zufall, daß diese an sich richtige Auffassung zugleich am Eingang zur Epoche des liberalen Bürgertums in der deutschen Geschichte steht. Sachsen hat im 19. Jahrhundert unter diesem Stern gestanden und hat seine Segnungen zu spüren bekommen wie seine Verhängnisse.

Die Wirtschaft Sachsens ist in der napoleonischen Zeit durch zwei Ereignisse wesentlich beeinflußt worden, das war die Verhängung und dann wieder die Aufhebung der Kontinentalsperre. Als die Sperre kam, als man in Leipzigs Warenhöfen die englischen Vorräte an Tuchen und jeglichen Webwaren verbrannte, da bot sich Sachsen eine rasch ausgenutzte Möglichkeit, den englischen Festlandsmarkt zu gewinnen. Soweit die kriegerischen Verwicklungen das irgend zuließen, hat man vor allem den Osten und Südosten Europas für die Textilien Sachsens erobert. Die Industriedörfer der Gebirgsbezirke und der Lausitz blühten auf, der Handel der Städte sah neue Möglichkeiten vor sich, wie einst in den augusteischen Tagen der polnischen Verbindung. Im Lande steigerte der Durchzug der Truppen im Auf und Ab des Krieges den Verbrauch, mochte auch der Bürger im Lande sich einschränken. Aber der Traum der weiträumigen Pläne des französischen Imperialismus und des Rheinbundes mit seinen wirtschaftspolitischen Möglichkeiten verflog. Nach Öffnung der Grenzen überschwemmte die durch Jahre aufgestapelte englische Ware, billig dank ihrer Massenhaftigkeit, das dem Seehandel wieder freigegebene Festland Europas. Die Verkleinerung des sächsischen Staatsgebietes trennte die gewerbefleißigen Gebiete Mittelsachsens von ihren Absatzgebieten in Thüringen und im Norden des Landes. Auch die Teilung der Lausitzen zerriß alte wirtschaftliche Verbindungen. Dadurch kommt eine gewisse Unsicherheit in den Gang der sächsischen Wirtschaft, die ungünstig wirken muß; einmal lockert die Errichtung des Deutschen Bundes nicht die Zollschranken zwischen den Bundesländern, sondern läßt den Gliedern wirtschaftspolitisch fast völlig freie Hand; dann aber vollziehen sich in jenen Jahren ganz im allgemeinen einschneidende Änderungen der wirtschaftlichen Betriebsformen, die durch die Anfänge der eigentlich kapitalistischen Wirtschaft, durch das Eindringen der Maschine und durch das Einstehen des Industrieproletariates in wesentlichen Punkten gekennzeichnet werden. So gut nun die Absicht der regierenden Kreise zum Wiederaufbau des Landes war, so offensichtlich widerstrebte der neue wirtschaftliche Geist ihrem Verständnis, denn er paßte nicht mehr in die überkommenen gebundenen Formen des 18. Jahrhunderts. Als das Jahr 1817 eine schwere Mißernte und damit Teuerung und Not in weite, durch den Krieg sowieso verarmte Bevölkerungskreise brachte, suchte die Regierung durch Arbeitsbeschaffung, Verbesserung der landwirtschaftlichen Betriebsformen, Förderung der Gemeinheitsteilungen und Ablösung ländlicher Lasten von den Schultern der notleidenden Bauern den Schaden zu lindern. Deutlich zeigte sich, daß die Landwirtschaft noch immer der wesentlichste Bestandteil der Volkswirtschaft war, von deren Wohlergehen die Gesamtwirtschaft des Landes unmittelbar abhing. Es konnte nicht verborgen bleiben, daß sich gleichzeitig der sächsischen Warenausfuhr wichtige Auslandswege durch die fremde Zollpolitik verschlossen. Der innere Markt war von geringer Aufnahmefähigkeit. Die sehr zielbewußte preußische Handelspolitik schuf sich in dem Zollgesetz von 1818 ein Werkzeug, um die territorial so weit verzettelten Gebiete der Monarchie bewußt zu einem einheitlichen Wirtschaftskörper zusammenzuschließen. Mochten diese Bemühungen auch zunächst noch großen Schwierigkeiten begegnen, so waren sie doch von vornherein der sächsischen Ausfuhr höchst abträglich. Die alten Zustände des fast das ganze voraufgegangene Jahrhundert durchziehenden Zollkriegs zwischen Preußen und Sachsen schienen wiedergekehrt zu sein. Zwar folgte Sachsen dem Vorbilde seines nördlichen Nachbarn beim verkehrsbelebenden Chausseebau, aber für den weiträumigeren Großstaat hatte das bedeutsamere Folgen als für das dichtbesiedelte verkleinerte Sachsen, dessen Straßennetz schon früher gut gepflegt gewesen war. Zahlreich sind die Berichte, die aus allen Teilen nicht nur vom Niedergang der Industrie berichten, sondern auch Wünsche und Anregungen der Bevölkerung zur Besserung des Zustandes enthalten. Im allgemeinen bewegen sich diese Bestrebungen, die in den Kreisen der Regierung nicht ohne Beachtung blieben, in doppelter Richtung, teils in dem Rufe nach Verbesserung der Betriebsformen durch Benutzung von Maschinen, wobei die Dampfmaschine nach englischen Vorbildern schon eine Rolle zu spielen beginnt, teils fordert man eine aktive Zoll- und Handelspolitik, die auf Gewinnung neuer Absatzmärkte, etwa in Süddeutschland, bedacht ist. Auch einzelne, zumeist den jüngeren Altersklassen angehörende Beamte suchen zu eigenen wirtschaftspolitischen Lösungen zu gelangen, wie z. B. die Versuche des Kreishauptmannes im Vogtländischen Kreise von Wietersheim zeigen. Der Verbesserung des Wirtschaftsprozesses sollen auch, dem Geiste der Zeit entsprechend, die vielerlei Fach- und gewerblichen Schulen dienen, die an den einzelnen Erzeugungsplätzen ins Leben treten. Schließlich verspricht man sich vom Zusammenschluß zum Zwecke gemeinsamen Ausfuhr- oder Einfuhrhandels, von der Bildung von Handelsgesellschaften eine Verbesserung der Lage. Johann Gotthelf Hoyer aus Neustadt bei Stolpen ruft die Elb-Westindische See-Handlungs-Companie ins Leben, die sich Anfang der zwanziger Jahre hoffnungsvoll entwickelte. Andere zeitgemäße und sich als zweckdienlich erweisende Versuche durch organisatorische Maßnahmen die Wirtschaft zu fördern, waren die Gründungen des Buchhändlerbörsenvereins in Leipzig 1824 — zugleich ein glückliches Anzeichen dafür, daß Sachsen seinen Vorrang in der literarischen Erzeugung Deutschland über die Wirren der napoleonischen Zeit hinweggerettet hatte — und des Industrievereins für das Königreich Sachsen 1826. In Schneeberg gründete Traugott Leberecht Hasse 1828 einen polytechnischen Verein für Sachsen. Die Handelsvertretungen Sachsens im Auslande — das sächsische Konsulatwesen befand sich nach den Anfängen in den Jahren 1809/12 seit dem Wiener Frieden im raschen Ausbau — erhielten Anweisung, genau die industrielle Entwicklung ihrer Berichtsländer zu verfolgen; sorgsam beobachtete man zumal die Industrialisierung in Preußen. Die Commerzdeputation sorgte für öffentliche Ausstellung neu beschaffter Maschinen, deren Güte und Leistungsfähigkeit genau geprüft wurde. Louis Schönherr, Plauen, Karl Georg Haubold, Chemnitz, Friedrich Georg Wieck, Harthau, A. Fiedler, Striegis, Wilhelm Crusius, Leipzig, das sind führende Namen der damaligen industriellen Entwicklung in Sachsen; ihr waren schon bedeutsame Erfolge beschieden, ehe noch der Zollverein eine neue Zeit auch für Sachsen heraufführte. Begnügte man sich noch im Anfang der dreißiger Jahre mit der Verbesserung der Postverbindungen im Lande, so erörterte man an ihrem Ausgang schon die ersten Eisenbahnpläne. Leipzig war der Mittelpunkt aller handels- und verkehrspolitischen Planungen. Seine Grenzlage im verkleinerten Staate ließ es notwendigerweise immer auch gesamtdeutsche Rücksichten beobachten, denn längst gingen ja seine Wirtschaftsverbindungen weit über das engere Staatsgebiet hinaus. Seine Messen haben sich nicht nur gegen die Messen von Naumburg und Frankfurt a. O. behauptet, sondern sie haben diese Konkurrenten recht eigentlich niedergekämpft. Mit genialem Blick erkannte Friedrich List in dieser Stadt den Mittelpunkt eines künftigen deutschen Wirtschaftskörpers. Es ist nicht sein Verschulden, wenn dieses Ziel dann nicht völlig erreicht worden ist; hier liegen die gesamtdeutschen Unterlassungssünden des deutschen Partikularismus im 19. Jahrhundert, der sich von den Rücksichten auf den engeren Staat — in Preußen wie in Sachsen oder anderswo — stärker bestimmen ließ, als durch das Wohl und Wehe des großen deutschen Volkes.

Auch die Ergebnisse der Elbschiffahrtskonferenzen, die den Handelsverkehr auf dem Strome erleichtern sollten, waren nur halbe Lösungen. Mochte immerhin die Zahl der Zollstätten längs des Stromes von 35 auf 14, innerhalb Sachsens von 9 auf 5 herabgehen, so überwog doch auch hier das einzelstaatliche Interesse. Das erste Dampfschiff befuhr zwar erst 1835 die sächsische Elbstrecke von Dresden aus, aber Pläne zu einer Ausnutzung der Dampfkraft für die Schiffahrt wurden doch schon — gleichwie bei der Eisenbahn — in Sachsen durch Jahre vorher erörtert.

Faßt man zusammen, so ergibt sich eine Wirtschaftslage in dem Sachsen der anderthalb Jahrzehnte nach dem Wiener Frieden, die von schwersten allgemein wie landschaftlich bedingten Krisen belastet ist. Daß sie diesen Belastungen gleichwohl nicht erlag, ja daß sie sich auf weitere Sicht sogar trotzdem langsam, aber sicher weiter entwickelte, das ist ein besonderer Ruhmestitel des sächsischen Volkes, das — durch manche schwere Erschütterung schon früher geprüft — abermals seinen Fleiß, seine Bedürfnislosigkeit, seine Rührigkeit und seinen wachen Verstand mit dem Erfolge einsetzte, daß dem Lande sein Vorrang auf wirtschaftlichem Gebiete in Deutschland trotz allem bis zu einem gewissen Grade gesichert blieb. Ein Zeichen der Gesundheit des Volkskörpers ist es auch, wenn in der gleichen Zeit die Bevölkerung um 19 %, also jährlich um über ein Prozent, wächst. Führend bei diesem Aufstieg sind die bürgerlichen Schichten, die im Staate noch ohne größeren politischen Einfluß sind, aber doch schon die Führung den alten Mächten im Staate, dem Adel und den ständischen Gruppen, zu entreißen vermögen, soweit Vielseitigkeit der Bildung, technisches Können und — nicht zuletzt — Geldbesitz dabei eine Rolle spielen. Die goldenen Tage des Bürgertums kündigen sich schon deutlich an, die gerade das Bild Sachsens im 19. Jahrhundert maßgeblicher gestaltet haben als der Einfluß einer anderen sozialen Schicht. Dabei sind Lebenshaltung und Wirtschaftsgesinnung dieser Kreise noch einfach und ehrbar. Einen eigentlich politischen Ausdruck findet die neue Machtverteilung im sozialen Körper des Volkes noch nicht.

Deutlich verkündet auch der Wandel in den geistigen Bezirken, daß mit dem neuen Jahrhundert eine neuen Gesetzen folgende Zeit angebrochen ist. Die Jahrzehnte zwischen dem Ende der napoleonischen Kriege und der Julirevolution in Frankreich gelten ja als der Abklang unserer klassischen Periode der deutschen Literatur. Sachsen ist mit ihr enger verflochten gewesen als in den vorangegangenen vier oder fünf Jahrzehnten. Dem Goetheschen Weimar lag Sachsen doch nicht nur räumlich verhältnismäßig nahe. Viele persönliche Fäden verbanden das literaturmächtige Leipzig, die Kunstmetropole Dresden, aber auch manchen sächsischen Adelssitz mit dem Musenhofe an der Ilm. Wenn schon bemerkt worden ist, wie wenige Träger der großen deutschen Befreiung vom napoleonischen Joche in Preußen beheimatet waren, so gilt Entsprechendes für die geistige Bewegung der Zeit überhaupt: sie überspringt alle innerdeutschen Landesgrenzen. Und indem sie zum Erlebnis für viele wird, stärkt sie diesen allen ihr gesamtdeutsches Empfinden. Dieses aber ersetzt die mit dem alten Reiche dahingegangene politische Einheit bis zu einem gewissen Grade. Es ist ein Gefühl der nationalen Gemeinsamkeit, wie es in dieser Stärke wohl weder die deutsche Reformation des 16., noch die „fritzische" Gesinnung des 18. Jahrhunderts geschaffen haben, sondern erst die Freiheitskriege, die klassische Dichtung und — in begrenzterem Umkreise — die Philosophie seit Kant. An dieser schließlich auch den Staatsgedanken berührenden Bewegung hat aber der sächsische Stamm seinen lebendigen und wertvollen Anteil, mag er im Felde auch zumeist gleich den Süddeutschen auf der ihr feindlichen Seite gefochten haben. Dabei fällt das protestantische Bekenntnis bindend ins Gewicht, das die Sachsen an diese zumeist von Norddeutschland getragene Erlebnisgemeinschaft knüpft. Es ist schon erwähnt worden, daß die Romantik, in der Literatur wie in der Malerei in Dresden einen Hauptstützpunkt gewonnen hat. Seit 1817 wirkt Karl Maria von Weber in Dresden. Hier ist der „Freischütz" entstanden, gleich dem „Don Carlos" Schillers und dem „Gesang an die Deutschen" Kleists. Im 17. und 18. Jahrhundert hatten die führenden Geister des Landes den Weg in die Fremde eingeschlagen, den auch Fichte noch gegangen war. Jetzt läßt sich in vielen Fällen eine rückläufige Bewegung beobachten. Es sind als Beleg dafür nicht die einzelnen Namen allein zu nennen, in der Spätromantik also Novalis und der Siebeneichener Kreis um Miltitz, Tieck und Elisa v. d. Recke, sondern es ist die ganze geistige Strömung der Zeit, die ausgesprochen literarisch ist. Leicht kann sie sich darum auch, wenn die großen tragenden Könner nicht mehr vorhanden sind, ins Biedermeierlich-Enge verwässern. Die ästhetisierenden Hofräte der literarischen Tees, die dann Heinrich Heine verspottet, sind ein kennzeichnender Bestandteil dieser Welt von 1820—30. Was für die Wirtschaft die Industrievereine und Ausstellungen darstellen, das bezwecken in der Gesellschaft die Vereinigungen zur Pflege der Geselligkeit und der schönen Künste, auch wohl der Wissenschaften. Um nur ein Beispiel für viele zu nennen: der Sächsische Altertumsverein, 1824 gegründet, bestrebt sich, den von der Romantik und dem deutschen Nationalerlebnis der Freiheitskriege belebten geschichtlichen Sinn in das landesgeschichtliche Bett zu leiten, wie es die Monumenta Germaniae Steins für das ganze deutsche Altertum im Dienste des Gesamtvolkes vorhaben. Ganz bestimmte Schichten des Volkes finden sich in diesen Vereinen zusammen: der Adel, zum Teil mit Einschluß des Hofes, die höhere Beamtenschaft, das gehobene Bürgertum. Auffällig ist dabei zu beobachten, wie die Teilnahme des biedermeierlichen Dresden — und an anderen Orten des Landes ist es wohl nicht viel anders — sich mit besonderer Lebhaftigkeit den Naturwissenschaften und den sog. Realien zuwendet.

Das äußere Bild des friedlichen Alltags in den sächsischen Landen jener Tage hat unübertrefflich Adrian Ludwig Richter in schlichter und liebenswürdiger Treue festgehalten. Er hat den festen und gesunden Boden im Bilde und Sinnbilde verewigt, auf dem sich dann die gewaltige soziale, wirtschaftliche und politische Wandlung des weiteren 19. Jahrhunderts vollzogen hat.

Nach dem Verluste von Wittenberg an Preußen hatte man wohl erst an die Verlegung seiner Universität nach Meißen, Freiberg oder Dresden gedacht, dann sich aber doch damit begnügt, während Preußen die Hochschule mit der Halleschen Universität vereinigte, Leipzig als nunmehr einzige sächsische Landesuniversität weiterzuführen. Das hat sicher zum Heile Leipzigs gedient, das damit endgültig in die erste Linie der deutschen Universitäten gestellt wurde.

Die Universität Leipzig war in den zwanziger Jahren die besuchteste Deutschlands. Unter den führenden Gelehrtennamen der Zeit ist besonders des großen Philologen und Altertumsforschers Gottfried Hermann zu gedenken. Wilhelm Traugott Krug spielte als Rektor auch eine politische Rolle. Milde handhabte man in Leipzig die politische Bevormundung der akademischen Jugend. Das Wartburgfest von 1817 und die ganze burschenschaftliche Bewegung haben in Leipzig nicht jenen stürmischen Widerhall gefunden wie an manchen anderen Orten. Auch die Karlsbader Beschlüsse haben die Spannungen zwischen Studentenschaft und Regierung nicht ernstlich verschärft. Eine Reform der Universitätsverwaltung und Verfassung kam auf Anregung Krugs zustande. Auch in dem mittleren und Volksschulwesen des Landes macht sich der bildungsfreudige, moral-philosophisch gerichtete, einer nüchternen, praktischen Nützlichkeitswertung geneigte Drang der Zeit bemerkbar. Es zeigt sich dabei, daß in Sachsen die Aufklärung niemals ganz von der Romantik und von der aus dem Erlebnis der Freiheitskriege anderwärts so kräftig vorwärts drängenden religiös-politischen Bewegung erschüttert worden ist. Gerade dem führenden Minister Graf Einsiedel machte man seine Neigung zu antirationalistischen Richtungen in der Öffentlichkeit zum Vorwurf. Eine neue pietistische Strömung, die in Nordostdeutschland zu bestimmendem Einfluß auf das soziale Leben gelangte, reichte nur mit schwachen Ausläufern über die sächsische Grenze. Die rationalistische Haltung fand auch einen Halt in der ihr innewohnenden Ablehnung des Katholizismus, dessen vermeintliche Werbung man leicht hinter allen positiven kirchlichen Bestrebungen argwöhnte. Früh setzt in Sachsen die von Preusker in Großenhain angeregte Volksbücherei-Bewegung ein, ein bezeichnender Ausdruck der volks- und bildungsfeindlichen geistigen Haltung der Zeit.

Die Außenpolitik Sachsens folgt nach 1815 streng dem Grundsatze der Nichteinmischung. Innerhalb des Deutschen Bundes wird bei den Frankfurter Verhandlungen des Bundestags, dessen Jugend bekanntlich regsamer und schöpferischer war als sein Ausklang, eifrig mitgearbeitet. Der dortige Posten wird gern mit dem fähigsten Diplomaten besetzt. Nächstdem ist Berlin Hauptplatz des politischen Spiels. Hier spannen sich persönliche Beziehungen innerhalb der jüngeren Generation der Herrschaftsfamilien an, die später politisch entspannend gewirkt haben. Wien und die süddeutschen Höfe treten stark an Bedeutung zurück.

Die Auslandsgesandtschaften sind reine Beobachtungsposten bei den Weltvorgängen, die nur gelegentlich einmal handelnd auftreten, wie z. B. bei der bald aufgegebenen Kandidatur des Prinzen Johann für den griechischen Thron, ein Plan, den er bekanntlich zuerst und in einem noch frühen Stadium selbst fallen ließ.

Es sind dann einmal die immer dringender werdenden Fragen der innerdeutschen Wirtschaftspolitik, daneben aber auch allgemeine Strömungen des Geistes und der Politik, die in Sachsen, zunächst von außen her wirkend die 1815 geschaffenen Zustände im Lande vorwärts trieben und veränderten.

Verfassungsstaat und demokratische Bewegung

Es ist schon ausgeführt worden, wie stark die wirtschaftliche Entwicklung Sachsens durch seine handelspolitische Isolierung gefährdet war. Rascher noch als auf politischem Gebiet machte sich hier die Schwierigkeit der Lage zwischen stärkeren Nachbarn geltend. Diese Gefahr ist früh und richtig erkannt worden. Dadurch, daß der Versuch ihrer Überwindung in die Hände Bernhard von Lindenaus, des bedeutendsten Staatsmannes Sachsens in jener Zeit, gelegt wurde, erhielt sie von vornherein eine gewisse Weite und Bedeutung.

Anfang 1828 war der bayrisch-württembergische Zollverein zustande gekommen, Preußen aber gelang es, immer mehr norddeutsche Kleinstaaten zum Anschluß an sein Zollsystem zu veranlassen. Sachsen mußte sich entscheiden. Während Einsiedel sogleich für den Anschluß an den für den sächsischen Handel wichtigsten Nachbarn, an Preußen, eintrat, glaubte Lindenau durch den Umweg über Süddeutschland die Bedingungen des Zusammenschlusses aller, der auch ihm als letztes Ziel von vornherein vorschwebte, für Sachsen verbessern zu können. Als seine Fühlungnahme nach Süden ihm keinen raschen Erfolg versprach, gleichzeitig aber Hessen-Darmstadt den Anschluß an das preußische System vollzog, beschritt er den ihm dann so viel und zu Unrecht als Partikularismus ausgelegten Weg zum Mitteldeutschen Handelsverein. Am Zustandekommen ist von sächsischer Seite besonders Hans Georg von Carlowitz mitbeteiligt gewesen. Außer den thüringischen Staaten waren es Hessen-Kassel, Hannover, Braunschweig, Hessen-Homburg, Nassau, Oldenburg und die Städte Bremen und Frankfurt, die am 28. September 1828 den Handelsverein abschlossen. Das war die erste außenpolitische Tat Sachsens größeren Stils seit 1815. Dieser breite zollpolitisch geeinte Gürtel durch das mittlere Deutschland wurde allerdings mehr durch die Ablehnung des Anschlusses an den Norden oder den Süden als durch gemeinsame Wirtschaftsinteressen zusammengehalten. Lindenau hat diese Lage immer klar erkannt. Preußen erblickte in der Gründung eine Gefahr für seine wirtschaftspolitischen Pläne und setzte alle seine diplomatischen Mittel ein, den Handelsverein lahmzulegen. Wie sehr die Kasseler Gründung auch dem Vorwurf ausgesetzt worden ist, rein partikularisch zu sein, erhellt noch aus der Darstellung Treitschkes.

Man hatte die vorläufige Dauer des Vereins zunächst bis zum Ende des Jahres 1834 vorgesehen. Lindenau bemühte sich, die formalen Bindungen der Vereinigung in der Folgezeit noch durch Sonderverträge zu verdichten. Im ganzen aber zeigte der Verein wenig Lebenswillen, der auch nicht angeregt wurde, als die Versuche Preußens, sich mit den Süddeutschen über den Mitteldeutschen Verein hinweg zu verständigen, ruchbar wurden. Schon im Herbst 1829 traten einige ernestinische Linien mit Preußen in Fühlung, ein Zeichen dafür, daß sie sich in dem eben ein Jahr bestehenden Vereine nicht hinreichend gesichert fühlten. Lindenau wird gegenüber dem gesteckten Ziele unsicher. Er sucht Preußen zu Verhandlungen wenigstens mit den größeren Staaten des Handelsvereins zu bewegen, erfährt aber eine wenig günstige Aufnahme. Minister Motz, der preußische Unterhändler, verkannte die Gunst der Lage für Preußen nicht. Man mußte damit rechnen, daß Preußen den Mitteldeutschen Verein als Ganzes durch Teilverhandlungen mit einzelnen Mitgliedern mattsetzte. Bei der 1829 beschlossenen Vertragsverlängerung des Mitteldeutschen Vereins stimmte Sachsen zwar zu, sicherte sich aber die Möglichkeit zu Sonderverhandlungen mit dem Norden oder dem Süden. Als 1831 Weimar und Kurhessen zu Preußen übergingen, waren die Verhandlungen Sachsens mit Preußen ebenfalls schon im Gange. Wiersheim war der Hauptunterhändler Sachsens. Die weiteren Erfolge der preußischen Handelspolitik, insbesondere der endgültige Abschluß mit Süddeutschland, verschlechterte die Stellung Sachsens immer mehr, so daß sein Anschluß am 30. März 1833 an den Norden sich unter recht ungünstigen Bedingungen vollzog, die den ursprünglichen Wünschen Lindenaus keineswegs entsprachen.

Die Episode des Mitteldeutschen Handelsvereins ist in der politischen Geschichte Sachsens kein von Erfolg begleitetes Unternehmen, wenn ihr auch der Vorwurf der Bösartigkeit und der undeutschen Gesinnung nicht mit besseren Gründen gemacht werden kann als den gleichzeitigen sonstigen Versuchen zollpolitischer Zusammenschlüsse in Deutschland. Keiner der dabei führenden Staaten hat seine eigenen Interessen aus dem Auge verloren, und keiner hätte es wohl auch tun können.

Die handelspolitischen Vorgänge der Jahre 1828 bis 1833 haben die Öffentlichkeit, nicht nur die des Handels und des Gewerbes, natürlich stark bewegt und beunruhigt. Man hatte das deutliche Empfinden, daß neue Dinge im Werden seien, die den bisherigen, als unhaltbar empfundenen Zustand ablösen sollten. Diese Stimmung einer Zeitwende, die auch an anderen Stellen in jenen Tagen zu beobachten ist, offenbarte sich nicht weniger auf dem eigentlich politischen Gebiete. Hier gab der Tod des allverehrten Königs Friedrich August I. den Anstoß. Seinem starren Rechtsempfinden, seinem den geistigen Strömungen der Zeit völlig entrückten Konservatismus hatte sich eine Opposition nicht entgegengestellt. Aber man hoffte auf einen frischeren Zug in der Regierungspraxis für die Zeit nach seiner von so vielen Wechselfällen begleiteten Regierung. Im Mai 1827 bestieg nun mit seinem Bruder Anton ein über 70jähriger den Thron, dem weder der Ruf der Bedeutung als Persönlichkeit noch einer besonderen Teilnahme an den Staatsgeschäften voranging. Wohlmeinend und pflichtgetreu glaubte er in der Fortsetzung der Politik seines Bruders und in der Beibehaltung des widerstrebenden Grafen Einsiedel als leitenden Minister das Beste für sein Land zu tun. Das mußte in allen beteiligten Kreisen enttäuschen.

Die Landstände, die sich Anfang 1830 wieder versammelten, brachten die alten Klagen und Wünsche erneut vor, wobei Sprecher der Opposition nicht mehr die städtischen Vertreter waren, sondern bezeichnenderweise jüngere Mitglieder der Ritterschaft. Man nimmt für sich in Anspruch, Vertreter des Volkes zu sein, was gewiß nicht im Wesen des alten Ständetums beruht; man will dem Geiste der Zeit Rechnung getragen wissen, was in diesem ganz auf Tradition gestellten Kreise auch ein neuer Ton ist. Das Ergebnis ist dank der ablehnenden Haltung der Regierung gering, aber das Ganze doch kennzeichnend für die wachsende Unruhe. Tumulte in Dresden und Leipzig bei der 300-Jahrfeier der Augsburgischen Konfession brechen aus, weil man in den Stadtverwaltungen zu wenig Rücksicht auf das protestantische Empfinden des Volkes und zu viel auf das katholische Bekenntnis des Hofes gelegt hat. Kleine Ursachen und auch geringe Wirkungen, aber doch Anzeichen der gereizten Stimmung und der Unzufriedenheit in weiten Volkskreisen, die sich zunächst am Konfessionellen entzünden.

Dieses Vorspiel im Juni erfuhr eine weit umfangreichere Nachfolge im September des

Jahres 1830. Die Julirevolution in Frankreich erregte die Gemüter auch in Deutschland in einem Maße, das nur verständlich wird, wenn man bedenkt, daß in den gebildeten, fortschrittlich eingestellten Kreisen diesseits des Rheins Frankreich als das politisch und geistig führende Land betrachtet wurde, je mehr und je einseitiger die deutschen Regierungen und der Deutsche Bund im östlichen System der Heiligen Allianz ihr Heil erblickten. Alles, was bisher in den Burschenschaften, bei den Turnern und allen den vom politischen Ergebnis der Befreiungskriege Enttäuschten an politischen Idealen theoretisch gepflegt worden war, das fand nun in der innerstaatlichen Entwickelung der Westmächte eine praktische Veranschaulichung vieler seiner Wünsche. Kein Wunder also, daß die Wirren in Sachsen nicht nur in der Pariser Presse eingehend beobachtet werden, sondern auch, daß sächsische Stimmen — in Ermangelung einer beachtlichen Heimatpresse — in den französischen Zeitungen zu den heimischen Ereignissen Stellung nehmen. Dazu kam die Nachricht, daß der in Paris vertriebene Bourbone in Sachsen Zuflucht suchen wollte. Zunächst war der Charakter der Tumulte durchaus unpolitisch. Örtliche Unzufriedenheit mit der Stadtverwaltung, ihren Organen, ihrer Wirtschaftspolitik, suchte sich Ausdruck zu verschaffen. In Leipzig kam es Anfang September 1830 zuerst zu ernsten Kundgebungen. In Dresden steigerte sich das eine Woche später bis zur Zerstörung des Polizeihauses, zur Rathausbesetzung, zu Aktenverbrennungen und zu Angriffen auf einzelne Personen. Das Militär und die Polizei wurden so ungeschickt eingesetzt, daß die meuternde Menge dadurch eher ermutigt wurde.

Nicht nur die Umwelt in Deutschland und im Auslande war betroffen von diesen Ereignissen in dem als streng loyal und verständig bekannten, von einer als wohlmeinend und weise angesehenen Regierung geleiteten Lande. Die Regierung, der König, die Minister waren nicht weniger bestürzt. Niemand wußte sich im ersten Augenblick zu helfen. Die Haltung des Bürgertums, auch wenn es sich von den Ausschreitungen selbst fernhielt, war immerhin geteilt. In der Beamtenschaft überwog wohl das Gefühl der Loyalität, wenn auch die Blicke für die Mängel in der bestehenden Ordnung gewiß nicht getrübt waren. Viel verbreitet war allerdings der — tatsächlich wohl kaum nennenswert begründete — Glaube, daß fremde, französische oder belgische Sendlinge — man dachte an wandernde Handwerksgesellen — an den Unruhen beteiligt seien.

Die Regierung tat nicht, was strenge Legitimisten in Dresden, aber auch in Berlin, in Wien und beim Bundestag in Frankfurt erwartet haben mochten; sie rief nicht die Truppen der benachbarten größeren Mächte zur Unterstützung der eigenen Stellung ins Land, sondern sie vertraute sich — nach kurzem Besinnen — dem gesunden Verstand und der Treue des Volkes zur Dynastie, wie sich bald zeigte, mit bestem Erfolge an. Das Bürgertum wurde sich erstmalig so recht seiner Bedeutung im Staate bewußt. „Vertrauen erweckt wieder Vertrauen, dieses vom Prinzen Friedrich August geschickt geprägte Schlagwort wurde zum Ausdruck der bürgerlich-liberalen Gesinnung der Zeit. Bürgergarden, in Leipzig auch eine Studentenkompanie, bildeten sich zur Sicherung der öffentlichen Ordnung, und sie wirkten vor allem dort beruhigend, wo das Verhältnis der Bevölkerung zu den Polizeibeamten und zum Militär nicht gerade freundlich war. Eine gewisse heitere und bald ins spießbürgerliche abgleitende Romantik wohnte dieser sächsischen Bürgergarden-Bewegung und ihrem halb militärischen, halb zivilen Gehaben inne. Auf dieses ungefährliche Gebiet ließ sich der Tatendrang der Unzufriedenen leicht ablenken. Aber die Regierung war doch einsichtig genug, um zu erkennen, welche ernsteren Bedürfnisse hinter den Unruhen gestanden hatten. Als zuerst der Dresden-Neustädter Steuerprokurator Dr. Eisenstuck ein Programm mit politischen Forderungen des Volkes aufgestellt hatte, erfolgte am 10. September 1830 die Bildung einer Kommission zur Erhaltung der öffentlichung Ordnung, der neben Männern wie Lindenau auch der Prinz Friedrich August angehörte, und die das Sammelbecken aller Anregungen und Wünsche bildete. Diese Kommission vermittelte zwischen dem auch in der Lausitz, im Erzgebirge und im Vogtlande noch recht unruhigen Volke und den Behörden. Es gelang ihr bald, die allgemeine Beruhigung herbeizuführen. Die Volksstimmung ließ aber auch nicht verkennen, daß mit einer Ausrufung des kirchlich und politisch als fortschrittlich geltenden Prinzen Friedrich August zum König gerechnet werden mußte, wenn die Regierung dieser Entwicklung auf ein sächsisches Bürgerkönigtum orleanistischer Färbung hin nicht rechtzeitig vorgriff.

Es kommt zu dem denkwürdigen Besuch der Minister — an ihrer Spitze Lindenau — beim König in Pillnitz am 13. September. Der König, ohne tieferes Verständnis für die politische Lage, verzichtete auf jedes wirkliche Handeln und erklärte sich mit der Ernennung des Prinzen August zum Mitregenten einverstanden. An Stelle des schon vorher abgetretenen Grafen Einsiedel übernahm Lindenau die politische Führung der Regierung und die Bildung des neuen Ministeriums. Damit war die revolutionäre Lösung umgangen und eine schärfere Abwendung von der Vergangenheit vermieden. Das neue Ministerium Lindenau sammelte die führenden, gemäßigt konservativen Köpfe des Landes. Zum ersten Male seit Jahrhunderten zählte es einen Bürgerlichen aus dem Beamtenstande in seinen Reihen! Wesentlicher fast noch als die Neubildung der Regierungsspitze wurde die Neugliederung der Verwaltung in Staat und Gemeinden und die Überleitung des Ständestaates in die Form der konstitutionellen Monarchie. Das ist der entscheidende Schritt ins 19. Jahrhundert.

Sachsen hat diesen Schritt nach den süddeutschen Ländern und in starker Anlehnung an deren Einrichtungen, aber vor den beiden deutschen Großmächten getan. Die Süddeutschen hatten sich stärker an das französische Vorbild angelehnt, auch in der Verwaltung mehr dessen Präfektursystem übernommen. Sachsen stand ihnen und ihrem politischen, wirtschaftlichen und sozialen Leben zunächst fern. Seine hochentwickelte Wirtschaft und seine ausgedehnten Handelsinteressen hätten eine frühere und fortgeschrittenere Verfassungsgestaltung wohl gefordert; aber die vom Ergebnis des Wiener Friedens ausgelöste Unlust und Schwäche hatten das Land ebenso gehemmt wie der nachbarliche Einfluß der jeder Volksvertretung abgeneigten Staaten Preußen und Österreich, von denen man sich weitgehend abhängig fühlte. Diese innere und äußere Hemmung ist nun überwunden. Der Geist des jungen Deutschlands, der in Leipzig so früh schon eine Stätte gefunden hat, die Ereignisse in Frankreich, vor allem aber das langsame Absterben der Träger und Mitlebenden der Schicksale Sachsens in den napoleonischen Jahren wirkten im Sinne der Wandlung. Lindenau ist dabei ebenso der Wortführer einer ans Steuer drängenden jüngeren Generation, der er altersmäßig kaum mehr zuzurechnen ist, wie in ihm noch durchaus der Idealismus klassischer Prägung lebendig ist. Seine Mitarbeiter stehen teils — wie Carlowitz — der Romantik nahe, teils sind sie rein praktisch urteilende Verwaltungsbeamte. So kommt aus langen Beratungen eine Verfassung zustande, die einen gesunden Fortschritt mit der Bewahrung alles irgend aus der Vergangenheit noch Erhaltungsmöglichen zu vereinigen sucht. Ein ursprünglicher Entwurf von Carlowitz und bald auch ein kürzerer von Lindenau werden Beratungen zugrunde gelegt, aus denen dann die endgültige Form entsteht. Man hat diese in- und außerhalb Sachsens keineswegs mit allgemeinem Beifall aufgenommen. War das nicht ein waghalsiger Sprung ins Ungewisse? Spannen sich nicht von diesem Werke Fäden zu den beunruhigenden Kräften, die in den wirren Tagen der Kämpfe von 1813 geweckt, in teutschtümelnden Bestrebungen verschiedenster Färbung lebendig, immer wieder die Regierungen des Deutschen Bundes ihrer behaglichen biedermeierlichen Ruhe beraubten? Es war doch ein Eingehen auf Volkswünsche, deren Grenzen nicht abzusehen waren, wenn sie einmal in Bewegung kamen. Besorgt tadelte der kluge Metternich die Schwäche der sächsischen Regierung, die er in ihrem Handeln zu erkennen vermeinte; ablehnend äußerte sich der politisch so phantasievolle Prinz Friedrich Wilhelm von Preußen gegen seine Dresdner Vettern. Auf der andern Seite zeigten im Frühjahr 1831 neu ausbrechende, blutige Unruhen, daß schon eine radikale Richtung vorhanden und am Werke war, die dem Vorbilde der belgischen Revolution folgen möchte. Die „Constitution, wie sie das sächsische

Volk wünscht" des Dresdner Anwalts Moßdorf enthält schon Sätze wie den, daß Sachsen aufhöre ein besonderer Staat zu sein, sobald Deutschland sich zu einem Staate vereinige. Die Souveränität liege beim Volke, das die Beamten ernenne. Das stehende Heer sei durch eine Nationalgarde zu ersetzen, die ihre Offiziere selbst wähle. Leider hat dieser Plan demokratischen Geistes keine praktische Bedeutung erlangt, sein Erscheinen aber kennzeichnet immerhin eine auch schon im Lande vorhandene politische Richtung.

Die Verfassung vom 4. September 1831 betont bewußt die konservativen Kräfte des staatlichen Gemeinschaftslebens. In der Ersten Kammer leben, deren Zusammensetzung nach, die alten Landstände fort. In der Zweiten Kammer überwiegen bei vorsichtiger Beschränkung des Wahlrechts die ländlichen Vertreter über die städtischen, was in dem gegebenen Verhältnis von 2:1 etwa der Bevölkerungsverteilung auf Land und Stadt, nicht aber den dahinter stehenden wirtschaftlichen Kräften entspricht. Die Gliederung der Ersten Kammer sucht die Tatsache, daß die alten ständischen Kräfte des Landes nicht mehr als zeitgemäßer Ausdruck der politischen Verhältnisse angesprochen werden können, eigentlich völlig zu übersehen. In der Zweiten Kammer sitzen 20 Ritterschaftsvertreter — die in der ersten Kammer die absolute Mehrheit besitzen —, 25 städtische Abgeordnete — in der Ersten Kammer machte diese Klasse 8 von etwa 40 Köpfen aus — 0,25 Bauern und 5 aus Handel und Gewerbe Gewählte; die letzteren beiden Gruppen fehlen der Ersten Kammer völlig. Man geht also fehl, wenn man nun eine wirkliche Vertretung aller sozialen und wirtschaftlichen Schichten des Volkes für erreicht hält. Sie hat aber auch sicherlich nicht in der Absicht der Schöpfer des Verfassungswerks gelegen, die vielmehr die historischen Ansprüche mindestens ebensohoch einschätzten als die zeitgenössischen. Die Initiative der Kammern bleibt auf ein enges Maß beschränkt. Die Rechte der Krone werden weitgehend geschont, wenn auch die Höhe der Zivilliste gegen den ersten Entwurf gemindert wurde. Gerade mit diesem konservativen Grundcharakter der Volksvertretung entschuldigte sich auch die Regierung bei den auswärtigen Regierungen erfolgreich, wenn diese immer wieder den Übergang Sachsens zum Verfassungsstaat abfällig beurteilten.

Von den wichtigeren Bestimmungen der Verfassung, die ja in vielen Punkten den zum Teil schon seit langem bestehenden Rechtszustand nur bestätigend festlegt, ist vor allem bemerkenswert, daß nunmehr bei scharfer Trennung von Staatshaushalt und Hofhalt die Domänen an den Staat übergehen, dieser aber dafür eine Zivilliste an den Monarchen zahlt. Gleichheit der Landesbewohner im Verfassungsrecht, Freiheit der Person, Freizügigkeit, Waffendienstpflicht, Eigentumsrechte und Gewissensfreiheit, Abschaffung der Standes- und Geburtsrechte im Staatsdienst, Beschwerderecht und Steuerpflicht sind Errungenschaften des neuen Staatsbürgers; dies alles knüpft teilweise an ältere deutsche Rechtszustände an, teilweise ist es aber auch typisch liberalwesteuropäisches Gedankengut. Die Ministerverantwortlichkeit vor den Kammern findet in der Forderung der Gegenzeichnung königlicher Verfügungen und Gesetze durch den Fachminister kennzeichnenden Ausdruck. Niemand darf mehr dem zuständigen Richter entzogen werden. Auch der Fiskus klagt vor öffentlichen Gerichten. Nicht erreicht wird die Aufhebung der patrimonialen Gerichtsbarkeit. Der protestantische Charakter des Landes wird bei sonst gewährter Glaubensfreiheit doch betont im Verbot der Errichtung neuer Klöster und in der Ablehnung von Jesuiten im Lande.

Es sind im ganzen betrachtet verhältnismäßig wenige Punkte, an denen man in der Verfassung die Abweichung von den württembergischen und badischen Vorbildern zugunsten einer sächsischen Besonderheit und Eigenart findet. Gleichwohl ist der Inhalt der Artikel doch von einem einheitlichen Geiste getragen. Die Verteilung der Zuständigkeit zwischen Regierenden und Regierten entspricht den gegebenen Voraussetzungen und den Anschauungen der Zeit, wie sie auf der mittleren Linie vertreten zu werden pflegten. Der Gesamteindruck des Verfassungswerks ist ein praktisch-nüchterner und solider, wenn ihm auch eine größere Originalität abgeht. Seine Schöpfer waren auch mehr Praktiker als Theoretiker.

Die Verfassung hat die berechtigten Erwartungen zumal in den ersten Jahren ihrer Wirksamkeit und unter Anpassung an den Wandel der Zeiten auch im weiteren Verlaufe ihrer Geschichte erfüllt.

Gewiß bedeutet die konstitutionelle Verfassung eine wichtige Epoche der sächsischen Landesgeschichte, gerade weil sie nicht ein formal-äußerliches Gestalten des politischen Gemeinschaftslebens der Sachsen jener Zeit bleibt, sondern ein von den verschiedensten Schichten und Ständen des Landes mehr oder minder deutlich empfundenes Bedürfnis nach politischer Neugestaltung in einer Weise befriedigt, die den konservativ gerichteten Geistern die Mitarbeit ebenso ermöglichte wie sie den Fortschrittlern doch als, wenn auch begrenzter, Gewinn erschien. Der monarchische Gedanke hatte durch das recht geschickte Auftreten des jungen Mitregenten und durch die loyale Mitarbeit seines Bruders Johann eher eine Belebung erfahren, zumal nach wenigen Jahren der alte König Anton, der sich sehr zurückhielt, verstarb und nun Friedrich August II., dieser vielleicht liebenswürdigste sächsische König seines Jahrhunderts, den Thron bestieg. Gerade die ersten Jahre seiner Regierung sind noch von dem Schwunge des neuen Werdens in Staat und Volk getragen, der für die Zeit nach der Verfassungsschöpfung auf so verschiedenen Gebieten des öffentlichen Lebens in Sachsen bezeichnend ist.

Selten hat auch eine Gemeinschaft von so sachkundigen, vielseitig gebildeten, arbeitsfreudigen und das besondere sächsische Interesse mit den großen deutschen Gesichtspunkten in gesunder Weise verbindenden Männern die Geschicke des Landes glücklich gelenkt wie das Ministerium, dessen leitender Kopf Bernhard von Lindenau war. Die trefflich mit dem Prinzenpaar zusammenarbeitenden Zeschau, Könneritz, Carlowitz und hinter und neben ihnen die Bürgerlichen Müller, Eisenstuck, Merbach sind gewiß weniger genial als die durch den ungleich weiteren Wirkungskreis und den heroischeren Rhythmus ihrer klassischen Zeit bekannteren großen preußischen Reformer, aber ihr Werk ist gleichwohl für Sachsen dem vergleichbar, was jene für Preußen geleistet haben.

Dabei ist die eigentliche Verfassung ja nur das Kernstück ihrer Leistung und keineswegs das Ganze. Da ist zunächst die Städteordnung vom 2. Februar 1832. Bisher hatten die größeren Städte Schriftsässigkeit — also ständische Mitwirkungsrechte — besessen, die kleineren waren von den Ämtern oder adligen Patrimonialherren verwaltet worden. Innerhalb der Stadtbezirke schalteten fast unumschränkt die Magistrate. Nur gelegentlich vertraten Ausschußpersonen (Viertelsmeister), in Dresden und Leipzig seit 1817 „Kommunerepräsentanten", den weiteren Kreis der Bürgerschaft. Der Zweck der von Meißner und Schaarschmidt bearbeiteten Vorlage einer Städteordnung war nun, die Stadtverwaltungen auf ein gewisses Gleichmaß zu bringen, ihnen selbst aber durch Vereinfachung der Verwaltung die Möglichkeit erhöhter Selbständigkeit zu verschaffen. Die Städte wurden durch das endlich von den Ständen verabschiedete Gesetz zu einheitlichen Verwaltungskörpern, an deren Spitze der Stadtrat mit dem Bürgermeister stand, neben den die Stadtverordneten als Bürgerschaftsvertretung traten. Der Rat zerfiel in besoldete Juristen und auf Zeit gewählte Räte aus der Bürgerschaft. Die Stadtverordneten waren teils ansässig, teils unansässig. Noch war die städtische Bevölkerung nicht rechtsgleich, denn hinter den Bürgern traten die Schutzverwandten an Bedeutung zurück. Die im einzelnen hier nicht zu erörternden Bestimmungen der neuen Städteordnung waren gewiß nicht ohne das preußische Vorbild denkbar, paßten sich aber doch trefflich den sächsischen Bedürfnissen an. Zwang wurde insofern nicht geübt, als die Kleinstädte sich auch zur Annahme der noch in Vorbereitung stehenden Landgemeindeordnung entschließen konnten. Jedenfalls ist allenthalben das lebendige Zugehörigkeitsgefühl zur Gemeinde, die Freude an der Mitarbeit geweckt worden; die Städte haben sich gut entwickelt und die Ordnung ist richtunggebend für die Rechtsform des städtischen Lebens durch ein Jahrhundert geblieben, mögen auch einzelne neuere Bestimmungen dem Bedürfnis gewandelter Zeiten dann Rechnung getragen haben.

Innerhalb der Behördenorganisation ist die von manchem der mit der preußischen Entwicklung vertrauten sächsischen Beamten herbeigewünschte Trennung von Justiz und Verwaltung damals noch nicht erreicht worden. Immerhin deutet die Errichtung des Landesjustizkollegiums unter dem Justizministerium und der Landesdirektion unter dem Ministerium des Innern auf eine in jener Richtung laufende Entwicklung. Wichtig war auch die Vereinheitlichung der Finanzverwaltung, d. h. die Aufhebung des Nebeneinanders verschiedener staatlicher Kassen mit verschieden starker Einflußnahme der Landstände auf die einzelnen Verwaltungen. Wie sich nun der Staatshaushalt deutlich gegen den Hofhalt absetzte, so gliederte er sich auch in sich völlig einheitlich und übersichtlich.

Am 17. März 1832 erschien das Gesetz über Ablösungen und Gemeinheitsteilungen. Hier wurde, unterstützt von Bestimmungen über Aufhebung des Gesindezwangsdienstes der Untertanenkinder, über freiere Gestaltung der ländlichen Dienstverhältnisse und über — in der Oberlausitz — Aufhebung der Erbuntertänigkeit und des lassitischen Besitzverhältnisses, dem Bauernstande jene Befreiung zuteil, die der preußische Bauer schon den großen Reformen der Stein und Hardenberg verdankt. Man kann vielleicht auch den sächsischen Vorgang — wie es in Preußen der Fall gewesen ist — mit der Frage begleiten, ob diese Reformen rein im bäuerlichen Interesse gelegen haben und ob nicht auch in dem der auf diese Weise mancher sozialen und öffentlichen Verpflichtung ledig werdenden Grundherren. Erreicht wurde jedenfalls die Lösung alter, als unzeitgemäß empfundener Bindungen der grundherrlichen und der gutsherrlichen Gewalt; erstrebt wurde die Steigerung der Leistung der Landwirtschaft für die Gesamtwirtschaft. Die Ablösung der Frohnden und Reallasten vollzog sich praktisch ziemlich langsam und in sehr vorsichtigen Formen. Bei der nur in Geld möglichen Ablösung der grundherrlichen Rechte wurde die Verringerung des Bauernlandes glücklich vermieden. Vorbildlich war die Einrichtung der zur Erleichterung des geldlichen Ausgleichs bei den Ablösungen 1834 geschaffenen Landrentenbank. Starke Verschiebungen des ländlichen Besitzbildes sind durch die im ganzen gewiß segensreiche Neuordnung eingetreten. Es läßt sich auch nicht verkennen, daß durch sie die ländlichen Grundrechtsverhältnisse aufgelockert worden sind und dem liberalen Grundsatze die Wege geebnet haben, nach dem der Boden Ware wie jede andere ist und eines besonderen Schutzes nicht bedarf (Dismembrationsgesetz 1843). Noch haben sich diese ungesunden Folgen zunächst nicht gezeigt und sind wohl auch nicht von den Zeitgenossen besonders beachtet worden. Die Kritik aus ritterschaftlichen Kreisen, die dem Gesetz natürlich nicht gefehlt hat, bezog sich mehr auf die Minderung an wirtschaftspolitischem Einfluß für den Adel als auf die bedenklichen Rückwirkungen für das Volksganze.

Die politischen Verhältnisse auf dem Lande regelte dann die Landgemeindeordnung von 1838, die allerdings ebensowenig eine volle Rechtsgleichheit der Dorfbewohner herbeiführte wie die Städteordnung in den Städten. Aber auch hier wurde eine gewisse Selbstverwaltung erreicht.

Der Staatsbeamte war im Rahmen der neuen Verfassung nun nicht mehr nur ein Diener des Landesherrn, sondern auch seine Rechtsstellung dem Volksganzen, dem Staate gegenüber erhielt ein neues Gesicht. Die nötigen rechtlichen Grundlagen gab diesem erst mit den Jahren sich als bedeutsam erweisenden Wandel das Zivilstaatsdienergesetz vom 7. März 1835. Pflichten und Entschädigung im Sinne einer Sicherstellung für Lebenszeit und Alter kommen darin zu klar umgrenztem Ausdruck. Die 1816 von Einsiedel geschaffenen 14 Amtshauptmannschaften treten nun unter vier als Verwaltungsbehörden eingerichtete Kreisdirektionen. Eine einheitliche Verwaltungsgliederung des Landes ist damit gewonnen, von der nun die Oberlausitz noch ausgenommen bleibt. Dort hat auch die Annahme der Verfassung und die Einbeziehung bäuerlicher Vertreter in den Oberlausitzer Landtag noch einige Jahre auf sich warten lassen.

So wie nun bei Besetzung von Beamtenstellen kein Unterschied des Standes und der Herkunft mehr gelten sollte — eine Theorie, der allerdings die Praxis oft widersprach —, so wurde auch die Unabhängigkeit der Richter in der Verfassung festgelegt. Die Justizreform von 1835 schuf unter dem Dresdner Oberappellationsgericht vier Appellationsgerichte im Lande, beließ es aber bei der Patrimonialgerichtsbarkeit der Unterinstanz. Drei Jahre später erschien ein neues Kriminalgesetzbuch, eine schon seit langem gehegte Forderung der sächsischen Öffentlichkeit erfüllend.

Es vervollständigt das Bild der staatlichen Neuordnung bedeutsam, daß 1834 die Personen- und Gewerbesteuer neu geregelt wurden und das folgende Jahr eine neue Besteuerungsform des Grundbesitzes brachte, die 1843 wirksam wurde. In ihrem Zusammenhang machte sich die genaue Vermessung des Landes notwendig, bei der die rühmlich bekannte sächsische Landesaufnahme und Kartographie eine weitere Gelegenheit fanden, ihr vorbildliches Können nen zu erweisen.

Das gerade in Sachsen im Mittelpunkte des Interesses stehende Verhältnis von Kirche und Staat erfuhr Veränderungen, die mehr seine äußere Organisation angehen, als das innere Leben. Das 1835 errichtete evangelisch-lutherische Landeskonsistorium beriet im wesentlichen die Regierung, die im übrigen die Mittelbehörden der Verwaltung mit den kirchlichen Angelegenheiten betraute. Zu einer eigenen Kirchenverfassung kam es trotz mancher Anläufe nicht.

Das Musterland der Volksbildung in Deutschland war Sachsen seit Jahrhunderten gewesen. Auch die Reformwelle von 1830 erfaßte die Notwendigkeit, hier dem Strome der Zeit nicht nur zu folgen, sondern ihn richtunggebend zu lenken. Das Volksschulgesetz vom 6. Juni 1835 erfüllte weitgehende Erwartungen der Zeit. Es brachte die allgemeine Volksschule für das ganze Land. Schulgemeinden wurden gebildet, das Volksschulwesen auf eine gesunde örtliche Grundlage gestellt, der Berufsstand des Lehrers so gesichert, daß bald von hier aus die große Standesbewegung der deutschen Lehrerschaft ihren Ausgang nehmen, und schon bald der Lehrer eine auch politisch bedeutsame Erscheinung des öffentlichen Lebens werden konnte. Es ist außerordentlich bezeichnend für die Einstellung und den rational-aufklärerischen Geist jener Tage, daß die Fortschritte des höheren Schulwesens hinter dem der Volksschule zurücktreten, daß ferner gegenüber den humanistischen Anstalten, an deren Form fast nichts geändert wird, das Realschulwesen seinen ersten sichtbaren Aufschwung, zumal in Leipzig, nimmt, und daß schließlich das aufblühende Berufs-, Fach- und Sonntagsschulwesen gleichfalls dem praktischen Bedürfnis der Massen sichtbar Rechnung zu tragen sucht. Die Pflege der Leibesübungen, die sich bis dahin dank der Wirksamkeit Jahns mit dem Verdacht der demokratischen Teutschtümelei belastet gesehen hatte, fand nun zum ersten Male breiteren Eingang ins sächsische Schulhaus.

Der Bildungspflege ging die soziale Förderung des Volkes parallel. Das Heimatgesetz von 1834 schuf den Unterstützungswohnsitz; die Armenordnung von 1840 und die etwa gleichzeitige Ernennung von Bezirksärzten wirkten im gleichen sozialen Sinne.

Gesunde Staatsfinanzen, das besondere Verdienst des Finanzministers Anton von Zeschau, eine gesunde Landwirtschaft, ein innerlich erneuerter Staat und eine verständnisvoll mit der Regierung zusammenarbeitende, noch nicht von Parteiprogrammen auseinandergerissene Volksvertretung sind der Gewinn jener Jahre. War es da verwunderlich, wenn auch die Wirtschaft, mit der es ja seit 1815 nur langsam aufwärts gegangen war, zu neuer Zuversicht und Leistung gedieh? Besonders war dabei von Bedeutung, daß der Eintritt Sachsens in den norddeutsch-süddeutschen Zollverein aller Unsicherheit der staatlichen Wirtschaftspolitik ein Ende machte, nachdem diese vorher durch das Auf und Ab der Wandlungen des Mitteldeutschen Handelsvereins zu keiner rechten Ruhe gekommen war.

Die neue Zeit fand in Wirtschaft und Handel den sichtbarsten Ausdruck ihres Wollens in den neuen Verkehrswegen. Die Eisenbahn ist das große, viel umstrittene Schlagwort der Zeit. In Leipzig sammeln sich die Plänemacher und Interessenten. Es sind führende

Kaufleute, die Harkort, Seyfferth, Dufour-Féronce, die diese Dinge betreiben, aber in den großen gesamtdeutschen Rahmen stellt sie doch erst Friedrich List. Gingen vorher die Vorschläge auf eine Bahnverbindung Leipzigs mit der Saline Dürrenberg oder mit der alten Handelsrivalin Magdeburg und damit mit dem Elbanschluß, so stellte List, der 1832/33 als Konsul der Vereinigten Staaten nach Leipzig übersiedelte, durch seine Schrift „Über ein sächsisches Eisenbahnsystem als Grundlage eines allgemeinen Eisenbahnsystems und insbesondere über die Anlegung einer Eisenbahn von Leipzig nach Dresden" das Problem der künftigen deutschen Verkehrswege in seiner Bedeutung für die ganze Nation heraus. List hat schwer zu ringen gehabt mit Neid und Mißgunst, er hat den Bahnbau durchgesetzt und seine überlegene Sachkenntnis dabei zur Geltung gebracht, soweit das inmitten widerstrebender stärkerer Kräfte möglich war. Es war doch ein über ganz Deutschland hin seine Schatten werfendes Ereignis, als 1839 die ganze Strecke Leipzig–Dresden in Betrieb genommen werden konnte. Ein neues Raumgefühl, ein verändertes Zeitempfinden haben damals die Stimmen der Öffentlichkeit in Bewegung gebracht. Es war nicht so sehr der unmittelbare materielle Gewinn, als eben diese unwägbareren Werte, die hierbei zur Geltung kommen. Die Regierung hat, wenn auch nicht führend, so doch mit tätigem Interesse diese Entwicklung begleitet. Es fehlte gerade unter den leitenden Beamten nicht an verständiger Würdigung der Bedeutung des Neuen. Man verkannte auch wohl nicht, daß in der Verringerung zeitlicher und räumlicher Abstände ein einigendes und den gesamtdeutschen Vaterlandsgedanken stärkendes Moment lag, das die Bedeutung innerdeutscher Landesgrenzen minderte. Die Eisenbahnpolitik der deutschen Länder hat allerdings in den folgenden Jahrzehnten gelegentlich gezeigt, daß man im Verkehrswesen rein territoriale Rücksichten dem Gesamtinteresse der Nation voranstellen konnte.

Dem Dampfwagenverkehr auf dem Lande folgte seit 1837 der Dampfschiffsverkehr auf der Elbe, der in den ersten Jahren seines Bestehens auch für den Personentransport über weitere Entfernungen, ja bis Hamburg, eine nicht unbeträchtliche Rolle spielte. Langsamer drang die Maschine in den Industriebetrieb ein. Im Bergbau etwa, der durch die 1837 bei Zwickau entdeckten neuen Kohlenlager und durch die gesteigerten Leistungen des Kohlenbaus im Plauenschen Grunde bei Dresden verstärkte Antriebe erhielt, drangen verbesserte Betriebsformen nur langsam vor. Maschinenbau und Webwarenherstellung auf besserem maschinellem Wege nahmen in den ausgehenden dreißiger Jahren einen steigenden Aufschwung. Dabei wirkten sich die Möglichkeiten, die Sachsens Zugehörigkeit zum Zollvereine bot, erfreulich aus. Schon strebte die gewerbliche Ausfuhr Sachsens immer stärker ins Weite. Am Ausbau des Konsulatwesens kann man beobachten, wie neben die alten Handelsbeziehungen nach dem europäischen Osten und nach den Ländern des Mittelmeerbeckens nun auch die neue Welt tritt: Nordamerika, später auch Brasilien und die Laplataländer. Dem industriellen Aufschwung entspricht die Heranbildung einer Industriearbeiterbevölkerung, die sich in ihrer Loslösung von der Scholle, bald aber auch in ihrer Absonderung von den übrigen Bevölkerungsschichten und später in dem klar erkannten Bewußtsein dieser Tatsache langsam, aber scheinbar unausweichlich zum Proletariat hin entwickelt. Dem mit den Schwankungen der wirtschaftlichen Lage gegebenen An- und Abschwellen des Arbeitsbedarfs folgt die Entwurzelung. Der rege und wanderfreudige Sinn der Sachsen, den so manches Landeskind im 18. und beginnenden 19. Jahrhundert nach Polen und Rußland oder, wie einige Gruppen von Bergleuten, in die Bergbaudistrikte Spaniens geführt hatte, nahm schon in den dreißiger Jahren seine Richtung nach dem nordamerikanischen Lande der scheinbar unbegrenzten Möglichkeiten. Auch wenn sich nicht, wie bei den unter religiösem Vorwande leichtsinnig und skrupellos nach Amerika geführten „Stephaniten", die Enttäuschung auf alle Teilnehmer einer solchen gruppenweisen Auswanderung erstreckte, so kehrten doch fast immer Unzufriedene zurück. Die anderen aber gingen ihrem Heimatlande und dem Deutschtum verloren, obwohl es oft nicht die schlechtesten Glieder des Volkskörpers waren. Die Regierung aber, die von dem Gesichtspunkte ausging, daß es sich um Leute handele, die das dicht bevölkerte Land eben nicht mehr zu ernähren vermöge, hat oft diese Auswanderung eher gefördert statt den Ursachen der Bewegung nachzugehen und sie an ihren Wurzeln zu bekämpfen.

Die durch die Bundesbeschlüsse so stark eingeschränkte Preßfreiheit war auch durch die neue Verfassung des Landes nicht hergestellt worden. Aber die Zensur wurde mit Nachsicht gehandhabt. Es war mehr die Rücksicht auf Preußen und Österreich als eigener Wille, wenn gelegentlich doch einmal eingegriffen wurde. Bei den Verfassungskämpfen von 1830/31 hatte im wesentlichen nur die etwa in einer Auflage von 3000 Stück in Zwickau erscheinende oppositionelle „Biene" eine Rolle gespielt, die der im Grunde auch nicht eigentlich politische, sondern Einzelmißstände kritisierende „Vater Richter" herausgab. Alle anderen Zeitungen waren nach ihrer Verbreitung zu unbedeutend oder, wie die Presse der Regierung, gewollt unpolitisch. Als 1836 die Preßaufsicht vom Kultusministerium auf das Ministerium des Innern überging, wurde das als Verschärfung empfunden. Die Fülle der in der ersten Blüte des Verfassungslebens auftauchenden Zeitungsneugründungen ist meist rasch verwelkt, nur die 1837 von Heinrich Brockhaus — jener gleichzeitig mit dem nicht weniger berühmt gewordenen B. G. Teubner 1817 in Leipzig errichteten Buchhandels- und Verlags-Firma — herausgegebene „Leipziger Allgemeine Zeitung", später „Deutsche Allgemeine Zeitung" hat eine große Laufbahn genommen.

Die freiere geistige Luft, die verglichen mit den beiden großen Nachbarstaaten in Sachsen wehte, ist auch dem literarischen Schaffen jener Jahre zugute gekommen, das seinen schon dem 18. Jahrhundert entstammenden gesamtdeutschen Charakter und seine weit über Sachsens Grenzen hinausreichende Bedeutung festigt. Leipzig wurde in den Tagen der Kamptz und Metternich der Zufluchtsort freiheitlicher Schriftsteller aus Nord und Süd. Das „junge Deutschland" beginnt von hier aus zu wirken, während in Dresden noch die blassen Nachfahren der Romantik und des Klassizismus vorherrschen. Allerdings wäre es falsch, gerade für die Zeit des Vormärz, Dresden nur immer als die Stadt der Künste zu betrachten. Auch die Wissenschaften haben hier treffliche Vertreter gefunden. Und zwar sind es gerade die Erfahrungswissenschaften, die Naturwissenschaften, die Medizin, die gewaltig aufstrebende Technik, die hier sich ihre Stätte in großen Vereinen und staatlichen Instituten bereiteten. Über allen stand der universelle, als Arzt, Philosoph und Künstler gleich namhafte Gustav Carus, dessen geistige Bedeutung allerdings von den Zeitgenossen immer weniger begriffen wurde, je mehr sich Positivismus und Materialismus auch in den gebildeten Kreisen durchzusetzen vermochten.

Die günstige Entwicklung der allgemeinen Wirtschaftslage nach dem Eintritt in den Zollverein und der damit bedingten Umstellung der Warenerzeugung wirkte sich in einer allgemeinen Hebung der Lebenshaltung, zumal in den bürgerlichen Mittelschichten, aus. Die Notzeit der napoleonischen Kriege hatte nun endlich ihre letzten Nachwirkungen verloren.

Wie im geselligen Vereinswesen, in der Pflege der Musik und der anderen Künste, in der Schaffung von Wohlfahrtsanstalten, von öffentlichen und privaten Gärten und Schmuckanlagen, so drang die friedliche Verbesserung auch in die Gebiete der Wohnkultur, der Kleidung, des Essens, der ganzen Lebensgestaltung überhaupt. Die Gediegenheit des Biedermeier lebt auch in vielen Darstellungen der künstlerischen Überlieferung der Zeit, innerhalb deren immer Ludwig Richter voranstehen wird. Was Karl Maria von Weber für das musikalische Leben Dresdens bedeutete, das gewannen Mendelssohn-Bartholdi und vor allem Robert Schumann für Leipzig als Musikstadt zurück, wo 1843 auch das Konservatorium entstand.

Das künstlerische Gesicht Dresdens erhielt durch die Bauleistungen Gottfried Sempers neue, den einheitlichen Barockcharakter überwindende Züge. Der Hoftheaterneubau, der 1841 fertiggestellt wurde, und der Galeriebau, 1847 begonnen, zeugen für das Kunstwollen jener Zeit. Seit 1842 wirkte Ernst Rietschel im Geiste Rauchs hier. Er schmückte auch das Giebelfeld des 1836 fertiggestellten Augusteums am Leipziger Augustusplatze.

Neben der Oper, an der Richard Wagner seit 1845 als Kapellmeister wirkte, blühte das deutsche Schauspiel, durch hervorragende Künstler wie kaum anderwärts in Deutschland jener Tage gepflegt; der zeitweise Aufenthalt von Männern wie Gutzkow, Mosen und Auerbach regte das literarische Leben der Residenz an, wenn auch Leipzig, an schriftstellerischer Bedeutung ungleich überlegen, weitergehende Wirkungen dank der politisch gestimmten Autoren des jungen Deutschland aufzuweisen hatte.

Unpolitisch und den geistigen und künstlerischen Werten zugewandt war die Haltung des Herrscherhauses. König Friedrich August II. hielt sich streng in den Grenzen seines konstitutionell umschriebenen Amtes. Er hatte gleich seinem Bruder Johann keine Neigungen zu inner- oder außenpolitischem schöpferischen Handeln, so ernst er es mit den täglichen Herrscheraufgaben nahm. Was diesen Fürsten an Führerberufung im staatlich-politischen Sinne abging, das ersetzten sie durch eine fördernde Betätigung auf sozialem und kulturellem Gebiete. Die Unterstützung der Künstler und Gelehrten, die vorbildliche Fürsorge für die wirtschaftlich Schwächeren, die immer wieder betonte und betätigte treudeutsche Gesinnung, das waren Leistungen, in denen sie ihrem Volke vorbildlich waren. Diese neue deutsch-fürstliche Art, wie sie das 19. Jahrhundert in Deutschland, und zwar in besonders trefflicher Weise in Sachsen, ausgebildet hat, verband sich hier noch mit einer großen persönlichen Geschmackskultur. Der Briefwechsel zwischen den wettinischen Brüdern und den ihnen durch Verschwägerung, Alters- und Standesgleichheit, aber auch durch Ähnlichkeit vieler Lebens- und Zeitanschauungen verwandten hohenzollernschen Brüdern Friedrich Wilhelm IV. und Wilhelm I. zeigt immer wieder den hohen Stand der Geistesbildung und den Sinn für die Welt der Kunst und der Künstler in dieser Generation deutscher Fürsten.

Alle menschliche Liebenswürdigkeit kann allerdings nicht darüber täuschen, daß diesen Wettinern eine besondere staatsmännische oder militärische Veranlagung versagt blieb. In den ruhigeren, kulturgesättigten Tagen des Vormärz entfalteten sich daher die Werte ihres Wesens zum Besten von Staat und Volk ungleich glücklicher als in den Stürmen der Folgezeit. —

Der Übergang von der geistigen, sozialen und politischen Haltung des sächsischen Volkes in der Biedermeierzeit zu der in der Revolution von 1848/49 hat sich unter den verschiedensten Einflüssen vollzogen, die teils von außen hereingetragen wurden, teils im Lande selbst erwachsen sind.

Mehr als je zuvor hat der obersächsische Stamm sich im 19. Jahrhundert im Rahmen des deutschen Gesamtvolkes entwickelt. Lange ehe die politischen Grenzen zwischen den deutschen Ländern an trennender Schärfe verloren, wurden die geistigen und wirtschaftlichen schon niedriger. Es ist dabei an Schöpfungen wie den Zollverein, an die Vereinheitlichung der Münzen und Maße (Münzkonvention von 1838), aber auch an die großen deutschen Gemeinschaften der Turner und Sänger, an die Logen und die Burschenschaften zu denken. Eisenbahnen und Dampfschiffe, auch schon die ersten Anfänge der Telegraphie, verkürzten damals die Entfernungen und schärften den Blick für die geopolitische Sinnwidrigkeit nicht nur mancher Grenzziehung, sondern manchen innerdeutschen Staatsgebildes und seines Souveränitätsstolzes überhaupt. Mit der fortschreitenden Industrialisierung wurde die Masse des Volkes beweglicher, änderte den Aufenthalt mit den Wandlungen der Wirtschaftslage. Nicht nur die inländischen Grenzen rückten einander näher, auch das Ausland trat erlebnismäßig näher an das Volk heran. Das geschah durch die Steigerung des Ausfuhrhandels, durch die Auswanderung, durch die Presse mit ihrem wachsenden Einfluß auch auf die breiteren Schichten der Halbgebildeten und des dank der gesteigerten allgemeinen Volksbildung an ihrer Kenntnis mehr und mehr teilhabenden Proletariats, nicht zuletzt aber auch durch die großen Wandlungen der europäischen Politik.

Beherrschend wurde für die Meinungsbildung in allen politischen Fragen Deutschlands Frankreich und seine als richtunggebend betrachtete staatliche Entwicklung. England, nur in gewissen liberalen Schichten als Heimat der Selbstverwaltung und des Parlamentarismus verehrt, trat demgegenüber stark zurück. Nicht nur die auch in Sachsen lebendige Polenschwärmerei tat das ihre, um in Rußland den Träger des konservativen Gedankens und die Heimat der Heiligen Allianz, den allen fortschrittlichen Geistern tief verhaßten Hort der Reaktion zu erblicken. Während man im Westen und Süden Deutschlands unter dem Einfluß benachbarter westlicher Geistesströmungen stand und auch dann blieb, wenn einmal vorübergehend allzu offen gezeigte französische Eroberungsneigung das deutsche Blut in Wallung brachte („Sie sollen ihn nicht haben, den freien deutschen Rhein", 1840), lastete auf dem Osten die militärische Macht der beiden großen Monarchien Preußen und Österreich, deren politische Haltung durch die Russenfreundschaft dort und die Metternichsche Führung hier für alle politisch Denkenden hinreichend gekennzeichnet wurde. Sachsen aber lag zwischen den beiden Ostmächten. Seine Wirtschaft, viel weniger als die seiner beiden größeren Nachbarn auf der Landwirtschaft gegründet, sein ausgedehnter Handel, sein Verkehrsnetz und seine geistigen Neigungen waren überwiegend auf den Westen eingestellt. Die soziale Schichtung seiner bildungsfreudigen und geistig regsamen Bevölkerung machte das Land dem werbenden Gedanken der Fortschrittsmänner außerordentlich geneigt. Eine starke, eigenwüchsige und stolze Staatsidee war in den verengten Grenzen von 1815 weder von selbst erwachsen, noch hinreichend klar und bewußt von Dynastie und Regierung gepflegt worden. Bei aller Fürsorge von oben, bei aller Blüte der Wirtschaft gelang es zweifellos nicht, den Schäden der sozialen Gemeinschaft immer wirkungsvoll zu begegnen. Wenn bei den Aushebungen zum Heere die Zahl der gesundheitlich Diensttauglichen erschreckend abnahm, wenn gleichzeitig das Unternehmertum zu raschem Reichtume aufstieg und sich die Spannung der sozialen Unterschiede sichtlich vergrößerte, so lagen darin offene Gefahrenmomente. In der ständischen Vertretung der zweiten Kammer aber fand neben und hinter den feudal-agrarischen Gruppen nur das wirtschaftliche Unternehmertum einen gewissen Einfluß, während der langsam zum Bewußtsein seiner Bedeutung für das Volksganze erwachende Arbeitnehmer ohne Mitwirkung blieb. Die neu aufblühenden Aktienvereine und genossenschaftlichen Gewerbebetriebe mußten der kritischen Öffentlichkeit noch mehr als das auf die Tüchtigkeit des Einzelnen gegründete Unternehmen als Ausdrucksform kapitalistischer Zusammenballung erscheinen. Aber gerade damals setzen sich diese neuen, scheinbar unpersönlichen wirtschaftlichen Gebilde recht eigentlich durch. Es sollte sich zeigen, daß dieses Wirtschaftssystem, und zwar nicht nur in Sachsen, sondern allenthalben, wo es in Deutschland schon so weit ausgebildet war wie hier, stärkeren Belastungen nicht standhalten konnte, ohne sozial-politische Rückwirkungen auf das staatliche Gemeinschaftsleben zu zeitigen. Auch die in Sachsen noch ungelöste Frage nach der Rechtsstellung der Juden mag schon hier und dort als Antrieb zur Unruhe mitgewirkt haben, wenn auch nur in Leipzig — da allerdings seit alters in beträchtlicherem Umfange als anderswo — der Jude innerhalb der sächsischen Grenzen eine wirtschaftlich bedeutsame Rolle spielte.

Immer wieder ist in der Geschichte auf die Wechselbeziehungen zwischen materiellen und geistig-religiösen Wandlungen hingewiesen worden. Es ist kein Zufall, daß den wirtschaftlich-sozialen Auflockerungen der beginnenden vierziger Jahre auch neue religiöse Bewegungen zur Seite gehen. In Sachsen bestanden noch die alten Spannungen zwischen der rationalistischen und der mystisch-herrnhutischen Richtung des Protestantismus. Nicht zur Ruhe kamen die seit dem Bekenntniswechsel Augusts des Starken immer wieder laut werdenden Besorgnisse vor katholischer und etwa gar jesuitischer Propaganda im Lande. Einige als Herausforderungen empfundene Ungeschicklichkeiten der katholischen Geistlichkeit brachten die Gemüter in Wallung. Wie einst der König Anton, so galt jetzt der Prinz Johann als kirchlicher Eiferer. In diese Erregungen fiel das Auftreten des Deutschkatholizismus seit 1844. Er gewann auch in manchen protestantischen Kreisen Anhang, obwohl oder gerade weil von vornherein seine politische Färbung recht deutlich zu erkennen war. An der Spitze dieser Bewegung, die es auf etwa ein Dutzend Gemeinden im Lande brachte, trat in Leipzig als dem Hauptsitze zuerst Robert Blum hervor. Fast gleichzeitig griff von Magdeburg her die Bewegung der Lichtfreunde nach Sachsen über. Hier waren sicher zuerst reformprotestantische Bestrebungen vorhanden und sind von dem Führer, dem Pastor Uhlich, auch auf sächsischen Versammlungen vertreten worden, aber nur zu bald löste sich die Bewegung in freie, dem politischen Radikalismus mehr und mehr verfallende Gemeinden auf. Der Erfolg war schließlich nicht eine Bereicherung des Glaubenslebens der Massen, sondern eine politische Beunruhigung auch von der kirchlichen Seite her. In den breiten Schichten des Volkes war die konfessionelle Wachsamkeit schon lange vorhanden; ihrer konnte sich die politische Parteienwerbung leicht bedienen. Damit gewann der politische Kampf nur zu leicht einen tiefen, glaubensmäßigen Hintergrund. Gelegentlich arbeiteten mit den kirchlichen Gemeinden die staatlichen zusammen. Die Bürgervereine wurden namentlich im Erzgebirge zu Trägern der politischen Bewegung. Damals zuerst wurden überhaupt breitere Teile des Volkes von dem lebhaften Willen zur Beteiligung am Staatsleben ergriffen. Der reine Untertanenstaat, der noch die Verfassung von 1831 geformt hatte, war dahin; auch die konservativen Kräfte im Lande stützten sich nunmehr auf die Zahl ihrer Anhänger, während sie bisher mit dem Grundsatz der Autorität ihrer ständischen Stellung ausgekommen waren.

In die landständische Vertretung der beiden Kammern ist die Parteipolitik um die Wende der vierziger Jahre eingezogen. Anfangs hatte man mit Stolz auf das Fehlen parteimäßiger Gruppierungen und auf die noch lange nicht vom Parteistandpunkte bedingte Sitzordnung der Abgeordneten hingewiesen. Zu Anfang der vierziger Jahre sind es zuerst vogtländische Vertreter, die sich parteimäßig absondern: Todt aus Adorf, von Dieskau aus Plauen, Braun aus Plauen, Georgi aus Mylau werden am meisten genannt. Bei späteren Wahlen konnte diese Gruppe Zuwachs verzeichnen, so daß man ihr um 1845 etwa 20 Abgeordnete — also ein Viertel — der Zweiten und fünf oder sechs Abgeordnete der Ersten Kammer zurechnete. Auf diese Entwicklung hat natürlich auch das erwachende politische Leben im benachbarten Preußen eingewirkt. Die Hoffnungen, die sich dort an den Thronwechsel von 1840 knüpfen, und die dann folgenden Rückschläge und Enttäuschungen auf der Seite der fortschrittlichen Bevölkerung taten das nicht weniger als die Versteifung aus einem romantischen ständischen Konservatismus, wie er sich in der Person des Königs Friedrich Wilhelms IV. verkörpert. Das Erstarken des konservativen Gedankens beeinflußte von dort her auch Sachsens Hof und Regierung, wenn auch der sächsische König nie die mittelalterlichen Schwärmereien seines hohenzollernschen Schwagers und Freundes geteilt hat, sondern seiner verfassungsmäßigen Stellung treu geblieben ist, auch wenn die liberalen Neigungen seiner Jugendzeit längst vor einer härteren Wirklichkeit zurückgewichen waren. Denn die politische Entwicklung — und das erkannten die keineswegs vor den lebendigen Kräften ihrer Zeit sich verschließenden Minister sehr deutlich — strebte schon über den liberalen Gedanken der politischen und wirtschaftlichen Freiheit des einzelnen hinaus zur ausgesprochenen Demokratie. Der klassisch-liberale Lindenau fühlte den wachsenden Gegensatz der Kräfte wohl und schied 1843 aus seiner für das Land so segensreichen Ministerwirksamkeit, weil seine eigenen Ideale sichtlich unverwirklicht blieben. Das neue Ministerium Könneritz galt als reaktionär, obwohl es richtiger die Bezeichnung konservativ verdient hätte, denn in dieser Richtung wirkte in seinem Rahmen vor allem der Willen des Königs selbst, aber auch die Mitarbeit so bedeutender Köpfe wie Falkensteins und Wietersheims. Die Aufnahme der neuen Regierung in der Öffentlichkeit war schon sehr zurückhaltend. Zum Sprachrohr machte sich mehr und mehr die Presse, deren politische Färbung klarer als früher hervortreten konnte, denn das Preßgesetz von 1844 gab ihr einen freieren Spielraum, mochte dieser von den führenden Leipziger Literaten auch als ungenügend gescholten werden. Die „Sonne", das „Echo vom Hochwald", die „Lokomotive" waren Organe der Linken, deren Stimmkraft bald die „Vaterlandsblätter" Blums an Radikalismus übertönten. Hinter diesen Zeitungen stand die Presse der Rechten, das „Volksblatt" und der „Bayard", wohl an Verbreitung, nicht aber an Entschiedenheit zurück.

Die religiösen Bewegungen des Jahres 1845 führten zu Versammlungsverboten, die, als Beschränkung der Meinungsfreiheit auch in politischen Dingen empfunden, sich mit der Unzufriedenheit auf wirtschaftlichem Gebiete vereinigten. Diese aber war durch die seit 1842 einsetzende Stockung des Ausfuhrhandels und auch durch Mißernten ebenso bedingt wie durch besondere wirtschaftliche Rückschläge in bestimmten Landesteilen und Industriegruppen im einzelnen. Die sichtlich ablehnende Haltung der deutschen Regierungen gegen die Gedanken des Fortschritts und die mehr und mehr als unfruchtbar und formelhaft verurteilte Arbeit des Bundestages waren Einflüsse von außen, die gleich den Spannungen in Preußen auf Sachsen zurückwirken. Als im August 1845 Prinz Johann, dessen Volkstümlichkeit nicht mehr die gleiche war wie einst 1831, in Leipzig weilte, kam es dort zu Tumulten; deren ungeschickte Behandlung durch die dazu unfähigen Zivilbehörden führte sogar zu Blutvergießen, erbitterte die Gemüter auch gemäßigter Kreise sehr und war dazu angetan, da auch die Regierung in der Abwicklung des Zwischenfalls wenig glücklich vorging, den Grad der zwischen Hof, Regierung und breiten Volksschichten vorhandenen Spannung in seiner schon verhängnisvollen Breite offen zu zeigen und noch schwerer überbrückbar zu machen. So wie auf der einen Seite Robert Blum die willkommene Gelegenheit ergriff, als geschickter Massenführer in den Vordergrund zu treten und durch Bändigung und doch auch Wachhalten des Radikalismus die äußerste Linie zu führen und die gemäßigte in seiner Abhängigkeit zu halten, versteifte sich die Regierung auf den rein formalen Rechtsstandpunkt, ohne zu erkennen, daß ein lebendiger Volkskörper, zumal im Zustande der Erregung, kein nach den in friedlichen Zeiten erprobten Regeln zu leitender Mechanismus ist.

Daß auch beträchtliche Kreise der akademischen Jugend und ihrer Lehrer den Kurs des Staatsschiffs nicht billigten, zeigten ihr Verhalten bei den Leipziger Unruhen ebenso wie ein späterer Zusammenstoß zwischen Bergstudenten und Offizieren in Freiberg. Kein Wunder, daß die Wahlen zum Landtage 1845/46 neue Radikale in die Kammern führten, unter denen besonders der Neustädter Schaffrath und der Leipziger Joseph durch die Unverblümtheit ihrer Forderungen von sich reden machten. Noch wurde trotz langer Debatten nützliche Arbeit geleistet, wie die Verabschiedung des Gewerbe- und Personalsteuergesetzes vom Dezember 1845 beweist, aber auch der nach den voraufgegangenen Ereignissen vergleichsweise ruhige Abklang dieses Landtages konnte über die Unsicherheit nicht täuschen. In diese Lage fiel die Mißernte des Jahres 1846/47. Die Kornlieferanten Sachsens, zumal Böhmen, waren selbst betroffen und schützten ihr eigenes Land durch Ausfuhrverbote. An diesem Beispiel wurde die Verflechtung von Land- und Stadtwirtschaft, von Industrie, Handel und bodenständiger Naturalerzeugung, von staatlicher und wirtschaftspolitischer Grenzführung, von trennenden und einigenden Kräften des deutschen volklichen Gemeinschaftslebens recht deutlich. Die von den politischen Parteimeinungen schon angeregte Öffentlichkeit wandte sich nun besonders lebhaft der wirtschaftlichen Theorie zu. Volkswirtschaftslehren verschiedenster Art wurden allenthalben besprochen, und in ihrem Widerstreite erhob zum ersten Male der Sozialismus internationaler Prägung seine schon nicht mehr unbeachtete Stimme. Gerade in Sachsen, dem dichtbevölkerten, von wirtschaftlichen Schwankungen leicht und für viele Bewohner rasch spürbar erfaßten, neuen Gedanken leicht zugänglichen Lande der Mitte in mancherlei Betracht fielen diese Theorien auf fruchtbaren Boden.

Allerdings zeigte sich die Regierung bei der Abwehr der Not sehr geschickt und tätig. Die Zusammenarbeit mit den bemittelten Volksschichten stärkte das soziale Gemeinschafts- und Verantwortlichkeitsgefühl. Namhafte private Gründungen sind jenen Nottagen zu verdanken, die dauernd Segen stiften sollten. Es sei nur die Diakonissenanstalt (1844) genannt. Das Pestalozzistift widmete sich der Ausbildung der Lehrerwaisen seit 1846. Allenthalben entstanden berufliche Hilfs- und Unterstützungsvereine. Eine kluge Preis- politik der Regierung dämmte die äußerste Not der Ärmsten im Lande wirkungsvoll ein. Ohne tiefe Erschütterungen wurden jene schwersten Krisenmonate überwunden: Aufstände, wie sie Regierung und Unternehmertum in den schlesischen Weberdörfern damals aus wirtschaftlicher Verzweiflung entstehen sahen, blieben Sachsen erspart.

Kritisch blieb gleichwohl die soziale und wirtschaftliche Lage, in der Sachsen in jenes Jahr eintrat, das — von der Parteien Haß und Gunst entstellt — dann als das „tolle" in die deutsche Volksgeschichte eingegangen ist. Eng mit den aus der Wirtschaftslage gefolgerten politischen Wünschen weiter Volkskreise verschwistert waren diejenigen nach einer Neuordnung der deutschen staatlichen Verhältnisse. Der Bund befriedigte eigentlich poli- tisch nur die kleineren deutschen Regierungen, denn die größeren, zumal Preußen, emp- fanden ihn als Hemmschuh ihrer eigenstaatlichen Entfaltung im Kräftespiel der euro- päischen Mächte. Die schwächeren Staaten aber fanden hier einen Weg, ihre eigene Existenz in der veränderten Welt des 19. Jahrhunderts immer noch einigermaßen als Glie- der eines größeren, von ihnen mitbeeinflußten Ganzen zu behaupten. Auch Sachsen hat damals eine wesentlich von Österreich abhängige Bundespolitik betrieben; diese verlieh ihm auf seiner großen deutschen Vergangenheit beruhendes Ansehen als alter deutscher Reichsstand, über dem für den Kenner der deutschen Geschichte — und das waren die Men- schen jener Tage in hohem Grade — noch etwas von dem verblichenen Glanze des Mutter- landes der Reformation lag. Ein europäisches Geltungsbedürfnis hat das vorbeustsche Sachsen kaum gehegt. Aber die gebildeten Schichten, die hier wie anderwärts in Deutsch- land von der europäischen Rolle Deutschlands ebenso unbefriedigt waren wie von dem Verhältnis zwischen Staat und Volk, zwischen Macht und Bildung — wie weit hatten beide sich seit den Tagen der Verschmelzung in den Freiheitskriegen voneinander wieder ent- fernt! —, strebten nach einem engeren Zusammenschluß; sie waren auch in Sachsen zahl- reich. Man hatte sich in Gelehrtenversammlungen, aber auch in großen volkhaften Tagungen immer wieder sein deutsches nationales Gemeinschaftsgefühl gegenseitig beteuert und ge- stärkt: Volksvertreter fortschrittlicher Richtung aus den deutschen Parlamenten hatten ihre Wünsche und Meinungen auf gemeinsamen Zusammenkünften ausgetauscht. Ein Fest wie die Leipziger Dreihundertjahrfeier der Erfindung der Buchdruckerkunst im Jahre 1840 hatte den Volksgenossen deutscher Zunge weit über alle Landesgrenzen hinweg des gemein- samen deutschen Kulturbesitzes bewußt gemacht. Die Regierungen und auch die geistig gerichteten unter den Fürsten hielten sich diesen festlichen Vereinigungen gewiß nicht fern — auch wenn sie nicht den Grad der Volkstümlichkeit erreichten, dessen sich der Co- burger „Schützenherzog" Ernst rühmen konnte —, aber sie waren dabei die von der Be- wegung bestenfalls Getragenen, oft die aus dynastischen Rücksichten Hemmenden, nicht mehr. Das geistige Leben der Nation und damit bis zu einem gewissen Grade das Fühlen und Wollen jener bürgerlichen Schichten, die recht eigentlich die Träger des deutschen ge- schichtlichen Lebens im 19. Jahrhundert gewesen sind, vollzog sich fast außerhalb des engeren oder weiteren staatlichen Rahmens. Wenn das deutsche Bildungsbewußtsein, anders als in den Tagen des Klassizismus und — teilweise — der Romantik bei Jahrhundertbeginn, nunmehr nicht mehr ins Weltbürgerliche, sondern zum deutschen Staate hinstrebte, so wurde es dem Geistesleben zum Verhängnis, daß es in seiner Gedankenwelt die Beziehung zur wirklichen Macht nicht nur nicht besaß, sondern sogar mehr oder weniger bewußt entbehren zu können vermeinte. Der nüchterne Sinn des einfachen Volkes aber, der

334

diesen Mangel wohl instinktiv fühlte, folgte den gebildeten Schichten auf dieser Bahn nicht. Soweit es nicht auf der alten konservativen Grundlage der Treue zum angestammten Fürstenhause und in strenger kirchlicher Gebundenheit verharrte — und das war zumeist in jenen Jahrzehnten noch der Fall —, folgte es schon öfters der internationalen Lehre des Marxismus. Jedenfalls stammt aber vornehmlich aus jenen Jahrzehnten die Entfremdung des dritten vom vierten Stande unseres Volkes.

Als auf einem Ballfeste in den Fastnachtstagen 1848 dem Dresdner Hofe und den regierenden Kreisen die Nachricht von dem Ausbruch der Februarrevolution in Frankreich überbracht wurde, glaubte man zunächst an einen Krieg Deutschlands gegen den unruhigen Nachbarn im Westen, dann aber auch an eine Gefährdung Westdeutschlands durch die revolutionäre Bewegung. Die Situation von 1792 sollte erfreulicherweise nicht wiederkehren, aber das Überspringen der Flamme von Frankreich nach Deutschland vollzog sich in ausgedehnterem Maße, als das der Optimismus der sächsischen Regierungskreise zunächst erwartet hatte. Robert Blum, jener von ehrlicher Begeisterung für Volk und Freiheit und doch auch von gerissenster Demagogie bewegte Politiker, dessen Gefühl und radikaler Machtwille so viel stärker waren als sein nüchternes Urteilsvermögen und klares Denken, erkannte die Gunst der Stunde. Er machte die Leipziger Stadtverordneten zum Träger der Bewegung, brachte durch geschickte Verhandlungen die gemäßigten Liberalen unter Führung des wortreichen Theoretikers Biedermann, aber auch des ehrgeizigen Professors von der Pfordten, hinter sich und veranlaßte einen Adressensturm bei dem für nachgiebig gehaltenen König Friedrich August. Man sprach nun offen von dem Zwiespalt zwischen dem Geist der Verwaltung und dem Wollen und Fühlen des Volkes. Man wies auf die außenpolitischen Gefahren für das nach innen geschwächte deutsche Volk hin. Der König, der von seiner rein rechtlich-formalen Auffassung der Lage und von seinem guten landesväterlichen Bestreben aus weder den berechtigten und verständlichen Kern der Forderungen noch die damit verkoppelten demokratischen Machtsehnsüchte der Demagogen recht durchschaute, konnte schon darum nichts anderes tun als ablehnen, weil er sich in seiner deutschen Politik von seinem stärkeren Nachbarn Preußen und Österreich nicht völlig frei fühlte. Die öffentliche Meinung in Sachsen nahm in allen Volksschichten einen erstaunlich lebhaften Anteil an den revolutionären Vorgängen in Paris und an allen Nachrichten, die von den Rückwirkungen auf Deutschland Kunde brachten. Allgemein war der Eindruck des Anbruchs einer neuen Zeit, deren Wesen man zunächst mehr zu erfühlen vermeinte, als daß man es klar erfaßt hätte.

Als es dem klug auf die Beteiligung der Gemäßigten rechnenden Blum in Leipzig gelang, die Enttäuschung über die Ablehnung durch den König auf die Minister abzulenken, und als die Regierung gar Truppen gegen die Stadt zusammenzog und ernste Maßnahmen androhte, schien ein offener Konflikt zu drohen. Aber die Regierung erwies sich als schwach. Sie wagte den Einsatz ihrer Macht nicht; der Minister von Falkenstein trat zurück, was die Lage nicht besserte und von den Leipzigern nur als erster Teilerfolg gewertet wurde.

Wie schon 1830 folgte dem Leipziger Vorgehen eine Woche später, am 7. März, auch Dresden. Eine Entschließung wurde auch hier im radikalen Sinne von einer Bürgerversammlung angenommen. Das übrige Land schloß sich dem bald an. In der Regierung wuchs die Bestürzung. Man machte sich den geringen Umfang der verfügbaren Machtmittel klar, fragte sich, ob mit der Unterstützung von Preußen, die man aus dynastischen Gründen gern entbehrt und auch schon einige Tage vorher abgelehnt hatte, nun noch zu rechnen war, da in Preußen selbst die Lage immer kritischer wurde. Sollte man den Konflikt den Ständen unterbreiten und damit zunächst Zeit gewinnen? Sollte man jede Verständigung ablehnen?

Auf verschiedenen Wegen drang die Stimme der öffentlichen Meinung doch auch ins Kabinett und erschütterte seine durch Falkensteins Rücktritt schon verringerte Festigkeit noch mehr. Lindenau mahnte zur Verständigung und noch immer galt sein Wort viel. Der Leipziger Kreisdirektor widerriet der Anwendung von Gewalt gegen den Volksmann Blum. Die vertrauten Briefe des Königs an seinen Berliner Schwager verraten, daß er sich unter dem Rate seiner Ratgeber — seinem Glauben nach wenigstens nicht unter dem Druck der Massen — schließlich zu einer Umstellung entschloß, von der er sich für Thron und Land Sicherung und Beruhigung versprach: am 13. März entließ er das Ministerium und ersetzte es durch ein aus liberalen Abgeordneten bürgerlicher Herkunft gebildetes, in dem unter dem Vorsitze des verständigen und maßvollen Juristen Braun der Fabrikant Georgi als Finanzminister und der — einige Tage später berufene — mehr der Linken zuneigende und sehr volkstümliche Martin Oberländer als Innenminister die Hauptrolle spielten.

Damit war der liberale Umschwung vollzogen. Eine von Preußen und Österreich zunächst wegen der Vorgänge in Frankreich nach Dresden berufene Fürstenzusammenkunft wurde unter dem Eindruck der sächsischen Umschaltung nach Potsdam umbestellt, in den nächsten Tagen aber ganz abgesagt; denn inzwischen hatten sich in Wien und Berlin Ereignisse abgespielt, die einen noch viel tieferen Einschnitt bedeuteten: Metternichs Sturz und Friedrich Wilhelms Kapitulation vor der Revolution. In Sachsen aber beglückwünschte man sich, daß hier der Umschwung so viel unblutiger und in geordneten Formen vor sich gegangen war. Das eben aus der Taufe gehobene politische System sah sich durch die Wandlungen in den anderen deutschen Ländern sichtlich gestärkt und begann den Aufbau des liberalen Staates mit gesteigertem Eifer. Allerdings offenbarte sich gar bald, daß das politische Wollen innerhalb des Kabinetts nicht einheitlich war. Oberländers politische Linie wich von der der übrigen Minister häufig ab und machte ihn damit ebenso unbeliebt bei Hofe und in der alten Beamtenschaft wie volkstümlich bei den vorwärtsstrebenden Radikalen. Groß war noch in vielen Landesteilen die Erregung der Massen. Es konnte Anfang April noch vorkommen, daß eine verhetzte Menge das Schönburgische Schloß Waldenburg zerstörte und niederbrannte, ohne daß die schwachen Behörden einzuschreiten wagten oder die übrige Bevölkerung Einhalt gebot. Nachdem nun die Zensur aufgehoben war, vermochte die Presse noch ungehemmter in die Massen einzudringen, und dank dem neuen politischen Versammlungsrecht, das sogar auf das aktive Militär erstreckt wurde, schossen die politischen Vereine aus dem wohlvorbereiteten Boden. Der am Ende des Monats März gegründete gemäßigt radikale Vaterlandsverein, an dessen Spitze Blum stand und der das Wunschbild einer demokratischen Monarchie anstrebte, gewann in vier Wochen 11 500 Mitglieder im Lande und stand damit an der Spitze der Massenbewegung. In den ersten Apriltagen trat der Deutsche Verein ins Leben und verfolgte liberale Ziele, in der Richtung der Braun und Georgi. Er vereinigte starke Teile der Kaufmannschaft und der Bildungsschicht überhaupt in seinen Reihen. Neben diesen beiden hauptsächlichen Richtungen zeitigte die Folgezeit noch andere, die sie nach beiden Seiten in der radikalen Haltung überboten. Nach links entstanden die demokratischen Vereine, die republikanischen Klubs, der Volksverein, sämtliche zunächst ohne ausgedehnten Anhang. Die konservative Rechte rief die konstitutionellen Vereine ins Leben. Einen Rückschluß auf die Stärkeverhältnisse gestattet das Ergebnis der Wahlen zum Frankfurter Parlament, bei denen von 24 sächsischen Vertretern 20 der Blumschen Linken und nur 2 der Rechten sich zuzählten, 2 aber liberal waren. Einer rückblickenden Betrachtung stellt sich der Geist jener Tage, wie er sich in Zeitungen, Versammlungsreden und Erinnerungen erhalten hat, ebenso idealistisch bewegt, von großen deutschen Volkszielen erhoben und begeistert, wie in allen praktischen Fragen gegenüber der Forderung des Tages unklar und widerspruchsvoll dar. Die meisten Männer der Linken fühlten stärker und dachten schwächer als die Vertreter der von ihnen bekämpften Mächte.

Eng sind die Lösungsversuche der deutschen Frage und die politischen Reformwünsche im Lande mit einander verflochten; Regierung wie Opposition benutzen beide Fragestellungen je nach Bedarf in der Verteilung des Schwerpunkts und wechseln in der dabei verfolgten

Abb. 44   Freital, Gußstahlwerk Döhlen

Abb. 46 Moritz Samuel Esche (1785–1854)

Abb. 45 Richard Hartmann (1809–1878)

Abb. 47   Frohnauer Hammer im Erzgebirge

Abb. 48 Bergleute aus dem Erzgebirge in ihren alten Trachten

Der im Mai zusammentretende Landtag nahm in beiden Kammern die rechtliche Gleichstellung des bäuerlichen Grundbesitzes mit den Rittergütern an, beseitigte die Patronatsrechte und die Jagdrechte auf fremdem Grund und Boden. Schwierig war die Reform des Wahlrechts, also die so oft geforderte organische Weiterbildung der 1831er Verfassung. Man einigte sich schließlich auf ein allgemeines, gleiches Wahlrecht für die Zweite und ein diesem sehr stark angenähertes, nur den Grundbesitz berücksichtigendes Wahlrecht für die Erste Kammer, so daß in der Praxis beide Häuser einander stark angeglichen waren.

Dabei beruhigten sich die Gemüter nicht. Die Entwicklung des Gesamtvaterlandes hielt die Öffentlichkeit in Atem. Die Arbeit der Frankfurter Nationalversammlung, das Verschwinden des alten Bundestages, die Wahl des Reichsverwesers und die Einsetzung der provisorischen Zentralgewalt, alles das schien den von den Demokraten gewünschten Einheitsstaat anzukündigen. Im Lande selbst aber vertieften die Wahlkämpfe, die betonte Zurückhaltung der Krone und der alten Mächte im Staate und die immer wieder hier und dort aufflackernden Unruhen, bei denen gelegentlich auch Blut floß, die politischen und sozialen Gegensätze. Die ungünstigen wirtschaftlichen Verhältnisse, die sich bei der Unsicherheit der allgemeinen Lage natürlich nicht besserten, wirkten sich in einer wachsenden Radikalisierung der handarbeitenden Schichten aus. Die Wahlen zum Landtage gaben ein entsprechendes Bild: in die Zweite Kammer zogen 66 Demokraten, 7 Liberale und 2 Konservative ein, und — was für die Regierung besonders bedeutsam war — in der Ersten Kammer war die Kräfteverteilung dank dem neuen Wahlrecht nicht anders.

Hatte die Regierung die Kammern schon nach Erlaß des neuen Wahlgesetzes als vorläufiger angesehen als diese sich selbst, so standen sich nach dem Wahlergebnis beide von vornherein feindlich gegenüber. Immer wieder suchten die Abgeordneten das Ministerium vor dem Lande herabzusetzen. Aus jenen Tagen stammt das geflügelte, weil den Geist der Zeit nicht nur in Sachsen gut kennzeichnende Wort eines Abgeordneten, daß er die Gründe der Regierung zwar nicht kenne, aber mißbillige. Das Ministerium Braun zeigte sich den Stürmen jener Tage nicht gewachsen. Es gebrach ihm an Einheitlichkeit des Willens ebenso wie an Energie, ihn durchzusetzen. Man erkannte das Wachstum der radikalen Kräfte im Lande ebenso wie die Festigung der konservativen Mächte in den beiden großen Nachbarstaaten im Verlaufe des Winters 1848/49. Auch die Kammermehrheit scheute den Sturz Brauns, denn ob es ihr gelang, ein Ministerium Oberländer an seine Stelle zu setzen, dazu übersah sie ihre Machtmittel zu wenig. Ende Februar kam es dann doch nicht zu der erwarteten Kammerauflösung, sondern zum Rücktritt der Minister.

Der Streit um die sog. Grundrechte, wie sie in Frankfurt beschlossen worden waren, von den Kammern gefordert, von der Regierung und vom Könige aber abgelehnt wurden, scheint nicht den Anstoß zum Regierungswechsel gegeben zu haben, sondern wohl die Müdigkeit und Unlust der bisher leitenden Männer, die kein Zutrauen mehr zur eigenen Zusammenarbeit hatten und zum Willen des Königs in Gegensatz standen.

Als Verlegenheitslösung der Krone folgt ein Beamtenministerium Held. Erst später erkannte man, daß die in die Zukunft weisende Gestalt dieses Kabinetts der Freiherr Ferdinand v. Beust war, der noch lange die Geschicke des Landes maßgebend bestimmen sollte, zunächst aber — er kam als Diplomat von dem Londoner Gesandtenposten und stand den innersächsischen Ereignissen fern — richtete sich die Kritik der Öffentlichkeit gegen ihn weniger als gegen Held. Anfangs kam das Ministerium den Kammerwünschen überraschend weit entgegen und billigte die Annahme der Grundrechte. Man wollte einen Konflikt in der deutschen Frage vermeiden, gerade weil man den Bruch mit der Volksvertretung als unausweichlich ansah. Das Bestreben war, wenigstens die liberalen Kreise wieder auf die Seite der Regierung zu ziehen. Darum durfte man nicht partikularisch erscheinen, wollte dabei aber den Vertragscharakter des Regierungssystems gegenüber den Wortführern der Volkssouveränität unterstreichen.

Im Ausgang des März 1849 geriet die Reichsverfassung in den Streit der Meinungen. An ihrer Anerkennung oder Ablehnung spaltete sich nicht nur die öffentliche Meinung — Liberale und Demokraten waren für, Konservative und Republikaner gegen sie —, sondern auch das Kabinett. Held und die anderen liberalisierenden Beamten waren für Annahme, Beust und der Kriegsminister Rabenhorst lehnten ab.

Nach kurzer Wirksamkeit tritt das Ministerium Held zurück, aber noch übernimmt nicht Beust die Neubildung, noch weniger natürlich der von den Demokraten der Kammern gewünschte Tzschirner, sondern wieder ein unpolitischer Beamter: Zschinsky.

Als die Kammermehrheit, dem Drängen der Radikalen im Lande nachgebend, die Bewilligung der Steuern über den 1. Mai hinaus verweigerte, löste die Regierung am 28. April den Landtag auf. Dieser energische Schritt, getan, nachdem eben die Nationalversammlung die deutschen Regierungen um Vermeidung von Auflösungen vor Annahme der Reichsverfassung gebeten hatte, und überdies gleichzeitig mit der Auflösung in Preußen und Hannover und in sichtlichem Einvernehmen mit den dortigen Regierungen, mußte auf die erregten Massen im Lande als Zeichen zum offen beginnenden Kampfe wirken. Gerade weil die öffentliche Meinung hier ein planmäßiges Zusammenwirken der konservativen Höfe und Ministerien mit sicherem Gefühl argwöhnte, fanden sich alle Parteien des Landes mit alleiniger Ausnahme der Konservativen gegen die herrschende Gewalt zusammen. Darin lag von vornherein die Stärke wie die Schwäche der Bewegung, denn sie war nur in der Ablehnung der Regierung, nicht in den einzelnen Punkten eines klaren Gegenprogramms einig.

Vielleicht hat, wie vielfach behauptet worden ist, König Friedrich August II. wirklich unter dem Einfluß mancher Ratgeber zeitweise geschwankt, ob er nicht doch der Reichsverfassung zustimmen und damit die Last der Ablehnung vor seinem Volke auf die Herrscher von Preußen und Österreich ablenken sollte, deren grundsätzlich ablehnender Einstellung er gewiß war. Aber im Gefühle fürstlichen Gemeinschaftsgefühls und mit der theoretischen Einschränkung, daß er der Verfassungsvorlage „für jetzt" seine Genehmigung versagen müsse, blieb der König schließlich doch fest. Diese Politik war ehrlich, aber insofern taktisch ungeschickt, als damit die Vertreter der Einheitswünsche im Volke, die Liberalen, mit den Vertretern der Freiheit, die radikalen und zum Teil republikanischen Zielen nachstrebten, in eine Front gedrängt wurden. Verfassungsablehnung und Landtagsauflösung erschienen als Anzeichen der angreifenden Reaktion und lösten den Maiaufstand in Dresden aus, die blutigste Volksbewegung, die Sachsen je erlebt hat.

Die verschiedenen Kreise und Kräfte, die diese Revolution trugen, haben durch ihre Uneinheitlichkeit auch deren Scheitern bedingt. Mochten einzelne Fäden die radikalen Führer mit Gesinnungsgenossen an anderen Orten verbunden haben, zu einem planmäßigen Zusammenwirken ist es nicht gekommen. Die gewaltige Erregung der Massen, in deren Reihen auch breite Schichten des Bürgertums, ja auch Staatsbeamte und vor allem viele Gemeindeoberhäupter standen, konnte von den in sich nicht einheitlichen Trägern der Bewegung nicht wirklich zusammengefaßt und eingesetzt werden. Sie zerfloß in Einzelhandlungen. Dabei waren die Aussichten des Aufstandes zunächst verhältnismäßig günstig. Da große Teile der Armee in Schleswig-Holstein standen, war die bewaffnete Macht schwach, die Truppen lagen in der Leipziger Gegend und im Erzgebirge und Vogtlande verteilt. Die Soldaten waren im ganzen königstreu gestimmt, zeigten sich aber doch ernsterer Belastung durch geschickte politische Beeinflussung nicht immer gewachsen. Als völlig politisch verseucht erwies sich die Kommunalgarde. Das Ministerium war unvollständig, seine Persönlichkeiten waren nicht volkstümlich. Der König erfreute sich zwar großer Beliebtheit, aber der Glaube herrschte, daß er durch den Einfluß der Minister und Preußens unfrei in seinen Entscheidungen sei, man ihm also durch energisches Handeln nur helfen könne. Die überzeugten Republikaner betrachteten das Landesfürstentum überhaupt schon als überwunden, wie sie ja auch die Erbkaiseridee im Reiche ablehnten und der deutschen Republik anhingen.

Am 3. Mai begannen die Unruhen. Als am folgenden Tage der König und die Minister die Stadt verließen, benutzte die revolutionäre Leitung dies gern, um, nun scheinbar einem wirklichen Bedürfnis folgend, dem Lande eine neue „Provisorische Regierung" zu geben. Mit diesem Schritte nahm die Entwicklung eine ernste Wendung; denn viele loyale Behörden und Männer im Lande wurden nun unsicher, als die Regierung der Heubner, Tzschirner und Todt das Land mit ihren Aufrufen und Verordnungen überschwemmte. So ungleich in Wesen und Zielen das Triumvirat auch war, es war populär, namentlich Heubners geachteter Name gewann manchen Schwankenden. Bald verbreitete sich die Kunde, daß mit den dreien ein internationaler Revolutionär im Bunde stehe, der geheimnisvolle Russe Michael Bakunin. Tatsächlich hat sich der revolutionäre Theoretiker mit Sachverständnis am Leben und Treiben auf dem Dresdner Rathause, dem Sitze dieser Regierung, beteiligt, aber doch mehr in der Rolle eines beratenden Zuschauers als in der eines Leiters.

Die sehr vorsichtige militärische Führung, die von der Neustadt aus die revolutionäre Altstadt angriff — nur das Schloß und das zeitweise schon fast verlorene Zeughaus blieben hier als Inseln der alten Autorität erhalten —, konnte zunächst nur geringe Erfolge gegen die gut bewaffnete, etwa zehnfache Übermacht verzeichnen.

Die Minister kehrten vom Königstein nach Dresden zurück, Gegenerklärungen gegen die Behauptung, die königliche Regierung habe aufgehört zu bestehen, gingen ins Land, den revolutionären Kämpfern blieben entscheidende Erfolge versagt und ihre Führung erwies sich als unzulänglich. Bald trafen sächsische Verstärkungen ein, endlich aber auch — von den Revolutionären mit Abscheu, aber auch von manchem sächsischen Patrioten mit Bedenken empfangen — preußische Bataillone. Diese längst vereinbarte, aber doch nur ungern gerufene Hilfe Preußens hat die Entscheidung zugunsten der königlichen Regierung beschleunigt und erleichtert, wenn auch bei ihrem verspäteten Eintreffen der eigentlich für die Staatsautorität kritische Punkt schon überwunden war. Abbruch getan hat sie sicherlich dem sächsischen Staatsgedanken als solchem. Die offenbar gewordene Schwäche des Königtums wog schließlich schwerer als selbst Friedrich Wilhelms IV. Kapitulation von der Revolution ein Jahr vorher. Hier und in den blutigen Kämpfen selbst, unter deren Gefallenen so viele bürgerliche Persönlichkeiten gefunden wurden, hat der sächsische Staatsgedanke schwere Einbußen erlitten, die die Zweifel, die in vielen Sachsen schon seit 1815 vorhanden waren, verstärken mußten.

Die Kämpfe haben sich noch bis zum 9. Mai hingezogen, obwohl sie schon am 5. im Grunde entschieden waren. Sie sind mit wachsender Erbitterung geführt worden. Hatten die Liberalen schon eingelenkt, so fochten die Radikalen noch unentwegt für die aussichtslose Sache weiter. Über 30 Soldaten und über 200 ihrer Gegner sind gefallen, etwa die dreifache Zahl wurde auf beiden Seiten verwundet. Beinahe tausend Personen sind in der damals etwa 60 000 Einwohner zählenden Stadt Dresden zur Anzeige wegen Beteiligung an der Revolution gekommen. Gottfried Semper hatte die Barrikaden konstruiert, deren Kämpfer von Rethels klassischen Totentanzzeichnungen der Nachwelt überliefert worden sind. Richard Wagners Beteiligung am Aufstande ist bestimmend für den Lebensgang des Dresdner Opernkapellmeisters geworden, wenn sie auch nicht so sehr aus einer parteimäßig gebundenen politischen Grundhaltung und klarem staatlichem Wollen, sondern mehr als Stimmungen eines gefühlsstarken Künstlers geflossen ist.

Die Revolution ist in den Kämpfen in Dresden entschieden worden, aber auch im Lande hatte die Bewegung Boden gefaßt. Das kann nicht wundernehmen, wenn man die äußerst radikal eingestellte Provinzpresse der Zeit, zumal im Erzgebirge und im Vogtlande, beachtet. Das „Adorfer Wochenblatt" rechnete seinen Lesern ungehindert vor, daß der 607 Köpfe starke Hofstaat des Königs ausreiche, um mit seinen Kosten 14 393 Webern oder 20 000 Spinnern Verdienst zu geben. Agitatoren wie Stephan Born verbreiteten die Klassenkampfgedanken des Kommunistischen Manifestes von 1847, während in den überall entstehenden

Bürgerwehrvereinen die Ideale einer wehrhaften Demokratie gepflegt wurden. Dabei wurden Anerkennung der Reichsverfassung und Souveränität der Nationalversammlung gleichgesetzt, und damit fand sich der alte Gedanke der Volkssouveränität neu belebt. Überall läßt sich ein Überschwang an Stimmung, ein Berauschen am Schlagwort, ein Mangel an nüchternem politischem Sinn, an Verständnis für die gegebenen Machtverhältnisse erkennen. Schlimmer noch wiegt das Fehlen an Klarheit über die eigenen demokratischen Ziele, das so oft auch bei gebildeten Vertretern zu erkennen ist.

Ganz überwiegend haben sich unter dem Druck solcher Volksstimmungen die Stadtverwaltungen und Ortsvorstände nicht nur an dem Adressensturm an den König für die Reichsverfassung beteiligt, sondern haben in den meisten Fällen — wenn auch zögernd — den Befehlen der Provisorischen Regierung wenigstens insofern Folge geleistet, als sie dem Zuge der Kommunalgarden, Bürgervereine, Turner usw., die dem Dresdner Kampfe zueilen wollten, nicht nur keinen Widerstand entgegensetzten, sondern ihn oft noch tätig förderten. In Annaberg wurde vom Stadtrat und Bürgerausschuß aus eigenem Entschluß eine Steuererhebung zum Besten der Provisorischen Regierung beschlossen. Die Bergleute aus dem Plauenschen Grunde brachten vier Zweipfünder-Kanonen mit nach Dresden, aus denen sie in Ermangelung anderer Munition mit Eisenstücken schossen. In Leipzig gewannen die Unruhen keine größere Ausdehnung und die Staatsautorität beseitigende Form, da es der Stadtverwaltung gelang, die Menge mit Hilfe der Kommunalgarde ohne größeres Blutvergießen in Schach zu halten. Die vom Stadtrate verfolgte Linie lehnte ebenso die Regierungspolitik der Nichtanerkennung der Reichsverfassung wie auch die angemaßte Autorität der provisorischen Regierung ab. Am 6. Mai stellte sich Leipzig — eine verspätete Reichsstadt eigener Schöpfung — unter den Schutz der Zentralgewalt, was ihm — da diese ja von Sachsen anerkannt war — nach Wiederherstellung der Staatshoheit die Rückkehr in die alten Verhältnisse erleichterte.

Bald füllten sich in allen Landesteilen die Untersuchungsgefängnisse mit Teilnehmern und Freunden der Maibewegung. Auf lange Zeit beschäftigten die Prozesse und die oft auf schwere Freiheitsstrafen lautenden Urteile die Öffentlichkeit und verlängerten so das verbitternde Andenken der ausgefochtenen Kämpfe. Die baulichen Zerstörungen, zumal in dem sonst von so heiterer Harmonie beschwingten Dresden — der niedergebrannte schöne Sempersche Opernbau, die Beschädigungen des Zwingers und so vieler wertvoller Privathäuser —, alles das wirkte niederdrückend. Auch nach gefallener Waffenentscheidung war man noch unendlich weit von einer inneren Befriedigung, geschweige denn von einer Lösung der Fragen entfernt, um die man so erbittert gerungen hatte. Es klingt wie ein frommer, aber etwas welt- und wirklichkeitsferner Wunsch des Prinzen Johann, wenn er wenige Tage nach den Kämpfen an den preußischen König schreibt: „Möge es jetzt vor allem gelingen, die teutsche Sache auf eine vernünftige Wünsche befriedigende und doch der Partei des Umsturzes keine Handhabe gewährende Weise zu lösen!"

Politik, Wirtschaft und geistige Strömungen im Zeitalter Beusts

Die Jahre nach der gewaltigen Volksbewegung von 1848/49 standen unter dem Zeichen der alten geschichtlichen Erfahrung, daß auf die Aktion die Reaktion zu folgen pflegt. Der führende Kopf in der staatlichen Entwicklung Sachsens war dabei der Freiherr von Beust. Er war kein Reaktionär aus Grundsatz, aber er ging von dem an sich gewiß richtigen, nur für das Sachsen des 18. Jahrhunderts schon fragwürdigen Glauben an den Vorrang der Außen- über die Innenpolitik aus; für jene aber brauchte er einen im Inneren gefestigten autoritären Staat, der der freiheitlichen Züge, namentlich auf wirtschaftlichem Gebiete, nicht zu entbehren brauchte, der aber die demokratischen und unitarischen Ideale der Paulskirche von Grunde aus ablehnte. Das aber hieß den Weg der Einheit und der Freiheit, wenn nicht um des Zieles, so doch um des Weges willen verleugnen. Solch eine Politik war gewiß nicht bei den Massen volkstümlich, ja sie wurde überhaupt nicht verstanden. Als sie aber auch nach außen hin an der überlegenen Staatskunst Bismarcks scheiterte, war es gerade die liberale Bildungsschicht im Lande, die das Bismarcksche Preußen-Kleindeutschland zwar anfangs nicht weniger heftig als Beust abgelehnt hatte, die die Beustsche Politik aber nun, vom gesicherten Blickpunkte des Bismarckschen Erfolges aus, um so unerbittlicher verurteilte. Die Regierung hatte die Gewalt im Lande mit Energie, aber nicht mit Brutalität ergriffen. Wohl belief sich die Zahl der Prozesse in die Tausende, aber Todesurteile wurden nicht vollzogen. Der Belagerungszustand über Dresden und über Werdau—Crimmitschau, die Beschränkung der politischen Betätigung in Presse und Vereinen, das waren einschränkende Maßnahmen, aber sie bedeuteten keine grundsätzliche Änderung des Systems. In Zwickau, Löbau, Treuen und Dresden wurden die Stadtverordnetenkollegien, in Dresden und Chemnitz die Kommunalgarden wegen ihres Radikalismus aufgelöst. Jede öffentliche Betätigung republikanischer Gesinnung wurde verboten. Die Wahlen städtischer Amtsträger wurden von den staatlichen Instanzen streng überwacht. Da es keine grundsätzliche Änderung und vor allem keine unbedingt in die Bahnen des Vormärz zurückbiegende Richtung verfolgte, hat man dem Ministerium Zschinsky oft Schwäche vorgeworfen. Das ist aber nicht berechtigt und verkennt das Wesen der führenden Männer. Zschinsky selbst und besonders Friesen zeigten sich als mehr juristisch als politisch denkende Köpfe von energischem Willen in der Verfolgung des als richtig erkannten. Friesen war wohl ein Konservativer, aber er war sich über die Unmöglichkeit klar, in den Ständestaat zurückzudrängen und alles seit dem März 1848 Geschehene als ungeschehen zu betrachten. Mehr noch als er sind Beust und der Kriegsminister Rabenhorst, ein tüchtiger Militär und erfolgreicher Neuorganisator der Armee, von starkem Vertrauen in den sächsischen Staatsgedanken erfüllt. Gerade bei Beust liegt die geschichtliche Bedeutung in der diplomatischen Gewandtheit, mit der er die staatlichen Traditionen Sachsens in einer veränderten, auf Großmachtsbildungen hinstrebenden Welt vertrat, obwohl er der gesamtdeutschen Entwicklung seiner Zeit mit der Verfolgung seines im Grunde negativen Ziels, der Selbständigerhaltung Sachsens, entgegenarbeitete. Er war Praktiker der Diplomatie, nicht politischer Denker und schöpferischer Staatsmann, aber er war auch an kein Parteiprogramm gebunden und wußte die Sympathie für englische Lebensart und westeuropäisches Denken mit der Zusammenarbeit mit innerpolitischen Reaktionären — wenn sie nur seine Außenpolitik stützten — wohl zu vereinigen. Das Haßurteil **Treitschkes** über Beust, das die Meinungsbildung der Nachfahren so stark beeinflußt hat, ist menschlich aus der politischen Kampfstellung des andersstrebenden Zeitgenossen verständlich, aber es ist unhistorisch.

Die Regierung hatte den Sturm der Maitage solange als rechtlich möglich verklingen lassen, ehe sie Neuwahlen zu den Kammern ausschrieb. In beiden Kammern ergaben sich schwache Linksmehrheiten, doch trat die Opposition, deren frühere Häupter meist geflohen oder verhaftet waren, zunächst ungleich maßvoller auf als in den Ende April aufgelösten Vertretungen. Der Winter 1849/50 ist vom Widerstreit der Landtagsverhandlungen erfüllt. Sichtlich bemühen sich die Abgeordneten um positive Ergebnisse und um Vermeidung der verfrühten Auflösung, sicher auch möchten die Minister den Verdacht nicht aufkommen lassen, daß ihnen an einer Verständigung mit den Volksvertretern nichts gelegen sei, aber trotzdem arbeitet die von zwei so verschieden gerichteten Kräften bewegte Staatsmaschine nur ächzend und voller Hemmungen. An der Klippe der Haushaltbewilligungen kommt man noch leidlich vorüber, aber schon bei der Erörterung der sogenannten Grundrechte, wie sie in Frankfurt festgelegt worden sind, platzen die Geister heftig aufeinander. Die parlamentarische und die konstitutionelle Regierungsform ringen bei allen Gelegenheiten miteinander; welche von beiden Gewalten, deren Berechtigung nicht bestritten wird, soll bei der notwendigen Zusammenarbeit die Führung im Staate haben?

Klarer zeigte sich der Regierungskurs bei der Wahlrechtsvorlage vor der Öffentlichkeit. Für die Erste Kammer wurde ein Steuerzensus als Voraussetzung des aktiven Wahlrechts vorgeschlagen, der dem industriellen Charakter des Landes mehr Rechnung trug als die Forderung des Grundbesitzes. In die Zweite Kammer sollten allgemeine, indirekte Wahlen führen, wobei das zu erweiternde Gemeindewahlrecht Voraussetzung sein sollte. Ein im ganzen großzügiger Vorschlag, der das Gesunde von 1831 und von 1848 zu vereinigen strebte und neben der Macht der reinen Zahl auch Bildung und Besitz ihren Anteil sichern wollte. Es trat ein, was zu erwarten war: der Vorschlag war den radikalen Linkspolitikern zu gemäßigt und den konservativen Führern zu fortschrittlich. Dieser Mißerfolg konnte die Regierung nicht in ihrer Hoffnung auf erfreuliche Zusammenarbeit mit den Kammern stärken. Da die außenpolitische Entwicklung, die später im Zusammenhang überblickt werden soll, zunehmend den konservativen Gedanken allenthalben erstarken ließ, außerdem aber der die Landespolitik beherrschende Beust in den Abgeordneten der Rechten die einzigen Stützen seiner Politik erkannte, trat man dem Gedanken der Kammerauflösung näher und vollzog sie am 1. Juni 1850. Der Zeitpunkt war außenpolitisch durch die feste Bindung an Österreich – seit Mitte April bestand eine Militärkonvention mit ihm – und die Lösung von Preußen bestimmt. Treibende Kraft dieser Innenpolitik war Friesen noch mehr als Beust gewesen.

Von Neuwahlen nach dem 1848er Wahlgesetz war nicht die Rede. Der Lärm in der linken Presse über den Gewaltakt der Regierung war groß, aber seine Rückwirkung auf die Bevölkerung blieb aus. Wie offensichtlich hatte in zwei Jahren das Interesse an der Politik nachgelassen! Es war nicht nur die Enttäuschung über das Mißlingen des Maiaufstandes, das darin zum Ausdrucke kam, sondern auch die langer politischer Spannungen nicht fähige und geneigte Sinnesart weiter Volkskreise, die sich immer mehr wieder dem wirtschaftlichen Erwerbsleben zuwandten, dafür aber in erster Linie Ruhe, Ordnung und ungehemmte Verdienstmöglichkeiten forderten und jedem zustimmten, der ihnen diese Voraussetzungen sicherstellen konnte. Was sollte nun die Regierung tun? Die Errichtung einer Verfassung auf dem Verfügungswege, wie ihn Preußen und Österreich beschritten hatten, konnte schwerlich angehen, denn Sachsen war im Gegensatz zu diesen Ländern schon Verfassungsstaat gewesen. Man wählte den Ausweg, daß man die alten Stände des Vormärz wiederberief, „reaktivierte". Begründet wurde dieser verfassungsrechtlich gewiß anfechtbare Schritt damit, daß der Landtag, der die Abschaffung dieser Stände 1848 beschlossen hatte, ein außerordentlicher, kein ordentlicher gewesen war. Die erste konstitutionelle Periode Sachsens hatte mit diesem Schritte der Regierung ihr etwas fragwürdiges Ende erreicht. Berufen wurden die Stände „zur Beratung und Beschlußfassung über ein neues Wahlgesetz";

also war klar angezeigt, daß das Ministerium sich nicht bei den Zuständen des Vormärz einfach beruhigen wollte. Gleichzeitig wurde der Belagerungszustand aufgehoben, den die aufgelösten Kammern so oft beklagt hatten. Auch dies ein Zeichen des festen Willens der Staatsführung. Wenn es nun auch nicht zu heftigen Ablehnungen gewaltsamerweise kam, so erwiesen sich doch die passiven Abwehrmittel als nicht minder wirksam als manche Barrikade der Maitage. Verschiedene ständische Vertreter lehnten ihr Erscheinen mit der Begründung ab, daß die Berufung ungesetzlich sei. Besonders bedenklich erschien der Widerstand der Universität Leipzig. Das Verhältnis zwischen den Ministern und der Alma Mater war schon seit langem aus Gründen der Verwaltungsreform der Universität gespannt. Die Regierung versuchte immer wieder die Allmacht des Senats zu brechen und benutzte nun die Gelegenheit zu energischem Durchgreifen; es führte zum Erfolg, als es gelang, den Senat in eine doppelt angegriffene Stellung zu bringen. Er wurde nicht nur von der Regierung, die einen Kommissar einsetzte, sondern auch von den nach Verbesserung ihrer Rechtsstellung strebenden außerordentlichen Professoren bedrängt.

In diesem Zusammenhange, der wohl von mancher verfassungsrechtlichen Beschränkung, nicht aber von grundsätzlicher Aufhebung der Lehrfreiheit zu berichten hat, kam es immerhin zu einer Gewalttat Beusts, die reichlich viel Staub aufgewirbelt hat. Sie wurde nicht aus bildungsfeindlichen, sondern aus politischen Gründen unternommen, entbehrte aber jedenfalls jeder rechtlichen Begründung. Es ist die Amtsentsetzung dreier hervorragender Gelehrter, die sich parteipolitisch nicht stärker betätigt hatten. Wegen Beteiligung an einer Versammlung wurden auf Grund einer Bestimmung der aus dem Jahre 1580 stammenden Oberkonsistorialordnung trotz erwiesener Unschuld Moritz Haupt, Otto Jahn und Theodor Mommsen ihrer Ämter enthoben. Ein solcher Übergriff hat sich in den noch lange gespannten Beziehungen zwischen Universität und Regierung doch nicht wiederholt.

Die Stände begannen ihre Tätigkeit zunächst in guter Zusammenarbeit mit den Ministern, aber mit der Zeit zeigte sich doch, daß die Überzahl der Vertreter jeder inneren Neuerung des Staates abgeneigt war und rein berufsständischen, konservativ-agrarischen Rücksichten folgte. Das taten zwar ihre Standesgenossen anderwärts, z. B. in Preußen, auch, aber das Wesen des preußischen Staates war von dem Sachsens gerade in Punkten verschieden, die hierbei eine entscheidende Rolle spielen: Preußen war noch immer, und besonders in seiner Überlieferung, auf den ländlichen Großgrundbesitz gegründet. Der Landadel stand dem Throne Friedrich Wilhelms IV. näher als jeder andere Stand im Lande. In Sachsen war das bürgerliche, städtische, gewerbliche, aber auch das mittlere und klein-bäuerliche Element auf dem Lande von ungleich größerer Bedeutung für das Volksganze als beim nördlichen Nachbarn. Im preußischen Adel — verglichen mit dem sächsischen — lebte nicht nur ein stärkeres Machtbewußtsein, sondern er konnte sich auch auf eine opfervollere Leistung für den Staat, auf eine in ihm selbst lebendige und von ihm auf weite Strecken getragene Staatsgeschichte, überhaupt auf eine größere politische Blickweite dank des ausgedehnteren Staatskörpers berufen.

Es ist der Regierung nicht immer leicht geworden, sich gegen den Willen der Kammermehrheiten in der eingeschlagenen Richtung zu behaupten. Friesen war bei den Agrarkonservativen unbeliebt, Beust um seiner Außenpolitik willen von ihnen abhängig. Lediglich die Krone, die sich — anders als in Preußen — frei von der illegalen Nebenregierung einer reaktionären „Kamarilla" hielt, gab der Innenpolitik der Minister einen festen Rückhalt. So wurden in jenen Reaktionsjahren Verwaltungsreformen möglich, die bleibenden Wert erhielten und von jener Zeit den Vorwurf unschöpferischen Beharrens nehmen.

Seit 1831 war in der Rechtspflege die Aufhebung der Patrimonialgerichtsbarkeit — zugleich die notwendige Voraussetzung für die Trennung von Justiz und Verwaltung —, die Öffentlichkeit und Mündlichkeit des Verfahrens und die Einführung von Geschworenengerichten angestrebt worden. Langsam war die Regierung auf den Landtagen der dreißiger und beginnenden vierziger Jahre in ihrem Widerstande gegen diese Wünsche der Kammermehrheit erlahmt; auch Prinz Johann als sachverständiges Mitglied der Ersten Kammer hatte sich den fortschrittlichen Standpunkt zu eigen gemacht. Da hatte der Wechsel der Regierung Lindenau zu der Könneritzens den liberalen Ansätzen ein Ende bereitet. Was dann der Sturm der Märzbewegung vorläufig geschaffen hatte, das stand nun zur Erörterung. Sollte der vormärzliche Zustand einfach wiederkehren oder sollten gewisse alte Forderungen als doch notwendig anerkannt werden? So wie man in der deutschen Frage von reaktionärer Seite den Deutschen Bund als den alleinigen Rechtsboden bezeichnete, so erklärte man auch die Patrimonialjustiz als uraltes, unveräußerliches Recht der Stände, deren grundherrliche Ansprüche denen der Krone an Alter und Wesen gleichstünden. Das Innenministerium hatte demgegenüber einen schweren Stand und setzte sich bei der oppositionellen Kammerminderheit dem Vorwurfe zu lascher Verteidigung aus. Der Ministerrat war überdies in sich selbst nicht einig. Nur Zschinsky und Friesen waren wirklich für die Trennung von Justiz und Verwaltung. Kein Wunder, daß unter solchen Voraussetzungen der Verfassungsreformentwurf scheiterte und die von der Staatslehre der Zeit so unbedingt geforderte Trennung der Gewalten in der unteren Instanz noch unterblieb.

Die patrimoniale Gerichtsbarkeit wurde zwar aufgehoben, aber unter den neuen staatlichen Gerichtsämtern die von Beust in Anlehnung an englische Vorbilder empfohlenen Friedensrichter geschaffen, durch die den ständischen Kreisen der Verzicht auf das Patrimonialgericht erleichtert wurde. Beust vermochte durch die Empfehlung von Einrichtungen des britischen Selfgovernment Konservative und Liberale in der beiden gemeinsamen Ablehnung der Bürokratie zu vereinigen und so wenigstens einen teilweisen Erfolg zu erzielen.

Der Kernpunkt der Neuordnung oder Rückeinstellung der staatlichen Verhältnisse war der ministerielle Entwurf einer revidierten Verfassung. Im Juli 1850 ging er den Kammern zu. Er ist schon im Vergleich mit den Vorschlägen des Vorjahres von Bedeutung. In ihm ist von Staatsangehörigen, nicht mehr von Untertanen, wie vor 1848, die Rede. Auch die meisten der sogenannten Grundrechte werden festgehalten, ebenso die politische Gleichberechtigung der Israeliten. Aber sonst ist die erklärte Absicht, nur das „durch die veränderten Verhältnisse unabweisbar Gebotene" zu ändern. Die noch im Vorjahre mit Hinweis auf die wirtschaftlich-soziale Struktur des Landes vorgeschlagene geringe Minderung der Rechte der Rittergutsbesitzer bleibt jetzt völlig unberücksichtigt. Die Erste Kammer behält ihren Charakter, die Zweite wird zu 30 städtischen und 45 ländlichen Abgeordneten nach mäßig hohem Zensus gewählt. Da nun auch den Unansässigen das Wahlrecht mit Einschränkungen gewährt werden soll, kann die Sondervertretung des Handels- und Gewerbestandes fortfallen. Anträge an den König sind nur durch beide Kammern gemeinsam möglich. Insgesamt stellt die Vorlage ein Erzeugnis nachwirkenden gemäßigten Lindenauschen Liberalismus und sehr greifbaren konservativen Einflusses dar. Darin ist die Vorlage für die Zeit im allgemeinen wie für die besondere sächsische Lage recht kennzeichnend.

Die Regierungsvorlage wurde in der Ersten Kammer abgelehnt; in der Zweiten war die für die Annahme eintretende Mehrheit zu klein, um zur Verfassungsänderung hinzureichen.

Das Ministerium machte keine Kabinettsfrage aus diesem Mißerfolg, sondern beließ die unveränderten Stände in ihrer vormärzlichen Form. Damit hat aber auch der eigentliche sächsische Liberalismus des Vormärz seine Rolle ausgespielt. Man glich sich den politischen Formen der größeren Nachbarn Preußen und Österreich an und verzichtete auf ein eigenes Gesicht. Vielleicht waren auch die über die Grenzen flutenden gesamtdeutschen geistigen Strömungen zu stark und einheitlich, als daß sich noch eine eigene Richtung festhalten ließ. Vielleicht aber auch war es nicht so sehr die nach rechts gehende Entwicklung der Anschauungen König Friedrich Augusts II. als das allen inneren Fragen gleichgültig entgegentretende, nur der Außenpolitik zugewandte Wollen Beusts, was — den Einfluß Friesens langsam, aber sicher überflügelnd — hieran Schuld trug. Zu den wenigen Grundrechten, die man auf dem Verordnungswege bestehen ließ, gehörte das Lieblingskind des Frühliberalismus, die Emanzipation der Juden.

Es ist für die wachsende Gleichgültigkeit gegen parteipolitische Betätigung in jenem, von einem glänzenden Wirtschaftsaufstieg erfüllten und gebannten sechsten Jahrzehnt des Jahrhunderts kennzeichnend, daß seit 1850 zehn Jahre vergehen, ehe die Stände die Regierung an die einst angekündigte Verfassungsreform erinnern. Gewiß Jahre eines bequemen innerpolitischen Wirkens für eine konservative Regierung! Was nun zur Vorlage kommt — und nicht erreicht wird —, ist die Vermehrung der Sitze in der Ersten Kammer. Lediglich die Handels- und Gewerbevertretung wird verdoppelt. In der Zweiten Kammer wird die Zahl der Wahlberechtigten erweitert, das Wahlverfahren vereinfacht. Dabei betont Beust mit Stolz, die Grundsätze von 1831 hätten sich in der Hauptsache bewährt, was nur mit Einschränkung zutraf. Ja, er glaubte, das vom Auslande beneidete Beispiel Sachsens zeige, daß die Kammern allen berechtigten Wünschen des Landes und Volkes ihre Vertretung und Anerkennung sicherten und keinen besonnenen Fortschritt hemmten. Das Erreichte war nur ein bescheidener Teil des 1850 vorgeschlagenen Programms. Und doch wurde es mit mehr Gleichgültigkeit und Ablehnung in der sächsischen Öffentlichkeit aufgenommen. Gerade in den kritisch eingestellten Kreisen der gemäßigten und radikalen Linken überwog sicher schon der Glaube, daß diese Verhältnisse sich bei der gesamtdeutschen Regelung von allein ordnen würden und daß die Zeit staatlichen Eigenlebens darin schon im Abklingen sei. Betrachtet man den Inhalt der Kammerverhandlungen der fünfziger Jahre, so findet man, daß nicht wie 1848 die allgemeinen deutschen Fragen zu viel Raum neben den eigentlich zuständigen Aufgaben der Landesverwaltung einnahmen, sondern daß von ihnen kaum mehr die Rede ist. Kritiker sagten, die Kammern seien zu Organen herabgesunken, die lediglich noch das Finanzgebaren der Regierung prüften. Sicherlich waren die Kammern nicht mehr ein lebendiger Ausdruck des politischen Willens der Bevölkerung, und nach der Art ihrer Zusammensetzung konnten sie es auch gar nicht mehr sein. So ist auch ihr Anteil an der Politik Sachsens in der Zeit so unbeträchtlich, wie es sich Beust ohne Zweifel wünschte.

Das sächsische Beamtentum kann es sich zum Verdienste anrechnen, daß es damals eine Reihe tüchtiger und zweckmäßiger Gesetze geschaffen hat, die Sachsens Namen innerhalb Deutschlands einen Klang gegeben haben, der vielleicht nachhaltiger ist als die unruhige Außenpolitik seines Erstministers und als die reaktionäre Interessenpolitik der Stände. Das Gerichtsverfassungsgesetz von 1855 war zwar, wie schon gesagt, das Erzeugnis des Widerspiels stark gegensätzlicher Kräfte, aber das Strafgesetzbuch von 1856 und namentlich das Bürgerliche Gesetzbuch von 1865 entsprachen der besten sächsischen Verwaltungs- und Rechtstradition. In den Rahmen der jener Zeit den Stempel aufdrückenden Wirtschaftsentwicklung gehört auch die sie verständnisvoll und anregend begleitende Gesetzgebung. Das Gewerbegesetz von 1861 bringt die Gewerbefreiheit. Schwer wurden in den Kammern die Jagdrechte des Grundadels umkämpft und nur gegen beträchtliche Entschädigungen abgelöst. Dazu trat die vom Staate betreute Entfaltung der Verkehrs- und Nachrichtenmittel. Auch auf sozialem Gebiete, dem der beamtlichen Erfahrung unzugänglichsten, konnte Sachsen Leistungen nachweisen, die, nach dem Maßstabe späterer Erkenntnis gemessen, gewiß unzulänglich blieben, die aber zu ihrer Zeit von wenigen anderen deutschen Ländern erreicht wurden. Das Sachsen der Beustzeit war ein durchaus modernes Staatsgebilde.

Rabenhorsts Verdienst ist die Neuordnung der sächsischen Armee. Sie war in den Jahren vor 1848 im Lande wenig beliebt und starker politischer Beeinflussung ausgesetzt gewesen und hatte sich im ganzen in den Maitagen 1849 zwar besser geschlagen, als manche

Kritiker erwartet hatten, aber der Geist der Zeit war unmilitärisch von Grund aus und schwärmte von der Abschaffung der stehenden Heere. Es ist für das staatliche Geschick Sachsens von Bedeutung geworden, daß diese kleine Armee nicht weiterer Verringerung und Zersetzung ausgesetzt wurde, sondern sofort nach der Befriedung des Landes von einem Stande von 16000 auf 25000 Mann Friedensstärke vermehrt wurde. Damit war auch eine völlige Neugliederung verbunden, die mit älteren, nicht mehr zeitgemäßen Resten der kursächsischen Zeit aufräumte, allerdings auch den später unter preußischem Einfluß wieder aufgegebenen Verzicht auf die Regimentsgliederung zugunsten der verselbständigten Bataillone bei der Infanterie brachte.

Das Streben nach Einheit und Freiheit der Nation, das bei starker Verschiedenheit der Auffassungen und Ziele im einzelnen doch weite Kreise des deutschen Volkes beseelte, hat Deutschland nicht nur in den Verfassungsfragen um neue Formen und in schöpferischen Taten ringen lassen; es suchte auch in einer Frage außenpolitischen Charakters nach einer Lösung, die dem Gefühl für deutsche nationale Würde Rechnung trug, das abseits der Fürstenhäuser und Kabinette in breiten Schichten der deutschen Öffentlichkeit erwacht war: beim Kampf um Schleswig-Holstein. Hier kann das staatsrechtlich verwickelte Problem nicht in seiner Breite aufgerollt werden. An ihm hat sich weit über seine örtliche Bedeutung hinaus dann die deutsche Frage selbst entfaltet und ist zur Lösung gereift.

Die Einverleibung Schleswig-Holsteins in den dänischen Gesamtstaat 1846/48 hatte in den Herzogtümern einen heftigen Widerstand der deutschgesinnten Bevölkerung geweckt, der an Preußen und an den deutschen Bundesinstanzen in Frankfurt einen Rückhalt suchte und fand. Sächsische Truppen waren nun von der Bundesregierung schon in Thüringen eingesetzt worden, um dort die Ordnung wiederherzustellen, die den durch größere eigene Truppenmacht nicht geschützten ernestinischen Fürsten verlorengegangen war. Die Sachsen hatten sich hier, trotz der Anfeindungen durch die radikalen Parteigänger inner- und außerhalb Sachsens, bewährt. Nun rief sie das Vertrauen der Frankfurter Regierung auch nach Schleswig-Holstein. Wieder tobte der Fortschritt, der darin, zumal der Landtag nicht dazu gehört worden war, einen Eingriff in die gerade ihm sonst gar nicht so am Herzen liegende Souveränität des Landes erblickte.

Im März 1849 rückte eine gemischte Brigade unter Generalmajor von Heintz nach den Elbherzogtümern. Im Stabe befand sich als Hauptmann Prinz Albert. Ein günstiges Geschick entzog ihn und seine Kameraden dem Erlebnis der Mairevolution in der Heimat und ließ sie mitwirken an einer gesamtdeutschen, über den Streit der politischen Parteien erhabenen Aufgabe. Bei einem Sturm auf die Düppeler Schanzen konnten sich die Sachsen, neben Bayern und Preußen kämpfend, auszeichnen. Längere Zeit noch blieben die sächsischen Truppen in den Elbherzogtümern, während die Diplomatie der großen Mächte durch ihr Eingreifen das weitere Vorgehen gegen die Dänen hemmte, und die nationale Bewegung um der deutschen, von Dänemark bedrohten Brüder willen in ohnmächtiger Zersplitterung versandete.

Daß die Ohnmacht eine Folge der deutschen Zersplitterung war, war den geistigen Führern der großen Volksbewegung von 1848 nicht entgangen; und wo hätten sie sich das Unzeitgemäße kleinfürstlicher Souveränität und miniaturstaatlichen Sonderlebens deutlicher klarmachen können als an den Verhältnissen in Thüringen! Hier erwachte denn auch der Gedanke zur größeren Einheit in voller Lebendigkeit. Neben dem besonders von Sachsen-Weimar unterstützten Gedanken einer thüringischen Staatenvereinigung, wie sie erst die Jahre 1918/20 gebracht haben, stand der alte wettinische Gedanke, den das Ministerium von der Pfordten in Sachsen rasch aufgriff und der auch in Ostthüringen Widerhall fand. Der den Belastungen der neuen Zeit nicht gewachsene Herzog Joseph von Altenburg bot König Friedrich August wiederholt die Souveränität über sein Ländchen an, um sich ins Privatleben zurückziehen zu können. Aber dieser unpolitische König wollte auch den Schein, als nutze er die Nöte seiner ernestinischen Vettern für seinen Vorteil aus, vermieden wissen. Sachsens militärisches Auftreten als Reichsgewalt in Thüringen machte das im politischen Parteienkampfe aufgewühlte Land den Wünschen nach möglichster Angleichung und Verschmelzung der beiderseitigen Truppen und Verwaltungen nicht geneigter. Besonders verfolgte Weimar eigene Vormachtpläne. Eine von den reußischen Fürstentümern gegebene Anregung, die auf die Vereinigung der reußischen Lande mit Sachsen abzielte, kam zunächst ziemlich weit vorwärts, scheiterte dann aber an der Frage nach der Zuteilung des reußischen Domänenbesitzes, indirekt auch an den Schwierigkeiten, die der sächsischen Regierung aus der Radikalisierung durch die Wahlen Ende 1848 im eigenen Lande entstanden. Als die Staatskrise des Mai 1849 überwunden war, schien die enge Verbindung mit Preußen neue Möglichkeiten der Angliederung Thüringens zu bieten, aber die Entwicklung der Politik Sachsens in der Folgezeit, die Schwenkung nach Süden, ließ auch diese Möglichkeit nicht ausreifen. Es ist auch nicht zu verkennen, daß Beusts Glaube an die eigenstaatlichen Möglichkeiten Sachsens noch so stark war, daß er, im Gegensatz etwa zu Pfordten oder Weinlig, die Verbreitung der staatlichen Gebietsgrundlage durch die Angliederung Thüringens nicht für unbedingt wünschenswert für den Fortbestand Sachsens ansah. Sicherlich war er dabei im Unrecht. Unzweifelhaft lag hier die letzte Möglichkeit für das alte Staatsgebiet der Wettiner, durch die Überwindung der Trennung von 1485 wirklich zur tragfähigen Brücke zwischen dem Norden und dem Süden Deutschlands zu werden. Es brauchte hier nicht um einen der vielen Pläne zur Reichsreform zu gehen, die vom Gedanken der Gruppenbildung aus wesentlich nur auf eine Machtbereicherung der Mittelstaaten auf Kosten der Kleineren abzielten. Diese Pläne nämlich dienten jenem „dritten Deutschland" zwischen den beiden deutschen Großmächten zur Stärkung, das durch Beusts und Dalwigks Namen und durch Frankreichs Gönnerschaft dann vor der deutschen Volksgeschichte, zumal in deren kleindeutscher Beleuchtung, in ein so zweifelhaftes Licht gesetzt worden ist. Auch später sind unter völlig anderen Voraussetzungen diese Gedanken der Wiedervereinigung aller wettinischen Lande wiederholt hervorgeholt worden.

Das Dreikönigsbündnis vom 26. Mai 1849 ist nicht nur durch die militärische Hilfe Preußens beim Maiaufstande bedingt worden, denn Fürstenverhandlungen und -vereinbarungen über die Reformfragen standen ja schon Ende April unmittelbar bevor. Aber die gerade in jenen bewegten Maitagen offenbar gewordene Schwäche des revolutionär tief erschütterten Österreich legte den sächsischen Staatsmännern doch den Gedanken der norddeutschen Blockbildung nahe, mochte sie den Neigungen Beusts sicher auch innerlich widerstreben. Hannover und Sachsen vertraten von vornherein den Standpunkt, daß dieses Bündnis ihnen nur dann erwünscht sei, wenn es sich auf alle deutschen Staaten — möglichst mit Einschluß Österreichs — erstreckte. Dabei mochte ihnen das gesamtdeutsche Interesse ebenso naheliegen, wie die Erwägung, daß sie allein dem Bundespartner Preußen kaum mit Erfolg anders als in starker Abhängigkeit entgegentreten konnten. Mischte sich doch auch in der preußischen Politik deutsches und partikularistisches Denken unlöslich. Gleichwohl lag in dieser „Unionsverfassung", die einen Fürstenrat mit preußischer Spitze, ein Staatenhaus und ein Volkshaus vorsah, die Linie der späteren Entwicklung.

Zwar war das Echo dieses Bündnisses in der von den gebildeten Schichten getragenen liberal-kleindeutschen Richtung der deutschen Öffentlichkeit naturgemäß groß und die meisten kleineren deutschen Staaten schlossen sich an. Für Sachsen schien eine Steigerung seines Einflusses durch seine Stellung als Haupt eines Kreises im Rahmen der Unionsverfassung zu winken. Gleichwohl ging die Politik Beusts andere Wege, und der König, nicht eigentlich politisch denkend, suchte vergeblich in seinen Freundschaftsbriefen an Friedrich Wilhelm IV. das alte enge Verhältnis am Leben zu erhalten. In dem Maße, wie die staatlichen Kräfte Österreichs sich festigten und Bayern sich selbständig gegenüber der Union hielt, verblaßte deren Wert für Sachsen. Beusts Neigung zu einer Anlehnung an den deutschen Süden konnte wieder Boden gewinnen. Man machte den Unions-Verhandlungen im Verein mit Hannover immer neue Schwierigkeiten, ohne den Bündnisvertrag zu kündigen. Auch die unionsfreundliche Haltung der Landtagsmehrheit konnte daran nichts ändern, denn die Außenpolitik wollte die Regierung nach Möglichkeit überhaupt dem Einfluß der Volksvertretung entzogen wissen. Auch Preußens Eifer, zumal der des Königs, erkaltete. Im Herbst 1849 traf sich der preußische König in Pillnitz mit Kaiser Franz Joseph; sie einigten sich auf eine gemeinsame Bundesleitung und steigerten dadurch noch das Mißtrauen der Mittelstaaten gegen die beiden Großmächte. Mochten sich auch die preußisch-österreichischen Beziehungen bald wieder trüben, die mittleren Königreiche fanden sich doch im Februar 1850 in München zu Vereinbarungen zusammen; hier wurde ein den mittelstaatlichen Wünschen entsprechender Staatenbund mit einem Direktorium von sieben Mitgliedern in Aussicht genommen. Das Frühjahr 1850 sah die Sachsen nicht bei dem Erfurter Parlament vertreten, wo als preußischer Kommissar Albert von Carlowitz tätig war, der so oft in den sächsischen Kammern einer konservativen, dabei aber preußenfreundlichen Richtung das Wort geredet hatte. Preußen zögerte schließlich, die Unionsverfassung zu veröffentlichen und damit eine vollendete Tatsache zu schaffen, weil es Schwierigkeiten mit Österreich und den Mittelstaaten fürchtete. Unter solchen Voraussetzungen konnte der alte Bundestag in Frankfurt wieder zusammentreten. Hier führte Österreich den Vorsitz und hier nahm auch Sachsen wieder seinen alten Platz ein. Den Weg nach Olmütz, der die beiden Großmächte bis hart an die Kriegsgefahr führte, legte Sachsen an der Seite Österreichs zurück. Im Höhepunkte der Krise mobilisierte König Friedrich August seine Armee und sammelte sie bei Großenhain. In der Vereinbarung von Olmütz wich Preußen, wenigstens im Augenblick bedingungslos, vor Österreich unter russischem Druck zurück. Das bedeutete in der deutschen Politik Verzicht auf die Unionspläne, das heißt auf die kleindeutsch-norddeutsche Lösung und Rückkehr zur Bundestagspolitik. Offensichtlich hatte Beust Sachsen seit der Abwendung von den Unionsplänen — wenn sie ihm je Ernst gewesen waren — der zur Zeit stärkeren Seite beim heraufziehenden Kampf um die Vorherrschaft in Deutschland zugeführt. Aber wie in der Innenpolitik die Wiederherstellung der alten Stände nur eine Verlegenheitslösung gewesen war und nicht in der ursprünglich vom König und den meisten Ministern verfolgten Linie gelegen hatte, so bedeutete die Rückkehr zum Bundestag in der deutschen Frage ebenfalls ein Mehr an reaktionärer Entwicklung gegenüber dem Willen der eigentlichen Träger des staatlichen Geschehens und gewiß auch eine Verstimmung und Enttäuschung weckende Wendung für alle die guten Deutschen im Lande, denen einst vor zwei Jahren der Ruf nach Freiheit und Einheit nicht nur eine Parteiphrase gewesen war.

Und war die Abhängigkeit von Österreich für Sachsen wirklich so viel tragbarer als die vom Unionsbunde mit Preußen erwartete, zumal Zollverein und Wirtschaftsinteressen mehr nach Norden als nach Süden wiesen?

Von Dezember 1850 bis weit ins Frühjahr 1851 hinein tagten die Dresdner Konferenzen, um schließlich nicht mehr als „schätzbares Material" für eine künftige Bundesreform zu liefern, indessen man es für die Praxis beim Zustande des Vormärz beließ. Sachsen hatte bei den Verhandlungen eine nicht unwichtige Rolle gespielt und handelspolitisch die Wünsche Österreichs auf Eingliederung in den deutschen Zollverband, bundespolitisch aber zwar eine Volksvertretung beim Bunde, aber eine nicht aus unmittelbaren Wahlen, sondern aus Abgeordneten der Länderparlamente gebildete, vertreten.

Die Politik Sachsens am Bundestage hat Bismarck — gewiß nicht gerade unparteiisch, aber doch auch mit Scharfblick — aus eigener Kenntnis dahin beurteilt, daß ihre Abhängigkeit von Österreich so weit ging, daß man von einer sächsischen Richtung dabei gar nicht mehr reden könne und Sachsens Einfluß oft geringer sei als der kleiner deutscher Staaten.

Als nach längeren Zwischenspielen, an denen Beust stark beteiligt war, der Streit um den

Zollverein dank einer Vereinbarung mit Österreich, die diesem den Anschluß für die Zukunft offen ließ, abflaute, ein Streit, der durch Jahre Deutschland beunruhigt hatte, blieb das Ergebnis das alte: die Vorherrschaft Österreichs im Bunde und die Vormachtstellung Preußens im Zollverein. Sachsen stand zwischen beiden Nachbarn, politisch dem einen, wirtschaftlich dem anderen von beiden verbunden. Die Krise blieb ungelöst, und jede Änderung des unsicheren Kräfteverhältnisses mußte Sachsen in Mitleidenschaft ziehen. Seine begrenzte militärische Kraft, seine empfindliche Wirtschafts- und Handelslage mußten es auf Erhaltung friedlicher Zustände in Deutschland bedacht sein lassen. Was Wunder, daß es eine konservative Politik verfolgte! Aber bald sollte sich zeigen, daß die drängenden Kräfte im Volkskörper, das Mißverhältnis zwischen volksmäßiger und staatlicher Form der Nation und nicht zuletzt das politische Machtstreben Preußens, deutsche und eigene Interessen vielleicht manchmal ungewollt vereinigend, stärker waren als die Rücksicht auf das Wohlergehen eines deutschen Teilstaates.

Das einschneidende Ereignis der Landesgeschichte in dem Sachsen der fünfziger Jahre ist der Tod König Friedrich Augusts II. Wohl waren die Zeiten längst vergangen, wo die Regierung eines Fürsten notwendig eine Epoche im Leben des Landes bedeutete. Aber dieser auf einer Tiroler Reise verunglückte, trotz des Mai 1849 sehr beliebte Landesherr hatte doch noch eine innere Verbindung zu den politisch beruhigteren Jahren Sachsens in der Entstehungszeit der Verfassung bedeutet, seine bildungsfreudige, weltoffene Geisteshaltung Lindenauscher Prägung war von dem engen Freundschaftsverhältnis mit dem Berliner Schwager glücklich ergänzt worden. Die Natur des Bruders und Nachfolgers Johann entbehrte der menschlichen Wärme, die Friedrich August ausgezeichnet hatte. Wohl war er als Gelehrter und Jurist vor vielen seiner deutschen Standesgenossen ebenso ausgezeichnet wie durch seine Pflichtauffassung und sein ehrliches deutsches Empfinden. Doch ging ihm die unmittelbare Wirkungsmöglichkeit, das gewinnende Wesen ab, das jener besessen hatte. Hinzu kam, daß auch er keine eigentlich politische Natur war. Er betrachtete — ähnlich dem im ganzen allerdings weniger geistig veranlagten Friedrich August I. — auch die außenpolitischen Probleme seiner Zeit rein als Rechts-, nicht als Machtfragen. Daraus ergab sich eine gewisse Starrheit, die im Verein mit Johanns strengem Konservatismus wenig glücklich im Spiel der Politik war. In der Erkenntnis dieser eigenen Unzulänglichkeit ließ er dem vielgewandten, aber auch skrupellosen Beust oft freie Hand.

Als am Ende des Jahrzehnts, sieben Jahre nach Friedrich August, auch Friedrich Wilhelm IV. starb, blieb zwischen Johann und Wilhelm zwar eine alte, aus Jugendtagen stammende Freundschaft lebendig, aber es fehlte ihr die Grundlage geistig-kultureller, künstlerischer und wissenschaftlicher Neigungen, die ihre älteren Brüder verbunden hatte. Wilhelms militärische Neigungen teilte Johann wenig. Zudem war der Berliner Hof durch die Weimarer und die englische Heirat den Ernestinern näher getreten, die von sich aus die alte Freundschaft Berlins mit Dresden gewiß nicht förderten. Mit der Gewinnung verwandtschaftlicher Beziehungen zu Baden aber schuf sich Preußen eine neue mittelstaatliche Stütze, die an die Stelle der älteren Verbindung mit Sachsen zu treten berufen war. Beust war zudem auch von vornherein einer stärkeren Anlehnung an den Norden abgeneigt; das hatte seine Unionspolitik gezeigt, die Sachsen vor ganz Deutschland in den Verdacht bewußter Zweideutigkeit brachte. Baden—Weimar—Koburg bildeten bald jene kleindeutsche Gruppe, die ebenso preußenfreundlich wie antibeustisch gesinnt war. Ganz neuen Idealen kehrte sich die Kronprinzengeneration zu. Friedrich Wilhelm von Preußen hat aus seiner Abneigung gegen den sächsischen Hof kein Hehl gemacht, während Albert — begeisterter Soldat wie sein preußischer Vetter und wie wenige aus dem albertinischen Stamme — die Freundschaft mit Kaiser Franz Joseph sichtlich betonte und die österreichischen Neigungen teilte, die in der sächsischen Armee lebten und zum Beispiel in gelegentlichen Verbrüderungen mit den Offizieren der böhmischen Garnisonen ihren Ausdruck fanden.

Noch wird die deutsche Bundes- und Zollvereins-Politik der Jahre von dem Gedanken der Gruppenbildung beherrscht. Dabei findet der von Beust in immer neuen Vorschlägen angeregte Triasgedanke wechselnde Gestalt, demzufolge neben den um Preußen und Österreich stehenden Staatengruppen die deutschen Mittelstaaten sich zu engerer Verbindung zusammenfinden. Sie verkörpern in sich sogar eine reinere Form des Deutschtums als die beiden Großmächte, weil sie nicht wie diese mit nichtdeutschen Gebietsteilen und mit weitgehenden Rücksichten auf die allgemeine europäische Politik belastet sind. Es würde zu weit führen, auf alle Entwürfe einzugehen, um die sich Beusts wendiger und erfindungsreicher Geist bemüht hat. Die rastlose Arbeit hat seiner Stimme jedenfalls einen weiten Widerhall im In- und Auslande gesichert. Seine Bedeutung überstieg weit die sächsischen politischen Tätigkeitskreise. Allgemein galt er als der führende Kopf der deutschen Mittelstaaten. Als deutscher Odysseus — wie ihn ein Franzose nannte — ließ er noch einmal den Namen des sächsischen Staates in den europäischen Kabinetten aufklingen, den man seit dem Wiener Frieden kaum noch vernommen hatte; ob zu Glück oder Unglück, sollte sich bald entscheiden. Ein letztes Mal mischte sich eine eigenwüchsige sächsische Außenpolitik ins europäische Konzert, ehe sie endgültig daraus verschwand. Dieser vielleicht von vornherein nicht mehr zeitgemäße, aber doch als geschichtliche Erscheinung reizvolle Anlauf wird immer mit Beusts vielgescholtenem Namen verknüpft bleiben. Der Ausbau des sächsischen diplomatischen Dienstes, aber vor allem auch des Konsularwesens — die Zahl der sächsischen Konsulate überstieg zeitweise 70 in allen Erdteilen — veranschaulicht die Tätigkeit Beusts nach der verwaltungsmäßigen Seite hin.

Die Mittelstaaten brauchten den Deutschen Bund, mochte sich seine Verfassung auch im einzelnen ändern, um in seinem Rahmen ihr Eigenleben sicherzustellen. Preußen — das erkannte zuerst in voller Schärfe Bismarck in seiner Bundestagszeit — hatte an Bundesreform und Bundesbestand nicht das gleiche Interesse. Für den als Raumgebilde noch so unfertigen Hohenzollernstaat konnte der Bund den Aufstieg zur Macht nur hemmen. In Bismarck erhärtete sich in seinen Frankfurter Jahren, die er noch mit gewissen österreichischen Sympathien begonnen hatte, die Erkenntnis, daß der Kaiserstaat nur ein Rivale um die Vorherrschaft in Mitteleuropa war. Sachsen aber, das so peinlich nahe gelegene Nachbarland, war bei seiner auf Bundesreform und mittelstaatliche Geltung gerichteten Politik, ein lästiger und darum unfreundlich betrachteter Widersacher.

War der Bund ein Hemmschuh für Preußen, so ließ sich der Zollverein für die eigenen Zwecke Preußens trefflich benutzen. Durch Einzelverträge galt es hier die Einheitlichkeit des Bundesgefüges zu durchbrechen und durch wirtschaftliche Vorteile Anhängerschaft politischer Natur zu gewinnen, Österreich aber aus dieser sich festigenden Verflechtung herauszuhalten. Es ist eine müßige Frage, ob etwa die großzügige Wirtschaftspolitik des österreichischen Ministers Bruck, die gerade sächsischerseits mit so viel Aufmerksamkeit und Beifall verfolgt wurde, geeignet gewesen wäre, ganz Deutschland in weite osteuropäische Zusammenhänge zu führen und auf dieser Grundlage der Einigung näher zu bringen. Für Deutschland blieb das Österreich bleibenden Segen stiftende Wirken des genialen Staatsmannes bestenfalls Episode, und die Anlehnung an Preußen wurde ihm auch wirtschaftspolitisch Zukunft und Schicksal.

Beust, der die von Bismarcks Auffassung der preußischen Ziele ihm drohenden Gefahren wohl erkannte, hat es in jenen Jahren auch nicht unversucht gelassen, die überstaatliche, nationaldeutsche Bewegung gelegentlich ein wenig vor seinen politischen Wagen zu spannen. Wohl waren weite Kreise dieser von der geistigen zur politischen Einheit des Deutschtums strebenden Schichten schon auf das kleindeutsche Ideal festgelegt, wie die Gothaer und der Nationalverein, also die gerade innerhalb Sachsens zahlenmäßig nicht eben sehr starken Liberalen. Absichtlich übersah Beust diese liberalen und unitarischen Neigungen, die nur zu oft den großen Tagungen der Sänger und Turner, der Germanisten und Historiker den Grundton gaben. Ehrlicher hat König Johann diese gesamtdeutschen Bestrebungen um ihrer selbst willen gefördert, wie ja zum Beispiel die Gründung des Gesamtvereins der deutschen Geschichts- und Altertumsvereine seiner Anregung mit verdankt wird.

Im Grunde war Beusts Bemühen um eine Vereinigung der Mittelstaaten schon wegen der Widerstände und des Auseinandergehens der Einzelinteressen unter ihnen beinahe von vornherein zum Scheitern verurteilt. Konferenzen, wie die zu Würzburg im November 1859, die ihren Teilnehmern den Sammelnamen der „Würzburger", aber keine positiven Ergebnisse einbrachte, sind für das ebenso Rast- wie Erfolglose jener Bemühungen kennzeichnend. Es war dabei ganz offensichtlich, daß Sachsens Verhältnis zu den drei süddeutschen Mittelstaaten schon aus geographischen wie aus wirtschaftlichen Gründen inhaltsärmer war als das zu Preußen. Auch zwischen den Dynastien und den regierenden Ministern, namentlich nach Bayern hin, fehlte es an tieferem Verständnis und offenem Willen zum gemeinsamen Handeln.

Der Badener Fürstentag 1860 ließ schon deutlich die badische und weimarische Neigung für Preußen erkennen, allerdings auch die feste Ablehnung der Neigung Napoleons III., sich in die deutschen Verhältnisse einzumischen.

Im Herbst 1861 trat Beust mit einem eigenen Bundesreformvorschlag vor die deutsche Öffentlichkeit. Die Besorgnis, daß Preußen alle reformfreundlichen Elemente in Deutschland auf seine Seite ziehen könnte und das Auftauchen der Bundesreformwünsche in den sächsischen Kammern mögen Beust zu seinen Vorschlägen ermutigt haben. Vorsichtige Verhandlungen in Wien gingen der Veröffentlichung voraus. Der Vorschlag gipfelte in einer zwischen den Großmächten wechselnden Zentralgewalt, einer abwechselnd in Hamburg und Regensburg tagenden Bundesversammlung aus Regierungsvertretern und einer Abgeordnetenversammlung aus Vertretern der Einzellandtage. Da die so gebildete Bundesgewalt nur zweimal jährlich auf längstens vier Wochen zusammentritt, wird in der Zwischenzeit die vollziehende Gewalt von den beiden Großmächten und einer dritten von den übrigen Regierungen zu bevollmächtigten Macht wahrgenommen.

Der Entwurf wollte allen etwas bringen und brachte darum keinem das ihm wirklich Erwünschte. Die Ablehnung durch Preußen, die sein Werk erfuhr, enttäuschte Beust weniger als die ihm unerwartete abfällige Kritik seiner Vorschläge durch Österreich. Auch Bayern folgte Österreich in der Ablehnung der sächsischen Vorschläge, während Hannover sich völlig zurückhielt, weil es den gegenwärtigen Bundeszustand bewahrt wissen wollte. Beusts Mißerfolg war offenbar, aber er benutzte mit großem Geschick die Antwort Preußens, das eine möglichste Einschränkung der gegenwärtigen Bundeszuständigkeiten empfohlen und Einzelvereinbarungen unter den Ländern angeregt hatte, dazu, Preußen nunmehr deswegen als den eigentlichen Störenfried hinzustellen und eine deutsche Abwehrfront gegen die preußischen, von Baden unterstützten Pläne ins Leben zu rufen. Dabei ging die Führung allerdings an den Österreicher Rechberg über, der einen Angriff gleichlautender diplomatischer Erklärungen der großdeutsch eingestellten Staaten gegen Preußen unternahm. Sachsen schloß sich diesem Vorgehen nur zögernd an, geriet darum aber doch zu Beginn des Jahres 1862 in einen heftigen Meinungsstreit mit Preußen. Beusts alte Reformvorschläge leben in den Anträgen auf Einberufung einer Delegiertenversammlung fort, die Österreich beim Bunde einbrachte. Es ist für die Mittelstellung Sachsens wieder bezeichnend, daß es zwar Österreichs Bundespolitik unterstützte, aber im Sommer 1862 doch auch den preußisch-französischen Handelsvertrag annahm und damit trotz der Wiener und süddeutschen Proteste an seinem handelspolitischen Anschluß an den Norden festhielt.

Der Wandel in den leitenden Persönlichkeiten der preußischen Außenpolitik dieser Jahre, von Schleinitz zu Bernstorff und — im September 1862 — zu Bismarck, wird in ganz

Sachsen, zumal aber von Beust, mit Mißtrauen und Bedenken begleitet. Gegen die unberechenbaren Möglichkeiten der Bismarckschen Politik sieht man nur in der Schwäche der innerpreußischen Verhältnisse einen gewissen Anhaltspunkt der Sicherheit. Das Wort Bismarcks vom Blut und Eisen als den alleinigen Heilmitteln der deutschen Nöte hat in Sachsen schwerlich Beifall gefunden. Die Urteile der sächsischen Diplomatie über Bismarcks Wesen und Wollen vermischen Mißachtung und Besorgnis.

Während die Aktivität Preußens in der europäischen Politik, die sich zunächst in der sogenannten Alvenslebenschen Konvention mit Rußland offenbarte, Sachsen wenig berührte, brachte der polnische Aufstand das Land in eine schwierige Lage. Napoleon suchte die deutschen Mittelstaaten im April 1863 an einer gemeinsamen Unternehmung zur Entlastung der Polen zu beteiligen, deren Spitze sich scheinbar gegen Rußland, tatsächlich aber gegen Preußen richtete. Nun hat aber Beust im Gegensatz zu manchem anderen mittelstaatlichen Minister der Zeit gar kein engeres Verhältnis zu dem Frankreich Napoleons III. gehabt. Nachdem sich der erst geplante Weg einer nichtssagenden Erklärung an Rußland als ungangbar erwiesen hatte, lehnte man unter dem bestimmenden Einflusse Wiens Frankreichs Anregung ab, was in Paris verstimmte, in Berlin und Wien aber beifällig aufgenommen wurde. Damals reist Beust selbst nach Berlin, und Bismarck nennt ihn den fähigsten und praktischsten Minister der Höfe zweiten Ranges in Deutschland. Doch dieses Urteil sollte nicht von Dauer sein.

Da König Johann aus Friedensliebe und gut deutscher Gesinnung, Beust aus diplomatischer Berechnung in der Zwischenstellung Sachsens zwischen Nord und Süd nicht nur einen Vorteil für das Land, sondern sogar eine gesamtdeutsche besondere Aufgabe, eben die Vermittelung zwischen beiden Extremen, erblickten, wäre — wenn es nach Sachsen gegangen wäre — der Zustand der deutschen Verhältnisse erhalten geblieben oder wenigstens durch nur maßvolle, den Kern der Dinge nicht verändernde Reformen, wie sie Beusts Vorschlag enthalten hatte, umgestaltet worden. Es war schließlich der ungeduldige Machtwille der Großmächte, der die Dinge immer wieder in Fluß brachte. Kaiser Franz Joseph selbst erschien im Sommer 1863 auf dem Plane mit seinem Vorschlage eines nach Frankfurt zu berufenden Fürstentages. An der Einleitung dieses bedeutungsvollen Schrittes waren König Johann und Beust unbeteiligt. Fälschlich hat man damals Beusts den nationalen Bestrebungen weit entgegenkommende Rede auf dem großen deutschen Turnfest in Leipzig mit diesem Schritt in Beziehung gebracht. Die großdeutsche Grundstimmung seiner Ausführungen verdarb ihm in Berlin alle in der voraufgegangenen Zeit erworbenen Sympathien. Er selbst aber hat wohl damals auf eine Verständigung mit Preußen um so mehr gehofft, weil der Konflikt des Kronprinzen Friedrich Wilhelm mit Bismarck eben offenbarte, daß auch in Berlin verschiedene politische Richtungen um die Macht rangen.

Der Frankfurter Fürstentag ist dann zu schwersten Belastungsproben für die alte Freundschaft der Könige Johann und Wilhelm geworden. Hätte nicht Bismarck seinen königlichen Herrn mit eiserner Energie zurückgehalten, dann wäre es Johann bei seinem Besuche in Baden gelungen, König Wilhelm zur Teilnahme an der Frankfurter Versammlung der deutschen Fürsten zu gewinnen. Der schwer errungene Sieg Bismarcks brachte das Unternehmen des Kaisers Franz Joseph zum Scheitern. Immerhin war die Versammlung ein großes Ereignis, bei dem die deutschen Fürsten nicht unwürdig dem Besten der Nation zu dienen sich bemühten. Das Fernbleiben Preußens verhinderte den endgültigen Erfolg von vornherein. Aber auch die preußischen Quellen rühmen den Eifer, das Sachverständnis und den guten Willen König Johanns, der bei den Verhandlungen eine geistig wie sachlich führende Rolle spielte. In folgerichtiger Weise hat damals Sachsen seine bundespolitische Linie festgehalten, dadurch und in der Persönlichkeit des Königs sein Ansehen unter den deutschen Ländern gefestigt, allerdings auch erneut die Erfahrung gemacht, daß dieser Weg in die deutsche Zukunft doch schwerlich je das Ziel erreichen werde.

Das folgende Jahr hat dann die schleswig-holsteinische Frage erneut gestellt, damit aber auch die deutschen Dinge soweit ins Rollen gebracht, daß sie nun der endgültigen Lösung unaufhaltsam zustrebten. Damit tritt Sachsen in den letzten Abschnitt seines vollen staatlichen Eigenlebens und seiner auswärtigen Politik ein. Ehe diese letzte Phase des Deutschen Bundes behandelt wird, soll noch auf die wirtschaftlichen und allgemein kulturellen Verhältnisse Sachsens um die Jahrhundertmitte eingegangen werden, denn nur aus ihnen sind auch die abschließenden politischen Schicksale des Landes recht zu verstehen.

Nichts ist in jenen drei Jahrzehnten zwischen der Mitte der dreißiger und der Mitte der sechziger Jahre für Sachsens Staat und Volk bezeichnender und bedeutsamer gewesen, als die radikale Industrialisierung, der Sieg der Maschinen in einem Umfange, wie er von keinem deutschen Lande in der gleichen Zeitspanne erreicht worden ist.

Wohl war der Gewerbefleiß, vielfach in engerer oder weiterer Verbindung mit dem Bergbau, eine alte, seit dem Mittelalter neben der Landwirtschaft stehende wichtige Seite der sächsischen Volkswirtschaft. Im Wandel der Wirtschaftsformen hatten sich Weberei, Spinnerei, Färberei neben der Verarbeitung von mancherlei Bergbauprodukten immer erhalten. Aber mit dem Einzug der Maschine in Wirtschaft und Verkehrswesen nahm die Entwicklung doch ein gesteigertes Tempo an. Immer häufiger werden in den sächsischen Mittelstädten, deren Gewerbebetriebe schon älter waren, neue Fabriken angelegt; auch ins platte Land dringt die Industrie vor, die hier oft billigere Bodenverhältnisse und dank der Bevölkerungsdichte auch in den Dörfern hinreichend viel Arbeitskräfte findet. Es bildet sich jene besonders für weite Teile des Erzgebirges und des Vogtlandes, aber auch für die Industrieorte der Oberlausitz typische sächsische Industrielandschaft, deren Bild durch die ragenden und rauchenden Schornsteine, durch die gedrängten Arbeitersiedlungen und durch die dazwischen eingesprengten Reste bäuerlichen Betriebes gekennzeichnet ist. Bald ist die Öffentlichkeit erfüllt von den Berichten über den Aufschwung einzelner Großbetriebe, wie sie z. B. die Chemnitzer Maschinenfabrik von Hartmann und einzelne Großspinnereien darstellen, deren Arbeiterzahlen von den Hunderten in die Tausende steigen. Daneben sind es aber gerade in Sachsen die mittleren Industriebetriebe, häufig auch die korporativ zusammengeschlossenen kleineren, die das wirtschaftlich tragende Element im Lande ausmachen. Immer mehr gleicht sich der wirtschaftliche Abstand und Unterschied zwischen Stadt und Land aus. Nur wenige Kleinstädte, die abseits der Verkehrswege liegen, behalten ihren Charakter als Ackerbaustädtchen. Das Industriedorf wird zur Neuerscheinung im Verwaltungskörper des Landes. Neue Erwerbszweige fassen in dem geistig so regsamen, wirtschaftlich so geschickten, auch bei mühsamen Anfängen meist ausdauernden obersächsischen Volksstamme Fuß. Zigarren- und später — zuerst in Deutschland — Zigaretten-Herstellung breiten sich ebenso aus wie die Schokoladen-, die chemische, die optische, später die photographische Industrie. Die Verfeinerung der Maschinenindustrie läßt immer neue Werkzeugmaschinenwerkstätten verschiedenster Spezialisierung entstehen. Meist bieten englische Vorbilder die Anregung, aber auch Österreich und Frankreich pflegen den Austausch von Erfindungen und gewerblichen Fortschritten mit dem regsamen Sachsenlande lebhaft. Alle rasch aufblühenden Zweige des Verkehrs- und Nachrichtenwesens werden in Sachsen studiert und weiterentwickelt. Lokomotiven und Dampfschiffe, optische Telegraphen und Rotationsmaschinen für den Zeitungsdruck — welche steile Entwicklung, seitdem König in Eisleben 1810 die Schnellpresse erfunden hatte, gerade im Druckgewerbe! — tragen den Ruf der sächsischen Industrie weit über die Grenzen der engeren und weiteren Heimat hinaus. Neben dem Massenartikel der Industrie steht stets noch die Einzelarbeit des Heimarbeiters, zumal in den feineren Gewerben; die Markneukirchner Musikinstrumente und die Glashütter Uhren gingen in alle Erdteile. So weitete sich der Sinn der Einwohner für die wirtschaftlichen Zusammenhänge, für Weltwirtschaft, für die Beziehungen von Kapital und Arbeit, für die Schwankungen der internationalen Wirtschaftslage und für deren Folgen.

Es darf in dem leuchtenden Bilde des schier ungehemmten industriellen Aufschwungs des Landes auch nicht vergessen werden, welch tiefe Schatten diese Entwicklung auf der anderen Seite über Volk und Staat warf. Das alte geruhsame Staats- und Volksleben, wie es Ludwig Richters Bilder der Nachwelt erhalten haben, schwand unwiederbringlich dahin. Nicht nur das Antlitz des Landes veränderte sich zusehends. Wo um die Städte einst sich wogende Felder gedehnt hatten, da schossen nun Arbeitervorstädte, rasch, billig und oft unsolid gebaut, aus dem Boden. Damals erst sind die Handelsstadt Leipzig und die Residenz-, Beamten- und Fremdenstadt Dresden zu Industrieorten von Bedeutung geworden. Rasch gehen ihre Einwohnerzahlen in die Höhe und überschreiten die Hunderttausend. Darin liegt aber eine einschneidende Änderung in der Zusammensetzung der Bevölkerung beschlossen. Wenn Sachsens Einwohnerzahl in den dreißiger Jahren, von denen hier gesprochen wird, um 50 % gewachsen ist, während sie sich in dem Menschenalter vorher bei an sich auch steter Entwicklung um noch nicht 25 % vermehrt hatte, wenn dann weiterhin das nächste halbe Jahrhundert eine Verdoppelung seit etwa 1850 brachte, so sind das Anzeichen einer Entfaltung des Landes, die vielleicht zwangsläufig, aber gewiß nicht in allen Punkten gesund gewesen ist. Die diesem Wachstum entsprechende Erscheinung ist die Lösung weiter Volkskreise vom angestammten Boden und die Proletarisierung weiter, ehedem ländlicher und wirtschaftlich selbständiger Schichten des sächsischen Volkes.

Kamen dann wirtschaftliche Schwankungen, wie sie beispielsweise der amerikanische Sezessionskrieg oder der Krimkrieg für den sächsischen Markt bedeuteten, dann wurden bestimmte Kreise brotlos und wanderten aus. Die teilweise vom Staate sogar gern gesehene und geförderte Auswanderung von Hunderten und Tausenden sächsischer Menschen vornehmlich nach den Vereinigten Staaten, haben dem Lande nicht nur manchen mißratenen Sohn, sondern der Volkswirtschaft auch unendlich viel mehr bester Kräfte entzogen. Wenn man später und noch in der jüngsten Vergangenheit die mangelnde Staatsgesinnung und das oft schwach entwickelte Stammesgefühl des Sachsen beklagt hat, dann ist die Ursache dieser Erscheinung nicht so sehr in den politischen Mißerfolgen Sachsens seit dem Siebenjährigen Kriege zu suchen als vielmehr in der Lösung so vieler Landeskinder vom Heimatboden, in den Wanderungsvorgängen, die innerhalb der Landesgrenzen und über sie hinweg in nie ruhender Bewegung das Volk dem Auf und Ab der industriellen Entwicklung haben folgen lassen. Wenn so der wanderlustige und anpassungsbereite Sachse fast überall in der Welt anzutreffen ist, so entspricht dem die Mischung in der Herkunft der im Lande Ansässigen. Wie man im Erwerbsleben über die Grenzen des kleinen Staates hinwegstieg, ohne sich lange zu besinnen, so minderte sich auch das Gefühl für den Eigenwert dieser staatlichen Gemeinschaft, wobei dann rasch und oft auch das Empfinden für das eigene Deutschtum verloren ging und man sich als Weltbürger oder nach wenigen Jahren in der Fremde als Bürger des neuen Landes zu fühlen begann. Der Sinn richtete sich dabei fast ausschließlich auf den materiellen Erwerb, auf das persönliche Wohlleben. Man fiel dem Materialismus widerstandsloser anheim als der im Volksboden und in der staatlichen Gemeinschaft Verwurzelte. Der Materialismus aber öffnete wieder dem jüngeren Liberalismus und dem Marxismus die Türen, die beide in unlöslicher Verkoppelung Herz und Sinn des Unternehmers und des Arbeiters gefangennahmen.

Die Entdeckung des vierten Standes, des Fabrikarbeiters, die sich von Anfang an mit dem Glauben verband, daß dieser Stand notwendig im wirtschaftlichen und bald auch im politischen und allgemein geistigen Gegensatz zu den drei alten Ständen im Lande stehen müsse, ist nicht zuletzt in Sachsen gemacht worden. Arbeiterbildungsvereine entstanden an den wirtschaftlichen Hauptplätzen, in denen sich neben der alten sächsischen Bildungsfreude und Strebsamkeit doch auch der im Staate unterdrückte politische Radikalismus und der von internationalen Kräften getragene Sozialismus marxistischer Prägung eine Stätte schufen.

Der rasch im Lande anschwellende Stand der industriellen Unternehmer, meist dem Handwerks- oder Heimarbeiterstande entwachsen, war von den Gedankengängen des Manchestertums, des schrankenlosen und die Werte des Staates und der Gemeinschaft möglichst ausschaltenden wirtschaftlichen Liberalismus erfüllt. Der Name „sächsisches Manchester" für Chemnitz erhält unter diesem Gesichtspunkte einen weiteren, wenig freundlichen Sinn. Man war in erster Linie auf den Gelderwerb aus. Nur in besonders gelagerten Fällen blieb die alte handwerkliche Werkverbundenheit zwischen Arbeitgeber und Arbeitnehmer erhalten. Oft wechselten beide die Stätte ihrer Tätigkeit und das Band gemeinsamer Arbeit je nach den Schwankungen der Konjunktur. Die Villa des Fabrikanten gehört wie die Kolonie der Arbeiterhäuser zum Bilde der sächsischen Industriestadt, und beide kennzeichneten sich durch ihren Stil oft als volks- und bodenfremd. Noch die gewerblichen Bauten des 18. Jahrhunderts hatten sich ungleich glücklicher in das Landschaftsbild gefügt, auf das sie noch nicht als fremde Übermalung ohne natürliches Stilgefühl aufgetragen wurden.

In Leipzig hat die Wiege der deutschen sozialistischen Arbeiterbewegung gestanden, hier sind die ersten Gewerkschaften von Industriearbeitern gebildet worden. Die Gedankengänge, die hinter diesen Bewegungen standen, griffen natürlich weit über die Staats- und Volkstumsgrenzen hinaus und übersahen sogar absichtlich deren Bedeutung.

Während nun die Unternehmer, wie die Mehrheit des Bürgertums überhaupt, die in der sozialen Bewegung und in der ihrer selbst bewußt werdenden Arbeiterschaft enthaltenen Probleme und Aufgaben nicht in voller Schärfe erkannten, ist der Regierung soziales Verständnis nicht abzusprechen. Zum Teil hat die Abwehr der revolutionären Kräfte von 1848/49, die eine früher und später nicht gekannte Gemeinschaft der deutschen Staaten und als ihren Ausdruck periodische Polizeikonferenzen ins Leben gerufen hatte, die staatlichen Organe veranlaßt, das Leben und die Wirtschaftslage der als politisch verdächtig angesehenen unteren Volksschichten näher zu untersuchen. Bald wurde dabei die innige Verquickung des Politischen mit dem Sozialen erkannt. „Kommissionen zur Erörterung der Gewerbe- und Arbeits-Verhältnisse in Sachsen" waren schon seit 1846 zusammengetreten. Karl Ludwig Kohlschütter und Albert Christian Weinling haben das bleibende Verdienst, als führende Köpfe der inneren Verwaltung jener Zeit soziales Verständnis und ein kluges Einfühlungsvermögen in die wirtschaftspolitische Lage Sachsens besessen zu haben. Sachsen beteiligte sich damals mit großem Erfolge an den Weltausstellungen in London und Paris. Dabei fand die sächsische Industrie die tatkräftige Unterstützung ihrer Regierung. Sächsische Ingenieure arbeiteten im Verein mit Österreichern die Pläne zum Suezkanal aus, an deren Finanzierung die Leipziger Handelshäuser Jakob Heinrich Thieriot und Dufour-Féronce wesentlich mit beteiligt waren. Als es sich darum handelte, Unterstützungen zur Durchführung einer regelmäßigen Dampferverbindung von den Nordseehäfen nach Nordamerika einzurichten, versagte sich der sächsische Staat dem Rufe ebensowenig. Das sächsische Eisenbahnwesen vervielfachte seine Strecken, und wo ungeschickte Spekulationen dabei Privatgesellschaften scheitern ließ, sprang der Staat ein.

Wie kaum je in einer voraufgegangenen Zeitspanne stieg der Volkswohlstand. Die Sparkassenguthaben der Landeskinder schwollen ebenso an wie die Jahresrechnungen des Staatshaushaltes. Wenn das Gewerbegesetz von 1861 auch nicht allen ursprünglichen Absichten seines Schöpfers Weinling, zumal in sozialer Hinsicht, entsprach, so stellte es doch auch volkspflegerisch einen beachtlichen Fortschritt gegen früher und gegen die Gesetzgebung der Nachbarländer dar. Noch fehlten die den neugeschaffenen Handels- und Gewerbekammern entsprechenden Einrichtungen für die Industriearbeiter.

Im Zusammenhang mit dem Beitritt Sachsens zum deutsch-österreichischen Postverein wurde 1850 die Briefmarke in Sachsen eingeführt. Vereinheitlichend wirkte die Angleichung der Gewichtssätze und die Schaffung eines gemeinsamen Handelsgesetzbuches für die Zollvereinsstaaten im Jahre 1862.

Wie die wirtschaftliche Entfaltung Sachsens die Grenzen staatlicher Enge durchbrach und die Richtung der deutschen Geschichtsgestaltung auf kommende Einheit wies im Sinne des immer wieder, allerdings ohne den von Sachsen unterstützten Beitritt Österreichs, erneuerten Zollvereins, so flutete auch das geistige Leben der Zeit über die Grenzlinien des gerade hierin seinen Charakter als rechtes Land der deutschen Mitte bewährenden Sachsens hinweg. Julian Schmidt und Gustav Freytag gaben seit 1848 in Leipzig die „Grenzboten" heraus, ein einflußreiches Organ, das seinen gesamtdeutschen, liberalen Geist nicht verleugnete, aber auch die Grenzlage Leipzigs und Sachsens überhaupt gegenüber dem Deutschtum in Österreich erkennen ließ. Freytags schriftstellerisches Wirken, Dichtung einer in den prosaischen Seiten des kulturellen Lebens großen Epoche, aus dem Historischen schöpfend und zugleich dem tätigpraktischen der Nation und ihren gesamtstaatlichen Bedürfnissen zugewandt, veranschaulicht eindrucksvoll das Sachsen und Deutschland um die Jahrhundertmitte erfüllende geistige Streben. Das tüchtige Bürgertum der Mittelschichten, noch im Volksboden verwurzelt im Gegensatz zu dem losgelösten vierten Stande, trägt recht eigentlich die Werte der Bildung durch die sozial und politisch vielfach erschütterte Zeit. Das altberühmte sächsische Schulwesen behauptet neben den kräftig sich im Zuge der Zeitforderungen entwickelnden Realanstalten auch die humanistische Überlieferung. Lehrerbildungswesen und Volksschule erfuhren durch den Kultusminister Paul v. Falkenstein manche Förderung. Besonders gelang es diesem, die Leipziger Universität zu neuem Glanze durch eine Reihe glücklicher Berufungen zu führen. Die Studentenzahl erreichte eine vordem nicht erlebte Höhe. Die von allen Nachbarn beneideten glänzenden Staatsfinanzen gestatteten die Erweiterung wissenschaftlicher Sammlungen, Institute und Unternehmungen. Auch die Kunst genoß staatliche Anregungen. Der erste deutsche Lehrstuhl für Augenheilkunde wurde 1853 in Leipzig geschaffen, wie überhaupt die Medizin damals trefflich an der Hochschule vertreten war, wie etwas später nach Ernst Curtius und Friedrich Wilhelm Ritschls Berufung die Philologie. Der junge Privatdozent Heinrich v. Treitschke machte zunächst mehr durch seine schriftstellerische und politische Betätigung von sich reden.

Neben dem für Buch- und Schriftwesen immer maßgeblich in Deutschland gebliebenen Leipzig schien sich durch seine lebhaft sich regende literarische Bewegung in den fünfziger Jahren Dresden hervortun zu wollen. Otto Ludwig hat in Meißen und Dresden bekanntlich eine Reihe von Jahren gelebt. Karl Gutzkow war als Dramaturg der auf staatlicher Höhe stehenden Dresdner Bühne der Mittelpunkt eines literarischen Kreises. Das der Politik nach innen überdrüssig, nach außen — wenigstens der Richtung, die Beust verfolgte — skeptisch gegenüberstehende Volk, soweit es in seinen wohlhabenden Schichten nicht von der materialistischen Einstellung der Massen schon mitfortgerissen war, widmete sich lebhaft den künstlerischen, ästhetischen, literarischen Interessen, die in zahlreichen geselligen Vereinigungen, auch an kleineren Orten oft in lebhafter Blüte stehend, mit großer Hingabe gepflegt wurden.

Das politische Interesse der Zeit folgte den immer neuen Bundesreformvorschlägen nur noch zögernd, wohl aber entzündete es sich an einer Frage von neuem, die nicht von den Kabinetten allein getragen wurde, sondern das Volk als Ganzes bewegte: dem Schicksal Schleswig-Holsteins.

Sachsen hatte die Klippen der Zollvereinskrise von 1862/63 mit gutem Glück umsteuert, sich von seinen wahren wirtschaftlichen Rücksichten, die es an Preußens Seite wiesen, leiten und dabei die traditionellen Beziehungen zu Österreich doch nach Möglichkeit berücksichtigen lassen. Der Erfolg machte die Regierung in den Industrie- und Handelskreisen entschieden volkstümlich, in Berlin verhandlungsfähig, während der Groll der Süddeutschen, die über den Verrat mittelstaatlicher Gemeinsamkeit klagten, um so mehr zu verschmerzen war, als sich hier wie bei anderer Gelegenheit gezeigt hatte, daß das verbindende Element unter den „Würzburgern" mehr im Negativen als im Positiven lag und darum oft versagte.

In der Schleswig-Holsteinschen Frage nun waren wirtschaftliche Rücksichten Sachsens unmittelbar kaum im Spiele; worum es sich hier für den Staat der Albertiner handelte, war die Politik und die Rechtslage auf dem Gebiete des Deutschen Bundes. Hier aber waren einmal das streng rechtlich-formale Denken und der gerade im Rahmen der Bundestagswelt sich gern betätigende deutsche Sinn König Johanns stark in Mitleidenschaft gezogen. Damit verband sich die romantische Schwärmerei für das meerumschlungene Land deutscher Zunge, das von dänischer Übermacht in seinem Volkstum bedroht wurde. Schon 1849 war in Sachsen der Einsatz militärischer Kräfte zugunsten der deutschen Brüder im Norden volkstümlich gewesen und war des Prinzen Albert Hinweis auf das einigende Moment dieser Kräfte um Gesamtdeutschlands willen verstanden worden. Als nun 1863 Schleswig dem dänischen Gesamtstaate förmlich eingegliedert wurde, da fand die Tatkraft, die gerade die sächsische Regierung beim Bunde gegen diesen Eingriff in Bundesgebiete entfaltete, auch im sächsischen Volke Beifall. Das konservativ-partikularistische Interesse der Regierung und die nationaldeutsche Stimmung der gebildeten, in verschiedenen Schattierungen meist liberal empfindenden Kreise trafen sich in dieser Frage in seltener Einmütigkeit. Am Bunde stand also Sachsen in vorderster Linie gegen Dänemark, damit aber auch, wie sich bald herausstellen sollte, gegen die beiden, von europäischen Rücksichten bestimmten deutschen Großmächte. Neben dem Bundesrecht war sicher für die deutschen Mittelstaaten die Rücksicht mitbestimmend, daß hier ein kleiner deutscher Stammesstaat im Spiele war, dessen Behauptung gegen die Großen gerade von den Mittelstaaten Unterstützung erheischte. Trotz heftiger Presse- und Notenopposition, besonders Preußens, ließ Sachsen Ende 1863 eine gemischte Brigade marschieren und im Verein mit Hannoverschen Truppen Holstein besetzen, dessen Zivilverwaltung von je einem Kommissar beider Länder übernommen wurde. Während sich Beust bemühte, mit Preußen zu einer Verständigung über die bundespolitische Lage zu kommen, entwickelte sich die alte Streitfrage über die Herzogtümer wieder zu einem europäischen Problem, was sie ja in gewissem Sinne auch war. Napoleon III. ebenso wie England suchten die Verhandlung vor ihr Forum zu ziehen und unterließen auch nicht, die mittelstaatlichen deutschen Regierungen gehörig zu bearbeiten. Wieder schmeichelte man den deutschen Staaten mit der Unterstreichung ihrer gesamteuropäischen Bedeutung und ihrer besonderen Beliebtheit bei den großen außerdeutschen Mächten. Wieder einmal wurde das in Frankreich so beliebte „dritte Deutschland" in die Schranken gerufen. Ein scharfer Zusammenstoß Beusts mit dem englischen Außenminister Lord Russell über Sachsens angeblich leichtfertige Vernachlässigung des auch von ihm anerkannten Londoner Protokolls — also der gesamteuropäischen Vereinbarung über die Streitfrage — hinderte nicht, daß gerade Beust als Vertreter des Deutschen Bundes, dessen Teilnahme an sich schon ein Erfolg der Politik der Mittelstaaten war, auf dem Londoner Kongreß 1864 erschien und eine lebhafte Tätigkeit entfaltete.

Inzwischen hatten Preußen und Österreich, nicht vom Boden des Bundesrechts, sondern des Londoner Protokolls aus gegen Dänemark Stellung genommen, damit aber auch ihr Verhältnis zu den in Frage stehenden deutschen Interessen endgültig von dem der übrigen deutschen Staaten getrennt. An den Sachsen und Hannoveranern vorüber zog Wrangel mit den Preußen und Österreichern nach Schleswig. Zur Untätigkeit in dem nun ausbrechenden deutsch-dänischen Kriege gesellten sich für die mittelstaatlichen Truppen bald unangenehme Reibungen und Zusammenstöße mit der preußischen Heeresleitung. Ruhmlos mußte schließlich Holstein wieder geräumt werden, als sich die Großmächte nach erfochtenem Siege mit Dänemark über die Abtretung der Herzogtümer an sie, nicht an den Bund, verständigt hatten. Nur zu deutlich hatte der Verlauf des Unternehmens gezeigt, daß die Macht der Gewehre stärker war als die Buchstaben des Bundesrechts. Alle Proteste und Rechtserklärungen der sächsischen Regierung hatten den Gang der Dinge nicht geändert. Beust, der eben noch in London vor der europäischen Öffentlichkeit als Anwalt deutscher Interessen nicht ohne Geschick gewirkt hatte und in Deutschland darum viel gefeiert worden war, sah seine Bemühungen durch den Frieden mit Dänemark nunmehr völlig gescheitert. Der von der deutschen öffentlichen Meinung nicht weniger als von den deutschen Fürsten und den mittelstaatlichen Regierungen unterstützte Herzog von Augustenburg hatte das Ziel seiner Wünsche und damit das auch von all seinen deutschen Anhängern Erstrebte nicht erreicht. Sieger aber war Bismarck.

Der Gewinn der Elbherzogtümer hatte die deutschen Großmächte einiger gefunden als die Frage ihres künftigen Schicksals. Österreich, das seine Überflügelung durch die geniale Politik Bismarcks erkannte, suchte wieder in die bundespolitische Linie einzuschwenken und sich den Mittelstaaten zu nähern, während Preußen seine Abneigung gegen den Bund und die Frankfurter Verhandlungen deutlich erkennen ließ. Kein Wunder, daß die Uneinigkeit der Großen die politische Regsamkeit der Kleineren belebte und die Hoffnungen auf den vielleicht doch noch möglichen Sieg des Augustenburgers und damit der Bundessache von neuem anfachte. Alles Bemühen der sächsischen Diplomatie erwies sich schließlich doch wieder als vergeblich. Man vertagte sich in Frankfurt, als die in Gastein gefestigte Einigkeit der großen Mächte gegenüber den Anträgen auf Einsetzung des Herzogs von Augustenburg sichtbar wurde.

In ganz Deutschland war man sich darüber klar, daß die in Gastein vereinbarte Lösung der Teilung der Herzogtümer unter Preußen und Österreich schwerlich Aussicht auf dauernden Bestand hatte. Bismarck hatte damit den von ihm als Möglichkeit ins Auge gefaßten Krieg um die Vorherrschaft in Deutschland nur vertagt, Österreich aber zu den anderen deutschen Staaten in Gegensatz gebracht. Während der preußische Ministerpräsident nun das kühne Gebäude seiner deutschen Politik auf dem europäischen Felde gegen Frankreich und Italien sicherte, machte sich die Erbitterung im bundestreuen Deutschland, nicht zuletzt in Sachsen, heftig Luft. In Presse und Versammlungen brandmarkte man die Haltung der Großmächte als an der deutschen Sache aus egoistischen Machtgründen begangenen Verrat. Regierung und Volk waren in diesem Urteil durchaus einig. Alte Gefühle gegen den großen Nachbarn im Norden vereinigten sich mit der Enttäuschung über die Haltung des den Wettinern so vertrauten Hauses Habsburg. Diese Stimmung verdichtete sich in den ersten Monaten des Jahres 1866 zu der Gewißheit, daß man am Vorabend entscheidender Ereignisse stehe, bei denen auch das Schicksal Sachsens als Staates auf die Waage der Geschichte gelegt werden würde. Wohl hatte Sachsen eben noch einen Handelsvertrag mit Italien abgeschlossen und damit seine Wirtschaftsinteressen vor die dynastischen Bedenken gegen diesen revolutionären Staat und die in der Anerkennung eingeschlossene unfreundliche Geste gegen Habsburg gestellt; gleichwohl schwenkte Österreich vor der immer bedrohlicher werdenden Haltung Preußens wieder mehr zum bundespolitischen Standpunkt hin. Seine Annäherung wurde zunächst auch von Sachsen nur mit Vorsicht beobachtet. Man war in Dresden durchaus gewillt, in dem heraufziehenden Machtstreite der Großmächte möglichste Zurückhaltung zu üben. Die Erfahrung der vergeblichen Bemühungen in der Schleswig-Holsteinschen Sache wirkte noch stark auf die Haltung Sachsens nach. Dabei war sich Beust offenbar nicht klar darüber, daß ein Staat von der begrenzten Macht Sachsens schwerlich beim Streite zwischen Stärkeren, die sein Gebiet trennte, sich selbst aus dem Kampfe halten konnte. Der Anschluß an das politische System Preußens wäre für Beust wohl auch, wenn er ihn gewollt hätte, gegen den Willen des Königs und gegen die fast geschlossene öffentliche Meinung im Lande nicht durchführbar gewesen. Hof, Armee und fast alle politisch einflußreichen Kreise des Landes standen nach Gefühl und Rechtsempfinden auf Habsburgs Seite.

Bei einem Lande von der großen Wirtschaftsbedeutung Sachsens traten seine gewerblichen und überhaupt materiellen Rücksichten stark bei der Beurteilung politischer Verhältnisse hervor. Kriegerische und erobernde Neigungen, wie sie dem preußischen Staatsgedanken naturgegeben innewohnten und von Bismarck richtig erkannt und gewertet wurden, fielen im Staate der Wettiner von vornherein weg. Nicht zu verkennen war, daß der darin liegende notwendige Verzicht auf jeden politischen Angriff, also auf eine bestimmte mögliche Willensbetätigung im Kräftespiel der Mächte, auch den Staatsgedanken im Volke beeinträchtigen mußte. Zu deutlich sah man die Grenzen des heimatlichen politischen Wesens, lernte sich als Objekt des geschichtlichen Geschehens statt als Subjekt betrachten. Aus Gründen dieser Erkenntnis ist die unruhige Betriebsamkeit der Beustschen Diplomatie, die Routine statt Macht einsetzen zu müssen glaubte, zu verstehen; hier wurzelt die im Grunde unpolitische Haltung eines so klugen und geistig bedeutenden Menschen wie König Johanns, hier auch die halb welt-, halb spießbürgerliche Eigenart vieler Sachsen jener Zeit.

Verfolgt man den dornigen Weg, auf dem der sächsische Staat den Bruderkrieg von 1866 durchmessen hat — zugleich die letzte Raumspanne frei gewählter politischer Entscheidung auf dem wechselvollen Gang dieses Wettinerstaates durch die deutsche Geschichte —, so erkennt man rückblickend wohl rasch, daß es ein Irrweg war; aber man kann auch seine Zwangsläufigkeit nicht übersehen, und — was vor dem Urteil der Geschichte ungleich wichtiger ist — man muß, jenseits des Parteienstreits jener Tage stehend, anerkennen, daß Sachsen ihn nicht ohne Würde und männliche Haltung gegangen ist.

Sachsen folgte zunächst dem preußischen Antrag auf Bundesreform im Einverständnis mit den süddeutschen Ländern, war sich aber bei der weiteren Zuspitzung der Lage zwischen den Großmächten über die Gefahr nicht im unklaren. Es mußte die preußische Forderung auf Einstellung seiner Rüstungen, mit deren Durchführung es den beiden größeren Nachbarn nur gefolgt war, ebenso ablehnen wie das Verlangen, sich vorbehaltlos der bundespolitischen Linie Preußens anzuschließen, deren Österreich feindliche und es vom Bunde ausschließende Richtung nicht zu verkennen war.

Kronprinz Albert trat an die Spitze des 32 000 Mann starken sächsischen Korps, das man zunächst im Süden des Landes zu sammeln gedachte, um es zur Wahrung der geplanten Neutralität im Zusammenwirken mit Bayern zu verwenden. Unter dem Druck Österreichs, das ein neutrales Sachsen ebensowenig duldete wie Preußen, mußte dieser Plan aufgegeben und der Anschluß an die österreichische Armee, die sich in Böhmen sammelte, vollzogen werden. Die Sachsen wahrten die Waffenehre und bezogen zunächst Stellungen um Dresden, die sie nach dem Angriff der preußischen Armee langsam räumten, um über das Erzgebirge hinweg nach Böhmen auszuweichen.

Am 15. Juni hatte Preußen den Krieg erklärt, am 18. rückte die sächsische Armee in Böhmen ein, am 24. vereinigte sie sich mit einem österreichischen Korps zu einer vom Kronprinzen geführten Armeegruppe an der Iser. Diese stand nur in loser Fühlung mit der Hauptarmee unter Benedek und war über die Lage an der ganzen Front nicht hinreichend unterrichtet. Das Gefecht bei Gitschin am 29. Juni nahm zunächst einen günstigen Verlauf, obwohl die von den Österreichern geführten Einleitungskämpfe des Vortages den Offensivplan Kronprinz Albert vereitelt hatten. Eine statt am Morgen erst abends, nach Verlauf eines blutigen und noch unentschieden namentlich um das Dorf Diletz geführten Kampfes, eintreffende Weisung des Oberkommandos forderte den Abbruch des Gefechts, da die anderen Armeegruppen der Verbündeten ebenfalls von den in Böhmen einrückenden preußischen Truppen zurückgedrängt worden waren. In gedrückter Stimmung trat die Armee den Rückzug auf Königgrätz an, obwohl sie nicht eigentlich geschlagen worden war und der Feind ihr nicht unmittelbar folgte.

In der für die sächsische und deutsche Geschichte so entscheidenden Schlacht von Königgrätz nahmen die Sachsen den linken Flügel der kaiserlichen Armee ein. In dem sich zunächst entspinnenden Kampfe leistete die sächsische Artillerie Hervorragendes. Der erfolgreiche Vorstoß einer sächsischen Infanteriebrigade am Mittag ließ die Lage am sächsischen Kampfabschnitt äußerst günstig erscheinen. Bald aber nötigte ein bei den benachbarten Österreichern eintretender starker Rückschlag auch die vorgedrungenen Sachsen zum Weichen. Noch glaubte man, die Ausgangsstellung halten zu können, als in der Mitte und am rechten Flügel der österreichischen Heeresfront die Preußen durch das gerade noch rechtzeitige Eingreifen der Armee des preußischen Kronprinzen den Sieg an ihre Fahnen zu heften vermochten. Den Sachsen in Niederprschim und Problus drohte Umfassung und Abgeschnittenwerden von den Verbündeten, wenn sie sich deren Rückzug nicht anschlossen.

Den bis zur Auflösung regellosen Rückzug der kaiserlichen Armee deckten die Sachsen, die trotz nicht geringer Verluste eine gute Haltung bewahrten. Der Kronprinz befand sich beim letzten Bataillon der Nachhut. Auf dem weiteren Rückzuge nach Mähren und gegen Wien wurden die Truppen wieder in gefechtsfähigen Zustand gebracht. Es tauchte wohl auch der Gedanke auf, jetzt, nach gefallener Entscheidung sich von den Österreichern zu trennen, das Schicksal von Armee, Staat und Land Verhandlungen zu überlassen, die man unter Neutralerklärung der Armee sofort mit Preußen aufnehmen sollte. Man hätte dadurch sicherlich von den Feinden keine Milderung erreicht, bei den bisherigen Verbündeten sich aber mit Recht den Vorwurf der Untreue zugezogen.

In Sachsen hatte inzwischen eine vom Könige beim Verlassen des Landes eingesetzte Kommission, die die Landesverwaltung führen sollte, sich mit Mühe gegenüber den preußischen Besatzungsbehörden behauptet. Das Verhältnis zur Besatzungsmacht blieb auch von seiten der Bevölkerung äußerst gespannt, zumal von beiden Seiten Ungeschicklichkeiten und der böse Wille untergeordneter Stellen immer wieder neuen Konfliktstoff schufen. Das sächsische Volk glaubte schon das Ende seiner staatlichen Selbständigkeit vor Augen zu sehen, und die preußischen Beamten und Militärs ließen über ihre Absichten keinen Zweifel. Die Kassen und Wertstücke von Hof und Verwaltung waren übrigens noch rechtzeitig fortgebracht worden, ja es gelang auch durch Zahlung einer laufenden Kriegsabgabe die Amtskassen laufend unbehelligt und so die Staatsverwaltung im ganzen weiter im Gange zu halten. In Dresden wirkte die Anlage von Befestigungen sehr erbitternd auf die Bevölkerung, zumal zu ihrer Durchführung fremde, moralisch recht minderwertige Arbeitskräfte herangezogen wurden. Die Besatzungszeit wurde zu einer schweren Probe für die Stimmung im Lande. Neben tiefer Niedergeschlagenheit begegnete ein überstiegener, wohl auch auf fremde Hilfe hoffender Partikularismus, ein bitteres Empfinden, Macht vor Recht gehen und alte deutsche Ideale vom Egoismus eines Gliedes der deutschen Staatenfamilie niedergetreten zu sehen.

Beusts Politik blieb nicht untätig, während die sächsischen Waffen auf den Schlachtfeldern Böhmens vergeblich um den Sieg fochten. Von Wien eilte er im Auftrage Kaiser Franz Josephs nach Paris. Hier war ihm aber die Diplomatie Bismarcks bei Napoleon zuvorgekommen. Schon begannen die Friedensverhandlungen in Nikolsburg, an denen er nicht mehr beteiligt war. Der Ausgang des Waffenkampfes hatte auch über Richtigkeit oder Falschheit seiner sächsischen und mittelstaatlichen Politik entschieden.

König Wilhelm und noch mehr Kronprinz Friedrich verurteilten und beargwöhnten die Haltung Sachsens, auch die König Johanns persönlich, so scharf, daß ihre Einstellung etwa in der Linie von Treitschkes berüchtigter Kampfschrift „Die Zukunft der norddeutschen Mittelstaaten" lag. Bismarck urteilte ohne moralische Vorbehalte rein sachlich. Er, der schließlich auch in den Weiterbestand des Königreichs Hannover gewilligt hätte, forderte von vornherein nicht die Vernichtung des staatlichen Eigenlebens Sachsens, wenn er auch darauf bedacht war, dessen politische Handelsfreiheit so zu beschneiden, daß Preußen von hier keine Gefahr mehr drohen konnte. Österreichs standhafte Forderung auf den ungeschmälerten Fortbestand Sachsens und die Unterstützung durch den Friedensunterhändler

Abb. 49   Rathaus in Plauen

Abb. 50   Stadt und Festung Königstein an der Elbe

Abb. 51   König Johann von Sachsen (1801–1873)

Abb. 52 König Friedrich August III. (1865–1932)

Napoleon III. sicherte Sachsen in Nikolsburg seine alten staatlichen Grenzen, wenn auch alle Einzelheiten im übrigen der künftigen Regelung überlassen wurden. Dieses Ergebnis von Nikolsburg, am 26. Juli unterzeichnet, bedeutete zugleich eine Brücke in die Zukunft Sachsens, das sich nun endgültig an das preußisch-kleindeutsche System anschloß. Beust wurde durch Friesen, Rabenhorst durch Fabrice ersetzt. Nicht so rasch, wie sich der in ehrlichem Wollen den neuen Zielen zugewandte König Johann mit diesen neuen Ratgebern umgab, vermochte die Armee und vermochte sich das ganze Volk in die neue Lage zu schicken.

Der Bruderkrieg von 1866 bringt für Sachsen die entscheidende Wendung, schicksalhaft wie kein anderes Ereignis nach 1815. Es hat aufgehört, ein selbständiges politisches Gemeinwesen zu sein; auch seine alte Mittlerrolle zwischen Nord und Süd, diese für sein Wesen wie für seine so oft unglücklichen Schicksale kennzeichnende Eigenschaft, ist so gut wie ausgespielt. Wenn es nicht in Großpreußen aufging, wenn die alte Dynastie, deren Fortbestehen schon 1815 in Frage gestellt gewesen war, bis zum Ende aller deutschen Herrscherhäuser regiert hat, so wird die weitere Darstellung zu verfolgen haben, welches Eigenleben Volksstamm und Staatswesen auf der nicht räumlich, aber politisch weiter verengerten Grundlage noch geführt haben.

NEUNTER TEIL

Als Bundesstaat und Land im neuen Reiche

Fünfundzwanzigster Abschnitt

Norddeutscher Bund, Reichsgründung und Bismarckzeit

Napoleons III. rege politische Phantasie hatte noch mit der Möglichkeit einer Versetzung der Wettiner an die Spitze eines linksrheinischen Pufferstaates zwischen Frankreich und Preußen und — als Entgelt für Preußens Zurückweichen vom Rhein — an das Aufgehen Sachsens im Hohenzollernstaate gespielt. Bismarck, dem der Widerstand Österreichs gegen eine Verkleinerung seines besten Bundesgenossen den Kampf mit seinem Könige, dem Kronprinzen und den Militärs erleichterte, hat sich für den Fortbestand der sächsischen Dynastie und ihres Staatsgebiets schon in Nikolsburg entschieden. Es ist dann bei den sich lange hinziehenden Friedensverhandlungen in Berlin nicht ohne weitgehende Zugeständnisse Sachsens abgegangen. Schwerer als die Kriegskontribution wog die militärische Unterordnung und die Übernahme des gesamten Telegraphenwesens durch Preußen. Die Heeresorganisation konnte in schwerem Ringen schließlich doch in verhältnismäßiger Selbständigkeit erhalten werden, wenn sich auch die äußeren Formen dem preußischen Vorbilde anpaßten. Noch lange blieben preußische Truppen im Lande: Leipzig und Bautzen räumten sie Ende 1867, den Königstein gar erst im Herbst 1871.
König Johann ist der Verzicht auf das föderativstaatliche Ideal mit habsburgischer Bundesführung nicht leicht geworden, aber er hat alle Folgerungen der veränderten Lage offen und ehrlich gezogen; auch das alte Freundschaftsverhältnis zu Wilhelm I. belebte sich allmählich wieder. Die Veröffentlichung seines Abschiedsbriefes an Beust in der Wiener Presse hätte leicht mißverstanden werden können, doch wurde der unpolitische Sinn der herzlichen Worte des Monarchen an seinen langjährigen ersten Mitarbeiter bald richtig beurteilt. An der Ausarbeitung der Verfassung des Norddeutschen Bundes hat dann Sachsen einen wesentlichen Anteil gehabt; mochten die Richtlinien im großen auch fest von dem preußischen Partner gezogen sein, so hat doch Sachsen mancherlei Anregungen im einzelnen gegeben. Auf seinen Antrag wurde die Frage der Bundesfinanzen in die Verfassung aufgenommen. Der Taktik Bismarcks, den Dynastien und Regierungen mit seiner Verbrüderung mit der Demokratie zu drohen, dann aber wieder sich selbst als den mächtigsten Bundesgenossen gegen diese Kräfte zu empfehlen, hatte Sachsen keine rechten Gegenmittel zu bieten. Von vornherein wird so das Land auf die Bismarcksche Einstellung zu Parlament und Volksbewegung festgelegt, was zwar zunächst nur für den Reichstag gilt, aber natürlich auch nicht ohne Rückwirkung auf die innerpolitischen Verhältnisse bleibt. Vergeblich hat sich Sachsen gegen den Wunsch Bismarcks nach Einführung des allgemeinen Wahlrechts zum Reichstage gesträubt. Es hat die auch von Bismarck nicht gewünschte und vorausgesehene Folge, das Anschwellen der radikalen Linken, in seinen Wahlkreisen bald stärker zu spüren bekommen als das sozial so anders zusammengesetzte Preußen. Auf das unsichere Mittel der parlamentarischen Opposition verzichtend, suchte die sächsische Regierung auf die zum Reichstag gewählten sächsischen Abgeordneten im Sinne der Annahme des Verfassungsentwurfs des Bundes einzuwirken, erreichte aber nur, daß 13 für, 10 gegen die Vorlage stimmen, während etwa zwei Drittel der Gewählten auf großdeutschem Boden stehen mochten.
Im ganzen hat Sachsen bei Errichtung des Bundes mit großer Zurückhaltung und Vorsicht

gehandelt. Es hat seinen guten Willen zur Mitarbeit erkennen lassen, dabei aber nach Kräften sein Eigenleben zu erhalten gesucht.

Die Volksmeinung in Sachsen hatte nach der kriegerischen Entscheidung mit der Einverleibung in Preußen gerechnet. Als diese dann nicht eintraf, verstummte der Argwohn nicht, daß die getroffene Lösung doch nur ein Übergangszustand bis zum völligen Verlust der Eigenstaatlichkeit sei. Nur bestimmte Leipziger Handelskreise hatten das Aufgehen in Preußen aus wirtschaftlichen Gründen gewünscht. Bei den Wahlen zum neuen Reichstag und zu den Kammern ergab sich, daß der Anhang dieser Richtung im Lande doch außerordentlich gering war. Am stärksten waren die konservativ und bundesstaatlich Empfindenden vertreten. Obwohl sich diese Kreise nicht zu einer Sachsenfraktion im Reichstage zusammenschlossen, sondern auf verschiedene Parteigruppen verteilten, war doch der Sachse Öhmichen Führer der aus Welfen, Hessen und Sachsen gebildeten ausgesprochen partikularistischen Richtung. Die im Anwachsen begriffenen liberalen Kräfte in Sachsen legten sich noch nicht auf die später betontere unitarische Linie des Liberalismus fest. Innerhalb der radikalen Linken vollzog sich in der zweiten Hälfte der sechziger Jahre jener Sonderungsprozeß zwischen Demokraten und den verschiedenen sozialistischen Richtungen, der zur Gründung der sozialdemokratischen Partei führte. Der Allgemeine Deutsche Arbeiterverein wurde von Johann Baptist von Schweitzer von Leipzig aus organisiert; dieser führte ihn nach der Entscheidung von Königgrätz auf die Seite der preußischen Politik, weil er von Bismarck die deutsche Einheit und das deutsche Parlament erwartete. Innerhalb der sozialdemokratischen Bewegung blieb seine Politik nicht ohne Widerspruch. Verschiedene sächsische Führer traten Schweitzer entgegen. Nur zu bald sollte sich zeigen, daß Bismarcks Anknüpfung mit der radikalen Linken nur ein vorübergehender taktischer Schritt zur Einschüchterung des Bürgertums und der Regierungen gewesen war. Die Radikalisierung der sozialistisch gesinnten Arbeiter war die Folge.

Im Leipziger Arbeiterbildungsverein fanden sich 1865 August Bebel, der junge, dort zu Einfluß gelangte Drechslermeister, und Wilhelm Liebknecht, der als achtundvierziger Emigrant in London die Ideen von Karl Marx in sich aufgenommen hatte, in Berlin aber wegen seiner Agitation ausgewiesen worden war. Beide knüpften an Strömungen der sächsischen Volksstimmung gegen das militärische Preußen an und konnten so für ihre Lehren Boden gewinnen. Ihre Gründung, die demokratische Volkspartei Sachsens, vereinigte partikularistische Enttäuschung über den Kriegsausgang mit den sozialen Wünschen des Kleinbürgertums und der Arbeiter. Als dann die marxistischen Anschauungen stärker betont wurden, schieden die demokratisch gerichteten Kreise aus; die sozialdemokratische Arbeiterpartei wurde von den übrigen 1869 in Eisenach gegründet. Sachsen und Thüringen waren ihre ersten und stärksten Stützpunkte. Die in Norddeutschland verbreitete, von Schweitzer als Nachfolger Lassalles geführte sozialistische Arbeiterpartei stand Bismarck und dem neuen Norddeutschen Bunde friedlich gegenüber, die Eisenacher Gründung aber feindlich. Bei ihr waren die meisten sächsischen Sozialisten organisiert. Ihr hat auch zunächst die Zukunft gehört. Hier wurde die Lehre des Marxismus gepflegt, für dessen sozialwirtschaftliche Theorie der Staat nur die Herrschaftsform der ausbeutenden Klasse war, und nach dessen Wünschen die Volkswehr an die Stelle der stehenden Heere treten sollte. In einem Lande, dessen staatliche Form eben in ihren Grundfesten erschüttert worden war, dem aber die neue Bundesorganisation schwere Opfer für seine in preußischem Sinne umzubildende Wehrmacht auferlegte, mußte diese Lehre einen günstigen Boden finden. Im Gefolge des direkten, gleichen und allgemeinen Wahlrechts wuchsen hier bald ernste Gefahren für die bestehende Staatsform heran.

Zunächst verknüpfte sich die sozialistische Lehre noch mit viel demokratischem Erbe von 1848/49 her. Man strebte das für den Reichstag kampflos erlangte Wahlrecht wieder für die Kammern an. Die Regierung legte im Herbst 1867 eine Wahlrechtsvorlage vor, die von der zweiten Kammer mit großer Mehrheit, von der ersten nur nach langem Einigungsverfahren angenommen wurde. König Johann gab nur schweren Herzens den Vorschlägen seiner Ratgeber, Friesens, Falkensteins, Nostitz-Wallwitzens, nach und verzichtete auf das alte Ständewesen, das allen Einsichtigen als rettungslos verloren galt. Falkenstein regte damals den weit in die Zukunft weisenden Gedanken an, daß die eigentlich politischen Fragen in Zukunft wohl mehr im Reichstage behandelt werden würden, dem Landtage daher besser eine berufsständische Gliederung zu geben sei. Die Anregung, die Bismarcks innerpolitisches Handeln dem sächsischen Staate durch Beispiel gegeben hat, ist allenthalben zu erkennen. Man hatte den deutlichen Eindruck, daß organische Weiterbildung der überlieferten staatlichen Formen das Gebot der Stunde sei. Das schließlich am 3. Dezember 1867 erlassene Wahlgesetz verließ die Grundlagen von 1831 weitgehend. Bei dem niedrigen Zensus von einem Taler wählen alle über 25jährigen Männer in 45 ländlichen und 35 städtischen Wahlkreisen direkt und geheim zur Zweiten Kammer. An der Ersten Kammer findet nur eine geringe Veränderung in berufsständischer Richtung statt.

Das Ergebnis war, daß nunmehr auch der Arbeiter in die sächsische Volksvertretung gelangen konnte, wenn auch den Gefahren des Reichstagswahlrechts vorgebeugt war. Das preußische Dreiklassenwahlrecht wurde von Regierung und Öffentlichkeit als ungeeignet angesehen; die an seiner Stelle bevorzugte Lösung fand allerdings auch nicht die Billigung der Demokraten und Sozialisten. Das Vorhandensein des Reichstagswahlrechts hat die Agitation für seine Anwendung auch auf die Länderparlamente bis 1918 nicht zur Ruhe kommen lassen. Sichtlich erlahmt das Interesse an den Kammerverhandlungen infolge der Verringerung der Staatsaufgaben und des Bestehens einer Volksvertretung beim Bunde.

In der veränderten Welt des Norddeutschen Bundes fanden sich die alten sächsischen Konservativen ebensoschwer zurecht wie die Linken der 1848er Generation. Wie rasch schwand Einfluß und Anhang der Wigard, Schaffrath, Heubner, Minckwitz! Man klagte wohl darüber, daß das neue, so lange erstrebte deutsche Parlament nicht über deutsche Grundrechte, sondern über Eisenbahntarife verhandele. Vergeblich lief die Demokratie gegen die neuen Rüstungen Sturm. Im Reiche wie im Landtage forderte sie statt dessen Steigerung der Kulturausgaben. Die Entwicklung ging über diese Wünsche hinweg. Sie erreichte die Abschaffung der Todesstrafe, trotz Ablehnung in der Ersten Kammer. Als letzter deutscher Staat führte damals — 1868 — Sachsen Geschworenengerichte ein.

An der Bundesgesetzgebung jener Jahre, in der ja die Grundlagen für den Rechtsausbau im neuen Reiche schon geschaffen wurden, hat Sachsen tatkräftig mitgearbeitet. Es bestand damals noch das Zollparlament, in dessen Rahmen Sachsen zuerst in die norddeutsche Verbindung getreten war und seit jeher eine lebhafte Wirksamkeit entfaltet hatte. Anfang 1869 stellte Sachsen dort den Antrag auf Errichtung eines Oberhandelsgerichts, dessen Sitz Leipzig sein sollte und auch geworden ist.

Rasch und zur Zufriedenheit des neuen obersten Kriegsherrn vollzog sich die Umordnung des Heeres nach preußischem Muster. Daß über fünfzig hannoversche Offiziere in die sächsische Armee eintraten, blieb auf deren Geist nicht ganz ohne Einfluß. Von seinem Rechte, die Truppen des Bundesheeres nach Gutdünken auch außerhalb der Landesgrenzen zu verlegen, machte König Wilhelm klugerweise keinen Gebrauch. Beide Könige wirkten bei der Bestellung der Generalität zusammen, ohne daß es, dank des Taktes von beiden Seiten, zu ernsten Konflikten kam.

Besonders schmerzlich empfand König Johann den Verzicht auf eine eigene Außendiplomatie, was durch das Bundesverhältnis nicht gerade formell gefordert, aber praktisch bedingt wurde. Die Gesandtschaften bei den europäischen Großmächten wurden eingezogen, nur die Wiener blieb noch bestehen und hat später noch ihre Nützlichkeit in verengerten Grenzen erwiesen. Als Frankreich im Herbst 1867 auch Sachsen zu einer europäischen Konferenz über die römische Frage einlud, da erklärte dieses, daß dafür nunmehr die Bundesdienststellen zuständig seien und seine unmittelbare Beteiligung nicht in Erwägung gezogen werden könne. Langsamer als im diplomatischen Korps vollzog sich der Abbau des von Beust weit ausgebauten sächsischen Konsulatswesens. Es wurde auch nicht eigentlich aufgelöst, sondern mit dem preußischen zu dem des Bundes und späteren Reichs verschmolzen. Sächsische Diplomaten sind nur ganz vereinzelt in Bundesdienste getreten, während der Übertritt der hervorragendsten unter ihnen, Beusts und Vitzthums, in den österreichischen Dienst eines gewissen demonstrativen Charakters nicht entbehrte.

Auf allen Gebieten der eigentlichen souveränen Staatsbefugnisse vollzog sich so die Liquidation eines Staatsgedankens, der seine Zeit überlebt hatte. Bismarck hat persönlich bei aller Festigkeit Sachsen den Übergang nicht absichtlich erschwert. Schwerer hat König Wilhelm den Freundschaftston der Jugendtage gegenüber Dresden wiedergefunden. Mit seinem geringen politischen Einfühlungsvermögen glaubte Kronprinz Friedrich Wilhelm zunächst, die Verbündeten Preußens nur noch als eine Art Vasallen behandeln zu können. Innerhalb des Offizierskorps und der leitenden Beamtenschaft Preußens fand Sachsens Volk und Staat manchmal wenig Verständnis und Rücksicht, wenn auch die bedeutendsten Köpfe, wie Moltke, neben Bismarck darin eine Ausnahme bildeten.

Der Übergang zu den neuen staatlichen Formen wäre von der breiten Volksmasse, bei der der Glaube an eine in Zukunft mögliche Änderung der Lage teils im Hinblick auf Napoleon III., teils auf ein wieder gekräftigtes Österreich durchaus lebendig war, noch schmerzlicher empfunden und noch zögernder getragen worden, wenn nicht der Ausbruch des Krieges 1870 Voraussetzungen und innere Bewertung der politischen Geschehnisse grundlegend geändert hätte.

Die Außenpolitik Bismarcks zwischen 1866 und 1870 war vornehmlich den Problemen des Westens zugewandt. Sachsen hat diesen Dingen ferngestanden, hat sich wohl auch absichtlich und betont bei ihrer Erörterung zurückgehalten, falls einmal der allmächtige Kanzler eine Rücksprache über diese seine eigenste Domäne überhaupt zuließ. Das Frankreich Napoleons III. hatte schon vor 1866 keine besonderen Sympathien bei der sächsischen Regierung besessen. Man wird auch Beusts Pariser Bemühungen nach dem preußischen Angriff nicht besonders hoch bewerten dürfen, hatte sich doch beispielsweise König Johann gleichzeitig an die Königin Viktoria von England um Hilfe gewandt, übrigens vergeblich an ihre Eigenschaft als Wettinerin appellierend. Der Einfluß Beusts nach seinem Ausscheiden aus dem sächsischen Dienst, als er an der österreichisch-französischen Verständigung arbeitete, war in seiner alten Heimat ganz gering; denn der König war zu pflichtgetreu, die preußische Wachsamkeit zu groß und der verflossene Staatsmann im Lande viel zu verhaßt, als daß er mit Aussicht auf Erfolg hätte eingreifen können. So traf der Kriegsausbruch des Sommers 1870 die sächsische Öffentlichkeit ziemlich unvorbereitet und keineswegs über die politische Lage hinreichend ins Bild gesetzt. Gerade um der inneren Festigung des Norddeutschen Bundes willen schien die Erhaltung des Friedens wünschenswert, was Bismarck auch wiederholt dem sächsischen Vertreter versicherte. Als dann bei Ausbruch des Konflikts, nach Absendung der berühmten Emser Depesche, Bismarck dem zusammengerufenen Bundesrat die Lage dargelegt hatte, stimmte der Sachse Friesen für sein Land und alle anderen Verbündeten dem Standpunkte des Bundeskanzlers ausdrücklich zu und verlieh ihm dadurch eine gesteigerte Wirkung vor der Welt.

Die sächsische Regierung, die über die entscheidenden Vorgänge wenig im Bilde war, beschränkte sich auf strikte Erfüllung ihrer Bundesverpflichtungen und auf die Durchführung der Mobilisierung der Armee. Die Stimmung im Lande war zunächst eher zurückhaltend als kriegerisch. Die Proteste kleinerer Gruppen in Presse und Öffentlichkeit, die sich in Leipzig hervorwagten, wurden rasch unterdrückt. König Johann betonte die Gerechtigkeit, aber auch den Ernst der deutschen Lage.

Kronprinz Albert, der 1866 seine Berufung zum militärischen Führertum auch in der Niederlage erwiesen hatte, trat an die Spitze des sächsischen Armeekorps, das zunächst im Verbande der zweiten Armee kämpfen sollte unter Prinz Friedrich Karl.

Reibungslos vollzog sich die Mobilmachung. Ohne Schwierigkeiten fügte sich die sächsische Armee in die Ordnung des Bundesheeres. Die Jahre der Umstellung nach 1866 trugen die erwarteten Früchte. Die sächsischen Truppen kamen erst am 18. August ins Gefecht. Ihr Anteil an der Schlacht von St. Privat ist entscheidend für den Sieg der deutschen Waffen gewesen. Die Verluste, zumal im Kampfe um Ste. Marie aux Chênes, waren beträchtlich. Die Sachsen und das Gardekorps hatten die größte Schlacht des Krieges durch ihren Sturmangriff in entscheidender Stunde gewonnen.

Bei der Umgruppierung der deutschen Streitkräfte wurde eine neue 4. deutsche Armee gebildet, zu deren drei Korps das sächsische zählte und deren Führung Kronprinz Albert übertragen wurde. Aufgabe dieser „Maasarmee" war zunächst die Abwehr der aus dem inneren Frankreich der in Metz eingeschlossenen Armee zu Hilfe eilenden Streitkräfte. Es kam zunächst zum Vormarsch gegen Châlons, dann unter siegreichen Gefechten der Sachsen bei Buzancy und Nouart zu der berühmten Rechtsschwenkung der Armee. Der Zusammenstoß mit der nach Norden weichenden Armee MacMahons bei Beaumont am 30. August endete mit dem vollen Siege Kronprinz Alberts.

An der Entscheidung von Sedan haben die Sachsen, die bei Moncelle den Ring gegen die herausdrängenden Franzosen verteidigten, ihren sicheren Anteil. Der Krieg, den man in vielen Kreisen mit der Gefangennahme Napoleons III. schon beendet glaubte, ging weiter, und bald fand sich das sächsische Korps vor Paris, in dessen Belagerungsring es sich an der östlichen Front einreihte. Die Ausfallkämpfe von Brie und Villiers brachten weitere, aber mit schweren Bluttropfen erkämpfte Siege. Die sächsischen Regimenter 107 und 108, die im Lande so volkstümlichen Schützen, errangen hier unverwelkliche Lorbeeren.

An der Beschießung des Mont Avron wirkte die sächsische schwere Artillerie erfolgreich mit.

Auch in den Kämpfen gegen die zur Entlastung der belagerten Festung Paris im Lande gebildeten Armeen zeichneten sich sächsische Streitkräfte aus. Verlustreiche und aufreibende Kämpfe hatte dabei die sächsische Kavallerie auf dem nordfranzösischen Kriegsschauplatze zu bestehen. Für große Teile des sächsischen Heeres bildete nach der Übergabe von Paris eine große Truppenschau vor dem Kaiser unmittelbar vor den Mauern der bezwungenen Stadt den Abschluß des Feldzuges. Allerdings sind einzelne Truppenteile noch längere Zeit als Besatzungstruppen in Frankreich geblieben. Zum Generalgouverneur der besetzten Gebiete wurde der sächsische Kriegsminister von Fabrice ernannt. Er hat auch in politischer Beziehung seine nicht einfache Stellung gegenüber den Franzosen während des Kommune-Aufstandes mit gutem Geschick wahrgenommen.

Weit über die engeren Landesgrenzen hinaus, auf der Grundlage eines gesamtdeutschen Nationalgefühls beruhte der Jubel, mit dem Sachsen das siegreich heimkehrende Heer, mit dem volkstümlichen Kronprinzen als Feldmarschall der geeinten deutschen Wehrmacht an der Spitze empfing. Die abwartende Haltung des Volkes hatte einer tätigen Teilnahme und zuversichtlichen Haltung schon vor den Augustschlachten Platz gemacht. Der Tag von Sedan, bald von Legende umwoben, machte den Krieg gegen Frankreich erst zur wahren Volkssache. Immer inniger erlebte auch der einfache Mann die Größe der Stunde, die tiefe Wirkung der Gemeinsamkeit der deutschen Stämme im Felde. König Wilhelm, der preußische Kronprinz, Prinz Friedrich Karl, wurden als militärische Führer auch in Sachsen volkstümlich. Endgültig war die Beustzeit in Staat und Volk überwunden. Auch Bismarcks staatsmännische Größe gewann langsam an Anerkennung in den gebildeten Schichten, mochte sie sich auch noch bedingt und zögernd äußern. Sicher war bei vielen ein Gefühl der Erlösung wenigstens unterbewußt vorhanden, daß Sachsen durch seinen Anschluß an das kleindeutsche System den richtigen Weg aus seiner Mittelstellung zwischen politisch stärkeren Mächten gewählt hatte, und daß nun eine hoffnungsreiche Zukunft vor ihm lag. Die kriegerische Leistung der Truppen fand auch die Anerkennung der preußischen Führer und überbrückte dadurch den gerade in der Armee so lebendigen Gegensatz zum Sieger von 1866. Endlich sah man, wie auch die übrigen deutschen Mittelstaaten von den geschichtlichen Kräften der Zeit dem Norddeutschen Bunde zugetrieben wurden, mochten ihre Regierungen wollen oder nicht. Was Sachsen an politischem Eigenleben und staatlicher Überlieferung in den Verträgen von 1866/67 eingebüßt hatte, das übertrug die Volksmeinung nun nicht mehr gezwungen auf ein siegreiches Preußen, sondern sie opferte es gern dem neuen Reichsgedanken, der dem Liberalen wie dem Demokraten seit zwei Generationen gefühlsmäßig vertraut war, der aber auch den Beifall des Konservativen in der Ausprägung der hohenzollernschen Militärmonarchie mit Bismarckscher Verfassung finden konnte.

Wenn auch Bismarck die Leitung der Politik des Norddeutschen Bundes während des deutsch-französischen Krieges ohne Mitwirkung der Bundesglieder führte, so hielt er doch die sächsische Regierung über die Ereignisse durch den Staatssekretär von Thile auf dem laufenden. Unmittelbar nach der Schlacht bei Metz kündigte Bismarck dem Kronprinzen Albert die Heranziehung aller Bundesfürsten zu den Friedensverhandlungen an. Anfang September ließ der Bundeskanzler in Dresden unmittelbar einen Meinungsaustausch über das Schicksal der zu gewinnenden Gebiete und über die werdende Reichsverfassung anregen. Minister von Friesen hatte bereits Gedanken zur letzteren Frage ausgearbeitet, die auf ein Staatenhaus und auf eine stärkere, durch dauernde Ausschüsse getragene Wirksamkeit des Bundesrats, aber auch auf die Schaffung gewisser Reichsministerien abzielte. Wichtiger wurde die von Bismarck angeregte Einflußnahme König Johanns auf den bayrischen König. Zunächst wurde von Regierung zu Regierung in München auf die Wünsche des deutschen Volkes nach Einigung hingewiesen und dabei nachdrücklich der nichtrevolutionäre und monarchische Charakter der Bewegung betont. Da sehr bald Bayern in unmittelbare Verhandlungen mit Preußen trat, dies aber hier wie überhaupt deutlich erkennen ließ, daß es an den Grundlagen der Norddeutschen Bundesversammlung festzuhalten wünsche, ergab sich zunächst für Sachsen kein Anlaß zu tätigem Eingreifen. Zwar sind die Friesenschen Abänderungswünsche dem Bundeskanzler mitgeteilt worden, sie sind aber unberücksichtigt geblieben, weil die in ihnen vertretenen Anregungen in den Verhandlungen mit den süddeutschen Staaten über deren Beitritt zum Bunde nicht berührt wurden. Bei den Ende Oktober 1870 in Versailles beginnenden Verhandlungen mit den Vertretern der süddeutschen Staaten waren Friesen und der preußische Minister Delbrück als Bundeskommissare unter dem Kanzler tätig, und der Sachse fand wiederholt Gelegenheit, vermittelnd auf die süddeutschen Minister einzuwirken; eine nachhaltige Änderung der Bundesverfassung im Sinne der sächsischen Wünsche erreichte er allerdings auch hier nicht.

Hatte König Johann schon im September in einem Briefe an König Wilhelm Umsicht und Mäßigung in der politischen Führung empfohlen, so entsprach diese Richtung den Wünschen des Hohenzollern durchaus selbst. Nahm er doch, wie er einige Tage vor der — mit sehr gemischten Gefühlen, wie er betont, erwarteten — Kaiserproklamation an Johann schreibt, die neue Würde nicht im Sinne der Machtansprüche vergangener Zeiten an, da die innere Entwicklung Deutschlands durch außenpolitische Machtentfaltung geschädigt werde. Ein Reich des Friedens und des Segens sollte das neu gegründete sein. Bei der Versailler Feier war Kronprinz Albert als Vertreter seines Vaters zugegen. Seine militärischen Leistungen als Korps- und Armeeführer hatten ihm die Anerkennung aller obersten Führer gesichert. Am Tage des Einzuges der heimkehrenden sächsischen Truppen in Dresden konnte ihm der König die Ernennung zum Feldmarschall des deutschen Heeres mitteilen, eine Ehrung, die zugleich den Leistungen der Sachsen im Kriege überhaupt galt.

So wie der Briefwechsel zwischen den Königen seit dem Ende des Krieges an Herzlichkeit wieder den Grad ihrer Jugendtage erreichte, so stieg auch das Verständnis der Öffentlichkeit im Lande für die kleindeutsch-preußische Lösung der deutschen Frage, je sicherer die kriegerischen Erfolge sich mit der Erweiterung des Norddeutschen Bundes zum Reiche verbanden. Sachsen konnte gegenüber den partikularistischen Wünschen der Süddeutschen bei den Versailler Verhandlungen um so kühler bleiben, als es kein Interesse daran hatte, etwa die Stellung Bayerns durch Förderung von Reservatrechten noch mehr im Reichsgefüge zu verstärken, Rechte, die ihm selbst der Friede von 1866 versagt hatte. Dadurch aber trat es in enge Fühlung mit der preußischen Politik und sicherte sich — nicht zuletzt durch die sachliche und verständnisvolle Art seines Vertreters Friesen — das Wohlwollen des entscheidenden Mannes Bismarck. Von vornherein war also seine Stellung im neuen Reiche günstig.

Die noch vor der Rückkehr der Truppen abgehaltenen Reichstagswahlen ergaben im März 1871 ein Anschwellen der reichsfreundlichen Liberalen und eine Schwächung der partikularistischen „Bundesstaatlichen", deren Niederlage wohl noch größer gewesen wäre, wenn die Kriegsteilnehmer mitgewählt hätten. Die Sozialdemokratie, deren sechs Vertreter die neue Reichsverfassung im Dezember 1870 abgelehnt hatten, konnte ihre Stellung im Lande halten. Bekanntlich war sie gerade in Sachsen von Anfang an stark. Bebel vertrat Leipzig, Mende Dresden, aber auch Liebknecht, Hasenclever, Schweitzer waren in Sachsen nicht unbekannt. Es ist doch bezeichnend, daß schon im November 1871 der Minister von Friesen sich zu einer öffentlichen Warnung vor dem staatsgefährdenden Treiben der Sozialdemokraten veranlaßt sah. Übrigens haben schließlich nicht nur die Partikularisten, sondern auch gerade demokratische und sozialistische Kreise die neue Reichsverfassung als endgültige Form des deutschen Staatslebens mit Mißvergnügen betrachtet, während sie die Verfassung des Norddeutschen Bundes eher noch als etwas Vorübergehendes und darum Erträgliches angesehen hatten.

Die Masse des Volkes und auch die gebildeten Schichten nahm die neue Ordnung beifällig auf. Sie wußte gut sächsisch-landsmannschaftliches Fühlen mit gesamtdeutscher Gesinnung zu vereinigen. Die Gemeinsamkeit der erlebten Siege und der aus ihnen gewonnenen staatlichen Macht und des stärkeren Ansehens in der Welt überbrückte bei vielen die alten Gegensätze und verdunkelte die schmerzlichen Erinnerungen von 1866 und 1815. Die schwerste Belastung, unter der das neue Reich stand, die Feindschaft Frankreichs und der fragwürdige Gewinn Elsaß-Lothringens, lagen geographisch und gefühlsmäßig dem sächsischen Staate und Volke fern, wenn auch zwei sächsische Regimenter in das neue Reichsland verlegt wurden. Es ist bezeichnend, daß bei Reichs- wie Landtagswahlen fast von der Reichsgründung an betont partikularistische Gruppen entsprechend den Welfen oder den verschiedenen bayrischen Parteien in Sachsen nicht hervortreten, alle Parteien vielmehr Reichsparteien sind. Die Wahlbeteiligung bei den Wahlen zum Reichstage überflügelte bald die bei den Landtagswahlen.

Die sächsische Regierung betrachtete die Reichsgründung auch innerpolitisch als Ausgangspunkt zu einer Neuordnung. Im Anfang des Jahres 1872 gingen dem Landtage Entwürfe einer neuen Städteordnung, einer neuen Landgemeindeordnung und einer Neuorganisation der Verwaltungsbehörden zu. Ziel der Vorlagen war die stärkere Beteiligung des Volkes an der Verwaltung. Ein Volksschulgesetz sollte den pflichtmäßigen Fortbildungsunterricht und die Einrichtung von Bezirksschulinspektionen bringen. Die letztere Maßnahme bezweckte die Verweltlichung der Schulaufsicht, die nur in der örtlichen Instanz bei dem Ortsgeistlichen gelassen wurde. Den Schwung dieses frischen staatlichen Wollens haben die Kammern in langwierigen Verhandlungen reichlich gemindert. Während die endgültige Trennung von Justiz und Verwaltung, dieses Hauptziel aller liberalisierenden Reformbestrebungen im Deutschland des 19. Jahrhunderts, nur geringen Widerstand bei den streng Konservativen des Landtags fand, tobten namentlich um das Volksschulgesetz heftige

Kämpfe. Es kam schließlich in einer von der Ersten Kammer in stark konservativem Sinne gemilderten Form zur Annahme, weil sich dafür eine Zweidrittelmehrheit in der Ersten Kammer fand, während die radikaleren Abänderungen der liberal-fortschrittlichen Mehrheit der Zweiten Kammer nur mit einfacher Mehrheit beschlossen waren. Es ließ sich nicht verkennen, daß die alten bürgerlichen Mittelparteien an Zugkraft verloren, indessen die Sozialdemokratie gewaltige Fortschritte machte. Von knapp 18 % aller Stimmen bei der Reichstagswahl von 1871 konnte sie sich bis 1874 auf über 35 % verstärken und damit fast doppelt soviel wie die Konservativen, nicht viel weniger als Liberale und Fortschritt zusammen und ein Drittel der Sitze gewinnen. Sie war führend innerhalb der Bewegung im Reiche. Von den insgesamt in Deutschland abgegebenen sozialistischen Stimmen entfiel ein Fünftel allein auf Sachsen. Schon mußte die Regierung das Meeraner Stadtverordnetenkollegium wegen sozialistischen Treibens auflösen. Bebel und Liebknecht wurden zu Festungs- und Gefängnisstrafen verurteilt und doch immer wieder von ihren Anhängern mit wachsenden Mehrheiten gewählt. Im Landtage tauchen dank des Wahlrechts zwar die Sozialdemokraten erst 1877 auf, aber die dort seit langem in der Zweiten Kammer herrschende Mehrheit der bürgerlichen Linken schmilzt von Wahl zu Wahl mehr zusammen. Schon 1875 gewinnen die Konservativen das Präsidium. Zwei Jahre später ist die linke Mehrheit endgültig gebrochen. Damit wird der Regierung, die sich auf die Erste Kammer von vornherein stützen kann, die parlamentarische Arbeit sehr erleichtert. Die heftigen Kämpfe aus den ersten siebziger Jahren wiederholen sich nicht, zumal das politische Interesse auch vorwiegend von den Ereignissen im Reich und den Verhandlungen des Reichstages in Anspruch genommen wird.

Im Ablaufe der Landesgeschichte bedeutete der Tod König Johanns Ende Oktober 1873 doch einen merklichen Einschnitt. Eine in ihrer hohen Geistigkeit noch der klassischen deutschen Bildungsperiode entstammende Persönlichkeit, deren ernste und würdige Haltung auch in den Wandlungen der politischen Schicksale des Landes dann nicht ohne wirkliche Bedeutung geblieben war, wenn sie sich einer stärkeren staatsmännischen Wirksamkeit versagte, wurde abgelöst von der unkomplizierten, vom Ruhme militärischer Leistungen umstrahlten, wahrhaft volkstümlichen und ohne alle Vorbehalte der neuen Reichsordnung ergebenen Soldatengestalt König Alberts. Auf der Höhe seines tatenfrohen Lebens stehend hat er die Regierung übernommen, die er länger führen sollte als je ein anderer sächsischer König. Es ist aber auch nicht zu verkennen, daß Sachsen durch den Thronwechsel von 1873 noch unlöslicher in die gesamtdeutsche Entwicklung verflochten wurde und politisch wie geistig und wirtschaftlich an individuellen Zügen verlor, was es an Einfluß auf das gesamtdeutsche Geschehen gewann.

So wie Maße, Münzen und Geldwesen im neuen Reiche gar bald vereinheitlicht worden waren, so gestaltete sich gerade in der liberalen Epoche der Reichspolitik bis 1878 auch das ganze Wirtschaftsleben samt dem Verkehrswesen und den auf alle diese den Alltag so stark berührenden Zweige des Gemeinschaftslebens gerichteten Anschauungen und Wünschen der öffentlichen Meinung um in der Richtung auf das Gesamtleben der Nation und fort von dem Denken in den überkommenen einzelstaatlichen Grenzen. Der Wunsch nach Vereinheitlichung machte auch vor Rechtspflege und Rechtsprechung nicht halt. Schon 1872 regte die Zweite sächsische Kammer die Schaffung eines Bürgerlichen Gesetzbuches für das Reichsgebiet an. Immer wieder kommt der Gedanke der Rechtseinheit zum Ausdruck. Die Errichtung des Reichsgerichts in Leipzig belebt diese Gedanken gerade in Sachsen. Die am 1. Oktober 1879 wirksam werdende einheitliche deutsche Gerichtsorganisation bedeutete einen Schritt auf dem Wege, den dann das Bürgerliche Gesetzbuch von 1900 abschloß.

In der tiefsten Erschütterung, die das junge Reich im ersten Jahrzehnt seines Bestands erlebt hat, im Kulturkampf, hat Sachsen eine friedliche Insel gebildet. Unmittelbare Einwirkungen der heftigen und erbitterten Kämpfe haben nicht stattgefunden, nicht zuletzt dank der maßvollen, verantwortungsbewußten Haltung König Alberts, dem jeder religiöser Fanatismus fern lag.

Ging das schwere Ringen des Kulturkampfes an Sachsen ohne Schaden zu tun vorüber, so blieben dem Lande jener Gründungstaumel und seinischwerer Rückschlag nicht erspart, den der wirtschaftliche Aufschwung nach dem siegreichen Kriege allenthalben in Deutschland im Gefolge hatte. Der rasch erworbene Reichtum, die gesteigerten Verdienstmöglichkeiten waren offensichtlich, mögen die angeblich sekttrinkenden Steinbruchsarbeiter der Sächsischen Schweiz auch eine billige Verallgemeinerung darstellen; sie waren doch bald in aller Munde. Fehlgründungen auf unsolider Grundlage fehlten auch in Sachsen nicht. Immer offener klaffte der Gegensatz zwischen den sozialen und wirtschaftlichen Schichten. Immer widerstandsloser war der heimische Boden der Macht und Ohnmacht des Geldes und des Wuchers ausgeliefert. Hier lag der beste Nährboden für die verführerischen Irrlehren des Marxismus. Spekulationen tobten sich besonders verhängnisvoll bei den verschiedenen Eisenbahnprojekten auch in Sachsen aus. Hier haben unrentable Linien, später vom Staate übernommen, noch lange die öffentlichen Finanzen belastet.

Deutlich zeigte sich die sächsische Wirtschaft von den weltwirtschaftlichen Schwankungen abhängiger als mancher andere deutsche Industriebezirk. Die sozialen Rückwirkungen dieses Auf und Ab blieben nicht aus, und sie bereiteten den Boden für den Glauben an das Vorrecht des wirtschaftlichen Denkens, der die breiten Schichten gerade in Sachsen besonders stark ergriffen hat und dem weder Staat noch Kirche ein auf die Dauer wirksames Gegengewicht entgegenstellen konnten. Hier liegen weitere Wurzeln der schwach entwickelten staatspolitischen Denkweise des durchschnittlichen Sachsen im ausgehenden 19. Jahrhundert. Als Bismarck gegen den Sozialismus mit den Gesetzen von 1878 vorging, entfielen von 647 Verboten von Vereinen und Druckschriften in Deutschland 156 allein auf Sachsen, während beispielsweise auf ganz Preußen nur 304, auf Bayern ganze 18 kamen. Weder der Liberalismus im Wirtschaftsdenken noch die Machtmittel des konservativ geführten Staates vermochten aber am Marxismus mehr als die Wirkungen zu bekämpfen. Gegen die Ursachen waren beide schließlich machtlos.

Der Übergang Deutschlands vom Freihandel zum Schutzzoll, als Schutz der nationalen Arbeit gedacht, fand die Billigung weiter Kreise im Lande. Auch die Neuordnung der Reichsfinanzen, deren Schwergewicht durch die Schaffung der Matrikularbeiträge von wechselnder Höhe bis zu einem gewissen Grade auf die Einzelstaaten verlegt wurde, war den wohlgeordneten sächsischen Finanzen keine unmögliche Belastung. Ernstere Konflikte ergaben sich aus der von Bismarck angeregten Übernahme der Eisenbahnen auf das Reich. Sachsen suchte der drohenden Entwicklung, die in den Kammern — abgesehen von den Liberalen — ebenso wie von der Regierung abgelehnt wurde, dadurch vorzubeugen, daß der Staat sein Bahnnetz durch Ankauf der Privatbahnen im Lande nach Möglichkeit stärkte. Preußen erwarb damals die Berlin–Dresdner Strecke, die Sachsen wenigstens für ihren innersächsischen Teil vergeblich zurückzukaufen sich bemühte. Als Ergebnis jener Bestrebungen blieb für Sachsen eine einheitliche Staatsbahn, deren Netz bald zu den dichtesten Mitteleuropas zählen sollte und die auch technisch hervorragte. In den achtziger Jahren hat dann das sächsische Hauptbahnnetz seine abschließende Ausdehnung gewonnen, und nur die Kleinbahnen sind noch weiter ausgebaut worden. Das hat die Rentabilität der sächsischen Staatsbahnen allerdings vermindert, zumal die Klagen über einen Wettbewerb der größeren preußischen Bahnen nicht aufhörten, von denen man behauptete, sie zielten auf das Aufsaugen der sächsischen Bahnen hin, nachdem der Gedanke der Reichsbahn gescheitert war.

Der Ausbau des Verkehrswesens im Lande entsprach in jenen Jahrzehnten nur der industriellen Entwicklung im allgemeinen. Was im zweiten Viertel des Jahrhunderts sich schon kräftig angebahnt hatte, der Aufschwung des sächsischen Gewerbewesens durch die Maschine, das erhielt in den Jahrzehnten nach der Reichsgründung einen weiteren, noch stärkeren Antrieb durch die politische und wirtschaftliche Stütze, die der aufstrebende Reichskörper nach innen und außen dem Lande gewährte.

Immer weitere Landesteile erobert die für Sachsen typische Industrielandschaft, die den Gegensatz von Stadt und Land im Landschaftsbilde ebenso verwischt, wie im Denken und Empfinden der Bewohner. Durch den Übergang vieler Industrie von den Wasser- zu den Dampfkräften verändern sich die Standortsbedingungen, um dann erst später nach dem Aufkommen der Elektrizität sich abermals umzustellen. Zunächst übertraf das Wachstum der Großstädte das der meisten kleineren Industrieorte des Erzgebirges. Leipzig hat zwischen 1871 und 1895 seine Einwohnerzahl von 107000 auf 400000, Dresden von 177000 auf 336000, Chemnitz von 68000 auf 161000, Plauen von 23000 auf 55000 gesteigert. Leipzig läßt Dresden, Plauen und Zwickau endgültig hinter sich. Wirkt sich bei diesem Wachstum auch die in Aufnahme kommende Neigung der Großstädte nach Einverleibung der benachbarten industrialisierten Landgemeinden aus, so ist doch dieses rapide Wachstum in seiner ungesunden und für den ganzen Volkskörper unorganischen Sprunghaftigkeit kennzeichnend für die Veränderung und Entwurzelung von Landvolk und Industrieproletariat. Die dem Wirtschaftsleben folgende Wanderung der Arbeiterschaft machte natürlich an den Landesgrenzen nicht halt. Berlin wirkte zumal in den verhängnisvollen Gründerjahren auch auf den wanderlustigen und anpassungsfähigen Sachsen höchst anziehend. Nach Tausenden zählte damals der Zuwachs der Reichshauptstadt aus Sachsen.

Unaufhaltsam schienen Wirtschaft und Volkszahl, unaufhaltsam aber auch Proletarisierung und marxistisches Denken zu wachsen. Im Jahre 1870 waren noch 25 % der Erwerbstätigen im Lande in der Landwirtschaft tätig, 1882 noch 19 %, 1895 nur noch 15 % gegen 58 % in der Industrie, 11 % in Handel und Verkehr.

Kaum ein Industriezweig, an dem Sachsen nicht mehr oder weniger beteiligt gewesen wäre. Über ein Viertel aller gewerblich Beschäftigten nahm die Textilindustrie auf. Baumwolle, Wolle und Flachs — weniger die Seide — wurden nicht nur in den älteren Industrieorten des Erzgebirges, des Vogtlands und der Lausitz bearbeitet, sondern auch die Großstädte und zahlreiche mittelsächsische Orte gewannen für sie wachsende Bedeutung. Chemnitz und Plauen spielten auf dem Gebiete der Weberei und der Wirkwarenherstellung wohl die vielseitigste und für ganz Deutschland bedeutsame Rolle. Immer neue Sonderzweige, etwa der Handschuh-, Strumpfwaren-, Trikotagenherstellung blühten hier auf, wesentlich für den Export, in erster Linie nach Nordamerika, arbeitend und darum besonders empfindlich gegen die Schwankungen des Welthandels und der Handelspolitik. Die alten Erwerbszweige des Gebirges, die Spitzenklöppelei und das Posamentenwesen, erfuhren bei starken Absatzschwankungen doch mancherlei Belebung. Der Staat nahm sich gerade dieser überlieferungsreichen Gewerbebetriebe durch Einrichtung von Fachschulen an, deren erste die 1878 gegründete Schneeberger Klöppelschule war. Das Fachschulwesen, von den maschinellen Erfindungen der größeren Industrieschulen und Techniken, besonders aber von der Tatkraft der Dresdner Technischen Hochschule angeregt, von Reisestipendien junger Leute in die Industrieplätze des Auslandes begleitet, nahm damals in den verschiedensten Industriezweigen einen lebhaften Aufschwung, mochten seine Anfänge in Sachsen auch schon wesentlich älter sein. Der tüchtige, anspruchslose, gut geschulte und leicht auch unter veränderten Lebensbedingungen Boden fassende sächsische Facharbeiter ist in diesen Schulen gebildet worden. Viele von diesen Arbeitern sind unter dem Einfluß schwankender und zeitweise ungünstiger Konjunktur ausgewandert, mancher wohl auch aus politischen Rücksichten, und so sind wertvolle Kräfte dem Volke oft für immer verloren gegangen.

Dem gesteigerten Lebensbedürfnis weiterer Kreise folgend entstehen immer neue Sonderindustrien, teils auf dem Boden und an Stelle früherer handwerklicher Arbeit, teils völlig neu geschaffen. Die Kunstblumen und die Strohhüte, die Puppen und die Kunstteppiche werden zur wirtschaftlichen Grundlage oft größerer Gruppen und Gemeinden. Die Maschinenindustrie, nächst der Webwarenherstellung der wichtigste sächsische Industriezweig, erfährt ein großes Wachstum und zunehmende Spezialisierung. Immer gesonderter werden die Werkzeugmaschinen, immer ausgedehnter die Unternehmungen selbst. Die drei größten Werke dieser Art am Hauptsitze Chemnitz, die sich an ihre Gründernamen Richard Hartmann, Johann Zimmermann und Louis Schönherr mit Stolz erinnern, sind längst zu Aktiengesellschaften geworden. Schon rollen die Hartmannschen Lokomotiven zu Hunderten über die Bahngleise Mitteleuropas, schon werden landwirtschaftliche Maschinen sächsischer Herkunft in ferne Erdteile ausgeführt, aber immer neue, verfeinerte Erzeugnisse erfindungsreicher Techniker verblüffen die in ehrlicher Begeisterung für die unbegrenzten Möglichkeiten des erfindenden Menschengeistes und des technischen Fortschritts begeisterten Zeitgenossen. Im Jahre 1855 hatte Clemens Müller in Dresden die erste Nähmaschinenfabrik eröffnet, die damals Deutschland kannte.

Wie die von Adolf Lange 1845 ins Leben gerufene Taschenuhrenfertigung in Glashütte, so erlebte das feinmechanische Gewerbe in der Herstellung von allerlei Präzisionsmaschinen damals eine vielseitige Blüte, an der Dresden mit hauptsächlich beteiligt war. Dresdens immer entschlossenerer Übergang zur Industriestadt vollzog sich in der Form, daß die bald einzuverleibenden weiteren Vororte, besonders nach dem kohlenreichen Plauenschen Grunde hin, mehr die Schwerindustrie aufnahmen, während die Stadt in ihrem engeren Raume Luxus- und Spezialindustrien entwickelte, von denen die Zigarren-, später noch mehr die Zigarettenindustrie, ferner die Schokoladenfabrikation, das photographische Gewerbe und die Lederbearbeitung bald eine namhafte Rolle über Sachsens Grenzen hinaus spielten.

Beträchtlich ferner war und blieb für das sächsische Wirtschaftsleben die Gewinnung und Verarbeitung von Steinen und Erden. Das Steingut behauptete sich auch in künstlerischer Hinsicht mehr und mehr neben dem Porzellan, das außer in der staatlichen Manufaktur nun auch in mehreren privaten Fabriken angefertigt wurde. Zum selbständigen Zweig entfaltete sich damals die Ofenfabrikation. Im Rahmen der auch stark für die Ausfuhr tätigen chemischen Industrie hatte der Name Franz Ludwig Gehes einen besonders guten Klang, zumal seine großzügige Stiftung auch für das geistige Leben der Hauptstadt eine große Bedeutung gewann. Struves Fabrik künstlicher Mineralwässer, noch den zwanziger Jahren des Jahrhunderts entstammend, behauptete ihre bekannte Stellung, indes die homöopathische Apotheke Dr. Willmar Schwabes in Leipzig jüngeren Tagen entstammte.

Neben der alten Musikinstrumentenherstellung, die namentlich in Markneukirchen blühte, gewann die Herstellung von Klavieren, in Leipzig (Blüthner) wie in Dresden hauptsächlich beheimatet, wachsende Bedeutung, sowohl für den Absatz in dem dafür immer aufnahmefähiger werdenden Inlande wie für die Ausfuhr.

Papierherstellung, Druck und Buchwesen fanden seit alters in Leipzig ihre auch durch Berlins gewaltigen Aufschwung im neuen Reiche in diesen Dingen nicht erschütterte zentrale Bedeutung für den deutschen Markt. Bedeutsam wurde für die Papierindustrie die von Gottlob Keller in Hainichen erdachte Möglichkeit der Verwendung von Holzfasern zur Papierherstellung. Der Verlagsbetrieb Leipzigs organisierte seinen Absatz in einem die ganze Erde umspannenden Netz. Immer noch wird etwa ein Viertel aller deutschen Bücher in Leipzig verlegt. Anderthalb Hundert Druckereien sind an diesem Platze beschäftigt. Die Leipziger „Illustrirte Zeitung" schildert die Welt jener Tage den Zeitgenossen im Bilde und ist durch das ganze deutsche Sprachgebiet verbreitet, dadurch den Mangel an Einfluß ein wenig ausgleichend, den Sachsen auf dem Gebiete der politischen Tagespresse in Deutschland verspüren mußte. Der Höhepunkt des Einflusses der Keilschen „Gartenlaube" hatte in den sechziger Jahren gelegen, wo sie mit einer Auflagezahl von über 200 000 eine unvergleichliche Stellung einnahm. Von Leipzig führten auch nach der Gründung des kleindeutschen Reiches noch bedeutsame Fäden verlegerischer und damit kulturpropagandistischer Art nach Wien. Sie sicherten den deutschen Einfluß im Donauraume an ihrem Teile und erwiesen zugleich die wertvolle Mittlerstelle, die Sachsen als Glied des neuen Reichs hier zu spielen berufen war, eine Aufgabe, die damals vielleicht nicht überall mit voller Schärfe erkannt worden ist. So sehr nun der Staat in seiner Gewerbegesetzgebung den ehrlichen Gewerbefleiß seiner Untertanen zu fördern bestrebt war, so haben doch die vielberufenen „Gründerjahre" an der Schwelle dieser Geschichtsepoche gestanden; ein unlauteres Spekulanten- und Unternehmertum versuchte sich breit zu machen; Warenhäuser verschiedensten Wertes an Wirtschaftsgesinnung und an Qualität der angebotenen Ware, billige Bazare, die die urteilslose Menge zu unnötigen und volkswirtschaftlich eher schädlichen Geldausgaben anlockten, schlugen an den Großstadtstraßen ihre Läden unter schreierischer Werbung auf.

Während der Erzbergbau Sachsens besonders infolge der Silberpreissenkung auf dem Weltmarkte in jenen Jahren schwer zu ringen hatte, blühte die Bergakademie Freibergs, von Studenten aus allen Weltgegenden besucht und vom Staate lebhaft gefördert, zum Ruhme des Landes. Die Kohlengruben, wenigstens die der Steinkohle des Zwickauer Reviers, wuchsen an Belegschaft und Ertrag, wurden aber von politischen Streiks nicht verschont, denn gerade dort hatte der Marxismus festen Fuß gefaßt und klafften die sozialen Gegensätze bedrohlich.

In dem steigenden Volkswohlstand, den man für Sachsen zwischen 1871 und 1896 von 7 auf 12 Milliarden gewachsen annimmt, ebenso in dem Anwachsen des Fleischverbrauchs von 7 kg 1850 auf 15 kg 1898 auf den Kopf der Bevölkerung, endlich in der Tatsache, daß ein jährlicher Überschuß des Staatshaushaltes von 7 bis 9 Millionen — bei rund 70 Millionen Höhe der Einnahmen und Ausgaben — immer wieder Steuersenkungen gestattete, könnte man Zeugnisse einer besonders glückhaften und gesegneten Epoche der deutschen und sächsischen Geschichte zu erblicken geneigt sein. Und doch wäre das ein Fehlschluß.

Trotz der im allgemeinen ansteigenden Wirtschaftskurve hat es im Lande doch an starken Rückschlägen nicht gefehlt, wie sie die Landwirtschaft zeitweise ebenso zu überstehen hatte wie der Bergbau. Während die Volkszahl unaufhaltsam steigt — gegen 1880 überschritt sie 3 Millionen und näherte sich am Jahrhundertende der vierten Million —, steigt die Zahl der Selbstmorde fast noch stärker, die Auswanderungsziffer ist hoch, die Zahl der unehelichen Geburten wird von kaum einem Bundesstaate verhältnismäßig übertroffen. Immer wieder kommen in der Presse Klagen über das Wohnungselend zur Sprache.

Der Umschwung in der Reichspolitik, das Ende der liberalen Ära hat sich auch in Sachsen vollzogen, deutlich spürbar an dem Übergang der Mehrheit in der Zweiten Kammer an die bürgerliche Rechte. Auch dem neuen konservativen Kurse glückte die Überbrückung der sozialen Spannungen, die Überwindung des vordringenden Marxismus weder durch die Tat noch durch die Idee. Ja, der Gegensatz des international gerichteten Proletariats zum national eingestellten Bürgertum führte letzteres zu einer immer betonteren Hervorkehrung des militärisch-autoritären Charakters des Staates. Die Staatsverwaltung bemühte sich um die soziale Versöhnung, ohne die Ursachen der Gegensätze zu erfassen und darum deren Wirkungen nur unbeträchtlich abschwächend. Bekanntlich hat gerade Sachsen im Rahmen der Reichsgesetzgebung ernstlich am Arbeiterschutz gearbeitet, und dabei hat auch der sonst in allen politischen Fragen sehr zurückhaltende König Albert ernstliches Interesse wiederholt gezeigt. Wenn der Liberalismus auch in der Staatsführung an Einfluß verloren hatte, so blieb die liberale Wirtschaftsgesinnung doch ungeschwächt am Ruder, und ihr Glaube an die gesunde regulierende Wirkung des freien Kräftespiels im sozialen und wirtschaftlichen Leben ließ auch stärkere Erfolge staatlicher Sozialpolitik von vornherein nicht zu. Gerade in der Innenpolitik hat Sachsen wiederholt Bismarcks Gegnerschaft erfahren. Als im Kulturkampf Sachsen den bayrischen Antrag auf besonderen Schutz des Staates vor Angriffen von der Kanzel herab im Bundesrat dahin erweitert haben wollte, daß jeder ungehörige Angriff gegen den Staat unter besondere Strafe gestellt werden möge, da lehnte Bismarck diese Erweiterung mit Rücksicht auf den erwarteten Widerspruch des Reichstags ab. Nachdem es schon 1888 und 1889 Anträge auf Arbeiterschutz betrieben hatte, ließ sich dann Sachsen 1890 Anträge auf Arbeiterschutz betrieben hatte, ließ sich dann Sachsen 1890 vom Staatssekretär v. Bötticher, der im Einverständnis mit Kaiser Wilhelm II., aber gegen den Standpunkt seines Vorgesetzten Bismarck dabei handelte, zu der Ankündigung eigener Anträge in diesem Sinne beim Bundesrate drängen. Auch bei einem Besuche König Alberts in Berlin wurde er vom Kaiser in dieser Richtung ermutigt. Das führte zur Rücktrittsdrohung Bismarcks, der dem sächsischen Gesandten damals sagte, daß zur Lösung der sozialen Frage Blut und Eisen, nicht aber Rosenwasser gehöre; schließlich fanden auch partikularisch gestimmte preußische Ministerialstellen, in dieser Frage gebühre Preußen die Führung. Sachsen wich zurück, verstimmt auch über die weitere Behandlung der Frage durch die Reichsbehörden, hatte aber doch, in bester sozialer Absicht, einen unfreiwilligen Anstoß mit gegeben zu dem einschneidenden Ereignis jenes Jahres: zu Bismarcks Konflikt mit dem Kaiser und zum Sturz des Kanzlers.

König Albert ebenso wie seine Minister hatten richtig erkannt, daß die gewaltige Persönlichkeit Bismarcks in allen wichtigen politischen Fragen keine selbständigen Mitarbeiter duldete. Sachsen hat sich daher in allen Fragen der Reichspolitik einer großen Wirksamkeit über die gegebenen Zuständigkeiten hinaus enthalten. Dabei war das Verhältnis zwischen König und Kanzler, wenn auch nicht vertraulich, so doch auch nicht unfreundlich. Für Bismarck lag Anlaß zum Eingriff in die sächsischen Verhältnisse nie vor. Er betonte gern seine Reichsstellung, die er nicht zuletzt gegen den Partikularismus preußischer Mitarbeiter zu unterstreichen habe. „Geschickt und ehrlich", nennt er die Politik der sächsischen Könige im Reiche, möchte sie allerdings immer durch die preußisch-österreichische Freundschaft von 1879 gestärkt und vor Belastungen geschützt wissen. Für die sozialpolitischen Bemühungen Sachsens in den Tagen seines dramatischen Abgangs hat er allerdings nur die Erklärung, daß die sächsischen Industriellen die auf ihnen lastenden Landesbestimmungen über den Arbeiterschutz gern auch auf ihre außersächsischen deutschen Konkurrenten angewandt gewußt hätten, eine offenbar fehlgreifende Erklärung.

Die sächsische Innenpolitik der siebziger und achtziger Jahre ist — wenn man von dem Kampfe gegen den Marxismus absieht — von schwereren Erschütterungen verschont geblieben. Friesen, Fabrice, Nostitz-Wallwitz stellen einen sicheren Gang der Staatsverwaltung durch ihre Sachkenntnis und Erfahrung sicher. Falkenstein, der hochverdiente Kultusminister der Beustzeit, stürzte 1871 über den um die Errichtung des Landeskonsistoriums entbrannten Streit, bei dem er nach der öffentlichen Meinung eine allzu konservative Haltung gegen die vorwärtsdrängenden theologischen Kreise eingenommen hatte. Seine großen Verdienste um die Universität Leipzig bleiben dadurch unberührt. Er hat die Landesuniversität nach Jahren des Niedergangs wieder zu einer in Deutschland führenden Stellung gebracht. Seiner Amtszeit gehören die Berufungen so bedeutender Gelehrter wie des Historikers Voigt, der Philologen Curtius und Ritschl, der Mediziner Credé und Thiersch, des Chemikers Kolbe, des Astronomen Bruhns, der Theologen Luthardt und Delitzsch, des Kunsthistorikers Overbeck an. Schon vor seiner Zeit war als besondere Kraft der Volkswirtschaftler Wilhelm Roscher nach Leipzig berufen. Von 1848 bis 1849 hat dieser Mitbegründer der historischen Schule der Nationalökonomie an der Leipziger Universität unterrichtet. An der Gründung des Vereins für Sozialpolitik war er beteiligt, damit Fäden zu jenen „Kathedersozialisten" ziehend, die die sozialen Anschauungen der wilhelminischen Zeit auch innerhalb der sächsischen Grenzen so stark beeinflußt haben.

Falkensteins Nachfolger als sächsischer Kultusminister war der Leipziger Professor der

Rechtswissenschaften Carl v. Gerber. Es ist ihm gelungen, die kirchlichen Verhältnisse Sachsens zwischen den widerspruchsvollen Anschauungen der Kammern und dem Streit der Öffentlichkeit hindurch auf einer gesunden Entwicklungslinie zu halten. Bewährt hat sich auch das von Gerber durchgeführte Volksschulgesetz von 1874. Die auf das nunmehr wesentlich ausgebaute Fortbildungsschulwesen gesetzten Hoffnungen politischer Art, daß es nämlich einen Damm gegen die sozialdemokratische Werbung unter der Jugend bilden sollte, hat es allerdings nicht erfüllt. Gewonnen hat durch den Ausbau des Schulwesens auch die Vielseitigkeit der Lehrerbildung. Die Seminare haben in günstigem Zusammenwirken der Regierung und der Lehrerschaft einen starken Ausbau und auch eine beträchtliche Vermehrung erfahren. Der Staat gab in den sechziger Jahren für Volksschulzwecke schon etwa das Zehnfache des Betrages der dreißiger Jahre jährlich aus, in den siebziger Jahren das Zwanzigfache. Seit 1878 zählen die Seminare zu den höheren Schulen. Diese selbst sind in den Jahrzehnten nach 1870 besonders im humanistischen und im realen Zweige stark vermehrt worden. Die Schüler- wie die Lehrerzahl verdoppelte sich in etwa 25 Jahren, die Zahl der Anstalten stieg von insgesamt 35 auf 53. Der Ausbau des höheren Schulwesens erstreckte sich auch auf eine Mehrung des staatlichen Einflusses gegenüber dem städtischen. Die neuen humanistischen Gymnasien waren Staatsanstalten, und darüber hinaus sicherte sich der Staat auch bei städtischen Anstalten oft das Besetzungsrecht. Das großstädtische Schulwesen trug fast allein den Umfang des Wachstums, während die alten Internatsanstalten nur ihren Bestand behielten.

Die Universität Leipzig blieb in den Jahrzehnten des ausgehenden 19. Jahrhunderts eine der angesehendsten und größten des Reiches. Ihren reinen Landescharakter, den schon Falkensteins Reformen bekämpft hatten, verlor sie fast ganz. Gewaltig war der Ausbau der Gebäude, Institute und Anlagen, zumal auf dem Gebiete der Medizin und der Naturwissenschaften. Aber auch in der Ergänzung der Professorenschaft bewies Minister von Gerber, selbst aus ihren Reihen hervorgegangen, meist eine glückliche Hand. Aus der Fülle berühmter Namen jener Zeiten haben viele einen bleibenden Klang in der Geschichte ihrer Wissenschaften erhalten. Der Philosoph G. Th. Fechner — wenn auch nicht mehr selbst lehrend —, der Chemiker Wilhelm Ostwald, der Theologe Karl Kahnis, die Juristen Karl Georg von Wächter, Bernhard Windscheid und Rudolf Sohm, der Historiker der Philosophie Max Heinze, G. Curtius, der Germanist Friedrich Zarncke, der Begründer des Leipziger Historischen Seminars K. von Noorden, der Historiker Wilhelm Maurenbrecher, die Geographen Peschel, Ratzel und Freiherr von Richthofen — alles Namen, die von zahlreichen Schülern weit über das Gebiet deutscher Zunge hinaus zum Ruhme der Leipziger Hochschule getragen wurden. Die Studentenzahl überstieg 2000 und übertraf zeitweilig die aller anderen deutschen Universitäten. Ein zahlreicher Beamtenkörper, eine zeitgemäße Verbesserung des Universitätsrechts, zahlreiche Stiftungen sind Gewinne der Hochschule in jenen Jahren. Noch stellt die Studentenschaft einen im wesentlichen einheitlichen Körper dar, in dem noch lange der patriotische Schwung von 1870/71 nachklingt, politische Spaltungen kaum in Erscheinung treten und auch die sozialen Unterschiede und Spannungen nur leise sich ankündigen. Dem Gange der geistigen Entwicklung folgend tritt auch in der akademischen Jugend ein Drang nach den positiven Wissenschaften, nach Realismus und Spezialistentum hervor. Dieser Zug kommt nicht zuletzt dem Aufblühen der Technischen Hochschule in Dresden zugute. Hier hat sich in zwei Jahrzehnten die Dozentenzahl verdoppelt, die Hörerschaft ist noch stärker gestiegen und der Haushaltsplan der Anstalt hat sich mehr als vervierfacht. Der Name „Technische Hochschule" trat 1890 an die Stelle des „Polytechnikums", noch früher der „Polytechnischen Schule". Auch die Dresdner Hochschule nahm unter ihresgleichen in Deutschland einen hohen Rang ein, der der Bedeutung Sachsens auf industriellem und wirtschaftlichem Gebiete entsprach. Der Einfluß der Hochschulen auf Bildung und Können in den breiteren Schichten des Volkes, auch über die akademischen Stände hinaus, war ungemindert groß, das Ansehen der Gelehrtenwelt im Rahmen des Volksganzen noch unerschüttert, auch von der Beurteilung aus dem politisch-sozialen Gesichtswinkel noch kaum berührt.

In Dichtung und Schrifttum genießen im allgemeinen die siebziger und achtziger Jahre eine niedrigere Schätzung der vergleichenden Geschichte als die vorangegangenen und die folgenden Jahrzehnte. Leipzig wie Dresden als alte Mittelpunkte geistig-literarischer Kultur ragen nicht durch besondere landschaftliche Färbung in Einzelpersönlichkeiten oder Strömungen aus dem gesamtdeutschen Rahmen heraus. Einen klangvollen Namen, auch auf schöpferischem Gebiete, besaß der Literarhistoriker der Dresdner Hochschule, Adolf Stern. Julius Grosse lebte einige Jahre in Dresden, solange es Vorort der Deutschen Schillerstiftung war. Nur am Rande der Literatur standen Männer wie Karl Biedermann und Hans Blum in Leipzig. Gustav Räder machte sich in Dresden auf dem Gebiete der Posse einen Namen. Die Meißnerin Luise Otto-Peters führte als erste Frau die soziale Wertung in den deutschen Roman, nicht ohne politische Absicht, ein. Standen die Volks- und Jugendschriften von Gustav Nieritz (gestorben 1876) in der Linie alter sächsischer volkstümlicher Schriftstellerei, wie sie einst Weise und Gellert gepflegt hatten, so fehlt doch auch bei ihnen ein leiser sozialkritischer Unterton nicht. Wilhelm von Polenz hat sich damals mit seinen Schilderungen bodenverwachsener Bauernart auf sächsischem Boden einen bleibenden Namen gesichert.

Gleich dem Schrifttum Polenz' stand die schon erwähnte Malerei Ludwig Richters fest auf dem Boden der sächsischen Heimat. Seine Nachfahren im Dresdner Kunstleben erreichten ihn darin nicht. Unter den Malern verdienen Julius Scholtz als Historienmaler, Leon Pohle als Bildnismaler Hervorhebung. Die Eroberung Dresdens durch die Freilichtmalerei und den Impressionismus gehört erst eigentlich dem letzten Jahrzehnt des Jahrhunderts an. Namhaft blieb die Dresdner Bildhauerei der Ernst Hähnel und Johannes Schilling, des Schöpfers der Germania auf dem Niederwald. Die Baukunst folgte noch lange dem Vorbilde Sempers, dessen Renaissancebauten viel nachgeahmt wurden und bald einer weder bodenständigen noch vom Volke als lebensvoll gewerteten Baukunst den Weg bereiteten. Als großzügige Bauanlagen bewunderte man die für ihre Zeit vorbildlichen Kasernenbauten der Dresdner Albertstadt. Ungezählte Wohn-, Geschäfts- und Behördenbauten haben die rasch anwachsenden Städte entstehen sehen. Viele von ihnen aber haben das Bild der Heimat eher entstellt als sinnvoll bereichert. Die beiden ersten Jahrzehnte im neuen Reiche haben Sachsen in allen kulturellen Fragen ebenso wie auf dem Gebiete der staatlichen Verwaltung und der Politik hineinwachsen lassen in die größere Einheit des Bismarckreiches. Dabei hat es manchen Zug seines früheren Eigenlebens verloren, hat sich aber an Einfluß auf das Gesamtleben der Nation, wenigstens in wirtschaftlicher und kultureller Hinsicht, ein festes Maß gesichert. In der staatlich-politischen Sphäre, mit Einschluß des Lebens der politischen Parteien und der Presse, ist sein Gewicht für das gesamtdeutsche Geschehen geringer. Hier wird es von Preußen stark beeinflußt. Es ist da besonders zu beobachten, daß Berlin als Reichshauptstadt Sachsen bis zu einem gewissen Grade in seinen Bannkreis zieht. In gleichem Maße geht der Einfluß Süddeutschlands auf Sachsen zurück. Das Ende des mittelstaatlichen Gruppengedankens wirkt sich da weit über den Rahmen des Politischen hinaus aus. In der Folgezeit hat sich diese Entwicklung weiter fortgesetzt, wobei der Widerstand gegen sie vom streng föderalistischen Standpunkte aus mit dem Absterben der älteren Generation bis auf die Stimmen weniger Männer, wie die von Konstantin Frantz und Petermann, fast ganz verstummte.

Verflechtung in die imperialistischen und sozialistischen Strömungen

Die innere Geschichte Sachsens gegen die Jahrhundertwende hin zeigt nicht mehr den zwar im Tempo wechselnden, aber doch im ganzen stetigen wirtschaftlichen Aufstieg der Vorjahrzehnte. Wirtschaftliche Stockungen treten ein; die Sozialpolitik des jungen Kaisers scheitert gar bald bei dem Versuche, den Gegensatz zwischen der vorwiegend sozialistisch eingestellten Arbeiterschaft und den alten Mächten des Staates zu überbrücken. Gewerbegerichte, Sonntagsruhe und Ausbau des Fabrikinspektionswesens, alles das, was nun die Reichsgesetzgebung brachte, lag schon in der Linie der sächsischen Entwicklung und war ja zum Teil auf sächsisches Betreiben hin beim Reiche eingeführt worden. An der Handelspolitik Caprivis war Sachsen weder anregend noch — da der ländliche Großgrundbesitz nicht von entscheidender Bedeutung für die sächsische Volkswirtschaft war — widersprechend stärker beteiligt. Der von der agrarischen Opposition gegründete Bund der Landwirte hat es hier nicht zu einem stärkeren Einfluß gebracht. Er stand an Bedeutung weit hinter der antisemitischen Bewegung zurück, deren Anhang sich besonders aus den Kreisen des Mittelstandes, der gewerblichen und industriellen mittleren Unternehmerschichten, zusammensetzte und auch in der konservativen Presse des Landes stärkeres Echo fand. Als dann das weitere Wachstum der Sozialdemokratischen Partei im Reiche, besonders aber auch in Sachsen, zeigte, daß kein Abflauen dieser Entwicklung abzusehen war, ergriff wieder Sachsen die Initiative zum Gegenstoß. Bei den ostpreußischen Manövern 1894 regte König Albert beim Kaiser ein schärferes Vorgehen gegen die Marxisten im Parlament an. Ob er dabei damals bis zur Empfehlung eines Staatsstreichs gegangen ist, steht allerdings dahin; jedenfalls hat er später unter dem Eindruck des starken Schwankens der kaiserlichen Politik in der Folgezeit, und zwar schon 1897, scharf von den Plänen eines Waldersee abrückend, erklärt, die deutschen Bundesfürsten könnten dem Kaiser nicht auf dem Wege zum Staatsstreiche folgen. Bei dem hohen Ansehen, das König Alberts Urteil stets beim Kaiser genoß, dürfte diese Stellungnahme bedeutsam für die weitere Reichsinnenpolitik geworden sein, um so mehr, als der König sich sonst der größten Zurückhaltung auf politischem Gebiete befleißigte. Das schließt übrigens nicht aus, daß sich die Außenpolitik Deutschlands gelegentlich seiner persönlichen Vermittlung bediente, etwa wenn es sich um Einwirkungen auf Kaiser Franz Joseph oder auf die italienischen Verwandten des albertinischen Hauses handelte. König Alberts erfahrenes Urteil wog in den Fragen der Heeresvermehrungen nicht gering. Er war bis kurz vor die Jahrhundertwende zum Armeeführer der Ostfront in dem Zweifrontenkrieg vorgesehen, mit dem die deutsche Politik rechnen mußte. Scharf bekämpfte der König die Militärstrafprozeßordnung von 1895. Er hat in der Reichspolitik der Persönlichkeit Caprivis im großen und ganzen freundlicher gegenübergestanden als dem Fürsten Hohenlohe.

Weniger von Einfluß auf die Gestaltung der Dinge im Reiche als König Albert dank dem Gewicht seines Alters und seines Namens war die sächsische Regierung als solche, besonders nach dem Ausscheiden des Grafen Fabrice. Auch im Reichstage spielten die sächsischen Vertreter keine besonders landschaftlich gefärbte und für das Ganze ausschlaggebende Rolle. Auch die führenden Sozialdemokraten, die einst ihre ersten Sitze in sächsischen Wahlkreisen errungen hatten, verlegten den Schwerpunkt ihrer Tätigkeit bald nach der Reichshauptstadt, die immer ausschließlicher Mittelpunkt des politischen Geschehens wurde. Wohl hatten Ereignisse wie das 1889 festlich begangene 800-Jahrfest des Hauses Wettin das nationale Empfinden weiter Kreise im Lande belebt, aber das hinderte nicht, daß bei den Landtagswahlen im Herbst 1891 die Sozialdemokraten ihre Stellung verdoppelten und bei den Herbstwahlen zum Reichstage 1893 abermals große Erfolge errangen. Immer wieder traten sie mit der Forderung des Reichstagswahlrechts für die Zweite Kammer hervor. Die Regierung, nicht unbeeinflußt von der schärferen politischen Tonart im Reiche, antwortete mit einer Wahlrechtsvorlage, von der mit aller Sicherheit die Ausschließung sozialistischer Vertreter aus der Zweiten Kammer zu erwarten war. Die konservativ-liberale Kammermehrheit nahm sie an und verhalf damit einem Dreiklassenwahlsystem zum Siege, wie es die sächsische Regierung 1850 und 1867 als für Sachsen ungeeignet bezeichnet hatte, und wie es jetzt den liberal-demokratischen Idealvorstellungen einer Volksvertretung noch wesentlich weniger entsprach als in jenen früheren Zeiten. Das Wahlgesetz vom 28. März 1896 leitet zugleich den letzten Abschnitt der konstitutionellen Weiterbildung des sächsischen Verfassungslebens seit 1831 ein. Es ist eine Zeit des Experimentierens. Denn die Regierung erkannte bald, daß die erdrückende konservative Mehrheit, die sich nun ergab, nicht dem wirklichen Kräfteverhältnis im Lande auch nur in abgetöntester Form Rechnung trug; daher bezeichnete sie bald gegenüber den nicht wenigen Kritikern die getroffene Lösung als vorläufig, so daß an den Erlaß dieses Gesetzes fast unmittelbar die Erörterungen über seine Abänderung anschließen. Dieses Gesetz ist in Verbindung mit den Gerüchten über die Staatsstreichpläne im Reiche haben viel zur Radikalisierung der Massen und zum um so gesteigerten Wachstum des Marxismus beigetragen. Mochten dann auch innerhalb der Sozialdemokratie gemäßigte und radikalere Haltung miteinander ringen, so stand Sachsens Parteiführung und Presse fast stets auf der Seite der Unversöhnlichen. Auch bei Streikunruhen ging es schon nicht mehr ohne ernstere Zusammenstöße mit der Ordnungsmacht des Staates ab.

Die Zunahme der noch immer rasch ansteigenden Bevölkerungsziffer — wachsend trotz sinkender Geburtenzahl dank Nachlassens der Sterblichkeit und geringerer Auswanderung in den neunziger Jahren — kam fast ganz der Industriearbeiterschaft zugute. Im Jahre 1895 waren — wie schon erwähnt — unter den Erwerbstätigen in Sachsen 58 % in der Industrie, 11 % in Handel und Verkehr und nur noch 15 % in der Landwirtschaft beschäftigt, während die entsprechenden Anteilzahlen im Reiche immerhin noch bei 39, 11, 5 und 36 lagen. Zum großen Teile war das Industrieproletariat entwurzelt und verlor seine Bindungen an die Heimatlandschaft auch auf ideellem Gebiet, teils unbewußt, teils auch sehr bewußt aus dem Hang zur Internationale des Proletariats. Das Bürgertum schloß sich daneben und im Gegensatz zu der in unitarischen Vereinen und in mancherlei Heimatbewegungen zusammen, aber es erfaßte die breiten Massen des Arbeiterstandes damit schon nicht mehr. Geschichtsvereine und Heimatzeitschriften nahmen an Zahl und Arbeitsumfang zu, eine Kommission für Geschichte wurde gebildet (1896), manches Werk der wissenschaftlichen Landesgeschichtspflege war einem lebhafter werdenden geschichtlichen Sinn zu danken. Die Bau- und Kunstdenkmäler Sachsens fanden ihre kritische Bestandsaufnahme und Beschreibung, alles Bestrebungen im Rahmen des Landes, die dadurch nicht an Bedeutung verlieren, daß man gleichgerichtete Bemühungen auch anderwärts in deutschen Landen verfolgen kann. Die gelehrte Urkundensammlung des Codex Diplomaticus Saxoniae Regiae stand um 1900 in der Vollblüte des Erscheinens, während 1902 der erste Band von O. E. Schmidts dann so vielverbreiteten und um die volkstümliche Erweckung der Landesgeschichte verdienten Kursächsischen Streifzügen erschien. Zum sächsischen Heimatgefühl bildete das gesamtdeutsche gewiß keinen Gegensatz: Sprach- und Schulverein, bald auch die Organisationen der Flotten- und Kolonialwerbung wirkten im Sinne des größeren Deutschland in aller Welt, verschafften bei dem binnenländischen Sachsen der großen Reichspolitik einen erleichterten Wiederhall und beförderten das Bewußtsein gesamtdeutscher Einheit. Trotz der sozialdemokratischen Kritik an der Weltpolitik Wilhelms II. begleiteten auch in Sachsen weiteste Kreise die Truppensendungen nach China mit stärkster Teilnahme, Unternehmungen, an denen — wenn auch nicht mehr kontingentsweise gesondert — auch sächsische Bataillone teilnahmen. Das Wachstum der Marine aber verdeutlichte das Übergewicht des Reichs über das Einzelleben der Länder am deutlichsten, wurde es doch zum Ausdruck der kaiserlichen Weltpolitik und des Reichsgedankens, mochte auch formell noch die Spitze bei den „Verbündeten Regierungen" liegen. Wie leidenschaftlich man die Ereignisse der Reichspolitik mit erlebte, offenbarte das Echo des Konflikts zwischen dem alten Kanzler und dem jungen Kaiser bei Bismarcks berühmter Reise nach Wien im Juni 1892, als die Tausende dem Kanzler auf dem Dresdner Theaterplatze huldigten!

Dem raschen wirtschaftlichen Aufschwung, der Ausbildung der Technik, den Unruhen der politischen Parteikämpfe und der imperialistischen Außenpolitik des Reichs entsprach auch eine soziale Lockerung und ein Durcheinander der geistigen Strömungen. Das eben kennzeichnet den die bürgerlichen Schichten damals stark beeinflussenden Liberalismus und Individualismus, zu denen weder der Sozialismus marxistischer Prägung noch der vielfach erstarrende konservative Gedanke im ausgehenden 19. Jahrhundert das rechte Gegengewicht bildeten. Es ist vielleicht kein Zufall, daß die zeitgenössische Kulturkritik gerade in Sachsen damals hervorgetreten ist. Von hier aus haben Langbehns „Rembrandt als Erzieher" und Avenarius „Kunstwart" ihre kulturkritische, aber auch kulturaufbauende Wirkung auf ganz Deutschland begonnen. Der Sachse Friedrich Naumann gibt seit 1894 die „Hilfe" heraus und gründet wenig später den „Nationalsozialen Verein". Gleich ihm kommt der spätere Sozialist Göhre aus dem sächsischen Pastorenstande. Das Land, das innerhalb Deutschlands bei allen Wahlen die meisten sozialdemokratischen Stimmen zählte, war auch am aktivsten um die Lösung dessen bemüht, was man seit dem letzten Viertel des Jahrhunderts als die „soziale Frage" zu bezeichnen sich gewöhnte.

Auf dem engeren Gebiete der Kunst hat Sachsen zwar Künstler wie Uhde und Klinger hervorgebracht, aber doch haben weder Dresden noch Leipzig eine wirklich führende Rolle gespielt. Vergleichsweise spät schlug der Impressionismus im Tale von Goppeln bei Dresden das Lager seines sächsischen Barbizon auf. Erst einige Kunstausstellungen der letzten Jahre des Jahrhunderts haben dann der jungen Kunst wirklich zum Durchbruch verholfen. In Gotthardt Kuehl erwuchs der Stadt des ausgehenden sächsischen Königtums ein anderer Canaletto, wie er einst die Welt des 18. Jahrhunderts abgebildet hatte. Auf dem Gebiete der angewandten Kunst, namentlich der Graphik, entstanden in Leipzig wie Dresden künstlerisch wie technisch bedeutende Unternehmungen. Die Ansichtskartenindustrie, ein der geistigen Haltung und Neigung der Zeit besonders erfolgreich Rechnung tragendes Gewerbe, faßte festen Fuß im Lande.

Die schon in den Gründerjahren einsetzende Zerstörung der altgewachsenen Landschafts- und Städtebilder zugunsten der Verkehrs- und Wirtschaftsbedürfnisse der Neuzeit nahm ihren ungehinderten Fortgang. Erst allmählich trat dagegen die Heimatschutzbewegung in die Schranken, um sich bald zur stärksten und rührigsten Organisation ihrer Art in Deutschland zu entwickeln. Noch aber fielen allerorten die alten Stadtmauern und Bürgerhäuser, die winkligen Straßen und Plätze und machten den Neubauten und Planungen Platz, die nicht immer das gleiche Maß von bodenständigem Leben und wirklicher traditionsbildender Kraft für die Zukunft aufbrachten wie ihre Vorgänger. Die historisierenden Bauten der Pseudogotik, der Neurenaissance und des Neubarock zerstörten oft mehr, als was sie an aufbauenden Werten brachten. Auch das Stadtbild der Großstädte, und nicht zuletzt das Dresdens selbst, hat damals unersetzlichen Schaden gelitten. Die großzügigen Brücken- und Bahnhofsbauten, die Warenhäuser und die Villen der reichgewordenen bürgerlichen Schichten entbehrten zumeist trotz Weiträumigkeit und Materialreichtums der Sicherheit und bleibenden Wirkung in Stil und Ausdruck. Schon längst war nicht nur in den engen Kreisen des Hofes und des Adels, sondern auch dem wohlhabenden Bürgertum das Gefühl der Verpflichtung zum Fördern und Anregen des künstlerischen Schaffens und zur Pflege der kulturellen Überlieferung des Landes geläufig geworden. In diesem Zusammenhange ist auch des Ausbaus der künstlerischen und wissenschaftlichen Sammlungen des Staates, aber auch schon der Sammlungen in den nach kultureller Verselbständigung strebenden Städten zu gedenken.

Das Schlagwort „Die Kunst dem Volke" ist Antrieb zu mancher sozialen Tat gerade in Sachsen geworden. Der Gedanke der Kunsterziehungstage fand zuerst in Dresden Verwirklichung.

Auch die Überlieferung der Wissenschaftspflege blieb in der ausgehenden albertinischen Zeit lebendig. Die Hochschulen in Leipzig, Dresden, Freiberg und Tharandt, denen sich seit 1898 die Leipziger Handelshochschule als zweite Anstalt ihrer Art in Deutschland zugesellte, waren steigend mit Geldmitteln zu Ausbau und Vervollkommnung bedacht. Glänzende Gelehrtennamen verbreiteten den Ruhm der Anstalten. Die Allgemeine Abteilung der Technischen Hochschule wurde in der Richtung der verschiedensten Wissenszweige ausgebaut. Gelehrte vom Rufe eines Hermann Hettner, Sophus Ruge, Adolf Stern haben hier gewirkt. Die Kunstwissenschaft konnte sich hier besonders entfalten dank der Anlehnung an das Schaffen der Kunstakademie, die aus allzu akademischer Erstarrung erwachte, und an die Reichtümer der staatlichen Sammlungen. Noch heute zeigen die Annalen der Leipziger Universität jene Namen der glanzvollen Zeit um 1900 auf, in der ein Wilhelm Wundt, ein Karl Lamprecht, ein Karl Bücher, ein Karl Binding, ein Rudolf Sohm, ein Adolf Wach, ein August Schmarsow, ein Hermann Credner, ein Albert Hauck, um nur einige Namen zu nennen, den Ruf der Hochschule verbreiteten und die Zahl der Studierenden aus allen Ländern von Jahr zu Jahr anschwellen ließen. Neubauten akademischer Anstalten entsprachen dem Wachstum der Hochschulen und den sich wandelnden Bedürfnissen. In den immer dichteren Reihen der Studenten, die sich schon längst, dank dem bei steigendem Volkswohlstand weiter ausgebreiteten Stipendienwesen, aus allen sozialen Schichten der Bevölkerung ergänzten, erschien um die Jahrhundertwende auch das weibliche Geschlecht mit seinen ersten, viel bespotteten Vertreterinnen. Dem blühenden Hochschulwesen des Landes entsprachen der tüchtige Stand der Mittelschulen, unter denen gerade die für Mädchen dem Zeitgeiste folgend besondere Förderung erfuhren, und der günstige Zustand der Volksschulen, deren Bildungshöhe durch Verbesserung der Lehrerbildung und -besoldung gesichert wurde. Sachsens Prozentsatz an Analphabeten hielt sich schon lange mit der verschwindenden Zahl von 0,01 % unter dem aller größeren deutschen Länder. Das Fortbildungswesen und die Sachschulen mußten sich schon im Hinblick auf die immer steigenden Anforderungen der Industrie an die Fähigkeiten der gelernten Arbeiter auf einem führenden Stande erhalten.

Besonders am Herzen gelegen hat König Albert allezeit die Weiterentwicklung der sächsischen Armee. Sie vollzog sich naturgemäß im Rahmen der allgemeinen deutschen Heeresordnung. Die einschneidendste Organisationsänderung war die Errichtung eines zweiten sächsischen Armeekorps, des 19. deutschen, am 1. April 1899. Damals wurde der Friedensstand der sächsischen Truppen von 34 000 auf 44 000 Mann erhöht. Zu den überlieferungsreichen alten Truppenteilen waren von Jahrzehnt zu Jahrzehnt neue Regimenter und Bataillone getreten; zumal die technischen Truppen erfuhren einen immer selbständigeren Ausbau. Langsam hob sich auch der Prozentsatz der in der Reichsmarine dienenden und im Reichskolonialdienst stehenden sächsischen Landeskinder. —

Der Tod König Alberts am 19. Juni 1902 bedeutet einen wirklichen Einschnitt in die Landesgeschichte. Eine bedeutende Persönlichkeit, deren menschliche Würde und persönliche Leistung in der deutschen Geschichte und Öffentlichkeit unbestritten waren, war dahingegangen. König Albert hatte den Schritt vom großdeutsch-mittelstaatlichen zum neuen Reichsgedanken nicht nur mit der gleichen Ehrlichkeit und Aufrichtigkeit vollzogen wie sein Vater und Vorgänger; es war auch sein Werk gewesen, Land und Volk Sachsen wirklich in die neuen Verhältnisse hineinwachsen zu lassen, die Beziehungen zum Hohenzollernhause und zu den neuen Reichsbehörden auf eine freundschaftliche und gesunde Grundlage zu stellen, ohne sein persönliches Verhältnis zum Hause Habsburg dadurch zu belasten. Ja, an dem Bündnis der Kaisermächte Mitteleuropas wird ihm als Mitwirkenden und Vermittler ein gewisser Anteil nicht abzusprechen sein. Darin aber deutet sich schon seine reichspolitische Rolle und Bedeutung an, deren Umfang bei all seiner Zurückhaltung im Meinungsstreite der Parteien und des Alltags nicht verkannt werden kann. Albert war volkstümlich, auch außerhalb der Grenzen seines Landes. Seine Beliebtheit wurde durch das Anwachsen der antimonarchischen sozialdemokratischen Partei im Lande, deren innere Überwindung seiner Regierung nicht geglückt war und bei der sozialpolitischen Abhängigkeit Sachsens vom Reichsganzen auch nicht glücken konnte, nicht beeinträchtigt, denn die Öffentlichkeit kannte seine Abneigung gegen die politische wie die konfessionelle Polemik. Anders lagen die Dinge bei seinem Bruder und Nachfolger Georg. Dieser, dem die verbindliche Leutseligkeit Alberts von Natur versagt war, hatte ein Leben hindurch im Schatten seines älteren Bruders gestanden. Als Soldat hatte er Tüchtiges in Krieg und Frieden geleistet, der inneren Landesverwaltung war er durch seine Kammertätigkeit nicht fremd. Gerade auf finanziellem Gebiet lagen aber die Nöte des Landes beim Regierungswechsel. Der Zusammenbruch der Leipziger Bank 1901 hatte weite Kreise in Mitleidenschaft gezogen und die Gemüter erregt. Ungeklärt war die Lage der Staatsfinanzen. Der Finanzminister von Watzdorf hatte Anfang 1902 zurücktreten müssen, weil die Kammern die weitgehenden Überschreitungen der Voranschläge durch die Verwaltung beanstandeten und lebhafte Zustimmung in der Öffentlichkeit damit fanden. Die parlamentarische Krise ging vorüber, aber die aufgehäufte Staatsschuld von über einer Milliarde Mark blieb, nicht zuletzt durch ertragsarme Eisenbahnbauten der letzten Jahre verursacht. Eine eiserne Sparpolitik setzte ein, die wohl berechtigt, aber wenig beliebt war. Daß man gleichzeitig die Zivilliste erhöht wissen wollte, konnte bei aller sachlichen Berechtigung und bei der Geringfügigkeit des in Frage stehenden Betrages doch die öffentliche Meinung nicht beifälliger gegenüber der Staatsleitung stimmen. Der 70jährige Greis, der nunmehr an der Spitze des Landes stand, schien Reformen des innerstaatlichen Lebens sicherlich kaum geneigt. Die Frage der Weiterbildung des Landtagswahlrechts schleppte sich hin, ohne einer Lösung näher zu kommen. Gewaltige Unruhe trug die Ehetrennung des Kronprinzen in die breiten Massen, auch des monarchisch empfindenden Bürgertums, denn sie schien dem Glauben an klerikale Einflüsse am Hofe neue Nahrung zu geben. Einzelne Äußerungen des Königs zu diesen Vorgängen fanden eine höchst ungünstige Aufnahme. In Verbindung dieser Stimmungen mit den Wahlkämpfen der Reichstagswahlen von 1903 kam es zu Straßenkundgebungen. Die Wahlen aber brachten den Sozialdemokraten einen Stimmenzuwachs von 48 % seit 1898: sie besaßen nun 22 von den 23 Wahlkreisen Sachsens. Die Regierung gab, selbst sichtlich von diesem Ergebnis beeindruckt, zu, daß „verbesserungsfähige Zustände vorhanden" seien. Erneut wurde die Wahlrechtsreform von der Regierung in Angriff genommen. Auch die liberalen Kreise der Wirtschaft regten sich gegen das einseitig konservative Regiment durch die Kammern im Lande unter Hinweis auf die Verteilung der wirtschaftlichen Kräfte in Sachsen und auf ihre Steuerleistungen für das Gesamtwohl. Die Stimmung wurde auch durch die Ereignisse im Reiche nicht gebessert. Große Unruhe brachte die Aufhebung des Jesuitengesetzes im März 1904, mochte auch die sächsische Regierung ihre Gegnerschaft gegen diesen innenpolitischen Schritt des Reichskanzlers von Bülow erklären und die Rückwirkung auf Sachsen unterbinden. Der Zolltarif von 1902 hatte die Lebensmittelkosten gesteigert und mit zu dem Wahlergebnis des folgenden Jahres beigetragen. Nicht nur die marxistischen Kreise, auch Teile des mittelständischen, oft antisemitischen Bürgertums in dem binnenländisch gebundenen und denkenden Sachsen standen ablehnend, die konservativ-agrarische Richtung im Lande wenigstens skeptisch abwartend zu der Welt- und Machtpolitik des Reiches, zu dem Imperialismus, wie er im Chinafeldzug, im Flottengesetz von 1900, in den verschiedenen kolonialen Kämpfen jener Jahre, nicht zuletzt aber in der persönlichen lauten Werbung für all diese Gedanken durch Kaiser Wilhelm II. selbst zum Ausdruck kam. Unmut und Verdrossenheit werden oft in Zeitbildern der Jahre nach 1900 als kennzeichnend für weite Volksschichten angeführt. Gern greifen sie dann auf das soziale und weltanschauliche Gebiet über. In diesen Bewegungen stand aber das geistig stets regsame Sachsenland mitten inne. So ging die kurze Regierung König Georgs im Herbst 1904 zu Ende, ohne daß ein Lichtblick das letzte Wegende dieses Fürstenlebens wirklich erhellt hätte. Denn die segensreich eingeleitete Gesundung des sächsischen Staatshaushalts, an der der König selbst tätig mitgewirkt hatte, konnte doch erst in längerer Zeit wirklich spürbar werden. Die Besserung ist gekommen und hat das letzte Friedensjahrzehnt des Königreichs ebenso beeinflußt wie die doch noch zum Abschluß gebrachte Wahlreform. Beide Dinge haben im aufbauenden, das Eigenleben des Landes bejahenden Sinne gewirkt. Die zunehmende Verschlechterung der Reichsfinanzen belastete demgegenüber die Länder, zu deren wohlhabendsten Sachsen zählte, schwer. Die Reichsfinanzreform von 1906 brachte keine dauernde Entlastung. Die weitgehenden Verhandlungen zeigten schon deutlich, wie stark sich der Schwerpunkt der staatlichen Finanzpolitik auf das Reich hin verschoben hatte, und wie die Länder nur eine der dabei mitwirkenden Kräfte neben den politischen Parteien und der Reichsregierung waren, nicht aber mehr allein den Ausschlag gaben. Erst die Finanzreform von 1908 hat dann die Kassenlage des Reichs gebessert.

Immer wieder zeigt sich, daß die Wirtschaftsfragen, die Innenpolitik des Reichs entscheidend für die politische Stimmung auch im einzelnen Lande sind, mögen auch die besonderen Verhältnisse hier fördernd oder hemmend wirken. In Sachsen hat die Regierung König Friedrich Augusts III. dank seiner volksnahen Art und der Frische und Unmittelbarkeit seines Wesens sicher versöhnend und sozial vermittelnd gewirkt, aber die Wahlen ergaben doch nach der aus Gründen der Reichspolitik 1907 erfolgten Niederlage der Sozialdemokraten auch in Sachsen ein weiteres Anwachsen dieser dem bestehenden Staate feindlichen Partei. Die Wahlen von 1913 lieferten wieder 19 von 23 Sitzen den Marxisten aus, nachdem 1907 der Marxismus in eine Minderheit von 8:15 gedrängt worden war. Auch Auseinandersetzungen innerhalb dieser größten deutschen Partei, die gerade in Sachsen nicht fehlten und sich zumeist gegen die radikale und zentralistische Berliner Führung richteten, hemmten das Wachstum nur vorübergehend. Das Landtagswahlgesetz vom 5. Mai 1909 hat sich zum letzten Male um die organische Weiterbildung der Verfassung von 1831 bemüht. Es bewegte sich in Gedankengängen, die in jener Zeit viel erörtert und auch anderwärts von namhaften Politikern vertreten wurden, so zum Beispiel vom Fürsten Bülow für die geplante Reform des preußischen Wahlrechts. Bekanntlich hat Sachsen den entscheidenden Schritt fort vom Dreiklassenwahlrecht noch getan, zu dem Preußen nicht mehr in monarchischer Zeit gelangt ist. Man schuf ein Mehrstimmenwahlrecht, bei dem Bildung, Besitz und Alter einen Zusatz an Stimmen verbürgten, deren Zahl beim einzelnen Wähler bis zu vier ansteigen konnte. Die Wahlkreiseinteilung, nach Städten und Landbezirken getrennt, und damit den natürlichen landschaftlichen Zusammenhang zerreißend, bevorzugte in maßvoller Weise das Gewicht der konservativen Kräfte im Lande. Immerhin wurde das neue Wahlrecht auch in liberalen und fortschrittlichen Kreisen, auch außerhalb Sachsens, viel beachtet und gelobt. Es ergab bei der einzigen damit durchgeführten Wahl 1912 etwa 30 Konservative — die bisher die absolute Mehrheit gehabt hatten — je 25 Nationalliberale und Sozialdemokraten, 8 Freisinnige und einzelne Splitter, bei insgesamt 91 Sitzen. Die großen politischen Richtungen im Lande fanden nun eine immerhin stattliche Vertretung und gaben in ihrem Kräftespiel die Voraussetzung für ein lebendiges parlamentarisches Leben, mochten auch die Sozialdemokraten, die ja das Reichstagswahlrecht auch für die

Länder anstrebten, unzufrieden ihren Gegnern vorrechnen, daß von der Zahl der Abstimmenden etwa zwei Drittel auf ihrer Seite standen. Unter Fortdauer friedlicher Verhältnisse hätte wohl das sächsische Wahlrecht auf längere Zeit hinaus in Kraft bleiben und vorbildlich für andere deutsche Länder werden können. Nicht gelungen ist die Weiterbildung der Ersten Kammer, die von der Regierung als Hort des konservativen Gedankens betrachtet wurde. Wiederholte Anläufe haben nur zu geringfügigen Änderungen in der Zusammensetzung geführt, obwohl doch der 1831 immer noch leidlich lebensfähige landständische Gedanke längst völlig unzeitgemäß geworden war. Namentlich haben in den süddeutschen Ländern die Versuche der Weiterbildung der Ersten Kammern zu berufsständischen Vertretungen erfolgreiche Ansätze gezeitigt, ohne daß Sachsen diesen Spuren gefolgt wäre. Und doch hätte gerade beim Fehlen einer solchen Berufsvertretung im Reiche hier eine Entwicklungsmöglichkeit für die Bundesstaaten gelegen, deren Landtage gegenüber dem Reichstage als Volksvertretungen doch an Bedeutung über den lokalen Kreis hinaus mit der Zeit sichtlich verloren hatten.

Es ist kein Zufall, daß sich in der Regierungszeit König Friedrich Augusts der Brauch festigte, den Posten des leitenden Ministers mit dem bisherigen Gesandten in Berlin zu besetzen. Die enge Anlehnung der sächsischen Politik an die des Reiches, die Wertschätzung engster Fühlungnahme mit Berlin lassen sich daraus erkennen. Dabei ist nicht anzunehmen, daß der aktive Einfluß auf die Reichsleitung besonders groß war oder etwa seinen Umfang zur Zeit König Alberts erreichte. So, wie daher auch die Länderregierungen unbeteiligt an der wachsenden Erfolglosigkeit der deutschen Außenpolitik in der wilhelminischen Zeit gewesen sind, hat diese doch als beunruhigendes Moment auf ihr eigenes staatliches Leben zurückgewirkt. Das gleiche gilt von der Innenpolitik des Reichs. Gern hat man damals den Ländern ihre Abneigung gegen die Erhebung direkter Steuern durch das Reich zum Vorwurf gemacht. Auch der sächsische König hat sich gegen das Übergreifen des Reichs auf diese Einnahmequelle der Länder öffentlich ausgesprochen. Es muß aber bei dieser Haltung berücksichtigt werden, daß das Reich sich in seiner Stellungnahme — zum Beispiel in der Steuerreform von 1908/09 — aufs stärkste von Preußen und den dort überwiegenden konservativen Mächten abhängig zeigte und überdies gegenüber den Parteien eine Schwäche erkennen ließ, die den Ländern die Mitarbeit nicht erleichterte.

Bedeutsam wurden dann auch für die sächsischen Verhältnisse Reichsgesetze wie die Reichsversicherungsordnung vom Mai 1911, durch die die Landarbeiter und die Witwen und Waisen von Arbeitern mit einbezogen wurden. Auf das Verhältnis von Reich und Ländern in der öffentlichen Bewertung ihrer Finanzwirtschaft wirkten die durch die außerordentlichen Rüstungsvermehrungen von 1913 bedingten Sonderforderungen des Reichs, der sogenannte Wehrbeitrag und die Vermögenszuwachssteuer einschneidend ein. Beide haben die Öffentlichkeit in jener Zeit lebhaft erregt. Zudem waren sie Kennzeichen der gespannten außenpolitischen Lage, deren Unsicherheit sich auf alle Lebensäußerungen in Wirtschaft und Öffentlichkeit mehr und mehr erstreckte.

Die Vermehrung der Armee ist 1913 auch in Sachsen beträchtlich gewesen. Vergleicht man die Stärke der sächsischen Truppen, in der sie 1914 ins Feld rückten, mit der von 1870, so ergibt sich für den Zeitraum von 44 Jahren eine Steigerung der Infanterie-Bataillone von 29 auf 82, der Kavallerie-Eskadrons von 24 auf 48, der Feldbatterien von 16 auf 62. Diese Armee war die nach Stärke, Ausrüstung, Können und soldatischem Geist beste, die Sachsen wohl in seiner wechselvollen Kriegsgeschichte je besessen hat. Längst in dem organisatorischen und geistigen Rahmen des deutschen Reichsheeres aufgegangen, hatte sie sich doch beste Überlieferungen landsmannschaftlicher Art bewahrt. Wohl waren die Formationen und höheren Einheiten teilweise mit preußischen verschmolzen, zum Beispiel bei den technischen und Verkehrstruppen, aber Offizierskorps wie Mannschaftsbestand waren doch rein sächsisch. Der stark gesteigerte Bedarf hatte breitere Schichten des gehobenen Bürgertums in die früher vorwiegend vom Adel gefüllten Reihen des Offizierskorps geführt, ohne doch Geist und Haltung zu demokratisieren. Die Erfolge des Sozialismus im Lande haben den militärischen Geist der Mannschaften kaum spürbar beeinflußt und die Schlagkraft nicht gemindert. Wachsende Verbreitung und Schätzung gehobener Schulbildung offenbart sich an der sprunghaft steigenden Ziffer der Einjährig-Freiwilligen.

In dem Wachsen an Zahl und Vielseitigkeit, an Leistung und Anspannung der Armee verdeutlicht sich nur die Gesamtentwicklung des Landes im letzten Friedensjahrzehnt, die staunenerregend ist, wenn man bedenkt, daß sie sich unter einem sich immer mehr verdüsternden außenpolitischen Himmel, unter harten innerpolitischen Kämpfen und unter einem gesteigerten weltanschaulichen Ringen vollzog.

In zehn Jahren, von 1904 bis 1914, ist die Bevölkerung Sachsens um 13 % gestiegen und hat schließlich fast genau fünf Millionen erreicht. In der gleichen Zeit stieg das steuerpflichtige Einkommen auf den Kopf der Bevölkerung um über ein Drittel, das Vermögen um reichlich ein Sechstel, das Sparkassenguthaben pro Kopf um über ein Drittel. Der Staatshaushalt erhöhte sich in Einnahmen und Ausgaben um fast 38 %, während die Staatsschuld sich dank einer gesunden Sparpolitik der Regierung pro Einwohner um 18,5 % verminderte.

Mit diesen geldlichen Voraussetzungen konnte der Staat für Schulzwecke allein den Aufwand um 66 % innerhalb dieses Jahrzehnts steigen lassen, während das Wachstum der Schulkinderzahl nur knapp 8 %, das der Lehrkräfte aber bezeichnenderweise fast 23 % betrug. Sachsen übertraf mit seinem Unterrichtshaushalt verhältnismäßig ebenso Preußen wie die süddeutschen Mittelstaaten. In dem zahlenmäßigen Anschwellen spiegelt sich — was wesentlicher ist — auch eine Wertsteigerung. Die Hoch- und Mittel-, die Volks- und Fachschulen standen auf hoher Leistungsstufe. Die Hörerzahl der Leipziger Universität überschritt die 5000, die der Technischen Hochschule in Dresden die 1000. Auch das alte Zentrum des Fremdenverkehrs und der großen Ausstellungen, Dresden, hatte eine Ausstellung wie die Internationale Hygieneausstellung 1911 weder nach der internationalen Bedeutung noch nach Ausmaß und wissenschaftlich-kulturellem Gehalt je vordem erlebt. Sie wurde zum Ausgangspunkt des viel später in einer veränderten Welt errichteten Deutschen Hygienemuseums, beide unlöslich mit der Persönlichkeit Karl Lingners verknüpft, die so viele für ihre Zeit typische Züge trägt.

In Leipzig wurde der groß gedachte und ausgeführte Gedanke der Deutschen Bücherei verwirklicht unter namhafter Beteiligung des sächsischen Staates; gleich diesem Unternehmen lenkten die Internationale Baufach-Ausstellung 1913 und die Buchgewerbe-Ausstellung 1914 die Aufmerksamkeit aller Welt auf den besonderen, blühenden Gewerbefleiß und auf die geistige Bedeutung der Stadt, deren führende Stellung darin unerschüttert war. Noch einmal entrollte sich das Bild kaiserlicher Pracht und trotz aller Hemmungen lebendigen deutschen Nationalgefühls bei der Einweihung des Völkerschlachtdenkmals, jenem Feste, das zahllose Würdenträger der europäischen Völker nach Leipzig führte und über dem doch schon drückend die Wolken des aufziehenden Kriegsgewitters lagerten.

Noch aber zeigte sich der wachsende Wohlstand in Staat und Volk, mochte dieses auch über Steuerlasten und Steigerung der Lebenshaltungskosten nicht mit Unrecht bei Vergleich mit den vorangegangenen Zeiten klagen: an der stattlichen Reihe emporwachsender öffentlicher Bauten in Stadt und Land, an dem Ausbau wissenschaftlicher und künstlerischer Institute, an reichen Stiftungen aus den Schichten des zu Wohlstand gelangten Bürgertums, an den Villenvierteln, die sich am Rande aller Städte bildeten, an den Arbeitersiedlungen, die von den Mietskasernen, dieser typischen Schöpfung des Kapitalismus im 19. Jahrhundert, fortstrebten zu neuen, gesünderen und sozial ausgeglicheneren Siedlungsformen. Stattliche Schulen, Gerichts- und Verwaltungsgebäude, Schauspielhäuser wie das Dresdener, wie auch das Festspielhaus in Hellerau, in dem schon ein jenseits der Gedanken-

Abb. 53 Das Schloß in Dresden mit den Türmen der katholischen Hofkirche und der Frauenkirche

Abb. 54   Landungsplatz an der Brühlschen Terrasse in Dresden

welt des 19. Jahrhunderts liegender Bauwille um Gestaltung ringt, Bahnhöfe wie der Leipziger, als größter seinesgleichen auf dem europäischen Festlande, das Dresdner Rathaus und manch entsprechender Bau im Lande werden errichtet. Der schon ins erste Kriegsjahr übergreifende letzte Haushaltsplan vor dem Weltensturm sieht Bauten vor wie das später vollendete Hauptstaatsarchiv, wie das erst sehr viel später verwirklichte Hygienemuseum, wie das ungebaut gebliebene neue Galeriegebäude. Allein für Bau- und Grundstückszwecke der Universität Leipzig werden für ein Jahr 6,8 Millionen Mark angesetzt, Zeichen einer Zeit, der Großzügigkeit und Wille zur Tat gewiß nicht abzusprechen sind.

Nicht zuletzt ist solcher Tatwille auch Ausdruck einer geänderten oder wenigstens in Wandlung begriffenen geistigen Haltung. Die müde «Fin de siècle-Stimmung», die Reichsverdrossenheit der Jahrhundertwende, waren doch im Schwinden. Wohl verstummen die Klagen über zunehmenden Luxus, über wachsende Sittenlosigkeit, über das Schwinden alter Sitte und Art nicht. Aber daneben steht deutlich sichtbar ein neues Wollen. In der Kunst hat sich nun auch an den Dresdner Kunststätten, nicht weniger in Leipzig und sonst im Lande, der Naturalismus durchgesetzt. Gerhart Hauptmann findet im Schauspiel eine besondere Stätte; die Hofoper verbindet aufs glücklichste die Pflege alter Überlieferung und die Förderung neuer Werte. Straußens Salome und Rosenkavalier lenken in ihren Dresdner Uraufführungen den Blick auf das von Seebach und Schuch geleitete Kunstinstitut. Die bildenden Künste drängen schon wieder über den auf der ganzen Linie siegreich gewordenen Impressionismus hinaus. Die großen Kunstausstellungen jener Jahre zeigen in ihrer Fülle verschiedensten Strebens ein Spiegelbild der durcheinandergehenden, noch ungeklärten, aber ansatzreichen Geisteshaltung der Vorkriegsgeneration. Ein Gelehrter wie Karl Lamprecht hat das nervöse, von dem Materialismus und Positivismus unbefriedigte junge Wollen der Zeit, das einem neuen Idealismus zuzustreben scheint, gut erkannt. Es handelt sich da gewiß um gemeindeutsche Erscheinungen, aber gleichwohl läßt sich zeigen, daß Sachsen in ihnen mit an führender Stelle gestanden hat: mag es sich um das Ausdrucksringen neuer, das klassische Ballett überwindender Tanzformen, mag es sich um die Jugendbewegung, um den Wandervogel und ihm ähnliche Bestrebungen, um Volksmusik und um Laienspiele handeln. Rasch steigt die Allgemeinbedeutung des Sports in der Wertschätzung der Öffentlichkeit, der sich auch die Winterlandschaft des Erzgebirges und des Lausitzer Berglands erobert. Längst ist schon der Kraftwagen zum selbstverständlichen Verkehrsmittel geworden. Nun setzen sich auch Luftschiff und Flugzeug durch. Flugplätze und Zeppelinhallen werden da und dort errichtet. Der militärische Verteidigungsgedanke, den die Weltlage so nahelegt, richtet sich auf alle technischen Neuerungen. Dabei wurde aber die Lage Sachsens, am Grenzrande des Reichs gegen die Doppelmonarchie hin, gewiß nicht als militärisch gefährdet angesehen. Galt doch nicht nur der Politik, sondern ebenso dem Bewußtsein und Empfinden des sächsischen Volkes Böhmen schon immer nicht als fremdes Ausland. Wirtschaftliche, familiäre, geistige Verbindungen engster Natur bestanden zwischen dem Deutschtum diesseits und jenseits der Grenze seit langem.

Gerade auf dem mangelnden Empfinden für die Gefahren des Grenzlandlebens beruhte nicht zuletzt der vergleichsweise unpolitische Sinn des sächsischen Volkes. Dazu kam das seit den achtziger Jahren im raschen Ansteigen begriffene wirtschaftlich-materialistische Denken. Es wurde ebenso vom Marxismus den Massen gepredigt, der das Vorhandensein nationaler Gegensätze leugnete zugunsten des Klassenstandpunkts, wie es auch dem Liberalismus innewohnte. Denn zumal in dem Ausfuhrlande Sachsen mit seinen den Erdball umspannenden Handelsbeziehungen stellte sich das Weltbild im Sinne wirtschaftlicher Expansion und kapitalistischen Ringens dar. Hinter diesen beiden politischen Gruppen stand aber der größere Teil des Volkes, mochten auch gegensätzliche Stimmen gelegentlich laut werden.

Schon sahen führende Denker einen neuen Idealismus in Deutschland heraufziehen, der die

Jugend zu ergreifen sich anschickte und berufen schien, den Marxismus innerlich zu überwinden, die Allmacht rein materiellen Denkens zu brechen und die Zerrissenheit und die sich oft in Lärm und Grellheit über den Mangel an eigenem Gehalt hinwegtäuschende Unrast des wissenschaftlichen und künstlerischen Intellektualismus zu ersetzen. Darüber brach der Weltbrand des Krieges herein. Der Krieg hat mit dem ganzen deutschen Volk auch seinen sächsischen Zweig zutiefst erschüttert; er hat die Lage des Landes in vielfacher Weise gewandelt; er hat auch die letzte Phase des staatlichen Eigenlebens dieses obersächsischen Stammes heraufgeführt.

Blickt man von der Schwelle des Weltkriegs noch einmal zurück auf die Jahrzehnte des Bismarckreichs und fragt sich dabei nach dem Anteil, den Sachsen an der Entwicklung dieser Zeit genommen hat, so ergeben sich mancherlei Betrachtungen. Von der Außenpolitik mit Einschluß der nach außen gerichteten Wirtschaftspolitik blieb der Einzelstaat gegenüber der Reichsführung fast ausgeschlossen. Weder die Fürsten noch die führenden Staatsmänner Sachsens haben zudem auf diesem Gebiete einen stärkeren Ehrgeiz entfaltet. So blieb Sachsen zumeist auf die Pflege einiger dynastischer Beziehungen im Reichsinteresse und auf die Betonung seiner Wünsche für seinen heimischen Gewerbfleiß beschränkt. An Gewicht des staatlichen Ansehens mag es im Reichsgefüge manchmal hinter den durch Sonderverträge unterstrichenen Platz der süddeutschen Staaten zurückgetreten sein. Steigen mußte aber Sachsens Bedeutung im Rahmen des sich allgemein vollziehenden Übergangs Deutschlands vom Agrar- zum Industriestaat, denn in dieser Entwicklung ging es nicht nur kräftig mit, sondern es besaß von vornherein einen großen Vorsprung vor den meisten anderen deutschen Ländern. Das bedeutete rasches Anwachsen der Volkszahl — immer weiter ließ es darin das einst einwohnergleiche Württemberg hinter sich und näherte sich zusehends Bayern — und besonders rasche Verstädterung ganzer Landstriche. Empfindlich antwortete die Wirtschaft dem Auf und Ab wirtschaftlicher Möglichkeiten im Lande. Obwohl in der Industrie die mittleren und kleineren Betriebe sich gegenüber den Großbildungen besser behaupteten als anderswo, sank doch die Verhältniszahl der selbständigen Existenzen immer mehr. Das Proletariat gewann einen weit über dem Reichsdurchschnitt liegenden Anteil an der Volksgesamtheit. Damit im Zusammenhang steht die Entwicklung Sachsens zur Hochburg der deutschen Sozialdemokratie. Der Spitzname „Rotes Königreich" taucht schon verhältnismäßig früh auf. Es ist das typische Land der sozialen Spannungen, der politischen Parteikämpfe. Es ist aber auch die Heimat eines immer wieder sich durch geistige Regsamkeit auszeichnenden deutschen Stammes, dessen Schulbildung und technisches Können voranstehen, und der sich im Kreise der deutschen Stämme eines besonders guten Ansehens erfreut. Auch die Verwaltung des Landes gilt, verglichen mit der manches seiner Nachbarn, als fortschrittlich, Neuerungen geneigt, politisch nicht einseitig festgelegt. So lebhaft dank der allgemeinen Freizügigkeit die Sachsen sonst über die engen Grenzen ihres Landes, das mit Belgien um den fragwürdigen Ruhm dichtester europäischer Besiedlung streitet, fluten, so ist der Anteil an den führenden Stellen im Reiche, in Diplomatie, Marine, Kolonialverwaltung doch nur langsam im Steigen. Lebhaft ist zu allen Zeiten und so auch jetzt die Mitwirkung Sachsens an der geistigen Bewegung in Deutschland und im engeren Sinne gewesen. In Lebensreform und Philosophie, in kirchlichen und theologischen Strömungen finden sich immer wieder führende Köpfe und gestaltende Gruppen und Kreise, zumal in Dresden und Leipzig, deren Einfluß über die engeren Landesgrenzen hinausgreift. In dem Aufsaugeprozeß des deutschen geistigen Lebens durch die emporstrebende Reichshauptstadt Berlin hat der obersächsische Kulturkreis immer eine heilsam hemmende Rolle gespielt. Was den Hauptstädten deutscher Bundesstaaten an politischer Bedeutung im neuen Reiche abging, das haben sie sich — und unter ihnen nicht zuletzt Dresden — auf kulturellem Gebiete zu erhalten gewußt. Dabei kam Sachsen der fast völlige Fortfall konfessioneller Spaltungen zugute. Als 1910 die Borromäusenzyklika des Papstes die Gemüter des deutschen Protestantismus erregte, konnte sich König Friedrich August vor die protestantische Mehrheit seines Volkes stellen, ohne innerpolitische Verwicklungen fürchten zu müssen. Wenn es König und Staat nicht gelungen ist, die Sozialdemokratie zu überwinden, mochten Gutgläubige auch gerade in Sachsen für ihre Entwicklungsfähigkeit zu positiver Mitarbeit am Staate hin hoffen, so hieße es den Rahmen des den deutschen Ländern möglichen Eigenlebens im Bismarckreiche überschätzen, wollte man darin einen Vorwurf gegenüber Sachsen suchen. Seine Sozialpolitik war — soweit nicht das Reich diese Fragen an sich zog — viel beachtet und geschätzt in Deutschland. Hier wie auf so vielen sachlichen und geistigen Gebieten wirkten beste kursächsische Überlieferungen nach und haben in manchem Betracht von Sachsen aus auch das Reichsganze anregend und vorbildlich zu beeinflussen vermocht.

Durch den Weltkrieg zum Freistaat

Beim Kriegsausbruch bildete die sächsische Armee noch eine im wesentlichen geschlossene Einheit und ist als solche ins Feld gerückt. Erst der weitere Verlauf des Krieges hat die größeren Verbände mehr und mehr gelockert, so daß schließlich die Kontingente völlig vermischt und selbst die Einheitlichkeit der Divisionen häufig aufgehoben war. Nach dem Schlieffenschen Plane bildeten die sächsischen drei Korps — 12., 19. aktives und 12. Reservekorps — die dritte Armee unter dem früheren sächsischen Kriegsminister Freiherrn von Hausen. Ohne Schwierigkeiten hatte sich die Mobilmachung vollzogen. Das ehrliche Empfinden aller, daß das Vaterland angegriffen und in die Verteidigung gedrängt war, die alle politischen Trennungslinien überflutende begeisterte Hingabe an die Größe jener Tage, die den Alltag für alle zurückschob vor dem für den Einzelnen so seltenen unmittelbaren geschichtlichen Erleben, das Gefühl der Sicherheit und Zuverlässigkeit des sich abrollenden militärischen Räderwerks des Kriegsbeginns, — alles das drängte sich zu einer verhängnisvollen Einheit zusammen. So wie die zahlreichen Sachsen aus dem nahen Österreich über die Grenze zu den Fahnen eilten, so rollten durch Sachsen die Reservistenzüge der k. u. k. Wehrmacht ihrer Heimat zu und verlebendigten den Eindruck der nahen Bundesgenossenschaft. Kaum verließen die mobilen Regimenter die Kasernen, da füllten sich diese mit den rasch nach Tausenden zählenden Kriegsfreiwilligen. Die dritte Armee aber, zunächst in der Eifel zwischen St. Vith, Gerolstein, dem nördlichen Luxemburg und Kyllburg gesammelt, drang in das südliche Belgien, gegen Givet und Dinant, vor. Zwischen zwei feindlichen Armeen durchstoßend erreichte sie die Maas, die französische 5. Armee im Rücken fassend. Noch kam es hier zu keiner Schlachtentscheidung. Im Straßenkampf gegen feindliche Einwohner von Dinant traten die ersten schmerzlichen Verluste ein. Schon damals zeigte sich der Nachteil, daß die Oberste Heeresleitung zu fern war und darum nicht klar genug den Gang der Dinge bei den einzelnen Armeen überschaute.
Als mittelste der fünf durch Belgien und Nordfrankreich in schier unaufhaltsamem Schwunge südwärts dringenden Heersäulen ficht die Armee Hausen in vielen Einzelkämpfen, immer siegreich, aber auch immer weiter sich entfernend von Operationsbasis und Heeresleitung. Die eingeschlagene Richtung ist nur rein südlich auf Troyes. Am 9. September, nach drei Wochen Vormarsch, stehen die Sachsen in der Linie Sézanne—Fère Champenoise—Mailly. Während die westlichen Nachbararmeen gegen Paris operieren, die beiden östlichen gegen den Rücken der Linie Toul—Epinal vorstoßen, sollen die Sachsen

je nach Bedarf nach der einen oder anderen Seite einschwenken. Da beide Nachbarn seit dem 5. September in schwere Kämpfe verwickelt sind, gibt Hausen nach beiden Seiten Unterstützungen. Siegreich dringen die Sachsen gegen eine neue, von Foch geführte französische Armee in Richtung auf das Tal der Aube vor. Noch während dieses Sieges, im Laufe des 9. September, wird das Schicksal der Marneschlacht entschieden durch den vom Sendboten des Hauptquartiers diktierten Entschluß der 2. Armee Bülow zum Zurückgehen. Unverständlich ist es dem Manne an der Front, daß nun auch die 3. Armee den Siegeslauf abbrechen, zurückgehen muß. Nicht ohne ernste Verluste, zumal an zurückbleibenden Verwundeten, wird der Rückmarsch ausgeführt. Zwischen Reims und den Argonnen, bei Suippes, werden neue Stellungen bezogen. Der Bewegungskrieg ist zu Ende.

Der Ausgang der Marneschlacht setzt nicht nur der Führung der deutschen Armeen durch Moltke ein Ziel, sondern auch — sehr mit Unrecht als Kritik an seinen Leistungen, wenn nicht gemeint, so doch in der Armee wie in der Öffentlichkeit so empfunden — der Armeeführung Hausens, der — schwer erkrankt — durch den früheren preußischen Kriegsminister von Einem ersetzt wurde. Mit viel Beifall hat dieser später der Leistungen der ihm unterstellten Sachsen auch in den Zeiten des Stellungskrieges gedacht.

Schon beim Kriegsbeginn hatten kleinere sächsische Einheiten im Elsaß und in Lothringen, aber auch in Ostpreußen mitgefochten. Zu der vornehmlich aus Kriegsfreiwilligen gebildeten Armee, die bei dem im Herbst 1914 einsetzenden Wettrennen zum Meere am äußersten flandrischen Flügel eingesetzt wurde, zählte das vorwiegend sächsische 27. Reservekorps. Ein großer Teil der besten ungedienten Jugend Deutschlands ist in den Kämpfen des Oktobers hier an der Yser und bei Ypern geblieben. Die Blüte auch der sächsischen Hochschulen hat diesen Opfergang mitgemacht, der taktisch und strategisch nicht oder nur sehr bedingt zum Ziele führte, aber unter dem Namen Langemarck für immer in die deutsche Geschichte eingegangen ist. — Im Winter 1914/15 stand die sächsische Landwehrbrigade Graf Pfeil an der schlesisch-polnischen Grenze auf der Wacht für die Heimat.

Je länger sich der Krieg hinzog, neue Verbände gebildet und die Gliederung der Truppen den sich wandelnden Bedürfnissen des Krieges angepaßt wurden, um so mehr verschwimmt die zusammenhängende Verwendung größerer Kontingenteinheiten. In den Januarkämpfen 1915 bei Craonne sind noch einmal wesentliche Teile der überwiegend sächsischen 3. Armee, von dem Sachsen d'Elsa geführt, vereinigt. Aber bald stehen die sächsischen Divisionen und Regimenter, ja bei den technischen und Spezialtruppen oft noch viel kleinere Verbände, überall längs der Westfront und an vielen Punkten im Osten verteilt. Die Geschichte der sächsischen Truppen, soweit sie über einzelne kleine Einheiten hinausgreift, verschmilzt unlöslich in der Geschichte der ganzen deutschen Armee. Einzelleistungen aber tragen einen vorwiegend episodischen Charakter.

So hat die überwiegend sächsische 8. Kavalleriedivision erst in Lothringen, dann in Ostpreußen gefochten; im Herbst 1915 durchstreifte sie Kurland bis zur Düna. An der Westfront haben 1915 die Sachsen außer — wie schon gesagt — am Chemin des Dames bei Craonne in den Winterkämpfen in der Champagne, im Frühjahr vor Ypern, dann wieder in der blutigen Herbstschlacht der Champagne sich ausgezeichnet. In den Geschichten sächsischer Regimenter klingt der Name der Lorettohöhe immer wieder auf und erzählt von großen Taten und schweren Verlusten. Auch im Osten sind sächsische Truppen an Hindenburgs erstem Vorstoß nach Polen beteiligt gewesen. Zu der Brigade Graf Pfeil kamen nun auch Verbände der Westfront, so die 58. Infanteriedivision, die im Wilnafeldzuge im September 1915 mitfocht.

Unter den militärischen Großtaten des Jahres 1916, dem rumänischen Feldzug, dem Kampf um Verdun und der Sommeschlacht, hat letztere am meisten die sächsischen Divisionen in Mitleidenschaft gezogen. Von Juni bis November haben die Deutschen an der Somme gefochten und geblutet. Die aus Truppen des 12. Korps zusammengestellte Division Francke hat sich hier besonders ausgezeichnet, aber fast alle sächsischen Divisionen sind hier eingesetzt worden — manche darunter mehr als einmal — und alle haben sich voll bewährt. Allerdings waren die Verluste schwer, zumal an Offizieren. Die Erfahrung lehrte, daß diese Schlacht den Charakter der Armee einschneidend verändert und den Materialkampf als ausschlaggebend in den Vordergrund gerückt hat. Immer geringer wurde die Zahl derer, die seit Kriegsbeginn bei der Tuppe waren.

Zahlenmäßig geringer ist die Beteiligung sächsischer Truppen in dem Ringen um Verdun. Bei Douaumont wie bei Vaux haben sächsische Divisionen, die 58. und die 192., ihren schweren Blutzoll zu dem vielumstrittenen Erfolg dieser Kämpfe beigetragen.

An der rumänischen Front fanden nur kleinere Einheiten Gelegenheit, sich unter Falkenhayns Führung zu bewähren. Der Herbst des Jahres 1916 sah dann noch sächsische Truppen an der galizischen Front, wo sie südlich Lemberg vereint mit österreichisch-ungarischen, später auch mit türkischen Truppen standen.

Das Jahr 1917 führte die deutsche Westfront in die Siegfriedstellung zurück. Noch vorher, im Februar, versuchten die Engländer einen Durchbruch bei Bouchavesnes, der zwar nicht gelang, aber den verteidigenden Sachsen doch ernste Verluste an Menschen und Gelände kostete. Östlich Reims, in jenem Gelände, das gegen den Argonnenwald sich erstreckend seit dem Herbst 1914 meist sächsische Formationen zu seiner Verteidigung gesehen hatte, eröffneten die Franzosen im April 1917 eine blutige Offensive, die infolge Unterlegenheit der deutschen Artillerie trotz größter Tapferkeit der bald bis auf wenige hundert Mann Gefechtsstärke zusammengeschmolzenen sächsischen Regimenter zum Verlust der Bergkuppen bei Moronvillers führte. Noch im Mai flammte hier der Kampf wieder auf, ohne doch dem Gegner mehr als einen im Rahmen des Ganzen unbeträchtlichen Geländegewinn einzubringen. Auch in Flandern sind bei englischen Angriffen im Herbst des Jahres die Sachsen in ernste Abwehrkämpfe verwickelt worden: der Houthoulster Wald und Paschendaele sind Kampforte, die damals in die Ruhmesgeschichte der sächsischen Armee eingegangen sind.

Wenn die langdauernde Waffenruhe im Osten schon das Ende der Kämpfe gegen Rußland anzukündigen schien, so brachte nach dem waffenstillen Ende des Jahres 1917 der Februar 1918 jene letzte Offensive gegen Rußland, die zur Befreiung der Randstaatengebiete und zur Besetzung weiten kleinrussischen und ukrainischen Landes führte. An diesem Vormarsch waren auch sächsische Reserve- und Landwehrtruppen beteiligt, während sich die Masse des deutschen Heeres schon im Westen zum letzten Sturm der Frühjahrsoffensive rüstete. Die große Märzoffensive 1918, die noch einmal den siegreichen Vormarsch deutscherseits an die Stelle der Abwehr treten ließ, hat wieder verschiedene sächsische unter den Angriffsdivisionen gesehen. Die Grenadiere und Schützen der 23. Division sind dabei bis über die Avre, südöstlich Amiens, vorgedrungen und haben die vorgeschobene Stellung auch nach Festigung der Fronten gehalten, aber es hat sie die Hälfte ihrer Gefechtsstärke gekostet. Ihnen gleich an Sieg und an Opfern haben die 24., die 40., die 53. Reservedivision gefochten. Andere haben im April Armentieres mit genommen. Auch als hier einzelne deutsche Divisionen an Kampfkraft nachließen, haben die 32. sächsische und die 23. Reservedivision tapfer ausgehalten. Besonders hartnäckige Kämpfe hat im April die 58. Reservedivision in Belgisch-Flandern beim Angriff auf den flandrischen Höhenrücken gegen die Engländer auszufechten gehabt, und wenig später hat sie den Kemmel gegen die um seine Wiedergewinnung ringenden Gegner verteidigt. Einen starken Einsatz sächsischer Truppen hat dann der Angriff im Sommer 1918 bei Soissons-Reims und an der Marne gesehen. Noch einmal haben sie sich hier Paris unmittelbar genähert. Aber nicht viel später — bei Villers Cotterets und am Ourcq — haben sie auch den schweren Rückschlag des 18. Juli erlebt. Wenn auch keine sächsische Division trotz der überraschenden Tankangriffe der Franzosen in diesen Kämpfen versagt hat, so waren doch die Verluste schwer, und der psychologische Eindruck der neuen feindlichen Waffe war nicht zu verkennen. Die Kampfkraft der Truppe schmolz aber auch zahlenmäßig immer mehr dahin, und der Ausfall an erprobten Kämpfern wurde durch den eintreffenden Ersatz nicht ausgeglichen.

An dem verhängnisvollen, die Wendung des Kriegsglücks besiegelnden 8. August, hat ein sächsisches Regiment, das 179., sich ausgezeichnet, als es dem die deutschen Linien überflutenden Feind den ersten erfolgreichen Widerstand entgegensetzte, „Streikbrecher" in den Augen nun schon vieler Kameraden. Noch immer bilden einzelne größere taktische Einheiten feste Blöcke in der weichenden Front und werfen den Ansturm der nachdrängenden Feinde zurück, so zum Beispiel die 9. Armee, die seit August General von Carlowitz führte und der von sächsischen Truppen die viel erprobte 19. Ersatzdivision angehörte. Ende August waren die Divisionen 23 und 40 in schwere Kämpfe um Bapaume verwickelt. Aber auch örtliche Erfolge hinderten nicht, daß Einbrüche an anderen Stellen die ganze Front in Mitleidenschaft zogen. Auf dem Wege bis in die Antwerpen-Maas-Stellung haben die zu Regimentern und Bataillonen gewordenen Divisionen den Amerikanern wie den altbekannten Gegnern die Stirn geboten, bis der Waffenstillstand dem Kampfe ein Ende machte.

Der kleinasiatische Kriegsschauplatz ist wohl der einzige gewesen, auf dem keine größeren geschlossenen sächsischen Formationen mitgefochten haben. In Rumänien und Serbien sind beim eigentlichen Angriff auf diese Länder wenig, später im Stellungskriege wiederholt Sachsen eingesetzt worden. Nach Befriedung der Ostfront haben dort Landsturmtruppen der verschiedenen Kontingente die Wacht gehalten. Als im Frühjahr die in Kurland stehende 8. sächsische Kavalleriedivision aufgelöst wurde, gelangten die Gardereiter und Karabiniers mit der Ostseedivision nach Finnland und haben bei der Befreiung dieses Landes vom Bolschewismus mitgekämpft. Zur gleichen Zeit standen die sächsischen Jäger an der mazedonischen Front und stützten erfolgreich den bulgarischen Widerstand. Hinter den Fronten, zumal im weiträumigen Osteuropa, erstreckte sich das vielmaschige Netz der Etappe, die Verkehrs- und Besatzungs-, die Wirtschafts- und Sonderkommandos. Wohl standen auch hier vielfach sächsische Formationen und Kommandos, doch war die Zahl der Sachsen in leitenden Stellen der Verwaltung Polens und von „Oberost" vergleichsweise gering.

Sachsen, 1914 ein Land von rund fünf Millionen Einwohnern, hat dreiviertel Million Mann ins Feld gesandt. Auf 100 Mann kommen 28 Tote, 44 Verwundete, 5,6 Gefangene. Das sind erschütternde Zahlen, unvergleichbar mit den Truppenmengen und Verlusten früherer Kriege. Von den aktiven Infanterie-Regimentern hat keines unter 8000 Mann Verluste, bei einem, dem 105., übersteigen sie — 15 000. Die sächsische Artillerie, die 1870/71 wenige Mann verlor, hatte 1914/18 fast 40 000 zu beklagen.

Die letzte sächsische Armee, die am Feinde gestanden hat, hat der alten ruhmreichen Überlieferung der Fahnen, die sie seit den Türkenkämpfen vor Wien zweieinhalb Jahrhunderte lang über die Schlachtfelder Europas getragen hat, Ehre gemacht und hat auch im letzten Kampfe den sächsischen Namen im Kreise der deutschen Stämme bewährt.

In der Reihe der großen Heerführer der Deutschen im Weltkriege begegnen sächsische Namen, nach dem unverschuldeten Ausscheiden Hausens am Ende der Marneschlacht, nicht an erster Stelle. Das Haus Wettin ist gleichfalls nicht an so leitenden Posten vertreten gewesen, wie dies die anderen drei deutschen Königsdynastien getan haben. Wohl aber klingt mancher sächsische Name im Kranze jener auf, die als Helden und als Symbol für den unbekannten Soldaten in das Gedächtnis der Nation eingegangen sind. An erster Stelle etwa Max Immelmann, der Adler von Lille, der erste jener großen Flieger, die ihrer Waffe die hart umstrittene Überlegenheit im Luftkampfe sicherten. Die kühnen Kreuzerfahrten der „Emden" brachten die Taten des Grafen Luckner und des Kapitänleutnants von Mücke an die Öffentlichkeit. Und doch sind diese Erfolgreichsten immer nur Einzelne aus der

Masse derer, deren Verdienste im Stillen blieben oder deren Taten höchstens in den Einzeldarstellungen der Regimentsgeschichten, der Kriegstagebücher einzelner Kriegsschiffe, von den Großkampfschiffen aus der Skagerrakschlacht bis zu den tollkühnen U-Booten und den Auslandskreuzern, in den Geschichten der kolonialen Kämpfe, den Berichten der Zeppelin- und Flugzeugunternehmungen überliefert sind. Ohne Unterschied haben überall alle deutschen Stämme für das gemeinsame deutsche Vaterland gekämpft. Gewiß ist dabei das landsmannschaftliche Moment, die Kontingentszugehörigkeit, von untergeordneter Bedeutung gewesen und im Fortschreiten der Kriegshandlungen auch noch mehr als im Anfang zurückgetreten, aber die Leistungen gehören gleichwohl auch der Landes- und Stammesgeschichte an.

Im Rahmen der politischen Ereignisse, deren Niederschlag die kriegerischen Vorgänge sind, spielten natürlich die deutschen Länder zunächst keine eigene Rolle. Es gab auch unter den Ländern keine Parteien mehr. Die Aufrufe König Friedrich Augusts an Volk und Heer atmen den gleichen gemeindeutschen Geist. Wenn dann im Laufe des Krieges die einheitliche außenpolitische Linie von innen her mit wachsenden Widersprüchen belastet wurde, wie sie sich zum Beispiel aus der Frage der Kriegsziele oder der innerpolitischen Gegensätze ergaben, so gingen diese Strömungen von den politischen Parteien, von Wirtschaftsverbänden und Einzelpolitikern aus, nicht aber von Ländern und Dynastien. Das landesherrliche Wirken der Fürsten griff nicht über die Fürsorge für ihre Landeskinder in Feld und Heimat hinaus. Erst die Eroberung weiter Gebiete im Osten, deren Verwaltung von Deutschland übernommen wurde, deren militärisch-politische Zukunft damit aber auch in den Gesichtskreis des Reiches gestellt war, änderte diese Dinge bis zu einem gewissen Grade. Schon als die Festigkeit des Habsburgerreiches sich als mehr und mehr erschüttert erwies und damit der ganze europäische Südosten in Fluß geriet und man annehmen mußte, daß unter allen Umständen der Frieden andere Kräfteverhältnisse ergeben werde, als die der Vorkriegszeit gewesen waren, berührten diese Fragen recht ernstlich auch Sachsen; denn wirtschaftlich und handelspolitisch war es an ihnen dank seiner Lage beteiligt. Bulgarien zum Beispiel spielte hier eine besondere Rolle, so daß man daran denken konnte, dort eine eigene sächsische Handelsvertretung zu schaffen und auch die dynastischen Beziehungen zu dem koburgischen Vetter zu betonen. Aber auch bei der Erörterung der polnischen Frage unter den verbündeten Mittelmächten erwachten naturgemäß in Sachsen Erinnerungen an frühere Verbindungen, zumal von anderer Seite die Tatsache, daß Warschau von einem Wittelsbacher genommen wurde, in ernste familienpolitische Berechnung gezogen wurde. Schließlich ist es dann Litauen gewesen, auf das sich die sächsische Aufmerksamkeit richtete. Es mutet wie ein Rückfall in die politische Anschauungswelt des Ancien Régime, an die so oft verurteilte Denkweise des Wiener Friedens an, wenn die Zukunft Elsaß-Lothringens, des Baltikums und Polens als Gegenstand einer das Kräfteverhältnis der deutschen Staaten abwägenden innerdeutschen Länderpolitik betrachtet wird. Das Haus Wettin hat sich in diesem Wettlauf um Sekundogenituren weit zurückgehalten, und der Kriegsausgang hat die Traumwelt dieser vom Geiste der Zeit unberührten Pläne aufs härteste zerstört. Sachsen ist bei dem ganzen Unterfangen niemals führend hervorgetreten, hat sich aber wohl nicht ausschließen können, da das die Aufgabe seines staatlichen Eigenwillens bedeutet hätte. Gerade für Sachsen als am Osten seit alters wirtschaftlich hauptbeteiligtem Lande mußte die Gefahr einer Zurückdrängung durch weniger reale als machtpolitisch oder dynastisch bestimmte Rücksichten vermieden werden. Hatte doch das Hervortreten Bayerns bei den Brest-Litowsker Friedensverhandlungen gezeigt, welche Lebenskraft einzelne deutsche Länder selbst außenpolitisch noch besaßen.

Die militärisch-politische Leistung Sachsens ist nicht zuletzt bedingt worden durch die Rückwirkungen des Krieges auf wirtschaftlichem und sozialen Gebiete im Innern. Kein feindlicher Soldat hat — abgesehen von den Tausenden, die bald die Gefangenenlager füllten — in den vier Jahren sächsischen Boden betreten. Wohl sicherte der Landsturm die Grenze gegen Böhmen, aber das Bewußtsein einer im Kriege besonders bedeutsamen Grenzlage ist dem sächsischen Volke doch nur unvollkommen und erst in dem vom Zerfall Österreich-Ungarns begleiteten letzten Kriegsabschnitt gekommen. Leitende Wirtschaftsführer haben aber gerade schon in der schwülen Atmosphäre vor Ausbruch des Weltbrandes deutlich die Notwendigkeit wirtschaftlicher Kriegsbereitschaft durch Sicherung der Lebensmittelversorgung in der Mobilmachungszeit, durch Sicherstellung lebenswichtiger Stoffe, ja durch Bildung eines wirtschaftlichen Generalstabes empfunden. Praktisch hat man sich auch dann sogleich in engster Zusammenarbeit von Regierungs- und Wirtschaftsstellen mit diesen Fragen befaßt. Alles hatte sich nun den Notwendigkeiten des Krieges unterzuordnen. Die dem sächsischen Volkscharakter eigentümliche Anpassungsfähigkeit und geistige Regsamkeit hat sich dabei auf dem Gebiet der bei Sachsens Volksdichte und einseitiger Industrialisierung besonders schwierigen Lebensmittelversorgung wie auch bei der Rohstoffzufuhr und bei der bald sich notwendig machenden Ersatzwirtschaft zu erproben gehabt, und hat dies trotz aller Not und menschlichen Unzulänglichkeiten schließlich auch im wesentlichen getan. Der Krieg wirkte im Anfang durch seine riesigen Materialbedürfnisse eher anregend als hemmend auf die sächsische Wirtschaft. Das Land wurde zu einem großen Werkhause für den Kriegsbedarf. Hier wurde aufgenommen, was bisher Sachsen in alle Welt an Textilien und Maschinen hatte gehen lassen. Schwieriger wurde die Lage erst, als sich die Einfuhrverbote des Reiches nicht nur mehr auf Luxusartikel, sondern auch auf Rohstoffe erstreckten, die gerade Sachsen brauchte. Baumwolle, Wolle, Flachs, Hanf verschwanden vom freien Markte. Nur ein Teil der dadurch stillgelegten sächsischen Textilunternehmungen konnte sich auf Ersatzstoffe aus Kunstseide oder Papierstoffen umstellen und damit seine Arbeiter vor der Arbeitslosigkeit bewahren. Die Not hat hier oft erfinderisch gemacht und stoffliche wie technische Neuerungen zutage gefördert. Die wachsenden Mannschaftsforderungen des Heeres ließen mehr und mehr Frauen an die Stelle der Männer an den Arbeitsplätzen treten. Wurden auf der einen Seite alte Erwerbszweige, wie die Wolframerzgewinnung, wieder aufgenommen, so fanden daneben die verschiedensten Kriegsindustrien in dem vor feindlichen Fliegerangriffen gesicherter als der deutsche Westen gelegenen Lande Aufnahme; Flugzeuge, Unterseeboote, Waffen aller Art wurden geschaffen. Das Jahr 1915 stellt den Höhepunkt dieser Wirtschaftslage dar, die zwar schon von den staatlichen Notwendigkeiten beschränkt, aber noch nicht von übermäßigem Rohstoffmangel belastet und durch Fortführung eines Teils der Friedens-, aber auch weitgespannten Ausbau der Kriegsindustrie gekennzeichnet wird.

Die Leipziger Messe, an deren Einstellung man bei Kriegsbeginn zunächst gedacht hatte, brachte es Ostern 1915 auf über die Hälfte der Friedensbesucherzahl. Als dann 1916 die Kriegszwangswirtschaft die Textilindustrie Sachsens mehr und mehr zur Betriebseinstellung nötigte, verließen viele Arbeiter die Industrieplätze — in Plauen und Eibenstock wohl zu Tausenden — und wanderten in andere Städte zu neuen Verdienstmöglichkeiten. Derartige Vorgänge sind ja den Zeiten eines hochkapitalistischen Wirtschaftssystems überhaupt eigen, aber unter dem harten Einfluß der Kriegswirtschaft zeigten sich solche bevölkerungsgeschichtlich bedeutsamen Wanderungen besonders deutlich. Sicherlich hat die Zeit 1914–1918 den Bestand des sächsischen Volkes durch die wirtschaftlich bedingten Aufenthaltsveränderungen nicht weniger verändert als durch Kriegsverluste und Opfer der Hungerblockade.

Mancherlei Schwierigkeiten erwuchsen der sächsischen Wirtschaft aus der Zentralisierung der staatlichen Zwangswirtschaftsverwaltung in Berlin. Die Ländergrenzen fielen nun fast völlig fort, und die Not des Gesamtvaterlandes wirkt sich vereinheitlichend aus. Bald zwang die Materialknappheit das Augenmerk auf immer neue Ersatzstoffe zu richten, während der Kohlenmangel und die Abnutzung der Verkehrsmittel den Handel und den Verkehr beschränkten. Die Amtsstellen des Kriegsamts regelten die Verteilung der Arbeitskräfte, in

deren Reihen bald auch der Hilfsdienst sich einfügte. Bei langsam zunehmender Geldentwertung, großem Rohstoffmangel, einer dank des Kriegsbedarfs und der Ersatzwirtschaft stark beschäftigten, aber durch den staatswirtschaftlichen Betrieb, die Bürokratie und den Zentralismus der Kriegsgesellschaften gehemmten Industrie bot die Wirtschaftslage des Landes ein wechselvolles Bild. Überall arbeiteten Kriegsgefangene, Frauen, Hilfsdienstpflichtige. Der Arbeiter verdiente gut, die Kaufkraft belebte sich gegen Ende der Kriegszeit, aber der Körper des Volkes war doch in einem ungesunden Zustande, mochte auch der Meßhandel in Leipzig wachsen, Arbeitslosigkeit ein fremder Begriff und das Fürsorgewesen wirksam organisiert sein. Zwar stieg der Geldbedarf der Sparkassen im Lande, die Kriegsanleihen wurden stark gezeichnet, aber über all diesen wirtschaftlich günstigen Momenten stand die wachsende Lebensmittelknappheit. Der „Kohlrübenwinter"« 1916/17 hat verheerend auf den Stand der Volksgesundheit gewirkt. Der Mangel an Fetten, Ölen, Seifen gefährdete den Gesundheitszustand der breiten Schichten. Die deutschen Nachbarländer, vor allem Bayern, haben an Zufuhr aus ihren Landwirtschaftsgebieten zu ersetzen gesucht, was dem industriellen Sachsen abging an eigener Erzeugung seines Bodens; gleichwohl zählte Sachsen zu den in Versorgung und Gesundheitszustand ungünstigsten Gebieten Deutschlands. Krankheiten wie die Grippe und die Tuberkulose fanden starke Verbreitung, und die Widerstandskraft der unterernährten Bevölkerung gegen Ansteckung war gering. Hoch stieg die Sterblichkeit der Kinder wie der Alten: Ursachen genug zum allgemeinen Nachlassen der Spannkraft, des Lebens- und Verteidigungswillens in weiten Kreisen. Das benachbarte Böhmen bot das Bild mindestens gleicher Not und vermochte keine Unterstützung zu bieten. Die Regierung suchte zu helfen, soweit das nur irgend im Rahmen ihrer durch den Kriegszentralismus der Reichsbehörden und das Überwiegen der stark ausgebauten militärischen Verwaltungsstellen beschränkten Macht im Lande möglich war.
Allen Kulturkritikern zum Trotz, die geneigt gewesen waren, Spuren des Niedergangs bei den Wohlhabenden, Anzeichen weitverbreiteter Vaterlandslosigkeit bei den Kreisen der handarbeitenden Bevölkerung, nicht zuletzt in Sachsen, beobachten zu können, zeigte der Kriegsausbruch bei allen Schichten des Volkes jene ernst-gefaßte, zuversichtlich-gläubige und von der sittlichen Berechtigung des deutschen Standpunktes getragene Stimmung, die für die innere Gesundheit der Nation zeugte; denn sie hielt sich von rauschendem Übermut ebenso fern wie von Pessimismus und oberflächlicher Gleichgültigkeit. Wie nie zuvor löste sich bei dieser ganz Deutschland angehenden Schicksalswendung das landsmannschaftlich-sächsische Empfinden in ein gesamtdeutsches Erleben auf, dessen Grundlagen Opferwille und Vaterlandsliebe waren. Ein grundlegender Unterschied von der inneren Haltung der Väter 1813 und noch 1870 trat in diesem Überwiegen des Reichsgedankens über das landsmannschaftliche Gefühl zutage. Der zwischen den politischen Parteien des Landes vereinbarte Burgfrieden für die Kriegszeit gab Kräfte für das gemeinsame Wollen im und zum Staate frei. Die von der Tiefe des nationalen Erlebens angeregte religiöse Strömung gerade der ersten Kriegszeit hat weit in die Massen gegriffen, auch in den dem kirchlichen Leben ihrer Zeit fernstehenden Kreisen. Im ganzen Geistesleben vollzog sich, zunächst vielfach unbewußt, eine Wendung zum schlicht-volkstümlichen, bodenständigen Wesen des eigenen Volkstums. Dem durch seine Wirtschaftsverbindungen wie durch Wandertrieb und Anpassungsbereitschaft einer weltbürgerlichen Haltung gelegentlich leicht geneigten, weichen Naturell des Sachsen bedeutete diese Entscheidung vielleicht mehr als manchem von sich schon im Boden tiefer verwurzelten deutschen Stamme.
Durch die notwendigen Rücksichten auf den Kriegszustand bedingt konnten Presse und Büchermarkt nur mit einer gewissen, übrigens anfangs nicht sehr beträchtlichen Einschränkung als Ausdruck des geistigen Lebens im Lande gelten; die großen Zeitungen steigerten ihre Auflagen: die „Leipziger Neuesten Nachrichten" erreichten als die größte Zeitung des Landes zeitweise 200 000. Doch ging auch manches Provinz- und Fachblatt mit der Zu-

nahme der wirtschaftlichen Schwierigkeiten ein. Neben der eigentlichen Kriegsliteratur erfreuten sich geschichtliche und religiöse Werke einer besonderen Nachfrage in der Buchhandelszentrale Leipzig. Bei Buch und Presse läßt sich kaum mehr eine besondere sächsische Note im Rahmen der allgemein deutschen Haltung beobachten. Das wissenschaftliche Leben an Hochschulen und Instituten ging mit der verminderten Studentenzahl — etwa 80 % standen im Heeresdienst, von der Leipziger Universität sind 1100 oder rund 20 % gefallen — rüstig weiter, teils — soweit es sich um entsprechende Fächer handelte — der praktischen Forschung im Dienste der Kriegswirtschaft in Feld und Heimat, teils der geistigen Belebung und Anregung des Volkes durch Vorträge zugewandt und so Forschung und Volksnähe mit Gegenwartsdienst verbindend. Unter der Fülle künstlerischer Gelegenheitsschöpfungen der Kriegszeit ist auf sächsischem Boden wenig geblieben. Manches Gedicht von Börries von Münchhausen, die geistige Führer- und Wertungstätigkeit des in einen „Deutschen Willen" umgewandelten „Kunstwarts" von Avenarius und der mit dieser Zeitschrift verbündeten „Dürerhäuser", deren Verdienst nicht zuletzt in der Bekämpfung des üppig aufschießenden Kriegskitsches bestand, in den Musik und Schrifttum glücklich verbindenden Schöpfungen von sächsischer musikalischer Überlieferung und sächsischem Volkstum, wie sie Franziskus Nagler, der Leisniger Kantor, dem Volke geschenkt hat, — alles das sind bleibende Werte aus jenen Tagen. Kulturpropaganda bester Art leisteten auf künstlerischem Gebiet die großen sächsischen Kunstinstitute durch ihre Besuche im Auslande: die Dresdner Oper in Riga, das Leipziger Gewandhausorchester unter Artur Nikisch in der Schweiz. Die Eröffnung der Deutschen Bücherei aber mitten in der Kriegszeit gibt ein Zeugnis ungebrochenen deutschen Kulturwillens auf sächsischem Boden. Nur verhalten zunächst klingen dann, zuerst in der politischen Presse, später auch auf der Bühne und im Schrifttum neue Töne an, die vom Geiste von 1914, von der als Gegensatz zu den Idealen von 1789 gewerteten deutschen Idee, nichts mehr verspürt haben und wahrhaben wollen.

Im Rahmen der innenpolitischen Entwicklung Deutschlands im Weltkriege hat Sachsen eine in verschiedener Hinsicht nicht unwesentliche Rolle gespielt. Wohl lag die eigentliche Leitung aller Maßnahmen naturgemäß in Berlin. Gelegentlich ist auch im Sächsischen Landtage darüber Klage geführt worden, daß Reichsregierung und Reichstag eine Monopolstellung auf politischem Gebiete beanspruchten, während doch die deutschen Staaten berufen seien, im Bundesrate am politischen Werden mit zu gestalten. Nicht zur Ruhe kommen die Klagen über zu geringe Berücksichtigung Sachsens durch die Zentralstellen bei Fragen der Wirtschaft und der Volksernährung. Wiederholt hatte sich da die Regierung gegen den Vorwurf mangelnder Energie zu verteidigen. Aber diese Strömungen waren doch weniger ernst als die parteipolitische Erörterung, die langsam, aber stets wachsend in der Kriegszielfrage und dem Streben nach Neuordnung des politischen Lebens zum Ausdruck kam. Wohl handelte es sich in Sachsen vornehmlich um die Rückwirkung von Vorgängen, deren Schwerpunkt im Reiche, zumal in der Reichshauptstadt lag, aber diese haben doch hier oft eine besondere Färbung und auch eine Nutzanwendung auf die Zustände in der engeren Heimat erhalten. Unter den Politikern der großen deutschen Parteien, die von Sachsen in der Kriegszeit ausgegangen sind, dürfte Gustav Stresemann an erster Stelle zu nennen sein, zumal er auf die Entwicklung auch in Sachsen, beispielsweise in Kriegswirtschaftsfragen, einen starken Einfluß ausgeübt hat. Daneben haben auch andere nationalliberale Politiker aus dem sächsischen Lager auf den Gang der Dinge im Reich gewirkt, dank des wirtschaftlichen Schwergewichts, das hinter ihnen stand. Bei den Konservativen im Reiche lag vergleichsweise der Schwerpunkt mehr bei Preußen, so daß Sachsen auf der Rechten weniger hervorgetreten sind. Innerhalb der Sozialdemokratie war die Rolle der „Leipziger Volkszeitung" zeitweise von gesamtdeutscher Bedeutung, da sich ihrer die radikale Minderheit gern als Sprachrohrs zu bedienen pflegte. In der Zweiten Kammer, deren Vorsitz von den drei großen Parteien gebildet wurde, kam es im Sommer 1915 zu Klagen über Teuerung und Lebensmittelwucher. Wenig später kündigte die Linke den Abbruch des Burgfriedens an, wenn nicht von der Regierung mehr gegen die Kriegsgewinnler getan und eine Reform der Verfassung und des Steuerwesens in die Wege geleitet werde. Noch war der Rückhall dieser Wünsche im Lande gering. Wirtschaftspolitische Fragen, wie die des Ankaufs von Kohlenfeldern, begleitet von dem Verbot des privaten Handels mit Kohlenfeldern, später auch großzügige Pläne zur Elektrizitätsversorgung des Landes, beschäftigten Regierung und Kammer und zeugten von der weitblickenden Wirtschaftspolitik der führenden Männer.

Aber diese positive Arbeit über die parteipolitischen Schranken hinweg hinderte doch nicht, daß die allgemeinen Streitfragen ihren Schatten auch in die sächsischen Kammern warfen. Schon im September 1915 vermißt die Sozialdemokratie in der Thronrede bei der Landtagseröffnung die Ankündigung einer grundsätzlich neu eingestellten Innenpolitik. Deutlich spiegelt sich dabei der Streit innerhalb der Partei der radikalen Linken um ihre Gesamthaltung wieder. Als im Reiche Liebknecht im Januar 1916 als erster offen die Parteidisziplin bricht, ist es ein sächsischer Abgeordneter, der zuerst und zunächst als einziger auf seine Seite tritt. Auch in der sächsischen Sozialdemokratie macht der Radikalisierungsprozeß Fortschritte. In der Rechtspresse bricht der Sturm gegen den Reichskanzler Bethmann-Hollweg im Frühjahr 1916 in zunehmender Stärke los. Man fordert eine ablehnende Haltung auch der sächsischen Regierung gegen ihn. Demgegenüber kommt es in Leipzig zu einer öffentlichen Vertrauenskundgebung aus mittelparteilich-bürgerlichen Kreisen für den Kanzler. In breiten Wellen wurde die Kriegszielerörterung, deren öffentliche Behandlung schließlich freigegeben und durch Bücher wie das „Mitteleuropa" Friedrich Naumanns stark belebt wurde, ins Land getragen. Die „Berlin—Bagdad"-Politik mußte gerade in Sachsen Beachtung finden, denn in Dresden fanden wiederholt Mitteleuropäische Wirtschaftskonferenzen statt, und an wenigen Stellen des Reichs war das Interesse am europäischen Südosten so groß wie hier.

Die weitgehenden Kriegsziele, wie sie von manchen Wirtschaftsverbänden und allen den bürgerlichen Kreisen, die sich im Herbst 1917 in der Vaterlandspartei vereinigten, angestrebt wurden, riefen eine gesteigerte Werbung der radikalen Linken unter den Massen der Industriearbeiter wach. Die schweren Ernährungsnöte des Winters 1916/17 taten ein übriges. Schon kam es zu gelegentlichen Lebensmittelunruhen. Der Schleichhandel wirkte entsittlichend. Streiks der Rüstungsarbeiter wurden in den Bereich des Möglichen gezogen, kamen allerdings — im April 1917 — vorzugsweise nur in Berlin zur Durchführung. Sie gefährdeten aufs Höchste das militärische Durchhalten. Eine, nun nicht mehr unter Wahrung des Burgfriedens abgehaltene sächsische Reichstagsersatzwahl zeigt die Radikalisierung des Volkes auch in einem vorwiegend ländlichen Bezirke schon im November 1916.

Im Frühjahr 1917 verhandeln die Kammern lebhaft über eine Verfassungsänderung. Im Verfassungsausschuß der Zweiten Kammer ergab sich eine Zweidrittelmehrheit für bestimmte Reformen und im Herbst des Jahres schloß sich die Kammer selbst dem an. Man forderte die Umbildung der Ersten Kammer in eine berufsständische Vertretung, Demokratisierung des Wahlrechts zur Zweiten Kammer, jährliche Tagungen und jährliche Führung des Staatshaushalts und neben anderem auch Einsetzung eines nach innen und außen verantwortlichem Ministerpräsidenten. Die Regierung, hauptsächlich geführt von den Ministern Graf Vitzthum und Beck, wollte nun zwar den durch das Kriegserlebnis bedingten Erfordernissen Rechnung tragen, wie sie das schon Anfang 1916 bei Neubildung des Landeskulturrats durch stärkere Heranziehung des mittleren und kleineren Grundbesitzes getan hatte, aber einer grundsätzlichen Neuordnung des staatlichen Gemeinschaftslebens war sie, auf konservativem Boden stehend, sichtlich abgeneigt. Gleichwie in Preußen wollte man die Durchführung der Reformen auf die Zeit nach dem Kriege verschieben. Nach längeren parlamentarischen Kämpfen wurde in den letzten Tagen des Jahres 1917 dem

Landtage eine Regierungsvorlage zugeleitet, die die Erste Kammer im ganzen in ihrer Form belassen, nur von Vertreter von Handel, Industrie und Gewerbe sowie einige wenige andere Glieder verstärken wollte. Dabei forderte aber die bürgerliche Linke schon völlige Wandlung und Beschränkung der Zuständigkeit, die sozialistische Linke sogar Abschaffung der Ersten Kammer überhaupt. Auch einer Reform der Zweiten Kammer war die Regierung abgeneigt, denn das Wahlrecht von 1909 stelle — so meinte sie — doch erst eine Neuregelung dar. Zweifellos verband sich diese Haltung der Regierung mit ihrem Verhältnis zu den gesamtdeutschen Streitpunkten, die die Einigkeit des Volkes gefährdeten und die Massen erbitterten. Während die Erste Kammer den Regierungsentwurf für ihre Reform annahm, billigte der Verfassungsausschuß der Zweiten Kammer gegen die Konservativen die liberale Forderung nach Einführung des Reichstagwahlrechts mit Zusatzstimmen für höheres Alter und Familienstand. Weite Kreise machten der Regierung eine zu enge Bindung an die Vaterlandspartei zum Vorwurfe. Nur die Konservativen unterstützten das Ministerium. Der König hielt sich bei diesem Streite wie überhaupt bei den durch den Krieg ausgelösten politischen Erörterungen zurück.

Die Friedensschlüsse im Osten haben dem darbenden Lande nicht die erhofften Lebensmittel verschafft; so trat nach dem Scheitern der von einem neuen seelischen Aufschwung auch der Heimat begleiteten großen Offensive im Westen allenthalben im Lande während des Sommers 1918 eine tiefe Niedergeschlagenheit ein. Müdigkeit, Gleichgültigkeit, aber auch durch Verhetzung oder hartes Schicksal geweckte Erbitterung machten sich im Lande breit. Weder wirtschaftlich, noch militärisch noch politisch winkte eine Wendung zu entscheidender Besserung. Die Verfallserscheinungen im benachbarten Österreich und die schwierige Lage des böhmischen Deutschtums gegenüber dem mächtig aufstrebenden Staatswillen des tschechischen Nationalismus blieben nicht ohne Eindruck diesseits der Grenzen.

Die Entwicklung dem bitteren Ende dieser Epoche entgegen wurde völlig durch die Ereignisse im Reiche bestimmt. Die militärische Lage im Westen, bald mehr bald weniger Hoffnung für die Fortsetzungsmöglichkeiten des Widerstands bietend, der Abfall der zusammenbrechenden Bundesgenossen, schließlich die Waffenstillstandsverhandlungen mit Wilson haben den Gang der Dinge bestimmt. Wie sie auf alle schwebenden inneren Fragen in Preußen zurückwirkten, so geschah dies in schwächerer Form, aber unausbleiblich, auch in Sachsen. Dabei war hier der Boden für das Abgleiten in die radikale Richtung schon längst durch die Verhältnisse wie durch die Werbung der Unabhängigen Sozialisten bereitet. Keine überragende Persönlichkeit von zwingender Gewalt tat aus dem Lager der alten Mächte im Staate dem Strome Einhalt, auf dem auch Sachsen der Revolution zutrieb.

Im Zuge der im ganzen Reiche eintretenden Wandlungen im Sinne des parlamentarischen Systems traten am 25. und 26. Oktober 1918 die bisherigen Minister zurück. Auf Vorschlag der Mehrheitsparteien — also ohne Konservatvie und Unabhängige — übernahm der bisherige Justizminister Heinze, Beamter und nationalliberaler Parlamentarier zugleich, die Führung der neuen Regierung, die sonst aus Fachbeamten der einzelnen Ministerien gebildet wurde. Wenige Tage später wurde ein Staatsrat zusammengerufen, dem außer den Ministern je sieben Abgeordnete aus beiden Kammern angehörten. Dieser Staatsrat empfahl die Berufung von vier parlamentarischen Ministern ohne Amtsbereich ins Kabinett, was, nachdem der Landtag zugestimmt hatte, geschah. Nur die Unabhängigen der Zweiten Kammer forderten schon am 1. November die Revolution. Zwei Sozialdemokraten, ein Freisinniger, ein Linksliberaler wurden ins Kabinett berufen.

Eine Woche später war auch dieser letzte, die gesetzmäßige Fortentwicklung der monarchischen Staatsform noch schützende Damm von der revolutionären Flut durchbrochen. Am 5. November hatte Staatsminister Heinze nicht nur die Reform des Wahlrechts und die berufsständische Umbildung der Ersten Kammer angekündigt, er hatte auch Arbeitsbeschaffung und Heimstättensiedelung — die schon früher erörtert worden war —, Errichtung eines Arbeitsamts, zeitgemäße Umbildung der Staats- und Gemeindeverwaltung und Erfassung der Kriegsgewinne als Programmpunkte genannt. Drei Tage später langten in Leipzig Sendboten der revoltierenden Kieler Matrosen an. Sie sicherten sich zunächst die militärische Gewalt, um dann am nächsten Tage gemeinsam mit einem in den Betrieben gewählten Arbeiterrat die Macht in allen Punkten zu übernehmen. Ein einheitlicher Widerstand wurde ihnen nicht entgegengestellt. Es kam nicht zu Blutvergießen, doch wurden verschiedene Gewalttaten verübt. In kurzem zeitlichen Abstande folgte Dresden. Auch hier formten sich aus Aufläufen, hetzerischen Ansprachen und Umzügen die Gruppen von Aufrührern, die, ohne ernsten Widerstand zu finden, militärische und zivile öffentliche Gebäude besetzten. Ein Provisorischer Arbeiter- und Soldaten-Rat bildete sich wie in Leipzig und bald auch in den übrigen Städten des Landes. In ihm fanden sich die verschiedenen sozialistischen Richtungen beieinander. Aufrufe mahnten zur Ruhe und Ordnung, ohne Störungen durch den hemmungslos gewordenen Pöbel überall verhindern zu können. Von wenigen Ratgebern umgeben, sah sich König Friedrich August am Abend des 9. November genötigt, sein Residenzschloß zu verlassen und zunächst nach Moritzburg zu übersiedeln. Standen ihm doch Machtmittel zur Bekämpfung des Aufstandes weder von militärischer noch ziviler Seite zur Verfügung. Bald machten auch die gleichzeitigen Vorgänge in Berlin, die im Verzicht des Kaisers und seines Sohnes und in der Ausrufung der Republik am Vormittag des 9. November gipfelten, jeden Gedanken an eine Lokalisierung der Bewegung unmöglich. Die Forderungen der nicht ohne Schwierigkeiten geeinten Sozialisten, denen sich die Garnisontruppen angeschlossen hatten, gipfelten in dem Verlangen nach Aufhebung des Belagerungszustandes und der Zensur, Abschaffung der Monarchie und der Ersten Kammer, Unterstellung der militärischen unter die zivile Gewalt, Einleitung von Friedensverhandlungen. Alle diese Forderungen waren nicht in erster Linie von den Wünschen und Bedürfnissen des Landes Sachsen und seiner Bevölkerung aus gestellt, sondern entstammten dem Programm der Unabhängigen, deren politische Wünsche auf eine zentrale sozialistische deutsche Räterepublik gerichtet waren. Auch 1830/31 und 1848/49 war der revolutionäre Geist von außen her angefacht worden, aber er hatte doch hier eine Gestalt gewonnen, die den besonderen Voraussetzungen des Landes entsprach. Davon konnte 1918 nicht die Rede sein.

Im Zirkus Sarrasani in Dresden wurde am 10. November die Republik Sachsen ausgerufen. Die Führer der beiden Hauptgruppen des Arbeiter- und Soldatenrates verhandelten mit dem Innenminister mit dem Ergebnis, daß dieser sich im Namen des Gesamtministeriums in einem Aufruf an alle Beamten des Landes wandte; darin forderte er Fortführung der Arbeit unter Hinweis auf die Versicherung der neuen Gewalthaber, die öffentliche Sicherheit gewährleisten sowie die Lebensmittel- und die Rohstoffversorgung des Landes sichern zu wollen. In gleicher Weise wurde die private Wirtschaftsführung zur Arbeitsfortführung aufgefordert. Am 13. November entsagte König Friedrich August förmlich dem Thron und entließ alle Offiziere, Beamten, Geistliche und Lehrer aus dem bisherigen Dienstverhältnis. Nach einigen Tagen, in denen eine Landeszentralgewalt überhaupt fehlte — denn mit und nach dem Könige hatten auch die bisherigen Minister ihre Ämter niedergelegt, sich aber zur Weiterarbeit bereit erklärt —, bildete sich aus einer Versammlung von Dresdner, Leipziger und Chemnitzer Arbeiter- und Soldatenräten die Regierung der — sechs — Volksbeauftragten, von denen je drei den Mehrheitssozialisten und den Unabhängigen angehörten. Das wichtigste Ministerium, das Innere, und den Vorsitz hatte der Unabhängige Lipinski inne. Die Rätevertreter gebärdeten sich in einem Aufrufe noch äußerst radikal. Neben den anderen bekannten marxistischen Programmpunkten stand auf ihrem Wunschzettel die Abschaffung aller bürgerlichen Gerichte, völlige Überwindung der bürgerlichen Klassen und als besondere Aufgabe die Liquidierung des sächsischen Staates zugunsten der einheitlichen sozialistischen deutschen Republik. Streitigkeiten mit den Reichsstellen in der Reichszentrale, über die Kommandogewalt der Offiziere, schloß übrigens dieser betonte Unitarismus keineswegs aus. Ein Aufruf der Volksbeauftragen vom 18. November hält sich in milderen Formen, betont den Willen zur demokratischen und sozialistischen Entwicklung, erklärt aber ebenfalls das bundesstaatliche System für überlebt und die einheitliche Großdeutsche Volksrepublik — mit weitgehender Selbstverwaltung und Schutz der Kulturinteressen — für erstrebenswert.

Der hin- und herwogende Kampf, ob das Rätesystem oder die parlamentarische Demokratie die Oberhand gewinnen sollte, wurde schließlich vom Reiche her, unterstützt durch das Überwiegen der Mehrheitssozialisten im Dresdner Arbeiter- und Soldatenrate, im Sinne der Demokratie entschieden. Gegen Ende des Jahres wurden die Wahlen zur Volkskammer ausgeschrieben, damit aber auch zugleich der Weg zur Fortführung des staatlichen Eigenlebens Sachsens angebahnt. Demgegenüber blieben die Proteste aus den alten Kammern, die sich zum Teil noch als zu Recht bestehend betrachteten, erfolglos, wie auf der anderen Seite die wenig klare rechtliche Stellung der Arbeiter- und Soldatenräte zunehmend an Bedeutung verlor. Die ersten nichtsozialistischen Parteineugründungen gingen von Berlin aus und erhielten — nach Sachsen übertragen — hier keine besondere landsmannschaftliche Prägung. Trotz der weite Kreise lähmenden Müdigkeit und Schwäche entwickelte sich nach dem Jahreswechsel ein lebhafter politischer Kampf zwischen den Parteien. Die Uneinigkeit der sozialistischen Richtungen führte im Januar in Leipzig und Dresden zu blutigen Zusammenstößen. Dabei standen — weit über den von ehrgeizigen Parteigrößen angefachten Parteienstaat an Bedeutung für das sächsische Volk hinausragend — gerade damals ernste Vorgänge in Frage.

Schon von den blutigen, für das Deutschtum Böhmens so verhängnisvollen Geburtswehen der tschechoslowakischen Republik war das benachbarte Sachsen nicht unberührt geblieben. Die Frage der Unterstützung des nordböhmischen Deutschtums lag um so näher, als den Eingeweihten nicht unbekannt war, daß der werdende Tschechenstaat vielleicht in den Verzicht rein deutscher Grenzstriche gewilligt hätte, deren Schicksal bekanntlich noch in den späteren Versailler Verhandlungen erörtert worden ist. Aber der Blick der sächsischen Volksbeauftragten war durch die innerpolitischen Parteikämpfe so gebannt, daß sie das Schicksal der Deutschböhmen als eine Sache der Reichspolitik betrachteten und jede Bemühung um eine etwa mögliche volks- und landschaftsmäßig natürliche Vergrößerung Sachsens ablehnten. Und doch hätte eine solche nur ein gesamtdeutscher Gewinn können sein und sich ihrem Wesen nach weit von jedem engen Partikularismus unterschieden. Als Ende Januar eine kleine, aber energische Gruppe der sonst so staatstreuen Wenden ihre nationale Selbständigkeit auf Grund des Selbstbestimmungsrechts erklärte und vor der Versailler Versammlung vertrat, schritt die Regierung ein, und die deutschgesinnte Bevölkerung der Lausitz — die erdrückende Übermacht — half dem Spuk ein Ende bereiten. Schon damals, als die thüringischen Kleinstaaten sich zum Mittelstaat Thüringen zusammenschlossen und dabei auch etwaige Gebietsänderungen der preußischen Provinz Sachsen berührt wurden, schnitt man — wenigstens in der nichtamtlichen Erörterung — den Gedanken einer Annäherung der alten Ernestinerlande an das albertinische Sachsen an. War somit auch die Westgrenze Sachsens zeitweise im Rahmen der Mitteldeutschlandfrage, die auch in der Folgezeit nicht zur Ruhe kommen sollte, zur Aussprache gestellt, so liefen alle diese territorialen Erörterungen doch schließlich darauf hinaus, daß die Grenze des Staates, bis auf einen später vorgenommenen Enklavenaustausch mit Thüringen, die alte blieb.

Die sächsische Volkskammer, die über eine sozialistische Mehrheit verfügte, schuf in einem Staatsgrundgesetz zunächst die Grundlage für ihre eigene und für die Arbeit der Regierung. Bei den Beratungen trat immer wieder der Gegensatz zwischen den sozialistischen Richtungen zutage. Dadurch aber stieg der Einfluß der Bürgerlichen, zumal der Demokraten, die im Herbst an Stelle der Unabhängigen in die Regierung eintraten.

In den Sommer 1919 fällt mit der Schaffung der Weimarer Reichsverfassung auch die Neuordnung des Verhältnisses von Reich und Ländern, welch letztere an Stelle der alten Bundesstaaten traten. Den Ländern war durch die Übertragung der Finanzhoheit auf das Reich das staatliche Eigenleben in einem wesentlichen Punkte genommen worden. Auch in die innere Verwaltung griff Berlin nunmehr in verschiedenen Punkten ein. Hinter einem äußerlich bewahrten bundesstaatartigen Gefüge lebte doch ein neuer Reichszentralismus. Und nicht nur verwaltungsrechtlich wirkte sich das Überwiegen des Ganzen über die Teile aus: jede Schwankung der innerpolitischen Lage im Reiche, jede parteipolitische Erschütterung zuckt in den Ländern nach. Darum steht auch ihre innere Aufbauarbeit so stark in Abhängigkeit von den Strömungen, die das Reich beherrschten. Die endgültige sächsische Verfassung vom 1. November 1920 zeigt kaum Züge eines stärkeren individuellen staatspolitischen Lebens. Immer wieder flackern Unruhen auf, Streiks werden politisch ausgenutzt, je nachdem, wie die Lage außerhalb der Grenzen ist. Zumal das mitteldeutsche Industriegebiet westlich der Landesgrenze übt einen starken Einfluß in diesem Sinne aus.

Darum verlieren aber auch die weitläufigen Kammerverhandlungen und Presseäußerungen über die Sozialisierungsfrage, über die Auflösung des Rätesystems, über kirchliche und Schulfragen an geschichtlicher Bedeutung. Über all dies hat allein das Reich entschieden. Wenn aber Sachsen schließlich nicht den zunächst geplanten Staatspräsidenten, wohl aber einen Ministerpräsidenten, neue Ministerien, ein Staatskanzlei erhält und die Feier der Revolutionsfeiertage beschließt, so ist das mehr eine Folge des demokratisch-parlamentarisch geleiteten Staatslebens als Ausdruck eines sich darin politisch gestaltenden Volkswillens.

Noch immer war die öffentliche Ordnung im Lande leicht zu gefährden. Auf die Ermordung des Kriegsministers Neuring im April 1919 hin wurde der Belagerungszustand verhängt; der Umsturzversuch Kapps im März 1920 brachte nicht nur — vorübergehend — die flüchtende Reichsregierung, sondern auch neue schwere Unruhen und Kämpfe ins Land. Der auf Grund der neuen Verfassung gewählte Landtag verfügte über eine beträchtlich schwächere sozialistische Mehrheit — 49 Stimmen von 96 — als die voraufgegangene Volkskammer.

Als der Widerstand der bürgerlichen Kreise gegen die stark sozialistische Politik der Regierung, aus der die Demokraten wieder geschieden waren, und der Unmut der Kommunisten im November 1922 Neuwahlen erzwang, änderte sich das Kräfteverhältnis gleichwohl wenig. Die Verschlechterung der gesamtdeutschen Lage durch die bald folgende Ruhrbesetzung ließ auch Sachsens Wirtschaft nicht unberührt. Der Geldwert sank und die Arbeitslosigkeit nahm zu. Bald beherrschte die Inflation das Denken aller Kreise und vernichtete vor allem den bescheidenen Wohlstand der mittleren sozialen Schichten, deren Bedeutung für das kulturelle Leben der Nation unterschätzt wurde. Die Unsicherheit der politischen und der Wirtschaftslage legte vielen den Gedanken radikaler Änderung der bestehenden Ordnung nahe und verstärkte sichtlich die Reihen der unter getrennten Zeichen, aber einig in der Abkehr von der Demokratie der Weimarer Verfassung kämpfenden nationalen Opposition. Das Bewußtsein wachsender Gefahr von rechts löste nach einem Regierungssturz in Sachsen Anfang 1923 eine Annäherung aller proletarischen Richtungen aus. In scharfer Abkehr von allen nichtmarxistischen Gruppen im Lande stellte die Regierung auch außenpolitische Forderungen an das Reich. Eine neue Gemeindeordnung, ein Gesetz über Pflichten der Beamten und Lehrer suchten die Festigkeit der auf das Proletariat sich stützenden Regierung gegen die von ihr befürchteten Angriffe von rechts zu stärken. Bei einzelnen gesetzgeberischen Maßnahmen, namentlich bei einem Amnestie- und einem Arbeitskammergesetz, geriet die Regierung in Gegensatz zur Reichsregierung. Sachsens Ministerpräsident Zeigner, Selbstüberschätzung und Charakterschwäche in sich vereinigend, glaubte damals zum Wortführer der Linken im Reiche auf außen- wie innenpolitischem Gebiete berufen zu sein. Sommer und Herbst 1923 stehen unter dem Zeichen eines sich verschärfenden Gegensatzes zwischen Berlin und Dresden. Ende September wurde über das ganze Reich der Ausnahmezustand verhängt und die Reichswehr übernahm in Sachsen die vollziehende Gewalt. Ein scharfer Widerstand aller linksgerichteten Kreise ballte sich dagegen zusammen, was dazu führte, daß nicht nur die Kommunisten in die Regierung eintraten, sondern auch der die Bewegung in Deutschland genau verfolgende Bolschewismus sich Sachsen-Thüringen zum Kampfgebiet für seine Interessen ausersah. Proletarische Hundertschaften wurden allenthalben gebildet. Neunzehn Tage hat die sozial-kommunistische Regierung in der zweiten Oktoberhälfte bestanden. Der Militärbefehlshaber verbot die Kontrollkommission, die Lebensmittelverteilung und Preisfestsetzung beeinflußten, ebenso wie bald darauf die roten Hundertschaften. Als der Konflikt zwischen Regierung und Wehrkreiskommando offen zum Ausbruch kam, rückte von verschiedenen Seiten Reichswehr zur Unterstützung der im Lande befindlichen Truppen ein und besetzte die wichtigsten Punkte des Landes, zum Teil nicht ohne blutigen Kampf mit den sozialistischen Parteigängern. Am 27. Oktober forderte der Reichskanzler die sächsische Regierung zum Rücktritt auf; als sie sich weigerte Folge zu leisten, wurde sie auf Grund einer Verordnung vom 29. Oktober ihres Amtes enthoben und der frühere Ministerpräsident Heinze zum Reichskommissar für Sachsen ernannt. Mit Gewalt wurde die Ausführung erzwungen. Die offene Aufforderung der kommunistischen Regierungsmitglieder zum Widerstand gegen die Reichsgewalt hatte dieser die Notwendigkeit als gegeben erscheinen lassen, in energischer Weise durchzugreifen. Mit dieser Wendung waren natürlich auch die bisherige Personal- und Wirtschaftspolitik Sachsens, die geplanten Verwaltungsreformen und die wenigstens in der Kritik sehr aktive außenpolitische Richtung der bisherigen Regierung abgeschlossen. Die schweren Erschütterungen, die das soziale und wirtschaftliche Gefüge des vom Kriege noch nicht erholten Landes durch die ernsten innenpolitischen Kämpfe erlitt, ist um so weniger zu verkennen, als gleichzeitig die Inflation ihren Gipfelpunkt erreichte und die Arbeitslosigkeit schon recht bedrohliche Formen annahm.

Zwei Tage nach der Ernennung des Reichskommissars wurde eine neue sozialdemokratische Regierung gebildet, die zunächst auch die Unterstützung der Demokraten fand, bald aber wieder verlor und Ende 1923 zu Fall kam.

Nach fünf Jahren sozialistischer Herrschaft in Sachsen folgt nun die Zeit der Koalitionsregierungen, die sich in wechselnder Breite von den Sozialdemokraten bis weit in die bürgerlichen Parteien hinein erstreckt haben. Der Anfang des Jahres 1926 bringt die Spaltung der Sozialdemokratischen Partei, deren rechter Flügel unter dem Namen „Alte Sozialdemokratische Partei" zunächst auch außerhalb des Landes im Reiche Boden zu gewinnen schien, aber schließlich doch nach wenigen Jahren einschrumpfte und abstarb. In der dritten Entwicklungsstufe der innerpolitischen Geschichte Sachsens in der Nachkriegszeit werden dann die Koalitionsregierungen abgelöst durch mehr oder weniger überparteiliche Beamtenregierungen. Auch diese Periode hat trotz aller guten Ansätze eine wirkliche Befriedung des Landes nicht gebracht; denn durch die Tätigkeit dieser Regierungen, die im wesentlichen mehr verwalteten als regierten, konnte der Gegensatz der politischen Parteien, der hinter ihnen stehenden Welt- und Staatsanschauungen und der Wirtschaftsinteressen nicht überbrückt werden. Dazu fehlte es ihnen an eigenem geistig-schöpferischem Gehalte nicht weniger als an aktivem Willen und an Glauben an die zu vertretende Staatsidee.

Schon aber war, während die an Zahl eher wachsenden als abnehmenden Parteien gegenseitig im Kampfe lagen, eine neue Bewegung entstanden, die, in Front gegen alle übrigen tretend, alle miteinander ablösen sollte: unter den 96 Landtagsabgeordneten wurden im Oktober 1926 zum ersten Male zwei Nationalsozialisten gewählt. Bei den Wahlen im Mai 1929 waren es fünf, bei denen im Juni 1930 wurde es vierzehn. Damit war der Ansatzpunkt gegeben, von dem aus die Geschichte des sächsischen Volkes und Staates in seine Gegenwart einmündet. Diese selbst aber stellt ein geschichtlich Neues in jeder Beziehung dar.

Hinter ihr liegt die letzte Epoche der sächsischen Landesgeschichte nunmehr in sich abgeschlossen, die Nachkriegszeit von 1918—33, die zugleich zu den unglücklichsten Abschnitten des vielverschlungenen Lebensweges des sächsischen Volkes gerechnet zu werden verdient. Diese 15 Nachkriegsjahre haben bei steigender Zunahme des Einflusses des Reichs über die Länder die Bedeutung Sachsens im Ganzen des Reichsgefüges zweifellos nicht gesteigert. Die allgemeine wirtschaftliche Not hat auch in den Jahren der Scheinblüte 1926/28 gerade Sachsen am wenigsten verlassen. Seine Arbeitslosenziffer lag ständig über dem Reichsdurchschnitt. Die politischen Unruhen, zu deren Hauptherden Mitteldeutschland immer schon gezählt hat, und die zeitweise weit greifenden Experimente sozialer und wirtschaftlicher Natur, haben dem Lande wenig Erholung von den Nöten der Kriegsjahre gegönnt. Das Bandenwesen im Vogtlande und im Erzgebirge, dessen Führer Max Hölz zeitweise in ganz Deutschland wegen seiner Gewalttaten bekannt wurde, hat dem Ansehen des Landes und seiner staatlichen Verhältnisse schwer geschadet. Auch Schulwesen, Kunstpflege und allgemeine geistige Bewegung sind von den politischen Strömungen hin und hergerissen und damit oft gehemmt worden. Gerade auf kulturellem Gebiete aber lag in den Grenzen, die die Weimarer Verfassung den Ländern gezogen hatte, das hauptsächliche Betätigungsfeld ihres Eigenlebens. Man hat in der Nachkriegszeit die überaus bezeichnende Frage aufgeworfen, ob denn überhaupt noch ein Staatsgefühl im sächsischen Volke vorhanden sei, und hat erkannt, daß es schwach war; sonst recht kluge Beobachter haben diese Schwäche aus dem Verlauf der Landesgeschichte zu erklären gesucht, unter Hinweis auf die mancherlei politischen Mißerfolge des Landes in den letzten Jahrhunderten. Aber auch diese Erklärung befriedigt kaum. Es hat dann nicht an Versuchen gefehlt, den Willen zum eigenen Staate im sächsischen Volke mit ideellen und wirtschaftlichen Gründen, aber auch in Anerkennung der ruhmreichen Seiten seiner Geschichte zu beleben. Die Zukunftsaussichten dieser Ansätze waren wohl von vornherein gering.

Gewiß bedeutet das Ende des politischen Eigenlebens der Länder nicht zugleich das Aufhören ihrer Stammes- und Landschaftsgeschichte, die doch ihrem Wesen nach gebunden bleibt an alle Wandlungen des menschlichen Gemeinschaftslebens in den alten Stammesgebieten.

Aber diese kommende Geschichte Sachsens wird, wenn sie nicht unpolitisch und staatenlos, also teilweise verkümmert, sein will, wieder stärker vom Gesamtdeutschtum, vom Reichsgedanken her bestimmt sein. Damit aber wird sie wieder einbiegen in eine Linie geschichtlichen Gesamterlebens, die das deutsche Volk im Spätmittelalter verlassen hatte. Sachsen hat über dem Gang seiner engeren vaterländischen Entwicklung nie den lebendigen Zusammenhang zum großen deutschen Lebensstrome auch auf politischem Gebiete verloren. In den entscheidenden Epochen der neueren Geschichte hat es seine Reichstreue in Fürstenhaus und leitenden Staatsämtern betont und den Reichsgedanken noch in Zeiten hochgehalten, wo er innerlich schon vermorscht war und der engere staatliche Egoismus das Land in reichsfeindliche Bahnen hätte drängen müssen, wollte es Schritt halten mit seinen rivalisierenden Nachbarn. Bei dem an sich schwachen eigenstaatlichen Wollen im Lande wird ihm der Weg zur Reichseinheit in unseren Tagen leichter, als dies bei den Ländern mit ausgeprägterem staatlichen Eigenleben der Fall ist. Schmerzlos vollzieht sich dann der letzte Akt einer Entwicklung, die seit 1866 im schrittweisen Vordringen, aber schon vorher immer wieder als Möglichkeit des Geschehens und als Wunschbild einzelner Denker und Staatsmänner aufgetaucht war: in der Reformationszeit, in den Anfängen unserer klassischen Dichtung, in den Befreiungskriegen, in der Romantik und im Frankfurter Parlament. Vor diesem Zurückwollen zum großen, von Tragik und Mystik umwitterten Nationalstolz taucht die territorial-staatliche Epoche der deutschen Geschichte in den Schatten minderer Bedeutung und eines lediglich zeitbedingten Gehaltes. Darüber darf aber nicht vergessen werden, daß doch in diesem Abschnitt der deutschen Geschichte, in dem ihr Schwerpunkt bei den Ländern lag, in diesem engeren Rahmen alle alten, nationalen, politischen, kulturellen und wirtschaftlichen Werte und Möglichkeiten nicht nur bewahrt, sondern in aller Buntheit der deutschen Stammesverschiedenheit weiter entwickelt worden sind. Was in diesem vielfältigen Nebeneinander das sächsische Volk gelitten und geleistet hat, davon sollten diese Staaten berichten. Rahmen und Rückgrat dieses Schicksals war der Staat, die politische Lebensgemeinschaft. Inhalt aber wurde die Gemeinschaft der Familien und Sippen, der Gemeinden und Landschaften, wurde das Wollen und Wirken dieses in seinen Vorzügen wie in seinen Fehlern gut deutschen obersächsischen Stammes. Was er sich und dem ganzen deutschen Volke an Werten in Kunst und praktischer Arbeit, an Schöpfungen des Geistes und an blutigen Opfern für Volk und Vaterland in dem wandlungsreichen Auf und Ab seiner Geschichte dargebracht hat, bedeutet nicht wenig für Ablauf und Gehalt der großen deutschen Geschichte.

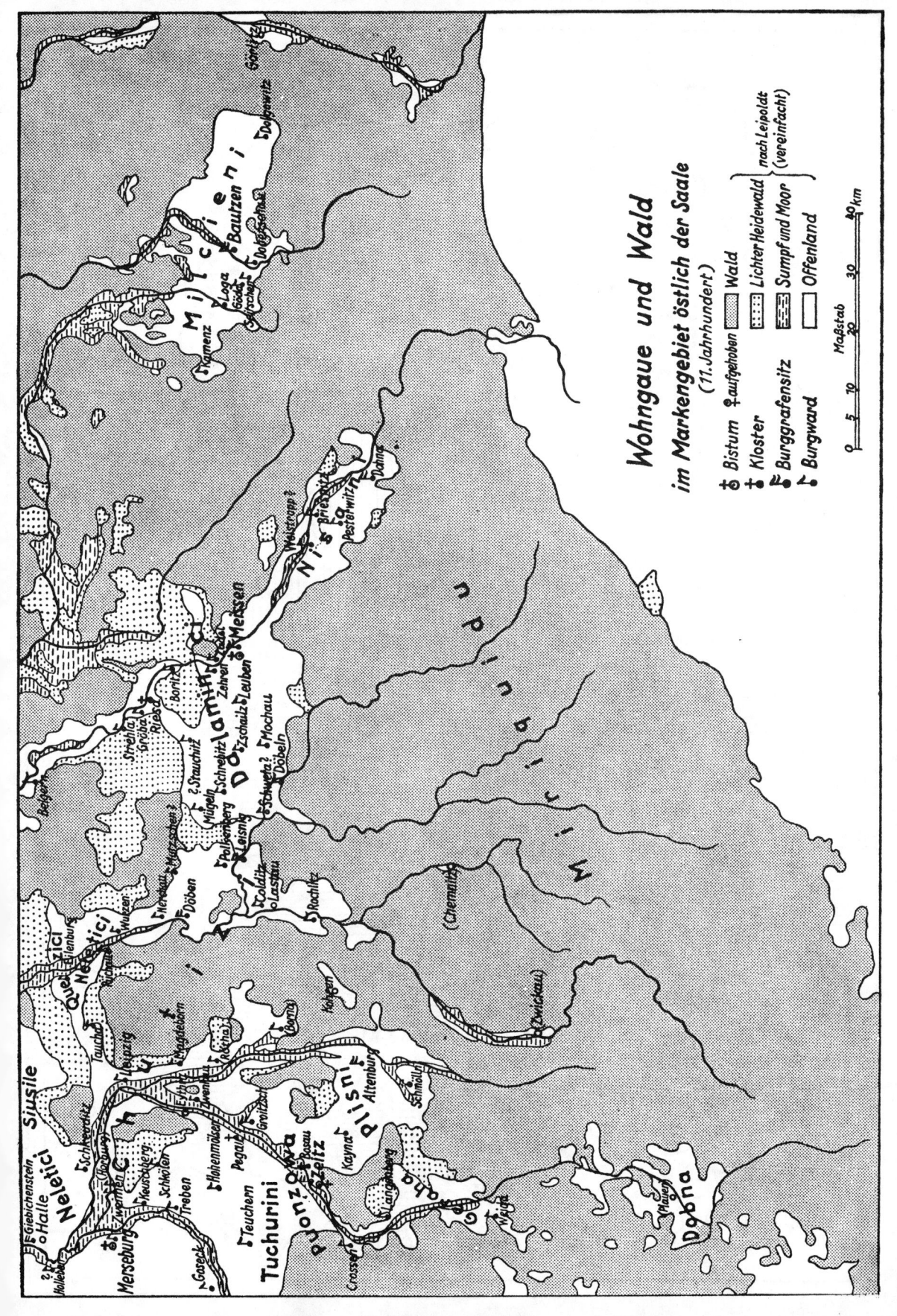

Wohngaue und Wald
im Markengebiet östlich der Saale
(11. Jahrhundert)

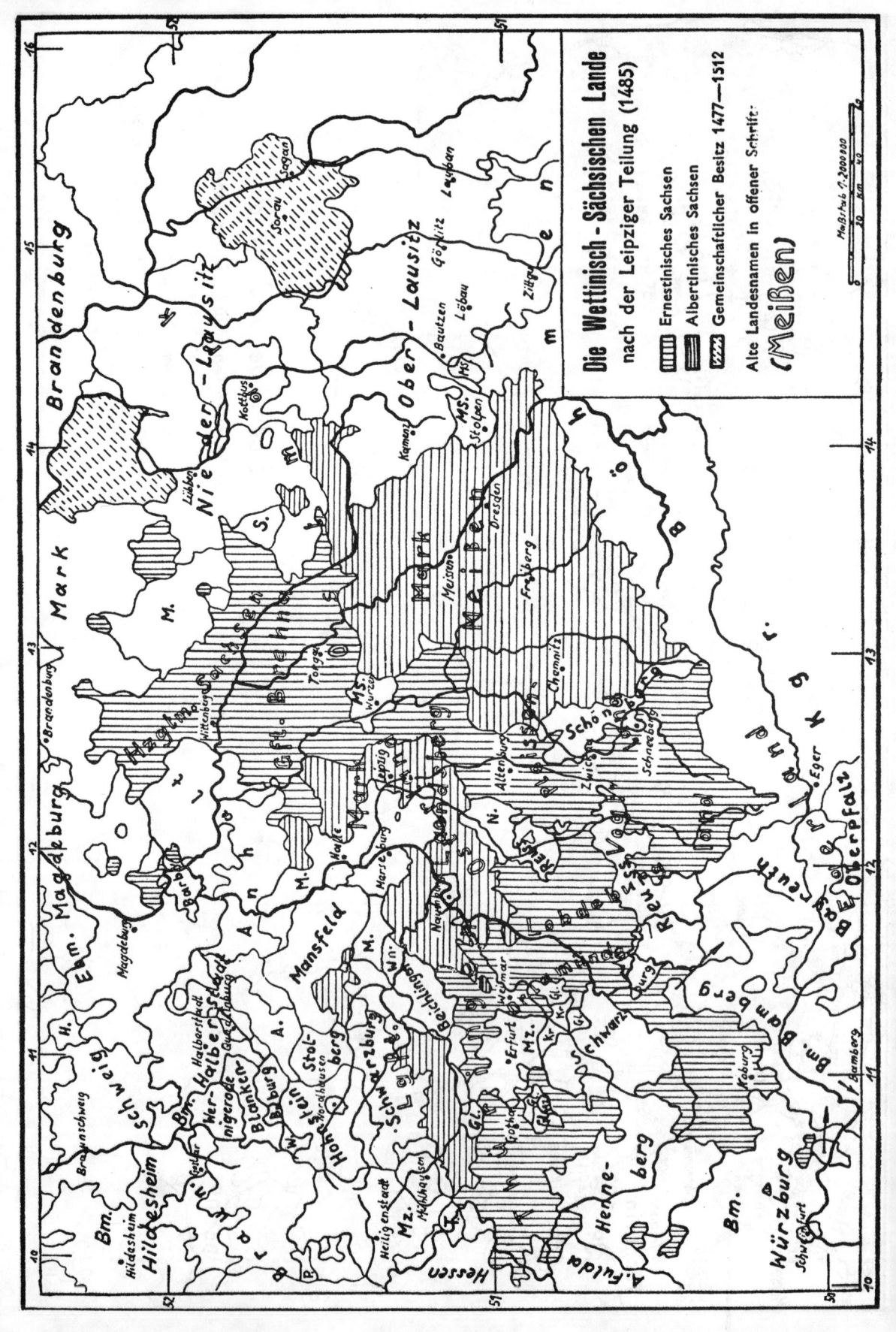

Die Wettinisch-Sächsischen Lande
nach der Leipziger Teilung (1485)

Ernestinisches Sachsen

Albertinisches Sachsen

Gemeinschaftlicher Besitz 1477–1512

Alte Landesnamen in offener Schrift:

(Meißen)

Maßstab 1:2000000

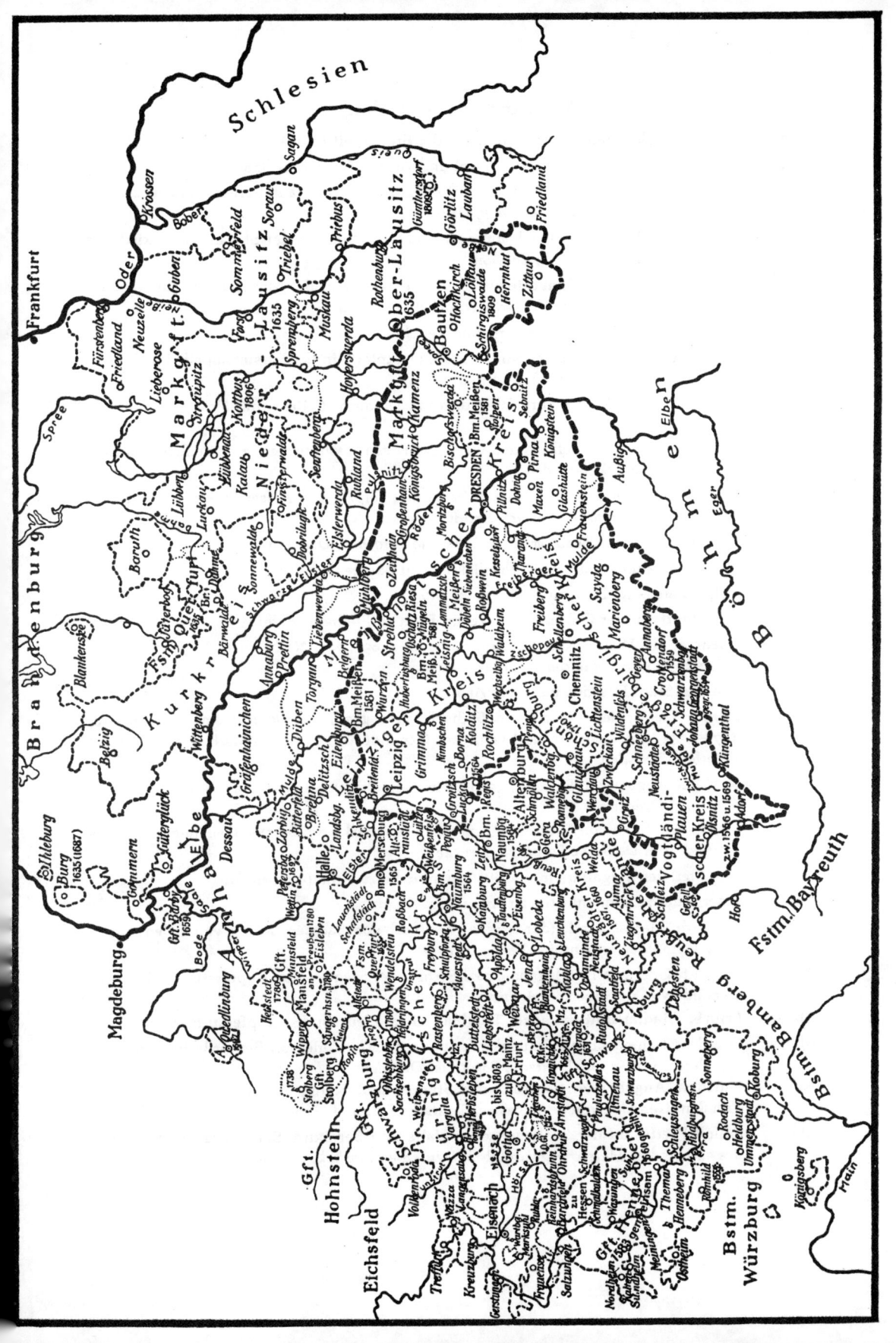

Verzeichnis der Abbildungen

LITERATUR ZUR SÄCHSISCHEN GESCHICHTE

Vorbemerkung: Die hier gegebene Übersicht von Quellen und Darstellungen zur sächsi=
schen Geschichte will dem Leser lediglich eine erste Anleitung zur weiteren Vertiefung in den
behandelten Stoff geben. Sie verzichtet auf Anführung älteren, für die wissenschaftliche For=
schung gleichwohl noch beachtlichen Schrifttums ebenso wie auf die Nennung von Einzel=
untersuchungen zu Sonderfragen, im allgemeinen auch zur Orts= und Personengeschichte. An=
derseits glaubte sie der Absicht, sächsische Geschichte im Rahmen des deutschen Gesamtge=
schehens darzustellen, dadurch Rechnung tragen zu müssen, daß einige grundlegende Dar=
stellungen der deutschen Geschichte angeführt werden. Sie werden durch Schrägdruck kenntlich
gemacht und stehen in der Regel am Ende der einzelnen Teilübersichten. An Abkürzungen
werden verwandt A. für „Archiv für die Sächsische Geschichte", A., NF. für die Neue Folge
derselben Zeitschrift und NA. für das „Neue Archiv für Sächsische Geschichte und Alter=
tumskunde". Die dabei wie überhaupt bei Zeitschriftenhinweisen gegebenen Zahlen bedeuten
die Band= und Seitenzahl.

A. Allgemeiner Teil

K. Lamprecht, Deutsche Geschichte. 12 Bände und 3 Ergänzungsbände. 1891–1909.
K. Brandi, Deutsche Geschichte. 1919. 3. Auflage, 1923.
Joh. Haller, Die Epochen der deutschen Geschichte. 1923. 25. Taus. 1930.
A. v. Hofmann, Das deutsche Land und die deutsche Geschichte Neubearbeitung, 3 Bände, 1930.
Ad. Helbok, Aufbau einer deutschen Landesgeschichte aus einer gesamtdeutschen Siedlungs-
forschung. 1925. – Was ist Volksgeschichte? 1935.
G. Steinhausen, Geschichte der deutschen Kultur. 1905. 3. Auflage. 1929.
J. Nadler, Literaturgeschichte der deutschen Stämme. 2. Auflage, 4 Bände. 1923 ff.
G. Dehio, Geschichte der deutschen Kunst. Je 3 Bände Text und Abbildungen. 1921–1926.
Bibliographie der Sächsischen Geschichte. Herausgegeben von *R. Bemmann* und *J. Jatzwank.*
Bd. I: Landesgeschichte, 1918/21; Bd. 2: Geschichte der Landesteile, 1923; Bd. 3: Ortsge=
schichte, 1928/32 – noch nicht erschienen sind darin die Teile über Dresden, Leipzig und
Chemnitz.
Rud. Kötzschke, Über Bedeutung und Pflege der sächsischen Landesgeschichte. NA. 37, 201–265.
Landesgeschichte und Heimatgedanke. Ebenda 48, 1 ff.
Codex Diplomaticus Saxoniae (Regiae). Herausgegeben von *G. Gersdorf* und anderen. Teil I.
Urkunden der Markgrafen von Meißen und Landgrafen von Thüringen. Abt. A – zur Zeit
3 Bände bis 1234 – und B – zur Zeit 3 Bände von 1381 bis 1418 –. Teil II. Bände 1–3: Bistum
Meißen, 4: Stadt Meißen, 5: Dresden und Pirna, 6: Chemnitz, 7: Kamenz und Löbau, 8–10:
Leipzig, 11: Universität Leipzig, 12–14: Freiberg, 15: Grimma und Nimbschen, 16–18:
Matrikel der Universität Leipzig – bis 1555 –. 1864 ff.
Schriften der Sächsischen Kommission für Geschichte, 1898 ff. Die Schriften sind, soweit hier
herangezogen, zeitgeschichtlich eingeordnet.
W. Wachsmuth und K. v. Weber, Archiv für die Sächsische Geschichte. 12 Bände, 1863–1874.
Abgekürzt „A.".
K. v. Weber, Archiv für die Sächsische Geschichte. Neue Folge, 6 Bände, 1875–1880. Abge=
kürzt „A., NF.".
Neues Archiv für Sächsische Geschichte und Altertumskunde, bisher 55 Bände, 1881 bis 1934.
Herausgegeben von H. Ermisch und W. Lippert. Inhaltsverzeichnisse in den Bänden 25
und 51. Abgekürzt „NA.".
Ch. E. Weiße, Geschichte der chursächsischen Staaten, 4 Bände, 1802/06 (bis 1635).
C. Gretschel und – für Band 3 – F. Bülau, Geschichte des sächsischen Volkes und Staates,
3 Bände, 1843/53 (bis 1831).
K. Sturmhoefel, Illustrierte Geschichte der sächsischen Lande und ihrer Herrscher. Mit beson=
derer Berücksichtigung der Kulturgeschichte. 2 Bände – in je 2 Teilen –, 1898/1909 (bis 1904).
O. Kämmel, Sächsische Geschichte. 1899, 2. Auflage 1905, Neudruck 1912 (bis 1909).
Sachsen. 1000 Jahre Deutsche Kultur. Herausgegeben von K. Großmann. 1929.

A. *Dietrich*, Geschichte des Freistaates Sachsen. 1931.

O. E. *Schmidt* und J. L. *Sponsel*, Bilderatlas zur sächsischen Geschichte. 1909.

Rud. *Kötzschke* (und K. *Leonhardt*), Bibliotheca cosmographica, Band 4. Geschichte Sachsens und des thüringischen Osterlandes. Leipzig 1925.

O. E. *Schmidt*, Kursächsische Streifzüge. 7 Bände, 1902/30.

Geschichtliche Wanderfahrten, herausgegeben von A. *Brabant*. Heft 1–41, 1930 ff.

Sächsische Lebensbilder, herausgegeben im Auftrage der Sächsischen Kommission für Geschichte. Zur Zeit 1 Band, 1930.

O. *Posse*, Die Wettiner. Genealogie des Gesamthauses. 1897.

H. *Ermisch*, Die geschichtlichen Beinamen der Wettiner. NA. 17, 1 ff.

Meißnisch=sächsische Forschungen. Zur Jahrtausendfeier der Mark Meißen und des sächsischen Staates herausgegeben von W. *Lippert*. 1929.

W. *Lippert*, Das sächsische Hauptstaatsarchiv. 2. Auflage, 1930.

Sächsische Volkskunde, herausgegeben von R. *Wuttke*. 2. Auflage, 1901.

Grundriß der sächsischen Volkskunde, herausgegeben von W. *Frenzel*, F. *Karg* und A. *Spamer*. 1932.

A. *Meiche*, Sagenbuch des Königreichs Sachsen. 1903.

O. *Mayer*, Das Staatsrecht des Königreichs Sachsen. 1909.

A. *Lobe*, Ursprung und Entwicklung der höchsten sächsischen Gerichte. 1909.

G. *Müller*, Verfassungs= und Verwaltungsgeschichte der sächsischen Landeskirche. 2 Teile, 1893/95.

F. *Beanckmeister*, Sächsische Kirchengeschichte. 1899. 2. Auflage, 1906.

Beiträge zur sächsischen *Kirchengeschichte*. Heft I ff., 1882 ff.

Neue sächsische Kirchengalerie, herausgegeben von G. *Buchwald*. 19 Bände, 1901–1914.

O. *Schuster* und F. A. *Francke*, Geschichte der sächsischen Armee. 1885.

H. *Gebauer*, Die Volkswirtschaft im Königreich Sachsen. 3 Bände, 1889/93.

G. *Röllig*, Wirtschaftsgeographie Sachsens. 1928.

H. *Beschorner*, Geschichte der Sächsischen Kartographie im Grundriß. 1917.

Historisches Ortsverzeichnis für den Freistaat Sachsen. Bisher erschienen 2 Bände: A. *Meiche*, Historisch=topographische Beschreibung der Amtshauptmannschaft Pirna. 1927. – O. *Moertzsch*, Historisch=topographische Beschreibung der Amtshauptmannschaft Großenhain. 1935.

Beschreibende Darstellung der älteren *Bau=* und *Kunstdenkmäler* des Königreichs Sachsen. 41 Hefte, 1882 ff., Heft 1–15 herausgegeben von R. *Steche*, Heft 16 bis 41 von C. *Gurlitt*.

Die Kunstdenkmäler des Freistaats Sachsen. Herausgegeben vom Landesamt für Denkmalspflege. Bisher erschienen 1 Band: W. *Bachmann* und W. *Hentschel*, die Stadt Pirna. 1929.

Herm. *Kretzschmar*, Sachsen in der Musikgeschichte (in: Ges. Aufsätze über Musik). 1910.

A. *Aber*, Sachsen=Thüringen in der Musikgeschichte. Archiv für Musikwissenschaft 1922.

W. v. *Seidlitz*, Die Kunst in Dresden. 4 Bände, 1920/21.

J. *Richter*, Geschichte der sächsischen Volksschule (Monumenta Germaniae Paedagogica, Bd. 59). 1930.

K. *Müller=Fraureuth*, Wörterbuch der obersächsischen und erzgebirgischen Mundart. 2 Bände, 1908/14.

E. *Jacobs*, Geschichte der in der Preußischen Provinz Sachsen vereinigten Gebiete. 1884.

F. *Schneider* und A. *Tille*, Einführung in die Thüringische Geschichte. 1931.

B. *Schmidt*, Geschichte des Reußenlandes. 1923/27.

Th. *Scheltz*, Gesamtgeschichte der Ober= und Niederlausitz. 1847; 1882.

R. *Lehmann*, Geschichte des Wendentums in der Niederlausitz bis 1815 im Rahmen der Landesgeschichte. Die Wenden, herausgegeben von R. *Kötzschke*, Heft 2. 1930.

J. *Jatzwank*, Wendische (Sorbische) Bibliographie. 1929.

O. *Richter*, Geschichte der Stadt Dresden 1. 1900. – Verfassungs= und Verwaltungsgeschichte von Dresden. 3 Bände, 1855/91.

G. H. *Müller*, 700 Jahre Dresden. 1917.

G. *Wustmann*, Geschichte der Stadt Leipzig I. 1905.

Heimatgeschichte für Leipzig, herausgegeben von K. *Keumuth*. 1927.

Geschichte des geistigen Lebens von Leipzig: *G. Witkowski*, Geschichte des literarischen Le=
bens in Leipzig. – *O. Kämmel*, Geschichte des Leipziger Schulwesens. – *R. Wustmann*, Mu=
sikgeschichte Leipzigs. 1. 1909.

H. Gröger, Tausend Jahre Meißen. 1929.

A. Tille, Grimmas Stellung in der deutschen Geschichte. Korrespondenzblatt des Gesamtvereins
der Geschichtsvereine. 1904.

C. W. Zöllner (1888) und *P. Uhle* (1893), Geschichte der Stadt Chemnitz. – Quellenbuch (1922).

1000 Jahre Bautzen. 1.: *W. Frenzel*, Grundzüge einer Frühgeschichte 932–1213. 1933.

Zittau in 7 Jahrhunderten, herausgegeben von *B. Bruhns*. 1912.

R. Jecht, Geschichte der Stadt Görlitz, I. Band. 1926.

Hellmut Kretzschmar, Die Stellung Magdeburgs in der sächsischen Geschichte. Meißn.=Säch=
sische Forschungen, 152 ff.

B. Vorbetrachtung

Landschaftsbilder aus dem Königreich Sachsen, herausgegeben von *E. Schöne*. 6 Bände, 1905 ff.

J. Zemmrich, Landeskunde von Sachsen. 1923.

F. Koßmat, Übersicht der Geologie von Sachsen. 1925.

P. Wagner, Erdgeschichtliche Natururkunden aus dem Sachsenlande. Sächsischer Heimat=
schutz, 1930.

E. Alt, Das Klima von Sachsen. 1923/25.

A. Hennig, Boden und Siedlungen im Königreich Sachsen. 1912.

O. Drude, Die Kulturzonen Sachsens. Mitteilungen der ökonomischen Gesellschaft im König=
reich Sachsen, 1891/92, 105 ff.

O. Schlüter, Die frühgeschichtlichen Siedlungsflächen Mitteldeutschlands. Beiträge zur Erd=
kunde Mitteldeutschlands, 139 ff., 1929.

R. Grahmann, Sachsen als Siedlungsraum des Menschen der Vorzeit. Grundriß der Vor=
geschichte Sachsens, 1 ff.

J. Leipoldt, Boden und Urlandschaft in Sachsen. Ebenda, 58 ff.

W. Frenzel, Klima und Landschaft in der Oberlausitz in der vorgeschichtlichen Zeit. 1923.

S. Sieber, Das Erzgebirge. Landschaft und Menschen, 1930.

K. Hahn, Sachsen als Kriegsschauplatz. NA. 31, 209 ff.

C. Vor= und Frühgeschichte (Teil I)

G. Kossinna, Die deutsche Vorgeschichte, eine hervorragend nationale Wissenschaft. 1925.

C. Schuchhardt, Vorgeschichte von Deutschland. 1928.

E. Wahle, Deutsche Vorzeit. 1932.

L. Schmidt, Allgemeine Geschichte der germanischen Völker. 1909. – Geschichte der germani=
schen Frühzeit. 1925.

G. Neckel, Kultur der alten Germanen. (Handbuch der Kulturgeschichte, I.) – *P. Kletler*, Deut=
sche Kultur zwischen Völkerwanderung und Kreuzzügen. Ebenda, 1934.

J. V. Deichmüller, Sachsen in vorgeschichtlicher Zeit. Sächsische Volkskunde, 1901.

Grundriß der Vorgeschichte Sachsens, herausgegeben von *W. Frenzel, W. Radig, O. Reche*.
1934.

W. Radig, Sachsens Vorzeit. Einführung in die Vorgeschichte des sächsisch=böhmischen Grenz=
raums. 1935.

G. Bierbaum, Zur Frage des Volkstums der Bewohner Sachsens in der Vorzeit. Amt und
Volk IV, 6 ff., 1927. – Über den Ringwall Köllmichen. Prähistorische Zeitschrift 19, 1928. –
Von Schanze zu Schanze. 1932.

W. Schulz, Das Fürstengrab von Haßleben. (Römisch=germanische Forschungen, Band 7.) 1933.

J. Richter, Der Leipziger Kreis im Rahmen der Vorgeschichte. Heimatgeschichte für Leipzig,
herausgegeben von K. Reumuth. 1927.

W. Radig, Der Burgberg Meißen und der Slawengau Daleminzien. 1929. – Burgwälle im
Leipziger Land. Fundpflege 2. 1934. – Die Sorben in Sachsen. Fundpflege 1, 1 f. 1933.

A. Mirtschin, Germanen in Sachsen, besonders im nordsächsischen Elbgebiet. 1933.

410

Die Lausitzer Wenden, H. 1. *W. Frenzel*, Vorgeschichte. 1932.
E. Schwarz, Die Frage der slawischen Landnahmezeit in Ostgermanien. Mitteilungen des Öster=
reichischen Instituts für Geschichte 43, 187 ff.
G. Hey, Die slawischen Siedlungen im Königreich Sachsen. 1893. (Namenserklärung mit Vor=
sicht zu benutzen.) – Vgl. *E. Mucke* (Muka), Wendische Familien= und Ortsnamen der Nie=
derlausitz. 1928.
Fel. H. Schmid, Beiträge zur Sprach- und Rechtsgeschichte der früheren slawischen Bevölkerung
des heutigen nordöstlichen Deutschlands. Zeitschrift für slawische Philologie 7, 109 ff.;
116 ff.: Die Meißner vethenici.
Rud. Kötzschke, Zur Sozialgeschichte der Westslawen. Jahrbuch für Kultur und Geschichte der
Slawen 8, 5 ff. 1932.
O. E. Schmidt, Slawische Götterbilder in Sachsen. NA. 32, 350 ff.
Vgl. Sächsische Volkskunde, herausgegeben von Wuttke (1901): *Walther*, Sprache und Volks=
dichtung der Wenden; *Rentsch*, Volkssitte, Brauch und Aberglaube bei den Wenden.

D. Die mittelalterlichen Jahrhunderte (Teil II–IV)

1. Quellen

Quellen siehe die Übersicht *R. Kötzschke*, Staat und Kultur, 79 ff.
Codex Diplomaticus Saxoniae Regiae siehe oben.
Regesta diplomatica . . . historiae Thuringiae (Regesten der thüringischen Geschichte), heraus=
gegeben von *O. Dobenecker*, 1–3. 1896 ff.
Geschichtsquellen der Provinz Sachsen und angrenzende Gebiete. Band 1–8. 1870 ff. – Neue
Reihe, Band 1–16. 1925 ff. – Darin: Urkundenbuch des Hochstifts Merseburg, herausgegeben
von *P. Kehr*, 1., 1899. – Urkundenbuch des Hochstifts Naumburg 1, bearbeitet von *F. Rosen=
feld*, 1925.
Codex diplomaticus Lusatiae superioris, herausgegeben von *R. Jecht*. 2–4, 1896–1912; 5, her=
ausgegeben von *Er. Wentscher*, 1928.
J. Tylich, De origine marchionum Missnensium, herausgegeben von Opel. (Mitteilungen der
deutschen Gesellschaft in Leipzig I, 2, 1874.) – Fortsetzung, herausgegeben von L. Schmidt.
(Zeitschrift für thüringische Geschichte, NF. 10, 1897.) – Vgl. O. Langer, NA. 17, 1879.

2. Zeitgeschichte; einzelne Ereignisse und führende Persönlichkeiten

L. Schmidt, Geschichte der deutschen Stämme II, 3 (1918). Vgl. NA. 40, 114 ff.
M. Lintzel, Untersuchungen zur Geschichte der alten Sachsen. Sachsen und Anhalt, Band 4 ff.
Jahrbücher des Deutschen Reichs unter König Heinrich I., Otto d. Gr. . . . bis Friedrich I. 1863 ff.
Rud. Kötzschke, Staat und Kultur im Zeitalter der ostdeutschen Kolonisation. 1912.
P. Honigsheim, Der limes Sorabicus. (Zeitschrift für thüringische Geschichte 24, 1906.)
L. Bönhoff, Der Tod des Bischofs Arn von Würzburg. NA. 29, 147–157. Vgl. *C. Klotzsch*,
ebenda, 723 ff. – *A. Meiche*, Zuckmantel und die Todesstätte Bischof Arns v. Würzburg.
NA. 31, 307 ff.
W. Lippert, Die Aufrichtung der deutschen Herrschaft im Meißner Lande 929. Meißn.=Säch=
sische Forschungen, 9 ff.
Rud. Kötzschke, Die Anfänge der Markgrafschaft Meißen. Ebenda, 26 ff.
O. Posse, Die Markgrafen von Meißen und das Haus Wettin. 1881.
R. Holtzmann, Beiträge zur Geschichte des Markgrafen Gunzelin von Meißen. Sachsen und
Anhalt 8, 108 ff.
P. Rockrohr, Ekbert II., Markgraf von Meißen. (NA. 7, 177 ff.)
Th. Flathe, Wiprecht von Groitzsch. A. 3, 82 ff. – *W. Heinich*, Wiprecht von Groitzsch und
seine Siedlungen. 1932.
O. Lobeck, Markgraf Konrad von Meißen. 1878. – *W. Hoppe*, Markgraf Konrad von Meißen,
der Reichsfürst und Gründer des wettinischen Staates. (NA. 40, 1–51.)
O. Siegismund, Dietrich der Bedrängte, Markgraf von Meißen und der Ostmark. Mitteilungen
des Sächsischen Altertumsvereins 26/27, 113 ff.
Rud. Kötzschke, Markgraf Dietrich von Meißen als Förderer des Städtebaues. NA. 45, 7 ff.

F. W. *Tittmann*, Geschichte Heinrichs des Erlauchten, Markgrafen zu Meißen und im Oster=
lande und Darstellung der Zustände in seinen Landen. 1, 2. 1845 f. – W. *Lippert*, Markgraf
Heinrichs von Meißen Anteil an der Wiedergewinnung Preußens. NA. 55, 17 ff.

O. *Dobenecker*, Ein Kaisertum des Hauses Wettin. Tille=Festschrift, 17 ff. 1930.

W. *Giese*, Die Mark Landsberg bis ... zum Jahre 1291. (Thüringisch=Sächsische Zeitschrift 8.)
1918.

K. *Wenck*, Die Landgrafen und die Wartburg vom 13. bis 15. Jahrhundert: Die Wartburg
(1907.)

F. X. *Wegele*, Friedrich der Freidige, Markgraf von Meißen, Landgraf von Thüringen und die
Wettiner seiner Zeit. (1247–1325.) 1870. Vgl. Wartburgwerk, 213 ff.

A. *Schirmer*, Die Schlacht bei Lucka 1307, ein Wendepunkt in der Geschichte der Wettiner.
Progr. Eisenberg 1905. – Vgl. Zeitschrift für thüringische Geschichte, NF. 21; 1912. –
O. *Kammrad*, Die Ereignisse des Jahres 1307 in der meißnischen Frage, vornehmlich die
sogenannte Schlacht bei Lucka. Ebenda, NF. 21; 1912.

W. *Lippert*, Meißen und Böhmen in den Jahren 1307–1310. NA. 10, 1 ff.

K. *Wenck*, Friedrich des Freidigen Erkrankung und Tod. NA. 21, Beiheft, 69 ff.

W. *Füßlein*, Die Thüringer Grafenfehde 1342–1346. Beiträge (Dobenecker=Festschrift), 111 ff.
1931.

W. *Lippert*, Markgraf Ludwig d. Ä. von Brandenburg und Markgraf Friedrich der Ernste von
Meißen. (Forschungen zur Brandenburg=Preußischen Geschichte 5. 1892.)

H. *Ahrens*, Die Wettiner und Kaiser Karl IV. (1364–1379.) 1896.

H. *Beschorner*, Die Chemnitzer Teilung der Wettinischen Lande von 1382 im Kartenbild.
NA. 54, 135 ff.

E. *Hinze*, Der Übergang der sächsischen Kur auf die Wettiner. 1906.

E. *Kroker*, Sachsen und die Hussitenkriege. NA. 21, 1 ff.

H. *Ermisch*, Zur Geschichte der Schlacht bei Aussig. NA. 47, 5–45.

H. *Koch*, Der sächsische Bruderkrieg 1446 1451. (Jahrbücher der Akademie gemeinnütziger
Wissenschaften zu Erfurt.) 1909.

M. *Voretzsch*, Der sächsische Prinzenraub. 1906.

E. *Koch*, Neue Beiträge zur Geschichte des sächsischen Prinzenraubes. NA. 20, 246 ff. (1899).
Vgl. L. *Schmidt*, NA. 23 (1902).

A. *Merbach*, Der Prinzenraub. Ein stoffgeschichtlicher Beitrag zur sächsischen Geschichte.
NA. 50, 77–98.

L. *Bönhoff*, Das Lied vom sächsischen Prinzenraub. NA. 38, 193 ff.

F. A. *v. Langenn*, Herzog Albrecht der Beherzte, Stammvater des königlichen Hauses Sachsen.
1838.

M. *Buchner*, Zur Biographie ... Herzog Albrechts des Beherzten und seines Bruders, Kurfürst
Ernst von Sachsen. NA. 29, 155 ff.

H. *Kretzschmar*, Die Beziehungen zwischen Brandenburg und den wettinischen Landen unter
den Kurfürsten Albrecht Achill und Ernst. (Forschungen zur Brandenburg=Preußischen
Geschichte 35, 21 ff.; 37, 204 ff.)

H. *Ermisch*, Studien zur Geschichte der sächsisch=böhmischen Beziehungen 1464–1471. NA. 1
und 2. 1880 f.

H. *Ermisch*, Die Erwerbung des Herzogtums Sagan ... 1472/75. NA. 19, 1 ff.

F. *Thurnhofer*, Die Romreise des Kurfürsten Ernst von Sachsen im Jahre 1480. NA. 42, 1–63.

E. *Haensch*, Die wettinische Hauptteilung 1485. 1909.

E. *Wild*, Das Vogtland und das Egerland in ihren historischen Beziehungen bis ins 16. Jahr=
hundert. NA. 47, 177 ff.

H. *Knothe*, Die politischen Beziehungen zwischen der Oberlausitz und Meißen. A. 12, 274 ff.

A. *Meiche*, Die Oberlausitzer Grenzurkunde vom Jahre 1241 und die Burgwarde Ostrusna,
Trebista und Godobi. Neues Lausitzisches Magazin 84, 145 ff.

R. *Jecht*, Der Übergang an die brandenburgischen Askanier. Neues Laus. Mag. 69, 102 ff. –
Die Besitzverhältnisse ... der Oberlausitz 1067–1158, ebenda 106, 172 ff.

E. A. *Seeliger*, Das Land Zittau bis zum Jahre 1319. Mitteilungen des Vereins für Heimat=
kunde, 16, Heft 1.

H. *Seeliger*, Der Bund der Sechsstädte in der Oberlausitz 1346–1437. Neues Lausitzisches Magazin 72.

R. *Jecht*, Der Oberlausitzer Hussitenkrieg und das Land der Sechsstädte unter Kaiser Sigmund. 1911/17.

R. *Freiherr v. Mansberg*, Der Streit um die Lausitz 1440–1450. NA. 29, 282 ff.

W. *Lippert*, Die politischen Beziehungen der Niederlausitz zu Meißen und Böhmen während des Mittelalters (Niederlausitzer Mitteilungen 4). – Wettiner und Wittelsbacher sowie die Niederlausitz im 14. Jahrhundert. 1894.

3. Landesverfassung, Verwaltung und Recht

C. H. *v. Römer*, Staatsrecht und Statistik des Churfürstentumbs Sachsen und der dabey befindlichen Lande. 1787–1792.

H. *Größler*, Forschungen zur Gaugeographie und Ortsnamenkunde der Bistümer Merseburg, Zeitz=Naumburg und Meißen. NA. 30, 291 ff.

L. *Bönhoff*, Chutizi orientalis. NA. 31, 1 ff. – Der Gau Nisan in politischer und kirchlicher Beziehung. Ebenda 36, 177 ff. – Der Gau Zwickau, seine Besitzer und seine Weiterentwicklung. Ebenda 40, 241 ff.

B. *Knüll*, Die Burgwarde. Dissertation, 1895.

F. *Kurze*, Geschichte der sächsischen Pfalzgrafschaft. Neue Mitteilungen aus dem Gebiete historisch=antiquarischer Forschung 17, 275 ff.

K. F. *v. Posern=Klett*, Zur Geschichte der Verfassung der Markgrafschaft Meißen im 13. Jahrhundert. (Mitteilungen der deutschen Gesellschaft zu Leipzig 2.)

T. *Märcker*, Das Burggrafthum Meißen. 1842.

E. *Riehme*, Markgraf, Burggraf und Hochstift Meißen. Mitteilungen d. Meißner Gesch. Ver. 1907.

W. *Ebert*, Das Wurzener Land. Schriften für Heimatforschung. Herausgegeben von *R. Kötzschke*. Heft 1. 1930.

W. *Schlesinger*, Die Schönburgischen Lande. Schriften für Heimatforschung, Heft 2. 1934.

B. *Herrmann*, Die Herrschaft des Hochstifts Naumburg östlich der Elbe. Leipzig, Dissertation, 1924.

L. *Bönhoff*, Das Hersfelder Eigen in der Mark Meißen. NA. 44, 1 ff.

H. B. *Meyer*, Hof= und Zentralverwaltung der Wettiner in der Zeit einheitlicher Herrschaft . . . 1248–1379. Leipziger Studien IX, 3. 1902.

W. *Lippert* und H. *Beschorner*, Das Lehnbuch Friedrichs des Strengen. 1349/50. 1903.

H. *Beschorner*, Registrum dominorum marchionum Missnensium (Register der . . . Einkünfte) 1378. 1933.

W. *Lippert*, Die ältesten wettinischen Archive im 14. und 15. Jahrhundert. NA. 44, 71–99.

R. *Goldfriedrich*, Die Geschäftsbücher der kursächsischen Kanzlei im 15. Jahrhundert. 1930.

L. *Bönhoff*, Die ältesten Ämter der Mark Meißen. NA. 38, 17 ff.

A. *Gündel*, Landesverwaltung und Finanzwesen in der Pflege Groitzsch=Pegau. 1911.

H. *Schramm*, Johann von Mergenthal, der erste sächsische Landrentmeister. 1933.

A. *Puff*, Die Finanzen Albrechts des Beherzten. 1911.

E. *Lürßen*, Ritterbürtige Geschlechter der Mark Meißen. Leipziger Historische Abhandlungen 42. 1916.

R. *Freiherr v. Mansberg*, Erbarmannschaft Wettinischer Lande. 1903/08.

M. *Luther*, Entwicklung der landständischen Verfassung in den Wettinischen Landen. Leipzig, Dissertation, 1895.

E. *Heinze*, Das kursächsische Reichsvikariat. 1925.

H. *Knothe*, Urkundliche Grundlagen zur Rechtsgeschichte der Oberlausitz bis zur Mitte des 16. Jahrhunderts. 1877.

M. *Jänecke*, Die Oberlausitzer Herrschaften. Leipzig, Dissertation, 1923 (hsl.).

W. *Möllenberg, Eike von Repgow und seine Zeit. 1934.*

K. *v. Amira, Die Dresdener Bilderhandschrift des Sachsenspiegels. I. Band, 1901 f.; 2. Band (Erläuterungen), 1925 f.*

Leipziger Schöffenspruchsammlung, herausgegeben von *G. Kisch*. Quellen zur Geschichte der Rezeption 1. 1919.

G. *Schlauch*, Der Schöppenstuhl zu Dohna. NA. 26, 209 ff.

O. *Posse*, Die Siegel der Wettiner. 1888 ff. – Die Siegel des Adels der Wettinischen Lande. 1903–1917.

W. *Lippert*, Sächsische Stadtwappen und Gemeindesiegelbilder. NA. 49, 289 ff.

4. Siedlung und Agrarwesen

V. *Jacobi*, Forschungen über das Agrarwesen des altenburgischen Osterlandes. 1845.

A. *Meitzen*, Siedelung und Agrarwesen der Westgermanen und Ostgermanen ... 2, 419 ff.

E. O. *Schulze*, Die Kolonisierung und Germanisierung der Gebiete zwischen Saale und Elbe. 1895. – Verlauf und Formen der Besiedlung. Abschnitt 4 in Wuttkes Sächsischer Volks= kunde (1901).

A. *Meiche*, Die Herkunft der deutschen Siedler im Königreich Sachsen und Ortsnamen und Mundarten. Deutsche Erde 4 (1905), 81 ff., nebst Karte.

F. *Walter*, Beziehungen zwischen Bodenanbau und Siedlungsgeschichte. Deutsche Siedlungs= forschungen, R. Kötzschke dargebracht, 51 ff., 1927. – H. *Beschorner*, Ortsnamenforschung und Siedlungsgeschichte in Sachsen. Ebenda 129 ff.

O. *Schlüter*, Die Siedlungen im nordöstlichen Thüringen. 1903.

H. *Leo*, Untersuchungen zur Besiedlungs= und Wirtschaftsgeschichte des thüringischen Oster= landes. Leipziger Studien VI, 3.

A. *Wandsleb*, Die deutsche Kolonisation des Orlagaues (7.–13. Jahrhundert). Zeitschrift des Vereins für Thüringische Geschichte und Altertumskunde. 1911.

H. *Schönebaum*, Die Besiedlung des Altenburger Osterlandes. 1917.

J. *Leipoldt*, Die Geschichte der ostdeutschen Kolonisation im Vogtland. 1927.

R. *Härtwig*, Das Waldgebiet des Colm bei Oschatz. Ein Beitrag zur Siedlungsgeschichte NA. 39, 114 ff., 225 ff. (Vorsicht bei Namendeutung!)

C. *Dame*, Die Entwicklung des ländlichen Wirtschaftslebens in der Dresden=Meißner Elbtal= gegend. 1911.

O. *Trautmann*, Zur Geschichte der Besiedelung der Dresdner Gegend. 1912.

A. *Meiche*, Der alte Zellwald an der Freiberger Mulde. NA. 41, 1 ff.

J. *Langer*, Flurgeographische Untersuchungen über die ältesten Freiberger Besiedlungsverhält= nisse. NA. 48, 185 ff. – Heimatkundliche Streifzüge durch Fluren und Orte des Erzgebirges und seines Vorlandes. 1913. – Siedlungsgeographisch=systematische Studie über die rechts= elbische Sächsische Schweiz und das böhmische Niederland. NA. 42, 187 ff.

O. E. *Schmidt*, Die Besiedlung des sächsischen Elbkessels und die Anfänge von Dresden. NA. 48, 31 ff.

Vgl. A. *Hennig*, W. *Ebert*, W. *Schlesinger*, W. *Heinich*. (S. 251, 253, 255).

H. *Knothe*, Zur Geschichte der Germanisation in der Oberlausitz. ANF. 2, 237 ff.

F. *Lütge*, Die mitteldeutsche Grundherrschaft. 1934.

F. J. *Haun*, Bauer und Gutsherr in Kursachsen. 1892.

H. *Knothe*, Die Stellung der Gutsuntertanen in der Oberlausitz. Neues Lausitz. Magazin 61, 59 ff.

5. Bergbau und Bergrecht

H. *Ermisch*, Das sächsische Bergrecht im Mittelalter. 1887.

O. *Trautmann*, Die Entstehung der Bergstadt Altenberg. NA. 49, 185 ff.

J. *Langer*, Der ostelbische Bergbau im und am Gebiet der Dresdner Heide und der Sächsischen Schweiz. NA. 50, f ff.

O. *Hoppe*, der Silberbergbau in Schneeberg bis zum Jahre 1500. 1908.

W. *Bogsch*, Der Marienberger Bergbau in der ersten Hälfte des 16. Jahrhunderts. 1933.

G. *Sommerfeldt*, Die Eisenhammerwerke im südlichen Sachsen. NA. 44, 124 ff.

W. *Weizsäcker*, Sächsisches Bergrecht in Böhmen. Das Joachimsthaler Bergrecht des 16. Jahr= hunderts. (Forschungen zur Sudetendeutschen Heimatkunde, Heft 5.) 1929.

6. Städte. – Gewerbe, Handel und Verkehr

H. *Ermisch*, Die Anfänge des sächsischen Städtewesens. Abschnitt 5 in Wuttkes Sächsischer Volkskunde 1901.

J. Kretzschmar, Die Entstehung von Stadt und Stadtrecht in den Gebieten zwischen der mitt= leren Saale und der Lausitzer Neiße. Untersuchungen zur deutschen Staats= und Rechts= geschichte, herausgegeben von Gierke, Heft 75. 1905.

E. Pietsch, Die Entstehung der Städte des sächsischen Vogtlandes. Mitteilungen d. Alt. Ver. zu Plauen. 1922.

W. Jecht, Neue Untersuchungen zur Gründungsgeschichte der Stadt Görlitz und zur Entstehung des Städtewesens in der Oberlausitz. Neues Lausitzer Magazin 95. 1919.

Rud. Kötzschke, Leipzig in der Geschichte der ostdeutschen Kolonisation. Schriften des Vereins für Geschichte Leipzigs 11, 1 ff., 1917.

W. Uhlemann, Taucha, das Werden einer Kleinstadt, auf flurgeschichtlicher Grundlage aufge= baut. 1924. – *A. Meiche*, Das Flurbild von Sebnitz. 1925.

H. Gröger, Meißen, ein Beitrag zur Städtegeschichte der ostdeutschen Kolonisationszeit. Deut= sche Siedlungsforschungen, 236 ff. 1927.

A. Bernstein, Die topographische Entwicklung der Stadt Chemnitz bis zur Ummauerung. o. J. (1933).

G. Aubin, Entwicklung und Bedeutung der mitteldeutschen Industrie. Beiträge zur mitteldeut= schen Wirtschaftsgeschichte, Heft 1. 1924.

L. Bein, Die Industrie des sächsischen Vogtlandes. 1884.

A. Kunze, Das oberdeutsche Handelskapital und die sächsische Leinwand im 16. Jahrhundert. Meißnisch=sächsische Forschungen, 109 ff.

E. Kroker, Handelsgeschichte der Stadt Leipzig. 1926.

G. Fischer, Aus zwei Jahrhunderten Leipziger Handelsgeschichte. 1929.

E. Hasse, Geschichte der Leipziger Messen. 1885.

B. Weißenborn, Die Elbzölle und Elbstapelplätze im Mittelalter. 1900.

A. Wieske, Der Elbhandel und die Elbhandelspolitik bis zum Beginn des 19. Jahrhunderts. Beiträge zur mitteldeutschen Wirtschaftsgeschichte und Wirtschaftskunde, Heft 6. 1927.

A. Simon, Die Verkehrsstraßen in Sachsen ... bis zum Jahre 1500. 1892.

A. Hofmann, Das Landgeleite in Sachsen. 1931.

J. Hemleben, Die Pässe des Erzgebirges. 1911.

W. Schwinkowski, Das Geld= und Münzwesen Sachsens. Beiträge zu seiner Geschichte. NA. 38, 140 ff. – Münz= und Geldgeschichte der Mark Meißen und Münzen der weltlichen Herren nach meißnischer Art. Die meißnischen Brakteaten. 1931.

7. Kirche

Fel. H. Schmid, Das Recht der Gründung und Ausstattung im kolonialen Teile der Magdeburger Kirchenprovinz während des Mittelalters. Zeitschrift der Sav.=Stiftung für Rechtsgeschichte, Kan. Abt. 44, 46, 49 (1924–1929).

G. Müller=Alpermann, Stand und Herkunft der Bischöfe der Magdeburger Kirchenprovinz im Mittelalter. 1930.

K. Benz, Die Stellung der Bischöfe in Meißen, Merseburg und Naumburg im Investiturstreite. 1899.

C. P. Lepsius, Geschichte der Bischöfe des Hochstifts Naumburg. 1846.

L. Bönhoff, Die Grenzen der Bistümer. Beiträge zur sächsischen Kirchengeschichte 17, 142 ff. – Die ältesten Kirchorte. Ebenda 26, 47 ff. – Der Pleißensprengel. NA. 29, 10 ff., 217 ff. – Das Bistum Merseburg, seine Diözesangrenzen und seine Archidiakonate (mit Korte). NA. 32, 201 ff.

R. Holtzmann, Die Aufhebung und Wiederherstellung des Bistums Merseburg. Sachsen und Anhalt 2, 35 ff. 1926.

E. Machatschek, Geschichte der Bischöfe des Hochstifts Meißen. 1884.

Der Dom zu Meißen. (Rud. Kötzschke, A. Schulze, C. Gurlitt, A. Neuberg.) 1929.

K. v. Brunn, gen. v. Kauffungen, Das Domkapitel Meißen im Mittelalter. Mitteilungen d. Gesch. Ver. Meißen 6. 1902.

L. Bönhoff, Beobachtungen und Bemerkungen zur Meißner Bistumsmatrikel. NA. 35, 125 ff., 232 ff.

L. Bönhoff, Der Zschillener Archidiakonat des Meißner Hochstiftes und die Grafschaft Rochlitz. NA. 31, 272 ff.

H. G. Hasse, Geschichte der sächsischen Klöster. 1888.
J. Engelmann, Untersuchungen zur klösterlichen Verfassungsgeschichte in den Diözesen Magde=
burg, Meißen, Merseburg und Naumburg. 1933.
G. Burck, Stand und Herkommen der Insassen einiger Klöster der Mark Meißen. Disser=
tation 1913. (Mitteilungen des Vereins für Geschichte Meißens.)
H. Rothe, Der Besitzstand des Leipziger Thomasklosters und seine Bewirtschaftung und
Verwaltung. Dissertation, 1927.
E. Beyer, Altzelle. 1855.
L. Enderlein, Zisterzienserkloster Grünhain. 1934.
G. Müller, Reformation und Visitation sächsischer Klöster gegen Ende des 15. Jahrhunderts.
NA. 38, 46 ff.
H. Boehmer, Die Waldenser von Zwickau und Umgebung. NA. 36, 1 ff.
R. Zieschang, Die Anfänge eines landesherrlichen Kirchenregiments in Sachsen. Beiträge zur
sächsischen Kirchengeschichte 23. 1909.
O. Gruner, Die Dorfkirche im Königreich Sachsen. 1904.

8. Kunst

W. Pinder, Die Kunst der deutschen Kaiserzeit. 1935.
H. Bergner, Naumburg und Merseburg. Berühmte Kunststätten, Band 47, 2. Auflage.
W. Pinder, Der Naumburger Dom und seine Bildwerke. 1925.
W. Teudt, Germanien, 4, 38 ff. (1932). – S. H. Streitberg, Das Tympanon von Elstertrebnitz.
Christliche Kunst 31, 33 ff. 1935.
O. Richter, die spätromanische Baukunst in Sachsen und am mittleren Rhein. NA. 44, 55 ff.
J. Bachem, Sächsische Plastik vom frühen Mittelalter bis nach Mitte des 13. Jahrhunderts. Ber=
lin, Dissertation, 1908.
A. Goldschmidt, Studien zur Geschichte der sächsischen Skulpturen in der Übergangszeit vom
romanischen zum gotischen Stil. 1902 (Jahrbuch der preuß. Kunstsammlungen). – Die
Skulpturen von Freiberg und Wechselburg. 1924.
F. Bachmann, Die romanischen Wandmalereien in Obersachsen. 1932.
W. Pinder, Die deutsche Plastik des 14. Jahrhunderts; desgleichen des 15. Jahrhunderts. 1924/25.
E. Flechsig, Sächsische Bildnerei und Malerei vom 14. Jahrhundert bis zur Reformation. 1909/12.
E. Körner, Die Grabdenkmäler Wilhelms des Einäugigen und seiner Gemahlin Elisabeth im
Dome zu Meißen. NA. 35, 114 ff.
C. Gurlitt, Kunst und Künstler am Vorabend der Reformation. Schriften d. Ver. für Refor=
mationsgeschichte 29. 1890. – Die Kunst unter Friedrich d. W. Arch. F. 2. 1897.
R. Bruck, Friedrich der Weise als Förderer der Kunst. 1903.
E. Haenel, Spätgotik und Renaissance. 1899.
K. Gerstenberg, Deutsche Sondergotik. 1913.
W. Hentschel, Sächsische Plastik um 1500. 1926.
W. Junius, Hans von Köln und Meister H. W., zwei sächsische Künstler des 16. Jahrhunderts.
NA. 38, 201 ff. – E. O. Schmidt, Das Rätsel der Tulpenkanzel. Sächsischer Heimatschutz 15,
131 ff.
E. Flechsig, Tafelbilder Lukas Cranachs d. Ä. und seiner Werkstatt. 1900.
C. Glaser, Lucas Cranach. 1921.
Hänel, Adam und C. Gurlitt, Sächsische Herrensitze und Schlösser. 1878 ff.
E. O. Schmidt, Burg Kriebstein, ein Denkmal mitteldeutscher Geschichte und Kultur. Sächsischer
Heimatschutz 23, 193 ff.
H. v. Einsiedel, Das Kohrener Land und seine Burg Gnandstein. 1935.
H. G. Ermisch, Sächsische Rathäuser. 1920.
H. Giesau, Sächsisch=thüringische Kunst als Wesensausdruck des mitteldeutschen Menschen.
Jahrb. der Denkmalpflege in der Provinz Sachsen. 1934.

9. Sprache; Literatur

Sächsische Volkskunde (1901): H. Dunger, K. Franke, E. Mogk. – Grundriß der sächsischen
Volkskunde (1932): Teil 2 und 3.

Th. Frings, Sprache und Siedlung im mitteldeutschen Osten. 1932.

A. Bretschneider, Die Heliandheimat und ihre sprachgeschichtliche Entwicklung. 1934.

F. Karg, Das literarische Erwachen des deutschen Ostens im Mittelalter. Mitteldeutsche Studien, Heft 1. 1932. – Flämische Sprachspuren in der Halle=Leipziger Bucht. Ebenda, Heft 8. 1933.

H. Becker, Mundart und Geschichte im Osterzgebirge. – *Fr. Barthel*, Der vogtländisch=west= erzgebirgische Sprachraum. Ebenda Heft 4/5. – *Er. Rawolle*, Mundart und Kolonisation in der Sächsisch=Böhmischen Schweiz. 1934.

Vom Mittelalter zur Reformation, herausgegeben von *K. Burdach*. III., 1 (mit A. Bernt) und 2: Der Ackermann aus Böhmen. 5. Schlesisch=böhmische Briefmuster. 1926/32.

O. Clemen, Eine Meistersingerschule in Zwickau. NA. 48, 78 ff.

10. Wissenschaftspflege; Unterrichtswesen

L. Schmidt, Beiträge zur Geschichte der wissenschaftlichen Studien in den sächsischen Klöstern. NA. 18, 201 ff.; 20, 1 ff.

R. Bruck, Die Malereien in den Handschriften des Königreichs Sachsen. 1906.

Rud. Kötzschke, Die kulturgeschichtliche Stellung der Universität Leipzig. NA. 31, 29 ff.

F. Matthaesius, Auszug der deutschen Studenten aus Prag 1409. Mitteilungen d. Ver. für Geschichte der Deutschen in Böhmen 52. 1914.

H. Böhmer, Magister Peter von Dresden. NA. 36, 212 ff.

G. Bauch, Geschichte des Leipziger Frühhumanismus. 1897/99.

J. Negwer, Konrad Wimpina. 1909.

W. Friedensburg, Geschichte der Universität Wittenberg. 1917.

J. Müller, Die Anfänge des sächsischen Schulwesens. NA. 8, 1 ff., 243 ff.

E. Schwabe, Das Gelehrtenschulwesen Sachsens von seinen Anfängen bis zur Schulordnung von 1580. 1914.

E. Zeitalter der Reformation

G. Mentz, Deutsche Geschichte im Zeitalter der Reformation. 1913.

K. Brandi, Deutsche Reformation und Gegenreformation. 1927/30.

H. Böhmer, Luther im Lichte der neueren Forschung. 1917.

Reformationsgeschichtliche Reden (J. Haller, K. Holl, G. Krüger, K. Müller, H. v. Schubert). 1917.

H. Wendorf, Martin Luther. 1928.

Aus den Schriften der Sächsischen Kommission für Geschichte: *W. Goerlitz*, Sächsische Landtagsakten. 1. Staat und Stände unter den Herzögen Albrecht und Georg 1485–1539. 1928. – Des Kursächsischen Rates Hans von der Planitz Berichte aus dem Reichsregiment in Nürnberg 1521–1523, herausgegeben von *E. Wülcker*, 1899. – Akten zur Geschichte des Bauernkrieges in Mitteldeutschland. Band I, 1, herausgegeben von *O. Merx*, 1923. Band I, 2, herausgegeben von *G. Franz*, 1934. – Akten und Briefe zur Kirchenpolitik Herzog Georgs von Sachsen, herausgegeben von *Fel. Geß*. 1. und 2. Band, 1904 und 1917. – Politische Korre= spondenz des Herzogs und Kurfürsten Moritz von Sachsen, herausgegeben von *E. Bran= denburg*. 1. und 2. Band, 1900 und 1904. – Schriften Dr. Melchiors von Osse, herausgegeben von *O. A. Hecker*. 1922. Vgl. Lebensgeschichte... bis 1541. NA. 43, 19 ff., 161 ff.

Ernestinische Landtagsakten, herausgegeben von *C. A. H. Burkhardt*. 1, 1902.

P. Kirn, Friedrich der Weise und die Kirche. 1926.

P. Kalkoff, Friedrich der Weise und Luther. Historische Zeitschrift 132. – Die Stellung Fried= richs zur Kaiserwahl. Archiv für Reformationsgeschichte. 24. 1927.

J. Becker, Kurfürst Johann von Sachsen und seine Beziehungen zu Luther. 1890.

Freiherr *H. v. Welck*, Georg der Bärtige, Herzog von Sachsen. 1909.

H. Virck, Die Ernestiner und Herzog Georg von 1500–1508. NA. 30, 1 ff.

Fel. Geß, Klostervisitationen Herzog Georgs von Sachsen. 1888. – Herzog Georg, Kurfürst Joachim I. und Kardinal Albrecht. Zeitschrift für Kirchengeschichte 13.

O. Lehmann, Herzog Georg von Sachsen im Briefwechsel mit Erasmus von Rotterdam. 1889.

H. Becker, Herzog Georg von Sachsen als kirchlicher und religiöser Schriftsteller. Archiv für Reformationsgeschichte 24. 1927.

O. A. *Hecker*, Religion und Politik Herzog Georgs des Bärtigen von Sachsen. 1912.

L. *Cardauns*, Zur Kirchenpolitik Georgs von Sachsen. Quellen und Forschungen aus italieni= schen Archiven 10.

K. v. *Seidemann*, Leipziger Disputation. 1843. – *Th. Brieger*, Die Universität Leipzig. Gedenk= blätter, 39 ff. 1909.

A. *Jeremias*, Johann von Staupitz. 1926.

H. *Barge*, Andr. Bodenstein v. Karlstadt. 1905. (Vgl. Hist. Vj. 17, 1917.)

F. *Dibelius*, Tetzel. Beiträge zur sächsischen Kirchengeschichte 17. 1904.

O. *Clemen*, Paul Bachmann, Abt von Altzelle. NA. 26, 10 ff.

E. *Brandenburg*, Herzog Heinrich der Fromme und die Religionsparteien im Reiche (1537–1541). NA. 17, 75 ff.

S. *Ißleib*, Herzog Heinrich der Fromme als evangelischer Fürst. Beiträge zur sächsischen Kir= chengeschichte 19, 143 ff.

G. *Voigt*, Moritz von Sachsen. 1876.

E. *Brandenburg*, Moritz von Sachsen I. 1898.

S. *Ißleib*, Aufsätze zur Geschichte des Herzogs und Kurfürsten Moritz; NA. 5, 177 ff.; 6, 210 ff.; 7, 1 ff.; 8, 41 ff.; 15, 193 ff.; 23, 1 ff.; 24, 248 ff.; 26, 274 ff. – Moritz als evangelischer Fürst. Beiträge zur Sächsischen Geschichte 20. 1907.

W. *Wenck*, Die Wittenberger Kapitulation. Historische Zeitschrift 20, 53 ff. – S. *Ißleib*, Die Wittenberger Kapitulation. NA. 12, 272 ff.

J. *Witter*, Die Beziehungen und der Verkehr des Kurfürsten Moritz mit König Ferdinand 1547–1552. Dissertation, 1886.

H. *Barge*, Die Verhandlungen zu Linz und Passau und der Passauer Vertrag 1552. 1893. – Vgl. G. *Wolf*, NA. 15, 237 ff. – G. *Bonwetsch*, Geschichte des Passauischen Vertrags. Dis= sertation, 1906. – W. *Kühns*, desgleichen, 1906.

K. *Brandi*, Passauer Vertrag ... Historische Zeitschrift 95, 206 ff.

G. *Mentz*, Johann Friedrich der Großmütige. 3 Bde. 1904/08.

F. A. v. *Langenn*, Christoph v. Carlowitz. 1854.

F. *Blanckmeister*, Sächsische Kirchengeschichte, 468 ff.: Ausführliche Bibliographie der Refor= mationsgeschichte in Sachsen.

G. *Müller*, Verfassungs= und Verwaltungsgeschichte der sächsischen Landeskirche. Beiträge zur sächsischen Kirchengeschichte 9 f. 1894 f.

E. *Brandenburg*, Zur Entstehung des landesherrlichen Kirchenregiments im albertinischen Sachsen. Hist. Vj. 4, 195 ff. 1901.

E. *Sehling*, Die Kirchengesetzgebung unter Moritz von Sachsen und Georg von Anhalt 1544–1549. 1899.

K. A. H. *Burkhardt*, Geschichte der sächsischen Kirchen= und Schulvisitationen 1524–1545. 1879.

H. F. *Rosenkranz*, Einführung der Reformation in der sächsischen Oberlausitz. 1917. Vgl. L. *Bönhoff*, Beiträge zur sächsischen Kirchengeschichte 27. 1913.

J. *Rautenstrauch*, Luther und die Pflege der kirchlichen Musik in Sachsen. 1907.

W. *Gurlitt*, Joh. Walter und die Musik der Reformationszeit. 1933.

V. *Hantzsch*, Die ältesten gedruckten Karten der thüringisch=sächsischen Länder (1550/93). Schriften der Sächsischen Komm. für Geschichte. 1905.

G. *Sommerfeldt*, Meißenland in den literarischen Übersichten und Geschichtsdarstellungen des 16. Jahrhunderts. NA. 43, 45 ff.

BAND II

A. Allgemeiner Teil

Carl Wilhelm Böttiger, Geschichte des Kurstaates und Königreiches Sachsen, 2 Bände, 1830/36. Reicht bis 1831. – 2. Auflage und Band 3, bearbeitet von *Theodor Flathe*, 1867/73. Reicht bis 1871.

F. Geschichte der Neuzeit seit der Mitte des 16. Jahrhunderts

Allgemeines zur neueren Zeit:
Georg Erler, Die jüngere Matrikel der Universität Leipzig (1559–1809), 3 Bände, 1909.
Walter Friedensburg, Urkundenbuch der Universität Wittenberg (1502–1813), 2 Bände, 1926/27.
Geschichte des geistigen Lebens in Leipzig. *Otto Kämmel*, Geschichte des Leipziger Schulwesens, 1909. *Georg Witkowski*, Geschichte des literarischen Lebens, 1909. – Musikgeschichte: Band I: Bis zur Mitte des 17. Jahrhunderts, von *Rudolf Wustmann* Band 2: von 1650–1723, von *Arnold Schering*, 1909/26.
Rudolf Kötzschke, Die Universität Leipzig (in M. Döberl, Das akademische Deutschland, 2 Bände, Die deutschen Hochschulen in ihrer Geschichte), 1930/31.
Walter Friedensburg. Geschichte der Universität Wittenberg. 1917.
Emil Sehling, Geschichte der protestantischen Kirchenverfassung. 1907.
Fritz Hartung, Deutsche Verfassungsgeschichte vom 15. Jahrhundert bis zur Gegenwart. 1914. 3. Auflage, 1928.

Zum sechsten Teil im allgemeinen (bis 1648):

Georg Mentz, Deutsche Geschichte 1493–1648. 1913.
Kurt Kaser, Das Zeitalter der Reformation und Gegenreformation 1517–1660. 1922.
Karl Brandi, Deutsche Reformation und Gegenreformation. 2 Bände. 1927/30.
Rudolf Kötzschke, Deutsche Wirtschaftsgeschichte bis zum 17. Jahrhundert. 1908.

Zum sechzehnten Abschnitt (bis 1553):

Erich Brandenburg, Politische Korrespondenz des Herzogs und Kurfürsten Moritz von Sachsen, 2 Bände (bis Ende 1546), 1900/04.
Derselbe, Moritz von Sachsen, 1 Band (bis zur Wittenberger Kapitulation 1547), 1898.
Oswald Artur Hecker, Kurfürst Moritz von Sachsen nach den Briefen an seine Frau. Neue Jahrbücher für das klassische Altertum, 25/26 (1910), 343–360.
S. Ißleib, Magdeburg und Moritz bis zur Belagerung der Stadt. NA. 4, 273–315. – *Derselbe*, Hans von Küstrin und Moritz, NA. 23, 1–6. – *Derselbe*, Moritz und die Ernestiner, NA. 24, 248–306. – *Derselbe*, Von Passau bis Sievershausen, NA. 8, 41–103. – *Hermann Lorenz*. Moritz von Sachsen als Erbschutzherr des Reichsstifts Quedlinburg. Jahrbuch Sachsen und Anhalt 10 (1934), 126–155.
Karl Brandi, Passauer Vertrag und Augsburger Religionsfriede. Hist. Zeitschr. 115, 206–264.
Gustav Wolf, Der Passauer Vertrag, NA. 15, 237–282.
Johannes Falke, Zur Geschichte der Landstände. Die Regierungszeit des Herzogs und Kurfürsten Moritz, NA. 21, 58–115 und 22, 77–132.
Franz Schnabel, Deutschlands geschichtliche Quellen und Darstellungen. Erster Teil: Das Zeitalter der Reformation, 1500–1550. 1931.
Emil Sehling, Die evangelischen Kirchenordnungen des 16. Jahrhunderts. 5 Bände. 1902 ff.
Eduard Fueter, Geschichte des europäischen Staatensystems 1492–1559. 1919.

Zum siebzehnten Abschnitt (bis 1586):

Hubert Ermisch und *Robert Wuttke*, Haushaltung in Vorwerken. Ein Lehrbuch für den kursächsischen Landwirt aus der Zeit des Kurfürsten August. 1910.
Oswald Artur Hecker, Schriften Dr. Melchiors v. Osse. 1922.
Viktor Hantzsch, Die ältesten gedruckten Karten der sächsisch=thüringischen Länder, 1550–1593. 1905.

Johannes Falke, Die Geschichte des Kurfürsten August in volkswirtschaftlicher Beziehung. 1868.
Karl v. Weber, Anna, Churfürstin von Sachsen. 1865.
Konrad Sturmhoefel, Kurfürstin Anna von Sachsen 1905.
F. Joel, Herzog August bis zur Erlangung der Kurwürde. NA. 19, 116–163. – Woldemar Wenck, Kurfürst Moritz und Herzog August. A. 9, 381–427. – Gustav Wolf, Die Anfänge der Regierung des Kurfürsten August. NA. 17, 304–357.
Gustav Wolf, Kursächsische Politik 1568–1570. NA. 12, 27–63. – Moritz Ritter, August v. Sach=sen und Friedrich III. von der Pfalz. NA. 5, 289–362. – Johannes Emanuel Trefftz, Kursach=sen und Frankreich 1552–1557. 1891. – Gustav Wolf, Kurfürst August und die Anfänge des niederländischen Aufstandes. NA. 14, 34–77. – Johannes Schulze, Die politischen Beziehun=gen des Kurfürsten August zu Elisabeth von England. 1911. – Walter Froebe, Kurfürst Augusts Verhältnis zu Dänemark bis zum Frieden von Stettin 1570. 1912. – Walter Platz=hoff, Ein sächsisch=französisches Heiratsprojekt im 16. Jahrhundert. NA. 32, 54–71. – Otto Fürsen, Ein wichtiges Jahrzehnt kursächsischer Politik 1576 bis 1586. 1908.
Hans Kruse, Wilhelm von Oranien und Anna von Sachsen. Nassauische Annalen, 54 (1934), 1–134.
Friedrich Ortloff, Geschichte der Grumbachischen Händel, 4 Teile. 1868–1870.
E. Meinel, Henneberg und das Haus Wettin 1554–1560. 1913.
R. Calinich, Kampf und Untergang des Melanchthonismus in Sachsen. 1866.
Ernst Schwabe, Das Gelehrtenschulwesen Kursachsens von seinen Anfängen bis zur Schul=ordnung von 1580. 1914. – Wilhelm Stieda, Die Anfänge der kurfürstlichen Kantorei von 1548. NA. 42, 161–190.
Johannes Falke, Zur Geschichte der sächsischen Landstände. Die Regierungszeit des Kur=fürsten August. Mitteilungen des Kgl. Sächs. Altertumsvereins 23, 59–113 und 24, 86–134. – Rolf Naumann, Die politische Bedeutung der ersten Landtage des Kurfürsten August. Meiß=nisch=sächsische Forschungen 1929, 124–141.
Otto Fürsen, Geschichte des kursächsischen Salzwesens bis 1586. 1897.
Moritz Ritter, Deutsche Geschichte im Zeitalter der Gegenreformation und des Dreißigjährigen Krieges. 2 Bände. 1889–1895.
Walter Platzhoff, Geschichte des europäischen Staatensystems 1559–1660. 1928.

Zum achtzehnten Abschnitt (bis 1648):
Rudolf Zachmann, Die Politik Kursachsens unter Christian I. 1912.
G. Zeißler, Kursachsens Politik in den letzten Regierungsjahren Christians II., 1608 bis 1611. 1911.
A. V. Richard, Der kurfürstlich sächsische Kanzler Dr. Nicolaus Krell. 2 Bände. 1859. – R. Bohnenstädt, Das Prozeßverfahren gegen den kursächsischen Kanzler Dr. Nicolaus Krell. 1901.
Otto Fürsen, Das kursächsische Salzwesen seit dem Tode des Kurfürsten August. NA. 26, 63–106. – Artur Schröter, Sächsische Getreidehandelspolitik vom 16. bis 18. Jahrhundert. 1912.
Dietrich Kohl, Die Politik Kursachsens während des Interregnums und der Kaiserwahl 1612. – Adalbert Wahl, Kursachsens Politik in den Jahren 1614/15. NA. 18, 56–65.
Rolf Naumann, Das kursächsische Defensionswesen 1613–1709. 1917.
Theodor Schulze, Die kursächsische Politik und der böhmische Aufstand, 1619/20. 1904. – Gustav Droysen, Über die Feldzüge der Sachsen im Bunde mit Schweden. A. 12, 113–192. – Walter Opitz, Die Schlacht bei Breitenfeld am 17. September 1631. 1892. – Gustav Droysen, Holcks Einfälle in Sachsen im Jahre 1633. NA. 1, 14–65 und 122–183. – Heinrich Hitzigrath, Die Publizistik des Prager Friedens. 1879. – Ernst Dürbeck, Kursachsen und die Durchfüh=rung des Prager Friedens. 1908. – Rudolf Schmidt, Die Schlacht bei Wittstock. 1876. – Karl Gustav Helbig, Die sächsisch=schwedischen Verhandlungen zu Kötzschenbroda und Eilenburg 1645/46. A. 5, 264–288. – W. Struck, Johann Georg und Oxenstierna. 1899.
Georg Irmer, Hans Georg von Arnim. 1894.
Georg Winter, Das Zeitalter des Dreißigjährigen Krieges. 1893.
Johannes Paul, Gustav Adolf. 2 Bände. 1927/30.
Johannes Kretzschmar, Der Heilbronner Bund, 1632/35. 3 Bände. 1922.
Heinrich v. Srbik, Wallensteins Ende. 1920.

Zur Geschichte der Lausitz:

Neues Lausitzisches Magazin. 1821 ff. bis jetzt 117 Bände.

Codex Diplomaticus Lusatiae Superioris; herausgegeben von *Gustav Köhler* (Band 1), *R. Jecht* (Bände 2–4, 6) und *Erich Wentscher* (Band 5): I. Oberlausitzer Urkunden bis 1346; II. Urkunden des Hussitenkrieges, 2 Bände; III. Görlitzer Ratsrechnungen bis 1419; IV. Oberlausitzer Urkunden 1437–1457; V. Görlitzer Bürgerrechtslisten 1379–1600, Oberlausitzer Urkunden 1458–1463. 1856–1931.

Woldemar Lippert, Urkundenbuch der Stadt Lübben. 3 Bände: I. Stadtbücher 1382–1526; II. Stadtrechnungen des 15./16. Jahrhunderts; III. Urkunden der Stadt und des Amts und der Herrschaften Zauche, Pretschen und Leuthen. 1911–1933.

E. Theuner, Urkundenbuch des Klosters Neuzelle 1243–1532. 1897. 2. Heft von *W. Lippert* (Nachträge, Anhang, Register) 1924.

Otto Eduard Schmidt, Die Wenden. 1926.

Die Wenden. Forschungen zu Geschichte und Volkstum der Wenden im Auftrage der Stiftung für deutsche Volks= und Kulturbodenforschung, Leipzig, herausgegeben von *Rudolf Kötzschke.* Bisher sind erschienen: Heft 1: *Walter Frenzel,* Vorgeschichte der Lausitz; Heft 2: *Rudolf Lehmann,* Geschichte des Wendentums in der Niederlausitz bis 1815; Heft 6: *F. Burkhardt,* Die Entwicklung des Wendentums im Spiegel der Statistik. 1930 ff.

Rudolf Lehmann, Aus der Vergangenheit der Niederlausitz. 1925.

Friedrich Wolfgang Mitter, Die Grundlage der Gerichtsverfassung und das Eheding der Zittauer Ratsdörfer vom Beginn des 16. bis zum Ende des 18. Jahrhunderts. 1928.

Walter v. Boetticher, Geschichte des Oberlausitzer Adels und seiner Güter, 1635 bis 1815. 4 Bände, 1912–1923.

Georg Lösche, Die böhmischen Exulanten in Sachsen. 1923.

Zum siebenten Teil im allgemeinen (bis zum Ende des 18. Jahrhunderts):

Alfred Schultze, Die Rechtslage der evangelischen Stifter Meißen und Wurzen. 1922.

Johannes Heckel, Die evangelischen Dom= und Kollegiatstifter Preußens, insbesondere ... Merseburg, Naumburg und Zeitz. 1924.

Hellmut Kretzschmar, Zur Geschichte der sächsischen Sekundogeniturfürstentümer. Sachsen und Anhalt, Jahrbuch der Histor. Kommission für die Provinz Sachsen und für Anhalt, Band 1, 312–343 und 3, 284–315. – *Derselbe,* Herrschaft und Fürstentum Querfurt zwischen 1496 und 1815. In Festschrift für Armin Tille. 1930. – *Georg Liebe,* Die Kammerorganisation des Administrators August. Geschichtsblätter für Stadt und Land Magdeburg 36, 246–265. – *Woldemar Lippert,* Kurländische Pläne Moritz Wilhelms von Sachsen=Zeitz. NA. 37, 266–281. – *Hans Gerig,* Der Kölner Dompropst Christian August von Sachsen=Zeitz. 1930. – *A. Krell,* Herzog Johann Adolf II. von Sachsen=Weißenfels. 1911.

Bernhard Erdmannsdörffer, Deutsche Geschichte vom Westfälischen Frieden bis zum Regierungsantritt Friedrichs des Großen 1648–1740. 2 Bände. 1892/93.

Max Immich, Geschichte des europäischen Staatensystems von 1660–1789. 1905.

Kurt Kaser, Geschichte Europas im Zeitalter des Absolutismus und der Vollendung des modernen Staatensystems, 1660–1789. 1923.

Zum neunzehnten Abschnitt (bis 1697):

Eberhard Frh. v. Danckelmann, Die Politik der Wettiner in der zweiten Hälfte des 17. Jahrhunderts. Thür.=sächs. Zeitschrift für Geschichte und Kunst 13 (1923/24). – *Bertrand Auerbach,* La diplomatic francaise et la cour de Saxe 1648–1680. 1887. – *Karl Gustav Helbig,* Die diplomatischen Beziehungen Johann Georgs II. zu Frankreich. A 1, 289–328. – *Derselbe,* Johann Philipp von Mainz und Johann Georg II. während der Erfurter Wirren 1650–1667. A. 3, 391–442. – *Paul Hassel,* Zur Politik Sachsens in der Zeit vom Westfälischen Frieden bis zum Tode Johann Georgs II. NA. 11, 117–144.

Karl Gustav Helbig, Kurfürst Johann Georg III. in seinen Beziehungen zu Kaiser und Reich, 1682/83. A. 9, 79–110. – *K. G. Lundquist,* Sveriges förbund med Kursachsen är 1666. 1908.

Walter Thenius, Die Anfänge des stehenden Heerwesens in Kursachsen. 1912. – *Paul Hassel* und *Graf Vitzthum* v. Eckstädt, Zur Geschichte des Türkenkrieges im Jahre 1683. Die Beteiligung der kursächsischen Truppen. 1883. – *E. Heyne*, Die Feldzüge der kursächsischen Armee gegen Frankreich 1688/90. 1914. – *Ernst Frh. v. Friesen*, Die Feldzüge der Sachsen in Morea während der Jahre 1685/86. A. 2, 225–263.

E. *Koch*, Sachsen und Rußland zur Zeit des ersten Romanow. NA. 38, 85–99.

E. *Förster*, Die Schwenkung der kursächsischen Politik zur dritten Partei in den Anfängen Johann Georgs IV. 1904. – *Karl Gustav Helbig*, Kurfürst Johann Georg IV. und Feldmarschall Hans Adam v. Schöning 1691–1694. A. 11, 351–408.

Theodor Flathe, Der sächsische Landtag von 1681/82. Mitteilungen des Kgl. Sächs. Altertumsvereins 28, 59–90. – *F. Kaphahn*, Kurfürst und kursächsische Stände im 17. und beginnenden 18. Jahrhundert. NA. 43, 62–79.

E. *Bodemann*, Leibnizens Plan einer Societät der Wissenschaften in Sachsen. NA. 4, 177214.

Kuno Fischer, Gottfried Wilhelm Leibniz. 1902.

Heinrich v. Treitschke, Samuel v. Pufendorf. Hist.pol. Aufsätze, Band 4. 1897.

M. Fleischmann, Christian Thomasius. 1930.

Zum zwanzigsten Abschnitt (bis 1763):

Cornelius Gurlitt, August der Starke, 2 Bände, 1924.

Paul Haake, August der Starke. 1927.

Erich Haenel und *Erna v. Watzdorf*, August der Starke. 1933. – *Paul Haake*, Die Problematik Augusts des Starken. Neue Jahrb. W. J. 7, 1931. – *Rudolf Kötzschke*, August der Starke. Vergangenheit und Gegenwart. Jg. 23, 1933. – *Hellmut Kretzschmar*, August der Starke. Amt und Volk, 1933. Heft 1.

Paul Haake, Die Jugenderinnerungen Augusts. Hist. Vierteljahrssch., Bd. 3. – *Derselbe*, Ein politisches Testament Augusts. Hist. Zeitschrift, Bd. 87. – *Derselbe*, Die Wahl Augusts zum König von Polen. Hist. Vierteljahrssch. 1, 31–84. – *Philipp Hiltebrandt*, Die polnische Königswahl von 1697 und die Konversion Augusts. Quellen und Forschungen aus Ital. Archiven 10, 152–215. – *Johannes Ziekursch*, August und die katholische Kirche 1697–1720. Zeitschrift f. Kirchengesch. 24, 86–135 und 232–280. – *Gottfried Langer*, Die Rechtsstellung der katholischen Kirche unter August. In: Festschrift für Alfred Schultze. 1934.

Hans Beschorner, August als Soldat. Neue Jahrbücher f. klass. Altertum 15. – *Paul Haake*, Johann Friedrich v. Wolfframsdorff und das Portrait de la cour de Pologne. NA. 22, 69–101 und 344–378. – *Derselbe*, August der Starke, Kurprinz Friedrich August und Premierminister Graf Flemming im Jahre 1727. NA. 49, 37–58. – *Thea v. Seydewitz*, Ernst Christoph von Manteuffel. 1926. – *Siegfried Sieber*, Johann Michael von Loen 1694–1776. 1922.

Albrecht Philipp, August und die pragmatische Sanktion. 1907. – *Johannes Ziekursch*, Die polnische Politik der Wettiner im 18. Jahrhundert. NA. 26, 107–121. – *E. Hallendorff*, Konung Augusts Politik åren 1700/01. 1898. – *A. Günther*, Sachsen und die Gefahr einer schwedischen Invasion im Jahre 1706. 1903. – *N. Herlitz*, Fran Thorn till Altranstädt. Studier över Carl XII. Politik 1703/06. Teil 1, 1916. – *R. Böttger*, Die Teilnahme Sachsens am Spanischen Erbfolgekrieg bis zum Jahre 1706. 1925. – *H. G. Schmidt*, Die Konvention von Altranstädt. 1906. – *Johann Richard Danielson*, Zur Geschichte der sächsischen Politik 1706–1709. 1878.

Ernst Flade, Der Orgelbauer Gottfried Silbermann. 1926.

Paul Haake, Christiane Eberhardine und August der Starke. 1930.

Woldemar Lippert, Kaiserin Maria Theresia und Kurfürstin Maria Antonia von Sachsen. Briefwechsel 1747–1772. 1908.

Otto Eduard Schmidt, Minister Graf Brühl und Karl Heinrich v. Heinecken, 1733–1763. 1920.

Aladar v. Boroviczény, Graf von Brühl. 1929.

Albrecht Philipp, Sulkowski und Brühl und die Entstehung des Premierministeramtes in Sachsen. 1920. – *E. Herrmann*, Andeutungen über die russische Politik des Reichsgrafen Heinrich v. Brühl. A., NF. 2, 1–60.

B. Petroff, Die Politik Friedrich Augusts II. während der Türkenkriege 1736/39. 1902. – *R. Beyrich*, Kursachsen und die polnische Thronfolge 1733/36. 1913. – *Derselbe*, Der geheime Plan der kursächsischen Räte zur österreichischen Erbfolge 1738. NA. 37, 56–67. – *D. B. Horn*, Saxony in the war of the Austrian succession. The English Hist. Review. 1929, 33–47.

Johannes Ziekursch, Sachsen und Preußen um die Mitte des 18. Jahrhunderts. 1904. – *Rein=hold Becker*, Der Dresdner Friede und die Politik Brühls. 1902.

Artur Brabant, Kursachsen und das Reich in den ersten Jahren des Siebenjährigen Krieges. Meißnisch=sächs. Forschungen, 1929. 186–218. – *Derselbe*, Septembertage 1759 in Kur=sachsen. NA. 49, 127–157.

Derselbe, Der Kampf um Kursachsen 1759. (Dritter Band von: Das Heilige Römische Reich teutscher Nation im Kampfe mit Friedrich dem Großen) 1931.

Oskar Hüttig, Die Segnungen des Siebenjährigen Krieges für Kursachsen. NA. 25, 82–94. – *Carl Görler*, Studien zur Bedeutung des Siebenjährigen Krieges für Sachsen. NA. 29, 118–149. – *Reinhold Koser*, Zum Ursprung des Siebenjährigen Krieges. Hist. Zeitschrift 124, 69–85.

Carl Frh. v. Beaulieu=Marconnay, Der Hubertusburger Friede. 1871.

Carl Graf Vitzthum v. Eckstädt, Die Geheimnisse des sächsischen Kabinetts Ende 1745 bis Ende 1756. 2 Bände. 1866.

M. Paul, Graf Wackerbarth-Salmour. 1912. – *Edouard Béguelin*, En souvenir de Vattel, 1714–1767. 1929.

Fritz Költzsch, Kursachsen und die Juden in der Zeit Brühls. 1928.

G. Wagner, Die Beziehungen Augusts des Starken zu seinen Ständen während der ersten Jahre seiner Regierung. 1903. – *H. Gössel*, Die kursächsische Landtagsordnung von 1728. 1911. – *O. Hüttig*, Der kursächsische Landtag von 1766. 1902.

Johannes Dürichen, Geheimes Kabinett und Geheimer Rat unter der Regierung Augusts des Starken in den Jahren 1704–1720. NA. 51, 68–134.

G. Senfter, Sachsen und Preußen 1741, zugleich ein Beitrag für Kleinschnellendorf. 1904. – *R. Becker*, Der Dresdner Friede und die Politik Brühls, 1745/46. 1902. – *Paul Müller*, Der Ursprung des Siebenjährigen Krieges im Lichte der sächsischen Publizistik. 1911.

Fr. Blanckmeister, Der Prophet Kursachsens Valentin Ernst Löscher und seine Zeit. 1920.

G. Reichel, Die Anfänge Herrnhuts. 1922. – *O. Uttendörffer*, Altherrnhuter Wirtschafts=gesinnung und Religionssoziologie Herrnhuts 1722–1742. 1945. – *Derselbe*, Wirtschafts=geist und Wirtschaftsorganisation der Brüdergemeine von 1743 bis zum Ende des Jahr=hunderts. 1926.

E. Zimmermann, Die Erfindung und Frühzeit des Meißner Porzellans. 1908. – *Derselbe*, Meiß=ner Porzellan. 1926.

C. Gurlitt, Warschauer Bauten aus der Zeit der sächsischen Könige. 1917. – *Hans Beschorner*, Permoserstudien. 1917. – *B. A. Döring* und *H. G. Ermisch*, Matthes Daniel Pöppelmann. 1930.

Reinhold Koser, König Friedrich der Große. 4 Bände. 1912.

A. v. Arneth, Geschichte Maria Theresias. 10 Bände. 1863–1879.

G. B. Volz und G. Küntzel, Preußische und österreichische Akten zur Vorgeschichte des Sieben=jährigen Krieges. 1899.

Gustav Schmoller, Studien über die wirtschaftliche Politik Friedrichs des Großen und Preußens überhaupt von 1680–1786. (Schmollers Jahrbuch, Bände 8, 10, 11.)

Arnold Berney, Friedrich der Große. 1934.

Zum einundzwanzigsten Abschnitt (bis zum Ende des 18. Jahrhunderts):

M. Schröpfer, Friedrich der Große und Kursachsen nach dem Siebenjährigen Kriege 1763–1766. 1913. – *E. Reimann*, Die Bewerbung des Kurfürsten Christian und seines Bruders Xaver um die polnische Krone 1763/64. A., NF. 4, 217–253.

Rudolf Mielsch, Die kursächsische Armee im Bayrischen Erbfolgekrieg. NA. 53, 73–103 und 54, 46–74.

Paul Bailleu, Der Ursprung des deutschen Fürstenbundes (in: Preußischer Wille, 1924). – *Helmut Weigel*, Der Dreikurfürstenbund zwischen Brandenburg=Preußen, Hannover und Sachsen, 1785. 1924. – *J. Mißlack*, Die Politik Kursachsens im deutschen Fürstenbund von 1785. 1908.

Karl v. Weber, Maria Antonie Walpurgis, Kurfürstin zu Sachsen. 2 Bände. 1857. – *Carl v. Beaulieu=Marconnay*, Ein sächsischer Staatsmann des 18. Jahrhunderts: Thomas Frh.

v. Fritsch. A. 9, 251–324 und 337–380. – *Woldemar Lippert, Friedrich der Große und der sächsische Geheime Rat v. Fritsch (in: Festschrift des Kgl. Sächs. Altertumsvereins) 1901.*

Theodor Flade, Die Verhandlungen über die dem Kurfürsten Friedrich August III. angebotene Thronfolge in Polen. Programm Meißen 1870.

W. Behrendts, Reformbestrebungen in Kursachsen im Zeitalter der Französischen Revolution. 1913. – W. Schwenke, Das kursächsische Truppenkorps von 1793 und 1794 im Reichskriege gegen Frankreich. 1923. – Paul Hassel, Das Verhältnis Kursachsens zu den Präliminarien des Basler Friedens. NA. 12, 193–246. – M. Hartmann, Die Teilnahme Kursachsens am Reichskriege gegen Frankreich 1795/96. 1923.

H. Schmidt, Die sächsischen Bauernunruhen des Jahres 1790. 1907.

Theodor Flathe, Die Verhandlungen über Sachsens Neutralität, 1790. A. 9, 165–192.

Rudolf Kötzschke, Die geschichtswissenschaftlichen Studien an der Universität Leipzig im 18. Jahrhundert. – W. Bruchmüller, Der Typus des Leipziger Studenten im 18. Jahrhundert. NA. 29, 312–341.

Karl=Ernst Sickel, Johann Christoph Adelung. 1933. – Werner Schultze, Heinrich v. Bünau. 1934. – Moritz Stübel, Christian Ludwig Hagedorn. 1912. – Karl Benyowsky, Adam Fried= rich Öser. 1930. – Elfriede Leskien, Johann Jakob Mascow. NA. 54, 28–45.

Carl Justi, Winckelmann. 3 Bände. 3. Auflage. 1923.

Hermann Hettner, Geschichte der deutschen Literatur im 18. Jahrhundert. 1856. Neudruck 1929.

Erich Schmidt, Lessing. 2 Bände 1884/92. 4. Auflage, 1923.

Karl Theodor v. Heigel, Deutsche Geschichte vom Tode Friedrichs des Großen bis zur Auf= lösung des alten Reiches. 2 Bände. 1899, 1911.

Zum achten Teil im allgemeinen (bis 1866):

Heinrich v. Treitschke, Deutsche Geschichte im 19. Jahrhundert. 5 Bände. 1879–1894. Zahl= reiche Neuauflagen und Auswahlausgaben.

A. Stern, Geschichte Europas seit den Verträgen von 1815 bis zum Frankfurter Frieden 1871. 10 Bände. 1894–1924.

Friedrich Meinecke, Weltbürgertum und Nationalstaat. 1908. 5. Auflage, 1919.

R. M. Meyer, Die deutsche Literatur im 19. Jahrhundert. 4. Auflage, 1909. – Cornelius Gurlitt, Die deutsche Kunst im 19. Jahrhundert. 1899.

Werner Sombart, Die deutsche Volkswirtschaft im 19. Jahrhundert. 1909.

Zum zweiundzwanzigsten Abschnitt (bis zum Ausgang der zwanziger Jahre):

Ferdinand v. Funck, Im Banne Napoleons. Aus den Erinnerungen herausgegeben von Artur Brabant. 1928. – Derselbe, In Rußland und in Sachsen. Aus den Erinnerungen herausge= geben von Artur Brabant. 1930. – O. E. Schmidt, Carl Adolf v. Carlowitz und Ferdinand v. Funck. NA. 55, 125–139.

O. E. Schmidt, Drei Brüder Carlowitz. Lebensbilder und Briefe 1770–1840. 1933. – Derselbe, Anton v. Carlowitz. Pariser Briefe 1816/17. NA. 52, 249–264.

Anne=Lore Gräfin Vitzthum, Julius Wilhelm von Oppel, ein sächsischer Staatsmann aus der Zeit der Befreiungskriege. 1932.

O. E. Schmidt, Aus der Zeit der Freiheitskriege und des Wiener Kongresses. 87 ungedruckte Briefe und Urkunden aus sächsischen Adelsarchiven. 1914. – Derselbe, Reichsfreiherr vom Stein in Sachsen und seine sächsischen Mitarbeiter. NA. 54, 85–125.

Hermann v. Petersdorff, General Johann Adolph Freiherr von Thielmann. 1894. – K. Haebler, Neue Beiträge zur Charakteristik des Generals v. Thielmann. NA. 25, 95–147.

C. v. Witzleben, Die Verhandlungen über den Norddeutschen Bund, Juli bis Oktober 1806. A. 6, 36–75 und 113–158. – C. A. Burkhardt, Aus den Tagen der Schlacht bei Jena. NA. 4, 137–158. – K. v. Weber, Zur Geschichte der letzten drei Monate des Jahres 1806. A 9, 1–31.

Franz Schmidt, Sachsens Politik von Jena bis Tilsit, 1806/07. 1913. – Theodor Schiemann, Zur Geschichte des Posener Friedens von 1806. Histor. Zeitschrift 110, 34–76.

Paul Rühlmann, Die öffentliche Meinung in Sachsen während der Jahre 1806–1812. 1902.

André Bonnefons, Un allié de Napoléon, Frédéric=Auguste, premier roi de Saxe. 1902. – K. v. Weber, Zur Geschichte des sächsischen Hofes und Landes unter Friedrich August III. A 8, 1–48.

Marcel de Germiny, Frédéric=Auguste devant Napoléon. Revue des Questions Historiques 39, 543–595 und 40, 212–234.

Vieth von Golßenau, Auszüge aus den Papieren eines Sachsen. Anekdoten und Ereignisse als Beiträge zur Geschichte des Königreichs Sachsen in den Jahren 1812–1815. 1843. Auch Preuß. Jahrbücher, 22, 461–474.

F. C. L. *comte de Senff*, Mémoires. 1863. – *Willi Hegner*, Die politische Rolle des Grafen Senff und seine Memoiren. 1910.

Memoiren der Gräfin Kielmannsegg über Napoleon I. Herausgegeben von *Gertrude Aretz*. 1928. – O. E. *Schmidt*, Gräfin Auguste Charlotte von Kielmannsegg in ihrem Verhältnis zu Napoleon I., dem sächsischen Hofe und dem sächsischen Adel. Meißnisch=sächsische Forschungen 219–238. 1929.

J. v. *Zezschwitz*, Mitteilungen aus den Papieren eines sächsischen Staatsmannes. 1859. 2. Auflage 1864.

Johann Georg, Herzog zu Sachsen, Karl v. Watzdorf, 1759–1840. NA. 39. 1–35.

K. v. *Weber*, Detlev Graf v. Einsiedel. Mit Nachtrag von E. v. *Wietersheim*. A. 1, 58–116 und 129–193 und 3, 353–390.

C. v. *Witzleben*, Heinrich Anton v. Zeschau. 1874.

O. *Bessenrodt*, Die äußere Politik der thüringischen Staaten 1806–1815. 1925.

Bernhard Lange, die öffentliche Meinung in Sachsen von 1813–1815. 1912.

Walter Kohlschmidt, Die sächsische Frage auf dem Wiener Kongreß und die sächsische Diplomatie dieser Zeit. 1930. – *Klothilde v. Olshausen*, Die Stellung der Großmächte zur sächsischen Frage auf dem Wiener Kongreß und deren Rückwirkung auf die Gestaltung der preußischen Ostgrenze. 1933.

F. *Troska*, Die Publizistik der sächsischen Frage auf dem Wiener Kongresse. 1891. – B. G. *Niebuhr*, Preußens Recht gegen den sächsischen Hof. 1814.

Otto v. *Odeleben*, Mit Napoleon im Felde 1813. Eine Folge von Tagebüchern, Briefen und Berichten. 1910. Herausgegeben von Th. Rethwisch.

Georg v. Schimpff, Napoleon in Sachsen. Nach des Kaisers Korrespondenz. 1894. – F. *Aster*, Aus dem Tagebuch eines sächsischen Offiziers, 1814/15. Dresdn. Geschichtsblätter 1908. – *Artur Brabant*, In und um Dresden 1813. 1913. – *Paul Arras*, Zeitgenössische Berichte über die Schlacht bei Bautzen. 1913. – O. E. *Schmidt*, Zeitgenössische Berichte über die Leipziger Schlacht. 1913. – *Friedrich Rochlitz*, Tage der Gefahr. Tagebuch der Leipziger Schlacht. 1912. – *Johann Edmund Hottenroth*, Karl Christian Erdmann Edler von Lecoq. Sächsische Lebensbilder. 1930.

Wilhelm Stieda, Die Kontinentalsperre in Sachsen. Berichte der Verhandlungen der sächs. Akademie der Wissenschaften, 65. 1913.

Rudolf Meyer, Der sächsische Landtag 1810/11. 1912.

F. *Plathner*, Behördenorganisation und Kriegskontribution im Königreich Sachsen während des Generalgouvernements. 1813/14. 1908. – G. *Klemm*, Dresden unter dem russischen Generalgouvernement. 1930.

A. *Fiedler*, Die staatswissenschaftlichen Anschauungen und die politisch=publizistische Tätigkeit des Nachkantianers Wilhelm Traugott Krug. 1933. – *Leopold Ranke*, Zur eignen Lebensgeschichte. Herausgegeben von Alfred Dove. 1890. – *Ernst Moritz Arndt*, Meine Wanderungen und Wandelungen mit dem Reichsfreiherrn vom Stein. 1858. – O. E. *Schmidt*, Fouqué, Apel, Miltitz, Beiträge zur Geschichte der deutschen Romantik. 1908.

W. E. *Peschel* und E. *Wildenow*, Theodor Körner und die Seinen. 1898. – G. *Klee*, Tiecks Leben und Werke. 1894. – E. *Heilborn*, Novalis. 1901. – Novalis, Briefe und Tagebücher, Charakteristiken von Zeitgenossen. Herausgegeben von Richard Samuel (= Bd. 4 von Novalis' Schriften in Meyers Klassiker=Ausgaben) 1929. – *Kuno Fischer*, Fichtes Leben, Lehre und Werke. 1868. 3. Auflage 1900.

Wilhelm v. Kügelgen, Jugenderinnerungen eines alten Mannes, 1802–1820. Herausgegeben von J. Werner. 1924. – *Ludwig Richter*, Lebenserinnerungen eines deutschen Malers. Herausgegeben von Ferd. Avenarius. 1909. – *Woldemar Hottenroth*, 1802–1894, Das Leben eines Malers. Herausgegeben von Johann Edmund Hottenroth. 1927. – *Willi Wolfradt*, Caspar David Friedrich und die Landschaft der Romantik. 1924.

Friedrich Meinecke, Das Zeitalter der deutschen Erhebung. 3. Auflage, 1924. – *Max Lehmann*,

Freiherr vom Stein. 3 Bände. 1902/03. – Gerhard Ritter, Stein. 2 Bände. 1931. – Erich Botzenhardt, Freiherr vom Stein. Briefwechsel, Denkschriften und Aufzeichnungen. (Im Erscheinen seit 1931, bis jetzt Bände 1, 3, 4, 5).) – Leopold Ranke, Hardenberg und die Geschichte des preußischen Staates 1793–1813. 1879/81. – S. A. Kähler, Wilhelm v. Humboldt und der Staat. 1927.
Th. Bitterauf, Geschichte des Rheinbundes. 1. Band. 1905. – Friedrich Schnabel, Deutsche Ge= schichte im 19. Jahrhundert. Bände 1–3, 1929/34.
Heinrich v. Srbik, Metternich. 2 Bände. 1925.
Rudolf Haym, Die romantische Schule. 1870. Neudruck 1902.

Zum dreiundzwanzigsten Abschnitt (bis 1849):

Briefwechsel zwischen König Johann von Sachsen und den Königen Friedrich Wilhelm IV. und Wilhelm I. von Preußen. Herausgegeben von *Johann Georg, Herzog zu Sachsen*. Unter Mitwirkung von Hubert Ermisch. 1911. – König Friedrich Wilhelms IV. Briefe an König Friedrich August II. von Sachsen, mitgeteilt von *Hellmut Kretzschmar*, Preuß. Jahrbücher, Band 227, Hefte 1–3 (1932). – *Hubert Ermisch*, König Johann und König Friedrich Wil= helm IV. NA. 32, 89–135. – *Derselbe*, König Johann und Kaiser Wilhelm I. NA. 32, 317–349. – *Karl Haenchen*, Revolutionsbriefe 1848. Ungedrucktes aus dem Nachlaß König Friedrich Wilhelms IV. 1930.
Paul Reinhardt, Die sächsischen Unruhen der Jahre 1830/31 und Sachsens Übergang zum Verfassungsstaat. 1916.
C. D. v. Witzleben, Die Entstehung der konstitutionellen Verfassung des Königreichs Sachsen. 1881. – *Alexander Schlechte*, Die Vorgeschichte der sächsischen Verfassung vom 4. Sep= tember 1831. 1927. – *Hellmut Kretzschmar*, Die sächsische Verfassung vom 4. September 1831. NA. 52, 207–248.
Hans Göpner, Beiträge zur Entwicklungsgeschichte der Parteien in den sächsischen Kam= mern. I. Teil: Der Landtag von 1830–1840. 1913. – *A. Pache*, Geschichte des sächsischen Landtagswahlrechts von 1831–1907. 1907. – *Johannes Reh*, Gottlob Leberecht Schulze, der Verfasser des ersten sächsischen Volksschulgesetzes. 1919.
Mathilde Klemm, Sachsen und das deutsche Problem 1848. 1914. – *Fritz Hauptmann*, Der liberale Umschwung in Sachsen im März 1848. Meißnisch=sächsische Studien (1929), 239–254. – *C. Geyer*, Politische Parteien und öffentliche Meinung in Sachsen von der Märzrevolution bis zum Ausbruch des Maiaufstandes 1848/49. 1914. – *Walter Schinke*, Der politische Charakter des Maiaufstandes, 1849. 1917.
Paul Wentzke, Thüringische Einigungsbestrebungen im Jahre 1848, 1917. – *Derselbe*, Die thü= ringisch=sächsische Einigungsfrage und die politische Lage in Dresden im Januar/Februar 1849. NA. 39, 84–113. – *Fritz Hauptmann*, Sachsen und Thüringen 1848/49. NA. 51, 215–251.
Wilhelm Thieme, Eintritt Sachsens in den Zollverein und seine wirtschaftliche Lage. 1914. – *Herbert Pönicke*, Wirtschaftskrise in Sachsen vor hundert Jahren. 1933. – *Hellmut Kretzsch= mar*, Friedrich List und der sächsische Staat. NA. 54, 126–134.
Woldemar Lippert, Friedrich Augusts II. Entwicklungsgang. Fragment einer Selbstbiographie. NA. 45, 80–103. – *Paul Alfred Merbach*, Aus dem Leben eines sächsischen Staatsbeamten in der ersten Hälfte des 19. Jahrhunderts (Johann Daniel Merbach). NA. 35, 84–112.
Georg Hermann Müller, Richard Wagner in der Mairevolution 1849. 1919. – *Woldemar Lippert*, Richard Wagners Verbannung und Rückkehr 1849–1862. 1927. – *Otto Schmidt*, Richard Wagners Opern und Musikdramen in Dresden. 1919. – *Kurt Kreiser*, Carl Gottlieb Reißiger. 1918.
Josef Pfitzner, Bakuninstudien. 1932. – *Hans Blum*, Robert Blum. 1878. – *E. Böckel*, Hermann Köchly. 1904.
Karl Biedermann, Mein Leben und ein Stück Zeitgeschichte. 2 Teile. 1886/87. – *Karl Gustav Carus*, Lebenserinnerungen und Denkwürdigkeiten. 1865. – *August Röckel*, Sachsens Er= hebung und das Zuchthaus zu Waldheim. 1865. – *K. Biedermann*, Erinnerungen aus der Paulskirche. 1849.
K. Meinel, O. L. Heubner. 1928. – *L. Bergsträsser*, Das Frankfurter Parlament, in Briefen und

Tagebüchern (darin: Hallbauer). 1929. – *Otto Richter, Sachsenbriefe aus der Paulskirche. Dresdner Geschichtsblätter 18.*
W. v. Eisenhart=Rothe und Ritthaler, Vorgeschichte und Begründung des deutschen Zoll= vereins. Akten der Staaten des Deutschen Bundes und der europäischen Mächte. Ein= geleitet von Oncken, Veröffentlichungen der Friedrich=List=Gesellschaft. Bände 8–10. 1934.
Veit Valentin, Geschichte der deutschen Revolution. 2 Bände. 1930/31.

Zum vierundzwanzigsten Abschnitt (bis 1866):

Friedr. Ferd. v. Beust, Aus dreiviertel Jahrhunderten. 2 Bände, 1887. – Fr. Wilh. Ebeling, F. F. Graf v. Beust. 2 Bände, 1870/71.
R. Frh. v. Friesen, Erinnerungen. 3 Bände, 1880/1910. – F. F. Graf Beust, Erinnerungen zu Erinnerungen. 1881.
Gustav v. Schubert, Lebenserinnerungen. 1909.
K. F. Graf Vitzthum v. Eckstädt, Berlin und Wien in den Jahren 1845–1852. 2. Auflage, 1886. – Derselbe, London, Gastein und Sadowa, 1864–1866. 1889. – Derselbe, Denkwürdigkeiten 1866–1873. 1894.
J. P. v. Falkenstein, König Johann. 2. Auflage, 1879. – Johann Georg, Herzog zu Sachsen, König Johann von Sachsen im Jahre 1866. NA. 47, 295–328. – Derselbe, König Johann als Danteforscher. NA. 43, 201–220. – Derselbe, Briefwechsel König Johanns mit George Ticknor. 1920.
Paul Domsch, Albert Christian Weinlig, ein Lebensbild. 1912. – Siegfried Moltke und Wilhelm Stieda, Albert Christian Weinlig in Briefen von ihm und an ihn. 1931.
Hugo Rühl, Ferdinand Goetz. 1921. – Heinrich Stürenburg, Ferdinand Goetz. In „Sächs. Lebensbilder" 1930.
Wilhelm Stieda, Julius Blüthner. In „Sächs. Lebensbilder" 1930.
Bernhard Rost, Richard Hartmann. Ebenda.
Gerhard Menz, Ernst Keil. Ebenda. – Johannes Proelß, Zur Geschichte der Gartenlaube 1853–1903. 1903.
Julius Richter, Gustav Nieritz. In „Sächs. Lebensbilder" 1930.
Wolfgang Weber, Johann Jakob Weber. 1928.
Heinz Georg Holldack, Untersuchungen zur Geschichte der Reaktion in Sachsen, 1849–1855. 1931.
Walter Peter Fuchs, Die deutschen Mittelstaaten und die Bundesreform 1853–1860. 1934.
Hans=Heinz Thumann, Beusts Plan zur Reform des Deutschen Bundes vom 15. Oktober 1861. NA. 46, 46–77. – Martin Därr, Beust und die Bundesreformpläne der deutschen Mittel= staaten, 1859, NA. 52, 42–125.
Hellmut Kretzschmar, Das erste Jahr des Ministeriums Bismarck im Lichte der sächsischen Politik. Wissenschaftliche Beilage des Dresdner Anzeigers, 10. Jahrg. (1933), Nr. 47 und 48. – Derselbe, Heinrich v. Treitschkes Verhältnis zu Sachsen. Preußische Jahrb. 239 (1935, März).
Herbert Jordan, Die öffentliche Meinung in Sachsen 1864–1866. 1918.
Otto Bucher, Jugenderinnerungen eines alten Sachsen, 1836–1856. 1888.
Rudolf Zaunick, Carl Gustav Carus. 1930.
Herbert Pönicke, Sachsens Entwicklung zum Industriestaat. 1934. – Derselbe, Johann Andreas Schubert, ein Pionier deutscher Arbeit. 1935.
Hildegard Rosenthal, Die Auswanderung aus Sachsen im 19. Jahrhundert. 1931.
Otto Kämmel, Acht Jahre sächsischer Politik, 1859–1867. Grenzboten 59 (1900), 157–166, 201–208. – Heinrich v. Treitschke, Die Zukunft der norddeutschen Mittelstaaten. 1866. – Gustav Freytag, Was wird aus Sachsen? 1866.
Der Anteil des kgl. sächs. Armeekorps am Feldzuge 1866 in Österreich. Bearbeitet nach den Feldakten des Generalstabes. 1869.
Heinrich Friedjung, Der Kampf um die Vorherrschaft in Deutschland 1859–1866. 2 Bände. 1897. 10. Auflage, 1916/17.
Arnold Oskar Meyer, Bismarcks Kampf mit Österreich am Bundestag 1851–1859. 1927.
Joseph Redlich, Kaiser Franz Joseph von Österreich. 1928.

Egmont Zechlin, Bismarck und die Grundlegung der deutschen Großmacht. 1933.
Eugen Franz, Der Entscheidungskampf um die wirtschaftspolitische Führung Deutschlands. 1933.
Chester Wells Clark, Franz Joseph and Bismarck. The diplomacy of Austria before the war of 1866. 1934.
Die auswärtige Politik Preußens 1858–1871. Diplomatische Aktenstücke, herausgegeben von der Historischen Reichskommission. Bände 1: November 1858 bis Dezember 1859, bearbeitet von Christian Friese, 1933; 3: Oktober 1862 bis September 1863, bearbeitet von Rudolf Ibbeken, 1932, und 4: Oktober 1863 bis April 1864, bearbeitet von demselben, 1933.

Zum neunten Teil im allgemeinen (Jüngste Vergangenheit seit 1866):

Fürst Otto von Bismarck, Gesammelte Werke. 15 Bände. 1927–1932 (Friedrichsruher Ausgabe).
Fritz Hartung, Deutsche Geschichte 1871–1919. 3. Auflage, 1929.
Albrecht Wahl, Deutsche Geschichte von der Reichsgründung bis zum Ausbruch des Welt= krieges. Band 1. 1926.
Johannes Ziekursch, Politische Geschichte des neuen deutschen Kaiserreichs. 3 Bände. 1925–1930.
Hans Goldschmidt, Das Reich und Preußen im Kampf um die Führung von Bismarck bis 1918. 1931.

Zum fünfundzwanzigsten Abschnitt (bis zum Ende der Bismarckzeit):

Paul Hassel, Aus dem Leben des Königs Albert von Sachsen. Teile 1 und 2 (bis 1873). 1898/1900. – Johann Georg, Herzog zu Sachsen, König Albert von Sachsen. 1922. – Arthur Brabant, Eigenhändige Aufzeichnungen Kronprinz Alberts von 1866 und 1870 im Säch= sischen Kriegsarchive. NA. 52, 126–140.
Hubert Richter, Aus kritischen Tagen. Berichte des kgl. sächsischen Gesandten in Berlin Grafen von Hohenthal und Bergen 1889–1892. Deutsche Rundschau 190 (1922). – Derselbe, Sachsen und Bismarcks Entlassung. 1928.
Alb. Richter, Die öffentliche Meinung in Sachsen in den Jahren 1866–1871. 1922.
Fritz Dickmann, Militärpolitische Beziehungen zwischen Preußen und Sachsen 1866–1870. 1929. – Derselbe, Bismarck und Sachsen zur Zeit des Norddeutschen Bundes. NA. 49, 255–288. – Helmut Klocke, Die sächsische Politik und der Norddeutsche Bund. NA. 48, 97–163.
Paul Haake, Kronprinz Albert und Prinz Georg von Sachsen am 18. August 1870. NA. 33, 96–140. – Derselbe, Sachsen und Preußen am Schlachttage von St. Privat. NA. 33, 361–365 und 34, 175–176.
B. E. König und Egb. Vollborn, Der sächsischen Armee und der Sachsen Teilnahme am deutsch= französischen Krieg der Jahre 1870/71. 2. Auflage, 1900. – v. Schimpff, Das XII. Korps im Kriege 1870/71. 1901/05.
H. J. Scheuffler, Die ev.=luth. Landessynode im Königreich Sachsen, 1871–1896. 1897.
Ulbricht, Geschichte der kgl. sächsischen Staatseisenbahnen. 1899. – Th. Uhlich, Die Vorge= schichte des sächsischen Eisenbahnwesens. 1913.
A. Leuschke, Die Volksschulgesetzgebung Sachsens im 19. Jahrhundert und die Entwicklung unseres vaterländischen Volksschulwesens bis auf die Gegenwart. 1902.
Gustav Freytag, Erinnerungen aus meinem Leben. 1887. – Johannes Hofmann, Gustav Freytag als Politiker, Journalist und Mensch. 1922.
Otto Schuchardt, Konstantin Frantz. 1918.
Karl Bücher, Lebenserinnerungen. 1. Band, 1847–1890. 1919.
Otto Richter, Lebensfreuden eines Arbeiterkindes. 1919. – Derselbe, Lehrjahre eines Kopf= arbeiters. Herausgegeben von Artur Brabant. 1926.
Hans Beschorner, Carl v. Gerber. In: Sächsische Lebensbilder. – Georg Grimpe, Rudolf Leuckardt. Ebenda. – Wilhelm Stieda, Bruno Naumann. Ebenda. – Paul Uhle, Johann v. Zimmermann. Ebenda. – Richard Kötzschke, Julius Otto. Ebenda.
Die auswärtige Politik Preußens 1858–1871. Diplomatische Aktenstücke, herausgegeben von der Historischen Reichskommission. Band 8: August 1866 bis Mai 1867, bearbeitet von Herbert Michaelis. 1934.

428

Zum Sechsundzwanzigsten Abschnitt (bis zum Beginn des Weltkriegs):

E. Huncke, Beiträge zur sozialen Entwicklung im Königreich Sachsen in den letzten Jahren. 1906.
Julius Friedrich Wollf, Lingner und sein Vermächtnis. 1930.
Franz Blanckmeister, Franz Dibelius. 1925.
Bang, Zehn Jahre Königtum König Friedrich Augusts III. 1915.
H. Boehmer, Albert Hauck. Beiträge zur sächs. Kirchengeschichte 33. – *Georg Buchwald,* Gustav Adolf Fricke. Ebenda 22.
Horst Höfer, Georg Andrä. In: Sächs. Lebensbilder. – *Ernst Müller,* Otto Georgi. Ebenda. – *Otto Neustätter,* Otto Johann Leonhard Heubner. – *H. Meyer,* Friedrich Christian Meyer. Ebenda.
Karl Woermann, Lebenserinnerungen eines Achtzigjährigen. 1924.

Zum Siebenundzwanzigsten Abschnitt (Weltkrieg und Nachkriegszeit):

Artur Baumgarten=Crusius, Geschichte der Sachsen im Weltkrieg. Bände 2 und 3 von „Sachsen in großer Zeit", herausgegeben von E. Hottenroth.
Max Freiherr v. Hausen, Generaloberst. Erinnerungen an den Marnefeldzug. 2. Auflage, herausgegeben von M. Kircheisen. 1922. – *Artur Brabant,* Generaloberst Freiherr v. Hausen. 1926.
Herbert Hahn, Letzte Tagebuchblätter und Entwürfe eines jungen Historikers nebst einem Lebensbild von *Gustav Hahn.* 1918. – *Külz,* Briefe aus dem Felde. 1919. – *Walter Weichelt* und *Walter Zeising,* Mit sächsischer Landwehr im Osten. 1920.
A. Märcker, Vom Kaiserheer zur Reichswehr. 3. Auflage, 1922.
W. Berger, Der Verlauf der Revolution in Sachsen. 1920.
Paul Adolph, Vom Hof= zum Staatstheater. 1932.
Karl Josef Friedrich, Caspar René Grégory. In: Sächs. Lebensbilder.
Max v. Loeben, Der Staat Sachsen und das neue Reich. 1931.

Die weltlichen Fürsten sind nach ihren Namen mit Jahren der Regierung (), andere Personen nach den Rufnamen, später nach ihren Familiennamen, eingeordnet; soweit möglich sind Angaben über die Lebenszeit – ohne () – beigefügt.

Amsdorf, Nikolaus, 1483–1505, lutherischer Theologe. 196

Anna, Kurfürstin von Sachsen, geborene Prinzessin von Dänemark, 1532–1585, Gemahlin Kurfürst Augusts seit 1548. 220, 222, 224, 232, 234, 238, 255

Anna, Tochter Kurfürst Moritzens, 1544 bis 1577, 1561–1572 Gemahlin Wilhelms I. von Nassau-Oranien. 234

Anno, Erzbischof von Köln (1056–1075). 60, 61, 103

Anselm, Erzbischof von Canterbury. 65

Anton, König von Sachsen, 1755–1836, regierte seit 1827. 321, 323, 325, 331

Apianus, Peter, eigentlich Bennewitz, 1495 bis 1552, Astronom und Mathematiker. 217

Apolda. 138 – s. Dietrich von Apolda.

Ariovist. 32

Arminius. 32

Arnim, Hans Georg v., 1583–1641, General und Staatsmann, seit 1631 in kursächsischem Dienste. 246, 247

Arnold von Westfalen, Landesbaumeister in Sachsen, † 1480. 141, 157

Arnold, Gottfried, 1666–1714, Theologe, Pietist, Kirchenhistoriker. Hauptwerk „Unpartheyische Kirchen- und Ketzerhistorie", 1698 ff. 257, 258

Arnulf, König und Kaiser (887–899). 43

Asic (von Merseburg), † 936. 46

Auerbach, Berthold, 1812–1882, Schriftsteller. 330

August, Kurfürst von Sachsen, 1526–1586, regierte seit 1553. 217, 219–235, 237, 238, 239, 243, 250, 255, 262, 294

August, Herzog zu Sachsen, 1614–1680, Administrator von Magdeburg und Begründer der Linie Sachsen-Weißenfels. 246, 248, 250, 263

August, * 1526, † 1586, Kurfürst von Sachsen (1553–1586). 189, 194, 197, 200, 202, 205

Augustin, Kirchenvater. 187

Augustus, römischer Kaiser. 32

Avenarius, Ferdinand, 1856–1923, Schriftsteller und Kulturphilosoph. 379, 394

Awaren, 35, 36 f.

Bach, Johann Sebastian, 1685–1750, seit 1723 Kantor in Leipzig. 257, 276, 284

Bähr, George, 1666–1738, Ratszimmermeister und Baumeister in Dresden. 276, 284, 296

Bakunin, Michael, 1814–1876, russischer Anarchist. 339

Balthasar, Landgraf von Thüringen, 1336 bis 1406, selbständig seit 1379 (1382). 125, 131, 133

Banér, Johann v., 1596–1641, schwedischer Feldherr. 248, 249

Barbari, Jacopo de', aus Venedig (genannt Jakob Walch), Maler, in Sachsen tätig, später in Brüssel, † 1511/16. 171

Basin, König der Thüringer (um 490). 34

Bayle, Pierre, 1647–1706, französischer Aufklärungsphilosoph. 282

Bebel, August, 1840–1913, sozialdemokratischer Parteiführer und Abgeordneter. 206, 363, 368, 369

Becher, Johann Joachim, 1635–1682, Wirtschafts- und Kolonialpolitiker. 266

Beck, Christian Daniel, 1757–1832, Professor der alten Sprachen in Leipzig. 292

Beck, Heinrich Gustav, † 1931, Verwaltungsbeamter, 1908–1918 Kultusminister, 1914 bis 1918 Vorsitzender im Gesamtministerium. 395

Beier, Christian, † 1535, sächs. Staatsmann. 166, 185

Benedek, Ludwig v., 1804–1881, österreichischer General. 359

Benno, Bischof von Meißen (?1066–1106). 62, 67 f., 176, 182

Berbisdorf, Familie v. 230

Berken von der Duba, Herrengeschlecht in Nordböhmen. 138

Bernhard, Sachsenherzog (973–1011). 43

Bernhard von Askanien, Graf von Anhalt (1140), Herzog von Sachsen 1180, † 1212. 70

Bernhard von Clairvaux. 73

Bernadotte, Jean Baptiste, 1753–1844, 1806 Fürst von Pontecorvo, Napoleonischer Marschall, seit 1810 Kronprinz, seit 1818 König – Karl XIV. von Schweden. 303

Berningeroth, Martin, † 1733, Leipziger Kupferstecher, ebenso sein Sohn Johann Martin, † 1767. 284

Bernstorff, Albrecht Graf v., 1809–1873, preußischer Diplomat, 1861–1862 Außenminister. 351

Bertha v. Groitzsch, † 1144, Tochter Wiprechts v. Groitzsch, Gemahlin Dedos von Wettin. 75

Berthold von Henneberg, Kurfürst und Erzbischof von Mainz (1484–1504). 165

Bertold von Regensburg, Franziskaner, berühmter Prediger, ca. 1220–1272. 105

v. Beschwitz (? Otto, 1496). 173

Bethmann-Hollweg, Theobald v., 1856–1921, deutscher Staatsmann, 1909–1917 Reichskanzler. 395

Beust, Friedrich Ferdinand Graf v., 1809 bis

Ebner, Nürnberger Großhändlerfamilie, besonders am böhmischen Handel beteiligt. 223

Eck, Johann, 1486–1543, kath. Theologe. 178, 180

Eckhart, Meister, 1260–1327, Theologe (Mystik). 107

Edelmann, Johann Christian, 1698–1767, Religionsphilosoph. 282

Editha, Königin, Gemahlin Ottos des Großen († 946). 56

Edzard, Graf von Ostfriesland, 1461–1528. 167

Eichhorn, Johann Albrecht Friedrich, 1779 bis 1856, preußischer Staatsmann. 306

Eid, Bischof von Meißen (992–1015). 46, 57, 58

Eike von Repgowe (Reppichau bei Aken). 107, 113

Eilenburg, Herren von. 125

Einem, Karl v., 1853–1934, preußischer General und Kriegsminister, 1914 (Herbst) bis 1918 Führer der 3. Armee. 388

Einsiedel, Detlev v., 1773–1861, Verwaltungsbeamter und Staatsmann, von 1813 bis 1830 Kabinettsminister. 305, 312, 314, 319, 320, 321, 323, 326

Einsiedel, Hugold v. 166. – Herren v. Einsiedel (Heinrich). 181

Eisenberg, Kunigunde von. 118

Eisenstuck, Christian Gottlob, 1773–1853, sächsischer Politiker. 322, 325

Ekbert I. von Braunschweig, Markgraf von Meißen. Gemahlin Irmgard, Schwester der Mutter der Königin Bertha. 62
– II., Markgraf, geboren um 1062, † 1090; Gemahlin Oda von Meißen, † 1111. 62 ff.

Ekkehard, Markgraf von Meißen (985–1002). 49 ff., 56, 58
– II. (1031–1046). 49, 52, 58, 61, 111. – Ekkehardinger. 52, 58

Elisabeth von Arnshaugk, 1286–1359, Gemahlin Friedrichs des Freidigen. 122, 123, 125

Elisabeth, Tochter Markgraf Friedrichs II. von Meißen, Gemahlin des Burggrafen Friedrich von Nürnberg, 1329–1375. 125

Elisabeth, 1502–1557, Herzogin zu Sachsen, geb. Landgräfin von Hessen, Gemahlin Herzog Johanns, als Witwe (1537) mit Sitz in Rochlitz, später in Schmalkalden. 187

Elisabeth, die Heilige, 1207–1231, Langräfin von Thüringen. 79 f., 107

Elisabeth, Tochter Kurfürst Augusts, 1552 bis 1590, seit 1570 Gemahlin des Pfalzgrafen Johann Kasimir. 234

Elisabeth, Königin von England, 1533 bis 1603, regierte seit 1558. 223, 233, 238, 241

d'Elsa, Karl Ludwig, 1849–1922, sächsischer General, 1910–1916 Kommandeur des 12. Korps, später Oberbefehlshaber einer Armeeabteilung. 388

Elsterberg, Herren von. 83

Emelrich (rex Teutoniae nach der Sage). 65

Erasmus, Desiderius (von Rotterdam), 1465/66 bis 1536, Humanist. 183, 186

Erich, Herzog von Sachsen-Lauenburg (1412 bis 1436). 135, 137

Ernesti, Johann August, 1707–1781, Philologe und Theologe. 297

Ernestiner. 197 f., 205

Ernst II., Herzog von Sachsen-Coburg-Gotha, 1818–1893, regierte seit 1844. 334

Ernst, Herzog zu Sachsen, 1441–1486, Kurfürst (1464), regierte gemeinsam mit seinem Bruder Albrecht bis 1485, allein im ernestinischen Anteil bis 1486. 139, 144, 147 f., 160, 164. – Gemahlin Elisabeth von Bayern, † 1484

Ernst, Sohn Kurfürst Ernsts, Erzbischof von Magdeburg (1476–1513), seit 1480 auch Bischof von Halberstadt. 143

Essenius, August Franz, 1767 geadelt als v. Essen, † 1792, sächsischer Diplomat, von 1764–1792 Gesandter in Warschau. 288

v. Everstein, Grafen (bei Holzminden). 62

Ezzo (Ehrenfried), Pfalzgraf von Lothringen, seit 1000(?), † 1034 in Saalfeld. 61

Fabrice, Georg Friedrich v., 1818–1891, sächsischer Offizier, Generalstabschef der sächsischen Armee 1864 und 1866, Kriegsminister 1866–1891, seit 1876 Ministerpräsident. 361, 366, 374, 377

Fabricius, Georg (Goldschmied aus Chemnitz), 1516–1571, sächsischer Schulmann, Rektor in Meißen. 192 f., 259

Fachs, Ludwig, Dr. jur., 1497–1554, Jurist in Leipzig, sächsischer Rat, Bürgermeister (1534). 168, 186, 195, 213, 218

Falkenhayn, Erich v., 1861–1922, preußischer General und Kriegsminister, 1914 bis 1916 Chef des Generalstabs des Feldheeres. 389

Falkenstein, Johann Paul Freiherr v., 1801 bis 1882, sächsischer Staatsmann und Verwaltungsbeamter, 1844–1848 Staatsminister des Innern, 1853–1871 des Kultus. 332, 335, 356, 364, 374

Fechner, Gustav Theodor, 1801–1887, Philosoph, Physiker, Dichter, Professor an der Universität Leipzig. 375

Fehling, Heinrich Christian, 1653–1725, Maler, von Johann Georg IV. nach Dresden berufen, 1707 Galerieinspektor. 276

Feige, Johannes, 1482–1543, hessischer Kanzler. 186

Ferber, Friedrich Wilhelm v., † 1801, 1769 Geheimer Kammer- und Bergrat, 1771 geadelt, 1779 Geheimer Rat und Direktor der Commerziendeputation, 1789 Freiherr. 293

Ferber, Karl Wilhelm, 1766–1838, Advokat in Zwickau, seit 1800 Bürgermeister der Stadt, 1813 Rat im russischen Gouvernement, 1815 in preußische Dienste. 306

Ferdinand, 1503–1564, König von Böhmen (1526), römischer König (1531), Kaiser 1556). 162, 180, 185, 188 ff., 196, 199 ff., 203 ff.

Ferdinand II., deutscher Kaiser, 1578–1637, seit 1617 König von Böhmen, seit 1619 Kaiser. 243, 246

Ferdinand, Zar von Bulgarien, geb. 1861, regierte 1887–1918. 391

Fichte, Johann Gottlieb, 1762–1814, Philosoph. 301, 318

Fiedler, A., Industrieller, Striegis. 317

Fleming, Paul, 1609–1640, Dichter und Arzt, 1642: „Teutsche Poemata". 257, 260

Flacius, Matthias (Illyricus), 1520–1575, lutherischer Theolog. 203

Flemming, Jakob Heinrich v., † 1728, seit 1693 in sächsischen Diensten, 1711 Generalfeldmarschall, 1712 Kabinettsminister. 268, 272, 273

Foch, Ferdinand, 1851–1929, französischer General und Marschall, 1918 Generalissimus der Ententearmeen an der Westfront. 388

Forell, Johann Joseph Griset de, 1471–1820, Schweizer, Offizier, seit 1766 in sächsischen Diensten, Erzieher König Friedrich Augusts I. 296

Francke, August Hermann, 1663–1727, Theologe und Pädagoge. 258, 259, 277

Francke, Franz, sächsischer Offizier, Divisionskommandeur im Weltkrieg. 388

Frankenberg, Abraham v., 1593–1653, Theologe und Philosoph. 258

Frantz, Konstantin, 1817–1891, politischer Schriftsteller, Vertreter des Föderalismus. 376

Franz, deutscher Kaiser, 1768–1835, seit 1804 Kaiser von Österreich, legt 1806 die deutsche Kaiserkrone nieder. 304, 307, 309

Franz Joseph I., Kaiser von Österreich, 1830 bis 1916, regierte seit 1848. 348, 349, 352, 360, 377

Franz Ludwig, Prinz von Conti, 1664–1709, französischer Armeeführer und Politiker. 268

Franziskaner. 105

Freytag, Gustav, 1816–1895, liberaler, kulturhistorischer Schriftsteller. 356

Friedrich I., der Rotbart, Barbarossa, deutscher König, Kaiser (1152–1190). 74, 76 ff., 83, 85, 89, 96, 104

Friedrich II., deutscher König 1212, Kaiser (1220–1250). 70, 78, 79, 80, 84, 115, 116

Friedrich (von Staufen) III., König. 116 f.

Friedrich III., von Habsburg, Kaiser (1440 bis 1493). 137, 140 ff.

Friedrich, Herzog von Böhmen (1173, 1177 bis 1189). 76

Friedrich von Hohenzollern, Burggraf von Nürnberg, (I.) Kurfürst von Brandenburg (1417–1440). 125, 132, 134 ff.

Friedrich von Eilenburg, Graf, † 1017. 72

Friedrich, Graf von Lengenfeld. 66

Friedrich Tuta, 1269–1291, Markgraf von Meißen (1289). 118, 119 f.

Friedrich Clem, 1273–1316, Herr (marchio) von Dresden. 118 ff., 121

Friedrich der Freidige, 1257–1323, Land- und Markgraf. 116 ff., 118 ff., 192. – Gemahlin Agnes von Kärnthen, † 1293; seit 1300 Elisabeth von Arnshaugk

Friedrich II., der Ernsthafte, 1310–1349, Land- und Markgraf. 138 f. – Gemahlin Mechthild, Tochter Ludwigs des Bayern, verm. 1328, † 1346. 123

Friedrich III., der Strenge, 1332–1381, Land- und Markgraf. 125 f., 127 (Lehenbuch). – Gemahlin Katharina von Henneberg-Schleusingen, † 1397. 125

Friedrich der Streitbare, 1370–1428, Markgraf von Meißen (IV.), 1423 Herzog von Sachsen und Kurfürst (I.). 126, 132 ff., 136, 144, 200. – Gemahlin Katharina von Braunschweig-Lüneburg († 1442). 136

Friedrich (II.) der Sanftmütige, 1412–1464, Kurfürst von Sachsen (1428). 136 ff. – Gemahlin Margarete von Österreich, 1416/17 bis 1486, Kurfürstin. 141

Friedrich II., der Große, 1712–1786, König von Preußen seit 1740. 220, 272, 277–282, 283, 285–288, 304, 308

MacMahon, Maurice de, Herzog von Magenta, 1808–1893, Marschall von Frankreich. 366

Magdeburg, Hiob, 1518–1595, sächsischer Schulmann, Kartograph. 192

Mähren, Karl von. 124 (s. Kaiser Karl IV.). – Jost von Mähren, seine Schwester Elisabeth. 131

Mainz, Erzbischöfe: Siegfried (1060–1084). 61. – Heinrich von Isny (1286–1288). 119. – Gerhard von Eppenstein (1288–1305). 121 f. – Peter von Aspelt (1306–1320). 122. – Heinrich von Virneburg (1328 bis 1346), † 1353. 124. – s. Albrecht von Sachsen; Albrecht von Brandenburg; Berthold von Henneberg. 165

Mansfeld, Albrecht III., Graf von, 1480–1560. 184
Elisabeth von Mansfeld, ?1517–1541, Gemahlin Herzog Friedrichs von Sachsen (1539). 187

Mansfeld, Grafen von. 213, 230

Manjocki, Adam v., 1673–1757, seit 1717 Hofmaler. 276

Manteuffel, Ernst Christoph v., 1676–1749, 1715 Kabinettsminister, 1719 Graf, 1742 Freiherr. 272, 282

Marbod, Fürst der Markomannen. 32

Marcolini, Graf v., 1739–1814, Kabinettsminister. 288, 296, 303

Margarete, 1237–1270, Tochter Kaiser Friedrichs II., Gemahlin Landgraf Albrechts von Thüringen. 80, 116, 118

Maria Antonia, Tochter Kaiser Karls VII., 1724–1780, seit 1747 vermählt mit dem späteren Kurfürsten Friedrich Christian von Sachsen. 286–288

Maria Josepha, Tochter Kaiser Josephs I., 1699–1757, seit 1719 vermählt mit dem späteren Kurfürsten Friedrich August II. 281

Maria Theresia, deutsche Kaiserin, 1717–1780, regierte seit 1740. 279

Markomannen. 32, 33

Martange, Marie-Antoine Bouet, 1722–1806, französischer Offizier, seit 1748 in sächsischen Diensten, Vertrauter des Prinzen Xaver. 290

Marx, Karl, 1818–1883, Theoretiker des internationalen Sozialismus, Leiter der Internationalen Arbeiterassoziation. 363

Mascov, Johann Jakob, 1689–1761, Historiker, seit 1719 Professor an der Universität Leipzig. 282

Mathilde, Königin, Gemahlin Heinrichs I., † 968. 46

Matthias Corvinus, König von Ungarn (1458 bis 1490); 1479 Herr in Schlesien, Mähren und der Lausitz. 142 f., 251

Matthias, deutscher Kaiser, 1557–1619, regierte seit 1612. 243

Maurenbrecher, Wilhelm, 1838–1892, Historiker an der Universität Leipzig. 375

Max Emanuel, Kurfürst von Bayern, 1662–1726, regierte seit 1679; 1704–1714 außer Landes. 268

Maximilian I., Kurfürst von Bayern, 1573–1651, regierte seit 1597, 1623 Kurfürst von der Pfalz. 246

Maximilian II., deutscher Kaiser, 1527–1576, seit 1562 römischer und böhmischer König, 1563 König von Ungarn, 1564 Kaiser. 228

Maximilian I., 1459–1519, römischer König 1486), Kaiser (1493–1519). 148, 162, 164 f., 170, 179

Mechthild von Magdeburg (dort Begine, 1235), † in Kloster Helfta um 1285. 107

Meinhard, Graf von Görz und Tirol, † 1295. 119

Meinher von Werben (bei Weißenfels), urkundlich 1171–1218, Burggraf von Meißen (1203), Herr von Hartenstein (Graf). 77, 82, 90

Meinheringer. 82 f., 137

Meißen, Bischöfe: s. Burkhard, Eid, Benno; Felix, 65. – Herwig (1106–1119). 65. – Godebold († 1140). 65. – Gerung (1152–1170). 89 f., 92. – Withego (1266–1293). 110. – Johann (VI.) von Saalhausen (1487 bis 1518). 171. – Johann VII. von Schleinitz (1518–1537). 187. – Johann VIII. von Maltitz (1534, bzw. 1537–1549). 188 f.

Meißen, Burggraf. 59, 67, 77, 81 f., 90, 137. – Burkhard (1076); Hoier (1180); s. Hermann, Heinrich Haupt, Heinrich Reuß von Plauen.

Meißen, Markgrafen von. 84 f., 85 f., 119, 127 f. (Register), 137. – Wappen. 85, 129. Einzelne Markgrafen s. Ekkehard, Hermann, Otto, Thietmar, Wigbert, Wilhelm. Aus wettinischem Hause: Albrecht, Dietrich, Friedrich, Heinrich, Konrad, Otto, Wilhelm; Balthasar.

Meißner, Ferdinand August, Verwaltungsbeamter, zuletzt Appellationsgerichts-Präsident. 325

Mencke, Burckhard, 1674–1732, Professor der Geschichte in Leipzig. 282

Melanchthon, Philipp, 1497–1560, reformatorischer Theologe und Philologe, Professor an der Universität Wittenberg. 174, 185 f., 192, 203, 218, 231, 232, 257

Peter von Dresden, Rektor, religiöser Reformer waldensischer, dann wiclifitischer Richtung, verbrannt 1421/25. 160 f.

Peter Ulrich von Pirna, Baumeister (1502–1513). 172

Petermann, Ludwig Theodor, 1834–1913, Prof. Dr., Statistiker, Anreger und Förderer der Dresdner Gehestiftung. 376

Peucer, Kaspar, 1525–1602, kurfürstlicher Leibarzt, Schwiegersohn Melanchthons. 232

Pfeffinger, Degenhart, kursächs. Kämmerer, † 1519. 166

Pfeil und Klein-Ellguth, Traugott Graf v., sächsischer Offizier, Brigadekommandeur im Weltkriege. 388

Pflug, Johannes (von Rabenstein), um 1400 in Saaz. 130

Pflug, Cäsar v., Rat Herzog Georgs. 168. – Julius –, 1499–1564, Bischof von Naumburg (1541–1564). 186, 196, 203

Pflüger, Konrad (Kunz Steinmetz, auch Swab genannt), Baumeister um 1500. 157, 171

Pfordten, Ludwig Karl Heinrich, Freiherr v., 1811–1880, Rechtslehrer und Staatsmann, 1843 Professor in Leipzig, 1848 Minister des Auswärtigen, seit 1849 in bayrischen Diensten. 335, 346

Philipp von Schwaben, deutscher König (1198 bis 1208). 72, 77 f., 85

Philipp der Großmütige von Hessen, 1504–1567, reg. Landgraf seit 1518 (Vormundschaft seiner Mutter Anna von Mecklenburg, 1509–1518). 184 f., 187, 189, 194, 196, 197 f., 203 ff., 212

Philipp II., König von Spanien, Sohn Karls V., * 1527, König von Spanien (1556–1598). 203, 223

Pippin, Majordomus (Hausmeier) im Frankenreich (741), König (752), † 768. 42

Pistoris, Johann Ernst, Verwaltungsbeamter und Diplomat, Hofrat. 250

Pistoris, Simon, 1489–1562, sächsischer Rat und Kanzler († auf Seußlitz). 168, 186, 195

Planitz, Hans v. d., sächsischer Rat, † 1535. 164, 182

Platon, 427–347 v. Chr., griechischer Philosoph. 285

Plauen, Heinrich v., Hochmeister (1410–1413). 131

Plautus, Titus Maccius, 250–184 v. Chr., römischer Dramatiker. 298

Podiëbrad, Georg, 1420–1471, seit 1458 Wahlkönig von Böhmen. Trat für die politische Einheit Europas ein. 251

Pohle, Leon, 1841–1908, Maler, seit 1877 Professor an der Kunstakademie in Dresden. 376

Polenz, Wilhelm v., 1861–1903, Lausitzer Dichter. 376

Polich, Martin, von Mellrichstadt, Mediziner, Frühhumanist, † 1513. 174 f.

Poniatowski, Stanislaus August, König von Polen, 1732–1798, regierte von 1764 bis 1795. 286, 288

Pöppelmann, Daniel, 1662–1736, Baumeister. 276

Poetzsch, Mineraloge und Meteorologe in Dresden. 297

Poppo, Markgraf (Herzog) in Thüringen (bis 892). 43, 44

Poppo von Henneberg, Graf (1212–1245), 1223 vermählt mit Markgräfin Jutta von Meißen. 79

Preusker, Karl, 1786–1871, Pädagoge. 319

Prokop, hussitischer Heerführer. 137

Pufendorf, Samuel Freiherr v., 1632–1694, Lehrer und Theoretiker des Staats- und Naturrechts. 259, 282

Quedlinburg. Hedwig, Äbtissin, 1458–1511. 143

Rabener, Gottlieb Wilhelm, 1714–1771, Finanzbeamter und satirischer Schriftsteller. 283

Rabenhorst, Bernhard v., Offizier, 1849 bis 1866 Kriegsminister. 338, 341, 345, 361

Rabod (Rapoto) von Abensberg (südwestlich Regensburg), Stiftsvogt von Bamberg (urkundlich 1136–1172). 71

Racknitz, Joseph Friedrich Freiherr v., Hofmann und Sammler in Dresden, 1800 Hofmarschall, 1815 Direktor der Musikalischen Kapelle und des Theaters. 297

Räder, Gustav, 1810–1868, Schauspieler und Possendichter. 376

Radulf, Herzog in Thüringen (um 640). 36

Raffael Santi, 1483–1520, Meister der italienischen Renaissancemalerei. 284

Ranke, Leopold v., 1795–1886, Historiker. 297

Ratzel, Friedrich, 1844–1904, Professor der Geographie in Leipzig seit 1886, Begründer der Anthropogeographie. 375

Rauch, Christian, 1777–1857, Bildhauer. 330

Rauscher, Hieronymus, † 1576, seit 1552 Ratsmitglied, 1566 Bürgermeister von Leipzig. 222

Rebhuhn, Paul, ca. 1500–1546, Theologe und dramatischer Dichter. 217